Cambridge
Word Selector

Published by the Press Syndicate of the University of Cambridge
The Pitt Building, Trumpington Street, Cambridge CB2 1RP
40 West 20th Street, New York, NY 10011–4211, USA
10 Stamford Road, Oakleigh, Melbourne 3166, Australia

First published 1995

Printed in Great Britain
at the University Press, Cambridge

Library of Congress cataloguing in publication data applied for

A catalogue record for this book is available from the British Library

ISBN 0 521 48026 4 hardback
ISBN 0 521 45902 8 paperback

© Cambridge University Press 1995

amb la col·laboració i l'assessorament lingüístic de
Generalitat de Catalunya
Departament de Cultura
**Direcció General
de Política Lingüística**

Cambridge Word Selector

Assessor de la col·lecció
Michael McCarthy

Directora editorial
Elizabeth Walter

Equip de traducció
Norman Coe
Maria Dolors Solé i Vilanova

Equip d'edició
Josep M. Mas i Garcia
Tom Bartlett
Montserrat Romà i Roura
Miriam Cabré
Ann Kennedy
Kerry Maxwell

Assessors lingüístics
Antònia Serena i Davins
Albert Pla i Nualart
Xavier Lamuela

Disseny gràfic
Anne Colwell
Liz Knox

Il·lustracions
Simone End
Keith Howard
Chris Price
Danny Pyne
Chris Ryley
Deborah Woodward
Martin Woodward

Índex

Introducció vii

Instruccions d'ús del Cambridge Word Selector viii

Grups de paraules 1
Continguts 3
450 apartats o grups de paraules organitzats per temes o per nocions. 5

Funcions lingüístiques 365
Continguts 367
48 funcions lingüístiques que inclouen frases i expressions utilitzades en situacions molt variades (per exemple: fer un elogi o donar les gràcies).

Índex de les paraules en anglès 389
Índex alfabètic de totes les entrades en anglès, amb la pronunciació corresponent i el número de l'apartat al qual pertanyen.

Índex de les paraules en català 435
Índex alfabètic de totes les equivalències en català, amb el número de l'apartat en què apareixen.

Introducció

Un dels problemes més grans amb què es troba qualsevol persona que aprèn una llengua estrangera és haver de distingir entre dos mots que tenen significats similars però no idèntics. Aquest problema s'agreuja d'una manera especial quan no hi ha equivalències exactes d'aquestes paraules en la llengua de l'alumne. En circumstàncies com aquestes els diccionaris poden ser de certa utilitat, però acostuma a passar que els sinònims es troben escampats per entrades diferents, la qual cosa fa que trobar informació precisa sobre significats distints esdevingui una tasca molt difícil i a voltes frustrant. Per una altra banda, en un diccionari bilingüe convencional tot sovint se'ns dóna una sola equivalència en llengua catalana per a dues o tres paraules diferents en anglès. A més, la manca d'explicacions i d'exemples d'ús fa que sigui complicat de veure que, amb tota probabilitat, aquestes paraules no són intercanviables en contextos diferents.

L'avantatge del diccionari que ara us presentem està en el fet que aquestes paraules i expressions de significat semblant apareixen agrupades en encapçalaments que donen informació al lector d'àrees semàntiques molt diverses. El **Cambridge Word Selector** ajuda a distingir entre els sinònims que existeixen en anglès, a la vegada que permet veure a quins mots o expressions en català corresponen els diferents matisos de significat. Aquest nou diccionari no només ofereix el significat d'un mot o frase en concret, sinó que també proporciona exemples d'ús i informació precisa de cada paraula en anglès, com ara el grau de formalitat, el registre o els contextos d'utilització més habituals. Per consegüent, l'usuari tindrà la seguretat d'haver escollit la paraula precisa per al context exacte.

El **Cambridge Word Selector** té un avantatge afegit que el converteix en una eina fàcil d'utilitzar: tota la informació continguda en el diccionari apareix en català. En la seva confecció s'han tingut molt en compte les necessitats específiques dels catalanoparlants, raó per la qual s'hi inclou informació sobre *false friends* i sobre aquelles paraules que sembla que no existeixen o que resulten difícils de traduir d'un idioma a l'altre.

Molts diccionaris tradicionals ofereixen una selecció de paraules basada en criteris literaris, acadèmics o filosòfics, que tot sovint no es correspon amb el vocabulari que necessitem per comunicar-nos en la vida diària. Aquesta és la raó que fa que resulti complicat trobar mots i frases que ens permetin expressar allò que volem dir de manera clara i senzilla en anglès. El **Cambridge Word Selector** incorpora una terminologia viva i actual, ja que tracta un ampli ventall d'àrees temàtiques que van de les ciències de la natura als aspectes socials més variats.

Els grups de paraules inclosos en el diccionari estan organitzats a partir d'un corpus de vocabulari bàsic, la qual cosa permet a l'usuari millorar i ampliar els seus coneixements de la llengua anglesa. L'organització dels grups de paraules ha estat feta de manera lògica: la terminologia relacionada amb el món escolar, per exemple, apareix dintre de l'apartat que tracta de l'educació, just abans de les entrades dedicades a l'ensenyament i a l'aprenentatge.

Resumint, el **Cambridge Word Selector** esdevindrà una eina de treball de gran utilitat en les situacions més diverses: per millorar la comprensió escrita de l'anglès o perfeccionar les tècniques de comunicació, per escriure tota mena de cartes o per traduir textos al català. Tanmateix, el lector s'adonarà que el sol fet de fullejar el diccionari també li permetrà millorar el seu nivell d'anglès. Perquè això sigui possible s'haurà d'acostumar a donar un cop d'ull a tota la secció relacionada amb el mot que estigui cercant. D'aquesta manera l'usuari aprendrà a associar paraules i expressions les unes amb les altres, desenvolupant el procediment d'organitzar el vocabulari en grups semàntics o "famílies" de paraules en lloc de tractar els mots de manera isolada. Sens dubte es tracta d'una manera molt eficaç d'adquirir vocabulari. A més, la gran quantitat d'il·lustracions incloses en el diccionari facilitarà un aprenentatge més efectiu de la llengua, ja que n'afavorirà la comprensió.

Dr Michael McCarthy
Assessor editorial de la col·lecció

Instruccions d'ús del Cambridge Word Selector

1 Com es pot treure el màxim partit del diccionari

• Sempre que busqueu una paraula o una expressió us hauríeu d'acostumar a llegir totes les altres entrades incloses en l'apartat. D'aquesta manera podreu treure tot el profit de la informació que se us ofereix, al mateix temps que amplieu i enriquiu el vostre vocabulari. D'altra banda, us familiaritzareu amb paraules relacionades amb el tema en qüestió, i aprendreu a distingir els matisos d'ús i significat més subtils.

• En segon lloc, hauríeu d'evitar la temptació de llegir solament la traducció del mot que esteu cercant. Hi ha moltes paraules que no tenen una traducció directa al català, raó per la qual la informació gramatical o sintàctica i les explicacions que s'inclouen en cadascuna de les entrades són fonamentals per copsar el significat i l'ús de les paraules angleses.

2 Com es poden localitzar paraules i expressions

El **Cambridge Word Selector** ofereix diverses possibilitats per buscar paraules i expressions:

• **Si teniu una paraula en català** i voleu saber com es diu en anglès, haureu de buscar-la en l'índex de paraules en català. Al costat de la paraula en qüestió, hi trobareu el número de l'apartat on apareix el terme equivalent en anglès. Si doneu un cop d'ull a tot l'apartat tindreu tot el que us cal saber relacionat amb la paraula concreta.

• **Si el que us interessa és conèixer el significat exacte d'una paraula en anglès** o les seves regles d'ús, serà millor que busqueu el número del seu apartat en l'índex de paraules en anglès.

• **Sempre que us calgui trobar una paraula més precisa en anglès** que la que ja coneixeu, busqueu primer la coneguda i llegiu a continuació la resta d'entrades de l'apartat.

• **En cas que vulgueu trobar una expressió o modisme**, penseu primer en un sinònim o una paraula afí que descrigui el camp semàntic en català o en anglès. Un cop fet això, busqueu l'apartat que se li escaigui. Si existeix una expressió equivalent o semblant, allí la trobareu.

• **Finalment, si el que cerqueu és una frase o expressió per utilitzar en una conversa**, com ara una manera d'expressar astorament o per elogiar algú o alguna cosa, aneu directament a la secció **Funcions lingüístiques**. A la pàgina 367 trobareu una llista de les seccions que s'hi inclouen.

3 Les entrades

Aquesta secció detalla tota la informació inclosa en els grups de paraules. Molts dels aspectes que trobareu aquí també estan recollits en la secció anomenada **Funcions lingüístiques**.

3.1 Categories gramaticals

n	nom
nc	nom 'comptable', p. ex. **door, shirt**
ni	nom 'incomptable', p. ex. **arson, amazement**
nc/i	nom que pot ser 'comptable' o 'incomptable' en anglès, p. ex. **marriage, memory**
n pl	nom plural, p. ex. **dentures, trousers**
adj	adjectiu, p. ex. **masculine, broad**
adv	adverbi, p. ex. **finely, politely**
v	verb
vt	verb transitiu, p. ex. **solve, murder**
vi	verb intransitiu, p. ex. **reign, bleed**
vti	verb que pot ser transitiu o intransitiu, p. ex. **drown, forget**
interj	interjecció, p. ex. **help!**
pron	pronom, p. ex. **few**
prep	preposició, p. ex. **except**

3.2 Explicacions gramaticals

Les explicacions gramaticals han estat incloses per tal d'indicar les construccions més habituals en llengua anglesa. La freqüència d'aquestes construccions s'expressa mitjançant paraules com 'sempre' o 'sovint', i amb l'abreviatura 'habit.'.

(davant de *n*) Fa referència als adjectius. Indica que el mot en qüestió sempre s'utilitza directament davant del nom que descriu.
p. ex. **legislative** a *legislative assembly*

(darrere *v*) Referit a adjectius. S'utilitza després del nom que descriu i d'un verb, però *no* davant del nom.
p. ex. **above-board** a *The deal is above-board.*

(cap *compar* o *superl*) Referit a adjectius que no tenen formes comparativa ni superlativa.
p. ex. **main** a *The main reason was laziness.*

(sempre + **the**) Referit a noms que sempre s'utilitzen amb l'article determinat.
p. ex. *the police*

(+ *v sing* o *pl*) Referit a noms que poden anar seguits d'una forma verbal en singular o en plural.
p. ex. **government** en les construccions *The government is in favour of the change.* o *The government are considering the plan.*

(habit. pl) Referit a noms que habitualment s'usen en plural (encara que no sempre).
  p. ex. **arrangement** a *to make arrangements*

(sovint + **to** + INFINITIU) Referit a adjectius i verbs que tot sovint van seguits d'un infinitiu precedit per la partícula **to**.
  p. ex. **right** a *It's only right to tell you.*

(+ **that**) Referit a verbs que van seguits d'una clàusula introduïda per la partícula **that**, encara que de vegades aquesta partícula pot no aparèixer.
  p. ex. **vote** a *I vote (that) we all go together.*

(+ **-ing**) Referit a verbs que van seguits d'un altre verb acabat en -ing.
  p. ex. **like** a *I don't like getting up early.*

(habit. + *adv* o *prep*) Referit a verbs que habitualment van seguits d'un adverbi o d'una preposició.
  p. ex. **peep** a *I peeped over her shoulder.*

3.3 Phrasal verbs

El **Cambridge Word Selector** indica quan cal utilitzar els anomenats *phrasal verbs* en llengua anglesa. La manera de distingir-los d'altres verbs és veure si la forma verbal i la partícula que l'acompanya es poden separar mitjançant la inclusió de l'objecte. Tanmateix, sovint ens trobem amb *phrasal verbs* les parts dels quals no poden ser separades l'una de l'altra per l'objecte però que, contràriament, admeten la inclusió d'un adverbi. Aquest és el cas, per exemple, de la frase *I clutched wildly at the rope*, on tenim un *phrasal verb* que mai no acceptaria la inclusió de l'objecte entre el verb i la partícula.

S'utilitza 'sth' i 'sb' com a abreviacions de 'something' i 'somebody'.

own up *vi*
  Verb intransitiu. La partícula no es pot separar del verb.
  p. ex. *I owned up to breaking the window.*

put sth **down** o **put down** sth *vt*
  Verb transitiu. El verb i la partícula poden aparèixer junts o separats.
  p. ex. *I put down the book* o *I put the book down.*

give up (sth) o **give** (sth) **up** *vti*
  Verb que pot ser tant transitiu com intransitiu. El verb i la partícula poden aparèixer junts o separats.
  p. ex. *It's too difficult – I give up. I've given up smoking. I gave up my job.*

clutch at sth *vt*
  Verb transitiu que no admet anar separat de la partícula que l'acompanya.
  p. ex. *I clutched at the rope.*

talk sb **round** *vt*
  Verb transitiu que sempre presenta un objecte entre la forma verbal i la partícula que l'acompanya.
  p. ex. *I'll try to talk her round.*

get out of sth *vt*
  Hi ha *phrasal verbs* que van seguits de dues partícules. Aquest verb és transitiu i no pot anar separat de les partícules.
  p. ex. *I managed to get out of going to the meeting.*

3.4 Formes verbals

Totes les formes irregulars dels verbs en anglès apareixen en cadascuna de les entrades. Habitualment es dóna la forma completa; p. ex. **throw** *vt, pas.* **threw** *pp.* **thrown**.

Tanmateix n'hi ha algunes que apareixen amb una certa freqüència, raó per la qual han estat abreujades:

ban *vt*, **-nn-** p. ex. *banning, banned*
sad *adj*, **-dd-** p. ex. *sadder, saddest*

travel *vi*, **-ll-** (*brit*), habit. **-l-** (*amer*) En anglès britànic 'travel' s'escriu amb 'l' doble sempre que el verb acabi en **-ing** o **-ed**, mentre que en anglès americà s'acostuma a escriure una sola 'l' (encara que també és possible utilitzar la 'l' doble). p. ex. *traveling, traveled.*

organize *vti*, TAMBÉ **-ise** (*brit*) En les dues varietats de la llengua anglesa abans esmentades es pot escriure el mot 'organize' amb la terminació **-ize**. A més, en anglès britànic també s'accepta la grafia *organise*.

3.5 Altres abreviatures utilitzades en el Cambridge Word Selector

a/ac	algú/alguna cosa
abrev	abreviatura
amer	anglès americà
brit	anglès britànic
compar	comparatiu
esp.	especialment
f.	femení
habit.	habitualment
lit.	literalment
lleug.	lleugerament
m.	masculí
obj	objecte
p. ex.	per exemple
pas.	passat
pas. & pp.	passat & participi
pp.	participi
pej.	pejoratiu
pl.	plural
ref.	referit
sing	singular
subj	subjecte
superl	superlatiu

Encapçalament i número de l'apartat

77 Great Gran

vegeu també **417 Good**

Entrada o encapçalament d'article Tots els mots que encapçalen un article apareixen a l'índex de paraules en anglès, on han estat ordenats alfabèticament. Al costat d'aquestes paraules s'hi inclou el número de l'apartat o subapartat al qual pertanyen.

great adj [descriu: p. ex. èxit, dirigent, artista] gran *Frederick the Great* Frederic el Gran **greatness** *ni* grandesa

grand adj **1** [descriu: p. ex. palau, entrada, ocasió] gran, important *on the grand scale* a gran escala *Our house is not very grand, I'm afraid.* Ho sento, però la nostra casa és força senzilla. **2** [sovint pej. referit a persones] (creure's) important

Traducció bàsica Presenta les equivalències més generals del terme anglès. Recordeu que és necessari donar una ullada als exemples recollits en l'entrada, ja que és probable que aquestes paraules siguin inapropiades en certs contextos.

Subapartat Els apartats poden incloure divisions per raons de significat.

18.4 Temps fred

vegeu també **19 Cold**

Remissió d'uns apartats a d'altres de significats semblants o oposats.

snow *vi* nevar *It snowed all night.* Va nevar tota la nit. **snow** *ni* neu **snowy** adj de molta neu, nevós

Categoria gramatical Vegeu la llista de categories gramaticals en la secció 3.1 (p. *vi*).

El text explicatiu tracta aspectes d'ús i de significat, i fa referència a la paraula anglesa.

everlasting adj [literari o utilitzat de manera jocosa o per queixar-se] perdurable, etern *everlasting peace* pau eterna *I can't stand her everlasting complaints.* No aguanto les seves queixes interminables.

circumstances *n pl* [fets i esdeveniments que afecten una situació o un esdeveniment determinat] circumstàncies *I explained the circumstances which led to our decision.* Vaig explicar les circumstàncies que ens van fer prendre la decisió. *Under/in the circumstances her conduct seems understandable.* Ateses les circumstàncies, la seva conducta sembla comprensible.

Exemple El diccionari inclou un gran nombre d'exemples. El fet que estiguin traduïts al català us ajudarà a utilitzar la paraula en qüestió de manera natural.

Les frases fetes incloses en els exemples estan escrites en negreta.

Les locucions i els modismes relacionats amb cada apartat estan recollits en requadres.

frases fetes

a good chance moltes probabilitats *There's a very good chance that she'll succeed.* Té moltes probabilitats de sortir-se'n.

a safe bet [informal] una aposta segura *It's a safe bet that someone will have told him already.* M'hi jugo el que vulguis que algú ja li ho haurà dit.

El registre de llenguatge està indicat de manera clara.

Phrasal verbs Es recull informació detallada de la sintaxi dels anomenats *Phrasal verbs*. Vegeu la secció 3.3 (p.*vii*).

do sth **up** o **do up** sth *vt* [a un estat millor. Obj: esp. cases] reformar ac

unattainable adj [descriu: p. ex. repte, objectiu] inabastable, inassolible

unthinkable adj (sovint + **that**; habit. darrere v) [destaca que la cosa a la qual fa referència seria dolenta, ofensiva, etc.] impensable, inconcebible *It's unthinkable that they would refuse.* És inconcebible que ho deneguin.

Collocation S'inclou una petita llista d'aquells adjectius que habitualment acompanyen cada nom.

Les estructures gramaticals també estan descrites de manera molt detallada. Vegeu la llista d'explicacions gramaticals en la secció 3.2 (p. *vi*).

cancel vt, (brit) -**ll**-, (amer) -**l**- [obj: p. ex. viatge, cita, tren] cancel·lar *They've cancelled their order for five new aircraft.* S'ha cancel·lat la comanda de cinc avions nous.

terminate vit [formal. Suggereix finalitat i formalitat. Obj: p. ex. acord, contracte, relacions] finalitzar(-se) *The train terminates here.* [és a dir, no segueix] Aquí finalitza el trajecte del tren. *terminate the pregnancy* interrompre l'embaràs

Collocation S'especifica els subjectes i els objectes més habituals d'un verb en aquells casos en què poden distingir els verbs en qüestió d'altres que pertanyen al mateix apartat.

possibility nc/i (sovint + **for, of, that**) possibilitat *it is within the bounds/realms of possibility* entra dins els límits de la possibilitat *Is there any possibility of getting an earlier flight?* Hi ha cap possibilitat d'agafar un vol que surti abans?

Les preposicions que van lligades a determinades paraules apareixen entre parèntesis.

Les notes d'utilització expliquen aspectes gramaticals o diferències de significat. Aquestes notes poden fer esment a un encapçalament d'article en particular o poden servir per contrastar un seguit de paraules d'un mateix apartat.

u t i l i t z a c i ó

Un infinitiu no pot anar darrere el mot **possibility**. En aquesta construcció s'utilitza o **chance** o **opportunity**: p. ex. *We didn't have a chance to thank him.* (No vam tenir ocasió de donar-li les gràcies.) *That gave us an opportunity to rest.* (Això ens va donar l'oportunitat de descansar.)

DIY TAMBÉ **do-it-yourself** ni (*esp. brit*) [descriu tota mena de reformes a la casa no fetes per professionals] bricolatge

Formes alternatives d'una paraula que encapçala un article.

county nc 1 (*brit*) [unitat més gran d'administració local] comtat 2 (*amer*) [part d'un estat] comtat

Indicacions de variants geogràfiques de la llengua anglesa Les abreviatures (*brit*) i (*amer*) indiquen clarament les diferències entre l'anglès britànic i l'americà.

mow vt, pas. **mowed** pp. **mowed** o **mown** [obj: gespa] tallar, segar *Have you mown the lawn this week?* Has tallat la gespa aquesta setmana?

Les formes irregulars apareixen en la seva forma completa. Per a més informació, vegeu la secció 3.4 (p. *vii*).

Grups de paraules

Continguts

1. **Wild animals** Animals salvatges
2. **Fierce** Ferotge
3. **Gentle** Dòcil
4. **Small animals** Animals petits
5. **Insects** Insectes
6. **Farm animals** Animals de granja
7. **Pets** Animals de companyia
8. **Animal noises** Sorolls d'animals
9. **Birds** Ocells
10. **Fish and Sea animals** Peixos i animals marins
11. **Plants** Plantes
12. **Trees** Arbres
13. **Geography and Geology** Geografia i geologia
14. **Areas** Àrees
15. **Jewels** Joies
16. **Metals** Metalls
17. **Gases** Gasos
18. **Weather** Temps
19. **Cold** Fred
20. **Hot** Calent
21. **Wet** Moll
22. **Dry** Sec
23. **Dark** Fosc
24. **Light** Llum
25. **Calendar and Seasons** Calendari i estacions
26. **Time** Temps
27. **Astronomy** Astronomia
28. **Astrology** Astrologia
29. **Be** Ser, estar
30. **Presence and Absence** Presència i absència
31. **Happen** Ocórrer
32. **Begin** Començar
33. **Continue** Continuar
34. **End** Acabar
35. **Real** Real
36. **Unreal** Irreal
37. **Seem** Semblar
38. **Shapes** Formes
39. **Shape** Donar forma
40. **Dimensions** Dimensions
41. **Size** Mida
42. **Big** Gran
43. **Large quantity** Quantitat gran
44. **Small** Petit
45. **Small quantity** Quantitat petita
46. **Increase** Augmentar
47. **Decrease** Disminuir
48. **Fat** Gras
49. **Thin** Prim
50. **Whole** Sencer
51. **Enough** Prou
52. **Part** Part
53. **Edge** Cantó
54. **Alike** Semblant
55. **Different** Diferent
56. **Copy** Copiar
57. **Substitute** Substituir
58. **Change** Canvi
59. **Beautiful** Bell
60. **Ugly** Lleig
61. **Rough** Aspre
62. **Smooth** Llis
63. **Tidy** Endreçat
64. **Untidy** Desendreçat
65. **Order** Ordre
66. **Position** Posició
67. **Necessary** Necessari
68. **Unnecessary** Innecessari
69. **Waste** Malgastar
70. **Throw away** Llençar
71. **Rubbish** Escombraries
72. **Want** Voler
73. **Choose** Escollir
74. **Important** Important
75. **Main** Principal
76. **Unimportant** Insignificant
77. **Great** Gran
78. **Possible** Possible
79. **Impossible** Impossible
80. **Probable** Probable
81. **Improbable** Improbable
82. **Certain** Segur
83. **Uncertain** Insegur
84. **Particular** Particular
85. **General** General
86. **Human body – external** Cos humà – aspectes externs
87. **Hear** Sentir
88. **Noisy** Sorollós
89. **Quiet** Silenciós
90. **Smell** Olor
91. **See and Look** Veure i mirar
92. **Show** Mostrar
93. **Obvious** Evident
94. **Search** Escorcollar
95. **Find** Trobar
96. **Lose** Perdre
97. **Body positions** Posicions corporals
98. **Touch** Tocar
99. **Soft** Tou
100. **Hard** Dur
101. **Human body – internal** Cos humà – aspectes interns
102. **Bodily wastes** Residus corporals
103. **Breathe** Respirar
104. **Think** Pensar
105. **Believe** Creure
106. **Opinion** Opinió
107. **Intend** Tenir la intenció de
108. **Idea** Idea
109. **Guess** Endevinar
110. **Know** Saber
111. **Fame** Fama
112. **Unknown** Desconegut
113. **Find out** Esbrinar
114. **Understand** Entendre
115. **Misunderstand** Malentendre
116. **Remember** Recordar
117. **Forget** Oblidar
118. **Surprise** Sorpresa
119. **Boring** Avorrit
120. **Interesting** Interessant
121. **Doctor** Metge
122. **Hospital** Hospital
123. **Dentist** Dentista
124. **Illnesses** Malalties
125. **Symptoms** Símptomes
126. **Cures** Guaricions
127. **Healthy** Sa
128. **Unhealthy** Malaltís
129. **Mad** Boig
130. **Sane** Assenyat
131. **Hit** Pegar
132. **Damage** Danyar
133. **Cut** Tallar
134. **Hole** Forat
135. **Burn** Cremar
136. **Babies** Nadons
137. **Name** Nom
138. **Families and Relations** Famílies i familiars
139. **People** Gent
140. **Male** Masculí
141. **Female** Femení
142. **Personality** Personalitat
143. **Polite** Ben educat
144. **Rude** Mal educat
145. **Cheeky** Descarat
146. **Formal** Formal
147. **Informal** Informal
148. **Proud** Orgullós
149. **Boast** Vanar-se
150. **Modest** Modest
151. **Emotion** Emoció
152. **Fruit** Fruita
153. **Ripeness** Maduresa
154. **Nuts** Fruits secs
155. **Vegetables** Hortalisses
156. **Baked and dried foods** Aliments cuits al forn
157. **Flavours** Sabors
158. **Dairy products** Productes lactis
159. **Meat** Carn
160. **Sweet foods** Aliments dolços
161. **Snacks and Cooked foods** Tapes i menjars cuits
162. **Meals** Àpats
163. **Eating and Drinking places** Indrets on menjar i beure
164. **Eat** Menjar
165. **Hungry** Famolenc
166. **Drinks** Begudes
167. **Drink** Beure
168. **Cooking methods** Maneres de cuinar
169. **Kitchen** Cuina
170. **Dining room** Menjador
171. **Smoking** Fumar
172. **Drugs** Drogues
173. **Farming** Agricultura
174. **Buildings** Edificis
175. **Live** Viure
176. **Parts of buildings** Parts d'un edifici
177. **Inside buildings** Interiors
178. **Closed** Tancat
179. **Open** Obert
180. **Living room** Sala d'estar
181. **Bedroom** Dormitori
182. **Sleep** Dormir
183. **Rest and Relaxation** Descans i relaxació
184. **Personal hygiene** Higiene personal
185. **Bathroom** Cambra de bany
186. **Laundry** Bugada
187. **Cleaning** Neteja
188. **Clean** Net
189. **Dirty** Brut
190. **Clothes** Roba
191. **Shoes** Sabates
192. **Accessories** Accessoris
193. **Textiles** Teixits
194. **Colours** Colors
195. **Social customs** Costums socials
196. **Greet** Saludar
197. **Die** Morir
198. **Kill** Matar
199. **Sex** Sexe
200. **Old** Vell
201. **New** Nou
202. **Modern** Modern
203. **Old-fashioned** Antiquat
204. **Society** Societat
205. **Royalty** Reialesa
206. **Organization** Organització
207. **Group** Grup
208. **Laws and Rules** Lleis i normes
209. **Legal system** Sistema legal
210. **Free** Lliure
211. **Fair** Just
212. **Unfair** Injust
213. **Honest** Honrat
214. **Dishonest** Deshonest
215. **True** Vertader
216. **Untrue** Fals
217. **Good (morally)** Bo (en sentit moral)
218. **Reliable** De fiar
219. **Wicked** Malvat
220. **Steal** Robar
221. **Mercy** Pietat
222. **Sympathy** Compassió
223. **Unmerciful** Despietat

#	English	Catalan
224	Kind	Amable
225	Cruel	Cruel
226	Selfish	Egoista
227	Politics and Government	Política i governació
228	Control	Control
229	Strict	Estricte
230	Allow	Permetre
231	Forbid	Prohibir
232	Religion	Religió
233	Education	Ensenyament
234	Teach	Ensenyar
235	Learn	Aprendre
236	Clever	Intel·ligent
237	Able	Capaç
238	Sensible	Sensat
239	Skilful	Destre
240	Stupid	Estúpid
241	Foolish	Ximple
242	Unskilled	No qualificat
243	Difficult	Difícil
244	Problem	Problema
245	Hinder	Dificultar
246	Interfere	Interferir
247	Easy	Fàcil
248	War	Guerra
249	Fight	Lluitar
250	Enmity	Enemistat
251	Resentment	Ressentiment
252	Danger	Perill
253	Safety	Seguretat
254	Look after	Cuidar
255	Fear	Por
256	Tension	Tensió
257	Excitement	Emoció
258	Courage	Valor
259	Calmness	Tranquil·litat
260	Bank	Banc
261	Borrowing and Lending	Préstecs
262	Doing business	Fer negocis
263	Buying and Selling	Comprar i vendre
264	Finance	Finances
265	Money	Diner
266	Cheap	Barat
267	Expensive	Car
268	Value	Valor
269	Rich	Ric
270	Poor	Pobre
271	Employment	Ocupació
272	Office	Oficina
273	Shops	Botigues
274	Work	Treball
275	Busy	Ocupat
276	Try	Provar
277	Help	Ajudar
278	Eager	Frisós
279	Encourage	Encoratjar
280	Use	Utilitzar
281	Useful	Útil
282	Useless	Inútil
283	Lazy	Gandul
284	Inaction	Inacció
285	Unwilling	Poc disposat
286	Wait	Esperar
287	Do	Fer
288	Habitual	Habitual
289	Put	Posar
290	System	Sistema
291	Cause	Causar
292	Result	Resultat
293	Make	Fer
294	Join	Ajuntar
295	Separate	Separar
296	Computers	Ordinadors
297	Maths	Matemàtiques
298	Numbers	Nombres
299	Correct	Correcte
300	Incorrect	Incorrecte
301	Careful	Curós
302	Careless	Descurós
303	Machinery	Maquinària
304	Materials	Materials
305	Thing	Cosa
306	Sort	Classe
307	Weights and Measures	Pesos i mesures
308	Car	Cotxe
309	Driving	Conduir
310	Petrol station	Gasolinera
311	Roads	Carreteres
312	Ships and Boats	Vaixells
313	Aircraft	Avions
314	Trains	Trens
315	Other transport	Altres mitjans de transport
316	Travel documents and Procedures	Documents i procediments per viatjar
317	Travel	Viatjar
318	Directions	Direccions
319	Visit	Visitar
320	Distance	Distància
321	Come	Venir
322	Go	Anar(-se'n)
323	Bring	Portar
324	Avoid	Evitar
325	Early	Aviat
326	Late	Tard
327	On time	Puntual
328	Ready	Llest
329	Soon	Aviat
330	Delay	Retardar
331	Containers	Recipients
332	Full	Ple
333	Empty	Buit
334	Cover	Tapar
335	Uncover	Destapar
336	Hold	Aguantar
337	Carry	Portar
338	Pull and Push	Estirar i empènyer
339	Hide	Amagar
340	Communications	Comunicacions
341	Speak	Parlar
342	Tell	Dir
343	Explain	Explicar
344	Shout	Cridar
345	Complain	Queixar-se
346	Disagree	Discrepar
347	Refuse	Rebutjar
348	Agree	Estar d'acord
349	Persuade	Persuadir
350	Admit	Admetre
351	Ask	Preguntar
352	Answer	Contestar
353	Suggest	Suggerir
354	Discuss	Debatre
355	Emphasize	Subratllar
356	Repeat	Repetir
357	Swear	Renegar
358	Promise	Prometre
359	Talkative	Enraonador
360	Gossip	Xafardejar
361	Language	Llengua
362	Words	Paraules
363	Punctuation	Puntuació
364	Meaning	Significat
365	Gesture	Gest
366	Document	Document
367	Book	Llibre
368	Journalism	Periodisme
369	Write	Escriure
370	Writing materials	Materials per escriure
371	Erase	Esborrar
372	Give	Donar
373	Get	Obtenir
374	Have	Tenir
375	Take	Agafar
376	Entertainment	Entreteniment
377	Circus	Circ
378	Broadcasting	Radiodifusió
379	Music	Música
380	Leisure activities	Activitats de lleure
381	Arts and Crafts	Arts i oficis
382	Tools	Eines
383	Repair	Reparar
384	Gardening	Jardineria
385	Park and Funfair	El parc i el parc d'atraccions
386	Games	Jocs
387	Luck	Sort
388	Sport	Esport
389	Ball sports	Esports de pilota
390	Athletics	Atletisme
391	Water sports	Esports aquàtics
392	Gymnasium sports	Esports de gimnàs
393	Outdoor sports	Esports a l'aire lliure
394	Target sports	Esports de punteria
395	Equestrian sports	Esports eqüestres
396	Success	Èxit
397	Failure	Fracàs
398	Reward	Recompensa
399	Agile	Àgil
400	Clumsy	Maldestre
401	Strength	Força
402	Weak	Feble
403	Quick	Ràpid
404	Slow	Lent
405	Throw	Llançar
406	Catch	Agafar
407	Walk	Caminar
408	Run	Córrer
409	Follow	Seguir
410	Jump	Saltar
411	Movement	Moviment
412	Fall	Caure
413	Rise	Pujar
414	Turn	Girar
415	Wave	Ondejar
416	Magic	Màgia
417	Good	Bo
418	Improve	Millorar
419	Superior	Superior
420	Suitable	Adient
421	Comfortable	Confortable
422	Happy	Feliç
423	Laugh	Riure
424	Funny	Divertit
425	Tease	Bromejar
426	Like	Estimar
427	Love	Amor
428	Enjoy	Gaudir
429	Satisfy	Satisfer
430	Praise	Lloar
431	Admire	Admirar
432	Attract	Atreure
433	Endure	Aguantar
434	Friendship	Amistat
435	Loneliness	Solitud
436	Include	Incloure
437	Exclude	Excloure
438	Bad	Dolent
439	Inferior	Inferior
440	Uncomfortable	Incòmode
441	Worsen	Empitjorar
442	Normal	Normal
443	Often	Sovint
444	Unusual	Insòlit
445	Hate and Dislike	Odiar i tenir antipatia
446	Horror and Disgust	Horror i repugnància
447	Sad	Trist
448	Disappointment	Decepció
449	Shame	Vergonya
450	Angry	Enfadat

1 Wild animals Animals salvatges

lion lleó f.: **lioness** cria: **cub**
elephant elefant cria: **calf** (trunk trompa, tusk ullal)
monkey mona, mico (claw urpa, tail cua)
buffalo, pl **buffalos** o **buffaloes** búfal (horn banya)
stag cérvol f.: **hind** cria: **calf** (antlers banyes, hoof, pl hoofs o hooves peülla)
camel camell (hump gepa)
kangaroo, pl **kangaroos** cangur cria: **joey** (pouch bossa (d'animal))

(whiskers bigoti(s), mane crinera, paw pota, garra)

tiger nc tigre f.: **tigress**
leopard nc lleopard f.: **leopardess**
cheetah nc guepard
panther nc pantera
giraffe nc girafa
hippopotamus nc, pl **hippopotamuses** o **hippopotami**, abrev **hippo**, pl **hippos** hipopòtam

rhinoceros nc, abrev **rhino**, pl **rhinos** rinoceront
baboon nc mandril
chimpanzee nc, abrev **chimp** ximpanzé
gorilla nc goril·la
ape nc simi, mona
bear nc ós f.: **she-bear** cria: **cub**
panda nc panda
polar bear nc ós polar

koala o **koala bear** nc coala
bison (brit)/**buffalo** (amer), pl **buffaloes** o **buffaloes** bisó, búfal
fox nc guineu f.: **vixen**
wolf nc, pl **wolves** llop
deer nc, pl **deer** cérvol m.: **buck** f.: **doe**
antelope nc antílop
zebra nc zebra

HÀBITS D'ALIMENTACIÓ

carnivore nc carnívor
carnivorous adj carnívor
herbivore nc herbívor
herbivorous adj herbívor
omnivore nc omnívor
omnivorous adj omnívor

MOTS PER ALS ANIMALS

creature nc [s'utilitza sovint per expressar una reacció emocional per l'aspecte d'un animal, o bé quan se n'ignora el nom] criatura *What a peculiar creature!* Quina criatura més rara!
beast nc [esp. animal gran o fort] bèstia
monster nc monstre
wildlife ni [mot genèric per al conjunt de tots els éssers vius, incloses (en anglès britànic però no en l'americà) les plantes] fauna (i flora) *a wildlife tour of Kenya* un viatge per conèixer la fauna i flora de Kenya
game ni [animals que es cacen, esp. com esport] caça *game birds* aus de caça
mammal nc mamífer

utilització

La majoria dels noms dels animals salvatges forma el plural com els substantius en general; els plurals irregulars es troben en el text. Tanmateix, quan és qüestió de la caça o del safari, sovint es fa servir la forma singular per referir-se a diversos animals:
p. ex. *We saw a dozen giraffe.* Vam veure una dotzena de girafes.

1.1 Rèptils

snake nc serp
lizard nc llangardaix
alligator nc caiman
crocodile nc cocodril

GRUPS DE PARAULES

NOMS D'ANIMALS QUE S'UTILITZEN PER DESCRIURE PERSONES

Els noms dels animals que s'utilitzen per descriure les persones són sovint insultants. Molts són insults força comuns:

pig nc 1 TAMBÉ **swine**, pl **swine** [persona desagradable. S'utilitza sovint i no és molt ofensiu en situacions informals] porc 2 [golafre] porc *He's a real pig!* És un autèntic porc!

ass nc [força obsolet. Persona poca-solta. Un mot suau] ase, ruc

cow nc [ofensiu. Dona desagradable] *The silly cow nearly ran me over.* Una mica més i la imbècil m'atropella.

rat nc [obsolet o jocós. Generalment referit als homes] bèstia

Alguns tenen un sentit força específic:

mouse nc, pl **mice** [persona tímida i callada] ratolí **mousy** o **mousey** adj tímid

fox nc [persona enginyosa] guilla **foxy** adj astut

wolf nc, pl **wolves** [home que empaita insistentment les dones] casanova

shrew nc [dona malhumorada i renyadora] mala pècora **shrewish** adj malvada

sheep nc, pl **sheep** [persona que en segueix d'altres cegament] gregari

lamb nc [persona pacífica i dolça. Sovint s'utilitza afectivament o bé per parlar d'algú que no resulta tan ferotge o mal educat com s'esperava] xai *He came like a lamb.* Va venir mansoi com un xai. *My poor lamb!* Pobret!

tiger nc [persona ferotge. Habit. s'utilitza favorablement] tigre

mole nc [un espia que treballa des de dins d'una organització] talp

2 Fierce Ferotge

vegeu també **225 Cruel**

fierce adj [descriu p. ex. animals, persones, expressions facials] ferotge *a fierce tiger* un tigre ferotge *Your uncle looks fierce!* El teu oncle sembla ferotge. **fiercely** adv ferotgement **fierceness** ni ferocitat

ferocious adj [més fort que **fierce**, i implica més violència] ferotge, violent *a ferocious storm* una tempesta violenta *a ferocious attack on socialism* un atac virulent contra el socialisme **ferociously** adv ferotgement **ferocity** ni ferotgia

savage adj [implica major violència i crueltat més premeditada que **fierce** i **ferocious**] salvatge *a savage wolf* un llop salvatge *a savage attack* un atac despietat **savagely** adv salvatgement *savagely beaten* apallissat salvatgement **savagery** ni salvatgia

savage vt atacar salvatgement *The child was savaged by a mad dog.* El nen va ser atacat salvatgement per un gos rabiós.

violent adj [implica emocions incontrolades més que crueltat premeditada] violent *The prisoner may become violent if approached.* El presoner pot reaccionar violentament si se li apropen. *a violent argument* [apassionat però no necessàriament amb violència física] una discussió violenta **violently** adv violentament **violence** ni violència

aggressive adj [sempre disposat a atacar o discutir. Implica més una actitud que l'ús real de la força o la violència] agressiu *an aggressive response* una resposta agressiva *an aggressive child* un nen agressiu **aggressively** adv agressivament

aggressiveness o **aggression** ni agressió *acts of aggression* actes d'agressió

frases fetes

His/her bark is worse than his/her bite. [informal. Persona no tan ferotge com sembla] Gos que lladra, no mossega. *She's always making threats, but her bark is worse than her bite.* Sempre amenaça, però crida molt i no mossega.

He/she won't bite/eat you. [informal. Sovint s'utilitza amb la mainada que és tímida amb les persones desconegudes] No mossega.

3 Gentle Dòcil

vegeu també **224 Kind**

gentle adj dòcil, afable, pacífic, dolç, suau *a gentle old man* un vellet afable *a gentle smile* un somriure dolç *gentle criticism* una crítica suau **gentleness** ni docilitat, dolcesa

gently adv dòcilment *He gently picked up the kitten.* Va agafar el gatet amb suavitat. *She spoke gently.* Parlava dolçament.

tender adj [descriu: persones, comportament, *no* animals. Suau i afectuós] tendre *a tender glance* una mirada tendra **tenderness** ni tendresa

tenderly adv tendrament *He kissed her tenderly.* La va besar tendrament.

mild adj [tranquil i suau, sense violència, esp. quan se'n podria esperar una resposta aïrada] pacífic, suau, dolç *a mild expression* una expressió dolça *a mild-mannered person* una persona de caràcter afable **mildness** ni dolçor, suavitat

mildly adv suaument *'Please calm down,' he said mildly.* 'Sisplau, tranquil·litza't', va dir amb suavitat.

harmless adj [s'utilitza esp. per a persones i animals que semblen ferotges o fan por per algun motiu] inofensiu *a harmless spider* una aranya inofensiva **harmlessly** adv de manera inofensiva

tame adj [descriu: animals i *no* persones] mans, domesticat *a tame monkey* una mona domesticada

tame vt domesticar *She tamed a bear cub.* Va domesticar un cadell d'ós.

4 Small animals Animals petits

squirrel nc esquirol
hedgehog nc eriçó
rat nc rata
mouse nc, pl **mice** ratolí
frog nc granota
toad nc gripau
worm nc cuc
slug nc llimac
snail nc cargol
spider nc aranya
(spider's) web o **cobweb** (brit) nc teranyina
scorpion nc escorpí

badger teixó
ferret fura
weasel mostela
bat rat-penat
otter llúdria
mole talp
beaver castor

VERBS DERIVATS DE NOMS D'ANIMALS

Totes aquestes paraules són força informals; s'utilitzen més en la llengua parlada que en l'escrita.

beaver away vi (esp. brit) (sovint + **at**) [implica diligència i afany] pencar *They're beavering away at their homework.* Estan molt aplicats fent els deures.
ferret vi (habit. + adv o prep) [implica cercar d'una manera poc sistemàtica] buscar remenant-ho tot *She ferreted around in the fridge for some cheese.* Remenava la nevera buscant formatge.
ferret out sth o **ferret** sth **out** vt trobar finalment *I'll see if I can ferret out those papers.* Intentaré localitzar aquells papers.
fox vt deixar perplex *That puzzle really had me foxed.*

Aquell trencaclosques em va deixar perplex.
hare vi (brit) (+ adv o prep) córrer (amunt i avall) *She's always haring around Britain on business.* Sempre corre amunt i avall de la Gran Bretanya per negocis.
rabbit vi, -tt- o -t- (brit) (habit. + **on**, **away**) [pej.] xerrar *He went rabbiting on about his prize leeks.* No parava de xerrar sobre els seus porros premiats.
squirrel vt, -ll- (esp. brit) -l- (amer) (habit. + **away**) amuntegar *She's got a fortune squirrelled away in the bank.* Té una fortuna amuntegada al banc.
wolf vt (habit. + **down**) [implica molta gana] devorar *They wolfed down their food.* Van devorar el menjar.

5 Insects Insectes

NOMS D'INSECTES

insect nc [mot genèric] insecte
bug nc (esp. amer) [informal. Qualsevol insecte petit] bestiola
creepy-crawly nc (esp. brit) [informal, sovint jocós. Expressa repugnància] cuca

fly nc mosca
flea nc puça
daddy longlegs nc, pl **daddy longlegs** típula
beetle nc escarabat
ladybird (brit), **ladybug** (amer) nc marieta
bee nc abella
beehive nc rusc
wasp nc vespa
ant nc formiga
anthill nc formiguer
grasshopper nc llagosta
cricket nc grill
butterfly nc papallona
moth nc arna
cockroach nc escarabat de cuina

Cries d'insectes

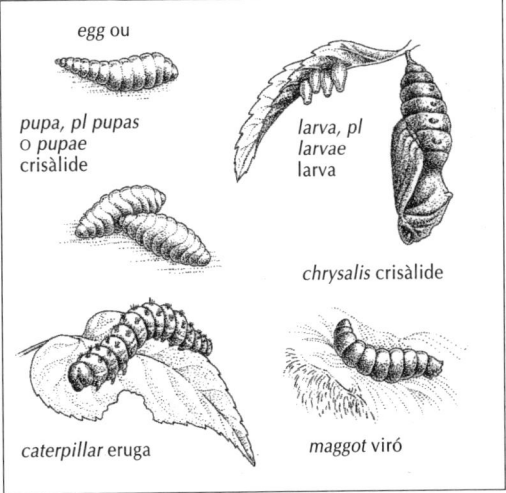

egg ou
pupa, pl pupas o pupae crisàlide
larva, pl larvae larva
chrysalis crisàlide
caterpillar eruga
maggot viró

6 Farm animals Animals de granja

vegeu també **159 Meat**

cattle n pl bestiar
cow nc vaca
calf nc, pl **calves** vedell
bull nc brau, toro
ox nc, pl **oxen** bou
pig nc porc f.: **sow** m.: **boar** cria: **piglet**
goat nc cabra f.: **nanny (goat)** m.: **billy (goat)** cria: **kid**
horse nc cavall f.: **mare** m.: **stallion** cria: **foal**
pony nc poni

donkey nc ruc, ase
ass nc ruc, ase
mule nc mul
sheep nc, pl **sheep** ovella f.: **ewe** m.: **ram** cria: **lamb**

6.1 Aus de granja

chicken nc pollastre
hen nc [femella] gallina
cock (esp. brit), **rooster** (esp. amer) nc gall

chick nc pollet
duck nc ànec m.: **drake** cria: **duckling**

goose nc, pl **geese** oca m.: **gander** cria: **gosling**
turkey nc gall dindi

> *utilització*
>
> **Chicken** és un mot de la llengua general utilitzat tant per als mascles com per a les femelles. Sovint es diu **chicken** referit només a les femelles i és preferible emprar **cock** o **rooster** si es parla dels mascles. La carn de pollastre es diu **chicken**. Un gall jove es diu **cockerel**. El mot genèric per a les aus de granja és **poultry** (aviram), mentre que els grangers s'anomenen **poultry farmers** encara que només criïn pollastres.

7 Pets Animals de companyia

7.1 Gossos

dog nc [estrictament mascle, però s'utilitza també per a les femelles quan el sexe no és important] gos
bitch nc gossa
puppy nc cadell
canine adj [formal] caní

7.2 Gats

cat nc gat
tomcat o **tom** nc gat (mascle) a ginger tom un gat ros
kitten nc moix
puss nc (habit. no s'utilitza en pl) [s'utilitza esp. per cridar un gat] mix Come here, puss! Vine aquí, mixeta!
pussy o **pussy cat** nc [informal. Utilitzat per la mainada o per parlar amb la mainada] mixeta
tabby nc gat tigrat
feline adj [formal] felí

7.3 Altres animals de companyia

guinea pig nc conillet d'índies
hamster nc hàmster
tortoise nc tortuga

budgerigar nc, abrev **budgie** periquito
parrot nc lloro
goldfish nc peix de color

Classes de gossos

Alsatian (brit) o German shepherd pastor alemany
poodle gos falder
bulldog buldog
spaniel spaniel
greyhound llebrer
terrier terrier
dachshund teckel o [informal] sausage dog gos salsitxa

8 Animal noises Sorolls d'animals

vegeu també **9.4 Birds**

8.1 Animals de companyia

bark *vi* bordar
growl *vi* grunyir
howl *vi* udolar
mew o **miaow** *vi* miolar
purr *vi* roncar
neigh *vi* eguinar
whinny *vi* renillar
bray *vi* bramar
moo *vi* bramular
low *vi* [literari] bramular
bleat *vi* belar

8.2 Animals salvatges

roar *vi* rugir
trumpet *vi* bramar
hiss *vi* xiular
croak *vi* raucar
squeak *vi* esgüellar, xisclar

SOROLLS D'ANIMALS QUE S'APLIQUEN ALS ÉSSERS HUMANS

Els noms dels sorolls d'animals s'apliquen sovint a les persones per descriure, per exemple, una determinada manera de parlar. A continuació n'hi ha uns quants:

bark *vit* (sovint + **out**) [to enfadat i sec] bordar, cridar *The sergeant barked out his orders.* El sergent va cridar secament les ordres. **bark** *nc* lladruc

growl *vit* [to baix i amenaçador] grunyir

purr *vit* [to baix, expressant plaer] xiuxiuejar *'Thank you, darling,' she purred.* 'Gràcies, estimat', va xiuxiuejar complaguda.

bray *vit* [pej. To brusc i elevat. Sovint descriu una determinada manera de riure] bramar

bleat *vit* [pej. To feble i queixós] queixar-se *Stop bleating about how he bullies you and stand up to him!* Deixa de queixar-te de com et tiranitza i planta-li cara!

roar *vit* [to molt alt, agressiu i cridaner] bramar *'Get out of here!,' he roared.* 'Fora d'aquí!', va cridar.

trumpet *vi* [força jocós. To molt alt i bramador] bramar

hiss *vit* [to maliciós o irritat] xiuxiuejar

croak *vit* [to aspre, per mal de coll o por] grallar

squeak *vit* [to esporuguit] gemegar

---

9 Birds Ocells

blackbird merla

fowl *nc, pl* **fowl** o **fowls** 1 [aus de granja] aviram, pollastres 2 [literari] aus *the fowls of the air* les aus del cel *waterfowl* aus aquàtiques *wildfowl* aus de caça

vulture *nc* voltor

bird of prey *nc* ocell de rapinya

bill *nc* [més tècnic que **beak**] bec

nest *nc* niu **nest** *vi* (sovint + *prep*) niar *Sparrows nested under the roof.* Els pardals van niar sota la teulada.

aviary *nc* gabial

GRUPS DE PARAULES

finch nc pinsà
starling nc estornell
sparrow nc pardal
wren nc cargolet
crow nc corb

lark nc alosa
cuckoo nc, pl cuckoos cucut
partridge nc perdiu
nightingale nc rossinyol

9.1 Accions dels ocells

fly vi, pas. flew pp. flown volar
swoop vi (habit. + adv o prep) llançar-se
soar vi (habit. + adv o prep) volar molt alt
hover vi (habit. + prep) planejar
perch vi (habit. + prep) ajocar-se perch nc perxa, barra
peck vit (sovint + at) picotejar A blue tit pecked at the nuts. Una mallerenga blava picotejava els fruits secs.
lay vti, pas. & pp. laid pondre The duck has laid four eggs. L'ànega ha post quatre ous. Our hens are laying well. Les nostres gallines ponen molts ous.
hatch vit (sovint + out) sortir, covar All the eggs have hatched out. Tots els ocellets han sortit dels ous.

9.2 Ocells aquàtics

pelican nc pelicà
swan nc cigne
webbed feet n pl peus palmats
kingfisher nc blauet, arner

flamingo nc, pl flamingos nc flamenc
heron nc agró, garsa reial
seagull nc gavina
puffin nc fraret
penguin nc pingüí

9.3 Ocells de rapinya

9.4 Sorolls dels ocells

sing vi, pas. sang pp. sung cantar The birds were singing. Els ocells cantaven.
birdsong ni cant dels ocells
cheep vi piular
chirp o chirrup vi fer piuladissa
tweet vi fer xisclets
trill vi refilar
quack vi clacar
cluck vi cloquejar
gobble vi gorgolar
crow vi grallar

10 Fish and Sea animals Peixos i animals marins

utilització

Els noms dels peixos i dels animals marins sovint tenen la mateixa forma per al plural que per al singular, especialment quan es tracta de caça i pesca. En canvi, els noms dels crustacis, dels mol·luscs i dels mamífers marins acostumen a formar el plural afegint una 's' al singular. El plural de fish és fish o fishes.

10.1 Classes de peixos

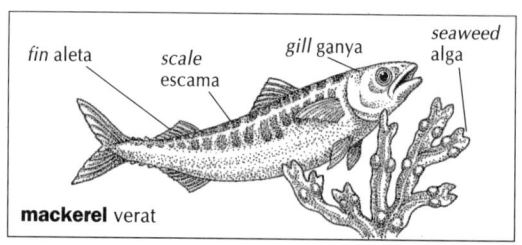

cod *nc* bacallà
eel *nc* anguila
herring *nc* arengada
plaice *nc* palaia
salmon *nc* salmó

sardine *nc* sardina
shark *nc* tauró
sole *nc* llenguado
trout *nc* truita
hake *nc* lluç

10.2 Crustacis i mol·luscs

crustacean *nc* crustaci
mollusc *nc* mol·lusc
shellfish *nc/i, pl* shellfish marisc *We caught some shellfish.* Vam pescar marisc.
crab *nc* cranc

mussel *nc* musclo
octopus *nc, pl* octopuses o octopi pop
oyster *nc* ostra
prawn *nc* gamba, llagostí
shrimp *nc* gamba (petita)
squid *nc* calamar

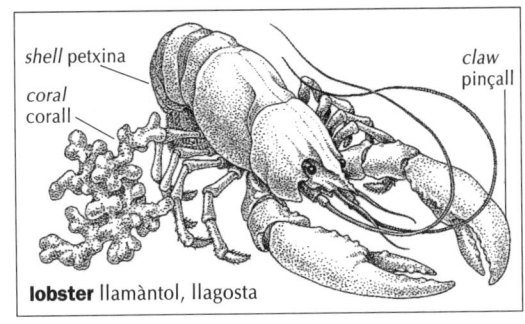
lobster llamàntol, llagosta

10.3 Mamífers marins

whale *nc* balena
dolphin *nc* dofí
seal *nc* foca

sea lion *nc* lleó marí
walrus *nc, pl* walruses o walrus morsa

11 Plants Plantes

vegeu també **384 Gardening**

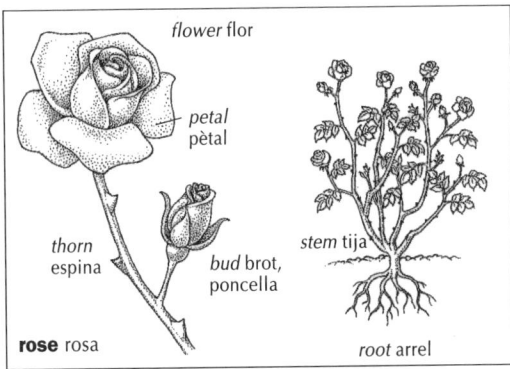

stalk *nc* [semblant a **stem**, però no s'utilitza per a plantes llenyoses] tija, tronxo
bulb *nc* bulb

seed *nc* llavor
pollen *ni* pol·len
shrub *nc* arbust
bush *nc* arbust
weed *nc* mala herba
daisy *nc* margarida
daffodil *nc* narcís
tulip *nc* tulipa
carnation *nc* clavell
bluebell *nc* campaneta
dandelion *nc* lletsó
pansy *nc* pensament
fern *nc* falguera
thistle *nc* card
holly *ni* grèvol

berry *nc* baia
ivy *nc* heura
cactus *pl* cacti o cactuses cactus
lily *nc* lliri
heather *ni* bruc
violet *nc* violeta
buttercup *nc* ranuncle
rhododendron *nc* rododèndron
nettle *nc* ortiga
reed *nc* canyís
rush *nc* jonc
vine *nc* cep, parra

12 Trees Arbres

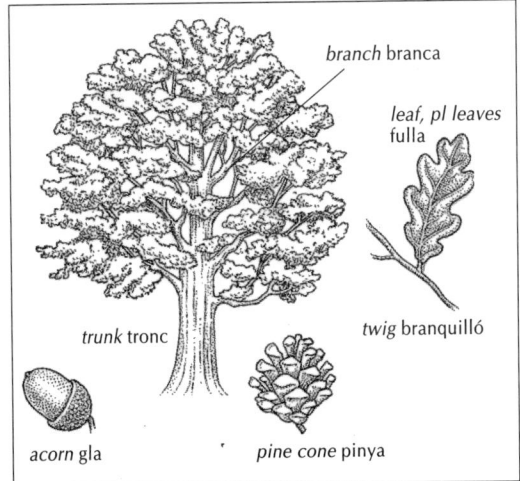

12.1 Tipus d'arbres

oak *nc* roure
silver birch (*brit*), white birch (*amer*) *nc* bedoll
beech *nc* faig
elm *nc* om
chestnut *nc* **1** [arbre] castanyer **2** [fruit sec] castanya
(weeping) willow *nc* desmai
ash *nc* freixe
fir *nc* avet
pine *nc* pi
cedar *nc* cedre
maple *nc* auró
palm *nc* palmera
redwood *nc* sequoia

TIPUS DE FUSTA

En llengua anglesa, el nom que es fa servir per designar els arbres és el mateix que es fa servir per parlar dels tipus de fusta. En aquest segon cas, el mot és incomptable, p. ex. *a table made of oak* (una taula de roure) *a pine wardrobe* (un armari de pi)

GRUPS DE PARAULES

13 Geography and Geology   Geografia i geologia

geographer nc geògraf -a
geographical adj geogràfic

geologist nc geòleg -òloga **geological** adj geològic

pool nc [habit. una formació natural. Pot ser petita o gran] estanyol, bassal *a rock pool* un estanyol a les roques

puddle nc toll

13.1 Elevacions naturals

hill nc turó *at the top of the hill* al cim del turó
hilly adj muntanyós
hillside nc vessant
hilltop nc cim del turó
volcano nc, pl **volcanoes** volcà
mountain nc muntanya *a mountain range* una serra **mountainous** adj muntanyós
mountainside nc falda, coster de muntanya
slope nc inclinació, pendent *a gentle/steep slope* un pendent suau/fort
peak nc cim (de muntanya)
summit nc cim
valley nc vall
gorge nc gorja
canyon nc gorja

utilització

La paraula **top** es pot fer servir per parlar del cim d'un turó o d'una muntanya; en canvi **peak** s'utilitza només per designar el cim acabat en punxa d'una muntanya, mentre que **summit** es reserva per quan parlem de l'acció de pujar muntanyes.

13.2 Altres característiques geogràfiques

desert nc (sovint + **the**) desert *We were lost in the desert.* Estàvem perduts al desert.
oasis nc, pl **oases** oasi
jungle nc (sovint + **the**) jungla
rainforest nc (sovint + **the**) selva tropical *the Brazilian rainforest* la selva tropical del Brasil
forest nc [àrea gran coberta per arbres] bosc, forest
wood nc o **woods** n pl [descriu una àrea més petita i no tan salvatge com **forest**] bosc *a stroll through the wood(s)* una passejada pel bosc
vegetation ni vegetació
plain nc o **plains** n pl plana
moor nc o **moors** n pl (esp. brit) erm
swamp nc [esp. àrea pantanosa en indrets càlids i humits] aiguamoll **swampy** adj pantanós
bog nc terreny fangós **boggy** adj fangós
marsh nc [habit. amb plantes] maresma **marshy** adj pantanós

13.3 Roques

rock nc roca **rocky** adj rocós
stone nc pedra **stony** adj pedregós, ple de pedres
boulder nc [més gran que **rock** i **stone**] còdol
pebble nc [petit i rodó] palet (de riera), còdol
fossil nc fòssil
mineral nc mineral

13.4 Extensions d'aigua

sea nc mar
ocean nc oceà
lake nc llac
reservoir nc embassament
pond nc [sovint artificial] bassa, viver

utilització

Sea, **Lake** i **Ocean** s'utilitzen sovint en majúscula combinats amb noms propis, p. ex. *the Atlantic Ocean* (l'oceà Atlàntic) *Lake Geneva* (el llac de Ginebra).

13.5 El límit d'una extensió d'aigua

shore nc [del mar o d'un llac] platja, costa *We can go on shore at Stockholm.* Podrem fer terra a Estocolm.
ashore adv en terra *We went ashore that evening.* Vam passar aquell vespre a terra.
seashore nc costa, platja *shells on the seashore* petxines a la platja
beach nc [del mar o d'un llac gran] platja *a sandy beach* una platja de sorra *sunbathing on the beach* prendre el sol a la platja

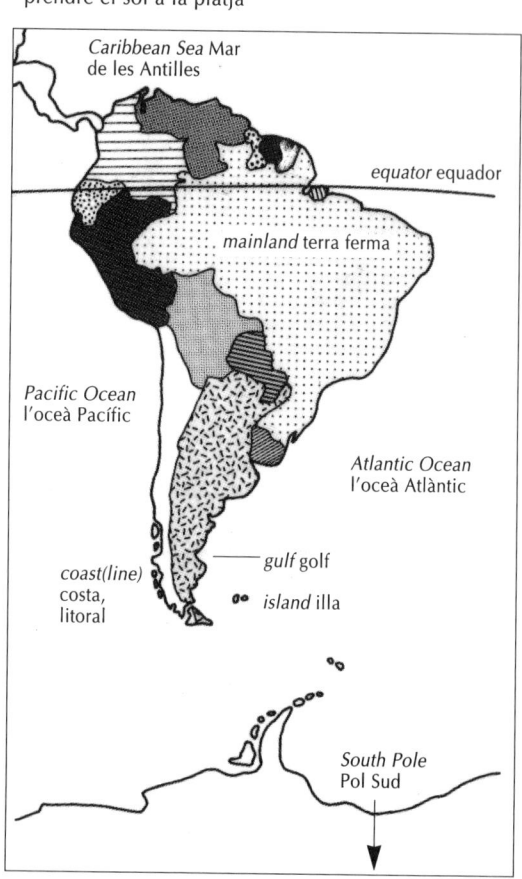

Caribbean Sea Mar de les Antilles
equator equador
mainland terra ferma
Pacific Ocean l'oceà Pacífic
Atlantic Ocean l'oceà Atlàntic
coast(line) costa, litoral
gulf golf
island illa
South Pole Pol Sud

South America is a *continent*. Amèrica del Sud és un continent.
Brazil is a *country*. Brasil és un país.
Buenos Aires is the *capital* of Argentina. Buenos Aires és la capital d'Argentina.

seaside *ni* (sempre + **the**) [tota l'àrea a prop del mar, entesa com a lloc per estiuejar] platja, costa *a day at the seaside* un dia a la costa (davant de *n*) *a seaside town* un poble costaner
coast *nc* costa *storms off the Atlantic coast* temporals mar endins a la costa atlàntica **coastal** *adj* costaner
coastline *nc* litoral
cliff *nc* penya-segat
bank *nc* [de riu] riba

13.6 Altres fenòmens del mar

tide *nc* marea *The tide is in/out.* Hi ha/No hi ha marea. *The tide is coming in/going out.* Puja/baixa la marea. *high/low tide* marea alta/baixa **tidal** *adj* relatiu a la marea
wave *nc* ona, onada

iceberg *nc* iceberg
seaweed *ni* alga marina
sand *ni* sorra **sandy** *adj* sorrenc, sorrós
sandbank *nc* banc de sorra
sand dune *nc* duna

13.7 Corrents d'aigua

river *nc* riu *the River Thames* el riu Tàmesi
riverbed *nc* mare, llit (d'un riu)
brook *nc* rierol
stream *nc* rierol
canal *nc* canal (artificial)
channel *nc* canal
current *nc* corrent
a strong current un corrent fort
mouth *nc* desembocadura *the mouth of the Nile* la desembocadura del Nil
waterfall *nc* cascada
spring *nc* font, deu
glacier *nc* glacera

14 Areas Àrees

area *nc* àrea *Water covered a large area of the country.* Una àrea extensa del país estava coberta d'aigua. *a residential/industrial area* una àrea residencial/industrial
place *nc* lloc, indret *This is the place where we met.* Aquest és el lloc on ens vam trobar. *We visited a picturesque place.* Vam visitar un indret pintoresc.
region *nc* regió, zona *a mountainous region* una regió muntanyosa *high winds* **in the region of** *northern Scotland* vents forts a l'àrea del nord d'Escòcia **regional** *adj* regional
territory *nc* [àrea, esp. quan es tracta del propietari o de qui la domina] territori *British territories* territoris britànics *Robins defend their territory fiercely.* Els pit-roigs defensen el seu territori feroçment. **territorial** *adj* territorial

14.1 Àrees polítiques i administratives

> *utilització*
>
> **Country** subratlla l'aspecte geogràfic d'una àrea organitzada, mentre que **state** considera l'àrea com una organització política o de govern. El mot **nation** fa referència a un grup de persones que viuen sovint en el mateix país, amb lligams forts de cultura, raça, idioma o religió.

country *nc* país
nation *nc* nació *the English-speaking nations* les nacions de parla anglesa **national** *adj* nacional
nationality *nc* nacionalitat *people of all nationalities* gent de totes les nacionalitats
state *nc* **1** [país] estat *representatives of several European states* representants de diversos estats europeus **2** [part d'un país] estat *the United States of America* els Estats Units d'Amèrica **3** [govern] estat *state-owned industries* indústries estatals
republic *nc* república *the Irish Republic* la república d'Irlanda
kingdom *nc* regne *the United Kingdom* el Regne Unit
empire *nc* imperi
imperial *adj* imperial

county *nc* **1** (*brit*) [unitat més gran d'administració local] comtat **2** (*amer*) [part d'un estat] comtat
province *nc* [divisió administrativa d'un país o d'un imperi] província
provincial *adj* **1** provincial **2** [sovint pej., implica manca de sofisticació] provincià
district *nc* [àrea fixada, esp. amb finalitats administratives, però que pot no tenir límits exactes] districte *postal districts* districtes postals
race *nc* raça
tribe *nc* tribu *nomadic tribes* tribus nòmades **tribal** *adj* tribal

> **LANDSCAPE** (*PAISATGE*), **COUNTRYSIDE** (*CAMP*), I **COUNTRY** (*CAMP*)
>
> **Landscape** es refereix al camp com a paisatge (o pintura) que es pot mirar o admirar a una certa distància. Tant **country** com **countryside** es refereixen a àrees que es poden visitar o mirar. Normalment **countryside** implica un camp verd i sovint cultivat, però no es fa servir per a àrees muntanyoses, àrides o salvatges. Es pot fer servir **country** d'una manera més general per a totes les àrees fora dels pobles, incloses les parts més salvatges. Tanmateix, caldria evitar l'ús de **country** en aquells contextos en què es pot confondre amb l'accepció de nació.

14.2 Entorn

surroundings *n pl* voltants *The church is set in beautiful surroundings.* L'església té un entorn molt bonic.
setting *nc* [semblant a **surroundings**] marc
location *nc* [subratlla el lloc on es troba ac, més que l'àrea als voltants] ubicació
neighbourhood (*brit*), **neighborhood** (*amer*) *nc* veïnat, barri *a violent neighbourhood* un barri violent
environment *nc* **1** [les condicions entorn d'una persona o d'una cosa] entorn *brought up in a rural environment* criat en un ambient rural **2** (sempre + **the**) [fenòmens naturals com plantes, terra, aire, etc.] medi ambient *concern for the environment* preocupació pel medi ambient

environmental *adj* ambiental *environmental issues* qüestions del medi ambient
environmentally *adv* environmentally-friendly products productes que no perjudiquen el medi ambient

14.3 Indrets on viu la gent

city *nc* [acostuma a tenir catedral] ciutat (davant de *n*) *a city dweller* un habitant de la ciutat
town *nc* [habit. és més petita que **city**] poble, ciutat
village *nc* poble, vila
outskirts *n pl* afores
suburb *nc* barri allunyat del centre *a suburb of London* un barri de Londres *to live in the suburbs* viure lluny del centre

> *utilització*
>
> Cal tenir en compte que el mot **suburb** té unes connotacions molt diferents a les de la paraula *suburbi* en català. En anglès fem servir **suburb** per parlar de les àrees residencials on la gent acostuma a viure, que estan prou allunyades del centre comercial i administratiu de les ciutats. Així doncs, mai no s'haurà d'emprar en un sentit negatiu per parlar de barris degradats o amb una alta densitat de població. En aquest context, la paraula que caldrà utilitzar en anglès serà **slum**.

15 Jewels Joies

jewel *nc* **1** [pedra] joia **2** [adornament] joia *She put on her jewels.* Es va posar les joies. **jewellery** (*brit*), **jewelry** (*amer*) *ni* joies **jeweller** (*brit*), **jeweler** (*amer*) *nc* joier
gem *nc* [no tan comú com **jewel**. Sembla més tècnic] gemma

amethyst *nc/i* ametista
diamond *nc/i* diamant
emerald *nc/i* maragda
opal *nc/i* òpal
pearl *nc/i* perla **pearly** *adj* nacrat
ruby *nc/i* robí
sapphire *nc/i* safir

> **COLORS**
>
> Els noms de les joies s'utilitzen sovint per descriure els colors. De vegades s'utilitzen juntament amb el nom del color que representen: p. ex. *emerald green sea* (mar verd maragda) *ruby red lips* (llavis roig robí). Es poden utilitzar també sols com a adjectius: p. ex. *ruby wine* (vi robí) *amethyst silk* (seda ametista).

16 Metals Metalls

> *utilització*
>
> Els noms dels metalls següents es poden utilitzar davant d'un substantiu per descriure alguna cosa feta del metall en qüestió: p. ex. *a gold bracelet* (una polsera d'or) *a lead pipe* (un tub de plom).

metal *nc/i* metall **metal** *adj* de metall **metallic** *adj* metàl·lic
ore *ni* mena *iron ore* mena de ferro
mine *nc* mina **mine** *vti* (sovint + **for**) minar, extreure *to mine for gold* buscar or en una mina
miner *nc* miner

gold *ni* o **golden** *adj* [habit. literari] **1** [fet d'or] d'or **2** [color] daurat
silver *ni* argent, plata **silvery** *adj* platejat
lead *ni* plom **leaden** *adj* de plom, plomós
copper *ni* coure

steel *ni* acer **steely** *adj* acerat
iron *ni* ferro
brass *ni* llautó
bronze *ni* bronze
aluminium *ni* alumini
platinum *ni* platí
mercury *ni* mercuri
rust *ni* rovell **rusty** *adj* oxidat, rovellat

> **COLORS**
>
> Els noms dels metalls sovint s'utilitzen davant d'un substantiu per descriure'n el color: p. ex. *gold material* (material daurat) *copper hair* (cabells de color de coure). Alguns metalls tenen una altra forma per a l'adjectiu; els trobareu més amunt, juntament amb els noms dels metalls: p. ex. *leaden skies* (cel plúmbic) *silvery hair* (cabells argentats).

17 Gases Gasos

oxygen *ni* oxigen
hydrogen *ni* hidrogen
nitrogen *ni* nitrogen
carbon dioxide *ni* diòxid de carboni
helium *ni* heli

ozone *ni* ozó *the ozone layer* la capa d'ozó
air *ni* (habit. + **the**) aire
sky *ni* (habit. + **the**) cel

> *utilització*
>
> Sovint s'utilitza **the skies** com a sinònim de **the sky**: p. ex. *The skies were grey.* (El cel era gris.) **Skies** és lleugerament més literari que **sky**, però és força comú.

18 Weather Temps

weather *ni* (sovint + **the**) temps atmosfèric *What's the weather like today?* Quin temps fa avui? *poor weather conditions* males condicions atmosfèriques
climate *nc* clima *the Mediterranean climate* el clima mediterrani
meteorology *ni* meteorologia **meteorologist** *nc* meteoròleg -òloga **meteorological** *adj* meteorològic

18.1 Bon temps
vegeu també **20 Hot**

fine *adj* [descriu: el temps] bo *It was a fine day.* Feia un bon dia.
clear *adj* [descriu: el cel] clar
sun *nc* (sovint + **the**) sol *sitting in the sun* seure al sol
sunshine *ni* (llum/claror del) sol
sunny *adj* assolellat *a sunny afternoon* una tarda assolellada
tropical *adj* [descriu: p. ex. el clima, el país] tropical

18.2 Pluja i temps humit
vegeu també **21 Wet**

rain *vi* [mot genèric per a qualsevol intensitat] ploure *It's raining.* Plou. *It rained heavily all night.* Va ploure molt fort tota la nit.
rain *ni* pluja *heavy/light rain* pluja forta/lleugera
raindrop *nc* gota de pluja
rainfall *ni* quantitat de pluja, precipitació
rainy *adj* plujós *the rainy season* l'estació de les pluges
wet *adj*, *-tt-* moll *a wet day* un dia de pluja
damp *adj* humit *a damp afternoon* una tarda humida
drizzle *ni* [pluja fina i boirosa] plugim **drizzle** *vi* plovisquejar
shower *nc* [precipitació breu] ruixat
pour *vi* (sovint + **down**) fer un aiguat *It's pouring!* Està diluviant. *It poured down all night.* Va ploure molt fort tota la nit.
downpour *nc* [pluja forta i sobtada] xàfec *We were caught in the downpour.* Ens va sorprendre un xàfec.
bucket down *vi* (*brit*) [informal, emfàtic] ploure a bots i barrals *It/the rain was bucketing down.* Plovia a bots i barrals.
piss (it) down *vi* (*brit*) [força ordinari, però molt comú en la parla informal] ploure fort *It's pissing (it) down out there!* Està descarregant de valent!
monsoon *nc* monsó
flood *nc* (sovint *pl*) inundació
flood *vit* desbordar(-se), inundar *The river has flooded.* El riu s'ha desbordat. *The river has flooded many basements.* El riu ha inundat molts soterranis.
cloud *nc* núvol **cloudy** *adj* ennuvolat
overcast *adj* tapat *It's very overcast today.* Avui el cel està tapat.
rainbow *nc* arc de Sant Martí
fog *ni* boira **foggy** *adj* boirós
mist *ni* boirina *Mist came down over the hills.* La boirina va cobrir ràpidament les muntanyes. **misty** *adj* boirós

18.3 Vent

utilització

El verb que s'utilitza amb tots els vents és **blow**: p. ex. *A breeze/gale was blowing.* (Bufava una brisa/un vendaval.) S'utilitza el verb **blow** amb un adverbi per descriure els efectes del vent: p. ex. *The roof was blown off in the hurricane.* (L'huracà es va endur la teulada.)

wind *nc/i* [mot genèric] vent *a gust of wind* una ràfega de vent *flags blowing in the wind* banderes voleiant al vent **windy** *adj* ventós
breeze *nc* brisa *a gentle breeze* una brisa suau
gale *nc* vendaval *It's blowing a gale.* Està bufant un vendaval.
whirlwind *nc* remolí de vent
hurricane *nc* huracà
cyclone *nc* cicló
typhoon *nc* tifó
tornado *nc*, *pl* **tornados** o **tornadoes** tornado
draught (*brit*), **draft** (*amer*) *nc* corrent d'aire **draughty** (*brit*), **drafty** (*amer*) *adj* que té corrents d'aire
gust *nc* ràfega *a sudden gust of wind* una ràfega de vent sobtada

18.4 Temps fred
vegeu també **19 Cold**

snow *vi* nevar *It snowed all night.* Va nevar tota la nit.
snow *ni* neu **snowy** *adj* de molta neu, nevós
snowflake *nc* floc de neu
snowstorm *nc* tempesta de neu
hail *ni* pedra, calamarsa **hail** *vi* pedregar
sleet *ni* aiguaneu **sleet** *vi* caure aiguaneu
blizzard *nc* borrufada
frost *nc/i* glaçada, gebre *the first frost of the year* la primera gelada de l'any **frosty** *adj* glaçat, gebrat
ice *ni* gel **icy** *adj* gelat, glaçat
melt *vit* fondre('s)
thaw *vit* (sovint + **out**) desglaçar(-se) **thaw** *nc* desglaç

18.5 Tempestes i desastres naturals

storm *nc* tempesta (davant de *n*) *storm clouds* núvols de tempesta **stormy** *adj* tempestuós
thunderstorm *nc* tronada
thunder *ni* trons *a clap of thunder* un tro **thunder** *vi* tronar
lightning *ni* llamp, llampec *a flash of lightning* un llamp
earthquake *nc* terratrèmol

19 Cold Fred

vegeu també **18.4 Weather**

cold adj fred *I'm cold.* Tinc fred. *cold weather* temps fred

cool adj [menys intens que **cold**] fresc *a cool breeze* una brisa fresca

cool vti (sovint + **down**) refrescar *Let's have a drink to cool ourselves down.* Prenem una beguda per refrescar-nos.

tepid adj [sovint pej. Habit. descriu líquids, no el temps] tebi

chilly adj [habit. no s'utilitza en contextos formals] fred *It's chilly in here.* Fa fred aquí dins. [quan fa referència a persones, habit. va darrere del verb **feel**] *I feel rather chilly.* Tinc bastant fred.

chill nc (cap pl) fresca *There was a chill in the air.* L'aire era bastant fred.

chill vt refredar *chilled to the bone* fred fins al moll dels ossos *chill the wine* posar el vi a refredar

nippy adj [informal] fred, fresca *It's a bit nippy outside.* Fa fresca allà fora.

freeze vit, pas. **froze** pp. **frozen** glaçar, congelar *The lake froze last winter.* El llac es va glaçar l'hivern passat. *The pipes have frozen.* Les canonades s'han glaçat.

freezing adj [lleug. informal. Descriu: persones o temps] gelat, gèlid *It's freezing in here.* Aquí dins fa un fred que pela.

frozen adj [descriu: persones] gèlid *I'm frozen stiff.* Estic congelat.

icy adj glacial *an icy wind* un vent glacial

shiver vi tremolar de fred

frase feta

There's a nip in the air. [força informal] Comença a fer fred.

20 Hot Calent

utilització

S'utilitzen **mild**, **muggy**, **stuffy** i **close** (*esp. brit*) només per parlar del temps o de l'atmosfera, no per parlar de la temperatura o d'altres coses. Es poden utilitzar **warm**, **hot** i **boiling** per parlar del temps i d'altres coses. No es pot utilitzar **red-hot** per parlar del temps.

hot adj, -tt- [**hot** és més intens que **warm**] calent, calorós, càlid *hot milk* llet calenta *a hot afternoon* una tarda calorosa

heat ni calor

heat vti (sovint + **up**) escalfar(-se) *Heat (up) some milk for the baby's bottle.* Escalfar llet per al biberó.

warm adj [**warm** és menys intens que **hot**] calent, calorós, càlid *The body was still warm.* El cos encara estava calent.

warm vt (sovint + **up**) escalfar *The water was warmed by the sun.* El sol escalfava l'aigua. **warmth** ni escalfor

lukewarm adj tebi

mild adj suau *It was a mild day.* Feia una temperatura suau.

boiling adj [força informal] bullent *It's boiling in here!* Aquí estem a punt de fer l'ou!

humid adj [descriu: p. ex. el temps, el clima. S'utilitza sovint, més que **close** or **muggy**, per a estats més permanents] humit **humidity** ni humitat

muggy adj [descriu: el temps, *no* el clima. Subratlla humitat càlida] xafogós

close adj [descriu: l'ambient, el temps, *no* el clima. Subratlla manca d'aire] carregat

stuffy adj [descriu: un espai tancat, *no* el clima] mal ventilat

20.1 Calefacció

heater nc escalfador
heating ni calefacció
central heating ni calefacció central
fire nc **1** foc *to light a fire* encendre un foc **2** [artificial] *a gas fire* (brit)/*a gas heater* (esp. amer) una estufa de gas
radiator nc radiador

21 Wet Moll

vegeu també **18.2 Weather**

wet adj, -tt- **1** [cobert d'aigua, o després d'haver absorbit aigua o un altre líquid] humit, moll *wet clothes* roba molla *The pavement was still wet.* La vorera encara estava molla. **2** plujós *a wet afternoon* una tarda plujosa

damp adj [menys humit que **wet**. S'associa amb el fred a diferència de **humid**, que s'associa amb la calor] humit **damp** o **dampness** ni humitat

moist adj [conté una mica de líquid. Habit. implica un fenomen agradable o normal. Si es refereix a menjar, vol dir que no és sec] humit, moll *moist cakes* pastissos frescos *the dog's moist nose* el morro humit del gos

moisture ni humitat *Moisture collects inside the glass.* La humitat s'acumula a la part interior del vidre.

condensation ni condensació

soggy adj [desagradable per massa moll] xop, amarat *soggy bread* pa remullat *soggy ground* terra xop

soaking o **soaking wet** o **soaked** adj [informal] xop *You're absolutely soaking!* Estàs completament xop!

dripping adj [informal] que regalima o degota

liquid nc/i líquid

liquid *adj* [lleug. formal o tècnic] líquid *liquid gas* gas líquid *liquid detergent* detergent líquid

watery *adj* [habit. pej.] aigualit *watery custard* crema aigualida

runny *adj* **1** [menys formal que **liquid**] líquid *runny egg yolk* rovell d'ou poc fet **2** [que desprèn líquid] que raja *runny eyes* ulls plorosos *a runny nose* ragera de nas

dilute *vt* diluir **dilute** *adj* diluït *dilute orange juice* suc de taronja diluït

pour *vt* servir, abocar *Shall I pour the tea?* Serveixo el te?

21.1 Mullar

wet *vt*, -tt-, *pas. & pp.* **wet** o **wetted** mullar, remullar *Wet the edges of the pastry.* S'humitegen les vores de la pasta.

dampen *vt* humitejar

moisten *vt* humitejar *She moistened the flap of the envelope.* Va mullar la solapa del sobre.

soak *vti* calar, amarar *The rain had soaked the garden.* La pluja havia deixat el jardí tot xop. *Soak the oats in milk for an hour.* Es deixa la civada en remull durant una hora.

saturate *vt* [mullar al màxim possible] saturar, impregnar

immerse *vt* (sovint + **in**) submergir

dip *vt*, -pp- sucar

plunge *vti* [implica un moviment enèrgic] enfonsar, cabussar(-se)

splash *vti* esquitxar(-se), xipollejar *Waves splashed our legs.* Les ones ens esquitxaven les cames.

Immerse the garment completely in the dye. Es submergeix la peça completament en el tint.

Dip the cherries in melted chocolate. Es banyen les cireres en xocolata desfeta.

She plunged into the icy water. Va cabussar-se dins l'aigua gelada.

22 Dry Sec

dry *adj* sec, eixut *The washing isn't dry yet.* La bugada encara no està seca. *dry weather* temps sec *dry skin* pell seca **dryness** *ni* sequedat

dry *vti* eixugar(-se), assecar(-se) *Our towels dried in the breeze.* Les tovalloles se'ns eixugaven amb la brisa.

bone dry *adj* completament sec

arid *adj* [descriu: esp. terra] àrid *an arid desert region* una regió àrida i desèrtica

parch *vt* [habit. passiu] ressecar *land parched by the sun* terra ressecada pel sol

dehydrate *vti* deshidratar *dehydrated vegetables* llegums deshidratats **dehydration** *ni* deshidratació

símil

as dry as a bone sec com una banya

23 Dark Fosc

dark *adj* fosc *It's dark in here.* És fosc aquí dins. *a dark winter's morning* un matí fosc d'hivern *It gets dark at about six.* Es fa fosc cap a les sis. **darkness** *ni* foscor

dark *n* (cap *pl*; sovint + **the**) obscuritat, foscor *I'm afraid of the dark.* Em fa por la foscor. *She never goes out after dark.* No surt mai quan ja és fosc.

darken *vti* enfosquir(-se) *The sky darkened.* [implica foscor de tempesta, no de nit] El cel es va enfosquir.

black *adj* negre **blackness** *ni* negror

pitch-black o **pitch-dark** *adj* [emfàtic] negre com el carbó

gloomy *adj* [fosc d'una manera deprimint o opressiva] tenebrós, llòbrec *a gloomy kitchen* una cuina llòbrega

gloom *ni* [força literari] foscor, tenebrositat *A light appeared through the gloom.* Va aparéixer una llum en mig de la foscor.

dim *adj*, -mm- [fluix, no intens] tènue *a dim light* una llum tènue **dimly** *adv* tènuement

dull *adj* [que no brilla] apagat, esmorteït *a dull gleam* un reflex pàl·lid *the dull sky* el cel opac **dully** *adv* apagadament **dullness** *ni* apagament

fade *vit* (sovint + **away**) descolorir(-se), apagar-se gradualment *Daylight faded.* Anava marxant la llum del dia. *The colours have faded.* Els colors s'han esvaït.

shadow *n* **1** *ni* foscor, a les fosques *The room was in shadow.* L'habitació estava fosca. **2** *nc* [forma] ombra

shadowy adj tenebrós, indefinit A shadowy figure lurked in the corner. Una figura indefinida estava a l'aguait al racó.

shade ni (sovint + **the**) [àrea fosca, esp. per protegir de la calor del sol] ombra Let's sit in the shade. Sèiem a l'ombra. **shady** adj ombrívol

The statue cast a shadow on the wall. L'estàtua projectava una ombra sobre la paret.

They sat in the shade of the tree. Estaven asseguts a l'ombra de l'arbre.

24 Light Llum

light nc/i llum by the light of the moon a la llum de la lluna We saw a bright light in the distance. A la llunyania vam veure una llum resplendent.

light adj clar Let's wait till it gets light. Esperem fins que es faci de dia. It's too light in here. Aquí hi ha massa llum.

bright adj brillant bright eyes ulls brillants **brightly** adv brillantment

beam nc [llum natural o artificial] raig, feix A beam of light swept the sky. Un feix de llum va recórrer el cel. Put the headlights on **full beam**. Posa els llums llargs. a sunbeam/moonbeam raig de sol/lluna

ray nc [habit. del sol] raig

laser nc làser a laser beam un raig làser

24.1 Il·luminar les coses

light vti, pas. & pp. **lit** (sovint + **up**) il·luminar(-se) The hall was lit by an oil lamp. La sala estava il·luminada amb un llum d'oli.

lighten vti [fer un color més clar] clarejar, aclarir Her hair was lightened by the sun. El sol li havia aclarit els cabells.

illuminate vt il·luminar Flares illuminated the sky. Les bengales il·luminaven el cel. **illumination** ni il·luminació

brighten vti (sovint + **up**) [pot indicar més llum o colors més vius] aclarir(-se), abrillantar Let's brighten up the place with some new wallpaper. Alegrem la casa amb un paper pintat nou.

24.2 Brillar amb llum constant

shine vi, pas. & pp. **shone** [mot genèric] brillar, lluir The sun was shining. El sol brillava. Their eyes were shining with excitement. L'emoció els feia lluir els ulls. **shiny** adj brillant

glow vi [amb una llum suau i càlida] fer claror, fulgurar The coals still glowed. Les brases encara feien claror. (+ **with**) Their cheeks glowed with health. Les seves galtes vessaven salut. **glow** nc (cap pl) fulgor

gleam vi [amb una llum suau però brillant. Subj: esp. metall, llum] lluir, resplendir The coins gleamed in her hand. Les monedes li lluïen a la mà. a gleaming mahogany table [de polir] una taula de caoba resplendent His eyes gleamed with malice. Hi havia una guspira de malícia en els seus ulls. **gleam** nc resplendor

glisten vi (sovint + **with**) [reflectir la llum per causa de la humitat] brillar, lluentejar glistening with sweat lluentejant de suor Her eyes glistened with tears. Les llàgrimes li feien brillar els ulls.

glare vi [amb llum forta i intensa] enlluernar

glare nc/i (cap pl) enlluernament the glare of the headlights l'enlluernament dels fars

luminous adj [amb una llum que fulgura des de dins, esp. quan és fosc] lluminós a luminous watch un rellotge lluminós

24.3 Brillar amb llum intermitent

glitter vi [amb llum forta i brillant que sorgeix de diferents punts] centellejar The lake glittered in the sunshine. El sol feia centellejar el llac. Her eyes glittered with resentment. [quan descriu la mirada, expressa emoció hostil o negativa] Els seus ulls espurnejaven de ressentiment.

flash vit [amb llum sobtada i brillant] projectar, llampegar She flashed her headlights at him. Li va fer senyals amb els fars. **flash** nc llampec, flamarada

glimmer vi [amb llum tènue i trèmula] brillar amb llum trèmula His torch glimmered at the end of the tunnel. La seva llanterna feia una llum trèmula al capdavall del túnel. **glimmer** nc llum trèmula

shimmer vi [amb llum suau, trèmula i reflectida. S'utilitza habit. en contextos favorables] fer reflexos tènues Her silk dress shimmered as she walked. El seu vestit de seda feia reflexos tornassolats quan caminava.

sparkle vi espurnejar, centellejar The snow sparkled in the sunlight. El sol feia centellejar la neu.

GRUPS DE PARAULES

twinkle *vi* [brillar intermitentment. Sovint implica alegria] titil·lar *Stars twinkled in the sky.* Els estels titil·laven dalt del cel. *His eyes twinkled with mirth.* Els ulls li espurnejaven d'alegria.

24.4 Els objectes que fan llum

light *nc* llum *to switch/turn the light on* encendre el llum *to switch/turn the light off* apagar el llum

candle espelma

bulb bombeta

table lamp llum de taula

bicycle lamp far de bicicleta

headlight far

torch (*brit*), **flashlight** (*amer*) llanterna

25 Calendar and Seasons Calendari i estacions

25.1 Dies i setmanes

25.2 Mesos i estacions
vegeu també **L21 Making arrangements**

utilització

En anglès, el nom dels dies de la setmana comença amb majúscula. La preposició més normal és **on**: p. ex. *We play tennis on Thursdays.* (Juguem a tennis els dijous.) No s'utilitza **on** quan el dia té davant una paraula com **next** (proper), **last** (passat) o **every** (cada): p. ex. *John phoned last Monday.* (John va trucar dilluns passat.)

Monday (*abrev* **Mon.**) dilluns
Tuesday (*abrev* **Tues.**) dimarts
Wednesday (*abrev* **Wed.**) dimecres
Thursday (*abrev* **Thurs.**) dijous
Friday (*abrev* **Fri.**) divendres
Saturday (*abrev* **Sat.**) dissabte
Sunday (*abrev* **Sun.**) diumenge

day *nc* dia *I go there every day.* Hi vaig cada dia. *How many days are you staying for?* Quants dies et quedaràs?
daily *adj* diari *a daily paper* un diari **daily** *adv* diàriament
tomorrow *adv & nc* demà *the day after tomorrow* demà passat
yesterday *adv & nc* ahir *the day before yesterday* abans-d'ahir
date *nc* data *What's the date today/What's today's date?* A quants estem avui?
date *vt* datar *your letter dated March 16th* la vostra carta amb data del 16 de març
week *nc* setmana *once a week* un cop a la setmana
weekly *adj* setmanal **weekly** *adv* setmanalment
weekday *nc* dia feiner *They open on weekdays.* Obren els dies feiners.
weekend *nc* cap de setmana *See you at the weekend* (*brit*)/*on the weekend* (*amer*). Ens veurem aquest cap de setmana.
fortnight *nc* (*brit*) quinzena

spring primavera

summer estiu

autumn (*esp. brit*), **fall** (*amer*) tardor

winter hivern

GRUPS DE PARAULES

January (*abrev* **Jan.**) gener
February (*abrev* **Feb.**) febrer
March (*abrev* **Mar.**) març
April (*abrev* **Apr.**) abril
May maig
June (*abrev* **Jun.**) juny
July (*abrev* **Jul.**) juliol
August (*abrev* **Aug.**) agost
September (*abrev* **Sept.**) setembre
October (*abrev* **Oct.**) octubre
November (*abrev* **Nov.**) novembre
December (*abrev* **Dec.**) desembre

utilització

En anglès, el nom dels mesos sempre comença amb majúscula, mentre que el nom de les estacions es pot escriure amb majúscula o sense. La preposició que es fa servir amb els mesos i les estacions és **in**: p. ex. *They got married in April.* (Es van casar el mes d'abril.) *We go there in the summer.* (Hi anem a l'estiu.). Es pot utilitzar el nom dels mesos, les estacions i les festes (vegeu 24.3) davant d'altres substantius: p. ex. *spring flowers* (flors de primavera), *April showers* (ruixats d'abril), *Christmas holidays* (vacances de Nadal).

25.3 Festes

utilització

S'utilitza la preposició **at** per als períodes de festes, però **on** per a un dia individual: p. ex. *at Easter* per Pasqua, *on Boxing Day* el dia de Sant Esteve (l'endemà de Nadal). Normalment s'utilitza la preposició **during** amb les paraules **Passover** i **Ramadan**.

Easter Pasqua
Whitsun [el setè diumenge després de Pasqua] Pentecosta
Halloween [31 d'octubre. Nit en la qual es creia que els fantasmes apareixien. Hi ha qui es disfressa de fantasma] vigília de Tots Sants
Guy Fawkes Night o **Bonfire Night** [5 de novembre. Aniversari d'un intent de fer volar el parlament britànic; se celebra amb fogueres i focs artificials]
Thanksgiving [festa dels Estats Units per donar gràcies a Déu per la collita. Quart dijous de novembre] dia d'Acció de Gràcies
Independence Day [4 de juliol als Estats Units] dia de la Independència
Christmas Nadal
Christmas Eve nit de Nadal
Boxing Day [a Anglaterra i Gal·les, l'endemà de Nadal] dia de Sant Esteve
New Year Any Nou *to celebrate the New Year* celebrar l'Any Nou
New Year's Day Cap d'Any
New Year's Eve nit de Cap d'Any
May Day primer de maig
Midsummer's Eve [vigília de la festa del solstici d'estiu] nit de Sant Joan
Passover [festivitat jueva que celebra la sortida dels jueus d'Egipte] Pasqua Jueva
Ramadan [novè mes de l'any musulmà] Ramadà
bank holiday (*brit*) [festa oficial i general, habit. en dilluns] dia festiu

25.4 Anys

year *nc* any *I see him twice a year.* El veig dos cops a l'any. **yearly** *adj* anual **yearly** *adv* anualment
annual *adj* anyal *the annual staff outing* l'excursió anyal per al personal **annually** *adv* cada any
decade *nc* dècada, decenni
century *nc* segle *the twentieth century* el segle vint

26 Time Temps

utilització

1 S'utilitza la preposició **at** quan es parla d'una hora concreta: p. ex. *at twelve o'clock* (a les dotze). Les preposicions **in** i **during** s'utilitzen per als períodes de temps: p. ex. *They only work in the morning.* (Treballen només els matins.) *during the day* (durant el dia). **2 Morning** correspon aproximadament al període des de l'alba fins a les dotze del migdia, **afternoon** des del migdia fins que es fa fosc, **evening** des de que es fa fosc fins a les 10 o les 11, i **night** des d'aquesta hora fins al matí. Diem **Goodnight** només quan ens acomiadem d'algú tard al vespre o quan anem a dormir. Després de fer-se fosc ens saludem amb **Good evening**.

midnight mitjanit | *midday/noon* migdia

twelve o'clock les dotze

six o'clock in the evening les sis de la tarda | *six o'clock in the morning* les sis del matí

six o'clock les sis

GRUPS DE PARAULES

two o'clock in the morning — les dues de la matinada
two o'clock in the afternoon — les dues de la tarda
two o'clock les dues

utilització

Quan es tracta d'hores concretes, s'utilitza **in the morning** per a les hores entre mitjanit i migdia, i **in the afternoon** o **in the evening** per a les hores entre migdia i mitjanit. *No* es diu **in the night** per a les hores, sinó **at night**.

26.1 Dir l'hora

It's (a) quarter past five/It's five fifteen. És un quart de sis./Són les cinc (hores i) quinze (minuts).

It's half past nine/It's nine thirty. Són dos quarts de deu./Són les nou (hores i) trenta (minuts).

clock rellotge

alarm clock despertador

It's (a) quarter to four/It's three forty-five. Són tres quarts de quatre./Són les tres (hores i) quaranta-cinc (minuts).

It's eleven thirty-seven/It's twenty three minutes to twelve. Són les onze (hores i) trenta-set (minuts)./Són dos quarts i mig de dotze.

(pocket) watch
rellotge (de butxaca)

watch o **wristwatch**
rellotge (de polsera)

utilització

Quan es diu una hora exacta, normalment s'inclou la paraula **minutes**. En casos així és més habitual, encara que no tan exacte, dir *twenty five to twelve* (dos quarts i cinc de dotze).

a.m. (*abrev de* ante meridiem) abans del migdia
p.m. (*abrev de* post meridiem) després del migdia
hour *nc* hora *It took us four hours to get there.* Vam trigar quatre hores a arribar. *half an hour* mitja hora *a quarter of an hour* un quart d'hora
minute *nc* minut *The journey lasted twenty minutes.* El viatge va durar vint minuts. *a five-minute walk* un passeig de cinc minuts
second *nc* segon

moment *nc* moment *He'll be here in a moment.* Hi serà d'aquí a un moment. *They took me upstairs the moment I arrived.* Tot just arribar em van dur a dalt. *She's quite busy at the moment.* En aquest moment està molt ocupada.

26.2 Períodes de temps més llargs

period *nc* període *She's had several periods of unemployment.* Ha estat algunes temporades sense feina. *a period of international tension* un període de tensió internacional
era *nc* [habit. diversos o molts anys] era, època *the modern era* l'era moderna *the end of an era* la fi d'una època
age *nc* edat *The Ice Age* el període glacial [col·loquial] *He's been gone an age.* Fa segles que se'n va anar.
ages *n pl* [informal] segles *That was ages ago.* D'això fa segles.
phase *nc* fase, etapa *an important phase in the company's development* una fase important en el desenvolupament de l'empresa *My daughter's going through a difficult phase.* La meva filla està passant per una etapa difícil.
past *n* (cap *pl*; habit. + *the*) passat *Do you think people were happier in the past?* Creus que la gent era més feliç abans? *We've always flown in the past.* Fins ara sempre hem anat amb avió.
present *n* (cap *pl*; habit. + *the*) present *At present, we are concentrating on developing our export markets.* Actualment estem concentrats en el desenvolupament dels nostres mercats a l'exterior.
future *n* (cap *pl*; habit. + *the*) futur *Who knows what the future may hold?* Qui sap què ens pot reservar el futur? *Try to be more polite in future.* D'ara endavant intenta ser més educat.

26.3 Adjectius per parlar del temps

past *adj* últim, anterior *She's been abroad for the past few weeks.* Ha passat les últimes setmanes a l'estranger. *a past headmaster of the school* un ex-director de l'escola
present *adj* actual *What is your present occupation?* En què treballes actualment?
future *adj* del futur *Future events may force us to change our plans.* Pot ser que els esdeveniments futurs ens obliguin a canviar els nostres plans.
previous *adj* previ, anterior *He has no previous experience.* No té experiència prèvia. *We have met on two previous occasions.* Ens hem trobat dues vegades abans.
previously *adv* abans, prèviament *Previously, we had always been able to leave early on Fridays.* Abans sempre havíem pogut sortir d'hora, els divendres.
recent *adj* recent *Recent events have shown the need for caution.* Els esdeveniments recents han demostrat la necessitat d'anar amb compte.
recently *adv* recentment *Have you read any good books recently?* Has llegit algun llibre bo darrerament?
lately *adv* últimament *I've been staying in a lot lately.* Últimament m'he quedat molt a casa.
nowadays *adv* avui dia, actualment *Young people have no manners nowadays.* Avui dia els joves no tenen educació.

GRUPS DE PARAULES

27 Astronomy Astronomia

astronomer nc astrònom -a
astronaut nc astronauta
planet nc planeta
universe nc (sempre + the) univers
star nc estel
moon nc (sempre + the) lluna
sun nc (sempre + the) sol
comet nc cometa
meteor nc meteorit
telescope nc telescopi

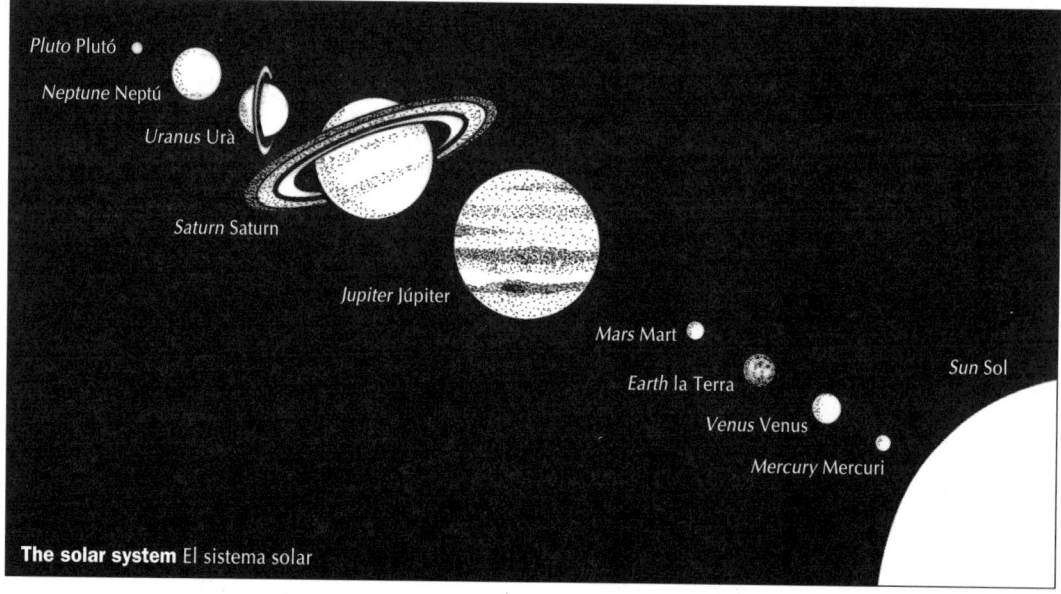

The solar system El sistema solar

28 Astrology Astrologia

astrologer nc astròleg –òloga
horoscope nc horòscop
stars n pl [informal] astres *Did you read your stars in the paper this morning?* Has llegit el teu horòscop al diari aquest matí?
star sign nc signe del zodíac *What's your star sign?* Quin és el teu signe del zodíac?

SIGNS OF THE ZODIAC SIGNES DEL ZODIAC

Aquarius Aquari (21 gener – 21 febrer)
Pisces Peixos (21 febrer – 21 març)
Aries Àries (21 març – 21 abril)
Taurus Taure (21 abril – 21 maig)
Gemini Bessons (21 maig – 21 juny)
Cancer Cranc (21 juny – 21 juliol)
Leo Lleó (21 juliol – 21 agost)
Virgo Verge (21 agost – 21 setembre)
Libra Balança (21 setembre – 21 octubre)
Scorpio Escorpió (21 octubre – 21 novembre)
Sagittarius Sagitari (21 novembre – 21 desembre)
Capricorn Capricorn (21 desembre – 21 gener)

29 Be Ser, estar

exist vi 1 existir *Giants only exist in fairy stories.* Els gegants només existeixen als contes de fades. *The existing laws do not cover this case.* Les lleis vigents no contemplen aquest cas. 2 (habit. + **on**) viure, sobreviure *They find it hard to exist on such small wages.* Els costa sobreviure amb un sou tan minso.
existence nc/i (cap pl) existència *The firm has been in existence since 1898.* L'empresa existeix des de 1898. *The firm came into existence in 1898.* L'empresa es va fundar el 1898. *It was a lonely existence on the island.* La seva existència a l'illa era solitària.
live vi 1 viure *She lived to be 95.* Va viure fins als 95 anys. (+ **on**) *He seems to live on bread and jam.* Sembla que visqui de pa amb melmelada. 2 [residir] viure *They lived in America for 20 years.* Van viure a Amèrica durant 20 anys. *Rabbits live in burrows.* Els conills viuen en caus.
live adj (davant de n) viu *Have you ever seen a real live leopard?* Has vist mai un lleopard viu?
life n, pl **lives** 1 nc vida *I seem to spend my life doing housework.* Sembla que em passo la vida fent feines de casa. 2 ni [éssers vius] vida *Is there life on Mars?* Hi ha vida a Mart? 3 ni [vitalitat] vida *He's so full of life!* Està tan ple de vida!
alive adj (darrere v) viu *Three people were found alive under the rubble.* Van trobar tres persones vives sota la runa.

identity nc/i identitat *Police were unable to establish the identity of the victim.* La policia no va poder determinar la identitat de la víctima. *proof of identity* prova d'identitat

29.1 Existir durant molt temps
vegeu també **33.1 Continue**

permanent adj permanent *a permanent job* una feina fixa *I expect my move to Sydney will be permanent.* Confio que el meu trasllat a Sydney serà permanent. **permanently** adv permanentment **permanence** o [menys freqüent] **permanency** ni permanència

everlasting adj [literari o utilitzat de manera jocosa o per queixar-se] perdurable, etern *everlasting peace* pau eterna *I can't stand her everlasting complaints.* No aguanto les seves queixes interminables.

immortal adj [més aviat formal] immortal **immortality** ni immortalitat

29.2 Que dura poc temps

temporary adj temporal, provisional *temporary road works* obres viàries provisionals *temporary accommodation* allotjament provisional **temporarily** adv temporalment

brief adj [descriu: p. ex. interval, pausa, explicació] breu *the news in brief* el resum de les notícies [també es fa servir amb la roba quan cobreix una superfície molt petita] *a brief bikini* un bikini minúscul **briefly** adv breument

transient o **transitory** adj [més formal que **temporary**. Implica un canvi involuntari] passatger, transitori *Her happiness proved transient.* La seva felicitat va resultar ser passatgera.

ephemeral adj [formal. Pot ser pej.; implica que la cosa, el fet, etc., no és prou important per durar] efímer *ephemeral slang words* paraules d'argot efímeres

mortal adj [que ha de morir. Descriu: esp. persones] mortal **mortality** ni mortalitat

mortal nc [literari o jocós] mortal *She may run five miles a day, but mere mortals like us are satisfied if we run one.* Pot ser que ella corri cinc milles cada dia, però els mortals com nosaltres estem satisfets si en correm una.

frase feta

a flash in the pan foc d'encenalls *Her hit single turned out to be a flash in the pan.* L'èxit del seu single va resultar un foc d'encenalls.

30 Presence and Absence Presència i absència

present adj (darrere v) [lleug. formal quan s'utilitza en comptes de **here** o **there**] present *Were you present at the meeting?* Vostè hi era present a la reunió?

presence ni [lleug. formal] presència *How dare you use such language in my presence?* Com t'atreveixes a fer servir aquest llenguatge davant meu? *The autopsy revealed the presence of poison in her blood.* L'autòpsia va revelar la presència de verí a la sang.

on the spot sobre el terreny *We go over to our reporter on the spot, Jane Williams.* Connectem amb la nostra corresponsal en el lloc dels fets, Jane Williams.

absent adj absent *a toast to absent friends* un brindis per als amics absents (+ **from**) *He has been absent from school for two weeks.* Fa dues setmanes que falta a l'escola.

absence ni [lleug. formal] absència, manca *In the absence of firm evidence against him he was released.* A causa de la manca de proves convincents, el van deixar en llibertat. *I discovered they had finished the work in my absence.* Vaig descobrir que havien acabat la feina durant la meva absència. **absentee** nc persona que no compareix a la feina **absenteeism** ni absentisme

truant nc alumne que fa campana **truancy** ni campana

elsewhere adv [més formal que **somewhere else**] en un altre lloc *I shall take my business elsewhere.* Faré les meves compres en un altre lloc.

31 Happen Ocórrer

happen vi [mot genèric] passar *I was there when the accident happened.* Jo hi era quan l'accident va succeir. **happening** nc esdeveniment, espectacle improvisat

occur vi, -rr- [lleug. més formal que **happen**. Habit. no s'utilitza per a esdeveniments planificats] ocórrer, esdevenir *This is not the first time such mistakes have occurred.* No és la primera vegada que es cometen equivocacions d'aquesta mena. **occurrence** nc/i esdeveniment

take place vi [subj: esp. esdeveniments planificats, p. ex. festes, concerts] tenir lloc *The meeting is scheduled to take place next week.* Està programat que la reunió tingui lloc la setmana vinent. *These changes have all taken place since the last election.* Tots aquests canvis s'han produït des de les últimes eleccions.

come about vi [s'utilitza habit. quan es parla de com va passar una cosa] passar, ocórrer *The reforms came about because people wanted them.* Es van realitzar les reformes perquè la gent les volia.

materialize, TAMBÉ **-ise** (brit) vi [subj: p. ex. ajut, regal. Començar a existir. S'utilitza sovint en frases negatives] materialitzar-se, realitzar-se *The financial aid they had promised never materialized.* L'ajuda financera que havien promès mai no es va materialitzar.

31.1 Coses que passen

event nc esdeveniment *The event is due to take place next Monday.* L'esdeveniment ha de tenir lloc dilluns vinent. *In the event,* no definite decisions were *reached.* Tal com va anar, no es va arribar a cap conclusió concreta. ***In the event of** fire, leave the building by the nearest exit.* En cas d'incendi, abandoneu l'edifici per la sortida més propera.

occasion *nc* **1** [quan passa ac] ocasió *I was not present on that occasion.* No hi era present en aquella ocasió. ***on the occasion of** her 18th birthday* amb motiu del seu divuitè aniversari **2** [esdeveniment important o festiu] ocasió *Let's have champagne as it's a **special** occasion.* Com que és una ocasió especial, celebrem-ho amb cava.

affair *nc* [menys formal que **event** o **occasion**, i també pot referir-se a una sèrie d'esdeveniments relacionats] esdeveniment, assumpte *The wedding reception was a very grand affair.* La festa de noces va ser un gran esdeveniment. *They were in business for a while, but the whole affair was a disaster.* Durant un temps van tenir un negoci, però la cosa va ser un desastre.

incident *nc/i* [esdeveniment poc usual o desagradable] incident *an amusing incident* un incident divertit *Police are appealing for witnesses to the incident.* La policia ha fet una crida als possibles testimonis de l'incident. [més aviat formal si va sense article] *Our visit was not without incident.* La nostra visita va tenir alguns entrebancs.

instance *nc* [esdeveniment únic entre diversos que haurien pogut produir-se] cas *There have been several instances of looting.* Hi ha hagut diversos casos de saqueig. ***In this instance** the police were at fault.* En aquest cas, la policia en tenia la culpa.

31.2 L'estat de les coses

condition *nc/i* [s'utilitza per descriure l'estat de manteniment, la neteja, la salut, etc.] estat, condició *in good/bad condition* en bon/mal estat *What are conditions like in the refugee camp?* Quines són les condicions de vida al camp de refugiats? *Her condition is not serious.* El seu estat no és greu.

state *nc* (sovint + **of**) estat *The business world is in a state of panic at the news.* Aquesta notícia ha causat un estat de pànic al món dels negocis. [s'utilitza sovint de manera informal per suggerir una situació dolenta] *How did your room get into this state?* Com t'ho has fet per tenir la cambra en aquest estat?

> **utilització**
>
> Encara que **state** sigui un mot genèric, normalment s'utilitza referit als humans quan s'especifica a quina classe d'estat es refereix, p. ex. *her mental state* (el seu estat mental), *his state of health* (el seu estat de salut).

state of affairs estat de la qüestió *A peaceful settlement seems unlikely in the present state of affairs.* Sembla poc probable una sortida pacífica atesa la situació actual.

situation *nc* [esdeveniments i condicions] situació *a dangerous situation* una situació perillosa *the unemployment situation* la situació de l'atur

circumstances *n pl* [fets i esdeveniments que afecten una situació o un esdeveniment determinat] circumstàncies *I explained the circumstances which led to our decision.* Vaig explicar les circumstàncies que ens van fer prendre la decisió. ***Under/in the circumstances** her conduct seems understandable.* Ateses les circumstàncies, la seva conducta sembla comprensible.

32 Begin Començar

vegeu també **201 New**; contrari **34 End**

begin *vit, -nn-, pas.* **began** *pp.* **begun** [un mot genèric, lleug. més formal que **start**] començar *We'll begin the meeting with a prayer.* Començarem la reunió amb una pregària. *I can't begin to explain.* No sé ni com començar a explicar-ho. *Life begins at forty.* La vida comença als quaranta. *I began to be suspicious.* Començava a tenir sospites.

beginning *nc/i* començament, principi *Start reading from the beginning of the page.* Comenceu a llegir des del principi de la pàgina. *At the beginning of the project we made mistakes.* Al començament del projecte vam cometre errors. *I read it **from beginning to end**.* Ho vaig llegir de cap a peus.

start *vit* **1** [mot genèric, lleug. menys formal que **begin**] començar *I start work at eight.* Entro a les vuit. *He started to cry.* Va començar a plorar. *I'll start with the soup.* Començaré per la sopa. *He started it!* [una baralla, una discussió, etc.] Ha començat ell! **2** [obj/subj: maquinària] engegar(-se) *I can't start the car.* No puc engegar el cotxe. *The lawnmower won't start.* El tallagespa no s'engega.

start *nc* començament, sortida *Let's try to get an early start tomorrow.* Intentem de sortir d'hora demà. *The runners have got off to **a flying start**.* Els corredors han fet una sortida llançada. *The whole visit was a disaster **from start to finish**.* Tota la visita va ser un desastre des del principi fins al final.

commence *vit* [formal] començar *Let the festivities commence!* Que comencin les festes! **commencement** *nc/i* (sovint + **of**) començament

set off *v* **1** *vi* (sovint + **for**) [p. ex. un viatge] marxar *We set off for London the next day.* Vam marxar cap a Londres l'endemà. **2** *vt* **set** sth **off** o **set off** sth [fer que comenci ac. Obj: p. ex. procés, cadena d'esdeveniments] provocar ac, posar en marxa ac *Government action set off a wave of protest.* L'actuació del govern va provocar una onada de protestes. [obj: persona] *She started giggling and that set John off.* A ella se li va escapar el riure, i li va encomanar al John.

kick off *vi* (sovint + **with**) [informal. Fer el servei inicial] començar *We kick off at four o'clock with a speech from the mayor.* Comencem a les quatre amb un discurs del batlle. **kick-off** *nc* [informal] inici

introduce *vt* (sovint + **into, to**) [fer arribar] introduir *The potato was introduced into Europe in the 16th*

century. La patata es va introduir a Europa al segle XVI. *They have introduced a new computer system at work*. Han introduït un nou sistema informàtic a la feina.
introduction *ni* introducció (+ **of**) *the introduction of new working practices* la introducció de nous sistemes de treball (+ **to**) *a quick introduction to bookkeeping* una introducció ràpida a la comptabilitat
originate *vit* (sovint + **in**) [subratlla on i com es va començar una cosa] originar(-se) *The custom originated in Scotland in the 14th century*. El costum va néixer a Escòcia al segle XIV. **originator** *nc* creador, autor
origin *nc/i* [s'utilitza el plural **origins** com a sinònim d'**origin** tret de quan es parla d'un punt de sortida físic, p. ex. d'un riu] origen, procedència *The idea has its origin/origins in Christian theology*. La idea té el seu origen en la teologia cristiana. *She is very proud of her Scottish origins*. Està molt orgullosa dels seus orígens escocesos.
original *adj* **1** (davant de *n*) [que existia al principi. Descriu: esp. una idea] original *the original inhabitants* els habitants autòctons *Let's go back to our original idea*. Retornem a la idea original. **2** [que no és una còpia] original **3** [imaginatiu. Descriu: esp. una idea] original *an original style of writing* un estil original d'escriure **originality** *ni* originalitat
original *nc* [quadre, document, etc.] original
originally *adv* [s'utilitza habit. per parlar d'una cosa que més tard ha canviat] al principi, inicialment *I spent more money than I had originally intended (to)*. Vaig gastar més diners dels que m'havia proposat gastar inicialment.
initial *adj* (davant de *n*) **1** [que ocorre al principi. Descriu: p. ex. estimació, previsió, resultat] inicial *Initial failure did not deter them*. El fracàs inicial no els va descoratjar. **2** [col·locat al principi] inicial, primer *the initial letter of the code* la primera lletra del codi
initially *adv* [lleug. més formal que **originally**] inicialment

frases fetes

at first d'entrada *At first I thought he was joking*. D'entrada em pensava que feia broma.
from the word go [força informal] des d'un bon principi *They had problems from the word go*. Van tenir problemes des d'un bon principi.
from scratch [subratlla manca d'ac prèvia que es pugui aprofitar] des de zero *You'll have to rewrite the report from scratch*. Hauràs de tornar a escriure l'informe des del principi. *start from scratch* començar des de zero
(in) the early stages (durant) les primeres etapes *Careful planning is necessary in the early stages of the project*. Cal planificar amb cura durant les primeres etapes del projecte.

32.1 Gent que comença una activitat

beginner *nc* principiant *I'm a complete beginner at Catalan*. Tot just acabo de començar a estudiar català. **beginner's luck** la sort del principiant
learner *nc* [en anglès britànic, quan s'utilitza sol, **learner** habit. significa persona que aprèn a conduir] aprenent *a quick learner* persona que aprèn ràpidament *stuck behind a learner* atrapat darrere d'un aprenent (de conductor)
novice *nc* [que li manca experiència en una habilitat] novell *I'm a novice at beekeeping*. Sóc novell en apicultura. (davant de *n*) *a novice racehorse* un cavall de curses sense experiència

utilització

S'utilitza **learner** davant d'un altre nom en la locució **learner driver** (aprenent de conductor), però normalment no s'utilitza per als aprenents d'altres coses. En aquests casos es diu **a learner of ...** o bé una locució més llarga, tal com **people who are learning to ...** .

33 Continue Continuar

continue *vit* (sovint + **with**) [mot genèric, lleug. formal en la llengua parlada] continuar *Should we continue with our work?* Continuem amb la feina? (+ **to** + INFINITIU) *I continued to visit her regularly*. Continuava visitant-la amb regularitat. (+ -ing) *Please continue eating*. Si us plau, continueu menjant.
continuation *ni/nc* (sovint + **of**) continuació *a continuation of our earlier conversation* una continuació de la nostra conversa prèvia
go on *vi* (sovint + **with**) [menys formal que **continue**] seguir, continuar *The party's still going on upstairs*. La festa encara continua a dalt. *Go on with the story*. Segueix amb la història.
carry on sth *vit* [obj: p. ex. treball, conversa, línia d'actuació. Menys formal que **continue**] prosseguir ac *Who will carry on (with) my work?* Qui prosseguirà la meva feina? *Carry on taking the tablets*. Continuï prenent les pastilles.

persist *vi* **1** [lleug. formal. Subj: esp. situació (habit. poc desitjable)] persistir *Racist attitudes persist in many societies*. Les actituds racistes persisteixen en moltes societats. **2** (sovint + **in**, **with**) [subj: persona. Que continua malgrat actuar de manera poca-solta o pesada] entestar-se *He persists in trying to do everything on his own*. S'entesta a intentar fer-ho tot tot sol.
proceed *vi* **1** [avançar fins a una nova etapa, no necessàriament millor. Més aviat formal] procedir, tirar endavant *Shall we proceed to the next item on the agenda?* Passem al proper punt de l'ordre del dia? *Work is proceeding rather slowly*. La feina avança bastant lentament. [pot implicar moviment físic] *Proceed at once to the main exit*. Vagi immediatament a la sortida principal. **2** (+ **to** + INFINITIU) [iniciar una acció després d'haver-ne fet una altra. S'utilitza sovint quan el parlant vol expressar sorpresa o indignació per

l'acció] posar-se a, passar a *Having got through three plates of stew, he proceeded to eat a large piece of chocolate cake.* Després de menjar tres plats d'estofat, es va posar a menjar un gran tros de pastís de xocolata.

progress *vi* [subj: p. ex. persona, feina. Implica una millora] avançar *My research is progressing well.* La meva recerca avança sense problemes.

progress *ni* progrés *The patient is making steady progress.* El pacient fa progressos constants. *We made slow progress through the fog.* Avançàvem lentament a través de la boira.

stay *vi* quedar-se *I can't stay for the meeting.* No puc quedar-me a la reunió. *I hope the weather stays fine.* Desitjo que continuï el bon temps. *Women's liberation is here to stay.* L'alliberament de la dona no té marxa enrere.

remain *vi* **1** [continuar sense canvis. Més formal que **stay**] romandre, restar *Please remain seated.* Si us plau, quedeu-vos asseguts. *I remain unconvinced.* Continuo sense estar-ne convençut. *It remains to be seen whether they will succeed.* Resta per veure si se'n sortiran. *Doubts about her fitness remain.* Persisteixen els dubtes sobre el seu estat físic. **2** [lleug. formal] sobrar *Can you eat the remaining food?* Et pots menjar el que ha quedat?

remainder *nc* (cap *pl*; sempre + **the**; sovint + **of**) sobra, resta (s'utilitza amb el verb en singular o plural segons el sentit) *The remainder of the children were taken by bus.* Van dur la resta dels nens en autocar. *The remainder of the food was thrown away.* Van llençar la resta del menjar.

33.1 Per descriure accions inacabades
vegeu també **29.1 Be**

continual *adj* **1** [que es repeteix moltes vegades. S'utilitza esp. per a les coses que molesten] continu *I'm fed up with her continual whining.* N'estic tip dels seus constants gemecs. *continual stoppages due to bad weather* aturades contínues degudes al mal temps **2** [que continua ininterromput. Descriu: esp. estats emocionals desagradables] constant *They lived in continual dread of discovery.* Tenien una por constant de ser descoberts. **continually** *adv* contínuament, continuadament

continuous *adj* [que continua sense interrupció. Descriu: p. ex. soroll, corrent] continuat, continu *a continuous line of cars* una filera ininterrompuda de cotxes *Wait until you hear a continuous tone.* Esperi fins que senti un to sostingut. **continuously** *adv* contínuament, continuadament

constant *adj* **1** [que es repeteix contínuament o amb regularitat. Descriu: p. ex. avisos, discussions, atenció] constant *I receive constant inquiries about the book.* Em demanen constantment informació sobre el llibre. *She needs constant medical care.* Requereix tractament mèdic constant. **2** [sense variacions. Descriu: p. ex. velocitat, temperatura] constant *Spending has remained constant over the last 5 years.* La despesa s'ha mantingut constant durant els últims cinc anys. **constantly** *adv* constantment

non-stop *adj* [força informal, llevat quan es refereix a vols, trens, etc.] directe, sense parar [com a *adv*] *I've been working non-stop since eight o'clock.* No he parat de treballar des de les vuit.

persistent *adj* [sovint implica obstinació davant d'una situació adversa] persistent, testarrut *persistent troublemakers* busca-raons obstinats *a persistent cough* una tos persistent **persistently** *adv* persistentment

persistence *ni* [sovint menys pej. que **persist** i **persistent**] tenacitat *The persistence of the police eventually paid off.* La tenacitat de la policia al final va donar fruit.

34 End Acabar
vegeu també **245 Hinder**; contrari **32 Begin**

end *vti* [vegeu UTILITZACIÓ, més avall] acabar, trencar *The meeting ended at four.* La reunió va acabar a les quatre. *The party ended in a fight.* La festa va acabar en baralla. *I had to end our relationship.* Vaig haver de trencar la nostra relació.

end *nc* final *I didn't stay to the end.* No em vaig quedar fins al final. **come to an end** acabar-se **put an end to** posar fi a

finish *vti* [vegeu UTILITZACIÓ, més avall] acabar(-se), concloure *I haven't finished my work yet.* Encara no he acabat la meva feina. *Work has finished on the new stretch of road.* S'han acabat les obres en el nou tram de la carretera.

finish *nc* [esp. d'una cursa] arribada, final *It was a close finish.* Va ser una arribada molt ajustada.

complete *vt* [més formal que **finish**. Obj: p. ex. tasca, viatge] completar, acabar *Building work has been completed.* S'han acabat les obres de construcció. *She completed the crossword in ten minutes.* Va completar els mots encreuats en deu minuts.

completion *ni* [més aviat formal] acabament, conclusió

stop *v*, -pp- **1** *vit* [suspendre una acció] deixar de, parar, aturar(-se) *I've stopped using make-up.* He deixat de maquillar-me. *The bus stops outside my house.* L'autobús para davant de casa meva. *Has it stopped raining?* Ha deixat de ploure? *Stop the engine!* Atura el motor! **2** *vt* (sovint + **from**) impedir *They can't stop the wedding.* No poden impedir el casament. *She stopped me sending the letter.* Em va impedir d'enviar la carta.

---

utilització

Tant **end** com **finish** són paraules molt freqüents. Comparat amb **end**, **finish** té més un sentit de conclusió i és freqüent en oracions transitives. En frases intransitives, **finish** és lleugerament menys formal que **end**. Es pot utilitzar **finish** en una construcció (+ ing), p. ex. *Have you finished eating?* (Has acabat de menjar?), la qual cosa no és possible amb la paraula **end**.

GRUPS DE PARAULES

> *utilització*
>
> Les estructures verbals següents s'empren amb significats diferents de **stop**:
>
> (+ **to** +INFINITIU) *He stopped to tie his shoelace.* (Es va aturar per cordar-se la sabata.)
>
> (+ **-ing**) [deixar de fer una activitat] *She stopped eating.* (Va parar de menjar.)

stop *nc* parada *a four-hour journey allowing for stops* un viatge de quatre hores, incloses les parades **come to a stop** aturar-se **put a stop to** posar fi a

halt *v* [més formal que **stop**] 1 *vit* aturar(-se) *The vehicle halted outside a shop.* El vehicle es va aturar davant d'una botiga. 2 *vt* aturar, interrompre *Strikes have halted production.* Les vagues han interromput la producció.

halt *nc* [s'utilitza principalment en frases fetes] parada **come to a halt** aturar-se **bring to a halt** fer parar, interrompre

cease *vit* [formal] suspendre, deixar de *We have ceased manufacture of that model.* Hem deixat de fabricar aquell model. *The rain has ceased.* Ha deixat de ploure. (+ **to** + INFINITIU) *Without your support the club would cease to exist.* Sense el vostre ajut, el club deixaria d'existir.

give up (sth) o **give** (sth) **up** *vti* 1 [deixar de fer] deixar (ac) *I gave up smoking.* Vaig deixar de fumar. 2 *vi* [deixar d'intentar] deixar córrer *We would have lost all our savings, so we gave up.* Hauríem perdut tots els nostres estalvis, i per això ho vam deixar córrer.

quit *vti*, **-tt-**, *pas. & pp.* **quit** o **quitted** (*esp. amer*) [deixar de fer. A vegades implica abandonar un lloc] deixar, marxar de *She quit her job.* Va deixar la feina.

conclude *vit* [formal] concloure, acabar *The service concludes with the blessing.* La missa acaba amb la benedicció. *some concluding remarks* algunes observacions finals

conclusion *ni* [formal] conclusió *a fitting conclusion to the day* una conclusió adient a la diada **In conclusion**, *I would just like to say...* Per acabar, només voldria dir...

34.1 Cancel·lar

cancel *vt,* (*brit*) **-ll-,** (*amer*) **-l-** [obj: p. ex. viatge, cita, tren] cancel·lar *They've cancelled their order for five new aircraft.* S'ha cancel·lat la comanda de cinc avions nous.

cancellation *nc/i The flight is fully booked, but you may get a cancellation.* El vol està ple, però pot ser que hi hagi alguna cancel·lació.

call sth **off** o **call off** sth *vt* [menys formal que **cancel**] suspendre ac *The match was called off because of bad weather.* Es va suspendre el partit pel mal temps.

terminate *vit* [formal. Suggereix finalitat i formalitat. Obj: p. ex. acord, contracte, relacions] finalitzar(-se) *The train terminates here.* [és a dir, no segueix] Aquí finalitza el trajecte del tren. *terminate the pregnancy* interrompre l'embaràs

termination *n* 1 *ni* final, acabament 2 *nc* [avortament] interrupció de l'embaràs

abolish *vt* [acabar oficialment. Obj: institució, costum] abolir, revocar **abolition** *ni* abolició

34.2 Últim

last *adj* últim, darrer *The last train leaves at 22.40.* L'últim tren surt a les 22.40. *I gave her my last penny.* Li vaig donar la meva darrera pesseta. *We were (the) last to arrive.* Vam ser els últims a arribar.

last *adv* per última vegada, finalment *I last saw Mary about three months ago.* Vaig veure la Maria per última vegada fa uns tres mesos. *And* **last but not least**, *a big thank you to my parents.* I finalment, però no per això menys important, un fort agraïment als meus pares.

lastly *adv* [per introduir l'últim d'una sèrie de punts, qüestions, etc.] finalment *Lastly, I should like to thank the organisers.* Finalment, voldria donar les gràcies als organitzadors.

final *adj* [lleug. més formal i emfàtic que **last**] darrer *This is your final chance!* Aquesta és la teva darrera oportunitat! *our final offer* la nostra última oferta

finally *adv* 1 finalment 2 per fi, al final *So you've finally succeeded.* Així que al final te n'has sortit.

35 Real   Real

vegeu també **215 True**

real *adj* [sentit general] real *real orange juice* suc de taronja natural *real life situations* situacions de la vida real

reality *nc/i* realitat *It's about time you faced reality.* Ja és hora que t'encaris amb la realitat. *Manned space flight is already a reality.* Els vols tripulats a l'espai ja són una realitat.

genuine *adj* 1 [no fals. Descriu: esp. objectes i materials de valor] autèntic *genuine crocodile-skin shoes* sabates d'autèntica pell de cocodril *Is the painting genuine?* És autèntic, el quadre? 2 [sincer. Descriu: p. ex. interès, oferta] genuí *It was a genuine mistake.* Va ser una errada sense mala intenció.

genuinely *adv* de debò

authentic *adj* [fet, escrit, etc., per la persona que se suposa que ho va fer. Descriu: p. ex. objectes, documents, no materials] autèntic *an authentic sample of Mozart's handwriting* una mostra autèntica de la cal·ligrafia de Mozart **authenticity** *ni* autenticitat

actual *adj* (davant de *n*) 1 [no imaginari] real *The actual election doesn't take place until next week.* L'elecció en si no tindrà lloc fins la setmana vinent. **In actual fact** *there are two copies.* En realitat, hi ha dues còpies. 2 [s'utilitza per subratllar que un objecte, lloc, etc., és un objecte, lloc, etc., concret] veritable *This is the actual knife the murderer used.* Aquest és el veritable ganivet que va fer servir l'assassí. *Those were his actual words.* Aquestes van ser literalment les seves paraules.

actually adv de fet *The soup looks awful, but actually it tastes good.* La sopa té mal aspecte, però de fet té bon gust. [sovint s'utilitza per discrepar] *Actually, I think we should charge more than that.* De fet, trobo que ho hauríem de cobrar més car.

proper adj (davant de n) [s'utilitza sovint de manera força informal per subratllar que es refereix al significat real d'una paraula] apropiat, de debò, com cal *Have you had a proper meal?* Has menjat un àpat com cal? *I want a proper job, not part-time work.* Busco una feina de debò, no un treball a hores.

concrete adj **1** [que realment existeix. Descriu: objecte] concret **2** [específic, determinat. Descriu: p. ex. proposta, evidència] concret *I want something more concrete than a promise to pay.* Vull quelcom més concret que una promesa de pagament.

tangible adj [més aviat formal. Que pot ser percebut de manera clara] tangible, palpable *tangible assets* valors materials *The reforms have had no tangible results yet.* Les reformes encara no han donat resultats tangibles.

36 Unreal Irreal

vegeu també **56 Copy**; **216 Untrue**

unreal adj [estrany, com sortit d'un somni] irreal *After the accident, everything seemed unreal.* En els moments posteriors a l'accident, l'escena semblava irreal.

imaginary adj imaginari *an imaginary friend* un amic imaginari

imagine vt [creure equivocadament] imaginar *Nobody's trying to hurt you – you're just imagining things!* No hi ha ningú que vulgui fer-te mal, ets tu que t'ho imagines.

non-existent adj inexistent *Public transport is practically non-existent here.* El transport públic aquí és pràcticament inexistent.

fake adj [descriu: p. ex. obra d'art, material, joies] fals *a fake tan* un bronzejat fals **fake** nc falsificació

fake vti [obj: p. ex. objecte, emoció] falsificar *We bought faked documents.* Vam comprar documents falsificats.

pretend vit fer veure, simular, fingir *She pretended not to notice me.* Feia veure que no em veia. (+ **that**) *I pretended that I didn't know.* Fingia que no ho sabia.

pretend adj (davant de n) [més informal que **imaginary**. S'utilitza sovint en converses de nens] de joguina *a pretend gun* una pistola de joguina

pretence (brit & amer), **pretense** (amer) nc/i broma, muntatge *There are no diamonds – that was all pretence.* No n'hi ha, de diamants. Tot allò era una broma. *You've got me here **under false pretences**.* M'heu fet venir aquí amb engany.

37 Seem Semblar

seem vi (no s'utilitza en els temps continus) semblar (+ adj) *It seems very hot in here.* Aquí sembla que hi fa molta calor. (+ **to** + INFINITIU) *He seemed to go to sleep.* Semblava com si s'adormís. *It seems as if they have gone.* Sembla que se n'hagin anat. *It seems to me that we're wasting our time.* A mi em sembla que estem perdent el temps. (+ **like**) *It seems like yesterday.* Sembla com si fos ahir.

appear vi (no s'utilitza en els temps continus) [sovint més aviat formal] semblar (+ adj) *You appear surprised.* Fas cara de sorpresa. (+ **to** + INFINITIU) *The room appeared to be empty.* L'habitació semblava que estigués buida. *It appears that she gave him the wrong information.* Sembla que li va donar la informació equivocada.

appearance nc/i (sovint pl) aparença *Appearances can be deceptive.* Les aparences enganyen. **keep up appearances** salvar les aparences *By/To all appearances...* Pel que es veu...

look vi semblar, tenir aspecte de *You're looking well.* Fas bona cara. *It looks as though it's going to rain.* Sembla que plourà. *It looks as though we'll have to cancel the show.* Sembla que haurem de cancel·lar l'espectacle. (+ **like** + n) assemblar-se a *She looks like Greta Garbo.* S'assembla a Greta Garbo.

look nc aspecte, aparença *The farm had a neglected look.* La granja tenia un aspecte deixat. *I don't **like the look of** that dog.* No m'agrada l'aspecte d'aquell gos. *We're in for a hard time **by the look(s) of it**.* Si ho jutgem per les aparences, vénen temps difícils.

impression nc (habit. cap pl) impressió *I got the impression he was lying.* Em va fer l'efecte que mentia. *The house gives an impression of grandeur.* La casa fa una impressió majestuosa. *You can't judge by first impressions.* No es pot jutjar per les primeres impressions.

superficial adj [a la superfície. Descriu: p. ex. semblança] superficial **superficially** adv superficialment

38 Shapes Formes

shape nc forma *a card in the shape of a heart* una postal en forma de cor

form nc [lleug. més abstracte i literari que **shape**] forma *The form of a building was just visible through the mist.* S'entreveia la forma d'un edifici a través de la boira.

GRUPS DE PARAULES

38.1 Formes bidimensionals

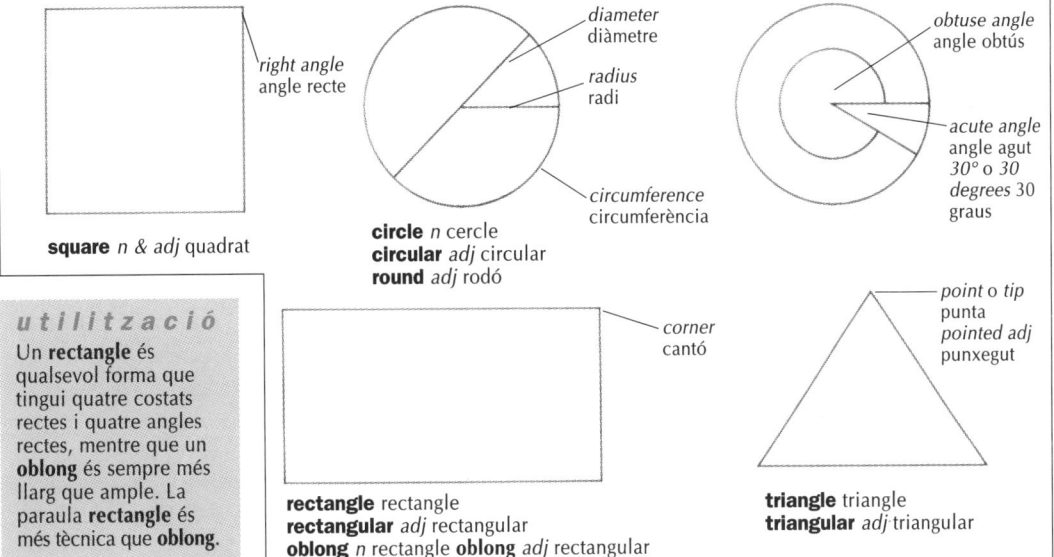

right angle angle recte
diameter diàmetre
radius radi
circumference circumferència
obtuse angle angle obtús
acute angle angle agut 30° o 30 degrees 30 graus

square *n & adj* quadrat

circle *n* cercle
circular *adj* circular
round *adj* rodó

corner cantó
point o *tip* punta
pointed *adj* punxegut

rectangle rectangle
rectangular *adj* rectangular
oblong *n* rectangle **oblong** *adj* rectangular

triangle triangle
triangular *adj* triangular

utilització
Un **rectangle** és qualsevol forma que tingui quatre costats rectes i quatre angles rectes, mentre que un **oblong** és sempre més llarg que ample. La paraula **rectangle** és més tècnica que **oblong**.

38.2 Formes tridimensionals

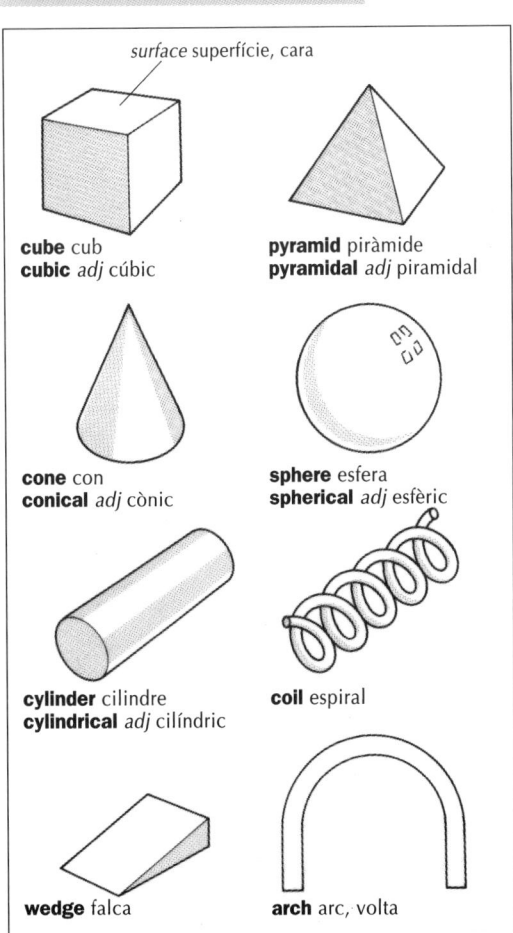

surface superfície, cara

cube cub
cubic *adj* cúbic

pyramid piràmide
pyramidal *adj* piramidal

cone con
conical *adj* cònic

sphere esfera
spherical *adj* esfèric

cylinder cilindre
cylindrical *adj* cilíndric

coil espiral

wedge falca

arch arc, volta

38.3 Formes decoratives

design *nc* [forma o dibuix no necessàriament repetit] disseny
pattern *nc* [dibuix, habit. repetit, que s'utilitza per a la decoració] dibuix *a floral pattern* un dibuix floral **patterned** *adj* estampat
stripe *nc* ratlla **striped** *adj* ratllat
dot *nc* punt
spot *nc* punt, taca **spotted** *adj* tacat, puntejat
check *nc* quadre **checked** *adj* de quadres

38.4 Línies

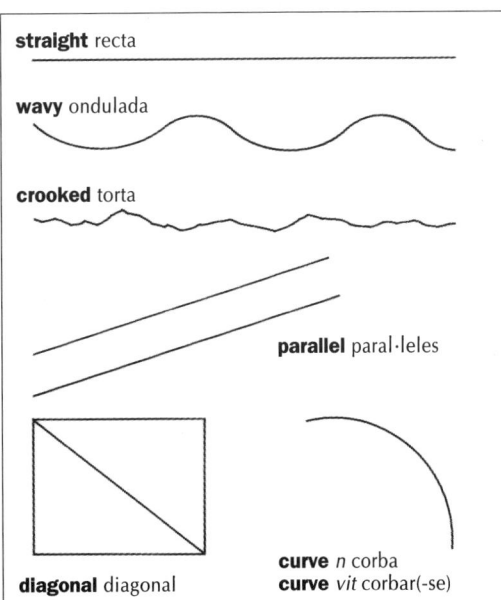

straight recta

wavy ondulada

crooked torta

parallel paral·leles

diagonal diagonal

curve *n* corba
curve *vit* corbar(-se)

29

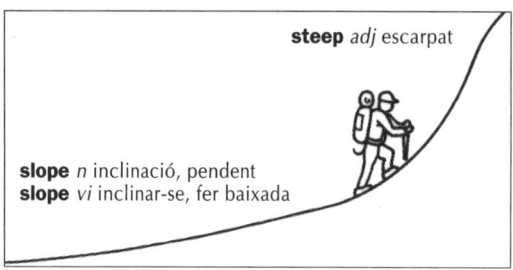

38.5 Formes irregulars

lump nc [bocí d'una substància que de vegades es troba dins d'una altra substància] tros, terròs, grumoll *a lump of rock* un tros de roca *a lump of sugar* un terròs de sucre *The custard was full of lumps.* La crema estava plena de grumolls.
lumpy adj [habit. pejoratiu] grumollós *lumpy custard* crema grumollosa

bump nc [que sobresurt d'una superfície plana] bony *You've got a bump on your forehead.* Tens un nyanyo al front. *bumps in the road* clots a la carretera
bumpy adj bonyegut, plena de sots (quan es refereix a una carretera)
shapeless adj [descriu: p. ex. massa, roba] sense forma
baggy adj [descriu: esp. roba] folgat, que fa bossa

39 Shape Donar forma

shape vt [fet habit. amb les mans o amb una eina. Sempre és una acció voluntària] donar forma
-shaped adj en forma de *an egg-shaped stone* una pedra en forma d'ou
form vti [lleug. més formal que **shape**. Pot ser una acció voluntària o involuntària] formar *Form the sausage meat into balls.* Es fan pilotes de carn de botifarra. *The children formed a straight line.* Els nens s'arrengleraven en fila. *Icicles formed below the windowsill.* Es formaven caramells sota l'ampit de la finestra.

mould (*brit*), **mold** (*amer*) vt motllurar **mould** nc motlle
bend vti, *pas. & pp.* **bent** [obj: metall, material dur, *no* paper, roba] tòrcer, doblegar(-se) *He bent the pipe to the shape he needed.* Va tòrcer el tub per donar-li la forma que necessitava. **bend** nc corba, recolze
fold vti [obj: p. ex. roba, papers, o aparells amb juntures] plegar *We folded the shirts.* Vam plegar les camises. *The bed folds up.* El llit és abatible. *to fold one's arms* creuar-se de braços **fold** nc séc, plec
flatten vt [obj: p. ex. superfície, punta] aplanar, allisar [sovint implica acció violenta o força] aixafar *trees flattened by the gales* arbres abatuts pels vendavals
straighten vti redreçar, estirar(-se) *I couldn't straighten my leg.* No podia estirar la cama. *She tried to straighten her hair.* Intentava allisar-se els cabells.

> *utilització*
>
> Es pot utilitzar **shape, form** i **mould** de manera figurada per descriure la influència dels esdeveniments i les experiències: p. ex. *His character was shaped by his wartime experiences.* (Els fets viscuts en temps de guerra li van modelar el caràcter.)

40 Dimensions Dimensions

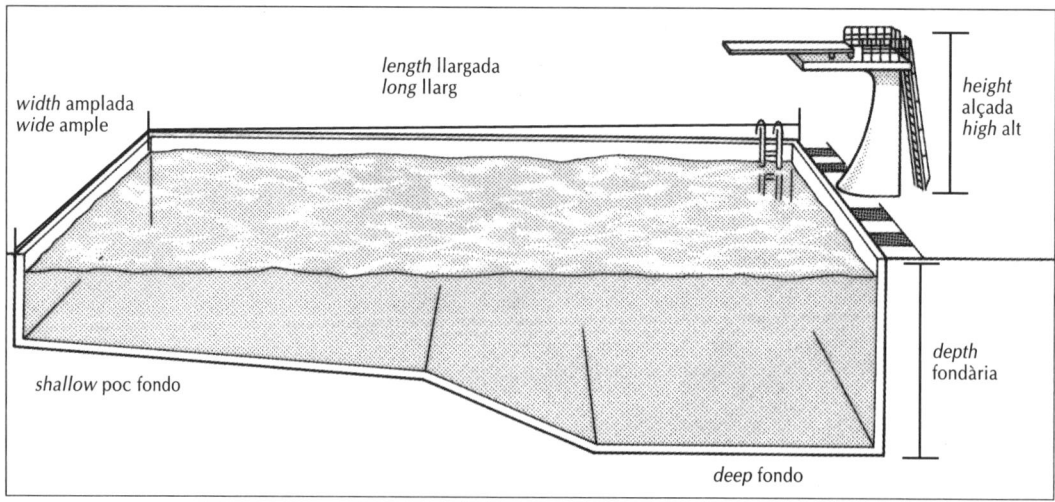

GRUPS DE PARAULES

utilització

S'utilitza més **wide** que **broad**. **Broad** sovint dóna una sensació d'espai i de confort; així doncs, dir (p. ex.) *broad avenues* (avingudes amples) resulta més convincent que no pas *wide streets* (carrers amples). Quan es parla de les dimensions d'un objecte s'utilitza **wide**: p. ex. *The room is 10 feet long and 7 feet wide.* (L'habitació fa tres metres de llargada per dos d'amplada.) Sovint s'utilitza **broad** per descriure les parts del cos, i pot implicar fortalesa: p. ex. *broad shoulders/hips* (ample d'espatlles/malucs). Tant **broad** com **wide** es poden utilitzar de manera figurada amb paraules com **range** (abast, gamma) i **selection** (selecció).

a broad avenue una avinguda ampla

a narrow footpath un camí estret

utilització

Normalment s'utilitza **thick** (gruixut) per descriure les coses considerades sòlides, com parets o vidre, o bé d'una sola substància, com els líquids. Normalment s'utilitza **dense** (dens) per a les coses que estan formades per moltes unitats o partícules concentrades en un espai limitat. S'utilitza **density** (densitat) en contextos científics, mentre que **thickness** (gruix, espesor) té un sentit més general.

a dense crowd una multitud serrada

thick soup sopa espessa

41 Size Mida

size *nc/i* mida *What's the size of that window?* Quines són les mides de la finestra?

quantity *nc/i* [habit. referit a coses físiques, no abstractes] quantitat *He consumed an enormous quantity/enormous quantities of beer.* Va consumir grans quantitats de cervesa. *to buy/manufacture in quantity* comprar/fabricar en quantitat

amount *nc/i* **1** [habit. s'utilitza amb noms abstractes o físics] quantitat *I view their claims with **a certain amount of** scepticism.* Em miro les seves pretensions amb un cert grau d'escepticisme. ***No amount of** persuasion will make her change her mind.* Diguis el que diguis no la faràs canviar de parer. **2** [de diners] suma, total, import *Half the amount is still owing.* Encara es deu la meitat de l'import.

area *nc/i* [mot genèric i del camp de la matemàtica] àrea *the area of a triangle/circle* l'àrea d'un triangle/cercle *The oil spread over a large area.* El petroli es va escampar sobre una àrea molt gran.

extent *ni/c* (cap pl) **1** [fins on s'estén una cosa] extensió *She stretched her arm out to its full extent.* Va allargar el braç tant com podia. **2** [grau] punt, abast *We don't yet know the extent of the damage.* Encara no sabem l'abast dels danys. ***To what extent** were they responsible for the error?* Fins a quin punt eren responsables de l'error? ***to a certain extent*** fins a cert punt

space *ni/c* [àrea física] espai *There's just enough space for the cupboard against that wall.* Arran d'aquella paret hi ha l'espai just per a l'armari. *The refrigerator won't fit into the space we left for it.* La nevera no cap en l'espai que li hem deixat.

room *ni* [espai lliure] lloc, cabuda *Is there room for me in the car?* Hi ha lloc per a mi al cotxe?

volume *ni* **1** [matemàtic] volum *the volume of a sphere/cube* el volum d'una esfera/d'un cub *8% alcohol by volume* 8% d'alcohol per volum **2** [més aviat formal] volum *the volume of work/trade/traffic* el volum de treball/comerç/trànsit

capacity *ni/c* capacitat *a tank with a capacity of 2,000 litres* un dipòsit amb una capacitat de 2.000 litres *seating capacity* nombre de seients *The hall was **filled/full to capacity**.* La sala estava plena de gom a gom. (davant de n) *a capacity crowd* un màxim de públic

dimensions *n pl* [més aviat formal] dimensions *a task of huge dimensions* una tasca de gran envergadura

proportions *n pl* [suggereix la idea tant de forma com de mida. De vegades més jocós que **dimensions**] proporcions *his ample proportions* les seves proporcions generoses *It's a way of reducing the task to more manageable proportions.* És una manera de reduir la feina a unes proporcions més manejables.

scale *n* **1** *ni/c* (cap pl) escala, dimensions *The sheer scale of the building is breathtaking.* Només les dimensions de l'edifici ja et tallen la respiració. *Television coverage **on this scale** is unprecedented.* Una cobertura d'aquestes proporcions no s'havia vist mai en televisió. *a **large-scale** undertaking* una empresa a gran escala *a **full-scale** reorganization* una reorganització de dalt a baix **2** *nc* escala *a scale of 1 centimetre = 1 kilometre* una escala d'un centímetre per quilòmetre *The map is not **to scale**.* El mapa no està fet a escala.

42 Big Gran

vegeu també **48 Fat**; contrari **44 Small**

big adj, -gg- **1** gros, gran *I'll need a very big suitcase.* Necessitaré una maleta molt gran. *That's the biggest fish I've ever seen.* És el peix més gros que he vist mai. **2** [edat] gran *my big brother* el meu germà gran

large adj [lleug. més formal que **big**. No s'utilitza amb el significat de **high** o **tall**. Descriu: p. ex. quantitat, àrea] gran *a large number of people* un gran nombre de persones

long adj [descriu: mida, distància, temps] llarg *It's a long way from here.* Hi ha un bon tros des d'aquí. *a long corridor* un passadís llarg

long adv molt de temps *Have you lived here long?* Fa molt de temps que viu aquí?

tall adj [vegeu UTILITZACIÓ, més avall] alt

utilització

Tall (contrari **short**) pot descriure persones i també objectes que són llargs de dalt a baix. No s'utilitza **high** (contrari **low**) per a persones; descriu o bé la posició dels objectes respecte al terra, o bé que els objectes són llargs de dalt a baix. Segons això, *a high window* (una finestra alta) pot ser una finestra que o bé és llarga de dalt a baix, o bé està situada a gran distància del terra.

spacious adj [favorable. Que té molt espai. Descriu: p. ex. casa] espaiós *spacious rooms* habitacions espaioses

extensive adj [implica que inclou una àrea o una gamma ampla de coses. Descriu: p. ex. danys, proves, reformes] extens, ample *an extensive knowledge of French literature* uns coneixements amples de literatura francesa **extensively** adv extensament

considerable adj considerable *They have spent a considerable sum on his education.* Han gastat una suma considerable en la seva formació.

considerably adv considerablement *Circumstances have altered considerably since we last spoke.* Les circumstàncies han canviat considerablement des de l'última vegada que vam parlar.

substantial adj [més aviat formal. Implica solidesa i importància] substancial, considerable *The industry needs substantial investment.* La indústria necessita inversions considerables. *substantial evidence proves concloents a substantial meal* [satisfactori] un àpat substanciós

substantially adv substancialment *substantially different* substancialment diferent

bulky adj [implica pes i incomoditat. Descriu: p. ex. paquets, equipaments] voluminós

42.1 Molt gran

utilització

Els mots **enormous**, **huge**, **immense**, **gigantic** i **colossal** signifiquen 'molt gran/gros'. **Enormous** i **huge** són més freqüents que els altres; s'utilitza **gigantic** en situacions lleugerament més informals, mentre que **immense** i **colossal** són més aviat literaris. **Gigantic**, **immense** i **colossal** són lleugerament més emfàtics que **huge** i **enormous**. Es poden utilitzar tots per designar objectes físics i coses abstractes, com ara problemes o quantitats. A tots se'ls pot afegir **absolutely** per enfortir el significat: p. ex. *Their house is absolutely enormous.* (La casa on viuen és senzillament enorme.)

vast adj [implica una àrea àmplia. Descriu: esp. quantitat, àrea, però *no* els éssers vius] vast, immens *vast plains* planures immenses

massive adj [implica força i solidesa] massís *a massive rock* una roca massissa [força informal quan s'utilitza per exagerar] *a massive spider* una aranya enorme *a massive heart attack* [molt sever] un atac de cor molt greu

giant adj (davant de n) [descriu: objectes físics, *no* quantitats, àrees] gegant *a giant octopus* un pop gegant *a giant packet of soap powder* un paquet gegant de detergent **giant** nc gegant

colossal adj colossal, gegantí *The house cost them a colossal amount of money.* La casa els va costar una fortuna.

gigantic adj [d'una grandària extraordinària] gegantí *They used 100 eggs to make a gigantic cake.* Varen utilitzar cent ous per fer un pastís gegant.

43 Large quantity Quantitat gran

vegeu també **42 Big**; **50 Whole**; **51 Enough**; **332 Full**; contrari **45 Small quantity**

plentiful adj [no s'utilitza en contextos informals. Implica que és fàcil d'aconseguir. Descriu: esp. subministrament] abundant

abundant adj [similar a **plentiful**] abundant

abundance ni/c (cap pl) abundància *She has ideas in abundance, but no practical experience.* Té idees a dojo, però gens d'experiència pràctica. *an abundance of food and drink* una gran quantitat de menjar i begudes

majority n **1** nc (cap pl; + v sing o pl) majoria *the majority of voters* la majoria dels electors *Those who object to the changes are clearly in a/the majority here.* Aquí els que s'oposen als canvis són clarament una majoria. (davant de n) *the majority opinion* l'opinió majoritària **2** nc [diferència en nombre] majoria *She won by a majority of 50 votes.* Va guanyar per una majoria de 50 vots.

maximum nc màxim, màximum *This lift takes a maximum of 10 people.* En aquest ascensor hi caben un màxim de deu persones.

maximum adj (davant de n) [descriu: p. ex. temperatura, nivell, nombre] màxim

43.1 Grans quantitats de coses l'una sobre l'altra

a **stack/pile of plates** una pila de plats

a **pile/stack of plates** una pila de plats

a **heap/pile of dirty dishes** un munt de plats bruts

a **heap of broken crockery** un piló de plats trencats

stack nc [ordenat, de forma vertical o gairebé vertical, habit. referit a coses que són del mateix tipus, mida i forma] pila **stack** vt apilar

utilització

S'utilitzen **stack**, **pile**, **heap** i **load** en les frases següents per indicar una quantitat gran:
1) *stacks/piles/heaps/loads of sth*
2) *a stack/pile/heap/load of sth*

Totes aquestes expressions són de caràcter informal, i es poden utilitzar amb substantius comptables o incomptables: *There's stacks of work to do.* (Hi ha un munt de feina per fer.) *I gave him a load of books.* (Li vaig donar una pila de llibres.)

pile nc [sovint menys ordenat i menys uniforme que **stack**. Pot tenir els costats inclinats o una forma irregular] munt, piló

pile vt (sovint + **up**) amuntegar

heap nc [habit. amb els costats inclinats o d'una forma desordenada i irregular. Sovint conté objectes de diferents tipus] munt *a compost heap* un munt de residus orgànics

43.2 Mots informals emprats per designar grans quantitats

lot o **lots** (habit. + **of**) molt *You made a lot of noise last night.* Vau fer molt de soroll ahir a la nit. *We've got lots to do.* Tenim moltes coses a fer.

bags (*brit*) n pl (sempre + **of**) molt *There's bags of room in the car.* Hi ha espai de sobres al cotxe. *bags of charm* molt d'encant

masses n pl (habit. + **of**) fotimer, gran quantitat *masses of people* una munió de gent *Don't bring any food – we've got masses.* No portis menjar, en tenim un fotimer.

mass nc (habit. + **of**) [més aviat formal] munió *We received a mass of letters.* Vam rebre una munió de cartes.

tons n pl (habit. + **of**) tones *tons of food* tones de menjar

galore adj (darrere n) [no tan informal com **stacks**, **heaps**, etc., encara que no s'acostuma a fer servir en contextos formals. S'utilitza habit. en sentit favorable] a doll *There are opportunities galore in the USA.* Als Estats Units hi ha oportunitats en abundància.

frase feta

be more than one bargained for [quantitat, reacció, conseqüència, etc., que provoca una sorpresa desagradable] resultar pitjor del que s'esperava *When I challenged her to an argument I got rather more than I had bargained for.* La vaig incitar a discutir i vaig rebre prou més del que m'esperava.

44 Small Petit

vegeu també **49 Thin**; contrari **42 Big**

small adj petit *The portions were rather small.* Les racions eren més aviat petites. *Small children need constant supervision.* S'ha d'estar molt pendent de les criatures quan són petites. *These shoes are too big – I need a smaller size.* Aquestes sabates són massa grosses. Necessito un número més petit.

little adj [sovint suggereix que la cosa descrita també és bonica o simpàtica. El comparatiu (**littler**) i el superlatiu (**littlest**) són poc freqüents i tenen un toc d'afectació] petit *What a dear little kitten!* Quin gatet més preciós! *I used a little bit of your face cream.* He gastat una mica de la teva crema de bellesa. *in a little while* d'aquí a una mica

tiny adj [extremadament petit. Com **little** pot afegir un to simpàtic, però també pot ser pej.] diminut, minúscul *tiny babies* nadons petitons *The portions they served were tiny.* Les porcions que donaven eren esquifides.

minute adj [encara més petit que **tiny**. Sovint s'utilitza per donar èmfasi] minúscul *This kitchen is absolutely minute!* Aquesta cuina és minúscula!

miniature adj [reduït respecte a la mida normal] miniatura *a miniature railway* un ferrocarril en miniatura *a miniature poodle* un gos falder miniatura (util. com a n) *The model shows the whole town in miniature.* La maqueta mostra tot el poble en miniatura.

miniature nc [pintura] miniatura

dwarf adj [descriu: esp. plantes, animals] nan *a dwarf conifer* una conífera nana

dwarf nc, pl **dwarfs** o **dwarves** nan -a

dwarf vt empetitir *The church is dwarfed by surrounding skyscrapers.* L'església es veu minúscula enmig dels gratacels.

compact adj compacte

petite adj [favorable. Descriu: dones menudes i la seva roba] menuda

slight adj **1** [menor. Descriu: p. ex. dolor, modificació, errada] lleuger *There has been a slight improvement in our sales.* Hi ha hagut una lleugera millora en les nostres vendes. **2** [petit i prim. Descriu: persones] prim, esquifit *his slight frame* el seu cos esquifit

slightly adv [en un grau menor] lleugerament, una mica *I was slightly angry.* Estava una mica irritada. *slightly more common* una mica més freqüent

44.1 Petit referit a l'alçada

short adj [descriu: p. ex. persones, roba, període] curt *short trousers* pantaló curt ***In short**, the play was a total flop.* En una paraula, l'obra va ser un fracàs rotund.

low adj [descriu: p. ex. sostre, temperatura, preu, però no persones] baix *low cloud* núvols baixos *families on low incomes* famílies amb ingressos baixos

45 Small quantity Quantitat petita
vegeu també **44 Small**; contrari **43 Large quantity**

minority nc (cap pl; + v sing o pl) minoria *A small minority of the crowd caused trouble.* Entre la gentada hi havia una petita minoria que va provocar conflictes. *Parents with young children were **in the/a** minority at the meeting.* Els pares amb nens petits eren una minoria a la reunió.

minimum nc mínim *I need a minimum of 5 volunteers.* Necessito un mínim de cinc voluntaris.

minimum adj (davant de n) [descriu: p. ex. temperatura, nombre] mínim *a minimum charge of £2.50* un pagament mínim de 2,50 lliures

45.1 Adjectius que descriuen quantitats petites

scant adj (davant de n) [lleug. formal i sovint implica desaprovació. Descriu: esp. coses abstractes, p. ex. consideració, respecte] escàs *She paid scant attention to her parents' warnings.* Prestava escassa atenció a les advertències dels seus pares.

scanty adj [no prou gran. Sovint implica desaprovació. Descriu: p. ex. àpat, subministrament] escàs

scantily adv escassament *scantily-clad models* models escasses de roba

skimpy adj [més pej. que **scanty**] esquifit, minso

skimp on sth vt [gastar menys del que és necessari per tal d'estalviar] plànyer ac *If you skimp on fabric, the dress won't hang properly.* Si hi planys la roba, el vestit no tindrà el caient adequat.

mere adj (davant de n; cap compar) [destaca que una cosa és petita o insignificant] mer, simple *The mere mention of his name is forbidden.* La mera al·lusió al seu nom està prohibida.

merely adv [més aviat formal] merament, simplement *I was merely trying to be helpful.* Simplement intentava ajudar-te.

meagre adj (brit), **meager** (amer) [pej. Insuficient. Pot implicar gasiveria. Descriu: p. ex. àpat, quantitat de diners] escàs, exigu, magre

measly adj [informal i pej. Expressa menyspreu] miserable *Two measly sausages – is that all we get?* Dues miserables salsitxes, això és tot el que ens donen? *All I asked for was a measly £10!* Només demanava deu miserables lliures!

sparse adj [cobert o escampat minsament. Descriu: p. ex. població, vegetació] dispers, poc dens, esclarissat

sparsely adv espaiadament, amb poca abundància *sparsely populated* poc poblat

frase feta

thin on the ground (brit) [informal] comptats, pocs *Good restaurants are a bit thin on the ground round here.* Per aquí a la vora els bons restaurants són comptats.

45.2 Trossos petits
vegeu també **52 Part**

a little pron una mica *I'll have a little of the soup.* Prendré una mica de sopa. *There is little point in continuing this discussion.* No té sentit continuar aquesta discussió. *Give us a little more time.* Dóna'ns una mica més de temps.

fraction nc (habit. + **of**) [s'utilitza per a les coses que es poden mesurar, p. ex. distància, temps, quantitat] fracció *The bullet missed me by a fraction of an inch.* Va anar de mil·límetres que no em toqués la bala. *a fraction of a second* una fracció de segon *a fraction of the cost* una fracció del cost

fragment nc fragment *Fragments of folk songs are found in the symphony.* En la simfonia es troben fragments de cançons tradicionals.

fragmentary adj [sovint força pej. Descriu: p. ex. explicació, coneixements] fragmentari

scrap nc [quan s'utilitza per a materials, descriu esp. els que s'estripen, p. ex. paper, teixit; també de menjar] tros *There's not a scrap of evidence to support his claim.* No hi ha ni la mínima prova que confirmi la seva declaració.

grain nc [d'arròs, sorra, etc.] gra *There isn't a grain of truth in the allegation.* No hi ha un bri de veritat en l'asseveració.

trace adj [quan s'utilitza per a les substàncies físiques, descriu esp. les líquides o les que taquen, p. ex. sang, verí] rastre *There was a trace of anger in her voice.* Hi havia un deix de ràbia en la seva veu. *She vanished **without trace**.* Va desaparèixer sense deixar cap rastre. *There's **no trace of** the car.* No queda ni rastre del cotxe.

handful nc [s'utilitza habit. per a persones. Sovint implica un nombre petit i decebedor] grapat *Only a handful of people turned up.* Només van venir quatre gats.

46 Increase Augmentar

increase vit (sovint + **in**, **by**) [subj/obj: p. ex. mida, quantitat, preu, no persona] augmentar(-se), apujar(-se) *Output has increased by 3% in the last month.* La producció ha augmentat un 3% en l'últim mes.

increase nc (sovint + **in**, **of**) augment, pujada *a wage/price increase* una puja de sous/preus *a sharp increase in public spending* un fort increment de la despesa pública *an increase of 50%* un augment del 50% *Absenteeism is on the increase.* L'absentisme va en augment.

grow vi, pas. **grew** pp. **grown** [subj: p. ex. persona, planta, negoci] créixer *Britain's fastest-growing supermarket chain* la cadena de supermercats de més ràpid creixement a la Gran Bretanya *Fears are growing for the children's safety.* Es tem cada vegada més per la seguretat dels infants.

growth ni (sovint + **in**) creixement *a period of economic growth* un període de creixement econòmic

spread v, pas. & pp. **spread** 1 vit [lleug. menys formal que **expand**, i sovint fa referència a una acció involuntària. S'utilitza sovint ref. a coses abstractes. Subj: p. ex. aigua, foc, complicacions] escampar(-se) *Unrest has spread throughout the country.* Els desordres s'han escampat arreu del país. 2 vt [obj: p. ex. mantega] untar

spread ni extensió *the spread of disease* la propagació de la malaltia

símil

to spread like wildfire [no té connotacions negatives] escampar-se com una taca d'oli

expand vit [habit. suggereix increment de volum. Sovint acció voluntària] expandir, dilatar(-se) *Our business is expanding.* El nostre negoci està en expansió. *Wet weather makes the wood expand.* El temps humit fa que la fusta es dilati.

expansion ni/c expansió *industrial expansion* expansió industrial

swell vit, pas. **swelled** pp. **swollen** [sovint té connotacions negatives quan indica un augment anormal o poc desitjable. Subj: p. ex. turmell, riu, multitud] inflar(-se), (fer) créixer

stretch v 1 vti [esdevenir o fer més llarg, més ample, etc., esp. amb esforç] estirar(-se), estendre *My jumper stretched in the wash.* El meu jersei s'ha donat al rentar-lo. *Stretch the tyre over the wheel frame.* Estrebeu el pneumàtic sobre la llanta. 2 vti [estendre('s) al màxim] estirar(-se) *He stretched out his arm.* Va estirar el braç. *She yawned and stretched.* Va badallar i es va estirar. *The rope won't stretch as far as the tree.* La corda no allargarà fins a l'arbre. 3 vi [a l'espai] allargar-se *The road stretched ahead.* La carretera s'allargava davant nostre.

stretch nc 1 estirada *Give your muscles a stretch.* Estira els músculs. 2 [àrea] extensió *a short stretch of railway* un tram curt de ferrocarril

extend v 1 vti [afegint una part nova. Obj: p. ex. edifici, influència] ampliar(-se) *I've extended the deadline by a week.* He perllongat el temps disponible una setmana. 2 vti [a la llargada màxima] estendre('s) *The cord is two metres long when fully extended.* La corda té una llargada de dos metres quan està estesa del tot. 3 vi [a l'espai] estendre's

extension n 1 ni/c extensió, ampliació *an extension of their powers* una ampliació dels seus poders 2 nc [part d'un edifici] ampliació, annex

utilització

En els sentits 1 i 2, **extend** implica afegir alguna cosa al que ja hi ha, mentre que **stretch** implica augmentar la mida de la cosa mateixa. En el sentit 3, **extend** és lleugerament més formal que **stretch**.

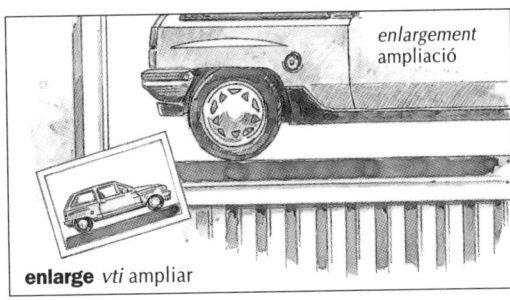

enlarge vti ampliar

enlargement ampliació

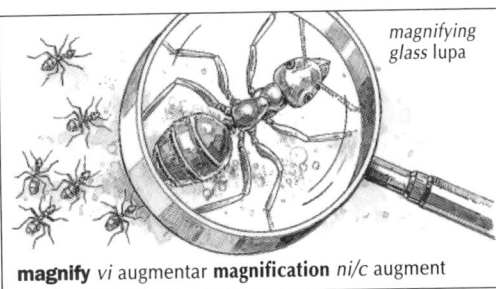

magnify vi augmentar **magnification** ni/c augment

magnifying glass lupa

46.1 Termes matemàtics que expressen augment

add vt (sovint + **to**) afegir, sumar *Can you add that to my bill, please?* M'ho pot afegir al compte, si us plau? *This just adds to my worries.* Com si no tingués prou problemes!

addition ni/c addició *another addition to the family* un més a la família. *They want longer holidays in addition to higher pay.* Demanen un increment salarial i, a més a més, vacances més llargues.

additional adj (habit. davant de n) addicional *There is no additional charge.* No hi ha cap càrrec suplementari.

multiply vti multiplicar *Our problems have multiplied.* Els nostres problemes s'han multiplicat. **multiplication** ni multiplicació

double vti doblar *Prices have doubled in the last year.* Durant l'últim any els preus s'han doblat.

double adj (davant de n) doble *The coat has a double lining.* L'abric té doble folre. *She's earning double what I get.* Guanya el doble que jo.

triple adj (davant de n) [format per tres parts] triple
triple vti triplicar(-se)

treble adj (davant de n) [repetir tres cops un mateix número] triple **treble** vti triplicar(-se)

> *utilització*
>
> En anglès britànic, sovint s'utilitzen **double** i **treble** per dir números, esp. els de telèfon. Si tens el número 355666, podries dir *Three double five treble six.* No s'utilitza **quadruple** d'aquesta manera.

46.2 Augmentar en una dimensió determinada

deepen vti **1** [obj/subj: p. ex. aigua, forat] esdevenir més profund, aprofundir **2** [esdevenir més intens. Obj/subj: tristesa, crisi] augmentar, accentuar

lengthen vti allargar(-se) *I lengthened the dress.* Vaig allargar el vestit.

widen vti [obj/subj: p. ex. carrer, túnel, coneixements] eixamplar(-se), ampliar

broaden vti [sovint s'utilitza per a coses més abstractes que **widen**. Obj/subj: p. ex. perspectiva, experiència] eixamplar(-se)

heighten vti **1** [en altura] alçar, elevar **2** [en intensitat. Obj/subj: p. ex. efecte, contrast, emoció] intensificar (-se)

46.3 Paraules figuratives per augmentar

mushroom vi [aparèixer ràpidament. Sovint s'utilitza de manera lleug. pej.] créixer molt ràpidament *Factories have mushroomed in the area.* Les fàbriques han crescut com bolets en aquesta zona.

snowball vi [augmentar ràpidament de mida. Lit., fer-se com una bola de neu] *We started out with only two employees but the business just snowballed.* Vam començar amb només dos empleats però el negoci va créixer sense parar.

balloon vi (sovint + **out**) [inflar-se quan s'omple d'aire o com si s'omplís d'aire] inflar-se *Her ankles ballooned when she was pregnant.* Els turmells se li inflaven quan estava en estat.

47 Decrease Disminuir

vegeu també **412 Fall**

decrease vit [utilitzat en sentit general amb relació a mides i quantitats] disminuir(-se), minvar *Investment decreased by 20% last year.* La inversió va disminuir un 20% l'any passat.

decrease nc/i (sovint + **in**) disminució, minva *Inflation is on the decrease.* La inflació està minvant.

> *utilització*
>
> **Fall, drop** i **go down** són totes paraules força informals que s'utilitzen per fer esment a una disminució en quantitat, no en mida: p. ex. *The birth rate fell.* (La taxa de naixement va baixar.) *House prices have dropped.* (Ha baixat el preu de l'habitatge.) *The temperature went down sharply.* (La temperatura va baixar de cop.)
> **Fall** i **drop** també s'utilitzen com a substantius: p. ex. *a fall in stock market values* (una caiguda en els valors borsaris) *a drop in attendance* (una davallada d'assistència).

reduce vt [mida o quantitat] reduir, minvar *Reduce the temperature after 20 minutes.* Redueix la temperatura al cap de vint minuts. *This has reduced my chances of promotion.* Això ha disminuït les meves possibilitats de promoció.

reduction ni (sovint + **in**) reducció, rebaixa (+ **on**) *a 10% reduction on the original price* una rebaixa d'un 10% sobre el preu inicial

lessen vti [no s'utilitza referit a mides. Obj: impacte, risc, probabilitat] minvar, reduir(-se)

diminish vti [no s'utilitza referit a mides. Lleug. més formal que **lessen**] disminuir *This has not diminished our determination.* Això no ha fet minvar la nostra determinació. *Their profits diminished over the years.* Al llarg dels anys els seus beneficis anaven disminuint.

dwindle vi (sovint + **away**) [destaca que la disminució és gradual. Implica que en queda poc o gens] disminuir, quedar reduït *dwindling resources/profits* recursos/beneficis que queden reduïts

shrink vit, pas. **shrank** pp. **shrunk** [subj/obj: p. ex. material, roba, valor] encongir(-se), mermar *Our membership has shrunk to a quarter of its original size.* El nombre de socis ha quedat reduït a la quarta part dels que hi havia al principi. **shrinkage** ni encongiment

contract vit [força tècnic. Subj: metall, múscul] contraure('s) **contraction** ni/c contracció

compress vt comprimir *compressed air* aire comprimit *I managed to compress the information into a few paragraphs.* Vaig poder comprimir la informació en uns quants paràgrafs. **compression** ni compressió

shorten vt [obj: esp. llargada, temps] escurçar *I shortened the dress.* He escurçat el vestit. *Let's shorten this meeting.* Escurcem la reunió.

cut short sb/sth o **cut** sb/sth **short** vt [donar per acabat abans del final, esp. d'una manera desagradable i sobtada. Obj: p. ex. vacances, debat] interrompre a/ac

cut vt, -tt-, pas. & pp. **cut** [treure parts d'una cosa. Obj: p. ex. llibre, film, pressupost] retallar *The government has cut defence spending.* El govern ha retallat les despeses de defensa. **cut** nc retallada

cut (sth) **down** o **cut down** (sth) vti (sovint + **on, to**) retallar, reduir ac *Try to cut down on sugar.* Intenta menjar menys sucre.

abbreviate vt [obj: paraula, frase] abreujar **abbreviation** nc abreviatura
halve vt partir pel mig *If we go in one car, we'll halve the petrol costs.* Si anem en un sol cotxe, ens estalviarem la meitat en benzina.
quarter vt tallar a quarts

48 Fat Gras

vegeu també **42 Big**

fat adj, -tt- [mot genèric, habit. poc favorable] gras **fatness** ni grassor
fat ni greix *Seals have a layer of fat under the skin.* Les foques tenen una capa de greix sota la pell.
fatten vt (sovint + **up**) [obj: esp. animal] engreixar
fattening adj [descriu: menjar] que engreixa
overweight adj [mot gairebé neutre] *to be overweight* pesar massa *He's at least 10 kilos overweight.* Li sobren almenys deu quilos.

frases fetes
to put on weight engreixar-se
to gain weight [s'utilitza en contextos més aviat formals. Implica que la persona abans no tenia el pes adequat] guanyar pes *The baby is beginning to gain weight now.* Ara el nadó comença a guanyar pes.

obese adj [summament gras. Més formal i pej. que **fat** i **overweight**. S'utilitza també en contextos mèdics] obès **obesity** ni obesitat
corpulent adj [molt gras. Força formal, s'utilitza sovint per a gent d'una certa edat] corpulent **corpulence** ni corpulència
pot-bellied adj [lleug. jocós] panxut

48.1 Paraules menys pejoratives per referir-se a l'excés de pes

chubby adj [s'utilitza sovint afectuosament. Descriu: esp. nadó, galtes] rodanxó, molsut
plump adj [força afectuós i sovint favorable] rodanxó, rodonet [clarament favorable quan descriu p. ex. aviram] gros *a nice plump chicken* un pollastre ben gros
tubby adj [pej., però d'una manera jocosa i carinyosa] rabassut
stout adj [s'utilitza per a gent gran. Implica tronc gran] cepat
buxom adj [favorable, però sovint jocós. Habit. implica grassor saludable i pits grans. Descriu: només dones] rodanxona, pleneta

49 Thin Prim

vegeu també **44 Small**

thin adj, -nn- **1** [quan es refereix a persones, no té connotacions positives] prim **2** [estret. No s'utilitza per a espais o per a superfícies] fi, lleuger
narrow adj [sovint vagament pej., i implica mida inadequada. Descriu: p. ex. carrer, passadís, pont] estret

símil
be as thin as a rake ser un secall, ser un sac d'ossos

skinny adj [lleugerament pej. o afectuós] sec, escanyolit
lanky adj [força pej. Implica poca agilitat. Descriu: esp. nois o joves] esprimatxat
underweight adj [sota el pes normal i saludable] *to be underweight* pesar massa poc *He's at least a few kilos underweight.* Li falten almenys uns quants quilos.
skin and bone [pej., però sovint expressa compassió] la pell i l'os *Poor little thing, she's just skin and bone.* Pobreta, només li queda la pell i l'os.
emaciated adj [més aviat formal. Summament prim, habit. per malaltia o inanició] demacrat, emaciat
gaunt adj [suggereix els efectes de malaltia greu o sofriment] demacrat
haggard adj [similar a **gaunt** però no necessàriament tan prim] desmillorat, ullerós

anorexic adj anorèxic **anorexia** ni anorèxia

utilització
Normalment **gaunt** i **haggard** descriuen la cara o l'aspecte d'una persona, no el cos o els membres. S'utilitzen **skinny**, **emaciated** i **anorexic** més per al cos o per als membres que per a la cara.

49.1 Perdre pes

to lose weight perdre pes
diet nc **1** [per perdre pes] règim, dieta *to go on a diet* començar a fer règim **2** (sovint + **of**) [allò que es menja] règim **diet** vi fer règim **dieter** nc persona que segueix un règim
slim vi, -mm- (sovint + **down**) aprimar(-se) **slimmer** nc persona que s'aprima

49.2 Prim i atractiu

slim adj, -mm- esvelt *Plenty of exercise helps keep you slim.* Fer molt d'exercici t'ajuda a mantenir-te prim.
willowy adj [habit. referit a dones altes i elegants] esvelta, abrinada

lean *adj* [suggereix estar fort i en forma] sense gens de greix

slender *adj* [suggereix gràcia i fragilitat. Descriu: p. ex. persona, membres, branca] gràcil

fine *adj* [molt prim i lleuger. Descriu: p. ex. línia, fil, cabells] fi

50 Whole Sencer

whole *adj* **1** (davant de *n*) tot, sencer *I've spent the whole afternoon looking for you.* He passat tota la tarda buscant-te. **2** (darrere *v*) [intacte, indivís] sencer *The bird swallowed the fish whole.* L'ocell es va empassar el peix sencer.

whole *n* **1** (sempre + **the**) totalitat *the whole of Europe* tot Europa **2** *nc* [cosa sencera] (com a) conjunt *Rather than divide up the property, they decided to sell it as a whole.* En lloc de repartir la propietat, van decidir vendre-la sencera.

wholly *adv* (habit. davant de *adj* o *v*) [lleug. més formal que **completely** o **entirely**] del tot *They were not wholly responsible for their actions.* No eren del tot responsables de les seves accions.

> *utilització*
>
> Sovint es pot intercanviar **whole** *adj* i **the whole of**. Per tant, és possible dir *the whole afternoon* o *the whole of the afternoon* (tota la tarda), *my whole life* o *the whole of my life* (tota la meva vida). Amb els noms propis s'ha d'utilitzar **the whole of**: p. ex. *the whole of New York* (tot Nova York) o *the whole of 1990* (tot l'any 1990).

entire *adj* (davant de *n*) [més formal que **whole**] enter, complet **entirely** *adv* enterament

entirety *ni* totalitat *We must try to deal with the problem in its entirety.* Cal que intentem de tractar el problema en la seva totalitat.

complete *adj* **1** [s'utilitza més per a un conjunt de coses que per a un objecte sencer. Descriu: p. ex. conjunt, col·lecció, llistat] complet *the complete works of Shakespeare* les obres completes de Shakespeare *The system came complete with a printer and a mouse.* El sistema va arribar amb la impressora i el ratolí inclosos. **2** (davant de *n*) [per intensificar] perfecte, del tot *He made me look a complete idiot.* Em va fer quedar com un perfecte idiota.

completely *adv* completament *You look completely different.* Tens un aspecte completament diferent. *We were going in completely the wrong direction.* Anàvem en una direcció completament equivocada.

total *adj* (habit. davant de *n*) [descriu: p. ex. nombre, quantitat, fracàs, pèrdua] total *He wants to gain total control of the company.* Vol obtenir el control absolut de l'empresa. *our total profits for the year* el total anual dels nostres beneficis **totally** *adv* totalment

total *nc* totalitat *We received a grand total of £3,000.* Vam rebre una quantitat total de tres mil lliures.

intact *adj* (habit. darrere *v*) intacte, sencer *The glass jar was still intact when we opened the parcel.* El pot de vidre encara estava intacte quan vam obrir el paquet.

in one piece [informal] sencer, d'una peça *Just make sure you get that chair home in one piece; it's an antique.* Assegura't que aquella cadira arribi a casa d'una peça; és una antiguitat. *I've got a few bruises, but I'm still in one piece.* Tinc uns quants blaus, però encara estic sencer.

comprehensive *adj* [exhaustiu i ampli. Descriu: p. ex. descripció, coneixements] extens, global *comprehensive insurance* assegurança a tot risc **comprehensively** *adv* globalment

51 Enough Prou

vegeu també **43 Large quantity**

enough *adj* (sovint + **to** + INFINITIU, + **for**) prou *They didn't give me enough time.* No em van donar prou temps. *I haven't got enough money for a ticket.* No tinc prou diners per a un bitllet. *Is there enough space left on the page?* Queda prou espai a la pàgina? [darrere *n* és més literari o formal] *There's room enough for you to sit down.* Hi ha espai suficient perquè t'asseguis.

enough *adv* (darrere *adj*) **1** (sovint + **to** + INFINITIU, + **for**) prou *The dress isn't big enough for me.* El vestit no és prou gran per a mi. **2** [s'utilitza sense implicar cap comparació] prou, força *It's a common enough complaint.* És una queixa prou habitual. *She's cheerful enough, it's just that nobody ever seems to visit her.* És una dona força eixerida, però sembla que ningú no la visita.

enough *pron* prou *Have you got enough?* En tens prou?

sufficient *adj* (sovint + **to** + INFINITIU, + **for**) [més formal que **enough**] suficient *We have sufficient evidence to*

> *utilització*
>
> S'utilitza **enough** amb adverbis, esp. al principi de l'oració, quan la persona que parla vol fer un comentari general sobre la naturalesa de la informació: p. ex. *Oddly enough, he forgot to mention it.* (Per més estrany que sembli, va oblidar d'esmentar-ho.) *He was, naturally enough, very upset by the news.* (Naturalment les notícies el van trasbalsar molt.)
>
> També s'utilitza **enough** en diverses locucions:
> ***Enough is enough**, she's had several warnings.* (Ja n'hi ha prou; l'hem advertida moltes vegades.)
> ***Enough said**, I completely understand your position.* (No cal que en parlem més, entenc completament la teva postura.)
> *I've **had enough of** her everlasting moaning.* (Ja n'estic tip de les seves interminables queixes.)

be able to make an arrest. Tenim suficients indicis per procedir a la detenció. **sufficiently** adv suficientment

adequate adj **1** (sovint + **to** + INFINITIU, + **for**) [més formal que **enough**. Implica una mesura justa, sense que en sobri res] suficient, proporcionat *Our supplies are adequate for our needs.* Les provisions cobreixen les nostres necessitats. **adequately** adv suficientment

plenty pron (sovint + **of**) [més que suficient] a dojo *We had plenty to eat.* Teníem menjar a dojo.

ample adj (sovint + **for**) [suficient o més que suficient. Més literari que **plenty**] abundant *There's ample space in the cupboard.* Hi ha molt d'espai a l'armari. **amply** adv abundantment

52 Part Part

part n **1** nc [secció separada] part *She lives in a separate part of the house.* Viu en una altra part de la casa. *The book was interesting in parts.* El libre tenia parts interessants. **2** ni [quantitat] part *Part of the money belongs to me.* Una part dels diners em pertany. *We had to hang around for the better/best part of an hour.* Vam haver d'esperar gairebé una hora. *The crash was caused in part by human error.* En part l'accident va ser causat per un error humà. **3** nc [d'una màquina o d'un aparell] peça *spare parts* peces de recanvi

partly adv en part *He resigned partly because of ill health.* En part va dimitir per la seva mala salut.

partial adj [descriu: p. ex. èxit, fracàs, recuperació] parcial *a partial eclipse of the moon* un eclipsi parcial de lluna

partially adv [lleug. més formal que **partly**; s'utilitza en contextos mèdics] parcialment *partially deaf/paralysed* parcialment sord/paralitzat

utilització

Partly, partially, in part i **to some extent/to a certain extent** (fins a cert punt) es poden intercanviar en molts casos sense gaire diferència: p. ex. *I was partly/partially/in part/to some extent to blame for the accident.* (En part, vaig tenir la culpa de l'accident.)
Partly és l'adverbi que s'utilitza més àmpliament, i es pot fer servir per contrastar dos elements: p. ex. *He did it partly for the money and partly because he's interested in theatre.* (Ho va fer en part pels diners i en part pel seu interès pel teatre.)
Cal utilitzar **partially** amb molta cura en relació amb verbs com **judge** (jutjar, arbitrar) o **decide** (decidir) perquè significa també "de manera partidista". Quan té aquest sentit sempre va darrere del verb.
S'utilitza **in part** en contextos més aviat formals.
To some extent/to a certain extent és lleugerament menys precís que els altres termes; suggereix que no es vol o no es pot quantificar fins a quin punt l'afirmació és certa.

piece nc **1** tros *a piece of cheese/coal/glass* un tros de formatge/carbó/vidre *to break/smash (something) to pieces* trencar (ac) a trossos **2** [quan cal especificar un objecte comptable però el nom (en anglès) només es pot referir al conjunt incomptable] *a piece of news* una notícia *a piece of information* una informació *a piece of music* una peça de música *a piece of furniture* un moble *Let me give you a piece of advice.* Permeti'm un consell.

bit nc **1** [més informal que **piece**] tros *Who wants the last bit of pie?* Qui vol l'últim tros d'empanada? *We'll have to reorganize the filing system bit by bit.* Haurem de reorganitzar el sistema d'arxius de mica en mica. *When you've finished your sewing, put all your bits and pieces back in the box.* Quan hagis acabat de cosir, torna totes les teves andròmines a la caixa. **2** [informal. Quantitat petita] mica *I've got a bit of shopping to do in town.* Haig de fer unes quantes compres a la ciutat. **3** (brit) [s'utilitza com adverbi] **a bit** una mica *It's a bit cold in here.* Fa una miqueta de fred.

utilització

Part, piece i **bit** són molt similars. Com a norma s'utilitzen **piece** i **bit** en la locució *a piece/bit of something* (un tros d'alguna cosa). Normalment no s'utilitza **part** en aquesta construcció. Sovint fem servir **part** en la construcció *part of*, però no **piece** i **bit**. Quan es parla de coses que estan trencades o esmicolades, és molt més freqüent fer servir **pieces** o **bits**, ja que **parts** s'utilitza per descriure les coses en l'estat normal o desitjat.

Would you like a piece of cake? Vols un tros de pastís?

The vase smashed to pieces/bits. El gerro es va trencar a trossos.

The machine arrived in several parts. La màquina va arribar a peces.

section nc [una de diverses parts que encaixen per formar un conjunt] secció *The fuselage is constructed in three separate sections.* El fuselatge està construït en tres seccions separades. *Complete Section A of the form.* Empleneu la Secció A de l'imprès.

portion nc [quantitat d'ac, menys precís que **section**. Sovint s'utilitza ref. al menjar] porció, ració *He ate a large portion of pudding.* Va menjar una bona ració de postre. *The company kept back a portion of his earnings every month.* L'empresa li retenia una part dels ingressos mensuals.

proportion n **1** nc proporció *a vast/small proportion of the population* una enorme/petita proporció de la població **2** ni proporció *The price increase is very small in proportion to the extra costs we have had to pay.* L'increment en el preu és molt petit amb relació als costos extres que hem hagut de pagar. *The punishment was out of all proportion to the crime.* El càstig va ser desproporcionat respecte al delicte.
proportional adj proporcional **proportionally** adv proporcionalment

percentage nc percentatge

52.1 Parts petites

slice nc [habit. tallat verticalment] tall, rodanxa, llesca *a slice of ham/cake* un tall de pernil/pastís *The workers feel they're entitled to a slice of the profits as well.* Els treballadors pensen que també tenen el dret a una part dels guanys.

slice vt (sovint + **off**, **up**) [obj: p. ex. pa, pastís, vegetals] tallar, llescar *a sliced loaf* un pa de motlle tallat

strip nc [habit. ac prima, tallada al llarg] tira, banda *strips of paper* tires de paper

element nc **1** [part d'un total] element *Patriotism is a very important element in his character.* El patriotisme és un element molt important del seu caràcter. **2** [quantitat petita] element *There is an element of risk involved in any investment.* Hi ha un cert risc en qualsevol inversió.

atom nc àtom *an atom of hydrogen/a hydrogen atom* un àtom d'hidrogen *to split the atom* dividir l'àtom

particle nc [minúscul, sovint invisible] partícula *subatomic particles* partícules subatòmiques *a particle of dust/dust particle* una partícula de pols

53 Edge Cantó

edge nc [sentit general] cantó, vora *Hold the photograph by the edges.* Agafa la foto per les vores. *the water's edge* la vora de l'aigua *We could be on the edge of a historic agreement.* Podríem estar a prop d'un acord històric.

edge vt [obj: p. ex. roba, gespa] ribetejar *a pond edged with reeds* un estanyol vorejat de canyes

limit nc (sovint en pl) [costat extrem] límit *the city limits* els límits de la ciutat *a twelve-mile fishing limit* un límit de pesca de 12 milles *The town is off limits to service personnel.* El personal militar té prohibit l'accés a la ciutat. *I am prepared, within limits, to let students decide the content of courses.* Estic disposada, fins a cert punt, a permetre que els alumnes decideixin el contingut dels cursos.

limit vt (sovint + **to**) limitar, restringir *The problem isn't limited to the inner cities.* El problema no es limita al centre de les ciutats.

limited adj limitat, restringit *a very limited selection of goods on offer* una oferta de productes molt limitada *a student of very limited ability* un alumne de capacitat molt limitada

frame nc **1** [sentit general] marc **2** [sempre pl], ref. a ulleres] muntura *I need new frames for my glasses.* Necessito una muntura nova per a les meves ulleres. **3** [estructura per aguantar] carcassa, quadre *a bicycle frame* un quadre de bicicleta *a rucksack on a frame* una motxilla amb muntura

frame vt [obj: esp. pintura, foto] emmarcar *a pretty face framed by light brown hair* una cara bonica envoltada de cabells d'un castany clar

outline nc/i contorn, silueta *The outline(s) of the building was/were just visible in the mist.* En la boira tot just es veia la silueta de l'edifici.

outline vt [obj: p. ex. forma, figura] perfilar *a tree outlined against the horizon* un arbre perfilat en l'horitzó

rim nc vora, llanda **rim** vt rivetar **-rimmed** adj *horn-/steel-rimmed glasses* ulleres de muntura de banya/d'acer

picture frame marc d'un quadre

window frame marc d'una finestra

the rim of a glass la vora d'un got

the rim of a wheel la llanda d'una roda

surround vt envoltar, encerclar *the surrounding countryside* el camp circumdant *Troops surrounded the radio station.* Les tropes encerclaven l'emissora de ràdio. *There is a lot of controversy surrounding the proposed legislation.* Hi ha una gran polèmica a l'entorn de la proposta legislativa.

enclose vt **1** [dóna més un sentit de tancat que **surround**. Obj: terreny, p. ex. camp, jardí] tancar *a courtyard enclosed by a high wall* un pati tancat per un mur alt **2** [dins d'una carta. Obj: p. ex. nota, taló] adjuntar ***Please find enclosed*** *the agenda for next week's meeting.* [locució que s'utilitza en cartes comercials] Trobarà adjunt l'ordre del dia per a la reunió de la setmana vinent.

enclosure nc **1** clos, tancat *a special enclosure for important guests* un espai reservat a convidats importants **2** [formal, esp. en cartes comercials] annex

53.1 Línies divisòries

border nc **1** (sovint + **between, with**) [entre països] frontera *We crossed the border into Mexico.* Vam travessar la frontera mexicana. *border town/guard* poble/guàrdia fronterer **2** [habit. decoratiu] sanefa

border vt **1** [estar al costat de. Obj: país, carretera] fer frontera, limitar *Poland borders Germany in the west.* Polònia limita amb Alemanya a l'oest. *The path borders a stream.* El camí resseguix un rierol. **2** (sovint + **with**) [obj: p. ex. mocador, roba] *a path bordered with flowers* un camí vorejat de flors

border on sth vt fer frontera amb ac, vorejar ac *I wish our garden didn't border on the golf course.* Hauria preferit que el nostre jardí no toqués al camp de golf. *excitement bordering on hysteria* entusiasme vorejant la histèria

frontier nc **1** (sovint + **with, between**) [només entre països. És més important que **border**] frontera [sovint s'utilitza en sentit figurat, esp. en plural] *the frontiers of human knowledge* les fronteres del coneixement humà **2** [esp. en la història dels Estats Units; entre zones conquerides i no conquerides] frontera

the border between England and Scotland la frontera entre Anglaterra i Escòcia

boundary nc (sovint + **between**) [entre àrees més petites que països] límit *town/county boundary* límit de la ciutat/comarca *The stream marks the boundary between her land and mine.* El rierol marca el límit entre el seu terreny i el meu. [sovint s'utilitza en sentit figurat, esp. en plural] *I think she overstepped the boundaries of good taste.* Opino que va traspassar els límits del bon gust.

54 Alike Semblant

vegeu també **56 Copy**

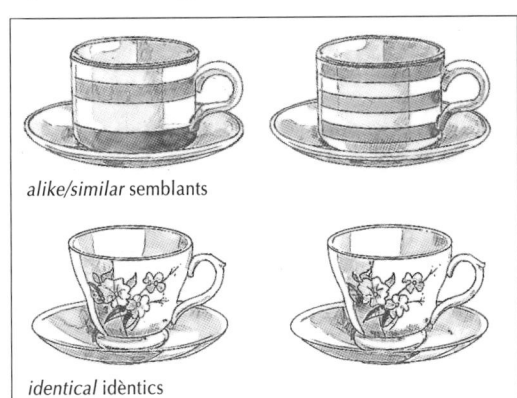

alike/similar semblants

identical idèntics

alike adj (darrere v) [descriu: persones i coses, esp. persones que són físicament molt similars] semblants, iguals *They're so alike they could almost be twins.* Són tan iguals que gairebé podrien ser bessons.

alike adv (darrere v o n) [lleug. formal] tant...com *Boys and girls alike will enjoy this tale of adventure.* Aquest conte d'aventures agradarà tant als nois com a les noies.

like prep com *He looks like my father.* S'assembla al meu pare. *I'd love a house like yours.* M'encantaria tenir una casa com la vostra.

likeness n **1** nc/i (cap pl) semblança *a family likeness* un aire de família **2** nc [quadre] retrat *a good likeness* un bon retrat

similar adj (sovint + **to**) [ref. a persones, sovint descriu caràcter més que aspecte] similar, semblant *Our taste in music is similar.* El nostre gust musical és similar. *Our problems are similar to yours.* Els nostres problemes són similars als vostres. (+ **in**) *The objects are similar in size but not in shape.* Els objectes s'assemblen de mida, però no de forma. **similarity** ni/c similitud, semblança

similarly adv de manera similar *similarly dressed* vestits d'una manera similar [al principi d'una oració o clàusula] *I have certain rights as a citizen. Similarly, as a citizen, I have certain duties.* Com a ciutadana, tinc certs drets; de la mateixa manera, com a ciutadana també tinc certs deures.

same adj (davant de *n*; sempre segueix **the**, **those**, **this**, etc.) mateix *He wore the same shirt all week.* Va portar la mateixa camisa tota la setmana.

same adv (sempre segueix **the**) igual *The children should be treated the same.* Els nens s'han de tractar sense fer diferències. (+ **as**) *Your jacket is the same as mine.* La teva americana és igual que la meva.

same pron (sempre segueix **the**) *Our backgrounds are almost the same.* Els nostres antecedents són gairebé idèntics.

identical adj (sovint + **to**) [exactament el mateix] idèntic *identical twins* bessons idèntics *The two paintings are almost identical.* Els dos quadres són gairebé calcats.

uniform adj [més aviat formal. Implica igualtat i regularitat. Descriu: p. ex. color, temperatura, repartiment] uniforme, constant **uniformly** adv uniformement

uniformity ni [sovint suggereix avorriment i manca d'imaginació] uniformitat *the dreary uniformity of urban apartment buildings* la trista uniformitat dels blocs de pisos urbans

consistent adj [sense variacions. Sovint ref. a persones, a les seves actituds o al seu comportament] conseqüent, consistent *a consistent standard of work* un nivell de treball constant **consistently** adv consistentment, conseqüentment **consistency** ni consistència

frase feta

to be the spitting image of sb/sth [informal, emfàtic] ser pastat a algú, ser la viva imatge d'algú *She's the spitting image of her mother.* És pastada a la seva mare.

54.1 Igual

equal adj (sovint + **to**) [descriu: p. ex. part, porció, oportunitats, drets] igual *Mix equal amounts of flour and sugar.* Es barregen parts iguals de farina i sucre. *We are all equal partners in this alliance.* En aquesta aliança tots som parts iguals. **equally** adv igualment

equal n igual *He treats his staff as (his) equals.* Tracta el seu personal d'igual a igual.

equal vt, -**ll**- (*brit*), habit. -**l**- (*amer*) **1** [obj: nombre, quantitat] ser igual a, igualar *y equals x + 2* y és igual a x + 2 **2** [obj: assoliment, velocitat, generositat] igualar *She equalled the world record for the 200 metres.* Va igualar el rècord mundial dels 200 metres. **equality** ni (sovint + **with**) igualtat

equivalent adj (sovint + **to**) equivalent *The money is equivalent to a year's salary.* La quantitat és equivalent al salari d'un any.

equivalent nc (sovint + **of**, **to**) equivalent *200 dollars or the/its equivalent in pounds sterling* 200 dòlars o l'equivalent en lliures esterlines *She's the nearest equivalent to a personnel manager that we have in our company.* Dins de la nostra empresa, ella és el més semblant a un cap de personal.

even adj [descriu: p. ex. concurs, repartiment, possibilitat] uniforme, igualat *The scores are even.* Els marcadors estan empatats.

evenly adv uniformement *The tomato is spread evenly on the bread.* El tomàquet s'escampa sobre el pa d'una manera uniforme. **to get even with** sb veure's les cares amb algú

even (sth) **out** o **even out** (sth) vit [subj/obj: p. ex. diferència, desequilibri] igualar (ac)

even sth **up** o **even up** sth vt [obj: p. ex. nombres, equips] igualar *If John goes over to your side, that will even things up a bit.* Si en John es passa al vostre costat, quedarem una mica més igualats.

level adj anivellat *Their scores were level at the end of the match.* Al final del partit el marcador assenyalava un empat.

level vi, -**ll**- (*brit*), -**l**- (*amer*) (sovint + **with**) anivellar *At a certain moment they levelled the score at 3-3.* En un moment determinat van arribar a anar empatats a tres.

standardize, TAMBÉ -**ise** (*brit*) vt [obj: p. ex. procediments, equipaments, ortografia] normalitzar, estandarditzar

54.2 Semblar

resemble vt (sovint + **in**) [lleug. formal. Ref. més a persones que a coses] assemblar-se a *She resembles her father more than her mother.* S'assembla més al seu pare que a la seva mare.

resemblance nc/i (sovint + **to**, **between**) semblança *to bear a close/no resemblance to something* assemblar-se molt/no assemblar-se gens a alguna cosa

remind sb **of** sb/sth vt recordar algú o ac a algú *He reminds me of a chap I used to know at school.* Em recorda un xicot que vaig conèixer a l'escola. *vegeu també **116.1 Remember**

have a lot in common (with sb/sth) [tenir interessos o característiques comunes] tenir molt en comú (amb a/ac) *I didn't find her easy to talk to because we don't have a lot in common.* No em va ser gens fàcil de parlar amb ella ja que no teníem gaire en comú. *Their aims obviously have a lot in common with ours.* Òbviament els seus objectius tenen molt en comú amb els nostres.

correspond vi (sovint + **to**, **with**) [ser conseqüent o equivalent. Subj: p. ex. dades, xifres, comptes] correspondre *The results we obtained exactly correspond with theirs.* Els resultats que vam obtenir corresponen exactament als seus. **correspondence** ni/c [formal] correspondència

compare v **1** vi (habit. + **with**) [ser tan bo com] poder-se comparar, ser comparables *The food in the canteen can't compare with what you can get in a restaurant.* El menjar a la cantina no es pot comparar amb el que et poden donar en un restaurant. *Her exam results compared favourably/unfavourably with mine.* Comparats amb els meus, els resultats dels seus exàmens són millors/pitjors. **2** *vt* (sovint + **with**, **to**) [mirar per veure similitud o diferència] comparar *Their parents are very strict, **compared with/to** mine.* Els seus pares són molt estrictes comparats amb els meus.

comparable *adj* (sovint + **to**, **with**) comparable *The two systems aren't really comparable.* En realitat, els dos sistemes no són comparables.

comparison *nc/i* (sovint + **to**, **with**, **between**) comparació *Their house is small **by/in comparison** (with ours).* En comparació (amb la nostra), la seva casa és petita.

utilització

To i **with** s'utilitzen amb **compare** de manera intercanviable, però es fa servir preferiblement **compare to** quan la intenció és explotar les similituds entre dues coses per descriure o explicar millor una d'elles: *I explained the law of gravity by comparing the Earth to a giant magnet.* (Vaig explicar la llei de la gravetat comparant la Terra a un imant gegant.) **Compare with** suggereix que s'analitzen *totes dues* coses per tal de veure quines són les similituds i les diferències: *If we compare Earth's atmosphere with that of Venus, what do we find?* (Si comparem l'atmosfera de la Terra amb la de Venus, què trobem?)

55 Different Diferent

different *adj* **1** (sovint + **from**, **to**) diferent *It's the same washing powder, it's just in a different packet.* És el mateix detergent, però en un paquet diferent. **2** (davant de *n*) [separat, distint, altre] diferent *I've heard the same thing from three different people.* M'han dit el mateix tres persones diferents.

difference *ni/c* (sovint + **between**, **in**, **of**) diferència *What's the difference between a crocodile and an alligator?* Quina és la diferència entre un cocodril i un caiman? *The new carpet has **made a big difference to** the room.* L'habitació ha canviat completament amb la nova catifa.

differ *vi* (sovint + **from**) [lleug. formal] ser diferent *How exactly does the new model differ from the old one?* En què es diferencia el nou model del vell?

utilització

Els puristes creuen que l'única preposició correcta després de **different** és **from**. Tanmateix, **different to** és acceptat a bastament pels britànics, però no pels americans, mentre que **different than** és acceptat pels americans, però no pels britànics. El verb **differ**, en canvi, va seguit de **from**.

dissimilar *adj* (sovint + **to**, **from**) [més formal que **different**] diferent [sovint s'utilitza en frases negatives] *Their attitudes are not dissimilar.* Les seves actituds no són gaire diferents. **dissimilarity** *ni/c* dissimilitud

inconsistent *adj* [força pej. Que no és regular o no és el mateix. Sovint ref. a les persones, a les seves actituds, al seu comportament] inconseqüent, incoherent *His judgments are so inconsistent.* És que són tan incoherents els seus criteris. **inconsistency** *nc/i* inconsistència

opposite *adj* [descriu: p. ex. direcció, efecte, punt de vista] contrari *Hot is the opposite of cold.* Calent és el contrari de fred. *the opposite sex* l'altre sexe

opposite *nc* (el *sing*, sempre + **the**) contrari *If I say something she always says the opposite.* Si dic alguna cosa, ella sempre diu el contrari.

alternative *adj* (davant de *n*) **1** [descriu: p. ex. ruta, suggeriment, explicació] alternatiu, altre *We must take an alternative route.* Hem d'agafar una ruta alternativa. **2** [descriu coses que representen una ruptura respecte a les formes tradicionals o convencionals. Descriu: p. ex. comèdia, estil de vida, medicina] alternatiu *alternative sources of energy* fonts alternatives d'energia

alternative *nc* (sovint + **to**) alternativa *a cheaper alternative to conventional detergents* una alternativa més econòmica que els detergents convencionals *I have no alternative but to ask for your resignation.* No em queda més remei que demanar-li que dimiteixi.

alternatively *adv* [per començar una oració que expressa una possibilitat diferent] per altra part *Alternatively you could have the party at our house.* O bé, podríeu celebrar la festa a casa nostra.

frases fetes

to be a far cry from [sovint implica que la cosa descrita és inferior a la cosa comparada] tenir molt poc a veure amb *Our town has canals, but it's a far cry from Venice!* La nostra ciutat té canals, però no té res a veure amb Venècia!

to be like/as different as chalk and cheese (*brit*) ser tan diferent com la nit i el dia/assemblar-se com un ou a una castanya

55.1 Veure o fer diferències

differentiate *v* **1** *vit* (sovint + **between**, **from**) [designar diferència o tractar de manera diferent. Subj: persona] diferenciar(-se) *I can't differentiate between these two shades of blue.* No sé distingir entre aquests dos tons de blau. *We try not to differentiate between our children.* Procurem no fer diferències entre els nostres fills. **2** *vt* (sovint + **from**) fer diferent *What differentiates this product from its competitors?* Què fa diferent aquest producte dels de la competència?

distinguish *v* **1** *vit* (sovint + **between**, **from**) [haver-hi diferència o tractar de manera diferent] distingir *Even our parents have difficulty distinguishing between us.* Fins i tot als nostres pares els costa distingir-nos. **2** *vt* (sovint + **from**) [fer diferent] distingir *a distinguishing feature* un tret distintiu

distinction nc (sovint + **between**) distinció *to make/draw a distinction* fer una distinció *I honestly can't see the distinction.* Sincerament, no hi sé veure la diferència.

contrast vit (sovint + **with**) [destacar diferències] contrastar *contrasting colours* colors que contrasten

contrast ni/c (sovint + **between, to, with**) contrast *In contrast to the steady rise in managerial earnings, wages for manual workers have declined.* Els salaris dels treballadors han minvat, a diferència dels sous dels directius, que s'han anat incrementant.

56 Copy Copiar

vegeu també **36 Unreal**; **54 Alike**

copy vt [sentit general] **1** [fer una còpia. Obj: p. ex. escriptura, dibuix] copiar (+ **out**) *I copied out the poem.* Vaig copiar el poema. **2** [imitar. Obj: persona, comportament] copiar, imitar *She copies everything I do.* Imita tot el que faig.

copy nc **1** còpia *to make a copy of something* fer una còpia d'ac **2** [un sol exemplar] còpia, exemplar *Has anyone seen my copy of "Lorna Doone"?* Algú ha vist el meu exemplar de *Lorna Doone*?

replica nc [més formal que **copy**. Habit. no té un sentit negatiu] rèplica, reproducció *In Japan there is a replica of the Eiffel Tower.* Al Japó hi ha una reproducció de la Torre Eiffel.

reproduce v **1** vt [lleug. tècnic. Obj: p. ex. color, so, textura] reproduir [pot significar "tornar a fer"] *Will she be able to reproduce that performance in an exam?* Podrà repetir aquesta actuació en un examen? **2** vit [tenir cries] reproduir(-se)

reproduction n **1** nc/i reproducció *The painting's a reproduction.* El quadre és una reproducció. *sound reproduction* reproducció del so **2** ni [procés biològic] reproducció

forge vt [amb finalitats delictives. Obj: p. ex. bitllet, signatura] falsificar **forger** nc falsificador -a **forgery** nc/i falsificació

plagiarize, TAMBÉ -**ise** (brit) vti [implica desaprovació. Obj: p. ex. autor, obra, idea] plagiar **plagiarism** ni/c plagi **plagiarist** nc plagiari

imitation nc/i [sovint implica una qualitat inferior] imitació (davant de n) *imitation leather/fur/jewellery* cuir/pell/joies d'imitació

reflect vit reflectir *sunlight reflected on the water* la llum que es reflecteix en l'aigua *I saw my face reflected in the puddle.* Em vaig veure la cara reflectida en el toll.

reflection nc/i reflex, reflexió *her reflection in the mirror* el seu reflex en el mirall

reflective adj que reflecteix *reflective clothing* roba reflectora

56.1 Paraules referides a imitar persones i el seu comportament

imitate vt [per aconseguir un efecte còmic o per intentar ser com algú] imitar *They all try to imitate their favourite film stars.* Tots intenten imitar els seus actors de cinema favorits.

imitation nc [habit. per aconseguir un efecte còmic] imitació *She does imitations.* Fa imitacions.

ape vt [pej. Copiar de manera estúpida o sense solta] imitar *They try to ape the manners of people in high society.* Intenten imitar els costums de la gent de l'alta societat.

impersonate vt [fer veure que ets una altra persona, de vegades per causar un efecte còmic] fer-se passar per *He was arrested for impersonating a police officer.* El van arrestar per fer-se passar per policia.

impersonation nc/i imitació *to do impersonations* fer imitacions

impersonator nc imitador -a *a female impersonator* un imitador de dones

mimic vt, -**ck**- [per causar un efecte còmic, sovint per ridiculitzar algú] imitar, escarnir **mimicry** ni [formal] imitació **mimic** nc imitador -a

take sb **off** o **take off** sb (brit) vt [informal. Sempre per causar un efecte còmic] parodiar **take-off** nc paròdia

to follow suit [fer allò que ha fet un altre, esp. immediatament després] fer el mateix *We changed our filing system and all the other departments immediately followed suit.* Vam canviar el sistema d'arxiu i automàticament tots els altres departaments van fer el mateix.

57 Substitute Substituir

substitute v **1** vt (habit. + **for**) [posar una cosa en lloc d'una altra] substituir *We substituted a fake diamond for the real one.* Vam substituir un diamant fals per l'autèntic. **2** vi (habit. + **for**) [fer de suplent] substituir, suplir *Will you substitute for me at the meeting?* Em substituiràs a la reunió?

substitute nc (sovint + **for**) [pot ser persona o cosa] substitut, succedani *rubber/sugar substitute* succedani de cautxú/sucre **substitution** ni/c substitució

replace vt **1** (sovint + **with**) [canviar per un altre] reemplaçar *It's cheaper to replace the machine than to get it repaired.* És més barat canviar la màquina que fer-la reparar. **2** [ocupar el lloc d'algú] substituir *She replaces Sarah Jones who is injured.* Substitueix Sarah Jones, que està lesionada.

utilització

Substitute sovint implica que la cosa que substitueix és, d'alguna manera, inferior a l'original. **Replace** no té aquestes connotacions; s'utilitza sovint quan la cosa que substitueix és millor que l'original.

replacement n 1 nc (sovint + **for**) [pot fer referència a persona o cosa] substitut, suplent, recanvi *My replacement has lots of experience.* El meu suplent té molta experiència. (davant de n) replacement part/unit peça/unitat de recanvi *I ni* reemplaçament

represent vt 1 [parlar, treballar, etc., en nom d'algú. Obj: p. ex. persona, empresa, client] representar *delegates representing the workers in the industry* delegats que representen els treballadors de la indústria 2 [significar. Força tècnic] representar *Let x represent the velocity of the particle.* (Suposem que) x representa la velocitat de la partícula. *The graph represents average rainfall.* El gràfic representa la mitjana de pluja. **representation** ni/c representació

representative nc representant *representatives of/from many organizations* representants de moltes organitzacions

representative adj (sovint + **of**) 1 [descriu: p. ex. mostra] representatiu 2 [descriu: p. ex. govern] representatiu

deputize, TAMBÉ **-ise** (*brit*) v 1 vi (sovint + **for**) substituir, representar algú interinament *I'm deputizing for her while she's at the conference.* La substitueixo mentre ella és al congrés. 2 vt (*amer*) delegar

deputy nc [només aplicable a persona, esp. algú immediatament inferior] vice- (davant de n) *deputy chairman/sheriff/headmistress* vice-president/segon de xèrif/subdirectora del col·legi

stand in for sb vt [menys formal que **deputize**] substituir *I'm standing in for Sheila while she's on holiday.* Substitueixo la Sheila mentre fa vacances.

stand-in nc [s'utilitza esp. en el món del cinema i del teatre] doble *We'll use a stand-in during the action sequences.* Rodarem les seqüències d'acció amb un doble.

58 Change Canvi

vegeu també **418 Improve; 441 Worsen**

change nc/i (sovint + **in**, **of**) [mot genèric] canvi *a change in the weather* un canvi de temps *to make a change* fer canvis *I'd like to eat out tonight for a change.* Per variar, aquesta nit m'agradaria sopar a fora.

changeable adj [descriu: p. ex. temps, persona, humor] canviable, variable

change v 1 vit (sovint + **from**, **into/to**) [terme genèric. Subj/obj: p. ex. plans, arranjaments, noms] canviar(-se) *She's changed since she went to university.* Ha canviat molt des que va entrar a la universitat. *If you don't like the colour you can always change it.* Si no t'agrada el color, sempre ho pots canviar. 2 vt (sovint + **for**) [bescanviar] canviar *I changed my old car for a new one.* Vaig canviar el meu cotxe vell per un de nou. *Susan and I have changed places.* La Susan i jo ens hem canviat el lloc.

alter vti arreglar, retocar *Would you like to have the dress altered?* Vol que li arreglem el vestit? *The date has been altered on the cheque.* Han canviat la data del taló. **alteration** nc/i modificació

> *utilització*
>
> S'utilitza **alter** en contextos similars als de **change**, però **alter** és lleugerament més formal. Es fa servir **alter** quan les coses es tornen diferents, però no quan es transformen en una cosa distinta del tot, mentre que s'utilitza **change** per fer esment a alguna cosa que es transforma completament. **Alter** sovint implica una acció més intencionada que **change**. Quan és qüestió de canviar les mides, p. ex. d'una peça de roba, s'utilitza **alter**.

transform vt [canviar completament. Mot emfàtic] transformar *It has been transformed from a quiet country town into an industrial centre.* De ser un poble rural tranquil, ha passat a ser un centre industrial. **transformation** nc/i transformació

transition ni/c (sovint + **from**, **to**) [més aviat formal] transició *a gradual transition from small business to multinational company* una evolució gradual de petita empresa a companyia multinacional

affect vt [fer canviar] afectar *an area which has been badly affected by drought* una àrea fortament afectada per la sequera

vary vit [subj/obj: p. ex. velocitat, freqüència, temperatura] variar (+ **in**) *The poems varied greatly in quality.* La qualitat dels poemes era molt variada. *I like to vary what I eat.* M'agrada variar de menjar. **variation** nc/i variació

variable adj 1 [susceptible de canviar en qualsevol moment. Descriu: p. ex. temps, pluja, humor] variable 2 [que pot ser canviat. Descriu: p. ex. col·locació, situació] variable

develop vit (sovint + **from**, **into**) [canviar a poc a poc, sovint per tornar-se més gros, per avançar, etc.] desenvolupar(-se) *The plant develops from a tiny seed.* La planta neix d'una llavor minúscula. *developing nations* nacions en procés de desenvolupament **development** ni/c (sovint + **from**, **into**) desenvolupament

58.1 Canviar per adaptar-se a noves circumstàncies

adapt vti (sovint + **to, for**) [implica que es fan canvis, sovint força grans, per a ajustar-se a un nou propòsit o a una nova situació] adaptar(-se) *He's adapted well to his new working conditions.* S'ha adaptat bé a les noves condicions laborals. *a play adapted for radio* una obra de teatre adaptada per a la ràdio **adaptation** nc/i adaptació

adjust vti [implica que s'efectuen canvis petits per tal que una cosa funcioni millor] ajustar, graduar *Please do not adjust your set.* Si et plau, no ajustis l'aparell. *I adjusted the straps.* Vaig ajustar les corretges. **adjustment** nc/i graduació, ajustament

modify vt [més formal que **change**. Sovint implica canvis deguts a l'experiència] modificar *a modified version of the program* una versió modificada del programa *The control panel has been modified to make it easier for the pilot to read the instruments.* S'ha modificat el quadre de control per tal de facilitar al pilot la lectura dels indicadors.

revise *vt* [més aviat formal. Reexaminar, canviar i millorar. Obj: p. ex. opinió, llei, text escrit] revisar *to revise figures upwards/downwards* revisar les xifres a l'alça/baixa

revision *nc/i* revisió *Your revisions were all incorporated in the published text.* El text es va publicar amb totes les teves modificacions.

reform *v* **1** *vt* [canviar i millorar. S'utilitza sobretot en contextos polítics. Obj.: esp. llei] reformar **2** *vit* [millorar comportament, caràcter, etc. Subj/obj: persona] reformar(-se) *She's a reformed character.* És una persona reformada.

reform *nc/i* [s'utilitza en contextos polítics] reforma *legal reforms* reformes legals

59 Beautiful Bell

vegeu també **417 Good**

beautiful *adj* [mot genèric. Molt favorable. Habit. no s'utilitza per als homes] bonic, bell

beauty *n* **1** *ni* bellesa *They were stunned by her beauty.* Estaven aclaparats per la seva bellesa. **2** *nc* [més aviat formal per referir-se a una dona bonica] bellesa *Your mother was a famous beauty in her day.* La teva mare era una bellesa en el seu temps. [força informal quan es refereix a coses] *That new car of hers is a beauty!* El seu cotxe nou és una preciositat!

pretty *adj* [no tan favorable com **beautiful**. Suggereix un atractiu més superficial. Descriu: p. ex. una noia, un quadre, un vestit] bonic [si s'utilitza ref. a un home suggereix que té aspecte efeminat] *a pretty boy* un noi tot bufó **prettiness** *ni* boniquesa

símil

be as pretty as a picture fer goig de veure

handsome *adj* [descriu: esp. homes, també animals, mobles] maco, atractiu [referint-se a una dona implica faccions grans i prominents] ben plantada

good-looking *adj* [descriu: tant homes com dones, gairebé mai coses] de bon veure

attractive *adj* [descriu: homes, dones, coses] atractiu **attractively** *adv* atractivament **attractiveness** *ni* encant

lovely *adj* [s'utilitza àmpliament, però el grau d'apreciació varia. Quan es refereix a una dona, implica molt bella o sexualment atractiva] encantador, preciós *They've got a lovely house in the country.* Tenen una casa al camp preciosa. *They gazed at her lovely face.* Van clavar els ulls en la seva preciosa cara. **loveliness** *ni* bellesa

exquisite *adj* [extremadament bell. Petit i delicat] exquisit, refinat *exquisite jewellery* joies exquisides **exquisitely** *adv* exquisidament

gorgeous *adj* [més fort que **lovely**, però igual de general. Descriu: p. ex. temps, àpat, color] magnífic, sensacional *What a gorgeous dress!* Quin vestit més sensacional!

picturesque *adj* [descriu: p. ex. poble, entorn, vista] pintoresc

elegant *adj* [descriu: p. ex. persona, roba, decoració] elegant **elegantly** *adv* elegantment **elegance** *ni* elegància

graceful *adj* [descriu: p. ex. ballarí, moviments, corbes] graciós, airós, elegant **gracefully** *adv* amb gràcia **grace** *ni* gràcia

frases fetes

a work of art *nc* [ref. a quadres, etc., o de manera força informal] una obra d'art *That bedspread you made for me is a work of art.* Aquella vànova que em vas fer és una obra d'art.

look/feel like a million dollars tenir un aspecte fantàstic, trobar-se magnífic *I came out of the hairdresser's feeling like a million dollars.* Quan vaig sortir de la perruqueria em trobava meravellosa.

59.1 Fer més bonica una cosa

decorate *vt* **1** (sovint + **with**) [mot genèric. Habit. no fa referència a persones] decorar, adornar *The buildings were decorated with flags.* Els edificis estaven adornats amb banderes. **2** [amb pintura, paper pintat, etc.] decorar **decorator** *nc* decorador -a

decoration *nc/i* decoració, adornament *Christmas decorations* adornaments nadalencs *The knobs are just there for decoration.* Els poms només hi són per decorar. **decorative** *adj* decoratiu

adorn *vt* (sovint + **with**) [més formal que **decorate**.

We decorated the living room. Vam empaperar la sala d'estar.

We decorated the living room for John's party. Vam adornar la sala d'estar per a la festa d'en John.

S'utilitza referit tant a persones com a coses] adornar, embellir *She adorned herself with ribbons and bows.* Es va adornar amb cintes i llaços. **adornment** *nc/i* adornament

embellish *vt* (sovint + **with**) [més formal que **decorate**. Implica afegir adornaments cars i sovint innecessaris] embellir **embellishment** *nc/i* embelliment

ornament *nc* [objecte exposat per la seva bellesa més que per la seva utilitat. Més permanent que **decoration**] ornament, objecte d'adornament *china/brass ornaments* ornaments de porcellana/llautó

ornamental *adj* [descriu: p. ex. cosa cisellada] ornamental *an ornamental fountain* una font ornamental

60 Ugly Lleig

ugly *adj* [terme genèric. Descriu: p. ex. persona, cara, vestit] lleig **ugliness** *ni* lletjor

plain *adj* 1 [descriu: esp. persones, sovint dones. Implica tenir un aspecte que la fa passar desapercebuda] ordinari, poc atractiu

hideous *adj* [extremadament lleig. S'utilitza sovint de manera exagerada. Descriu: p. ex. monstre, ganyota] espantós *What made her choose those hideous curtains?* Què li va fer triar aquelles cortines tan espantoses? **hideously** *adv* horriblement

grotesque *adj* [extremadament lleig, esp. per ser antinatural, deformat o incongruent] grotesc *dancers wearing grotesque animal masks* ballarins amb unes grotesques màscares d'animals **grotesquely** *adv* grotescament

eyesore *nc* [descriu: coses, esp. edificis, *no* persones] monstruositat, lletgesa *That new office block is an absolute eyesore.* Aquest nou bloc d'edificis és lleig com un pecat.

to look/be a sight [informal, ref. a persones] fer mala fatxa *I must look a sight with my jacket all torn.* Dec fer por amb la jaqueta tota estripada.

61 Rough Aspre

rough *adj* 1 [descriu: p. ex. superfície, pell] raspós, aspre 2 [descriu: el mar] agitat, esvalotat

coarse *adj* 1 [aspre de textura. Descriu: p. ex. paper de vidre, fibra, tela] bast 2 [que no és fi. Descriu: p. ex. grans] gruixut

coarsely *adv coarsely-ground pepper* pebre mòlt gruixut

uneven *adj* [descriu: p. ex. superfície, terreny, vora] desigual, rugós **unevenly** *adv* desigualment

irregular *adj* [descriu: p. ex. forma, ritme, interval] irregular *an irregular heartbeat* un batec del cor irregular **irregularity** *ni/c* irregularitat

choppy *adj* [descriu: la superfície de l'aigua] picat, mogut

ripple *nc* [ones petites. S'utilitza també per descriure la seda p. ex.] ondulació

ripple *vit* [subj/obj: aigua, camp de blat] onejar(-se), arrissar(-se) *The water rippled over the pebbles.* L'aigua onejava sobre els còdols.

bumpy *adj* [descriu: p. ex. carretera, trajecte] ple de sots, ple de sotracs

corrugated *adj* ondulat, corrugat *corrugated iron* ferro corrugat

jagged *adj* [descriu: p. ex. vora, cim, roques] oscat, serrat, punxegut

serrated *adj* [descriu: p. ex. vora, fulla] dentat, amb serreta

a bumpy road una carretera plena de sots

The sea was choppy. El mar estava picat.

the jagged mountains les muntanyes serrades

62 Smooth Llis

smooth *adj* 1 [descriu: p. ex. superfície, textura, pell] llis *The stones had been worn smooth by the tread of thousands of feet.* Milers de petjades havien allisat les pedres. *Mix to a smooth paste.* Remeneu fins que us quedi una pasta ben fina. 2 [descriu: p. ex. viatges per mar] tranquil, plàcid *The landing was very smooth.* L'aterratge va ser molt suau.

smooth *vt* (sovint + **away, down, out**) [obj: p. ex. tela] allisar

smoothly *adv* suaument *flow/run/progress smoothly* fluir/rajar/córrer suaument

sleek *adj* [descriu: cabells, pell] llis i brillant

calm *adj* [descriu: mar] tranquil, encalmat

62.1 Mots per descriure superfícies horitzontals

flat *adj*, **-tt-** pla *People used to believe the Earth was flat.* Abans la gent creia que la Terra era plana. *a flat tyre* un pneumàtic desinflat *flat shoes* sabates planes
flat *adv* (davant de frase adverbial) estirat, pla *I was lying flat on the floor.* Estava estirada a terra.

símil

as flat as a pancake [lit.: pla com un crespell] pla com el palmell de la mà, pla com un os

level *adj* **1** [força més tècnic que **flat**. Descriu: p. ex. superfície, terreny, cullerada] pla, ras **2** (sovint + **with**; habit. després de *v*) a nivell, arran *My head was level with the window.* Tenia el cap arran de finestra.
level *nc* nivell *The sitting room is on two levels.* La sala d'estar té dos nivells. *below sea-level* sota el nivell del mar *at eye-level* a l'alçada dels ulls
level *vt*, **-ll-** (*brit*), **-l-** (*amer*) [obj: p. ex. terreny, terra] anivellar
level off/out *vi* [subj: p. ex. avions, preus] redreçar-se, estabilitzar-se *Inflation has levelled off at 8%.* La inflació s'ha estabilitzat en un 8%.
even *adj* **1** [descriu: p. ex. terreny, superfície, capa] igual, uniforme *I trimmed the edges to make them nice and even.* Vaig podar els vorals perquè quedessin més bonics i uniformes. [sovint suggereix un rengle de coses totes de la mateixa alçada] *a nice even set of teeth* unes dents ben posades **2** [descriu: p. ex. temperatura, ritme, velocitat] constant, uniforme
evenly *adv* uniformement
even (sth) **out** o **even out** (sth) *vit* [subj/obj: p. ex. terreny] aplanar(-se), aplanar (ac)
plane *nc* [terme geomètric. Superfície completament plana] pla

63 Tidy Endreçat

vegeu també **65 Order**

tidy *adj* endreçat *Keep the lounge tidy because we've got guests coming.* Mantingueu endreçada la sala perquè vindran uns convidats. **tidily** *adv* endreçadament

tidy *vti* (sovint + **up**) [obj: p. ex. cambra, desordre] endreçar, ordenar *I've got to stay in and tidy (up) my bedroom.* M'he de quedar a casa per endreçar el meu dormitori.

neat *adj* pulcre, net, polit, curós *The books were arranged in neat rows.* Els llibres estaven ordenats en rengleres. **neatness** *ni* pulcritud, cura **neatly** *adv* pulcrament

smart *adj* [polit i a la moda. Descriu: esp. persona, roba] elegant, de bon gust *You look very smart in that new suit.* Vas molt elegant amb aquest vestit nou. **smartly** *adv* elegantment

smarten sth **up** o **smarten up** sth *vt* millorar l'aspecte d'ac, polir ac *Some new curtains would smarten this room up considerably.* L'aspecte d'aquesta cambra milloraria considerablement amb unes cortines noves.

clear (sth) **up** o **clear up** (sth) *vti* [obj: p. ex. desordre, habitació] netejar (ac), arranjar (ac)

utilització

Sovint **neat** i **tidy** s'utilitzen conjuntament. Se li pot demanar a algú que mantingui una cambra, un armari, uns llibres, etc., *neat and tidy* (ben endreçat); es pot descriure una persona com *neat and tidy* (pulcre) per la manera de vestir-se o de comportar-se, etc. Els dos adjectius tenen significats ben semblants, però s'utilitza **tidy** per referir-se a l'efecte global i suggereix manca total de desordre. No té el sentit de precisió i cura que transmet **neat**, que també pot descriure petits detalls. Per exemple, podríem qualificar un tipus de lletra (**handwriting**) dient que és **neat** (polida), però mai no diríem que és **tidy**.

order *ni* ordre *I just want to get/put my papers in order before I leave.* Només vull posar els meus papers en ordre abans de marxar.
orderly *adj* [suggereix tant disciplina com ordre. Descriu: p. ex. col·locació, cua, retirada] ordenat, disciplinat

64 Untidy Desendreçat

untidy *adj* desendreçat, desordenat *My room is always untidy.* La meva habitació sempre està molt desendreçada.

disorder *ni* [més aviat formal] desordre *The room was in complete disorder.* La cambra estava totalment desordenada. **disorder** *vt* desordenar **disorderly** *adj* desordenat

chaos *ni* [més fort i menys formal que **disorder**] caos *Fog has caused chaos on the roads.* La boira ha provocat el caos a les carreteres. *The office was in complete chaos after the break-in.* L'oficina era un autèntic caos després del robatori. **chaotic** *adj* caòtic

mess *nc/i* (cap *pl*) **1** [força informal. Implica una confusió menys greu que **disorder** o **caos**] desordre *I'm afraid the room is (in) a mess.* Sento que la cambra estigui desendreçada. **2** [eufèm. Substància desagradable, esp. excrement] brutícia *The dog made a* *mess on the carpet.* El gos ha fet les seves necessitats damunt la catifa.

mess sth **up** o **mess up** sth vt [obj: p. ex. cabells, habitació] desordenar ac, embolicar ac

messy adj 1 [que causa brutícia] que embruta *Toddlers are so messy.* Els nens petits embruten molt. 2 [en desordre. Descriu: p. ex. habitació, cabells] desordenat, embolicat

jumble nc (cap pl) [suggereix un munt desordenat de coses diferents] malendreç, garbuix *a jumble of old pots and pans* un poti-poti de plats i olles velles

jumble vt (sovint + **up**) amuntegar, apilonar *I found the papers all jumbled up together on her desk.* Vaig trobar els documents amuntegats sobre el seu escriptori.

muddle nc/i (habit. sing) [ref. a confusions mentals o administratives més que a desordre físic] confusió, embolic *My finances are **in a muddle**.* Les meves finances són un caos. *to get into a muddle* fer-se un embolic

muddle vt (sovint + **up**) 1 [obj: p. ex. papers] desordenar, barrejar 2 confondre *I'm sorry, I got the figures muddled (up).* Sento haver confós les xifres.

unkempt adj [suggereix deixadesa. Descriu: p. ex. cabells, aspecte, persona] descurat, despentinat

dishevelled (brit) **disheveled** (amer) adj [descriu: persona] deixat *He stepped off the plane looking tired and dishevelled.* Quan va baixar de l'avió anava molt deixat i semblava cansat.

scruffy adj [deixat i sovint brut] deixat, tronat *She was wearing a scruffy pair of jeans.* Portava uns texans tronats.

random adj [descriu: p. ex. mostra, número] fortuït, a l'atzar (usat com a n) *The names were chosen **at random** from our list.* Els noms es van triar a l'atzar a la nostra llista.

frases fetes

Les dues frases següents es refereixen a un aspecte físic molt descurat:

look as if one has been dragged through a hedge backwards (brit) [ref. a persones]. Lit.: estar com si t'haguessin tret arrossegant d'una bardissa

look like a bomb has hit it [d'una habitació, d'una oficina] semblar com si hi hagués caigut una bomba

65 Order Ordre

vegeu també **63 Tidy**

order ni/c [seqüència] ordre *in alphabetical/chronological order* per ordre alfabètic/cronològic *You've got the files in the wrong order.* Tens els arxius mal ordenats. *It took me hours to get the cards back in the right order.* Vaig trigar hores per tornar a posar les fitxes en ordre. *in order of seniority/importance* per ordre d'antiguitat/importància **order** vt posar en ordre

sort vti [organitzar segons tipus, mida, etc. Obj: p. ex. cartes, roba, fruita] classificar(-se) *The eggs are sorted by size.* Els ous es classifiquen per mides. (+ **out**) *I'm sorting out my old clothes.* Estic triant la meva roba vella. (+ **into**) *I was just sorting the cards into piles.* Estava separant les targetes per piles.

classify vt [implica un sistema més formal que **sort** o **order**] classificar *Should I classify this book as fantasy or science fiction?* He de classificar aquest llibre com a gènere fantàstic o com a ciència-ficció? **classification** ni/c classificació

arrange vt (sovint + **in**) [obj: p. ex. llibres, flors, adornaments] arranjar, posar en ordre, organitzar *The exhibits aren't arranged in any particular order.* Els objectes exposats no estan organitzats en cap ordre determinat. *chairs arranged around a table* cadires col·locades al voltant d'una taula

arrangement nc arranjament, centre *an arrangement of daffodils and irises* un centre d'iris i narcisos

66 Position Posició

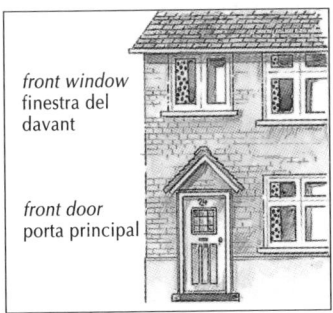

front window finestra del davant

front door porta principal

the front of the house façana de la casa

side window finestra lateral

the side of the house el costat de la casa

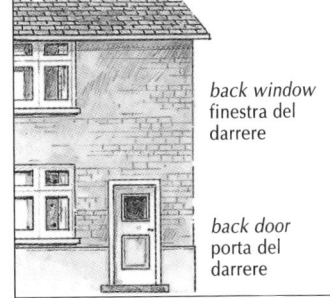

back window finestra del darrere

back door porta del darrere

the back/rear of the house el darrere/la part posterior de la casa

utilització

Rear és força més formal que **back**, mentre que **centre** és lleugerament més formal que **middle**. Normalment s'utilitza **centre** referit a àrees mentre que **middle** es pot utilitzar també referit a línies.

She is at the front of the queue. És al davant de la cua.

She is in the middle of the queue. És al mig de la cua.

He is at the back/rear of the queue. És al darrere/final de la cua.

The buttons are at the front. Els botons són al davant.

The buttons are at the back. Els botons són al darrere.

She is sitting in front of him. Ella seu davant d'ell.
He is standing behind her. Ell està dret darrere d'ella.

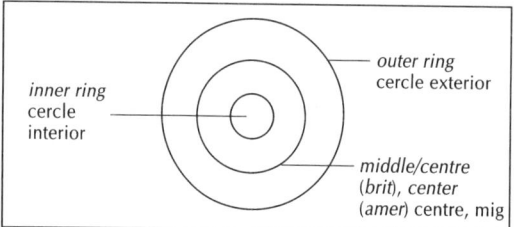

inner ring cercle interior
outer ring cercle exterior
middle/centre (brit), center (amer) centre, mig

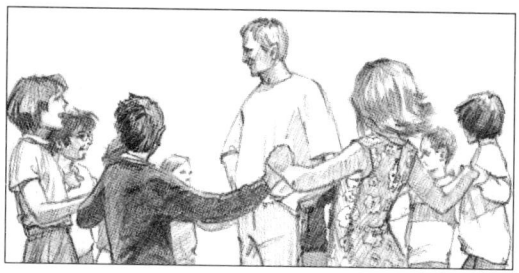

He stood in the middle. Ell s'estava dret al mig.
They danced round the outside. Els nens ballaven al seu voltant.

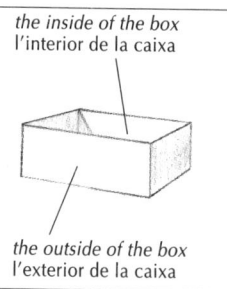

the inside of the box l'interior de la caixa
the outside of the box l'exterior de la caixa

flowers on the outside de flors per fora
plain on the inside llis per dintre

outside a fora

inside a dins

utilització

Tant **exterior** (exterior) com **external** (extern) són sinònims força més formals que **outside**, de la mateixa manera que **interior** (interior) i **internal** (intern) són més formals que **inside**. L'ús més freqüent d'**exterior** i **interior** es dóna amb relació als edificis: p. ex. *exterior/interior walls* (parets exteriors/interiors). Ambdues es poden utilitzar com a substantius referint-se normalment als edificis. Com a substantiu **exterior** pot referir-se també a l'aspecte i/o a la conducta d'una persona: p. ex. *Beneath her rather reserved exterior she had a very kind heart.* (Sota el seu aspecte reservat hi havia un cor bondadós). Contràriament, **the interior** fa referència a la part central i sovint menys poblada d'un país o d'un continent: p. ex. *a journey into the interior* (un viatge a l'interior d'un país). **External** i **internal** tenen un àmbit d'ús més ampli; poden fer referència a les parts d'un edifici, a les parts del cos, a una organització o també a un país amb referència al que hi succeeix a dins o a fora. Per tant es pot parlar dels *external/internal affairs* (afers interiors/exteriors) d'un país o d'un *external/internal examiner* (examinador extern/intern) per a un examen o un col·legi.

GRUPS DE PARAULES

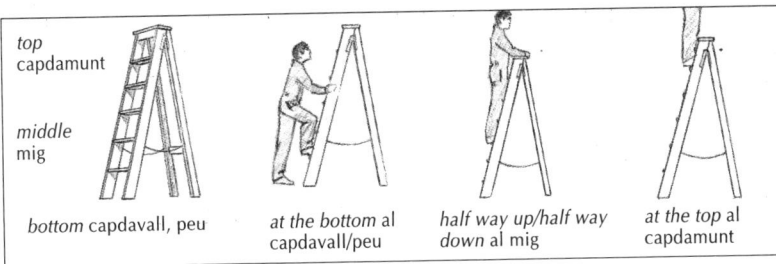

top capdamunt
middle mig
bottom capdavall, peu
at the bottom al capdavall/peu
half way up/half way down al mig
at the top al capdamunt

She is sitting on top of the table. Ella seu al damunt de la taula.
He is sitting underneath the table. Ell seu a sota de la taula

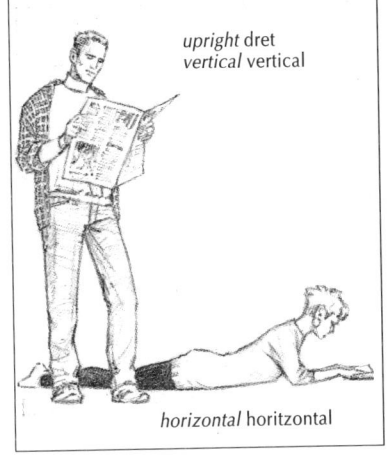

upright dret
vertical vertical
horizontal horitzontal

They are sitting opposite one another. Seuen l'un davant de l'altre.

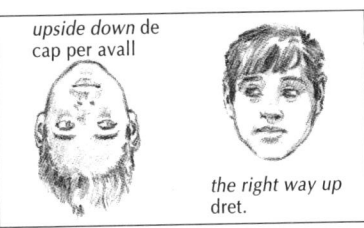

upside down de cap per avall
the right way up dret.

67 Necessary Necessari

vegeu també **74 Important**

necessary *adj* (sovint + **for**) necessari *Is it necessary for us all to be there?* Cal que hi siguem tots? *Is it really necessary to make quite so much noise?* [irònic] Realment és necessari que fem tant de soroll? *We could, if necessary, postpone the meeting.* Si fos necessari, podríem ajornar la reunió.

necessarily *adv* necessàriament *Will I have to go? Not necessarily.* Hi hauré d'anar? No, no necessàriament.

necessity *ni/c* (sovint + **for, of**) necessitat *She stressed the necessity of keeping the plan a secret.* Va remarcar la necessitat de mantenir el pla en secret. *the bare necessities of life* les coses mínimes indispensables per viure

need *vt* [terme genèric. Habit. no s'utilitza en temps continus] necessitar *to need something badly* necessitar una cosa urgentment *I need a new pair of shoes.* Necessito unes sabates noves. *The boiler needs repairing/to be repaired.* Cal reparar la caldera.

need *n* **1** *ni* (sovint + **for, of**) necessitat, manca *families in need* famílies necessitades *Are you in need of any assistance?* Que necessita ajuda? *There's no need to get so upset.* No cal que t'alteris tant. **2** *nc* (habit. *pl*) necessitats *We can supply all your home-decorating needs.* Podem subministrar-vos tot el que necessiteu per decorar la llar.

require *vt* [més formal que **need**] necessitar, requerir *Your services are no longer required.* Ja no necessitem els seus serveis. *We urgently require assistance.* Necessitem ajut urgentment.

requirement *nc* (sovint + **for**) [formal; s'utilitza habit. en plural] requisit *entry requirements* requisits d'admissió

addict *nc* addicte *a drug addict* un drogoaddicte
addicted *adj* (habit. darrere *v*, sovint + **to**) partidari, entusiasta [jocós] *I'm addicted to fast cars.* Sóc un fanàtic dels cotxes ràpids.
addiction *ni/c* (sovint + **to**) addicció *drug addiction* drogoaddicció **addictive** *adj* addictiu

frases fetes

there's nothing (else) for it (but to) no hi ha cap més remei (que) *There's nothing else for it – we'll have to walk.* No hi ha més remei, haurem d'anar-hi caminant.

essential *adj* (sovint + **for, to**) essencial *essential services* serveis essencials *Good marketing is essential for success.* Per tenir èxit cal una bona comercialització.

utilització

Essential, **vital** i **crucial** són més emfàtics que **necessary**, però tots resulten encara més emfàtics si se'ls afegeix **absolutely**, p. ex. *absolutely vital* (a vida o mort). **Essential** és lleugerament menys emfàtic que els altres dos, especialment quan s'utilitza davant de substantiu.

essential nc [s'utilitza sovint en plural] (element) essencial *the bare essentials* els mínims imprescindibles

vital adj (sovint + **for**, **to**) vital (+ **that**) *It's absolutely vital that this is posted today.* És absolutament imprescindible que això es porti avui a correus. *a question of vital importance* un assumpte de vital importància **vitally** adv essencialment, absolutament

crucial adj (sovint + **for**, **to**) crucial, decisiu *a crucial factor in our decision* un factor crucial en la nostra decisió **crucially** adv de manera decisiva

68 Unnecessary Innecessari

vegeu també **76 Unimportant**

unnecessary adj innecessari *Don't carry any unnecessary weight.* No porteu pes innecessari. **unnecessarily** adv innecessàriament

utilització

Unnecessary no s'utilitza gaire en anglès informal, especialment darrere d'un verb. Es diu més aviat *It's not necessary.* (No cal.) o *There's no need.* (No hi ha cap necessitat.)

needless adj (davant de n) [més formal que **unnecessary**] innecessari *a needless waste of resources* un malbaratament innecessari de recursos [no formal] *Needless to say, nobody bothered to inform me.* No cal dir que ningú no es va molestar a informar-me. **needlessly** adv innecessàriament

pointless adj [descriu: p. ex. comentari, gest] inútil, va, fútil **pointlessly** adv inútilment

68.1 Més del que és necessari

extra adj [descriu: p. ex. personal, roba, paga] extra, addicional *an extra £10 a week* un extra de 10 lliures per setmana *a goal scored during extra time* (brit) un gol marcat en la pròrroga

extra adv especialment *I've been working extra hard all this week.* He treballat molt dur tota aquesta setmana. *an extra large size* una talla molt gran

extra nc (habit. pl) extra, suplement *You have to pay for all the extras like organized excursions.* Hauràs de pagar tots els extres, com ara les excursions organitzades.

spare adj 1 [es pot utilitzar per reemplaçar una cosa] de reserva, de recanvi, de més a més, disponible *Did you pack any spare underwear?* Vas posar mudes de recanvi a la maleta? *spare parts* peces de recanvi 2 [que de moment no s'utilitza] sobrer *Have you got a spare pen you could lend me?* Tens una ploma sobrera per deixar-me? *the spare bedroom* l'habitació dels convidats *There are two tickets going spare* (brit) *if you want them.* Si les vols, sobren dues entrades.

spare nc recanvi, peça de recanvi *If the fanbelt breaks there's a spare in the boot.* Si es trenca la corretja del ventilador, n'hi ha una de recanvi al portaequipatges.

spare vt sobrar *Can you spare any money?* Tens diners per deixar-me? *There's no time to spare.* No tenim temps a perdre.

surplus adj sobrant, romanent *surplus energy* energia sobrera *It is surplus to requirements.* És més del necessari.

surplus nc/i excedent, superàvit *a huge surplus of agricultural products* un gran excedent de productes agrícoles

excess ni/c [més aviat formal] excés *an excess of enthusiasm* un excés d'entusiasme *a figure in excess of $4,000,000* una xifra superior a 4.000.000 de dòlars

excessive adj [més aviat formal i pej., implica desmesura] excessiu, immoderat *She drank an excessive amount of wine.* Va beure massa quantitat de vi. **excessively** adv excessivament

superfluous adj [més aviat formal] superflu

redundant adj [formal] superflu *New technology has made our old machinery redundant.* Amb la nova tecnologia la nostra vella maquinària ha esdevingut inútil.

69 Waste Malgastar

vegeu també **71 Rubbish**

waste vt (sovint + **on**) [obj: p. ex. diners, energia, recursos] malgastar *You're wasting your time here.* Aquí estàs perdent el temps. *I shouldn't waste any sympathy on him.* Jo de tu no malgastaria en ell gens ni mica del teu afecte. *Her talents are wasted here.* Aquí el seu talent està desaprofitat.

waste nc/i (cap pl) pèrdua, malbaratament *That project's a waste of time and money.* Aquell projecte és una pèrdua de temps i diners. *All that hard work has gone to waste.* Tot aquell esforç no ha servit per a res.

wasteful adj [descriu: p. ex. persona, ús, costums] malgastador

squander vt (sovint + **on**) [implica més desaprovació que **waste**] malbaratar, dissipar

fritter sth **away** o **fritter away** sth vt (sovint + **on**) [pej.] malbaratar, dilapidar *He frittered away his inheritance on horses.* Va malbaratar el seu patrimoni apostant als cavalls.

extravagant adj [descriu: p. ex. persona, ús] extravagant, fora de límits, excessiu *Taking taxis everywhere is rather extravagant.* Anar a tot arreu amb taxi és llençar els diners. **extravagantly** adv de manera extravagant **extravagance** ni/c extravagància

70 Throw away Llençar

throw sth **away** o **throw away** sth vt **1** [desfer-se d'una cosa] llençar ac *Why don't you throw that old suitcase away?* Per què no llences aquesta maleta vella? **2** [obj: p. ex. oportunitat] desaprofitar

throw sth/sb **out** o **throw out** sth/sb vt [lleug. més fort que **throw away**] **1** llençar a/ac, desfer-se d'a/ac **2** (sovint + **of**) [obj: persona] fer fora *Her parents threw her out of the house when she became pregnant.* Quan es va quedar embarassada, el pares la van fer fora de casa.

get rid of [lleug. informal] desempallegar(-se), treure's de sobre *I wish I could get rid of this cough.* Tant de bo em pogués treure de sobre aquesta tos. *I got rid of her by saying I was expecting guests.* Me'n vaig desempallegar dient-li que esperava convidats.

dispose of sth vt [més formal que **get rid of**] desfer-se d'ac, abocar ac *Dispose of all waste carefully.* Elimineu tots els residus acuradament.

disposal ni eliminació, abocament, tractament *rubbish disposal* tractament d'escombraries

discard vt [sovint implica deixar de banda una persona o una cosa] deixar de fer servir, arraconar, deixar de banda *a pile of discarded clothing* un munt de roba arraconada

reject vt [obj: p. ex. idea, proposta, persona] rebutjar *The unions have rejected the proposed settlement.* Els sindicats han rebutjat l'arbitratge proposat. *She felt rejected by her parents.* Se sentia rebutjada pels seus pares. **reject** nc cosa defectuosa **rejection** ni/c rebuig

71 Rubbish Escombraries

rubbish (*esp. brit*), **garbage** o **trash** (*esp. amer*) ni [pot aplicar-se a objectes llençats de qualsevol tipus] escombraries *garden/household rubbish* escombraries domèstiques/del jardí *a pile/heap of rubbish* una pila/un munt d'escombraries

utilització

S'utilitzen **rubbish** (*brit*), **junk** (*brit & amer*), **garbage** (*esp. amer*) i **trash** (*esp. amer*) per descriure coses sense valor: p. ex. *He talks a lot of rubbish.* (Diu un munt de bestieses.) *The movie was absolute garbage.* (La pel·lícula va ser una autèntica porqueria.)

waste ni [més tècnic que **rubbish**; s'utilitza sovint quan es parla de la indústria o del medi ambient] deixalla, residu *industrial/domestic waste* residus industrials/deixalles domèstiques *chemical/nuclear waste* residus nuclears/químics (davant de n) *waste pipe* canonada de sanejament

waste adj [descriu: p. ex. productes, materials] superflu, sobrer *vegeu també **69 Waste**

refuse ni [formal] rebuig, deixalla *refuse collection* (*brit*)/*garbage collection* (*amer*) recollida d'escombraries

litter ni [petites deixalles, esp. paper que hom troba al carrer] brossa

litter vt (sovint + **with**) [sovint utilitzat en veu passiva] escampar *The ground was littered with old newspapers.* A terra hi havia un escampall de diaris vells.

junk ni [informal i pej., principalment referit a objectes grans] andròmines *The garage is full of old junk.* El garatge està ple de mals endreços. (davant de n) *junk shop* botiga de trastos vells *junk food* menjar ràpid i de valor nutritiu dubtós

debris ni runa, terregall *the debris from the explosion* la runa causada per l'explosió

rubble ni runa, enderroc *to reduce something to rubble* enderrocar alguna cosa

dustbin (*brit*)/*garbage can* o *trashcan* (*amer*) cubell de les escombraries

dustman (*brit*)/*garbage collector* (*amer*) escombriaire

dustcart (*brit*)/*garbage truck* (*amer*) camió d'escombraries

72 Want Voler

vegeu també **107 Intend**; **251 Resentment**; **278 Eager**; **426 Like**; **427 Love**

want vt (no s'utilitza en temps continus) voler *What do you want for Christmas/dinner?* Què vols per Nadal/dinar? (+ **to** + INFINITIU) *He wanted to see you again.* Et volia tornar a veure.

want n [formal] **1** ni/c (sovint + **of**) necessitat, desig *All your wants will be provided for.* [més aviat formal] Tots els vostres desitjos seran satisfets. *Let's call it carelessness, for want of a better word.* Diem-ne descuit, per falta d'una paraula millor. **2** ni carència, misèria, mancança *families who suffer want* famílies que pateixen misèria

desire vt (no s'utilitza en temps continus) **1** [formal] desitjar *They may submit a proposal, if they so desire.* Poden fer una proposta, si així ho desitgen. *The warning didn't have **the desired effect**.* [no formal] L'advertiment no va tenir l'efecte desitjat. **2** [sexual. Obj: persona, cos] desitjar

desire nc/i (sovint + **to** + INFINITIU) [més formal que **wish**] desig, passió, afany *She is motivated mainly by a passionate desire for popularity.* Allò que més la motiva és un fervent afany de popularitat. **one's heart's desire** el que es desitja de tot cor

desirable adj **1** [més aviat formal. Obj: p. ex. casa o objecte] desitjable **2** [obj: persona] atractiu **desirably** adv convenientment

feel like sth vt [informal] tenir ganes d'ac *I feel like a nice cup of tea.* Em ve de gust una bona tassa de te. *Don't come if you don't feel like it.* No vinguis si no et ve de gust.

wish v **1** vti (habit. + **to** + INFINITIU) [més formal i emfàtic que **want**] voler *I wish to see the manager.* Voldria veure el gerent. **2** vit (sovint + **for**, **that**) desitjar, anhelar *I wished for a new bike.* Somniava amb una nova bicicleta. *I wish you wouldn't keep interrupting me.* M'agradaria que deixessis d'interrompre'm contínuament. **3** vt [obj: p. ex. salut, felicitats] desitjar *to wish sb luck* desitjar sort a algú

wish nc **1** (sovint + **to** + INFINITIU) ganes *I have no wish to seem ungrateful.* No tinc gens de ganes de semblar desagraïda. **to have/get one's wish** tenir/aconseguir el que es desitja *to make a wish* formular un desig *I went against my father's wishes when I married David.* Em vaig casar amb en David en contra de la voluntat del meu pare. **2** (habit. pl; sovint + **for**) desig *best wishes for the future* amb els meus millors desigs per al teu esdevenidor

hope vit esperar (+ **for**) *We'll just have to **hope for the best**.* Haurem d'esperar que tot surti bé. (+ **that**) *I hope (that) they are happy.* Espero que siguin feliços. *I hope you're not going to wear that hat.* Suposo que no et posaràs aquest barret.

hope ni/c (sovint + **for**, **of**) esperança *a **glimmer/ray of hope*** un raig d'esperança *There's no hope of a pardon.* No hi ha cap esperança d'indult.

hopeful adj (sovint + **that**) esperançat *We're still hopeful she may change her mind.* Encara tenim esperances que canviï d'opinió. *The fact that he is regaining his appetite is a hopeful sign.* El fet que comenci a recuperar la gana és un bon senyal.

miss vt (sovint + -ing) [obj: persona o cosa íntima o estimada] enyorar, trobar a faltar *I really missed you while you were away.* Realment et vaig trobar a faltar mentre eres fora.

72.1 Desitjar molt

crave vit (sovint + **for**) [més aviat formal] anhelar *She thought Tom could give her the security she craved (for).* Pensava que Tom li podria donar la seguretat que anhelava.

long for sth/sb vt [obj: persona, llar] esperar amb impaciència *I've been longing for you to ask me.* Desitjava que m'ho demanessis.

yearn for sb/sth vt [literari. Més fort que **long for**] sospirar, delir-se per a/ac *I yearned for the comfort of a modern home.* Sospirava per tenir les comoditats d'una casa moderna.

> *frase feta*
>
> **set one's heart on** sth tenir el cor posat en ac *He'd set his heart on (getting) that job.* Tenia totes les seves esperances posades en aquella feina.

72.2 Sentiments de desig

urge nc (sovint + **to** + INFINITIU) desig, afany *to feel the/an urge to do sth* sentir el desig de fer quelcom *sexual urge* instint sexual

impulse nc/i (sovint + **to** + INFINITIU) impuls *to act on impulse* actuar per impuls **impulsive** adj impulsiu **impulsively** adv impulsivament

appetite nc/i (sovint + **for**) gana *to have a good/healthy appetite* tenir una bona gana *She's got no real appetite for work.* No té gaires ganes de treballar.

craving nc (sovint + **for**) [més fort que **appetite** i de vegades pej.] ànsia *a craving for love/tobacco* una ànsia d'amor/de tabac

greed ni [pej.] cobdícia, golafreria *They are motivated purely by greed.* L'únic que els mou és la cobdícia.

greedy adj [pej.] golafre, golut *You're a greedy pig, Michael.* Michael, ets un golafre. *greedy for power/profit* cobdiciós de poder/guany **greedily** adv cobejosament

temptation ni/c (sovint + **to** + INFINITIU) temptació *The temptation to cheat was just too strong.* La temptació de fer trampes va ser, senzillament, massa forta.

tempt vt (sovint en veu passiva; sovint + **to** + INFINITIU) temptar *They were **sorely tempted** to resign on the spot.* Van estar seriosament temptats de dimitir a l'acte.
*vegeu també **432 Attract**

72.3 Expressar desigs
vegeu també **351 Ask**

demand vt (sovint + **to** + INFINITIU) exigir *I demand an explanation.* Exigeixo una explicació. *He demanded to know why he had not been informed.* Va exigir que li diguessin per quina raó no l'havien informat.

demand n (sovint + **for**) **1** nc reclamació *a demand for payment* una reclamació de pagament *to **make demands on** sb/sth* exigir ac a a/ac **2** ni demanda *supply and demand* oferta i demanda *goods which are **in demand*** productes en demanda *available **on demand*** disponible per a tothom (sense restriccions)

order vti [obj: productes, aliments, llibres] encarregar *We have ordered the books from that shop.* Hem encarregat els llibres a aquella botiga. *Have you ordered yet, sir?* Ja ha demanat, senyor?

order nc/i (sovint + **for**) comanda, encàrrec *on order* encarregat (com a adj) *order form* full de comanda *order book* llibre de comandes

GRUPS DE PARAULES

73 Choose Escollir

vegeu també **107 Intend**; *L3 Preferences*

choose *vti, pas.* **chose** *pp.* **chosen** (sovint + **between**, + **to** + INFINITIU) [terme genèric] escollir *I've chosen French history as my optional subject.* He triat la història de França com a assignatura optativa. *He chose to ignore my advice.* Va optar per no fer cas del meu consell.

choice *n* **1** *nc/i* (sovint + **between**) elecció, tria *to make a choice* escollir *She had no choice but to obey.* No li va quedar més remei que obeir. *I wouldn't go there by choice.* Per gust, no hi aniria **2** *nc* (sovint + **for, as**) tria, elecció *She's my choice as team captain.* L'he triada com a capitana de l'equip. **3** *nc/i* (sovint + **of**) assortiment *They don't offer you much (of a) choice.* No et donen massa per escollir.

select *vt* (sovint + **for**, + **to** + INFINITIU) [més formal que **choose**. Implica una qualitat superior de la persona o cosa seleccionada] seleccionar *She's been selected to play for Scotland.* L'han seleccionada per jugar per Escòcia. **selector** *nc* selector -a, seleccionador -a

selection *n* **1** *ni* selecció (davant de *n*) *selection board/committee* comissió de selecció **2** *nc* (sovint + **of, from**) selecció, assortiment *a selection of desserts* un assortiment de postres

pick *vti* [lleug. menys formal que **choose**] triar *You certainly picked the right person for the job.* Certament has triat la persona adient per a la feina. *You haven't got time to pick and choose.* No tens temps de triar i remenar.

pick *n* **1** [només en algunes frases fetes] *to have first pick of something* ser el primer a triar *to have/take one's pick* agafar el que cadascú vulgui **2** (sempre + **the**) [la cosa millor] el bo i millor *He's the pick of the bunch.* És el bo i millor de tots.

elect *vt* **1** [obj: p. ex. govern, president, comitè] elegir **2** (+ **to** + INFINITIU) [formal] optar per *The King elected to abdicate.* El rei va optar per abdicar.

opt for sb/sth *vt* optar per

option *nc/i* opció *to have no option* no tenir cap opció *What are my options?* Quines opcions tinc? **optional** *adj* opcional

settle for sb/sth *vt* [sol implicar compromís] convenir d'acceptar *We had to settle for second best.* Vam haver d'acceptar el segon.

decide on sth/sb *vt* decidir-se per a/ac *We've decided on France for our holiday this year.* Aquest any hem decidit passar les vacances a França.

73.1 Preferir

prefer *vt* (sovint + **to**, + **to** + INFINITIU) preferir *They obviously prefer brandy to whiskey.* És evident que prefereixen el conyac al whisky. *I prefer to go alone.* Prefereixo anar-hi sol.

preferable *adj* (habit. darrere *v*; sovint + **to**) preferible **preferably** *adv* preferentment

preference *nc/i* (sovint + **for**) preferència *to have/show a preference for sb/sth* tenir/mostrar preferència per a/ac *in preference to* millor que, més que no pas, més aviat que

> *u t i l i t z a c i ó*
>
> De manera alternativa a **prefer**, es pot utilitzar l'adverbi **rather** amb el temps condicional de qualsevol verb. P. ex. *I'd rather go by bus than walk.* (Prefereixo anar amb autobús que caminar.) *She says she'd rather stay at home.* (Diu que s'estima més quedar-se a casa.) *I'd rather you told her yourself.* (Preferiria que li ho diguessis tu.)

74 Important Important

vegeu també **67 Necessary**; contrari **76 Unimportant**

important *adj* (sovint + **to**) [terme genèric. Descriu: p. ex. negocis, notícies, persones] important *I've got something very important to tell you.* T'haig de dir una cosa molt important. *very important person* o *VIP* persona molt important

importance *ni* importància *a matter of the utmost importance* un assumpte de summa importància

significant *adj* [que té un efecte important i reconegut. Habit. no s'utilitza per a persones. Descriu: p. ex. esdeveniment, desenvolupament, millora] significatiu **significantly** *adv* significativament

significance *ni* importància *to attach significance to something* donar importància a una cosa

serious *adj* [que ocasiona preocupació i que requereix atenció. Descriu: p. ex. accident, ferida, dificultat] seriós, greu *We're in serious trouble.* Tenim greus problemes.

seriously *adv* seriosament *seriously injured* greument ferit *to take sth seriously* prendre's ac seriosament **seriousness** *ni* serietat *vegeu també **447.2 Sad**; **238.1 Sensible**

grave *adj* [més fort que **serious** i lleug. més formal. Descriu: p. ex. amenaça, error, preocupació] greu *I have grave doubts about his suitability.* Tinc seriosos dubtes sobre la seva aptitud. **gravely** *adv* greument **gravity** *ni* gravetat, solemnitat

> *f r a s e s   f e t e s*
>
> **it's no joke/no laughing matter** no és cap broma *It's no joke having to get up at four o'clock in the morning.* No és cap broma haver-se d'aixecar a les quatre de la matinada.
>
> **the be-all and end-all** [sovint indica desaprovació de la importància que s'atorga a una cosa] ser-ho tot *Clothes aren't the be-all and end-all of life, you know.* La roba no ho és tot a la vida, saps?
>
> **a matter of life and death** un assumpte de vida o mort *Come quickly, it's a matter of life and death.* Vine ràpid, és un assumpte de vida o mort.

GRUPS DE PARAULES

74.1 Considerar important

utilització

1 Cap d'aquests verbs no s'utilitza en temps continus.
2 Observeu que en anglès el subjecte dels verbs **care** i **mind** és sempre una persona, no un objecte.

matter *vi* (sovint + **to**) [s'utilitza més en frases negatives i preguntes] importar *Does it matter if I'm late?* T'importa si vinc tard? *Money doesn't matter to me.* A mi no m'importen els diners.

mind *vit* molestar(-se), tenir inconvenient (de) *Do you mind if I sit here?* T'importa si m'assec aquí? *'I'm so sorry, I've broken a glass.' 'Never mind, it was only a cheap one.'* 'Em sap greu, he trencat un got.' 'No et preocupis, era dels barats.' *I don't mind the rain.* La pluja no em molesta.

care *vit* (sovint + **about**) [més fort que **mind**] preocupar(-se), tenir interès en *I do care about you.* Sí que em preocupo per tu. *We could be stuck here all night for all they care.* Si fos per ells, podríem estar bloquejats aquí tota la nit. *He says he'll leave me, but I couldn't care less!* Diu que em deixarà, però no m'importa gens ni mica.

74.2 Grau d'importància

grade *vt* [obj: p. ex. ous, llana] classificar *graded according to size* classificats per mides

rank *vi* (sovint + **as**, **with**) figurar, classificar-se *to rank above/below someone* figurar per sobre/sota d'una persona *This must rank as one of the worst disasters of modern times.* Aquest desastre el podem classificar entre els pitjors de la història moderna.

rank *vt* (sovint + **as**, **with**) classificar, ordenar *She is ranked 5th in the world at chess.* És la cinquena del món en escacs.

rank *nc* [utilitzat esp. en el context de les forces armades] graduació, rang *the rank of captain* la graduació de capità

level *nc* nivell, rang *a high-level delegation* una delegació d'alt nivell *She entered the company at executive level.* Va entrar a l'empresa amb rang d'executiu.

75 Main Principal

main *adj* (davant de *n*; cap *compar* o *superl*) [descriu: p. ex. propòsit, causa, influència] principal *main door/entrance* porta/entrada principal *You're all safe, that's the main thing.* Esteu tots fora de perill; això és el més important.

mainly *adv* principalment *I work mainly in Paris.* Treballo principalment a París.

chief *adj* (davant de *n*; cap *compar* o *superl*) [s'utilitza en contextos semblants als de **main**, tret de frases fetes com **main road** (carretera principal)] principal, en cap *one of my chief concerns* un dels meus interessos principals [s'utilitza sovint amb una paraula que indica lloc o posició] en cap *the company's chief executive* el director general de l'empresa **chiefly** *adv* sobretot

principal *adj* (davant de *n*; cap *compar* o *superl*) [més aviat formal. Fa referència a importància, no a mida. Descriu: p. ex. objectiu, problema] principal **principally** *adv* principalment

major *adj* (habit. davant de *n*) [significa importància i mida. No tan absolut com **main**, **chief** i **principal**. Descriu: p. ex. factor, operació, problema] més gran, més gros, major *major road works* obres viàries de gran envergadura *a major earthquake* un terratrèmol important

key *adj* (davant de *n*; cap *compar* o *superl*) clau *key issues* qüestions clau

basic *adj* (habit. davant de *n*) **1** [important perquè tota la resta en depèn] bàsic *Food and water are basic human needs.* Menjar i beure són necessitats humanes bàsiques. (+ **to**) *Freedom of speech is basic to our society.* La llibertat d'expressió és fonamental per a la nostra societat. **2** [molt senzill, sense extres] *The basic model is quite cheap.* El model bàsic és força econòmic.

basics *n pl* coneixements bàsics *This book covers the basics of motor mechanics.* Aquest llibre cobreix els fonaments de la mecànica dels cotxes.

basically *adv* bàsicament *Basically I'm in good health.* Bàsicament tinc bona salut. [a vegades s'utilitza en frases enutjoses] *Basically, I'm fed up with the lot of you!* Senzillament, estic tip de tots vosaltres!

fundamental *adj* (sovint + **to**) fonamental *a fundamental principle of democratic government* un principi fonamental del govern democràtic

fundamentals *n pl* fonaments

fundamentally *adv* fonamentalment *Your argument is fundamentally flawed.* El vostre raonament fonamentalment està equivocat.

76 Unimportant Insignificant

vegeu també **68 Unnecessary**; contrari **74 Important**

unimportant *adj* [terme genèric] insignificant
unimportance *ni* insignificança

minor *adj* [descriu: p. ex. una part, un defecte] de poca entitat *a minor detail* un detall de poca importància *a minor role* un paper secundari

insignificant *adj* insignificant *an insignificant little man* un homenet insignificant **insignificantly** *adv* de manera insignificant

insignificance *ni* insignificança *to pale/dwindle into insignificance* quedar reduït a mera insignificança

trivial *adj* trivial **triviality** *ni/c* [formal] trivialitat

petty *adj* (davant de *n*) [descriu: p. ex. regles, persones] mesquí, insignificant *It was so petty of her to make him pay for the book.* Va ser molt mesquina de fer-li pagar el llibre. *petty cash* diners per a despeses menors
pettiness *ni* mesquinesa, insignificança

trifling adj [més aviat formal. S'utilitza per destacar la poca importància d'una cosa. Descriu: p. ex. quantitat, assumpte] insignificant, sense importància

trifle nc [més aviat formal] detall, cosa insignificant *Why should we bother about such trifles?* Per què ens hem d'amoïnar per aquestes foteses?

frases fetes

it's not the end of the world no és la fi del món
a storm in a teacup [lit.:una tempesta en una tassa de te] una tempesta en un got d'aigua

77 Great Gran

vegeu també **417 Good**

great adj [descriu: p. ex. èxit, dirigent, artista] gran *Frederick the Great* Frederic el Gran **greatness** ni grandesa

grand adj 1 [descriu: p. ex. palau, entrada, ocasió] gran, important *on the grand scale* a gran escala *Our house is not very grand, I'm afraid.* Ho sento, però la nostra casa és força senzilla. 2 [sovint pej. referit a persones] (creure's) important

grandeur ni grandiositat *delusions of grandeur* deliris de grandesa

splendid adj [descriu: p. ex. postes de sol, vestits, colors] esplèndid, de primera **splendour** (brit), **splendor** (amer) ni/c esplendor

magnificent adj [descriu: p. ex. palaus, vestits] magnífic **magnificence** ni magnificència

glorious adj 1 [descriu: p. ex. victòria, regnat] gloriós 2 [descriu: p. ex. temps, flors, vistes] esplèndid *The garden looks glorious in summer.* El jardí està esplèndid a l'estiu.

glory ni/c glòria *I saw Venice in all its glory.* Vaig veure Venècia en tot el seu esplendor.

78 Possible Possible

vegeu també **80 Probable**; **237 Able**

possible adj possible *the worst possible time* el pitjor moment possible *I avoid borrowing money as far as possible.* Evito demanar diners prestats tant com puc. *as soon as possible* al més aviat possible *We'll do it ourselves, if possible.* Si podem, ho farem nosaltres mateixos.

possibly adv 1 possiblement *I'll come if I possibly can.* Vindré si puc. 2 potser *Can you come? Possibly, I'm not sure.* 'Pots venir?' 'Potser, no n'estic segura.'

feasible adj (habit. darrere v) [vegeu UTILITZACIÓ més avall. Bastant formal] factible *technically/economically feasible* tècnicament/econòmicament factible

feasibility ni viabilitat *feasibility study* estudi de la viabilitat

viable adj [vegeu UTILITZACIÓ més avall. Es troba més aviat en contextos tècnics o comercials] viable *financially viable* financerament viable *a viable proposition* una proposta viable **viability** ni viabilitat

utilització

Si es diu que alguna cosa, p. ex. un pla, es **feasible** vol dir que es pot fer, però no necessàriament implica ni que existeixin els mitjans per fer-ho ni que valgui la pena. Si un pla és **viable**, implica que existeixen els mitjans financers, tècnics, etc., per dur-lo a terme. Si es diu que un pla és **practical** significa que els mitjans per dur-lo a terme existeixen; també acostuma a implicar que el pla serà útil amb tota probabilitat.

practical adj 1 [vegeu UTILITZACIÓ més avall. Descriu: p. ex. suggeriment, política, solució] pràctic *for all practical purposes* a tots els efectes pràctics 2 [virtual] virtual *It's a practical certainty.* És gairebé segur.

practically adv pràcticament **practicality** ni viabilitat
*vegeu també **281 Useful**

potential adj potencial **potentially** adv potencialment

potential ni (sovint + to + INFINITIU, + for) capacitat *She's got the potential to become a world champion.* Té capacitat per ser campiona mundial. *leadership potential* capacitat de liderat

practicable adj [més aviat formal] factible, viable *The troops will be brought home as soon as practicable.* Les tropes seran repatriades tan aviat com sigui possible. *We will provide advice as much as is reasonably practicable.* Farem les recomanacions pertinents sempre que sigui factible.

workable adj factible *We're trying to come up with a workable solution to the current housing shortage.* Estem mirant de trobar una sortida viable a la manca d'habitatge.

doable adj [força informal] possible, realitzable *This project is difficult, but it should be doable.* És un projecte difícil, però no veig raons per les quals no pugui ser portat a terme.

78.1 Possibilitat

possibility nc/i (sovint + for, of, that) possibilitat *it is within the bounds/realms of possibility* entra dins els límits de la possibilitat *Is there any possibility of getting an earlier flight?* Hi ha cap possibilitat d'agafar un vol que surti abans?

utilització

Un infinitiu no pot anar darrere el mot **possibility**. En aquesta construcció s'utilitza o **chance** o **opportunity**: p. ex. *We didn't have a chance to thank him.* (No vam tenir ocasió de donar-li les gràcies.) *That gave us an opportunity to rest.* (Això ens va donar l'opportunitat de descansar.)

chance n 1 nc/i (sovint + **of**, **that**) possibilitat *There's always a chance that a better job will turn up.* Sempre existeix la possibilitat que surti una feina millor. **(The) chances are** *that she won't be coming.* El més probable és que no vingui. *She's still* **in with a chance***.* Encara té possibilitats. 2 nc (sovint + **to** + INFINITIU, + **of**) oportunitat *Now's your chance, ask her.* Aquesta és la teva; demana-li-ho. *vegeu també **387 Luck**

opportunity nc/i (sovint + **to** + INFINITIU, + **of**) [lleug. més formal que **chance**] oportunitat, avinentesa *I should like to* **take** *this* **opportunity** *of thanking you.* M'agradaria aprofitar l'avinentesa per donar-vos les gràcies.

means nc, pl **means** (sovint + **of**) manera, mitjà *She had no means of knowing.* No tenia manera de saber-ho. **by means of** mitjançant

enable vt (+ **to** + INFINITIU) [fer que una cosa sigui possible] permetre *The inheritance enabled me to buy a house.* L'herència em va permetre comprar una casa.

frases fetes

within sb's grasp a l'abast d'algú *Success seemed at last to be within his grasp.* Per fi l'èxit semblava estar al seu abast.

the sky's the limit no hi ha límit *Once your reputation is established, then the sky's the limit.* Un cop que t'has fet una reputació res no et pot aturar.

79 Impossible Impossible

impossible adj (sovint + **to** + INFINITIU) impossible *It's impossible to say when she'll be free.* És impossible dir quan estarà lliure. (+ **the**, com a n) *to attempt the impossible* intentar l'impossible **impossibility** ni/c impossibilitat

impossibly adv (només davant d'adj) impossiblement

impractical adj no pràctic *vegeu també **282 Useless**

unfeasible adj [formal] poc factible, inviable

unattainable adj [descriu: p. ex. repte, objectiu] inabastable, inassolible

unthinkable adj (sovint + **that**; habit. darrere v) [destaca que la cosa a la qual fa referència seria dolenta, ofensiva, etc.] impensable, inconcebible *It's unthinkable that they would refuse.* És inconcebible que ho deneguin.

unable adj (habit. + **to** + INFINITIU; darrere v) [bastant formal] incapaç *I was unable to walk after the accident.* No podia caminar després de l'accident.

incapable adj (sovint + **of**; darrere v) [es pot utilitzar amb més èmfasi que **unable**] incapaç *He's incapable of understanding the simplest instructions.* És incapaç d'entendre les instruccions més senzilles.

inconceivable adj (sovint + **that**; habit. darrere v) inconcebible *It is inconceivable that she would have lied to me.* És inconcebible que m'hagi pogut dir una mentida. *It is not inconceivable that the government would fall.* No és pas inconcebible que el govern pugui caure.

frases fetes

no way (sovint + **that**) [informal] de cap manera *There's no way I'm going to put up with this.* De cap manera puc aguantar això. *'Are you willing to pay?' 'No way!'* 'Estàs disposada a pagar?' 'De cap manera.'

not a chance [informal] impossible *'Will I be able to get a ticket?' – 'Not a chance!'* 'Podré aconseguir una entrada?' 'Impossible.'

it's out of the question és del tot impossible

by no means [menys emfàtic i més formal que les frases anteriors] de cap manera *It's by no means certain that they will come.* No és gens segur que vinguin.

pigs might fly! (brit) [jocós] [lit.: els porcs podrien volar] *'She may pay you back tomorrow.' 'Yes, and pigs might fly!'* 'Pot ser que et torni els diners demà.' 'Sí, i un be negre amb potes rosses!'

80 Probable Probable

probable adj (sovint + **that**) probable **probably** adv probablement *We have estimated the probable cost of repairs.* Hem fet una estimació del que aproximadament costarà la reparació

probability ni/c (sovint + **of**) probabilitat **In all probability** *the game will already be over.* Amb tota probabilitat, el partit ja s'haurà acabat.

likely adj 1 (sovint + **to** + INFINITIU, + **that**) probable, versemblant *Is it likely to rain today?* És probable que plogui avui? *That's the most likely explanation.* Aquesta és l'explicació més versemblant. 2 (davant de n) [descriu: p. ex. indret, candidat] apropiat *She's the most likely candidate.* És la candidata més apropiada.

likelihood ni (sovint + **of**) probabilitat

presume vt (sovint + **that**) suposar *I presume she won't be coming if she's sick.* Suposo que no vindrà si està malalta. **presumption** ni suposició

presumably adv se suposa que *Presumably they offered him more money.* Suposadament li van oferir més diners.

frases fetes

a good chance moltes probabilitats *There's a very good chance that she'll succeed.* Té moltes probabilitats de sortir-se'n.

a safe bet [informal] una aposta segura *It's a safe bet that someone will have told him already.* M'hi jugo el que vulguis que algú ja li ho haurà dit.

be on the cards ser del tot possible *It seems that an office reorganisation is on the cards.* Sembla pràcticament segur que hi haurà una reorganització a l'oficina.

81 Improbable Improbable

improbable adj (sovint + **that**) improbable *Their story sounds wildly improbable.* La seva història sembla del tot improbable. **improbably** adv improbablement **improbability** ni/c improbabilitat

unlikely adj (sovint + **to** + INFINITIU, + **that**) improbable *It's highly unlikely that they will win.* És molt poc probable que guanyin. *in the unlikely event of a sudden loss of cabin pressure* en el cas poc probable d'una sobtada pèrdua de pressió dins l'avió **unlikelihood** ni improbabilitat

frases fetes

a long shot [informal. Un intent que es fa sabent que hi ha poques probabilitats de reeixir. Lit.: un tret llarg] *It's a bit of a long shot, but we may as well try.* No ho tenim gens fàcil, però bé que ho podem intentar.

that'll be the day! [informal. Rèplica cínica a una afirmació que sembla massa optimista] santa innocència *'They're bound to send us some money soon.' 'That'll be the day!'* 'Segurament ens enviaran diners ben aviat.' 'Sí, ara li fan el mànec.'

PROBABILITAT

S'utilitza **chance** en moltes locucions que expressen probabilitat o improbabilitat. Figura en frases com: *We have a good chance of success.* (Tenim moltes probabilitats d'èxit.) *They have little chance of getting there today.* (Tenen poques probabilitats d'arribar-hi avui.) *Our chances are slim/high.* (Tenim poques/moltes probabilitats.)

S'utilitza l'expressió **fat chance** (lit. "probabilitat grassa") sempre irònicament per destacar que les probabilitats són poques: *There's a fat chance of us getting the money!* (Tenim poquíssimes possibilitats d'aconseguir els diners.)

S'utilitza l'expressió **a chance in a million** (una probabilitat entre un milió) per descriure un esdeveniment molt poc probable: *Meeting her there was a chance in a million.* (Hi havia una probabilitat entre un milió de trobar-la allà.) *There's only a chance in a million that she'll survive the operation.* (La probabilitat que sobrevisqui a la intervenció és d'una entre un milió.).

82 Certain Segur

certain adj 1 (sovint + **about, of, that**; darrere v) [fa referència als sentiments personals] segur, cert *Are you quite certain that you locked the door?* Estàs totalment segura que vas tancar la porta amb clau? *I know for certain that she left.* Ho sé del cert que va sortir. 2 (sovint + **to** + INFINITIU, + **that**) [descriu: p. ex. guariment, mort, derrota] segur *She's certain to be there.* Segurament hi serà. *That record is a certain hit.* Aquest disc és un èxit segur.
certainly adv 1 segurament *There'll almost certainly be a delay.* És gairebé segur que hi haurà un retard. 2 [per contestar positivament a una petició] és clar que sí *'Will you help me tomorrow?' 'Certainly.'* 'M'ajudaràs demà?' 'És clar que sí.'
certainty n 1 ni [sentiment personal] seguretat, certesa *I can say that with certainty.* Puc dir-ho amb certesa. 2 nc/i certesa *faced with the certainty of defeat* confrontats amb la inevitable desfeta

sure adj 1 (sovint + **about, of, that**; darrere v) [lleug. més informal que **certain**. Fa referència als sentiments personals] segur *I'm not quite sure when he's arriving.* No estic gaire segura de quan ha d'arribar. *Do we know for sure what his plans are?* Sabem del cert quins són els seus plans? 2 (sovint + **to** + INFINITIU) segur *It's sure to be a success.* Segurament serà un èxit. *They won't waste any time, that's for sure.* [informal] És ben segur que no perdran gens el temps.
surely adv [implica que ac *hauria de ser* així, no pas que ho sigui] (vegeu UTILITZACIÓ més avall) *They should surely be finished by now.* Per descomptat a hores d'ara haurien d'haver acabat. *Surely we should have turned left?* Sens dubte hauríem d'haver tombat a l'esquerra, no?
definite adj 1 (sovint + **about**; darrere v) clar, definit *Can you be a bit more definite about the date?* Pot concretar més la data? 2 (habit. davant de n) [descriu: p. ex. millora, resposta, avantatge] clar, determinat *Can you give me a definite time for the interview?* Em pot donar hora per a l'entrevista?
definitely adv 1 [s'utilitza per donar èmfasi] segur, totalment, per descomptat *I definitely did not say that.* Segur que no vaig dir això. *'Will you be coming?' 'Definitely not.'* 'Vindràs?' 'Per descomptat que no.' 2 definitivament *decide/agree definitely* decidir/acordar definitivament

utilització

En anglès, tant britànic com americà, s'utilitzen **certainly** i **definitely** per subratllar que la persona que parla sap que una cosa és certa: *That certainly/definitely wasn't what she meant.* (Segur que allò no és el que volia dir.) No obstant això, i especialment en anglès britànic, si es diu *That surely wasn't what she meant.* (Això no era pas el que volia dir, oi?) no vol dir que la persona que parla sàpiga que una cosa és certa, sinó que demana conformitat sobre una afirmació, etc., que es fa. En anglès americà, però, **surely** pot tenir el mateix significat que **certainly** i **definitely**, especialment quan s'utilitza per contestar una pregunta.

to be bound to segur que... *You're bound to be asked a question on Louis XIV.* Segur que et faran una pregunta sobre Lluís XIV.

82.1 Assegurar

ensure vt (sovint + **that**) [bastant formal. Obj: p. ex. èxit, seguretat] assegurar *Please ensure that your seat belts are securely fastened.* Si us plau, assegureu-vos que teniu ben cordats els cinturons de seguretat.

to make certain/sure (sovint + **of**, + **that**) assegurar-se *I think I switched the iron off but I'll just make sure/certain.* Crec que he desconnectat la planxa, però ara ho comprovaré. *Make sure (that) she doesn't come in.* Assegura't que no entri.

guarantee n (sovint + **of**, + **that**) garantia *There's no guarantee that you'll get the job.* No hi ha cap garantia que et donin la feina. *vegeu també **358 Promise**

guarantee vt (sovint + **to** + INFINITIU, + **that**) garantir *I can't guarantee to be there on time.* No us pue assegurar que hi arribaré a temps.

frases fetes

Hi ha dues maneres jocoses de dir que una persona es quedarà sobtada quan descobreixi que no té raó en alguna cosa que creu indiscutible:

I'll eat my hat [lit.: em menjaré el barret] que em pengin si...*If it snows tonight, I'll eat my hat.* Que em pengin si neva aquesta nit.

... or I'm a Dutchman [força obsolet. lit.: o sóc holandès] ...jo sóc el papa de Roma *That boys in love or I'm a Dutchman.* Si aquell noi no està enamorat jo sóc el papa de Roma.

83 Uncertain Insegur

uncertain adj 1 (sovint + **about, of**) [fa referència als sentiments personals] insegur, indecís *I'm uncertain whether I should go or not.* No estic segura de si hi hauria d'anar o no. 2 [descriu: p. ex. futur, temps] insegur, incert *The result is still uncertain.* El resultat encara és incert. *I told her so **in no uncertain terms**.* Li ho vaig dir ben clarament.

uncertainty ni 1 (sovint + **about**) dubte *There's a lot of uncertainty about their intentions.* Hi ha força dubtes sobre les seves intencions. 2 ni/c incertesa *the uncertainties of life on the dole* les incerteses de la vida dels aturats

unsure adj (sovint + **about, of**) [fa referència als sentiments personals] insegur *He's very unsure of himself.* No està gens segur d'ell mateix.

condition nc (sovint + **for, of**) condició *under the conditions of the contract* segons les condicions del contracte **on condition that** a condició que

conditional adj (sovint + **on**) condicional *The job offer is conditional on a medical report.* L'oferta de treball depèn d'un informe mèdic.

83.1 Dubte

doubt ni/c (sovint + **about**) dubte *There's no doubt about it.* No hi ha dubte. *I **have my doubts** about her suitability.* Tinc els meus dubtes sobre la seva idoneïtat. *If **in doubt**, consult the user's manual.* En cas de dubte, consulteu el manual de l'usuari. **without (a) doubt** sens dubte

doubt vt (sovint + **that, if, whether**) dubtar (de) *Nobody could doubt her integrity.* Ningú no podria dubtar de la seva integritat. *I doubt whether he cares.* Dubto que li importi.

qualms pl n escrúpols, dubtes *to have qualms about something* tenir escrúpols sobre alguna cosa

reservation ni/c reserva, dubte *to have reservations about something* tenir dubtes d'alguna cosa *to support/condemn something **without reservation*** suportar/condemnar alguna cosa sense cap reserva

frases fetes

be in (*brit*)/**of** (*amer*) **two minds** (sovint + **about, whether**) no saber què decidir *I'm still in two minds about selling /whether to sell the house or not.* Encara no m'he acabat de decidir si vendré la casa o no.

have mixed feelings (sovint + **about**) sentiments oposats (sobre la mateixa cosa) *She's got mixed feelings about the marriage.* Pel que fa al casament, vol i dol.

83.2 Dubtós

doubtful adj 1 (sovint + **about, of, whether**; habit. darrere v) [fa referència als sentiments personals] no (saber) segur *They're doubtful whether they can afford the fare.* No saben segur si podran permetre's el cost del viatge. 2 (sovint + **whether**) [p. ex. temps, futur] dubtós, incert **doubtfully** adv dubtosament

dubious adj 1 **be dubious** (sovint + **about, of, whether**; habit. darrere v) tenir dubtes *He was dubious about the idea.* Tenia dubtes sobre aquesta idea. 2 (davant de n) sospitós *a dubious suggestion* un suggeriment sospitós

questionable adj 1 (sovint + **whether**) [obj: p. ex. afirmació, raonament] qüestionable 2 [obj: p. ex. valor, autenticitat] dubtós

debatable adj (sovint + **whether**) [obj: p. ex. afirmació] discutible

84 Particular Particular

vegeu també **299 Correct**

particular adj 1 (davant de n) determinat, en concret, en particular *Is there a particular shade you want?* Vol alguna tonalitat en concret? *on this particular occasion* en aquesta ocasió en concret (com a n) *Are you looking for anyone **in particular**?* Busques una persona en concret? 2 (davant de n) [especial. Descriu: p. ex. amic, preferit, motiu] especial *I took particular care not to spill any water.* Vaig anar especialment amb compte per no vessar gens d'aigua.

particularly adv especialment *You look particularly handsome tonight.* Estàs especialment atractiu aquesta nit. *'Would you like to watch television?' 'Not particularly.'* 'Vols mirar la televisió?' 'No especialment.'

specific adj **1** [lleug. més fort que **particular**] específic *I came here with the specific purpose of obtaining this information.* Vaig venir amb el propòsit específic d'obtenir aquesta informació. **2** (sovint + **about**) [descriu: p. ex. instruccions, informació] exacte, precís *Can you be a bit more specific about what you need?* Pots precisar una mica més el que necessites?

specifically adv específicament

specify vt (sovint + **that**) especificar *The contract specifies that the goods should be sent by air.* El contracte especifica que s'ha d'enviar la mercaderia per avió.

specification nc (habit. en pl) especificació *The machine has been made to your specifications.* La màquina s'ha construït segons les vostres especificacions.

certain adj cert *at a certain time and in a certain place* a una hora concreta i a un lloc concret *a certain Mr. Jones* un tal senyor Jones

85 General General

general adj general *a topic of general interest* un tema d'interès general *in general terms* en termes generals *He doesn't go to parties **as a general rule**.* Com a norma no va a les festes.

generally adv **1** [descriu: p. ex. parlar, tractar] en general *generally speaking* parlant en general **2** [per la majoria de la gent, a la majoria dels llocs] generalment *generally agreed* generalment acceptat *generally available* que es pot trobar arreu

generalize vi (sovint + **about**, **from**) generalitzar
generalization ni generalització

abstract adj [descriu: p. ex. idea, quadre] abstracte *an abstract noun such as 'freedom'* un mot abstracte com ara 'llibertat' [com a n] *to discuss something **in the abstract*** discutir d'alguna cosa en abstracte **abstraction** nc/i abstracció

unspecific adj imprecís *He was so unspecific I had no idea what he was talking about.* Era tan imprecís que no tenia ni idea de què parlava.

85.1 En general

in general en general *We just talked about things in general.* Només parlàvem de coses en general. *In general, work has been proceeding satisfactorily.* En general, la feina ha progressat de manera satisfactòria.

on the whole en general *On the whole I think there has been an improvement.* En general, crec que hi ha hagut una millora.

all in all fet i fet *It's been a good year, all in all.* Fet i fet ha estat un bon any.

overall adv en conjunt *This has been a successful period for us overall.* En conjunt aquest ha estat un bon període per a nosaltres.

overall adj [descriu: p. ex. impressió, millora] global

86 Human body – external Cos humà – aspectes externs

vegeu també **101 Human body – internal**

face nc cara, rostre
head nc cap
hair ni cabells
neck nc coll
shoulder nc espatlla
armpit nc aixella
arm nc braç
elbow nc colze
wrist nc canell
hand nc mà
chest nc [tòrax] pit
breast nc [de dona] pit, mamella
nipple nc mugró
waist nc cintura
hip nc maluc
stomach nc estómac
tummy nc [informal] panxa, ventre
navel nc llombrígol
belly button nc [informal] melic

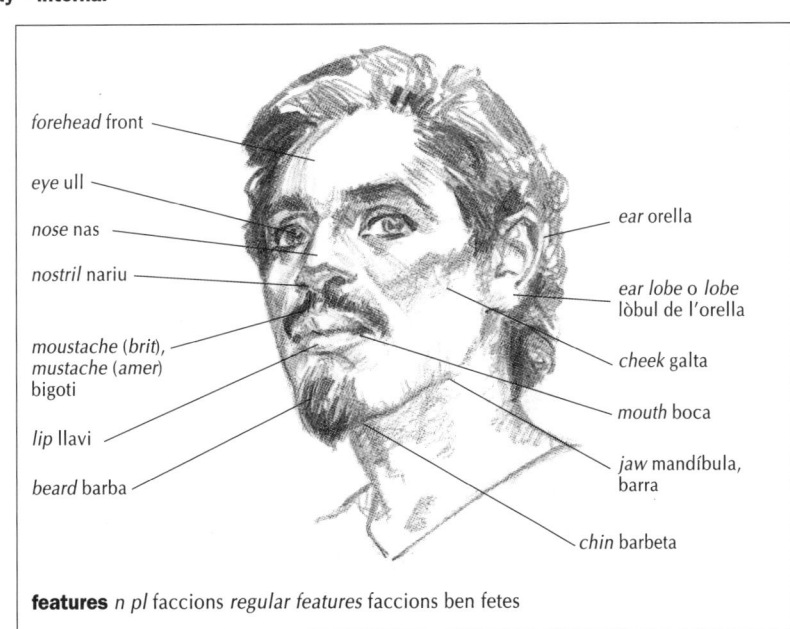

forehead front
eye ull
nose nas
nostril nariu
moustache (brit), mustache (amer) bigoti
lip llavi
beard barba
ear orella
ear lobe o lobe lòbul de l'orella
cheek galta
mouth boca
jaw mandíbula, barra
chin barbeta

features n pl faccions *regular features* faccions ben fetes

GRUPS DE PARAULES

back nc esquena
buttocks n pl natges
genitals n pl genitals
penis nc penis
testicles n pl testicles
balls n pl [argot, força ordinari] collons
vulva nc vulva
pubic hair ni pèl púbic
leg nc cama
thigh nc cuixa
knee nc genoll
calf nc, pl **calves** panxell, tou de cama
shin nc canyella, séc de cama
ankle nc turmell
foot nc, pl **feet** peu
toe nc dit (del peu)

toenail o **nail** nc ungla (del dit del peu)
heel nc taló
sole nc planta del peu
figure nc [forma del cos, esp. pel que fa a l'estètica] tipus, figura *I've kept my figure.* He guardat la línia.
build nc [ref. al cos pel que fa a mides i força] complexió, cossatge *a muscular build* una complexió muscular
-built adj (després d'adv) de complexió *a heavily-built policeman* un policia corpulent
limb nc membre *my poor weary limbs* els meus pobres braços i cames baldats

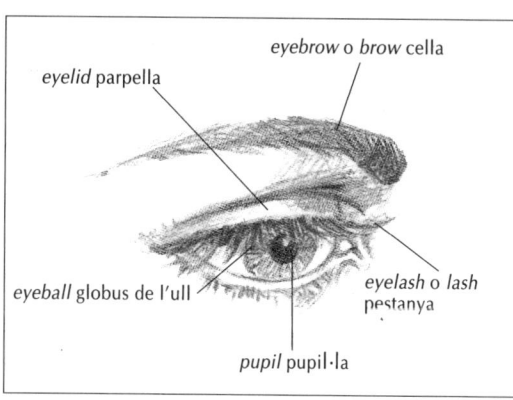

eyebrow o *brow* cella
eyelid parpella
eyeball globus de l'ull
eyelash o *lash* pestanya
pupil pupil·la

86.2 Pell

skin ni/c pell
complexion nc color (de la cara)
perspiration ni [més formal que **sweat**] perspiració
perspire vi [formal] perspirar
spot nc (*esp. brit*) gra **spotty** adj ple de grans o de taques
pimple nc (*esp. amer*) gra **pimply** adj granellut
freckle nc piga **freckled** adj pigat
mole nc [més grossa que **freckle** i amb volum] piga
blackhead nc barb
hairy adj pelut

pore nc porus
sweat ni suor **sweat** v suar

86.3 Colors i estils de cabell
vegeu també **184 Personal hygiene**

blond adj 1 [descriu: cabell] ros 2 TAMBÉ **blonde** (feminine) [descriu: persones] rossa **blonde** nc rossa
brunette (*brit & amer*), **brunet** (*amer*) adj [ref. a dones de pell clara i cabell fosc. És més atractiu que **brown** o **dark**] morena, bruna **brunette** nc morena
brown adj castany
ginger adj [ref. a color rogenc clar o fosc. Habit. no s'utilitza per referir-se a un color de cabell atractiu o sofisticat] ros vermellós
red adj [s'utilitza més per als cabells d'un roig fosc. És més atractiu que **ginger**] pèl-roig
auburn adj [entre roig i castany. És més atractiu que **ginger**] castany rogenc
grey (*esp. brit*), **gray** (*amer*) adj gris
black adj negre
fair adj [descriu: persones, *no* colors] clar, pàl·lid
light adj [descriu: colors, *no* persones] clar *light brown hair* cabell castany clar

utilització

En anglès britànic s'utilitza habitualment el terme **fair** per descriure els cabells, mentre que en anglès americà s'acostuma a fer servir **light**.

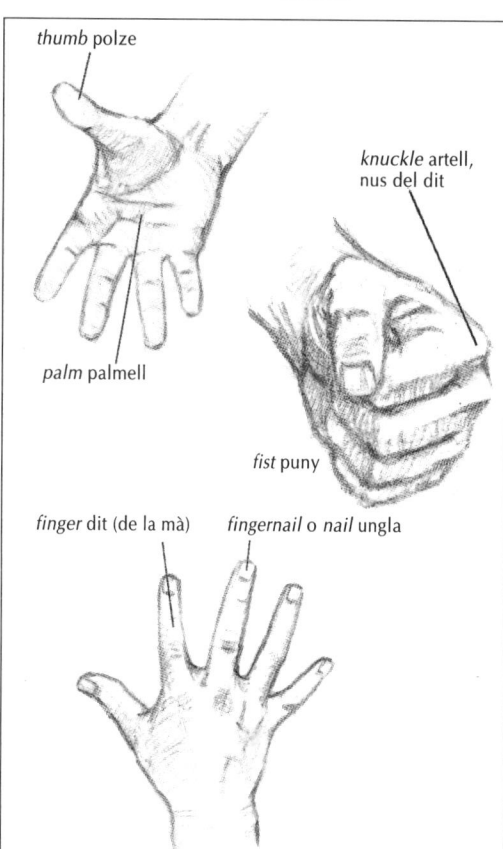

thumb polze
knuckle artell, nus del dit
palm palmell
fist puny
finger dit (de la mà)
fingernail o *nail* ungla

86.1 Dins de la boca

tongue nc llengua
tooth nc, pl **teeth** dent
gums n pl genives (davant de n) *gum disease* malaltia de les genives
saliva ni saliva
spit nc [menys tècnic que **saliva**] escopinada

dark adj **1** [descriu: persones, cabells] bru, fosc **2** [descriu: colors] fosc *dark brown hair* cabell castany fosc

bald adj calb
wavy adj [no tan arrissat com **curly**] ondulat
straight adj estirat
curly adj arrissat

87 Hear Sentir

hear vti, pas. & pp. **heard** (habit. no es fa servir en temps continus) [rebre sons No implica fer cap esforç] sentir *Can you hear the music?* Sents la música?

hearing ni oïda *Her hearing's not been the same since the explosion.* D'ençà de l'explosió la seva oïda no és la mateixa que abans.

listen vi (habit. + **to**) [implica fer un esforç per sentir] escoltar *Listen carefully to the instructions.* Escolteu les instruccions amb atenció.

listener nc oient [sovint ref. a la ràdio] *regular listeners to the programme* oients habituals del programa

eavesdrop vi, -pp- (sovint + **on**) escoltar d'amagat *I caught him eavesdropping on our discussion.* El vaig enxampar escoltant la nostra conversa d'amagat.

eavesdropper nc escoltador -a

overhear vt, pas. & pp. **overheard** sentir per casualitat *I couldn't help overhearing what you were saying.* No he pogut evitar sentir el que dèieu.

catch vt, pas. & pp. **caught** [aconseguir sentir i entendre] arribar a sentir *I'm afraid I didn't catch your name.* Ho sento, però no he entès el seu nom.

frases fetes

keep one's ears open [procurar no perdre informació important] tenir les orelles ben obertes

within earshot [prou a la vora per escoltar] a l'abast de l'orella *I didn't realize Emma was within earshot when I said all that.* No m'havia adonat que l'Emma podia sentir-me quan vaig dir tot allò.

88 Noisy Sorollós

noisy adj sorollós *The children were very noisy.* La canalla feia molt xivarri. **noisily** adv sorollosament

loud adj alt, fort *She was greeted with loud applause.* La van rebre amb forts aplaudiments. **loudness** ni volum de so

loudly adv fort(ament) *He was screaming loudly.* Xisclava molt fort.

loud adv *Don't talk so loud.* No parleu tan alt. *He read the letter out loud.* Va llegir la carta en veu alta.

aloud adv en veu alta *I was just thinking aloud.* Estava pensant en veu alta.

deafening adj [extremadament fort] eixordador *a deafening roar of traffic* un fragor de trànsit eixordador

ear-splitting adj [dolorosament fort] eixordador *The engines produce an ear-splitting whine.* Els motors fan un xiulet eixordador.

strident adj estrident *a strident voice* una veu estrident **stridently** adv estridentment **stridency** ni estridència

shrill adj [agut i sovint dolorós quan se sent] agut *a shrill voice* una veu cridanera *a shrill whistle* un xiulet agut **shrilly** adv de manera cridanera **shrillness** ni estridència

audible adj oïble *a barely audible groan* un gemec a penes perceptible **audibly** adv que es pot sentir

frases fetes

(at) full blast [al màxim de volum] a tota potència *The TV was on full blast.* El televisor estava a tota potència.

at the top of one's voice a plens pulmons *thirty children yelling at the top of their voices* trenta nens cridant a plens pulmons

I can't hear myself think [lit.: No puc sentir-me pensar.] (Hi ha tant soroll que) no em puc concentrar.

88.1 Coses que se senten

noise nc/i [de neutre a desagradable. Habit. desagradable quan no és comptable] soroll, fressa *The engine's making a funny noise.* El motor fa un soroll estrany. *background noise* soroll de fons

sound nc/i [implica habit. so lleug. més agradable i menys fort que **noise**] so *The sound of children playing.* El xivarri dels nens jugant. [sovint més tècnic quan no és comptable] *the speed of sound* la velocitat del so

tone nc [qualitat del so, esp. d'un instrument musical, d'una veu, etc.] to *Her voice has a clear tone.* Té un to de veu clar. *Don't speak to me in that tone of voice!* No em parlis amb aquest to de veu!

racket nc [pej. S'utilitza habit. per queixar-se dels sorolls dels altres] xivarri, rebombori *Our neighbours were making a terrible racket last night.* Els nostres veïns feien un xivarri espantós ahir a la nit.

din nc [pej. Successió de sorolls forts i desagradables fets per la gent, les màquines, el trànsit, etc.] brogit

row nc [pej.] terrabastall *You mean people actually pay to listen to that row?* Vols dir que la gent paga diners per escoltar aquell terrabastall?

commotion nc [disturbi sorollós degut p. ex. a una discussió o a un accident] rebombori, aldarull *The incident caused quite a commotion.* L'incident va provocar un fort aldarull.

88.2 Fer més fort el so

loudspeaker nc altaveu
microphone nc micròfon *abrev.* **mike** nc [informal] micro
amplify vt amplificar

GRUPS DE PARAULES

88.3 Sorolls i coses que fan soroll

bell *nc* timbre, campana *ring a bell* sonar un timbre/una campana

horn *nc* botzina *to sound the horn* tocar la botzina

hooter *nc* sirena *a factory hooter* una sirena de fàbrica

siren *nc* alarma *an air-raid siren* una sirena d'atac aeri

rattle *nc* **1** [de nadó, de fanàtic de futbol] sonall, matraca **2** [so] repic, colpejament *a rattle in the back of the car* un sorollet al darrere del cotxe **rattle** *vti* fer sonar, repicar

bang *nc* cop, explosió, trompada **bang** *interj* paf!, pang! *The balloon went bang.* El globus va explotar.

crash *nc* estrèpit *The ladder fell over with a crash.* L'escala de mà va caure i es va sentir un estrèpit.

whistle *nc* xiulet *blow a whistle* xiular *a train whistle* un xiulet de tren **whistle** *vit* xiular

ring *nc* so *the ring of the alarm* el so de l'alarma **ring** *vit, pas.* **rang** *pp.* **rung** (fer) sonar, repicar

89 Quiet Silenciós

quiet *adj* tranquil, silenciós **quietly** *adv* silenciosament **quietness** *ni* [poc soroll] tranquil·litat, silenci

silence *ni/c* [cap soroll] silenci *We sat in silence.* Estàvem asseguts en silenci. *There was a long silence after the announcement.* Després de l'anunci va haver-hi un llarg silenci. **silence** *vt* silenciar

silent *adj* callat, silenciós *a silent protest* una protesta silenciosa **silently** *adv* silenciosament

peace *ni/c* [cap soroll i ambient assossegat] pau, tranquil·litat *We get a bit of peace and quiet once the baby's in bed.* Tenim una estoneta de pau i tranquil·litat un cop el nen està dormint.

soft *adj* [descriu: p. ex. veu] suau *a soft northern accent* un accent suau del nord

softly *adv* de manera suau *He sang softly to the baby.* Cantava per al nen amb veu baixa. **softness** *ni* suavitat

faint *adj* [difícil de sentir] baix, fluix *a faint sigh* un sospir dèbil **faintly** *adv* fluix **faintness** *ni* fluixesa

inaudible *adj* [que no es sent] imperceptible, inaudible *an inaudible mumble* un rondineig imperceptible **inaudibly** *adv* de manera imperceptible

dumb *adj* mut *I was struck dumb by the announcement.* L'anunci em va deixar muda. *dumb insolence* insolència callada **dumbly** *adv* de manera callada

mute *adj* [més formal que **dumb**] mut *her mute acceptance of fate* la seva acceptació del destí sense dir res **mutely** *adv* de manera callada

utilització

Després de **be** (ser) o **become** (esdevenir) tant **dumb** com **mute** impliquen incapacitat permanent, p. ex. *She has been dumb since birth.* (És muda des que va néixer.) Tanmateix, com que **dumb** també pot significar "estúpid", aquest mot s'haurà d'utilitzar amb compte. Abans d'un substantiu, **dumb** i **mute** normalment indiquen una pèrdua d'inclinació a parlar.

frase feta

(It was so quiet) you could hear a pin drop. [s'utilitza sovint per descriure una situació de tensió o d'expectació] [lit.: (Hi havia un silenci tan absolut) que podries sentir caure una agulla.] (Hi havia tant silenci) que es podia sentir el vol d'una mosca.

89.1 Fer minvar els sorolls

stifle *vt* [impedir que es produeixi un soroll. Obj: p. ex. riure, gemec] ofegar

muffle *vt* [impedir que se senti un soroll] esmorteir *We heard the sound of muffled voices.* Vam sentir unes veus esmorteïdes.

hush *vt* [demanar a algú que calli] fer callar, apaivagar **hush** *interj* silenci! **hush** *nc* (cap *pl*) silenci

90 Smell Olor

smell *nc/i* [mot genèric] olor, flaire *a smell of fish* una olor de peix

smell *v, pas. & pp.* **smelled** o **smelt** **1** *vi* [desagradable si no s'especifica] fer olor, fer pudor *Your feet smell!* Et fan pudor els peus! *These roses smell lovely.* Aquestes roses fan molt bona olor. **2** *vt* olorar, ensumar *Smell this perfume!* Olora aquest perfum! *Can you smell burning?* Sents olor de cremat?

smelly *adj* [informal] pudent *smelly feet* peus pudents

odour (*brit*), **odor** (*amer*) *nc* [més formal que **smell**, sovint fa referència a olor desagradable] olor *a faintly chemical odour* un cert olor a producte químic

body odour o **B.O.** *ni* olor corporal *He's got B.O.* Fa pudor.

perfume *nc/i* **1** [olor fort i agradable, sovint artificial] perfum **2** [líquid] perfum *Are you wearing perfume?* T'has posat perfum?

perfumed *adj* perfumat *perfumed notepaper* paper de carta perfumat

scent *nc/i* **1** [olor agradable, més delicat que **perfume**] fragància, essència **2** [líquid] perfum **scented** *adj* perfumat

aroma *nc* [agradable, sovint fa referència a aliments i begudes] aroma *a delicious aroma of fresh bread* una deliciosa aroma de pa acabat de sortir del forn

fragrance *nc* [agradable, relacionat amb les flors] fragància *the sweet fragrance of violets* la dolça fragància de les violetes *Our deodorant comes in three fragrances.* [s'utilitza per descriure l'olor de productes com p. ex. de neteja personal, de la llar] El nostre desodorant es comercialitza en tres fragàncies. **fragrant** *adj* fragant

stink *nc* [molt desagradable] pudor
stink *vi, pas.* **stank**, *pp.* **stunk** (sovint + **of**) pudir *Her breath stank of cigarettes.* L'alè li feia pudor de tabac.
stench *nc* [tan desagradable com per fer vomitar] fortor, ferum *the stench from the abattoir* la fortor de l'escorxador
pong *nc* [informal, jocós. Olor desagradable] ferum, pesta **pongy** *adj* que fa pesta

91 See and Look Veure i mirar

see *vti, pas.* **saw** *pp.* **seen** (habit. no es fa servir en temps continus) [no necessàriament una acció intencionada] veure *I saw a man get in the car.* Vaig veure un home pujar al cotxe. *Have you seen my pen?* Has vist la meva ploma?

look *vi* (sovint + **at**) [acció intencionada] mirar *Look at that huge bird.* Mira aquell ocell tan enorme. *She slipped out when I wasn't looking.* Es va escapolir quan no mirava.

watch *vti* [acció deliberada. Obj: habit. una cosa en curs o en moviment] mirar *I watched her walk away.* Mirava com s'allunyava. *to watch TV* mirar la TV

behold *vt, pas. & pp.* **beheld** [literari o obsolet] esguardar, contemplar *It was a sad sight to behold.* Va ser un espectacle trist de contemplar.

regard *vt* [formal. Implica mirar fixament, i va sempre acompanyat d'una frase per descriure les característiques de la mirada] observar *He regarded me with dislike.* Em va observar amb antipatia.

visualize, TAMBÉ **-ise** (*brit*) *vt* [fent servir la imaginació. S'utilitza en situacions més abstractes que **picture**] imaginar(-se), representar(-se) *I just can't visualize this room in blue.* Senzillament no em puc imaginar aquesta habitació pintada de blau.

picture *vt* [fent servir la imaginació. S'utilitza en contextos menys formals que **visualize**] imaginar(-se) *I can't picture him in a dinner jacket.* No me'l puc imaginar vestit d'esmòquing.

91.1 Mirar ràpidament

peep *vi* (habit. + *adv* o *prep*) [mirada ràpida i furtiva] llambregar, mirar de reüll *I peeped over her shoulder at the letter.* Vaig mirar de reüll la carta per damunt de la seva espatlla.
peep *nc* (cap *pl*) llambregada, ullada *I took a quick peep in the drawer.* Vaig donar una ullada ràpida al calaix.
glimpse *vi* [mirada molt ràpida, sovint incompleta] entreveure *We glimpsed the house through the trees.* Vam entreveure la casa entre els arbres.
glimpse *nc* visió momentània *I managed to* **catch a glimpse** *of him.* Vaig aconseguir entreveure'l. *We only got a* **fleeting glimpse** *of the Queen.* Vam veure la Reina fugaçment.
glance *vi* (habit. + *adv* o *prep*) [sovint sense parar atenció] donar un cop d'ull *I glanced over my shoulder.* Vaig donar un cop d'ull per sobre l'espatlla. *He quickly glanced through the documents.* Va revisar els documents molt per sobre.
glance *nc* cop d'ull, mirada *I could see* **at a glance** *that something was wrong.* No vaig trigar gaire a adonar-me que alguna cosa anava malament. *They exchanged knowing glances.* Es varen intercanviar mirades de complicitat.

scan *vt,* -nn- [mirada ràpida per una àrea extensa, normalment cercant ac] mirar (buscant) *We scanned the list for his name.* Vam buscar el seu nom a la llista.

frase feta

run one's eye over [lectura ràpida, però força acurada] donar una ullada, examinar ràpidament *Will you run your eye over the guest list?* Pots donar una ullada a la llista de convidats?

91.2 Mirar durant més estona

peer *vi* (+ *adv* o *prep*) [implica esforç o dificultat] mirar amb dificultat *We peered intently through the mist.* Ens esforçàvem per veure-hi a través de la boira.
stare *vi* (sovint + **at**) [sovint implica sorpresa, estupor o descortesia] mirar fixament *They stared at me in amazement.* Va ser tan gran la sorpresa que em miraven de fit a fit. **stare** *nc* mirada fixa
gaze *vi* (+ *adv* o *prep*) [implica fascinació o distracció] encantar-se, contemplar *We stood gazing out over the lake.* Ens vam quedar embadalits tot contemplant el llac. **gaze** *nc* mirada
gawp *vi* (*brit*) (habit. + **at**) [pej. Implica interès indegut o sorpresa] encantar-se, fer el badoc *Everyone stood around gawping at the baby.* Tothom estava embadocat al voltant de la criatura.
ogle *vt* [pej. Mirar amb evident interès sexual] menjar-se (algú) amb els ulls *You get ogled by all the men.* Tots els homes se't mengen amb els ulls.
eye *vt* [mirar atentament, normalment amb desig o hostilitat] tenir els ulls posats en, anar-se'n els ulls cap a *jealously eyeing her jewellery* se li anaven els ulls en veure les seves joies *They eyed us suspiciously.* Ens miraven amb desconfiança.
survey *vt* [mirar una àrea extensa] contemplar, inspeccionar *We sat down and surveyed the countryside.* Ens vam asseure i vam contemplar el paisatge.

91.3 Mirar atentament

examine *vt* [per esbrinar alguna cosa] examinar *The doctor examined the patient.* El metge va examinar el pacient. *She examined the bill closely.* Va estudiar la factura amb atenció.
examination *nc/i* inspecció **on closer examination** en examinar (una cosa) de més a prop
inspect *vt* [comprovar, sovint oficialment] inspeccionar *The police inspected their documents.* La policia els va inspeccionar els documents. **inspection** *nc/i* inspecció **inspector** *nc* inspector -a
observe *vt* [lleug. formal. Mirar amb atenció durant un període de temps, sovint amb finalitats científiques]

observar *We are observing the mating patterns of seagulls.* Estem observant els hàbits d'aparellament de les gavines.

observation *ni* observació *powers of observation* capacitat d'observació *The doctors are keeping him **under observation**.* Els metges el tenen en observació.

scrutinize, TAMBÉ **-ise** *(brit)* *vt* [inspeccionar atentament, esp. buscant errors] escrutar

scrutiny *ni* escrutini, investigació *Her private life is under scrutiny in the press.* La premsa està investigant la seva vida privada.

sightseeing *ni* recorregut turístic per llocs d'interès (davant de nom) *a sightseeing tour* un recorregut pels monuments i llocs d'interès

91.4 Descobrir mirant

notice *vti* notar, remarcar *Did you notice how sad he looked?* Vas notar quin aspecte més trist que tenia? *I couldn't help noticing her rash.* No vaig poder evitar de veure la seva erupció.

spot *vt*, **-tt-** [implica ser espavilat i de vista aguda] adonar-se, observar *I've spotted another spelling mistake.* Acabo de veure una altra falta d'ortografia.

perceive *vt* [més aviat formal. Obj: esp. coses que són difícils de veure] percebre *movements which can only be perceived under the microscope* moviments que tan sols es poden percebre amb l'ajut d'un microscopi

discern *vt* [veure amb dificultat] distingir, discernir *Only an expert could discern the differences in shade.* Només un expert podria distingir les diferències de tonalitat.

make out sb/sth o **make** sb/sth **out** *vt* [obj: una cosa petita o difícil de veure] albirar a/ac, arribar a distingir a/ac *You can just make out the nest among the branches.* Tot just pots albirar el niu entre les branques.

91.5 Moviments de la parpella

blink *vi* [moure ambdues parpelles a l'hora, de manera involuntària] parpellejar

wink *vi* [moure una parpella, de manera deliberada] fer l'ullet

91.6 El sentit de la vista

sight *n* 1 *ni* [sentit] vista *to be **out of sight*** no ser a la vista 2 *nc* [una cosa per veure] vista, visió *a sight for sore eyes* una alegria per a la vista 3 *nc* (cap *pl*) [informal. Que té mal aspecte] *You look a real sight in those clothes!* Fas una bona fatxa amb aquesta roba!

eyesight *ni* [capacitat de veure] vista *My eyesight is failing.* Em falla la vista.

vision *n* 1 *ni* [més formal o tècnic que **sight**] visió *He is suffering from impaired vision.* Pateix una alteració de la vista. 2 *nc* [imatge mental] visió *I had visions of them arriving on an elephant.* Vaig tenir visions en què els veia arribar muntats en elefants!

visible *adj* visible *The bruises were still clearly visible.* Els morats eren encara ben visibles.

visibly *adv* visiblement *They were visibly shaken by the news.* Estaven visiblement colpits per la notícia.

visibility *ni* visibilitat *Fog had reduced visibility to a few metres.* La boira havia reduït la visibilitat a pocs metres.

invisible *adj* invisible *an almost invisible seam* una costura gairebé invisible

> **frase feta**
> **have eyes in the back of one's head** tenir ulls al clatell

> **símil**
> **(have) eyes like a hawk** (tenir) ulls d'esparver

91.7 Coses per mirar

picture *nc* [habit. quadre, dibuix o foto, però també pot ser una imatge mental] quadre, foto, imatge

image *nc* [qualsevol representació d'un objecte o d'una persona. Pot ser mental] imatge *We are used to violent images on our TV screens.* Estem acostumats a veure imatges violentes a la pantalla dels nostres televisors. *This machine produces an image of the brain's structure.* Aquesta màquina mostra una imatge de l'estructura cerebral.

view *nc/i* vista *There's a wonderful view from this window.* Hi ha una vista meravellosa des d'aquesta finestra. *He undressed **in full view of** the crowd.* Es va despullar a la vista de tothom.

scene *nc* [lloc vist en un determinat moment] escena *The painting shows a rural scene.* El quadre mostra una escena rural.

scenery *ni* [entorn natural, p. ex. muntanyes, arbres] paisatge, paratge *alpine scenery* paisatge alpí

scenic *adj* [amb vistes precioses] pintoresc *a scenic route* una ruta pintoresca

91.8 Ulleres i instruments òptics

a pair of glasses unes ulleres

She wears glasses. Porta ulleres.

glasses *n pl* ulleres

spectacles *n pl* [obsolet o formal] ulleres

specs *n pl* [informal] ulleres

bifocals *n pl* ulleres bifocals

sunglasses *n pl* ulleres de sol

contact lenses *n pl* lents de contacte

binoculars *n pl* binocles, prismàtics *a pair of binoculars* uns prismàtics

goggles *n pl* [per a feines perilloses i alguns esports com ara el motociclisme, la natació i l'esquí] ulleres protectores

92 Show Mostrar

show vt, pas. **showed** pp. **shown** [terme genèric] mostrar, ensenyar, exposar *I showed him my press card and went in.* Li vaig mostrar el carnet de premsa i vaig entrar.

display vt 1 [per tal que es pugui examinar l'article] mostrar, exposar *The sponsor's name is prominently displayed on all the posters.* Tots els cartells mostren el nom del patrocinador en lloc destacat. 2 [més aviat formal. Donar proves d'ac] demostrar *She displays no interest in the subject.* No demostra cap interès pel tema.

on show exposat *They had all their goods on show.* Tenien exposats tots els seus productes.

exhibit vti 1 [de manera organitzada, p. ex. en una exposició. Obj: p. ex. quadre. Subj: artista] exhibir, exposar *The portrait will be exhibited in the entrance hall.* El retrat s'exhibirà a l'entrada. 2 [més aviat formal. Donar mostres d'ac] manifestar *He is exhibiting some signs of the disease.* Manifesta certs símptomes de la malaltia.

demonstrate vt 1 [perquè hom ho entengui. Obj: p. ex. màquina] demostrar *Let me demonstrate the software for you.* Permeteu-me que us faci una demostració del programari. 2 [fer veure l'evidència d'ac] palesar *This book demonstrates the need for more research in this area.* Aquest llibre palesa la necessitat d'una major recerca en aquesta àrea.

present vt [suggereix ac nova, sovint per donar bona impressió] presentar *Car manufacturers will be presenting their latest models at the show.* Els fabricants de cotxes presentaran els seus últims models a la fira. *We will present the findings of our research in June.* Presentarem els resultats de la nostra recerca al mes de juny.

presentation ni [manera de presentar] presentació

prove vt demostrar, provar *We can't prove that he was there.* No podem provar que hi fos.

proof ni/c prova *Is there any proof of their involvement?* Hi ha alguna prova de la seva implicació?

92.1 Buscar admiració

show off sb/sth o **show** sb/sth **off** vt presumir de *a perfect opportunity to show off the new car* una oportunitat perfecta per presumir de cotxe nou

parade vti [pej. Implica ostentació vana. Obj: el propi cos o ac que es pugui dur] fardar, exhibir, lluir *She came back to parade the new baby round the office.* Va tornar per presumir de criatura davant de tota l'oficina. *He parades round the village in a new fur coat.* S'exhibeix pel poble amb l'abric de pells nou.

flaunt vt [pej. Obj: esp. coses que poden provocar ressentiment o desaprovació en els altres] vanar-se, ostentar, fer gala de *I don't like the way she flaunts her wealth.* No m'agrada la manera com es vana dels seus diners.

92.2 Indicar direcció, camí, etc.

point vi (habit. + **to**) 1 [esp. amb el dit] assenyalar *She pointed to the open window.* Va assenyalar la finestra oberta. 2 [cridar l'atenció] apuntar, cridar l'atenció (sobre ac) *The report points to problems in the prison service.* L'informe crida l'atenció sobre els problemes al servei de presons.

point sth/sb **out** o **point out** sb/sth vt 1 [obj: detall que pot ser passat per alt] indicar a/ac, fer veure a/ac *Our guide pointed out buildings of interest.* La nostra guia ens va indicar els edificis d'interès. 2 (sovint + **that**) [obj: un fet] advertir *May I point out that the proposed course of action is illegal?* Permeteu-me advertir-vos que l'actuació proposada és il·legal.

indicate vt [mitjançant paraules o gests] indicar *He indicated a door on our right.* Ens va indicar una porta a la nostra dreta. *She indicated that I should sit down.* Em va indicar que m'havia d'asseure.

guide vt (habit. + adv o prep) guiar *We were guided round Oxford by a student.* Un estudiant ens va guiar per Oxford.

guide nc 1 [persona] guia 2 [llibre] guia

92.3 Llocs on s'exposen objectes

museum nc [per a objectes històrics, científics, etc.] museu

> *utilització*
>
> Un museu d'història l'anomenem **a history museum**, i no "historical museum", i un museu de ciència l'anomenem **science museum**.

exhibition (brit & amer), **exhibit** (amer) nc (sovint + **of**) [esdeveniment força formal] exposició *an exhibition of Medieval manuscripts* una exposició de manuscrits medievals *The Queen's jewels are on exhibition in London.* Les joies de la Reina s'exposen a Londres.

> *utilització*
>
> Normalment les **exhibitions** són temporals, si no s'especifica el contrari, i poden exposar-s'hi articles per vendre. S'utilitza sovint la paraula **exhibition** per a mostres no molt extenses o molt específiques de gairebé tota mena d'articles, p. ex. art, maquinària, productes agrícoles, però mai éssers vius. Es pot muntar una **exhibition** en una part d'un **museum**.

gallery o **art gallery** nc [d'art. Pot tenir col·leccions temporals o permanents i obres a la venda] galeria

show nc [p. ex. de flors, animals, art. Esdeveniment menys formal que **exhibition**] mostra, exposició *the annual rose show* l'exposició anual de roses

display nc [pot ser d'un sol objecte o d'un petit grup d'objectes. Qualsevol disposició per fer bonic, p. ex. en un aparador] presentació *There was a beautiful display of cut flowers in the church.* A l'església hi havia un munt de rams de flors molt bonics. *The children put on a display of country dancing.* La mainada va fer una demostració de dances populars. *a disgraceful display of bad temper* una demostració lamentable de mal geni

demonstration nc [com fer una cosa] demostració *a quick demonstration of nappy-changing* una demostració ràpida de com canviar bolquers

92.4 Coses exposades

exhibit nc 1 [objecte exposat] obra, mostra 2 [evidència en un judici] prova

example nc 1 [mostra típica de p. ex. situació, objecte, característica, etc.] exemple, mostra *an example of his wit* un exemple del seu enginy *I have seen some examples of her work.* He vist algunes mostres de la seva obra. 2 [cosa a copiar] exemple *Such behaviour sets a bad example to younger children.* Un comportament així dóna un mal exemple als més menuts. *I followed her example and gave up smoking.* Vaig seguir el seu exemple i vaig deixar de fumar.

sample nc [una petita part d'ac] mostra *a blood sample* una mostra de sang *We chose the carpet from a book of samples.* Vam elegir la catifa d'un mostrari. (davant de n) *a page of sample text* una pàgina representativa de text

93 Obvious Evident

obvious adj (sovint + **to**) [fàcil de veure] obvi, evident *It was obvious to all of us that they were lying.* Era evident per a tots nosaltres que deien mentides. *I didn't tell her, for obvious reasons.* No li ho vaig dir per raons òbvies.

obviously adv òbviament *They were obviously lost.* Era obvi que estaven perduts. *Obviously, we'll need help.* Òbviament, necessitarem ajut.

evident adj evident *Her annoyance was only too evident.* El seu enuig era més que evident.

evidently adv evidentment *He has evidently been delayed.* Evidentment, alguna cosa l'ha entretingut.

clear adj 1 (sovint + **to**) [perfectament comprès] clar *It's not clear to me what these figures mean.* No tinc clar què volen dir aquestes xifres. [en to enfadat] *Do I make myself clear?* M'explico? 2 [fàcil d'entendre. Descriu: p. ex. símbols, escriptura, veu] clar

clearly adv 1 evidentment *I thought you were my friend. That is clearly not the case.* Em pensava que eres amiga meva. Evidentment no és així. 2 clarament *He spoke clearly.* Va parlar clarament.

plain adj (sovint + **to**) palès, clar, evident *His disappointment was plain to see.* La seva decepció era palesa.

plainly adv clarament *She is plainly unable to do the job.* És clar que no és capaç de fer la feina.

conspicuous adj [que es fa notar, sovint implica comportament maldestre o singular] conspicu, notable *I feel conspicuous in jeans.* Amb texans sento que em faig notar. *The minister was conspicuous by his absence.* El ministre es feia notar per la seva absència.

conspicuously adv conspícuament *She remained conspicuously silent.* El seu silenci cridava l'atenció.

apparent adj 1 [fàcil de veure o d'entendre] aparent *Several problems soon became apparent to the researchers.* Alguns problemes es van fer aparents als investigadors ben aviat. 2 [sembla cert, però pot no ser-ho] aparent *your apparent lack of concern for safety* la teva falta de preocupació aparent per la seguretat

apparently adv [normalment es fa servir a l'inici d'una frase] aparentment, es veu que *Apparently, they're going to build a bridge here.* Aparentment, aquí hi construiran un pont. *Apparently, he tried to phone earlier.* Es veu que va intentar telefonar abans.

noticeable adj [que es percep amb facilitat o que és significatiu] evident, notable, visible *She still has a noticeable limp.* És prou evident que encara camina coixa. *a noticeable drop in the temperature* una notable devallada de les temperatures

noticeably adv notablement, sensiblement *The situation has improved noticeably since May.* La situació ha millorat sensiblement des del mes de maig.

frase feta

stick out like a sore thumb [informal. Que destaca esp. per inapropiat. Lit: destacar com un polze inflat i adolorit] estar fora de lloc *She sticks out like a sore thumb in that hat!* Està fora de lloc amb aquest barret!

94 Search Escorcollar

search v [implica un intent seriós de trobar ac] 1 vt escorcollar *The house was searched for explosives.* Es va escorcollar la casa per si hi havia explosius. 2 vi (habit. + **for**) buscar, cercar *Police are still searching for the missing diplomat.* La policia encara cerca el diplomàtic desaparegut. *We searched* **high and low**. Vam escorcollar cel i terra.

search nc cerca, recerca *The search for an effective vaccine goes on.* La recerca d'una vacuna eficaç continua.

look for sb/sth vt [és el mot més freqüent i general aplicat a intentar trobar ac] buscar a/ac *I'm looking for a Mr Martin.* Estic buscant un tal senyor Martin.

have a look for sth buscar ac *Have you had a look for it in the bathroom?* Ho has buscat a la cambra de bany?

hunt v 1 vi (habit. + **for**) [implica una cerca difícil i sovint infructuosa] buscar, anar a la caça de *I'm still hunting for those keys.* Encara estic buscant aquelles claus. 2 vt perseguir, buscar *Police are hunting the killer.* La policia està buscant l'assassí.

hunt nc (habit. + **for**) cerca, caça *the hunt for a suitable successor* la cerca d'un successor apropiat

hunting ni [s'utilitza en mots compostos] *house-hunting* (a la) caça d'habitatge *job-hunting* (a la) caça d'una feina

seek vt, pas. & pp. **sought** [més aviat formal. Obj: normalment no s'aplica a objectes físics o a persones] buscar, pretendre *They are both seeking promotion.* Ambdós pretenen un ascens professional. *I went abroad to seek my fortune.* Vaig anar a l'estranger a buscar fortuna.

comb vt [buscar de manera extremadament minuciosa. Es fa servir esp. per als escorcolls de la policia] escorcollar minuciosament *Police combed the woods for evidence.* La policia va pentinar el bosc a la recerca d'alguna prova. *I combed the second-hand bookshops for her novels.* Vaig recórrer una per una totes les llibreries de vell buscant les seves novel·les.

94.1 Espionatge

spy vi (habit. + **on**) [habit. pejoratiu. Implica secret] espiar *We spied on our neighbours through a hole in the fence.* Espiàvem els veïns per un forat de la tanca.

snoop vi (sovint + **around**) [informal i pej.] tafanejar *Some youths have been seen snooping around the building.* S'ha vist uns joves tafanejant pel voltant de l'edifici.

snooper nc [informal i pej.] fures *snoopers from the tax office* fures de l'agència tributària

pry vi (sovint + **into**) [pej. Implica una curiositat obstinada i inoportuna] ficar el nas, ficar-se (en ac), xafardejar *They're always prying into people's private affairs.* Sempre posen el nas en els afers privats de la gent. *prying eyes* ulls tafaners

95 Find Trobar

vegeu també **113 Find out**

find vt, pas. & pp. **found** [terme genèric] trobar *I found a gold pen on the floor.* Vaig trobar una ploma d'or a terra. *We've found a place to live.* Hem trobat un lloc per viure-hi.

find nc troballa *a lucky find* una troballa afortunada

discover vt [obj: una cosa desconeguda] descobrir *I discovered an old sewing machine in the loft.* Vaig descobrir una màquina de cosir antiga a les golfes. *I've discovered the source of the problem.* He descobert l'origen del problema.

discovery nc/i descoberta, descobriment *We made some surprising discoveries about her past.* Vam fer alguns descobriments sorprenents sobre el seu passat. *the discovery of penicillin* el descobriment de la penicil·lina

track down sb/sth o **track** sb/sth **down** vt [força informal. Trobar després d'una recerca] trobar a/ac *I've managed to track down their address.* He aconseguit trobar la seva adreça.

uncover vt [obj: p. ex. complot, motius] descobrir *Police uncovered plans to smuggle the painting out of the country.* La policia va descobrir uns plans per treure il·legalment el quadre del país.

come across sb/sth vt [habit. per accident o casualitat] topar amb, ensopegar amb *I'd never come across her books before.* Abans no m'havia ensopegat mai amb els seus llibres. *We suddenly came across a beautiful little fishing village.* De sobte vam arribar a un bonic poble de pescadors.

95.1 Inventar

invent vt [obj: ac que abans no existia] inventar *They invented a secret code.* Van inventar un codi secret. [pot implicar engany] *I invented an excuse not to go.* Em vaig inventar una excusa per no anar-hi. **inventor** nc inventor

invention nc/i **1** invenció, invent *a brilliant invention* un invent brillant *the invention of the computer* l'invent de l'ordinador **2** [pej., implica mentida] *His story was pure invention.* La seva història era una pura invenció.

make up sth o **make** sth **up** vt [menys formal que **invent**. Obj: p. ex. una història. Sovint implica engany] inventar ac *The reports of an invasion were completely made up.* Les notícies d'una invasió eren totalment inventades.

hit upon sth vt [per casualitat. Implica sort. Obj: esp. pla, resposta] ensopegar amb, trobar *We hit upon the idea of using old sheets.* Se'ns va ocórrer la idea de fer servir llençols vells.

96 Lose Perdre

lose vt, pas. & pp. **lost** [terme genèric] perdre
loss nc/i pèrdua *Report any losses to the police.* Denuncieu qualsevol pèrdua a la policia. *We're insured against damage and loss.* Estem assegurats contra pèrdues i desperfectes.

mislay vt, pas. & pp. **mislaid** [més formal que **lose**. Pèrdua temporal, però sovint s'utilitza com a eufemisme jocós quan qui parla no sap on es troba una cosa] extraviar, perdre *I seem to have mislaid my diary.* Em sembla que he perdut l'agenda.

misplace vt [té connotacions molt similars a **mislay**] extraviar, perdre *I'm afraid your file has been misplaced.* Em temo que se'ns ha extraviat el seu expedient.

97 Body positions Posicions corporals

utilització

Molts d'aquests verbs es poden utilitzar amb adverbis com **up** o **down**. Quan s'utilitzen *sense* l'adverbi suggereixen que la persona es troba ja en la posició corresponent: p. ex. *We sat on long benches.* (Estàvem asseguts en uns bancs llargs). Quan s'utilitzen *amb* l'adverbi normalment es refereixen al moviment per assolir la posició: p. ex. *We sat down on the bench.* (Vàrem seure al banc.)

97.1 Estar o posar-se dret

stand vi, pas. & pp. **stood** (sovint + **up**) estar dempeus, aixecar-se *They were standing outside the library.* S'estaven drets fora la biblioteca. *She stood up and walked out.* Va aixecar-se i se'n va anar.

arise vi, pas. **arose** pp. **arisen** [literari] llevar-se [sovint del llit] *When he arose the sun was shining.* Quan es va llevar ja lluïa el sol.

get up vi **1** [lleug. menys formal que **stand up**] posar-se dret *He got up and shook hands with me.* Es va posar dret i em va donar la mà. **2** [del llit] llevar-se

get to one's feet [implica una acció força dificultosa] posar-se dempeus *She slowly got to her feet.* Lentament es va posar dempeus.

spring to one's feet [acció ràpida motivada pel perill, la ira, l'entusiasme, etc.] aixecar-se d'un salt

rear vi (de vegades + **up**) [subj: esp. un cavall] encabritar-se

97.2 Posicions de descans

sit vi, pas. & pp. **sat** (sovint + **down**) estar assegut, asseure's *We had to sit at the back of the hall.* Ens vam haver d'asseure al fons de la sala. *We found a bench to sit down on.* Vam trobar un banc on seure. *Sit up straight!* Seu bé! (s'utilitza com a nom compost) *Let's have a sit-down.* Seguem una estona.

lie vi, pas. **lay** pp. **lain** (sovint + **down**) jeure, ajeure's *We've been lying in the sun all day.* Hem estat ajaguts al sol tot el dia. *Lie down and have a rest.* Jeu i descansa.

97.3 Posicions a prop de terra

kneel vi, pas. & pp. **knelt** (sovint + **down**) agenollar-se, estar agenollat *We knelt to pray.* Ens vam agenollar per pregar. *I knelt down to tie my laces.* Em vaig agenollar per lligar-me els cordons.

squat vi, -tt- (sovint + **down**) estar assegut a la gatzoneta, asseure's a la gatzoneta

crouch vi (sovint + **down**) acotxar-se

on all fours a quatre grapes *We got down on all fours to look for her contact lens.* Buscàvem la seva lent de contacte a quatre grapes.

utilització

Squat i crouch tenen un significat molt semblant i sovint es poden intercanviar. Tanmateix, s'utilitza més aviat **squat** si es tracta d'una posició inclinada cap enrere, mantinguda durant una estona llarga i (possiblement) amb els genolls separats. Si la persona s'inclina més endavant, potser amb les mans a terra per equilibrar-se, s'utilitza més aviat **crouch**. Squatting és més còmode que crouching. Per a una posició en què els talons toquen el cul, s'utilitza gairebé sempre **squat**. Si s'està ajupit en situació d'actuar, s'utilitza gairebé sempre **crouch**.

97.4 Doblegar-se

bend vi, pas. & pp. **bent** (sovint + **down**, **over**) doblegar-se, ajupir-se *I bent down to pick up the envelope.* Em vaig ajupir per collir el sobre.

lean vi, pas. & pp. **leaned** o **leant** (habit. + adv o prep) abocar-se, recolzar-se *It is dangerous to lean out.* És perillós abocar-se. *I leaned against the wall.* Em vaig recolzar a la paret. *She leaned over to talk to me.* Es va inclinar per parlar-me.

stoop vi [per poder passar per sota d'un obstacle, ja sigui per l'edat, dolor, etc.] acotar-se *We stooped to avoid the branches.* Ens vam acotar per esquivar les branques.

stoop nc carregament d'espatlles *She walks with a slight stoop.* Camina lleugerament encorbada.

slouch vi [pej. Implica mandra i una postura poc atractiva a l'hora de caminar o d'estar assegut] caminar capcot, seure capcot *He slouched over his books.* Estava recolzat damunt dels llibres. **slouch** nc capcot

bow vi [inclinar el cos per saludar respectuosament. Subj: habitualment l'home] fer una reverència *He bowed to the ground.* Gairebé va tocar a terra fent una reverència.

bow nc reverència *take a bow* sortir a rebre els aplaudiments

curtsy o **curtsey** vi [doblegar les cames en senyal de respecte. Subj: habitualment la dona] fer reverències

curtsy o **curtsey** nc reverència *perform a curtsey* fer una reverència

98 Touch Tocar

vegeu també **338 Pull and Push**

touch vti **1** [esp. amb la mà] tocar(-se) *She reached over and touched my hand.* Es va estirar i em va tocar la mà. **2** [qualsevol contacte] tocar, fregar *Her skirt touched the floor.* La faldilla li tocava el terra.

touch n **1** ni [sentit] tacte *It's painful **to the touch**.* És dolorós al tacte. **2** nc (habit. cap pl) toc *You can see the figures at the touch of a computer key.* Pots veure les xifres només polsant una tecla de l'ordinador.

feel v, pas. & pp. **felt** **1** vt sentir *He felt some drops of rain on his face.* Sentia unes gotes de pluja a la cara. **2** vi ser (ac) al tacte *This fabric feels very stiff.* Aquesta tela és rígida al tacte.

feel ni/c (cap pl) tacte, sensació *The clothes had a silky feel.* La roba tenia un tacte sedós.

handle vt [tocar amb les mans, sovint agafar] tocar, grapejar *The books were torn from constant handling.* Els llibres estaven estripats de tant tocar-los. [etiqueta sobre un paquet fràgil] *Handle with care!* Fràgil!

finger vt [tocar amb els dits. Sovint implica fer malbé o embrutar la cosa tocada] potinejar, remenar *Don't finger the food if you're not going to eat it!* No toquegis els aliments si no te'ls penses menjar.

98.1 Tocar amb afecte

caress vt [suaument, amb amor] acariciar, acaronar *He gently caressed her hair.* Li acariciava els cabells dolçament. [literari] *A soft breeze caressed our cheeks.*

Una brisa suau ens acaronava les galtes. **caress** *nc* carícia

fondle *vt* [pot implicar enjogassament i pot ser menys sensual que **caress**] acariciar *My dog loves having his ears fondled.* Al meu gos li encanta que li acariciïn les orelles.

stroke *vt* [implica moviment suau i regular de la mà] acariciar *He stroked her hair.* Li va acariciar els cabells.

pat *vt, -tt-* [tocs breus i suaus amb la mà. Obj: p.ex. gos, cap de persona] tustar

98.2 Tocar fort

press *v* **1** *vt* [prémer amb els dits. Obj: p.ex. interruptor, botó] prémer, pitjar *The bear squeaks if you press its tummy.* L'ós grinyola si li prems la panxa. **2** *vt* (sovint + frase adverbial) [aixafar, aplanar, etc.] aixafar *She pressed her face against the glass.* Va aixafar la cara contra el vidre. *press flowers* premsar flors **3** *vi* (sempre + frase adverbial; sovint + **against**, **down**) pressionar, pitjar *Press down hard on the lever.* Pitja fort l'alçaprem. **press** *nc* (cap *pl*) premsa

rub *vti*, **-bb-** (sovint + frase adverbial; sovint + **against**) fregar *He rubbed his hand against my cheek.* Es fregava la mà contra la galta. *The back of my shoe rubs.* El darrere de la sabata em frega. *The wheel's rubbing against the mudguard.* La roda frega amb el parafang.

friction *ni* fricció *The friction creates static electricity.* La fricció crea electricitat estàtica.

pressure *ni* pressió *Pressure built up inside until the pipe burst.* La pressió es va acumular dins la canonada fins que va rebentar. *Apply gentle pressure to the wound.* Pressioneu la ferida suaument.

99 Soft Tou

soft *adj* tou, flonjo *The bed's too soft.* El llit és massa tou. *soft towels* tovalloles flonges **softness** *ni* flonjor, blanesa

soften *vti* estovar(-se), ablanir(-se) *Leave the butter on the table until it has softened.* Deixeu la mantega sobre la taula fins que s'estovi.

softener *nc* [sovint en paraules compostes] suavitzant *water-softener* descalcificador de l'aigua *fabric-softener* suavitzant per a la roba

tender *adj* **1** [fàcil de tallar o mastegar. Descriu: aliments, esp. carn] tendre **2** [descriu: p.ex. pell] sensible, delicat *Protect children's tender skin from the sun.* Protegiu la delicada pell dels nens del sol. **tenderness** *ni* tendresa

spongy *adj* [sovint implica mullena] esponjós, tou *Heavy rain made the lawn spongy.* La pluja forta havia deixat la gespa tova.

limp *adj* [implica debilitat, pèrdua de forma normal] fluix, tou, flàccid *a few limp lettuce leaves* unes quantes fulles toves d'enciam **limpness** *ni* fluixesa

99.1 Fàcil de doblegar

flexible *adj* [descriu: habit. materials, *no* persones] flexible *flexible rubber tubing* tub flexible de goma **flexibility** *ni* flexibilitat

pliable o **pliant** *adj* [lleugerament més tècnic que **flexible**. Descriu: materials, *no* persones] flexible, elàstic *We need a pliable wood to make the barrels.* Necessitem una fusta flexible per fer les bótes. **pliability** *ni* flexibilitat

supple *adj* [descriu: persones, articulacions, cuir] flexible, àgil *Swimming helps me keep supple.* La natació m'ajuda a mantenir-me àgil. **suppleness** *ni* flexibilitat, ductilitat

lithe *adj* [implica moviments forts i airosos. Descriu: persona] àgil *a lithe-limbed youth* un jove de membres àgils **lithely** *adv* àgilment **litheness** *ni* agilitat

100 Hard Dur

vegeu també **256.2 Tension; 401 Strength**

hard *adj* dur *The butter's too hard to spread.* La mantega és massa dura i no es pot untar. *The beds were hard.* Els llits eren durs. **hardness** *ni* duresa

harden *vti* endurir(-se) *Carbon is added to harden the steel.* El carbó s'afegeix a l'acer per endurir-lo. *The cement takes a few hours to harden.* El ciment tarda unes quantes hores a endurir-se.

solid *adj* **1** [ni líquid ni gas] sòlid *Most metals are solid at room temperature.* La majoria de metalls es troba en estat sòlid a temperatura ambient. *The lake has frozen solid.* El llac s'ha glaçat totalment. **2** [ferm i fort] sòlid *The house is built on solid foundations.* La casa està edificada sobre fonaments sòlids.

solid *nc* sòlid *Is the baby eating solids yet?* Ja menja sòlid, la nena?

solidify *vit* solidificar *The glue had solidified in its tube.* La cola s'havia solidificat dins del tub.

rock-hard o **rock-solid** *adj* [bastant informal. Extremadament dur] pura roca, dur com una pedra *This bread is rock-hard!* Aquest pa és dur com una pedra!

firm *adj* **1** [bastant dur, però no completament. S'utilitza sovint amb aprovació] ferm, consistent *The tomatoes should be ripe but firm.* Els tomàquets han de ser madurs, però forts. **2** [sòlid i immòbil] ferm *The box made a firm platform.* La caixa servia de plataforma sòlida. **3** fort *a firm grasp* encaixada forta **firmness** *ni* fermesa, solidesa

firmly *adv* fermament *My feet were firmly on the ground.* Tenia els peus clavats a terra. *She shook my hand firmly.* Em va donar la mà amb fermesa.

tough *adj* [difícil de tallar, estripar, mastegar, etc. Descriu: p.ex. carn] dur, resistent *a tough steak* un filet dur *tough walking boots* xiruques resistents **toughness** *ni* duresa

GRUPS DE PARAULES

100.1 Inflexible

stiff adj [difícil de doblegar. Descriu: p.ex. material, muscles, moviment] rígid, cruixit, tibat *The sheets were stiff with starch.* Els llençols estaven massa emmidonats. *My legs were stiff after the run.* Tenia les cames cruixides després de córrer. **stiffly** adv rígidament **stiffness** ni rigidesa

stiffen vti (vi sovint + **up**) enrigidir(-se), encarcarar(-se) *I stiffened the collar with starch.* Vaig emmidonar el coll. *My muscles stiffened up after the swim.* Els muscles se'm quedaven encarcarats després de nedar.

rigid adj [que no es pot doblegar. Sovint descriu un estat poc desitjable] rígid *I went rigid with fear.* Em vaig quedar glaçat de por. *a tray made of rigid plastic* una safata de plàstic rígid **rigidly** adv rígidament **rigidity** ni rigidesa

100.2 Dur però que es pot trencar

crisp adj [habit. favorable, implica frescor. Descriu: esp. menjar] cruixent *a crisp lettuce* un enciam fresc *crisp banknotes* bitllets nous **crispness** ni frescor

brittle adj [desfavorable. Sovint implica que la cosa és massa feble] fràgil, trencadís *brittle bones* ossos trencadissos **brittleness** ni fragilitat

101 Human body – internal Cos humà – aspectes interns

vegeu també **86 Human body – external**

101.1 L'esquelet

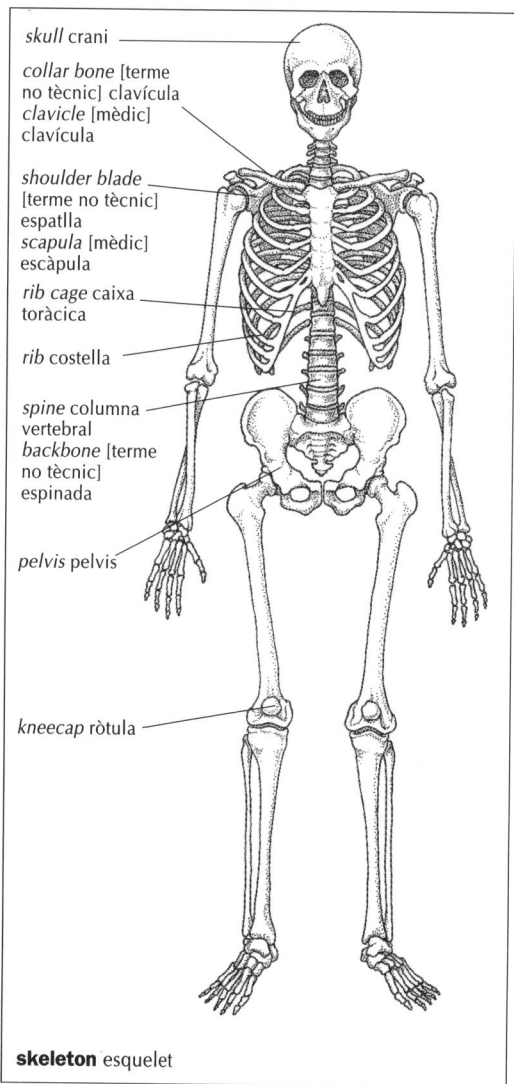

skeleton esquelet

101.2 Organs interns

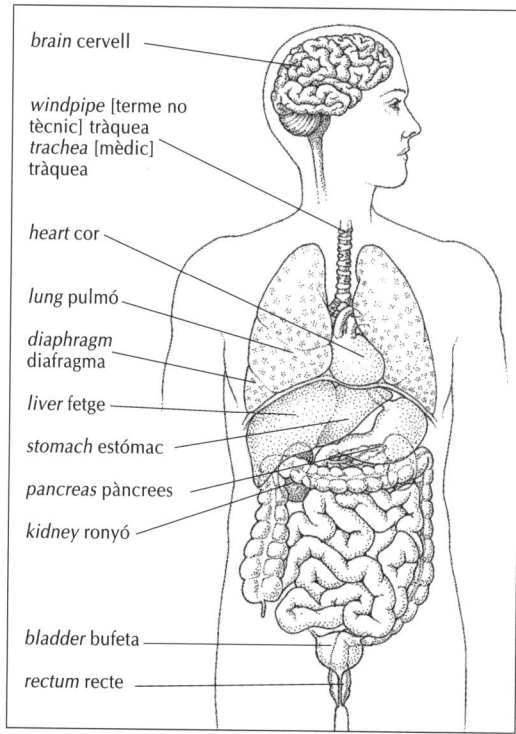

nucleus nc, pl **nuclei** nucli *When the nucleus divides, two new cells are formed.* Quan el nucli es divideix, es formen dues cèl·lules noves.

cell nc cèl·lula (davant de n) *cell division* divisió cel·lular

bone nc/i os *a splinter of bone* una estella d'os *a fish bone* una espina (de peix)

bony adj **1** [informal. Molt prim] esprimatxat *She held out a bony hand.* Va estendre una mà escanyolida. **2** [que conté moltes espines. Descriu: esp. peix] ple d'espines

joint nc articulació *an artificial hip joint* un maluc artificial

muscle nc/i múscul *the leg muscles* els músculs

de la cama *exercises to build muscle* exercicis per desenvolupar la musculatura (davant de *n*) *muscle tissue* teixit muscular **muscular** *adj* muscular

organ *nc* òrgan *internal organs* òrgans interns *reproductive organs* òrgans de la reproducció

blood *ni* sang *Blood flowed from the wound.* La ferida sagnava. (davant de *n*) *blood donors* donants de sang

vein *nc* vena *The veins stood out on his forehead.* Li sobresortien les venes del front.

artery *nc* artèria *hardened arteries* artèries endurides

nerve *nc* nervi *The pain is caused by pressure on the nerve.* El dolor és resultat de la pressió sobre el nervi. (davant de *n*) *nerve endings* terminals nerviosos

tonsil *nc* amígdala *I had my tonsils out.* Em van treure les amígdales.

appendix *nc, pl* **appendixes** o **appendices** apèndix *a burst appendix* un apèndix perforat

intestine *nc* o **intestines** *n pl* [tècnic] intestí **intestinal** *adj* intestinal

bowel *nc* o **bowels** *n pl* budell *I've got very regular bowels.* Vaig de ventre amb regularitat. (davant de *n*) *bowel cancer* càncer d'intestí *bowel movements* evacuació

101.3 El sistema de reproducció

vegeu també **199 Sex**

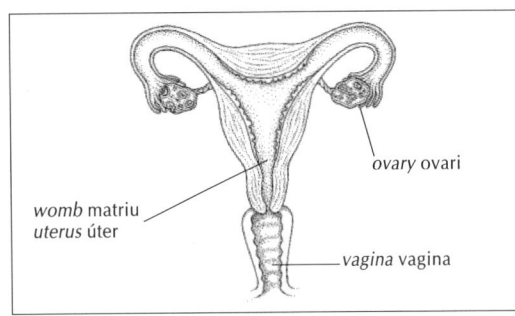

ovary ovari
womb matriu
uterus úter
vagina vagina

egg *nc* òvul   **sperm** *nc/i* esperma

101.4 La ment i el cos

mental *adj* mental *mental health* salut mental **mentally** *adv* mentalment

physical *adj* físic *physical exercise* exercici físic

physically *adv* físicament *a physically active person* una persona físicament activa

102 Bodily wastes Residus corporals

vegeu també **184 Bathroom**

faeces (*brit*), **feces** (*esp. amer*) *n pl* [formal i tècnic] excrements

defecate *vi* [formal i tècnic] defecar

shit *ni/c* (cap *pl*) [tabú] merda

shit *vi*, -tt-, *pas. & pp.* **shat** [tabú] cagar

crap *ni/c* (cap *pl*) [tabú] caca *have a crap* cagar **crap** *vi*, -pp- cagar

turd *nc* [argot tabú] cagarro

poo *ni/c* [informal, mot infantil] caca

urine *ni* orina **urinate** *vi* [lleugerament formal] orinar

wee o **wee-wee** *ni* (*esp. brit*) [informal, mot infantil] pipí

wee *vi* [informal, mot infantil] fer pipí

piss *ni* [informal. Lleug. més fort que **pee**] pixum **piss** *vi* pixar

pee *ni* [informal. Un mot suau però millor evitar-lo en situacions formals. En anglès americà s'utilitza amb els nens] pipí **pee** *vi* [informal] pixar

wet oneself/one's pants/the bed, etc. [orinar sense voler] pixar-se/pixar-se a les calces/pixar-se al llit, etc.

spend a penny (*brit*) [molt freqüent] anar al lavabo

go to the toilet/loo, etc. [frase bastant neutral, segons la paraula escollida per a **toilet**. *vegeu també **185.1 Bathroom**] anar al wàter

103 Breathe Respirar

breathe *v* **1** *vi* respirar *You could hardly breathe for the smoke.* Hi havia tant de fum que amb prou feines podies respirar. *We were breathing heavily after the climb.* Esbufegàvem de valent després de l'escalada. **2** *vt* respirar *The air's not fit to breathe round here.* Gairebé no es pot respirar l'aire de per aquí. *breathing (in) traffic fumes* respirar els fums del trànsit

breathing *ni* respiració *Try to regulate your breathing.* Procura regular la respiració.

breathe in *vi* aspirar

breathe out *vi* expirar

breath *nc/i* alè, respiració, respir *Each breath was an effort.* Respirar em suposava un gran esforç. *Take a deep breath.* Respira fondo. *How long can you hold your breath?* Quanta estona pots aguantar la respiració? *out of breath* desalenat, respirant amb dificultat *I felt his breath on my cheek.* Vaig sentir el seu alè a la galta.

inhale *vit* [més formal que **breathe in**. S'utilitza sovint en contextos mèdics] inhalar *She drew on the cigarette and inhaled the smoke.* Va xuclar la cigarreta i va inhalar el fum. **inhalation** *nc/i* [formal] inhalació

exhale *vit* [més formal que **breathe out**. S'utilitza sovint en contextos mèdics. Obj: fum, gas, etc.] exhalar **exhalation** *nc/i* [formal] exhalació

sniff *v* **1** *vti* (p.ex. per olorar) ensumar *A dog sniffed around the dustbin.* Un gos ensumava al voltant del cubell de les escombraries. **2** *vi* [perquè raja el nas] tirar muntanya amunt *He hadn't got a hankie and he kept sniffing.* No tenia mocador i tirava muntanya amunt. **sniff** *nc* ensumada

GRUPS DE PARAULES

sigh vi [que expressa tristesa, decepció, etc.] sospirar
sigh nc sospir

103.1 Respirar fort o amb dificultat

blow vti, pas. **blew** pp. **blown** (sovint + frase adverbial) bufar *Blow into the tube, please.* Bufi en el tub, si us plau. *I blew out the candles.* Vaig apagar les espelmes d'una bufada. *She blew the fly off her arm.* D'una bufada va fer fora la mosca del braç.

pant vi [esp. a causa de l'esforç o la calor] esbufegar, panteixar *a huge panting alsatian* un enorme alsacià pantcixant

puff vi 1 [a causa de l'esforç. Respirs curts] esbufegar *We were all puffing after the climb.* Tots esbufegàvem després de l'escalada. 2 (sovint + **on**, **at**) [informal. Fumar] pipar, xuclar *puffing on a pipe* xuclar una pipa
puff nc bufada *a puff of her cigarette* una xuclada a la seva cigarreta

gasp v 1 vi [inhalar ràpidament i audible, per sorpresa, emoció, etc.] esglaiar-se *They gasped in horror as she fell.* Es va sentir un esglai d'horror quan ella va caure. 2 vi [respirar desesperadament, amb un intent d'agafar aire] respirar amb dificultat, ofegar-se *When he came to the lake's surface, he was gasping for breath.* Quan va pujar a la superfície del llac, s'estava ofegant. 3 vt [parlar gairebé sense respirar a causa de sorpresa o manca d'aire] tallar-se la respiració *John's got a gun!, she gasped.* En Joan té una pistola!, va dir tallant-se-li la respiració.
gasp nc esbufec *He let out a gasp of amazement.* Va deixar anar un crit sufocat de sorpresa.

wheeze vi [fer un soroll ronc al respirar, sovint a causa d'una disfunció respiratòria] respirar ronc **wheeze** nc respiració ronca

104 Think Pensar

think v, pas. & pp. **thought** 1 vi (sovint + adv) [mot de la llengua general per referir-se a qualsevol activitat mental conscient] pensar *I thought about it all day.* Hi vaig estar pensant tot el dia. *Your trouble is, you just don't think!* El teu problema és que no penses! *Think carefully.* Pensa atentament. 2 vt [per expressar idees, opinions] creure *I think I'm pregnant.* Crec que estic en estat. *Do you think she'll mind?* Creus que li importarà?

thinker nc (sovint darrere adj) pensado -a *a fast thinker* una persona que pensa ràpid

thought n 1 ni pensament *I found her **deep in thought**.* La vaig trobar absorta en les seves cavil·lacions. *Your work needs more thought.* El teu treball necessita més reflexió. 2 nc [idea] idea *I've had some thoughts about the project.* He estat pensant en el projecte.

consider vt 1 [per tal de prendre una decisió] considerar *I'm considering leaving this job.* Estic pensant a deixar aquesta feina. 2 [tenir en compte] considerar *Have you considered the consequences of giving up work?* Has considerat les conseqüències de deixar de treballar? *Considering her age, she's in good shape.* Tenint en compte la seva edat, està força bé. *I'd like to be considered for the job.* M'agradaria que em tinguessin en compte per a la feina.

consideration ni [el fet d'examinar amb atenció ac, esp. per prendre una decisió] consideració, compte *We will need to **take** rising oil prices **into consideration**.* Haurem de prendre en consideració que el preu del petroli segueix pujant. *The idea deserves consideration.* La idea mereix una reflexió.

take into account tenir en compte *We forgot to take postage costs into account.* Ens vam oblidar de tenir en compte el cost del correu.

104.1 Reflexionar amb atenció

concentrate vi (sovint + **on**) 1 [pensar molt en un sol tema] concentrar-se *It's hard to concentrate in a noisy room.* És difícil concentrar-se en una habitació amb molt de soroll. 2 [posar tots els esforços en una activitat] concentrar-se en *I'm concentrating on my exams at the moment.* De moment m'estic concentrant en els exàmens.

concentration ni concentració *The phone disturbed my concentration.* El telèfon em va trencar la concentració.

contemplate vit [prendre en consideració ac, habit. pensant en el futur] pensar, imaginar-se *The idea is too terrible to contemplate.* La idea és massa terrible per pensar-hi.

contemplation ni [pensament tranquil i seriós] pensament, meditació *I spent an hour in quiet contemplation.* Vaig passar una hora meditant en calma.

ponder vti (sovint + **on**, **over**) [pensament lent i exhaustiu. Sovint implica dificultat per arribar a una conclusió] sospesar, rumiar *I sat pondering the likely consequences of the decision.* Estava assegura meditant sobre quines serien les conseqüències de la decisió.

reflect vi (sovint + **on**) [implica seriositat i prudència. S'utilitza ref. a situacions actuals o esdeveniments en el passat, però no a esdeveniments futurs] reflexionar [s'utilitza sovint per implicar l'obligació d'acceptar les conseqüències d'errors o maldats] *When I had time to reflect, I regretted my words.* Quan vaig tenir temps per reflexionar, vaig penedir-me de les meves paraules.

reflection n 1 ni [pensament seriós] reflexió *On reflection, I'd rather come on Friday.* Pensant-ho bé, m'estimaria més venir el divendres. 2 nc [afirmació] pensament, consideració *Reflections on the Life of Gandhi* Reflexions sobre la vida de Gandhi

reason vit [pensar lògicament] raonar (+ **that**) *He reasoned that we would be ready to agree.* Calculava que estaríem disposats a acceptar.

reason ni [pensament lògic] raó, seny

104.2 Absort en els pensaments

thoughtful adj pensarós *a thoughtful expression* un aire pensarós **thoughtfully** adv pensativament

pensive adj [implica pensament preocupat o trist] pensiu **pensively** adv pensivament

brood vi (sovint + **over**, **on**, **about**) [considerar ac durant una estona llarga, amb una actitud de preocupació o de ressentiment] rumiar *She's still brooding over his criticism*. Encara dóna voltes a les seves crítiques.

meditate *vi* 1 [extasiat] meditar 2 (sovint + **on**) [pensament llarg i tranquil] meditar *Now he's got six years in prison to meditate on his crimes*. Ara té sis anys de presó per meditar sobre els seus delictes.

meditation *n* 1 *ni* [extasiat] meditació 2 *nc* [pensament] meditació

daydream *vi* (sovint + **of**, **about**) somiar (despert)
daydream *nc* somieig, fantasia

105 Believe Creure

vegeu també **104 Think**; **106 Opinion**; **109 Guess**; **110 Know**; *L30 Opinions*

believe *vt* creure *I don't believe he's fifty!* No em crec que tingui 50 anys! *I believe you*. Et crec.
believe in sth *vt* [obj: p. ex. fantasmes, Déu] creure en
belief *n* 1 *ni* (sovint + **in**) creença *His rudeness is beyond belief*. La seva grolleria és increïble. 2 *nc* [cosa en què es creu] opinió *political beliefs* opinions polítiques
be convinced [estar segur, no necessàriament de manera lògica] estar convençut *She's convinced I want to hurt her*. Està convençuda que li vull fer mal.

105.1 Creure a causa de proves o de informació

infer *vt*, -rr- [implica una deducció lògica] deduir, inferir, concloure *Can I infer from that that you are not coming?* D'això es dedueix que no vindràs?
gather *vt* [s'utilitza més parlant que escrivint. Saber per haver vist o sentit ac] inferir, entendre *I gather the house has been sold*. Entenc que han venut la casa.
conclude *vt* [implica prendre una decisió després de reflexionar] concloure *I concluded that he was not a suitable candidate*. Vaig concloure que no era un candidat apte.
conclusion *nc* conclusió **come to a conclusion** arribar a una conclusió

105.2 Creença menys definida

suppose *vt* 1 [considerar probable] suposar *I suppose it's very expensive*. Suposo que és molt car. [s'utilitza sovint per expressar reticència] *I suppose we ought to help them*. Suposo que els hauríem d'ajudar. 2 [formal. Creure, sovint equivocadament] imaginar-se *I had supposed he wanted to borrow money*. M'havia imaginat que volia demanar un préstec.
supposition *nc/i* suposició *Your theory is pure supposition*. La teva teoria és pura hipòtesi.
assume *vt* [implica que el que es creu és probable i raonable] suposar, donar per fet *I assumed the car would be ready by now*. Suposava que el cotxe ja estaria llest. *I assume you won't be coming?* He de donar per fet que no vindràs?

assumption *nc* suposició *I bought it on the assumption that prices would go on rising*. El vaig comprar tot suposant que els preus seguirien pujant.
presume *vt* [implica que el que es creu és probable, però accepta que pot estar equivocat] suposar *I get the impression that you presume she will agree*. Em fa l'efecte que suposes que ho acceptarà.
presumption *nc* [més aviat formal] presumpció *The presumption of innocence is a constitutional right*. La presumpció d'innocència és un dret constitucional.
I take it [informal. Implica habit. petició de confirmació del que es creu] suposo *You'll be bringing the children, I take it*. Suposo que portareu els nens.
reckon *vt* [informal. Implica una opinió basada en la probabilitat] suposar *She was tired of waiting, I reckon*. Suposo que estava farta d'esperar.
guess *vt* (*esp. amer*) [informal] imaginar-se *I guess you're right*. M'imagino que tens raó.

105.3 Molt disposat a creure

swallow *vt* [informal. Obj: informació errònia] empassar-se *The story was absurd, but he swallowed it whole*. La història era absurda, però se la va empassar tota.
gullible *adj* [pej. Implica manca de seny] beneitó, crèdul **gullibility** *ni* beneiteria, credulitat
superstition *nc/i* [creença en la màgia o en les forces sobrenaturals] superstició
superstitious *adj* [descriu: persona] supersticiós

105.4 Que es pot creure

credible *adj* [mereix que es cregui o que es prengui seriosament. Descriu: p. ex. història, opció] creïble *Their defence policies are barely credible*. La seva política de defensa és a penes creïble. **credibly** *adv* creïblement **credibility** *ni* credibilitat
plausible *adj* [que sembla creïble. Descriu: p. ex. excusa] plausible **plausibly** *adv* plausiblement **plausibility** *ni* plausibilitat

106 Opinion Opinió

vegeu també **105 Believe**; *L30 Opinions*

opinion *nc/i* (sovint + **of**) opinió *You're making a mistake, **in my opinion**.* Al meu entendre, t'equivoques. *I have a high opinion of her ability*. Tinc una bona opinió de la seva capacitat. *public opinion* opinió pública *They were **of the opinion** that the business would fail*. Eren del parer que el negoci fracassaria.
attitude *nc* (sovint + **to**, **towards**) [implica un sentiment o una reacció com a conseqüència d'una situació més

que no pas un judici sobre ella mateixa] actitud *His attitude to the problem seems to be to ignore it.* La seva actitud vers el problema sembla ser la d'ignorar-lo. *My attitude is that they should pay for our advice.* Sóc del parer que ens haurien de pagar pels nostres consells.

view *nc* (sovint + **on**, **about**) [s'utilitza sovint ref. a assumptes més amplis que **opinion**] opinió, idea, perspectiva *She has odd views on bringing up children.* Té unes idees estranyes sobre l'educació dels nens. *She took the view that training was a priority.* Era del parer que la formació era prioritària. *In my view, cars should be banned from cities.* Al meu entendre, s'haurien de prohibir els cotxes a les ciutats.

estimation *ni* [més aviat formal. Implica un judici més ponderat que **opinion**] estimació, judici *In my estimation, it is a second-rate book.* Segons el meu criteri, és un llibre de segona categoria.

point of view 1 punt de vista *The news is disastrous from the enemy's point of view.* Des del punt de vista de l'enemic, les notícies són un desastre. **2** [que té en compte només un aspecte concret d'una situació o d'ac] respecte (a) *From the point of view of size, the room is ideal.* Pel que fa a les mides, l'habitació és ideal.

viewpoint *nc* [lleug. més formal que **point of view**. No es pot utilitzar en la segona accepció de **point of view**] punt de vista *Try to see it from my viewpoint.* Intenta veure-ho des del meu punt de vista.

106.1 Causa de les opinions

principle *n* **1** *nc/i* [creença determinada per l'ètica] principi *It's a matter of principle.* És una qüestió de principis. **2** *nc* [base d'accions, creences, etc.] principis *based on principles of Freudian psychology* basat en els principis de la psicologia freudiana

philosophy *n* **1** *nc/i* [sistema de creences] filosofia *his philosophy of non-violence* la seva filosofia de la no violència *the philosophy of Plato* la filosofia de Plató **2** *ni* [disciplina] filosofia **philosopher** *nc* filòsof -a **philosophical** *adj* filosòfic

outlook *n* (habit. cap *pl*; sovint + **on**) [manera de pensar, p. ex. sobre la vida] punt de vista, actitud, perspectiva *a negative outlook on life* una perspectiva negativa de la vida

106.2 Arribar a una opinió

consider *vt* [lleug. formal] considerar (+ **that**) *I consider that the operation is too risky.* Considero que l'operació és massa arriscada. (+ obj + *n*) *I consider my work a failure.* Considero que la meva feina és un fracàs. (+ obj + *adj*) *They considered her remarks offensive.* Van considerar que els seus comentaris eren ofensius.

think of sb/sth *vt* (sovint en preguntes, o bé + **as**) opinar d'a/ac, pensar d'a/ac, considerar a/ac *What did you think of the show?* Què et va semblar l'espectacle? *I thought of you as a friend.* Et tenia com a amiga.

regard *vt* (sovint + **as**) [més aviat formal] considerar, tenir opinió de *How do you regard his early paintings?* Quina opinió tens dels seus primers quadres? *I regard him as a fool.* El considero un imbècil.

assess *vt* [implica arribar a una opinió després d'una consideració curosa i formal] avaluar, jutjar *We must assess the product's commercial potential.* Hem d'avaluar el potencial comercial del producte.

assessment *nc/i* avaluació, valoració *an encouraging assessment of our achievements* una valoració encoratjadora del que hem assolit

judge *vti* jutjar, estimar (+ **that**) *I judged that the time was right.* Vaig considerar que era el moment adient. (+ obj + *adj*) *Doctors judged her fit to compete.* Els metges la consideraven apta per competir. *Judging by his tone of voice, he was rather angry.* Si hem de jutjar pel seu to de veu, estava bastant enfadat. [pot implicar una opinió sobre valors morals] *Don't judge me too harshly.* No em jutgeu gaire severament.

judgment o **judgement** *n* **1** *nc* (sovint + **on**) opinió, judici *Have you formed a judgment on this matter?* T'has format una opinió sobre aquest assumpte? **2** *ni* [capacitat per jutjar] judici, criteri *I'm relying on your judgment.* Confio en el teu criteri.

107 Intend Tenir la intenció de

vegeu també **72 Want**; **73 Choose**

intend *vti* (sovint + **to** + INFINITIU) [expressa desig de realitzar una acció] tenir la intenció de, pensar *Do you intend to have the baby at home?* Tens la intenció de parir a casa? *I intended it to be a surprise.* La meva intenció era que fos una sorpresa.

plan *vt*, -nn- (sovint + **to** + INFINITIU) [lleug. menys formal i menys definiu que **intend**] pensar (a fer), planejar *We're planning to emigrate to Canada.* Estem planejant emigrar al Canadà.

mean *v*, *pas.* & *pp.* **meant 1** *vit* (+ **to** + INFINITIU) [fer ac intencionadament. Sovint s'utilitza en oracions negatives o per parlar de coses no acomplertes o que no han resultat. Menys formal que **intend**] voler, pensar *He didn't mean to hurt you.* No et volia fer mal. *I meant to phone you, but I forgot.* Pensava trucar-te però me'n vaig oblidar. *I meant them to eat it all.* Volia que s'ho mengessin tot. **2** *vt* [causar ac intencionadament] voler, tenir (la) intenció de *I didn't mean them any harm.* No els volia cap mal. **3** *vi* (+ **to** + INFINITIU) [formal. Pensar fer ac en el futur] tenir la intenció *I mean to work harder.* Tinc la intenció de treballar més.

have sb/sth in mind [tenir a/ac en compte, sense arribar a una conclusió] pensar en a/ac *Who do you have in mind for the job?* En qui penses per a la feina?

decide *vit* (sovint + **to** + INFINITIU) decidir(-se) *I've decided to retire.* He decidit jubilar-me. *He can't decide which option is best.* No sap decidir quina és la millor opció.

decision *nc* (sovint + **on**, **about**) decisió *I have some difficult decisions to make.* He de prendre unes decisions difícils. *I'll respect your decision.* Respectaré la teva decisió.

107.1 Cosa intencionada

vegeu també **290 System**

intention nc/i [lleug. formal, esp. en oracions afirmatives] intenció *She **has no intention of** marrying him.* No té la més mínima intenció de casar-se amb ell. *It was my intention to remain silent.* La meva intenció era mantenir-me callada. *good intentions* bones intencions

plan nc [sovint més definit que **intention**] pla, projecte *We have plans to buy a house next year.* Tenim pensat de comprar una casa l'any que ve.

scheme nc **1** [pla elaborat] pla, projecte *a new scheme for relieving the traffic problem* un nou projecte per pal·liar el problema del trànsit **2** [pla enginyós i fraudulent] estratagema, ardit

scheme vi (sovint + **against**) [pej. Implica males intencions] ordir, tramar

project nc [implica un esforç i una planificació a llarg termini] projecte, empresa *I'm working on a project to provide new housing in the area.* Estic treballant en un projecte d'urbanització de l'àrea.

107.2 Coses que es desitjen assolir

vegeu també **396 Success**

aim nc propòsit, intenció, objectiu *the government's long-term aims* els objectius del govern a llarg termini

goal nc [sovint implica un objectiu final] meta *Our goal is full independence.* La nostra meta és la independència total.

objective nc [lleug. formal, s'utilitza sovint en contextos de negocis. Implica uns objectius que es poden mesurar] objectius *We need to set our objectives for next year.* Hem de fixar els objectius per a l'any que ve.

target nc [implica objectius que es poden mesurar] objectiu *Our original target was to double sales.* El nostre primer objectiu era duplicar les vendes.

ambition nc/i ambició *One of my ambitions is to visit China.* Una de les meves ambicions és visitar la Xina. *naked ambition* pura ambició **ambitious** adj ambiciós **ambitiously** adv ambiciosament

purpose nc/i (sovint + **of**) [és la raó que hi ha darrere d'una acció] propòsit *The troops' main purpose is to keep the peace.* El propòsit principal de les tropes és mantenir la pau.

intent ni [s'utilitza sovint en contextos legals] intenció *He went there with no intent to steal.* Hi va anar sense cap intenció de robar.

107.3 Desitjar assolir alguna cosa

intent adj (darrere v, + **on**) [molt decidit. Descriu: persones] resolut, decidit [s'utilitza sovint amb desaprovació] *She seems intent on self-destruction.* Sembla decidida a autodestruir-se.

intentional adj [descriu: p. ex. una acció, esp. una acció dolenta] intencionat *Was the irony intentional?* La ironia era intencionada? **intentionally** adv intencionadament

deliberate adj [descriu: p. ex. una acció, esp. una acció dolenta] deliberat *a deliberate attempt to undermine my authority* un intent deliberat de minar la meva autoritat **deliberately** adv deliberadament

determined adj (sovint + **to** + INFINITIU) [amb un propòsit ferm. Descriu: una persona, una acció] decidit, resolut *I'm determined to win the race.* Estic decidida a guanyar la cursa. *a determined attempt to win* un intent decidit de guanyar **determination** ni determinació, resolució

obstinate adj [pej. Implica poc seny] obstinat **obstinately** adv obstinadament **obstinacy** ni obstinació

stubborn adj [sovint implica poca reflexió] tossut, caparrut *his stubborn refusal to eat* la seva tossuderia a no menjar **stubbornly** adv tossudament **stubbornness** ni tossuderia

> *símil*
> **as stubborn as a mule** tossut com una mula

108 Idea Idea

idea nc idea *I've had an idea.* He tingut una idea. *It was a good idea to ask Peter.* Va ser una bona idea preguntar-ho a en Peter.

theory n **1** nc [explicació d'uns fets] teoria *My theory is that they're planning an invasion.* La meva teoria és que planegen una invasió. **2** ni [a diferència de la pràctica] teoria ***In theory**, the engine should start now.* En teoria, el motor s'hauria d'engegar ara. **theoretical** adj teòric **theoretically** adv teòricament

concept nc [idea abstracta] concepte *It is difficult to grasp the concept of death.* El concepte de la mort és difícil de comprendre. **conceptual** adj conceptual **conceptually** adv conceptualment

notion nc [concepte] noció, idea *the notion of God as all-powerful* la idea de Déu com a omnipotent [comprensió] *She has no notion of fairness.* No té ni idea del que és just. [té connotacions desfavorables i implica poc contacte amb la realitat] *old-fashioned notions about discipline* idees antiquades sobre la disciplina

inspiration n **1** ni/c [font d'idees] inspiració *A trip to China provided the inspiration for my latest book.* Un viatge a la Xina em va donar la inspiració per al meu últim llibre. **2** nc [idea brillant] inspiració *I've had an inspiration!* M'ha vingut la inspiració!

brainwave nc (*esp. brit*) [força informal. Idea brillant i sobtada] idea lluminosa *I've had a brainwave about where to look.* He tingut una idea lluminosa sobre on buscar-ho.

108.1 Tenir idees

occur to sb vt, -rr- [implica comprensió sobtada] ocórrer-se a algú *It suddenly occurred to me that you might know the answer.* De sobte se'm va ocórrer que pot ser que tinguis la solució. [s'utilitza sovint en oracions negatives per destacar la manca total d'idees.

Implica sovint que la cosa inesperada és poc raonable] *It never occurred to me that he might be angry.* No se'm va acudir mai que pogués estar enfadat.

cross one's mind [s'utilitza sovint en oracions negatives] passar pel cap *It never crossed my mind to ask her.* No em va passar mai pel cap demanar-li-ho.

imagine *vt* [tenir una idea a la ment] imaginar-se *Can you imagine how cross I was?* Et pots imaginar com n'estava, d'enfadada? *I tried to imagine their house in the country.* Intentava imaginar-me la seva casa al camp.

imagination *nc/i* imaginació, fantasia *Her writing lacks imagination.* A la seva obra hi manca fantasia. *I'll leave the rest of the story to your imagination.* Deixaré la resta de la història a la teva imaginació. *vegeu també **35 Unreal**

inspire *vt* [proporcionar una idea] inspirar *The film was inspired by his own experiences in the war.* La pel·lícula es va inspirar en les seves pròpies experiències durant la guerra.

109 Guess Endevinar
vegeu també **105 Believe**

guess *vti* **1** [jutjar sense informació] endevinar, suposar *I'd guess (that) he was about 50.* Diria que tenia uns 50 anys. *Try and guess the price.* Intenta endevinar el preu. (+ **at**) *We can only guess at their next move.* Només podem fer suposicions sobre quin serà el seu proper pas. *Guess what I've been doing!* Endevina què he estat fent! **2** [endevinar amb certesa] endevinar, encertar *He's guessed our secret.* Ha endevinat el nostre secret.

guess *nc* (sovint + **at**) conjectura, estimació *Have a guess at their age.* Endevina quants anys tenen. *At a rough guess, I'd say there were eighty people in the room.* A ull calcul que hi havia unes vuitanta persones en la sala.

guesswork *ni* conjectures *The report is nothing but guesswork.* L'informe no és més que una suposició.

wonder *vti* [implica desig de saber] voler saber, preguntar-se *I wonder what they'll do next.* M'agradaria saber què faran ara. (+ **about**) *We were wondering about her future.* Estàvem especulant sobre el seu futur. *They wondered whether they should go.* Es preguntaven si hi haurien d'anar.

suspect *vti* [creure probable. Obj: especialment una cosa dolenta] sospitar *I suspected he'd been drinking.* Sospitava que havia estat bevent. (+ **of**) *I suspected her of lying.* Sospitava que deia mentides. **suspect** *nc* sospitós -osa

suspicion *nc/i* **1** [creença de culpabilitat] sospita *I always had my suspicions about that family.* Sempre he tingut les meves sospites sobre aquella família. *She was **under suspicion of** murder.* Estava sota sospita d'assassinat. *arrested **on suspicion of** fraud* arrestada per presumpte frau **2** [manca de confiança] recel, dubte *He regarded me with suspicion.* Em mirava recelosament.

suspicious *adj* **1** [que provoca sospita. Obj: p. ex. comportament, objecte, persona] sospitós *a suspicious character* un individu sospitós **2** (sovint + **of**, **about**) [sospitós de culpa] recelós, desconfiat **suspiciously** *adv* sospitosament

expect *vt* **1** [creure probable] suposar, pensar *I expect you're hungry.* Suposo que tens gana. *I expected her to come later.* Pensava que vindria més tard. (+ **that**) *I expect that it will rain.* Suposo que plourà. **2** [allò que es considera raonable o necessari] esperar (+ **to** + INFINITIU) *I expect my staff to be polite.* Demano que el meu personal sigui correcte. *vegeu també UTILITZACIÓ a **286**

expectation *nc/i* **1** [el que es creu probable] suposició *My expectation is that prices will fall.* Jo crec que els preus baixaran. **2** [el que es desitja] esperança, expectativa *They have unrealistic expectations of their children.* Les esperances que tenen posades en els seus fills són poc realistes. *The business has exceeded all our expectations.* El negoci ha superat totes les nostres expectatives.

estimate *vt* [calcular aproximadament basant-se en alguna informació. Obj: p. ex. valor, quantitat] estimar, calcular (+ **that**) *I estimate that the job will take two weeks.* Calculo que trigarem unes dues setmanes en fer la feina.

estimate *nc* estimació *a conservative estimate* una estimació moderada

speculate *vi* (sovint + **about**, **on**) [a vegades pot ser força pej. i pot implicar conjectures sense fonament] especular *Low profits have led people to speculate about the company's future.* Els escassos beneficis han fet que s'especuli sobre el futur de l'empresa.

speculation *nc/i* especulació *There has been speculation in the press about their marriage.* La premsa ha fet especulacions sobre el seu matrimoni.

109.1 Endevinar el futur

predict *vt* [basat en fets o sentiments] preveure, presagiar, pronosticar *Nobody could have predicted the scale of the disaster.* Ningú no hauria pogut presagiar la magnitud del desastre. (+ **that**) *I predict that shares will rise.* Pronostico que les accions pujaran.

prediction *nc* predicció, pronòstic *gloomy economic predictions* prediccions econòmiques pessimistes

forecast *vt, pas. & pp.* **forecast** [ho fan els especialistes en dades] pronosticar *The polls forecast a victory for the president.* Els sondeigs pronostiquen una victòria per al president.

forecast *nc* previsió, pronòstic *economic forecasts* previsions econòmiques **weather forecast** previsió meteorològica

anticipate *vt* [creure probable. Implica sovint emprendre l'acció apropiada] anticipar-se (a), preveure *We're not anticipating any problems.* No preveiem cap problema. *I had anticipated their objections and prepared my arguments.* Havia previst les seves objeccions i preparat els meus arguments.

anticipation *ni* **1** expectació, anticipació, previsió

They're buying extra coal **in anticipation of** a strike. Compren més carbó en previsió d'una vaga. **2** [emoció] il·lusió, expectació *There was a sense of anticipation in the room.* Hi havia una gran expectació a la sala.

110 Know Saber

vegeu també **105 Believe; 236 Clever**

know *vt, pas.* **knew** *pp.* **known 1** [tenir coneixements sobre ac] saber *You always know what to do.* Sempre saps què s'ha de fer. *Do you know where she is?* Saps on és? **2** [estar familiaritzat amb a/ac. Obj: una persona, un indret] conèixer

knowledge *ni* coneixement *To the best of my knowledge they never met.* Que jo sàpiga, no es van conèixer mai. *My knowledge of German is slight.* D'alemany en sé molt poc. [pot ser formal] *I have no knowledge of his whereabouts.* No tinc cap informació sobre on és.

knowledgeable *adj* (sovint + *about*, *on*) entès, ben informat **knowledgeably** *adv* amb propietat

aware *adj* (habit. darrere *v*; sovint + *of*) [que ho sap i que ho té molt present] conscient, assabentat *I was not aware of her background.* No estava assabentat del seu historial. *I am aware that he resents me.* Sóc conscient que està ressentit amb mi. *They are* **well aware of** *the danger.* Són ben conscients del perill.

awareness *ni* (sovint + *of*) consciència, coneixement *There is little public awareness of the problem.* En general, la gent no és conscient del problema.

conscious *adj* (habit. darrere *v*; sovint + *of*) [implica conèixer uns fets i preocupar-se'n] conscient *He's highly conscious of his previous mistakes.* És molt conscient dels seus errors anteriors. **consciousness** *ni* coneixement, consciència

consciously *adv* [deliberadament] intencionalment *I don't consciously set out to be controversial.* No és la meva intenció ser polèmica.

intuition *ni/c* intuïció *My intuition tells me something is wrong.* La meva intuïció m'indica que alguna cosa va malament.

intuitive *adj* intuïtiu

intuitively *adv* intuïtivament *She knew intuitively that the child was ill.* Sabia per intuïció que la nena estava malalta.

110.1 Arribar a saber

realize, TAMBÉ **-ise** (*brit*) *vt* adonar-se de, fer-se càrrec de (+ **that**) *I didn't realize that they were there.* No em vaig adonar que hi eren. [saber i entendre] *I realize how angry you must feel.* Ja m'adono de com has d'estar d'enfadada. *Do you realize the damage you have caused?* Et fas càrrec dels danys que has causat?

realization *n* (cap *pl*) comprensió (+ **of**) *His jaw fell as the realization of his mistake dawned on him.* Va quedar-se bocabadat en adonar-se de l'errada que havia fet.

recognize, TAMBÉ **-ise** (*brit*) *vt* **1** [obj: una persona, un objecte] reconèixer *Don't you recognize me?* No em reconeixes? **2** [acceptar. Lleug. formal] admetre, reconèixer *We recognize the need for further training.* Admetem la necessitat de més formació. (+ **that**) *They recognize that morale is low among staff.* Admeten que entre el personal la moral és baixa.

recognition *ni* **1** reconeixement *My brother has changed* **beyond all recognition**. El meu germà ha canviat tant que no se'l pot reconèixer. **2** reconeixement *Recognition of earlier failures has helped them improve.* El reconeixement dels seus fracassos anteriors els ha ajudat a millorar.

identify *vt* **1** [descobrir. Sovint implica més esforç i potser més recerca que **recognize**] identificar *We have finally identified the cause of the problem.* Finalment hem identificat la causa del problema. **2** [demostrar o mostrar la identitat d'algú] identificar *I identified his body.* Vaig identificar el seu cos. (+ **as**) *We identified the birds as plovers.* Vam identificar els ocells com a corriols. **identification** *ni* identificació

110.2 Saber per experiència

vegeu també **288 Habitual**

experience *n* **1** *ni* [d'haver fet coses anteriorment] experiència *Have you any experience of working with young people?* Tens alguna experiència de treballar amb gent jove? **2** *nc* [esdeveniment] experiència *The crash was a traumatic experience.* L'accident va ser una experiència traumàtica.

experience *vt* experimentar *a generation which has never experienced war* una generació que mai no ha experimentat la guerra

frases fetes

know the ropes [informal. Implica conèixer les rutines, i ser capaç d'actuar eficientment] conèixer l'entrellat (d'ac) *You can work next to me until you know the ropes.* Pots treballar al meu costat fins que en coneguis l'entrellat.

know what's what [informal. Implica capacitat de jutjar el que és correcte, important, etc.] pensar-se-les totes, saber on (hom) té la mà dreta

find one's feet [acostumar-se i saber enfrontar-se a una nova situació] adaptar-se *The company's still finding its feet in the Japanese market.* L'empresa encara s'està adaptant al mercat japonès.

know sth inside out/like the back of one's hand [informal. Conèixer ac minuciosament] conèixer ac de cap a peus *Taxi drivers have to know the city inside out.* Els taxistes han de conèixer la ciutat de dalt a baix.

experienced *adj* experimentat *one of our most experienced officers* una de les nostres oficiales més experimentades

accustomed *adj* (sempre + *to*) [lleug. formal] acostumat *They have become accustomed to a life of luxury.* S'han acostumat a una vida luxosa.

accustom sb **to** sth *vt* acostumar algú a ac *I gradually accustomed myself to the noise.* Poc a poc em vaig anar acostumant al soroll.

acquaint sb **with** sth vt [formal] posar algú al corrent d'ac *I'm not acquainted with her work.* No conec la seva obra. *I need to acquaint them with our procedures.* Cal que els posi al corrent dels nostres procediments.

familiar adj **1** (darrere v; sempre + **with**) [que té coneixements de] familiaritzat *Which computers are you familiar with?* Quins ordinadors coneixes? **2** [usual] corrent *a familiar complaint* una queixa corrent

111 Fame Fama

utilització

Sovint aquestes paraules no impliquen que la persona o la cosa sigui àmpliament coneguda, sinó que més aviat és coneguda per un cert grup de persones. Per exemple, dir d'una persona que *He's a notorious eavesdropper.* (Té fama d'escoltar d'amagat.) significa que la gent que el coneix sap que és així, però no que se'l conegui per aquest fet de manera general. Concretament, si s'afegeix **for** + una qualitat, etc. se subratlla la importància de les accions o les qualitats més que la persona; p. ex. *She is famous for her wit.* (Té fama de ser graciosa.) *He's well-known for his research on heart disease.* (És conegut per les seves investigacions sobre les malalties del cor.)

famous adj famós *He was a gifted poet, but more famous as a historian.* Era un poeta amb talent, però va ser més famós com a historiador. *a famous restaurant* un restaurant famós

well-known adj, compar **better-known** superl **best-known** [implica l'interès d'un nombre de persones menor que **famous** i probablement en un camp menys atractiu o sensacional] conegut *a well-known journalist* una periodista coneguda *one of Britain's best-known insurance companies* una de les companyies d'assegurances britàniques més conegudes

notorious adj [famós per ac negativa. Lleug. més fort que **infamous**] notori, de mala fama *a notorious war criminal* un notori criminal de guerra *That stretch of road is a notorious death trap.* Aquell tram de carretera té fama de ser una trampa mortal. **notoriously** adv escandalosament **notoriety** ni escàndol, mala fama

infamous adj [famós per ac negativa. Pot implicar respecte a la cosa descrita] infame *the infamous north face of the Eiger* l'endimoniada cara nord de l'Eiger

renowned adj [més aviat formal] famós, cèlebre *the renowned explorer* el famós explorador *The region is renowned for its natural beauty.* La regió és molt coneguda per la bellesa dels seus paratges naturals.

legendary adj llegendari *He was owner of that legendary New York night club.* Era el propietari d'aquell local nocturn llegendari de Nova York.

reputation nc (sovint + **for**, **as**) fama, reputació *The school has a good reputation.* El col·legi té una bona reputació. *She has a considerable reputation as a poet.* Té una fama considerable com a poeta. *He certainly lived up to his reputation as a trouble-maker.* Certament justificava la seva fama de busca-raons.

celebrity nc celebritat *local sports celebrities* celebritats de l'esport local

star nc [persona extremadament famosa i admirada] estrella *pop star* estrella de la música pop *stars of stage and screen* estrelles del teatre i del cinema **stardom** ni fama estel·lar

112 Unknown Desconegut

unknown adj desconegut *This product is unknown outside Europe.* Aquest és un producte desconegut fora d'Europa.

obscure adj [poc conegut] ignorat, desconegut *obscure references to Chaucer* referències desconegudes a Chaucer **obscurity** ni ignorància, desconeixença

oblivion ni [implica desconegut o oblidat] oblit *After one successful novel she sank into oblivion.* Després d'una novel·la d'èxit va caure en l'oblit.

112.1 Que no sap alguna cosa

(be) unaware adj (darrere v; + **of**, **that**) inconscient *They were unaware of their rights.* Ignoraven els seus drets.

ignorant adj (darrere v; + **of**) [més aviat formal] ignorant *They were completely ignorant of the research done in Europe.* Desconeixien per complet les investigacions fetes a Europa. **ignorance** ni ignorància
*vegeu també **240 Stupid**

oblivious adj (habit. darrere v; + **to**, **of**) [s'utilitza sovint quan passa ac negativa o quan hauria pogut passar per no haver-se adonat d'ac] inconscient *She carried on talking, totally oblivious to the offence she had caused.* Seguia parlant totalment inconscient d'haver ofès ningú.

112.2 Persona o cosa desconeguda

stranger nc desconegut -uda, foraster -a *She looked at me as though I was a complete stranger.* Em mirava com si fos un perfecte desconegut. *I can't help you because I'm a stranger, too.* No et puc ajudar perquè també sóc forastera.

mystery nc/i misteri *It's a complete mystery where the money came from.* És un autèntic misteri d'on van sortir els diners. (davant de n) *mystery story* història de suspens

mysterious adj misteriós *He disappeared in mysterious circumstances.* Va desaparèixer en circumstàncies misterioses. **mysteriously** adv misteriosament

GRUPS DE PARAULES

frases fetes

(to be) in the dark (about sth) [no informat] (estar) a les fosques (respecte a ac) *They kept us in the dark about the firm's financial crisis.* Ens van amagar la crisi financera de l'empresa.

I haven't (got) a clue [emfàtic] no en tinc ni idea *It's broken and I haven't got a clue how to fix it.* Està trencat i no tinc ni idea de com reparar-lo.

the sixty-four thousand dollar question [bastant jocós. La pregunta important que ningú no sap contestar] pregunta clau *Will the public buy the product? That's the sixty-four thousand dollar question!* La gent comprarà el producte? Aquest és el quid de la qüestió.

113 Find out Esbrinar

vegeu també **95 Find**

find (sth) **out** o **find out** (sth) *vt* [els temps present i futur impliquen assabentar-se mitjançant una investigació, mentre que el passat inclou també fets descoberts per casualitat] esbrinar (ac), assabentar-se (d'ac) *Could you find out the train times for me?* Em podries mirar els horaris dels trens? *I found out she's been married before.* Em vaig assabentar que no és la primera vegada que es casa.

finding *nc* (habit. en *pl*) [habit. resultat d'una investigació oficial] sentència, conclusió *The committee's findings were critical of airport security.* Les conclusions del comitè van ser crítiques amb la seguretat de l'aeroport.

discover *vt* descobrir *I discovered that my grandfather was buried near there.* Vaig descobrir que el meu avi estava enterrat prop d'allà. *I've discovered their secret.* He descobert el seu secret.

discovery *nc* descobriment *We made an interesting discovery about our house.* Vam descobrir un fet interessant sobre la nostra casa.

detect *vt* [descobrir per observació] detectar *It's easy to detect the influence of Joyce in his work.* És fàcil detectar la influència de Joyce en la seva obra. *Do I detect a note of sarcasm in your reply?* M'equivoco si percebo un toc de sarcasme en la teva resposta?

detection *ni* detecció

unearth *vt* [obj: esp. indicis, informació] desenterrar, posar a la llum *Police have unearthed new evidence about the murder.* La policia ha trobat noves proves relacionades amb l'assassinat.

113.1 Mirar d'esbrinar alguna cosa sobre algú

investigate *vt* [examinar l'evidència per esbrinar la causa, el probable resultat, etc. Obj: p. ex. un crim, un remei, una possibilitat] investigar *Police are investigating the theft of priceless jewellery.* La policia està investigant el robatori d'unes joies d'un valor incalculable. *I went to investigate the noise in the garden.* Vaig anar a investigar el soroll que havíem sentit al jardí.

investigation *nc/i* (sovint + **into**) investigació *a murder investigation* una investigació per assassinat *The matter is* **under investigation**. S'està investigant l'assumpte.

investigator *nc* [habit. s'especifica el tipus] investigador -a *a private investigator* un detectiu privat *accident investigators* perits especialitzats en accidents

analyse, TAMBÉ **analyze** (*amer*) *vt* [implica mètodes científics i gran precisió, sovint investigant cada aspecte de la cosa analitzada] analitzar *Her hair was analysed for mineral deficiencies.* Van analitzar els seus cabells per una possible manca de minerals. *If we analyse the situation...* Si analitzem la situació...

analysis *nc/i, pl* **analyses** anàlisi *an analysis of the economic situation* una anàlisi de la situació econòmica

research *ni* o **researches** *n pl* (sovint + **into**, **on**) [implica estudi científic o acadèmic] investigació *She published her research into child psychology.* Va publicar la seva investigació en psicologia infantil. *They carry out research using live animals.* Fan investigacions amb animals vius.

research *vt* investigar *She's researching the period for a novel.* Està investigant l'època per a una novel·la.

113.2 Esbrinar pensant de manera lògica

work sth **out** o **work out** sth *vt* [implica buscar les solucions a problemes matemàtics o pràctics] calcular ac *I worked out the cost of running a car for a year.* Vaig calcular el cost de tenir un cotxe durant un any. *I finally worked out how to turn it off.* Al final vaig esbrinar com tancar-ho.

solve *vt* [implica resoldre una dificultat. Obj: p. ex. trencaclosques, mots encreuats] resoldre, solucionar

solution *nc/i* solució (+ **to**) *the solution to last week's crossword* la solució dels mots encreuats de la setmana passada

113.3 Desig de descobrir

curious *adj* [vegeu UTILITZACIÓ més avall] curiós *I was curious to see their new house.* Tenia curiositat per veure la seva casa nova.

curiously *adv* curiosament

curiosity *ni* curiositat *We went along out of curiosity.* Hi vam anar per curiositat.

nosy *adj* [pej. Implica curiositat per als assumptes privats dels altres] xafarder **nosiness** *ni* xafarderia

inquisitive *adj* [de vegades pej., però pot implicar una ment brillant i desperta] indagador, que (es) fa moltes preguntes **inquisitively** *adv* inquisitivament
inquisitiveness *ni* curiositat, tafaneria

> *utilització*
>
> Habitualment s'utilitza **curious** en les següents estructures:
> (+ **about**) *I'm curious about his past.* (Tinc curiositat de saber coses del seu passat.) (+ **to** + INFINITIU) *Everyone was curious to know who had written the letter.* (Tothom tenia ganes de saber qui havia escrit la carta.)
> Ja que **curious** també significa estrany o peculiar, no s'utilitzà habitualment fora d'aquestes estructures a no ser que sigui completament inequívoc.
>
> No s'utilitzen **nosy** i **inquisitive** en aquestes estructures. Només es fan servir per descriure persones:
> *He is very nosy.* (És molt xafarder.)
> *My answers obviously did not satisfy this inquisitive six-year-old.* (Evidentment, les meves respostes no van satisfer la curiositat d'aquesta nena de 6 anys.)

114 Understand Entendre

understand *vti, pas.& pp.* **understood** entendre
understanding *ni* [el que s'entén o el que es creu saber] comprensió *My understanding of the contract was that you were responsible for labour costs.* Tal com jo entenc el contracte, els costos laborals eren responsabilitat vostra.
comprehend *vti* [formal. Sovint s'utilitza per donar èmfasi] comprendre *Why she left I shall never comprehend.* No comprendré mai per què se'n va anar.
comprehension *ni* comprensió *They have no comprehension of environmental issues.* No comprenen gens els problemes del medi ambient. *Why he needs another car is **beyond my comprehension**.* [implica retret] No puc comprendre per què necessita un altre cotxe.
grasp *vt* [aconseguir entendre, esp. ac complicada] copsar *Once you've grasped the basic idea, the system's quite simple.* Un cop has copsat l'idea bàsica, el sistema és força senzill.
grasp *n* (cap *pl*) comprensió, coneixement *You need a good grasp of economic theory.* Cal que coneguis a fons la teoria econòmica.
realize, TAMBÉ **-ise** (*brit*) *vt* [implica comprensió sobtada o destaca coneixement d'un fet] adonar-se (de) *I realized I had forgotten my watch.* Em vaig adonar que m'havia oblidat el rellotge. *I realize you're very busy, but it is important.* Comprenc que tens molta feina, però és molt important. **realization** *ni* comprensió
dawn on sb *vt* [implica entendre de sobte un fet, sovint un fet evident] acudir-se ac a algú *It dawned on me that there was a simple answer to the problem.* Se'm va acudir que hi havia una solució senzilla al problema.
see through sb/sth *vt* [implica comprensió malgrat els esforços d'altra gent per amagar els fets. Obj: p. ex. mentides, excuses, persones] calar a/ac, saber quin peu calça algú *She claimed to be a doctor, but we saw through her at once.* Va afirmar que era metge, però la vam calar de seguida.

114.1 Entendre i aprendre

take sth **in** o **take in** sth *vt* [implica comprensió d'un fet prestant atenció] comprendre ac *I was so shocked, I couldn't take in what was happening.* Estava tan espantat que no podia comprendre què passava.
catch on *vi* (sovint + **to**) [informal. Implica ser espavilat per entendre ac] entendre, adonar-se'n *Just watch what I do – you'll soon catch on.* Mira el que faig jo; de seguida entendràs com es fa.
cotton on *vi* (sovint + **to**) [informal. Similar a **catch on**] entendre, adonar-se'n *All the staff were stealing, but the management never cottoned on.* Tot el personal robava, però la direcció no se'n va adonar mai.

> *frase feta*
>
> **get the hang of sth** [informal. Aprendre a fer ac ben feta] arribar a tenir ac per la mà *I haven't quite got the hang of this keyboard yet.* Aquest teclat no l'acabo de tenir per la mà.

115 Misunderstand Malentendre

misunderstand *vti, pas. & pp.* **misunderstood** [implica entendre malament més que no pas no entendre gens] malentendre
misunderstanding *nc* [implica entendre malament; també eufemisme utilitzat per fer esment a una discussió] equivocació, malentès, desavinença *There must be a misunderstanding – I definitely booked a double room.* Ha d'haver-hi un malentès; segur que vaig reservar una habitació doble. *I know we've had a few misunderstandings in the past.* Sóc conscient que hem tingut algunes desavinences en el passat.
incomprehension *ni* [formal] incomprensió *We were amazed at their incomprehension of children's needs.* La seva manca de comprensió de les necessitats dels nens ens va deixar esbalaïts.

115.1 Impedir la comprensió

confuse *vt* **1** [fer-ho difícil d'entendre] confondre *Stop talking so fast – you're confusing me.* Para de parlar tan de pressa, m'estàs atabalant. *I'm still confused about who's in charge here.* Encara no tinc gens clar qui mana aquí. **2** (sovint + **with**) [prendre A per B] confondre *I always confuse him with his brother.* Sempre el confonc amb el seu germà.
puzzle *vt* [intranquil·litzar-se a causa de no entendre ac després d'haver-hi pensat molt] deixar parat, estranyar,

GRUPS DE PARAULES

intrigar *What puzzles me is the lack of motive for the murder.* El que m'intriga és que no hi ha cap mòbil per a l'assassinat. *She looked puzzled.* Semblava perplexa.

puzzle *nc* **1** [ac no entesa] misteri, enigma *His background is a bit of a puzzle.* El seu historial és bastant misteriós. **2** [joc] trencaclosques

bewilder *vt* [causar ansietat, esp. en presentar ac d'una manera confusa o en donar massa informació a la vegada] deixar perplex, atordir *The computer manual left me totally bewildered.* El manual de l'ordinador em va deixar ben marejat. *a bewildering array of goods* un desplegament de productes desconcertant

bewilderment *ni* desconcert *He stared at us in bewilderment.* Ens mirava tot desconcertat.

baffle *vt* [continuar essent incomprensible fins i tot després de pensar-hi bé] desconcertar, confondre *Scientists are baffled by the new virus.* Els científics continuen desconcertats pel nou virus. **bafflement** *ni* desconcert

frases fetes

it beats me [informal. Implica sorpresa i incomprensió] em deixa perplex, em quedo de pedra *It beats me why they ever came back.* Em deixa de pedra que se'ls hagi acudit de tornar.

it's/sth is beyond me [ac és massa difícil o complicada d'entendre] va més enllà de les meves possibilitats *The legal technicalities are beyond me.* Els detalls tècnics se m'escapen.

miss the point [no copsar allò que és important] passar per alt l'essencial *Her reply shows that she misses the whole point of my article.* La seva resposta demostra que no comprèn el quid del meu article.

get (hold of) the wrong end of the stick [informal. Malentès que pot conduir a una reacció inapropriada. Lit.: agafar el bastó per l'altra punta] entendre a l'inrevés, agafar el rave per les fulles

116 Remember Recordar

utilització

Remember pot significar "tenir present" o "no oblidar de fer". Tal i com queda demostrat en els exemples següents, quan significa "tenir present" va seguit d'un verb acabat en **-ing**. Quan significa "no oblidar", el segueix **to** + INFINITIU o un complement directe:

I remember meeting her. (Recordo haver-la coneguda.)

Did you remember her birthday? (Et vas recordar del seu aniversari?)

Did you remember to lock the door? (Et vas recordar de tancar la porta amb clau?)

Recall i **recollect** s'utilitzen només en el primer sentit.

recall *vti* [més aviat formal. Pot implicar un esforç per recordar] (poder) recordar *Do you recall what the man was wearing?* Pots recordar quina roba portava?

recollect *vti* [més aviat formal. De vegades implica recordar d'una manera vaga] recordar *I seem to recollect that his father was a vicar.* Em sembla recordar que el seu pare era capellà.

recollection *nc* record *I have only the dimmest recollections of my father.* Només tinc records molt vagues del meu pare.

memory *n* **1** *ni/c* (cap *pl*) [ment] memòria *She has a remarkable memory for names.* Té una memòria extraordinària pels noms. **2** *nc* [ac que es recorda] record *We have many happy memories of those days.* Tenim molts records agradables d'aquells temps.
memorize, TAMBÉ **-ise** (*brit*) *vt* memoritzar
memorable *adj* [habit. favorable. Prou notable per recordar-se'n] memorable *a truly memorable performance* una interpretació realment memorable
memorably *adv* memorablement

116.1 Fer recordar

remind *vt* (sovint + **of**) [pot ser una acció voluntària o involuntària] recordar *Remind me of your address.* Recorda'm la teva adreça. [de vegades s'utilitza per expressar enuig] *May I remind you that you are a guest here?* Permeti'm recordar-li que aquí vostè és un convidat.

reminder *nc* (sovint + **of**) recordatori, advertència *This is just a reminder that your train leaves at six.* Només et recordo que el tren surt a les sis. *a grim reminder of the horrors of war* un record terrible dels horrors de la guerra

frases fetes

jog sb's memory [fer recordar expressament] refrescar la memòria d'algú *Police staged a reconstruction of the crime to jog people's memories.* La policia va reconstruir el crim per refrescar la memòria de la gent.

bring it all (flooding) back [fer recordar vivament] fer recordar *I had almost forgotten those years, but seeing you brings it all back!* Gairebé havia oblidat aquells anys, però en veure't a tu m'han vingut tots els records a la memòria.

memento *nc*, *pl* **mementos** (sovint + **of**) [objecte guardat com a record d'un esdeveniment] record

souvenir *nc* (sovint + **of**) [objecte, habit. comprat com a record d'un indret o d'unes vacances] record (davant de *n*) *a souvenir shop* una botiga de records

keepsake *nc* [objecte que es dóna a algú per recordar la persona que l'ha donat] record

116.2 Records personals

reminisce *vi* (sovint + **about**) [implica parlar dels records, habit. de manera feliç] rememorar *reminiscing about our schooldays* rememorant els nostres dies d'escola

reminiscence *nc* reminiscència, record *We endured an hour of her reminiscences about the composer.* Vam aguantar les seves reminiscències sobre el compositor durant una hora.

nostalgia *ni* [implica recordar el passat i enyorar-lo] nostàlgia

nostalgic *adj* (sovint + **about, for**) nostàlgic *This music makes me feel nostalgic.* Aquesta música em fa sentir nostàlgic.

117 Forget Oblidar

forget *vti*, -tt-, *pas.* **forgot** *pp.* **forgotten** oblidar
forgetful *adj* [implica oblidar les coses sovint] desmemoriat, oblidós, negligent **forgetfully** *adv* negligentment **forgetfulness** *ni* oblit, negligència

absent-minded *adj* [implica manca de concentració] despistat, distret **absent-mindedly** *adv* de manera despistada **absent-mindedness** *ni* despistament

frases fetes

(something) slips one's mind [sovint s'utilitza en demanar disculpes] oblidar-se'n *I'm sorry I wasn't at the meeting – it completely slipped my mind.* Em sap greu no haver assistit a la reunió, me'n vaig oblidar del tot.

have a memory like a sieve [exageració jocosa. Lit.: tenir una memòria com un colador] tenir molt mala memòria

out of sight, out of mind [proverbi. Hom s'oblida de la gent, dels problemes, etc., quan se n'està allunyat. Lit: fora de vista, fora de ment] d'allò que els ulls no veuen el cor no se'n dol

(have something) on the tip of one's tongue [no poder dir una cosa sabuda perquè momentàniament no es recorda] (tenir ac) a la punta de la llengua *His name is on the tip of my tongue.* Tinc el seu nom a la punta de la llengua.

let sleeping dogs lie [proverbi. No remoure les velles discussions i els vells greuges] val més no remoure vells fantasmes

118 Surprise Sorpresa

surprise *vt* [mot general. Pot implicar molta o poca emoció] sorprendre *I'm not surprised you didn't stay!* No em sorprèn que no et quedessis! *A surprising number of people turned up.* Era sorprenent el gran nombre de gent que es va presentar. **surprisingly** *adv* sorprenentment

surprise *n* **1** *nc* [cosa habit. agradable que sorprèn] sorpresa *Jennifer! What a nice surprise!* Jennifer! Quina sorpresa més agradable! **2** *ni* [emoció] sorpresa *Much to her surprise, she got the job.* Amb gran sorpresa per part seva, li van donar la feina. *The offer took me by surprise.* L'oferta em va agafar de sorpresa.

amaze *vt* [més fort que **surprise**] sorprendre, esbalair *You'd be amazed how often it happens.* Et sorprendria molt saber quantes vegades passa. *It is amazing he wasn't killed.* És un miracle que no es matés.

amazement *ni* sorpresa, esbalaïment *We watched in amazement as he stroked the lions.* Miràvem esbalaïts com acariciava els lleons.

amazing *adj* [habit. favorable. Força informal, s'utilitza per donar èmfasi] meravellós, extraordinari *Their garden is amazing.* El seu jardí és una meravella.
amazingly *adv* meravellosament

astonish *vt* [més fort que **surprise**. La sensació és el resultat d'un fet poc esperat] astorar, sorprendre, deixar parat *The confession astonished us all.* La confessió ens va deixar tots parats. *I was astonished by his rudeness.* Em vaig quedar astorat de la seva grosseria. **astonishing** *adj* desconcertant **astonishingly** *adv* sorprenentment **astonishment** *ni* sorpresa, astorament

astound *vt* [més fort que **surprise**. Lleug. més fort que **amaze** i **astonish**. La sensació és el resultat d'un fet poc esperat] esbalair, xocar *We made an astounding discovery.* Vam descobrir una cosa esbaladora.

astoundingly *adv* de manera esbalaïdora

118.1 Sorpresa desagradable

shock *vt* [implica sorpresa i angoixa perquè ac és terrible, dolenta o immoral] trasbalsar *His death shocked the art world.* La seva mort va trasbalsar el món de l'art. *She showed a shocking lack of tact.* Mostrava una manca de discreció escandalosa.
shockingly *adv* d'una manera sobtant, escandalosament

shock *n* **1** *nc* [esdeveniment] xoc, commoció, disgust *Her resignation came as a shock to most of us.* A la majoria de nosaltres la seva dimissió ens va agafar per sorpresa. **2** *ni* [sensació. Pot ser un terme mèdic] xoc, atac de nervis *He's still in a state of shock.* Encara està en un estat de xoc.

startle *vt* [implica reacció d'espant curta però sobtada] espantar *We were startled by a gunshot.* Ens va espantar un tret de pistola.

startling *adj* [sorprenent i lleug. inquietant] esfereïdor *Did you notice her startling resemblance to her mother?* Et vas adonar de la semblança tan sorprenent entre ella i la seva mare? **startlingly** *adv* de manera esfereïdora

stun *vt*, -nn- [sorprendre o espantar, sovint d'una manera tan forta que no permet reaccionar] atordir, desconcertar *The bank's collapse stunned the financial world.* La fallida del banc va deixar el món financer ben desconcertat. *We sat in stunned silence.* Sèiem en silenci, tots desconcertats.

stunning *adj* **1** [molt sorprenent] aclaparador *a stunning lack of courtesy* una manca de cortesia aclaparadora **2** [molt bella] meravellós *You look stunning in that outfit.* Estàs meravellosa en aquell conjunt.

speechless adj [incapaç de parlar a causa d'una sorpresa agradable o desagradable, o per estar enrabiat] bocabadat

118.2 Sorprenent i anormal
vegeu també **444 Unusual**

extraordinary adj **1** [emfàtic. Estrany] increïble, sorprenent *What an extraordinary man!* Quin home més increïble! **2** [més gran del normal] extraordinari, fabulós *She has an extraordinary talent.* Té un talent extraordinari. **extraordinarily** adv extraordinàriament

unexpected adj [força menys emfàtic que **extraordinary**] inesperat *The cheque was completely unexpected.* No m'esperava gens rebre el xec.
unexpectedly adv de manera inesperada *Some friends arrived unexpectedly.* Uns amics van arribar inesperadament.

incredible adj **1** [difícil de creure. Descriu: p. ex. coincidència, sort, comportament] increïble *They drove at an incredible speed.* Conduïen a una velocitat increïble. **2** [informal. Meravellós] fantàstic *That was an incredible meal.* Aquell va ser un àpat fantàstic.
incredibly adv [extremadament. Habit. dóna èmfasi a un adj] increïblement *incredibly boring* increïblement avorrit

miracle nc miracle *It's a miracle you weren't hurt.* És un miracle que no et fessis mal.
miraculous adj miraculós *They had a miraculous escape.* Se'n van sortir miraculosament. **miraculously** adv miraculosament

frases fetes

it's a wonder (that)... és un miracle que... *It's a wonder nobody was hurt.* És un miracle que no prengués mal ningú.
it/sth never ceases to amaze me [expressa sorpresa i sovint desaprovació perquè les coses no canvien] no deixa de sorprendre'm *Her stubbornness never ceases to amaze me!* La seva tossuderia mai no em deixa de sorprendre.
Now I've seen/heard everything! [expressa sorpresa i sovint ira] Ara ho he vist/sentit tot!
out of the blue [inesperadament] com caigut del cel *Their offer came out of the blue.* La seva oferta va arribar com caiguda del cel.
take sb aback agafar desprevingut *I was taken aback by his frankness.* La seva franquesa em va agafar desprevinguda.

119 Boring Avorrit

utilització

Si una novel·la, una pel·lícula, una persona, etc. avorreix, diem que és **boring**. Les persones afectades per aquest avorriment estan **bored**. Aquesta diferència es pot aplicar igualment a altres parelles d'adjectius que acaben en **-ing** i **-ed**, com ara **interesting**, **interested**; **exciting**, **excited**; **frightening**, **frightened**, **tiring**, **tired**, etc.
The conversation was very boring; everybody was bored. (La conversa era avorrida; tothom estava avorrit.)

bore vt [implica manca d'interès] avorrir *Aren't you bored with your job?* No estàs avorrit amb la teva feina? *I get bored stiff sitting at home.* Em moro d'avorriment asseguda a casa. *I found her latest novel rather boring.* Vaig trobar la seva última novel·la bastant avorrida.

bore nc [persona que avorreix] pesat -da, pallissa
boredom ni avorriment

uninteresting adj [lleug. més formal i menys emfàtic que **boring**] poc interessant

dull adj [que no inspira interès] avorrit, ensopit *a dull book* un llibre avorrit **dullness** ni avorriment

tedious adj [més fort i més despectiu que **boring** i **dull**. Descriu: esp. esdeveniments o accions reiteratives o massa llargues] tediós *Her complaints are utterly tedious.* Les seves queixes són tedioses. **tediously** adv avorridament **tediousness** ni avorriment

monotonous adj [que avorreix per ser poc variat. Descriu: p. ex. una feina, una música] monòton
monotony ni monotonia

dry adj [implica manca d'humor, d'anècdotes, etc. que farien més interessant ac. Descriu: p. ex. uns fets, una xerrada, un llibre] ensopit

símil

as dry as dust [lit.: sec com la pols] avorrit com una ostra, sense suc ni bruc

bland adj [manca de trets acusats. Descriu: p. ex. un espectacle, un menjar] fluix, insuls, bla **blandness** ni insipidesa

long-winded adj [que utilitza més paraules de les necessàries] llarg i avorrit

dreary adj [avorrit i depressiu. Descriu: p. ex. una vida, el temps] trist, monòton

frases fetes

be tired of [menys emfàtic que **fed up**] estar cansat de *I was tired of waiting and went home.* Estava cansat d'esperar i vaig anar cap a casa.
be fed up (with) [informal. Implica avorriment, impaciència, ira o tristesa] estar fart (de), estar tip (de) *I'm fed up with waiting.* Estic fart d'esperar. *I'm fed up with your complaining!* Estic tipa de les teves queixes!
be sick of [informal. Molt més fort que **tired of**. Implica irritació i disgust] estar-ne fins al capdamunt *I'm sick of your excuses!* Les teves excuses ja em fan fàstic!
be sick and tired of/sick to death of [informal. Frases molt emfàtiques] tenir-ne els nassos plens *I'm sick and tired of this job.* En tinc els nassos plens, d'aquesta feina.

120 Interesting Interessant

interesting adj interessant *Her book was very interesting.* El seu llibre era molt interessant.

interest n 1 ni (sovint + **in**) interès *She's never shown much interest in religion.* No ha mostrat mai gaire interès per la religió. *These books are of great interest to historians.* Aquests llibres són de gran interès per als historiadors. 2 nc [entreteniment o especialitat] hobby, afecció *My interests include rock-climbing and water sports.* Sóc afeccionada a l'escalada i als esports aquàtics.

interest vt interessar *His political views interest me.* M'interessen les seves idees polítiques.

interested adj (sovint + **in**) interessat *I'm not interested in your problems.* No m'interessen els teus problemes.

fascinating adj fascinant *Studying languages is fascinating.* Estudiar idiomes és fascinant.

fascinate vt fascinar *I'm fascinated by insects.* Els insectes em fascinen.

fascination ni fascinació *India has long held a strange fascination for the British.* Durant molt de temps l'Índia ha exercit una estranya fascinació sobre els britànics.

gripping adj [implica que produeix emoció o que capta l'atenció] apassionant, absorbent *His memoirs are gripping stuff!* Les seves memòries són d'allò més apassionants!

121 Doctor Metge

TRACTAMENT MEDIC AL REGNE UNIT

El **National Health Service** (o **NHS**; Servei Nacional de la Salut) és el sistema estatal de Gran Bretanya que s'encarrega de les necessitats mèdiques de la població. La majoria de la gent està adscrita a un metge local (un **general practitioner**, o **GP**; metge de capçalera), que és la primera persona que visita un pacient en cas de qualsevol malaltia. Si el pacient requereix tractament especialitzat, el metge el pot remetre a un hospital o a un especialista. Els metges i els hospitals del National Health Service no cobren el tractament (es paga mitjançant els impostos estatals), però es cobra un import fix per a cada medicament receptat. Avui dia molta gent paga una assegurança privada, la qual els permet un tractament sense demora i sovint amb més confort. Els dentistes normalment pertanyen al **NHS**, però cobren una part dels honoraris al pacient. Molts dentistes també accepten pacients particulars.

doctor nc metge -essa

surgery (*brit*), **office** (*amer*) nc consultori

health centre nc [on treballen metges i personal auxiliar] ambulatori

health visitor nc (*brit*) [habit. infermera que visita mares i nadons, etc., a casa seva] infermer -a

homeopath nc homeòpata **homeopathic** adj [descriu: esp. un metge, un remei] homeopàtic

vet nc [abrev de **veterinary surgeon**; el terme sencer rarament s'utilitza] veterinari -ària

appointment nc cita *to make an appointment* demanar hora

122 Hospital Hospital

patient nc pacient

outpatient nc pacient extern

clinic nc [establiment menor o secció d'hospital, habit. per a tractaments especialitzats] centre *an infertility clinic* un consultori d'infertilitat *the family planning clinic* el centre de planificació familiar

nursing home nc [residència per a la gent gran o per als convalescents] clínica de repòs

ward nc sala (d'hospital) *Which ward is he in?* A quina sala és? *maternity ward* sala de maternitat

nurse nc infermer -a

nursing ni d'infermeria (davant de n) *nursing staff* personal d'infermeria

sister nc (*brit*) infermera (encarregada d'una sala)

midwife nc llevadora

utilització

S'utilitzen **nurse**, **sister** i **doctor** per adreçar-se a la persona en qüestió: p. ex. *Is it serious, doctor?* (És greu, doctor?)

consultant nc (*brit*) especialista

utilització

Els especialistes tenen un grau superior als altres metges, i tenen el títol **Mr.** (no **Dr.**): p. ex. *Mr. Sheppard.*

specialist nc especialista

paramedic nc [personal, com p. ex. el conductor d'ambulància, que té coneixements bàsics de medicina] paramèdic

ambulance nc ambulància (davant de n) *ambulance workers* personal de l'ambulància

122.1 Cirurgia

surgeon nc cirurgià -ana *a brain surgeon* un neurocirurgià

surgery ni cirurgia *She underwent open-heart surgery.* La van operar a cor obert.

operation nc intervenció quirúrgica, operació *a cataract operation* intervenció de cataractes

operate vi (sovint + **on**) operar *They operated on his leg to save it.* Li van operar la cama per salvar-la-hi.
operating theatre nc quiròfan
anaesthetist (*brit*), **anesthetist** (*amer*) nc anestesista
anaesthetic (*brit*), **anesthetic** (*amer*) nc anestèsic, anestèsia *The lump was removed under anaesthetic.* Li van treure el bony amb anestèsia.
general anaesthetic nc anestèsia total *I had a general anaesthetic.* Em van posar anestèsia total.
local anaesthetic nc anestèsia local
anaesthetize (*brit*), **anesthetize** (*amer*) vt anestesiar

123 Dentist Dentista

dentist nc dentista *I went to the dentist's yesterday.* Ahir vaig anar al dentista.
dental adj (davant de n) dental *dental hygiene* higiene dental
dental nurse nc (*brit*) infermer -a (dentista)
dental hygienist nc (*esp. amer*) higienista dental
drill nc fresa **drill** vt fresar
filling nc empastat *You'll have to have a filling.* Li haurem d'empastar una dent.
to have a tooth out fer-se extraure una dent
wisdom teeth n pl queixals del seny

bridge nc pont
crown nc funda **crown** vt posar una funda
false teeth [mot usual per designar la pròtesi que substitueix les dents] dentadura postissa, dents postisses *a set of false teeth* una dentadura postissa
dentures n pl [més tècnic que **false teeth**] dentadura postissa (*sing* davant de n) *a denture brush* un raspall per a la dentadura postissa
brace nc (*brit*), **braces** n pl (*amer*) aparell ortodòntic
decay ni càries *tooth decay* càries dental

124 Illnesses Malalties

vegeu també **128 Unhealthy**

124.1 Mots genèrics

illness nc/i malaltia
disease nc/i malaltia *tropical diseases* malalties tropicals *the fight against disease* la lluita contra les malalties
infection nc/i infecció *a viral infection* una infecció vírica *Stress weakens your resistance to infection.* L'estrès debilita la resistència a les infeccions.
fever nc/i febre *She's still got a bit of a fever.* Encara té una mica de febre. *It relieves pain and brings down fever.* Calma el dolor i rebaixa la febre. *yellow fever* febre groga
feverish adj febrós *I felt shivery and feverish.* Tenia esgarrifances i febre.
epidemic nc epidèmia *a typhoid epidemic* una epidèmia de tifus
plague nc/i [habit. en contextos històrics. Greu i sovint mortal] pesta *bubonic plague* pesta bubònica *an outbreak of plague* una epidèmia de pesta
allergy nc (sovint + **to**) al·lèrgia *children with allergies to cow's milk* nens que són al·lèrgics a la llet de vaca
allergic adj (sovint + **to**) al·lèrgic *She's allergic to cats.* És al·lèrgica als gats.

124.2 Causes de malalties

bacteria n pl bactèries *the spread of dangerous bacteria* la proliferació de bactèries nocives
bacterial adj bacterià *a bacterial infection* una infecció bacteriana
germ nc [menys tècnic que **bacteria**. Sempre és nociu] germen, microbi *flu germs* virus de la grip
virus nc virus *No vaccine exists against the virus.* No existeix cap vacuna contra el virus. **viral** adj víric
bug nc [informal. Qualsevol malaltia o germen que no és gaire greu] microbi *a tummy bug* una infecció al ventre
infect vt infectar
infectious adj [que es transmet per l'aire. Descriu: persones] infecciós, contagiós [descriu: una malaltia, una etapa de malaltia] infecciós, que s'encomana
contagious adj [que s'encomana mitjançant contacte físic] contagiós

124.3 Disminució física

handicap nc/i [que afecta les extremitats, els sentits o la ment] minusvalidesa *They suffer from different degrees of handicap.* Pateixen de diferents graus de minusvalidesa.
handicapped adj minusvàlid, disminuït *handicapped athletes* atletes minusvàlids *mentally handicapped* disminuïts psíquics (ref. al col·lectiu n) *activities for the handicapped* activitats per als minusvàlids
invalid nc invàlid -a *The accident left her a total invalid.* L'accident la va deixar invàlida total.
disabled adj incapacitat *a car adapted for disabled drivers* un cotxe adaptat per als incapacitats (ref. al col·lectiu n) *facilities for the disabled* facilitats per als incapacitats
paralyse (*brit*), **paralyze** (*amer*) vt paralitzar *The accident left her with both legs paralysed.* L'accident la va deixar amb les dues cames paralitzades. **paralysis** ni paràlisi
lame adj [descriu: persones, animals] coix *She's slightly lame in her left leg.* És una mica coixa de la cama esquerra. **lameness** ni coixera

124.4 Problemes amb la vista, l'oïda i la parla

vegeu també **87** Hear; **91** See and Look; **341** Speak

blind adj cec *to go blind* tornar-se cec (ref. al col·lectiu n) *a braille edition for the blind* una edició en braille per als cecs **blind** vt encegar **blindness** ni ceguesa

partially sighted [força tècnic] amb visió parcial (ref. al col·lectiu n) *the partially sighted* les persones amb visió parcial

shortsighted adj curt de vista, miop **shortsightedness** ni miopia

longsighted adj prèsbita **longsightedness** ni presbícia

optician nc òptic -a *I will have to buy some contact lens solution from the optician's.* Hauré d'anar a l'òptic per comprar un líquid per a les meves lents de contacte.

deaf adj [no implica necessàriament la pèrdua total de l'oïda] sord *This cold's making me terribly deaf.* El refredat m'està deixant sorda. (ref. al col·lectiu n) *the deaf* els sords **deafness** ni sordera

hard of hearing (darrere v) [que no és totalment sord. Eufèmic] dur d'orella (ref. al col·lectiu n) *subtitles for the hard of hearing* subtítols per als sords

dumb adj mut (ref. al col·lectiu n) *the deaf and dumb* els sords-muts

> *símils*
>
> **as blind as a bat** [lit.: cec com una rata-pinyada] cec com un talp
>
> **as deaf as a post** [lit.: sord com un pal] sord com una tàpia

124.5 Úlceres i bonys

sore nc [lloc on la pell està infectada. No tan greu com **ulcer**] úlcera, plaga

rash nc [grans distribuïts sobre una àrea del cos] erupció *Yesterday she came out in a rash.* Ahir li va sortir una erupció.

blister nc butllofa *I could hardly walk for the blisters on my feet.* Gairebé no podia caminar per les butllofes als peus. **blister** vit embutllofar(-se)

corn nc ull de poll, durícia *You trod on my corn.* M'has trepitjat l'ull de poll.

bunion nc [deformitat de l'articulació del dit gros del peu] galindó

wart nc berruga

abscess nc abscés, pústula *to drain an abscess* drenar un abscés

ulcer nc [úlcera oberta dins del cos o a la pell. Més greu que **sore**] úlcera *a mouth ulcer* una afta *a stomach ulcer* una úlcera d'estómac

boil nc [inflor amb pus sobre la pell] furóncol, gra maligne

124.6 Malalties de l'hivern

cold nc refredat *to catch (a) cold* agafar un refredat

flu ni [mot normal per **influenza**] grip *I've got a touch of flu.* Estic una mica engripat. *She's got (the) flu.* Té la grip.

cough nc **1** [malaltia] tos *a smoker's cough* tos de fumador **2** [soroll individual] estossec *I heard a cough.* Vaig sentir un estossec. **cough** vi tossir

sneeze nc esternut *a loud sneeze* un esternut sorollós **sneeze** vi esternudar

124.7 Estómac i canal digestiu

stomachache nc/i mal d'estómac *Yoghurt gives me stomachache.* El iogurt em fa mal d'estómac.

diarrhoea, TAMBÉ **diarrhea** (amer) ni diarrea

the runs n pl [mot informal i jocós per referir-se a diarrea] diarrea *I hope those blackberries don't give you the runs.* Espero que aquestes móres no et facin diarrea.

constipation ni restrenyiment **constipated** adj restrenyit

vomit vit [sovint en contextos formals o mèdics] vomitar *to vomit blood* vomitar sang **vomit** ni vòmit

be sick (brit) [mot normal per **vomit**] treure *I was sick in the sink.* Vaig vomitar a l'aigüera.

sick adj [nauseabund] marejat *I felt sick.* Estava marejat.

throw up (sth) o **throw** (sth) **up** vit [informal, poc delicat] canviar la pesseta *The food was so greasy I threw up.* El menjar era tan greixós que vaig canviar la pesseta.

nausea ni [més aviat formal i s'utilitza en contextos mèdics] nàusea *Nausea can be one of the side effects.* Les nàusees poden ser un dels efectes secundaris.

nauseous adj [més aviat formal] nauseabund *Are you feeling nauseous?* Tens nàusees?

indigestion ni indigestió *Lentils always give me indigestion.* Les llenties sempre em causen indigestió.

food poisoning ni intoxicació alimentària *food poisoning caused by contaminated meat* una intoxicació causada per carn contaminada

appendicitis ni apendicitis *She was rushed to hospital with acute appendicitis.* La van portar d'urgències a l'hospital amb una apendicitis aguda.

124.8 Malalties del cap i del pit

headache nc mal de cap *I've got a splitting headache.* Tinc un mal de cap insuportable.

migraine ni/c migranya

earache ni/c mal d'orella

toothache ni/c mal de queixal

sore throat nc mal de coll

asthma ni asma **asthmatic** adj asmàtic **asthmatic** nc asmàtic -a

bronchitis ni bronquitis

124.9 Dolor d'ossos i de músculs

backache nc/i mal d'esquena

cramp ni rampa *muscle cramp* rampa muscular

rheumatism ni reumatisme **rheumatic** adj reumàtic

arthritis *ni* artritis *She's crippled with arthritis.* Està impossibilitada per l'artritis. **arthritic** *adj* artrític

124.10 Malalties infantils

German measles *ni* [nom mèdic **rubella**] rubèola

measles *ni* xarampió

chicken pox *ni* varicel·la

tonsillitis *ni* amigdalitis

mumps *ni* galteres

whooping cough *ni* tos ferina

124.11 Problemes de la sang i del cor

anaemia (*brit*), **anemia** (*amer*) *ni* anèmia **anaemic** (*brit*), **anemic** (*amer*) *adj* anèmic

haemophilia (*brit*), **hemophilia** (*amer*) *ni* hemofília **haemophiliac** (*brit*), **hemophiliac** (*amer*) *nc* hemofílic -a

blood pressure *ni* tensió arterial *I'd better take your blood pressure.* Més val que li prengui la tensió. *high/low blood pressure* hipertensió/hipotensió

heart attack *nc* atac de cor *He has had two heart attacks.* Ha tingut dos atacs de cor.

stroke *nc* embòlia (davant de *n*) *stroke patients* pacients que han patit una embòlia

124.12 Càncer i altres malalties greus

cancer *ni/c* càncer *skin cancer* càncer de pell *cancer of the liver* càncer de fetge **cancerous** *adj* cancerós

leukaemia (*brit*), **leukemia** (*amer*) *ni* leucèmia

tumour (*brit*), **tumor** (*amer*) *nc* tumor *an operable tumour* un tumor extirpable

benign *adj* [descriu: tumors] benigne *a benign polyp* un pòlip benigne

malignant *adj* [descriu: tumors] maligne *a malignant growth* un tumor maligne

VD *ni* [força informal, encara que es fa servir més que el terme tècnic **venereal disease**] malaltia venèria

Aids *ni* [forma usual de **Acquired Immune Deficiency Syndrome**] sida *a test for Aids* una prova per a la sida

HIV *ni* [forma usual per **human immunodeficiency virus**, el virus que causa la sida] VIH *HIV positive* VIH positiu

epilepsy *ni* epilèpsia

epileptic *adj* epilèptic *an epileptic fit* un atac epilèptic **epileptic** *nc* epilèptic -a

fit *nc* atac *to have a fit* patir un atac

diabetes *ni* diabetis **diabetic** *adj* diabètic **diabetic** *nc* diabètic -a

124.13 Lesions

injury *nc/i* lesió, ferida *She suffered severe head injuries.* Va patir lesions greus al cap.

injure *vt* fer mal a, lesionar *I injured my knee in the fall.* En la caiguda em vaig fer mal al genoll. (sovint *pp.*) *an injured knee* un genoll lesionat (ref. al col·lectiu *n*) *The injured were taken to a local hospital.* Els ferits van ser duts a un hospital local.

wound *nc* 1 [tall, etc., en contextos mèdics] ferida *to clean and dress a wound* netejar i curar una ferida 2 [ferida de guerra] ferida *an old war wound* una antiga ferida de guerra

wound *vt* [habit. a la guerra] ferir *He was badly wounded in the war.* Va patir ferides greus a la guerra. (ref. al col·lectiu *n*) *the dead and wounded* els morts i els ferits

fracture *nc* fractura *a simple fracture* una fractura simple **fracture** *vt* fracturar, trencar

break *vt*, *pas.* **broke** *pp.* **broken** trencar *a broken arm* un braç trencat

bruise *nc* blau, morat **bruise** *vt* fer un blau, masegar

sprain *nc* torcement

---

utilització

Hi ha algunes combinacions regulars de paraules relacionades amb els noms de malalties o ferides. Termes com **asthma** i **indigestion** són incomptables; quan ocorren, es parla d'un **attack** o un **bout** (atac), p. ex. *an attack of asthma* o *an asthma attack*, però només *an attack of indigestion*. Es pot dir o bé *a bout* o bé *an attack of coughing/sneezing*.

Observeu els verbs següents:

catch *vt*, *pas. & pp.* **caught** [obj: malaltia que s'encomana] agafar *I've caught the flu.* He agafat la grip.

contract *vt* [s'utilitza en contextos mèdics o formals] contraure *He contracted Aids.* Va contraure la sida.

have got *vt* [permanentment o temporal] tenir *She's got tonsillitis/arthritis.* Té amigdalitis/artritis.

suffer from sth *vt* [obj: habit. una malaltia força greu, permanentment o temporal] patir de, ser víctima de *She suffers from migraine.* Pateix de migranya. *He's suffering from cancer.* És víctima d'un càncer.

die of sth *vt* morir de *He died of food poisoning.* Va morir d'una intoxicació.

Observeu també l'ús de **with** en frases com:

He's in hospital with a heart attack. (Està ingressat per un atac de cor.)

She's in bed with a cold. (Està al llit perquè té un refredat.)

I'm off work with bronchitis. (Estic de baixa per la bronquitis.)

Les persones que pateixen una malaltia durant molt de temps se'ls anomena **sufferers**: *arthritis sufferers* (malalts d'artritis), però de vegades hi ha un terme específic per referir-se a la persona que pateix la malaltia; p. ex. *an asthmatic* (un asmàtic), *a haemophiliac* (un hemofílic). Algunes malalties es consideren com accidents i als afectats se'ls diu **victims**: *heart attack victims* (víctimes d'un atac de cor). Aquest terme no és sempre adequat: p. ex. alguns *Aids sufferers* (malalts de la sida) trobarien ofensiu el terme *Aids victims* (víctimes de la sida).

125 Symptoms Símptomes

125.1 Dolor

pain *ni/c* [mot genèric] dolor *She's in a lot of pain.* Té molt de dolor. *He's complaining of severe chest pains.* Es queixa d'un dolor fort al pit. *a sharp pain* [intens i sobtat] un dolor agut *a dull pain* [continu, molest, però no intens] un dolor sord

painful *adj* [descriu: p. ex. malaltia, ferida, part del cos] dolorós *Do you find it painful to swallow?* Et fa mal quan empasses?

hurt *v, pas. & pp.* **hurt 1** *vi* fer mal *My ankle hurts like mad.* Em fa molt mal el turmell. **2** *vt* [habit. implica lesió més que dolor] fer mal a, lesionar *She was badly hurt in the fall.* Es va lesionar greument en la caiguda. *It hurts my back to walk.* Em fa mal l'esquena quan camino.

ache *nc* [implica dolor continu més que dolor intens] mal *Tell me all about your aches and pains.* Explica'm tots els teus mals.

ache *vi* fer mal *My eyes are aching.* Em fan mal els ulls.

discomfort *ni* [menys fort que dolor] malestar *You may feel a little discomfort as the probe is inserted.* Pot tenir una sensació de malestar quan li fem entrar la sonda.

sore *adj* [implica irritació, esp. de la pell, o fatiga dels músculs] adolorit *My shoulders were sore with the straps of the rucksack.* Tenia les espatlles adolorides per les corretges de la motxilla. **soreness** *ni* adoloriment

throb *vi, -bb-* [implica dolor amb pulsacions fortes] bategar *My head is throbbing.* Em sento bategar el cap.

itch *nc* picor *I've got this itch behind my ear.* Em pica darrere l'orella. **itch** *vi* picar **itchy** *adj* que pica

sting *nc* [implica una sensació forta i irritant] coïssor *the sting of the surgical spirit* la coïssor de l'alcohol

sting *v, pas. & pp.* **stung 1** *vi* [subj. p. ex. crema, fum] picar **2** *vt* [obj: esp. ulls] picar *The smoke stung my eyes.* El fum feia que em piquessin els ulls.

tender *adj* [que provoca dolor al contacte] sensible, adolorit *The lips are still swollen and tender.* Els llavis encara estan inflats i adolorits. **tenderness** *ni* adoloriment

frase feta

my feet are/my back is (etc.) **killing me** [informal. Que fa molt mal] Em moro del mal que em fan els peus/fa l'esquena.

125.2 Símptomes evidents

pale *adj* pàl·lid *You look terribly pale.* Estàs terriblement pàl·lid. **paleness** *ni* pal·lidesa

pallor *ni* [més formal que **paleness** i suggereix manca de salut] lividesa *an unhealthy pallor* una lividesa malaltissa

wan *adj* [implica pal·lidesa i tristesa] macilent *She still looks weak and wan.* Encara té aspecte fràgil i macilent.

swell *v, pas.* **swelled** *pp.* **swollen** O **swelled 1** *vi* (sovint + **up**) inflar-se *His eye had swollen up.* Se li havia inflat l'ull. **2** *vt* [menys usual que **make** ac **swell**] inflar *Her face was swelled by the drugs.* Tenia la cara inflada pels medicaments. **swelling** *nc/i* inflor, tumefacció **swollen** *adj* inflat, tumefacte

bleed *vi, pas. & pp.* **bled** [subj: p. ex. una persona, una ferida] sagnar *His nose was bleeding profusely.* Li sagnava el nas abundantment.

bleeding *ni* hemorràgia, sangfluix *Try to stop the bleeding.* Intenta tallar l'hemorràgia.

temperature *nc* temperatura, febre *to have a high temperature* tenir febre

125.3 Pèrdua de coneixement

faint *vi* desmaiar-se *She was fainting from exhaustion.* [semblava com si es desmaiés] Estava exhausta fins al punt de perdre el coneixement.

faint *adj* marejat *I feel faint.* Estic a punt de desmaiar-me.

faint *nc* desmai *He went into a dead faint.* Es va desmaiar. **faintness** *ni* debilitat, desmai

pass out *vi* [més informal que **faint**] perdre el coneixement

unconscious *adj* (habit. darrere *v*) inconscient *the blow knocked him unconscious* el cop li va fer perdre el coneixement **unconsciousness** *ni* inconsciència

coma *nc* coma *He is in a coma.* Està en coma.

dizzy *adj* (habit. darrere *v*) [implica pèrdua d'equilibri, esp. amb sensació de rodament de cap] marejat *Heights make me feel dizzy.* Les altures em causen vertigen. **dizziness** *ni* mareig

125.4 Símptomes audibles

hoarse *adj* [com si tinguessis mal de coll. Descriu: esp. persones, veu] afònic *a hoarse smoker's cough* una tos ronca de fumador **hoarsely** *adv* afònicament **hoarseness** *ni* afonia

frase feta

have a frog in one's throat [informal. Lit.: tenir una granota a la gola] tenir ronquera

hiccup, -pp- TAMBÉ **hiccough** *vi* singlotar
hiccup TAMBÉ **hiccough** *nc* singlot *She's got (the) hiccups.* Té singlot.

burp *vi* eructar

burp *nc* eructe *He gave a discreet burp.* Va eructar discretament.

belch *vi* [més sorollós que **burp**] rotar **belch** *nc* rot

fart *vi* [informal. Mot poc delicat] fer pets **fart** *nc* pet

pass wind [mot més delicat per a **fart**] fer ventositats

126 Cures Guaricions

cure vt (sovint + **of**) [fer millorar. Obj: esp. un pacient, una malaltia] guarir, curar *He's been cured of his fits.* Li han guarit els atacs.
cure nc [substància o tractament] remei, cura *There's no cure for baldness.* No hi ha cap remei per a la calvícia.
remedy nc [substància que guareix] remei *homeopathic remedies* remeis homeopàtics
treat vt (sovint + **for**) [obj: p. ex. un pacient, una malaltia] tractar *He's being treated for anaemia.* Rep un tractament per a l'anèmia.
treatment nc/i tractament *a new cancer treatment* un nou tractament per al càncer
therapy ni/c [més formal o tècnic que **treatment**] teràpia *They're trying laser therapy.* Estan provant la teràpia làser. **therapist** nc terapista
medical adj (habit. davant de n) mèdic *medical ethics* ètica mèdica *the medical profession* la professió mèdica
medicinal adj medicinal *the plant's medicinal uses* les utilitats medicinals de la planta

126.1 Millorar-se

better adj [no tècnic] millor *get/feel better* millorar-se/sentir-se millor *She's getting better gradually.* De mica en mica es va trobant millor.
recover vi (sovint + **from**) recuperar-se, refer-se *He's still recovering from his bronchitis.* Encara s'està recuperant de la bronquitis.
recovery nc/i recuperació *She's made a remarkable/full recovery.* S'ha refet de manera extraordinària/del tot. *factors that assist recovery* factors que afavoreixen la recuperació
heal vit [subj: p. ex. os trencat, ferida] guarir, cicatritzar(-se) *Her ankle took a long time to heal.* Va trigar molt a curar-se-li el turmell.
convalesce vi [implica descans i la part final de la recuperació] refer-se *She was sent to Switzerland to convalesce.* La van enviar a Suïssa perquè es refés.
convalescence ni convalescència *He returned after a month's convalescence.* Va tornar després d'un mes de convalescència.
recuperate vi [implica descans per guanyar força] refer-se, recuperar-se
recuperation ni recuperació *You need a little **rest and recuperation**.* Vostè necessita una mica de descans i recuperació.
(be) on the mend [força informal] millorar

126.2 Diagnòstic

diagnose vt [obj: p. ex. una malaltia, la causa d'una malaltia] diagnosticar *They've diagnosed diabetes.* Han diagnosticat diabetis.
diagnosis nc/i, pl **diagnoses** diagnosi *They've made a positive diagnosis.* La diagnosi ha estat positiva.
thermometer nc termòmetre
take sb's temperature [a Gran Bretanya i Estats Units, habit. de la boca] prendre la temperatura a algú
take sb's pulse prendre el pols a algú

126.3 Injeccions

injection nc/i injecció *a typhoid injection* una injecció contra el tifus *The drug is administered by injection.* El medicament s'administra amb injecció. **inject** vt injectar
jab nc (*esp. brit*) [informal. Habit. per prevenir una malatia] punxada *a tetanus jab* una punxada contra el tètan
shot nc (*esp. amer*) [informal] punxada *I'm having some shots for my hayfever.* M'estan punxant per tractar-me la febre del fenc.
vaccinate vt (sovint + **against**) vacunar *We vaccinate all the children against measles now.* Avui dia vacunem tots els nens contra el xarampió.
vaccination nc/i vacunació *We recommend vaccination against cholera and yellow fever.* Recomanem vacunar-se contra el còlera i la febre groga. **vaccine** nc vacuna
inoculate vt (sovint + **against**, **with**) inocular *The patient is inoculated with a weak form of the virus.* S'inocula el pacient amb una forma dèbil del virus. **inoculation** nc/i inoculació
immunize, TAMBÉ **-ise** (*brit*) vt (sovint + **against**) immunitzar **immunization** ni immunització
syringe nc xeringa
syringe vt [habit. per netejar. Obj: esp. l'orella] xeringar
needle nc agulla
blood transfusion nc transfusió de sang *to give sb a blood transfusion* fer-li a algú una transfusió de sang

126.4 Receptes

prescription nc [només mèdica] recepta *a prescription for sleeping pills* una recepta de píndoles per dormir *to dispense a prescription* (*brit*), *to fill a prescription* (*amer*) preparar una recepta
dose nc 1 TAMBÉ **dosage** [quantitat que s'ha de prendre el pacient] dosi *Do not exceed the stated dose.* No sobrepasseu la dosi indicada. 2 [quantitat que s'ha de prendre cada vegada] dosi
chemist nc (*brit*) 1 TAMBÉ **druggist** (*amer*) [persona] farmacèutic -a 2 TAMBÉ **drugstore** (*amer*) [botiga] farmàcia
pharmacist nc [més formal i tècnic que **chemist** o **druggist**, però és el mot usual per referir-se a les persones que treballen en un hospital] farmacèutic -a *Ask your pharmacist for advice.* Demaneu-li consell al vostre farmacèutic.
pharmacy n 1 nc [mot formal per referir-se a la botiga i mot usual per referir-se a un departament d'un hospital] farmàcia 2 ni [camp] farmàcia

126.5 Medicaments

vegeu també **172 Drugs**

medicine nc/i [habit. droga líquida, però pot significar qualsevol mena de droga, pastilles, etc.] medicament *a bottle of medicine* una ampolla de medicament *a medicine chest* una farmaciola

drug nc [mot general, no s'indica com es pren] droga *an anti-arthritis drug* una droga contra l'artritis

drug vt, -gg- narcotitzar, drogar *He drugged his victims before killing them.* Donava narcòtics a les seves víctimes abans de matar-les. *She was **drugged to the eyeballs** and hardly recognised us.* Anava tan drogada que ni ens va reconèixer.

medication ni [més formal que **drug** o **medicine**. Qualsevol droga que el pacient pren] medicació *She's **under medication**.* Està sota medicació.

pill nc 1 [mot genèric] píndola *He takes pills for everything.* Pren píndoles per tot. 2 (sempre + **the**) anticonceptiu *to be **on the pill*** prendre la píndola

tablet nc [habit. plana] pastilla *indigestion tablets* pastilles per a la indigestió

utilització

Probablement es fa servir **tablet** més sovint que **pill** per dues raons. Una és que les classes normals de **tablet**, com l'aspirina, són normalment planes; l'altra és la possible confusió que es deriva del fet que **the pill** és un mètode anticonceptiu.

capsule nc [medicaments dins una capa soluble] càpsula

antibiotic nc antibiòtic

penicillin ni penicil·lina

painkiller nc analgèsic, calmant *We can't cure you, but we can give you painkillers.* No la podem guarir, però li podem donar calmants.

aspirin n 1 nc, pl **aspirins** o **aspirin** [pastilla] aspirina *I took a couple of aspirin.* Vaig prendre un parell d'aspirines. 2 ni [substància] aspirina

paracetamol n 1 nc, pl **paracetamols** o **paracetamol** paracetamol *I took a couple of paracetamol.* Vaig prendre un parell de paracetamols. 2 ni [substància] paracetamol

tranquillizer nc tranquil·litzant

antiseptic nc/i antisèptic

antiseptic adj antisèptic *antiseptic wipes* gases antisèptiques

ointment nc/i ungüent *Apply the ointment sparingly.* Feu servir l'ungüent amb moderació.

126.6 Després d'accidents

first aid [tractament bàsic] primers auxilis *to give sb first aid* donar els primers auxilis a algú (davant de n) *a first aid kit* una farmaciola portable

bandage nc bena *Can't you put a bandage on properly?* No saps posar una bena correctament?

bandage vt [obj: p. ex. persona, ferida, cama] embenar *His knee was tightly bandaged.* Tenia el genoll fortament embenat.

plaster n (*brit*) 1 nc [cinta adhesiva per protegir petits talls] tireta *You'd better put a plaster on that cut.* Serà millor que cobreixis el tall amb una tireta. 2 ni [cinta adhesiva per subjectar embenats] esparadrap *a roll of plaster* un rotlle d'esparadrap 3 ni/c [sobre una extremitat trencada] guix (davant de n) *plaster cast* enguixat

cotton wool (*brit*), **cotton** o **absorbent cotton** (*amer*) ni cotó fluix (davant de n) *cotton wool balls* boles de cotó fluix

dressing nc [amb gasa, benes, etc.] embenat *I put a clean dressing on.* Li vaig canviar l'embenat.

sling nc cabestrell

artificial respiration respiració artificial *to give sb artificial respiration* fer la respiració artificial a algú

the kiss of life boca a boca *to give sb the kiss of life* fer-li el boca a boca a algú

crutches n pl crosses

wheelchair nc cadira de rodes *She'll have to spend the rest of her life in a wheelchair.* Haurà d'anar per sempre més en cadira de rodes.

stretcher nc llitera

She's got her arm in a sling. Porta el braç en cabestrell.

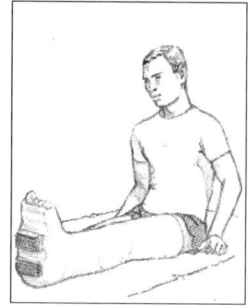

His leg is in plaster. Té la cama enguixada.

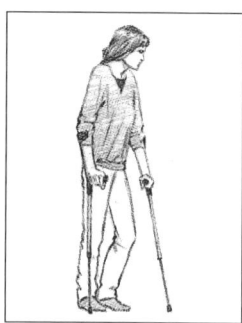

She has to walk on crutches. Necessita crosses per caminar.

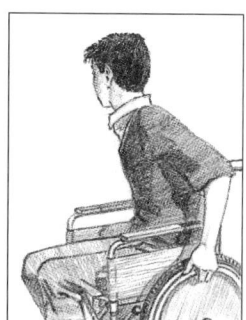

He's in a wheelchair. Està en una cadira de rodes.

GRUPS DE PARAULES

127 Healthy Sa

healthy *adj* [amb bona salut temporalment o en general. Descriu: p. ex. persona, cos] sa, bo *You look very healthy.* Fas molt bona cara. [descriu: p. ex. menjar, exercici] saludable *a healthy diet* una dieta saludable

health *ni* salut *She seemed in the best of health.* Tenia un aspecte molt saludable.

well *adj, compar* **better** (habit. darrere *v*) [que té bona salut en un moment determinat] bé *I don't feel well enough to go out.* No em sento prou bé per sortir. *Are you feeling any better now?* Et trobes millor ara?

fit *adj*, -tt- (habit. darrere *v*) [amb bona salut i capaç de fer exercici fort] en forma *She'll be fit enough to run in Zurich.* Estarà prou en forma per córrer a Zurich.
fitness *ni* (bon) estat físic

keep fit *vi* (*brit*) [fer exercici] mantenir-se en forma *What do you do to keep fit?* Què fas per mantenir-te en forma? (davant de *n*) *keep fit classes* classes de manteniment

wholesome *adj* [nutritiu i bo per a la salut. Descriu: esp. menjar] saludable *good wholesome cooking* cuina sana i bona

128 Unhealthy Malaltís

vegeu també **124 Illnesses**

unhealthy *adj* **1** [implica poca salut en general més que una malaltia determinada. Descriu: persones] malaltís *She looks pretty unhealthy.* Té un aspecte malaltís. **2** [que tendeix a causar malaltia. Descriu: p. ex. condicions, formes de vida, dietes] poc saludable *All that fat is terribly unhealthy, you know.* Tot aquest greix és dolentíssim per a la salut, saps?

sick *adj* [que pateix una malaltia] malalt *He's a very sick man.* Està molt malalt. *I was off sick all last week.* Vaig estar de baixa tota la setmana passada.

ill *adj* (habit. darrere *v*) [mot genèric, s'utilitza sovint per evitar confondre's amb **sick**. *vegeu també **124.7**] malalt *She felt ill and went home.* Es trobava malament i se'n va anar a casa.

poorly *adj* (*brit*) [força informal. Habit. implica malaltia menor amb símptomes desagradables] malalt *The injections made her feel rather poorly.* Les injeccions feien que es trobés força malament.

(be) off-colour *adj* (*brit*) (habit. darrere *v*) [no sentir-se bé del tot, però sense tenir cap malaltia identificable] no estar fi *I feel a bit off-colour, I hope it's not flu.* No em sento gaire fina; espero que no sigui la grip.

run-down *adj* (habit. darrere *v*) [força informal. Implica cansament més que malaltia] aixafat, cruixit

frase feta

be under the weather [força informal. No estar bé del tot; pot implicar lleugera depressió] trobar-se malament, estar baix de moral *A holiday will do you good if you're feeling under the weather.* Unes vacances t'aniran bé si et trobes malament i estàs baix de moral.

129 Mad Boig

vegeu també **240 Stupid; 241 Foolish**

utilització

Els termes referits a problemes mentals s'utilitzen sovint amb força imprecisió. La gent tendeix a exagerar i a fer servir paraules com **mad** per descriure persones o comportaments que es consideren poc convencionals o senzillament una molèstia. Aquestes paraules s'utilitzen més de manera insultant o jocosa que per implicar una condició mèdica. Pot resultar ofensiu referir-se d'aquesta manera a problemes mentals reals.

129.1 Termes generals

mental illness *ni* [terme objectiu, no pej.] malaltia psíquica

mad *adj*, -dd- [implica comportament estrany i sovint estrafolari. Més freqüent com a exageració que amb significat estricte] boig, foll *to go mad* tornar-se boig *to drive somebody mad* [informal] fer tornar boig algú
madness *ni* bogeria *It would be madness to refuse her help.* Refusar el seu ajut seria una bogeria.

madman *nc, pl* **madmen** [habit. pejoratiu, poc freqüent en contextos mèdics] boig *Only a madman would have dared to attack.* Només un boig hauria gosat atacar.

madwoman *nc, pl* **madwomen** [sovint en símils, poc freqüent en contextos mèdics] boja *She was screaming like a madwoman.* Xisclava com una boja.

insane *adj* [més aviat formal. Implica pèrdua completa de la raó] boig, foll *an insane desire for revenge* un desig foll de venjança **insanity** *ni* bogeria

insanely *adv* bojament *insanely jealous* terriblement gelós

lunatic *nc* [obsolet com a terme mèdic. Habit. implica comportament absurd o perillós] llunàtic -a, sonat -ada *You're driving like a lunatic.* Condueixes com un boig. *the raving lunatic that designed this software* el sonat rematat que va dissenyar aquest programa **lunacy** *ni* follia

129.2 Termes mèdics

paranoia *ni* paranoia
paranoid *adj* paranoic *paranoid delusions*

al·lucinacions paranoiques *She's paranoid about the neighbours.* [ús pej.] Té molta mania als veïns.

mania *n* **1** *ni* [implica esclats incontrolats d'emoció, sovint amb canvis d'humor] mania *to suffer from mania* patir de mania **2** *nc* [informal. Excés d'entusiasme] mania, obsessió *a mania for cleaning everything* una obsessió per netejar-ho tot

manic *adj* maníac, foll *manic tendencies* tendències maníaques *manic depression* depressió maníaca *a manic laugh* [no tècnic] una rialla dement **manically** *adv* follament

maniac *nc* [no tècnic, pej.] maníac *the maniac who's making these obscene phone calls* el maníac que fa aquestes trucades obscenes (davant de *n*) *a maniac driver* un conductor maníac

schizophrenia *ni* esquizofrènia **schizophrenic** *adj* esquizofrènic **schizophrenic** *nc* esquizofrènic -a

hysteria *ni* **1** [implica emoció violenta i sovint malaltia imaginària] histèria *temporary paralysis brought on by hysteria* paràlisi temporal causada per la histèria **2** [nerviosisme incontrolat o por] histèria *The mere suggestion produced hysteria.* El simple fet de suggerir-ho va provocar histèria.

hysterical *adj* **1** imaginari *a hysterical pregnancy* un embaràs imaginari **2** histèric *hysterical laughter* rialles histèriques **hysterically** *adv* histèricament

phobia *nc* [por irracional] fòbia

neurosis *nc/i*, *pl* **neuroses** [mot general que implica trastorn mental, sovint ansietat aguda] neurosi

neurotic *adj* neuròtic *neurotic behaviour* comportament neuròtic [pej., implica ansietat innecessària] obsessionat *They're all so neurotic about exam results.* Estan tots obsessionats amb els resultats dels exàmens.

delirious *adj* [implica pèrdua de la raó, esp. a causa de la febre] delirant **deliriously** *adv* delirantment

senile *adj* senil *I'm afraid she's getting a bit senile.* Em temo que està començant a perdre facultats. **senility** *ni* senilitat

129.3 Tractament de malalties mentals

psychology *ni* psicologia *the use of psychology in selling* l'ús de la psicologia aplicada a la venda

psychological *adj* psicològic *to apply psychological pressure* fer servir pressió psicològica **psychologically** *adv* psicològicament **psychologist** *nc* psicòleg -òloga

psychiatry *ni* psiquiatria

psychiatric *adj* psiquiàtric *a psychiatric nurse* un infermer psiquiàtric **psychiatrist** *nc* psiquiatre -a

psychoanalysis o **analysis** *ni* psicoanàlisi **psychoanalyst** o **analyst** *nc* psicoanalista

psychotherapist *nc* psicoterapeuta

psychiatric hospital *nc* [terme objectiu] hospital psiquiàtric

mental hospital *nc* [té connotacions força negatives] manicomi

asylum *nc* [obsolet. Té connotacions molt més negatives que **psychiatric hospital**] manicomi

129.4 Mots informals i ofensius

crazy *adj* [implica un comportament que va des de ximple fins a perillós] boig, foll *You were crazy to lend him the money.* Vas ser un boig de deixar-li els diners. **crazily** *adv* bojament

nutty *adj* [molt informal. Implica comportament estrany i estúpid] guillat, tocat de l'ala

nuts *adj* (darrere *v*) [descriu: persones, *no* accions] guillat, tocat de l'ala *You're either very brave or nuts.* O ets molt valent o estàs tocat del bolet.

nutcase *nc* [el qui parla troba les idees o el comportament d'algú altre ridículs] ximple *the sort of nutcase that you'd expect to believe in UFOs* el tipus de babau que esperaries que cregués en els ovnis

barmy *adj* (*brit*) [subratlla l'estupidesa] beneit *You must be barmy to work so hard.* Has de ser beneit per treballar tant.

símil

as mad as a hatter [jocós] més boig que una cabra

frases fetes

Totes aquestes frases són informals i impliquen menyspreu.

to be off one's rocker faltar un bull, no ser-hi tot

(be) off one's head (*brit*)/**out of one's head** (*amer*) (estar) tocat de l'ala *He must be off his head to have spent all that money!* Si s'ha gastat tots aquells diners és que s'ha begut l'enteniment!

to have a screw loose [ser incapaç de comportar-se sensatament] tenir un cargol fluix

lose one's marbles [esdevenir incapaç de comportar-se sensatament] perdre el senderi

130 Sane Assenyat

sane *adj* assenyat *No sane person would agree with you.* Cap persona assenyada estaria d'acord amb tu.

sanity *ni* sensatesa *The decision caused some people to question his sanity.* La decisió va fer que alguns dubtessin del seu seny.

rational *adj* racional *capable of rational thought* capaç de pensar racionalment **rationally** *adv* racionalment

reason *ni* [més aviat formal. Capacitat per utilitzar la ment amb seny] raó, seny *I don't know how she kept her reason throughout the ordeal.* No sé com va poder mantenir el seny durant tot aquell tràngol.

reasonable *adj* [implica lògica i justícia] raonable, sensat *Any reasonable person would understand.* Qualsevol persona sensata ho entendria. **reasonably** *adv* raonablement

131 Hit Pegar

hit *vt, -tt-* *pas. & pp.* **hit 1** [amb agressivitat] pegar, copejar *He hit me on the head with a bottle.* Em va pegar al cap amb una ampolla. **2** [p. ex. ac que cau o es mou] tocar, xocar contra *I caught the plate before it hit the floor.* Vaig agafar el plat abans que caigués a terra.

131.1 Pegar agressivament

punch *vt* [amb el puny] pegar, donar un cop (amb el puny) *I punched him on the nose.* Li vaig donar un cop de puny al nas. **punch** *nc* cop de puny

slap *vt, -pp-* [amb mà oberta] donar una bufetada, mastegot *to slap somebody's face* donar una bufetada a la cara d'algú **slap** *nc* bufetada

thump *vt* [informal, s'utilitza sovint per amenaçar. Pegar fort, habit. amb el puny] espinyar *Shut up or I'll thump you.* Calla o t'espinyaré. **thump** *nc* batzac, castanya

strike *vt, pas. & pp.* **struck** [més aviat formal. Pegar amb la mà o amb un objecte] copejar *A stone struck him on the head.* Li va caure una pedra al cap.

smack *vt* (*esp. brit*) [pegar amb la mà oberta. Obj: habit. un nen o una part del cos] donar una bufetada, donar una surra *Stop that or I'll smack you.* Para o et donaré una surra. **smack** *nc* bufetada

cuff *vt* [pegar lleug. al cap amb la mà oberta] donar un clatellot *She cuffed him and told him not to be silly.* Li va donar una clatellada tot dient-li que no fes el ximple.

blow *nc* cop *The blow knocked him unconscious.* El cop li va fer perdre el coneixement.

kick *vt* [pegar amb el peu] donar una puntada de peu, donar un cop de peu *She kicked me on the shin.* Em va donar una puntada de peu a la canya.

131.2 Copejar agressivament i repetidament

beat *vt, pas.* **beat** *pp.* **beaten** [pegar fort i regularment, sovint amb una cosa] pegar *The children were beaten if they misbehaved.* Als nens els pegaven si es portaven malament.

beat sb **up** o **beat up** sb *vt* apallissar algú

beating *nc* pallissa *He deserves a beating.* Es mereix una pallissa.

frases fetes

give sb a thick ear [informal. Habit. s'utilitza per amenaçar. Pegar a l'orella o al cap] escalfar, espinyar algú *One more word out of you and I'll give you a thick ear.* Una paraula més i t'espinyaré.

give sb a good hiding [informal. S'utilitza per amenaçar els nens. Pegar amb la mà o amb la sabatilla] estovar algú *Finish your dinner or I'll give you a good hiding.* Acaba't el sopar o t'estovaré.

thrash *vt* [més aviat formal i implica encara més violència que **beat**] assotar, estomacar *He was thrashed to within an inch of his life.* El van estomacar fins gairebé deixar-lo mort.

thrashing *nc* estomacada *I gave him a good thrashing.* El vaig ben estomacar.

whip *vt, -pp-* fuetejar

131.3 Topar

collide *vi* (sovint + **with**) [implica un impacte bastant fort] topar *I braked too late and collided with the bus.* Vaig frenar massa tard i vaig topar amb l'autobús.

collision *nc* col·lisió *a mid-air collision* una col·lisió a l'aire

knock *v* **1** *vt* (sovint + *adv*) [sovint implica causar moviment] bolcar, donar un cop a *I must have knocked the chair with my knee.* Dec haver donat un cop a la cadira amb el genoll. *The cat's knocked the vase over.* El gat ha bolcat el gerro. **2** *vi* (sovint + **on**, **at**) [per entrar, atraure l'atenció, etc.] trucar *I knocked on the door.* Vaig trucar a la porta. **knock** *nc* trucada

bump *vti* (sovint + *adv* o *prep*) [copejar feixugament o bruscament, habit. de manera accidental] xocar, topar, *He bumped his head on the doorway.* Va xocar amb el cap contra el marc de la porta.

bump *nc* xoc, sotrac, *The book landed on the floor with a bump.* El llibre va fer un pataplaf en caure a terra.

bang *vti* (sovint + *adv* o *prep*) [copejar fort, sovint amb soroll] donar(-se) cops *I banged my knee against the table leg.* Vaig donar-me un cop amb el genoll contra la pota de la taula. *We banged at the door.* Vam donar cops forts a la porta. **bang** *nc* batzac, sotrac

impact *ni* **1** impacte *The container was not damaged by the impact.* El contenidor no es va malmetre amb l'impacte. *The plane exploded* **on impact**. Només xocar, l'avió va esclatar. **2** [força de bomba, etc.] impacte *He took the full impact of the explosion.* Va rebre de ple l'impacte de l'explosió.

131.4 Copejar lleugerament

tap *vti, -pp-* [copejar secament i rítmicament, sovint amb un soroll fluix] donar copets (a), tustar *She tapped her pencil on the desk.* Donava copets a l'escriptori amb el llapis. *My feet were tapping in time to the music.* Portava el compàs de la música amb els peus.

tap *nc* copet *I heard a tap on the window.* Vaig sentir un copet a la finestra.

pat *vt, -tt-* [tocar diverses vegades amb la mà oberta, sovint afectuosament] donar copets a, tocar, tustar *He patted me on the knee and told me not to worry.* Em va donar uns copets al genoll, tot dient-me que no m'amoïnés. *She looked in the mirror and patted her hair.* Es va mirar al mirall i es passà la mà pels cabells.

stroke *vt* [passar la mà oberta diverses vegades, sovint afectuosament] acariciar, passar(-se) la mà *He stroked his beard thoughtfully.* Es va passar la mà per la barba amb un aire pensatiu.

132 Damage Danyar

vegeu també **133 Cut**; **441 Worsen**

damage vt [obj: coses, parts del cos, mai persones] danyar, malmetre *The house was damaged in the bombing.* La casa va quedar afectada en el bombardeig. *The wrong oil can damage the engine.* L'oli equivocat pot malmetre el motor.

damage ni dany *Did the storm do much damage to your house?* La vostra casa es va veure afectada per la tempesta?

spoil vt, pas. & pp. **spoiled** o (brit) **spoilt** [quan la qualitat o aparença queda afectada] fer malbé, espatllar *Don't spoil the soup with too much salt.* No facis malbé la sopa posant-hi massa sal. *The building spoils the view.* L'edifici espatlla el panorama.

harm vt [obj: coses o persones, mai parts del cos] ferir, fer malbé *The driver's in hospital, but none of the passengers were harmed.* El conductor està ingressat, però cap dels passatgers no ha resultat ferit. *The dry atmosphere can harm the wood.* L'atmosfera seca pot perjudicar la fusta.

harm ni mal *None of us **came to** any **harm**.* Cap de nosaltres no va prendre mal. [s'utilitza sovint amb sarcasme] *A bit of hard work won't **do you any harm**!* Una mica de feina dura no et farà cap mal!

harmful adj perjudicial *The drug can be harmful to pregnant women.* El medicament pot ser perjudicial per a les dones embarassades.

mutilate vt mutilar *horribly mutilated civilian casualties* víctimes civils horriblement mutilades **mutilation** ni mutilació

scar vt, -rr- 1 [obj: la pell] marcar amb una cicatriu, senyalar *He was bruised and scarred in the accident.* L'accident el va deixar amb morats i ferides. 2 [afectar la bellesa d'ac] fer malbé *Mining had scarred the landscape.* Les extraccions havien fet malbé el paisatge.

scar nc [sobre la pell] cicatriu [marca que enlletgeix] senyal, estigma

132.1 Destruir

destroy vt [irreparable o que ja no existeix] destruir *Both houses were destroyed in the fire.* Les dues cases van quedar destruïdes en l'incendi. *We are slowly destroying our countryside.* Poc a poc estem destruint el nostre paisatge.

destruction ni destrucció *The storm brought widespread destruction.* La tempesta va causar danys en una gran àrea. *the destruction of nuclear warheads* la destrucció dels caps nuclears

ruin vt [implica pèrdua total de la qualitat d'ac, encara que l'estructura no en sigui afectada] arruïnar, fer malbé *You'll ruin that jumper if you wash it in the machine.* Faràs malbé el jersei si el rentes a màquina. *He ruined my life.* Va arruïnar la meva vida.

ruins n pl [el que queda després de la destrucció] ruïnes *The whole street was **in ruins**.* Tot el carrer estava en ruïnes.

wreck vt [destruir violentament] fer naufragar, fer descarrilar, destruir *Storms have wrecked the crops.* Les tempestes han destruït els conreus.

wreck nc [habit. vehicle que queda convertit en ferralla] ferralla *Her motorbike was a total wreck.* La seva moto va quedar convertida en ferralla.

wreckage ni [el que queda d'un tren descarrilat, etc., incloses les peces escampades] restes, ferralla *Wreckage from the plane was scattered over a large area.* Les restes de l'avió van quedar escampades en una àrea molt extensa. *People are still trapped in the wreckage.* Encara queda gent atrapada en la ferralla.

132.2 Trencar

break vti, pas. **broke** pp. **broken** 1 [en diversos trossos; obj: materials durs, no paper, teixit] trencar(-se) *Who broke this mirror?* Qui ha trencat aquest mirall? (sovint + **off**) *You've broken the end off.* Has trencat la punta. *The leg broke in two places.* La cama es va trencar per dos llocs. 2 [deixar de funcionar. Obj: p. ex. una màquina] espatllar *You're going to break that calculator.* Faràs malbé la calculadora.

smash vt [trencar amb violència ac en molts trossos] destrossar, esmicolar *Looters smashed the shop window.* Uns saquejadors van destrossar l'aparador de la botiga.

tear v, pas. **tore** pp. **torn** 1 vt [obj: materials prims, esp. paper, teixit] estripar *How did you tear your trousers?* Què has fet per estripar-te els pantalons? *She tore open the envelope.* Va obrir el sobre estripant-lo. (+ adv o prep) *I tore off the wrapper.* Vaig estripar el paper d'embolicar. [sovint + **up** quan fa referència a paper] *He tore up the contract.* Va estripar el contracte. 2 vi estripar-se *One of the sails began to tear.* Una de les veles començava a estripar-se.

tear nc estrip *I sewed up the tear.* Vaig cosir l'estrip.

rip v, -pp- [implica una acció més ràpida i més violenta que **tear**] 1 vt estripar, arrencar *He ripped his shirt into strips for bandages.* Va estripar la seva camisa a tires per fer-ne benes. (+ adv o prep) *I ripped off the cover.* Vaig arrencar la tapa. 2 vi estripar-se *The sheet ripped from top to bottom.* El llençol es va estripar de dalt a baix. **rip** nc estrip

split v, -tt-, pas. & pp. **split** 1 vt partir *I used an axe to split the log.* Vaig partir el tronc amb una destral. (+ adv o prep) *I split open the chicken.* Vaig obrir el pollastre pel mig. 2 vi partir-se *His trousers had split at the seams.* El pantaló se li havia obert per les costures.

split nc trau

crack v [implica esquerdes en objectes sòlids i d'una certa resistència] 1 vi esquerdar-se *Won't the glass crack in the hot water?* No s'esquerdarà el got amb l'aigua calenta? 2 vt esquerdar *I cracked a plate while I was washing up.* Vaig esquerdar un plat mentre rentava la vaixella.

crack nc esquerda *I'm filling in the cracks in the ceiling.* Estic tapant les esquerdes del sostre.

snap v, -pp- 1 vi [obj: ac que es trenca fent-hi pressió] petar, trencar-se (amb un soroll sec) *She fell and the bone just snapped.* Va caure i se li va trencar l'os. (+ **off**) *The knob just snapped off in my hand.* El pom se m'va quedar a la mà. 2 vt fer petar, trencar (amb un soroll sec) *She snapped the ruler in two.* Va trencar el regle en dos trossos.

burst *v, pas. & pp.* **burst** [trencar(-se) per pressió] **1** *vi* rebentar-se, trencar-se *The bag burst and all the oranges rolled out.* La bossa es va rebentar i totes les taronges van caure. *I hope no pipes have burst.* Espero que no s'hagi rebentat cap de les canonades. **2** *vt* rebentar *Did you burst your brother's balloon?* Vas rebentar el globus del teu germà?

explode *vit* [rebentar(-se), habit. amb soroll i calor. subj/obj: p. ex. una bomba] (fer) explotar *The gas main could explode.* La canonada principal del gas podria explotar. *The army exploded the mine on the beach.* L'exèrcit va fer explotar la bomba a la platja.

explosion *nc* explosió *The bomb was set off in a controlled explosion.* Van fer explotar la bomba de manera controlada.

leak *vi* vessar, tenir forats *The bottle's leaking.* L'ampolla està vessant. *The water's leaking out of the bottle.* L'ampolla perd aigua.

leak *nc* fuita *The pipe has* **sprung a leak**. Hi ha una fuita a la canonada.

132.3 Dany superficial

flake *vi* [quan se separan trossets petits i prims de la superfície. Subj: esp. pintura] escatar-se, pelar-se (sovint + **off**) *The plaster is flaking off.* El guix està començant a saltar.

flake *nc* bocí *flakes of paint* bocins de pintura

peel *v* **1** *vi* [tires primes se separen de la superfície] pelar-se *My skin always peels after sunbathing.* Sempre que prenc el sol se'm pela la pell. (+ **off**) *The veneer started to peel off.* La xapa començava a pelar-se. **2** *vt* (habit. + *adv* o *prep*) pelar, desenganxar *I peeled off the label.* Vaig desenganxar l'etiqueta amb cura.

chip *v, -pp-* [fragment petit que se separa a causa d'un impacte] **1** *vt* escantellar, estellar, asclar *chipped cups* tasses escantellades (de vegades + *adv* o *prep*) *We had to chip away the ice.* Vam haver de treure el gel asclant-lo. **2** *vi* estellar-se **chip** *nc* estella

graze *vt* [irritar-se la superfície de la pell a causa del frec] encetar *She's grazed her leg.* S'ha encetat la cama. **graze** *nc* encetada

scrape *vt* [danyar la superfície] rascar, esgarrinxar *I scraped the car door on a branch.* Vaig rascar la porta del cotxe amb una branca.

scrape *nc* esgarrinxada *a few scrapes and bruises* unes esgarrinxades i uns morats

dent *vt* abonyegar *I drove into a wall and dented the bumper.* Vaig topar amb una paret i vaig abonyegar el para-xocs. **dent** *nc* bony

132.4 Danyar fent pressió

crush *vt* [pressió directa que altera la forma natural d'ac o que l'esmicola] esclafar, aixafar, triturar *The machine crushes the cars into small blocks of metal.* La màquina tritura els cotxes i en fa petits blocs de metall. *crushed ice* granissat

grind *vt, pas. & pp.* **ground** moldre *Grind the coffee very fine.* Moleu el cafè molt fi.

squash *vt* [pressió directa que aplana o altera la forma natural] prémer, esclafar *The flowers got a bit squashed in the bag.* Les flors van quedar una mica aixafades a la bossa.

132.5 Dany gradual

disintegrate *vi* desintegrar-se *The satellite will disintegrate on reentering the atmosphere.* El satèl·lit es desintegrarà quan torni a entrar a l'atmòsfera.
disintegration *ni* desintegració

erode *vti* erosionar *The river has eroded the bank.* El riu ha erosionat la riba. (sovint + **away**) *Sections of the coastline had been eroded away.* Seccions de la costa havien desaparegut per l'erosió.

erosion *ni* erosió *a tree-planting programme to halt soil erosion* un programa de repoblació forestal per frenar l'erosió del sòl

decay *vti* [processos químics de descomposició] podrir(-se), corcar(-se) *the methane released by decaying organic matter* el metà que desprèn la matèria orgànica que es podreix *the substances that decay tooth enamel* les substàncies que corquen l'esmalt de les dents

decay *ni* descomposició *The cold inhibits decay.* El fred impedeix la descomposició. [dents] càries *Brushing your teeth helps to check decay.* Raspallar les dents ajuda a frenar la càries.

rot *vit, -tt-* [menys tècnic que **decay**, de vegades pej.] podrir(-se) *the smell of rotting vegetables* la pudor de verdura podrida *One bad apple will rot all the rest.* Una poma podrida farà malbé totes les altres.

> *frase feta*
>
> **wear and tear** [dany causat per ús constant] desgast habitual *Our carpets stand a lot of wear and tear.* Les nostres catifes resisteixen molt el desgast.

132.6 Dany intencionat

vandal *nc* [que danya béns, esp. a llocs públics] vàndal -a

vandalize, TAMBÉ (*brit*) **-ise** *vt* destruir, assolar *All the phone boxes had been vandalized.* Havien arrasat totes les cabines telefòniques. **vandalism** *ni* vandalisme

sabotage *ni* sabotatge

sabotage *vt* sabotejar *They had plans to sabotage the oil refineries.* Havien planejat de sabotejar les refineries de petroli. **saboteur** *nc* sabotejador -a

133 Cut Tallar

cut *vt, -tt- pas. & pp.* **cut** tallar *I cut the string.* Vaig tallar la corda. (+ **down**) *to cut down a tree* tallar un arbre (+ **up**) *I cut up an old sheet for dusters.* Vaig tallar un llençol vell per fer-ne draps.

cut *nc* tall *She made a neat cut along the top of the page.* Va fer un tall net a la part superior de la pàgina. *cuts and bruises* ferides i morats

snip vt, **-pp-** (habit. + adv o prep) [implica tall petit i ben fet amb tisores, etc.] tallar, retallar *I snipped the corner off the packet.* Vaig retallar la cantonada del paquet. **snip** nc tisorada

slit vt, **-tt-** pas. & pp. **slit** [implica tall llarg i prim per obrir ac] fendre, tallar *She slit the package open with a knife.* Va obrir el paquet amb un ganivet. *to slit somebody's throat* tallar-li el coll a algú **slit** nc tall, fesa

pierce vt [que penetra amb una punxa] penetrar, foradar *The missile can pierce tank armour.* El míssil pot foradar la cuirassa d'un tanc.

prick vt [que penetra superficialment a la pell, al paper, etc.] punxar *I pricked my finger on the needle.* Em vaig punxar un dit amb l'agulla.

prick nc punxada *You'll feel a slight prick as the needle goes in.* Sentiràs una petita punxada quan entri l'agulla.

133.1 Ferides en el cos

stab vt, **-bb-** [ferir amb un ganivet] apunyalar *They stabbed him in the stomach.* El van apunyalar a l'estòmac. (davant de n) *stab wounds* ferides d'arma blanca

behead vt [més aviat formal] decapitar

amputate vt amputar *They amputated the leg below the knee.* Van amputar-li la cama per sota el genoll. **amputation** ni amputació

133.2 Tallar toscament i violentament

hack vti [amb cops forts i repetits] tallar, destralejar *They hacked their victims to pieces.* Van esquarterar les víctimes a cops de destral. (+ **off**) *I hacked off the branch.* Vaig tallar la branca a cops de destral. *We hacked vainly at the roots.* Vam intentar de tallar les arrels a cops de destral, però no vam poder.

gash nc [tall profund i de forma allargada] ranura, solc *The latex is collected from a gash in the tree.* Es fa una ranura a l'arbre per on es recull el làtex.

gash vt obrir *She gashed her knee on some broken glass.* Es va obrir el genoll amb un vidre trencat.

slash vt [tall llarg i superficial] esbellegar, esquinçar *Vandals had slashed the seats.* Uns vàndals havien esbellegat els seients. **slash** nc esbellec, esquinç

133.3 Tallar aliments i materials consistents

vegeu també **168 Cooking methods**

slice vt tallar, llescar, fer rodanxes *to slice a cake* tallar un pastís (sovint + adv) *She sliced off a piece of sausage.* Va tallar una rodanxa de botifarra.

slice nc llesca, tall, rodanxa *Another slice of ham?* Un altre tall de pernil? *two slices of bread* dues llesques de pa

shred vt, **-dd-** [obj: esp. vegetals, paper] estripar, esmicolar, esdernegar *roughly shredded cabbage* col tallada gruixuda *Many of the documents had been shredded.* Molts documents havien estat destruïts. **shredder** nc destructora de paper; eina per tallar alguna cosa a tires

mince vt (*esp. brit*) [obj: esp. carn, ceba] picar *sausages made from minced pork* salsitxes fetes de carn de porc picada

grind vt, pas. & pp. **ground** (*amer*) [igual que **mince**, però només s'utilitza ref. a carn] picar *ground beef* carn de bou picada

carve v 1 vti [obj: carn. Vegeu UTILITZACIÓ, **159.2**] tallar 2 vt [obj: p. ex. fusta, pedra] esculpir, cisellar *He carved delicate flowers from wood.* Va cisellar unes delicades flors de fusta.

133.4 Eines per tallar

knife nc ganivet

scissors n pl tisores *a pair of scissors* unes tisores

blade nc navalla

saw nc serra

saw vt, pas. **sawed** pp. (*brit*) **sawn**, (*amer*) **sawed** serrar (+ **off**) *I sawed off a bit at the bottom.* Vaig serrar un tros de la part de sota.

133.5 Agudesa

sharp adj [descriu: p. ex. un ganivet, una navalla] esmolat **sharpen** vt esmolar **sharpness** ni qualitat d'esmolat

prickly adj [descriu: ac amb moltes punxes] espinós *a mass of prickly branches* un munt de branques plenes de punxes

blunt adj esmussat *This razor blade's blunt.* Aquesta navaja d'afeitar està esmussada. **bluntness** ni esmussament

133.6 Textura després de tallar

fine adj 1 [molt petit] fi *This sugar is very fine.* Aquest sucre és molt fi. 2 [de poc gruix] prim *fine slices of smoked ham* talls prims de pernil fumat

fine adv a trossos petits *Chop the onions very fine.* Es tallen les cebes a trossos molt petits.

finely adv d'una manera molt fina *finely chopped onions* cebes tallades a trossos ben petits

coarse adj bast, gruixut *a coarse grind of coffee* un cafè mòlt gruixut

coarsely adv d'una manera gruixuda *coarsely chopped vegetables* vegetals tallats a trossos gruixuts

134 Hole Forat

vegeu també **333 Empty**

hole nc forat **hole** vt foradar

gap nc [espai buit, esp. un que s'espera que estigui ple] buit, llacuna, interval *They got in through a gap in the wall.* Van poder entrar per un esvoranc del mur.

opening nc [que permet passar persones o coses] obertura *an opening in the roof for smoke to escape* un forat a la teulada per deixar sortir el fum

outlet nc [forat, esp. en un tub per deixar sortir un líquid o un gas] desguàs, tub de sortida *a sewage outlet* un desguàs d'aigües residuals

crack nc esquerda, escletxa *There was a crack above the door.* Hi havia un esquerda sobre la porta. *The ring fell through a crack in the floorboards.* L'anell va caure per una escletxa que hi havia en els taulons del terra.

crevice nc [escletxa petita o forat, habit. en una roca o una obra] clivella *Crabs scurried off into crevices in the rocks.* Els crancs van córrer a amagar-se a les clivelles de les roques.

135 Burn Cremar

burn v, pas. & pp. **burned** (*brit & amer*), **burnt** (*brit*) **1** vt cremar *Demonstrators burned the American flag.* Uns manifestants van cremar la bandera dels Estats Units. *I've burnt my hand on the stove.* M'he cremat la mà amb l'estufa. *coal-burning power stations* centrals elèctriques que cremen carbó (+ **down**) *to burn down a building* calar foc a un edifici **2** vi cremar(-se) *A candle burned in the window.* Hi havia una espelma encesa a la finestra. (+ **down**) *Her house has burnt down.* La seva casa ha quedat destruïda per l'incendi.

burn nc [ferida] cremada *He suffered severe burns.* Va patir cremades greus.

fire n **1** nc [p. ex. a la llar] foc *a log fire* un foc de llenya **2** nc [quan es crema un edifici, etc.] incendi *to put out a fire* apagar un incendi **3** ni foc *My car's on fire.* El meu cotxe s'està cremant. *The frying pan caught fire.* Es va calar foc a la paella.

blaze vi [amb flames fortes] flamejar *A log fire was blazing in the hearth.* Un foc de llenya blandava a la llar. *a blazing building* un edifici en flames

blaze nc [en llar] foc [edifici cremant] flamarada, incendi *the documents lost in the blaze* els documents perduts en l'incendi

ablaze adj [darrere v] [mot emfàtic] en flames *The curtains were ablaze in seconds.* Les cortines es van encendre en qüestió de segons. *The explosion set the car ablaze.* L'explosió va incendiar el cotxe.

flame nc flama *I blew out the flame.* Vaig apagar la flama d'una bufada. *The warehouse was a mass of flames.* El magatzem era una massa de flames.

ash ni cendra *cigarette ash* cendra de cigarrets

ashes n pl cendres *I cleared out the ashes from the grate.* Vaig treure les cendres de la llar de foc.

smoke ni fum

bonfire nc [per cremar escombraries, fulles, etc., o per divertir-se] foguera

135.1 Encendre

light v, pas. & pp. **lit** o **lighted 1** vt [obj: un llumí, un foc, una espelma] encendre **2** vi encendre's *His pipe wouldn't light.* No se li encenia la pipa.

light nc [informal. Per referir-se a un cigarret] foc *Have you got a light?* Tens foc?

match nc llumí *a box of matches* una capsa de llumins

lighter nc encenedor

arson ni incendi provocat **arsonist** nc piròman -a

135.2 Apagar el foc

put out sth o **put** sth **out** vt apagar ac *I put the fire out with a bucket of water.* Vaig apagar el foc amb una galleda d'aigua.

firefighter nc, m. **fireman**, f. **firewoman** [s'utilitza **firefighter** com a mot genèric, però **firemen** també pot incloure dones] bomber -a *Firemen using breathing apparatus rescued the couple.* Uns bombers amb aparells de respiració autònoma van rescatar la parella.

fire brigade (*brit*), **fire department** (*amer*) nc (sovint + **the**) cos de bombers

fire engine nc cotxe de bombers

fire extinguisher nc extintor

---

frases fetes

set fire to [destaca la intenció de destruir] incendiar, calar foc a *He's accused of setting fire to his own warehouse.* L'acusen d'haver incendiat el seu propi magatzem.

set alight [deliberat o no] encendre, calar foc a *Some idiot with a cigarette set the forest alight.* Algun imbècil va calar foc al bosc amb un cigarret.

---

136 Babies Nadons

baby nc nadó, bebè *She's having a baby in July.* Espera un nen pel juliol. (davant de n) *baby clothes* roba de nadons

twin nc bessó -ona *a pair of twins* dos bessons *I can't tell the twins apart.* No sé distingir els bessons.

triplet nc trigemin -gèmina

136.1 Tenir un fill

conceive vti concebre *from the moment the child is conceived* des del moment que es concep el nen

conception ni concepció *the probable date of conception* la data probable de la concepció

pregnant adj embarassada *I'm pregnant again.* Torno a estar en estat.

pregnancy nic embaràs *medical checks during pregnancy* controls mèdics durant l'embaràs *a difficult pregnancy* un embaràs difícil

foetus (*brit*), **fetus** (*amer*) nc fetus

embryo nc, pl **embryos** embrió

womb nc matriu

umbilical cord nc cordó umbilical

placenta nc placenta

labour (*brit*), **labor** (*amer*) nic dolors de part *to go into labour* anar de part

birth *nic* naixement *to give birth to a child* donar a llum un infant *I was present at the birth.* Vaig assistir al part. (davant de *n*) *her birth weight* el seu pes al néixer

be born *vi* néixer *We want the next child to be born at home.* Volem que el proper fill neixi a casa.

136.2 Nadons i tecnologia mèdica

abortion *nc/i* avortament *to have an abortion* tenir un avortament

artificial insemination *ni* inseminació artificial

surrogate mother *nc* mare de lloguer

test-tube baby *nc* bebè proveta

136.3 Nens que no tenen família natural

adopt *vt* [permanentment, com si el nen fos propi] adoptar **adoption** *ni* adopció

foster *vt* [tenir cura d'un nen, més o menys temporalment, sense esdevenir els pares oficials] criar *Could you foster a handicapped child?* Podries criar un nen minusvàlid? (davant de *n*) *foster parents* pares adoptius

custody *ni* [dret legal per tenir cura dels fills, esp. després d'un divorci] custòdia *She was awarded custody of the children.* Li van donar la custòdia dels fills.

orphan *nc* orfe òrfena

136.4 Equipament per als nadons

cot (*brit*), **crib** (*amer*) *nc* bressol

moses basket *nc* cabàs

carrycot (*brit*), **portacrib** (*amer*) *nc* bressol portàtil

rattle *nc* sonall

bottle *nc* biberó

dummy (*brit*), **pacifier** (*amer*) *nc* pipa, xumet

doll *nc* nina

nappy (*brit*), **diaper** (*amer*) *nc* bolquer *disposable nappies* bolquers de cel·lulosa

safety pin *nc* agulla imperdible

pram (*brit*), *baby buggy* (*amer*) [el nen va estirat] cotxet

pushchair (*brit*), *stroller* (*amer*) [el nen va assegut] cotxet

buggy (*brit*) cotxet plegable

137 Name Nom

137.1 Anomenar

name *nc* nom *My name is Gabriel.* Em dic Gabriel. *Sign your name here please.* Signa aquí, si et plau.

name *vt* [més formal que **call**. Subratlla la tria del nom] anomenar, posar el nom de *We named her Helen after her grandmother.* Li vam posar Helen com la seva àvia. (esp. *pp.*) *a man named Mullin* un home que es diu Mullin

call *vt* [mot usual per donar i fer servir noms] dir *My name's Jennifer but everyone calls me Jenny.* El meu nom és Jennifer però tothom em diu Jenny. (*pp.*) *Somebody called Gibbs rang.* Va trucar algú anomenat Gibbs. *a village called Fritwell* un poble anomenat Fritwell

christen *vt* [donar nom segons els ritus cristians] batejar *I was christened Robert Edward.* Em van batejar amb el nom de Robert Edward.

title *nc* [nóm d'obra o rang de persona] títol *I know the film you mean but I've forgotten the title.* Sé quina pel·lícula vols dir, però he oblidat el títol. *His proper title is Professor Sir Raymond Hall.* El seu títol correcte és professor Sir Raymond Hall.

entitle *vt* [obj: p. ex. llibre, obra d'art] titular (esp. *pp.*) *a poem entitled Still Marshes* un poema titulat "Aiguamolls tranquils"

label *vt*, -**ll**- (*brit*) -**l**- (*amer*) [força pej. Implica una classificació més que no pas un nom] qualificar *She was soon labelled a troublemaker.* De seguida la van qualificar de busca-raons.

137.2 Classes de nom

utilització

Una persona anglosaxona té un cognom, que normalment és el mateix que el del pare, i un o més noms donats després de néixer. Per exemple, els fills dels mateixos pares podrien tenir els noms *Sara Lee* o *Sara Belinda Lee* i *Mark Lee* o *Mark Anthony Frederick Lee*. En cada cas, només l'últim és el cognom. *Belinda* i *Anthony Frederick* són **middle names** ('noms d'entremig'). Quan una dona es casa, normalment canvia el seu cognom pel del seu marit, p. ex. si *Sara Lee* es casa amb *Peter Jones*, normalment es dirà (*Mrs*) *Sara Jones*. En contextos legals, etc., si s'ha d'especificar el nom de soltera, es diu *Sara Jones, née Lee* (nascuda Lee). De manera més informal es pot dir *My maiden name was Lee.* (El meu nom de soltera era Lee.) En qualsevol cas, el nom de soltera de la mare normalment no figura en els noms dels seus fills.

first name [en noms anglosaxons, habit. el primer, però pot ser qualsevol dels noms donats] nom *We're all on first name terms round here.* Aquí tothom es tuteja.

christian name [mot freqüent per al primer nom, però millor evitar-lo per referir-se a persones no cristianes] nom de pila

forename nc [habit. en contextos formals o administratius] nom *Please give your name, forenames and address.* Posa el cognom, els noms i l'adreça.

middle name [vegeu UTILITZACIÓ més amunt] *We called him William, that's his father's middle name.* Li vam posar William, que és un dels noms del seu pare.

surname nc [vegeu UTILITZACIÓ més amunt] cognom

double-barrelled name (*brit*), **hyphenated name** (*amer*) nc [combinació de dos cognoms] cognom compost *They all have double-barrelled names like Worthington-Smythe.* Tots tenen cognoms compostos com Worthington-Smythe.

137.3 Noms falsos

nickname nc [afectuosament o amb sorna] renom, malnom, sobrenom

nickname vt motejar *a particularly ugly biology teacher nicknamed Dracula* un professor de biologia especialment lleig conegut com "Dràcula"

alias nc [util. esp. per als delinqüents] àlies *She had used a different alias at each hotel.* Havia donat un àlies diferent a cada hotel. *Sheila Woodrow, alias Virginia Fielding* Sheila Woodrow, àlies Virgina Fielding

pen name nc [util. pels autors en les seves obres] nom artístic

pseudonym nc [util. de vegades per amagar la identitat] pseudònim

anonymous adj anònim *I've received several anonymous letters.* He rebut diverses cartes anònimes. **anonymously** adv anònimament **anonymity** ni anonimat

138 Families and Relations Famílies i familiars

utilització

Quant a la família, en anglès no es pot utilitzar el plural d'una paraula masculina per referir-se als dos sexes en general. P. ex. si volem referir-nos a **boys** (nens) i **girls** (nenes) plegats, hem de dir **children** (mainada), no **boys**. També s'ha d'utilitzar **child** per referir-se als nens en general, però no per distingir entre nens i nenes. A continuació vegeu un llistat d'aquestes paraules:

Només mascle	Només femella	O mascle o femella	Mascles i femelles
father	mother	parent	parents
son	daughter	child	children
boy	girl	child	children
brother	sister	*formal* sibling	*formal* siblings
grandfather	grandmother	grandparent	grandparents
grandson	granddaughter	grandchild	grandchildren
uncle	aunt	uncle or aunt	uncles and aunts
cousin	cousin	cousin	cousins

138.1 Pares

parent nc [vegeu UTILITZACIÓ més amunt] pare *Don't tell my parents!* No els ho diguis als meus pares!

folks n pl (*esp. amer*) família, pares

mother nc [formal si s'utilitza per adreçar-s'hi] mare *Thank you, mother.* Gràcies, mare. *Go and ask your mother.* Vés i pregunta-li a la teva mare.

mum (*brit*), **mom** (*amer*) nc [informal] mamà, mama *Her mum picks her up after school.* La seva mama la recull quan surt de l'escola.

mam nc [esp. a Gal·les i al nord d'Anglaterra] mamà, mama

mummy (*brit*), **mommy** (*amer*) nc [informal. Utilitzat esp. pels nens o pels adults quan s'adrecen a ells] mamà, mama *I want my mummy!* Vull la meva mama!

mama nc [obsolet i formal a la Gran Bretanya, l'utilitza la mainada a Amèrica del Nord] mamà

father nc [vegeu UTILITZACIÓ més amunt. Formal si s'utilitza per adreçar-s'hi] pare

dad [informal] papà, papa *She can borrow her dad's car.* Pot demanar el cotxe al seu papa.

daddy nc [informal. Utilitzat esp. pels nens o pels adults quan s'adrecen a ells] papà, papa *My daddy's a fireman.* El meu papa és bomber.

papa nc [obsolet i formal a la Gran Bretanya, l'utilitza la mainada a Amèrica del Nord] papà

pop nc (*esp. amer*) [informal] papà, papa *Is pop still in the bathroom?* El papa encara és al bany?

138.2 Mainada

vegeu també **139.2 Child**

son nc [vegeu UTILITZACIO més amunt] fill

daughter nc filla

sister nc germana *my big sister* la meva germana gran

brother nc [vegeu UTILITZACIÓ més amunt] germà *my little brother* el meu germà petit

sibling nc [vegeu UTILITZACIÓ més amunt. Tècnic; s'utilitza en contextos científics. En qualsevol altra situació, és més habitual fer servir **brother(s) and sister(s)**] germà -ana *The gene is not found in either of the other siblings.* El gen no es troba en cap dels altres germans. (davant de *n*) *sibling rivalry* rivalitat entre germans

138.3 Avis i néts

grandparent nc (habit. *pl*) [vegeu UTILITZACIÓ més amunt] avi *He sees both sets of grandparents.* Veu els avis de les dues branques.

grandmother nc [habit. no s'utilitza per adreçar-s'hi] àvia *When are you going to make me a grandmother?* Quan em penses fer àvia?

granny (*esp. brit*) o **grandma** (*brit & amer*) nc [informal] iaia

grandfather nc [vegeu UTILITZACIÓ més amunt. Habit. no s'utilitza per adreçar-s'hi] avi

grandad (*esp. brit*) o **grandpa** (*brit & amer*) *nc* [informal] iaio

grandchild *nc, pl* **grandchildren** [vegeu UTILITZACIO més amunt] nét

granddaughter *nc* néta

grandson *nc* [vegeu UTILITZACIO més amunt] nét

great- *prefix* bes- *my great-grandmother* la meva besàvia *a great-uncle* un oncle avi *my great-great-grandfather* el meu rebesavi

138.4 Matrimoni

husband *nc* marit, espòs

wife *nc, pl* **wives** muller, dona, esposa

mother-in-law *nc* sogra

father-in-law *nc* sogre

daughter-in-law *nc* jove, nora

son-in-law *nc* gendre

brother-in-law *nc* cunyat

sister-in-law *nc* cunyada

in-laws *n pl* família política *I can't stand my in-laws.* No aguanto la família del meu marit/de la meva dona.

widow *nc* vídua

widow *vt* (esp. en oracions passives) deixar vídua *my widowed mother* la meva mare, que és vídua

widower *nc* vidu

138.5 Parentiu per segones núpcies

*utilitzaci*ó

S'utilitza **step-** quan no hi ha vincle de sang, p. ex. si una dona que ja és mare es casa amb un home que ja és pare, els nous parentius seran **stepmother**, **stepson**, etc. En canvi, si ha vincle de sang mitjançant un dels pares, es parla de **half-sister** i **half-brother**.

stepfather *nc* padrastre

stepmother *nc* madrastra

stepbrother *nc* germanastre

stepsister *nc* germanastra

half-brother *nc* germanastre

half-sister *nc* germanastra

138.6 Els germans dels pares

aunt *nc* [més aviat formal] tia [sovint va seguit del nom] *Aunt Mary* la tia Maria

auntie o **aunty** *nc* [informal] tia [sovint va seguit del nom] *Auntie Monica* la tia Mònica

uncle *nc* oncle [sovint va seguit del nom] *Uncle Harry* l'oncle Harry

nephew *nc* nebot

niece *nc* neboda

cousin *nc* [obsolet quan va seguit del nom] cosí -ina *a second cousin* cosí segon, cosí prim *distant cousins* cosins llunyans

138.7 Vincles familiars

related *adj* (habit. darrere *v*; sovint + **to**) emparentat *We're not related.* No som parents.

relative *nc* [habit. implica un vincle força proper] parent -a *a close relative* un parent de prop

relation *nc* [sovint implica un vincle menys proper que **relative**] parent -a *distant relations* parents llunyans *We have relations in Canada.* Tenim família al Canadà.

descendant *nc* [més aviat formal. Implica les generacions posteriors] descendent

be descended from procedir de *The family is descended from nineteenth-century Italian emigrants.* La família descendeix d'emigrants italians del segle XIX.

ancestor *nc* avantpassat -ada *Portraits of forgotten ancestors hung on the walls.* Retrats d'avantpassats oblidats penjaven de les parets. **ancestral** *adj* avial

offspring *ni* [formal o jocós. Pot significar un fill o diversos] prole *She was trying to keep her offspring under control.* Intentava mantenir el control de la seva prole.

generation *nc* generació *a tradition handed down through generations* una tradició transmesa a través de les generacions (davant de *n*) *second-generation Americans* americans de segona generació

139 People Gent

person *nc* **1** *pl* **people** persona, gent *She's a very nice person.* És una persona molt agradable. *I think we should give the job to a younger person.* Crec que hauríem de donar la feina a una persona més jove. *There were three people waiting.* Hi havia tres persones esperant. *Many people disagree.* Molta gent no hi està d'acord. **2** *pl* **persons** [formal, esp. en contextos administratius o oficials] persones *Capacity for 4 persons.* Capacitat per a 4 persones.

human o **human being** *nc* (ésser) humà *the pollution caused by humans* la contaminació que causen els éssers humans

human *adj* humà *the human race* el gènere humà

individual *nc* individu -ídua *What can individuals do on their own?* Què poden fer els individus per si sols? [sovint pej.] *He's an awkward individual.* És un individu problemàtic.

individual *adj* individual, personal *I was speaking as an individual party member rather than as a minister.* Parlava com qualsevol membre del partit més que com a ministre.

139.1 Gent en general

man *ni* [sovint es refereix tant a dones com a homes, però de vegades no és acceptat per sexista] home *Man has been to the moon.* L'home ha anat a la lluna.

mankind *ni* [la gent de tot el món, però de vegades no acceptat per sexista] humanitat *inventions that have benefited mankind* invents que han beneficiat la humanitat

humankind *ni* [la gent de tot el món. Preferit per aquells que opinen que **mankind** és sexista] humanitat *the survival of humankind on this planet* la supervivència de la humanitat en aquest planeta

humanity *ni* [la gent de tot el món i sovint per subratllar un punt de vista moral o emocional] humanitat *crimes against humanity* crims contra la humanitat

public *n* **1** *ni* (habit. + **the**) [gent, sense adscripció a cap grup, a diferència de govern, premsa, fabricants, etc.] públic *Programme makers are simply aiming to satisfy the public.* Els que fan els programes intenten senzillament de satisfer el públic. *the **general public*** el públic en general **2** *nc* [una part del públic] públic, audiència, afecció *We want to introduce opera to a wider public.* Volem donar a conèixer l'òpera a una audiència més àmplia.

public *adj* **1** popular *public anger at the decision* ira popular per la decisió **2** [per a tothom] públic *public toilets* wàters públics **3** [conegut per tothom] públic *Is it public knowledge?* És del domini públic?

folk o **folks** *n pl* [gent, esp. considerada com un tipus determinat] gent *folk like him* gent com ell *city folk* gent de la ciutat *See you later, folks!* Fins més tard, companys!

139.2 Gent molt jove

baby *nc* nadó, bebè

child *nc*, *pl* **children** nen -a *children's books* llibres infantils *vegeu UTILITZACIÓ a **138**

infant *nc* [tècnic, utilitzat esp. en contextos mèdics. De nadó a 5 anys] nen -a petit -a, infant -a, pàrvul -a *the immunity the infant acquires from the mother's milk* la immunitat adquirida per l'infant de la llet materna (davant de *n*) *infant care* atenció als infants *infant mortality* mortalitat infantil *infant school* parvulari

toddler *nc* [d'1 a 3 anys aprox. Que camina amb pas vacil·lant] caganer -a

kid *nc* [informal. De nen petit a adult jove] nen -a, noi -a, vailet *When do the kids go back to school?* Quan tornen els nens al col·legi?

youngster *nc* [força informal, utilitzat esp. per la gent més gran. De 5 anys a adult jove] jove *There are plenty of activities for the youngsters.* Hi ha moltes activitats per als joves.

boy *nc* [de nadó a adult jove] nen, noi *Are you ready, boys?* Esteu llestos, nois? *boys' clothes* roba de nois

girl *nc* [de nadó a adulta] nena, noia *Are the girls coming?* Vénen les noies? *a girls' school* un col·legi de nenes [ofensiu per a les feministes quan fa referència a dones adultes] *the girls in the office* les noies de l'oficina

lad *nc* **1** [informal, utilitzat esp. per la gent més gran. De nadó a adult] noi, xicot *the lad who delivers the papers* el xicot que reparteix els diaris **2** [amic] *I went to the pub with the lads.* Vaig anar al bar amb els nois.

lass *nc* [informal. De nadó a adulta. S'utilitza esp. a Escòcia i al nord d'Anglaterra] noia, xicota

139.3 Gent jove quasi adulta

teenager *nc* [jove de 13 a 19 anys] adolescent *The programme's popular with teenagers.* El programa és popular entre els adolescents.

teenage *adj* jove, adolescent *my teenage daughters* les meves filles adolescents *teenage fashions* moda per a adolescents

teens *n pl* [període entre 13 i 19 anys] adolescència *He's in his teens.* És un adolescent.

juvenile *nc* [tècnic, utilitzat habit. en contextos legals o sociològics per referir-se a joves menors de 18 anys] juvenil, menor *our policy on sentencing juveniles* la nostra política de sancions per als menors (davant de *n*) *juvenile crime* delinqüència juvenil

adolescent *nc* [formal o lleugerament pej. Implica el període entre la pubertat i l'estat adult] adolescent *adolescents' emotional problems* problemes emocionals dels adolescents *when I was a spotty adolescent* quan jo era un adolescent ple de grans

adolescent *adj* [sovint pej.] adolescent *his adolescent enthusiasm* el seu entusiasme juvenil

youth *nc* [formal o pej. Es prefereixen els termes **boy**, **girl** o **young people** si no hi ha connotacions negatives. Habit. utilitzat per referir-se als joves mascles] jove *an inexperienced youth* un jove sense experiència *a gang of youths on motorcycles* una trepa de joves amb motos (davant de *n*) [neutre] *youth club* club per als joves

139.4 Adults

adult *nc* adult -a (davant de *n*) *in adult life* en la vida d'adult

grown-up *nc* [adult des del punt de vista de la mainada] gran *Grown-ups should set an example.* Els grans han de donar exemple.

man *nc*, *pl* **men** home *men's clothing* roba d'home

gentleman *nc*, *pl* **gentlemen 1** [mot cortès] senyor *These gentlemen are from Canada.* Aquests senyors són del Canadà. **2** [home que es comporta honorablement] cavaller, senyor *If he was a gentleman, he'd resign.* Si fos un senyor, dimitiria.

gentlemanly *adj* [com un home cortès] ben educat, cortès *It was the gentlemanly thing to do.* Va ser la cosa correcta a fer.

woman *nc*, *pl* **women** dona *women's shoes* sabates de dona *women's issues* qüestions femenines (davant de *n*) *a woman instructor* una instructora

lady *nc* **1** [mot cortès] senyora *There's a lady waiting to see you.* Hi ha una senyora que l'espera. (davant de *n*) *a lady doctor* una metgessa **2** [dona de bones maneres i de bon comportament] senyora

> *utilització*
>
> A algunes dones els desagrada **lady** com l'equivalent a **man**, perquè els sembla condescendent, i prefereixen **woman**.

139.5 Mots informals per als homes

chap *nc* (*esp. brit*) [informal] home, tipus *You mean the chap your sister married?* Vols dir el tipus amb qui es va casar la teva germana?

bloke (*esp. brit*) *nc* [informal. De vegades té connotacions de la classe obrera] paio, individu *The bloke at the garage can't fix it till next week.* El paio del taller no ho pot arreglar fins la setmana que ve.

GRUPS DE PARAULES

fellow nc home, individu *The fellow from the bank called.* Ha vingut l'individu del banc.

guy nc [el més informal d'aquests mots] home, tipus *this Greek guy she's going out with* aquest grec amb el qual festeja [en anglès americà el plural pot també referir-se a les dones] *What are you guys doing?* Què esteu fent vosaltres?

140 Male Masculí

male adj masculí *male hormones* hormones masculines *male stereotypes* estereotips masculins

male nc [implica que pertany al sexe masculí] home, mascle *surrounded by four adoring males* envoltada per quatre admiradors

masculine adj [implica la manera o l'estil dels homes. Habit. positiu] masculí *masculine charm* encant masculí *The product needs a more masculine image.* El producte necessita una imatge més masculina.
masculinity ni masculinitat

macho adj [habitualment pej. Expressa amb agressivitat l'opinió que els homes són superiors] mascle *I think the motorbike is just there to make him feel macho.* Crec que té la moto només per sentir-se més mascle.

unisex adj unisex, neutre *unisex fashions* moda unisex *unisex terms like firefighter instead of fireman* termes neutres com 'firefighter' en comptes de 'fireman'

utilització

El substantiu **man** es pot utilitzar d'una manera descriptiva. Per exemple, *a man's bike* (una bicicleta d'home) té una barra entre el seient i el manillar; en canvi, *a man's car* (un cotxe d'home) suggereix que el qui parla considera que és un cotxe adequat per a un home, no per a una dona. Es pot utilitzar *men drivers* (conductors masculins), igual que *male drivers*, per referir-se al conjunt de conductors de sexe masculí. Per referir-se específicament als homes que pertanyen a una professió, de vegades s'utilitzen expressions com ara *men doctors*, però hi ha gent que considera que és sexista fer aquestes distincions, i que tots, tant homes com dones, haurien de tenir el mateix tracte (p. ex. *doctor*).

141 Female Femení

female adj femení *female hormones* hormones femenines *a typically female reaction* una reacció típicament femenina *female staff* personal femení

female nc [implica que pertany al sexe femení] dona, femella *a profession dominated by females* una professió dominada per les dones

feminine adj [implica la manera o l'estil de les dones] femení *feminine intuition* intuïció femenina *the rather feminine decor* una decoració més aviat femenina
femininity ni feminitat

girlish adj [pot ser pej., implica característiques com humor exagerat, manca de maduresa, etc.] de nena, juvenil *a girlish grin* un somriure de nena **girlishly** adv com una nena **girlishness** ni infantilisme (aplicat a les dones)

ladylike adj [avui dia sovint jocós. Implica les maneres refinades de les senyores] elegant, fi *far too ladylike to drink beer* massa fina per beure cervesa

utilització

Es poden utilitzar els substantius **woman** i **lady** de manera descriptiva. Per exemple, *a woman's* or *a lady's bike* (una bicicleta de dona) no té barra entre el seient i el manillar; en canvi, *a woman's car* suggereix que el qui parla considera que és un cotxe adequat per a una dona que només fa trajectes curts, no per a un home. Es poden utilitzar *women drivers* i *female drivers* per referir-se al conjunt de conductores. Per referir-se específicament a les dones que pertanyen a una professió, de vegades s'utilitzen expressions com ara *women doctors* o *lady doctors* (metgesses), però hi ha gent que considera que és sexista fer aquestes distincions, i que tots, tant homes com dones, haurien de tenir el mateix tracte (p. ex. *doctor*).

142 Personality Personalitat

personality nc/i [actituds i comportament des del punt de vista psicològic. Es pot utilitzar en contextos tècnics] personalitat *an outgoing personality* una personalitat extrovertida [persona real] *They're both dynamic personalities.* Els dos són persones dinàmiques. (davant de n) *a personality disorder* un trastorn de la personalitat

character n 1 ni/c [actituds i comportament des del punt de vista moral o emocional] caràcter *Coming to your help is entirely **in character** for her.* És molt típic d'ella venir-te a ajudar. *It would be entirely **out of character** if she gave up.* Seria totalment atípic d'ella si es donés per vençuda. [persona real] *He used to be a very timid character.* Abans era una persona molt tímida. 2 ni [implica integritat, valentia, etc.] moral *I think persevering like that takes character.* Crec que has de tenir moral per continuar així.

nature nc/i [manera natural de reaccionar davant situacions i gent] naturalesa *She has an understanding nature.* Té un caràcter comprensiu. *It's **not in her nature** to give up easily.* No és propi d'ella donar-se per vençuda.

-natured (per formar *adj*) de caràcter *a sweet-natured child* un nen de caràcter dolç *He's a good-natured sort.* És un tipus afable. *ill-natured remarks* comentaris maliciosos

temperament *nc/i* [manera general de reaccionar emocionalment davant de situacions i gent] temperament *Some people can't take his fiery temperament.* Hi ha gent que no aguanta el seu geni. **temperamental** *adj* [implica canvis d'humor imprevisibles i períodes freqüents de ràbia o entusiasme] temperamental

temper *n* **1** *nc/i* [de mal humor] geni, mal geni *Watch out for her temper.* Compte amb el seu geni. *He's in a temper.* Està de mal humor. *a show of temper* una mostra de mal geni **2** *nc* [reaccions usuals] temperament, natura *Don't let his quiet temper fool you.* No deixis que t'enganyi el seu caràcter tranquil. *She's got a violent temper.* Té un geni de por.

-tempered (per formar *adj*) de caràcter *a bad-tempered man* un home de mal geni *an ill-tempered retort* una rèplica malhumorada *a good-tempered smile* un somriure afable

142.1 Rerefons dels sentiments

mood *nc* **1** [com hom se sent o com el fan sentir] humor, disposició *She was not in the mood to talk.* No estava disposada a parlar. *The defeat created a sombre mood at party headquarters.* La desfeta va provocar un ambient pessimista a la seu del partit. *I'm in a good mood today.* Avui estic de bon humor. **2** [implica actitud emocional desagradable] mal humor *He's in a mood again.* Torna a estar de mal humor. *I can't stand his moods.* No aguanto les seves estones de mal humor.

moody *adj* **1** [que té canvis freqüents d'humor] variable **2** [que té estones de mal humor] de mal humor *You've been very moody lately.* Has estat de molt mal humor recentment. **moodily** *adv* de mal humor

manner *nc* [com es comporta algú] manera *She refused in her usual brusque manner.* S'hi va negar bruscament, com és habitual en ella. *the manner he has of ignoring you* la seva manera de passar de tu

atmosphere *n* **1** *nc* [implica una situació que genera sentiments determinats] ambient *the right atmosphere for negotiations* l'ambient adequat per a les negociacions *The decorations gave the streets a happy atmosphere.* La decoració donava un aire alegre als carrers. **2** *ni* [implica un ambient habitualment interessant] ambient *a pizza place with no real atmosphere* una pizzeria sense gens d'ambient

143 Polite Ben educat

polite *adj* [implica tenir un comportament social correcte] ben educat, atent *Try and be a bit more polite to our customers.* Intenta de ser una mica més atent amb els clients. *a polite smile* un somriure cortès
politely *adv* atentament, amb cortesia **politeness** *ni* cortesia, bona educació

manners *n pl* modes *Try and learn some manners.* Intenta d'aprendre a comportar-te. *Her children have terrible manners.* El seus fills són molt mal educats. *table manners* comportament a taula *Holding the door open for others is good manners.* Aguantar la porta oberta per als altres és de bona educació.

143.1 Extremadament cortès

courteous *n* [implica una educació lleug. obsoleta i artificiosa] cortès, fi *He is invariably courteous, even towards his opponents.* Sempre és respectuós, fins i tot amb els adversaris. *a courteous bow* una inclinació cortès **courteously** *adv* amb cortesia **courteousness** *ni* cortesia

chivalrous *adj* [implica un codi d'honor, esp. dels homes envers les dones] cavallerós **chivalrously** *adv* cavallerosament **chivalry** *ni* cavallerositat

gracious *adj* [força literari. Destaca consideració, esp. envers els inferiors] amable *her gracious acceptance of our invitation* la seva amabilitat en acceptar la nostra invitació **graciously** *adv* amablement

obsequious *adj* [pej. Implica desig excessiu i poc sincer d'agradar als altres] servil *obsequious flattery* adulació servil **obsequiously** *adv* servilment **obsequiousness** *ni* servilisme

143.2 Que s'esforça per ser ben educat

civil *adj* [si va sense qualificació, implica educació mínima] ben educat, cortès *I think I'm entitled to a civil reply.* Crec que tinc el dret de rebre una resposta correcta. *Her tone was barely civil.* El seu to era poc cortès. **civilly** *adv* amb cortesia **civility** *ni* cortesia

respectful *adj* respectuós *a respectful silence* un silenci respectuós **respectfully** respectuosament

diplomatic *adj* diplomàtic *We found a diplomatic way of turning the invitation down.* Vam trobar una manera diplomàtica de no acceptar la invitació. **diplomatically** *adv* diplomàticament

diplomacy *ni* diplomàcia *It took some diplomacy to get the whole family to agree.* Calia una mica de diplomàcia perquè es posessin d'acord tota la família.

tact *ni* tacte, discreció *a situation which requires a lot of tact* una situació que exigeix molt de tacte

tactful *adj* delicat, discret *It wasn't exactly tactful to mention his ex-wife.* No és que fos precisament discret mencionar la seva ex-dona. *a tactful explanation* una explicació amb tacte

tactfully *adv* discretament *How can we refuse tactfully?* Com ho podem rebutjar discretament?

> *frase feta*
>
> **in good taste** [implica aprovació social d'un determinat comportament] de bon gust *It would have been in better taste to stay away from the funeral.* Hauria estat de més bon gust no assistir a l'enterrament.

144 Rude Mal educat

vegeu també **145 Cheeky**

144.1 Habitualment mal educat

rude adj (de vegades + **to**) [implica un tracte brusc per manca d'educació. Descriu: p. ex. persones, accions, afirmacions] groller, mal educat *Don't be rude to your teacher.* No siguis mal educada amb la professora. *It's rude to point.* És de mala educació assenyalar. *rude comments on the blackboard* comentaris grollers a la pissarra **rudely** adv grollerament **rudeness** ni grolleria

impolite adj [més formal que **rude**] mal educat *His behaviour was extremely impolite.* El seu comportament va ser de molt mala educació. *an impolite letter* un carta de mala educació **impolitely** adv de manera mal educada **impoliteness** ni mala educació

vulgar adj [implica mal gust i comportament poc adequat] ordinari, de mal gust *his vulgar and racist talk* la seva xerrameca racista i de mal gust *the vulgar way they treat you* el tracte vulgar que reps d'ells **vulgarity** ni vulgaritat

offensive adj ofensiu *offensive personal remarks* comentaris personals ofensius **offensively** adv ofensivament **offensiveness** ni allò que és ofensiu

144.2 Tractar algú de manera grollera

insult vt insultar *insulting remarks* comentaris ofensius *He'll feel insulted if you offer him money.* Se sentirà ofès si li ofereixes diners.

insult nc insult *If you refuse he'll take it as an insult.* Si ho rebutges s'ho prendrà com un insult. *to hurl insults at somebody* insultar algú

offend vt [pot no ser intencionat] ofendre *The article deeply offended many women.* L'article va ofendre profundament moltes dones. *I hope you won't be offended if we go now.* Espero que no t'ofenguis si ens n'anem ara.

offence (*brit*), **offense** (*amer*) ni ofensa *No offence intended.* Sense intenció d'ofendre. *to take offence at something* ofendre's per alguna cosa

rebuff vt [implica actitud hostil o poc afable envers una petició, una oferta, etc.] clavar un moc a, menyspreuar *I had hoped for a compromise, but I was firmly rebuffed.* Esperava arribar a una solució de compromís, però em van clavar un moc.

rebuff nc refús, menyspreu *All our ideas met with a stern rebuff.* Totes les nostres idees van rebre un menyspreu absolut.

144.3 Manca de respecte

offhand adj [no prestar atenció adequada a a/ac] informal, brusc *She dismissed the problem in the most offhand way.* Va bandejar el problema d'una manera molt brusca. **offhandedly** adv informalment

discourteous adj [formal. Implica no respectar les regles socials ni els sentiments personals] descortès *It would be discourteous to keep them waiting.* Seria una manca de cortesia fer-los esperar. **discourteously** adv descortèsament **discourtesy** ni descortesia

flippant adj [implica ser graciós quan s'espera seriositat] poc seriós, frívol *I had expected an apology, not some flippant excuse.* M'esperava una disculpa, no una excusa frívola. **flippantly** adv amb frivolitat

improper adj [més aviat formal. Implica no respectar les regles morals i socials] incorrecte *It would be quite improper to ask her such a personal question.* Seria totalment incorrecte fer-li una pregunta tan personal. **improperly** adv incorrectament

tactless adj [no fer cas d'ac que pot molestar algú] indiscret *I know it's tactless but I need to know her age.* Sé que és una indiscreció, però cal que sàpiga quants anys té. **tactlessly** adv indiscretament

frases fetes

a slap in the face [ac deliberadament dolorosa i insultant] bufetada *After all we had done for her, her reaction was a real slap in the face.* Després de tot el que havíem fet per ella, la seva reacció va ser com una bufetada.

in bad/poor taste [implica refús social d'un determinat comportament] de mal gust *His remarks were in very poor taste.* Els seus comentaris eren de molt mal gust.

put one's foot in it [informal. Ofendre sense ser-ne conscient] ficar-se de peus a la galleda *As soon as I mentioned divorce I realized I had put my foot in it.* Així que vaig dir la paraula divorci em vaig adonar que havia ficat el rem.

145 Cheeky Descarat

cheeky (*esp. brit*) adj [més aviat informal. Irrespectuós però no ofensiu] descarat, fresc *Don't be cheeky to your mother.* No siguis tan fresca amb la mare. [sovint implica sentit de l'humor] *a cheeky allusion to the minister's private life* una al·lusió descarada a la vida privada del ministre **cheekily** adv descaradament

cheek ni cara, barra *Less of your cheek!* Menys cara! *He had the cheek to borrow my lawnmower without asking.* Va tenir la barra d'emportar-se el tallagespa sense demanar-me'l.

insolent adj [implica manca de respecte i agressivitat alhora] insolent *an insolent refusal to obey the rules* una negativa insolent a acatar les regles *He made an insolent remark about my wife.* Va fer un comentari insolent sobre la meva dona. **insolently** adv insolentment **insolence** ni insolència

impudent adj [implica menyspreu] desvergonyit *impudent questions about my sex life* preguntes descarades sobre la meva vida sexual **impudently** adv desvergonyidament **impudence** ni desvergonyiment

impertinent adj [més aviat formal. Implica manca de respecte per l'autoritat] impertinent, insolent *She regarded any questioning of her decisions as impertinent.* Considerava que qüestionar les seves decisions era del tot impertinent. **impertinently** adv impertinentment
impertinence ni impertinència *embarrassed by the child's impertinence* desconcertat per la impertinència de la nena
nerve ni [informal. Implica grolleria i atreviment] barra *She had the sheer nerve to suggest I was too old for the job.* Va tenir les penques de suggerir que jo era massa vella per a la feina. *What a nerve!* Quina barra!

146 Formal Formal

formal adj 1 [que observa regles oficials o socials estrictes] formal, oficial, protocol·lari *the formal announcement of her resignation* l'anunci formal de la seva dimissió 2 [molt correcte i cortès, pot implicar fredor] formal *He sent me a very formal letter.* Em va enviar una carta molt formal. 3 [no apte per a la parla col·loquial. Descriu: paraules] formal **formally** adv formalment
formality n 1 ni formalitat *a moving occasion despite the formality* una ocasió emocionant, malgrat la formalitat 2 nc [procediment oficial] formalisme *We can dispense with the formalities.* Podem prescindir dels formalismes.
ceremonial adj cerimonial *the ceremonial opening of the courts* la cerimònia solemne d'obertura de les corts de justícia *his ceremonial sword* l'espasa de gala
ceremony n 1 nc [acte formal] cerimònia *a civil ceremony* una cerimònia civil 2 ni [actuació formal] cerimònia *They accompanied me with ceremony to the door.* Em van acompanyar a la porta de manera molt cerimoniosa.
dignity ni dignitat *their dignity in defeat* la seva dignitat malgrat la derrota
dignified adj solemne, noble *a dignified bow* una inclinació solemne *his dignified admission of failure* el seu noble reconeixement de fracàs
stately adj [formal i imponent] majestuós, noble *a stately procession* una comitiva majestuosa **stateliness** ni majestuositat
pomp ni [de vegades pej. Implica procediments ampul·losos i formals] pompa, fastuositat *all the pomp and colour of the medieval church* tota la pompa i el color de l'església medieval
posh adj [sovint pej. Implica desig de recalcar un estatus social] elegant, luxós, afectat *a posh wedding at the cathedral* un casament luxós a la catedral

147 Informal Informal

informal adj 1 [que no segueix regles oficials o socials] informal *an informal approach to negotiations* una aproximació informal a la negociació *an informal arrangement* un acord informal 2 [inapropiat per al llenguatge formal. Descriu: paraules] informal, col·loquial
informally adv informalment *We have spoken informally about the problem.* Hem parlat del problema de manera informal. **informality** ni informalitat
casual adj 1 [implica manera natural i relaxada] informal *a casual chat about the children and so on* una conversa informal sobre la mainada, etcètera 2 [de vegades pej. Sense pensar-hi prou] despreocupat *a casual attitude* una actitud despreocupada **casually** adv informalment **casualness** ni informalitat
impromptu adj [que surgeix de sobte, sense preparatius. Descriu: p. ex. esdeveniments, accions] improvisat *an impromptu press conference* una conferència de premsa improvisada
impromptu adv sense preparació, de manera improvisada *I was reluctant to speak impromptu on the decision.* No estava disposada a manifestar-me sobre la decisió sense haver reflexionat abans.

> *frase feta*
> **off the cuff** [informal. Habit. implica parlar, decidir, etc., sobtadament i sense preparació] sobre la marxa, improvisat (davant de n) *off-the-cuff remarks* comentaris fets sobre la marxa

148 Proud Orgullós

148.1 Bona opinió d'un mateix

proud adj 1 (sovint + **of**) [satisfet per haver assolit ac, etc.] orgullós, satisfet *Your tributes make me feel very proud.* Els vostres homenatges em fan sentir molt satisfet. *I'm proud of this garden.* Estic orgullosa d'aquest jardí. *I hope you're proud of yourself!* [sarcàstic, davant d'ac mal feta] Espero que estiguis satisfet! 2 [sovint pej. Implica tenir una bona opinió d'un mateix que és infundada] arrogant, tibat *too proud to ask for help* massa orgullosa per demanar ajut **proudly** adv orgullosament

pride ni 1 [p. ex. d'ac assolida] orgull *a sense of pride in their victory* un sentiment d'orgull per la victòria *We take pride in our work here.* Aquí estem orgullosos de la nostra feina. 2 [pej.] arrogància, fums *He refused our help out of pride.* Va rebutjar el nostre ajut per orgull.

vain adj [pej. Implica bona opinió d'un mateix sense fonament] vanitós, presumit *I may be vain, but I'd hate to be bald.* Pot ser que sigui presumit, però detestaria ser calb. **vainly** adv vanitosament **vanity** ni vanitat

conceited adj [pej. Bona opinió d'un mateix combinada amb una actitud desagradable] cregut, presumit *Promotion only made him more conceited.* L'ascens només el va fer més cregut.

conceit ni [lleug. formal] presumpció, fums

148.2 Mala opinió dels altres

contempt ni [implica mala opinió i antipatia. Emfàtic] menyspreu, indiferència *their open contempt for people's feelings* el seu flagrant menyspreu pels sentiments de la gent *I will treat your remarks with the contempt they deserve.* Tractaré els teus comentaris amb el desdeny que mereixen.

contemptuous adj [sovint pej.] despectiu *a contemptuous smile* un somriure despectiu **contemptuously** adv despectivament

sneer vi (habit. + **at**) [pej. Implica actitud arrogant i hostil] mofar-se *A cynic would sneer at his simple convictions.* Un cínic es befaria de les seves creences ingènues.

sneer nc sorneguería, burla *despite the sneers of our opponents* malgrat els comentaris de menyspreu dels nostres contrincants

despise vt [mot emfàtic] desdenyar *They despise society's values.* Desdenyen els valors de la societat.

arrogant adj arrogant *an arrogant refusal to make changes* un rebuig arrogant a fer canvis **arrogantly** adv arrogantment

arrogance ni arrogància *the arrogance that comes with power* l'arrogància que acompanya el poder

pompous adj [pej. Implica que algú es pensa important o moralment superior] pompós *pompous declarations of loyalty* declaracions pomposes de lleialtat **pompously** adv pomposament **pomposity** ni pompositat

haughty adj [pej. i més aviat formal. Implica tractar els altres com si fossin inferiors] soberg, altiu *the haughty aristocratic types who expect instant obedience* els individus aristòcrates i arrogants que esperen una obediència a cegues **haughtily** adv sobergament **haughtiness** ni sobergueria

snob nc [implica negar el respecte als altres, esp. a les classes socials inferiors] esnob, pretensiós -osa, bufat -ada *snobs who won't use public transport* els esnobs que es neguen a utilitzar el transport públic *a wine snob* un esnob en qüestió de vins **snobbery** ni esnobisme **snobbish** adj esnob, pretensiós **snobbishly** adv pretensiosament

snooty adj [informal i pej. Implica creure en la superioritat esp. social i cultural] fatxenda, pretensiós *A snooty waiter gave us a table next to the toilets.* Un cambrer carregat de fums ens va col·locar en una taula al costat dels serveis. **snootily** adv amb fatxenderia **snootiness** ni envaniment

stuck up adj [més informal que **snooty**] pretensiós, refistolat

> *frases fetes*
>
> **think sb/sth (is) beneath one** [no voler participar en ac per raons de superioritat] creure's per sobre d'a/ac *I suppose you think it beneath you to type your own letters?* Suposo que no et cauran els anells per passar les teves pròpies cartes a màquina?
>
> **get above oneself** [persona que es comporta com si fos més important del que realment és] tenir fums
>
> **to have/get ideas above one's station** [força obsolet. Ser massa ambiciós o estar massa segur de si mateix] agafar fums *She was a good organizer but she got ideas above her station.* Era una bona organitzadora, però va arribar a creure-s'ho massa.
>
> **give oneself airs** [creure's important i esperar impressionar els altres] donar-se to

149 Boast Vanar-se

boast vit (sovint + **about, of, that**) [implica pretensions arrogants o exagerades] vanar-se (de), presumir (de) *She kept boasting about her big house.* No parava de vanar-se de la seva mansió. *He sometimes boasts of friends in high places.* De vegades es vana de tenir amics en llocs importants. **boastful** adj presumptuós, fanfarró **boastfully** adv amb presumpció **boastfulness** ni presumpció, fanfarroneria

cocky adj [informal. Implica estar massa segur de si mateix] fatxenda, arrogant *a cocky young actor who thinks he's a star* un actor jove i tibat que es creu una estrella **cockily** adv de manera fatxenda **cockiness** ni fatxenderia

show off vi [informal. Actuar per impressionar] fer el fatxenda, ostentar *She's always showing off in front of her friends.* Sempre presumeix davant dels amics. **show-off** nc [informal] fatxender -a

bigheaded adj [informal i pej. Estar massa segur de les pròpies aptituds, opinions, etc.] arrogant, altiu, envanit **bighead** nc altiu -iva

frases fetes

(to be) too big for one's boots [informal. Irritar els altres amb un comportament superior i inapropiat a l'estatus real] pujar els fums al cap, no cabre al món *He's getting far too big for his boots, bossing everyone around.* Últimament té molts fums, tracta la gent com si fos el qui mana.
to think one is it [molt informal. Creure's especial, intel·ligent, etc.] pensar-se que és el rei/la reina de l'univers *They really think they're it with their money and their fast cars.* Realment es pensen que són els reis de l'univers, amb els seus diners i els seus cotxes esportius.
(to be) full of oneself [pej. Enderiat amb els propis talents, assoliments, etc.] (estar) molt pagat d'un mateix
(to think one is) God's gift to sth [jocós. Creure's imprescindible] (creure's) el millor per a ac *He thinks hes God's gift to women.* Es creu que totes les dones li van al darrere.

150 Modest Modest

modest *adj* [que no té una actitud altiva] modest *It doesn't help to be too modest when applying for jobs.* No ajuda gaire ser massa modest quan sol·licites una feina. **modestly** *adv* modestament **modesty** *ni* modèstia
humble *adj* [que té mala opinió d'ell mateix o que és deferent i submís] humil *a humble apology* una disculpa humil **humbly** *adv* humilment **humility** *ni* humilitat
meek *adj* [de vegades pej. Implica manca d'agressivitat] dòcil, submís *a meek soul who presented no threat to the system* un individu dòcil que no representava cap amenaça per al sistema **meekly** *adv* dòcilment **meekness** *ni* docilitat

frases fetes

swallow your pride [acceptar ac humiliant] empassar-se l'orgull *We had to swallow our pride and call the strike off.* Vam haver d'empassar-nos l'orgull i cancel·lar la vaga.
eat humble pie [abandonar una actitud arrogant i demanar disculpes humilment] rebaixar-se i demanar perdó *I'm prepared to eat humble pie if I turn out to be wrong.* Estic disposat a reconèixer el meu error si resulta que no tinc raó.
take sb down a peg or two [mostrar a algú que no és tan important com es creu] baixar els fums a algú *Losing that contract should take her down a peg or two.* Haver perdut aquell contracte li hauria de fer baixar els fums.

151 Emotion Emoció

151.1 Mots genèrics

emotion *n* **1** *ni* emoció *I could hardly speak for emotion.* A penes podia parlar de l'emoció. **2** *nc* [tipus determinat] sentiment *an appeal to the emotions of the public* una crida als sentiments de la gent
emotional *adj* **1** [implica emocions] sentimental *our emotional attachment to our home countries* el nostre lligam sentimental amb la pàtria **2** [que mostra emocions] emotiu *an emotional farewell* un acomiadament emotiu **emotionally** *adv* emocionalment
emotive *adj* (davant de *n*) [que provoca reaccions emotives més que racionals] delicat, sensible *emotive subjects like child abuse* temes delicats com ara l'abús de menors
feel *v, pas. & pp.* **felt** [sentir emoció] **1** *vt* sentir *We all felt a sense of triumph.* Tots vam sentir una sensació de triomf. **2** *vi* (habit. seguit d'*adj* o d'una frase) sentir-se *We all feel a bit disappointed.* Tots ens sentim una mica decebuts. *I felt as though I'd been betrayed.* Em sentia com si m'haguessin traït.
feeling *n* **1** *ni* emoció, passió *She spoke with unusual feeling.* Parlava amb una passió inusual. **2** *nc* sensació, sentiment *a feeling of elation* una sensació de joia

151.2 Sentiments subtils

sensitive *adj* (de vegades + **to**) **1** [que s'altera fàcilment] sensible *She's rather too sensitive for politics.* És una mica massa sensible per a la política. *very sensitive to criticism* molt susceptible a la crítica **2** [que pot molestar a la gent] delicat *a sensitive subject* un tema delicat **3** [que mostra consideració envers els altres] comprensiu *a sensitive response to public concern* una resposta receptiva a la preocupació popular **4** [que aprecia l'art, la música, etc.] culte, cultivat **sensitively** *adv* sensiblement **sensitivity** *ni* sensibilitat
insensitive *adj* (de vegades + **to**) [mancat de sensibilitat] insensible *It would be insensitive to make her leave so soon.* Seria dur fer-la marxar tan aviat. **insensitively** *adv* insensiblement **insensitivity** *ni* insensibilitat
instinctive *adj* [implica una reacció automàtica] instintiu *Her instinctive reaction was to offer to help.* La seva reacció immediata va ser oferir ajut. **instinctively** *adv* instintivament **instinctiveness** *ni* instint
instinct *nc/i* instint *My instinct told me it was dangerous.* L'instint em deia que era perillós.

151.3 Mostrar o amagar emoció

highly-strung adj [implica reaccions emocionals extremes. Descriu: habit. persones] molt excitable, hipertens *He's highly-strung and likely to cause a scene.* És molt excitable i capaç de fer una escena.

demonstrative adj [que mostra obertament les emocions, de vegades de manera dramàtica] expressiu, efusiu *I suppose they were glad to see me, but they weren't very demonstrative.* Suposo que estaven contents de veure'm, però no van ser gaire efusius.
demonstratively adv expressivament
demonstrativeness ni expressivitat

undemonstrative adj [que no mostra emoció] reservat, poc expressiu *She thanked us all in her usual undemonstrative way.* Ens va donar les gràcies a tots d'una manera poc expressiva, com és el seu costum.
undemonstratively adv de manera poc expressiva
undemonstrativeness ni manca d'expressivitat o d'emoció

thick-skinned adj [força pej. Implica que no s'altera pels insults, les peticions, etc.] dur, insensible *The press can say what they like about me, I'm pretty thick-skinned.* La premsa pot dir el que vulgui sobre mi; tinc la pell gruixuda.

self-control ni [implica control de les emocions] autocontrol *With a little more self-control we could avoid these arguments.* Amb una mica més d'autocontrol, podríem evitar aquestes discussions.
self-controlled adj d'autocontrol *a self-controlled performance in front of the cameras* una exhibició d'autocontrol davant de les càmeres.

152 Fruit Fruita

152.1 Fruita comuna

apple nc poma *an eating apple* poma per menjar *cooking apples* pomes per cuinar
pear nc pera
banana nc plàtan *a bunch of bananas* un ram de plàtans
grape nc raïm *a bunch of grapes* un carràs de raïm
peach nc préssec
nectarine nc nectarina
apricot nc albercoc
plum nc [fresca] pruna
melon nc meló
watermelon nc síndria
rhubarb ni ruibarbre *a stick of rhubarb* un tronxo de ruibarbre

152.2 Cítrics

orange nc taronja
lime nc llima
lemon nc llimona
grapefruit nc aranja
tangerine nc mandarina
satsuma nc mandarina

152.3 Fruites toves

cherry nc cirera
strawberry nc maduixot
raspberry nc gerd
blackberry nc móra
blackcurrant nc grosella negra
gooseberry nc agrassó
blueberry nc mirtil, nabiu

152.4 Fruita exòtica

pineapple nc pinya
mango nc, pl **mangos** mango
avocado nc, pl **avocados** alvocat
kiwi fruit nc kiwi
passion fruit nc fruita de la passió
lychee nc litxi

152.5 Fruits secs

raisin nc [raïm negre assecat, més gran que **sultana** o **currant**] pansa
currant nc [raïm molt petit negre assecat] pansa de Corint
sultana nc [raïm petit blanc assecat] pansa
prune nc [pruna seca] pruna
date nc dàtil
fig nc figa

> *utilització*
>
> En anglès **dried fruit** [lit.: fruits secs] inclou panses, panses de Corint, prunes, dàtils, figues, etc., però no inclou avellanes, ametlles, nous, castanyes, etc., que s'anomenen **nuts**.

152.6 Parts de la fruita

skin ni [mot genèric que es pot aplicar a qualsevol fruita] pell
peel ni [pells de fruita gruixudes, p. ex. de plàtans, taronjes, però no de prunes, peres, etc.] pell
rind ni [de cítrics i meló] pell
zest ni [en contextos gastronòmics, superfície de color de la pell dels cítrics] ratlladura *Add the zest of half a lemon.* Afegir la ratlladura de mitja llimona.
pith ni [la part blanca entre la superfície de color i la polpa dels cítrics] *I don't like bits of pith in my orange juice.* No m'agraden els trossets de pell al suc de taronja.
pip nc (brit) [part interna dura petita de les pomes, els cítrics, el raïm, etc.] llavor, pinyol
seed nc [més petita que **pip**; de maduixots, etc.] llavor, gra
stone (esp. brit), **pit** (amer) nc [part interna i dura dels préssecs, els albercocs, els dàtils, etc.] pinyol
core nc cor
stalk nc tija

153 Ripeness Maduresa

ripe adj [descriu: p. ex. la fruita, el formatge] madur **ripen** vit madurar

unripe adj [descriu: p. ex. la fruita] verd

rotten adj [descriu: p. ex. la fruita, els ous] podrit *to go rotten* podrir-se

stale adj [per assecar-se. Descriu: p. ex. el pa, el formatge] sec *to go stale* assecar-se

go off vi [subj: p. ex. la llet, el peix] fer-se malbé

154 Nuts Fruits secs

vegeu UTILITZACIÓ 152.5

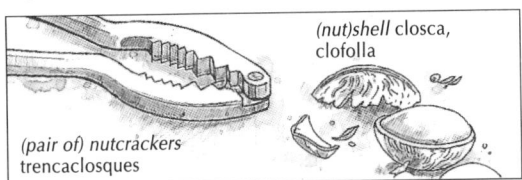

(nut)shell closca, clofolla

(pair of) nutcrackers trencaclosques

kernel nc bessó
almond nc ametlla
walnut nc nou
chestnut nc castanya *roasted chestnuts* castanyes torrades
hazelnut nc avellana

brazil nut nc nou de Brasil
cashew nc anacard
peanut nc cacauet
coconut nc coco
pistachio nc pistatxo, festuc

155 Vegetables Hortalisses

155.1 Verdures

cabbage nc/i col
pea nc pèsol
bean nc mongeta, fesol
runner bean (brit), **string bean** (amer) nc mongeta tendra
French bean (brit), **green bean** (amer) nc fesolet, banyolí

broad bean nc fava
brussels sprout nc col de Brussel·les
broccoli ni bròquil
spinach ni espinac
asparagus ni espàrrec (davant de n) *asparagus spears* puntes d'espàrrecs

155.2 Tubercles

potato nc, pl **potatoes** patata
carrot nc pastanaga
parsnip nc xirivia

turnip nc/i nap
swede (esp. brit), **rutabaga** (amer) nc/i col-i-nap

155.3 Altres verdures comunes

mushroom nc xampinyó
cauliflower nc/i col-i-flor
pepper nc pebrot
onion nc/i ceba

aubergine (esp. brit), **eggplant** (amer) nc/i albergínia
leek nc porro

garlic ni all
chilli nc/i, pl **chillies** [molt picant] pebre vermell
courgette (brit), **zucchini** (amer) nc/i [més petit que **marrow**] carbassó

marrow nc/i carbassó
sweetcorn nc/i blat de moro
globe artichoke nc carxofa
pumpkin nc/i carbassa

155.4 Hortalisses per amanir

salad nc/i [a la Gran Bretanya, habit. un plat de carn freda, peix, etc., que va acompanyat d'enciam, tomàquet, cogombre, etc., o bé una barreja d'ingredients amanits] amanida *a ham salad* una amanida amb talls de pernil *rice salad* amanida d'arròs

lettuce nc/i enciam
tomato nc, pl **tomatoes** tomàquet
radish nc rave
spring onion (brit), **scallion** (amer) nc ceba tendra
cucumber nc/i cogombre
celery ni api

beetroot (brit), **beet** (amer) nc/i remolatxa
cress ni créixens *mustard and cress* mostassa i créixens
watercress ni créixens
beansprout nc (habit. pl) brots de mongeta

156 Baked and dried foods Aliments cuits al forn

156.1 Pa

bread ni pa *sliced bread* pa tallat *white bread* pa blanc *brown bread* pa integral *bread and butter* pa amb mantega

loaf nc, pl **loaves** [una unitat de pa que habit. s'ha de llescar] pa (de motllo), barra *a wholemeal loaf* un pa integral *a granary loaf* [amb llavors] un pa multicereals

> *utilització*
>
> La paraula **bread** designa la substància i és incomptable, mentre **loaf** és comptable i es refereix a les unitats individuals més grosses, p. ex. *Two loaves (of bread), please.* (Dues barres de pa, sisplau.) Els panets individuals es diuen **rolls**.

roll *nc* panet

dough *ni* massa *to knead dough* treballar la massa

crust *nc/i* 1 [primera o última llesca] crostó 2 [superfície] crosta

crumb *nc* [trosset petit de pa, galeta, etc.] engruna

toast *ni* torrada *a piece of toast* una torrada **toast** *vt* torrar

156.2 Ingredients per coure al forn

yeast *ni* llevat

flour *ni* farina *plain flour* (*brit*)/*all-purpose flour* (*amer*) farina *self-raising flour* (*brit*) [farina barrejada amb llevat en pols] *strong flour* [que conté molt gluten]

baking powder *ni* llevat en pols

sugar *ni* sucre *granulated sugar* sucre granulat *caster sugar* (*brit*) sucre fi *icing sugar* (*brit*)/*powdered sugar* (*amer*) sucre de llustre *cube sugar* sucre en terrossos *brown sugar* sucre moreno

156.3 Altres coses de la fleca

biscuit *nc* 1 (*brit*) **cookie** (*amer*) [dur, sovint dolç] galeta 2 (*amer*) [tou i dolç] pastís, pasta

cake *nc/i* [tou, de totes les mides, i pot ser senzill o treballat] pastís, coca *a sponge cake* un pa de pessic *fruit cake* pastís de panses *a cream cake* un pastís de nata

bun (*esp. brit*), **sweet roll** (*amer*) *nc* [dolç, sovint amb panses o cobert de sucre] cóc, pastís *a sticky bun* un pastisset enganxós

icing (*esp. brit*), **frosting** (*esp. amer*) *ni* [pasta feta de sucre i aigua per fer una superfície decorativa] capa *royal icing* capa amb clara d'ou i llimona

pastry *n* 1 *ni* [per fer empanades i pastissos] pasta *shortcrust pastry* [pasta, engrunadissa quan és cuita, feta amb força greix] pasta brisa *puff pastry* pasta de full 2 *nc* [pastís individual] pasta *Danish pastries* pastes assortides

pie *nc/i* [dolç o salat. Sempre cobert de pasta] empanada *an apple pie* un pastís de poma *pecan pie* empanada de pacanes *a pork pie* una empanada de porc

tart *nc/i* [habit. dolç, no cobert de pasta però pot ser enreixat amb pasta] pastís *a jam tart* una pastís de melmelada

156.4 Menjars feculents

rice *ni* arròs *long-grain rice* arròs de gra llarg

pasta *ni* [espaguetis, etc] pasta

spaghetti *ni* espaguetis

156.5 Aliments per a l'esmorzar

cereal *nc/i* cereal *Do you want cereal?* Vols cereals?

porridge *ni* farinetes de civada

muesli (*brit*), **granola** (*amer*) *ni* musli

bran *ni* segó

cornflakes *n pl* flocs de blat de moro

157 Flavours Sabors

157.1 Mots genèrics

flavour (*brit*), **flavor** (*amer*) *ni/c* sabor, gust *to give something flavour* donar sabor a alguna cosa *a distinct lemony flavour* un gust clar de llimona *six different flavours of ice cream* sis gustos diferents de gelat

flavour (*brit*), **flavor** (*amer*) *vt* (sovint + *with*) aromatitzar, condimentar *flavoured with herbs* aromatitzat amb herbes

flavouring (*brit*), **flavoring** (*amer*) *nc/i* [habit. artificial] condiment

season *vt* [modificar el sabor, habit. amb sal, pebre o herbes] condimentar, assaonar *subtly seasoned with saffron* delicadament condimentat amb safrà *season to taste* condimentar al gust **seasoning** *nc/i* condiment(s)

taste *ni/c* [fa èmfasi en la reacció del que menja] gust *a sharp taste* un gust àcid

157.2 Herbes i condiments

salt *ni* sal *a pinch of salt* un pessic de sal

salt *vt* salar *slightly salted butter* mantega lleugerament salada

pepper *ni* pebre *black pepper* pebre negre

herb *nc* herba

parsley *ni* julivert *a sprig of parsley* una branqueta de julivert

chives *n pl* cebollins

mint *ni* menta

thyme *ni* farigola

spice *nc/i* espècia

mustard *ni* mostassa

157.3 Sabors forts

vanilla *ni* vainilla (davant de *n*) *a vanilla pod* una beina de vainilla

peppermint *ni* menta

aniseed *ni* anís

ginger *ni* gingebre *stem ginger* tija de gingebre *root ginger* arrel de gingebre

157.4 Sabors dolços

sweet *adj* dolç **sweetness** *ni* dolçor

sweeten *vt* endolcir *slightly sweetened grapefruit juice* suc d'aranja lleugerament endolcit **sweetener** *nc/i* edulcorant

sugary *adj* [pej. Massa dolç] ensucrat, dolcenc

157.5 Sabors no dolços

savoury (*brit*), **savory** (*amer*) *adj* salat *a savoury filling* un farcit salat *a savoury pancake* una crep salada

bitter *adj* [sovint pej.] amarg *bitter black coffee* cafè negre amarg **bitterness** *ni* agror

sour *adj* [descriu el gust, sovint considerat desagradable, de fruita verda, de vinagre, etc.] àcid, agre *The first oranges of the season are always sour.* Les primeres taronges de la temporada són sempre àcides. *sour cream* crema de llet agre **sourness** *ni* agror

sharp adj [implica un punt d'àcid que sovint es considera agradable] aspre, àcid *A good eating apple should be slightly sharp.* Una bona poma hauria de tenir un punt d'àcid. **sharpness** ni aspror

tart adj [implica aspror sovint considerada agradable] aspre, àcid *deliciously tart blackberries* móres amb un punt d'acidesa deliciosa

acid adj [com la llimona o el vinagre, habit. considerat desagradable] àcid *a rather acid white wine* un vi blanc força àcid **acidity** ni acidesa

157.6 Sabors bons

delicious adj deliciós

mouth-watering adj [que provoca el desig de tastar-ho] que fa venir (a algú) aigua a la boca

water vi [com a resultat d'un gust o d'una olor agradable] salivar *That smell makes my mouth water.* Aquesta olor em fa venir aigua a la boca.

tasty adj [no formal. Implica cuina senzilla però bona, esp. feta a casa] gustós *You can use the bone to make a tasty soup.* Pots aprofitar l'os per fer una sopa gustosa.

157.7 Gust insuficient

tasteless adj sense gust *The pears were crisp but tasteless.* Les peres eren fortes, però no tenien gust.

bland adj [suau i poc interessant] fat, insípid *Add no salt to baby food, even if it seems bland to you.* No afegeixis sal al menjar del nen encara que et sembli insípid.

158 Dairy products Productes lactis

158.1 Productes d'animals

milk ni llet *skimmed milk* llet desnatada

butter ni mantega *unsalted butter* mantega sense sal

butter vt [obj: p. ex. el pa] untar amb mantega

buttery adj amb mantega *lovely buttery potatoes* unes patates amb mantega delicioses

cheese ni/c formatge *a blue cheese* un formatge blau *soft cheeses* formatges tous

yoghurt o **yogurt** ni/c iogurt *low-fat yoghurt* iogurt desnatat

cream ni crema de llet *single cream* (brit)/*light cream* (amer) crema de llet per cuinar *whipping cream* crema de llet per muntar *double cream* (brit)/*heavy cream* (amer) [més espessa que **whipping cream**]

egg nc ou

158.2 Greixos i olis

margarine ni margarina

oil nc oli *cooking oil* oli per cuinar *olive oil* oli d'oliva

suet ni sagí (de la ronyonada)

159 Meat Carn

vegeu també **6 Farm animals**; **10 Fish and Sea animals**

meat ni [dels animals i considerada com a aliment] carn *Fish is more expensive than meat.* El peix és més car que la carn. *There isn't much meat in these sausages.* No hi ha gaire carn en aquestes salsitxes.

flesh ni 1 [cru, menys freqüent que **meat**. S'utilitza p. ex. quan es parla de la qualitat] carn *The flesh should be pink and firm.* La carn hauria de ser rosada i forta. 2 [dels humans o dels animals, però mai referida a carn com a aliment] carn

159.1 Carn vermella i blanca

beef ni carn de bou *roast beef* rostit de bou (davant de n) *beef stew* estofat de bou

veal ni carn de vedella

lamb ni (carn de) xai *breast of lamb* pit de xai

pork ni carn de porc

bacon ni cansalada viada, beicon (davant de n) *a bacon sandwich* un entrepà de cansalada fumada

ham ni pernil

gammon ni (brit) pernil curat (davant de n) *a gammon steak* un tall de pernil

159.2 Talls de carn

joint (brit), **roast** (amer) nc [habit. per rostir] tall rodó *a shoulder joint* una espatlla

cut nc [classe de carn d'una part determinada de l'animal] tall *a prime cut of beef* bou de primera classe

> **utilització**
>
> Tant els britànics com els americans, quan mengen carn a casa acostumen a fer per a tota la família un **joint** o **roast** de carn (tall rodó) de dos o tres quilos. Algú **carves** (talla) la carn a **slices** (talls prims), que es reparteixen entre els comensals. Normalment no s'acaba tota la carn, i la part que sobra serveix, freda o rescalfada, per a un altre àpat.

rasher nc tall (de cansalada fumada)

chop nc [esp. de xai o porc] costella *a pork chop* una costella de porc

cutlet nc [costella petita, o sense os] costelleta, mitjana *veal cutlets* mitjanes de vedella

steak ni/c filet de bou, entrecot de bou *a T-bone steak* [entrecot amb os en forma de T] *a rare steak* un filet poc fet

fat nc/i greix *trim the fat off the bacon* retallar el greix de la cansalada fumada *animal and vegetable fats* greixos animals i vegetals

fatty adj [pej.] gras *fatty bacon* cansalada fumada greixosa

lean adj sense greix *lean chops* costelles sense greix

159.3 Aviram, caça i peix

poultry *ni* aviram (davant de *n*) *poultry farmers* pagesos que tenen granges avícoles

chicken *ni/c* pollastre *a free-range chicken* [no de bateria] pollastre de granja *roast chicken* pollastre rostit *spit-roasted chicken* pollastre a l'ast

turkey *ni/c* gall dindi

game *ni* caça (davant de *n*) *a game bird* un au de caça

venison *ni* carn de cèrvol *a haunch of venison* una cuixa de carn de cèrvol

fish *ni/c* peix

159.4 Menuts i productes càrnics

liver *ni/c* fetge *lamb's liver* fetge de xai *chicken liver* fetge de pollastre

kidney *ni/c* ronyó

sausage *nc* salsitxa (davant de *n*) *sausage meat* carn de botifarra

mince *nc* (*brit*) carn picada

pâté *ni/c* paté *liver pâté* paté de fetge

160 Sweet foods Aliments dolços

160.1 Per untar

honey *ni* mel

jam (*brit*), **jelly** (*amer*) *ni* [de fruites que no són cítriques] melmelada, confitura *raspberry jam* melmelada de gerds

marmalade *ni* [una melmelada lleug. amarga, d'una fruita cítrica i que es menja habit. amb torrades per esmorzar] melmelada

syrup *ni* xarop

treacle (*brit*), **molasses** (*amer*) *ni* melassa

160.2 Per a les postres

ice cream *ni/c* gelat

jelly (*brit*), **jello** (*amer*) *ni* [un postre esp. per a la mainada, fet de gelatina, sucre, colorants i sabor artificial] gelea

custard *ni* (*brit*) [salsa, semblant a la crema catalana, però més líquida] crema (davant de *n*) *custard powder* polvos instantanis per fer crema

trifle *ni/c* (*esp. brit*) pa de pessic guarnit de fruites, melmelada, gelea i nata

161 Snacks and Cooked foods Tapes i menjars cuits

161.1 Coses dolces per a menjar

sweet *nc* (*brit*) caramel, bombó

candy *nc/i* (*amer*) [caramels o xocolata] dolços (davant de *n*) *a candy bar* una barra de caramel

chocolate *nc/i* xocolata, bombó *a bar of chocolate* una xocolatina

toffee *nc/i* [de sucre i mantega] caramel

popcorn *ni* [blat de moro inflat, amb gust dolç o salat] rosetes, crispetes

chewing gum *ni* xiclet

161.2 Tapes salades

crisp (*brit*), **chip** (*amer*) *nc* [talls prims de patata, fregits; comparar-ho amb **chip** a 161.3] patates fregides *a bag of crisps* una bossa de patates (fregides)

sandwich *nc* entrepà, badall *a cheese and tomato sandwich* un entrepà de formatge i tomàquet

sausage roll *nc* (*brit*) pastís de pasta de full amb una salsitxa

pickles *n pl* barreja agredolç de verdures i/o fruites confitades que es menja amb carn freda, formatge

gherkin *nc* cogombre petit   **olive** *nc* oliva

161.3 Menjar per endur-se'n

fast food *ni* menjar ràpid

junk food *ni* menjar de valor nutritiu discutible

takeaway (*brit*), **takeout** (*amer*) *nc* 1 [plats preparats per endur-se'n] per endur-se'n *a Chinese takeaway restaurant* un restaurant xinès amb plats per endur-se'n (davant de *n*) *takeaway pizza* (*brit*) pizza per endur-se'n 2 [lloc] restaurant amb menjars per endur-se'n *the Indian takeaway on the corner* el restaurant indi a la cantonada amb menjars per endur-se'n

utilització

En anglès americà no s'utilitza **takeaway** per caracteritzar el menjar, p. ex. **takeaway pizza**, sinó *pizza to go* (pizza per endur-se'n)

fish and chips [amb els trossos de peix arrebossats] peix i patates fregides (davant de *n* sense 's') *a fish and chip shop* [botiga tradicional de menjars ràpids, molt freqüent a Gran Bretanya] una botiga que ven peix i patates fregides

chip (*brit*), **french fry** (*amer*) *nc* [patates tallades a tires i fregides; comparar-ho amb **crisp** a 161.2] patata fregida *cod and chips* bacallà i patates fregides

pizza *nc/i* pizza

curry *nc, pl* **curries** estofat amb curry *vegetable curry* estofat de vegetals amb curry

hot dog *nc* frankfurt (en panet)

hamburger *nc* hamburguesa

beefburger *nc* hamburguesa de carn de bou

cheeseburger *nc* hamburguesa amb formatge

161.4 Plats senzills

soup *ni/c* sopa *tomato soup* sopa de tomàquet

omelette *nc* truita *a Spanish omelette* [no necessàriament una truita feta amb patates, pot ser amb altres ingredients] una truita espanyola

pancake nc (*brit*) [pasta més espessa que la de les creps franceses. Habit. servida amb sucre i suc de llimona] crespell, crep

161.5 Salses

sauce ni/c salsa
gravy nc [salsa feta amb el suc de rostir la carn, de vegades espessida] salsa del rostit
tomato ketchup (*brit & amer*), TAMBÉ **tomato sauce** (*brit*) ni [salsa de tomàquet condimentada per acompanyar altres menjars] quetxup
vinegar ni vinagre
mayonnaise ni maionesa

162 Meals Àpats

breakfast nc/i esmorzar *an English breakfast* [que pot incloure cansalada fumada, ous ferrats, etc., torrades amb melmelada, te i cafè] un esmorzar anglès *continental breakfast* [pa, torrades, etc., i te o cafè] esmorzar continental
lunch nc/i dinar *to have lunch* dinar
dinner nc/i [habit. l'àpat principal del dia, pres a mig dia o al vespre] dinar, sopar *to have dinner* dinar, sopar (davant de n) *a dinner party* un sopar amb convidats
tea nc/i (*brit*) te amb pastes *afternoon tea* te amb pastes [de vegades fa esment a l'àpat (principal) del vespre] *What's for tea?* Què hi ha per sopar?
supper nc/i **1** [mos que es fa abans d'anar a dormir] resopó **2** [àpat al vespre] sopar *Come to supper.* Vine a sopar.

utilització

1 Quan es parla del que s'ha menjat durant un àpat, s'utilitza la preposició **for**, p. ex. *We had eggs for breakfast.* (Vam menjar ous per esmorzar.) *They served turkey for dinner.* (Van donar gall dindi al sopar.)
2 La paraula **time** pot seguir els noms dels àpats per indicar una hora, p. ex. *lunch time* (hora de dinar), *tea time* (hora del te). De vegades s'escriuen com una única paraula: *lunchtime, teatime*.

162.1 Menjar

food ni/c menjar *vegetarian food* menjar vegetarià *dairy foods* aliments làctics
grub ni [informal i obsolet] teca *the sort of grub children love* la classe de teca que els encanta a la mainada [jocós] *pub grub* menjar que se serveix a les tavernes
snack nc tapa
portion nc [una quantitat determinada] ració *a double portion of sweetcorn* una ració doble de blat de moro
helping nc [quantitat servida] porció *Another helping of soup?* Vol repetir de sopa?

162.2 Plats

hors d'oeuvre nc (habit. *pl*) [més aviat formal. Primer plat d'un àpat] entremesos

utilització

En anglès **plate** (plat) significa un dels objectes sobre els quals es posa el menjar d'un comensal. En anglès britànic **dish** (plata) significa un plat gran on es posa el menjar abans de repartir-lo, mentre que en anglès americà **dish** també pot significar el mateix que **plate**. A més, **dish** pot referir-se a la manera específica de preparar un menjar, p. ex. *Spinach Catalan style* (Espinacs a la catalana) és un *typical Catalan dish* (plat típic de Catalunya). Un àpat consisteix d'un o més **courses** (plats). Per tant podem parlar d'un *two-course meal, five-course meal*, etc., segons el nombre de plats de què consti l'àpat.

starter nc (*brit*) [menys formal que **hors d'oeuvre**] primer plat
first course nc [pot ser primer plat o, si no hi ha primer plat, plat principal] primer plat, plat principal
main course nc plat principal
pudding nc/i **1** (*brit*) [qualsevol postre] postre *What's for pudding?* Què hi ha per a postres? **2** (*brit*) [postres calents amb una base de pa de pessic] púding **3** (*amer*) [postres a base de crema] púding
dessert nc postres *What's for dessert?* Què hi ha per a postres?
afters n pl (*brit*) [informal] postres *What's for afters?* Què hi ha per a postres?

162.3 Àpats especials

feast nc [implica celebració i grans quantitats de menjar] banquet *It wasn't a meal - it was a feast!* No va ser un àpat; va ser un banquet!
refreshments n pl [p. ex. entrepans, galetes, te] refresc *Light refreshments will be available in the interval.* S'oferirà un refresc durant el descans.
buffet nc bufet
picnic nc picnic *We went on a picnic.* Vam anar a menjar al camp. **picnic** vi, **-ck-** fer picnic
barbecue nc barbacoa **barbecue** vt coure amb barbacoa

163 Eating and Drinking places Indrets on menjar i beure

restaurant nc restaurant
cafe o **café** nc [a la Gran Bretanya habitualment no hi serveixen alcohol] cafè, granja
bar nc [o establiment o dependència d'una taverna o hotel, barra] bar
pub nc (*brit*) taverna, bar

wine bar nc (brit) [un establiment mig taverna mig restaurant amb l'especialitat d'un assortiment de vins] bar

inn nc [en contextos històrics o referit a tavernes i hotels antics] fonda, posada *a coaching inn* una posada de diligències

canteen nc cantina

snack bar nc [només se serveixen entrepans, etc., i habit. no se serveix alcohol] cafeteria

menu nc menú *What's on the menu?* Què hi ha de menú?

163.1 Personal

waiter nc cambrer *a wine waiter* un sommelier

waitress nc cambrera

chef nc [en un restaurant] xef

cook nc [en una cantina, etc.] cuiner -a

barman nc, pl **barmen** (brit) bàrman, cambrer

barmaid nc (brit) cambrera

> *utilització*
>
> Sovint s'eviten els mots **barman** i **barmaid** a causa de les seves connotacions de condescendència i en canvi es fa servir *the man/woman (serving) behind the bar*, (l'home o dona que serveix darrere la barra) o d'una manera més general **bar staff** (personal del bar).

bartender nc (amer) [masculí o femení] cambrer -a

164 Eat Menjar

eat vti, pas. **ate** pp. **eaten** (sovint + **up**, que implica acabar-se tot el menjar) [sentit general] menjar(-se) *She doesn't eat meat.* No menja carn. *The dog will eat up the rest.* El gos s'ho acabarà de menjar. *Have you eaten anything?* Has menjat alguna cosa?

feed v, pas. & pp. **fed** (sovint + **on**) **1** vt [donar menjar] alimentar, nodrir *Have you fed the cats?* Has donat menjar als gats? *I'm supposed to feed you all on £30 a week.* Me les he d'apanyar per donar-vos menjar a tots amb 30 lliures a la setmana. *the scraps we feed (to) the dog* les sobres que donem al gos **2** vi menjar *The baby's still feeding.* El nadó encara està menjant.

consume vt [més formal que **eat**. S'utilitza p. ex. en informacions estadístiques] consumir *The average Briton consumes 37 kilos of sugar a year.* El ciutadà mig de la Gran Bretanya consumeix 37 quilos de sucre a l'any.

consumption nc consum *a fall in meat consumption* una caiguda en el consum de carn

dine vi (sovint + **on**) [més formal que **eat** or **have dinner**. Implica una ocasió especial] sopar *We were invited to dine at the captain's table.* Ens van invitar a sopar a la taula del capità.

appetite nc/i gana *a healthy appetite* una gana saludable

164.1 Bo de menjar

nourishing adj [implica que és bo per a la salut] nutritiu, alimentós *Save the bone for a nourishing soup.* Guarda l'os per fer una bona sopa.

edible adj [que es pot menjar] comestible *edible decorations for the cake* adornaments comestibles per al pastís

164.2 Accions de menjar

taste v **1** vt [posar-se ac a la boca. Subj: persona] tastar *Taste the soup.* Tasta la sopa. *Have you ever tasted raw fish?* Has tastat mai el peix cru? **2** vt (sovint després de **can**; no s'utilitza en temps continus) [percebre el sabor. Subj: persona] tastar *Can you taste the basil?* Pots percebre el gust de l'alfàbrega? **3** vi (seguit d'adj; + **of**; no s'utilitza en temps continus) [subj: aliments] tenir gust (d'ac) *The milk tastes sour.* La llet té gust agre. *It tasted strongly of mint.* Tenia un fort gust de menta.

swallow vt engolir, empassar-se *He swallowed the tea in one gulp.* Es va engolir el te d'un sol glop.

bite vti, pas. **bit** pp. **bitten** (habit. + adv o prep) mossegar *She bit the end off the carrot.* Va mossegar la punta de la pastanaga. *She bit into the carrot.* Va donar una queixalada a la pastanaga.

bite nc mossegada, queixalada *Have a bite of my sandwich.* Vols un mos del meu entrepà?

chew v **1** vt mastegar **2** vi (habit. + **on**) rosegar, escurar *He was chewing on the bone.* Rosegava/Escurava l'os.

gnaw v [implica petites mossegades sobre ac dura, esp. un os] **1** vt rosegar, ratar **2** vi (habit. + **on**) rosegar, ratar

lick vt llepar

suck vti (sovint + **at**) xuclar, xarrupar *She sucked the last drops out of the bottle.* Va xuclar les últimes gotes del biberó. *She kept sucking at a dummy.* Xuclava la pipa.

digest vt pair, digerir

choke vi (de vegades + **on**) ennuegar-se *He nearly choked on a fish bone.* De poc s'ennuega amb una espina.

164.3 Menjar ràpid i en grans quantitats

gobble vt (sovint + **up**) [implica un ràpid moviment de les barres previ a l'engoliment] endrapar *We watched the ducks gobble the bread.* Vam veure com els ànecs endrapaven el pa.

guzzle vt [implica menjar i beure amb golafreria, esp. aliments líquids] engolir *They were all in front of the television guzzling beer and crisps.* Tots eren davant del televisor engolint cervesa i patates.

munch vti [destaca el fet de queixalar, mastegar i gaudir del menjar] mastegar *He's always munching sweets or biscuits.* Sempre està menjant dolços o galetes. *She kept munching happily at her apple.* Seguia donant queixalades a la poma tota complaguda.

devour vt [amb molta gana i sense deixar res] devorar *The children devoured everything in sight.* La canalla va devorar tot el que tenia a la vista.

scoff vt [informal. Amb golafreria i sense deixar res] endrapar, cruspir *I bet you've scoffed all the chocolate.* Estic segur que ja t'has cruspit tota la xocolata.

bolt vt (sovint + **down**) [engolir sense mastegar o tastar] empassar *If you bolt your food down like that you're bound to get heartburn.* Si t'empasses el menjar d'aquesta manera segur que tindràs cremor d'estómac.

wolf down sth o **wolf** sth **down** vt [implica molta gana i menjar a gran velocitat] endrapar *She wolfed it down as if she hadn't eaten for weeks.* Ho va endrapar com si no hagués menjat durant setmanes.

frase feta

stuff one's face [argot. Menjar amb golafreria. Sovint implica mala educació] afartar-se *They stuffed their faces with ice cream.* Es van afartar de gelat.

164.4 Gent que menja molt

glutton nc [pej., formal si s'usa en afirmatiu o sense exagerar] golut, golafre **gluttonous** adj golut **gluttony** ni fartaneria, golafreria, gola

pig nc [informal i pej.] porc, bacó *You pig! We've only just had lunch.* Ep, no siguis golafre! Que acabem de menjar. *I've made a pig of myself, there's not a chocolate left.* M'he afartat com un lladre, ja no queda cap bombó.

164.5 Menjar en petites quantitats

peck at sth vt [implica manca de gana] menjotejar *She only pecked at what was on her plate.* Es va limitar a menjotejar el que tenia al plat.

nibble vti [a petites mossegades, com els ratolins o els esquirols] picar, rosegar *bowls of peanuts for people to nibble* bols de cacauets per que la gent piqui (+ **at**) *You've been nibbling at the cake, haven't you?* Has estat picant una mica de pastís, oi?

mouthful nc queixalada *That was lovely but I couldn't manage another mouthful.* Era molt bo, però no podria amb una altra queixalada.

165 Hungry Famolenc

hungry adj famolenc *five hungry children* cinc criatures famolenques *I bet you're hungry.* Tens gana, oi?
hungrily adv amb ganes **hunger** ni fam, gana
starve v 1 vi morir-se de fam *If there is no rain, millions will starve.* Si no plou, milions de persones moriran de fam. *pictures of starving children* imatges de nens famolencs 2 vt fer passar fam *They looked half-starved.* Semblaven mig morts de gana. **starvation** ni inanició
starving (brit & amer), **starved** (amer) adj [informal] mort de gana *I'm absolutely starving!* Estic mort de gana!
famine nc/i [manca de menjar per a la població] fretura, penúria *last year's famine* l'escassetat de l'any passat
peckish (esp. brit) adj [informal. Amb una mica de gana] amb un buit a l'estómac *There are some biscuits if you're feeling peckish.* Hi ha galetes per si et vols fer passar la gana.

famished adj (habit. darrere v) [informal. Amb molta gana, esp. després de treballar o d'una llarga estona sense menjar] afamegat *I missed breakfast and I'm famished!* No he esmorzat i ara la gana em fa córrer.

ravenous adj [implica un desig de menjar aclaparador] famèlic, mort de gana *I ate the sandwich but I was still ravenous.* Em vaig menjar l'entrepà però encara estava afamegat.

frase feta

I could eat a horse [informal. Destaca el desig de menjar en gran quantitat. Lit.: Em menjaria un cavall] Em menjaria un bou amb banyes i tot.

166 Drinks Begudes

166.1 Descripció de les begudes

alcohol ni alcohol *under the influence of alcohol* sota la influència de l'alcohol
alcoholic adj alcohòlic *a highly alcoholic punch* un ponx de molts graus
booze ni [informal. Qualsevol tipus de beguda alcohòlica, esp. beguda en gran quantitat] mam, beguda alcohòlica *You look after the food and I'll bring the booze.* Tu t'encarregues del menjar i jo portaré el mam.
booze vi [argot] beure, mamar *to go out boozing* sortir a agafar una mona
non-alcoholic adj no alcohòlic
low-alcohol adj de poc grau alcohòlic *low-alcohol lager* una cervesa de poc grau
alcohol-free adj sense alcohol *an alcohol-free drink* una beguda sense alcohol
soft drink nc/i [dolç i sense alcohol] beguda no alcohòlica
still adj [sense gas] no gasat *still mineral water* aigua mineral sense gas

flat adj, -tt- [que ha perdut el gas] esbravat *the beer was flat* la cervesa estava esbravada
fizzy adj [gasat, habit. de manera artificial. Descriu: p. ex. la gasosa, l'aigua mineral] gasós, efervescent
sparkling adj [gasat, habit. de manera natural. Descriu: vi] escumós *sparkling wine* cava *slightly sparkling wine* vi d'agulla
aperitif nc [en anglès **aperitif** és només una beguda] aperitiu
cocktail nc còctel   **liqueur** ni/c licor

166.2 Begudes no alcohòliques

water ni aigua *mineral water* aigua mineral
juice ni suc *fruit juice* suc de fruita *tomato juice* suc de tomàquet
squash ni (brit) [xarop de fruita barrejat amb aigua] suc *orange squash* taronjada
lemonade ni/c gasosa

166.3 Begudes calentes

tea *ni/c* te *a nice cup of tea* una bona tassa de te
tea bag *nc* bosseta de te
coffee *ni/c* cafè *decaffeinated coffee* cafè descafeïnat
cocoa *ni/c* cacau
hot chocolate *ni/c* xocolata desfeta

166.4 Aiguardents

brandy *ni/c* conyac, brandi *Three brandies, please.* Tres conyacs, si us plau.
whisky *ni/c, pl* **whiskies** [fet a Escòcia] whisky
whiskey *ni/c, pl* **whiskeys** [fet a Irlanda o als Estats Units] whisky
gin *ni/c* ginebra
vodka *ni/c* vodka
rum *ni/c* rom

166.5 Cervesa

beer *ni/c* cervesa *draught beer* cervesa de barril
ale *ni/c* [en sentit estricte, cervesa feta sense llúpols, però també es fa servir per referir-se a la cervesa en general] cervesa anglesa *real ale* [no pasteuritzada] cervesa autèntica
bitter *ni* (*brit*) [feta amb molts llúpols] cervesa amarga *a pint of bitter* una gerra de cervesa (amarga)
stout *ni* cervesa negra
lager *ni/c* [cervesa lleugera a l'estil continental] cervesa rossa alemanya
shandy *ni/c* (*esp. brit*) cervesa amb gasosa

166.6 Altres begudes alcohòliques

wine *ni/c* vi (davant de *n*) *a wine cellar* un celler de vi
claret *ni/c* [de Burdeus] claret
cork *nc* tap de suro *to pull a cork* llevar el tap
corkscrew *nc* llevataps, tirabuixó
sherry *ni/c* xerès
port *ni/c* vi de porto
cider *ni/c* sidra

166.7 Borratxera

drunk *adj* borratxo, begut [informal] *blind drunk* completament borratxo
drunkard *nc* [força obsolet] embriac -aga, borratxo -a
alcoholic *nc* alcohòlic -a **alcoholism** *ni* alcoholisme
merry *adj* (habit. darrere *v*) [informal, sovint eufèmic. Una mica begut i de bon humor] alegre
tipsy *adj* [informal. Que comença a estar embriac] dur-ne més al cap que als peus *It only took two sherries to get him tipsy.* Amb dos xeressos en va tenir prou perquè li pugessin al cap.
legless *adj* (*brit*) [informal. Sense el control a causa d'anar molt begut] torrat, bufat *We went out and got legless.* Vam sortir de copes i vam agafar una mona.
pissed *adj* (*brit*) [vulgar i informal] trompa, gatera *The party was just another excuse to get pissed.* La festa era només una altra excusa per agafar una bona merda.
Dutch courage (*brit*) envaliment del qui ha begut *I needed a little Dutch courage to tell her I'd wrecked the car.* Necessitava una copa que em donés coratge per dir-li que li havia fet malbé el cotxe.
hangover *nc* ressaca *to have a hangover* tenir ressaca

166.8 Sobrietat

sober *adj* [no begut] sobri *He'd never say a thing like that when he was sober.* Sense haver begut, no diria mai una cosa així. **sobriety** *ni* sobrietat **sober up** *vi* treure's de sobre la borratxera
teetotal *adj* [que no beu cap tipus d'alcohol] abstemi *All my family were teetotal.* Tota la meva família era abstèmia. **teetotaller** (*brit*), **teetotaler** (*amer*) *nc* abstemi -èmia

frase feta

on the wagon [informal. Que ha deixat l'alcohol, potser només temporalment] deixar la beguda *He never stays on the wagon for long.* No deixa la beguda durant massa temps.

167 Drink Beure

drink *v, pas.* **drank** *pp.* **drunk** 1 *vt* (de vegades + *prep*) beure *Drink up that tea.* Beu-te el te. 2 *vi* [beure alcohol. Habit. beure'n massa] beure *He drinks, you know.* És que beu, saps?
sip *vti*, **-pp-** [en petites quantitats, amb els llavis gairebé tancats] (de vegades + **at**) xarrupar *He was sipping (at) a cocktail.* Xarrupava un còctel. **sip** *nc* xarrup
lap *vt*, **-pp-** (de vegades + **up**) [subj: habit. animal, p. ex. gat] beure llepant
gulp sth **down** o **gulp down** sth *vt* [implica beure ràpidament i fent soroll] empassar(-se) *I gulped down the medicine.* Vaig empassar-me la medicina a glops. **gulp** *nc* glop, glopada
swig *vt*, **-gg-** (de vegades + **down**) [informal. Implica beure molt ràpidament i a grans glopades, sovint directament de l'ampolla] beure a glops *They hang about the city centre swigging lager from cans.* Volten pel centre de la ciutat amorrats a llaunes de cervesa.
swig *nc* glop *She took a swig of cider.* Va beure un glop de sidra.

167.1 Desig de beure

thirst *ni/c* set *We're all dying of thirst.* Tots ens estem morint de set. *I had a terrible thirst.* Vaig tenir una set horrible.
thirsty *adj* assedegat *to be thirsty* tenir set *It's thirsty work.* És una feina que fa suar de valent.
parched *adj* (habit. darrere *v*) [molt assedegat] sec *Give me some water, I'm parched.* Doneu-me aigua, em moro de set.

168 Cooking methods Maneres de cuinar

recipe nc recepta *to follow a recipe* seguir una recepta
cookery book (*brit*), TAMBÉ **cookbook** (*brit & amer*) nc llibre de cuina

168.1 Coure amb calor

boil v [obj/subj: p. ex. aigua, patates] **1** vt bullir *boiled carrots* pastanagues bullides **2** vi bullir (com a n) *to bring sth to the boil* fer arrencar el bull d'alguna cosa

simmer v [just per sota del punt d'ebullició] **1** vi coure a foc lent, fer xup-xup *Let the mixture simmer for five minutes.* Es deixa coure la barreja a foc lent durant cinc minuts. **2** vt coure a foc lent *Simmer the porridge, stirring all the time.* Es couen les farinetes a poc foc sense deixar de remenar.

steam vt [obj: p. ex. verdura, peix] coure al vapor

fry v **1** vt fregir *fried eggs* ous ferrats *to deep-fry sth* fregir alguna cosa amb oli abundant *to stir-fry sth* fregir alguna cosa remenant **2** vi fregir-se *The potatoes are frying.* Les patates s'estan fregint.

bake v [al forn. Obj/subj: habit. pa o pastissos] **1** vt coure al forn *a baked potato* una patata al forn **2** vi coure's al forn

poach vti [amb aigua. Obj: p. ex. peix, ous] escaldar, escalfar

roast v [al forn, fent servir greix. Obj/subj: p. ex. carn, patates] **1** vt rostir **2** vi rostir-se **roast** nc [vegeu UTILITZACIÓ a **159.2**] rostit

roast adj rostit *roast potatoes* patates rostides

grill v **1** vt fer a la brasa **2** vi fer-se a la brasa [vegeu il·lustració a **169 Kitchen**]

168.2 Tallar els aliments a trossos
vegeu també **133.3 Cut**

shred vt, -dd- [tallar a tires. Obj: p. ex. enciam, col o hortalissa amb fulles] trossejar
grate vt ratllar

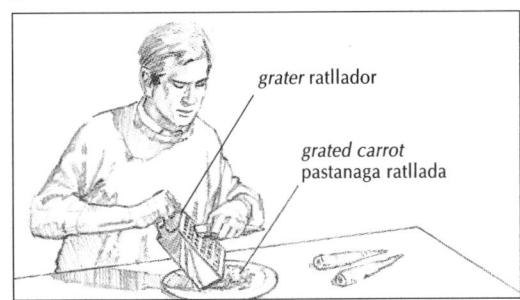

grater ratllador
grated carrot pastanaga ratllada

He grated the carrot. Va ratllar la pastanaga.

chop vt, -pp- [tallar a trossos petits amb una fulla ben esmolada] capolar *chopped parsley* julivert capolat
mash vt [obj: esp. patates] fer puré de *She mashed the potatoes.* Va aixafar les patates.
peel vt [treure la pell] pelar **peeler** nc pelador

168.3 Barrejar aliments

stir vt, -rr- remenar *Keep stirring the porridge.* Segueix remenant les farinetes. (+ **in**) *Stir in the lemon juice.* S'hi afegeix el suc de llimona tot remenant.

mix vt (de vegades + **in**, **together**) barrejar *Mix the dry ingredients thoroughly.* Es barregen ben barrejats els ingredients en sec. *Mix in the milk a little at a time.* Poc a poc s'hi va barrejant la llet.

mixture nc [semilíquid, preparat per a la cocció] mescla *Remove the mixture from the heat when it begins to boil.* Quan arrenqui el bull, treu la mescla del foc.

beat vt, pas. **beat** pp. **beaten** (de vegades + **in**) [remenar amb molta força de manera que hi entri aire] batre *Beat in the eggs one at a time.* S'hi baten els ous d'un en un.

whisk vt [forçar que hi entri aire per fer-ho consistent o escumós. Obj: esp. nata, clara d'ou] muntar

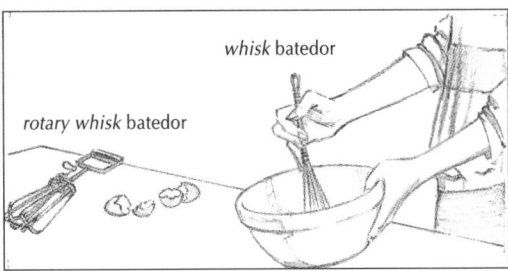

whisk batedor
rotary whisk batedor

Whisk the egg whites until frothy. Es baten les clares d'ou fins a muntar-les.

fold in sth o **fold** sth **in** vt [treballar la pasta, tot afegint el nou ingredient, procurant que no s'escapi l'aire. Obj: p. ex. mantega, sucre] amassar

168.4 Separar aliments

strain vt [separar el sòlid del líquid] escórrer, colar *Boil the vegetables and strain off the cooking liquid.* Es bull la verdura i s'escorre l'aigua de bullir.

sieve vt [fer passar pel colador/tamís per extreure les parts no desitjades o aconseguir una textura més fina] colar, tamissar *Sieve the raspberries to remove the seeds.* Es colen els gerds per eliminar-ne les llavors.

sift vt [fer passar ac pel sedàs per obtenir una textura més fina. Obj: només aliments secs com ara farina, sucre, etc.] sedassar

drain vt (sovint + **off**) escórrer *drain the pasta.* S'escorre la pasta. *Drain off the liquid.* S'escorre el líquid.

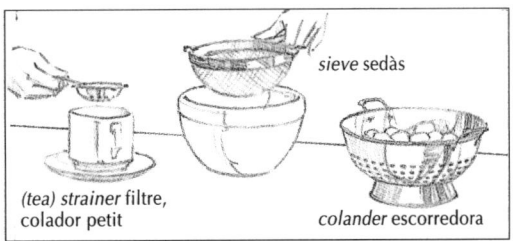

sieve sedàs
(tea) strainer filtre, colador petit
colander escorredora

169 Kitchen Cuina

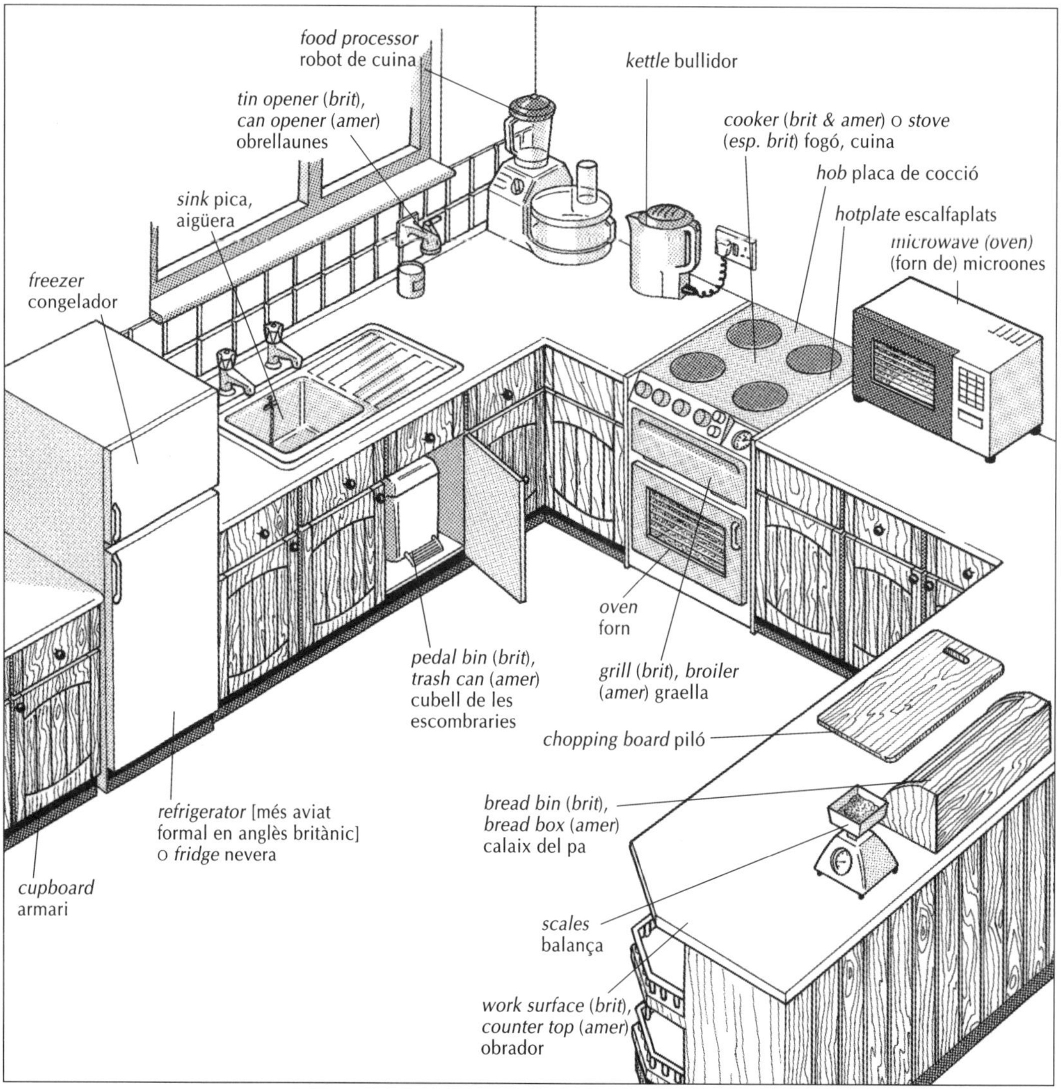

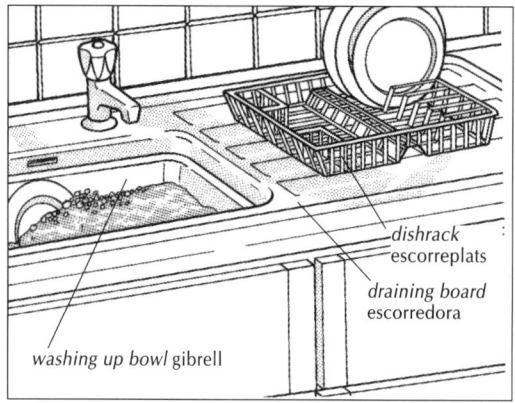

GRUPS DE PARAULES

170 Dining room Menjador

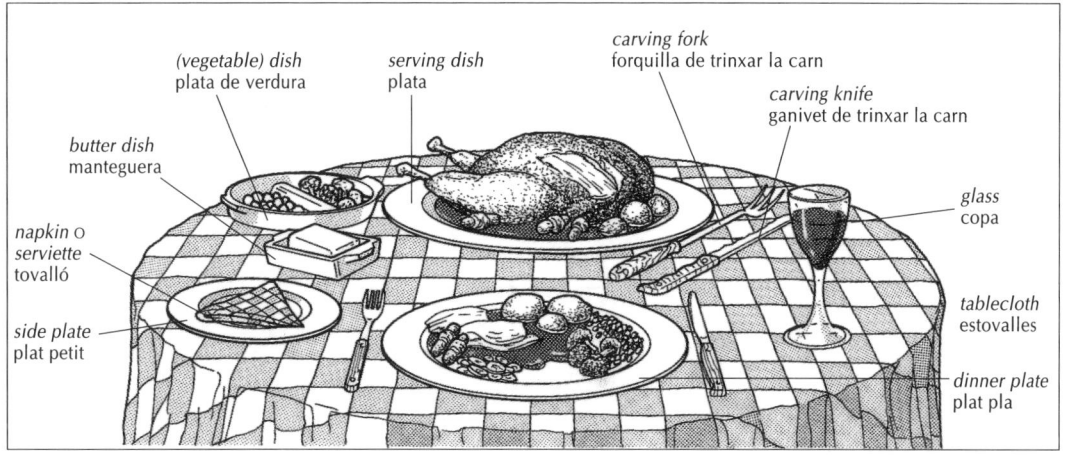

crockery ni [plates, plats, etc.] vaixella

utilització

A la Gran Bretanya, s'utilitza **cup** per referir-se a una tassa gran per al te, però en anglès es pot distingir entre *a tea cup* (tassa de te) i *a coffee cup* (tassa de café). Als Estats Units es fa servir el mot *cup* (tassa) com a mesura per als ingredients de les receptes de cuina: *two cups of flour* (dues tasses de farina). **Cup** equival a 2 dl si es tracta de líquid i a 150 o 200 grams segons sigui farina o sucre.

cutlery (*esp. brit*), **silverware** (*amer*) ni [ganivets, forquilles, etc.] joc de coberts

CULLERES

La cullera més gran és la **tablespoon** (cullera de servir), que s'utilitza de vegades per servir verdures. La **dessert spoon** (*esp. brit*) (cullera de postres) és més petita, i s'utilitza per menjar postres, cereals, etc. La més petita de totes és la **teaspoon**, que s'utilitza per remenar el te. Aquestes culleres s'utilitzen també per mesurar els ingredients. En les receptes *a dessert spoon(ful)* (una cullereta de postres) equival aproximadament a 10 ml i *a teaspoon(ful)* (cullereta de te) aproximadament a 5 ml. Una altra mesura freqüent en les receptes és *a heaped teaspoon/tablespoon, etc.* (una cullereta de te/cullera ben plena) en anglès britànic, denominada *a heaping teaspoon/tablespoon, etc.* en anglès americà.

GRUPS DE PARAULES

171 Smoking Fumar

cigarette nc cigarret (davant de n) cigarette smoke fum de cigarret a packet (brit)/pack (amer) of cigarettes. un paquet de cigarrets

> **utilització**
> En anglès americà **fag** és un mot pejoratiu que vol dir homosexual.

fag nc (brit) [informal] cigarret
cigar nc cigar
pipe nc pipa
tobacco ni tabac
ash ni cendra

ashtray nc cendrer
stub (brit), **butt** (esp. amer) nc burilla
lighter nc encenedor
Have you got a light? Té foc?

172 Drugs Drogues

172.1 Gent relacionada amb les drogues

addict nc addicte -a **addiction** ni addicció **addictive** adj addictiu
junkie o **junky** nc [informal. Ref. esp. als addictes a l'heroïna] drogoaddicte -a
user nc [informal] consumidor -a
pusher nc [ven droga als addictes] camell -a
dealer nc [ven droga als camells] traficant
to be on drugs drogar-se

172.2 Tipus de droga

soft drug [que no crea addicció] droga tova
hard drug [que crea addicció] droga dura
amphetamine nc amfetamina
heroin ni heroïna to do heroine [informal] drogar-se amb heroïna
crack ni crack
opium ni opi
LSD ni LSD

172.3 Marihuana

cannabis ni [mot genèric util. p. ex. en contextos legals i periodístics] marihuana Customs officers have seized cannabis with a street value of half a million pounds. Els funcionaris d'aduana han confiscat marihuana per un valor de mercat de mig milió de lliures.
hashish ni [resina de marihuana que es mastega o es fuma] haixix
marijuana ni [cànem indi suau, habit. per fumar] marihuana
acid ni [informal] àcid to drop acid drogar-se amb àcid
pot o **grass** ni [informal] herba
joint nc [informal. cigarret de marihuana] porro

173 Farming Agricultura

farm nc granja a poultry farm una granja d'aviram (davant de n) farm animals animals de granja farm worker treballador agrícola/de granja
farm vt cultivar, conrear They farm two hundred acres in Scotland. Conreen dos-cents acres a Escòcia. They now use the land for farming sheep. Ara fan servir la terra per criar ovelles.
farming ni agricultura, conreu fish farming piscicultura
farmer nc pagès -esa, granger -a
farmhouse nc masia, mas, casa de pagès
farmyard nc corral (davant de n) farmyard animals animals de corral
agriculture ni agricultura
agricultural adj agrícola agricultural workers agricultors

173.1 Terra de cultiu

field nc camp a potato field camp de patates
meadow nc [amb herba, esp. per pasturar] prat
orchard nc [amb arbres fruiters] hort
vineyard nc vinya
pasture ni/c [per pasturar] pastura, devesa The land was only fit for pasture. La terra només era bona per a pastura.
hedge nc [separació formada d'arbusts] tanca, clos
ditch nc rec, sèquia

173.2 Parts de la granja

plough (brit), **plow** (amer) vt llaurar

combine harvester màquina de batre

trailer remolc

tractor tractor

plough (brit), plow (amer) arada

173.3 Maquinària agrícola

barn nc graner
stable nc [per a cavalls] estable
cowshed nc estable per a vaques
pigsty nc cort
dairy nc vaqueria, lleteria, formatgeria
silo nc, pl **silos** sitja
outbuilding nc [acostuma a ser força gran] cobert

173.4 Agricultura de conreu

arable adj cultivable
grow vt, pas. **grew** pp. **grown** cultivar *organically grown vegetables* hortalisses cultivades orgànicament
grower nc [esp. de fruites i flors] fructicultor -a, floricultor -a
cultivate vt [més aviat formal. Implica l'ús de tècniques professionals. Obj: esp. terra, cultiu] cultivar *Land which had previously been cultivated was turned over to sheep farming.* La terra prèviament conreada va ser destinada a la cria d'ovelles. *Attempts to cultivate cotton had failed.* Els intents de cultivar cotó havien fracassat. **cultivation** ni cultiu
crop nc 1 [el que es cultiva] cultiu *a difficult crop to grow in this climate* un cultiu difícil de conrear en aquest clima 2 [el que es recull] collita *a heavy crop of tomatoes* una gran collita de tomàquets (davant de n) *The drought led to crop failure.* La sequera va malmetre la collita.
harvest nc 1 [esdeveniment] collita *workers taken on for the harvest* temporers contractats per a la collita 2 [quantitat recollida] collita *an average fruit harvest* una collita normal de fruita
harvest vt [obj: p. ex. camp, collita] recol·lectar
yield vt [subj: p. ex. arbre, granja, vaca] produir, rendir *The estate yields three tonnes of apples a year.* La propietat produeix tres tones de pomes l'any.
yield nc producció *increased milk yields* increment en la producció de llet

173.5 Cereals

cereal ni/c [ref. al gra o a la planta que produeix grans] cereal (davant de n) *cereal crops* cultius de cereals
grain ni/c gra
wheat ni (brit & amer) blat
maize (brit), **corn** (amer) ni blat de moro, panís
corn ni 1 (brit) blat 2 (amer) panís
barley ni ordi
oats n pl civada
rye ni sègol
bale nc bala
hay ni fenc
haystack nc paller
straw ni palla *straw burning* cremar el rostoll

173.6 Productivitat agrícola

fertile adj [descriu: p. ex. terra, animal] fèrtil
fertility ni fertilitat
infertile adj estèril, erm **infertility** ni infertilitat
fertilizer ni/c adob, fertilitzant *artificial fertilizers* fertilitzants artificials
muck ni [informal. Produït pels animals] fems
manure ni [habit. produït pels animals] fems **manure** vt adobar la terra amb fems

173.7 Cria de vaques i ovelles

shepherd, f.: **shepherdess** nc pastor
flock nc [ref. a ocells] estol, esbart [ref. a ovelles] ramat
herd nc [ref. a la majoria dels animals excepte a les ovelles] ramat, folc
cattle ni bestiar *dairy cattle* bestiar productor de llet
shear vt esquilar, tondre **shearer** nc esquilador -a
milk vt munyir *a milking machine* una munyidora (mecànica)

174 Buildings Edificis

174.1 Habitatges

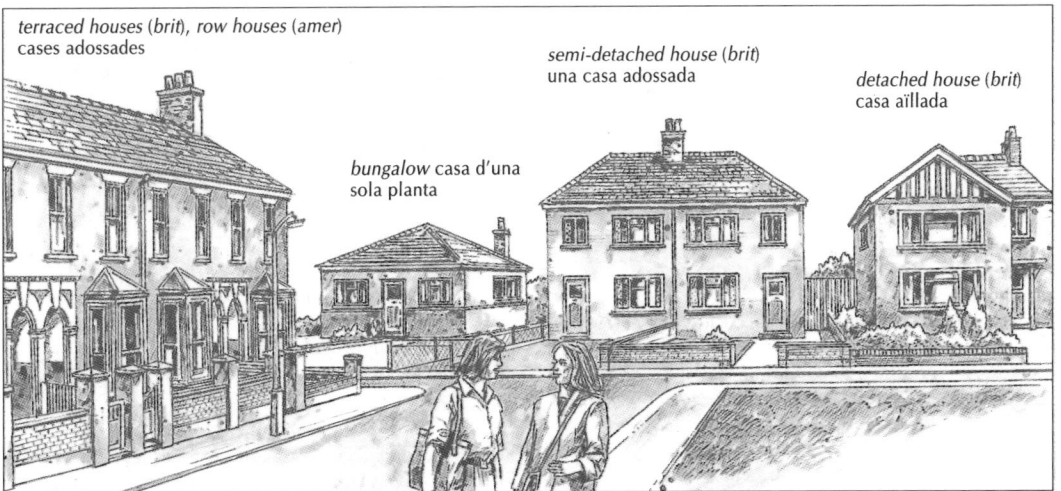

terraced houses (brit), *row houses* (amer) cases adossades
bungalow casa d'una sola planta
semi-detached house (brit) una casa adossada
detached house (brit) casa aïllada

house *nc* [mot genèric] casa

home *nc* **1** [lloc on es viu, considerat el centre de la vida personal o familiar, sovint lligat a un sentiment emocional] casa, llar *Thousands have no job and no home.* Milers de persones no tenen ni feina ni llar. *We're going to spend Christmas at home.* Passarem el Nadal a casa. (davant de *n*) *home improvements* reformes a la casa **2** [lloc destinat a cuidar persones grans, minusvàlides, etc.] residència *an old people's home* una residència per a la gent gran

cottage *nc* [implica una casa petita i vella en un poblet] casa de camp *a thatched cottage* una casa de camp amb el sostre de palla

villa *nc* [casa, habit. a la costa o en un lloc d'estiueig] torre, xalet *We're invited to his villa in the South of France.* Estem convidats al seu xalet del sud de França.

igloo *nc*, *pl* **igloos** iglú

slum *nc* [àrea on els edificis i les condicions de vida són insatisfactòries] barri vell i degradat *the slums of Calcutta* els barris vells i degradats de Calcuta

174.2 Habitatges en un edifici

flat (*esp. brit*), **apartment** (*esp. amer*) *nc* pis *a block of flats/an apartment building* un bloc de pisos

bedsit o **bedsitter** *nc* (*brit*) [una sola cambra per viure i dormir, sovint de lloguer] cambra amb sofà llit

studio o **studio flat** *nc* [amb una sola cambra per viure i dormir. Més valorada que **bedsit**] estudi

duplex *nc* (*amer*) **1** [pis amb dues plantes] dúplex **2** [edifici amb dos pisos] casa per a dues famílies

174.3 Edificis alts

skyscraper *nc* [habit. oficines] gratacel

tower block *nc* (*brit*) [habit. habitatges] bloc de habitatges

office block *nc* bloc d'oficines

condominium TAMBÉ [informal] **condo** (*esp. amer*) *nc* **1** [edifici de pisos o grup de cases on els habitatges són propietat dels que hi viuen] comunitat de propietaris **2** [pis en una comunitat de propietaris] habitatge en règim de comunitat de propietaris

174.4 Edificis singulars

castle *nc* castell

palace *nc* palau

mansion *nc* [casa molt gran, esp. al camp] mansió

monument *nc* [habit. no s'hi viu, sol referir-se a un edifici històric o monument commemoratiu] monument *the monument honouring him in Westminster Abbey* el monument a la seva memòria a l'Abadia de Westminster *the ruins are classed as an ancient monument* les ruïnes estan catalogades com a monument de l'antiguitat

174.5 Construccions senzilles

shed *nc* [habit. de fusta, p. ex. serveix per guardar-hi estris] cobert *a garden shed* un cobert de jardí

hut *nc* [habit. de fusta, serveix com a refugi a la montanya o com a habitatge en països pobres] cabana

174.6 Oficis relacionats amb la construcció

architect *nc* arquitecte -essa **architecture** *ni* arquitectura

surveyor *nc* agrimensor -a

builder *nc* constructor -a, paleta *We've got the builders in.* Tenim paletes a casa.

bricklayer *nc* paleta

carpenter *nc* fuster -a

electrician *nc* [que fa feines relacionades amb l'electricitat] electricista

plumber *nc* [que fa feines relacionades amb l'aigua i el desguàs] lampista

u t i l i t z a c i ó

Als països anglosaxons els oficis **electrician** i **plumber** són diferents. Els **electricians** s'encarreguen dels assumptes relacionats amb l'electricitat, i els **plumbers** amb l'aigua i el desguàs.

175 Live Viure

live *vi* viure (+ **in** i noms de ciutats, carrers, etc.) *I live in London.* Visc a Londres. (+ **at** i el número de l'habitatge) *I live at number 56 Hawthorne Rd.* Visc al número 56 del carrer Hawthorne.

reside *vi* (sovint + **in**, **at**) [formal, sovint en contextos oficials] residir *Do you reside in this country?* Resideix en aquest país?

residence *n* **1** *nc* [habitatge, esp. si és singular] residència *the ambassador's residence* la residència de l'ambaixador **2** *ni* [viure en un lloc determinat] residència *You need three years' residence for naturalization.* Calen tres anys de residència per obtenir la nacionalitat.

resident *nc* [persona que viu en un lloc determinat, p. ex. país, carrer, edifici] resident *Other residents have been complaining about the noise.* Hi ha d'altres residents que s'han estat queixant del soroll.

resident *adj* (davant de *n*) **1** [que viu i treballa en un lloc] resident *a resident caretaker* un conserge resident **2** (darrere *v*) [formal, sovint en contextos oficials] resident *foreigners resident in Britain* estrangers residents a la Gran Bretanya

dwell *vi* (sovint + **in**) *pas. & pp.* **dwelled** o **dwelt** [obsolet o poètic] habitar *Down by the river there dwelt an old man.* Un home vell vivia allà baix al costat del riu.

dwelling *nc* [obsolet o en contextos oficials] habitacle *a woodcutter's dwelling* una cabana de llenyataire *The dwelling shall not be used for any business or trade.* No es podrà utilitzar l'habitatge per a transaccions econòmiques o comercials.

dweller *nc* (esp. en noms compostos) habitant *city-dwellers* ciutadans

inhabit *vt* (utilitzat esp. en oracions passives) [viure. Obj: p. ex. una àrea geogràfica] habitar *the cossacks who inhabited the steppes* els cosacs que habitaven les estepes *The island is no longer inhabited.* La illa ja no està habitada.

inhabitant nc habitant *the village's oldest inhabitant* l'habitant més vell del poble

uninhabited adj deshabitat

squat vi, -tt- (*esp. brit.*) (habit. + **in**) [sense permís o sense pagar lloguer] ocupar *We were forced to squat in derelict buildings.* Ens vam veure obligats a ocupar edificis abandonats.

squat nc habitatge ocupat (il·legalment) *We shared a squat in South London.* Compartíem un habitatge ocupat a la part sud de Londres. **squatter** nc ocupador -a il·legal

175.1 Començar a viure en un indret

settle v **1** vi (sovint + **in**) [implica elegir un habitatge permanent] instal·lar-se *A lot of retired people settle here.* Moltes persones jubilades s'instal·len aquí. **2** vt [començar a poblar] establir-se *The state was originally settled by Mormons.* L'estat va ser originàriament poblat per mormons. **3 settle in** vi [acostumar-se a un lloc nou] adaptar-se *We're gradually settling in to our new house.* De mica en mica ens anem adaptant a la nova casa.

settlement nc establiment *Viking settlements on the east coast* establiments vikings a la costa est

settler nc colon -a, poblador -a *the ideals of the Puritan settlers* els ideals dels colons puritans

move in vi [començar a viure en un nou habitatge] instal·lar-se *We moved in on the 5th.* Ens vam instal·lar el dia 5.

move out vi [deixar de viure en un habitatge] anar-se'n *They asked her to move out.* Li van demanar que se'n anés.

175.2 Allotjament

accommodation ni [qualsevol tipus de lloc on viuen les persones, sovint durant poc temps] allotjament *the town's hotel accommodation* la capacitat hotelera de la ciutat *We're staying in temporary accommodation till we buy a house.* Tenim un allotjament provisional fins que no comprem una casa.

housing ni [tota mena de llocs on viuen les persones, habit. durant molt de temps] habitatge *the availability of low-cost housing* la disponibilitat d'habitatges a baix preu

landlord nc propietari, hostaler

landlady nc mestressa, propietària

tenant nc [habit. de cases o pisos] llogater -a

lodge vi [força obsolet] allotjar-se *It was usual for the apprentices to lodge with their master.* Els aprenents solien allotjar-se a casa del seu amo.

lodger nc [persona que paga el lloguer d'una habitació a casa d'algú i de vegades també el menjar] hoste -essa *to take in lodgers* tenir hostes a dispesa

lodgings n pl [habitació llogada, p. ex. per un estudiant] allotjament *to look for lodgings* buscar allotjament

digs n pl [informal. Habitació que es lloga, p. ex. a un estudiant] dispesa *I live in digs.* Visc a dispesa.

lease nc arrendament

deposit nc dipòsit, fiança

176 Parts of buildings Parts d'un edifici

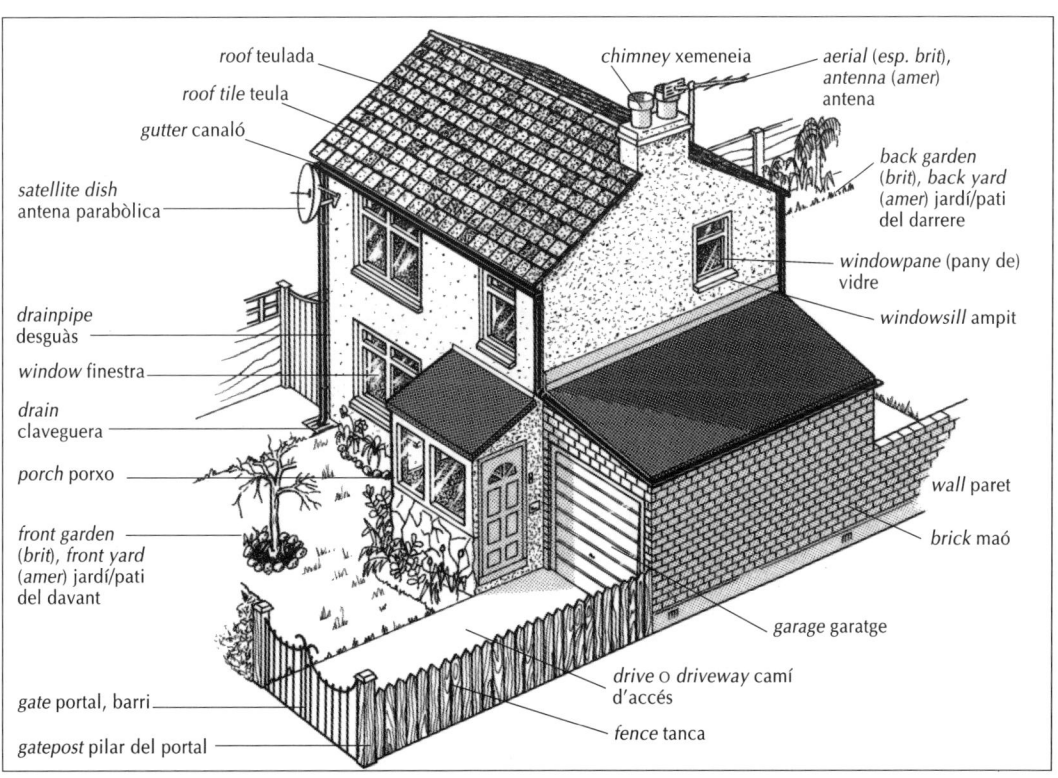

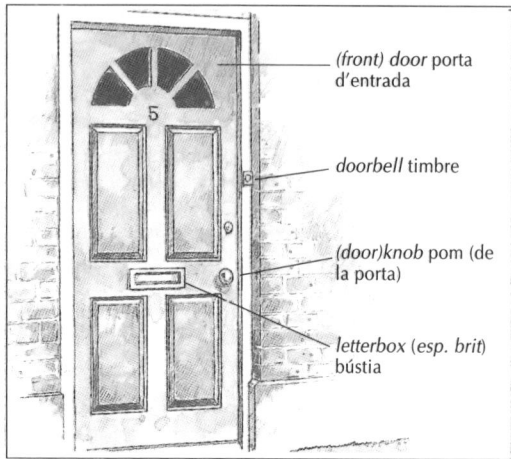

- *(front) door* porta d'entrada
- *doorbell* timbre
- *(door)knob* pom (de la porta)
- *letterbox (esp. brit)* bústia

176.1 Entrades i sortides

entry (*esp. amer*) *nc* [pot ser una porta, un passatge, etc.] entrada *A police officer guarded the entry to the embassy.* Un policia vigilava l'entrada a l'ambaixada.

entrance *nc* [porta util. per entrar] entrada *I slipped out by the back entrance.* Em vaig escapar per la porta del darrere. (davant de *n*) *the entrance hall* el rebedor

exit *nc* [d'un edifici o d'una cambra] sortida *emergency exit* sortida d'emergència

way out *nc* [menys formal que **exit**] sortida

gateway *nc* [portal per entrar a una finca] entrada (exterior)

indoors *adv* dintre, dins *to go indoors* entrar a dins

indoor *adj* interior *an indoor aerial* una antena interior

outdoors *adv* a l'aire lliure *to eat outdoors* menjar a l'aire lliure

outdoor *adj* a l'aire lliure *an outdoor swimming pool* una piscina a l'aire lliure

176.2 Plantes d'un edifici

floor *nc* planta, pis *There are four flats on each floor.* Hi ha quatre pisos per planta.

- *second floor (brit), third floor (amer)* segon pis
- *first floor (brit), second floor (amer)* primer pis
- *balcony* balcó
- *ground floor (brit), first floor (amer)* planta baixa

storey (*brit*), **story** (*amer*) *nc* [planta d'un edifici, esp. en contextos d'arquitectura] pis (davant de *n*) *a seventeen-storey office block* un bloc d'oficines de disset pisos

multistorey (*brit*), **multistory** (*amer*) *adj* [alt i amb molts pisos. Ref. la majoria de les vegades a aparcaments i no a edificis d'habitatges o d'oficines] de molts pisos *a multistorey car park* un aparcament de molts pisos

177 Inside buildings Interiors

177.1 Entrades

hall *nc* [esp. en una casa o un pis] rebedor

lobby *nc* [esp. en un hotel o en un edifici públic] vestíbul

foyer *nc* **1** [esp. en un teatre o cinema, etc.] vestíbul **2** (*amer*) [rebedor en una casa o en un pis] rebedor

177.2 Per anar d'un pis a l'altre

upstairs *adv* [esp. en una casa o en un bloc de pisos] a dalt *to go upstairs* anar al pis de dalt (davant de *n*) *an upstairs room* una habitació del pis de dalt

downstairs *adv* [esp. en una casa o en un bloc de pisos] a baix *They live downstairs.* Viuen al pis de sota. (davant de *n*) *the downstairs flat* el pis de sota

escalator *nc* escala mecànica

lift (*brit*), **elevator** (*amer*) *nc* ascensor *to take the lift* agafar l'ascensor

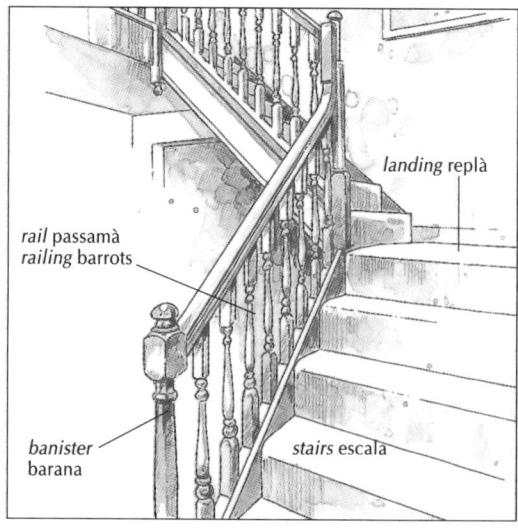

- *landing* replà
- *rail* passamà
- *railing* barrots
- *banister* barana
- *stairs* escala

utilització

Staircase es refereix a tota l'estructura, l'escala, les vores, les baranes, etc., mentre que **stairs** es refereix només als esglaons.

177.3 Per anar d'una habitació a l'altra

corridor *nc* [amb habitacions al costat] corredor
passage *nc* [amb o sense habitacions al costat] passadís
door *nc* porta *to knock at the door* picar a la porta
(door)handle *nc* maneta, tirador
(door)knob *nc* pom

177.4 Habitacions sobreres

cloakroom *nc* [per a abrics, etc.] guarda-roba
coatpeg *nc* penja-robes
study *nc* estudi
utility room *nc* [per a la rentadora, etc.] habitació de les eines, safareig

attic *nc* [sota la teulada d'una casa] mansarda *We're converting the attic into a playroom.* Convertirem la mansarda en un lloc per jugar.
loft *nc* **1** [àtic] golfes **2** (*amer*) [part superior d'un edifici, habit. utilitzat de magatzem] golfes **3** (*amer*) [part superior d'un edifici convertida en pis] àtic
cellar *nc* [habit. per emmagatzemar-hi coses] celler, bodega
basement *nc* [la part d'una casa o botiga que es troba sota terra. S'utilitza com a habitatge, botiga, taller, etc. més que no pas com a magatzem] soterrani (davant de *n*) *a basement flat* un pis soterrani

177.5 Interior de les habitacions

ceiling *nc* sostre
floor *nc* terra *parquet floor* parquet (davant de *n*) *floor coverings* recobriments del terra
furniture *ni* mobiliari, mobles *a piece of furniture* un moble
furnish *vt* parar, moblar *furnished accommodation* pis moblat

178 Closed Tancat

close *vti* [obj/sub: p. ex. una porta, una tapa, una caixa, un armari, però no una cambra, un cotxe] tancar(-se) *The drawer won't close.* El calaix no tanca. (+ **off**) *The area has been closed off by police.* L'àrea ha estat acordonada per la policia.
shut *vti*, **-tt-** *pas. & pp.* **shut** tancar(-se) *Please shut the door.* Tanqueu la porta, si us plau. *The drawer won't shut.* El calaix no tanca.
shut *adj* tancat, clos *Keep your eyes tight shut.* Manteniu els ulls ben tancats.

sealed off [de manera que no s'hi pugui entrar. Descriu: p. ex. una carretera, una àrea] tancat, segellat *All exits from the building are now sealed off.* Totes les sortides de l'edifici han estat segellades.
lock *vt* tancar amb clau *The door's not locked.* La porta no està tancada amb clau.
lock *nc* pany *The key was in the lock.* La clau era al pany.
key *nc* clau
keyhole *nc* forat del pany

179 Open Obert

open *vti* [obj/subj: p. ex. una porta, una caixa, un armari] obrir(-se) *We opened our presents.* Vam obrir els regals.
undo *vt, pas.* **undid** *pp.* **undone** [obj: p. ex. un paquet, un embalatge, un nus] desfer
unlock *vt* obrir amb clau *You left the garage unlocked.* No vas tancar el garatge amb clau.
ajar *adv* (darrere *v*) [lleug. obert. Descriu: esp. una porta, una finestra] entreobert, ajustat *I left the door ajar.* Vaig deixar la porta ajustada.
wide open [descriu: p. ex. una porta, un contenidor] obert de bat a bat *The fridge is wide open, you know.* Ho saps que la nevera és oberta de bat a bat?
gaping *adj* (habit. davant *n*) [més obert del compte, sovint quan s'exagera. Descriu: esp. un forat, una ferida, la boca] bocabadat, obert

180 Living room Sala d'estar

utilització

The living room també s'anomena **the sitting room** i de vegades **the lounge**. Actualment ambdós mots estan una mica en desús. Moltes cases modernes només tenen una cambra a la planta baixa, però en el cas de les que en tenen dues, se solen anomenar **the front room** (l'habitació del davant) i **the back room** (l'habitació del darrere).

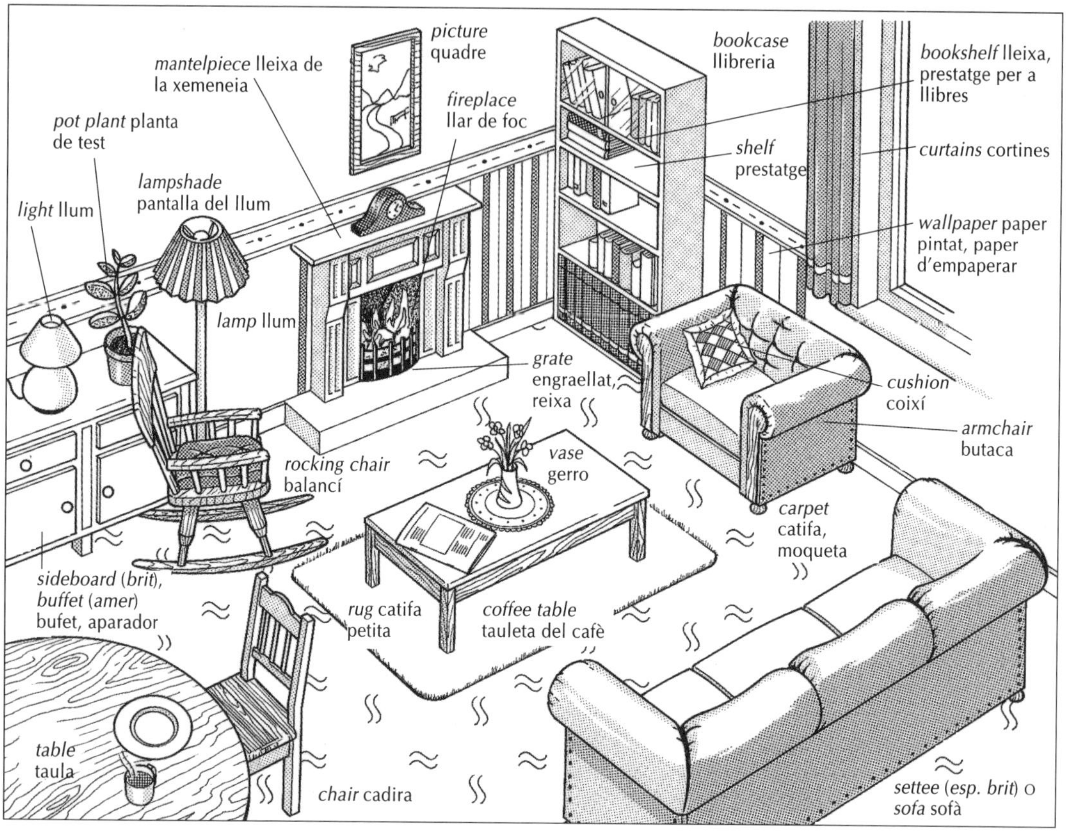

GRUPS DE PARAULES

- *mantelpiece* lleixa de la xemeneia
- *picture* quadre
- *bookcase* llibreria
- *bookshelf* lleixa, prestatge per a llibres
- *pot plant* planta de test
- *fireplace* llar de foc
- *shelf* prestatge
- *curtains* cortines
- *light* llum
- *lampshade* pantalla del llum
- *wallpaper* paper pintat, paper d'empaperar
- *lamp* llum
- *grate* engraellat, reixa
- *cushion* coixí
- *rocking chair* balancí
- *vase* gerro
- *armchair* butaca
- *sideboard* (brit), *buffet* (amer) bufet, aparador
- *rug* catifa petita
- *coffee table* tauleta del cafè
- *carpet* catifa, moqueta
- *table* taula
- *chair* cadira
- *settee* (esp. brit) o *sofa* sofà

181 Bedroom Dormitori

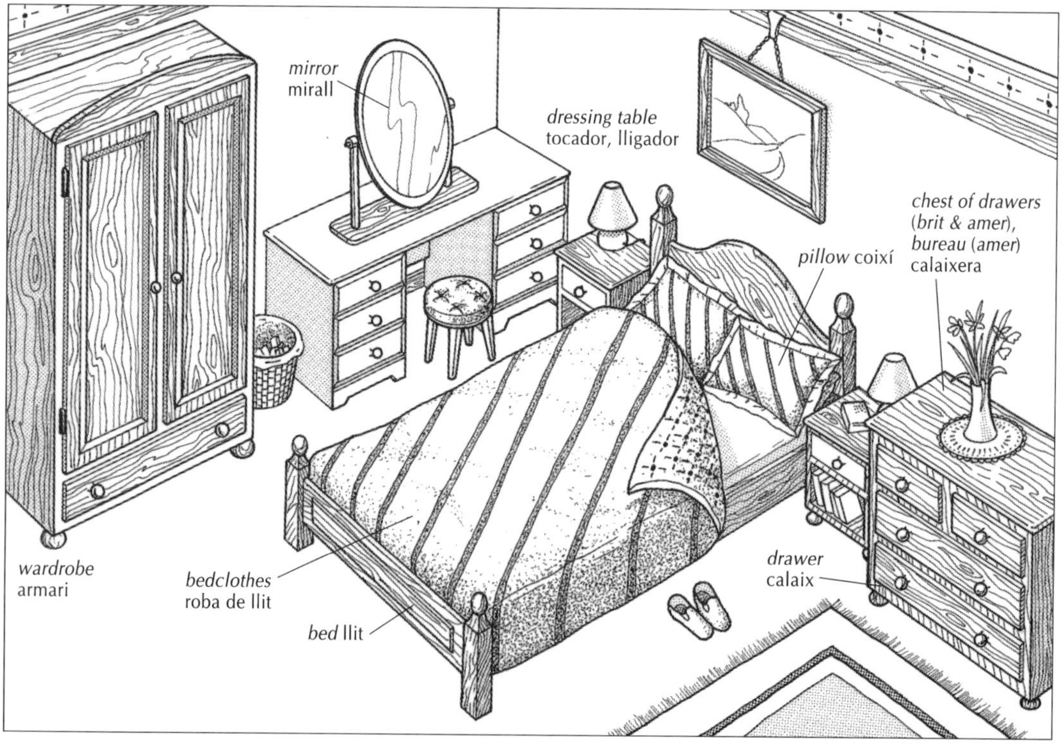

- *mirror* mirall
- *dressing table* tocador, lligador
- *chest of drawers* (brit & amer), *bureau* (amer) calaixera
- *pillow* coixí
- *drawer* calaix
- *wardrobe* armari
- *bedclothes* roba de llit
- *bed* llit

128

181.1 Damunt del llit

bedclothes n pl [mot genèric per referir-se als llençols, a les mantes, etc.] roba de llit
pillowcase nc coixinera
sheet nc llençol
blanket nc manta, flassada
duvet nc edredó nòrdic (davant de n) *a duvet cover* una funda nòrdica
quilt nc 1 [cobrellit encoixinat] edredó *a patchwork quilt* un edredó encoixinat fet amb retalls 2 TAMBÉ **continental quilt** edredó
bedspread nc vànova
eiderdown nc (*esp. brit*) [més lleuger que **duvet**, duu una funda permanent i es posa damunt de les mantes] edredó
electric blanket nc manta elèctrica
hot water bottle nc bossa d'aigua calenta

182 Sleep Dormir

sleep vi, pas. & pp. **slept** dormir *I slept soundly.* Vaig dormir profundament.
sleep n 1 ni son *I'm not getting enough sleep.* No dormo prou. *to go to sleep* adormir-se 2 nc (rarament en pl) dormida *You'll feel better after a little sleep.* Us trobareu millor després d'una dormideta.
asleep adj (darrere v) adormit *She's **fast asleep**.* Està profundament adormida. *to **fall asleep*** adormir-se

frase feta
sleep like a log [molt profundament sense notar cap pertorbació] dormir com un tronc

snore vi roncar
dream v, pas. & pp. **dreamed** o (*esp. brit*) **dreamt** 1 vt somiar *I dreamt I was back at school.* Vaig somiar que tornava a l'escola. 2 vi somiar *I dreamt about her last night.* Anit vaig somiar amb ella.
dream nc somni *to have a dream* tenir un somni
oversleep vi, pas. & pp. **overslept** no despertar-se a temps
lie in vi (*esp. brit*) no llevar-se *We always like to lie in on a Sunday.* Els diumenges ens agrada llevar-nos tard.
yawn vi badallar **yawn** nc badall

182.1 Adormir-se

nod off vi [informal. Endormiscar-se, habit. durant poc temps] pesar figues *I nodded off after lunch.* Després de dinar vaig pesar figues.
drop off vi [informal] adormir-se *It was well after midnight before I dropped off.* Era ben bé passada la mitjanit quan em vaig adormir.
doze vi [informal. Estar mig adormit] *I dozed through most of the lecture.* Vaig estar endormiscada la major part de la conferència. **doze** nc (habit. no en pl) becaina
doze off vi [adormir-se molt o poc temps] endormiscar-se, abaltir-se *He was dozing off.* S'estava endormiscant. **dozy** adj abaltit
drowsy adj endormiscat *These tablets make you drowsy.* Aquestes pastilles et deixen endormiscat.

182.2 Sons curts

nap nc [son curt durant el dia] becaina *an afternoon nap* una migdiada
kip nc/i (cap pl) [informal] (*brit*) son *to have a kip* fer un son *I didn't get enough kip last night.* Ahir a la nit no vaig dormir prou.
(have) forty winks [informal. Son curt durant el dia] (fer) una becaina *You'll feel better after forty winks.* Et trobaràs millor després de fer una becaina.

182.3 Cansament

tire v 1 vt (sovint + **out** per donar èmfasi) fatigar *Don't tire your father, he's not well.* No cansis al teu pare, no es troba bé. *to tire sb out* fatigar algú 2 vi [més aviat formal] fatigar-se *She's very weak and tires quickly.* Està molt feble i es fatiga aviat.
tiring adj cansat, enutjós, molest *This work is very tiring.* Aquesta feina cansa molt.
tired adj cansat *I'm getting tired.* M'estic cansant. (Quant a la diferència entre **tiring** i **tired**, vegeu UTILITZACIÓ a **119**.) **tiredness** ni cansament
sleepy adj endormiscat, somnolent *Don't force a sleepy child to eat.* Si el nen no està endormiscat, no el facis menjar per força. **sleepily** adv endormiscadament
fatigue ni [formal] fatiga *I took glucose tablets to combat fatigue.* Vaig prendre'm unes píndoles de glucosa per combatre la fatiga. **fatigue** vt fatigar
exhausted adj [molt cansat i dèbil. Sovint quan es vol exagerar] esgotat, extenuat *I collapsed exhausted in front of the television.* Vaig quedar-me extenuat davant del televisor.
exhaust vt extenuar *The climb had exhausted me.* L'escalada m'havia extenuat.
exhaustion ni esgotament *She fainted from thirst and exhaustion.* Es va desmaiar de set i esgotament.
dog-tired adj [informal. Molt cansat] rebentat
worn out adj [informal. Sovint subratlla la causa del cansament] esgotat, rendit *You'd be worn out if you had to look after the kids all day.* Estaries rendit si t'haguessis d'ocupar de la canalla tot el dia.
wear sb **out** o **wear out** sb vt esgotar *They wore me out with their constant questions.* Em van arribar a esgotar amb les seves preguntes constants.
shattered adj [informal. Subratlla el resultat d'una activitat] destrossat *I'm absolutely shattered after that run.* Estic baldat després d'aquesta cursa.

182.4 Pertorbacions del son

nightmare nc malson *to have nightmares* tenir malsons
sleepwalk vi caminar somnàmbul **sleepwalker** nc somnàmbul -a
insomnia ni insomni **insomniac** nc insomne

182.5 Després de dormir

wake up v, *pas.* **woke** *pp.* **woken** [mot usual] **1** vi despertar-se *I woke up early.* Em vaig despertar d'hora. **2 wake up** sb o **wake** sb **up** vt despertar
wake v [més formal que **wake up**] **1** vt despertar *The steward woke me with breakfast.* El cambrer em va despertar amb l'esmorzar. **2** vi despertar-se
awake v, *pas.* **awoke** *pp.* **awoken** TAMBÉ **awaken, waken** [literari] **1** vi despertar-se *I awoke refreshed.* Em vaig despertar com nou. **2** vt despertar *I was awoken by the storm.* La tempesta em va despertar.
awake adj (darrere v) despert **wide awake** despert del tot

183 Rest and Relaxation Descans i relaxació

rest vi reposar, descansar
rest nc (cap pl) repòs *to have a rest* descansar una estona
relax vi relaxar-se *We relaxed in front of the television.* Ens vam relaxar davant del televisor.
relaxing adj relaxant *a relaxing shower* una dutxa relaxant
relaxed adj [descriu: p. ex. una persona, un ambient] tranquil, assossegat *a wonderful relaxed feeling* una magnífica sensació de relaxament
unwind vi, *pas. & pp.* **unwound** [subratlla l'alliberament de tensió] calmar els nervis *He says alcohol helps him unwind.* Diu que l'alcohol l'ajuda a calmar els nervis.
carefree adj [implica felicitat i manca de tensió] despreocupat, tranquil *a carefree weekend with no cooking to do* un cap de setmana molt tranquil sense haver de cuinar

183.1 Temps de descans

pause nc [parada curta] pausa *without any pause between classes* sense cap pausa entre classes
pause vi deturar-se *We paused to get our breath back.* Ens vam deturar per recuperar l'alè.
break nc [pot ser curt o llarg] descans *a break for coffee* un descans per prendre cafè *to have/take a break* fer un descans
break vi, *pas.* **broke** *pp.* **broken** interrompre, fer una pausa *Let's break for lunch.* Fem una pausa per dinar.
respite nc (sovint + **from**) [més aviat formal. Implica una breu disminució de la pressió] respir *We got no respite from customers calling in.* Les visites dels clients no ens deixaven ni un moment de respirar.
lull nc [implica una breu disminució de l'activitat] estona tranquil·la *There's usually a lull mid-morning before the lunchtime shoppers.* Normalment hi ha una estona tranquil·la a mig matí abans que arribin els compradors del migdia.
leisure ni [temps lliure per gaudir] lleure *Now I'm retired I don't know what to do with my leisure.* Ara que estic jubilat no sé què fer amb el meu temps de lleure. (davant de n) *leisure time* temps de lleure *leisure activities* activitats de lleure
leisurely adj [agradablement lent] reposat, sense pressa *a leisurely outdoor meal* un àpat tranquil a l'aire lliure
recreation n [implica fer ac agradable durant el temps lliure] **1** ni esbarjo *The centre provides facilities for sports and recreation.* El centre disposa d'instal·lacions per a l'esport i l'esbarjo. **2** nc diversió *more active recreations like skiing* diversions més actives com ara l'esquí
recreational adj recreatiu *recreational activities* activitats recreatives

183.2 Vacances

holiday nc (esp. brit) vacances *to go on holiday* marxar de vacances
holiday vi fer vacances *people holidaying abroad* gent que passa les vacances a l'estranger **holidaymaker** nc estiuejant
vacation nc (esp. amer) vacances *to go on vacation* marxar de vacances
vacation vi passar les vacances *We're vacationing in Florida.* Passem les vacances a Florida. **vacationer** nc estiuejant
leave ni [p. ex. a l'exèrcit o a la policia] permís *I've got ten days' leave due.* Em toquen deu dies de permís. *to go on leave* sortir de permís

> *frases fetes*
>
> **take it easy** [informal. Relaxar-se] pren-t'ho amb calma *I'll do the meal, you take it easy.* Descansa una estona; el dinar ja el faré jo.
> **put one's feet up** [informal. Seure a descansar, però no necessàriament amb els peus recolzats. Lit.: posa els peus damunt (del sofà, de la taula, etc.)] reposar, relaxar-se

184 Personal hygiene Higiene personal

184.1 Rentar-se

soap ni sabó *a bar of soap* una pastilla de sabó
bubble bath ni bany d'escuma
shower gel ni gel de dutxa
deodorant nc/i desodorant
talc o **talcum powder** ni pólvores de talc
flannel o **facecloth** (brit), **washcloth** (amer) nc tovalloleta per a la cara
sponge nc esponja
towel nc tovallola
have a bath/shower (esp. brit), **take a bath/shower** (esp. amer) banyar-se/dutxar-se

bathe *vit* [formal en anglès britànic, usual en anglès americà] banyar(-se)

184.2 Tenir cura del cabell

(hair)brush *nc* raspall
brush *vt* raspallar
comb *nc* pinta
comb *vt* pentinar *to comb your hair* pentinar-se el cabell
hairdryer o **hairdrier** *nc* assecador (de mà)
hairdresser *nc* [per a homes i dones] perruquer -a *to go to the hairdresser's* anar a la perruqueria
barber *nc* [per a homes] barber -a *I've been to the barbers.* He anat al barber.
haircut *nc* tallada de cabells *to have/get a haircut* fer-se tallar els cabells
tweezers *n pl* pinces *a pair of tweezers* unes pinces

shampoo *nc/i, pl* **shampoos** xampú
shampoo *vt* [obj: habit. el cap] rentar
conditioner *nc/i* suavitzant
hairspray *nc/i* laca

frases fetes
to have/get one's hair cut fer-te tallar els cabells *I must get my hair cut tomorrow.* Demà m'he d'anar a tallar els cabells. *Oh! you've had your hair cut – it looks nice.* Oh! t'has tallat els cabells. Et queda bé.
to wash one's hair rentar-se el cap *She washes her hair every day.* Es renta el cap cada dia.

184.3 Higiene dental

toothbrush *nc* raspall de dents
toothpaste *ni* pasta de dents *a tube of toothpaste* un tub de pasta de dents
dental floss *ni* seda dental
mouthwash *ni* glopeig

184.4 Afaitar-se

razor *nc* maquineta, navalla d'afaitar
razor blade *nc* fulla d'afaitar
shaver TAMBÉ **electric shaver** *nc* màquina d'afaitar (elèctrica)
shaving cream *ni* crema d'afaitar
shaving brush *nc* brotxa
aftershave *nc/i* loció per a després de l'afaitat

184.5 Manicura

nailbrush *nc* raspall d'ungles
nailfile *nc* llima
nail clippers *n pl* tallaungles
nail varnish *ni* esmalt per a ungles

184.6 Higiene femenina

tampon *nc* tampó
sanitary towel (*brit & amer*), **sanitary napkin**
(*amer*) *nc* compresa
panty liner *nc* compresa petita per a cada dia

185 Bathroom Cambra de bany

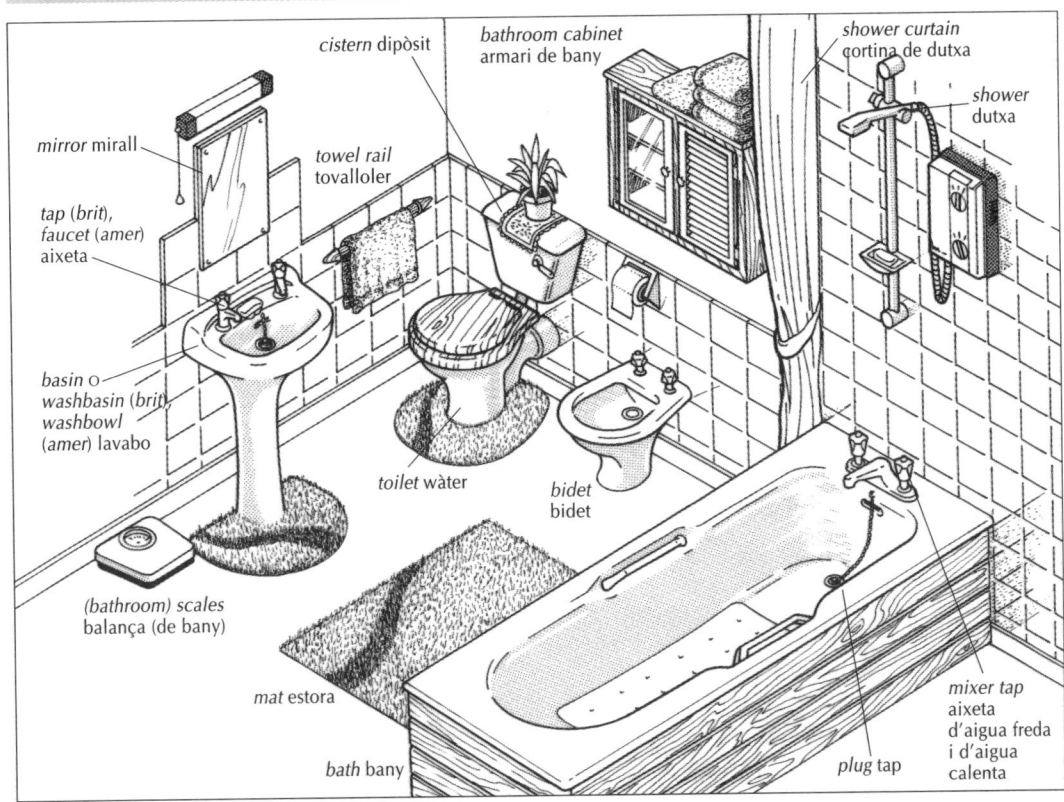

185.1 El wàter

> **utilització**
>
> En anglès britànic, els mots utilitzats per descriure el wàter poden referir-se al wàter pròpiament dit o a la cambra on es troba el wàter.

lavatory nc [força obsolet en anglès britànic. En anglès americà fa referència als wàters públics] wàter *an outside lavatory* un wàter exterior

loo nc, pl **loos** (esp. brit) [informal, és l'eufemisme més corrent] wàter *He's in the loo.* És al wàter. *to go to the loo* anar al wàter

john nc (amer) [argot] wàter, can Felip

ladies nc [força informal. En llocs públics] lavabo de senyores *Where's the ladies?* On és el lavabo de senyores?

ladies' room nc (amer) lavabo de senyores

gents nc [informal. En llocs públics] lavabo de senyors

men's room nc (amer) lavabo de senyors

restroom o **washroom** nc (amer) [eufemisme per fer referència a wàter públic] lavabo

toilet roll nc rotlle de paper higiènic

flush vt estirar la cadena del wàter

pull the chain (brit) [sovint es diu encara que hi hagi una maneta] estirar la cadena

186 Laundry Bugada

laundry n 1 ni [roba que s'ha de rentar o s'ha rentat] bugada *to do the laundry* fer la bugada 2 nc [establiment que renta roba] bugaderia 3 nc [lloc de la casa on es renta la roba] safareig

launderette (brit), **laundromat** (amer) nc bugaderia d'autoservei

launder vt [més aviat formal. Pot implicar un rentat professional] rentar i planxar

washing machine nc rentadora

washing powder ni detergent

fabric conditioner ni suavitzant

starch ni midó

washing line (brit), **clothes line** (brit & amer), **wash line** (amer) nc estenedor *to hang clothes out on the washing line* estendre roba fora a l'estenedor

(clothes) peg (brit), **clothes pin** (amer) nc agulla d'estendre roba

tumble drier nc assecadora d'aire calent

spin drier nc centrifugadora

iron nc planxa *steam iron* planxa a vapor

iron vt planxar *to do the ironing* planxar la roba

ironing board nc post de planxar

187 Cleaning Neteja

clean vti netejar *The kitchen needs cleaning.* S'ha de netejar la cuina. (+ **off**) *This liquid cleans off grease.* Aquest líquid neteja el greix. (+ **up**) *Use a cloth to clean up the mess.* Feu servir un drap per netejar la brutícia.

cleaner nc 1 [persona] persona que fa la neteja 2 [producte] netejador

187.1 Neteja de la llar

housework ni [cuinar, netejar, etc.] feines de casa *to do the housework* fer les feines de casa

housewife (brit & amer, f.), **homemaker** (amer, f. & m.) nc [persona casada que fa la feina de casa sense cap retribució] mestressa de casa

housekeeping ni [organitzar i en alguns casos fer la compra, la cuina, la neteja, etc.] portar una casa

housekeeper nc [persona pagada per fer aquesta tasca] majordom -a

spring-clean vit [neteja general, no necessàriament a la primavera] fer dissabte

187.2 Netejar amb líquids

wash vt [obj: p. ex. terra, mitjons] fregar, rentar

soak vt posar en remull

scrub vt, -bb- [habit. amb raspall] fregar

rinse vt esbandir (+ **out**) *Rinse the cloth out under the tap.* Esbandir el drap sota l'aixeta.

bathe vt [rentar amb cura i amb molta aigua. Obj: p. ex. ferida, ull] rentar, banyar

sterilize, TAMBÉ **-ise** (brit) vt [obj: p. ex. biberó] esterilitzar

detergent ni/c [més tècnic que **washing powder**] detergent

bleach ni lleixiu

187.3 Neteja dels terres

hoover nc (marca comercial britànica) [mot habitual al marge de la marca] aspirador

hoover vt (brit) [mot habitual] aspirar *to do the hoovering* passar l'aspirador

vacuum cleaner nc [mot genèric, lleug. més formal que **hoover** en anglès britànic. Mot habitual en anglès americà] aspirador

vacuum vt [menys freqüent que **hoover**] passar l'aspirador

mop up sth o **mop** sth **up** vt [absorbir esp. un líquid amb esponja, etc.] fregar **mop** nc pal de fregar

floorcloth nc baieta

sweep vt, pas. & pp. **swept** (sovint + adv) escombrar *to sweep the floor* escombrar el terra *to sweep up the mess* escombrar la brutícia

broom nc [amb mànec llarg] escombra

brush vt (sovint + adv) escombrar *I brushed the dust off.* Vaig treure la pols amb el raspall.

brush nc 1 [amb mànec curt o sense mànec] raspall 2 [amb mànec llarg] raspall, escombra
dustpan nc pala (per recollir escombraries)

broom escombra
brush raspall
brush, broom raspall, escombra

187.4 Neteja de superfícies

dust vit espolsar(-se), treure la pols **duster** nc espolsador, drap de la pols

wipe vt (sovint + adv) eixugar *to wipe up a spill* eixugar la mullena *to wipe down the surfaces* eixugar les superfícies
polish vt encerar, abrillantar, enllustrar

187.5 Rentar els plats

wash up (sth) o **wash** (sth) **up** vti (*brit*) rentar els plats, etc.
washing-up ni (*brit*) (+ **the**) rentada *to do the washing-up* rentar (els) plats
do the dishes rentar (els) plats
washing-up liquid ni detergent líquid per rentar vaixelles
dishcloth nc [drap humit, per rentar o eixugar una superfície] drap de cuina
tea towel nc [drap sec per eixugar la vaixella] drap de cuina
dishwasher nc rentavaixelles

188 Clean Net

clean adj net **cleanliness** ni netedat
immaculate adj [impecablement net i endreçat] impecable *The house was always immaculate.* La casa sempre estava impecable.
immaculately adv impecablement *immaculately dressed* vestit de manera impecable
spotless adj [sense gens de brutícia] sense taques, immaculat *The sheets were spotless.* Els llençols eren immaculats.
spotlessly adv immaculadament *spotlessly clean* net

com una patena
pure adj [sense contaminar] pur *the pure water of the lake* l'aigua pura del llac **purity** ni puresa
hygienic adj higiènic **hygienically** adv higiènicament

> *símil*
>
> **as clean as a whistle** [lit.: net com un xiulet] net com una patena

189 Dirty Brut

dirt ni brutícia *I can't get the dirt out.* No puc treure'n la brutícia. **dirtiness** ni brutícia
filthy adj [mot emfàtic, implica fàstic] porc *Your ears are simply filthy.* Duus les orelles realment porques. **filthiness** ni porqueria
filth ni porqueria *surrounded by filth and disease* rodejat de porqueria i malaltia
muck ni [informal. Fang o brutícia semblant] brutícia *We came back wet and covered in muck.* Vam tornar molls i plens de fang.
mucky adj brut *mucky trainers* sabatilles d'atletisme brutes
muddy adj [descriu p. ex. la terra, la roba] enfangat, brut de fang
grubby adj [que no es manté adequadament net. Descriu p. ex. persona, roba, lloc] brut, llardós *grubby fingernails* ungles brutes **grubbiness** ni brutícia
grime ni [brutícia difícil d'eliminar. Sovint en contextos industrials] engrut *hands covered in oil and grime* mans plenes de greix i engrut
grimy adj ple d'engrut *a grimy old machine* una màquina vella plena d'engrut
greasy adj greixós *greasy plates* plats llardosos
dust ni pols

dusty adj [descriu p. ex. una habitació, un prestatge] polsegós

189.1 Embrutar coses

pollute vt [implica degradar el medi ambient. Obj: p. ex. aire, aigua] pol·luir, contaminar
pollution ni contaminació, pol·lució *soil pollution* contaminació del sòl
blacken vt ennegrir
stain vt [implica canvi en el color habitual d'ac, habit. a causa d'una matèria que hi penetra] tacar *stained with blackcurrant juice* tacat de suc de grosella negra
stain nc taca *wine stains* taques de vi (davant de *n*) *stain remover* llevataques
mark vt [pot ser brutícia o una ratllada a la superfície] marcar, tacar *The vase has marked the sideboard.* El gerro ha deixat una marca al trinxant.
mark nc marca, taca *greasy marks round the light switch* marques llardoses al voltant de l'interruptor
smudge vt [implica fregar i escampar una marca de brutícia] esborrallar *You've smudged the ink!* Has esborrallat la tinta! **smudge** nc esborrall, taca
smear vt (sovint + **with**) [implica escampar ac viscosa o greixosa] empastifar *She's just smearing paint over the*

canvas. Només està empastifant la tela amb pintura. *Everywhere was smeared with blood.* Estava tot empastifat de sang.

smear *nc* llàntia *a smear of oil* una llàntia d'oli

spot *nc* [part petita d'ac bruta o tacada] taca *an ink spot* una taca de tinta

spot *vt*, **-tt-** tacar *Her hair was spotted with paint.* Tenia el cabell tacat de pintura.

speck *nc* **1** [una taca o una zona de brutícia molt petita] taqueta, llepet **2** [una partícula molt petita de pols o brutícia] granet *There wasn't a speck of dust anywhere.* No hi havia ni un bri de pols enlloc.

190 Clothes Roba

utilització

La paraula **clothes** no té singular. Es pot fer servir **garment** (peça de vestir) per referir-se a una camisa, un vestit, etc., però es tracta d'una paraula més aviat formal que fan servir p. ex. les persones que fabriquen o venen roba. Es podria fer servir **an item of clothing** (una peça de roba), però en aquest cas es tracta igualment d'una paraula més aviat formal: *Police found several items of clothing near the scene of the crime.* (La policia va trobar diverses peces de roba prop de l'escena del crim.) Quan es vol fer referència a una sola peça de roba, normalment es farà servir el nom específic, p. ex. *skirt, jacket, dress,* etc. **Clothing** també és formal i es refereix a tota la roba que porta una persona: *Remember to bring warm clothing.* (Recorda't de portar roba d'abric.)

190.1 Portar roba

wear, *pas.* **wore** *pp.* **worn** [obj: p. ex. abric, barret, ulleres] portar (posat) *She never wears a skirt.* No porta mai faldilles. *He wears glasses.* Porta ulleres.

utilització

Quan parlem de l'acció de **putting on** (posar-se) tota la roba normalment fem servir **to get dressed** (vestir-se). Això és el que fem quan ens llevem, p. ex. *He had a shower, got dressed and left for work.* (Es va dutxar, es va vestir i se'n va anar a la feina.) *It takes the children ages to get dressed.* (A la mainada li costa molt vestir-se.) Normalment es fa servir **put on** (posar-se) per descriure l'acció d'afegir alguna peça a la roba que es porta, p. ex. *Put your coat on if you're going outside.* (Posa't l'abric si surts a fora.) *She put on a blue skirt.* (Es va posar una faldilla blava.) *He put his sunglasses on.* (Es va posar les ulleres de sol.) No es fa servir **wear** (portar posat) per parlar d'una acció sinó per descriure l'aspecte o el costum d'algú, p. ex. *She was wearing a blue skirt/sunglasses.* (Duia una faldilla blava/unes ulleres de sol.) *He often wears a suit.* (Sovint porta vestit.) Si et canvies tota la roba que portes i et poses una altra cosa, es fa servir **change** o bé **get changed** (canviar-se), p. ex. *I must change/get changed before we go out.* (M'he de canviar abans de sortir.)

dress *v* **1** *vti* [obj: p. ex. un nadó, un actor] vestir(-se) *I dressed him in shorts and a T-shirt.* El vaig vestir amb pantalons curts i una samarreta de màniga curta. *I dressed quickly.* Em vaig vestir ràpidament. **2** *vi* [dur roba indicada o adequada] vestir *She dresses with taste.* Vesteix amb gust. *He was dressed in black.* Anava de negre. *to be well/badly dressed* anar ben/mal vestida

put on sth o **put** sth **on** *vt* [obj: p.ex. camisa, ulleres] posar-se *I put my dressing gown on.* Em vaig posar la bata.

don *vt*, **-nn-** [jocós i obsolet] posar-se *on the rare occasions I don a suit and tie* en les comptades ocasions que em poso vestit i corbata

clothe *vt* [més aviat formal. Proveir de roba a algú] vestir *five children to feed and clothe* cinc fills per alimentar i vestir

She is getting dressed. S'està vestint.
She is putting on her blouse. S'està posant la brusa.

She is dressed in a nurse's uniform. Porta un uniforme d'infermera.

He is wearing a hat. Porta un barret.
He has a moustache. Porta bigoti.

He is carrying an umbrella. Porta un paraigua.

190.2 Despullar

undress *vit* despullar(-se) (esp. en *pp*) *to get undressed* despullar-se

take off sth o **take** sth **off** *vt* [obj: p. ex. una camisa, un abric] treure('s) *I took off my shoes.* Em vaig treure les sabates.

strip *v*, **-pp- 1** *vi* (de vegades + **off**) [treure's la roba, sovint perquè els altres ho vegin] despullar-se *I want you to strip to the waist, please.* Sisplau, despulli's de

GRUPS DE PARAULES

cintura cap amunt. *I stripped off and dived in.* Em vaig despullar i em vaig llençar a l'aigua. **2** *vt* [sovint de manera agressiva] despullar *The victim had been stripped and beaten.* La víctima havia estat despullada i apallissada. *They were stripped and searched at customs.* A la duana els van treure la roba i els van escorcollar.

bare *adj* [descobert. Obj: sovint es fa referència a una part del cos] nu *Her arms were bare and sunburnt.* Duia els braços nus i bronzejats. *bare feet* peus nus
bare *vt* descobrir *to bare one's chest* descobrir-se el pit
naked *adj* [sense roba. Sovint ref. a persones] nu, despullat *They wander round the house naked.* Volten per la casa despullats. **nakedness** *ni* nuesa
nude *adj* [sovint per descobrir-se de manera deliberada. Implica sempre el cos sencer i no una part] nu *photographs of nude women* fotografies de dones nues **nudity** *ni* nuesa **nude** *nc* nu -a

190.3 Roba per a la part inferior del cos

trousers *n pl* (*esp. brit*) pantalons (davant de *n*, sense s) *in his trouser pocket* a la butxaca dels seus pantalons
pants *n pl* (*esp. amer*) [informal] pantalons
shorts *n pl* pantalons curts
culottes *n pl* [normalment curta] faldilla pantaló
slacks *n pl* [pantalons esportius] pantalons
jeans *n pl* texans
dungarees *n pl* granota
overalls *n pl* guardapols

utilització

Les paraules **trousers**, **pants**, **shorts**, **culottes**, **slacks**, **jeans**, **dungarees**, **overalls**, **pyjamas**, **pants**, **panties**, **briefs**, **knickers**, **underpants**, **tights**, **trunks**, **glasses**, (vegeu també **190.7**, **190.8**, **190.9**) es poden referir a una peça o a més d'una; encara que es refereixin a una sola peça són gramaticalment plurals, p. ex. *Where are my green trousers?* (On són els meus pantalons de color verd?) Si per raons de claredat s'ha d'especificar que es tracta d'una peça, s'ha de dir *a pair of trousers/shorts*, etc.

190.4 Roba per a la part superior del cos

a V-necked sweater jersei d'escot de coll en punta, pul·lòver
a polo-necked sweater jersei de coll alt
a crew-necked sweater jersei de coll rodó

shirt *nc* [per a homes i dones] camisa
blouse *nc* [per a dones] brusa
T-shirt *nc* samarreta
sweatshirt *nc* suèter d'esport
waistcoat (*brit*) **vest** (*amer*) *nc* armilla
jacket *nc* jaqueta, americana
dinner jacket *nc* vestit d'etiqueta, esmòquing
cardigan *nc* [jersei cordat per davant] rebeca
jumper (*brit*), **pullover** (*brit*), **sweater** (*brit & amer*), **jersey** (*brit*) *nc* jersei, suèter

190.5 Roba de dona

dress *nc* vestit *an evening dress* un vestit de nit
skirt *nc* faldilles
jumpsuit *nc* [roba informal d'una sola peça] mallot
sari *nc* sari
gown *nc* [molt formal] vestit llarg *a ball gown* vestit de festa

190.6 Conjunts de roba

suit *nc* [per a homes i dones] vestit *a check suit* un vestit de quadres
costume *n* **1** *nc* [p. ex. al teatre] vestit, disfressa **2** *ni* [vestits d'un estil determinat, p. ex. els típics d'un país] vestit típic *peasant costume* vestit de camperol
outfit *nc* [p. ex. per una ocasió o feina determinada] conjunt *She's been coming to work in the same old outfit for years.* Ha vingut a treballar durant anys amb el mateix conjunt vell. *a child wearing a nice outfit* un nen que porta un conjunt bonic
uniform *nc/i* uniforme *in uniform* d'uniforme

190.7 Roba d'esport i de gimnàstica

tracksuit *nc* xandall
leotard *nc* mallot
swimming costume *nc* [per a homes i dones] vestit de bany
trunks o **swimming trunks** *n pl* [per a homes] eslip *vegeu UTILITZACIÓ a **190.3**
bikini *nc* biquini

190.8 Roba per dormir

pyjamas (*brit*), **pajamas** (*amer*) *n pl* pijama *a pair of pyjamas* un pijama (davant de *n*, sense s) *my pyjama trousers* els pantalons del meu pijama vegeu UTILITZACIÓ a **190.3**
nightdress *nc* camisa de dormir
nightie *nc* [força informal] camisa de dormir
dressing gown *nc* bata

190.9 Roba interior
*vegeu UTILITZACIÓ a **190.3**

underwear *ni* roba interior
pants (*brit*), **panties** (*esp. amer*) *n pl* calçotets *a pair of pants* uns calçotets
briefs *n pl* [per a homes i dones] calçotets, calces *a pair of briefs* unes calces, uns calçotets
knickers *n pl* (*brit*) [força informal. Per a dones] calces *a pair of knickers* unes calcetes
underpants *n pl* [per a homes] calçotets *a pair of underpants* uns calçotets

GRUPS DE PARAULES

slip nc enagos, combinació

petticoat nc [de vegades considerat més obsolet que **slip**] enagos, combinació

bra nc sostenidors

vest (brit), **undershirt** (amer) nc samarreta *a string vest* una samarreta calada

socks n pl mitjons *a pair of socks* un parell de mitjons

tights (esp. brit), **pantyhose** (amer) n pl pantis, mitges *a pair of tights* uns pantis

stockings n pl mitges *a pair of stockings* un parell de mitges

190.10 Roba d'abric

coat nc abric

overcoat nc [habit. per a home] abric

mac nc (brit) [informal] impermeable

raincoat nc [mot genèric. Més formal que **mac**] impermeable

anorak nc (esp. brit) anorac

cloak nc capa

190.11 Fermalls

button nc botó *to do up one's buttons* botonar-se

button vt (sovint + **up**) botonar *She buttoned up her coat.* Es va botonar l'abric.

buttonhole nc trau

zip (brit), **zipper** (esp. amer) cremallera

zip vt, -**pp**- (habit. + **up**) tancar la cremallera *She zipped up her anorak.* Va tancar la cremallera de l'anorac.

fly nc o **flies** n pl [als pantalons] bragueta *Your fly is/flies are open.* Duus la bragueta oberta.

press stud (brit), **snap fastener** (amer), **popper** (brit & amer) [informal] nc botó de pressió

strap nc corretja

190.12 Parts del vestit

fringe nc serrell

hem nc vora

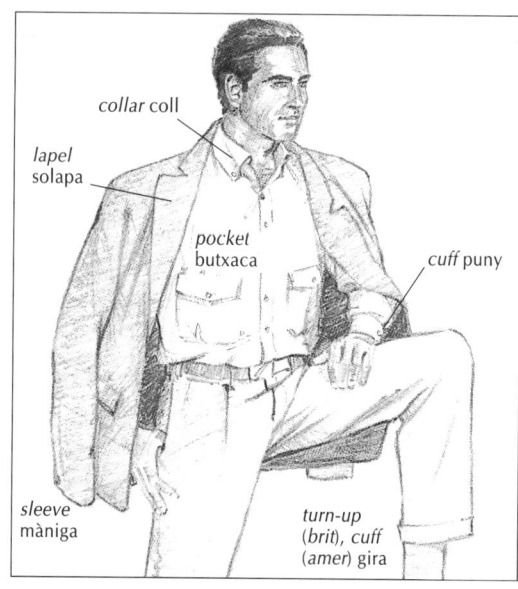

collar coll
lapel solapa
pocket butxaca
cuff puny
sleeve màniga
turn-up (brit), cuff (amer) gira

190.13 Gent que confecciona roba

tailor nc [esp. per a homes] sastre -essa

dressmaker nc [esp. per a dones] modista

designer nc [implica roba de moda] dissenyador -a (davant de n) *designer jeans* texans de disseny

191 Shoes Sabates

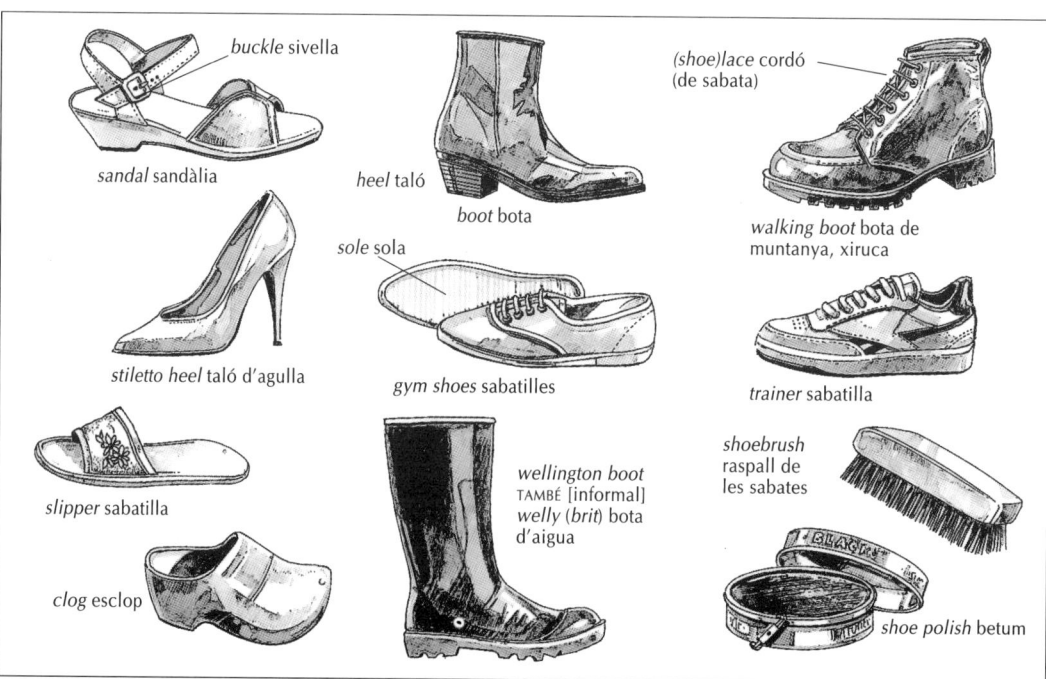

buckle sivella
sandal sandàlia
heel taló
(shoe)lace cordó (de sabata)
boot bota
walking boot bota de muntanya, xiruca
sole sola
stiletto heel taló d'agulla
gym shoes sabatilles
trainer sabatilla
slipper sabatilla
wellington boot TAMBÉ [informal] welly (brit) bota d'aigua
shoebrush raspall de les sabates
clog esclop
shoe polish betum

192 Accessories Accessoris

192.1 Barrets

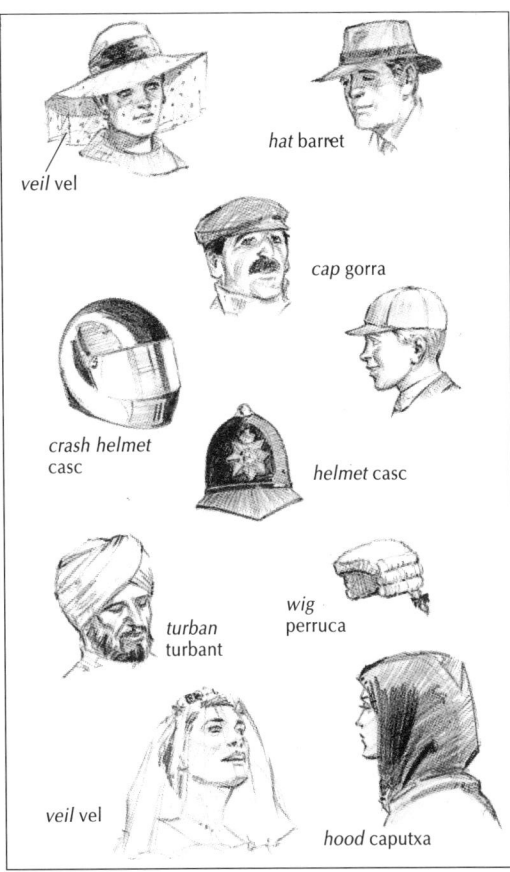

veil vel
hat barret
cap gorra
crash helmet casc
helmet casc
turban turbant
wig perruca
veil vel
hood caputxa

192.2 Per abrigar-se

scarf nc, pl **scarves** bufanda
headscarf nc, pl **headscarves** [quadrat] mocador de cap, mocador de coll
glove nc guant a pair of gloves uns guants
shawl nc xal
umbrella nc paraigua

192.3 Per dur coses

handbag (brit), **purse** (amer) nc bossa de mà
purse (brit), **wallet** (amer) nc portamonedes
wallet (brit), **billfold** (amer) nc cartera
briefcase nc cartera

192.4 Accessoris ornamentals

tie (brit), **necktie** (amer) nc corbata
bow tie nc corbatí
ribbon nc cinta
bow nc llaç
belt nc cinturó
cufflink nc botó de puny a pair of cufflinks uns botons de puny
fan nc ventall
badge nc distintiu, botó distintiu

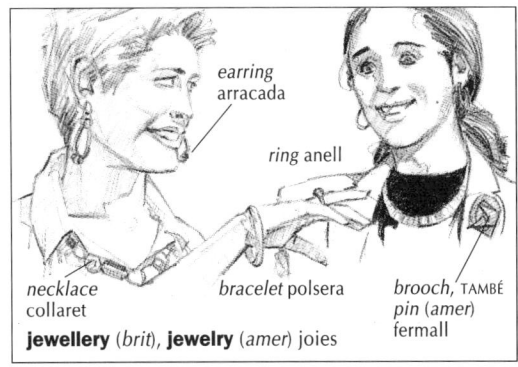

earring arracada
ring anell
necklace collaret
bracelet polsera
brooch, TAMBÉ pin (amer) fermall
jewellery (brit), **jewelry** (amer) joies

192.5 Cosmètics

make-up ni maquillatge
cosmetics n pl [més formal que **make up**] cosmètic
lipstick ni/c pintallavis
mascara ni/c rímmel
eyeshadow ni/c ombra d'ulls
perfume ni/c perfum

192.6 Mocadors

handkerchief nc, pl **handkerchieves** [per mocar-se] mocador
hankie nc [informal. Per mocar-se] mocador
tissue nc mocador de paper

193 Textiles Teixits

vegeu també **381.6 Arts and Crafts**

material ni/c [mot genèric] roba You'll need three metres of material. Necessitareu tres metres de roba.
fabric ni/c [més tècnic que **material**] teixit synthetic fabrics teixits sintètics
cloth ni [teixit; no fa referència als teixits sintètics] tela You can tell the quality from the feel of the cloth. Només amb el tacte es pot saber la qualitat de la tela.
thread ni/c [per cosir] fil
yarn ni [per fer punt] fil
rag nc/i [qualsevol tela un cop estripada] parrac, cassigall
weave vt, pas. **wove** pp. **woven** teixir, trenar
weaver nc teixidor -a

193.1 Materials més comuns

cotton ni 1 [roba] cotó 2 (brit) [fil] cotó a needle and cotton una agulla i fil
wool ni 1 [roba] llana 2 [fil] a ball of wool un cabdell de llana
woollen adj de llana a woollen jumper un jersei de llana
felt ni feltre
nylon ni niló
polyester ni poliester
corduroy ni pana
tweed ni xeviot
leather ni cuir

GRUPS DE PARAULES

suede *ni* camussa
linen *ni* lli
canvas *ni* lona
velvet *ni* vellut
silk *ni* seda
satin *ni* setí
lace *ni* punta, blonda

> *utilització*
>
> Tots els substantius que designen materials es poden utilitzar davant de nom: p. ex. *a velvet dress* (un vestit de vellut) *a canvas bag* (una bossa de lona).

194 Colours Colors

vegeu també **15 Jewels**; **16 Metals**

> *utilització*
>
> A les frases amb més d'un adjectiu, el que descriu el color va sempre immediatament davant del nom descrit: *a big heavy black bookcase* (una llibreria de color negre gran i pesada). Però quan un dels altres adjectius dóna informació bàsica sobre la naturalesa d'una persona o d'una cosa, com p. ex. l'origen o el material de que està feta, és aquest adjectiu el que va immediatament davant del nom. Per tant: *a big heavy black oak bookcase* (una llibreria de roure de color negre gran i pesada) o *a small white Italian car* (un utilitari italià de color blanc).

194.1 Descripció dels colors

bright *adj* [implica intensitat i reflexió de la llum] brillant *a bright yellow* un groc brillant

gaudy *adj* [habit. pejoratiu. Massa brillant per ser de bon gust] cridaner, llampant *a gaudy pink dress* un vestit rosa llampant

pale *adj* pàl·lid, clar, tènue *a pale blue shirt* un vestit blau cel *a pale pink blouse* una brusa rosa pàl·lid

light *adj* clar *light brown hair* un cabell castany clar *light blue* blau cel

> *utilització*
>
> El mot **pale** (tènue) subratlla la manca d'intensitat d'un color, mentre que el mot **light** (clar) posa èmfasi en la tonalitat del color. Per tant els colors descrits com a **light** també poden ser brillants. El contrari de **light** és **dark** (fosc), i el contrari de **pale** és **deep** (intens, pujat).

deep *adj* intens, pujat *a deep red* un roig pujat

dark *adj* fosc *a dark blue suit* un vestit blau fosc

pastel *adj* [implica pal·lidesa i suavitat] pastel *pastel shades* tons pastel

transparent *adj* transparent

clear *adj* [transparent i habit. incolor] transparent *clear glass* vidre transparent

194.2 Colors primaris

red *ni* roig, vermell *cherry red* roig cirera **red** *adj*, -dd- roig, vermell

yellow *ni* groc *mustard yellow* groc mostassa **yellow** *adj* groc

blue *ni* blau *sky blue* blau cel *royal blue* blau de rei *navy blue* blau marí **blue** *adj* blau

194.3 Altres colors

green *ni* verd *bottle green* verd botella *olive green* verd oliva **green** *adj* verd

pink *ni, adj* rosa

orange *ni, adj* taronja

purple *ni, adj* porpra

tan *ni, adj* torrat

mauve *ni, adj* malva

brown *ni, adj* marró

beige *ni, adj* beix

ginger *ni, adj* [descriu: esp. cabell] ros vermellós

black *ni, adj* negre

white *ni, adj* blanc

grey (*brit*), **gray** (*esp. amer*) *ni, adj* gris

> *símils*
>
> **as black as ink/coal** negre com el carbó
> **as white as snow** blanc com la neu
> **as white as a sheet** [implica xoc, espant] blanc com la paret

> **MODIFICAR I COMBINAR COLORS**
>
> Es pot afegir els sufixos -y i -ish a la majoria d'adjectius que descriuen un color. Si fem servir paraules com *greeny* o *reddish*, només donem una idea vaga del color: *She's got brownish hair.* (Té el cabell tirant a castany.) Aquests mots es poden combinar amb els adjectius normals que descriuen un color per tal d'expressar un matís determinat: *greeny-brown eyes* (ulls d'un marró verdós) *reddish-pink lipstick* (pintallavis d'un rosa vermellós).

195 Social customs Costums socials

custom *nc/i* costum *It's the/a custom in our country to give presents on Christmas Eve.* Al nostre país és costum fer regals la nit de Nadal. **customary** *adj* habitual, tradicional

tradition *nc/i* tradició *by tradition* per tradició *to break with tradition* trencar la tradició

traditional *adj* [descriu: p. ex. un vestit, un menjar, una cançó] tradicional **traditionally** *adv* tradicionalment

culture *n* **1** *nc/i* [manera de viure] cultura (davant de *n*) *culture shock* xoc cultural **2** *ni* [activitat artística i acadèmica] cultura *They went to Paris for a bit of culture.* Van anar a París a fer una mica de cultura. **cultural** *adj* cultural **cultured** *adj* cultivat

195.1 Celebracions

celebrate v **1** vt [obj: p. ex. un esdeveniment, un èxit, un aniversari] celebrar, commemorar *We're having a party to celebrate Maria's homecoming.* Fem una festa per celebrar la tornada a casa de la Maria. **2** vi celebrar *Let's celebrate by going out to dinner tonight.* Celebrem-ho sortint a sopar aquesta nit.

celebration nc/i (sovint en pl) celebració *Independence Day celebrations* les festes del Dia de la Independència

party nc festa *birthday party* festa d'aniversari *a dinner party* un sopar *to give/throw a party for sb* fer una festa per a algú (davant de n) *party dress* vestit de festa

anniversary nc [es refereix a l'aniversari d'una efemèride] aniversari *the fiftieth anniversary of the school's foundation* el cinquantè aniversari de la fundació de l'escola *wedding anniversary* aniversari de casament

birthday nc [es refereix a l'aniversari del naixement] aniversari *My birthday is (on) August 16th.* El meu aniversari és el 16 d'agost. *What do you want for your birthday?* Què vols pel teu aniversari? *her eighteenth birthday* el seu divuitè aniversari (com a *adj*) *birthday card* postal d'aniversari *birthday present* regal d'aniversari

195.2 Cerimònies religioses

vegeu també **232 Religion**

christening nc [mot util. sovint per la gent del carrer] bateig (com a *adj*) *christening robe* vestit de bateig **christen** vt batejar

baptism nc [mot util. sovint en contextos religiosos] baptisme **baptize** vt batejar

godmother nc padrina

godfather nc padrí

godchild nc, pl **godchildren** fillol -a

bar mitzvah nc cerimònia religiosa jueva d'iniciació per als nois a partir dels tretze anys

195.3 Matrimoni

bachelor nc solter, conco *a confirmed bachelor* un solter incorregible (davant de *n*) *bachelor flat* pis de solter *bachelor girl* soltera

spinster nc [només s'utilitza en femení] soltera, conca

utilització

Mentre que el mot **bachelor** és molt corrent per referir-se a un home no casat, el mot **spinster** només es fa servir en documents oficials relacionats amb el matrimoni o la mateixa cerimònia del casament. En la conversa normal el mot **spinster** té clares connotacions pejoratives, en canvi **bachelor** no.

engagement nc (sovint + **to**) prometatge (davant de *n*) *engagement ring* anell de prometatge

be/get engaged (sovint + **to**) estar promès, prometre's

fiancé nc promès **fiancée** nc promesa

marriage ni/c [ref. a la condició de casat] matrimoni *a happy marriage* un matrimoni feliç [ref. a l'esdeveniment o a la cerimònia] casament

marry v **1** vt casar *Will you marry me?* Et vols casar amb mi? *We have been married for twenty years.* Fa vint anys que estem casats. **2** vi casar-se *They can't marry until his divorce is final.* No es poden casar fins que ell no estigui divorciat definitivament.

get married (sovint + **to**) [més informal que **marry**] casar-se *She wants to get married in church.* Es vol casar per l'església.

(wedding) reception nc convit de noces

honeymoon nc lluna de mel *to go on honeymoon* anar de viatge de nuvis **honeymoon** vi passar la lluna de mel

separate vi separar-se *She and her husband have/are separated.* Ella i el seu marit s'han separat/estan separats. **separation** nc/i separació

divorce vit divorciar(-se) *to get divorced* divorciar-se

divorce ni/c divorci *grounds for divorce* motius de divorci [davant de *n*] *divorce court* tribunal de plets matrimonials

bride núvia *(bride)groom* nuvi *best man* padrí (de noces) *bridesmaid* dama d'honor *wedding ring* anell de casament *wedding dress* vestit de núvia **wedding** nc casament *wedding day* dia del casament

GRUPS DE PARAULES

195.4 Funeral

funeral nc enterrament *a funeral procession* seguici mortuori
cemetery o **graveyard** nc cementiri
grave nc tomba
gravestone o **headstone** nc làpida
coffin nc taüt
wreath nc [només de morts] corona
undertaker nc enterramorts
hearse nc cotxe funerari
bury vt enterrar *We buried the dog in the forest.* Vam enterrar el gos al bosc.
burial ni/c enterrament (davant de *n*) *burial service* ofici de difunts
cremate vt [només difunts] incinerar **cremation** ni/c incineració **crematorium** n, pl **crematoria** crematori
mourn vti [obj: p. ex. una persona, una mort, una pèrdua] plorar (a) **mourner** nc membre del dol
mourning ni dol *to be in mourning (for somebody)* portar dol (per algú)
wake nc vetlla

196 Greet Saludar

vegeu també **365 Gesture**; *L1 Introductions*; *L3 Greetings*

greet vt [obj: persona] saludar (+ **with**) *He greeted me with a friendly wave.* Em va saludar amistosament amb la mà.
greeting nc/i salutació *a warm/friendly greeting* una càlida/cordial salutació [sovint en *pl*] *to send Christmas/birthday greetings to someone* enviar felicitacions de Nadal/d'aniversari a algú [davant de *n*, només en *pl*] *greetings card* targeta de felicitació
welcome vt 1 (sovint + **to**) donar la benvinguda, acollir *He welcomed us to Spain.* Ens va donar la benvinguda a Espanya. *to welcome someone with open arms* acollir algú amb els braços oberts 2 [obj: p. ex. decisió, notícia] alegrar-se de *The staff welcomed the new pay scales.* El personal es va alegrar de la nova escala salarial.
welcome interj (sovint + **to**) Benvingut/uda!
welcome adj 1 [descriu: p. ex. un hoste] benvingut *I know when I'm not welcome.* Sé quan no sóc ben rebut. *to make someone welcome* acollir bé algú 2 [rebut amb satisfacció] agradable *It will be a welcome change from work.* Suposarà un canvi agradable respecte a la feina.
welcome nc benvinguda *to give someone a warm welcome* donar a algú una benvinguda cordial
shake hands [com a senyal de salutació, d'acord] donar-se la mà *They shook hands on the deal.* Van segellar l'acord amb una estreta de mans.
handshake nc encaixada
wave vit (sovint + **to**) fer un senyal amb la mà *He waved to us from the balcony.* Ens va saludar amb la mà des del balcó. *to wave someone goodbye* fer adéu a algú amb la mà
wave nc signe *a wave of the hand* un senyal amb la mà
kiss vti besar(-se), fer(-se) un petó *He kissed her on both cheeks.* Li va fer un petó a cada galta. *to kiss someone goodbye/goodnight* fer un petó de comiat/de bona nit a algú
kiss nc petó *to give someone a kiss* fer un petó a algú
introduce vt (sovint + **to**) presentar *We haven't been introduced yet.* Encara no hem estat presentats.
introduction nc/i presentació *I'll leave Bob to make the introductions.* Deixaré que Bob faci les presentacions.

197 Die Morir

die vi [mot genèric] morir *dying words/wish* últimes paraules/últim desig (+ **of**) *He died of a heart attack.* Va morir d'un atac de cor. *I'll remember that till my dying day.* Ho recordaré fins al dia que em mori. [util. de manera informal per mostrar xoc o torbació] *I nearly died when they told me.* De poc em moro quan m'ho van dir.
pass away/on vi [eufemisme. Força obsolet] traspassar *She passed away/on last week.* Traspassà la setmana passada.

frases fetes

(to) drop dead [morir sobtadament] caure mort *He just dropped dead in the street.* Va caure rodó al carrer.
kick the bucket [informal, jocós] fer l'ànec, fer nyec, anar al canyet
snuff it [argot, sovint jocós] fer el darrer badall

perish vi [sovint util. pels periodistes per tal de subratllar la naturalesa dramàtica de la mort] perir *Hundreds perished when the ship went down.* Centenars de persones van perdre la vida quan el vaixell es va esfonsar.
expire vi [molt formal o literari quan fa referència a una persona] expirar

utilització

L'ús de frases informals o jocoses relacionades amb la mort en contextos formals pot resultar cruel o ofensiu.

197.1 Mort

dead adj 1 [descriu: p. ex. persones, animals, vegetals] mort *a dead body* un mort *to shoot someone dead* matar d'un tret algú *I wouldn't be seen dead in that hat.* [jocós] Ni que em matessin em posaria aquest barret. (ref. al col·lectiu *n pl*) *the living and the dead* els vius i els morts **2** [descriu: p. ex. una màquina, una pila] descarregat, sense corrent *Suddenly the line went dead*. De sobte es va tallar la línia.

símil

as dead as a dodo/doornail mort i ben mort

deceased *adj* [formal, util. en documents legals o oficials] difunt *John Henry Morton, deceased*. El difunt John Henry Morton. [com a *n*] *the deceased's personal effects* els efectes personals del difunt

late *adj* (davant de *n*) [forma respectuosa per indicar que algú ha mort recentment. S'utilitza en documents oficials, però és menys formal que **deceased**] finat, difunt *my late uncle* el meu oncle difunt

extinct *adj* [descriu: p. ex. animals, espècies, volcans] extingit **extinction** *ni* extinció

death *ni/c* mort *a natural death* una mort natural *to be frightened to death* [informal] estar mort de por

198 Kill Matar

kill *vti* [mot genèric. Deliberadament o accidental. Obj: una persona, un animal, una planta] matar *His parents were killed in a plane crash*. Els seus pares van morir en un accident d'aviació. *My wife will kill me if she finds out!* La meva dona em matarà si se n'assabenta! **killer** *nc* assassí -ina

slay *vt, pas.* **slew**, *pp.* **slain** [obsolet o literari. Obj: p. ex. un enemic, un cavaller] assassinar

massacre *vt* [es refereix a un gran nombre de víctimes brutalment assassinades] matar despietadament **massacre** *nc* matança

exterminate *vt* [implica la destrucció total d'un determinat grup de persones o d'animals] exterminar **extermination** *ni* exterminació

suicide *ni/c* suïcidi *to commit suicide* suïcidar-se

euthanasia *ni* eutanàsia

198.1 Assassinar

murder *vt* assassinar *He murdered his victims with an axe*. Assassinava les seves víctimes amb una destral. [també util. de manera informal i jocosa] *I could murder him for forgetting to tell you*. El podria matar per haver-se oblidat de dir-t'ho. **murderer** *nc* assassí -ina

murder *ni/c* assassinat *to get away with murder* [jocós] fer el que un vol i sortir-se'n

manslaughter *ni* homicidi *The driver of the car was found guilty of manslaughter*. El conductor del cotxe va ser declarat culpable d'homicidi.

assassinate *vt* [obj: una persona important] assassinar *an attempt to assassinate the President* un intent d'assassinar el President **assassin** *nc* assassí -ina **assassination** *ni/c* assassinat

bump sb **off** o **bump off** sb *vt* [informal i força jocós] liquidar

do sb **in** o **do in** sb *vt* [informal] carregar-se *She tried to do her old man in*. Va intentar carregar-se el seu marit.

poison *vt* (sovint + **with**) enverinar

poison *nc/i* verí *rat poison* verí per a les rates (davant de *n*) *poison gas* gas verinós

poisonous *adj* [descriu: p. ex. animals, productes químics, plantes] verinós, tòxic

shoot *vt, pas. & pp.* **shot** disparar

strangle *vt* estrangular

drown *v* **1** *vt* ofegar **2** *vi* ofegar-se

suffocate *v* **1** *vt* asfixiar **2** *vi* asfixiar-se

198.2 Pena de mort

capital punishment *ni* pena de mort (o capital)

execute *vt* [executar una sentència de mort] executar *He was executed by firing squad*. Va ser executat per l'escamot d'afusellament.

execution *ni/c* execució **executioner** *nc* botxí -ina

put sb **to death** [menys fred i imparcial que **execute**. Sovint s'utilitza per parlar d'esdeveniments històrics] executar

hang *vt, pas. & pp.* **hanged** o **hung** penjar *He was sentenced to be hung*. El van condemnar a la forca.

hanging *ni/c* forca *Some people want to bring back hanging*. Hi ha gent que demana que es restableixi la forca.

gas chamber *nc* cambra de gas

electric chair *nc* (sempre + **the**) cadira elèctrica

firing squad *nc* (+ *v sing* o *pl*) escamot d'afusellament *to face a firing squad* ser conduït davant d'un escamot d'afusellament

198.3 Matar animals

put sth **down** o **put down** sth *vt* [habit. pel veterinari. Obj: animals vells, malalts o sense amo] sacrificar

put to sleep [eufemisme per referir-se a **put down**] matar (un animal)

slaughter *vt* [obj: animal del qual se n'aprofita la carn] matar, sacrificar **slaughter** *ni* matança

butcher *vt* [obj: animal del qual se n'aprofita la carn] matar, degollar **butchery** *ni* matança, carnisseria

utilització

Els mots **slaughter** i **butcher** tenen una càrrega emocional molt forta quan fan referència a persones.

198.4 Letal

lethal *adj* [descriu: p. ex. dosis, armes] letal, mortal *Those sharp spikes could be lethal*. Aquestes puntes punxegudes podrien ser mortals.

deadly *adj* **1** [descriu: p. ex. un verí] mortal **2** [descriu: p. ex. precisió, punteria] mortal *in deadly earnest* completament seriós

fatal adj 1 [que causa la mort. Descriu: p. ex. un accident, una ferida] fatal, mortal 2 (sovint + **to**) [que causa fracàs. Descriu: p. ex. un error, un dubte] fatal, funest *Further delays could be fatal to the project.* Més retards podrien ser fatals per al projecte. **fatally** adv fatalment **fatality** nc fatalitat

mortal adj 1 [formal. Descriu: p. ex. un cop, una ferida] mortal *mortal sin* [en el catolicisme] pecat mortal 2 [descriu: p. ex. espant, por, perill] mortal *a mortal danger* un perill mortal

mortally adv mortalment *mortally wounded* ferit de mort

> *utilització*
>
> **Lethal** i **deadly** es fan servir per descriure coses que causarien la mort en mans d'un assassí, etc. **Fatal** es fa servir, sobretot, per referir-se a coses que han provocat la mort d'algú. Per exemple, es pot dir: *The glass contained a lethal/deadly dose of arsenic.* (El vas contenia una dosi d'arsènic letal/mortal.) tant si algú s'havia pres la dosi com si no. En canvi un detectiu investigant un crim es preguntaria: *Who administered the fatal dose?* (Qui va administrar la dosi mortal?)

199 Sex Sexe

sex n 1 ni [relació sexual o activitat sexual en general] sexe *There's too much sex on television.* Hi ha massa sexe a la televisió. *premarital/extramarital sex* relacions prematrimonials/extramatrimonials (davant de n) *sex appeal* atracció sexual *sex life* vida sexual 2 nc/i sexe *the male/female sex* el sexe masculí/femení *the opposite sex* l'altre sexe

sexuality ni sexualitat *male/female sexuality* sexualitat masculina/femenina

sexual adj 1 [relacionat amb els actes sexuals] sexual *sexual satisfaction* satisfacció sexual 2 [relacionat amb el gènere] sexual *sexual stereotyping* estereotips sexuals **sexually** adv sexualment

gender ni 1 [més tècnic que **sex**] gènere 2 [en gramàtica] gènere

199.1 Sexy

vegeu també **432 Attract**

sexy adj [força informal. Menys seriós que **erotic**. Descriu: p. ex. una persona, una roba interior] sexy *You look so sexy in that dress.* Estàs tan sexy amb aquest vestit.

erotic adj [més seriós que **sexy**. Descriu: p. ex. una pintura, un posat, un poema, però normalment no descriu persones] eròtic

pornographic adj [pej., implica mal gust. Descriu: p. ex. llibres, revistes, fotografies] pornogràfic **pornography** ni pornografia **pornographer** nc pornògraf -a

199.2 Relacions sexuals

sexual intercourse ni [més aviat formal. Es fa servir p. ex. quan es parla amb els metges] relacions sexuals *to have sexual intercourse with someone* tenir relacions sexuals amb algú

have sex (sovint + **with**) [terme més aviat informal però al mateix temps força neutre] practicar el sexe

make love (sovint + **to**) [eufèmic, però emocionalment més càlid que **have sex**] fer l'amor

sleep with sb o **go to bed with** sb [eufemismes freqüents] dormir amb algú, anar al llit amb algú

consummate vt [mot tècnic o legal. Obj: matrimoni] consumar **consummation** ni consumació

copulate vi [sovint ref. als animals. És pej. quan fa referència a persones] copular **copulation** ni copulació

fornicate vi [formal i pej. Utilitzat a la Bíblia] fornicar **fornication** ni fornicació

mate vi (sovint + **with**) [només ref. als animals] acoblar, aparellar *the mating season* temporada de zel

mate nc [ref. sobretot a animals, però també a persones] company -a, cònjuge

breed v, pas. & pp. **bred** 1 vi [subj: animals] criar-se [també ref. a persones però implicant menyspreu] *They breed like rabbits.* Crien com conills. 2 vt [obj: animals, plantes] criar *bred in captivity* criat en captivitat **breeder** nc criador -a

masturbate vit masturbar(-se) **masturbation** ni masturbació

> *utilització*
>
> Hi ha una gran quantitat de paraules d'argot i vulgars que volen dir tenir relacions sexuals. Les següents es troben entre les més freqüents, però només s'han d'usar si s'està molt segur de no ofendre l'interlocutor. En cas de dubte, millor no usar-les. En general, la gent jove se sol sorprendre menys que la gent gran.

fuck vit [mot bàsic i enèrgic que pot escandalitzar i/o ofendre a moltes persones; millor evitar-lo] cardar, follar

fuck interj [renec vulgar i enèrgic] merda!, collons!

fuck nc [acte] cardada, follada

screw vti [menys enèrgic i xocant que **fuck**, però tanmateix considerat argot vulgar susceptible d'ofendre molta gent] tirar-se algú, fer un clau **screw** nc cardada

lay vt, pas. & pp. **laid** (*esp. amer*) [menys fort i directe que **fuck** o **screw** i lleug. menys ofensiu, però tanmateix susceptible d'escandalitzar algunes persones] tirar-se *to get laid* fer l'amor

lay nc cardada *a good lay* una bona cardada *easy lay* noia fàcil

bonk vit [argot jocós, no gaire ofensiu, però s'utilitza només amb persones conegudes] follar

bonking ni [argot jocós] follar

to have it off (with sb) [argot. No gaire ofensiu, però s'utilitza només amb persones conegudes] repassar-se (algú)

199.3 Durant les relacions sexuals

foreplay *ni* jocs eròtics
ejaculate *vi* ejacular **ejaculation** *ni/c* ejaculació
orgasm *nc/i* orgasme *to have an orgasm* tenir un orgasme
come *vi*, *p* came, *pp* come [informal] escórrer-se

199.4 Delictes sexuals

incest *ni* incest *to commit incest* cometre incest
incestuous *adj* incestuós
rape *ni/c* violació (davant de *n*) *rape victim* víctima d'una violació **rape** *vt* violar **rapist** *nc* violador
sexual abuse *ni* abús sexual *a victim of sexual abuse* una víctima d'abusos sexuals
prostitute *nc* [ref. a femella si no s'especifica el contrari] prostituta *male prostitute* prostitut
prostitution *ni* prostitució
brothel *nc* bordell
red light area o **district** *nc* barri xinès

199.5 Contracepció

contraception *ni* [mot neutre i força tècnic] contracepció
contraceptive *nc* anticonceptiu *oral contraceptive* anticonceptiu oral **contraceptive** *adj* contraceptiu
birth control *ni* [inclou mètodes diferents als anticonceptius] control de la natalitat
family planning *ni* [terme no tècnic i lleug. eufèmic] planificació familiar *a family planning clinic* un centre de planificació familiar
pill *n* (sempre + **the**) píndola *to be on the pill* prendre la píndola
condom (*brit & amer*), **rubber** (*amer*) *nc* condó, preservatiu

199.6 Inclinació sexual

heterosexual *adj* heterosexual **heterosexual** *nc* heterosexual **heterosexuality** *ni* heterosexualitat
homosexual *adj* [mot neutre. Descriu: p. ex. una persona, una relació] homosexual **homosexual** *nc* homosexual **homosexuality** *ni* homosexualitat
lesbian *adj* [mot neutre. Descriu: p. ex. una dona, una relació] lesbiana **lesbian** *nc* lesbiana
gay *adj* [ref. tant a homes com a dones. És un mot una mica més positiu que **homosexual** o **lesbian**] gai *gay rights* drets dels gais *the gay community* la comunitat gai *gay bars* bars de gais **gay** *nc* gai
bisexual *adj* bisexual **bisexual** *nc* bisexual **bisexuality** *ni* bisexualitat
celibate *adj* celibatari **celibacy** *ni* celibat
virgin *nc* verge
virginity *ni* virginitat *to lose one's virginity* perdre la virginitat

200 Old Vell

vegeu també **203 Old-fashioned**

old *adj* **1** [mot genèric que descriu tant persones com coses] vell, gran *to get/grow old* envellir *She's old enough to vote.* És prou gran per votar. *Surely you're not going to wear that old thing.* No t'aniràs pas a posar això tan vell. **2** [per descriure l'edat] *She's ten (years old).* Té deu anys (d'edat). *a ten-year-old (child)* un marrec de deu anys **3** [anterior] d'abans *He's his old self again.* Torna a ser ell mateix. *My old car ran better than this one.* El cotxe que tenia abans anava millor que aquest.

age *n* **1** *nc* edat *children of all ages* mainada de totes les edats *He's starting to look his age.* Començà a semblar que tingui l'edat que té. *when I was your age* quan jo tenia la teva edat **2** *ni* edat *old age* vellesa *middle age* mitjana edat *vegeu també **26.2 Time**

age *vit* [fer-se més vell o semblar-ho] envellir(-se) *He has aged a lot in the past year.* Ha envellit molt aquest any passat.

200.1 Descripció de persones

elder *adj* (*compar* de **old**; habit. davant de *n*) gran *my elder brother* el meu germà gran
elder *nc* el/la gran *the elder of her two sons* el gran dels dos germans *You must show respect to your elders.* Cal tenir respecte pels grans.
eldest *adj* (*superl* de **old**; habit. davant de *n*) més gran *my eldest sister* la meva germana més gran
elderly *adj* **1** [ref. a persones. Més correcte que **old**] gran (ref. al col·lectiu *n pl*) *the elderly* la gent gran **2** [sovint jocós quan fa referència a coses] vell
senior *adj* (sovint + **to**) [descriu: p. ex. l'escola, la classe, els alumnes] més gran, dels grans *She's in the senior class.* És a la classe dels grans. **senior citizen** [eufèmic] jubilat
senior *nc* (sempre + *adj possessiu*) [formal] més gran *She is two years my senior/my senior by two years.* És dos anys més gran que jo.
veteran *adj* [descriu: p. ex. un soldat, un polític] veterà *veteran car* (*brit*) cotxe antic
veteran *nc* veterà -ana *a Second World War veteran* un veterà de la Segona Guerra Mundial
mature *adj* **1** [descriu: persona] madur *mature student* (*brit*) [normalment ref. a estudiants universitaris que comencen els estudis més tard de l'edat habitual] estudiant major de 25 anys **2** [eufèmic per tal d'evitar **middle-aged**] madur *styles for the mature woman* moda per a la dona madura **3** [descriu: esp. formatge, vi, però no fruita] sec, envellit **maturity** *ni* maduresa
*vegeu també **238 Sensible**

mature vi 1 [subj: persona] envellir 2 [subj: esp. formatge, vi] secar-se, envellir-se

experienced adj [persona que té experiència, però que no necessàriament ha de ser gran] experimentat

middle-aged adj [només ref. a persones] de mitjana edat [sovint util. de manera gens afalagadora] *middle-aged spread* l'arrodoniment de l'edat, panxa a causa de l'edat *His attitudes are so middle-aged.* Té unes actituds tan de persona de mitjana edat!

aged adj [més aviat formal] vell, gran [lleug. menys formal quan es refereix a un col·lectiu] *a home for the aged* una llar per a la gent gran

200.2 Descripció d'objectes

second-hand adj [descriu: p. ex. cotxes, roba] de segona mà *a second-hand shop* una botiga de coses usades **second-hand** adv de segona mà

vintage adj [favorable. Descriu: esp. vi] de bona collita *vintage car* (brit) cotxe d'època **vintage** nc verema

ancient adj 1 [molt antic. Descriu: p. ex. un monument, un costum] antic *the ancient Romans* els antics romans *That's ancient history.* Això ja ha passat a la història. 2 [jocós, per donar èmfasi] *I'm getting terribly ancient.* M'estic fent vella. *this ancient raincoat* aquest impermeable de l'any de la picor

antique adj [antic i valuós. Descriu: p. ex. mobles, peces d'ornamentació] antic, d'època

antique nc antiguitat (davant de n) *antique shop* botiga d'antiguitats

frases fetes

as old as the hills [tant per a persones com per a coses] més vell que l'anar a peu

long in the tooth (*esp. brit*) [lleug. pejoratiu. Referit només a persones] començar a ser vell *She's getting a bit long in the tooth.* S'està fent una mica vella.

(with) one foot in the grave [expressió més aviat dura] (amb) un peu a la tomba.

to be getting on [informal, potser una mica condescendent] fer-se vell *He's getting on a bit now.* Ara s'està envellint una mica.

201 New Nou

vegeu també **32 Begin**; **202 Modern**

new adj 1 nou *I threw the old vacuum cleaner away and bought a new one.* Vaig llençar l'aspirador vell i en vaig comprar un de nou. **as good as new** com si fos nou 2 [diferent. Descriu: p. ex. feina, vida] nou *He has a new girlfriend every week.* Té una xicota nova cada setmana. *There seem to be lots of new faces in the office.* Sembla que hi ha moltes cares noves a l'oficina. 3 (sovint + to) [descriu: p. ex. membres, arribades] nou *new boy/girl* noi nou/noia nova *She's still very new to the job.* Encara no s'ha acostumat a la nova feina. *new arrival* nou vingut

brand-new adj [subratlla que una cosa s'acaba d'estrenar] nou de trinca

fresh adj 1 [en bon estat. Ni passat ni podrit] fresc *the smell of fresh bread* l'olor de pa acabat de fer *I'm just going out for a breath of fresh air.* Tot just surto a prendre una mica d'aire fresc. 2 [ni congelat ni en llauna] fresc 3 [nou. Descriu: p. ex. un indici, una notícia] nou *a fresh start* un nou començament *fresh outbreaks of violence* esclats de violència recents *Start a fresh sheet of paper for each question.* Contesta cada pregunta en un full de paper nou.

freshly adv novament *freshly-ground coffee* cafè acabat de moldre

201.1 Que mostra imaginació i enginy

original adj [favorable. Descriu: p. ex. una idea, un disseny, un pensament] original **originality** ni originalitat

novel adj [pot implicar que una cosa és insòlita o força estranya a més de nova] nou, original, insòlit *a novel idea for saving electricity* una idea original per estalviar energia

novelty ni/c novetat *The novelty is beginning to wear off.* La novetat comença a deixar-ho de ser. (davant de n) *the novelty value* el valor de la novetat

innovative adj [favorable. Descriu: p. ex. una persona, una idea, un producte] innovador **innovation** nc/i innovació **innovator** nc innovador -a

pioneering adj [favorable. Descriu: p. ex. un treball, una empresa] pioner *her pioneering work with deaf children* el seu treball capdavanter amb els nens sords

pioneer nc 1 pioner -a *a pioneer in the field of laser technology* un pioner en el camp de la tecnologia làser 2 colonitzador -a **pioneer** vt ser capdavanter en

201.2 Jove

young adj jove *younger sister* germana més jove *He's too young to travel alone.* És massa jove per viatjar sol.

youthful adj [favorable. Propi de gent jove, però també es pot referir a gent gran. Descriu: p. ex. aspecte, entusiasme] juvenil

immature adj [descriu: ésser viu] immadur *an immature bird* un ocell jove, un ocellet *vegeu també **241.4 Foolish**

201.3 Inexpert

inexperienced adj inexpert *sexually/politically inexperienced* políticament/sexualment inexpert **inexperience** ni inexperiència

naive adj [pej.] ingenu **naively** adv ingènuament **naivety** ni ingenuïtat

green adj [informal, pej.] verd

frase feta

(still) wet behind the ears [informal, jocós, descriu algú immadur, mancat d'experiència. Lit.: (encara) humit darrere les orelles] (encara) de la primera volada

202 Modern Modern

modern adj modern *the most modern equipment* l'equipament més modern [usades actualment] *modern languages* llengües modernes [habit. fa referència al segle passat] *modern history/literature/art* art/història/literatura moderna

modernize, TAMBÉ **-ise** (*brit*) vti [obj: p. ex. un mètode, un equip] modernitzar(-se) **modernization** ni/c modernització

up-to-date adj 1 [modern. Descriu: p. ex. un equip, un mètode] modern, actual 2 (sovint + **with**) [que coneix o conté l'última informació. Descriu: p. ex. un llistat, un mapa] al dia *to keep up-to-date with the latest developments* mantenir-se al dia de les últimes novetats *We must bring our records up-to-date.* Hem de posar al dia els nostres arxius.

update vt 1 [obj: p. ex. uns arxius, una informació, un model] actualitzar *We're updating all our office equipment.* Estem actualitzant tot l'equipament de l'oficina. 2 (sovint + **on**) [donar l'última informació a] posar al dia *I'll just update you on the latest sales figures.* Em limitaré a posar-vos al dia de les últimes xifres de vendes. **update** nc actualització

newfangled adj [força informal i pej.] acabat d'inventar *I can't cope with this newfangled machinery.* No me'n surto amb aquesta maquinària tan moderna.

contemporary adj 1 [util. sobretot en la llengua escrita i en la parla més seriosa o intel·lectual] contemporani, coetani 2 (sovint + **with**) [que viu en una mateixa època o temps] coetani, contemporani **contemporary** nc contemporani -ània

current adj (habit. davant de *n*) [que succeeix o existeix en aquest moment] actual, corrent *current affairs* actualitat *the current economic climate* el clima econòmic actual *the current issue of the magazine* l'últim número de la revista [més aviat formal quan es fa servir darrere de *v*] corrent *These ideas are current in certain sections of the community.* Aquestes idees són corrents en alguns sectors de la comunitat.
currently adv actualment

topical adj [relacionat amb esdeveniments actuals. Descriu: p. ex. una pregunta, un problema, una al·lusió] d'actualitat, d'interès *topical talk* conversa sobre afers d'actualitat

202.1 Moda

fashion nc/i 1 moda *to be in/out of fashion* estar/no estar de moda *Pointed shoes are coming back into fashion.* Les sabates amb punta tornen a estar de moda. *Roller-skating is the latest fashion here.* Aquí l'última moda és el patinatge sobre rodes. 2 [roba] moda *men's/ladies' fashions* moda d'home/de dona (davant de *n*) *fashion designer* dissenyadora de moda *fashion model* model *fashion show* desfilada de models

fashionable adj [descriu: p. ex. una roba, una persona, una opinió, un restaurant] de moda, de bon gust *It's fashionable to live in a converted warehouse.* Està de moda viure en magatzems rehabilitats. **fashionably** adv (molt) a la moda

trend nc (sovint + **in**, **towards**) tendència *The present trend is towards products which are environment-friendly.* La tendència actual afavoreix els productes respectuosos amb el medi ambient. *to set a/the trend* imposar una/la tendència

trendy adj [força informal i sovint pej.] a l'última moda *trendy left-wing ideas* idees esquerranes de moda

be with-it vi [informal i més aviat obsolet] estar al dia, ser l'últim crit *a with-it vicar* un mossèn amb idees modernes

203 Old-fashioned Antiquat

vegeu també **200 Old**

old-fashioned adj [mot general, no sempre pej., ja que sovint suggereix l'encant de les coses que no són precisament modernes] antiquat, antic *I love a good old-fashioned western.* M'encanten les pel·lícules velles de l'oest.

quaint adj [obsolet de manera que p. ex. resulta atractiu als turistes. Descriu: p. ex. una casa de camp, un costum] pintoresc, atípic, singular

dated adj [ref. tant a paraules o idees com a coses. Suggereix que pertany a un passat recent] antic, passat de moda *Those hair styles make the film look so dated!* Aquests pentinats fan que la pel·lícula resulti passada de moda.

out-of-date adj 1 [força pej.] antiquat, passat de moda 2 [descriu: p. ex. passaport, permís, llista] caducat, passat

outdated adj [força pej. Desbancat per ac millor. Descriu: p. ex. equips, idees] obsolet, passat

antiquated adj [més pej. que **outdated**] antiquat *We can't produce good products with antiquated equipment.* No podem fer bons productes amb una maquinària antiquada.

obsolete adj [que ja no es fa servir] obsolet

archaic adj [d'una època molt anterior, sovint pej.] arcaic

frases fetes

(to be) old hat [informal, pej.] (ser) molt antiquat, (estar) passat *The whole punk scene seems terribly old hat nowadays.* Avui dia tot el moviment punk sembla molt antiquat.

it/they, etc. went out with the ark [pej., força jocós. Lit.: va desaparèixer amb l'arca (de Noè)] és/són, etc., de l'any de la picor *But, my dear, little lace curtains went out with the ark.* Però, filla meva, les cortines de punta són de l'any de la picor.

204 Society Societat

vegeu també **139 People**

society n 1 ni/c societat *She's a menace to society.* És un perill per a la societat. *a modern industrial society* una societat industrial moderna 2 ni [gent elegant, de to] classe alta, alta societat *high society* alta societat (davant de n) *a society wedding* un casament de l'alta societat

social adj 1 [relatiu a la societat. Descriu: p. ex. problema, assumpte, canvi] social **social work/worker** assistència/assistent social *people of different social backgrounds* gent de diferent ambient social 2 [ref. al temps passat amb amics. Descriu: p. ex. ocasió, contacte] social *They lead a very active social life.* Duen una vida social molt activa.

community n 1 ni/c (cap pl; sempre + **the**; + v sing o pl) [el públic] comunitat *The members represent all sections of the community.* Els membres representen tots els sectors de la comunitat. (davant de n) *community policing* vigilància comunitària 2 nc [grup que comparteix unes creences, uns costums, una raça, etc.] comunitat *the Muslim and Hindu communities in Great Britain* les comunitats musulmana i hindú a la Gran Bretanya

communal adj 1 [compartit per tothom. Descriu: p. ex. propietat, serveis] comunal, comunitari *We all eat in the communal dining room.* Tots mengem al menjador comunitari. 2 [basat en la raça, religió, etc. Descriu: p. ex. violència, aldarulls] interètnic

population nc població *China has the largest population of any country.* La China és el país amb més habitants del món. (davant de n) *the population explosion* l'explosió demogràfica

civilization, TAMBÉ **-isation** (brit) ni/c 1 [la societat d'un lloc i d'un temps determinat] civilització *the history of western civilization* la història de la civilització occidental *ancient civilizations in the Middle East* antigues civilitzacions de l'Orient Mitjà 2 [desenvolupament avançat] civilització 3 [lloc amb un desenvolupament avançat] civilització

civilized, TAMBÉ **-ised** (brit) adj 1 [descriu: p. ex. una nació, una societat] civilitzat 2 [agradable, culte, i ben educat] civilitzat, cultivat *a civilized discussion of the issues* una discussió civilitzada dels problemes **civilize**, TAMBÉ **-ise** (brit) vt civilitzar

citizen nc ciutadà -ana *an Irish citizen* un ciutadà irlandès **citizenship** ni ciutadania

204.1 Classes socials

working class n (sempre + **the**) classe treballadora
working-class adj de la classe treballadora
middle class n (sempre + **the**) classe mitja *lower middle class* classe mitjana baixa *upper middle class* classe mitjana alta **middle-class** adj de classe mitja
upper class n (sempre + **the**) classe alta **upper-class** adj de classe alta

> *utilització*
>
> Els termes **working class, middle class** i **upper class** poden dur el verb en singular o en plural sense que canviï el sentit. P. ex.: *The upper class sends its/send their children to private schools.* (La classe alta porta els seus fills a escoles privades.) *It's an insult to the working class* o *the working classes.* (És un insult a la classe treballadora.)

205 Royalty Reialesa

royalty ni (+ v sing o pl) reialesa
royal adj [descriu: p. ex. una família, un casament] reial [sovint util. en títols al Regne Unit] *the Royal Navy* la marina reial **royally** adv esplèndidament
monarch nc [més formal i tècnic que **king** o **queen**] monarca *a reigning monarch* un monarca regnant **monarchy** nc/i monarquia
majesty n [quan forma part del títol reial, s'escriu en majúscula] majestat *Her Majesty Queen Elizabeth II* Sa Majestat la Reina Isabel II
Highness n [util. com a títol reial] altesa *His Royal Highness the Prince of Wales* S'Altesa Reial el Príncep de Gales
reign nc regnat *during the reign of Queen Victoria* durant el regnat de la Reina Victòria
reign vi regnar *Charles II reigned from 1660 to 1683.* Carles II va regnar del 1660 al 1683.

TÍTOLS REIALS I NOBILIARIS

Masculí	Femení
king rei	**queen** reina
prince príncep	**princess** princesa
emperor emperador	**empress** emperadriu
duke duc	**duchess** duquessa
earl comte	
count comte	**countess** comtessa
viscount vescomte	**viscountess** vescomtessa
baron baró	**baroness** baronessa

Observeu que **earl** i **count** són del mateix rang; s'utilitza **earl** ref. als nobles britànics d'aquest rang, mentre **count** es reserva per als no britànics. En els dos casos, la dona té el títol de **countess**.

GRUPS DE PARAULES

crown corona
throne tron
coronation coronació

205.1 Noblesa

nobility *n* (+ *v sing* o *pl*; sempre + **the**) noblesa
noble *adj* noble *of noble birth* de família noble
nobleman (*m.*), **noblewoman** (*f.*) *nc* noble, aristòcrata

aristocracy *n* (+ *v sing* o *pl*; sempre + **the**) aristocràcia
aristocrat *nc* aristòcrata **aristocratic** *adj* aristocràtic
peer *nc* par *life peer* par vitalici
peerage *n* 1 (sempre + **the**) noblesa 2 *nc* títol nobiliari *to be given a peerage* rebre un títol nobiliari
lord *nc* 1 [home de rang nobiliari, esp. al Regne Unit, amb dret a ser membre de la Cambra dels Lords (equivalent al Senat)] lord *the lord of the manor* el lady, senyor feudal [util. com a títol] *Lord Olivier* Lord Olivier 2 [persona amb un rang especial] *the Lord Mayor of London* l'il·lustríssim batlle de Londres
lady *nc* 1 [dona de rang nobiliari, esp. al Regne Unit, amb dret a ser membre de la Cambra dels Lords] lady, senyora 2 [esposa d'un cavaller] dama
knight *nc* 1 [en el passat, home de rang nobiliari] cavaller *a knight on a white charger* un cavaller muntat en un corser blanc 2 [persona que rep el títol de **Sir**] sir
Dame *nc* [títol femení de rang equivalent al de cavaller] *Dame Janet Baker* la dama Janet Baker

206 Organization Organització

vegeu també **207 Group**; **228 Control**

organization, TAMBÉ **-isation** (*brit*) *nc* [mot genèric. Els membres poden ser individus, grups, estats, etc.] organització *student organizations* organitzacions d'estudiants *North Atlantic Treaty Organization* Organització del Tractat de l'Atlàntic Nord
association *nc* [els membres poden ser individus, grups, estats, etc.] associació *vegeu també **434.2 Friendship**
society *nc* [els membres acostumen a ser individus. Normalment es tracta d'una organització més aviat formal] societat *a national horticultural society* una societat hortícola nacional
club *nc* [els membres són, generalment, individus. Suggereix un tipus d'organització més informal que **society**, sovint amb finalitats recreatives] club *tennis club* club de tennis (davant de *n*) *club house* edifici d'un club
institute *nc* [organització per dur a terme un treball determinat de caire formal. Util. principalment en el nom d'institucions] institut *The Institute of Foreign Affairs* l'Institut d'Afers Estrangers
institution *nc* 1 [organització important de llarga tradició] institució *educational/research institutions* institucions educatives/de recerca 2 [lloc residencial per a la gent que necessita tractament i/o assistència] institució *a mental institution* una institució per a malalts mentals **institutional** *adj* institucional

206.1 Govern de les organitzacions

headquarters *n* (+ *v sing* o *pl*) [fa referència tant al lloc des d'on es donen ordres com a les persones que les donen] seu, quarter general *The organization has its headquarters in Geneva.* L'organització té la seua a Ginebra. (sovint sense l'article **a** o **the**) *a message from headquarters* un missatge del quarter general
chairperson o **chair**, *m.* **chairman**, *f.* **chairwoman** *nc* [al front d'una reunió, comitè, club, etc.] president -a, moderador -a *to address the chair* adreçar-se al president *chairperson of the finance committee* la presidenta del comitè de finances
chair *vt* [obj: p. ex. una reunió, un comitè] presidir, moderar
committee *nc* [constituït per individus, sovint elegits en el marc d'organitzacions més grans] comitè *the club committee* el comitè del club *to be on the committee* formar part del comitè (davant de *n*) *committee member/meeting* membre/reunió del comitè
sub-committee *nc* subcomitè
treasurer *nc* tresorer -a
secretary *nc* secretari -ària
member *nc* (sovint + **of**) membre, soci -òcia *(open to) members only* reservat per als socis *club/committee member* soci del club/membre del comitè
membership *n* 1 *ni* (sovint + **of**) qualitat de soci/membre *to apply for membership* sol·licitar l'ingrés 2 *n* (+ *v sing* o *pl*) [ref. a tots els membres] socis, membres *Most of the membership voted against the proposal.* La majoria dels socis van votar contra la proposta.

207 Group Grup

vegeu també **139 People**; **204 Society**; **332 Full**

group nc **1** [mot genèric ref. tant a persones com a coses] grup *They were standing together in a group.* S'estaven drets i en grup. *a group of trees* un grup d'arbres (davant de n) *group photograph* fotografia de grup *group therapy* teràpia de grup **2** [ref. als músics] grup *pop group* grup pop

group vti agrupar *They grouped (themselves) around the flagpole.* Es van agrupar al voltant de l'asta. *Make sure all the exhibits from overseas are grouped together.* Assegureu-vos que totes les obres estrangeres van juntes.

bunch nc [grup de coses, normalment petites, fixades per un dels extrems] ram, pom, manat

bunch vit (sovint + **up**, **together**) agrupar(-se)

cluster nc [petit grup de persones o de coses apilonades] grup, grapat, aglomeració

cluster vit (sovint + **around**, **together**) agrupar(-se), apinyar(-se) *People clustered around the radio set waiting for news.* La gent s'apinyava al voltant de la ràdio tot esperant les notícies.

bundle nc **1** [coses lligades juntes] feix **2** [coses en un sac] fardell

a bunch of keys un grapat de claus

a bunch of grapes un penjoll de raïm

clusters of daffodils grups de narcisos

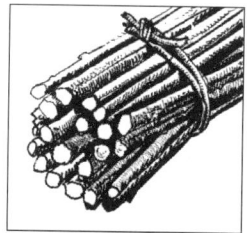

a bundle of sticks un feix de bastons

a bunch of flowers un pom de flors

a cluster of stars un grup d'estels

collection nc **1** col·lecció *art/stamp collection* col·lecció d'art/de segells *a collection of short poems* una col·lecció de poemes curts **2** [lleug. pejoratiu] munió, grup *There was the usual collection of fans and photographers waiting at the door.* Hi havia l'habitual grup d'admiradors i fotògrafs que esperaven a la porta.

collector nc col·leccionista *collector's item* peça de col·leccionista

network nc xarxa *the country's rail/road network* la xarxa ferroviària/de carreteres del país *a network of friends* una xarxa d'amistats (davant de n) *network television* TV basada en una xarxa d'emisores

207.1 Grups de persones

band nc [lleug. obsolet. Referit principalment a delinqüents] banda, quadrilla *a band of thieves* una quadrilla de lladres

gang nc **1** [que treballen junts] brigada *chain gang* grup de presidiaris encadenats *construction gang* brigada de construcció **2** [delinqüents o grups amenaçadors] gentalla, banda (davant de n) *gang warfare* guerra entre bandes **3** [d'amics, de gent jove] colla *All the old gang were there.* Hi havia tota l'antiga colla.

crowd nc **1** multitud, gentada *I nearly got lost in the crowd.* De poc em perdo entre la multitud. *There were crowds of people in the shop.* Hi havia un tou de gent a la botiga. **2** [informal. Grup de gent] colla *I don't like you going around with that crowd.* No m'agrada que surtis amb aquella colla.

crowd vit (sempre + adv o prep, habit. + **around**, **into**) aplegar(-se), amuntegar(-se) *We all crowded into the narrow passage.* Ens vam encabir tots en el carreró estret.

crowded adj [descriu: p. ex. un carrer, un autobús, una botiga] ple (de gent)

throng nc [més literari que **crowd**. Sol suggerir muniò de gent de bon humor] gentada, multitud, muniò *the happy throng singing in the street* la multitud que cantava contenta al carrer

throng vti [obj: un lloc] atapeir, omplir, apinyar-se *People thronged the courtyard.* La gent omplia el pati. *The streets were thronged with shoppers.* Els carrers estaven atapeïts de compradors.

mob nc [pej. Multitud incontrolada o violenta] turba *Shops were looted by the mob.* La turba va saquejar les botigues. (davant de n) *mob rule* la llei del populatxo *mob violence* la violència de la turba

mob vt, -bb- [obj: una persona molt admirada o molt menyspreada] *The champions were mobbed when they arrived at the airport.* Els campions van ser rebuts a l'aeroport amb un entusiasme desbordat. *The rapist was mobbed at the entrance.* El violador va ser assaltat per la multitud a l'entrada.

assembly n **1** nc/i [ref. a persones. Més aviat formal] assemblea, reunió *right of assembly* llibertat de reunió *school assembly* reunió de tots els alumnes i professors els primers minuts del dia **2** ni [per muntar coses] muntatge (davant de n) *assembly line* cadena de muntatge *self-assembly furniture* mobles modulars

herd nc [ref. a animals, en el cas de fer referència a les persones indica menyspreu] ramat, folc

herd vti (habit. + adv o prep) arramadar(-se), enfolcar(-se) *The tourists were herded back to the bus.* Els turistes van ser conduïts cap a l'autobús com si fossin un ramat.

207.2 Aplegar/Reunir

assemble v 1 vit [subj: p. ex. una multitud, un grup] aplegar(-se), reunir(-se) *the assembled company* les persones aquí reunides 2 vt [obj: una cosa feta de diferents parts] muntar, acoblar

gather v 1 vi (sovint + **around**, **together**) [suggereix una reunió menys formal i organitzada que **assemble**] reunir-se *A small crowd had gathered outside the gate of the palace.* Un petit grup de gent s'havia aplegat davant la porta del palau. 2 vt (sovint + **up**) [obj: coses que estan escampades d'alguna manera] recollir *She gathered (up) her papers and put them into her briefcase.* Va recollir els documents i els va ficar dins la seva cartera. *to gather fruit/nuts* collir fruita/fruits secs *We're trying to gather more information on that subject.* Estem intentant recollir més informació sobre aquest tema.

congregate vi [més formal que **gather**] congregar-se

collect v 1 vt [obj: p. ex. segells, monedes, antiguitats] col·leccionar 2 vti acumular(-se) [obj: p. ex. pols, brutícia, fulles] *A crowd collected at the scene.* Una multitud de gent es va aplegar a l'escena. *Dust had collected under the furniture.* La pols s'havia acumulat sota els mobles.

meet v, pas. & pp. **met** 1 vti [convingut] trobar(-se) *I'm meeting her off the train.* La recolliré a l'estació. *Shall we meet (up) for lunch one day next week?* Ens trobem per dinar un dia de la setmana que ve? 2 vti [per casualitat] topar(-se) *I'm sure we've met before.* Estic segura que ens hem vist abans. 3 vi [subj: p. ex. línies] trobar-se *Parallel lines never meet.* Les línies paral·leles no es troben mai.

unite vti [obj/subj: individus, organitzacions o coses separades] unir(-se) *United we stand, divided we fall!* La unió fa la força!

unity ni (sovint + **with**) unitat *Christian unity* unitat cristiana

union ni/c (sovint + **with**) unió

208 Laws and Rules Lleis i Normes

law n 1 nc (sovint + **against**) [sempre fetes pels governs] llei *There ought to be a law against it!* Hi hauria d'haver una llei que ho prohibís! 2 ni (sovint + **the**) llei, dret *It's against the law to drive an unroadworthy vehicle.* Va contra la llei conduir un vehicle que estigui en males condicions. *criminal/civil law* dret penal/civil *law and order* ordre públic *to break the law* infringir la llei 3 nc (sovint + **of**) llei *a law of nature* una llei natural *Newton's third law* la tercera llei de Newton

lawful adj [formal] legítim, lícit *lawful wedded wife/husband* esposa legítima/marit legítim **lawfully** adv legítimament

unlawful adj [formal] il·legal, il·lícit **unlawfully** adv il·legalment

legal adj 1 [permès per la llei. Descriu: p. ex. un acta, un contracte] legal *above/below the legal age for marriage* per sobre/sota l'edat legal de matrimoni 2 (davant de n) [relacionat amb la llei. Descriu: p. ex. un sistema, una consulta, un procediment] legal, judicial *to take legal action* emprendre accions judicials *to take legal advice* consultar un advocat **legally** adv legalment, d'acord amb la llei **legality** ni legalitat

illegal adj il·legal **illegally** adv il·legalment

legislate vi (sovint + **for, against**) legislar **legislator** nc legislador -a

legislation ni legislació *to bring in/introduce legislation* presentar una proposició de llei

legislative adj (davant de n) [descriu: esp. una assemblea, un cos] legislatiu

regulation nc [feta per organismes públics o oficials, també per societats, etc.] reglament, norma *fire regulations* normes contra incendis *safety regulations* normes de seguretat *traffic regulations* codi de circulació *hospital regulations* règim hospitalari (davant de n) *wearing regulation blue overalls* que duia la granota blava reglamentària

rule nc 1 [establerta per qualsevol estament o persona oficial o no] regla, norma *rules and regulations* estatuts i reglaments *against the rules* que no és reglamentari *to bend the rules* modificar les regles en benefici propi/d'algú altre *to break the rules* contravenir un reglament/les normes *They don't play according to the rules.* No respecten les regles del joc. 2 [la manera habitual com ocorren les coses] *the rules of physics* les lleis de la física *I'm home by six o'clock as a rule.* En principi, a les sis de la tarda ja sóc a casa.

209 Legal system Sistema legal

209.1 Delicte

vegeu també **214 Dishonest**; **219 Wicked**; **220 Steal**

crime nc/i [habit. falta greu, però **crime** inclou també delictes menys greus que la paraula 'crim' en català] crim, delicte *to commit a crime* cometre un delicte *at the scene of the crime* a l'escena del delicte *organized crime* delinqüència organitzada *petty crime* delicte menor

offence (brit), **offense** (amer) nc [té connotacions menys serioses que **crime**] delicte, infracció *a traffic offence* una infracció de trànsit *It's her second offence.* És la seva segona infracció.

offender nc infractor -a, delinqüent *first offender* infractor sense antecedents **offend** vi violar la llei

misdemeanour (brit), **misdemeanor** (amer) nc [infraccions menors com p. ex. aparcar indegudament] delicte menor, falta

infringement nc/i [malifeta menor] infracció *an infringement of the rules* una infracció de les regles

209.2 Policia

police n pl 1 (sempre + **the**) policia *to call the police* avisar la policia *The secret police have arrested her.* La policia secreta l'ha detinguda. (davant de n) *police* constable [el rang més baix] policia, guarda *police force* cos de policia *police station* comissaria de policia **2** *n pl* policia *The police have arrested three suspects.* La policia ha arrestat tres sospitosos.

> **utilització**
>
> Encara que **police** sigui gramaticalment plural, si hem d'especificar un cert nombre fem servir les paraules següents: *four policemen* (tots homes), *four policewomen* (totes dones), o *four police officers* (homes i dones).

policeman (*m.*), **policewoman** (*f.*) *nc* policia
police officer *nc* [per a un ús més oficial. Ref. tant a homes com a dones] agent de policia
detective *nc* detectiu -iva *private detective* detectiu privat (davant de *n*) *detective story* història de detectius
cop, també **copper** *nc* [informal] policia
suspect *nc* sospitós -osa *I'm their chief suspect.* Sóc el seu principal sospitós.
suspect *vt* (sovint + **of**) sospitar *The police suspect them of having carried out the bank raid.* La policia sospita que ells van dur a terme l'assalt al banc. *a suspected terrorist* un presumpte terrorista
arrest *vt* arrestar, detenir *She was arrested for the murder of her husband.* La van arrestar per l'assassinat del seu marit.
arrest *nc/i* arrest, detenció *to make an arrest* arrestar algú *to be under arrest* estar detingut
custody *ni* detenció, custòdia *to be in custody* estar detingut *to be remanded in custody* [sense dret a sortir sota fiança; compareu amb **bail** a 209.4] estar detingut pendent de judici
charge *vt* (sovint + **with**) acusar *She was charged with fraud.* La van acusar de frau.
charge *nc* (sovint + **of**) acusació *He's awaiting trial on a charge of fraud.* Està pendent de judici per una acusació de frau. *to bring a charge against somebody* fer acusacions contra algú *They won't press charges.* No presentaran càrrecs.

209.3 Advocats

lawyer *nc* [mot genèric] advocat -ada
solicitor *nc* (*brit*) [dóna consells i té dret a actuar als tribunals de primera instància] advocat -ada
barrister [a Anglaterra], **advocate** [a Escòcia] *nc* [actua en tribunals superiors amb dret d'apel·lar al suprem] procurador -a
attorney (*esp. amer*) [combina les funcions del **solicitor** i del **barrister** anglesos] *nc* advocat -da, procurador -a

> **utilització**
>
> A Anglaterra un(a) **solicitor** (advocat -da) dóna consells professionals, prepara documents legals com ara un testament o una escriptura, i actua als tribunals de primera instància. Si el cas passa a un tribunal superior, el **solicitor** contracta un(a) **barrister** (procurador -a) per fer-ho. La formació del **barrister** és més llarga que la del **solicitor**.

counsel *nc* (habit. sense **a** ni **the**) [no fa referència a la professió, sinó al paper que fa en un judici] advocat -ada *counsel for the defence* advocat defensor *prosecuting counsel* fiscal

209.4 Al judici

accuse *vt* (sovint + **of**) acusar *He was accused of stealing the money.* Va ser acusat de robar els diners.
accusation *nc/i* acusació, càrrec *to make an accusation against sb* fer una acusació contra algú
bail *ni* fiança *to be out on bail* estar en llibertat sota fiança *The judge set bail of £5,000.* El jutge va fixar una fiança de 5.000 lliures.
try *vt* (sovint + **for**) jutjar, processar *He was tried for the robbery.* Va ser jutjat per robatori.
trial *nc/i* judici, procés *murder trial* judici per assassinat *to be on trial for assault* ser processat per agressió *to be sent for trial* ser cridats a judici

Trial Judici

court nc/i tribunal, jutjat *to appear in court* comparèixer davant del tribunal *to take sb to court* portar algú al jutjat

tribunal nc [jutjat encarregat de determinats tipus de judicis] tribunal *an industrial relations tribunal* jutjat social, magistratura del treball

plead vi declarar-se *to plead guilty/not guilty* declarar-se culpable/innocent

prosecute vti processar *Shoplifters will be prosecuted.* Els que robin a les botigues seran processats. *prosecuting counsel* ministeri fiscal

prosecution n 1 (sempre + **the**) acusació *witness for the prosecution* testimoni de l'acusació (davant de n) *prosecution lawyers* advocats de l'acusació, fiscals 2 ni/c causa, judici *several prosecutions for theft* diversos judicis per robatori

defence (*brit*), **defense** (*amer*) n 1 (sempre + **the**) defensa (davant de n) *defence case/witness* cas/testimoni de la defensa 2 nc/i defensa, descàrrec *She gave evidence in her own defence.* Va testimoniar en defensa pròpia. **defend** vt defensar **defendant** nc demandat -ada, acusat -ada

plaintiff nc [persona que instiga una causa civil] demandant, querellant

evidence ni 1 [en un judici] testimoni *to give evidence* fer de testimoni 2 (sovint + **of**, **for**, **that**) prova *to collect/gather evidence* reunir proves *There is no evidence that the lock has been tampered with.* No hi ha cap prova que el pany hagi estat forçat.

verdict nc veredicte, sentència *to return a verdict of guilty/not guilty* pronunciar un veredicte de culpabilitat/innocència

convict vti (sovint + **of**) condemnar *a convicted murderer* un assassí convicte **convict** nc reu, rea

sentence nc sentència, condemna *to receive a heavy/light sentence* rebre una condemna llarga/curta **sentence** vt (sovint + **to**) condemnar *to sentence somebody to death* condemnar algú a mort

209.5 Càstig

vegeu també **198.2 Kill**

punishment ni/c (sovint + **for**) càstig *corporal punishment* càstig corporal *to make the punishment fit the crime* fer que el càstig sigui proporcional al delicte

punish vt (sovint + **for**) castigar *They were punished for lying.* Els van castigar per dir mentides.

probation ni [terme legal] llibertat condicional *to put someone on probation* posar algú en llibertat condicional (davant de n) *probation officer* oficial encarregat de la vigilància de les persones que estan en llibertat condicional

fine nc multa *to pay a fine* pagar una multa

fine vt multar *She was fined £100.* La van multar amb 100 lliures.

expulsion ni (sovint + **from**) expulsió

expel vt [habit. de l'escola o del club] expedir, expulsar

exile ni exili *to go into exile* anar a l'exili *government in exile* govern a l'exili

exile vt (sovint + **to**) exiliar, desterrar *He was exiled to Siberia.* Va ser desterrat a Sibèria.

torture ni/c tortura *instruments of torture* instruments de tortura **torture** vt torturar

209.6 Presó

prison nc/i presó *to send sb to prison* enviar algú a la presó *to be in prison* estar a la presó (davant de n) *prison officer* funcionari de presons

prisoner nc presoner *-a prisoner of war* presoner de guerra *to take someone prisoner* fer presoner algú

imprison vt [lleug. formal] empresonar *He was imprisoned for failure to pay his debts.* El van empresonar per no pagar els deutes.

jail (*brit & amer*), TAMBÉ **gaol** (*brit*) nc garjola **jailer** (*brit & amer*), TAMBÉ **gaoler** (*brit*) nc carceller -a

parole ni llibertat condicional, llibertat sota paraula *He's been released on parole.* Li ha estat concedida la llibertat condicional (sota paraula).

cell nc cel·la

dungeon nc [històric] masmorra, calabós

(prison) warder (*brit*), **prison warden** (*amer*) nc carceller -a, vigilant de presó

cage nc [esp. per als animals] gàbia

cage vt engabiar *caged birds* ocells engabiats

frases fetes

(to be) behind bars (estar) a la garjola *He spent six months behind bars.* Va passar sis mesos a la garjola.

do time [argot] estar a l'ombra

210 Free Lliure

free adj 1 [fora de la presó] lliure *to set sb free* alliberar algú *You are free to go.* Te'n pots anar. 2 [il·limitat] lliure *free speech* llibertat d'expressió *Feel free to ask if you need anything.* No dubtis a demanar el que necessitis. 3 [que no està ocupat. Descriu: p. ex. un espai, un seient, el temps] lliure *I'm not free until four o'clock.* No estic lliure fins a les quatre. **free** vt alliberar

freedom ni/c (sovint + **of**, **from**) llibertat *freedom of thought* llibertat de pensament *freedom from fear* llibertat de viure sense por

release vt 1 (sovint + **from**) [obj: p. ex. un presoner, una persona o un animal que està lligat, un ostatge] excarcerar, amollar, deixar anar *He was released from jail yesterday.* Ahir el van excarcerar. 2 [posar a l'abast. Obj: p. ex. una informació] publicar, divulgar, donar a conèixer *The text of the speech has been released to the press.* S'ha donat a conèixer el text del discurs als mitjans de comunicació. *They released their new album last month.* Van treure el seu nou disc el mes passat. 3 [obj: p. ex. un alçaprem, un fre de mà] deixar anar, afluixar

release n 1 ni/c (sovint + **from**) emissió, llançament 2 nc publicació, comunicat *press release* nota de premsa

liberate vt [lleug. més formal que **release** o **free** i subratlla l'existència d'opressió prèvia] alliberar, llibertar *to liberate a country from enemy forces* alliberar un país de les forces enemigues **liberation** ni alliberament

liberated adj [que té llibertat de pensament i d'acció. Descriu: p. ex. una dona, un estil de vida] alliberat

liberty n 1 ni [més formal que **freedom**] llibertat *to set sb at liberty* posar algú en llibertat 2 nc/i [permís] llibertat *You're at liberty to refuse.* Tens dret a negar t'hi.

escape v 1 vi (sovint + **from**) [subj: p. ex. un presoner, un animal] escapar-se 2 vt [obj: p. ex. la mort, un accident] evitar, defugir *She narrowly escaped being recaptured.* Va anar de poc que la tornessin a capturar. *It escaped my notice.* Em va passar per alt.

escape ni/c (sovint + **from**) escapada, evasió *to have a narrow escape* venir d'un pèl *to make one's escape* escapar-se (davant de n) *escape route* camí de fugida

frase feta

give sb the slip [lleug. informal] esquivar algú *She gave the police the slip by climbing out of the window.* Es va escapolir de la policia saltant per la finestra.

211 Fair Just

fair adj (sovint + **to**) [descriu: p. ex. una porció, un conveni, una tàctica] just *It's not fair to blame me.* No és just culpar-me a mi. *My boss is tough but fair.* El meu cap és exigent però just. *To be fair, she did ask me first.* Per ser justos, és cert que primer m'ho va demanar a mi. **fairly** adv amb justícia

fairness ni justícia, imparcialitat *In fairness to you, I have to say you did a good exam.* Per ser justa amb tú, he de dir-te que vas fer un bon examen.

right adj (sovint + **to** + INFINITIU; habit. darrere v) just, correcte *It's only right to tell him.* És de justícia dir-li-ho. (com a adv) *It serves you right.* Ja t'està bé.

right ni el bé *a sense of right and wrong* un sentit del bé i del mal

just adj [més aviat formal] just *They got their just rewards.* Van rebre el que es mereixien. **justly** adv amb justícia

justice ni justícia *to bring someone to justice* portar algú als tribunals *Justice has been seen to be done.* S'ha vist fer justícia.

impartial adj [descriu: p. ex. un àrbitre, un observador, un punt de vista] imparcial **impartially** adv imparcialment

disinterested adj desinteressat

utilització

Alguns parlants anglesos consideren que aquest és l'únic significat correcte per al mot **disinterested**. Tanmateix, aquest mot s'utilitza també sovint amb el mateix significat que **uninterested** (mancat d'interès).

frases fetes

fair and square [d'acord amb les regles] legalment *to beat sb fair and square* guanyar algú netament

fair enough [es diu quan s'admet totalment o parcialment que és raonable el que s'ha dit] molt bé

fair's fair [es diu per cridar l'atenció d'algú sobre allò que és raonable o correcte] siguem justos *Look, fair's fair, he was here first.* Mira, el que és just és just, ell ha arribat primer.

fair play joc net *one's sense of fair play* el sentit del joc net *to see fair play* assegurar el joc net

212 Unfair Injust

unfair adj (sovint + **to**, **on**) injust *Aren't you being a bit unfair to Michael?* No estàs sent una mica injusta amb en Michael? *to take unfair advantage of sth* aprofitar-se injustament d'ac **unfairly** adv injustament **unfairness** ni injustícia

unjust adj (sovint + **to**) [més informal que **unfair**. Descriu: p. ex. un veredicte, una decisió, una persona] injust **unjustly** adv injustament

prejudice ni/c (sovint + **against**, **in favour of**) [sovint expressa sentiments injustament negatius vers ac] prejudici *racial prejudice* prejudici racial

prejudice vt (sovint + **against**, **in favour of**) [obj: p. ex. una persona, un jutge, un jurat] predisposar, prevenir **prejudiced** adj parcial, tendenciós

bias nc/i (sovint + **towards**, **in favour of**, **against**) tirada, inclinació *She shows a distinct bias towards people from her own area.* Mostra una predisposició clara vers la gent de la seva pròpia zona. **bias**, vt -s- o -ss- predisposar, prevenir

biased adj parcial, partidista *to be biased* ser partidista

discrimination ni (sovint + **against**, **in favour of**) [tracte injustament negatiu vers algú] discriminació *discrimination on grounds of race or colour* discriminació per motiu de raça o color

discriminate vi (sovint + **against**, **in favour of**) discriminar

racism ni racisme **racist** adj racista **racist** nc racista

sexism ni sexisme **sexist** adj sexista **sexist** nc sexista

male chauvinist (pig) nc (porc) masclista

213 Honest Honrat

vegeu també **215 True, 217 Good, 218 Reliable**

honest adj 1 [descriu: p. ex. una persona, una cara] honrat *to make an honest living* guanyar-se la vida honradament 2 (sovint + **about**) [descriu: p. ex. una resposta, una explicació] franc, sincer *Give me your honest opinion*. Dóna'm la teva opinió sincera. ***To be honest**, I don't really like it.* Si t'he de ser franc, no m'agrada gaire.

honestly adv 1 [descriu: p. ex. una manera d'obtenir, de tractar] honradament 2 francament *I don't honestly know what their plans are.* Francament, ignoro quins són els seus plans. ***Quite honestly**, neither candidate is really suitable.* Amb franquesa, cap candidat no em sembla idoni. **honesty** ni honradesa, rectitud

above-board adj (darrere v) legítim, en regla *It's all open and above-board.* Tot està clar i en regla.

trustworthy adj [descriu: p. ex. una persona, un informe] honest, fidedigne

trust ni (sovint + **in**) confiança, fe *to put one's trust in sb/sth* confiar en a/ac *to take sth on trust* acceptar ac a ulls clucs, confiar en ac

trust vt [obj: p. ex. una persona, un criteri, un consell] confiar en, fiar-se de *You can't trust what the politicians tell you.* No et pots fiar del que diuen els polítics. *Can she be trusted to keep the plans a secret?* Podem refiar-nos que guardarà els plans en secret?

integrity ni integritat *a man of integrity* un home íntegre

frase feta
the straight and narrow [portar una vida honrada, especialment després d'haver comès activitats delictives] pel bon camí *to keep on/to the straight and narrow* mantenir-se pel bon camí

213.1 Sincer

sincere adj (sovint + **about**) [descriu: p. ex. una persona, un desig, una preocupació] sincer, franc **sincerity** ni sinceritat

sincerely adv sincerament *I sincerely hope they succeed.* Desitjo sincerament que tinguin èxit.

genuine adj [descriu: un sentiment, una reacció] genuí *Their surprise was perfectly genuine.* La seva sorpresa era del tot genuïna. **genuinely** adv genuïnament *vegeu també **35 Real**

frase feta
from the bottom of one's heart de tot cor *I'd like to thank you all from the bottom of my heart.* Us ho agraeixo a tots de tot cor.

213.2 Franc

frank adj (sovint + **about**) [descriu: p. ex. una declaració, una acceptació, una discussió] franc ***To be frank**, I was bored to tears.* Si t'he de ser franc, em vaig morir d'avorriment. **frankness** ni franquesa

frankly adv 1 [descriu: p. ex. una manera de dir, d'explicar] francament 2 [per donar èmfasi i sovint per indicar enuig] francament *The price they are asking is frankly ridiculous.* El preu que demanen és francament ridícul. *Frankly, I don't care who wins.* Francament, no m'importa qui guanyi.

candid adj franc, sincer, obert **candidly** adv francament **candour** ni franquesa

open adj (sovint + **about**) [que no amaga res] obert *He's completely open about his homosexuality.* No amaga gens la seva homosexualitat. *It's an **open** secret.* És un secret de domini públic. [com a n] *to bring sth out **into the open*** fer pública ac **openly** adv obertament

direct adj [descriu: p. ex. una pregunta, un repte, una resposta] directe *She's very direct when interviewing people.* És molt directa quan entrevista la gent. **directly** adv directament **directness** ni franquesa, sinceritat

blunt adj (sovint + **about**) [excessivament franc i poc considerat amb els sentiments de la gent. De vegades pej.] sense pèls a la llengua ***To be blunt**, it's been a total disaster.* Per dir-ho sense embuts, ha estat un autèntic desastre. *He issued a blunt refusal.* S'hi va negar rotundament. **bluntness** ni franquesa excessiva, brusquedat

bluntly adv sense embuts *To put it bluntly, you're in a hopeless muddle.* T'ho diré sense embuts: estàs en un bon embolic.

frases fetes
(to give) a straight answer (donar) una resposta clara *I want a straight answer to a straight question.* Vull una resposta clara a una pregunta clara.

to tell sb a few home truths (*brit*) [dir a algú coses desagradables sobre la seva persona] cantar les veritats a algú

213.3 Lleial

loyal adj (sovint + **to**) [descriu: p. ex. un seguidor, un súbdit] lleial, fidel *troops loyal to the government* tropes lleials al govern *to remain loyal to sth* romandre lleial a ac **loyally** adv lleialment

loyalty n 1 ni (sovint + **to**) lleialtat 2 nc (habit. en pl) lleialtat, fidelitat *divided loyalties* lleialtats dividides

faithful adj (sovint + **to**) 1 [que mostra lleialtat] fidel *a faithful friend* un amic fidel 2 [que no té una altra parella sexual] fidel *Are you faithful to your husband?* Ets fidel al teu marit? **faithfulness** ni fidelitat **faithfully** adv fidelment

fidelity ni (sovint + **to**) 1 [lleialtat] fidelitat 2 [a la parella sexual] fidelitat

true adj (sovint + **to**) [lleug. més literari que **loyal** o **faithful**] fidel, lleial *to be true to one's word/promise* ser fidel a la paraula donada/promesa feta

214 Dishonest Deshonest

vegeu també **216 Untrue**

dishonest adj [mot genèric, no massa fort] deshonest
dishonestly adv deshonestament **dishonesty** ni deshonestedat

corrupt adj 1 [que actua deshonestament. Descriu: p. ex. un funcionari, un polític] corrupte, venal 2 [moralment reprobable. Descriu: p. ex. una obra] poc fiable, alterat

corrupt vti 1 [obj: esp. una persona amb poder, amb responsabilitats] corrompre('s) 2 [obj: un jove o una persona vulnerable] corrompre('s)

corruption ni 1 corrupció *The department is riddled with corruption.* Al departament hi ha un grau molt alt de corrupció. 2 corrupció *moral corruption* corrupció moral

crooked adj [informal] fals, estafador *crooked business deals* operacions comercials poc netes

shady adj [informal. Probablement poc honrat. Descriu: p. ex. un negoci, un home de negocis] tèrbol, sospitós

unscrupulous adj poc escrupolós, sense escrúpols

insincere adj fals, poc sincer **insincerity** ni falsedat

sly adj 1 [hàbilment enganyós. Descriu: p. ex. un ardit] astut *You sly old devil!* Ets un gat vell! (com a *n*) **on the sly** d'amagat, furtivament 2 [reservat. Descriu: p. ex. un somriure, un comentari] furtiu

frase feta

not to trust sb an inch o **not to trust sb as far as you can throw him/her** [força informal] no fiar-se ni un pèl d'algú *They say they'll pay up, but I wouldn't trust them as far as I can throw them.* Diuen que pagaran, però jo no me'n fiaria ni un pèl.

214.1 Fer trampes

cheat v 1 vi fer trampes *She cheated in the exam.* Va copiar a l'examen. (+ **at**) *to cheat at cards* fer trampes al jugar a cartes 2 vt (sovint + **of, out of**) [agafar fraudulentament] estafar *She was cheated out of her rightful inheritance.* Li van estafar la seva legítima herència. 3 vi (+ **on**) [informal. Ser infidel a la parella] enganyar *She thinks John's cheating on her.* Creu que John l'enganya.

cheat nc 1 [persona] trampós -osa, estafador -a 2 [cosa] trampa, estafa *That special offer is a cheat.* Aquesta oferta especial és una estafa.

swindle vt (sovint + **out of**) estafar, ensarronar **swindler** nc estafador -a

swindle nc estafa, frau *It's a swindle!* És una estafa!

fiddle nc (*brit*) [informal. A petita escala] trampa, martingala *It's a real fiddle – they make you pay extra for food.* És un autèntic frau, et fan pagar extra pel menjar. *She's* **on the fiddle**. [actuar deshonestament en afers menors relacionats amb diners] Fa trampes.

fiddle vt (*brit*) [informal. No a gran escala] falsificar, trapellejar *He's been fiddling the books.* Ha estat falsificant els llibres de comptes.

defraud vt (sovint + **of**) [més formal que **cheat, swindle** o **fiddle**] defraudar

fraud n 1 ni/c frau *to commit fraud* cometre un frau 2 nc [persona] impostor -a, farsant *The man was a complete fraud. He had no qualifications whatsoever.* L'home era un impostor acabat. No tenia cap mena de titulació. **fraudulent** adj [més aviat formal] fraudulent

frase feta

cook the books [informal] falsificar els llibres de comptes

214.2 Enganyar

deceive vt enganyar, decebre *You're deceiving yourself if you think it will be an easy task.* T'estàs enganyant si creus que serà una feina fàcil. *They were deceived into thinking that the main attack would be in the south.* Els van enganyar fent-los creure que l'atac principal seria al sud.

deceit ni engany, falsedat *She won them over by lies and deceit.* Se'ls va guanyar amb mentides i enganys. **deceitful** adj enganyós, fals

deception ni/c [habit. fa referència a una acció] engany, frau

deceptive adj [no s'usa fent referència a persones] enganyós, il·lusori *Appearances may be deceptive.* Les aparences enganyen.

deceptively adv enganyosament *a deceptively large house* una casa més gran del que aparenta

trick vt [per diversió o per crueltat] ensarronar, enganyar *He tricked them by pretending to be a rich foreigner.* Els va ensarronar fent-se passar per un estranger ric. (+ **into**) *She was tricked into signing the contract.* La van enredar perquè signés el contracte. **trickery** ni ensarronada

trick nc 1 [per diversió o per crueltat] broma *a clever/dirty trick* una broma intel·ligent/una mala passada *to* **play a trick on** sb fer una mala passada a algú (davant de *n*) *a trick question* una pregunta equívoca 2 truc *a magic/conjuring trick* un joc de mans *card tricks* trucs de cartes

fool vt engalipar, entabanar *He certainly had me fooled.* M'havia ben engalipat. (+ **into**) *We were fooled into paying more than we should have done.* Ens va entabanar i vam pagar més del compte.

mislead vt, pas. & pp. **misled** [no necessàriament de manera deliberada] despistar *We were misled by their apparent willingness to co-operate.* Les seves aparents ganes de cooperar ens van despistar.

misleading adj [descriu: p. ex. un senyal, un estil] erroni, equivocat *The directions you gave us were very misleading.* Les indicacions que ens vas donar eren molt confuses.

take sb **in** o **take in** sb vt engalipar, ensarronar *Don't be taken in by his fine talk.* No et deixis ensarronar per les seves bones paraules.

con vt, **-nn-** (sovint + **into, out of**) [informal] plomar *She conned me out of most of my savings.* Em va plomar tots els estalvis. *I got conned into paying for the drinks.*

Em van enredar i vaig haver de pagar les begudes. **con** *nc* estafa

con-man *nc, pl* **con-men** [informal] estafador

f r a s e   f e t a
pull the wool over sb's eyes [enganyar algú amagant els fets] donar a algú gat per llebre

214.3 Trair

betray *vt* **1** [ser deslleial o infidel a algú] trair *You have betrayed my trust.* Has traït la meva confiança. *He betrayed his own brother to the enemy.* Va vendre el seu germà a l'enemic. *He felt betrayed when he discovered his wife's affair.* Es va sentir traït en descobrir l'aventura de la seva dona. **2** [fer públic] revelar *I trust you not to betray our secret.* Confio en que no revelaràs el nostre secret.

betrayal *nc/i* traïció *It's a betrayal of everything I believe in.* És una traïció a tot allò en què jo crec.

double-cross *vt* [informal. Engany i traïció] enganyar, trair *They trusted Jack with the money, but he double-crossed them.* Van confiar els diners a en Jack, però els va trair.

traitor *nc* [persona deslleial, especialment al seu país] traïdor -a *The traitors were shot.* Els traïdors van ser executats. *You traitor – I saw you talking to the competition!* Ei, traïdor! Que et vaig veure parlar amb la competència! **traitorous** *adj* [habit. literal] traïdor

turncoat *nc* [persona que canvia les seves creences o lleialtats] caragirat -da, renegat -da, trànsfuga

treason *ni* traïció *They were accused of treason.* Van ser acusats de traïció.

treacherous *adj* **1** [sentit figurat] incert, perillós *That road is treacherous in these conditions.* Aquella carretera és perillosa en aquestes condicions. **2** [literal] traïdor **treachery** *nc/i* traïció, deslleialtat, perfídia

disloyal *adj* (habit. + **to**) [quan algú no fa costat a una persona a la qual se suposa que hauria de recolzar i possiblement arriba fins i tot a ajudar els seus adversaris] deslleial *I think your criticisms of the boss are extremely disloyal.* Opino que la teva crítica al director és summament deslleial. *He didn't want to appear disloyal to his wife.* No volia semblar deslleial a la seva dona.

disloyalty *nc/i* (habit. + **to**) deslleialtat

unfaithful *adj* (habit. + **to**) [cap a la parella] deslleial, infidel *She accused him of being unfaithful to her.* El va acusar de ser-li infidel.

infidelity *nc/i* [cap a la parella] infidelitat

two-time *vt* [ref. a la parella] trair, ser deslleial *She's been two-timing him.* Li ha estat fent el salt.

f r a s e   f e t a
to stab sb in the back [trair algú que t'estima o confia en tu] donar una punyalada per l'esquena *After all I've done for her she just turned round and stabbed me in the back.* Després de tot el que he fet per ella, va i em clava una punyalada per l'esquena.

215 True Vertader

vegeu també **35 Real; 213 Honest; 299 Correct**

true *adj* **1** [descriu: p. ex. una afirmació, una història] vertader *Is it true that you're getting married?* És veritat que et cases? *The pay sounds **too good to be true**.* El sou sembla massa bo per ser veritat. **2** [real. Descriu: p. ex. naturalesa, intencions] real, ver, autèntic *They've only just realised the true gravity of the situation.* Tot just s'acaben d'adonar de la veritable gravetat de la situació. *I hope your wish **comes true**.* Espero que el teu desig es faci realitat. **truly** *adv* vertaderament

truth *n* **1** (sempre + **the**) [fets verídics] veritat ***to tell the truth*** dir la veritat ***To tell (you) the truth**, I'm getting bored with this job.* Si t'he de dir la veritat, me n'estic cansant d'aquesta feina. *When she learned the truth about his activities, she was horrified.* Quan va saber la veritat sobre les seves activitats va quedar horroritzada. **2** *ni* [ésser veritat] veritat *There's no truth in the rumour.* No hi ha gens de veritat en el rumor.

truthful *adj* [descriu: esp. una persona, un compte] veraç, exacte, verídic **truthfully** *adv* veraçment

fact *nc/i* fet *a conclusion drawn from the facts of the case* una conclusió treta a partir dels fets del cas *a novel based on fact* una novela basada en la realitat ***As a matter of fact** she already knows.* De fet, ja ho sap. *I've just finished **in fact**.* De fet, he acabat ara mateix. *The fact (of the matter) is, we're in big trouble.* El fet és que tenim molts problemes.

factual *adj* [no fa referència a persones. Descriu: p. ex. acta, explicació, informació] objectiu, basat en els fets

216 Untrue Fals

vegeu també **36 Unreal; 56 Copy; 214 Dishonest**

untrue *adj* (habit. darrere *v*) fals *The story she told us was completely untrue.* La història que ens va contar era del tot falsa.

untruth *nc* [formal] mentida *to tell sb an untruth* dir una mentida a algú **untruthful** *adj* mentider **untruthfully** *adv* falsament

false *adj* **1** [descriu: p. ex. una afirmació] fals *The capital of Germany is Bonn, true or false?* La capital d'Alemanya és Bonn, vertader o fals? *It was a **false alarm**.* Va ser una falsa alarma. *One **false move** and you're dead.* Un pas en fals i ets mort. *They were lulled into a **false sense of security**.* Van caure en una falsa sensació de seguretat. **2** [que no és real] fals, postís *He was wearing a false beard.* Duia una barba postissa. *false teeth* dents postisses *The suitcase had a false bottom.* La maleta tenia un doble fons. **falsely** *adv* falsament

falsify vt [més aviat formal. Obj: p. ex. unes dades] falsificar **falsification** ni falsificació

lie nc mentida *to tell lies* dir mentides

lie vi (sovint + **about**, **to**) dir mentides *Both witnesses lied to the police.* Els dos testimonis van mentir a la policia.

liar nc mentider -a *Are you calling me a liar?* M'estàs dient mentider?

utilització

En el llenguatge parlat, i especialment quan es parla d'una manera emfàtica, un angloparlant més aviat s'inclinaria per dir que alguna cosa és **not true** o **a lie** (amb una mica més d'èmfasi) que no pas **untrue** o **false**.

fictitious adj [més aviat formal] fictici, imaginari *Her account of her upbringing was completely fictitious.* La seva versió de com va ser educada era del tot fictícia.

fiction nc/i 1 [més aviat formal] ficció *It all turned out to be a fiction.* Tot va resultar ser una ficció. 2 [habit. descriu: p. ex. un tipus de lectura] *Do you prefer fiction or non-fiction?* Què prefereixes, un assaig o una obra de ficció?

superstitious adj [descriu: p. ex. una persona, una creença] supersticiós **superstition** ni/c superstició

frases fetes

a pack of lies [molt emfàtica] una pila de mentides *The whole story was a pack of lies.* Tota la història era una pila de mentides.

an old wive's tale [creença tradicional, però habit. no verídica] un conte de la vora del foc

217 Good (morally) Bo (en sentit moral)

vegeu també **213 Honest; 218 Reliable; 417 Good**

good adj, compar **better** superl **best** 1 [descriu: p. ex. una persona, una acció] bo *to do sb a good deed* fer una bona acció a algú 2 [descriu: p. ex. un nen, un comportament] bo, bé *Be good while I'm out.* Porta't bé mentre sóc fora. *to be on one's best behaviour* portar-se tan bé com se sap 3 (habit. darrere v; sovint + **about**, **to**) [bondadós] bo, bé *She was very good to me when I was ill.* Es va portar molt bé amb mi quan vaig estar malalta.

good ni el bé *good and evil* el bé i el mal *to do good* fer el bé *to be **up to no good*** no maquinar res de bo **goodness** ni bondat

símil

be as good as gold [ref. principalment a la mainada] portar-se molt bé

innocent adj 1 (sovint + **of**) [descriu: p. ex. una persona, una víctima] innocent *He was innocent of any crime.* Era innocent de qualsevol delicte. *The bomb went off injuring many innocent people.* La bomba va explotar ferint a molta gent innocent. 2 [ni malèvol ni relacionat amb el sexe. Descriu: p. ex. gust, divertiment, pregunta] inofensiu, ingenu *It was a perfectly innocent remark.* Era una observació del tot innocent. **innocently** adv innocentment, ingènuament

innocence ni 1 [contrari: culpabilitat] innocència *to protest one's innocence* afirmar la pròpia innocència 2 [manca d'experiència que permet ingenuïtat] innocència *to lose one's innocence* perdre la innocència *I merely said **in all innocence** that I thought the decision was correct.* Em vaig limitar a dir, amb tota la innocència del món, que creia que la decisió era correcta.

pure adj [descriu: p. ex. motius, pensaments] pur **purity** ni puresa

noble adj [descriu: p. ex. sentiments, actes] noble [sovint amb un deix lleug. jocós] *It's very noble of you to take on all this extra work.* És molt noble per part teva assumir tota la feina extra. **nobly** adv noblement

moral adj 1 [descriu: p. ex. un assumpte, un judici, un principi] moral *declining moral standards* pautes morals en decadència *They're claiming it as a **moral victory**.* Sostenen que es tracta d'una victòria moral. 2 [de bon comportament, particularment pel que fa al sexe. Descriu: p. ex. una persona, una vida] virtuós *the moral majority* la majoria virtuosa **morally** adv moralment

moral nc moral *What is the moral of this story?* Quin és el missatge moral d'aquesta història?

utilització

Quan es parla del comportament moral d'una persona, de les seves actituds etc., la paraula més freqüent és **morals** n pl (moralitat): p. ex. *They've got no morals.* (No tenen sentit moral.) *His morals are no concern of mine.* (La seva moralitat no és assumpte meu.) **Morality** ni (moralitat) s'utilitza referit al sentit del bé i del mal que té una persona, però tot sovint també fa referència a un sentit més ampli i s'utilitza en contextos més abstractes: p. ex. *sexual morality in modern society* (la moralitat sexual en la societat moderna) *We discussed the morality of using force to settle a dispute.* (Vam debatre la moralitat de l'ús de la força per resoldre un conflicte.)

conscience nc/i consciència *They can say what they like, **my conscience is clear**.* Que diguin el que vulguin, tinc la consciència neta. *to have a guilty conscience* tenir mala consciència

217.1 Ben educat

well-behaved adj, compar **better-behaved** superl **best-behaved** ben educat

obedient adj [que fa el que li manen] obedient **obediently** adv obedientment

obedience ni obediència *They expect unquestioning obedience from their servants.* Compten amb l'obediència incondicional dels seus servents. (davant de n) *obedience training for dogs* ensinistrament de gossos per ensenyar-los a obeir

obey vti [obj: p. ex. un ordre, una llei, un agent] obeir

dutiful adj [formal i força obsolet. Descriu: esp. fills] obedient, respectuós **dutifully** adv obedientment

> *frase feta*
>
> **butter wouldn't melt in his/her mouth** [jocós i sovint util. de manera força sarcàstica per referir-se a persones que es fan passar per bones] és una gata maula (lit.: la mantega no se li desfaria a la boca) *In that little sailor suit he looks as though butter wouldn't melt in his mouth.* Amb aquest vestit de mariner sembla que no hagi trencat mai cap plat.

217.2 Maneres informals o divertides de descriure la bondat de la gent

saint nc [especialment ref. a persones disposades a aguantar dificultats i disgustos provocats pels altres] sant -a *He's got the patience of a saint.* Té la paciència d'un sant.

angel nc [ref. a un infant de bon caràcter i ben educat o a un adult bo, amable i servicial] àngel *They went to bed like little angels.* Van anar a dormir com a bons minyons. **angelic** adj angelical

treasure nc [ref. especialment a la persona que és molt servicial i de fiar] tresor *Our cleaning lady is an absolute treasure.* La nostra senyora de fer feines és un autèntic tresor.

pillar nc (sempre + **of**) [ref. a la persona que és un membre important i actiu d'ac] pilar, puntal *a pillar of society/the community* un pilar de la societat/comunitat

> *frase feta*
>
> **one in a million** una joia *My secretary is one in a million.* El meu secretari és una joia.

218 Reliable De fiar

vegeu també **213 Honest**

reliable adj [descriu: p. ex. una persona, una informació, una màquina) fiable, formal, de fiar *I can't give her the job unless I'm sure she's one hundred per cent reliable.* No li puc donar la feina a menys que estigui segur que és totalment de fiar. *information from a reliable source* informació de bona font

reliably adv fiablement *to be reliably informed that ...* saber del cert que ... **reliability** ni fiabilitat

reliance ni (sovint + **on**) dependència *our reliance on computers to process information* la nostra dependència de l'ordinador per processar informació **reliant** adj dependent

dependable adj [descriu: persones i màquines, no informació] segur, formal

dependence ni (sovint + **on**) [lleug. més fort que **reliance**] dependència *drug dependence* drogodependència

dependent adj (sovint + **on**) **1** [descriu: una persona] dependent, subordinat *I'm totally dependent on the train service to get me to work.* Depenc totalment del tren per anar a la feina. *I'm dependent on them for information.* Depenc d'ells per aconseguir la informació. **2** (darrere v) [descriu: un esdeveniment, una acció, etc.] subordinat *The trip's dependent on the weather.* El viatge depèn del temps que faci.

dependant, TAMBÉ **dependent** nc [habit. familiar que no es val per si mateix] persona a càrrec d'algú *Do you have any dependents?* Tens algú al teu càrrec?

218.1 Confiar en algú o alguna cosa

rely on/upon sb/sth vt (sovint + **to** + INFINITIU; + **for**) **1** [tenir confiança en] confiar en, comptar amb *He's someone you can rely on.* És algú de qui et pots refiar. *We're relying on you for help.* Comptem amb que tu ens ajudis. **2** [dependre de. Obj: una persona, una organització, etc., que subministra ac necessària] dependre *We oughtn't to rely on one supplier for all our raw materials.* No hauríem de dependre d'un sol proveïdor per a totes les nostres primeres matèries.

depend on/upon sb/sth vt **1** (sovint + **to** + INFINITIU) [obj: p. ex. una persona, un aliat] refiar-se de, comptar amb *You can depend on me to be there.* Pots comptar que jo hi seré. **2** (sovint + **for**) [necessitar] dependre *We depend heavily on financial support from local businesses.* Depenem en gran part del suport financer de les empreses locals.

depend vit (sovint + **on**, **upon**) [que varia en funció d'a/ac. El subjecte no pot ser mai una persona] dependre *We may have to have the party indoors, it (all) depends on the weather.* Potser haurem de fer la festa a dins, tot depèn del temps. *'Can I buy one?' 'That depends/It all depends.'* 'En puc comprar una?' 'Depèn.' *It depends how much you are prepared to pay.* Depèn del que estiguis disposat a pagar.

count on/upon sb/sth vt (sovint + **to** + INFINITIU; + **for**) comptar amb *You may get help from them, but don't count on it.* Pot ser que t'ajudin, però d'entrada no hi comptis. *I'm counting on your support.* Compto amb el teu suport.

bank on sb/sth vt (sovint + **to** + INFINITIU; + -ing) [implica dependència més gran que **count on**] comptar amb *I was banking on (getting) your support.* Comptava amb (obtenir) el teu suport.

fall back on sth vt [recórrer a una altra cosa quan la primera falla] recórrer a *If my business is slow to get started I've got some savings to fall back on.* Si al negoci li costa d'arrencar, tinc uns quants estalvis als quals recórrer.

219 Wicked Malvat

vegeu també **209 Legal system**; **214 Dishonest**; **225 Cruel**; **438 Bad**

wicked *adj* **1** [molt fort i força obsolet quan s'utilitza ref. a una persona o una acció] malvat, dolent *She's a wicked woman.* És una dona dolenta. *It's a wicked waste of money.* És una malversació de diners terrible. **2** [maliciós. Descriu: p. ex. una ganyota, un sentit de l'humor] maliciós *He did a wicked take-off of the boss.* Va fer una paròdia maliciosa del director. **wickedly** *adv* malvadament **wickedness** *ni* maldat, perversitat

evil *adj* **1** [molt fort. Quan s'utilitza ref. a persones descriu el caràcter en general] malvat *That man is absolutely evil.* Aquest home és del tot malvat. *an evil spirit* un esperit diabòlic **2** [descriu: p. ex. un temperament, una olor] horrible *evil-smelling* pudent *to have an evil tongue* tenir llengua d'escorpí

evil *n* **1** *ni* mal *the forces of evil* les forces del mal **2** *nc* [cosa o situació dolenta] mal *a necessary evil* un mal necessari *It's the lesser of two evils.* És un mal menor.

sin *nc/i* [esp. en contextos religiosos] pecat *to commit a sin* cometre un pecat *the sin of pride* el pecat de l'orgull **sinful** *adj* pecador, pecaminós

sin *vi*, -nn- (sovint + **against**) [més aviat formal, esp. en un context Bíblic] pecar **sinner** *nc* pecador -a

vice *nc/i* [mal comportament habitual, esp. aquell que proporciona plaer a la persona que el té] vici [també amb sentit jocós] *I do smoke, it's my one vice.* Sí que fumo, és el meu únic vici. (davant de *n*) *vice ring* banda mafiosa (de prostitució, pornografia, etc.) *vice squad* brigada contra el vici

immoral *adj* immoral **immorality** *ni* immoralitat

219.1 Culpabilitat

vegeu també **291 Cause**

guilt *ni* **1** [haver obrat malament] culpa, culpabilitat *He admitted his guilt.* Va admetre la seva culpabilitat. **2** [sentiment] culpabilitat (davant de *n*) *guilt complex* complex de culpabilitat

frases fetes

to catch sb red-handed [enxampar algú en el moment de cometre un delicte] atrapar algú in fraganti *He was caught red-handed trying to hide the money.* El van atrapar in fraganti intentant amagar els diners.

on your head be it [assumir la responsabilitat quan les coses no van bé] allà tu *On your head be it if the boss finds out.* Allà tu si el director ho descobreix.

it's six of one and half a dozen of the other [es diu quan dues persones o dos grups comparteixen la culpa a parts iguals] tant és una cosa com l'altra *She says he's being unreasonable, but I think it's six of one and half a dozen of the other.* Ella diu que ell no és raonable, però crec que tanta culpa té un com l'altre.

guilty *adj* **1** (sovint + **of**) [haver obrat malament] culpable *to be found guilty of a crime* ser declarat culpable d'un delicte *the guilty party* la part culpable **2** (sovint + **about**) [sentir-se malament] culpable *I feel guilty about not writing to him.* Em sento culpable per no haver-li escrit. *to have a guilty conscience* tenir mala consciència **guiltily** *adv* amb culpabilitat

blame *ni* (sovint + **for**) culpa, retret *to lay/put the blame on sb* donar la culpa a algú *I always have to take the blame for her mistakes.* Sempre em carrego les seves culpes.

blame *vt* (sovint + **for**, **on**) culpar, blasmar *They blame me for the delay.* Em culpen del retard. *They blamed her death on drugs.* Atribueixen la seva mort a les drogues. *Don't blame me if you miss the plane!* No m'ho retreguis si perds l'avió. *to blame sb for doing sth* blasmar algú per ac *to be to blame* tenir la culpa *I'm not to blame.* Jo no en tinc cap culpa. *Who's to blame for the mix-up?* Qui té la culpa de la confusió?

219.2 Que es comporta malament

badly-behaved *adj*, *compar* **worse-behaved** *superl* **worst-behaved** mal educat, que es porta malament

naughty *adj* **1** [descriu: esp. la mainada] entremaliat, trapella *He's been a very naughty boy.* Ha estat un noi molt entremaliat. **2** (*esp. brit*) [eufèmic i jocós. Sexualment incorrecte. Descriu: p. ex. un mot, un acudit] verd, picant *The film's a bit naughty.* La pel·lícula és una mica picant. **naughtiness** *ni* malícia

mischievous *adj* **1** [entremaliat, juganer. Descriu: p. ex. la mainada, una malifeta, el somriure] entremaliat, maliciós **2** [més aviat formal. Que causa problemes deliberadament. Descriu: p. ex. un comentari, una intenció] malintencionat

mischief *ni* entremaliadura, mal, tort *I bought the children some paints to keep them out of mischief.* Vaig comprar pintures als nens perquè s'entretinguessin i no fessin entremaliadures. *When he's been drinking, he can cause a lot of mischief.* Quan ha begut pot fer-ne de tots colors.

disobedient *adj* desobedient **disobediently** *adv* amb desobediència **disobedience** *ni* desobediència

disobey *vt* [obj: p. ex. ordre, agents] desobeir

in trouble en dificultats *He's in trouble with the police.* Té problemes amb la policia. *If I'm late for dinner I'll be in trouble.* Si arribo tard a sopar me la carregaré.

219.3 Gent dolenta

criminal *nc* delinqüent *a hardened criminal* un delinqüent habitual

criminal *adj* [descriu: p. ex. un delicte, un dany, una negligència] criminal *Driving when drunk is a criminal offence.* Conduir begut és un delicte. [també s'utilitza en sentit figurat en contextos informals] *It's a criminal waste of money.* És una malversació de diners bestial. **criminally** *adv* criminalment

recidivist *nc* reincident

villain *nc* [obsolet o jocós] galifardeu, bergant -a, canalla [tant en sentit literal com figurat, en un llibre, etc.] *the villain of the piece* el dolent de l'obra **villainous** *adj* bordegàs, malvat **villainy** *ni* vilesa, infàmia

devil *nc* **1** [summament fort quan s'utilitza ref. a una persona dolenta] diable, dimoni [de vegades util. com a insult no molt fort] *Give it back, you rotten devil!* Torna-m'ho, maleït dimoni! **2** [informal. Persona trapella] dimoni *The little devils have trampled all over my flower bed.* Aquells dimonis m'han trepitjat tot el parterre. *Go on, **be a devil**. Have another cake!* [per animar algú a gaudir d'una cosa que té prohibida] Endavant, sigues dolent i menja't un altre pastís!

thug *nc* [persona violenta] facinerós -osa, malfactor -a *He was beaten up by a gang of thugs.* Va ser apallissat per una colla de malfactors.

bully *nc* pinxo, valent -a, perdonavides *When he was at school he was a real bully.* A l'escola era tot un perdonavides.

bully *vt* intimidar (+ **into**) *She will probably bully you into giving up your office for her.* Probablement t'amargarà la vida per aconseguir que li cedeixis la teva oficina.

frases fetes

rotten apple [persona dolenta que fa tornar dolents els altres] l'esca del pecat *He's the rotten apple in the barrel.* És l'esca del pecat.

to be a snake in the grass [amic deslleial] ésser un judes

wolf in sheep's clothing [persona aparentment inofensiva, però que no ho és. Lit.: llop amb pell d'ovella] gata maula

220 Steal Robar

steal *vt, pas.* **stole** *pp.* **stolen** robar *Someone's stolen my watch.* Algú m'ha robat el rellotge. *They had their credit cards stolen.* Els van robar les targetes de crèdit.

rob *vt,* -bb- (sovint + **of**) [obj: persona, banc] robar *The terrorists finance their activities by robbing banks.* Els terroristes financen les seves activitats robant bancs. *I've been robbed!* M'han robat! [sentit figurat] *A knee injury robbed him of Olympic success.* Una lesió al genoll l'ha privat de la glòria olímpica.

burgle (*esp. brit*), **burglarize** (*amer*) *vt* [obj: una casa, una botiga] robar, furtar *We were burgled last night.* Ahir a la nit ens van entrar a robar.

utilització

Observeu que l'objecte del verb **steal** és sempre la cosa robada, mentre que l'objecte del verb **rob** és la persona a qui s'ha robat o el lloc d'on s'ha robat la cosa. L'objecte del verb **burgle** normalment és el lloc robat. Si ens referim a la persona, el verb va quasi sempre en veu passiva.

loot *vti* 1 [obj: una botiga, un edifici, un districte] saquejar 2 [obj: cosa robada] robar **looter** *nc* saquejador -a

embezzle *vt* (sovint + **from**) [obj: diners] desfalcar **embezzlement** *ni* desfalc, malversació **embezzler** *nc* desfalcador -a

mug *vt,* -gg- [informal. Habit. al carrer. Obj: una persona] assaltar *He was mugged right outside the hotel.* El van assaltar just a fora de l'hotel.

pinch *vt* (*esp. brit*) [informal. Obj: una cosa] pispar *Don't let anyone pinch my seat.* No deixis que ningú em pispi el seient.

nick *vt* (*brit*) [argot. Obj: una cosa] pispar *His car has been nicked.* Li han pispat el cotxe.

220.1 Gent que roba i les seves malifetes

thief *nc, pl* **thieves** lladre *Stop thief!* Atrapeu el lladre! *jewel thief* lladre de joies

thieving *adj* afaneta, rampinyaire *Get your thieving hands out of my desk drawer!* Treu les teves mans rampinyaires del meu calaix! **theft** *ni/c* (sovint + **of**) furt, robatori

robber *nc* [en contextos formals, no s'utilitza sense qualificatius. Sovint util. pels nens i per tant pot semblar una mica infantil] lladre *bank/train robber* [ús habitual, no infantil] assaltador de bancs/trens

robbery *ni/c* robatori *robbery with violence* robatori a mà armada *It's **daylight robbery**!* És un robatori descarat!

burglar *nc* lladre, espanyaportes (davant de *n*) *burglar alarm* alarma antirobatori **burglary** *ni/c* robatori (fet de nit)

shoplifter *nc* persona que substrau petites coses de les botigues amagant-se-les a les butxaques o a la bossa **shoplifting** *ni* petit robatori comés en una botiga

mugger *nc* [habit. al carrer] atracador -a **mugging** *ni/c* atracament

pickpocket *nc* carterista, pispa *Beware of pickpockets.* Compte amb els pispes.

to pick sb's pocket escurar la butxaca a algú

220.2 Maneres indirectes de robar

kidnap *vt,* -pp- [obj: persones] segrestar, raptar *Terrorists kidnapped a well-known businessman.* Els terroristes van segrestar un home de negocis molt conegut. **kidnapper** *nc* segrestador -a **kidnapping** *ni/c* segrest, rapte

ransom *nc/i* rescat *to demand a ransom for sb* demanar un rescat per algú *to **hold** sb **to ransom*** demanar un rescat per algú (davant de *n*) *a ransom note* una nota de rescat

hijack *vt* [obj: p. ex. un avió, un autobús] segrestar **hijacker** *nc* segrestador -a **hijacking** *ni/c* segrest

hostage *nc* ostatge *to **take** sb **hostage*** prendre algú com a ostatge *negotiations to obtain the release of children **held hostage** by terrorists* negociacions per a l'alliberament dels nens presos com a ostatges pels terroristes

blackmail *vt* fer xantatge *He was being blackmailed by his former lover.* La seva anterior amant li feia xantatge. **blackmailer** *nc* xantatgista

blackmail *ni* xantatge *emotional blackmail* xantatge emocional

smuggle *vt* 1 [obj: p. ex. tabac, joies, drogues] fer contraban (d'ac) 2 (sempre + *adv* o *prep*) [agafar d'amagat] fer entrar/sortir d'amagat *I managed to smuggle the magazine into/out of the classroom.* Vaig aconseguir entrar/treure la revista a/de la classe d'amagat. **smuggler** *nc* contrabandista **smuggling** *ni* contraban

221 Mercy Pietat

mercy n 1 ni pietat, compassió *to have mercy on sb* apiadar-se d'algú *to show mercy (to sb)* mostrar clemència (per a algú) 2 nc sort *It's a mercy nobody was killed!* Encara sort que no va morir ningú! *to be thankful for small mercies* agrair el que es pugui aconseguir, per petit que sigui

merciful adj (sovint + **to**) clement, misericordiós

mercifully adv amb misericòrdia [com a una frase adverbial] *Mercifully, they didn't ask me to sing.* Afortunadament no em van demanar que cantés.

compassion ni (sovint + **for**) [té més significat de simpatia que l'expressat per **mercy**] compassió, llàstima

compassionate adj compassiu *compassionate leave/leave on compassionate grounds (brit)* permís especial o permís per problemes familiars

lenient adj [més aviat formal. Descriu: p. ex. un jutge, un càstig] indulgent, poc sever **leniently** adv indulgentment **leniency** ni indulgència

soft adj (sovint + **on**, **with**) [de vegades pej.] tou *to have a soft heart/be soft-hearted* ser compassiu *Her parents are too soft on her.* Els seus pares són massa tous amb ella.

spare vt 1 [no fer mal ni castigar] perdonar *to spare sb's life* perdonar la vida a algú 2 [no obligar una persona a patir una situació negativa] estalviar *I was hoping to spare you a long wait.* Esperava poder-vos estalviar una llarga espera. *Spare me the details!* Estalvia't els detalls!

221.1 Perdonar

forgive vti, pas. **forgave** pp. **forgiven** (sovint + **for**) [obj: p. ex. una persona, un pecat, un insult] perdonar *She can't forgive herself for not being there.* No es pot perdonar no haver estat allí. *She forgave them their unkindness to her.* [lleug. més formal quan va seguit de dos objectes] Els va perdonar la seva manca d'amabilitat vers ella. *Forgive me, I didn't catch your name.* [en un ús de cortesia] Perdoni, no he entès el seu nom. **forgiveness** ni perdó

pardon vt 1 (sovint + **for**) [sovint en mode imperatiu. Lleug. més formal que **forgive** si es fa servir en altres modes verbals. Obj: p. ex. persona, descortesia, curiositat] perdonar *You must pardon him, he's a bit overwrought.* L'ha de perdonar, està una mica nerviós. *That's utter rubbish, if you'll pardon the expression.* Això són besties, si em permet l'expressió. 2 [perdó oficial. Obj: un condemnat] indultar

pardon n 1 ni [formal] perdó *I beg your pardon.* Disculpeu-me. 2 nc [per a un delinqüent, etc.] indult

pardon interj Perdó?/Com diu?

excuse vt 1 [perdonar petites faltes. Obj: p. ex. una persona, una interrupció, una tardança] excusar, disculpar *Please excuse the mess.* Si us plau, disculpi el desordre. 2 [ser la justificació d'ac. Obj: p. ex. un treball mal fet, una incompetència] excusar, disculpar *Nothing can excuse sloppy workmanship.* No hi ha excusa per la feina mal feta. 3 (sovint + **from**) [descarregar d'una obligació. Obj: p. ex. un deure, una classe] alliberar, excusar *You're excused from washing up today.* Avui estàs alliberat de rentar plats. *vegeu també **291 Cause**

let sb **off** (sth) vt [perdonar, especialment petites faltes; estalviar un càstig o una obligació] perdonar *'Sorry I'm late!' 'That's OK, I'll let you off.'* 'Sento arribar tard!' 'No hi fa res, estàs disculpat.' *He's been let off doing the washing up.* Li han perdonat haver de rentar els plats.

relent vi [mostrar pietat, especialment després de molt de temps] entendrir-se, compadir-se, cedir *Eventually she relented and allowed me to rejoin the group.* Amb el temps va cedir i em va permetre tornar al grup.

> *frases fetes*
>
> **give sb a second/another chance** donar a algú una segona/altra oportunitat *If you mess it up this time, you won't get a second chance.* Si aquesta vegada ho espatlles no tindràs una segona oportunitat.
>
> **give sb the benefit of the doubt** donar a algú el benefici del dubte
>
> **make allowances (for sb/sth)** fer concessions (a algú/per ac) *She's not been very well, so you must make allowances.* Sigues comprensiu amb ella, no s'ha trobat gaire bé. *Even making allowances for the difficult conditions, they were very slow in getting here.* Tot i tenint en compte les circumstàncies, crec que van trigar massa a arribar.

222 Sympathy Compassió

vegeu també **L11 Expressing sympathy**

sympathy n 1 ni (sovint + **for**) compassió *I don't have much sympathy for her.* No la planyo gens. 2 ni/c (sovint + **with**) simpatia, solidaritat *My sympathies are entirely with the rebels.* Estic totalment a favor dels rebels. *to be in sympathy with sb's aims* estar d'acord amb els objectius d'algú

sympathetic adj (sovint + **to**, **towards**) 1 [descriu: p. ex. un sentiment, un somriure] afectuós, comprensiu *They were very sympathetic when my mother died.* Van ser molt comprensius quan la meva mare va morir. 2 [que dóna suport. Descriu: p. ex. un informe, un punt de vista, una consideració] comprensiu *The press seems quite sympathetic to our policies.* Les nostres polítiques semblen gaudir del suport de la premsa.

sympathetically adv comprensivament

sympathize vi, TAMBÉ **-ise** (brit) (sovint + **with**) 1 [amb una persona, un sentiment, etc.] compadir-se, condoldre's, simpatitzar 2 [amb un punt de vista, un objectiu, etc.] comprendre, estar d'acord **sympathizer** nc partidari -ària, simpatitzant

pity n 1 ni compassió, pietat *to take/have pity on sb/sth* compadir a/ac 2 nc (cap pl) llàstima *What a pity!* Quina llàstima! *It's a pity you didn't arrive sooner.* És una llàstima que no arribessis abans. *It would have been a pity to miss the show.* Hauria estat una llàstima perdre's l'espectacle.

pity *vt* plànyer, compadir *I pity anyone who has to put up with her all day.* Planyo qui l'hagi d'aguantar tot el dia.

feel for sb *vt* plànyer

feel sorry for sb *vt* [menys fort que **feel for**] sentir llàstima per *He's feeling very sorry for himself.* Sent llàstima d'ell mateix.

commiserate *vi* (sovint + **with**) apiadar-se, condoldre's *I came over to commiserate with you on not getting the job.* He vingut per dir-te que em sap molt de greu que no t'hagin donat la feina.

commiserations *n pl* (sovint + **on**) compadiments *Congratulations to the winner, commiserations to the losers.* Felicitacions al guanyador, compadiments als perdedors.

condolence *ni/c* [més formal que **commiserations**. S'utilitza principalment quan algú ha perdut un familiar] condol *a letter of condolence* una carta de condol (sovint en *pl*) *I expressed my condolences.* Vaig expressar el meu condol.

frases fetes

I wouldn't want to be in sb's shoes No m'agradaria estar a la pell d'algú (lit.: No m'agradaria estar a les sabates d'algú) *I wouldn't want to be in her shoes when her boss finds out.* No m'agradaria estar a la seva pell quan el seu cap ho descobreixi.

I don't envy sb (sth) no envejo (ac) a algú *I don't envy you having three small children to look after.* No t'envejo l'haver de cuidar tres nens petits. *I don't envy him the task of breaking the news.* No li envejo la tasca d'haver-los de comunicar la notícia.

223 Unmerciful Despietat

vegeu també **225 Cruel**

heartless *adj* [descriu: p. ex. una persona, una actitud, una decisió] despietat, cruel, inhumà *How can you be so heartless as to refuse?* Com pots ser tan cruel com per negar-t'hi? **heartlessly** *adv* cruelment

hard-hearted *adj* [descriu: persona] insensible

callous *adj* [descriu: p. ex. persones, indiferència, deixadesa] insensible, cruel **callously** *adv* cruelment **callousness** *ni* crueltat

pitiless *adj* [normalment en contextos més literaris] despietat, implacable **pitilessly** *adv* despietadament

merciless *adj* 1 [literari. Descriu: p. ex. un assassí, un tirà] despietat *She is a merciless taskmaster.* És una capatàs despietada. 2 [no necessàriament pej. Descriu: p. ex. una crítica, un atac] despietat *The article includes a merciless attack on modern art.* L'article inclou un atac despietat contra l'art modern.

mercilessly, TAMBÉ **unmercifully** *adv* despietadament *to beat/criticize sb mercilessly* apallissar/criticar algú despietadament *His colleagues teased him unmercifully.* Els seus col·legues li feien la guitza despietadament.

ruthless *adj* 1 [descriu: p. ex. una destrucció, un dictador] despietat, inhumà 2 [no necessàriament pej. Descriu: p. ex. determinació, eficàcia] implacable **ruthlessly** *adv* despietadament, implacablement **ruthlessness** *ni* crueltat, naturalesa implacable

relentless *adj* [que no para o que no es debilita mai. Descriu: p. ex. energia, una persecució, una interrogació] implacable, inexorable *They kept up a relentless pressure on their opponents' goal.* Mantenien una pressió aferrissada contra la porteria contrària. *The pace of life in a big city can be absolutely relentless.* El ritme de vida d'una ciutat gran pot ser absolutament implacable. **relentlessly** *adv* implacablement **relentlessness** *ni* inexorabilitat

frase feta

turn a deaf ear to fer-se el sord *She turned a deaf ear to all my complaints.* Es feia la sorda a totes les meves queixes.

224 Kind Amable

kind *adj* (sovint + **to**) amable *It was so kind of you to help us.* Vas ser molt amable d'ajudar-nos. *They were very kind to me when I was in trouble.* Van ser molt bondadosos amb mi quan tenia problemes. *She always has a kind word for everyone.* Sempre té una paraula amable per a tothom.

kindly *adv* afablement *to smile kindly* somriure afablement *They very kindly helped us.* Ens van ajudar molt amablement.

kindness *ni/c* (sovint + **to**) amabilitat *to do sb a kindness* tenir un detall envers algú *to show kindness to sb* mostrar-se amable amb algú

considerate *adj* (sovint + **to**, **towards**) [tenir cura de pensar en els altres] considerat

consideration *ni* consideració *to show sb consideration* mostrar consideració per algú

thoughtful *adj* atent, considerat, sol·lícit *How thoughtful of you to remember my birthday.* Vas ser molt atent de recordar-te del meu aniversari. **thoughtfully** *adv* atentament

understanding *adj* (sovint + **about**) [deferent i que no fa retrets] comprensiu *I have a lot of days off sick, but my boss is very understanding.* Falto molts dies per malaltia, però el meu cap és molt comprensiu. *She was very understanding about the broken window.* Va ser molt comprensiva pel que fa a la finestra trencada.

humane adj [s'utilitza més sovint per descriure actituds o activitats socials que no pas accions individuals] humà *humane treatment of prisoners* tracte humà als presoners **humanely** adv humanament

224.1 Generositat

vegeu també **372.1 Give**

generous adj **1** (sovint + **to**, **with**) [descriu: p. ex. una persona, una naturalesa] generós *I'm feeling generous, I'll pay.* Em sento generós, convido jo. **2** [sorprenentment gran o amable. Descriu: p. ex. un obsequi, una provisió] magnànim, abundant *a generous helping of mashed potatoes* una ració abundant de puré de patates **generously** adv generosament **generosity** ni generositat

charity n **1** ni [diners, etc., que es dóna per bondat] caritat, beneficència *I won't accept charity.* No acceptaré caritat. *She gave us the clothes out of charity.* Ens va donar la roba per caritat. **2** nc [organització] societat benèfica

charitable adj **1** [compassiu. Descriu: p. ex. una actitud, un comentari, un judici] caritatiu *The most charitable thing one can say about it is that he meant well.* El comentari més benèvol que es pot fer és que no tenia mala intenció. **2** [descriu: una organització, un donatiu] benèfic **charitably** adv caritativament

unselfish adj altruista **unselfishly** adv de manera altruista

225 Cruel Cruel

vegeu també **2 Fierce**; **223 Unmerciful**

cruel adj, -ll- **1** (sovint + **to**) [descriu: p. ex. una persona, un càstig, un comentari] cruel **2** [descriu: p. ex. una decepció, una bufetada] cruel *That was really cruel luck.* Allò va ser realment mala sort. **cruelly** adv cruelment **cruelty** ni/c crueltat

unkind adj (sovint + **to**) [menys fort que **cruel**] dur, poc amable **unkindly** adv durament **unkindness** ni duresa, severitat

vicious adj [mot amb una càrrega semàntica molt forta. Descriu: p. ex. un atac, un criminal] ferotge, acarnissat **viciously** adv brutalment **viciousness** ni brutalitat, acarnissament

brutal adj [similar a **vicious**] brutal *a victim of a brutal assault* una víctima d'una agressió brutal **brutally** adv brutalment **brutality** ni/c brutalitat

bloodthirsty adj **1** [descriu: p. ex. un assassí, un tirà] sanguinari **2** [descriu: esp. una pel·lícula, un llibre] sanguinari

sadistic adj [que gaudeix fent mal. Descriu: p. ex. un plaer, una pallissa, una crueltat] sàdic **sadism** ni sadisme **sadist** nc sàdic -a

barbaric o **barbarous** adj [implica crueltat extrema i manca de civilització] bàrbar, barbàric

barbarian nc [persona no civilitzada o que es comporta de manera grollera, cruel] bèstia, groller -a

225.1 Malvolença

malice ni malvolença *to bear sb no malice* no guardar rancor a algú

malicious adj [descriu: p. ex. una persona, un dany, un atac] malèvol, rancorós **maliciously** adv malèvolament

spite ni rancúnia, ressentiment, despit *He did it out of pure spite.* Ho va fer per despit.

spite vt vexar, molestar, empipar *They cancelled their order just to spite us.* Van cancel·lar la comanda només per fer-nos empipar.

spiteful adj [descriu: p. ex. una persona, un comentari] maliciós, ressentit, rancorós **spitefully** adv maliciosament

bitchy adj [força informal. Descriu: p. ex. una dona, un comentari] roí

bitch nc [molt pej. Referit habit. a les dones] mala pècora

226 Selfish Egoista

selfish adj [descriu: p. ex. una persona, un motiu, una actitud] egoista **selfishly** adv egoistament **selfishness** ni egoisme

mean adj **1** (*esp. brit*) [amb els diners etc. Descriu: persones] gasiu *He's too mean to make a donation.* És massa gasiu per donar res. **2** (sovint + **to**) [poc amable] mesquí *She's got a mean streak in her.* Hi ha una vena mesquina en ella. *Don't be so mean to your sister.* No siguis tan mesquí amb la teva germana. **meanness** ni gasiveria, vilesa, dolenteria

tightfisted adj [informal. Ref. a diners] avar, gasiu, ronyós *He's too tightfisted to buy anyone a drink.* És massa ronyós per convidar ningú.

stingy adj (sovint + **with**) [informal. S'utilitza esp. quan es tracta de diners] garrepa, escanya-rals

ungenerous adj (sovint + **to**) [quan es tracta de diners, etc] del puny estret

self-interest ni egoisme **self-interested** adj interessat en si mateix

frases fetes

to feather one's own nest folrar-se *He used his position simply to feather his own nest.* Va fer servir el seu lloc simplement per omplir-se les butxaques.

I'm all right Jack! (*Brit*) [informal. Mostra una actitud de menyspreu envers els que tenen menys sort de manera sarcàstica] Que els bombin! *an I'm-all-right-Jack attitude* una actitud de 'tant se me'n fot'

(to look after) number one preocupar-se del propi interès *Don't worry about us – you just look after number one.* [sovint com a consell] No et preocupis de nosaltres, tan sols preocupa't de tu mateix. *He only thinks about number one.* Només pensa en ell mateix.

227 Politics and Government — Política i governació

EL SISTEMA POLÍTIC AL REGNE UNIT

La reina és el cap d'estat del Regne Unit i líder simbòlic de la nació. Tanmateix, el poder polític correspon al govern, liderat pel Primer Ministre. Normalment el govern britànic es constitueix amb membres del partit polític que gaudeix de la majoria a la **House of Commons** (Cambra dels Comuns), que és la Cambra baixa del Parlament escollida per sufragi universal. El Parlament elabora les lleis del país. Normalment qualsevol **bill** o **Act of Parliament** (nom que rep una nova proposta de llei) ha de ser aprovada per les dues cambres parlamentàries, i abans d'esdevenir llei cal que passi per la formalitat de l'aprovació reial. La Cambra dels Comuns la formen uns 650 **Members of Parliament**, coneguts habitualment com a **MPs** (parlamentaris). Pràcticament la majoria de les propostes de llei tenen el seu origen en aquesta cambra, les decisions de la qual poden ser endarrerides -però no impedides- per la **House of Lords** (Cambra dels Lords o Cambra alta). La Cambra dels Lords la formen membres de la noblesa hereditària, els bisbes més antics de l'Església anglicana i uns quants **Life Peers** (pars vitalicis), que són persones distingides, de diverses professions, i que tenen un títol de noblesa no hereditari. La Cambra dels Lords pot fer propostes legislatives, que hauran de ser aprovades pels Comuns abans d'esdevenir llei; també pot revisar les propostes legislatives dels Comuns i suggerir-ne canvis. Tanmateix, si la mateixa **bill** (proposta) és aprovada tres vegades pels Comuns, esdevé llei amb o sense l'aprovació dels Lords.

A diferència de la majoria dels estats moderns, el Regne Unit no té una constitució escrita. Els poders del monarca, per exemple, es defineixen en part per les lleis, moltes de les quals daten de períodes antics, i en part per les tradicions que s'han acumulat durant molt de temps. El paper i els poders del Primer Ministre es defineixen només a partir de la pràctica tradicional i no estan recollits en cap legislació.

Les autoritats locals del Regne Unit tenen poc poder en comparació amb les dels Estats Units. Hi ha **councils** (consells) elegits per als **counties** (comtats), que són àrees d'una mida mitjana i que normalment tenen una identitat històrica; per a les ciutats, per als barris i per als pobles. La seva funció principal, però, no és la de legislar, sinó la de garantir els serveis comunitaris en cada demarcació.

Individus i institucions importants en el govern i la política britànics:

prime minister *nc* Primer Ministre
foreign secretary *nc* ministre d'Afers Estrangers
chancellor (of the exchequer) *nc* [es reserva aquest títol per al ministre d'Hisenda britànic; en altres casos es diu *finance minister* o *minister of finance*] ministre d'Hisenda
minister *nc* [persona que lidera un departament governamental, no necessàriament membre del *Cabinet*] ministre *minister of education/education minister* ministre d'Educació *government ministers* ministres del Govern
MP *nc* [cada *MP* és l'únic representant d'un districte electoral] membre del Parlament *the MP for Bristol South* membre del Parlament pel districte electoral de Bristol South
parliament *nc* parlament
Cabinet (habit. + **the**, + *v sing* o *pl*) [consell dels ministres més importants, que s'encarrega de marcar les línies polítiques i d'aconsellar el primer ministre] Consell de Ministres
House of Commons (habit. + **the**) Cambra dels Comuns
House of Lords (habit. + **the**) Cambra dels Lords

EL SISTEMA POLÍTIC ALS ESTATS UNITS D'AMÈRICA

El President dels Estats Units és el cap d'Estat, el cap del Govern Federal i el comandant en cap de les Forces Armades. Els membres del seu govern no són (ni poden ser) membres del Congrés, el qual és el cos legislatiu suprem dels Estats Units. A diferència del Regne Unit, els Estats Units tenen una constitució escrita; un dels principis fonamentals és el de la separació de poders entre l'executiu (President i Govern), el legislatiu (Congrés) i el sistema judicial (especialment la Cort Suprema, que ha d'interpretar la Constitució). Sovint passa que el President és d'un partit polític, mentre que la majoria a les dues cambres del Congrés (la Cambra dels Representants i el Senat) és de l'altre partit.

Cada estat dels Estats Units té el seu propi govern, presidit per un Governador, i també una Assemblea Legislativa. Sovint hi ha diferències importants entre les lleis dels diversos estats. Un altre factor de la vida política dels Estats Units és que hi ha eleccions individuals per a gairebé tots els llocs públics importants del govern local, com per exemple el de xèrif del comtat.

Individus i institucions més importants en el govern i la política dels Estats Units:

president *nc* President -a
vice president *nc* Vice-president -a
secretary of state *nc* [ministre d'Afers Estrangers] secretari -ària d'Estat
governor *nc* Governador -a
senator *nc* Senador -a
congressman (*m.*), **congresswoman** (*f.*) *nc* membre del Congrés
presidency *ni/c* presidència
Congress (+ *v sing* o *pl*) Congrés
Senate (+ *v sing* o *pl*) Senat
House of Representatives *nc* (habit. + **the**) Cambra dels Representants

politics n **1** ni (habit. + v sing, de vegades + v pl) política *She went into politics after leaving university.* Després d'acabar els estudis universitaris es va dedicar a la política. *local/student politics* política local/estudiantil **2** n pl política *Her politics are very right-wing.* Les seves idees polítiques són molt de dretes.
politician nc polític -a
political adj [descriu: p. ex. un sistema, un partit, unes opinions] polític *We still hope to find a political solution to the conflict.* Encara tenim l'esperança de trobar una solució política al conflicte. *to ask for political asylum* demanar asil polític ***political prisoner*** presoner polític **politically** adv políticament
government nc/i (sovint + **the**; + v sing o pl) govern *They accused the government of ignoring the homeless.* Van acusar el govern de voler ignorar els indigents. (davant de n) *government officials* funcionaris governamentals

227.1 Govern local

mayor nc [càrrec electe, home o dona] batlle, alcalde -essa
mayoress nc **1** alcaldessa **2** [muller de l'alcalde] alcaldessa
council nc (+ v sing o pl) **1** (*esp. brit*) consell, consistori *town/district council* consistori municipal/del districte (davant de n) *council meeting* sessió de l'ajuntament *council house* (brit.) [habitatge que pertany al municipi i que es lloga] habitatge municipal **2** [cos elegit o nomenat] consell *the United Nations Security Council* el Consell de Seguretat de les Nacions Unides *a council of war* un consell de guerra
councillor nc (*esp. brit*) regidor -a
councilman nc (*amer*) regidor
councilwoman nc (*amer*) regidora
town hall nc ajuntament *You have to go down to the town hall to register.* Has d'anar a l'ajuntament per inscriure't.
city hall nc (*esp. amer*; sovint sense article) ajuntament *I'm going to complain to city hall.* Em queixaré a l'ajuntament.

227.2 Persones que treballen per al govern

civil service n (sempre + **the**) [el cos de funcionaris no militars de l'estat] (cos de) funcionaris **civil servant** nc funcionari -ària
official nc oficial -a, funcionari -ària *a government official* una funcionària governamental *vegeu UTILITZACIÓ a 248.2
official adj **1** [descriu: p. ex. un lloc, una carta, un permís] oficial *an official visit by the Queen* una visita oficial de la Reina *The letter was written on official notepaper.* La carta es va escriure en paper oficial. **2** [conegut públicament] oficial *That was the official reason, I don't know whether it was the true one.* Aquella era la raó oficial; no sé si era la veritable.
officially adv oficialment

officer nc responsable, funcionari -ària *local government officer* funcionari municipal *vegeu UTILITZACIÓ a 248.2

227.3 Eleccions

nominate vt (sovint + **for**, **as**) nomenar *You've been nominated (as a candidate) for the post of treasurer.* T'han nomenat (com a candidat) per al lloc de tresorer.
nomination nc/i nomenament **nominee** nc candidat -a
candidate nc (sovint + **for**) candidat -a *the Labour Party candidate in the general election* la candidata del Partit Laborista a les eleccions generals *candidates for the post of club secretary* candidats per al lloc de secretari del club **candidacy** nc/i candidatura
stand (*esp. brit*), **run** (*esp. amer*) vi (sovint + **as**, **for**) presentar-se *She stood as Conservative Party candidate for Brighton.* Es va presentar com a candidata del Partit Conservador per la circumscripció de Brighton.
election n **1** nc/i elecció *a general election* unes eleccions generals *to hold an election* celebrar unes eleccions (davant de n) *election campaign* campanya electoral *election results* resultats electorals **2** ni (sovint + **as**, **to**) elecció *after his election to Parliament* després de la seva elecció al Parlament
by-election o **bye-election** nc (*brit*) [una elecció a una sola circumscripció a causa de la mort o de la dimissió del membre del parlament o del representant local] elecció parcial
ballot nc/i votació *a secret/postal ballot* una votació secreta/per correu *ballot-rigging* manipulació de la votació (davant de n) *ballot box* urna electoral *ballot paper* papereta (per votar)
ballot v **1** vt [demanar opinions. Obj: esp. els membres, els socis] invitar (algú) a votar *The committee balloted all the members on the proposed changes to the rules.* El comitè va sol·licitar a tots els membres la seva opinió sobre les modificacions reglamentàries proposades. **2** vi (sovint + **for**) votar
poll ni o **polls** n pl votació, elecció *The poll is expected to go in favour of the Democrats.* S'espera que la votació afavorirà els demòcrates. *The country will be going to the polls in July.* El país celebrarà eleccions generals el proper mes de juliol.
polling station nc (*esp. brit*) col·legi electoral
polling booth nc (*esp. brit*) cabina per votar
referendum nc (sovint + **on**) referèndum *to hold a referendum* celebrar un referèndum
vote n **1** nc (sovint + **for**, **against**) vot *There were 340 votes for the motion and only 56 against it.* Hi va haver 340 vots a favor de la moció i només 50 en contra. *to cast one's vote* donar el vot *to get the vote* tenir dret a votar **2** nc votació *Let's take/have a vote on it.* Sotmetem-ho a votació. *to put something to the vote* sotmetre una cosa a votació **3** (sempre + **the**) [vots donats] vots *He got 56% of the vote.* Va obtenir el 56% dels vots. *the opposition vote* el vot de l'oposició **voter** nc votant, elector -a

vote v **1** vit (sovint + **for**, **against**, **on**) votar *Can we vote on that question?* Podem votar sobre aquesta qüestió? *You're too young to vote.* Ets massa jove per votar. *I voted Conservative at the last election.* Vaig votar per als Conservadors a l'última elecció. **2** vt opinar, considerar *Everyone voted it a success.* Tothom ho va considerar un èxit. **3** vt (sempre + **that**) [informal] proposar *I vote (that) we all go together.* Proposo que hi anem plegats.

constituent nc [persona que viu en una certa circumscripció] elector -a **constituency** nc circumscripció

227.4 Partits polítics i ideologies

party nc partit *a member of the Labour Party* un militant del Partit Laborista (davant de n) *party leader* líder del partit *party politics* política de partit, partidisme

communism ni comunisme **communist** nc comunista **communist** adj comunista

socialism ni socialisme **socialist** nc socialista **socialist** adj socialista

red adj [sovint pej.] roig *Red China* la Xina roja **red** nc roig, roja

left wing n (habit. + **the**) esquerra **left-wing** adj d'esquerres

centre (*brit*), **center** (*amer*) nc (sempre + **the**) centre (davant de n) *centre party* partit centrista

liberal adj [obert i tolerant. Descriu: p. ex. un règim, una actitud] liberal **liberal** nc liberal **liberalism** ni liberalisme

right wing n (habit. + **the**) dreta **right-wing** adj de dretes

conservative adj [descriu: p. ex. una persona, una actitud] conservador **conservative** nc conservador -a **conservatism** ni conservadorisme

fascism ni feixisme **fascist** nc feixista **fascist** adj feixista

---

PRINCIPALS PARTITS POLÍTICS AL REGNE UNIT I ALS ESTATS UNITS

Els principals partits polítics al Regne Unit són: el de dretes **Conservative Party** (Partit Conservador), els militants del qual s'anomenen **Conservatives** o, de manera més informal, **Tories**; el d'esquerres **Labour Party** (Partit Laborista), els militants del qual no tenen un nom especial, i el més petit **Liberal Democratic Party** (Partit Democràtic Liberal), que és un partit centrista els militants del qual s'anomenen **Liberal Democrats**.

Als Estats Units hi ha només dos grans partits polítics. The **Republican Party** (Partit Republicà), els simpatitzants del qual s'anomenen **Republicans** i se situa més a la dreta que el **Democratic Party** (Partit Democràtic), els simpatitzants del qual s'anomenen **Democrats**.

227.5 Sistemes de govern

democracy ni/c democràcia *parliamentary democracy* democràcia parlamentària **democrat** nc demòcrata

democratic adj [descriu: p. ex. el govern, el dret, la societat] democràtic *It would be more democratic if we took a vote.* Seria més democràtic si votéssim. **democratically** adv democràticament

dictatorship ni/c dictadura **dictator** nc dictador -a **dictatorial** adj dictatorial

anarchism ni anarquisme **anarchist** nc anarquista

anarchist adj anarquista *During the Civil War, several areas of Spain were organised on anarchist principles.* Durant la Guerra Civil, diverses àrees d'Espanya s'organitzaven segons els principis anarquistes.

anarchy ni anarquia *There was total anarchy following the overthrow of the president.* Hi va haver una anarquia total després de l'enderrocament del president.

227.6 Revolució

revolution n **1** nc/i revolució *the French Revolution* la Revolució Francesa *The government was overthrown in a revolution.* El govern va ser enderrocat per una revolució. **2** nc (sovint + **in**) [canvi complet] revolució *a revolution in scientific thought* una revolució en el pensament científic *the Industrial Revolution* la Revolució Industrial

revolutionary adj **1** [descriu: p. ex. un govern, unes accions, un líder] revolucionari **2** [descriu: p. ex. un canvi, un efecte, un descobriment] revolucionari **revolutionary** nc revolucionari -ària

revolt ni/c (sovint + **against**) [no tan extensa com **revolution**] rebel·lió, revolta *to rise in revolt against sb/sth* sublevar-se contra a/ac *a back-bench revolt* (*brit*) [una revolta dels **MPs** no governamentals contra el govern del mateix partit]

revolt vi (sovint + **against**) revoltar-se

---

utilització

Els temps continus del verb **to revolt** s'han d'utilitzar amb cautela per evitar confusió amb l'adjectiu, força freqüent, **revolting** (fastigós). Per exemple, si es diu *They're revolting*, sense afegir-hi res més, es podria entendre que certes accions o persones són fastigoses; en canvi, si es diu *They're revolting against their conditions* s'ha d'entendre que es revolten contra les seves condicions de vida o de treball.

---

uprising nc alçament, sublevació *an armed uprising* una sublevació armada

rebellion nc/i rebel·lió *armed rebellion* rebel·lió armada *The rebellion was crushed by the military.* La rebel·lió va ser aixafada pels militars.

coup nc **1** TAMBÉ **coup d'etat** [quan un petit grup no elegit aconsegueix el poder] cop d'estat *He seized power in a coup.* Va aconseguir arribar al poder amb un cop d'estat. **2** [assoliment intel·ligent i exitós] èxit *It was quite a coup to get the contract to build the new bridge.* Va ser tot un èxit aconseguir el contracte per construir el pont nou.

demonstration nc, abrev [informal] **demo** (sovint + **against**, **in favour of**) manifestació *a student demonstration in support of the sacked lecturer* una manifestació estudiantil en suport del professor acomiadat **demonstrate** vi manifestar-se **demonstrator** nc manifestant

228 Control Control

vegeu també **401 Strength**

control vt, -ll- (brit), habit. -l- (amer) **1** [regular o dirigir a/ac. Obj: p. ex. màquina, vehicle, classe] controlar, dirigir *She simply can't control those children.* Senzillament no sap controlar la mainada. *Please try to control yourself.* Intenta controlar-te, sisplau. *a computer-controlled process* un procés dirigit per ordinador **2** [exercir poder. Obj: p. ex. país, organització] dominar *Our forces now control all access roads to the city.* En aquests moments les nostres forces controlen totes les carreteres d'accés a la ciutat.

control n **1** ni (sovint + **of**) control *to be* **in control** *(of something)* dominar/manar (ac) *The vehicle* **went out of control.** Van perdre el control del vehicle. *She* **lost control** *of her temper.* Va perdre els estreps. *The army has* **taken control** *of the country.* L'exèrcit ha assumit el control del país. *Everything is* **under control.** Tot està sota control. *circumstances* **outside** o **beyond our control** circumstàncies més enllà del nostre control **2** nc/i (sovint + **on**) [límit] control, restricció *traffic control* control del trànsit *controls on imports* restriccions sobre la importació **3** nc (sovint pl) [de màquina, vehicle, etc.] instruments de comandament
controller nc controlador -a, director -a

utilització

És important distingir entre els verbs **control** (dirigir, governar) i **check** (comprovar, verificar) (*vegeu **301 Careful**). En frases com *The immigration officers checked my passport.* (Els funcionaris d'immigració em van inspeccionar el passaport.), no es pot substituir **control** per **check**. Tanmateix, de vegades s'utilitza el nom **control** en aquest sentit, p. ex. *I went through Passport Control before collecting my luggage.* (Vaig passar el Control de Passaports abans de recollir l'equipatge.) (Vegeu el sentit **2** de **control** n més amunt.)

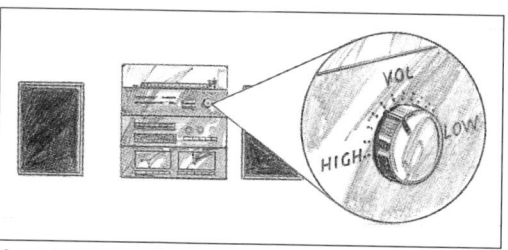

the volume control on a stereo el comandament del volum de l'equip d'alta fidelitat

The pilot is at the controls. El pilot és davant dels instruments de comandament.

be in charge (of sth/sb) ser l'encarregat (d'ac), manar (algú) *Who's in charge while the boss is away?* Qui mana mentre el cap és de viatge? *I left Mary in charge of the office.* Vaig deixar la Mary al capdavant de l'oficina.

228.1 Supervisar

supervise vti [obj: p. ex. treballadors, feina, operació] supervisar
supervision ni supervisió *to work* **under supervision** treballar sota supervisió **supervisor** nc supervisor -a
oversee vt, pas. **oversaw** pp. **overseen** [exercir control global o general sobre ac] supervisar *They brought in an expert to oversee the running of the project.* Van contractar un especialista perquè supervisés l'execució del projecte.
overseer nc [a la fàbrica, etc.] inspector -a, capatàs
monitor vt [implica mesurar. Obj: p. ex. batec del cor, progrés] controlar, verificar *The doctors are continuously monitoring the patient's respiration.* Els metges mantenen un control continu sobre la respiració del pacient.
monitor nc **1** [per mesurar, p. ex. batec del cor] monitor **2** [per a càmera de TV] receptor de control, monitor

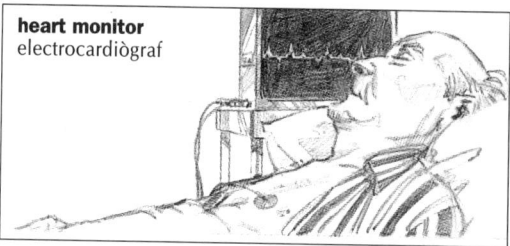

heart monitor electrocardiògraf

watchdog nc [lit.: gos guardià; habit. no utilitzat en sentit literal] vigilant *The committee acts as a watchdog to ensure that standards are maintained.* El comitè vetlla per assegurar que es mantingui el nivell de qualitat.
keep an eye on sb/sth [informal] no perdre de vista a/ac, vigilar a/ac *I asked my neighbour to keep an eye on the children while I was out.* Li vaig demanar al veí que vigilés la mainada mentre estava fora. *The police are keeping an eye on the warehouse because they think it contains stolen goods.* La policia manté vigilat el magatzem perquè creu que s'hi amaguen articles robats.

228.2 Organitzar

organize vt, TAMBÉ **-ise** (brit) **1** [fer que tingui lloc ac. Obj: p. ex. reunió, viatge] organitzar *I'm organizing a party for Julia's birthday.* Estic organitzant una festa per celebrar l'aniversari de la Júlia. *Can you organize lifts for the people who haven't got cars?* Pots organitzar que els que han vingut amb cotxe portin els que han vingut sense? **2** [disposar convenientment. Obj: p. ex. objectes, persones, fets] organitzar, ordenar *We must* **get (ourselves) organized.** Ens hem d'organitzar.

organized crime crim organitzat *The books are organized by subject.* Els llibres estan ordenats per temes.

arrange *v* **1** *vti* (sovint + **to** + INFINITIU, + **for**) [obj: p. ex. entrevista, temps, detalls] arranjar, fixar, organitzar *an arranged marriage* un casament arranjat *We'll meet on Friday then, as arranged.* Així ens trobarem divendres, tal com hem quedat. *Can you arrange for me to be met at the airport?* Pots fer que em recullin a l'aeroport? **2** *vt* [obj: p. ex. flors, llibres, papers] posar en ordre, ordenar *Arrange these words in the correct order.* Posa aquestes paraules en l'ordre correcte.

arrangement *n* **1** *nc* (habit. *pl*) preparatius *to make arrangements (for sth)* fer els preparatius (per a ac) *travel arrangements* planificació del viatge **2** *ni/c* (sovint + **with**) [acord] permís *by arrangement (with sb)* amb el permís (d'algú) *to come to an arrangement (with somebody)* arribar a un acord (amb algú) **3** *ni/c* arranjament *(a) flower arrangement* (un) centre floral

plan *vti*, **-nn-** planejar, planificar *We're planning a surprise party.* Estem organitzant una festa sorpresa.

planning *ni* planificació *This kind of project needs careful planning.* Aquesta classe de projecte necessita una planificació acurada. *vegeu també **107 Intend**

coordinate *vt* coordinar *a well-coordinated campaign* una campanya ben coordinada

coordination *ni* **1** coordinació *coordination of the efforts of the various groups* coordinació dels esforços dels diferents grups **2** [del cos] coordinació *lack of muscular coordination* manca de coordinació muscular

run *vt*, **-nn-** *pas.* **ran** *pp.* **run** [obj: p. ex. negoci, hotel, organització] dirigir, administrar *a well-run/badly-run company* una empresa ben/mal administrada *She's actually running the whole show.* De fet, ella porta tot el muntatge.

administer *vt* **1** [obj: p. ex. departament, districte, finances] administrar **2** (formal. Obj: p. ex. medicament, cop] donar, aplicar, repartir

administration *n* **1** *ni* administració *I spend more time on administration than on actual design work.* Dedico més temps a l'administració que a la mateixa feina de disseny. **2** *nc* (*esp. amer*) [període de govern] administració *the Reagan administration* l'administració Reagan **administrative** *adj* administratiu **administrator** *nc* administrador -a

handle *vt* [obj: p. ex. persona, assumpte, queixes] saber portar, tractar *My accountant handles any tax problem I may have.* El meu comptable s'encarrega de qualsevol problema fiscal que pugui tenir. [sortir-se'n. Pot significar emocionalment més que físicament] *Don't worry, I can handle it!* No t'amoïnis. Ja me'n sortiré!

228.3 Manar
vegeu també **208 Laws and Rules**

command *v* **1** *vti* [ser el responsable. Obj: p. ex. vaixell, avió, soldats] comandar, manar **2** *vti* (sovint + **to** + INFINITIU, + **that**) [més formal i implica més autoritat que **order**] manar *She commanded us to stand still.* Ens va manar quedar-nos quiets. **3** *vt* [imposar a la gent. Obj: p. ex. respecte, atenció] imposar *His paintings still command high prices.* Els seus quadres encara es venen a preus alts. **commander** *nc* comandant -a

command *n* **1** *ni* domini, poder *to be in command of sth* tenir ac sota control *to take command* (of sth) agafar el comandament (d'ac) *She's in full command of the situation.* Domina la situació completament. **2** *nc* ordre *to give the command to do sth* donar l'ordre de fer ac

order *vt* (sovint + **to** + INFINITIU) ordenar *I order you to stop immediately.* Us ordeno que pareu ara mateix. *She loves ordering people about.* Li encanta manar la gent.

order *nc* ordre *He gave the order to shoot.* Va donar l'ordre de disparar. *Go home, that's an order!* Aneu a casa. És una ordre!

instruct *vt* (sovint + **to** + INFINITIU) [més formal que **order**, habit. no s'utilitza en contextos militars] ordenar *I've been instructed to hand you this letter.* M'han ordenat donar-li aquesta carta.

instruction *nc* [habit. *pl*] ordre, instrucció *to give instructions (that)* ordenar (que) *Follow the instructions on the packet.* Segueix les instruccions de la capsa.

boss *vt* (sovint + **about**, **around**) [informal] manar, dominar *Don't let her boss you (around).* No et deixis dominar per ella.

bossy *adj* [informal] manaire

228.4 Comandament

leader *nc* líder *The country needs a new leader.* El país necessita un nou líder. *group/team leader* líder del grup/de l'equip

leadership *ni* **1** (sovint + **of**) liderat, comandament, direcció *She took over the leadership of the party.* Va assumir la direcció del partit. **2** iniciativa, dot de comandament *The course is designed to develop qualities of leadership and responsibility in young people.* El propòsit del curs és desenvolupar en els joves la iniciativa i la responsabilitat. **3** (sempre + **the**; + *v sing* o *pl*) direcció *The party leadership is/are out of touch with what ordinary members think.* La direcció del partit està allunyada de les opinions dels afiliats de base.

lead *vti*, *pas. & pp.* **led** portar, conduir *She led her party to victory.* Va conduir el partit al triomf.

head *nc* (sovint + **of**) cap, director -a *departmental heads* caps de departament *the head of the organization* la directora de l'organització **head of state** cap d'estat (davant de *n*) *head waiter* maitre *head office* oficina principal

head *vt* [obj: p. ex. organització, departament, rebel·lió] manar, dirigir

master *nc* (sovint + **of**) amo, senyor, patró *The dog recognised its master's voice.* El gos va reconèixer la veu de l'amo. *to be master of the situation* dominar la situació *to be one's own master* treballar per a un mateix

mistress *nc* (sovint + **of**) mestressa *to be one's own mistress* treballar per a una mateixa *The servant reported the matter to his mistress.* El criat va informar la mestressa de l'afer.

rule vit (sovint + **over**) governar, regnar *Louis XIV ruled (France) from 1643 to 1715.* Lluís XIV va regnar (governar França) des de 1643 fins a 1715. *Don't let your heart rule your head.* No deixis que el cor mani el cap. **rule** nc autoritat, domini **ruler** nc governant

govern v **1** vti [obj: esp. país] governar **2** vt [formular regles. Obj: p. ex. accions, comportament] regir *rules governing the conduct of meetings* regles que marquen les pautes de les reunions

dominate vti dominar *He'll dominate you, if you let him.* Si el deixes, et dominarà. *a building dominating the skyline* un edifici que domina l'horitzó **domination** ni dominació

228.5 Limitar

limit vt (sovint + **to**) limitar *We had to limit ourselves to five minutes each.* Vam haver de limitar el temps a cinc minuts per a cadascú. *We're limited by financial considerations.* Ens trobem limitats per consideracions financeres. *The problem isn't limited to students/the inner cities.* El problema no es limita als estudiants/centres de les ciutats.

limit nc límit *speed/time limit* velocitat màxima/límit de temps *to impose limits on sb/sth* fixar els límits per a a/ac

limitation nc (habit. pl) limitació, restricció *to have limitations* tenir limitacions *He knows his own limitations.* Coneix les seves limitacions.

limited adj [descriu: p. ex. nombre, quantitat, abast] limitat, restringit, reduït *They have a limited selection of goods on offer.* Tenen d'oferta una selecció reduïda d'articles. *a student of very limited ability* un alumne d'una capacitat molt limitada

restrict vt (sovint + **to**) [suggereix un control negatiu més ferm que **limit**] restringir *laws restricting the number of hours young people are allowed to work* lleis que restringeixen el nombre d'hores que es permet treballar als joves *Membership is restricted to women.* Només en poden ser sòcies les dones.

restricted adj [descriu: p. ex. vista, espai, marge] restringit *The invention's commercial potential is restricted.* L'invent té un potencial comercial limitat.

restriction nc (sovint + **on**) restricció, limitació *Speed restrictions are in force on the motorway.* Actualment hi ha limitacions de velocitat a l'autopista. *to place/impose restrictions on* limitar, restringir

curb vt [suggereix control més estricte i més vigorós que **limit** i **restrict**. Obj: ac que es considera indesitjable] reprimir, frenar *measures to curb outbreaks of violence* mesures per frenar els brots de violència

curb nc (sovint + **on**) restriccions *curbs on public spending* restriccions en la despesa pública

curtail vt [més aviat formal] escurçar, retallar *an attempt to curtail expenditure* un intent de retallar despeses

confine vt **1** (sovint + **to**) limitar(-se), reduir-se, atenir-se *Please confine your remarks to the matter in question.* Sisplau, centreu els vostres comentaris en el tema en qüestió. *The illness is not confined to any one group in society.* La malaltia no afecta cap grup social en concret. **2** [empresonar] tancar, ficar a la presó *They spent a month confined in a tiny cell.* Van passar tot un mes en una cel·la molt petita.

restrain vt [suggereix un control suau. Sovint ref. als esforços d'autocontrol] contenir, dissuadir *I couldn't restrain myself any longer – I had to speak out.* No em vaig poder contenir més – vaig haver de parlar. *Police restrained the man and led him out of the hall.* La policia va posar l'home a ratlla i el va conduir fora de la sala.

restrained adj [descriu: p. ex. reacció, emoció] moderat, mesurat *Considering how rude they were, I thought you were very restrained.* Tenint en compte la seva mala educació, em va semblar que reaccionaves amb molta calma.

restraint n **1** ni moderació, mesura *to show/exercise restraint* demostrar moderació **2** nc/i (sovint + **on**) [més aviat formal] restricció, limitació *restraints on one's freedom of action* limitacions a la llibertat d'acció de la persona

regulate vt regular *laws to regulate the import of livestock* lleis per regular la importació de bestiar

228.6 Influència

influence n **1** ni/c (cap pl; sovint + **on**) influència *to have an influence on sb/sth* tenir influència sobre a/ac *She could use her influence to get you the job.* Podria exercir la seva influència per aconseguir-te la feina. *She's still under her sister's influence.* Encara està sota la influència de sa germana. **2** nc (sovint + **on**) influència *to be a good/bad influence on sb* tenir una influència bona/dolenta sobre algú *an influence for good* una influència positiva

influential adj [descriu: p. ex. persona, diari, càrrec] influent *He was influential in bringing about a settlement.* Va influir en la consecució d'un acord.

power n **1** ni poder *to be in power* tenir el poder *to come to power* arribar al poder *to have power over sb/sth* tenir poder sobre a/ac (davant de n) *power politics* política de poder *power struggle* lluita pel poder **2** ni/c poder, dret *Only the President has the power to authorize such a move.* Només el President té poder per autoritzar aquesta acció. *The police were given special powers during the emergency.* Van donar a la policia poders especials durant l'emergència. **3** nc [país o persona] potència *a naval/military power* una potència naval/militar

powerful adj [descriu: p. ex. persona, nació, organització] poderós

pull strings [informal. Utilitzar influència] moure els fils *I could pull a few strings at headquarters to help get the plan accepted.* Podria utilitzar la meva influència a l'oficina central per fer que s'accepti el pla.

authority n **1** ni (sovint + **over**) autoritat *people in authority* gent que mana *I don't have the authority to order her to stay.* No tinc l'autoritat per ordenar-li que es quedi. **2** nc (sovint pl; habit. + **the**) autoritat *You'll have to get permission from the proper authorities.* Hauràs d'obtenir el permís de les autoritats competents.

229 Strict Estricte

strict adj 1 (sovint + **about**, **with**) [descriu: p. ex. persona, regla] estricte *My parents are very strict about homework.* Els meus pares són molt estrictes pel que fa als deures. *I was given **strict instructions** not to be late.* Em van donar instruccions estrictes de no arribar tard. 2 [perfectament precís. Descriu: p. ex. interpretació, veritat] estricte, exacte *not in the strict sense of the word* no en el sentit estricte de la paraula

strictly adv 1 [per donar èmfasi] categòricament, terminantment *strictly forbidden/confidential* terminantment prohibit/estrictament confidencial 2 estrictament *Strictly speaking, it's our turn next.* Estrictament parlant, ara ens toca a nosaltres. *Are these figures strictly accurate?* Aquestes xifres són del tot exactes?

firm adj ferm *Be firm with her.* Sigues ferm amb ella. *That boy needs a firm hand.* Aquell noi necessita mà dura. **firmly** adv fermament **firmness** ni fermesa

stern adj 1 [descriu: p. ex. advertiment, reprensió, mesura] sever, terminant 2 [descriu: p. ex. expressió, mirada] sever **sternly** adv severament

severe adj 1 [descriu: p. ex. persona, càstig, crítica] sever, dur *I thought the judge was too severe on him.* Vaig pensar que el jutge era massa sever amb ell. 2 [molt dolent. Descriu: p. ex. dany, ferida, cop] fort, greu, intens *severe weather* temps rigorós *They are suffering severe hardship.* Pateixen fortes privacions. **severely** adv severament **severity** ni severitat

harsh adj 1 [sovint pej.] sever, dur, cruel *She certainly didn't deserve such harsh treatment.* Certament no mereixia un tracte tan dur. 2 [aspre o desagradable. Descriu: p. ex. so, veu, llum] aspre, ronc, cridaner **harshly** adv durament

discipline vt 1 disciplinar 2 [més aviat formal] castigar **disciplinary** adj disciplinari

discipline ni disciplina *Those children badly need discipline.* A aquells nens els fa falta molta disciplina. *self-discipline* autodisciplina **disciplined** adj disciplinat

230 Allow Permetre

vegeu també **L14 Permission**

allow vt 1 (sovint + **to** + INFINITIU) deixar, permetre *I'm not allowed to tell you his name.* No m'està permès de dir-te com es diu. *They're only allowed out on Sundays.* Només els deixen sortir els diumenges. *No dogs allowed.* No s'admeten gossos. 2 (sovint + **to** + INFINITIU) [fer possible ac] donar, concedir *The new arrangements allow me more free time.* El nou acord em dona més temps lliure. **allowable** adj permissible

utilització

Per preguntar si una cosa és permesa, podem dir: *Is smoking/eating allowed here?* (Es pot fumar/menjar aquí?) o bé *Are we allowed to smoke here?* (Podem fumar aquí?), *Am I allowed to eat here?* (Puc menjar aquí?) En canvi, no es pot dir: *Is it allowed to smoke/eat here?*

let vt, -tt-, pas. & pp. let (sovint + INFINITIU sense **to**) [no s'utilitza en veu passiva. Menys formal que **allow**] deixar *I won't let them hurt you.* No deixaré que et facin mal. *You mean you let him take the money!* Vols dir que el vas deixar endur-se els diners!

permit vt, -tt- (sovint + **to** + INFINITIU) [més formal que **allow**] permetre *Smoking is not permitted in this area.* No es permès fumar dins d'aquesta àrea. *if time permits* si el temps ho permet

permit nc [document oficial] permís, llicència *a work permit* un permís de treball

permission ni (sovint + **to** + INFINITIU) [oral, mai escrit] permís, autorització *I didn't **give** you **permission** to leave.* No et vaig donar permís per marxar. *She took the book without my permission.* Es va endur el llibre sense la meva autorització.

permissible adj [més aviat formal. Descriu: p. ex. nivell, límit] permissible, lícit

grant vt 1 [obj: p. ex. desig, petició] concedir 2 [donar. Contextos força formals] donar, atorgar *They were granted a small monthly payment.* Els van donar una petita mensualitat.

entitle vt (sovint + **to**, + **to** + INFINITIU) donar dret a *This voucher entitles you to two free cinema tickets.* Aquest val et dóna dret a dues entrades gratis al cinema. *I'm entitled to know why my application was refused.* Tinc el dret de saber per què em van rebutjar la sol·licitud.

entitlement ni dret (a una bonificació, etc.) *As a director, my holiday entitlement is 30 days a year.* Com a directora, tinc dret a 30 dies de vacances a l'any.

authorize, TAMBÉ **-ise** (brit) vt (sovint + **to** + INFINITIU) autoritzar *Who authorized you to sign on the company's behalf?* Qui el va autoritzar a signar en nom de l'empresa? *authorized biography* biografia autoritzada **authorization**, TAMBÉ **-isation** (brit) ni autorització

frases fetes

to give/get the go-ahead (sovint + **to** + INFINITIU) donar/obtenir el permís per seguir endavant *We can start as soon as we get the go-ahead from you.* Podem començar tan aviat com tinguem el vostre permís.

to give the green light to donar llum verd a

to give the thumbs up to donar el vist-i-plau a

licence (esp. brit), **license** (amer) n 1 nc (sovint + **to** + INFINITIU) llicència, carnet *driving licence* (brit)/*driver's license* (amer) carnet de conduir *manufactured **under licence*** fabricat sota llicència (davant de n) *licence fee* import de la llicència 2 ni llibertat, llicència *She allowed herself a certain amount of licence in interpreting her instructions.* Es va permetre una certa llibertat a l'hora d'interpretar les instruccions. *poetic licence* llicència poètica

license (*brit & amer*), **licence** (*amer*) *vt* (sovint + **to** + INFINITIU) autoritzar

sanction *vt* [formal] autoritzar, sancionar *The committee refused to sanction any further expenditure on the project.* El comitè es va negar a autoritzar més despeses en el projecte.

sanction *n* **1** *nc* [com a càstig] sanció, multa *to impose economic sanctions on a country* imposar sancions econòmiques a un país **2** *ni* [permís. Formal] autorització

231 Forbid Prohibir

forbid *vt*, **-dd-** *pas.* **forbade** *pp.* **forbidden** (sovint + **to** + INFINITIU) prohibir *I forbid you to go near that place again.* Et prohibeixo que et tornis a apropar a aquell lloc. *forbidden by law* prohibit per llei

utilització

Dels verbs que es tracten en aquesta secció, **forbid** és l'únic que es pot utilitzar en una conversa per impedir que una persona faci una cosa determinada en un moment determinat. P. ex. *I forbid you to do that.* (Et prohibeixo que ho facis.) Ara bé, **forbid** és una paraula molt emfàtica i més aviat formal. En anglès hi ha diverses maneres més d'expressar una prohibició, com per exemple l'imperatiu en forma negativa: *Don't do that!* (No ho facis!), o bé **must** en una frase negativa: *You mustn't do that.* (Això no ho has de fer.) D'una manera similar, encara que un jove pogués dir: *'My parents have forbidden me to go.'* ('Els pares m'han prohibit que hi vagi.'), és més probable que digui: *'My parents won't let me go.'* ('Els pares no m'hi deixen anar.')

ban *vt*, **-nn-** (sovint + **from**) prohibir *The government has banned the sale of the drug.* El govern ha prohibit la venda de la droga. [sovint util. també en contextos quotidians] *My dad's banned me from driving his car.* El pare m'ha prohibit que condueixi el seu cotxe.

ban *nc* (sovint + **on**) prohibició *a ban on overtime* una prohibició de fer hores extres *a smoking ban* una prohibició de fumar

prohibit *vt* (sovint + **from**) [formal] prohibir **prohibition** *nc/i* prohibició

bar *vt*, **-rr-** (sovint + **from**) impedir, prohibir *The committee barred her from the club.* El comitè li va prohibir l'entrada al club. *Company employees are barred from taking part in the competition.* Als empleats de l'empresa els és prohibit de participar en la competició.

bar *nc* (sovint + **on, to**) prohibició, obstacle *a bar on sales of alcohol* una prohibició de vendre begudes alcohòliques *This issue is a major bar to world peace.* Aquest problema és un gran obstacle a la pau mundial.

outlaw *vt* [util. bàsicament en l'àmbit periodístic. Subj: esp. govern] proscriure

outlaw *nc* [persona que està fora de la llei] proscrit -a

frase feta

to give the thumbs down to [indicar desaprovació o rebuig] desaprovar

231.1 Classes especials de prohibició

veto *nc*, *pl* **vetoes** [subratlla l'ús del poder o d'influència] veto *The USA used its veto in the Security Council.* Els Estats Units va fer servir el seu dret a veto al Consell de Seguretat.

veto *vt* [obj: p. ex. proposta, pla] vetar

embargo *nc*, *pl* **embargoes** (sovint + **on**) [habit. referit al comerç entre estats] prohibició *trade embargo* prohibició de comerç *to lift/raise an embargo on sth* aixecar la prohibició d'ac *to place goods under an embargo* embargar unes mercaderies **embargo** *vt* embargar

censorship *ni* censura *press censorship* censura de la premsa

censor *vt* [obj: p. ex. llibre, notícies, informació] censurar *The explicit sex scenes have been censored.* S'han censurat les escenes de sexe explícit. **censor** *nc* censor -a

taboo *nc*, *pl* **taboos** tabú
taboo *adj* tabú *That subject is taboo in this household.* Aquest tema és tabú en aquesta casa.

232 Religion Religió

vegeu també **195.2 Social customs**

religion *ni/c* religió *What's your religion?* Quina és la vostra religió?

religious *adj* religiós *He's very religious.* És molt religiós.

faith *n* **1** *ni* fe, creença *Her faith kept her going through the crisis.* La fe la sostenia durant la crisi. *to lose one's faith* perdre la fe **2** *nc* religió *She was brought up in the Catholic faith.* La van educar en la fe catòlica. **3** *ni* confiança *to have faith in sb/sth* tenir fe en a/ac

232.1 Religions del món

Christianity *ni* cristianisme **Christian** *nc* cristià -ana **Christian** *adj* cristià

Buddhism *ni* budisme **Buddhist** *nc* budista **Buddhist** *adj* budista

Hinduism *ni* hinduisme **Hindu** *nc* hindú **Hindu** *adj* hindú

Judaism *ni* judaisme **Jew** *nc* jueu -eva **Jewish** *adj* jueu

Islam *ni* islam **Moslem** o **Muslim** *nc* musulmà -ana **Moslem** o **Muslim** *adj* musulmà

232.2 Denominacions cristianes

Anglicanism *ni* anglicanisme **Anglican** *nc* anglicà -ana **Anglican** *adj* anglicà
Baptist *nc* baptista **Baptist** *adj* baptista
(Roman) Catholicism *ni* catolicisme (romà) **(Roman) Catholic** *nc* catòlic -a **(Roman) Catholic** *adj* catòlic (romà)
Lutheranism *ni* luteranisme **Lutheran** *nc* luterà -ana **Lutheran** *adj* luterà
Methodism *ni* metodisme **Methodist** *nc* metodista **Methodist** *adj* metodista
Mormonism *ni* mormonisme **Mormon** *nc* mormó -ona **Mormon** *adj* mormó
(Greek/Russian) Orthodox *adj* ortodox (grec/rus)
Protestantism *ni* protestantisme **Protestant** *nc* protestant **Protestant** *adj* protestant
Quakerism *ni* quaquerisme **Quaker** *nc* quàquer -a **Quaker** *adj* quàquer

232.3 Éssers divins o sacres

God *n* (habit. sense article) [l'únic déu dels cristians, dels jueus o dels musulmans] Déu
god *nc*, *f.* **goddess** déu/deessa *the god of war* el déu de la guerra *the goddess Diana* la deessa Diana
Allah Al·là
Buddha Buda
Mohammed Mahoma
Jehovah Jehovà
Lord *n* (sense article o amb **the**) Senyor *Lord, hear our prayer.* Senyor, escolteu la nostra pregària.
Jesus Jesús *Jesus saves us from sin.* Jesús ens salva del pecat.
Christ Crist
Holy Spirit TAMBÉ **Holy Ghost** l'Esperit Sant
Virgin Mary (sempre + **the**) Verge Maria *the Blessed Virgin Mary* la Santíssima Verge
Satan Satanàs
angel *nc* àngel *guardian angel* àngel guardià
devil *nc* diable, dimoni *the Devil* el Diable
saint *nc* sant -a *Saint Agnes* Santa Agnès *Saint John's (church)* (l'església de) Sant Joan **saintly** *adj* sant
prophet *nc* profeta *the prophet Isaiah* el profeta Isaïes **prophetic** *adj* profètic **prophecy** *ni/c* profecia **prophesy** *vti* profetitzar

232.4 Clergat

clergy *n* (sempre + **the**) clergat *members of the clergy* membres del clergat **clergyman** *nc, pl* **clergymen** clergue
priest *nc, f.* **priestess** sacerdot
priesthood *n* (sempre + **the**) sacerdoci
vicar *nc* [a l'Església Anglicana] vicari, rector *the vicar of St. Mary's* el rector de Santa Maria **vicarage** *nc* rectoria
minister *nc* [esp. a l'església cristiana protestant o no conformista] pastor -a *a minister of the Gospel* un pastor de l'evangeli
rabbi *nc* rabí
bishop *nc* bisbe
archbishop *nc* arquebisbe
pope *nc* papa *Pope John Paul II* el papa Joan Pau II
monk *nc* monjo
nun *nc* monja

232.5 Edificis religiosos cristians

abbey *nc* abadia *Westminster Abbey* l'Abadia de Westminster
cathedral *nc* catedral *Winchester Cathedral* la Catedral de Winchester
monastery *nc* monestir
convent *nc* convent (davant de *n*) *convent school* col·legi de monges *convent girl* alumna de col·legi de monges

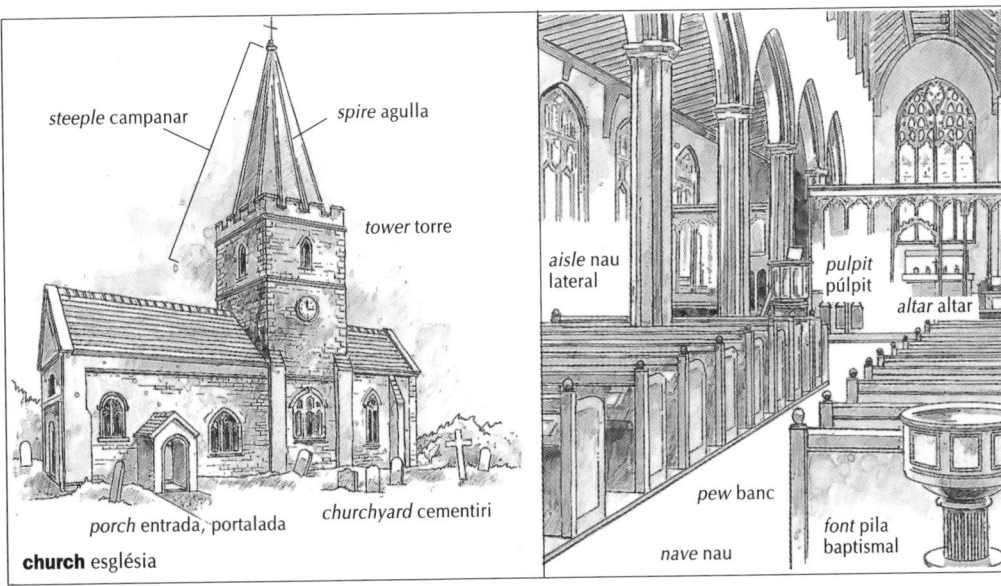

church nc/i **1** església *to go to church* anar a missa (davant de n) *church door* porta de l'església *church service* missa, servei religiós **2** [sovint amb majúscula] Església *the Church of England* l'Església Anglicana *the teachings of the Church* les doctrines de l'Església

temple nc temple

synagogue nc sinagoga

mosque nc mesquita

232.6 Culte

worship ni culte, veneració *They bowed their head in worship.* Van inclinar el cap en senyal de veneració.

worship vti, **-pp-** (*brit*), **-p-** (*amer*) adorar, venerar

service nc servei religiós, culte, missa *the marriage service* la cerimònia de casament *a memorial service* una missa commemorativa

pray vit (sovint + **for, to, that**) resar, pregar *Let us pray.* Preguem. *We're all praying for your recovery.* Tots preguem per la teva recuperació.

prayer nc/i oració, pregària *the Lord's prayer* el parenostre *to say a prayer/one's prayers* orar, resar *to kneel in prayer* agenollar-se per pregar (davant de n) *prayer book* devocionari

hymn nc himne *We shall now sing hymn (number) 55.* Ara cantarem l'himne (número) 55. (davant de n) *hymn book* cantoral, himnari

psalm nc psalm

preach vti [obj: esp. sermó] predicar *to preach the Gospel* predicar l'Evangeli **preacher** nc predicador -a

sermon nc (sovint + **on**) sermó

confession ni confessió *to go to confession* anar a confessar-se **confessional** nc confessionari

creed nc **1** (habit. + **the**) [afirmació de creences] credo **2** [creences fonamentals] credo *people of every colour and creed* gent de tots els colors i totes les creences

sacrifice ni/c **1** (sovint + **to**) sacrifici *human sacrifice* sacrifici humà *a lamb offered as a sacrifice* un anyell ofert en sacrifici **2** sacrifici *to* **make sacrifices for** *sb/sth* fer sacrificis per a/ac *self-sacrifice* abnegació **sacrificial** adj sacrificial

sacrifice vt **1** [obj: esp animal] sacrificar **2** [obj: p. ex. temps, carrera] sacrificar, privar-se

bless vt, pas. & pp. **blessed** o **blest** beneir *The priest blessed the bread and wine.* El mossèn va beneir el pa i el vi. *to* **be blessed with** *good health* tenir la sort de gaudir de bona salut

blessing n **1** nc (sempre + **the**) [durant la missa] benedicció **2** ni benedicció *to ask for God's blessing* demanar la benedicció de Déu *They did it without my blessing.* Ho van fer sense la meva benedicció. **3** nc sort *It's a blessing nobody was hurt.* Gràcies a Déu, ningú no va prendre mal. *be a* **mixed blessing** ser una sort dins de la desgràcia [ref. p. ex. en la mort d'un que ha patit molt] *It's a* **blessing in disguise.** Pot ser que no ho sembli, però en el fons és una sort. *to* **count one's blessings** estar content amb el que es té

congregation nc (+ v sing o pl) [gent que assisteix al servei religiós] fidels

232.7 Escrits sagrats

bible n **1** (sempre amb majúscula; sempre + **the**) Bíblia **2** nc [exemplar de la Bíblia] bíblia **biblical** adj bíblic

Old Testament (+ **the**) Antic Testament

New Testament (+ **the**) Nou Testament

Gospel (+ **the**) Evangeli *the gospel according to St Mark* l'Evangeli segons Sant Marc

Koran o **Quran** (+ **the**) Alcorà

scripture ni/c **1** (sovint amb majúscula; en *pl*, sempre + **the**) [la Bíblia] Escriptura *according to the scriptures* segons les Escriptures (davant de n) *scripture lesson* classe d'Història Sagrada **2** [ref. a altres religions] llibres sagrats *Buddhist scriptures* llibres sagrats del budisme

232.8 Sagrat

holy adj [sovint en majúscula. Descriu: p. ex. dia, aigua, persona] sant, sagrat, beneït *Holy Communion* Sagrada Comunió *the Holy Land* Terra Santa **holiness** ni santedat

sacred adj (sovint + **to**) [descriu: p. ex. indret, vot, deure] sagrat *to* **hold** *sth* **sacred** tenir ac com a sagrada *Is nothing sacred?* És que ja no hi ha respecte per res?

divine adj diví **divinely** adv divinament

pious adj **1** [descriu: persona] pietós **2** [pej. Hipòcrita i beat. Descriu: p. ex. penediment, sentiment] fals devot *a pious hope* una esperança vana **piety** ni pietat

devout adj **1** [descriu: p. ex. catòlic, creient] devot **2** [descriu: p. ex. desig, esperança] fervent **devoutly** adv devotament

232.9 Vida després de la mort

soul n **1** nc ànima *the immortality of the soul* la immortalitat de l'ànima **2** ni/c [part emocional d'una persona] sentiments, consciència *She's got no soul.* No té sentiments. *the* **life and soul** *of the party* l'animador de la festa *He's the soul of discretion.* És la discreció en persona. **3** nc [persona] ànima *Don't mention it to a soul.* No ho esmentis a ningú. *Poor soul, he has had bad luck.* Pobre home, ha tingut mala sort.

spirit n **1** nc/i [concepte lleug. més concret que **soul**] esperit *the spirits of their ancestors* els esperits dels seus avantpassats *an evil spirit* un esperit maligne *We will be with you* **in spirit.** Els nostres pensaments estaran amb vosaltres. **2** ni/c (cap *pl*) [ambient o qualitat general de persona, grup, etc.] caràcter *team spirit* esperit d'equip *She didn't show much of the Christmas spirit.* No va mostrar gaire l'esperit de Nadal. *in a spirit of co-operation* en un esperit de cooperació *to* **enter into the spirit of** *sth* participar en ac de tot cor **3** ni [vivacitat i determinació] valor, empenta, nervi

spiritual adj espiritual *concerned for their spiritual wellbeing* preocupat pel seu benestar espiritual

spirited adj coratjós, enèrgic *He put up a spirited defence of his views.* Va construir una defensa enèrgica de les seves opinions.

heaven n 1 (sense article) cel *to go to heaven* anar al cel [ref. a Déu] *Heaven help you, if you make the same mistake again!* Déu t'empari si tornes a fer la mateixa errada! *Heaven forbid!* Déu me'n guard! 2 ni/c [força informal. Situació extremadament agradable] paradís *(a) heaven on earth* (un) paradís a la terra

heavenly adj 1 celestial *heavenly angels* àngels celestials 2 [molt bo. Paraula força amanerada] diví *That cake is absolutely heavenly!* Aquest pastís és senzillament diví!

paradise n 1 (sovint amb majúscula i sense article) paradís 2 [lloc o situació meravellosa] paradís *This is paradise compared to where we used to live.* Això és un paradís en comparació amb on vivíem abans. *a bargain-hunter's paradise* un paradís per als que cerquen gangues

purgatory n (en sentit religiós sovint amb majúscula; sense article) purgatori *It's sheer purgatory to have to listen to her.* És un calvari haver d'escoltar-la.

hell n 1 (sovint amb majúscula; sense article) infern *to go to hell* anar a l'infern 2 ni/c [lloc o situació horrible] infern *(a) hell on earth* (un) infern a la terra *to go through hell* passar un calvari *to make sb's life hell* fer de la vida d'algú un infern **hellish** adj infernal

232.10 Ateisme

atheism ni ateisme **atheist** nc ateu -a **atheistic** adj ateu

unbeliever nc no creient

agnosticism ni agnosticisme **agnostic** nc agnòstic -a **agnostic** adj agnòstic

233 Education Ensenyament

education n 1 ni ensenyament (davant de n) *education experts* experts en ensenyament 2 nc/i (cap pl) ensenyament, estudis, educació *We want our children to have a good education.* Volem que els nostres fills tinguin una bona educació.

educational adj [descriu: p. ex. experiència, joguina, llibre] educatiu

academic adj 1 [relacionat amb l'ensenyament. Descriu: p. ex. personal, curs, títol] acadèmic, docent 2 [intel·lectualment dotat o exigent] acadèmic, teòric *It's a very academic course.* És un curs molt teòric.

academic nc 1 [professor/a universitari/ària o d'escola superior] acadèmic 2 [persona intel·lectual] intel·lectual **academically** adv acadèmicament

---

L'ENSENYAMENT AL REGNE UNIT I ALS ESTATS UNITS

Tant al Regne Unit com als Estats Units, el sistema educatiu varia d'una àrea a una altra. Tot seguit s'exposa la situació més habitual.

Ensenyament pre-escolar

La mainada que encara no té l'edat legal per assistir a l'escola sovint comença l'ensenyament a una **nursery school** (escola bressol) o **kindergarten** (jardí d'infància). Al Regne Unit els nens molt petits també poden assistir a una **play school** (guarderia).

Ensenyament primari

A partir dels 5 anys, la mainada ha d'assistir a una **primary school** (escola primària) al Regne Unit, la qual de vegades es divideix en dues etapes: una **infant school** (primera etapa) per a les edats 5 a 7 i una **junior school** (segona etapa) per a les edats de 7 a 11. Als Estats Units la mainada assisteix a una **elementary school** o **grade school** (escola primària) durant els primers 6 a 8 anys d'escolaritat. Sovint els cursos 6 a 8 s'anomenen **middle school**.

Ensenyament secundari

A partir dels 14 anys la majoria dels joves americans van a la **high school** (que equival a un institut d'ensenyament secundari). Si acaben tots els cursos, se'ls atorga una **diploma**. El noi o noia que completa aquesta etapa rep la titulació de **graduate**. Els joves britànics normalment comencen la **secondary school** (secundària) als 11 anys. Tanmateix, alguns alumnes britànics assisteixen a una **middle school** entre els 9 i els 13 anys. Avui dia al Regne Unit la gran majoria dels joves van a **comprehensive schools** (escoles integrades), sovint anomenades **comprehensives**. Aquestes grans escoles estatals són gratuïtes i s'assemblen a les **high schools** americanes. Es diuen **comprehensives** perquè accepten tots els nois i noies sense tenir en compte les diferents capacitats. Fins als anys 60-70 els nens britànics es van haver de sotmetre a un examen als 11 anys per determinar el tipus d'ensenyament secundari a seguir: o bé una **grammar school** (equivalent als nostres instituts de BUP) per als més dotats, o bé les **secondary modern schools**, que impartien assignatures més aviat tècniques o de formació professional.

Ensenyament superior

Tant als Estats Units com al Regne Unit hi ha institucions de **higher education** (ensenyament superior), que s'anomenen **universities** (universitats), i **colleges** (escoles superiors). Al Regne Unit els **colleges**, p. ex. **secretarial college** (escola de secretariat), **art college** (escola d'art), ofereixen cursos menys acadèmics i d'un nivell no universitari, mentre que als Estats Units els **colleges** ofereixen cursos que corresponen aproximadament al primer cicle d'una universitat catalana, i atorguen un **Bachelor's degree** (graduat de primer cicle). També es fa servir **college** referit a una part d'una universitat, p. ex. *Trinity College, Cambridge*. Un estudiant americà normalment dirà **college**, tant si la institució s'anomena oficialment **university** com **college**. En canvi, els estudiants britànics acostumen a ser més específics. Al Regne Unit els **polytechnics** o **polys** (politècniques) són escoles superiors que normalment s'especialitzen en assignatures científiques o tècniques. No obstant això, darrerament totes les escoles politècniques de la Gran Bretanya han passat a ser universitats, per la qual cosa han rebut noms diferents. Sembla raonable pensar que el terme **polytechnic** arribarà a desaparèixer de la parla habitual. Els termes genèrics per a la formació permanent són **further education** (*brit*) i **adult education** (esp. *amer*).

Ensenyament privat

Tant al Regne Unit com als Estats Units, els pares poden decidir pagar l'ensenyament dels fills. Es fa servir el terme **private school** (escola privada) als dos països per designar una escola on s'ha de pagar. Sovint aquestes escoles són **boarding schools** (internats), però poden ser també **day schools**, és a dir que els alumnes no hi viuen. Es fa servir el terme **public school** als dos països; mentre que als Estats Units es refereix a una escola estatal i gratuïta, al Regne Unit, especialment a Anglaterra, es refereix a uns internats, sovint antics i prestigiosos, que cobren unes matrícules molt elevades. Al Regne Unit l'escola gratuïta dependent de les autoritats locals s'anomena **state school**, i el terme genèric per a les escoles privades, internats o no, antigues o no, és **independent school**.

Edats

En el sistema educatiu als Estats Units, els joves passen d'un **grade** (grau) a l'altre; comencen al primer i acaben al dotzè. Al Regne Unit aquests cursos anuals s'anomenen **years** o **forms**. Al Regne Unit els últims dos anys de l'ensenyament secundari s'anomenen la **sixth form**, que consisteix en la **lower sixth** i la **upper sixth**. S'utilitza **form** també per referir-se a un grup-classe. Per tant, es pot dir que un alumne és **in the fourth form** (al quart any) i que és **in form 4A**, que serà un dels grups-classes del quart any, i sota la supervisió general d'un tutor.

Períodes acadèmics

Al Regne Unit el **academic year** (any acadèmic) de les escoles i universitats comença al setembre o octubre i es divideix en tres **terms** (trimestres); als Estats Units el mateix any acadèmic es divideix en dos **semesters** (semestres).

233.1 L'aula

233.2 Lletres

utilització

En anglès els noms de moltes assignatures tenen la forma d'un plural, p. ex. **maths, physics, economics, classics, linguistics**, etc., mentre que de fet són noms incomptables, i per tant es diu per exemple: *Maths is my best subject*. (Les matemàtiques és l'assignatura en què vaig millor.) *vegeu també **235 Subject**

arts *n pl* [assignatures] lletres *bachelor of arts* o *B.A.* llicenciat en lletres (davant de *n*) *arts courses* cursos de lletres *an arts degree* un títol de la facultat de lletres

utilització

Observeu que **art** té altres significats: **the Arts** és un terme genèric que inclou el teatre, el cinema, l'òpera, etc.; **art** o **fine arts** són termes genèrics que incloven la pintura, el dibuix, l'escultura, etc.

humanities *n pl* (habit. + **the**) [similar a **arts**, encara que sigui més normal dir **humanities** per referir-se a disciplines com història o geografia] lletres

archaeology o **archeology** *ni* arqueologia
archaeological o **archeological** *adj* arqueològic
archaeologist o **archeologist** *nc* arqueòleg -òloga

classics *ni* clàssiques

English *ni* anglès *English language* llengua anglesa *English literature* literatura anglesa

geography *ni* geografia *vegeu també **13 Geography and Geology**

history *ni* història **historical** *adj* històric **historian** *nc* historiador -a

languages *n pl* idiomes *modern languages* idiomes moderns

language laboratory *nc* laboratori d'idiomes

linguistics *ni* lingüística **linguistic** *adj* lingüístic **linguist** *nc* lingüista

music *ni* música *vegeu també **379 Music**

P.E., TAMBÉ **physical education** *ni* educació física

R.I., TAMBÉ **religious instruction** (*brit*) *ni* ensenyament religiós

sociology *ni* sociologia **sociological** *adj* sociològic **sociologist** *nc* sociòleg -òloga

233.3 Ciències

science *ni/c* ciència *natural sciences* ciències naturals *bachelor of science* llicenciat en ciències (davant de *n*) *science teacher* professor de ciències **scientific** *adj* científic **scientist** *nc* científic -a

biology *ni* biologia **biological** *adj* biològic **biologist** *nc* biòleg -òloga

botany *ni* botànica **botanical** *adj* botànic **botanist** *nc* botànic

chemistry *ni* química **chemical** *adj* químic **chemist** *nc* químic

economics *ni* econòmiques **economic** *adj* econòmic **economist** *nc* economista *vegeu també **264 Finance**

mathematics *ni* matemàtiques TAMBÉ **maths** (*brit*) **math** (*amer*) *ni* matemàtiques, mates **mathematical** *adj* matemàtic **mathematician** *nc* matemàtic -a *vegeu també **297 Maths**

physics *ni* física **physical** *adj* físic **physicist** *nc* físic

zoology *ni* zoologia **zoological** *adj* zoològic **zoologist** *nc* zoòleg -òloga

233.4 El laboratori de ciències

laboratory, *abrev* [més informal] **lab** *nc* laboratori *research laboratories* laboratoris d'investigació *physics/chemistry laboratory* laboratori de física/química *laboratory-tested* provat al laboratori (davant de *n*) *laboratory animal* animal de laboratori

element *nc* element *chemical element* element químic

compound *nc* compost *a compound of chlorine and oxygen* un compost de clor i oxigen **compound** *adj* compost

233.5 Exàmens i títols

exam *nc* [el terme habitual, esp. en anglès parlat] examen *history/music exam* examen d'història/de música *to take/sit/do an exam* presentar-se a fer un examen *to pass/fail an exam* aprovar/suspendre un examen (davant de *n*) *exam paper* [l'escrit que conté les preguntes] examen

examination *nc/i* [principalment en contextos formals] examen

examine *vt* (sovint + **on**) examinar **examiner** *nc* examinador -a

test *nc* 1 [examen breu] prova *geography test* prova de geografia *driving test* examen de conduir *a test of your skill/knowledge/character* una prova d'aptitud/de coneixements/de caràcter 2 [p. ex. d'una màquina] assaig [fet per un metge] *blood test* anàlisi de sang *eye test* revisió ocular *to carry out tests on sth* sotmetre ac a proves *to put sb/sth to the test* posar a/ac a prova

test *v* 1 *vt* (sovint + **on**) [obj: p. ex. persona, coneixements, força] provar, examinar *We're being tested on our French verbs tomorrow.* Demà ens faran una prova de verbs en francès. 2 *vti* (sovint + **for, on**) provar, fer proves *This product has not been tested on animals.* Aquest producte no s'ha provat amb animals. *They're testing for radioactivity.* Estan fent proves de radioactivitat.

graduate *vi* 1 [rebre títol universitari] llicenciar-se 2 (*amer*) treure's el batxillerat *to graduate from high school* treure's el batxillerat **graduation** *ni* graduació

qualify *v* 1 *vit* (sovint + **as, for**) qualificar-se, graduar-se, obtenir un títol *She's recently qualified as a dentist.* Recentment es va treure el títol de dentista. *The team qualified for the second round of the tournament.* L'equip es va classificar per a la segona ronda del torneig. 2 *vit* (sovint + **for**) [ser la persona escaient] tenir els requisits *Do I qualify for a tax rebate?* Tinc dret a una devolució dels impostos? **qualified** *adj* apte, qualificat, titulat

qualification *nc* (habit. *pl*, sovint + **for**) qualificació, títol *We still haven't found anyone with the right qualifications for the job.* Encara no hem trobat ningú que tingui la qualificació adequada per a la feina.

award *vt* [obj: p. ex. títol] atorgar *vegeu també **398 Reward**

degree *nc* [qualificació de carrera universitària] grau, títol *law degree/degree in law* llicenciatura en dret *first degree* llicenciatura *higher degree* títol de postgrau

diploma *nc* [habit. en formació professional] diploma

scholarship *n* 1 *nc* beca *She won a scholarship to Cambridge.* Va guanyar una beca per estudiar a Cambridge. 2 *ni* saber, erudició

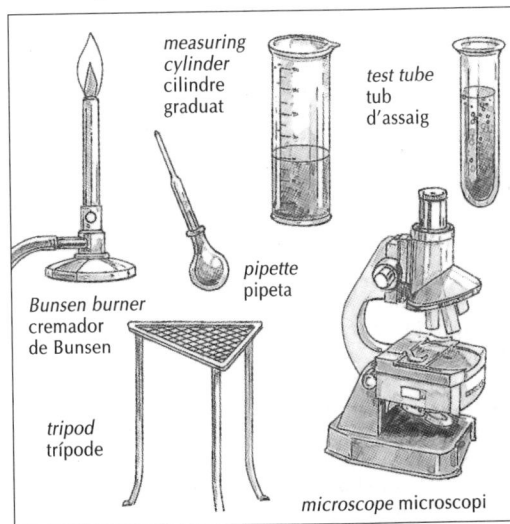

GRUPS DE PARAULES

234 Teach Ensenyar

teach v, pas. & pp. **taught** (sovint + **to** + INFINITIU) **1** vti [a l'escola, la universitat, etc] ensenyar, ser professor/mestre de *He teaches at the village school.* És mestre a l'escola del poble. *I teach French.* Sóc professora de francès. **2** vt [mostrar o explicar] ensenyar *My parents taught me to read.* Els pares em van ensenyar a llegir. **3** vt [fer conscient de les conseqüències] ensenyar, servir de lliçó *That'll teach you not to play with matches!* Això t'ensenyarà a no jugar amb llumins! *I hope that's **taught** you **a lesson**!* Espero que això t'hagi servit de lliçó!

teaching n **1** ni ensenyament *a career in teaching* una carrera com a professor **2** nc doctrina *the teachings of Christ* les ensenyances de Crist

educate vt [obj: persona] **1** (habit. passiu) [donar ensenyament general] instruir, educar *She was educated in Italy.* Va estudiar a Itàlia. **2** [fer conscient de] educar *We're trying to educate the public about healthy eating.* Intentem educar la gent perquè segueixi una alimentació sana.

educated adj culte, amb estudis *an educated guess* l'estimació d'un entès

train v (sovint + **to** + INFINITIU) **1** vt [habit. referit a destreses pràctiques. Obj: p. ex. persona] formar, instruir *You can't use the new machine without being trained first.* No es pot manipular la nova màquina sense una formació prèvia. *a fully trained engineer* un enginyer titulat **2** vit [preparar(-se) per a un esport] entrenar(-se) *She is training for the competition.* S'està entrenant per a la competició. **3** vt [obj: animal] ensinistrar **training** ni formació, entrenament, ensinistrament

retrain vt [ensenyar una tècnica nova] reciclar *Many factory workers are being retrained for office work.* Molts treballadors de la fàbrica s'estan reciclant per fer tasques administratives. **retraining** ni reciclatge

instruct vt (sovint + **in**) [més formal que **teach** or **train**. Sovint ref. a una destresa pràctica. Obj: persona, grup] instruir *We were instructed in the use of the fire-fighting equipment.* Ens van ensenyar com utilitzar l'equip contra incendis.

instruction ni instrucció *to receive instruction in sth* ser instruït en ac

lecture v **1** vi (sovint + **on**, **in**) [ref. a lliçons magistrals] donar classes *She lectures on archaeology at London University.* Ensenya arqueologia a la Universitat de Londres. **2** vt (sovint + **about**, **on**) [pej.] sermonejar *My parents lectured me on respect for my elders.* Els pares em van fer un sermó sobre el respecte als grans.

lecture nc **1** (sovint + **on**) lliçó magistral, conferència *a course of lectures on German history* un curs de conferències sobre la història d'Alemanya **2** (sovint + **about**, **on**) [pej.] sermó

234.1 Persones que ensenyen

teacher nc professor -a, mestre -a *French teacher* professora de francès *primary-school teacher* mestre *class teacher* o *form teacher* [en ensenyament primari i secundari] tutor -a

master (m.), **mistress** (f.) nc [força obsolet, però encara util. en escoles tradicionals i per la gent gran] professor -a (de secundària) *science mistress* professora de ciències

headteacher (brit) o **headmaster** (brit) (m.), **headmistress** (brit) (f.), nc director -a

head (brit) nc [menys formal que **headteacher**, etc.] director -a *The head wants to see you in his study now.* El director et vol veure al seu despatx ara mateix.

headship nc (brit) direcció

principal nc [d'escola] director -a [d'universitat] rector -a

tutor nc **1** [que dóna classes particulars, les quals substitueixen l'escola convencional] preceptor -a, professor -a particular **2** [*vegeu **235 Tutorial**] professor -a, tutor -a **tutor** vti ensenyar, instruir **tuition** (brit) ni ensenyament, instrucció

coach nc **1** [esport] entrenador -a *football coach* entrenador de futbol **2** [habit. que prepara per a un examen] professor -a particular, preparador -a **coach** vt instruir, entrenar

trainer nc **1** [habit. esports] entrenador -a **2** [animals] ensinistrador -a

instructor nc [habit. en destreses pràctiques] instructor -a *flying/driving instructor* instructor de conducció/vol

lecturer nc [universitari] professor -a *history lecturer/lecturer in history* professor d'història

professor nc **1** (brit) [professor/a universitari/ària amb càtedra] catedràtic -a *chemistry professor/professor of chemistry* catedràtic de química **2** (amer) professor -a (universitari -ària) *associate professor* professora adjunta **professorship** nc càrrec de catedràtic -a

235 Learn Aprendre

learn vti, pas. & pp. **learned** o **learnt** (brit) **1** (sovint + **to** + INFINITIU) [obj: matèria, fet, destresa] aprendre *I want to learn (how) to drive.* Vull aprendre a conduir. *He **learnt** the poem **by heart** (brit & amer)/**off by heart** (brit).* Va aprendre's el poema de memòria. **2** [per experiència] aprendre *When will they ever learn!* No n'aprendran mai! *I think she's **learned her lesson**.* Crec que ha après la lliçó. **3** (sovint + **about**, **of**, **that**) [descobrir. Obj: p. ex. naturalesa, identitat] assabentar-se de, esbrinar *We only learnt of the change of plan last Friday.* No ens vam assabentar del canvi de plans fins divendres passat.

study v **1** vti [obj: p. ex. matèria, autor, període] estudiar *He's studying to be a lawyer.* Estudia per advocat. *I'm studying French at university.* Estudio francès a la universitat. **2** vt [obj: p. ex. document, mapa] estudiar, examinar

study ni/c estudi *time set aside for private study* temps reservat per a l'estudi individual *She'll be continuing her studies at an American university.* Continuarà els estudis en una universitat americana. *to make a study of sth* fer una investigació sobre ac

revise vit (brit) repassar *He's revising for a physics exam.* Està repassant per a l'examen de física. **revision** ni repàs

176

review vit (amer) repassar *She's reviewing for a physics exam.* Està repassant per a l'examen de física.

course nc (sovint + **in**) curs *to do a course in business studies* fer un curs d'estudis empresarials *a language course* un curs d'un idioma

class nc **1** classe, lliçó *geography class* classe de geografia *to go to evening classes* estudiar al vespre, fer nocturn **2** [grup d'alumnes] grup, classe *I punished the whole class.* Vaig castigar tota la classe.

lesson nc **1** lliçó, classe *a biology lesson* una lliçó de biologia *to give lessons* donar classes *She gave us all a lesson in good manners.* Ens va donar a tots una lliçó de bones maneres. **2** [exemple o experiència que adverteix] lliçó *What lesson can we draw from this little story?* Què podem aprendre d'aquesta petita història? *Let that be a lesson to you!* Que et serveixi de lliçó!

tutorial nc [classe individual que és una part normal de l'ensenyament a diverses universitats britàniques] classe particular

seminar nc seminari

subject nc assignatura *French is my worst subject.* El francès és l'assignatura que em va pitjor.

homework ni (sempre incomptable en anglès) deures *Have you got much homework?* Tens molts deures? [també en sentit figurat] *Their legal advisers obviously hadn't done their homework.* Era prou evident que els seus advocats no s'havien preparat com calia.

235.1 Aprenents

schoolboy (m.), **schoolgirl** (f.) nc escolar (davant de n) *schoolboy jokes* acudits infantils

utilització

Als Estats Units dels escolars normalment en diuen **students**. Al Regne Unit, normalment es reserva el terme **students** per als que estudien a la universitat, mentre que dels escolars en diuen **pupils**.

schoolchild nc, pl **schoolchildren** (habit. en pl) escolar, alumne -a

pupil nc **1** (esp. brit) [d'escola primària o secundària] alumne -a **2** [deixeble/a] alumne -a *Beethoven was a pupil of Haydn.* Beethoven va ser deixeble de Haydn.

student nc **1** [en escoles superiors] estudiant, alumne -a *a chemistry student* una estudiant de química (davant de n) *student days* època d'estudiant *student teacher* professor en pràctiques **2** (esp. amer) [escolar] alumne -a

undergraduate nc [que estudia la carrera universitària; ref. als estudiants abans de tenir el títol] estudiant (davant de n) *undergraduate course* curs de llicenciatura

graduate nc **1** [amb títol] llicenciat -ada *Industry is trying to attract more graduates.* La indústria intenta d'atreure més llicenciats. *a graduate of Cambridge University* un llicenciat per la Universitat de Cambridge **2** (amer) [d'escola secundària] batxiller -a

postgraduate nc (esp. brit) postgraduat -ada (davant de n) *postgraduate seminar* seminari de postgrau

scholar nc especialista, savi/sàvia, entès -esa *Scholars cannot agree on the date of the manuscript.* Els especialistes discrepen sobre la data del manuscrit. [també més informal] *I'm no scholar.* No sóc cap erudit. **scholarly** adj erudit

236 Clever Intel·ligent

vegeu també **110 Know; 238 Sensible; 239 Skilful;** contrari **240 Stupid**

clever adj [mot genèric, de vegades pej.] **1** [descriu: p. ex. persona, pla, comentari] intel·ligent, llest, espavilat, hàbil *You're very clever to have worked that out.* Ets molt llesta si has resolt això. *That was clever of you.* Has estat molt hàbil. *That's a clever little gadget/machine.* És una maquineta molt enginyosa. **2** (habit. darrere v) [de manera pràctica] (tenir) manetes, traça *She's very clever with her hands.* Té molta traça amb les mans. *clever at making things* enginyós a construir coses **cleverly** adv hàbilment **cleverness** ni intel·ligència, habilitat

intelligent adj [lleug. més formal que **clever**. Sempre positiu. Descriu: p. ex. persona, pregunta, comentari] intel·ligent **intelligently** adv intel·ligentment

intelligence ni intel·ligència *a person of average intelligence* una persona d'una intel·ligència normal (davant de n) *intelligence test* test d'intel·ligència

perceptive adj [més aviat formal. Descriu: p. ex. persona, comentari, crítica] perspicaç, agut

intellectual adj [descriu: p. ex. conversa, interès, personal] intel·lectual *The book is too intellectual for my taste.* El llibre és massa intel·lectual per al meu gust. **intellectual** nc intel·lectual **intellect** nc/i intel·lecte

learned adj [que ha estudiat molt] erudit **learning** ni aprenentatge, erudició

wise adj [que té bon criteri, sovint per experiència. Descriu: p. ex. persona, decisió, elecció] savi, assenyat *You were wise not to say anything.* Vas ser molt prudent en no dir res. *Her explanation left me none the wiser.* Després de la seva explicació, encara ho entenc menys. **wisely** adv sàviament **wisdom** ni saviesa, seny

quick-witted adj [ràpid per comprendre i reaccionar] llest

shrewd adj [experimentat i difícil d'enganyar] sagaç, llest *a shrewd businessman* un home de negocis perspicaç *I've a shrewd idea who might have sent the letter.* Tinc una idea força fonamentada sobre qui ha pogut enviar la carta. **shrewdly** adv sagaçment **shrewdness** ni sagacitat, perspicàcia

astute adj astut *She is an astute judge of ability.* És molt astuta quan es tracta de valorar les habilitats d'altres persones. *an astute businessman* un home de negocis astut

cunning adj [de vegades pej., implica deshonestedat. Descriu: p. ex. persona, disfressa, complot] astut, enginyós, murri *He used a cunning trick to lure the enemy into his trap.* Va utilitzar un truc enginyós per fer caure l'enemic a la trampa. **cunningly** adv astutament

cunning ni [de vegades pej.] astúcia, enginy *She used cunning to outwit her rivals.* Es va servir de l'astúcia per passar la mà per la cara als rivals. *vegeu també **214 Dishonest**

---

frases fetes

use your loaf (*brit*)/**head!** (*brit & amer*) [informal. Sovint en to exasperat. Lit.: fes servir la barra de pa] Fes servir el cap!

I wasn't born yesterday! [una rèplica quan l'interlocutor intenta enganyar de manera òbvia] No vaig néixer ahir./Que sóc gat vell! *Don't tell me they're just good friends – I wasn't born yesterday!* No m'expliquis que només són bons amics – que sóc gat vell!

236.1 Extremadament intel·ligent

brilliant adj [descriu: p. ex. científic, actuació, solució] brillant *She was a brilliant student.* Era una alumna brillant. *What a brilliant idea!* Quina idea més brillant! **brilliantly** adv brillantment **brilliance** ni intel·ligència, brillantor

ingenious adj [que mostra enginy. Descriu: p. ex. persona, invent, idea] enginyós **ingeniously** adv amb enginy **ingenuity** ni enginy, inventiva

genius n 1 nc [persona] geni *a mathematical genius* un geni de les matemàtiques 2 ni/c (cap pl) [més aviat formal] genialitat *the idea of genius* el concepte de genialitat *He **has a genius for** getting himself into trouble.* Té un do especial per complicar-se la vida.

236.2 Paraules informals per referir-se a la intel·ligència

bright adj espavilat *She's a very bright child.* És una nena molt espavilada. [sovint sarcàstic] genial *Whose bright idea was it to give the kids finger paints?* Qui va tenir la idea genial de donar les pintures als nens?

smart adj (esp. amer) llest *If you're so smart, you answer the question.* Si ets tan llesta, contesta la pregunta tu.

quick adj (habit. darrere v) [sovint per descriure gent aguda o els seus comentaris] ràpid, llest, agut, viu **quick on the uptake** ràpid per comprendre

brains n pl 1 [força informal] cap, intel·ligència *She's got brains, that girl.* És realment intel·ligent, aquesta noia. 2 (sempre + **the**) [persona] cervell *the brain(s) behind the operation* el cervell darrere l'operació **brainy** adj intel·ligent

---

Expressions pejoratives referides a persones que o bé volen semblar intel·ligents o bé són intel·ligents d'una manera bromista o irritant.

clever dick (*esp. brit*) set-ciències, saberut -uda

know-all (*brit*), **know-it-all** (*esp. amer*) set-ciències, saberut -uda

smart alec set-ciències, saberut -uda

wise guy (*esp. amer*) set-ciències, saberut -uda

---

237 Able Capaç

vegeu també **78 Possible; 239 Skilful**

able adj 1 (darrere v; sovint + **to** + INFINITIU) [correspon a, o substitueix, el verb modal **can**] **to be able to** poder *I'm sorry I wasn't able to come last night.* Sento molt no haver pogut venir ahir. *I'll certainly help if I'm able (to).* Segur que us ajudaré si puc. 2 [destre i competent] capaç, apte *He's definitely the ablest of my three assistants.* Certament és el més capaç dels meus tres ajudants. **ably** adv hàbilment

ability n 1 ni (sovint + **to** + INFINITIU) capacitat *the machine's ability to process complex data* la capacitat de l'aparell de processar dades complexes **to the best of my ability** tan bé com sàpiga 2 ni/c habilitat, aptitud, talent *a woman of considerable ability* una dona d'un talent considerable *a task more suited to his abilities* una tasca més apropiada a la seva aptitud

capable adj 1 (darrere v; sovint + **of**) capaç *a car capable of speeds over 200 kph* un cotxe que pot superar els 200 km/h [de vegades en contextos pej.] *He's quite capable of leaving us to clear up all on our own.* És ben capaç de deixar que ho endrecem tot nosaltres sols. 2 competent *I'll leave the job in your capable hands.* Deixo la feina en les teves competents mans. **capably** adv hàbilment

capability ni/c (sovint pl) capacitat *No one doubts her capability/capabilities.* Ningú no dubta de la seva capacitat. *nuclear capability* capacitat nuclear

competent adj 1 [implica eficiència, no intel·lecte] competent *My secretary's extremely competent at her job.* La meva secretària és extremadament competent en la seva feina. 2 (sovint + **to** + INFINITIU) [que té l'experiència o qualificació necessàries] *I'm afraid I'm not competent to judge.* Lamento no estar qualificat per jutjar-ho. **competently** adv competentment **competence** ni competència

proficient adj (sovint + **at, in**) [més aviat formal. Que té un alt nivell de competència] perit, capaç, competent, versat *a proficient mechanic* un mecànic competent *She's proficient in English.* Domina molt bé l'anglès. **proficiently** adv competentment **proficiency** ni perícia, competència, perfeccionament

adept adj (+ **at** + -ing, **in** + -ing) hàbil, expert *She's very adept at dealing with awkward customers.* És molt hàbil per tractar els clients difícils.

238 Sensible Sensat

vegeu també **130 Sane**; **236 Clever**; contrari **241 Foolish**

sensible *adj* (sovint + **about**) sensat, assenyat, raonable *Be sensible, you can't possibly afford it.* Sigues raonable, no t'ho pots permetre de cap manera. *That's the first sensible suggestion anyone's made all day.* Aquest és el primer suggeriment sensat que s'ha fet en tot el dia. *sensible shoes* [irònic o jocós. Sabates apropiades per caminar] sabates planes **sensibly** *adv* sensatament

> *utilització*
>
> No s'ha de confondre **sensible** (sensat, raonable) amb **sensitive** (sensible), (*vegeu **151 Emotion**).

sense *ni* seny, sentit *I wish you'd had the sense to ask me first.* Tant de bo que haguessis tingut el seny de preguntar-m'ho abans. *There's no sense in wasting a good opportunity.* No té cap sentit deixar perdre una bona oportunitat. *It makes sense to keep on good terms with her.* És prudent mantenir bones relacions amb ella. *Talk sense!* Parla amb seny!

common sense *ni* sentit comú *Use your common sense!* Tingues una mica de seny! *It's only common sense to ask her advice.* És només de sentit comú demanar-li consell. **commonsense** *adj* assenyat, racional

prudent *adj* [més formal que **sensible**] prudent *It would be prudent to inform them of your decision.* Seria prudent informar-les de la teva decisió. **prudently** *adv* prudentment **prudence** *ni* prudència

mature *adj* [descriu: p. ex. actitud, resposta] madur *He's being very mature about the whole thing.* Es mostra molt madur en tot aquest assumpte. **maturity** *ni* maduresa

moderate *adj* [sovint en contextos polítics. Descriu: p. ex. opinions, polítiques] moderat **moderate** *nc* moderat -ada

logical *adj* 1 [descriu: p. ex. raonament, demostració, anàlisi] lògic 2 [que mostra seny. Descriu: p. ex. explicació, sortida] raonable, lògic *It's the logical next step.* És el pas més raonable que es pot fer ara. *It's not logical to expect them to help us out.* No és raonable esperar que ens ajudin a sortir-nos-en. **logically** *adv* lògicament

logic *ni* 1 [raonament acurat] lògica *to work sth out by logic* resoldre ac de manera lògica 2 [seny] sentit *There's no logic in what she says.* El que diu no té sentit.

> *frases fetes*
>
> **to have one's head screwed on (the right way)** [informal] tenir el cap ben posat
> **to have one's feet on the ground** [informal. Ser sensat i realista] tocar de peus a terra

238.1 Seriós

vegeu també **74 Important**; **447 Sad**

serious *adj* 1 (sovint + **about**) [no de broma. Descriu: p. ex. atenció, suggeriment] seriós *Is she serious about resigning?* Pensa de debò a dimitir? *Be serious for a moment.* Sigues seriós per un moment. 2 (davant de *n*) [no per entretenir. Descriu: p. ex. article, diari, música] seriós, solemne **seriousness** *ni* serietat

seriously *adv* seriosament *to take sb/sth seriously* prendre's a/ac seriosament *I must think seriously about the proposal.* He de considerar la proposta seriosament. [al principi de la frase] *Seriously, is that what you really think?* De veritat que és això el que realment opina?

earnest *adj* 1 [habit. força jocós o pejoratiu quan es ref. a persones] seriós, formal *He's so earnest about everything.* És tan formal amb tot. 2 [més fort que **serious** i lleug. més formal. Descriu: p. ex. esforç, desig] seriós, ferm [funciona com *n*] *to be in earnest about something* tractar una cosa seriosament *I thought she was joking, but she was in deadly earnest.* Em pensava que ho deia de broma, però parlava amb una total serietat. **earnestly** *adv* seriosament

sober *adj* 1 [racional i fred. Descriu: p. ex. estimació, anàlisi] sobri, mesurat 2 [no lluent o ostentós. Més aviat formal. Descriu: p. ex. color, vestit] discret **soberly** *adv* sòbriament

solemn *adj* [amb intenció absoluta d'executar ac. Descriu: p. ex. promesa] solemne, formal **solemnly** *adv* solemnement

> *frase feta*
>
> **to keep a straight face** [no riure quan hom ho vol fer] fer un esforç per no riure *I could hardly keep a straight face when he dropped his notes.* Amb prou feines em vaig poder aguantar el riure quan li van caure els apunts.

239 Skilful Destre

vegeu també **236 Clever**; contrari **242 Unskilled**

skilful (*esp. brit*), **skillful** (*amer*) *adj* (sovint + **at**, **in**) destre, hàbil *He's a skilful painter.* És un pintor hàbil. **skilfully** *adv* destrament

skilled *adj* (sovint + **at**, **in**) [habit. en contextos industrials o comercials. Descriu: p. ex. treballador, negociador, feina] destre, traçut, expert, especialitzat *skilled in the art of wood engraving* expert en l'art de gravar la fusta

accomplished *adj* [habit. referit a habilitats artístiques o socials. Descriu: p. ex. intèrpret, actuació] consumat, expert *He is an accomplished poet.* És un poeta consumat.

professional *adj* 1 [favorable. Descriu: p. ex. nivell de qualitat, actitud] professional *You've made a really professional job of landscaping the garden.* Ha fet una feina de reforma del jardí molt professional. 2 [no amateur. Descriu: p. ex. jugador, esport] professional *to turn professional* fer-se professional **professionally** *adv* professionalment **professionalism** *ni* professionalisme

professional nc **1** [favorable] professional *Being a true professional, she took all the problems in her stride.* Com a bona professional, va saber estar a l'altura de les circumstàncies. **2** [esport] professional *golf/tennis professional* professional del golf/tennis

expert adj (sovint + **at**, **in**) [descriu: p. ex. coneixements, destresa, consell] expert *She's expert at handling difficult situations.* És experta en fer-se càrrec de situacions difícils. *We'd better ask for an expert opinion.* Val més que demanem l'opinió d'un especialista.

expert nc (sovint + **on**) expert -a, especialista, entès -esa *Experts date the painting to the 11th century.* Els especialistes daten el quadre al segle XI. **expertly** adv expertament

specialist nc (sovint + **in**) [sovint ref. a metges que s'especialitzen en una àrea concreta de la medicina] especialista *My doctor sent me to see a specialist.* El metge em va enviar a veure un especialista. *eye specialist* oftalmòleg

specialist adj especialista *a specialist bookshop* una llibreria especialitzada

specialize, TAMBÉ **-ise** (*brit*) vi (sovint + **in**) especialitzar-se

virtuoso adj [esp. en música. Descriu: p. ex. intèrpret, actuació] virtuós **virtuosity** ni virtuositat

virtuoso nc virtuós -osa *trumpet virtuoso* virtuós de la trompeta

frase feta

be a dab hand (*brit*) [informal, s'utilitza sovint en contextos lleug. jocosos] tenir la mà trencada *He's a dab hand at changing nappies.* En això de canviar bolquers hi té la mà trencada.

239.1 Habilitat

skill n **1** ni (sovint + **at**, **in**) habilitat, destresa, tècnica *It takes great skill to produce an absolutely even surface.* Cal tenir molta tècnica per deixar una superfície completament llisa. **2** nc habilitat, destresa, tècnica *to learn/acquire new skills* aprendre/adquirir habilitats noves

knack nc (cap pl) [informal] traça, truc *It's easy once you have the knack.* És fàcil un cop ho tens per la mà. *There's a knack to getting the lids off these pots.* Hi ha un truc per treure els taps d'aquests pots.

dexterity ni [més aviat formal] destresa *manual dexterity* destresa manual **dexterous** adj [formal] destre

prowess ni [més aviat formal. Sovint ref. a força o bon estat físic, etc., més que a habilitat artística o mental] traça, valor *He tends to boast about his prowess as a huntsman.* Acostuma a vanar-se de la seva habilitat com a caçador.

239.2 Habilitat natural

talent n **1** ni/c (sovint + **for**) talent, do *He has a talent for spotting a good deal.* Té el do de reconèixer un bon negoci. (davant de n) *talent contest* concurs per descobrir estrelles *talent scout* descobridor d'estrelles **2** ni [amb talent] gent dotada *We don't appreciate the talent there is here in our own company.* No apreciem la gent dotada que hi ha aquí a l'empresa. **talented** adj dotat

gift nc (sovint + **for**) do *You've a real gift for designing things.* Realment tens un do per dissenyar coses. **gifted** adj dotat *gifted children* nens dotats

flair nc/i (cap pl; sovint + **for**) [implica imaginació i sovint extravagància] nas, fantasia *a journalist with a flair for a good story* una periodista que té nas per a una bona història *He always dresses with flair.* Sempre es vesteix amb fantasia.

aptitude ni/c (sovint + **for**) aptitud *They show little natural aptitude for the work.* Mostren poca aptitud natural per a la feina.

frases fetes

to be cut out for something [força informal. Ref. a caràcter i personalitat més que a habilitats] tenir caràcter per a una cosa *He isn't really cut out to be a teacher.* No té caràcter per ser professor.

to have what it takes (*brit & amer*) **to have got what it takes** (*brit*) (sovint negatiu) [força informal. Ref. a qualitats personals i a habilitats, talent per als esports, etc.] tenir el que cal, tenir les qualitats necessàries *She hasn't really got what it takes to be the boss.* De fet no té el que es necessita per ser el cap. *He's got what it takes to be a professional footballer.* Té el que cal per ser un futbolista professional.

240 Stupid Estúpid

vegeu també **241 Foolish**; contrari **236 Clever**

stupid adj [mot genèric, sovint per insultar. Descriu: p. ex. persona, pla, idea] estúpid *You stupid idiot!* Ets un estúpid! *How could you be so stupid as to forget?* Com vas poder ser tan estúpid d'oblidar-ho? [util. per mostrar irritació amb ac] *This stupid door won't shut.* Aquesta desgràcia de porta no es tanca. **stupidly** adv estúpidament **stupidity** ni estupidesa

thick adj [informal. Sovint per insultar] estúpid, ximple, soca, curt *You're just too thick to understand what's going on.* Ets senzillament massa soca per entendre el que passa.

dim-witted adj [lleug. menys fort i menys cru que **stupid** o **thick**] toix, beneit *He's a bit dim-witted, but he tries his best.* És un beneit, però s'esforça al màxim. **dimwit** nc beneit

símil

as thick as two (short) planks (*brit*) [lit.: gruixut com dos taulons] més ruc que fet d'encàrrec

slow adj [lleug. eufèmic] lent, fluix *the slower ones in the class* els fluixos de la classe

dull adj [lleug. formal] curt, talòs **dullness** ni curtedat
*vegeu també **119 Boring**

backward adj [descriu: p. ex. nen] endarrerit

dumb adj [informal] soca, estúpid *That was a really dumb thing to do.* Fer allò va ser una autèntica rucada.

ignorant adj [que li manca coneixements i educació] ignorant *You don't know what it means because you're too ignorant!* No saps què vol dir perquè ets massa ignorant. *vegeu també **112.1 Unknown**

240.1 Gent estúpida

imbecile nc [principalment con un insult fort] imbècil *You imbecile, you nearly ran me over!* Imbècil, una mica més i m'atropelles!

moron nc [terme descriptiu molt ofensiu o insultant] imbècil *Only a complete moron could have got that wrong.* Només un imbècil perdut podia entendre-ho malament. **moronic** adj imbècil

dummy nc (esp.amer) [informal. Insult suau] carallot -a *You've broken it, you dummy!* L'has trencat, carallot!

241 Foolish Ximple

vegeu també **129 Mad**; **240 Stupid**; contrari **238 Sensible**

foolish adj [mot genèric util. per descriure persones, accions, comentaris, etc., però lleug. massa formal per formar part dels insults] ximple, imprudent *It would be foolish to take the risk.* Seria imprudent córrer el risc. *I felt very foolish when they found out.* Em vaig sentir ridícul quan ho van descobrir. **foolishly** adv amb ximpleria **foolishness** ni ximpleria, imprudència

silly adj **1** [més informal que **foolish**. S'utilitza principalment en crítiques o insults suaus i sovint parlant amb la mainada] ximplet, ruc, poca-solta *You've been a very silly little boy.* Has estat un nen ben ximple. *You can wipe that silly grin off your face.* Fes el favor de deixar de somriure com un beneit. **2** (darrera v) sense sentits *laugh oneself silly* petar-se de riure *drink oneself silly* beure fins a perdre els sentits **silliness** ni ximpleria, estupidesa

daft adj (esp. brit) [informal] beneit, ruc *Don't be daft, you know you can't afford it.* No siguis beneit, saps que no t'ho pots permetre. *She's completely daft about that horse.* Està completament boja per aquell cavall.

idiotic adj [més fort que **foolish**] idiota, imbècil *That's the most idiotic suggestion I've ever heard.* Aquest és el suggeriment més idiota que he sentit mai. **idiotically** adv estúpidament

241.1 Gent ximple

fool nc ximplet -a *You were a fool not to take the offer.* Vas ser un ximplet en no acceptar l'oferta. *He doesn't suffer fools gladly.* No pot aguantar la gent ximple.

idiot nc [més informal i més fort que **fool**, sovint en insults] idiota, imbècil *She made me feel a complete idiot.* Em va fer sentir completament estúpid. *Some idiot threw a lighted cigarette in the waste paper basket.* Algun imbècil va tirar un cigarret encès a la paperera.

idiocy ni [habit. s'utilitza més formalment que **idiot**] idiotesa

frases fetes

need one's head examined [informal; lit.: cal que li examinin el cap] haver de fer-s'ho mirar *You paid how much? You must need your head examined.* Quant dius que vas pagar? Fes t'ho mirar.

figure of fun (brit) motiu de burla *They treat their French teacher as a figure of fun.* Sempre se'n fumen del professor de francès.

jerk nc (esp. amer) [informal, més suau que **fool** o **idiot**] poca-solta *Don't be a jerk, apologise to her.* No siguis poca-solta, demana-li disculpes.

twit nc (brit) [informal, més suau que **fool**] ruc, toix *I felt a bit of a twit hopping around on one leg.* Em sentia com un ruc saltant amunt i avall a peu coix.

wally nc (brit) [informal, molt suau i de vegades fins i tot afectuós; habit. referit als homes] beneit *Her husband's pleasant but a bit of a wally.* El seu marit és simpàtic però una mica beneit.

241.2 Ridícul

ridiculous adj ridícul *You look utterly ridiculous in that hat.* Estàs totalment ridícul amb aquest barret. (sovint expressa enuig o indignació) *It's ridiculous that we should have to pay twice.* És ridícul que haguem de pagar dos cops. **ridiculously** adv ridículament

absurd adj absurd *Don't be absurd, you'll never manage it all on your own.* No siguis absurda, no te'n sortiràs mai tota sola. **absurdly** adv absurdament **absurdity** ni/c absurditat

ludicrous adj ridícul *It's ludicrous to insist that everyone must wear a top hat.* És ridícul insistir en el fet que tothom ha de portar barret de copa. **ludicrously** adv ridículament

laughable adj còmic, absurd *The whole plan's so impractical that it's laughable really.* Tot el pla és tan poc pràctic que resulta realment còmic. **laughably** adv risiblement

preposterous adj [suggereix que ac irrita per absurda] absurd, desassenyat *The price they're charging is preposterous.* El preu que demanen és absurd. **preposterously** adv absurdament

241.3 Disbarats

nonsense ni **1** disbarats, ximpleries, bestieses *You're talking nonsense.* Estàs dient ximpleries. (interj) *Nonsense! I feel perfectly well.* Ximpleries! Em trobo perfectament. (davant de n) *nonsense poem* poema de disbarats **2** [conducta poca-solta] bestieses, disbarat *Stop this nonsense at once!* Para d'una vegada amb aquestes bestieses! *He won't stand any nonsense.* No permetrà cap ximpleria.

rubbish (brit), **garbage** (amer) ni porqueria, bestieses *I've seen the film. It's (a load of) rubbish!* He vist la pel·lícula. És una porqueria. (*interj*) 'You're too old for the job.' 'Rubbish!' 'Ets massa vell per la feina.' 'Això són bestieses!' *vegeu també **71** Rubbish

senseless *adj* [descriu: p. ex. comentari, pèrdua] sense sentit, insensat *I utterly condemn this senseless violence/slaughter.* Blasmo totalment aquesta violència/carnisseria insensata. **senselessly** *adv* amb manca de sensatesa

illogical *adj* **1** [descriu: p. ex. actitud, excusa] il·lògic, irracional *I know it's illogical but I still think I'm responsible.* Sé que és irracional però encara me'n considero responsable. **2** [descriu: p. ex. raonament, conclusió] il·lògic

241.4 Immadur

immature *adj* immadur *He's too immature to appreciate her good qualities.* És massa immadur per apreciar les seves bones qualitats. **immaturity** *ni* immaduresa

childish *adj* [pej. Descriu: p. ex. conducta, actitud] infantil, pueril *It's so childish of her not to let the rest of us join in.* És tan infantil per part seva no deixar que els altres hi participem. **childishly** *adv* puerilment

infantile *adj* [pej. i més aviat formal] pueril

frases fetes

fool/mess around *vi* fer el ximple, perdre el temps *Stop fooling around and get down to some serious work.* Deixa de fer el ximple i comença a treballar d'una vegada.

play the fool fer el ximple

make a fool/twit, etc. of sb fer quedar algú en ridícul *He made a fool of her in front of all her friends.* La va fer quedar en ridícul davant de tots els seus amics. *I got drunk and made a complete fool of myself.* Em vaig emborratxar i vaig fer el ridícul més espantós.

242 Unskilled No qualificat

contraris **273** Able; **239** Skilful

unskilled *adj* [principalment en contextos industrials o comercials. Descriu: treballador, treball] no qualificat, no especialitzat

incompetent *adj* [pej.] incompetent **incompetently** *adv* incompetentment

incompetence *ni* incompetència *We lost the order through your incompetence.* Vam perdre la comanda per la teva incompetència.

inept *adj* (sovint + **at**) [pej. Més aviat formal, s'utilitza ref. al tractament d'una situació específica més que com a descripció general] inepte *His attempts to calm the crisis were totally inept.* Els seus intents de fer minvar la crisi van ser completament infructuosos. **ineptly** *adv* ineptament **ineptitude** *ni* ineptitud

amateur *adj* **1** (cap *compar* o *superl*) amateur *amateur dramatics* teatre amateur **2** (habit. darrere *v*) [pej.] poc professional *Their first attempts at home decorating looked very amateur.* Els seus primers intents de pintar la casa van ser molt poc professionals. **amateur** *nc* amateur, aficionado -ada

amateurish *adj* [pej. Descriu: p. ex. intent, feina] maldestre, superficial

242.1 Fer malament

bungle *vt* [no dur a terme correctament una operació que no és difícil] fer malament, fer amb els peus *I explained what you had to do so carefully and you still managed to bungle it.* Amb tanta cura que et vaig explicar el que havies de fer, i tot i així ho vas fer amb els peus. *You bungling idiot!* Ets un imbècil incompetent! **bungle** *nc* matusseria **bungler** *nc* matusser -a, potiner -a

botch o **bodge** *vt* [informal, s'utilitza esp. referit a intents de reparació d'ac] potinejar, arreglar malament *a botched job* una feina matussera **botch** o **bodge** *nc* feina matussera

fumble *v* **1** *vt* [esp. no agafar bé una pilota, etc.] agafar malament, agafar amb poca traça **2** *vi* [subj: persona] forfollar *I was fumbling around in the dark trying to find the light switch.* Forfollava a les fosques buscant l'interruptor. *his fumbling attempts to find the right words to say* els seus intents desafortunats de trobar les paraules adequades

cock sth **up** o **cock up** sth *vt* (*brit*) [argot] fer malbé, arruïnar *Can't you even give someone a message without cocking it up!* No pots ni tan sols donar un encàrrec sense cagar-la!

cock-up *nc* (*brit*) [argot] embolic, fracàs *I'm afraid there's been a bit of a cock-up with the travel arrangements.* Em fa l'efecte que hi ha.

243 Difficult Difícil

vegeu també **244** Problem; contrari **247** Easy

difficult *adj* **1** (sovint + **to** + INFINITIU) [descriu: p. ex. tasca, problema] difícil *It's a very difficult language to learn.* És un idioma molt difícil d'aprendre. *We've been going through a difficult time.* Últimament hem passat una mala època. *Please don't make life difficult for me.* Sisplau, no em compliquis la vida. **2** [descriu: persona] difícil, impossible

hard *adj* **1** (sovint + **to** + INFINITIU) [lleug. menys formal que **difficult**] difícil *It's hard to see why the plan failed.* És difícil veure per què el pla va fallar. *to do sth* **the hard way** fer ac de la manera més difícil **2** [que requereix gran esforç. Descriu: p. ex. feina, esforç, pensament] dur, gran *to take a long hard look at something* mirar a fons una cosa *I've had a very hard* *day*. He tingut un dia molt dur. **3** [desagradable i molest] dur, fort, cru *to give sh a hard time* fer-ho passar malament a algú *It's a hard life*. La vida és dura. *Hard luck!* Mala sort! **hardness** *ni* duresa

hard *adv* fort, de valent *They worked very hard*. Treballaven de valent. *I've been **hard at it** all day*. No he parat de pencar en tot el dia.

tricky *adj* [força informal. Descriu: p. ex. situació] delicat, complicat *I'm in a tricky position*. Em trobo en una situació delicada. *It's a tricky business manoeuvring the car into such a small space*. És força complicat fer entrar el cotxe en un espai tan reduït.

tough *adj* **1** [força informal. Descriu: p. ex. decisió, tasca] dur, fort *The exam was very tough*. L'examen era molt complicat. **2** (sovint + **on**) [informal. Desafortunat] dur, injust *It's rather tough on them that they should have to pay for the damage*. És força injust que hagin de pagar els desperfectes. '*I didn't get the job.*' '*Oh, **tough luck!**'* 'No em van donar la feina'. 'Mira, mala sort!'

243.1 Que requereix esforç

demanding *adj* [descriu: p. ex. feina, programa, persona] dur, exigent *Hamlet is a very demanding role*. Hamlet és un paper molt exigent. *Children are so demanding at that age*. La canalla és tan absorbent en aquesta edat.

strenuous *adj* [descriu: p. ex. exercici, esforç] vigorós, esgotador **strenuously** *adv* enèrgicament

arduous *adj* [més aviat formal. Descriu: p. ex. escalada, tasca] ardu, laboriós

243.2 Complicat

complicated *adj* [descriu: p. ex. problema, instruccions, màquina] complicat *The situation's too complicated for me to explain it over the phone*. La situació és massa complicada perquè te l'expliqui per telèfon.

complicate *vt* complicar *Just to complicate matters, he's not arriving till the 16th*. I per acabar de complicar les coses, no arribarà fins el dia 16.

complication *nc* **1** complicació **2** [mèdic] complicació

complex *adj* [descriu: p. ex. xarxa, dibuix, assumpte] complex **complexity** *ni/c* complexitat

utilització

Complicated i complex són similars i sovint es poden intercanviar. Tanmateix, **complex** recalca el grau de coneixements necessaris per entendre la cosa descrita, mentre que **complicated** recalca el nombre de parts que formen el conjunt.

intricate *adj* [sovint favorable, recalcant l'habilitat que es requereix per elaborar la cosa descrita. Descriu: p. ex. talla, disseny, detalls] intricat, complicat **intricacy** *ni/c* complexitat

frases fetes

Maneres idiomàtiques per expressar que una cosa és difícil.

be a job/have a job (+ **to** + INFINITIU o + -ing) ser/tenir un problema *It'll be a job to replace such a good employee*. Serà un problema substituir un empleat tan bo. *You'll have a job finishing that by tomorrow*. Tindràs dificultats per acabar això per demà.

take some doing ser una feina difícil '*I'm going to reorganise the whole office.*' '*That'll take some doing!*' 'Vull reorganitzar tota l'oficina.' 'Renoi, quina feinada!'

be an uphill struggle venir costa amunt *The business is doing well now, but it was an uphill struggle at first*. El negoci va bé ara, però al principi se'ns feia costa amunt.

have one's work cut out tenir prou feina *You'll have your work cut out getting finished in time*. Em fa l'efecte que ho tindràs magre per acabar la feina a l'hora prevista.

easier said than done més fàcil de dir que de fer '*Just slide the pieces together.*' '*That's easier said than done.*' 'Fes que encaixin les peces fent-les relliscar.' 'És més fàcil de dir que de fer.'

244 Problem Problema

problem *nc* (sovint + **of**, **with**) problema *There's the problem of what to wear*. Hi ha el problema de quina roba posar-se. *I may have a problem getting to the party on time*. Pot ser que tingui problemes per arribar a la festa a l'hora. *That loose connection could cause problems later*. Aquesta connexió solta podria causar problemes més endavant. (davant de *n*) *problem child* nen problemàtic *problem family* família problemàtica

problematic TAMBÉ **problematical** *adj* problemàtic *the problematical nature of the relationship* la naturalesa problemàtica de les relacions

difficulty *ni/c* (sovint + **of**, **with**) dificultat, problema *the difficulty of deciding what to do* la dificultat de decidir què fer *I'm having difficulty/difficulties with my homework*. Tinc problemes amb els deures. *I had great difficulty convincing him*. Em va ser molt difícil convèncer-lo. *to be **in** financial **difficulty/difficulties*** tenir dificultats econòmiques

snag *nc* [habit. menys greu que **problem** o **difficulty**] contratemps, revés *We've hit one or two snags*. Ens hem trobat amb uns quants contratemps. *The snag is we don't know who has the key*. El problema és que no sabem qui té la clau.

headache *nc* [informal] maldecap, preocupació *My biggest headache is deciding who to leave out*. La meva gran preocupació és decidir qui excloure.

dilemma *nc* dilema *My dilemma is whether or not to go*. El meu dilema és anar-hi o no.

utilització

Estrictament parlant, **dilemma** es refereix a la difícil tria entre dues opcions. Sovint s'utilitza amb menys precisió per referir-se a problemes o maldecaps, però hi ha persones a qui desagrada aquesta utilització.

quandary *nc* dilema *I'm **in a quandary** over who to choose*. Tinc un dilema sobre qui triar.

244.1 Molestar

trouble n 1 ni/c (sovint + **with**) [dificultat o neguit] problema, preocupació *money trouble/troubles* dificultats econòmiques *He started telling me all his troubles.* Va començar a explicar-me les seves penes. *stomach trouble* molèsties estomacals *I'm having trouble getting the car started.* M'està costant molt engegar el cotxe. *The trouble with you is you're lazy.* El teu problema és que ets un gandul. 2 ni [situació de perill o culpabilitat] problema, conflicte *She's **in trouble with** the police again.* Torna a tenir problemes amb la policia. *They **got into** terrible **trouble** over the broken vase.* Es van ficar en un bon embolic per culpa d'aquell gerro trencat. *That's just asking for trouble.* Això no és més que complicar-se la vida. 3 ni [inconvenient] contratemps, incomoditat *I didn't mean to cause you any trouble.* No pretenia fer-vos anar malament. *It's no trouble at all.* No em sap gens de greu.

trouble vt [més aviat formal] 1 amoïnar, afligir *Something seems to be troubling him.* Em fa l'efecte que hi ha alguna cosa que l'amoïna. *My back's troubling me again.* L'esquena em torna a fer mal. 2 molestar, incomodar *I didn't want to trouble you about such a minor problem.* No el volia incomodar per un problema tan insignificant. [sovint en peticions de cortesia] *Sorry to trouble you, (but) could you pass me my hat?* Sento molestar-lo, però em podria passar el barret?

troublesome adj [descriu: p. ex. persona, problema, tos] pesat, empipador

bother ni/c (*esp. brit*) (cap pl) [més aviat informal] molèstia, nosa *I'm having **a spot of bother** with my computer.* Tinc un petit problema amb l'ordinador. *Sorry to be a bother, but could you help me with this?* Sento molestar-lo, però em podria ajudar amb això?

bother v 1 vt [causar molèstia o preocupació] molestar, empipar, preocupar *I wish she'd stop bothering me about her pension.* Tinc ganes que deixi d'empipar-me amb la seva pensió. *Something's bothering you, what is it?* Alguna cosa t'amoïna; diga'm què és. *Will it bother you if I use the vacuum cleaner in here?* Et molesta si passo l'aspirador aquí? 2 vi (sovint + **to** + INFINITIU) molestar-se *He didn't even bother to say hello.* No es va molestar ni a saludar-nos. *I **can't be bothered** to wash it.* No tinc ganes de rentar-lo.

inconvenience n [menys important que **problem**] 1 ni incomoditat, molèstia *I don't want to put you to any inconvenience.* No et vull causar molèsties. 2 nc contratemps *It's not really a major problem, just an inconvenience.* No és un gran problema – només un contratemps. **inconvenience** vt molestar

nuisance nc molèstia, llauna, nosa *If he's being a nuisance, send him home.* Si et fa nosa, envia'l a casa. *It's a nuisance having to wait for her.* És una llauna que l'haguem d'esperar.

pain nc [informal] avorriment *Having to wait for the bus every day is a bit of a pain.* És força pesat haver d'esperar l'autobús cada dia.

burden nc (sovint + **to**, **on**) càrrega, pes *the burden of responsibility* el pes de la responsabilitat *I don't want to be a burden to you when I'm old.* No us vull representar una càrrega quan sigui gran.

burden vt (sovint + **with**) carregar *I don't want to burden you with a lot of extra work.* No us vull carregar amb molta feina extra.

frases fetes

to be in dire straits passar-les magres
get into hot water [informal] buscar-se complicacions *He got into hot water over those books that went missing.* Es va complicar molt la vida amb l'assumpte dels llibres desapareguts.

244.2 Desavantatge

disadvantage nc desavantatge, inconvenient *The plan has one big disadvantage.* El pla té un gran inconvenient. *You'll be **at a disadvantage** if you haven't got the right equipment.* Et trobaràs en condicions desfavorables si no tens l'equip adequat.

disadvantageous adj desavantatjós

disadvantaged adj [s'utilitza ref. a gent d'una situació social o econòmica marginada] marginat

drawback nc inconvenient *The main drawback of the plan is lack of cash.* El principal inconvenient del pla és la manca de diners.

handicap nc desavantatge *physical handicap* minusvalidesa física *Not knowing the language is a considerable handicap.* És un gran desavantatge no parlar l'idioma. **handicap** vt, **-pp-** perjudicar

handicapped adj disminuït *physically/mentally handicapped* disminuït físic/psíquic (n) [ref. al col·lectiu n] *the handicapped* els minusvàlids, els disminuïts

catch nc [petit engany] trampa *There's always a catch with these kind of special offers.* Sempre hi ha una trampa en aquestes ofertes especials. *What's the catch?* Quina és la trampa?

frases fetes

a fly in the ointment [informal] l'únic inconvenient
to put a spanner (*brit*)/**monkey wrench** (*amer*) **in the works** [informal] posar bastons a les rodes *She threw a spanner in the works by refusing to co-operate.* Ens va complicar les coses en negar-nos la seva cooperació.

245 Hinder Dificultar

vegeu també **34 End**; **330 Delay**

hinder vt [habit. referit a molèsties a petita escala] dificultar, impedir, destorbar *I can't do the housework if you keep hindering me.* No puc fer la feina de casa si no pares de fer-me nosa.

hindrance nc impediment, obstacle *She's more of a hindrance than a help.* Fa més nosa que servei.

hamper vt [sovint es relaciona amb dificultats més grans que **hinder**] impedir, obstaculitzar, tenir dificultats *The rescuers were hampered by bad weather*. L'equip de rescat va tenir dificultats per culpa del mal temps.

impede *vt* [més aviat formal] impedir *My progress was impeded by the enormous pack I was carrying*. L'enorme motxilla que duia m'impedia avançar.

inhibit *vt* **1** [formal o tècnic. Obj: p. ex. creixement, desenvolupament] inhibir, impedir **2** (sovint + **from**) impedir, privar *Having the boss present does tend to inhibit people from speaking out*. Tenir el cap davant acostuma a impedir que la gent parli clar. **inhibited** *adj* inhibit

inhibition *nc* (sovint *pl*) inhibició *to lose one's inhibitions* perdre les inhibicions *I've got no inhibitions about taking my clothes off in public*. No em fa res despullar-me en públic.

hold up sth o **hold** sth **up** *vt* [força informal] obstaculitzar, retardar, aturar *Sorry, I got held up on the way here*. Disculpeu-me, m'he trobat un embús quan venia cap aquí. *Strikes have held up production*. Les vagues han aturat la producció. **hold-up** *nc* embús, interrupció

245.1 Obstruir

obstruct *vt* **1** [obj: p. ex. passadís, tub, vista] obturar, bloquejar, embussar **2** [dificultar. Obj: p. ex. pla, justícia] obstruir, destorbar *The goalkeeper claimed he had been obstructed*. El porter reclamava que l'havien obstruït. **obstruction** *ni/c* obstrucció

block *vt* **1** (sovint + **off**, **out**, **up**) embussar, tapar, obstruir *to have a blocked(-up) nose* (tenir el) nas tapat *Move on, you're blocking the corridor*. Seguiu caminant, esteu obstruint el passadís. *That tree blocks out the light from the lounge*. Aquell arbre impedeix que la llum entri a la saleta. **2** [impedir. Obj: p. ex. cita, tracte, legislació] bloquejar

blockage *nc* obstrucció, tap, embussament *There seems to be a blockage in the pipe*. Sembla que la canonada està embussada.

dam *vt*, **-mm-** [obj: riu, riera] estancar **dam** *nc* presa

prevent *vt* (sovint + **from**) [obj: p. ex. accident, malaltia] impedir, privar, evitar *The security man tried to prevent us from leaving*. El guarda de seguretat volia impedir-nos que sortíssim. *I'm trying to prevent a disaster*. Intento d'evitar un desastre. **preventable** *adj* evitable

prevention *ni* prevenció, profilaxi *crime prevention* prevenció del crim *Prevention is better than cure*. És millor prevenir que curar.

preventive *adj* preventiu *preventive medicine* medicina preventiva

thwart *vt* [sovint d'una manera astuta. Obj: p. ex. pla, complot] frustrar, impedir

obstacle *nc* (sovint + **to**) obstacle, impediment *The last obstacle to a settlement has now been removed*. L'últim impediment per a un acord ja ha estat eliminat. (davant de *n*) *obstacle race* cursa d'obstacles

hurdle *nc* tanca, obstacle *The next hurdle will be finding someone to give us the money*. El proper obstacle serà trobar algú que ens doni els diners.

frases fetes

be/get in the way (**of**) posar-se al mig *I'm trying to take a photograph, but people keep getting in the way*. Intento fer una foto, però la gent se'm posa al mig. *We mustn't allow individual interests to get in the way of progress*. No hem de permetre que els interessos particulars destorbin el progrés.

stand in the way (**of**) dificultar, impedir *If you want to try for a better job, I won't stand in your way*. Si vols buscar una feina millor, no t'ho impediré.

nip (**sth**) **in the bud** tallar (ac) en sec *Police arrested the ringleaders to try and nip the rebellion in the bud*. La policia va arrestar els capitostos per intentar tallar la rebel·lió en sec.

stumbling block *nc* impediment, obstacle

246 Interfere Interferir

interfere *vi* [pej.] **1** (sovint + **in**) interferir-se, immiscir-se *I told you not to interfere in matters that don't concern you*. T'he dit que no et fiquis en els assumptes que no t'incumbeixen. **2** (habit. + **with**) [afectar negativament. Subj: p. ex. sorolls, problemes] destorbar, espatllar *You mustn't let personal problems interfere with your work*. No has de deixar que els problemes personals s'interfereixin en la teva feina.

interference *ni* **1** (sovint + **in**, **with**) ingerència, interferència *We just want to get on with our lives without interference*. Només volem seguir vivint sense ingerències. **2** [ràdio, televisió] interferència

meddle *vi* (sovint + **in**, **with**) [més pej. que **interfere**] entremetre's *Don't meddle with other people's lives*. No t'hi fiquis en la vida dels altres. **meddler** *nc* que es fica on no el demanen

disturb *vt* **1** [obj: p. ex. tranquil·litat, son, persona] destorbar, molestar *Am I disturbing you?* Et molesto? **2** [afectar negativament. Obj: p. ex. distribució, ordre, papers] pertorbar, desordenar **3** [trasbalsar. Obj: persona] amoïnar, inquietar *I was profoundly disturbed by what I saw*. Estava molt amoïnada pel que vaig veure. **disturbing** *adj* pertorbador

disturbance *n* **1** *ni/c* pertorbació, desordre *emotional disturbance* trastorn emocional *He disliked any disturbance of his routine*. Li desagradava qualsevol alteració de la rutina. *You're causing a disturbance*. Estàs molestant. **2** *nc* avalot, convulsió *violent disturbances in the capital* violents avalots a la capital

busybody *nc* [pej.] manefla *an interfering busybody* un manefla pertorbador

246.1 Intervenir per ajudar

intervene *vi* (sovint + **in**) [subj: persona, organització, etc] intervenir, interposar-se *The government should intervene to solve the problem of pollution*. El govern hauria d'intervenir per resoldre el problema de la contaminació. *The union was asked to intervene in the dispute*. Van demanar al sindicat que intervingués en el conflicte.

intermediary *nc* intermediari -ària

frases fetes

mind one's own business no ficar-se allà on no et demanen *Mind your own business!* No et fiquis allà on no et demanen! *I was just walking along, minding my own business, when ...* Estava caminant, anant a la meva, quan ...

too many cooks spoil the broth [proverbi] (lit.) massa cuiners espatllen el brou

to poke/stick one's nose into sth [informal i pej. Obj: negocis, assumptes. S'utilitza sovint per advertir contra la ingerència] ficar el nas en ac *Don't go sticking your nose into other people's business!* No vagis ficant el nas en els assumptes dels altres. *Serves you right for poking your nose into things that don't concern you.* Ja t'està bé per ficar el nas en coses que no t'incumbeixen.

to keep one's nose out of sth [informal. Obj: negocis, afers. Habit. utilitzat per algú que adverteix una altra persona que no ha de ficar-se allà on no la demanen] no ficar el nas en ac *Just keep your nose out of my personal life!* No n'has de fer res de les meves coses!

247 Easy Fàcil

contrari **243 Difficult**

easy adj (sovint + **to** + INFINITIU) [descriu: p. ex. tasca, pregunta, victòria] fàcil, sense complicacions *It's so easy to make mistakes.* És tan fàcil equivocar-se. *an easy victim* una presa fàcil *an easy win* una victòria fàcil

easily adv 1 fàcilment *I can easily carry that.* Puc portar això sense dificultat. *They won easily.* Van guanyar fàcilment. 2 (util. junt amb *superl*) segurament, de bon tros *easily the best/biggest* el millor/més gran de bon tros 3 amb facilitat *They might easily change their minds again.* Poden tornar a canviar d'opinió fàcilment.

ease ni facilitat *He completed the test with ease.* Va acabar la prova sense dificultats.

símil

as easy as pie/ABC/falling off a log com bufar i fer ampolles

simple adj 1 senzill, simple *Follow these simple instructions for perfect results every time.* Seguiu aquestes senzilles instruccions i obtindreu uns resultats perfectes cada vegada. *There's probably a very simple explanation.* Probablement hi ha una explicació molt senzilla. 2 [no complex. Descriu: p. ex. vestit, estil, disseny] senzill *the simple life* la vida senzilla *I'm just a simple soldier.* Només sóc un simple soldat.

simplicity ni simplicitat

simply adv 1 (darrere *v*) senzillament, simplement *Try to explain it simply.* Intenta explicar-ho de manera senzilla. 2 (darrere *v*) senzillament, sense complicacions *We live/dress very simply.* Vivim/Ens vestim d'una manera molt senzilla. 3 (davant de *v* o *adj*) [per donar èmfasi] senzillament *I simply don't know what to think.* Senzillament no sé què pensar. *The food was simply awful.* El menjar era senzillament horrible. *You can't simply ignore the facts.* No pots simplement ignorar els fets. 4 (habit. al principi d'una frase) [per la raó] senzillament, purament *I bought this car simply because it was cheap.* Vaig comprar aquest cotxe senzillament perquè era barat. *She's doing it simply to impress the judges.* Ho fa purament per impressionar els jutges.

straightforward adj 1 [no complicat. Descriu: p. ex. mètode, ruta] planer, senzill *That all seems quite straightforward.* Sembla que tot això no suposa cap complicació. 2 [descriu: p. ex. persona, resposta] sincer, honest, franc **straightforwardly** adv francament, de manera planera

elementary adj 1 [formal. Fàcil d'entendre o de resoldre] elemental *The questions were so elementary, it was almost an insult to my intelligence.* Les preguntes eren tan elementals que va ser gairebé un insult a la meva intel·ligència. 2 [més aviat formal. Descriu: p. ex. nivell, etapa, principis] primitiu, bàsic *an elementary mistake* un error elemental

effortless adj [favorable. Descriu: p. ex. facilitat, gràcia] sense esforç **effortlessly** adv sense cap esforç, fàcilment

frases fetes

Maneres idiomàtiques per expressar que una cosa és fàcil.

child's play cosa de nens *The oral test is child's play compared to the written exam.* La prova oral és facilíssima en comparació amb la part escrita.

a doddle (brit) [informal] flors i violes *Don't get worried about the interview, it'll be a doddle.* No et comencis a amoïnar per l'entrevista, serà flors i violes.

a piece of cake [informal] bufar i fer ampolles *'Did you have any trouble getting permission?' – 'No, it was a piece of cake.'* 'Vas tenir algun problema per aconseguir el permís?' 'No, va ser bufar i fer ampolles.'

there's nothing to it [informal] no hi ha res més fàcil

do sth standing on one's head [informal. Lit.: fer ac de cap per avall] fer ac amb una mà lligada a l'esquena *I could make bread standing on my head!* Podria fer pa amb una mà lligada a l'esquena!

247.1 Fer les coses fàcils

simplify vt [obj: p. ex. procediment] simplificar *It would simplify matters if you told them yourself.* Faria les coses més fàcils si els ho expliquessis tu mateixa.

simplification ni/c simplificació

ease v 1 vt [lleug. formal] facilitar *economic aid to ease the changeover to a market economy* ajut econòmic per facilitar el canvi a una economia de mercat **2** *vti* [fer millor. Subj/obj: p. ex. dolor, tensió] alleujar, apaivagar *The drugs serve to ease the pain.* El medicament serveix per calmar el dolor.

convenience *ni* conveniència *designed for the convenience of the user* dissenyat per a la conveniència de l'usuari (davant de *n*) *convenience food* menjar pre-cuinat

convenient *adj* [descriu: p. ex. hora, lloc] còmode, oportú *Would it be more convenient if I came back later?* Us aniria millor si tornés més tard? *a convenient excuse* una excusa còmoda **conveniently** *adv* còmodament, oportunament

facilitate *vt* [formal] facilitar

---
utilització

Facilitate vol dir 'fer (una cosa) més fàcil', però és una paraula formal. En conversa o escriptura quotidiana normalment s'expressa el mateix amb **make easier**. En anglès **facilitate** no significa mai 'donar' o 'subministrar'.

---

248 War Guerra

war *ni/c* guerra *to be at war with sb* estar en guerra amb algú *to declare war on sb* declarar la guerra a algú *the Second World War* la Segona Guerra Mundial **civil war** guerra civil (davant de *n*) *war hero* heroi de guerra *war memorial* monument als caiguts

warfare *ni* guerra, operacions militars *chemical/nuclear warfare* guerra química/nuclear

hostilities *n pl* hostilitats *the outbreak/cessation of hostilities* el començament/la cessació de les hostilitats

battle *n* **1** *nc/i* batalla *the Battle of Hastings* la Batalla de Hastings *to go into battle* entrar en combat **2** *nc* [no militar] batalla, competència, lluita *a battle of wits* un duel d'intel·ligències *a constant battle for survival* una lluita constant per sobreviure

battle *vi* (sovint + **with**, **against**) **1** [no militar] lluitar *We're still battling with the problem of lack of space.* Encara estem lluitant amb el problema de la manca d'espai. **2** [participar en batalla armada. Molt literari] batre's *to battle against the foe* batre's contra l'enemic

combat *ni/c* combat *This was his first experience of actual combat.* Aquesta va ser la seva primera experiència de combat real. *unarmed combat* combat sense armes

conflict *ni/c* (sovint + **between**, **with**) **1** conflicte *armed conflict* conflicte armat **2** conflicte *a conflict of interests/loyalties* un conflicte d'interessos/de lleialtats *to be in conflict with sth* estar en conflicte amb ac

conflict *vi* (sovint + **with**) estar en pugna, contradir *conflicting reports* informes contradictoris *Your statement conflicts with what the other witness told us.* La seva declaració contradiu el que ens ha explicat l'altre testimoni.

248.1 Accions militars

attack *v* **1** *vti* [obj: p. ex. enemic, país] atacar **2** *vt* [obj: persona] assaltar, agredir *She was attacked and robbed.* Va ser assaltada i robada. **3** *vt* [criticar. Obj: p. ex. govern, pla, política] blasmar, censurar **attacker** *nc* atacant, assaltant

attack *n* (sovint + **on**) **1** *nc/i* atac, assalt *to be/come under attack* ser atacat *to mount an attack on sb/sth* engegar un atac contra a/ac, posar-se a resoldre ac **2** *nc* assalt, agressió *the victim of a savage attack* la víctima d'una agressió salvatge **3** *nc* [crítica] atac

invade *vti* [pot implicar més planificació i control que **attack**. Obj: esp. país] envair *invading forces* forces invasores **invader** *nc* invasor -a **invasion** *nc/i* invasió

defend *v* (sovint + **against**, **from**) **1** *vti* [obj: p. ex. territori, posició] defensar(-se), protegir(-se) **2** *vt* [obj: p. ex. persona, conducta, mètode] defensar *He tried to defend himself against their criticism.* Va intentar defensar-se de les seves crítiques. *I'm not defending what she said.* No justifico el que va dir. **defender** *nc* defensor -a

defence (*brit*), **defense** (*amer*) *n* **1** *ni* defensa, protecció *self-defence* autodefensa *civil defence* defensa passiva, protecció civil *He wrote an article in defence of his views.* Va escriure un article justificant les seves opinions. (davant de *n*) *Defence Ministry* Ministeri de Defensa **2** *nc/i* (sovint + **against**) [cos, etc., que defensa] defensa *The attackers soon overran our defences.* Els atacants van anorrear les nostres defenses. *The animal gives off a strong smell as a defence against predators.* L'animal desprèn una forta olor com a protecció contra els depredadors.

defensive *adj* [descriu: p. ex. posició, arma] defensiu (com a *n*) *to be on the defensive* estar a la defensiva

victory *nc/i* victòria, triomf *to lead one's country/team to victory* conduir el país/l'equip a la victòria *to win a victory* obtenir una victòria (davant de *n*) *victory parade* desfilada triomfal **victor** *nc* vencedor -a **victorious** *adj* victoriós

defeat *vt* **1** [obj: p. ex. enemic, contrincant] derrotar *The government was defeated in the election.* El govern va ser derrotat en les eleccions. **2** [ser massa difícil per] vèncer *I'm not going to let a simple problem like this defeat me.* No permetré que un petit problema així em venci.

defeat *nc/i* desfeta, derrota *to suffer a severe/crushing defeat* patir una desfeta esclafadora *They gave up in defeat.* Vençuts, es van rendir.

conquer *vt* [sona més victoriós que **defeat**. Habit. no referit a batalles modernes] conquerir **conqueror** *nc* conqueridor -a **conquest** *ni/c* conquesta

surrender *v* (sovint + **to**) **1** *vit* [subj: p. ex. exèrcit, soldat, país] rendir(-se) **2** *vt* (sovint + **to**) [formal. Donar ac a algú. Obj: p. ex. document, arma] lliurar **3** *vit* (sovint + **to**) lliurar(-se), abandonar(-se) *He resolved not to surrender to the temptation.* Va decidir no caure en la temptació. **surrender** *ni/c* rendició

GRUPS DE PARAULES

retreat vi [subj: p. ex. exèrcit, soldat] retirar-se *Napoleon's army was forced to retreat.* L'exèrcit de Napoleó es va veure obligat a retirar-se. **retreat** nc/i retirada

> *utilització*
>
> Les paraules relacionades amb la guerra i les accions militars sovint s'utilitzen en sentit figurat referides a competicions esportives: els equips **attack** (ataquen) o **defend** (defensen) el gol; els jugadors obtenen **victories** (victòries) o pateixen **defeats** (desfetes).

248.2 Les forces armades

> *utilització*
>
> En anglès es reserva **army** per referir-se a l'exèrcit de terra. Per parlar dels exèrcits en general es fa servir **armed forces**.

army nc (+ v sing o pl) exèrcit de terra *to join the army* allistar-se *an army of workmen* un exèrcit de treballadors (davant de n) *army camp* campament de l'exèrcit *army life* vida militar

navy nc (+ v sing o pl) marina de guerra, armada *the Royal Navy* la marina reial

naval adj [descriu: p. ex. batalla, oficial, uniforme] naval, de marina

air force nc (+ v sing o pl) forces aèries

militia nc (+ v sing o pl) milícia

regiment nc regiment *an infantry regiment* un regiment d'infanteria **regimental** adj de regiment, militar

fleet nc (+ v sing o pl) flota *the naval fleet* la flota naval *a fishing fleet* una flota pesquera *a fleet of vehicles* un parc de vehicles

troop nc (habit. pl) **1** tropa *British troops formed part of the invading force.* Dins de les forces invasores hi havia tropes britàniques. **2** [grup de persones o animals] colla, estol *Troops of schoolchildren were being shown around the museum.* Ensenyaven el museu a colles d'escolars.

troop vi (sempre + adv o prep) passar en batibull *Tourists trooped through the house.* Els turistes passaven en batibull per la casa.

officer nc oficial *officers and men* oficials i soldats *non-commissioned officer* suboficial

> *utilització*
>
> Els rangs indicats per a l'exèrcit i l'armada s'utilitzen en les forces britàniques i americanes. En les forces aèries dels Estats Units, les graduacions dels oficials són normalment com les de l'exèrcit.

248.3 Graduacions militars

rank nc graduació, rang *the rank of captain* la graduació de capità

ranks n pl (sempre + **the**) [militars sota el rang de sergent] soldats rasos *to be reduced to the ranks* ser degradat a soldat *vegeu també **74.2 Important**

ALGUNS DELS RANGS PRINCIPALS EN:

the army l'exèrcit de terra	**captain** capità
private soldat ras	**commodore** capità de navili
corporal caporal	**admiral** almirall
lieutenant tinent	**the Royal Air Force** les forces aèries
captain capità	
major comandant	**aircraftman** aviador
colonel coronel	**sergeant** caporal
lieutenant tinent de navili	**flight lieutenant** tinent
commander capità de corbeta	**squadron leader** comandant
general general	**wing commander** tinent coronel
the navy l'armada	**group captain** capità d'esquadró
(ordinary) seaman mariner	**air marshall** general de brigada
petty officer caporal	

> *utilització*
>
> En general **officer** contrasta amb altres de la mateixa organització però d'un rang inferior. En canvi, **official** es referit a una persona dins d'una organització, i contrasta amb la gent de fora. *An officer* és un oficial militar, mentre que *police officer* permet designar d'una manera formal un policia de qualsevol rang. Sovint s'utilitza per dirigir-se a un policia, p. ex.: *Excuse me, officer, could you help me?* (Disculpi, agent, em podria ajudar?). S'utilitza *officer* també en frases compostes referides a funcionaris en serveis governamentals, p. ex. *tax officer* (funcionari d'hisenda), *customs officer* (duaner), i de vegades a les empreses, p. ex. *personnel officer* (cap de personal), *public relations officer* o PRO (cap de relacions públiques). En altres àmbits els funcionaris normalment es diuen **officials**, p. ex. *railway official* (funcionari dels ferrocarrils), *union official* (sindicalista).

soldier nc soldat, soldat ras   **warrior** nc guerrer

248.4 Armes

weapon nc arma *nuclear/chemical weapons* armes nuclears/químiques

arms n pl [força literari tret de l'ús davant de n] armes *They laid down their arms and surrendered.* Van deposar les armes i es van rendir. (davant de n) *arms dealer* traficant d'armes *arms embargo* embargament d'armes *the arms race* la cursa d'armaments

arm vt (sovint + **with**) armar

armed adj armat *the armed forces* les forces armades *armed robbery* robatori a mà armada *She's armed to the teeth.* Està armada fins a les dents.

unarmed adj desarmat *unarmed combat* combat sense armes

ammunition ni munició *to run out of ammunition* quedar-se sense municions

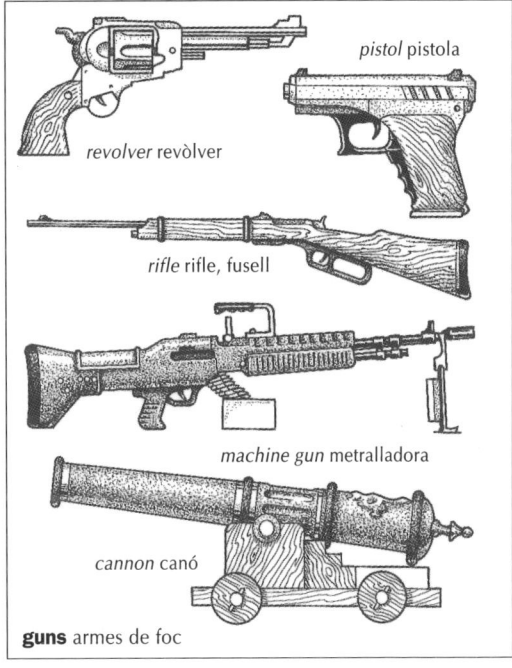

pistol pistola
revolver revòlver
rifle rifle, fusell
machine gun metralladora
cannon canó

guns armes de foc

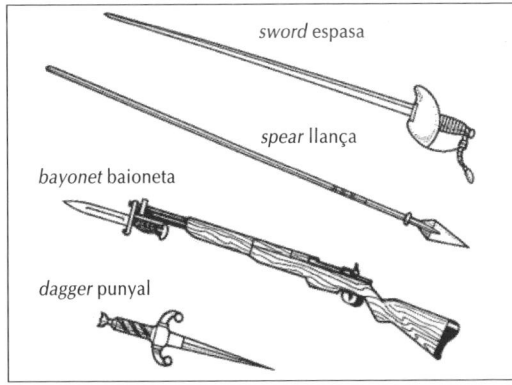

sword espasa
spear llança
bayonet baioneta
dagger punyal

armour ni armadura *a suit of armour* armadura completa

armoured adj blindat, cuirassat *armoured personnel carrier* transport de tropes blindat *an armoured brigade* una brigada armada

tank nc tanc

bomb vt [obj: p. ex. blanc, ciutat, instal·lació] bombardejar

tear gas ni gas lacrimogen

bullet nc bala

plastic bullet nc bala de goma

shell nc projectil, obús, granada

firearm nc [habit. utilitzat en contextos tècnics o legals] arma de foc *Regulations governing the use of firearms.* La reglamentació que controla l'ús de les armes de foc.

artillery n **1** ni artilleria (davant de n) *artillery bombardment* bombardeig d'artilleria *artillery unit* unitat d'artilleria **2** (sempre + **the**) [secció de l'exèrcit] artilleria

shoot v, pas. & pp. **shot 1** vit (sovint + **at**) disparar *to shoot to kill* disparar a matar *to shoot an arrow* tirar una fletxa **2** vt [habit. implica que la persona o l'animal ha mort, però no necessàriament. Obj: persona, animal] disparar, ferir (amb arma de foc), afusellar *They shot him (down) in cold blood.* Li van

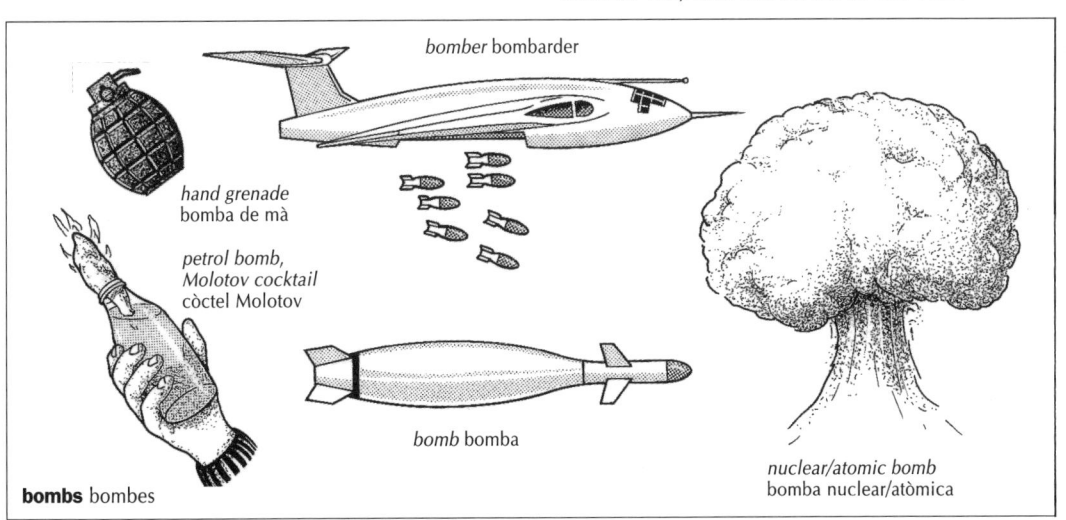

bomber bombarder
hand grenade bomba de mà
petrol bomb, Molotov cocktail còctel Molotov
bomb bomba
nuclear/atomic bomb bomba nuclear/atòmica

bombs bombes

disparar a sang freda. *He was shot as a spy.* El van afusellar per espia. *I was shot in the leg.* Em van ferir a la cama.

fire *vti* [obj: arma de foc] disparar *They fired into the crowd.* Van disparar a la multitud.

248.5 Militar

military *adj* [descriu: p. ex. formació, disciplina, equipament] militar *to do (one's) military service* fer el servei militar *a military band* una banda militar *(com a n) the military* els militars

martial *adj* [habit. força literari] marcial [no literari en les següents frases compostes] *martial arts* arts marcials *martial law* llei marcial

warlike *adj* bel·licós, guerrer

249 Fight Lluitar

fight *v, pas. & pp.* **fought 1** *vit* (sovint + **about, against, for, over, with**) [subj/obj: persona, país, exèrcit] lluitar (contra), barallar-se *What are those two boys fighting about?* Per què es barallen aquells dos nois? *to fight a battle* lliurar una batalla *Iraq was fighting (against) Iran.* Iraq lluitava contra Iran. **2** *vti* (sovint + **against, for**) [obj: p. ex. opressió, injustícia, delinqüència] lluitar (contra), combatre *We must fight for our rights as workers.* Hem de lluitar pels nostres drets laborals. *to fight a fire* lluitar contra un incendi **3** *vi* (sovint + **about, over**) [discutir] barallar-se *We always fight about small things like who should wash up.* Sempre ens barallem per coses petites, com ara a qui toca rentar els plats.

fight *nc* (sovint + **against, for, with**) lluita, baralla *to have a fight with sb* barallar-se amb algú *to pick a fight with sb* buscar-li a algú les pessigolles

fighter *nc* [habit. esportista] lluitador -a, combatent

fighting *ni* lluita, batalla, baralla *The town was the scene of heavy fighting between government forces and the rebels.* El poble va ser l'escenari d'una dura batalla entre les forces governamentals i els rebels.

struggle *vi* (sovint + **to** + INFINITIU, **with**) **1** [físicament] lluitar, esforçar-se *He managed to struggle free.* Amb grans dificultats es va poder deslligar. **2** [intentar] esforçar-se *I'm still struggling to understand what he wrote.* Encara m'estic esforçant per entendre el que va escriure. *Jenny's struggling with the new machine.* La Jenny està lluitant amb la nova màquina.

struggle *nc* (sovint + **to** + INFINITIU, **with**) **1** baralla *His glasses were broken in the struggle.* Se li van trencar les ulleres en la baralla. **2** lluita *a struggle for independence/recognition* una lluita per la independència/pel reconeixement *power struggle* lluita pel poder *Don't give up the struggle.* No abandonis la lluita.

wrestle *vi* **1** [habit. entre dos persones, sense donar cops] lluitar *He wrestled me to the ground.* En la lluita em va tirar a terra. **2** (sovint + **with**) lluitar *I'm still wrestling with the problem.* Encara estic lluitant per resoldre el problema. *vegeu també **388 Sport**

clash *vi* (sovint + **with**) **1** [subj: p. ex. adversaris, rivals] topar, xocar *Police clashed with demonstrators.* La policia va topar amb els manifestants. *clashing colours* colors que desentonen *They clashed while disciplining the children.* Es barallaven sobre com disciplinar els fills. **2** [ocórrer, de manera no desitjada, al mateix temps] coincidir *The meeting clashes with my doctor's appointment.* La reunió coincideix amb la meva visita al metge.

clash *nc* (sovint + **between, with**) **1** topada, xoc, conflicte *border clashes between units from both armies* xocs fronterers entre unitats dels dos exèrcits *a clash of interests/personalities* un conflicte d'interessos/de personalitats **2** (sovint + **between, with**) [d'horaris, ordres, feines, etc.] incompatibilitat *There's a clash with another meeting.* Hi ha una altra reunió a la mateixa hora.

brawl *nc* [baralla sorollosa i barroera entre grups o individus] baralla *a drunken brawl* una baralla entre borratxos **brawl** *vi* barallar-se

duel *nc* duel *to fight a duel* batre's en duel *to challenge sb to a duel* reptar algú a un duel **duel**, **-ll-** (*brit*) **-l-** (*amer*) *vi* batre's en duel **duellist** (*brit*), **duelist** (*amer*) *nc* duelista

frases fetes

come to blows arribar a les mans *The arguments got so heated that the chairman and secretary nearly came to blows.* La discussió va pujar tant de to que una mica més i el president i el secretari arriben a les mans.

fight tooth and nail lluitar aferrissadament

249.1 Oposar

oppose *vt* [obj: p. ex. pla, persona] oposar(-se), resistir *Nobody dares oppose him/his wishes.* Ningú no gosa oposar-s'hi/oposar-se als seus desitjos. *the opposing side* l'equip adversari

opposition *n* **1** *ni* oposició, resistència *Opposition to the scheme is mounting.* Augmenta l'oposició al projecte. *We met with almost no opposition during our advance.* Vam trobar molt poca resistència durant el nostre avanç. **2** *nc* (habit. + **the**) oposició *Don't underestimate the opposition.* No subestimis l'oposició.

opponent *nc* **1** [en competició] adversari -ària, contrincant **2** [persona en contra d'ac] contrari -ària *opponents of the tax* persones contràries a l'impost

resist *vti* **1** [obj: p. ex. atac, demanda, canvi] resistir(-se), oposar(-se a) *She was charged with resisting arrest.* La van acusar de resistir-se a l'hora de ser arrestada. **2** [subj: persona; obj: p. ex. temptació, oferta, encís] evitar, rebutjar *I couldn't resist taking a peep.* No vaig poder evitar de donar-hi un cop d'ull. **3** [subj: material, etc., *no* persona; obj: p. ex. rovell, taques, humitat] resistir *We need a paint that resists damp.* Necessitem una pintura que resisteixi la humitat.

utilització

Quan el subjecte és una persona, **resist** no significa 'resistir' en el sentit d''aguantar'; p. ex. *I couldn't stand a winter here.* (No resistiria un hivern aquí.)

resistance n 1 ni/c (cap pl; sovint + **to**) resistència *The defenders put up (a) stiff resistance.* Els defensors van oposar una ferma resistència. *the body's resistance to infection* la resistència del cos a la infecció 2 (sempre + **the**; sovint amb majúscula) [en guerres] resistència *the French Resistance* la Resistència Francesa (davant de n) *resistance fighter* lluitador de la resistència

compete vi (sovint + **for**, **with**) [subj: p. ex. equip, jugador, empresa, producte] competir *The children compete for her attention.* Els nens competeixen per la seva atenció. *She competed in the Barcelona Olympics.* Va competir en els Jocs Olímpics de Barcelona. *We simply can't compete with their prices.* Senzillament no podem competir amb els seus preus.

competition n 1 ni competició, competència *cut-throat competition* competència despietada *They won the contract despite fierce competition.* Van aconseguir el contracte malgrat la competència ferotge. *We'll be in competition with three other firms.* Estarem en competència amb tres empreses més. 2 (sempre + **the**; + v sing o pl) competència *The competition is/are developing a very similar product.* La competència està desenvolupant un producte molt semblant.

competitive adj 1 [descriu: p. ex. persona, examen] competitiu, fort 2 [difícil de superar. Descriu: p. ex. producte, preu] competitiu *We must increase productivity in order to remain competitive.* Hem d'augmentar la productivitat per continuar sent competitius.

competitor nc competidor -a *If our competitors reduce their prices, we must do the same.* Si els nostres competidors redueixen els preus, haurem de fer el mateix. *vegeu també **388 Sport**

250 Enmity Enemistat

contrari **434 Friendship**

enemy nc 1 enemic -iga *As far as I know, she didn't have any enemies.* Que jo sàpiga, no tenia enemics. *He's his own worst enemy.* És el seu propi pitjor enemic. 2 (sempre + **the**) enemic *Our gallant soldiers are advancing against the enemy.* Els nostres valents soldats avancen contra l'enemic. (davant de n) *enemy aircraft* avions enemics *enemy forces* forces enemigues

hostile adj 1 (sovint + **to**, **towards**) hostil, oposat, contrari *They seem very hostile to the idea.* Semblen molt oposats a la idea. *Why are you being so hostile? Per què ets tan hostil?* 2 [en contextos militars. Descriu: p. ex. forces, vaixells de guerra] hostil **hostility** ni hostilitat

unfriendly adj (sovint + **to**, **towards**) poc amistós **unfriendliness** ni hostilitat

cold adj [subratlla manca deliberada de sentiments] fred *He gave me a cold stare.* Em va dirigir una mirada freda. **coldly** adv fredament **coldness** ni fredor

cool adj fred, indiferent, poc entusiasta *Relations are distinctly cool at the moment.* En aquest moment les relacions són del tot fredes. **coolness** ni fredor, indiferència

revenge ni venjança *to take revenge on sb* venjar-se d'algú *in revenge (for)* en revenja (per)

frases fetes

bad blood ni (sovint + **between**) mala sang *I don't want to cause bad blood between them.* No vull fomentar la mala sang entre ells.

ill feeling ni malestar *The decision was the cause of much ill feeling among the residents.* La decisió va ser la causa de molt malestar entre els residents.

ill will ni [més aviat formal] rancor *I bear her no ill will.* No li guardo rancor.

not be on speaking terms with no parlar-se amb *They weren't on speaking terms last time I visited them.* L'última vegada que els vam visitar no es parlaven.

give sb the cold shoulder [ser deliberadament hostil, esp. després d'una amistat anterior] girar-li l'esquena a algú

be at daggers drawn (with) no poder-se veure (amb)

251 Resentment Ressentiment

resentment ni (sovint + **against**, **towards**) ressentiment

resent vt [obj: p. ex. tracte, actitud] ofendre's per *I really resent having to go to that meeting.* Realment em molesta haver d'assistir a aquella reunió. **resentful** adj ressentit, ofès **resentfully** adv amb ressentiment

grudge nc rancúnia, motiu de rancor *to bear sb a grudge* guardar rancúnia a algú *He's got a grudge against me.* Em guarda rancúnia.

grudge o **begrudge** vt 1 [no voler] escatimar, regatejar *He grudges every penny he gives his children.* Regateja cada pesseta que dóna als seus fills. 2 tenir enveja, envejar *I don't begrudge them their success.* No els envejo l'èxit.

grudging adj [descriu: p. ex. acceptació, aprovació] a contracor, no sentit **grudgingly** adv de mala gana

jealous adj (sovint + **of**) [suggereix un sentiment més fort i més ressentit que **envious**] gelós *Don't take any notice of her, she's just jealous.* No li facis cas, està gelosa. *She gets jealous if I simply look at another girl.* Es posa gelosa només que miri una altra noia. **jealousy** ni gelosia

jealously adv gelosament, zelosament *a jealously guarded secret* un secret guardat zelosament

envy ni enveja *Her new car is the envy of the whole office.* El seu cotxe nou és l'enveja de tota l'oficina. *be green with envy* morir-se d'enveja

envy vt envejar, tenir enveja de (sovint + 2 objs) *I envy her her good looks.* Li envejo el goig que fa. *That's one job I don't envy you.* Aquesta és una feina que no t'envejo.

GRUPS DE PARAULES

envious adj (sovint + **of**) enveiós **enviously** adv amb enveja

covet ni [formal. Obj: ac que pertany a un altre] cobejar **covetous** adj cobdiciós **covetousness** ni cobdícia

> *frase feta*
>
> **have a chip on one's shoulder** ser un ressentit *The fact that he didn't get into university has left him with a terrible chip on his shoulder.* El fet que no l'acceptessin a la universitat ha fet d'ell un ressentit.

252 Danger Perill

danger n 1 ni [mot genèric] perill, risc *Danger! High tension.* Perill! Alta tensió. *You're in terrible danger.* Estàs en un greu perill. *She's in danger of losing her job.* Corre el risc de perdre la feina. *The patient is now out of danger.* La pacient ja està fora de perill. (davant de n) *danger signal* senyal de perill *danger money* prima per treballs perillosos 2 nc (sovint + **to**) perill, risc *a danger to health* un perill per a la salut *They faced many difficulties and dangers on the voyage.* Van enfrontar-se a moltes dificultats i molts perills durant el viatge.

dangerous adj [descriu: p. ex. droga, malaltia, arma] perillós *It's dangerous to drive so fast.* És perillós conduir tan de pressa.

dangerously adv perillosament *dangerously ill* greument malalt *He came dangerously close to losing the whole project for us.* Va anar d'un pèl que no ens fes perdre el projecte.

endanger vt [obj: p. ex. vida, salut] posar en perill *endangered species* espècies en perill d'extinció

jeopardy ni [més formal que **danger**. Habit. no referit a dany personal] risc, perill *put sth in jeopardy* posar ac en perill

jeopardize vt, TAMBÉ **-ise** (brit) [habit. no s'usa referit a dany personal] posar en perill *I don't wish to jeopardize the success of this venture.* No desitjo posar en perill l'èxit d'aquest projecte.

peril ni/c [més literari que **danger**] perill *Our lives were in mortal peril.* Les nostres vides estaven en perill de mort. *You ignore this warning at your peril.* És la seva responsabilitat si ignora aquesta advertència. **perilous** adj perillós, arriscat

perilously adv perillosament *They were driving perilously close to the cliff edge.* Conduïen perillosament arran del penya-segat.

hazard nc (sovint + **to**) risc *a fire/health hazard* un risc d'incendi/per a la salut *Boredom is an occupational hazard in this job.* L'avorriment és un risc propi d'aquesta feina. (davant de n) *hazard warning (lights)* (llums d') advertència de perill **hazardous** adj arriscat

pitfall nc [cosa o situació que pot causar problemes] escull, trampa *This is one of the pitfalls for a person learning English.* Aquest és un dels esculls per a l'aprenent d'anglès.

risk nc/i risc *a security risk* [situació o persona sospitosa de ser un risc per a la seguretat de l'estat o d'una empresa] procediment arriscat, persona no fiable *Sending those documents by fax constitutes a security risk.* Enviar aquests documents per fax és molt arriscat. *That young man is a security risk.* Aquell jove no és fiable. *I'm willing to take the risk.* Estic disposada a córrer el risc. *You run the risk of losing their support.* Corres el risc de perdre el seu suport. *The future of this company is at risk.* El futur d'aquesta empresa està en perill. (davant de n) *a high-risk investment* una inversió d'alt risc

risk vt 1 [obj: p. ex. salut, diners, fama] arriscar *She risked her life to save me.* Va arriscar la seva vida per salvar-me. 2 [obj: p. ex. mort, desfeta, ruïna] córrer el risc de *We risk getting put in prison if we're found out.* Correm el risc d'anar a la presó si ens descobreixen. 3 [obj: acció que pot tenir conseqüències perilloses o desagradables] córrer el risc de, exposar-se a *They won't risk an election while the opinion polls are so unfavourable.* No correran el risc de convocar eleccions mentre els sondeigs els siguin tan desfavorables.

risky adj arriscat *It's a risky business lending people money.* Prestar diners a la gent és un negoci arriscat.

chancy adj arriscat, incert

unsafe adj insegur *That platform looks extremely unsafe.* Aquella tribuna sembla molt poc segura.

> *frases fetes*
>
> **have a close/narrow shave** O **a narrow squeak** [informal. El perill a penes es va esquivar] escapar-se d'un pèl *That was a very close shave; you so nearly went over the edge of the cliff.* T'has escapat d'un pèl; una mica més i caus per l'espadat.
>
> **to play with fire** [fer ac que pot tenir conseqüències desgradables] jugar amb foc *You're playing with fire if you ignore his instructions.* Jugues amb foc si no fas cas de les seves instruccions.
>
> **to take your life in your hands** [fer ac molt perillosa. S'utilitza de vegades de manera jocosa] jugar-se la vida *You really take your life in your hands when you let him drive the car.* Realment et jugues la vida quan el deixes conduir el cotxe.
>
> **to skate on thin ice** [estar en una situació compromesa o perillosa] trepitjar un terreny perillós
>
> **to live dangerously** [córrer molts riscs, no necessàriament de perill físic. S'utilitza de vegades de manera jocosa] arriscar-se, viure perillosament *She believes in living dangerously – She's taking up rock climbing now.* Li agrada viure perillosament – ara es dedica a l'escalada. *Oh go on, live dangerously – have another chocolate!* Vinga, arrisca't – menja una altra bombó!
>
> **to push/press one's luck** [arriscar-se per aconseguir ac que objectivament no és raonable] jugar-se-la *Ask him again by all means, but don't push your luck too far!* Si vols, ja li ho pots tornar a demanar; però ves amb compte!

252.1 Emergència

emergency nc cas de necessitat, cas urgent, emergència *In an emergency we may have to evacuate the building.* En cas d'emergència, pot ser necessari desallotjar l'edifici. *I keep a first-aid kit in that cupboard for emergencies.* Tinc una farmaciola en aquell armari per a casos d'emergència. (davant de n) *emergency (telephone) number* telèfon d'emergències *the emergency services* els serveis d'urgència

crisis nc, pl **crises** [habit. menys sobtat que **emergency**] crisi *a political/economic crisis* una crisi política/econòmica *a crisis of confidence* una crisi de confiança (davant de n) *at crisis point* en un punt crític

critical adj [descriu: p. ex. moment, etapa, decisió] crític *The next few days could be critical for the company.* Els propers dies poden ser crítics per a l'empresa. *of critical importance* de summa importància

252.2 Advertir

warn vt (sovint + **about**, **against**, **of**) advertir, avisar *You can't say I didn't warn you.* No pots dir que no t'hagi advertit. *The children were warned about the dangers.* Es va advertir els nens sobre els perills. (sovint + **to** + INFINITIU, + **that**) *The police were warned to be on the look-out for the escaped man.* Es va avisar la policia perquè estigués a l'expectativa dels possibles moviments del fugitiu. *You might have warned me she was coming.* Em podries haver avisat que venia.

warning nc/i advertència, avís *to shout a warning* cridar un avís *They arrived **without** any **warning**.* Van arribar sense avisar. (davant de n) *warning light* llum d'emergència *warning shot* tret d'advertència

alert ni/c alerta, alarma *The army was placed **on full alert**.* L'exèrcit estava en estat d'alerta. *Be **on the alert for** suspicious-looking packages.* Aneu alerta amb qualsevol paquet sospitós. *a nuclear alert* una alerta nuclear

alert vt (sovint + **to**) [fer conscient de] alertar, posar en guàrdia *We were alerted to the dangers.* Ens van alertar dels perills. *A neighbour alerted the police.* Una veïna va avisar la policia.

alert adj (sovint + **to**) [descriu: p. ex. persona, ment] viu, atent, espavilat *An alert customs officer spotted the wanted man.* Un duaner molt observador va reconèixer l'home buscat.

frase feta

raise the alarm donar l'alarma *He saw smoke and raised the alarm immediately.* Va veure fum i tot seguit va donar l'alarma.

253 Safety Seguretat

safe adj **1** (habit. darrere v; sovint + **from**) [fora de perill] segur, fora de perill, estalvi *I couldn't rest till I knew you were safe.* No vaig poder estar tranquil fins que vaig saber que estaves fora de perill. *The travellers got home **safe and sound**.* Els viatgers van arribar a casa sans i estalvis. *Will my suitcase be safe here?* La meva maleta estarà segura aquí? **2** [descriu: p. ex. lloc, cotxe, inversió] segur, no perillós *It's not safe to go out alone.* És perillós sortir sol. *The roof isn't safe to walk on.* La teulada no és segura per caminar-hi. **3** (davant de n) [descriu: esp. conductor] prudent *to be **in safe hands*** estar en bones mans (*vegeu UTILITZACIÓ més avall)

safety ni [manca de perill] seguretat *Put this helmet on, it's for your own safety.* Posa't aquest casc; és per a la teva seguretat. *safety first* la seguretat abans de tot *to reach safety* assolir un lloc segur (davant de n) *safety glass* vidre de seguretat *safety catch* fiador *safety pin* (agulla) imperdible

símil

as safe as houses (brit) [d'un lloc fora de perill] completament segur *Don't worry, you'll be as safe as houses once we cross the border.* No t'amoïnis, estaràs completament segur així que creuem la frontera.

safety net xarxa de seguretat

safety belt cinturó de seguretat

unharmed adj (habit. darrere v) il·lès

secure adj **1** (sovint + **about**) [s'utilitza principalment ref. a com se sent una persona més que a factors externs. Descriu una sensació de confiança i manca d'ansietat] segur *I feel secure because I trust you.* Em sento segur perquè confio en tu. *to be secure in the knowledge that* saber perfectament que **2** [segur i estable. Descriu: p. ex. llar, historial familiar, feina] segur, estable **3** (habit. darrere v) ferm, fix, ben tancat *to make the doors and windows secure* tancar bé les portes i finestres

> *utilització*
>
> El contrari de **safe** (segur) és **dangerous** o **unsafe** (perillós). El contrari de **secure**, en el sentit 1, (segur) és **insecure** (insegur); *vegeu també **255 Fear**. En els altres sentits, el contrari de **secure** no és **insecure**, sinó **not secure**, p. ex. *That lock isn't very secure.* (Aquell pany no tanca bé.)

secure *vt* 1 [fixar fermament. Obj: p. ex. porta, finestra, corda] assegurar, fixar, tancar bé 2 (sovint + **against, from**) [fer segur i cert. Obj: p. ex. lloc, inversió, futur] assegurar-se de, aconseguir

security *n* 1 *ni* [sensació] seguretat *a feeling of security* una sensació de seguretat *They need the security of a stable relationship.* Necessiten la seguretat d'unes relacions estables. 2 *ni* [disposicions per protegir un país, una organització, etc, contra gent de fora] seguretat *on grounds of national security* per motius de seguretat nacional *Security was very tight during the Pope's visit.* La seguretat va ser molt estricta durant la visita del Papa. (davant de *n*) *security guard* guarda de seguretat

253.1 Precaució

precaution *nc* (sovint + **against**) precaució *We removed everything breakable from the room as a precaution.* Vam treure de l'habitació tot el que es podia trencar com a precaució. *to take precautions* prendre precaucions **precautionary** *adj* preventiu

insure *vti* (sovint + **against**) [obj: p. ex. casa, cotxe, joies] assegurar *Are we insured against theft?* Estem assegurats contra robatori? *The camera is insured for £200.* La càmera està assegurada en 200 lliures. **insurer** *nc* assegurador -a

insurance *n* 1 *ni* assegurança *The contents of the house are covered by insurance.* El contingut de la casa està cobert amb una assegurança. *to take out insurance on sth* assegurar ac (davant de *n*) *insurance company* companyia d'assegurances *insurance policy* pòlissa d'assegurances 2 *nc* (sovint + **against**) precaució *I carry spare parts in my car as an insurance against breaking down a long way from a garage.* Porto peces de recanvi en el cotxe com a precaució en cas d'avaria lluny d'un taller.

> *utilització*
>
> S'utilitza la frase **life insurance** (assegurança de vida) tant en anglès americà com britànic. Tanmateix, al Regne Unit s'utilitza també **life assurance**, que normalment s'accepta com el terme més correcte.

253.2 Salvar

save *vt* (sovint + **from**) salvar, rescatar *to save someone's life* salvar la vida d'algú *a campaign to save a threatened building/nature reserve* una campanya per salvar un edifici amenaçat/una reserva natural amenaçada *She saved the boy from drowning.* Va evitar que el nen s'ofegués.

rescue *vt* (sovint + **from**) rescatar *He rescued a woman from a burning building.* Va rescatar una dona d'un edifici en flames. *I managed to rescue this book before it was thrown away.* Vaig poder rescatar aquest llibre abans que el llencessin. **rescuer** *nc* salvador -a

rescue *nc/i* salvament, rescat, alliberament *a daring rescue carried out by helicopter* un rescat audaç portat a terme en helicòpter *to come/go to the rescue of sb/sth* anar a socórrer a/ac (davant de *n*) *rescue attempt* intent de rescat *rescue vessel* vaixell de rescat

survive *vit* sobreviure *She was badly injured but survived.* Va patir ferides greus però va sobreviure. *my only surviving relative* l'únic parent que encara viu *a tradition which has survived since the Middle Ages* una tradició que data de l'Edat Mitjana *He survived the crash.* Va sobreviure l'accident.

survival *ni* supervivència *a fight for survival* una lluita per sobreviure *the survival of the fittest* la supervivència dels més aptes (davant de *n*) *survival kit* equip d'emergència *survival raft* bot salvavides

survivor *nc* supervivent *There were no survivors from the crash.* No hi va haver supervivents de l'accident.

254 Look after Cuidar

look after sb/sth *vt* 1 [obj: esp persona, objecte de valor, objecte que s'ha de cuidar] cuidar, vigilar *Will you look after our cat for us while we're on holiday?* Ens vols cuidar el gat mentre estiguem de vacances? *I can look after myself.* Em sé cuidar sola. *This car has been well looked after.* S'ha tingut molta cura d'aquest cotxe. 2 [obj: p. ex. arranjaments, interessos] encarregar-se de

take care of 1 tenir cura de, encarregar-se de *Who's going to take care of you when you're old?* Qui es farà càrrec de tu quan siguis gran? *Take care of yourself!* Cuida't! 2 [tractar] encarregar-se de *Don't worry about the financial side, we've taken care of all that.* No s'amoïni de l'aspecte econòmic; ens hem encarregat de tot.

care for sb/sth *vt* 1 [obj: esp. persona malalta o gran] tenir cura de 2 [amor] preocupar-se per *I know how deeply he cares for you.* Sé que es preocupa molt per tu.

> *frase feta*
>
> **to keep an eye on sb** [informal. Cuidar i vigilar que s'evitin problemes o perills] vigilar algú *Keep an eye on your little sister while I go to the shops.* Vigila ta germana mentre vaig a comprar.

keep *vt, pas. & pp.* **kept** 1 [obj: persona, un mateix] mantenir *You can't expect me to keep you now you're grown-up.* Ara que ja ets gran, no pots esperar que jo

et mantingui. **2** [obj: animals] tenir, criar *They kept a pig and a few goats on their little farm.* En aquella petita granja criaven un porc i unes quantes cabres.
keep *ni* menjar, subsistència *to **earn one's keep*** guanyar-se el pa

wait on sb *vt* [obj: client de restaurant] servir [també pej.] *He expects to be **waited on hand and foot**.* Espera que li ho facin tot. *vegeu també **163 Eating and drinking places**

attentive *adj* **1** (sovint + **to**) atent *The staff were very attentive to us during our stay.* El personal va ser molt atent durant la nostra estada. **2** [descriu: p. ex. públic] atent, que presta atenció

254.1 Protegir

protect *vt* (sovint + **against**, **from**) protegir *She wore an overall to protect her dress.* Portava una bata per protegir el vestit. *The seedlings must be protected against frost.* Els plançons s'han de protegir contra les gelades.
protection *ni/c* (sovint + **against**, **from**) protecció *The vaccine gives partial protection against the disease.* La vacuna dóna una protecció parcial contra la malaltia. *She is under police protection.* Està sota protecció policial.
protective *adj* **1** protector *protective clothing* roba protectora **2** (sovint + **to**, **towards**) [descriu: p. ex. persona, gest] protector *She felt very protective towards her younger sister.* Se sentia molt responsable de la seva germana petita. **protectively** *adv* de manera protectora
protector *nc* **1** [persona] protector -a **2** [per a una part del cos] protector *chest protector* protector del pit
guard *vti* (sovint + **against**, **from**) [obj: p. ex. casa, presoner, persona important] guardar, vigilar, prevenir-se *Soldiers were guarding all government buildings.* Els soldats vigilaven tots els edificis governamentals.
guard *n* **1** *nc* guàrdia *security guard* guarda de seguretat *He managed to slip past the guards at the gate.* Va conseguir passar desapercebut per als guàrdies de la porta. **2** *nc* (cap *pl*) [grup de gent] guàrdia *He was taken to the airport **under** armed **guard**.* El van portar a l'aeroport custodiat per guàrdia armada. **3** *ni* vigilància *to be **on guard*** estar alerta, estar en guàrdia *to be **on one's guard*** (*against* sth) estar en guàrdia (contra ac) *to **keep guard*** vigilar *to **stand guard over*** sth muntar guàrdia per/a ac **4** *nc* protector *fire guard* guardafoc *shin guards* canyelleres
safeguard *vt* (sovint + **against**, **from**) salvaguardar *We want to safeguard our products against forgery.* Volem salvaguardar els nostres productes contra falsificacions.
safeguard *nc* [habit. en una constitució, llei, contracte] salvaguarda, garantia
shield *vt* (sovint + **against**, **from**) emparar, protegir *She's trying to shield him, though she knows he's committed a crime.* Intenta protegir-lo malgrat saber que ha comès un crim.
shelter *v* **1** *vt* (sovint + **from**) abrigar, emparar *The trees

shield escut

He shielded his eyes from the sun. Es protegia els ulls del sol.

wind shield paravent
shield placa

shelter the house from the wind.* Els arbres protegeixen la casa del vent. **2** *vt* [obj: p. ex. persona buscada, presoner escapat] amagar, protegir **3** *vi* (sovint + **from**) aixoplugar-se *We went into a shop doorway to shelter from the rain.* Ens vam ficar a l'entrada d'una botiga per aixoplugar-nos.
shelter *n* **1** *nc* abric, refugi *air raid shelter* refugi antiaeri *bus shelter* parada coberta d'autobús **2** *ni* protecció, refugi *to **take shelter*** buscar-se protecció/refugi *Everybody ran for shelter when the downpour started.* Tothom va córrer a buscar aixopluc quan el xàfec va començar.

254.2 Conservar

preserve *vt* **1** [obj: p. ex. edifici vell, costum] conservar *The original furnishings had been lovingly preserved.* S'havia conservat amb molta cura el mobiliari original. **2** [obj: p. ex. independència, nivell de qualitat] mantenir, conservar
preservation *ni* **1** conservació, preservació *the instinct for self-preservation* l'instint de conservació **2** conservació *The objects are in a good state of preservation.* Els objectes han estat ben conservats.
conserve *vt* **1** [salvar. Obj: p. ex. fauna] conservar **2** [no malgastar. Obj: p. ex. calor, energia, força] conservar
conservation *ni* conservació *nature conservation* conservació de la natura *energy conservation* conservació d'energia (davant de *n*) *conservation area* àrea de reserva natural **conservationist** *nc* conservacionista

255 Fear Por

contrari **258 Courage**

fear n 1 ni (sovint + **of**) [mot genèric] por *I daren't move for fear of being spotted.* No goso bellugar-me per por que em vegin. *to live/be in fear of sth* viure amb/tenir por d'ac 2 nc aprensió *Their fears proved groundless.* La seva aprensió va resultar sense fonaments.

fear v [més aviat formal] 1 vt [obj: p. ex. mort, lesió, ruïna] témer *You've got nothing to fear from me.* No has de témer res de mi 2 vi (sovint + **for**) témer *The doctors feared for her sanity.* Els metges temien per la seva salut mental.

fright ni/c espant, esglai, ensurt, terror *to give sb a fright* donar un espant a algú *to take fright* espantar-se *I nearly died of fright.* Una mica més i em moro d'espant.

alarm n 1 ni [menys fort que **fear**] temor, inquietud *There is no cause for alarm.* No hi ha motiu per inquietar-se. *He cried out in alarm.* Va fer un crit d'alarma. 2 nc toc d'alarma, senyal d'alarma, clasc *The alarm was sounded.* Van fer sonar el toc d'alarma. *to raise the alarm* donar l'alarma (davant de n) *alarm signal* senyal d'alarma, clasc *burglar alarm* alarma contra els lladres **alarm** vt alarmar, inquietar

alarming adj [descriu: p. ex. augment, informe, mida] alarmant **alarmingly** adv de manera alarmant

panic nc/i [por violenta i sobtada] pànic, esverament *I was in a panic because I thought I'd missed the plane.* Estava aterrida perquè creia que havia perdut el vol. *The news caused panic among investors.* La notícia va sembrar el pànic entre els inversors. (davant de n) *panic selling* venda condicionada pel pànic

panic vit, **-ck-** atemorir-se, deixar-se endur pel pànic *Don't panic!* Calma't! *She panicked and tried to burn the letter.* Es va deixar endur pel pànic i va intentar cremar la carta.

terror ni/c [més fort que **fear**] terror, espant *They ran away in terror.* Van fugir esfereïts. *terror-stricken* mort de por

terrorist nc terrorista *Terrorists hijacked the airliner.* Uns terroristes van segrestar l'avió. (davant de n) *terrorist bomb* bomba terrorista **terrorism** ni terrorisme

dread ni/c [por profunda d'ac que pot ocórrer en el futur] terror, pànic *I have a dread of old age.* M'horroritza la idea de fer-me gran.

dread vt témer, tenir terror/pànic de *I used to dread those visits to the dentist.* Abans tenia pànic de les visites al dentista. *I dread to think* what might have happened. No vull ni pensar què podria haver passat.

255.1 Espantat

afraid adj (darrere v) 1 (sovint + **of**, + **to** + INFINITIU) [mot genèric, no molt fort] poruc *be afraid* tenir por *He's afraid of the dark.* Té por de la foscor. *Don't be afraid to ask questions.* No tingueu por de fer preguntes. 2 [per expressar recança] (sempre + **that**) lamentar, sentir, saber greu, témer *I'm afraid she's not in.* Ho sento, però no hi és. *Tickets are sold out, I'm afraid.* Ho lamento, però les entrades estan exhaurides.

frightened adj (sovint + **of**, **to** + INFINITIU) [més fort que **afraid**] espantat *Hold my hand if you feel frightened.* Agafa'm la mà si tens por.

scared adj (sovint + **of**, + **to** + INFINITIU) [lleug. menys formal que **frightened**] espantat *I was scared stiff.* Em moria de por.

fearful adj (darrere v; sovint + **of**) [més formal que **afraid**] poruc, temerós *She was so fearful of offending them, she hardly opened her mouth.* Tenia tanta por d'ofendre'ls que gairebé no va obrir la boca. **fearfully** adv porugament, tímidament

terrified adj (sovint + **of**, + **to** + INFINITIU) [molt espantat] espantadíssim

petrified adj (sovint + **of**, + **to** + INFINITIU) [molt fort, però s'utilitza sovint de manera exagerada] petrificat *I was petrified in case she fell off.* Estava petrificat de por que caigués.

coward nc covard -a *I'm a terrible coward about speaking in public.* Sóc un covard perdut a l'hora de parlar en públic. **cowardice** ni covardia **cowardly** adj covard

frases fetes

as white as a sheet [només per descriure pal·lidesa per por, no per altres motius] blanca com la mort, com el paper

get cold feet [informal. Normalment no ref. a por de dany físic] escagarrinar-se, empenedir-se *He got cold feet the night before the wedding.* Li va agafar canguelo la nit abans del casament.

lose one's nerve agafar por, fer-se enrere *She suddenly lost her nerve and refused to get on the plane.* De sobte va agafar por i es va negar a pujar a l'avió.

255.2 Espantar

frighten vt esglaiar, espantar *They frighten the life out of me, these big lorries.* Aquests camions grans em fan una por d'espant. *He shouted to frighten the birds away.* Va cridar per espantar els ocells. **frightening** adj espantós, esfereïdor

scare vt [lleug. menys formal que **frighten**] espantar *He doesn't scare me with his threats.* No m'espanta amb les seves amenaces. *to scare sb away/off* fer fugir algú *scare sb to death* espaordir algú

scary adj [informal. Que provoca por] esgarrifós

scare nc 1 espant, esglai, ensurt *to give someone a scare* espantar algú 2 [esdeveniment] amenaça *bomb scare* amenaça de bomba *rabies scare* amenaça de ràbia

terrify vt [molt emfàtic] aterrir, esfereir **terrifying** adj aterridor

petrify vt [molt emfàtic, sovint per exagerar] petrificar

threaten vt 1 (sovint + **with**) amenaçar *His boss threatened him with the sack.* El cap el va amenaçar de fer-lo fora. 2 (sovint + **to** + INFINITIU) amenaçar *They're threatening to blow up the building.* Amenacen de volar l'edifici. *clouds threatening rain* núvols que amenacen pluja **3** (sovint + **with**) estar o posar ac en perill *a species threatened with extinction* una espècie en perill d'extinció *Price increases are threatening our standard of living.* Les pujades de preus posen en perill el nostre nivell de vida.

threat *n* **1** *nc/i* amenaça *an empty threat* una amenaça infundada *The local theatre is under (the) threat of demolition.* El teatre local està amenaçat de demolició. **2** (sovint + **to**) amenaça *Their territorial ambitions pose a grave threat to the peace of the region.* Les seves ambicions territorials constitueixen una greu amenaça per a la pau a la regió.

bully *vt* intimidar, gallejar *He tried to bully me into giving him my ticket.* Va intentar intimidar-me perquè li donés l'entrada. **bully** *nc* pinxo, gall

frases fetes

make sb's hair stand on end posar els pèls de punta a algú *Some of the stories they tell, they make your hair stand on end.* Algunes de les històries que expliquen et posen els pèls de punta.

give sb the creeps [informal. Sovint por barrejada amb horror o repulsió] esgarrifar *That house really gives me the creeps.* Aquella casa realment m'esgarrifa. *He gives me the creeps.* M'esborrona.

make sb's blood run cold [força literari] glaçar la sang a algú *The sight that met my eyes made my blood run cold.* L'escena que vaig veure em va glaçar la sang a les venes.

255.3 Mostrar senyals de por

shake *v, pas.* **shook** *pp.* **shaken 1** *vi* tremolar, estremir-se *He was shaking like a leaf.* Tremolava com una fulla. *Her hand shook as she went to pick up the telephone.* Li tremolava la mà quan va anar a agafar el telèfon. **2** *vt* sacsejar, afectar *The news really shook me.* La notícia em va trasbalsar. *She was badly shaken (up) by the accident.* Va quedar fortament afectada per l'accident.

tremble *vi* [moviment lleug. menys obvi o violent que **shake**, i sovint relacionat amb emocions més que no pas amb la por] tremolar, estremir-se *I was trembling all over.* Em tremolava tot el cos. *to tremble with rage/excitement* estremir-se de ràbia/d'emoció **tremble** *nc* tremolor, estremiment

quiver *vi* [moviment menor] tremolejar *in a voice quivering with emotion* en una veu que tremolejava d'emoció **quiver** *nc* estremiment

quake *vi* [reacció molt forta. Sovint lleug. jocós] tremolar, trémer, terratrémer *The boys heard her voice and quaked with terror.* Els nois li van sentir la veu i van tremolar de por.

cower *vi* encongir-se, agemolir-se *She cowered away from the blow.* Es va encongir per evitar el cop. *They were cowering in a corner.* S'agemolien en un racó.

freeze *vit, pas.* **froze** *pp.* **frozen** [no poder moure's o parlar de por] glaçar(-se), quedar glaçat *They froze when they heard the door open.* Es van quedar glaçats quan van sentir que la porta s'obria.

255.4 Preocupació

worry *n* **1** *ni* preocupació, inquietud **2** *nc* problema, maldecap *financial worries* problemes econòmics *That's the least of my worries.* Això és el que menys em preocupa.

worry *v* **1** *vi* (sovint + **about**) preocupar-se, amoïnar-se *I lie awake at night worrying.* Em quedo despert a la nit, rumiant. *Don't worry, you won't be left behind.* No t'amoïnis, no et deixaran enrere. *There's nothing to worry about.* No hi ha res de què preocupar-se. **2** *vt* inquietar, preocupar *Don't let it worry you.* No t'amoïnis per això. *It's beginning to worry me that she hasn't learned to read yet.* Comença a inquietar-me que encara no hagi après a llegir. **worrier** *nc* aprensiu-iva

worried *adj* (sovint + **about**) [descriu: p. ex. persona, mirada] preocupat *We've been worried sick about you.* Estàvem molt preocupats per culpa teva.

anxiety *n* **1** *ni/c* (sovint + **about, over**) [lleug. més formal que **worry**] ansietat, inquietud *The news has caused considerable anxiety.* La notícia ha provocat força inquietud. **2** *ni* (sovint + **to** + INFINITIU) anhel, desfici, fal·lera *In her anxiety to appear grown-up, she had put on too much make-up.* Amb la fal·lera per semblar gran, s'havia maquillat massa.

anxious *adj* **1** (sovint + **about**) inquiet, ansiós *an anxious wait* una espera ansiosa *You're making me very anxious.* Em feu passar molta ànsia. **2** (sovint + **to** + INFINITIU, + **that**) desitjós, desficiós *I'm anxious to learn all I can.* Tinc ganes d'aprendre tot el que pugui. **anxiously** *adv* ansiosament

concern *ni* [més aviat formal] preocupació, inquietud *His condition is causing grave concern.* La seva condició és motiu de molta preocupació. *There's no cause for concern.* No hi ha motiu per inquietar-se.

concern *vt* preocupar, inquietar *It concerns me that we have made so little progress.* Em preocupa que hàgim fet tan poc progrés. *I'm concerned about her health.* Estic preocupat per la seva salud.

apprehensive *adj* (sovint + **about**) [més formal que **worried**. Ref. a ac que pot passar o passarà en el futur] aprensiu **apprehensively** *adv* amb aprensió

insecure *adj* [ansiós i amb manca de confiança; descriu una característica més que un estat passatger] insegur *She's a very insecure person.* És una dona molt insegura. **insecurity** *ni* inseguretat

nerves *n pl* nervis *an attack of nerves* un atac de nervis *first-night nerves* nervis de la nit d'estrena *He's a bag/bundle of nerves.* És un sac de nervis.

nervous *adj* (sovint + **about**) [sentiment negatiu] nerviós, neguitós *Are you nervous about the interview?* Estàs nerviós per la entrevista? *a nervous wreck* un sac de nervis

utilització

En anglès s'utilitza **nervous** sempre referit a un sentiment que resulta d'una causa negativa, p. ex. un examen, una visita al dentista, etc. Quan el sentiment és similar, però provocat per una causa positiva (p. ex. una festa, unes vacances), es diu que la persona està **excited**.

GRUPS DE PARAULES

255.5 Tímid

timid adj tímid *Deer are very timid creatures.* Els cèrvols són animals molt tímids. **timidity** ni timidesa **timidly** adv tímidament

shy adj vergonyós, tímid, reservat *She's too shy to speak to anyone.* És massa vergonyosa per parlar amb ningú. *a shy smile* un somriure tímid **shyly** adv vergonyosament, tímidament **shyness** ni vergonya, timidesa

> *frase feta*
> **wouldn't say boo to a goose** ser pusil·lànime *Don't be frightened of him, he wouldn't say boo to a goose.* No li tinguis por, no faria mal ni a una mosca.

256 Tension Tensió

tension n 1 ni [ansietat nerviosa] tensió *nervous tension* tensió nerviosa *Tension is mounting as the time for the announcement draws near.* La tensió puja a mesura que s'apropa l'hora de donar la notícia. 2 ni/c [ambient desagradable] tensió, tibantor *international tension* tensió internacional *racial tensions in inner-city areas* tensió racial en els barris cèntrics 3 ni [tibantor] tensió *a cable under tension* un cable en tensió

tense adj 1 [descriu: p. ex. persona, ambient] tens 2 [descriu: p. ex. muscle] tens *His whole body was tense with anxiety.* Tenia tot el cos tens d'ansietat. **tense** vti tensar(-se), estirar(-se)

stress ni/c 1 tensió, estrès *Stress can cause heart disease.* L'estrès pot provocar una malaltia del cor. *She has been under a lot of stress lately.* Últimament ha experimentat molta tensió. 2 [enginyeria] esforç, tensió, resistència **stressful** adj que provoca estrès

256.1 Inquiet

uneasy adj 1 (sovint + **about**) inquiet *I had an uneasy feeling that something was wrong.* Tenia la desagradable sensació que alguna cosa no anava bé. *I'm very uneasy about the morality of what we're doing.* M'inquieta molt l'aspecte moral del que estem fent. 2 [inestable i que provoca inquietud. Descriu: p. ex. pau, aliança, silenci] insegur **unease** ni desassossec

agitated adj (sovint + **about**) neguitós *She got very agitated when I suggested that we should call the police.* Es va posar molt neguitosa quan vaig suggerir que truquéssim la policia. **agitation** ni agitació

(be/get) het up adj (sovint + **about**) [informal] acalorar-se *He got very het up when they were speaking about the plans for a new shopping centre.* Es va acalorar molt quan parlaven del projecte d'un nou centre comercial.

be on edge adj (sempre darrere v) estar neguitós, irritable, tenir els nervis a flor de pell *She's been so on edge lately.* Ha estat molt neguitosa últimament.

edgy adj [informal] nerviós, irritable

256.2 Tibant
vegeu també **100 Hard**

taut adj 1 tibant, tens 2 [ref. a persona o situació] tibant *He wore a taut smile.* Tenia un somriure tens.
taut adv (darrere v) *pull something taut* tibar una cosa **tautly** adv tibadament **tautness** ni tibantor

tight adj estirat, estret, tibat *Is the rope tight enough?* La corda està prou tibada? **tight** adv (darrere v) *pull the rope tight* tibar la corda

tightly adv hermèticament, completament *tightly sealed* tancat hermèticament *tightly fastened* ben lligat **tightness** ni tibantor, estretor **tighten** vti estirar(-se), estrènyer(-se)

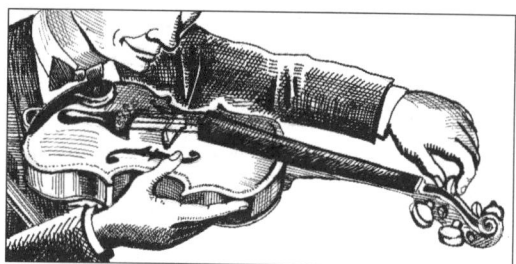

You turn the peg to increase tension on the string. Es gira la clavilla per augmentar la tensió de la corda.

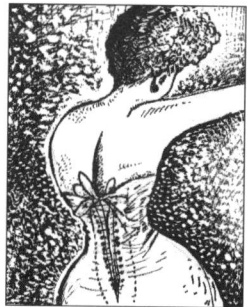

She was laced up tightly. Duia la cotilla molt estreta.

The leather is stretched taut across the top of the drum. Es tensa la pell sobre la part superior del tambor.

257 Excitement Emoció

excitement ni/c emoció, il·lusió, excitació *The children were wild with excitement.* Els nens estaven bojos d'il·lusió. *That's enough excitement for one day.* Ja hem tingut prou emoció per un dia.

exhilaration ni [provocat per ac real, no per expectació] alegria, excitació **exhilarate** vt alegrar, aixecar els ànims de

thrill nc excitació, emoció *a thrill of pleasure/anticipation* una sensació de plaer/d'expectació *It was such a thrill actually being there.* Va ser molt emocionant poder assistir-hi. **thrill** vt emocionar

kick nc [informal. Sovint força pej.] estimulació, excitació, atracció *I really get a kick out of parachuting.* Realment trobo estimulant llançar-me en paracaigudes. *So that's how you get your kicks, is it?* O sia, és així com t'estimules, oi?

adventure nc/i aventura *She told us all about her adventures in Africa.* Ens ho va explicar tot sobre les seves aventures a l'Àfrica. *Where's your sense of adventure?* On tens el sentit de l'aventura? (davant de n) **adventure story** història d'aventures **adventure playground** [àrea per practicar diverses activitats físiques] àrea de jocs d'aventures

suspense ni suspens, dubte, tensió *Don't keep us all in suspense.* No ens deixis a tots amb el dubte. *I can't bear the suspense.* No aguanto el suspens.

hysteria ni histèria *mass hysteria* histèria col·lectiva

257.1 Emocionat

excited adj (sovint + **about**) emocionat, il·lusionat *I'm so excited about this holiday!* Em fan tanta il·lusió aquestes vacances! *The children always get excited when their uncle comes.* Als nens sempre els fa molta il·lusió que vingui l'oncle.

thrilled adj [emfàtic] emocionat, excitat *We were thrilled to bits* (brit)/**pieces** (amer) *when she told us.* Estàvem morts d'emoció quan ens ho va dir.

(be/get) worked up adj (darrere v) [informal. Emocionat i preocupat o enfadat] escalfar-se el cap *You've got yourself all worked up over nothing.* T'has escalfat el cap per no res.

257.2 Emocionant

exciting adj emocionant, apassionant *Your job sounds very exciting.* Pel que dius, la teva feina sembla molt apassionant. **excitingly** adv apassionadament

thrilling adj [descriu: p. ex. final, punt culminant] commovedor, emocionant

dramatic adj [descriu: p. ex. canvi, fugida] dramàtic **dramatically** adv dramàticament

gripping adj absorbent, emocionant

nail-biting adj [informal] emocionant

sensational adj 1 [descriu: p. ex. descoberta, resultat] sensacional 2 [pej. Descriu: esp. article, periodisme] sensacionalista **sensationalism** ni sensacionalisme

257.3 Emocionar

excite vt 1 [obj: esp. persona] emocionar, entusiasmar *The idea really excites me.* La idea realment m'entusiasma. 2 [formal. Obj: p. ex. interès, admiració] despertar, suscitar *Their activities have excited suspicion.* Les seves activitats han despertat sospites.

arouse vt 1 [obj: p. ex. atenció, sospites, oposició] despertar, provocar *The new model has aroused a great deal of interest.* El nou model ha despertat molt interès. 2 [obj: esp. persona] excitar, estimular *sexually aroused* excitat sexualment **arousal** ni excitació

stimulate vt 1 [provocar interès o pensament] estimular *a stimulating discussion* un debat estimulant *We try to stimulate the children with books and toys.* Procurem estimular els nens amb llibres i joguines. 2 [fer més actiu. Obj: p. ex. creixement, demanda] reanimar, estimular *The government lowered interest rates in order to stimulate the economy.* El govern va abaixar els tipus d'interès per reanimar l'economia. **stimulation** ni estimulació

stimulus nc, pl **stimuli** [principalment tècnic] estímul **stimulant** nc estimulant

turn sb **on** vt [informal. Emocionar i atraure, habit. en contextos sexuals] encendre, excitar *She really turns me on.* La trobo realment excitant. *The idea of spending all day in a meeting doesn't really turn me on.* El fet de pensar que he de passar tot el dia reunit no m'entusiasma gens.

turn-on nc [informal. Ac excitant, habit. en contextos sexuals] excitació, provocació *That outfit is a bit of a turn-on.* Aquesta roba és un pèl provocativa. *I'm afraid I don't find computers much of a turn-on.* Ho sento, però els ordinadors no és que m'excitin gaire.

258 Courage Valor

contrari **255 Fear**

courage ni valor, valentia, coratge *It took weeks before he could **pluck up (the) courage** to propose.* Van passar setmanes fins que es va armar de valor per demanar-li la mà.

courageous adj [més aviat formal] coratjós **courageously** adv amb coratge.

brave adj valent *Be brave, we'll soon have that splinter out.* Sigues valent, aviat et traurem l'estella. *a brave attempt* un intent valent **bravely** adv amb valentia

bravery ni valentia *The policeman was awarded a medal for bravery.* Van atorgar al policia una medalla al valor.

bravado ni [sovint pej. Implica fatxendejar, sovint amb actuacions perilloses] envalentiment, actitud desafiant *He did it out of sheer bravado.* Ho va fer per pura fatxenderia.

heroic adj [descriu: p. ex. rescat, resistència] heroic *Under the circumstances her self-restraint was quite heroic.* En aquelles circumstàncies, la seva manera de controlar-se va ser del tot heroica.

hero (m.) nc, pl **heroes**, (f.) **heroine** 1 heroi -oïna *He came back to a hero's welcome.* En tornar va ser rebut com a heroi. *He's my hero.* És el meu heroi. 2 [d'un llibre, d'una obra dramàtica, etc.] protagonista **heroism** ni heroisme

fearless adj audaç, sense por *Children of that age are completely fearless.* La mainada d'aquesta edat no saben què és la por. **fearlessly** adv audaçment, sense por

valiant adj [literari quan ref. a persones. Descriu: esp. intent, esforç] valerós, intrèpid **valiantly** adv amb valentia **valour** (brit), **valor** (amer) ni valor, valentia

guts n pl [informal] nassos, pebrots *You have to admit it, she's got guts.* Ho has de reconèixer, té pebrots. *He didn't even have the guts to tell me himself.* Ni tan sols va tenir els nassos de dir-m'ho personalment.

face up to sb/sth vt [obj: p. ex. fet, responsabilitat] enfrontar-se amb a/ac

258.1 Que mostra valor i iniciativa

dare v 1 vti (sovint + INFINITIU) gosar, atrevir-se *How dare you come in here without permission?* Com gosa entrar aquí sense permís? *None of us dared (to) question her decision.* Ningú de nosaltres no gosava posar en dubte la seva decisió. 2 vt desafiar *I dare you to jump in with all your clothes on.* Et desafio a llençar-te a l'aigua vestit.

dare nc desafiament *She did it for a dare.* Ho va fer per un desafiament.

daring adj [descriu: p. ex. rescat, fugida, ràtzia] audaç, temerari **daring** ni audàcia **daringly** adv amb temeritat

audacious adj 1 [més formal que **daring**. Sovint implica barra] atrevit 2 [insolent] descarat **audaciously** adv ardidament

audacity ni 1 [més aviat formal] audàcia 2 [pej.] barra *He had the audacity to call me a liar.* Va tenir la barra de dir-me que era una mentidera.

adventurous adj agosarat, emprenedor *She's not very adventurous in her choice of colours.* No és gaire agosarada a l'hora de triar colors.

intrepid adj [obsolet o literari, però de vegades jocós. Favorable, implica determinació i resistència] intrèpid *an intrepid explorer* una exploradora intrèpida

bold adj 1 [descriu: p. ex. guerrer, pla] valent, arriscat 2 [sovint pej.] fresc, descarat *He comes in here as bold as brass and demands to see the chairman.* Entra aquí, amb tota la cara, i demana una entrevista amb el president. 3 [descriu: p. ex. color, línia] atrevit **boldly** adv amb valentia **boldness** ni valentia, atreviment, descarament

confident adj (sovint + **about, of, that**) [descriu: p. ex. persona, conducta] segur, ple de confiança *I'm confident that the play will be a success.* Estic segur que l'obra tindrà èxit. *We're quietly confident about the outcome.* No patim gens pel resultat. **confidently** adv amb seguretat

confidence ni 1 confiança, seguretat *I can say with complete confidence that the work will be finished on time.* Puc dir amb tota seguretat que la feina s'acabarà a temps. **self-confidence** confiança en un mateix 2 (sovint + **in**) [fe] confiança *I have every confidence in the ability of my staff.* Confio plenament en la capacitat del meu personal.

259 Calmness Tranquil·litat

calm adj 1 [descriu: p. ex. persona, veu] tranquil *Keep calm!* Tranquil·litzeu-vos! *The situation is calm again after yesterday's disturbances.* La situació torna a estar tranquil·la després dels aldarulls d'ahir. 2 [descriu: p. ex. mar, dia, temps] serè, encalmat **calmly** adv amb calma, serenament

calm ni/c calma, tranquil·litat *the calm of a summer's evening* la tranquil·litat d'un vespre d'estiu *the calm before the storm* la calma abans de la tempesta

tranquil [descriu: p. ex. escena, paisatge, *no* persones] tranquil, plàcid

tranquillity (brit), **tranquility** (amer) ni tranquil·litat

peaceful adj 1 tranquil, assossegat *It's so peaceful here by the river.* Hi ha tanta tranquil·litat aquí al costat del riu. 2 [sense violència. Descriu: p. ex. manifestació, protesta] pacífic *efforts to find a peaceful solution to the crisis* intents per trobar una solució pacífica a la crisi *peaceful co-existence* coexistència pacífica

peace ni 1 [manca de preocupacions] tranquil·litat *peace of mind* tranquil·litat d'esperit 2 silenci, tranquil·litat *I just want some peace and quiet.* Només desitjo pau i tranquil·litat. 3 pau *The two nations wish to live together in peace.* Les dues nacions desitgen conviure en pau. (davant de n) *peace movement* moviment pacifista *peace talks* converses de pau *peace treaty* tractat de pau

cool adj [descriu: p. ex. persona, conducta] tranquil, impertorbable *cool, calm and collected* tranquil, serè i assossegat *Keep cool, don't let them get you angry.* Tranquil, no deixis que et provoquin. **coolly** adv tranquil·lament **coolness** ni tranquil·litat

laid-back adj (sovint + **about**) [informal. Descriu: persona, conducta] assossegat, fresc, passota *He has a very laid-back approach to discipline.* Té una actitud de tant se me'n fot envers la disciplina.

easy-going adj [descriu persona] acomodatici

frase feta

without turning a hair amb tota la calma del món, sense ni parpellejar *Without turning a hair, he picked up the snake and took it out into the garden.* Amb tota la calma del món, va agafar la serp i la va portar al jardí.

259.1 Tranquil·litzar una persona

calm vt tranquil·litzar, calmar *I took a deep breath to calm my nerves.* Vaig respirar a fons per calmar-me els nervis.

calm (sb/sth) **(down)** vti tranquil·litzar(-se), calmar-se, calmar a/ac *Calm down, you're getting hysterical.* Calma't, t'estàs posant histèric.

comfort vt [obj: persona trista o malalta] consolar *The child cried and cried and would not be comforted.* El nen no parava de plorar i no es deixava consolar.

comfort ni/c (cap pl) consol, ànim *We can take some comfort from the fact that he did not suffer long.* Ens pot consolar el fet que no va patir gaire temps. *You've been a great comfort to me.* M'has donat molts ànims.

soothe vt 1 [obj: persona enfadada o afligida] calmar, apaivagar 2 [obj: ferida o lesió] calmar, alleujar

soothing adj 1 [descriu: p. ex. veu, paraules] calmant, tranquil·litzant 2 [descriu: p. ex. ungüent, medicament] calmant

frases fetes

Keep your hair on! (*brit*) [informal; lit.: que mantinguis els cabells] No perdis els estreps!
Don't get your knickers in a twist! (*brit*) [informal i força mal educat. Es pot dir tant a un home com a una dona; lit.: que no se't cargolin les calcetes] No perdis els estreps!
Take it easy! [informal. Per calmar o tranquil·litzar algú] Pren-t'ho amb calma!

260 Bank Banc

vegeu també **265 Money**

bank *nc* banc *to put/have money in the bank* posar/tenir diners al banc (davant de *n*) *bank manager* director -a d'una sucursal bancària
bank *v* **1** *vt* [obj: taló, diners] dipositar, ingressar **2** *vi* (sovint + **with**) tenir el compte corrent (en un determinat banc) *She banks with Lloyds.* Té el compte al Lloyds.
banking *ni* banca *the world of banking* el món de la banca
banker *nc* [propietari o director general d'un banc] banquer -a
building society (*brit*), **savings and loan association** (*amer*) *nc* [similar a un banc, però especialitzat en préstecs per a la compra d'habitatges] banc hipotecari

260.1 Ús d'un compte bancari

account *nc* (sovint + **with**) compte *I have an account with Lloyds/at this branch.* Tinc un compte al Lloyds/en aquesta sucursal.
deposit *vti* (sovint + **in**) [obj: (quantitat de) diners] dipositar, ingressar *I deposited £100 (in my account).* Vaig dipositar 100 lliures (al meu compte). **deposit** *nc* dipòsit
withdraw *vt, pas.* **withdrew** *pp.* **withdrawn** (sovint + **from**) [obj: (quantitat de) diners, efectiu] treure, retirar *I withdrew £100 from my account.* Vaig treure 100 lliures del meu compte. **withdrawal** *nc* retirada
credit *nc/i* [quantitat dipositada en un compte, esp. segons consta en l'estat de comptes] crèdit, haver *Your account is in credit.* El seu compte té un saldo positiu.
credit *vt* [obj: quantitat de diners, compte] abonar *We have credited £50 to your account.* Hem abonat 50 lliures al seu compte. *We have credited your account with the sum of £50.* Hem abonat al seu compte la suma de 50 lliures.
debit *nc* [quantitat retirada d'un compte, esp. segons consta en l'estat de comptes] deure, saldo negatiu *on the debit side of your account* a la columna del deure del seu compte
debit *vt* [obj: suma de diners, compte] carregar *We have debited £50 from/against your account.* Hem carregat al seu compte la quantitat de 50 lliures.
save *vti* **1** (sovint + **up**) estalviar *I've saved (up) £1,000.* He estalviat 1.000 lliures. *an account that helps you to save* un compte que t'ajuda a estalviar (sovint + **for**) *I'm saving (up) for a new stereo.* Estic estalviant per a un nou equip de música. **2** [no haver de gastar] estalviar *I saved £10 by buying two pairs of jeans at once.* Em vaig estalviar 10 lliures en comprar un parell de texans a la vegada. **savings** *n pl* estalvis
interest *ni* (sovint + **on**) interès, benefici *to earn interest on one's savings* obtenir uns interessos dels estalvis *to pay interest on a debt* pagar interès del deute (davant de *n*) *an interest rate of 10%* un tipus d'interès del 10%
cash *vt* [obj: xec, taló. Subj: banc, caixer, client] fer efectiu, cobrar *Can you cash cheques at a post office?* Es poden cobrar xecs a l'oficina de correus? *Does the post office cash cheques?* Abona xecs l'oficina de correus? *vegeu també **265 Money**
cashier (*brit*), **teller** (*esp. amer*) *nc* [persona que atén els clients en un banc] caixer -a
cashpoint *nc* caixer automàtic

frases fetes

to be in the black (*brit*) tenir un saldo positiu *My account is £200 in the black.* Tinc un saldo de 200 lliures.
to be in the red (*brit & amer*) [tenir el compte a menys zero] deure, estar en números vermells
to be overdrawn [tenir el compte a menys zero] quedar-se al descobert *I'm £200 overdrawn.* M'he quedat al descobert en 200 lliures.

260.2 Targetes i documents

cheque (*brit*), **check** (*amer*) *nc* taló, xec *to write (out)/make out a cheque* estendre/fer un xec *to pay by cheque* pagar en taló (sovint + **for**) *a cheque for £100* un xec de 100 lliures *Make out a cheque for $400 to Acme Industries.* Feu un xec de 400$ a pagar a Indústries Acme.
chequebook (*brit*), **checkbook** (*amer*) *nc* talonari
cheque card *nc* (*brit*) targeta per garantir un xec
credit card *nc* targeta de crèdit *to pay by credit card* pagar amb targeta de crèdit
bank statement *nc* [mostra totes les transaccions durant un període] estat de comptes

261 Borrowing and Lending Préstecs

borrow *vti* (sovint + **from**) [obj: diners, pertinences, p. ex. ploma, cotxe] manllevar *Can I borrow your umbrella?* Em deixes el paraigua? *to borrow (money) from a bank* demanar un crèdit al banc
borrowing *ni* [esp. d'un banc] crèdit, préstec
borrower *nc* [esp. d'un banc] manllevador -a
lend *vti, pas. & pp.* **lent** [obj: diners, pertinences, p. ex. ploma, cotxe] deixar *She lent him her umbrella.* Li va

GRUPS DE PARAULES

deixar el paraigua. (sovint + **to**) *Who did she lend her umbrella to?* A qui va deixar el paraigua? *The banks won't lend him any money.* Els bancs no estan disposats a deixar-li diners.
lending *ni* [esp. pels bancs] prestament
lender *nc* [esp el banc] prestador -a, prestamista

utilització

Observeu que el que realitza l'acció de **lend** és qui dóna, mentre que el que realitza l'acció de **borrow** és qui rep.

loan *vt* (sovint + **to**) [en contextos formals] deixar *The equipment has been loaned to us.* Ens han deixat l'equip.
loan *ni* (sovint + **of**) préstec *We thanked them for the loan of the equipment.* Els vam donar les gràcies pel préstec de l'equip. *The library book you want is already on loan.* El llibre que desitja ja està deixat. *paintings on loan from/to another gallery* quadres cedits per/a una altra galeria

261.1 Deute

debt *nc/i* deute *to pay one's debts* pagar els deutes *a total debt of £2,000* un deute global de 2.000 lliures *to be in debt* tenir deutes *to get into/out of debt* contreure deutes/pagar els deutes *The firm ran up huge debts.* L'empresa va contreure deutes enormes. **debtor** *nc* deutor -a

creditor *nc* creditor -a

owe *vt* (sovint + **for**) [obj: (suma de) diners] deure *How much do I owe you for the groceries?* Quan li dec pels queviures? (+ **to**) *She owes £2,000 to her brother.* Deu 2.000 lliures al seu germà.

owing *adj* (darrere *n*; sovint + **to**) [descriu: suma de diners] que es deu *There is still £20 owing (to me).* Encara se'm deu 20 lliures.

IOU *nc* [lletres que es pronuncien igual que *I owe you* (Jo et dec); nota de reconeixement de deute, sovint vàlida com a pagament temporal] *Mary, IOU £5. Jean.* Mary, et dec 5 lliures. Jean.

(be) due *adj* (habit. darrere *v*) **1** [a pagar en una data determinada. Descriu: factura, pagament] vèncer *The next payment is due (on May 5th).* El proper pagament venç (el 5 de maig). *The bill falls due on May 5th.* La factura venç el 5 de maig. **2** [que es deu a algú. Descriu: (suma de) diners, quantitat] degut (sovint + **to**) *You will receive all the money that is due to you.* Rebrà tots els diners que se li deuen.

261.2 Manllevar d'un banc o d'un banc hipotecari

loan *nc* [quantitat fixa acordada amb el banc a retornar a terminis] préstec *to take out a loan* obtenir un préstec
mortgage *nc* [préstec per comprar un habitatge] hipoteca *a £40,000 mortgage* una hipoteca de 40.000 lliures (davant de *n*) *mortgage (re)payments* terminis de la hipoteca
mortgage *vt* [per garantir un préstec. Obj: esp. un habitatge] hipotecar *They mortgaged their home to pay for their children's education.* Van hipotecar l'habitatge per pagar l'educació dels fills.

overdraft *nc* [compte sota zero. Amb el consentiment del banc o sense] descobert *She has a £200 overdraft.* Té un descobert de 200 lliures. (davant de *n*) *overdraft limit* límit del descobert
overdrawn *adj* [descriu: compte, client] al descobert *You are/Your account is overdrawn.* Esteu/El vostre compte està al descobert. (sovint + **by**) *overdrawn by £200* al descobert en 200 lliures
repay *vt, pas. & pp.* **repaid** [obj: deute] tornar, pagar [obj: suma de diners] reemborsar *I'm repaying the debt in monthly instalments.* Estic retornant el deute en terminis mensuals. *I repaid him the £20 I borrowed.* Li vaig tornar les 20 lliures que m'havia deixat.
repayment *n* **1** *nc* pagament, reemborsament *24 monthly repayments of £20* 24 pagaments mensuals de 20 lliures *I couldn't meet the repayments.* No vaig poder fer efectius els pagaments. **2** *ni* devolució *She demanded the immediate repayment of the debt.* Va reclamar la immediata devolució del deute.
pay off sth o **pay** sth **off** *vt* [acabar una devolució] liquidar, saldar, amortitzar *I've paid off my overdraft.* He liquidat el descobert.
take out sth *vt* [obj: esp. préstec, hipoteca, assegurança] obtenir *I took out a bank loan to buy a new car.* Vaig obtenir un crèdit bancari per comprar un cotxe nou.

261.3 Comprar a crèdit

credit *ni* **1** crèdit *interest-free credit* crèdit sense interès *This shop does not give credit.* Aquesta botiga no fia. *I bought this furniture on credit.* Vaig comprar aquest moble a crèdit. **2** [credibilitat personal respecte al pagament de productes per aquest sistema] crèdit *His credit is good.* Té crèdit.
hire purchase, *abrev* **HP** (*brit*), **installment plan** (*amer*) *ni* [forma de crèdit força obsoleta, mitjançant la qual el producte no pertany legalment al comprador fins que aquest ha acabat de pagar-lo del tot] comprar a terminis *I'm buying this furniture on hire purchase.* Compro aquests mobles a terminis.
instalment (*brit*), **installment** (*amer*) *nc* termini *to pay in/by monthly instalments* pagar a terminis mensuals
deposit *nc* [pagament inicial per confirmar l'interès en l'adquisició] dipòsit, paga i senyal (sovint + **on**) *We've put down a deposit on a new fridge.* Hem donat una paga i senyal per la nova nevera.

frase feta

to buy sth on the never-never (*brit*) [informal i jocós] comprar ac a terminis

262 Doing business Fer negocis

vegeu també **271** Employment; **273** Shops; **274** Work; **293** Make

business n **1** ni [assumptes relacionats amb el treball en general] feina, negocis *They were discussing business.* Discutien de negocis. *I had some business in Cambridge.* Tenia feina a Cambridge. *She's gone to Cambridge* **on business**. Ha anat a Cambridge per motius de feina. *to do business with sb* fer negocis amb algú (davant de n) *business deal* operació comercial **2** ni [món de les finances, comerç] finances, economia *a career in business* una carrera comercial *a government dominated by* **big business** un govern dominat per les grans finances (davant de n) *the business pages of the newspaper* les pàgines d'economia d'un periòdic **3** ni negoci *She's* **gone into business** *as a hairdresser.* S'ha establert com a perruquera. *These rent increases could put many shops* **out of business**. Aquests increments de lloguer poden fer tancar moltes botigues. **4** nc empresa *small businesses* petites empreses *He started his own business.* Va muntar la seva pròpia empresa. **5** nc/i [tipus d'activitat comercial] sector comercial *What (line of) business are you in?* En quin sector treballes? *the publishing/property/grocery business* el sector editorial/immobiliari/de queviures

businessman (m.), **businesswoman** (f.) nc home/dona de negocis, empresari -ària

businesspeople n pl comerciants, empresaris *a hotel used by businesspeople* un hotel freqüentat per homes i dones de negocis

262.1 Tipus generals d'activitats comercials

industry n [que fabrica productes] **1** ni indústria *These policies will help industry.* Aquestes mesures beneficiaran la indústria. *heavy/manufacturing industry* indústria pesada/manufacturera **2** nc indústria *What are Japan's main industries?* Quines són les principals indústries del Japó? *the tourist/coal/car industry* la indústria turística/del carbó/del motor

industrial adj industrial *the government's industrial policy* la política industrial del govern *an industrial region of the country* una regió industrial del país

commerce ni [venda de productes i serveis] comerç

commercial adj comercial *The two countries do not have commercial relations.* Els dos països no tenen relacions comercials. *commercial premises/vehicles* locals/vehicles comercials

enterprise n **1** ni [per crear i desenvolupar nous negocis] empresa *a new spirit of enterprise* un nou esperit empresarial *private enterprise* empresa privada **2** nc [empresa industrial o comercial, esp. una de petita o de nova creació] empresa

entrepreneur nc empresari -ària

262.2 Fer negocis
vegeu també **287 Do**

deal nc [mot genèric per a acord o tracte] contracte, conveni, acord *a new pay deal* un nou acord salarial *to make /do a deal with sb* fer un tracte amb algú

deal with sb/sth vt [obj: empresa, client] tractar amb *Our company deals with many overseas customers.* La nostra companyia tracta amb molts clients estrangers.

deal in sth vt [comprar i vendre] tractar en *We deal in antique furniture.* Tractem en mobles antics.

dealer nc comerciant, tractant, traficant *a used-car/software dealer* un comerciant de cotxes d'ocasió/programes informàtics

contract nc contracte *to enter into/sign/break a contract* fer/signar/trencar un contracte *The company is* **under contract to** *the government.* La companyia ha subscrit un contracte amb el govern. (sovint + **to** + INFINITIU, + **for**) *Our company won the contract to build the Channel Tunnel.* La nostra empresa va guanyar el contracte per a la construcció del túnel del Canal de la Mànega.

contract vi (+ **to** + INFINITIU) contractar, comprometre's *The company has contracted to deliver the goods by May 5th.* La companyia s'ha compromès a lliurar la comanda el 5 de maig com a màxim.

> *frase feta*
>
> **to drive a hard bargain** [intentar d'obtenir avantatges en una operació comercial a expenses d'altres parts involucrades] collar, imposar condicions rigoroses

262.3 Comerç

trade n **1** ni [comprar i vendre, esp. entre països] comerç (sovint + **with**) *Britain's trade with the rest of the world* el comerç de la Gran Bretanya amb la resta del món (davant de n) *trade agreements* acords comercials **2** nc [branca de la indústria o el comerç] (sempre + **the**) comerç *the fur/arms trade* el comerç de pells/d'armes (sovint + **in**) *the trade in live animals* el tràfic d'animals vius *the building/tourist trade* la indústria de la construcció/del turisme *She knows more about plumbing than some people* **in the trade**. Sap més de lampista que alguns de l'ofici.

trade v **1** vit (sovint + **with**) [subj: país] comerciar, tenir relacions comercials *India does not trade with South Africa.* L'Índia no té relacions comercials amb Sud-àfrica. **2** (sovint + **for**) [bescanviar] *Third-world countries trade raw materials for manufactured goods.* Els països del Tercer Món intercanvien les seves primeres matèries per productes manufacturats. **3** vi (sempre + **in**) traficar, tractar en *They trade in live animals.* Tracten en animals vius.

trading adj (davant de n) comercial *The UK is a major trading nation.* El Regne Unit és una nació amb una gran activitat comercial. *Britain's trading partners* els socis comercials de la Gran Bretanya

trader nc **1** [entre països] comerciant, traficant *fur trader* comerciant de pells *arms trader* traficant d'armes **2** [botiguer, amo d'una parada] comerciant *market traders* comerciants de mercat

tradesman nc [formal. Operari que fa determinades feines de tipus pràctic o treballs manuals] repartidor, artesà *tradesmen's entrance* porta de servei

export vti (sovint + **to**) exportar *Britain exports (oil) to different countries.* La Gran Bretanya exporta (petroli) a diversos països. **exporter** nc exportador -a

export n **1** nc exportació *Britain's main exports* les principals exportacions de la Gran Bretanya **2** ni exportació *the export of manufactured goods* l'exportació de productes manufacturats

import vti (sovint + **from**) importar *Britain imports coal from Poland.* La Gran Bretanya importa carbó de Polònia. *imported cars* cotxes d'importació **importer** nc importador -a

import n **1** nc importació *cheap imports from the Far East* articles d'importació a bon preu de l'Extrem Orient **2** ni importació

merchant nc **1** [antigament] mercader -a **2** [util. per referir-se a uns determinats proveïdors comercials] marxant, tractant *wine merchant* marxant de vi *builder's merchant* proveïdor de materials per a la construcció

262.4 Llogar

utilització

En tots els contextos que veurem a continuació, en anglès americà **rent** és més freqüent que **hire** o **let**.

hire vt (*esp. brit*) [pagament per l'ús d'ac, esp. durant un curt període de temps. Obj: p. ex. cotxe, estris] llogar *I hired a car from a firm in town.* Vaig llogar un cotxe a una empresa de la ciutat. *a hired suit* un vestit llogat

hire ni (*esp. brit*) lloguer *I owe them £20 for the hire of the boat.* Els dec 20 lliures pel lloguer de la barca. *a car/tool hire firm* una empresa de lloguer de cotxes/d'estris *for hire* per llogar

hire out sth o **hire** sth **out** vt (*esp. brit*) llogar, donar a lloguer *He hires out boats at £5 an hour.* Lloga barques a 5 lliures l'hora. (sovint + **to**) *The bicycles are hired out to tourists.* Les bicicletes es lloguen als turistes.

rent vti (sovint + **from**) **1** [obj: habitació, pis, casa] llogar, arrendar *rented flat* pis a lloguer **2** [per un període més llarg que **hire**. Obj: p. ex. TV, cotxe] llogar, arrendar

rent n **1** ni/c [diner pagat] lloguer, arrendament (sovint + **for**, **on**) *How much rent do you pay on your flat?* Quant pagues de lloguer pel teu pis? **2** ni [acció de llogar] lloguer *houses for rent* cases de lloguer

rent out sth o **rent** sth **out** vt [obj: habit. allotjament] llogar (sovint + **to**) *She rents out rooms to students.* Lloga habitacions als estudiants.

rental n **1** ni/c [lloguer, esp. per un període llarg] lloguer, arrendament **2** nc [diners pagats] lloguer, arrendament *Have you paid the TV rental?* Has pagat l'arrendament de la TV?

let vt, -tt- *pas. & pp.* **let** (*esp. brit*) (sovint + **out**) [habit. utilitzat en contextos més formals que **rent** o **hire**] arrendar, llogar *The flat has already been let.* Ja s'ha llogat el pis. (sovint + **to**) *She lets (out) rooms to students.* Lloga habitacions als estudiants. *a house* **to let** una casa per llogar

lease nc [contracte de lloguer, esp. a llarg termini] arrendament, contracte d'arrendament *They will have to leave the house when the lease expires.* Quan acabi el contracte d'arrendament hauran de deixar la casa. (sovint + **on**) *The farmer has a 99-year lease on the land.* El pagès té un contracte d'arrendament de la terra per un termini de 99 anys.

lease vt [en contextos legals o comercials. Obj: p. ex. terra, edifici, equip costós] **1** (sovint + **to**) [subj: propietari] arrendar, llogar *The company has leased five helicopters to the army.* La companyia ha cedit en arrendament cinc helicòpters a l'exèrcit. **2** (sovint + **from**) [subj: arrendatari, client] arrendar, llogar *The company leases the land from the local authority.* La companyia és arrendatària de l'ajuntament. **leasing** ni arrendament

262.5 Productes

goods n pl **1** [mot genèric per a les coses produïdes o venudes] productes, béns *consumer goods* béns de consum **2** (*brit*) [aquests productes quan es transporten, esp. en tren] mercaderies *a goods train* un tren de mercaderies

product nc [article venut o produït] producte *The company is advertising a new product.* La companyia està fent publicitat d'un nou producte. *plastic products* productes plàstics

output ni [quantitat produïda] producció *The factory has increased its output.* La fàbrica ha augmentat la producció.

resources n pl [coses útils, matèries disponibles per a la indústria] recursos *The country has few* **natural resources.** El país té pocs recursos naturals.

262.6 Emmagatzematge i transport de productes

stock nc/i [productes disponibles per a ús o venda] estoc, existències *Stocks of fuel are low at the moment.* En aquest moment les existències de combustible són baixes. *The shop is selling off old stock.* La botiga liquida les existències. *We don't have that book* **in stock** at the moment. En aquest moment no tenim aquest llibre en existències.

stock vt **1** [tenir disponible per a la venda] tenir existències de *We don't stock pet food.* No tenim menjar d'animals domèstics. **2** (sovint + **with**) [proveir d'existències] proveir, assortir *a well-stocked bookshop* una llibreria ben assortida

stock up vi (sovint + **with**, **on**) [proveir-se d'una bona quantitat d'ac] proveir-se d'ac *We need to stock up on food for Christmas.* Ens hem de proveir de menjar per Nadal.

store vt emmagatzemar *The grain is stored in large warehouses.* El gra es guarda en magatzems grans.

store nc **1** [quantitat] provisió, reserva *A large store of food is kept at the warehouse.* Al magatzem s'hi guarda una gran reserva de menjar. **2** [lloc] dipòsit, magatzem *The hangars are being used as temporary fuel stores.* Temporalment els hangars es fan servir de dipòsit de combustible. *vegeu també **273 Shop**

storage *ni* emmagatzematge *laws governing the storage of dangerous chemicals* lleis reguladores de l'emmagatzematge de productes químics perillosos *meat in cold storage* carn emmagatzemada en fred *a kitchen with a lot of storage space* una cuina amb molta capacitat per guardar coses

warehouse *nc* magatzem, dipòsit

cargo *nc, pl* **cargos** o **cargoes** [mercaderies que es transporten per vaixell o avió] carregament, càrrega *a cargo of iron ore* un carregament de mineral de ferro

262.7 Productes de marca

brand *nc* (sovint + **of**) [esp. d'alimentació o d'altres articles de consum] marca *What brand of cigarettes do you smoke?* Quina marca de cigarrets fumes?

brand name *nc* nom de marca

make *nc* (sovint + **of**) [esp. d'articles de dimensions grans o valuosos de llarga duració, p. ex. cotxes] marca *What make of washing machine do you have?* De quina marca és la teva rentadora?

trademark *nc* [paraula, frase] marca comercial [marcada en el producte] marca, segell *The word 'Hoover' is a registered trademark.* La paraula 'Hoover' és una marca registrada.

262.8 Publicitat

advertise *vti* [obj: producte, feina] anunciar(-se), fer propaganda *This car has been advertised on TV.* D'aquest cotxe se'n ha fet propaganda a la TV. *Many firms advertise in the local paper.* Moltes empreses s'anuncien en la premsa local. (sovint + **for**) *The company is advertising for a new secretary.* L'empresa anuncia una oferta de treball com a secretari.

advertising *ni* **1** [anuncis] publicitat *There's too much advertising on TV.* Hi ha massa publicitat a la TV. **2** [professió] publicitat *a career in advertising* una carrera en el món de la publicitat

advertisement, *abrev* **advert** (*brit*), **ad** (*brit & amer*) *nc* [un determinat espai publicitari] anunci (sovint + **for**) *an advertisement for washing powder* un anunci de sabó en pols *a job advert* una oferta de treball *If you want a second-hand car, look in the small ads.* Si vols un cotxe de segona mà, mira els anuncis per paraules.

> **utilització**
>
> En la llengua parlada, **advertisement** fa referència principalment als grans rètols anunciadors que es troben als edificis o al costat dels carrers. És més aviat formal si s'utilitza referit als anuncis als diaris i a les revistes, i molt formal quan es refereix als anuncis a la TV. En aquests contextos el mot usual és **advert** o, el més informal, **ad**.

commercial *nc* [a la TV o a la ràdio. Força obsolet, molt menys freqüent que **advert** o **ad**] anunci

publicity *ni* (sovint + **for**) publicitat [si és deliberada, habit. correspon a un esdeveniment o una institució sense afany de lucre] *These leaflets were the only publicity for the meeting.* Aquests fulletons van ser l'única publicitat que es va fer per a la reunió. [si no és deliberada, pot ser negativa] *The affair was unwanted publicity for the company.* L'assumpte va representar una publicitat no desitjada per a la companyia.

market *vt* [posar a la venda de manera organitzada, mitjançant publicitat, etc.] posar al mercat *These drinks have been cleverly marketed so as to appeal to young people.* Aquestes begudes s'han posat al mercat de manera intel·ligent per tal d'atreure la gent jove.

marketing *ni* **1** [d'un producte] màrqueting *Thanks to clever marketing, sales of frozen food are increasing.* Creix la venda de productes congelats gràcies a un bon màrqueting. **2** [tipus de treball, departament] comercialització *a career in marketing* una carrera en el món del màrqueting

262.9 Gestió financera

profit *nc/i* (sovint *pl*) guany, benefici *Does the firm make a profit?* Té beneficis l'empresa? *All the management are interested in is profit(s).* A la direcció només els interessa el benefici. (+ **of**) *a profit of £5 million* un benefici de 5 milions de lliures *I sold my house at a profit.* Vaig vendre'm la casa guanyant-hi diners. **profitable** *adj* rendible, lucratiu **unprofitable** *adj* improductiu

loss *nc* pèrdua *The firm made huge losses/a huge loss last year.* L'empresa va tenir fortes pèrdues l'any passat. *I sold my house at a loss.* Vaig vendre'm la casa perdent-hi diners.

turnover *nc* [volum de diners d'una empresa sense les despeses ni altres deduccions] moviment comercial *The company has an annual turnover of £20 million.* L'empresa té un moviment comercial anual de 20 milions de lliures.

takings *n pl* [quantitat de diners ingressats, esp. per una botiga, un teatre o un cinema] ingressos, recaptació *Takings always go up before Christmas.* La recaptació sempre augmenta abans de Nadal.

gross *adj* (davant *n*) [abans d'impostos o de qualsevol deducció. Descriu esp. guanys, ingressos] brut *a gross salary of £15,000 a year* un sou brut de 15.000 lliures l'any *She earns £15,000 a year gross.* Té uns ingressos anuals de 15.000 lliures (abans d'impostos).

gross *vt* [subj: esp. persona, companyia, pel·lícula] guanyar *The film grossed more than £12 million.* La pel·lícula va recaptar més de 12 milions de lliures.

net *adj* (davant de *n*) [després d'impostos i altres deduccions. Descriu: esp. benefici, pèrdua, renda] net

budget *nc* [diner disponible per gastar] pressupost *an annual budget of £2 million* un pressupost anual de dos milions de lliures *I'm on a tight budget at the moment.* En aquests moments tinc un pressupost molt ajustat. *vegeu també **264 Finance**

budget *vti* (sovint + **for**) [determinar la quantitat de diners a gastar] pressupostar *The company has budgeted £2 million for repairs.* La companyia ha pressupostat dos milions de lliures per a reparacions. *We've budgeted for an inflation rate of 6%.* Hem pressupostat amb una previsió d'inflació del 6%.

discount *nc* [reducció del preu en determinades circumstàncies] descompte, rebaixa (sovint + **on**) *The firm offers a 5% discount on bulk purchases.* L'empresa ofereix un descompte del 5% en les compres a l'engròs. *to sell sth at a discount* vendre ac rebaixada

GRUPS DE PARAULES

262.10 Reunions
vegeu també **206 Organisation**

meeting nc 1 [d'un club, comitè, etc.] reunió *There were 20 people at the meeting.* Hi havia 20 persones a la reunió. *council/board meeting* reunió del consell/de la junta 2 (sovint + **with**, **between**) [entre determinades persones] reunió, entrevista *I've had a meeting with the manager.* He tingut una reunió amb el gerent.

conference nc 1 [reunió a la qual assisteixen un gran nombre de persones invitades a participar-hi] congrés *academic/trade-union conference* congrés acadèmic/sindical (davant de n) *conference hall/centre* sala/centre de congressos 2 [esp. en contextos formals. Reunió de treball] reunió *conference room* sala de juntes

chairperson o **chair** nc presidència, moderador -a *The chairperson declared the meeting open.* La presidència va declarar oberta la sessió.

chair vti presidir, moderar *The meeting was chaired by Mr Roberts.* L'assemblea va ser presidida pel Sr Roberts. *Who's going to chair?* Qui presidirà?

agenda nc [llista de temes en l'ordre en què seran tractats] ordre del dia *the first item on the agenda* el primer punt de l'ordre del dia

263 Buying and Selling Comprar i vendre
vegeu també **L12 Shopping**

buy vti, pas. & pp. **bought** comprar *He bought her a present.* Li va comprar un regal. (+ **for** + persona) *I've bought some flowers for my wife.* He comprat unes flors per a la meva dona. (+ **for** + preu) *I bought the painting for £5,000.* Vaig comprar el quadre per 5.000 lliures. (sovint + **from**) *I bought this lawnmower from a neighbour.* Vaig comprar aquest tallagespa a un veí.

buy nc [força informal. Cosa comprada] compra *These shoes were a really good buy!* Aquestes sabates van ser una bona compra!

buyer nc comprador -a *We've found a buyer for our house.* Hem trobat un comprador per a la casa.

purchase vti [més formal que **buy**] comprar, adquirir *Please state where the goods were purchased.* Sisplau, especifiqui on va comprar l'article. **purchaser** nc comprador -a

purchase n 1 ni compra, adquisició *a grant for the purchase of essential equipment* una subvenció per a la compra d'equipament bàsic 2 nc compra, adquisició *A receipt must be produced for all purchases.* Per cada compra s'ha de fer un rebut. *to make a purchase* fer una compra

sell vti, pas. & pp. **sold** 1 [subj: persona, botiga, empresa] vendre *This shop sells fishing equipment.* Aquesta botiga ven equips de pesca. (sovint + **to**) *I've sold my lawnmower to a neighbour.* He venut el tallagespa a un veí. (sovint + **for**) *The painting was sold for £5,000.* El quadre es va vendre per 5.000 lliures. 2 [subj: producte] vendre's *This book has sold over a million copies.* D'aquest llibre se n'ha venut més d'un milió d'exemplars. (sovint + **at**, **for**) *This wine sells at/for £5 a bottle.* Aquest vi es ven a cinc lliures l'ampolla.

seller nc venedor -a *newspaper/ice-cream seller* venedor de premsa/gelats

sale n 1 ni (sempre + **of**) [venda d'un determinat article en general] venda *the sale of cigarettes* la venda de cigarretes *The tickets are now on sale.* Les entrades ja són a la venda. 2 ni/c [una venda concreta] venda (sovint + **of**) *She made a lot of money from the sale of the land.* Va fer molts diners amb la venda de la terra. *This painting is not for sale.* Aquest quadre no està a la venda. *to put a house up for sale* posar una casa en venda 3 nc [període durant el qual una botiga ven articles a preus rebaixats] rebaixes *I bought this dress in a sale.* Vaig comprar aquest vestit en unes rebaixes. *the January sales* les rebaixes de gener 4 nc [venda pública esp. temporal, sovint fora dels circuits comercials normals] venda d'ocasió *record/used-car sale* venda de discos/de cotxes de segona mà *a sale of Oriental carpets* una venda de catifes orientals d'ocasió

sales n pl 1 [volum d'articles venuts] vendes *The company is experiencing a drop in sales.* L'empresa està experimentant una caiguda de vendes. (sovint + **of**) *Sales of ice cream increase during the summer.* Les vendes de gelats augmenten durant l'estiu. (davant de n) *sales figures* xifres de vendes 2 [departament, tipus de feina] vendes *She works in sales.* Treballa en el departament de vendes.

sales person o **salesman** (*m.*), **saleswoman** (*f.*) nc 1 [que viatja] viatjant de comerç *insurance saleswoman* viatjanta, agent d'assegurances *door-to-door salesman* venedor a domicili 2 [en una botiga, habit. venedor/a qualificat/da] dependent -a, venedor -a *a car salesman* un venedor de cotxes

sales force nc plantilla de venedors -ores *The company has a sales force of 5,000.* La companyia té una plantilla de 5.000 venedors.

customer nc client -a *I was the only customer in the shop.* Era l'únic client a la botiga. *That company is one of our main customers.* Aquella companyia és un dels nostres principals clients.

client nc [persona que utilitza un servei professional, p. ex. el d'un banc, d'un advocat, etc.] client -a

auction nc subhasta *She's put her paintings up for auction.* Ha posat els seus quadres a subhasta. *The furniture was sold at auction.* Els mobles es van subhastar.

auction vt [obj: p. ex. antiguitats, bestiar, casa] subhastar **auctioneer** nc subhastador -a

263.1 Pagar diners

pay vti, pas. & pp. **paid** (sovint + **for**) pagar *Who paid for the dress?* Qui va pagar el vestit? [obj: suma de diners] *I paid £100 for this dress.* Vaig pagar 100 lliures per aquest vestit. [obj: p. ex. factura, impost] *These bills still haven't been paid.* Aquestes factures encara no s'han pagat. (+ **to** + INFINITIU) *He paid me (£20) to look after his children.* Em va pagar (20 lliures) per cuidar-li la mainada. *to pay cash* pagar en metàl·lic *to pay by cheque* pagar amb xec *vegeu també **265 Money***

payment n **1** ni pagament *I will accept payment in cash.* Acceptaré el pagament en metàl·lic. *money set aside for the payment of household bills* diners separats per al pagament de factures domèstiques **2** nc pagament *ten weekly payments (of £15)* deu pagaments setmanals (de 15 lliures)

unpaid adj [descriu: p. ex. factura, impost] impagat, per pagar

pay up vi [força informal. Suggereix una mala disposició a pagar] amollar, pagar (tant si agrada com no) *Come on, pay up.* Va, amolla d'una vegada.

cough up (sth) vit [informal. El mateix significat que **pay up**] amollar (ac), gratar-se la butxaca (sovint + **for**) *I had to cough up (£20) for her train fare.* Vaig haver d'afluixar (20 lliures) per pagar el seu bitllet de tren.

cash on delivery, abrev **COD** [terme comercial] contra reembossament *to pay for goods cash on delivery* pagar el producte contra reembossament

spend vt, pas. & pp. **spent** (sovint + **on**) gastar *We usually spend about £30 a week on food.* Normalment gastem unes 30 lliures a la setmana en menjar.

spending ni despesa *We're going to have to reduce our spending.* Haurem de reduir les nostres despeses.

outlay nc [diners gastats amb una finalitat concreta, esp. com a inversió] inversió, desemborsament *There is a considerable amount of outlay involved in setting up your own business.* Muntar el teu propi negoci implica una considerable inversió.

expenditure ni [en contextos formals i comercials] despesa *Expenditure should not exceed income.* Les despeses no han de superar els ingressos. *public expenditure* despesa pública

splash out (sth) vit (*esp. brit*) [informal. Gastar molts diners, comprar ac cara, esp. per donar-se gust a un mateix o als altres] tirar la casa per la finestra (sovint + **on**) *I've splashed out (£100) on a new dress.* He tirat la casa per la finestra i m'he gastat 100 lliures en un vestit.

bribe nc suborn *a politician accused of taking bribes* un polític acusat d'acceptar suborns **bribery** ni suborn

bribe vt (sovint + **to** + INFINITIU) subornar *The policeman had been bribed to keep silent.* Havien subornat el policia per tal que callés.

f r a s e   f e t a

grease sb's palm [informal] untar les mans d'algú *The head waiter will find you a table if you grease his palm.* El maitre et trobarà una taula si li dónes una bona propina.

263.2 Diner a pagar

vegeu també **266 Cheap; 267 Expensive**

price nc/i preu *Petrol prices are going up again.* Els preus de la benzina tornen a pujar. *Petrol is **going up/coming down in price**.* La benzina puja/baixa de preu. *The shop is offering **two shirts for the price of one**.* La botiga ofereix dues camises al preu d'una. (davant de n) *price reductions* reduccions de preu

price vt taxar, marcar *The company prices its cars very competitively.* L'empresa ven els seus cotxes a un preu molt competitiu. *highly-priced wines* vins cars

price tag nc etiqueta on es llegeix el preu

cost vt **1** pas. & pp. **cost** costar, valer *How much did your holiday cost (you)?* Quant (et) van costar les vacances? *This cheese costs £5.50 a kilo.* Aquest formatge costa 5,50 lliures el quilo. **2** pas. & pp. **costed** [terme comercial. Calcular el cost total d'ac] calcular el cost d'ac

cost n **1** nc/i [quantitat que s'ha de pagar per ac] cost *What was the total cost of your holiday?* Quin va ser el cost total de les teves vacances? ***the cost of living*** el cost de la vida **2** nc (sempre pl) [terme comercial. Despeses que es tenen en produir o vendre ac] cost *Industry is taking steps to reduce its costs.* La indústria està prenent mesures per tal de reduir els costos.

charge nc (sovint + **for**) [diners que es paguen per un servei] preu, càrrec, honoraris *bank/telephone charges* càrrec bancari/telefònic *Health care is provided **free of charge**.* L'assistència sanitària és gratuïta.

charge vti (sovint + **for**) [obj: client, usuari, preu] cobrar(-se) *They charged me 20 pence for the glass of water.* Em van cobrar 20 penics per un got d'aigua. *The hotel charges £20 a night.* L'hotel cobra 20 lliures per nit.

fee nc (sovint + **for**) [cobrament, esp. per serveis professionals] honoraris, minuta *lawyer's fees* minuta de l'advocat *school fees* la mensualitat escolar

afford vt (sovint + **to** + INFINITIU) [esp. negatiu, amb **can't**] poder-se permetre *We can't afford (to buy) a new car.* No ens podem permetre (comprar) un cotxe nou. *I'd like to go on holiday, but I can't afford it.* M'agradaria anar de vacances, però no m'ho puc permetre. *Can you afford the rent?* Et pots permetre el lloguer?

f r a s e   f e t a

make ends meet [esp. en contextos negatius. Tenir, guanyar suficient per tal de satisfer les necessitats bàsiques i les obligacions financeres] arribar a final de mes *Since I lost my job I've found it difficult to make ends meet.* Des que vaig perdre la feina he tingut dificultats per arribar a final de mes.

263.3 Documents comercials

bill nc factura, compte *Have you paid the electricity bill?* Has pagat la factura de l'electricitat? *Waiter, can I have the bill, please?* Cambrer, (porti'm) el compte, sisplau. (sovint + **for**) *a bill for £89* una factura de 89 lliures

invoice nc [mot més tècnic que **bill**. Sovint util. en les transaccions comercials] factura (sovint + **for**) *an invoice for the goods we ordered/for £700* una factura dels productes encomanats/de 700 lliures

invoice vt (sovint + **for**) [obj: client] facturar *Our suppliers have invoiced us for the cement.* Els nostres proveïdors ens han facturat el ciment.

receipt nc rebut (sovint + **for**) *Do you have a receipt for those items?* Tens un rebut per aquests articles?

264 Finance Finances

finance n **1** ni [diner] fons (sovint + **for**) *The government will provide the finance for the Channel Tunnel.* El Govern aportarà el finançament per al Túnel del Canal de la Mànega. **2** ni [administració de diners, sovint a gran escala] hisenda *The Ministry of Finance* El Ministeri d'Hisenda *personal finance* situació financera personal **3** nc (sempre pl) [estat dels assumptes financers d'una empresa o d'una persona] finances *The company is taking steps to improve its finances.* La companyia està prenent mesures per millorar la seva situació financera.

finance vt [obj: p. ex. projecte, organització] finançar *a road-building programme financed by the government* un programa de construcció de carreteres finançat pel govern

financial adj **1** [ref. al diner] financer, econòmic *the company's financial position* la situació financera de l'empresa *I need some financial advice.* Em fa falta assessorament financer. *The film was not a financial success.* La pel·lícula no va ser un èxit des del punt de vista financer. **2** (davant n) [ref. al sistema bancari, a la borsa, etc.] financer, econòmic *the financial pages of the newspaper* les pàgines d'informació econòmica del diari **financially** adv des del punt de vista de les finances

264.1 Política econòmica nacional

economy nc (sovint + **the**) [activitat industrial, comercial i financera d'un país, etc] economia *the British/world economy* l'economia britànica/mundial *The main election issue will be the economy.* El principal tema electoral serà l'economia.

economic adj **1** [relatiu a l'economia. Descriu: p. ex. política, situació] econòmic **2** [que dóna beneficis] rendible, econòmic *It is no longer economic to keep this factory open.* Ja no resulta rendible mantenir oberta aquesta fàbrica.

economics ni [camp del coneixement, estudi] economia, econòmiques *vegeu també UTILITZACIÓ a 233 Education

utilització

Compte a no confondre **economic** amb **economical**. Aquest últim no fa referència a l'economia d'un país o a la ciència de l'economia. *vegeu també **266 Cheap**

budget nc (sovint + **the**) **1** [pla, esp. anual, dels ingressos i despeses d'un govern] pressupost *Taxes may be raised in the Budget.* Pot ser que s'incrementin els impostos en el Pressupost de l'Estat. (davant de n) *budget deficit/surplus* dèficit/superàvit pressupostari **2** [diners disponibles] pressupost *the defence/education budget* el pressupost de defensa/d'educació *I get a travel budget.* Disposo d'un fons per a viatges. *vegeu també **262 Doing business**

inflation ni inflació *Inflation is running at 8%.* La inflació actual és del 8%.

inflationary adj [descriu: p. ex. reivindicació salarial, increment de preu] inflacionari

264.2 Impostos i assegurances

tax n **1** ni/c (sovint pl) [quantitat] impost, tribut *I don't have to pay any tax on my savings.* No he de pagar impostos pels meus estalvis. *The government collects £20 billion a year in tax(es).* El govern recapta 20 bilions de lliures a l'any en impostos. (davant de n) *tax increases/cuts* augment/retallada dels impostos **2** nc [tipus] impost, tribut *The government is introducing a new tax.* El govern està introduint un nou impost. *a tax on car ownership* un impost sobre la propietat d'un vehicle

tax vt gravar *Wines and spirits are heavily taxed.* Els vins i els licors paguen uns impostos molt alts.

taxation ni impostos, contribució *a high level of taxation* un elevat nivell tributari

taxpayer nc contribuent -a *Should taxpayers' money be spent on the arts?* S'ha de gastar el diner dels contribuents en activitats artístiques?

income tax ni impost sobre la renda (de persones)

value-added tax ni, abrev **VAT** (brit) impost sobre el valor afegit (IVA)

sales tax ni (amer) impost sobre la venda

insurance ni (sovint + **on**) assegurança *to take out insurance* contractar una assegurança *fire/accident/car insurance* assegurança contra incendis/contra accidents/de cotxe *The gallery can't afford to pay the insurance on the paintings.* La galeria no es pot permetre pagar l'assegurança dels quadres. (davant de n) *insurance policy/premiums* pòlissa/primes d'assegurances *insurance company* companyia d'assegurances

insure vt (sovint + **against**) [obj: persona, pertinences, locals] assegurar *The car is insured against damage and theft.* El cotxe està assegurat contra danys i robatori. (+ **for**) *The necklace is insured for £5,000.* El collaret està assegurat en 5.000 lliures. *The hall isn't insured for public performances.* La sala no disposa d'assegurança per a espectacles públics. (+ **to** + INFINITIU) *Are you insured to drive this car?* Tens assegurança per conduir aquest cotxe?

264.3 Inversió

invest vti (sovint + **in**) invertir *She invested (£5,000) in that company.* Va invertir (5.000 lliures) en aquella empresa. **investor** nc inversor -a

investment n **1** ni (sovint + **in**) inversió *government measures to encourage investment (in new industry)* les mesures del govern per estimular la inversió (en noves indústries) **2** nc (sovint pl) inversió *I bought this painting as an investment.* Vaig comprar aquest quadre com a inversió.

stock nc/i (sovint pl) [diner que es deixa al govern o a una empresa, sobre el qual es paga un interès] capital, acció (sovint + **in**) *She's bought stock(s) in a textile company.* Ha comprat accions d'una empresa tèxtil.

stock market nc (sovint + **the**) la borsa *She made a fortune on the stock market.* Va fer una fortuna jugant a la borsa.

stock exchange nc (sovint + **the**) [lloc] la borsa *He works at/on the stock exchange.* Treballa a la borsa.

share nc (sovint pl) [cadascuna de les parts iguals que constitueixen un capital social i dóna dret als beneficis d'una societat] acció (sovint + **in**) *He owns shares in an oil company.* Té accions d'una companyia petrolera. *All he ever talks about is **stocks and shares**.* Només sap parlar de capitals i accions. **shareholder** nc accionista

264.4 Comptabilitat

accountant nc [amb qualificació professional] comptable (en cap)

accounts n pl (sovint + **the**) comptes *to do the accounts* fer els comptes *The tax inspector asked to see the firm's accounts.* L'inspector d'hisenda va demanar (de veure) els comptes de l'empresa. **accountancy** ni comptabilitat

bookkeeper nc [oficinista, no necessàriament amb qualificació professional] tenidor -a de llibres **bookkeeping** ni tenidoria de llibres

auditor nc auditor -a

265 Money Diner

money ni diner *I've got some money in my pocket/the bank.* Tinc alguns diners a la butxaca/al banc. *She earns a lot of money.* Guanya molts diners. *If you don't like our product, we'll give you your money back.* Si no li agrada el nostre producte, li retornarem els diners. *The shop doesn't make money any more.* La botiga ja no dóna diners.

cash ni **1** [bitllets i monedes, a diferència de xecs, etc.] diners (en metàl·lic) *He asked to be paid in cash.* Va demanar que li paguessin en efectiu. *petty cash* diners per a despeses menors **2** [informal. Diner en general] calé *I'm a bit short of cash at the moment.* Vaig una mica curt de calés en aquest moment. *vegeu també **260 Bank**

change ni **1** [dels diners lliurats com a pagament] canvi *I got 34p change.* Em van tornar 34p de canvi. *Keep the change.* Quedi's el canvi. **2** [monedes de poc valor] canvi (sovint + **for**) *Have you got change for a ten-pound note?* Té canvi de deu lliures? *loose/small change* monedes soltes/xavalla

change vt **1** [en monedes de menys valor] canviar *Can you change a ten-pound note for me?* Em pots canviar un bitllet de deu lliures? **2** (sovint + **for**, **into**) [en una altra moneda] canviar *I wanted to change £50 into Swiss francs.* Volia canviar 50 lliures en francs suïssos.

funds n pl **1** [diners amb una determinada finalitat, p. ex. del que pot disposar una organització] fons *The campaign will be paid for out of Party funds.* La campanya es finançarà amb fons del partit. (sovint + **for**) *The local authority provides the funds for the community centre.* Les autoritats municipals proporcionen els fons per al casal del barri. **2** [força informal quan ref. a diners] fons, cabals *I'm a bit short of funds at the moment.* Vaig una mica curt de fons en aquests moments.

fund vt [obj: p. ex. organització, projecte] finançar *The community centre is funded by the local authority.* El municipi finança el casal del barri. **funding** ni finançament

kitty nc [quantitat de diners recaptats entre unes quantes persones, que serveix per a un fi comú] fons comú, bossa *to put some money in the kitty* contribuir a la bossa comuna *We pay for groceries out of the kitty.* Paguem els queviures amb el fons comú.

dosh ni (*brit*) [argot] pasta

dough ni [argot força obsolet] pasta

265.1 Moneda

currency nc/i moneda, divises *£5,000 in Swiss currency* 5.000 lliures en moneda suïssa *to exchange roubles for hard currency* canviar rubles per moneda forta *currency unit/unit of currency* unitat monetària *foreign currency* moneda estrangera

sterling ni [mot genèric per a la moneda del Regne Unit] lliures esterlines *to pay for sth in sterling* pagar ac en lliures esterlines *£200 pounds sterling* 200 lliures esterlines (davant de n) *sterling travellers cheques* xecs de viatge en lliures esterlines

Unitats monetàries nacionals

Regne Unit	pound (sterling)	(= 100 **pence**)
República d'Irlanda	pound o punt	(= 100 **pence**)
Estats Units		
Canadà		
Austràlia	dollar	(= 100 **cents**)
Nova Zelanda		
França		
Bèlgica		
Suïssa	franc	(= 100 **centimes**)
Luxemburg		
Alemanya	(Deutsch) mark	(= 100 **pfennigs**)
Àustria	schilling	(= 100 **groschen**)
Holanda	guilder o florin	(= 100 **cents**)
Itàlia	lira, pl lire	
Espanya	peseta	
Portugal	escudo, pl escudos	
Grècia	drachma	
Dinamarca	krone,	
Noruega	pl kroner	(= 100 **ore**)
Suècia	krona, pl kronor	(= 100 **ore**)
Finlàndia	markka	(= 100 **pennia**)
Rússia	rouble	(= 100 **kope(c)ks**)
Polònia	zloty	
Israel	shekel	
Egipte	pound	(= 100 **piastres**) (*brit*)
		(= 100 **piasters**) (*amer*)
		(= 1000 **milliemes**)
Japó	yen, pl yen	
Índia	rupee	
Sud-àfrica	rand	(= 100 **cents**)
Argentina	peso, pl pesos	
Mèxic	peso, pl pesos	
Brasil	cruzado	

La Comunitat Europea té la seva pròpia moneda, a més de les monedes dels estats membres. Es coneix com la **European Currency Unit**, o **ECU**.

265.2 Formes del diner

coin *nc* moneda *He collects rare coins.* Col·lecciona monedes poc comunes. *Put a coin in the slot.* Fiqueu una moneda dins la ranura.

piece *nc* peça, moneda *a five-pence piece* una moneda de cinc penics

bank note *nc* bitllet *a suitcase full of bank notes* una maleta plena de bitllets

note (*brit*), **bill** (*amer*) *nc* bitllet *a five-pound note* un bitllet de cinc lliures *a dollar bill* un bitllet de dòlar

utilització

Piece, note i bill s'utilitzen generalment quan es fa referència al valor d'una moneda o un bitllet. En altres contextos és més normal utilitzar **coin** i **banknote**. Tanmateix, **pound coin** és el terme habitual per referir-se a la moneda britànica que val una lliura i **dollar coin** a la moneda americana que val un dòlar.

265.3 Diners que rep la gent

earnings *n pl* [rebut a canvi de la feina] ingressos *He has increased his earnings by taking an evening job.* Ha augmentat els seus ingressos a base de treballar de nit.

earn *vt* guanyar *She earns £200 a week.* Guanya 200 lliures a la setmana. *He earns a/his living as a photographer.* Es guanya la vida com a fotògraf.

income *ni/c* [de totes les fonts] ingressos *You must declare all your income to the tax authorities.* S'han de declarar tots els ingressos a hisenda. *private income* renda personal *people on low incomes* gent amb ingressos baixos

pay *ni* [que es rep a canvi del treball] paga, sou *The workers are on strike for higher pay.* Els treballadors fan vaga per tal d'obtenir una millora salarial. *holiday/sick pay* vacances pagades/subsidi de malaltia (davant de *n*) *pay increase* increment salarial *pay packet* sobre de paga

Gran Bretanya

Monedes
penny (1p)
(*pl* **pennies, pence**)

two pence (2p)

five pence (5p)

ten pence (10p)

twenty pence (20p)

fifty pence (50p)

pound (£1) lliura
(informal **quid**,
pl **quid**)

Bitllets
five pounds (£5)
(informal **fiver**)

ten pounds (£10)
(informal **tenner**)

twenty pounds
(£20)

fifty pounds (£50)

Estats Units

Monedes
cent (1¢) centau

five cents (5¢)
nickel (peça de 5 centaus)

ten cents (10¢)
dime (peça de 10 centaus)

twenty-five cents (25¢)
quarter (moneda de 25 centaus)

fifty cents (50¢)
half-dollar (moneda de 50 centaus)

Bitllets
dollar ($1)
(informal **buck**)

five dollars ($5)

ten dollars ($10)

twenty dollars ($20)

fifty dollars ($50)

hundred dollars
($100)

utilització

1 El plural de **penny** és **pennies** quan ens referim a les monedes, i **pence** quan ens referim a la suma dels diners. En l'anglès escrit es fa servir la lletra **p** per a les sumes de diners inferiors a una lliura. També es fa servir sovint en l'anglès oral, però molta gent no ho considera correcte.

2 **Nickel, dime, quarter, fiver** i **tenner** s'utilitzen tant per referir-se a les monedes o als bitllets com a la respectiva quantitat de diners. Tanmateix, **quid** i **buck** solen referir-se només a la quantitat de diners.

3 Fins al 1971, el Regne Unit tenia un sistema monetari diferent. La **pound**, que no ha canviat, estava dividida en vint **shillings**, i aquests estaven dividits en dotze **pence**. Per tant, un **new penny** és equivalent a 2,4 **old pence**.

pay vti, pas. & pp. **paid** [obj: treballador, sou, salari, quantitat] pagar(-se) *I get paid on the last day of the month.* Em paguen l'últim dia del mes. (sovint + **to** + INFINITIU) *The farmer pays us £40 a day to pick fruit.* El pagès ens paga 40 lliures al dia per recollir fruita. *a well-/badly-paid job* una feina ben/mal pagada *Accountancy may be boring, but at least it pays well.* Treballar de comptable pot ser avorrit però, si més no, és una feina ben pagada.

wage nc (sovint pl) [de treballador/a manual. Sovint setmanal] paga, sou *She earns good wages/a good wage.* Guanya un bon sou. (davant de n) *wage increase* augment salarial *wage packet* sobre de paga

salary nc/i [de treballadors professionals. Habit. mensual] salari

salaried adj remunerat *salaried staff* personal a sou

pension nc/i pensió *She goes to collect/draw her pension at the post office.* Va a cobrar la pensió a l'oficina de correus. *state/private pension* pensió estatal/privada (davant de n) *company pension scheme* pla de pensions de l'empresa **pensioner** nc (esp. brit) pensionista

grant nc/i [per als estudiants, a càrrec dels governs central o local] beca

pocket money ni [que paguen els pares als fills. Lit.: diners de butxaca] setmanada

allowance nc **1** [habit. en contextos formals o comercials. Pagat per tal de cobrir les despeses de manutenció o altres despeses] dieta, assignació *When I was at university my parents paid me a monthly allowance.* Quan estudiava a la Universitat els meus pares em donaven una assignació mensual. *The company gives its employees a clothing/travelling allowance.* L'empresa dóna als seus treballadors una assignació en concepte de vestit/desplaçaments. **2** (amer) setmanada

expenses n pl [que es paga a un/a treballador/a per tal de cobrir les despeses per raons de feina] dietes *travel(ling)/hotel expenses* dietes de viatge/d'allotjament *I'll pay for the meal, I'm on expenses.* Jo pago el dinar, vaig a despeses pagades. *vegeu també **267 Expensive**

on prep [el que hom percep com a ingressos] de *It's difficult to survive on a student grant/an old-age pension.* És difícil viure d'una beca d'estudiant/d'una pensió de jubilació. *I'm on £20,000 a year.* Guanyo 20.000 lliures a l'any.

frases fetes

money for jam/for old rope (esp. brit) [informal. Diners guanyat sense cap esforç] diners fàcils *I got a job as a film extra. It was money for jam.* Vaig aconseguir un treball d'extra en una pel·lícula. Va ser diner fàcil.

easy money [diners guanyat sense massa esforç] diners fàcils *She tried to make some easy money on the stock exchange.* Va intentar de fer diners fàcils a la borsa.

266 Cheap Barat

cheap adj [pot tenir connotacions pejoratives que impliquin poca qualitat] barat *Tomatoes are cheaper in summer.* Els tomàquets són més barats a l'estiu. *the smell of cheap perfume* l'olor de perfum barat *Christmas decorations are **sold off cheap** in the New Year.* Les decoracions nadalenques es venen a preu de saldo passades les festes. *The clothes they sell are really cheap and nasty.* La roba que venen és barata i de mal gust.

cheaply adv a bon preu *You can travel around India quite cheaply.* Es pot viatjar per l'Índia a força bon preu.

dirt cheap adj [informal. A molt baix preu] baratíssim, per quatre rals *I got this car dirt cheap.* Vaig comprar aquest cotxe per quatre rals.

inexpensive adj [més formal i més favorable que cheap] bé de preu, econòmic *These wines are surprisingly inexpensive.* Aquests vins estan molt bé de preu.

affordable adj [a un preu que la majoria de la gent pot pagar sense dificultats] assequible *There is a need for affordable housing in central London.* Hi ha necessitat d'habitatge a preus assequibles als barris cèntrics de Londres.

economical adj [que estalvia diners] econòmic *It is more economical to buy in bulk.* És més econòmic comprar a l'engròs. *These cars are very economical to run.* Aquests cotxes són de molt baix consum.

cut-price adj [més aviat informal] a bon preu, a preu reduït *a huge store selling cut-price furniture* un magatzem molt gran que ven mobles rebaixats

free adj gratuït, de franc *You pay for the food, the drinks are free.* Es paga el menjar, però el beure és de franc. *a free gift inside every copy of the magazine* un obsequi de franc amb cada número de la revista *Buy two T-shirts and get one free.* Compri dues samarretes i n'hi donarem una de franc.

free adv de franc, gratis *Old-age pensioners can travel free on the buses.* Els jubilats poden viatjar de franc amb els autobusos.

complimentary adj d'obsequi, de favor *a complimentary ticket* una entrada gratuïta

freebie nc [informal] present, àpat gratis

bargain nc [article amb un preu inferior al normal o a l'esperat] ganga *These shoes were a bargain.* Aquestes sabates van ser una ganga. *Bargains galore in our big winter sale!* Gangues a dojo a les nostres grans rebaixes d'hivern! *Quality goods at bargain prices!* Productes de qualitat a preus regalats!

frases fetes

do sth on the cheap [informal, sovint força pej. Fer ac de la manera més barata possible per tal d'estalviar diners, sovint a costa de la qualitat] fer ac de manera barata *They tried to redecorate their house on the cheap.* Van intentar de renovar la casa amb quatre duros.

do sth on a shoestring [informal. Fer ac amb un pressupost molt limitat. Habit. no és pejoratiu] fer ac amb pocs diners *They travelled around Europe on a shoestring.* Van viatjar per Europa amb pocs diners.

on the house [informal. Donat gratis pel propietari de l'establiment. Referit habit. a begudes en bars, etc.] a compte de la casa *Have this one on the house.* Aquesta va a compte de la casa.

267 Expensive Car

vegeu també **269 Rich**

utilització

De totes aquestes paraules, **expensive** és l'única que es pot utilitzar en un sentit favorable que impliqui de bona qualitat, tot i que també pot tenir connotacions negatives. Totes les altres subratllen que el preu és més elevat que el que hom desitjaria pagar.

expensive *adj* car *She only buys expensive wines.* Només compra vins cars. *Going to court can be very expensive.* Anar pels tribunals pot resultar molt car.
expensively *adv* costosament
expense *ni/c* despesa *We want to avoid the expense of a court case.* Volem evitar les despeses d'un judici. *Her parents went to a lot of expense/spared no expense to give her a good education.* Els seus pares van gastar molts diners/no van estalviar despeses per tal de donar-li una bona educació. *vegeu també **265 Money**

dear *adj (esp. brit)* [més informal que **expensive**] costós, car *The dearer washing powders sometimes offer better value.* Els detergents més cars de vegades ofereixen una millor relació qualitat preu. *Tomatoes are very dear at the moment.* En aquests moments els tomàquets són cars.

costly *adj* [més formal que **expensive**. Descriu: p. ex. equips, reparacions, allotjament] car, costós *Going to court can be a costly business.* Anar pels tribunals pot resultar costós. *These weapons are effective, though costly.* Aquestes armes són eficaces però cares.

pricey o **pricy** *adj* [informal] car, costós *These shoes are a bit pricy.* Aquestes sabates són una mica cares. *a pricy restaurant* un restaurant car

267.1 Desmesuradament car

steep *adj* (darrere v) [força informal] abusiu, que es passa de la ratlla *Two pounds for a coffee! That's a bit steep!* Dos lliures per un cafè! Això passa de la ratlla!
exorbitant *adj* [més aviat formal i molt emfàtic] exorbitant *Customers are charged exorbitant prices for drinks.* Carreguen als clients uns preus exorbitants per les begudes. **exorbitantly** *adv* exorbitantment
overcharge *vti* [fer pagar al client més del que és degut] cobrar massa, arrissar *I'd been deliberately overcharged.* M'han cobrat de més expressament. (+ **by**) *They overcharged me by 50p.* Em van cobrar 50 penics de més.
rip-off *nc* [informal. Preus exageradament alts o estafa deliberada] estafa, plomada, afaitada *Two quid for a coffee – what a rip-off!* Dues lliures un cafè – quina estafa!
rip off sb o **rip** sb **off** *vt* [informal. Cobrar de més deliberadament] estafar, plomar, afaitar *The waiters make a fortune ripping off tourists.* Els cambrers es fan d'or estafant els turistes.

frases fetes

cost the earth [informal] costar un ull de la cara *Don't take him to court; it'll cost you the earth.* No el demandis; et costarà un ull de la cara. *a reliable car that won't cost you the earth* un cotxe fiable que no et costarà un ull de la cara
cost a fortune [força informal] costar una fortuna *That dress must have cost a fortune.* Aquest vestit deu haver costat una fortuna.
cost an arm and a leg [informal. Ser extremadament car, més del que hom es pot permetre] costar un ronyó *The holiday cost (me) an arm and a leg, but it was worth it.* Les vacances m'han costat un ronyó, però ha pagat la pena.
break the bank (sovint en frases negatives) [força informal. Ser prou car per deixar algú amb les butxaques escurades] arruïnar-se *Come on, let's eat out tonight, it won't break the bank.* Apa, anem a sopar fora aquesta nit, que no ens arruïnarem.
daylight robbery [informal i pej. Utilitzat per referir-se a un preu exorbitant] robatori a ple dia *Two pounds for a coffee! It's daylight robbery!* Dues lliures per un cafè! És un robatori descarat!

268 Value Valor

vegeu també **417.5 Good**

value *n* **1** *ni/c* [en termes monetaris] valor *an increase in the value of the pound* un augment en la cotització de la lliura *objects of great/little value* objectes de molt/poc valor **2** *ni* [relacionat al preu] valor *All shoppers want **value for money**.* Tots els compradors volen una bona relació qualitat preu. **3** *ni/c* (cap *pl*) [importància, utilitat] valor *Never underestimate the value of a good education.* No s'ha de subestimar mai el valor d'una bona educació. (+ **to**) *information of great value to an enemy* informació de gran valor per a un enemic

value *vt* **1** [estimar el valor de. Obj: p. ex. quadre, antiguitat, casa] valorar, taxar *I'm going to have this painting valued.* Em faré taxar aquest quadre. (+ **at**) *The house has been valued at £70,000.* La casa ha estat valorada en 70.000 lliures. **2** [considerar molt important o valuós] valorar *I value your opinions highly.* Valoro molt les vostres opinions.

worth *prep* **1** [en termes monetaris] que val, del valor de *How much is your car worth?* Quant val el seu cotxe? *a painting worth £500* un quadre que val 500 lliures **2** (sovint + **-ing**) [en termes d'importància, d'utilitat, de qualitat, etc.] val (com) *A letter is worth a dozen phone calls.* Una carta val com dotze trucades. *It's/He's not worth worrying about.* No paga la pena amoïnar-s'hi tant./No es mereix que t'hi amoïnis. *I'm not going to the meeting; it's not worth it.* No aniré a la reunió; no paga la pena.

worth *ni* **1** [quantitat d'ac que costa una determinada suma] valor, import *I bought ten pounds' worth of petrol.* Vaig comprar 10 lliures de benzina. *The vandals did hundreds of pounds' worth of damage.* Els vàndals van causar desperfectes per un import de centenars de lliures. **2** [valor. No util. en contextos financers precisos] valor *She sold the painting for less than its true worth.* Va vendre el quadre per una quantitat inferior al seu valor real. (+ **to**) *He has proved his worth to the team.* Ha demostrat el seu valor per a l'equip.

268.1 De molt valor

valuable *adj* **1** [en termes monetaris] valuós *valuable paintings* quadres valuosos **2** [descriu: p. ex. consell, amistat] valuós (+ **to**) *Your skills are valuable to the company.* Les teves habilitats són valuoses per a l'empresa. *a waste of my valuable time* una pèrdua del meu valuós temps

valuables *n pl* [pertinences personals] objectes de valor *Hotel guests may deposit their valuables in the safe.* Els clients de l'hotel poden dipositar els objectes de valor a la caixa forta.

invaluable *adj* [més aviat formal. Molt útil. Descriu: p. ex. estri, consell, ajut] inestimable *Thank you for your invaluable assistance.* Gràcies pel teu inestimable ajut. (+ **to**) *This information proved invaluable to the police.* Aquesta informació va resultar de valor inestimable per a la policia.

priceless *adj* [de tant valor que resulta impossible donar-ne el preu] incalculable *This diamond is priceless.* Aquest diamant no té preu.

precious *adj* [tan valuós, que se'n té especial cura bé per raons financeres o sentimentals] preat *The statue is so precious that it is rarely shown to visitors.* L'estàtua és tan preada que rarament es mostra als visitants. *precious stones/metals* pedres precioses/metalls preciosos (+ **to**) *These medals/memories are precious to me.* Aquestes medalles/aquests records tenen molt valor per a mi.

treasure *n* **1** *ni* [acumulació de diners, joies, etc., sovint amagades] tresor *buried treasure* tresor enterrat (davant de *n*) *treasure chest* cofre amb un tresor **2** *nc* (sovint *pl*) [objecte molt valuós o bonic] tresor

treasure *vt* [donar un gran valor a. Obj: obsequi, record, amistat] donar un gran valor a *Thank you very much for the beautiful vase. I'll treasure it.* Moltes gràcies per aquest gerro tan bonic. El guardaré com un tresor. *His guitar is his most treasured possession.* La seva guitarra és la seva pertinença més preuada.

268.2 De poc o cap valor

valueless *adj* sense valor, inservible *The old coins will be valueless once the new ones come into circulation.* Les monedes velles no tindran cap valor quan les noves estiguin en circulació.

worthless *adj* [força més pej. que **valueless**] **1** [descriu: p. ex. quadre, cotxe, moneda] inútil, que no val res *a market stall selling worthless junk* una parada de mercat que ven andròmines que no valen res **2** [descriu: p. ex. persona, contribució, col·laboració, informació] inútil *His advice is absolutely worthless.* El seu consell no val res.

268.3 Que té qualitats valuoses o útils

deserve *vt* [obj: p. ex. premi, feina, càstig] merèixer *You don't deserve any Christmas presents.* No mereixes cap obsequi de Nadal. *The film deserved a bigger audience.* La pel·lícula mereixia més audiència. (sovint + **to** + INFINITIU) *He deserves to succeed.* Es mereix triomfar.

deserving *adj* digne, meritori *a deserving winner* una guanyadora merescuda *to give one's money to a deserving cause* donar diners per una causa que s'ho mereix **deservedly** *adv* merescudament

worthy *adj* (sovint darrere *v* + **of**) [més aviat formal] digne *He wanted to prove himself worthy of their trust.* Volia demostrar que era digne de la seva confiança. *a worthy winner/successor* un guanyador digne/una successora digna *to give one's money to a worthy cause* donar diners per a una causa digna

worthwhile *adj* (sovint + **-ing**, + **to** + INFINITIU) [que té un objectiu o un resultat valuós] que paga la pena *Try to read Shakespeare. You'll find the effort worthwhile.* Intenta de llegir Shakespeare. Veuràs com l'esforç paga la pena. *It's worthwhile spending some time in the library.* Val la pena passar temps a la biblioteca.

269 Rich Ric

*vegeu també **267 Expensive**

rich *adj* [descriu: p. ex. persona, país] ric *Her invention made her rich.* El seu invent la va fer rica. [argot, pej. o jocós] *filthy/stinking rich* fastigosament ric

rich *n pl* (sempre + **the**) [ref. al col·lectiu] els rics *The rich should pay more tax.* Els rics haurien de pagar més impostos.

riches *n pl* [diners, possessions] riquesa, riqueses *They envied his riches.* Li envejaven la riquesa.

wealth *ni* riquesa *How did she acquire her vast wealth?* Com va fer la seva immensa fortuna?

wealthy *adj* [més formal que **rich**] ric, acabalat

fortune *nc* **1** [gran quantitat de diner guanyat, heretat, etc.] fortuna *He inherited his uncle's fortune.* Va heretar la fortuna del seu oncle. *She **made her fortune** on the stock market.* Va fer la seva fortuna a la borsa. **2** [informal. Qualsevol suma important de diners] fortuna *He spent a fortune on clothes.* Es va gastar una fortuna en roba. *This house is worth a fortune.* Aquesta casa val una fortuna.

affluent *adj* [més aviat formal. Que té i gasta una gran quantitat de diners. Descriu: p. ex. persona, estil de vida] afluent, opulent, acabalat *an affluent, middle-class family* una família acabalada de classe mitja *an affluent society* una societat benestant **affluence** *ni* benestar

prosperous *adj* [que guanya molts diners. Descriu: p. ex. persona, empresa, nació] pròsper *Our policies will make the country more prosperous.* Les nostres polítiques faran el país més pròsper. **prosperously** *adv* pròsperament

prosperity *ni* prosperitat *We can look forward to many years of prosperity.* Podem esperar molts anys de prosperitat.

prosper *vi* [més aviat formal] prosperar, anar endavant *The country has prospered under this government.* Amb aquest govern el país ha anat endavant.

millionaire (*m.*), **millionairess** (*f.*) *nc* [persona que té més d'un milió de lliures o dòlars] milionari -ària

millionaire *adj* (davant de *n*) milionari *a millionaire businessman* un home de negocis milionari

269.1 Termes més informals

well-off *adj*, compar **better-off** o **more well-off** superl **most well-off** [força ric] benestant, acomodat, bé de diners *Most company directors are fairly well-off.* La majoria dels directius són gent força acomodada. *I'll be better-off when the tax system changes.* Aniré millor de diners quan canviï el sistema impositiu.

well-off *n pl* (sempre + **the**) la gent acomodada *tax cuts that benefit the well-off* reduccions d'impostos que beneficien les classes benestants *the better-off in our society* els rics de la nostra societat

well-to-do *adj* [informal. Que té prou diners per viure amb comoditat] acomodat, benestant *a well-to-do businessman* un home de negocis acomodat

well-heeled *adj* [suggereix una riquesa de bon to] adinerat

loaded *adj* [argot. Molt ric] *to be loaded* tenir el ronyó cobert *He's loaded.* Té el ronyó ben cobert.

moneybags *nc* [informal, sovint jocós] potentat -ada *Come on, moneybags, buy us all a drink!* Apa, potentat, paga'ns una ronda!

frases fetes

bags of money [informal] diner llarg *He can afford to lend me £100; he's got bags of money.* Es pot permetre deixar-me 100 lliures; té diner llarg.

be rolling in money/in it [informal. Molt ric] nedar en l'abundància

have more money than sense [tenir molts diners i poc seny a l'hora de gastar-los] tenir més diner que seny *musical Christmas trees for people with more money than sense* arbres de Nadal amb música per a la gent que té més diners que seny

270 Poor Pobre

poor *adj* [descriu: p. ex. persona, país] pobre *a poor area of the city* una zona pobra de la ciutat

poor *n pl* (sempre + **the**) els pobres *charities which help the poor* institucions benèfiques que ajuden els pobres

poverty *ni* pobresa *to live in poverty* viure en la pobresa *a poverty-stricken region* una regió assolada per la pobresa

needy *adj* [més formal que **poor**. Mancat de les coses més necessàries. Descriu: p. ex. persona, família] necessitat, indigent

needy *n pl* (sempre + **the**) els necessitats

penniless *adj* [que no té diners] pobre, sense ni un duro *The failure of his business left him penniless.* La fallida del seu negoci el va deixar arruïnat.

destitute *adj* [formal. Sense diners, pertinences, casa, etc.] desproveït, indigent, sense recursos *The war left many families destitute.* La guerra va deixar moltes famílies en la misèria. **destitution** *ni* misèria

bankrupt *adj* [descriu: esp. empresa, empresari/ària] insolvent, fallit *to go bankrupt* fer fallida **bankruptcy** *ni/c* bancarrota

bankrupt *vt* arruïnar, fer enfonsar *High interest rates have bankrupted many small firms.* Els alts interessos han enfonsat moltes empreses petites.

beggar *nc* captaire *The streets are full of beggars.* Els carrers són plens de captaires. **beg** *vi*, -**gg**- captar *vegeu també **351 Ask**

panhandler *nc* (amer) captaire

270.1 Termes més informals

badly-off *adj*, compar **worse-off** superl **worst-off** [força pobre] malament de diners *A lot of old people are quite badly-off.* Molta gent gran va malament de diners. *I'll be worse-off after the tax system changes.* Aniré més malament de diners quan canviï el sistema impositiu.

hard up *adj* [informal. Que té molt pocs diners, sovint circumstancialment] escurat *I was always hard up when I was a student.* Quan era estudiant sempre estava escurat.

be broke *adj* (darrere *v*) [informal] no tenir-ne ni cinc *flat/stony* (brit) **stone** (amer) **broke** no tenir un cèntim

frases fetes

be on/near the breadline [que a penes té prou ingressos per cobrir el que la societat considera necessitats bàsiques] passar gana *families living on the breadline* famílies que passen gana

feel the pinch [passar per dificultats econòmiques i haver de reduir força les despeses] anar molt just *The strikers' families are beginning to feel the pinch.* Les famílies dels vaguistes comencen a anar molt justes.

Money doesn't grow on trees. [informal. Es diu esp. a la mainada quan demanen coses cares] Els diners no cauen del cel.

Do you think I'm made of money? [informal] Penseu que sóc el Banc d'Espanya?

271 Employment   Ocupació

vegeu també **262 Doing business; 274 Work**

employment *ni* [més formal que **work** o **job**] treball, feina, ocupació *What is the nature of your employment?* Quina classe de feina fas? *Are you in (regular) employment?* Tens una feina (estable)?

employ *vt* donar feina a, contractar *We will need to employ some extra staff.* Haurem de contractar personal extra. *Thousands of people are employed in the fishing industry.* La indústria pesquera dóna feina a milers de persones. (+ **as**) *She's employed as a nanny.* L'han contractada com a mainadera.

unemployment *ni* atur *Unemployment reached two million last month.* El mes passat, l'atur va arribar a dos milions de persones. (davant de *n*) *unemployment statistics* estadístiques de l'atur *unemployment benefit* subsidi d'atur

unemployed *adj* desocupat, en atur *an unemployed taxi driver* un taxista en atur

unemployed *n pl* els desocupats *the long-term unemployed* els que estan desocupats des de fa molt de temps

271.1 Noms genèrics de feina

job *nc* feina, treball (+ **as**) *He's got a job as a bus driver.* Treballa de conductor d'autobús. *I've just lost my job.* Acabo de perdre la feina.

work *ni* **1** [feina pagada] treball *She's looking for work.* Busca feina. *Who looks after the children while you're at work?* Qui cuida de la canalla quan tu ets a la feina? *I get home from work at six o'clock.* Arribo a casa de la feina a les sis. *I've been out of work for six months.* Fa sis mesos que estic sense feina. **2** [les tasques a realitzar per les quals es cobra] feina *My work is quite varied.* La meva feina és prou variada.

work *vi* treballar *He works in London/as a bus driver.* Treballa a Londres/com a conductor d'autobús. (+ **for**) *I work for a publishing company.* Treballo per una empresa editorial.

occupation *nc* [esp. en contextos formals. Tipus de feina i com hom es veu en aquest aspecte] ocupació *She stated her occupation as translator.* Va manifestar que treballava de traductora.

career *nc* [activitat professional que requereix una preparació prèvia i en la qual és possible progressar] carrera *She had a distinguished career in the civil service.* Va fer una carrera destacable com a funcionari. *a political/military/nursing career* una carrera política/militar/d'infermeria (davant de *n*) *career diplomat* diplomat professional *careers advice* orientació de sortides professionals

utilització

Cal no confondre **career** amb **subject** (assignatura), que hom fa a la universitat. *vegeu també **233 Education**

profession *nc* [ocupació respectada, sovint no comercial, que requereix un títol] professió *the legal/medical/teaching profession* l'advocacia/la professió mèdica/el magisteri *She's an architect by profession.* Té la professió d'arquitecte.

professional *adj* [descriu: p. ex. feina, persona, classes] professional

trade *nc* [ocupació qualificada, esp. de tipus manual o pràctic] ofici *You ought to learn a trade.* Hauries d'aprendre un ofici. *He's a bricklayer by trade.* Té l'ofici de paleta.

271.2 L'estructura de les empreses

company *nc* empresa, companyia *a manufacturing company* una empresa manufacturera *an insurance company* una companyia asseguradora (davant de *n*) *a company director* un/a director/a d'empresa *a company car* un cotxe d'empresa

firm *nc* [sovint ref. a empreses més petites] firma *a plastics/car-hire firm* una firma de plàstics/lloguer de cotxes *a firm of builders* una firma constructora

branch *nc* [locals d'un banc, organització, etc. en un lloc determinat] sucursal, filial, agència *The bank has over 5,000 branches.* El banc té més de 5.000 sucursals.

department *nc* **1** [secció d'una empresa encarregada d'un aspecte concret de la seva activitat] departament *the advertising/personnel department* el departament de publicitat/personal **2** [part d'uns grans magatzems especialitzada en un determinat tipus d'articles] departament *the menswear/sports department* el departament de roba d'home/d'esports **departmental** *adj* departamental

GRUPS DE PARAULES

LLOCS DE TREBALL

factory nc fàbrica *a bicycle/biscuit factory* una fàbrica de bicicletes/galetes (davant de *n*) *a factory worker* un treballador de fàbrica

works nc, pl **works** (sovint en noms compostos) [ref. a llocs de treball industrials] fàbrica *a cement works* una fàbrica de ciment *the steelworks* la fàbrica d'acer

workshop nc [lloc on hom fa una feina manual, industrial o artística. Habit. més petit que una fàbrica o part d'ella] taller

warehouse nc [on es guarden els productes] magatzem *a tobacco warehouse* un magatzem de tabac

depot nc [on es guarden els productes pendents de transport] dipòsit *Coal is transported to the depot by rail.* El carbó es transporta al dipòsit en tren.

mill nc **1** [on es fa la farina] molí **2** [on es fan teixits, paper, etc.] fàbrica

mine nc mina *a coal/tin mine* mina de carbó/d'estany *He spent 20 years down the mine(s).* Es va passar 20 anys a la mina.

mine vti [obj: carbó, minerals, metalls] extreure (minerals) *Coal is no longer mined in this valley.* En aquesta vall ja no s'extreu carbó. (sovint + **for**) [obj: àrea, vall] minar, extreure (minerals) *They're mining for iron ore.* Estant fent prospeccions per trobar ferro.

miner nc miner -a **mining** ni mineria

271.3 Empleats

employee nc [mot genèric] empleat -ada *The company has 5,000 employees.* L'empresa té 5.000 empleats. *a government/bank employee* un empleat del govern/banc

worker nc [esp. en un treball manual] treballador -a, obrer -a *a manual/factory/car worker* una obrera manual/de fàbrica/de fàbrica de cotxes

labour (*brit*), **labor** (*amer*) ni **1** [treballadors manuals empleats] mà d'obra *The company is taking on extra labour.* L'empresa està contractant mà d'obra extra. **2** [treball fet, com a part del cost d'ac] mà d'obra *The plumber charged us £20 for the pipe plus £10 for labour.* El lampista ens va cobrar 20 lliures per la canonada i 10 lliures per la mà d'obra.

labourer (*brit*), **laborer** (*amer*) nc [treballador manual no qualificat] peó -ona *a building labourer* un peó de la construcció

workforce nc/i (+ v sing o pl) [nombre total de treballadors d'una empresa] plantilla *Most of the workforce is/are on strike.* La majoria de la plantilla fa vaga.

staff n **1** nc [esp. treballadors d'oficina o professionals] personal *We have an accountant on our staff.* Tenim un comptable entre el nostre personal. *Pupils should show respect to* **members of staff**. Els alumnes haurien de mostrar-se respectuosos amb el personal. (davant de *n*) *staff meeting* reunió de personal **2** n pl [els membres d'aquest cos] personal *The staff are all on strike.* Tot el personal fa vaga.

staff vt [més aviat formal] proveir de personal, contractar personal (+ **with**) *We will staff the new showroom with experienced salespeople.* Proveirem la nova sala d'exposicions de venedors qualificats.

personnel ni [en contextos formals] personal, recursos humans *The company keeps full records on all its personnel.* L'empresa manté informes complets de tot el seu personal. (davant de *n*) *personnel manager/department* cap/departament de recursos humans

colleague nc col·lega *He gets on well with his colleagues.* S'entén molt bé amb els seus col·legues.

271.4 Personal de direcció

supervisor nc supervisor -a

foreman nc, pl **foremen** capatàs, encarregat

forewoman nc, pl **forewomen** capatàs, encarregada

boss nc [força informal] cap, amo, mestressa, director -a *My boss let me go home early.* El meu cap em va deixar marxar d'hora.

manager nc gerent, director -a *financial/personnel manager* gerent financer/de recursos humans *bank/hotel manager* director de banc/d'hotel *the manager of a record store/football team* el/la gerent d'una botiga de discos/d'un equip de futbol

manage vt [obj: p.ex. empresa, departament] dirigir *The company has been badly managed for years.* Fa anys que l'empresa està mal dirigida.

management n **1** ni [activitat, habilitats] gerència, direcció *The company is successful as a result of good management.* L'empresa va bé gràcies a una bona direcció. **2** n (+ v sing o pl) [el/s director/s d'una empresa, etc.] direcció *(The) management has/have rejected the workers' demands.* La direcció ha rebutjat les demandes dels treballadors. *a change of management* un canvi de direcció

director nc **1** [un membre del grup de directius que decideixen la política de l'empresa] director -a *financial director* directora financera *the directors of a football club* els directius d'un club de futbol *managing director* director executiu *board of directors* junta directiva **2** [cap d'una organització, projecte, etc] director -a *the director of the research institute/programme* el director de l'institut/del programa de recerca

executive nc [un directiu d'elevada posició, home/dona de negocis important] executiu -iva *company executive*. executiva empresarial

employer nc [persona o empresa] amo, mestressa, patró -ona *Obtain this form from your employer.* Demana aquest formulari al teu patró. *The factory is a major employer in this area.* La fàbrica és una de les que donen més feina d'aquesta zona.

271.5 Períodes de contractació laboral

part-time adj [descriu: p.ex. feina] a temps parcial, a hores

part-time adv a temps parcial *to work part-time* treballar a hores

full-time adj [descriu: p.ex feina, estudiant] de dedicació exclusiva, jornada sencera

full-time adv amb dedicació exclusiva *to work full-time* treballar amb dedicació exclusiva

temporary adj temporal *vegeu també **29 Be**

permanent adj permanent *vegeu també **29 Be**

overtime ni **1** hores extraordinàries *to work overtime* fer hores extraordinàries *I did five hours' overtime last week.* La setmana passada vaig fer cinc hores extraordinàries. (davant de n) *overtime payments/rates* pagament/tarifa d'hores extraordinàries **2** [diners rebuts] hores extraordinàries *I get paid overtime for working on Saturdays.* Em paguen hores extraordinàries per treballar els dissabtes.

271.6 Relacions laborals

union o **trade union** (brit), **labor union** (amer) nc (+ v sing o pl) sindicat *Do you belong to a union?* Pertanys a algun sindicat? *the National Union of Teachers* el sindicat nacional de mestres (davant de n) *union members* afiliats sindicals **trade unionist** nc sindicalista

strike nc vaga *to be on strike* estar de vaga *to go on strike* fer vaga (+ **for**) *The miners are on strike for higher pay.* Els miners fan vaga per un increment salarial.

strike vi, pas. & pp. **struck** (sovint + **for**) fer vaga *The miners may strike for higher pay.* Els miners poden anar a la vaga per un increment salarial. **striker** nc vaguista

picket vti instal·lar piquets de vaga, fer de piquet *They picketed the factory.* Van instal·lar piquets de vaga a la fàbrica. *The union makes me picket, but I don't like it.* El sindicat em fa fer de piquet, però no m'agrada.

picket nc **1** [una persona] un membre del piquet **2** [grup] piquet de vaguistes

picket line nc línia de piquets *on the picket line* a la línia de piquets *to cross the picket line* creuar la línia de piquets

271.7 Aconseguir una feina

apply vi (sovint + **for**) sol·licitar, demanar *She's applied for the post of assistant manager.* Ha sol·licitat el lloc de sots-directora.

application nc sol·licitud *There have been hundreds of applications for this job.* Hi ha hagut centenars de sol·licituds per a aquest lloc de treball. (davant de n) *application form* imprès de sol·licitud **applicant** nc aspirant, candidat -a

interview nc interviu, entrevista (sovint + **for**) *They're holding interviews for the post of assistant manager.* Estant fent entrevistes per al lloc de sots-director.
*vegeu també **351 Ask**

interview vti entrevistar(-se) *She's been interviewed for the post of assistant manager.* L'han entrevistat per al lloc de sots-director. **interviewer** nc entrevistador -a **interviewee** nc entrevistat -da

appoint vt (sovint + **to**) [donar a algú un determinat lloc de treball, esp. a nivell directiu] nomenar *They're going to appoint a new assistant manager.* Nomenaran una nova sots-directora. *He's been appointed to the post of assistant manager.* L'han nomenat per al lloc de sots-director.

appointment n **1** ni nomenament *The report recommends the appointment of a safety officer.* L'informe recomana el nomenament d'un responsable de seguretat. **2** nc nomenament *The company newsletter gives details of new appointments.* El full informatiu de l'empresa dóna detalls dels nous nomenaments.

engage vt [més aviat formal. Obj: nou empleat] contractar *The hotel has engaged a new receptionist.* L'hotel ha contractat una nova recepcionista. (sovint + **as**) *I've engaged him as my personal assistant.* L'he contractat com el meu secretari particular.

take on sb o **take** sb **on** vt [menys formal que **engage**] contractar algú *The company isn't taking on any new staff at the moment.* En aquests moments l'empresa no contracta nou personal.

hire vt [en anglès britànic referit esp. a treball temporal o eventual] llogar (sovint + **to** + INFINITIU) *He hired a private detective to follow his wife.* Va llogar un detectiu privat perquè seguís la seva dona. *vegeu també **262 Doing business**

promote vt (sovint + **to**) promoure, ascendir *He was promoted to (the rank of) colonel.* Va ser ascendit a (al rang de) coronel.

promotion ni/c ascens, promoció *She's hoping for promotion.* Confia en un ascens. *a job with good promotion prospects* una feina amb bones perspectives de promoció

271.8 Deixar el lloc de treball

resign vit (sovint + **from**) dimitir, renunciar a *She resigned from the company because of disagreements with her colleagues.* Va dimitir de l'empresa per desacord amb les seves col·legues. *He's resigned his post.* Ha dimitit del seu lloc de treball.

resignation nc/i dimissió, renúncia *She's handed in her resignation.* Ha lliurat la seva dimissió.

retire vi [deixar de treballar degut a l'edat] retirar-se, jubilar-se (+ **from**) *He's retired from the school where he taught for forty years.* S'ha jubilat de l'escola on havia ensenyat durant quaranta anys. *a retired civil servant* un funcionari jubilat

retirement ni/c jubilació *to take **early retirement*** jubilar-se anticipadament (davant de n) *What's the retirement age in your country?* Quina és l'edat de jubilació al teu país? *a retirement present* un obsequi de jubilació

notice ni **1** [donat per l'empleat al patró] dimissió *I've handed in my notice.* He lliurat la meva dimissió.
2 [donat pel patró a l'empleat] acomiadament *The company has given her a month's notice.* L'empresa li ha comunicat l'acomiadament amb un mes d'antelació.

redundant (brit) adj [quedar-se sense lloc de treball perquè l'empresa necessita menys treballadors] sobrer, que s'ha quedat sense feina *redundant steelworkers* obrers de l'acer afectats per reducció de plantilla *to **make sb redundant*** fer que algú es quedi sense feina

redundancy n **1** ni desocupació, reducció *voluntary redundancy* baixa voluntària (davant de n) *redundancy pay* indemnització per baixa **2** nc reducció *The company has announced 200 redundancies.* L'empresa ha anunciat una reducció de plantilla de 200 persones.

dismiss vt (sovint + **for, from**) [més aviat formal] acomiadar, despatxar *The company dismissed her for unpunctuality.* L'empresa la va despatxar per manca de puntualitat. *He was dismissed from the company.* El van acomiadar de l'empresa.

GRUPS DE PARAULES

dismissal ni/c acomiadament *unfair dismissal* acomiadament improcedent

sack (*esp. brit*), **fire** (*esp. amer*) vt (sovint + **for, from**) [informal] acomiadar, despatxar *They sacked him for continually being late.* El van despatxar per arribar tard de manera reiterada. *You're fired!* Estàs despatxat! **sacking** ni/c acomiadament

sack ni (*brit*) (sempre + **the**) acomiadament *She was threatened with the sack.* La van amenaçar de fer-la fora. *to give sb/to get the sack* fer fora algú/ser acomiadat

lay sb **off** o **lay off** sb vt [acomiadar algú definitivament o temporalment per manca de feina] fer a algú un expedient de regulació *We've had to lay off 50 people.* Hem hagut de suspendre de sou i feina 50 persones. *I was laid off for three weeks.* Vaig patir un expedient de regulació durant tres setmanes.

272 Office Oficina

vegeu també **296 Computers**

office nc **1** [lloc de treball] oficina *I've had a hard day at the office.* He tingut un dia molt dur a l'oficina. (davant de n) *office equipment/workers* equips d'oficina/oficinistes *an office block* un bloc d'oficines **2** [d'una empresa o organització] seu, oficina *the local tax office* l'oficina local de recaptació *the company's head office* l'oficina central **3** [del gerent, etc.] despatx *Come into my office.* Entra al meu despatx.

272.1 Material d'oficina

file nc expedient, arxiu (+ **on**) *The social services department has a file on him.* El departament de serveis socials té el seu expedient. *We will keep your CV on file.* Guardarem el seu curriculum vitae al nostre arxiu.
file vti [obj: documents] arxivar, registrar *The personnel records are filed alphabetically.* Els expedients del personal estan arxivats alfabèticament. (sovint + **under**) *File this letter under 'Enquiries'.* Arxiva aquesta carta a 'Peticions'. **filing** ni arxivador
filing cabinet nc arxivador
photocopier o **photocopy(ing) machine** nc fotocopiadora
photocopy nc (sovint + **of**) fotocòpia *a photocopy of your birth certificate* una fotocòpia del teu certificat de naixement *to take a photocopy of sth* fotocopiar ac
photocopy vt fotocopiar
fax nc **1** TAMBÉ **fax machine** fax *a message sent by fax* un missatge enviat per fax (davant de n) *fax number* número de fax **2** [missatge, carta, etc] fax *to send a fax to sb* enviar un fax a algú

fax vt **1** [obj: persona, empresa] enviar (ac a algú per fax) *You can fax me at the following number.* M'ho pot enviar per fax al número següent. **2** (sovint + **to**) [obj: missatge, document] enviar (per fax ac) *I've faxed the invoice (through) to New York.* He enviat per fax la factura a Nova York.
in-tray nc safata d'entrades
out-tray nc safata de sortides

272.2 Personal d'oficina

secretary nc secretari -ària
secretarial adj secretaria, de secretari *secretarial work* treball de secretari *a secretarial college* escola de secretariat
clerk nc [empleat d'oficina, esp. de baixa qualificació] oficinista *accounts/bank/filing clerk* empleat de comptabilitat/banc/d'arxius
clerical adj [més aviat formal. Descriu: p. ex. treball, treballador] d'oficina
typist nc mecanògraf -a *a shorthand typist* un taquimecanògraf
receptionist nc recepcionista *a hotel/doctor's receptionist* un recepcionista d'hotel/de consulta mèdica
temp nc [secretari, mecanògraf, etc., temporal] temporer -a *The secretary's ill; we'll have to get a temp in.* El secretari està malalt; haurem de contractar-ne un de suplent.

273 Shops Botigues

vegeu també **L12 Shopping**

shop (*esp. brit*), **store** (*esp. amer*) nc botiga *cake/antique/sports shop* pastisseria/botiga d'antiguitats/botiga d'esports *I've been to the shops.* He anat a comprar. (davant de n) *shop window* aparador
shop vi, **-pp-** (sovint + **for**) [comprar coses necessàries, esp. queviures i coses per a la casa] anar a plaça, anar a comprar *I usually shop on Saturdays/at the supermarket.* Acostumo a anar a comprar els dissabtes/al supermercat. *to go shopping* anar a comprar *I went shopping for clothes.* Vaig anar a comprar roba. **shopper** nc comprador -a
shopping ni **1** [activitat] compra *We usually do our shopping on Saturday.* Acostumem a anar a comprar els dissabtes. *Christmas shopping* compra de Nadal (davant de n) *shopping bag* bossa d'anar a comprar **2** [articles comprats] compra *She put her shopping down on the table.* Va posar la compra damunt la taula. (davant de n) *shopping basket/list* cistella/llista d'anar a comprar

> *u t i l i t z a c i ó*
>
> Observeu que **shopping** no es refereix al lloc, i tingueu cura de no confondre'l amb **shop** (botiga) o **shopping centre** (centre comercial).

store nc **1** (*brit*) [botiga gran] magatzem *the big stores in town* els grans magatzems de la ciutat *furniture store* magatzem de mobles **2** (*amer*) [qualsevol botiga] botiga

GRUPS DE PARAULES

department store nc [establiment que ven diversos tipus de productes, sovint distribuïts en més d'una planta] gran magatzem

shopping centre (brit), **shopping mall** (amer) nc centre comercial

supermarket nc supermercat

market nc mercat *vegetable market* mercat d'hortalisses (davant de n) *market day* dia de mercat

stall nc [esp. ambulant o d'espai obert] parada *He has a stall at the market.* Té una parada al mercat. *flower/souvenir stall* parada de flors/records

stallholder nc amo/mestressa d'una parada

kiosk (*esp. brit*) nc [petita construcció a la via pública, per a la venda d'entrades, etc.] quiosc

utilització

Sempre que es pot utilitzar la mateixa paraula tant per referir-se a la botiga com al propietari de la botiga s'acostuma a afegir la **'s** de possessió com a forma alternativa de referir-se a la botiga. La **'s** es gairebé obligatòria després de la preposició **at**:
Is there a butcher('s) near here? Hi ha una carnisseria per aquí a la vora?
I bought some toothpaste at the chemist's. Vaig comprar pasta de dents a la farmàcia.

BOTIGUES COMUNS

baker nc 1 [botiga] fleca, forn 2 [botiguer] forner -a

bookshop (*esp. brit*), **bookstore** (*esp. amer*) nc llibreria

stationer nc 1 [botiga] papereria 2 [botiguer] paperaire

butcher nc 1 [botiga] carnisseria 2 [botiguer] carnisser -a

chemist nc (*brit*) 1 TAMBÉ **pharmacy** (*amer*) [botiga] farmàcia 2 TAMBÉ **druggist** (*amer*) [botiguer] farmacèutic -a *vegeu també **126 Cures**

drugstore nc (*amer*) [ven drogues i medicines però també altres productes com ara papereria, productes de neteja, joguines, etc.] establiment de serveis múltiples, drugstore

dairy nc 1 [botiga que ven llet i productes derivats] lleteria 2 (sovint pl) [empresa que subministra llet a domicili] indústria lletera *Our milk is delivered by United Dairies.* A nosaltres la llet ens la porta United Dairies.

delicatessen nc, abrev **deli** [botiga o part d'una gran botiga o supermercat on es venen embotits, formatges, amanides, etc.] xarcuteria

fishmonger nc (*esp. brit*) 1 [botiga] peixateria 2 [botiguer] peixater -a

florist nc 1 [botiga] floristeria 2 [botiguer] florista

garden centre (*brit*), **garden center** (*amer*) nc centre de jardineria

greengrocer nc (*esp. brit*) 1 [botiga que ven fruites i hortalisses] botiga de fruites i verdures 2 [botiguer] verdulaire

grocer nc 1 [botiga que ven queviures en general] botiga de queviures/comestibles 2 adroguer -a

grocery n 1 nc (sempre pl) [queviures en general] queviures, comestibles *We need to buy some groceries.* Hem de comprar queviures. 2 nc [botiga] adrogueria 3 ni [comerç] alimentació *the grocery trade* el comerç de l'alimentació

hardware store nc [botiga que ven eines, estris de cuina, etc] ferreteria

ironmonger nc (*esp. brit*) 1 [lleug. més obsolet que **hardware store**] ferreteria 2 [botiguer] ferreter -a

newsagent nc (*brit*) 1 [botiga que ven diaris, etc., i sovint també tabac i llaminadures] quiosc, botiga de premsa 2 TAMBÉ **newsstand** quiosc 3 persona que treballa un quiosc

off-licence (*brit*), **liquor store** (*amer*) nc [botiga on es poden comprar begudes alcohòliques per endur-se-les] botiga de vins i licors, bodega

post office nc 1 [sucursal] oficina de correus *I bought some stamps at the post office.* Vaig comprar segells a correus. 2 (sempre + **the**) [organització en general] correus *He works for the Post Office.* Treballa a correus.

274 Work Treball

vegeu també **262 Doing business**; **271 Employment**; **276 Try**

work *ni* **1** [activitat física o mental destinada a aconseguir ac] treball, feina *It must have been **hard work**, moving all that furniture.* Deu haver estat una feinada canviar de lloc tots aquests mobles. *The students were **hard at work** in the library.* Els alumnes estudiaven de valent a la biblioteca. **2** [el producte resultant] treball *The teacher looked at the children's work.* El mestre va mirar el treball de la mainada.

work *vi* treballar *Don't disturb me while I'm working.* No em molesteu mentre treballo. *He usually works in the garden at weekends.* Els caps de setmana acostuma a treballar al jardí. (+ **on**) *I'm working on a new novel.* Estic treballant en una nova novel·la.

worker *nc* treballador -a, obrer -a *She's a good/hard worker.* És una bona treballadora.

274.1 Treball dur

labour (*brit*), **labor** (*amer*) *ni/c* (sovint *pl*) [més formal que **work**. Es sol utilitzar ref. a treball per compte d'altri] treball *The job doesn't involve any manual labour.* La feina no comporta cap treball manual. *Thanks to our labours, the project was a success.* Gràcies a la nostra feina, el projecte va tenir èxit.

labour (*brit*), **labor** (*amer*) *vi* treballar, pencar *He's still labouring away in the same old job.* Encara treballa en el mateix lloc de sempre. *We laboured hard to make the project a success.* Vam esforçar-nos molt per tal de fer reeixir el projecte.

slave *vi* (sovint + **away**) [força informal. Treballar molt dur, sovint al servei dels altres] treballar com un negre, escarrassar-se *His wife was slaving (away) in the kitchen.* La seva dona s'escarrassava treballant a la cuina.

toil *vi* (sovint + **away**) [més formal o literari que **labour**. Treballar durament en ac que no agrada] treballar amb esforç *We could see peasants toiling (away) in the fields.* Podiem veure pagesos treballant fatigosament als camps.

toil *ni/c* (sovint *pl*) esforç, fatiga *a life of constant toil* una vida d'esforç constant

drudge *nc* [persona que fa una feina monòtona i ingrata] escarràs *I'm not going to be your drudge!* No seré el teu escarràs! **drudge** *vi* escarrassar-se

drudgery *ni* treball penós i ingrat *Many women live a life of drudgery.* Moltes dones menen una vida de treball penós i ingrat.

strain *ni/c* [efectes desagradables del treball dur o de l'esforç continuat en una persona] tensió, esforç, fatiga *I left the job because I couldn't stand the strain.* Vaig deixar la feina perquè no podia aguantar la tensió. *I've been **under** a great deal of **strain** recently.* Últimament he estat sota una gran tensió.

strain *vit* **1** [utilitzar al màxim les pròpies possibilitats] esgotar-se, treure el fetge per la boca, forçar (+INFINITIU) *They were straining (their eyes) to see.* Forçaven la vista per tal de veure-hi. *The weightlifter was straining every muscle.* L'aixecador de pesos forçava al màxim tots els seus músculs. **2** [danyar per esforç excessiu. Obj: p. ex. els ulls, músculs] desllorigar, forçar *I can't walk today because I strained my leg muscles in the marathon.* Avui no puc caminar perquè em vaig castigar els músculs de les cames a la marató. **3** [portar al límit] *Her silly behaviour has been straining our patience.* El seu comportament estúpid ha acabat per esgotar la nostra paciència. *vegeu també **256 Tension**

exert oneself *vi* [fer un esforç gran o excessiu] esforçar-se, treballar massa *The doctor warned me not to exert myself.* El metge em va recomanar que no treballés massa.

exertion *ni/c* esforç físic *the effects of physical exertion* els efectes d'un excés d'esforç físic *In spite of our exertions, the work was not completed on time.* Malgrat els nostres esforços, no es va poder acabar la feina a temps.

frases fetes

elbow grease *ni* [informal, força jocós. Esforç físic, p. ex. en netejar ac] posar-hi el coll, suc de braó *Put a bit of elbow grease into it!* Posa-hi una mica de suc de braó!

slave away (at sth) [informal. Treballar molt dur] escarrassar-se (a fer ac) *I've been slaving away at this report for hours.* Fa hores que m'estic escarrassant a fer aquest informe.

work one's fingers to the bone [força informal. Treballar dur i ser poc recompensat. Sovint util. com a queixa] deixar-hi la pell *I've worked my fingers to the bone for you, and all for nothing!* Hi he deixat la pell per tu, i tot per no res!

274.2 Treball eficaç

efficient *adj* [que fa un ús bo i econòmic dels recursos, temps, etc.] eficient *Modern, more efficient machinery would produce the goods more cheaply.* Unes màquines modernes i més eficients fabricarien els productes més barats. **efficiently** *adv* eficientment **efficiency** *ni* eficàcia, rendiment

effective *adj* [descriu: p. ex. mètode, tractament] eficaç *Which washing powder do you find most effective?* Quin detergent trobes més eficaç? **effectively** *adv* eficaçment **effectiveness** *ni* eficàcia

utilització

Comparem **effective** i **efficient**. En el cas de **effective** l'èmfasi és en el resultat obtingut, p. ex. *The new drug was found to be effective in the treatment of diabetes.* (El nou medicament ha resultat eficaç en el tractament de la diabetis.) En el cas de **efficient**, l'èmfasi és en el procés mitjançant el qual s'obtenen uns resultats, p. ex. *More efficient working methods have ensured a rise in productivity.* (L'augment de la productivitat ha estat possible gràcies a uns mètodes de treball més eficients.)

cooperate *vi* (sovint + **with**) cooperar, col·laborar *The arrested man was willing to cooperate with the police.* L'home arrestat estava disposat a col·laborar amb la policia. (+ **to** + INFINITIU) *Countries should cooperate to* *solve environmental problems.* Els països haurien de col·laborar per tal de solucionar els problemes mediambientals.

cooperation *ni* cooperació, col·laboració *Thank you for your cooperation.* Gràcies per la vostra col·laboració. (+ **between**) *There has been a great deal of cooperation between the police and the public.* Hi ha hagut molta col·laboració entre la policia i els ciutadans. *These problems can be solved by industry* **in cooperation with** *the government.* Aquests problemes els pot resoldre la indústria en col·laboració amb el govern.

frase feta

pull one's weight [fer la part de la feina que correspon a cadascú] posar-hi (cadascú) la seva part d'esforç *She complained that some of her colleagues weren't pulling their weight.* Es queixava que algunes de les seves col·legues no hi contribuïen amb el seu esforç.

274.3 Treballs

job *nc* feina *Painting the ceiling will be a difficult job.* Pintar el sostre serà una feina difícil. *vegeu també **271 Employment**

task *nc* [més formal que **job**] tasca, comesa *The robot can carry out a variety of tasks.* El robot pot dur a terme determinades tasques. *The government's main task will be to reduce unemployment.* La principal tasca del govern serà reduir l'atur.

chore *nc* **1** [feina de la casa, p. ex. rentar, treure la pols] feina de la casa *Cleaning the bathroom is my least favourite chore.* Netejar la cambra de bany és la feina de la casa que m'agrada menys. **2** (cap *pl*) [força informal. Activitat avorrida i desagradable però necessària] rutina *Writing Christmas cards is such a chore.* Escriure felicitacions de Nadal és una llauna.

errand *nc* [implica un desplaçament curt, p. ex. per comprar ac] encàrrec *Will you* **run an errand** *for me?* M'aniràs a portar un encàrrec?

assignment *nc* **1** [que es dóna a algú com a part de la seva feina. Sovint de caire especial o estimulant] missió, tasca *Infiltrating the gang was the most dangerous assignment I've ever had.* Infiltrar-me en el grup va ser la missió més perillosa que he tingut mai. **2** (*esp. amer*) [deures escolars] deures *The teacher hasn't given us an assignment this week.* Aquesta setmana el professor no ens ha posat deures.

mission *nc* [ref. a soldats, espies, etc., o a nau espacial] missió *Your mission is to capture the enemy commander.* La vostra missió és capturar el comandant enemic. *the Apollo missions* les missions de l'Apol·lo

274.4 Deures i obligacions

duty *nc/i* deure, obligació *to do one's duty* fer el seu deure *Your duties include answering the telephone.* Entre les teves obligacions hi ha la de contestar el telèfon. *It is my duty to inform you of your rights.* És el meu deure informar-te dels teus drets. *Are those police officers **off/on duty**?* Aquells agents de policia estan fora de servei/de servei?

obliged (*esp. brit*), **obligated** (*amer*) *adj* (habit. + **to** + INFINITIU) [formal. Forçat a fer ac, per les circumstàncies, per obligació, consciència, etc.] obligat *I'm obliged to arrest you.* Em veig obligat a arrestar-lo. *I felt obliged to give him his money back.* Em sentia obligat a retornar-li els diners.

obligation *nc/i* obligació *We have a moral obligation to help the poor.* Tenim l'obligació moral d'ajudar els pobres. *I'm **under an obligation** not to reveal that information.* Tinc l'obligació de no revelar aquesta informació.

responsible *adj* **1** (darrere *v*; habit. + **for**) [al càrrec] responsable *The same manager is responsible for two different departments.* El mateix gerent és responsable de dos departaments diferents. **2** (darrere *v*; sovint + **for, to**) [responsable] *The team leader is responsible for the climbers' safety.* El cap del grup és el responsable de la seguretat dels escaladors. *The government is responsible to Parliament.* El govern és responsable davant del Parlament. *If there's an accident, I'll **hold you** personally **responsible**.* Si hi ha un accident, te'n faré responsable a tu personalment. **3** [assenyat, de fiar] responsable *The children should be looked after by a responsible person.* La mainada hauria d'estar al càrrec d'una persona responsable.

responsibility *n* **1** *nc/i* [tasca, obligació] responsabilitat *It's a big responsibility looking after 30 children.* Cuidar 30 nens és una gran responsabilitat. *Your responsibilities include dealing with the public.* Les teves tasques inclouen tractar amb el públic. **2** *ni* [qualitat de ser assenyat i de fiar] responsabilitat *vegeu també **291 Cause**

role *nc* (sovint + **in**) [funció o importància determinada] paper *Your role will be to supervise the operation.* El teu paper serà supervisar l'operació. (+ **as**) *The magazine is not fulfilling its role as a forum for new ideas.* La revista no està complint el seu paper com a fòrum per a les noves idees.

274.5 Gent al servei dels altres

servant *nc* criat -ada *The Duke has a lot of servants.* El duc té molts criats. *the servants' quarters* els habitatges dels criats

maid *nc* minyona, criada

slave *nc* esclau -ava (davant de *n*) *the slave trade* el comerç d'esclaus

slavery *ni* esclavitud *the abolition of slavery* l'abolició de l'esclavitud

275 Busy Ocupat

busy *adj* **1** [que té molt a fer] atrafegat, enfeinat *a busy housewife* una mestressa de casa atrafegada *The new boss certainly keeps us busy!* El nou gerent ens té realment enfeinats! *I've had a busy day.* He tingut un dia molt atrafegat. **2** (habit. darrere *v*) [fent una feina determinada] ocupat *I can't see you now, I'm busy.* No ens podem veure ara, estic ocupada. (+ **with**) *He was busy with a client.* Estava ocupat atenent un client.

GRUPS DE PARAULES

(+ -ing) *She was busy cleaning the car.* Estava ocupada rentant el cotxe. **3** [descriu: p. ex. lloc, botiga, carretera] ocupat, ple *a very busy station* una estació molt concorreguda **busily** *adv* activament

occupied *adj* (habit. darrere *v*) **1** [concentrat, treballant en ac] ocupat *All the staff are fully occupied.* Tot el personal està completament ocupat. *It's difficult to keep the children occupied for such a long period.* És difícil mantenir la mainada ocupada durant tant de temps. **2** [descriu: p. ex. casa, habitació d'hotel] ocupat *All the seats were occupied.* Tots els seients estaven ocupats.

---

utilització

Quan ens referim al fet que una casa, un seient, una habitació d'hotel, etc. és utilitzada o ocupada per una altra persona, el mot usual és **occupied** o **taken**. S'utilitza **engaged** quan ens referim a lavabos públics i, en anglès britànic, a línies telefòniques. En anglès americà es fa servir **busy** per referir-se a les línies telefòniques.

---

occupy *vt* **1** ocupar *How are you going to occupy yourself/your mind/your time now you've retired?* En què ocuparàs el temps ara que t'has jubilat? **2** habitar, ocupar *The houses are occupied by immigrant families.* Les cases estan habitades per famílies d'immigrants. *The performers' friends occupied the first two rows of seats.* Els amics dels intèrprets ocupaven les dues primeres files.

overworked *adj* cansat, esgotat de treballar massa

overwork *ni* treball excessiu *illness caused by overwork* malaltia causada per haver treballat massa **overwork** *vi* cansar-se de treballar massa

workaholic *nc* [ref. a la persona que treballa en excés per culpa de la seva obsessió pel treball que li fa deixar de banda altres activitats i relacions socials] addicte -a al treball

---

frase feta

rushed off one's feet (*brit*) [tan atrafegat que no té temps de parar a descansar] anar de bòlit *I'm rushed off my feet all day in my new job.* En la meva nova feina vaig tot el dia de bòlit.

---

276 Try Provar

try *v* **1** *vi* (sovint + **to** + INFINITIU) provar, intentar *I tried to lift the suitcase/to persuade her.* Vaig provar d'aixecar la maleta/de persuadir-la. *You should try harder.* Ho hauries d'intentar amb més fermesa. *Try and get here on time.* Intenta d'arribar a temps. **2** [obj: nou mètode, producte, etc] provar *Have you tried this new washing powder?* Has provat aquest nou detergent? (+ -ing) *Try turning the key the other way.* Prova de girar la clau cap a l'altre cantó.

---

utilització

Comparem les construccions **try** + **to** i **try** + -ing dels exemples següents: *Jill tried to take the tablets but they were too big to swallow.* (La Jill va intentar prendre's les pastilles, però eren massa grosses per engolir-les.) *Jill tried taking the tablets but she still felt sick.* (La Jill va fer l'esforç de prendre les pastilles però va continuar trobant-se malament.) En el primer exemple, Jill no es va prendre les pastilles perquè eren massa grosses. En el segon exemple Jill es va prendre les pastilles però no la van guarir. Per tant, fem servir **try** + **to** per referir-nos a un intent no reeixit, o només reeixit en part; mentre que fem servir **try** + -ing quan es duu a terme l'acció empresa.

---

try *nc* intent *'I can't open this jar.' 'Let me have a try.'* 'No puc obrir el pot.' 'Deixa-m'ho provar a mi.' *The car probably won't start, but it's worth a try.* El cotxe probablement no arrencarà, però paga la pena provar-ho.

attempt *vt* (sovint + **to** + INFINITIU) [més formal que **try**] intentar, provar *The prisoner attempted to escape.* El presoner va intentar d'escapar-se. *She is attempting a solo crossing of the Atlantic.* Intenta creuar l'Atlàntic en solitari. *an attempted assassination* un assassinat frustrat

attempt *nc* intent, conat, temptativa *He passed his driving test at the first attempt.* Va aprovar l'examen de conduir a la primera. *The guard made no attempt to arrest us.* El guàrdia no va fer cap intent d'arrestar-nos. *The President has offered peace talks* ***in an attempt to*** *end the war.* El President ha ofert converses de pau en un intent d'aturar la guerra.

bother *vit* (sovint + **to** + INFINITIU + -ing) [preocupar-se, fer un esforç. Habit. negatiu] molestar(-se), preocupar-se *We don't usually bother to lock/locking the door.* Normalment no ens molestem a tancar la porta amb clau. (sovint + **about**, **with**) *Fill this form in, but don't bother about/with the others.* Ompliu aquest formulari, però no us preocupeu dels altres. *I* ***couldn't be bothered*** *writing a letter.* No tenia humor per escriure una carta.

bother *ni* molèstia, murga, llauna *I never write letters; it's too much bother.* No escric mai cartes, és una murga. *vegeu també **244 Problem**

practise (*brit*), **practice** (*amer*) *vti* [per millorar una habilitat, etc.] practicar *an opportunity to practise my French* una oportunitat per practicar el francès (+ -ing) *You need to practise reversing around corners.* Cal que practiquis la marxa enrera a les cantonades.

practice *ni* pràctica, hàbit *She goes to choir practice after school.* En sortir de l'escola va a practicar cant coral. *I used to play tennis, but I'm* ***out of practice***. Abans jugava a tennis, però ara estic desentrenada.

effort *n* **1** *nc/i* [físic o mental] esforç *In spite of all our efforts, the project was a failure.* Malgrat tots els

GRUPS DE PARAULES

nostres esforços, el projecte va ser un fracàs. (+ **to** + INFINITIU) *It took/was quite an effort to lift that suitcase.* Ens va costar un gran esforç aixecar aquella maleta. *We made a huge effort to persuade her to stay.* Vam fer un gran esforç per convèncer-la que es quedés. **2** *nc* [resultat d'un intent] esforç *This essay is a really good effort.* Realment t'has esforçat molt en aquesta redacció.

endeavour (*brit*), **endeavor** (*amer*) *vi* (habit. + **to** + INFINITIU) [formal] esforçar-se, escarrassar-se *We endeavour to give our customers the best possible service.* Ens esforcem per tal de donar als nostres clients el millor servei possible.

endeavour (*brit*), **endeavor** (*amer*) *ni/c* esforç, afany *The project failed in spite of our best endeavours.* El projecte va fracassar malgrat tots els nostres esforços.

struggle *vi* (sovint + **to** + INFINITIU) **1** [implica dificultat i perseverança] lluitar, maldar *I was struggling to put up the sail.* Lluitava per hissar la vela. (+ **against**) *We were struggling against a powerful enemy.* Lluitàvem contra un enemic poderós. (+ **for**) *workers who are struggling for their rights* treballadors que lluiten pels seus drets *I struggled up the hill with my heavy suitcase.* Pujava amb dificultat muntanya amunt amb la pesada maleta. **2** [implica probable fracàs] lluitar, debatre's *The famine victims are struggling to survive.* Les víctimes de la fam lluiten per sobreviure. *a struggling football team* un equip de futbol amb dificultats

campaign *nc* [sèrie d'accions organitzades en política, negocis, etc.] campanya *an election/advertising campaign* una campanya electoral/publicitària (+ **against**, + **to** + INFINITIU) *They launched a campaign against smoking.* Van posar en marxa una campanya contra el tabaquisme. (+ **for**) *the campaign for prisoners' rights* la campanya a favor dels drets dels presos

campaign *vi* fer campanya, lluitar *They are campaigning for peace.* Fan campanya per la pau.

campaigner *nc* partidari -ària

276.1 Provar alguna cosa nova

try out sth o **try** sth **out** *vt* provar ac *Would you like to try out the camera before you buy it?* Vol provar la càmera fotogràfica abans de comprar-la? *The children learn by trying out different methods.* La canalla aprèn provant mètodes diferents.

try sth **on** o **try on** sth *vt* [obj: roba, sabates] emprovar *I never buy shoes without trying them on first.* Mai no compro sabates sense emprovar-me-les abans.

trial *nc* [procés de proves d'un nou producte, etc.] assaig, prova *Drugs have to undergo trials before they can be sold.* Els medicaments s'han de sotmetre a proves abans que es puguin posar a la venda. *We offer customers a free ten-day trial of our new computer.* Oferim als nostres clients un període gratuït de prova de deu dies del nostre nou ordinador. (davant de *n*) *Cars are being banned from the city centre for a trial period.* Durant un període de prova es prohibeix la circulació de cotxes pel centre de la ciutat.

trial *vt*, **-ll-** (*brit*) **-l-** (*amer*) fer proves, fer un assaig *We're trialling the new drug in several hospitals.* Actualment estem provant el fàrmac nou a diversos hospitals.

trial run *nc* [prova per veure el funcionament d'una màquina, etc. abans de fer-ne un ús comercial, etc.] prova de funcionament *I gave our new burglar alarm a trial run.* Vaig fer funcionar la nostra nova alarma antirobatori per provar-la.

test *vt* (sovint + **out**) [examinar la condició, qualitat, etc. d'ac] examinar, posar a prova *They tested the weapons in the desert.* Van posar a prova les armes al desert. *I'm going to test out her recipe for cheesecake.* Provaré la seva recepta de pastís de formatge.

test *nc* prova, examen *nuclear weapons tests* proves d'armes nuclears (davant de *n*) *test drive* [habit. per part d'un client potencial] prova d'un cotxe

experiment *nc* experiment *to do/carry out/perform an experiment* fer/dur a terme/realitzar un experiment (+ **on**) *She thinks that experiments on live animals should be banned.* És de l'opinió que s'haurien de prohibir els experiments amb animals vius.

experiment *vi* experimentar (+ **on**) *Should scientists be allowed to experiment on live animals?* S'ha de permetre que els científics experimentin amb animals vius? (+ **with**) *Many young people experiment with drugs.* Molts joves proven les drogues.

experimental *adj* experimental *an experimental new drug* un nou medicament experimental

---

utilització

Cal no confondre **experiment** (experiment) amb **experience** (experiència). *vegeu també **110 Know**

---

frases fetes

have a bash (*brit*)/**stab/go at** sth [informal. Intentar ac, tot i que hom pot no reeixir o no fer-ho gaire bé] intentar-ho *The exam was too difficult for me, but I had a stab at the first question.* L'examen va ser massa difícil per a mi, però vaig intentar la primera pregunta.

bend over backwards [lit.: doblegar-se cap enrera. Fer grans esforços en benefici d'un altre, fins i tot acceptant grans inconvenients] fer l'impossible *I've bent over backwards to help you.* He fet l'impossible per ajudar-te.

move heaven and earth (*esp. brit*) [utilitzar tot el poder i influència p. ex. per ajudar algú, per impedir ac] remoure cel i terra *She moved heaven and earth to get me out of prison.* Va remoure cel i terra per treure'm de la presó.

put sth **to the test** posar ac a prova *The soldiers' new boots were put to the test during the long march.* La marxa va servir per posar a prova el nou model de botes per als soldats.

277 Help Ajudar

help vti (sovint (+ **to**) + INFINITIU) ajudar *I helped him (to) unpack.* El vaig ajudar a desfer la maleta. (+ **with**) *Will you help me with my homework?* M'ajudaràs a fer els deures? *Can I help you?* Et puc ajudar? *charities which help the poor* institucions benèfiques que ajuden els pobres *Kicking the door won't help.* Donar puntades a la porta no et servirà de res.
help ni/c (cap pl) ajut, ajuda *Let me know if you need any help.* Si necessites ajuda digues-m'ho. *I added up the figures with the help of a calculator.* Vaig fer la suma amb l'ajut d'una calculadora. *Is this map (of) any help?* Serveix aquest mapa? **Help!** interj Auxili!, Socors!
helper nc ajudant -a, col·laborador -a *The children were willing helpers.* La canalla eren ajudants ben disposats.
helpful adj [descriu: p. ex. persona, suggeriment, informació] servicial, útil *It was very helpful of you to do the shopping for me.* Em vas ajudar molt anant a comprar per mi. **helpfully** adv amablement
help (sb) **out** o **help out** (sb) vti [en un moment de necessitat] ajudar (algú) a sortir-se'n *My friends helped (me) out when I was short of money.* Els meus amics em van ajudar a sortir-me'n quan anava curt de diners. *She sometimes helps out in the shop.* Sovint dóna un cop de mà a la botiga.
assist vt [més formal que **help**] ajudar *The mechanic has an apprentice to assist him.* El mecànic té un aprenent que l'ajuda. (+ **in**) *We were assisted in the search by a team of volunteers.* Un equip de voluntaris ens va donar un cop de mà amb la recerca. (+ **with**) *He is assisting the police with their enquiries.* Està ajudant la policia en les seves indagacions.
assistance ni auxili, ajut *Are you in need of assistance?* Necessites ajut? *She was being mugged, but nobody came to her assistance.* L'estaven atracant, però ningú no va donar-li auxili. *financial assistance* ajut econòmic
assistant nc [no formal] ajudant -a, auxiliar, sots- *the manager's personal assistant* el secretari personal del director *a conjuror's assistant* un ajudant del prestidigitador (davant de n) *assistant manager/editor* sots-director/editor *vegeu també **273 Shops**
aid n 1 ni [formal. Ajut esp. a algú en dificultats] ajuda, auxili *first aid* primers auxilis *The lifeboat brings aid to ships in distress.* La llanxa de socors duu auxili als vaixells en dificultat. *He ran to her aid.* Va córrer a ajudar-la. *She reads with the aid of a magnifying glass.* Llegeix amb l'ajut d'una lupa. *a collection **in aid of** the local hospital* una col·lecta a benefici de l'hospital local 2 ni [diners, aliments, etc. donats a d'altres països] ajut *Britain sends millions of pounds' worth of aid to the Third World.* La Gran Bretanya envia al Tercer Món ajut per valor de milions de lliures. *food aid* ajuda alimentària 3 nc [objecte que ajuda algú a fer ac] recurs *teaching aid* recurs educatiu *hearing aid* audífon
aid vt [més aviat formal] 1 [obj: persona, esp. algú en dificultats] ajudar, socórrer *The police, aided by a private detective, managed to solve the crime.* La policia, amb l'ajut d'un detectiu privat, va aconseguir resoldre el delicte. 2 [obj: procés] ajudar *a drug that aids digestion* una medicina que ajuda a fer la digestió
oblige vti [formal. S'utilitza per demanar amb educació a una persona si està disposada a ajudar o cooperar] fer un favor a, complaure *I need 50 cardboard boxes by tomorrow. Can you oblige?* Necessito 50 caixes de cartó per demà. Em pots fer aquest favor? *I'd be obliged if you wouldn't smoke.* [pot sonar força autoritari] Li agrairia que no fumés. *(I'm) much obliged (to you).* (Li estic) molt agraïda.
obliging adj atent, servicial *She's a very obliging person.* És una persona molt atenta. **obligingly** adv atentament
hand nc (cap pl) [informal. Acció d'ajudar] cop de mà (+ **with**) *Do you want/need a hand with the washing-up?* Vols/necessites un cop de mà per rentar els plats? **to give sb/to lend a hand** ajudar algú amb la feina, donar un cop de mà a algú

277.1 Avantatge

benefit nc/i avantatge, benefici, profit *the benefits of a healthy diet* els avantatges d'una dieta saludable *This discovery was **of** great **benefit to** mankind.* Aquest descobriment va ser molt beneficiós per a la humanitat. *He explained the problem in simple terms **for the benefit of** his audience.* Va explicar el problema en termes senzills en benefici del públic.
benefit v 1 vt [lleug. formal] beneficiar *The new shopping centre will benefit the whole community.* El nou centre comercial beneficiarà tota la comunitat. 2 vi (sovint + **from**) beneficiar-se de *Criminals should not be allowed to benefit from their crimes.* No s'hauria de permetre que els delinqüents es beneficiessin dels seus delictes.
beneficial adj (sovint + **to**) [més aviat formal. Descriu: p. ex. substància, efecte] saludable, beneficiós *Vitamins are beneficial to our health.* Les vitamines són beneficioses per a la nostra salut.
advantage nc/i [que posa algú en millor situació que un altre] avantatge *A university education gives one certain advantages in life.* Una carrera universitària proporciona uns certs avantatges a la vida. (+ **over**) *She has an important advantage over her rivals, namely her experience.* Té un avantatge important sobre les seves rivals: la seva experiència. (+ **of**) *The advantage of this machine is that it's easy to operate.* L'avantatge d'aquesta màquina és que és fàcil de fer funcionar. *You have the advantage of speaking the language.* Tens l'avantatge de parlar la llengua. *It would be **to your advantage** to get there early.* Li convindria arribar-hi d'hora. *The use of drugs **puts** certain runners **at an unfair advantage**.* L'ús de drogues dóna avantatges extrasportius a determinats corredors.
advantageous adj [formal] avantatjós *Her experience puts her in an advantageous position over her rivals.* La seva experiència li dóna avantatge sobre les seves rivals. (+ **to**) *These tax changes will be advantageous to larger companies.* Aquests canvis fiscals seran beneficiosos per a les empreses més grans.

278 Eager Frisós

vegeu també **72 Want**; **328 Ready**; contrari **285 Unwilling**

eager adj (sovint + **to** + INFINITIU) [implica un grau d'excitació o impaciència respecte a ac que es vol fer] frisós, ansiós, desitjós *I'm eager to meet her.* Estic desitjós de conèixer-la. (+ **for**) *He was eager for his share of the money.* Frisava per la seva part dels diners. *the eager expression on the child's face* l'expressió de frisança en la cara de l'infant **eagerly** adv àvidament
eagerness ni ànsia, desig, il·lusió

keen adj (sovint + **to** + INFINITIU + **on**) [que té una forta tendència] entusiasta *I'm keen to get this job finished today.* Tinc moltes ganes d'acabar aquesta feina avui. *He's very keen on science fiction.* És un entusiasta de la ciència-ficció. *I'm not keen on chicken.* No m'agrada gaire el pollastre. *He's a keen fisherman.* És un pescador empedreït. **keenly** adv amb entusiasme **keenness** ni entusiasme, interès, afició

enthusiasm ni/c entusiasme *Her ideas filled me with enthusiasm.* Les seves idees em van omplir d'entusiasme. (+ **for**) *Her enthusiasm for the job makes her an excellent employee.* El seu entusiasme per la feina la fa una empleada excel·lent.
enthusiast nc entusiasta *aeroplane/tennis enthusiasts* entusiastes dels avions/del tennis
enthusiastic adj entusiàstic, entusiasta, entusiasmat *enthusiastic applause* aplaudiments entusiàstics *She's an enthusiastic fan.* És una admiradora entusiasta. (+ **about**) *He's very enthusiastic about his new job.* Està entusiasmat per la seva nova feina.
enthusiastically adv amb entusiasme

enthuse v 1 vi (sovint + **about, over**) entusiasmar-se *He was enthusing over a wonderful restaurant he had been to.* Estava molt entusiasmat per un restaurant meravellós al qual havia anat a menjar. 2 vt (sovint + **with**) entusiasmar, engrescar, encomanar l'entusiasme propi *I tried to enthuse my colleagues with the new software.* Vaig mirar d'engrescar els companys de la feina amb els nous programes d'ordinador.

avid adj [descriu: p. ex. lector, col·leccionista, espectador de cinema] àvid, ansiós **avidly** adv àvidament

impatient adj [implica un grau d'enuig] impacient *Don't be so impatient!* No siguis tan impacient! (+ **to** + INFINITIU) *I was impatient to get the meeting over with.* Estava impacient perquè s'acabés la reunió. (+ **with**) *That teacher's very impatient with the children.* Aquest mestre és molt impacient amb la mainada. *an impatient reply* una resposta impacient **impatiently** adv impacientment **impatience** ni impaciència

positive adj [segur i optimista. Descriu: p. ex. actitud] positiu, optimista *Why don't you make some positive suggestions instead of just criticizing everybody?* Per què no fas alguns suggeriments positius en lloc de limitar-te a criticar tothom? (+ **about**) *She's very positive about the future.* És molt optimista respecte al futur. **positively** adv positivament

jump at sth vt [força informal. Acceptar amb entusiasme. Obj: esp. oportunitat] agafar, atrapar *Most people would jump at the chance of taking part in the Olympics.* La majoria de la gent s'apuntaria de seguida a participar en uns Jocs Olímpics.

frases fetes

be dying to do sth/for sth [informal. Voler molt ac] morir-se de ganes de *She's dying to meet you.* Es mor de ganes de coneixe't. *I was dying for a drink.* Em moria de set.
be raring to go [informal. Esperar amb frisança per arrancar] frisar per començar *The runners were ready and raring to go.* Els corredors estaven preparats i frisaven per sortir.

278.1 Fer alguna cosa per voluntat pròpia

willing adj (sovint + **to** + INFINITIU) desitjós, disposat *I'm willing to forgive you.* Estic disposada a perdonar-te. *She wasn't willing to lend us her car.* No volia deixar-nos el cotxe. *The children are willing helpers around the house.* La mainada ajuda de bon grat a la casa.
willingly adv de bon grat
willingness ni/c (cap pl) ganes, consentiment *He showed little willingness to cooperate.* Mostrava poques ganes de col·laborar.

volunteer nc voluntari -ària *I need a volunteer to help me move the piano.* Necessito un voluntari que m'ajudi a canviar de lloc el piano.
volunteer v 1 vi (sovint + **to** + INFINITIU; + **for**) oferir-se *She volunteered to peel the potatoes.* Es va oferir a pelar les patates. *She volunteered for the night shift.* Es va oferir per treballar al torn de nit. 2 vt [obj: p. ex. informació, opinió, comentari] oferir *She volunteered several suggestions.* Va oferir alguns suggeriments.
voluntary adj 1 voluntari *After-school activities are purely voluntary.* Les activitats extraescolars són totalment voluntàries. 2 (davant de n) [ref. a societat benèfica o treball no remunerat. Descriu: p. ex. servei, treballador, organització] voluntari *She does voluntary work in her spare time.* Treballa de voluntària en el seu temps lliure. **voluntarily** adv voluntàriament

initiative n 1 ni [qualitat personal] iniciativa *He solved the problem by using his initiative.* Va resoldre el problema fent servir la seva iniciativa. 2 nc (sovint + **to** + INFINITIU) [pla concret] iniciativa *a government initiative to reduce unemployment* una iniciativa governamental per reduir l'atur *The secretary reorganized the filing system on her own initiative.* La secretària va reorganitzar el sistema d'arxius per iniciativa pròpia. *Men are often expected to take the initiative in romance.* En les aventures sentimentals, sovint s'espera dels homes que duguin la iniciativa.

frase feta

do sth off one's own bat (brit) [informal] fer ac per iniciativa pròpia *Did you write the letter off your own bat?* Se't va acudir a tu sol escriure la carta?

279 Encourage Encoratjar

encourage vt (sovint + **to** + INFINITIU) encoratjar, estimular *I encouraged him to continue his studies.* El vaig encoratjar a continuar els estudis. *These tax cuts will encourage enterprise.* Aquestes reduccions fiscals estimularan les empreses. *We don't want to encourage complacency.* No volem fomentar una sensació d'autosatisfacció.

encouragement ni/c estímul, encoratjament *The weaker students need a lot of encouragement.* Els estudiants més fluixos necessiten molt d'estímul. (+ **to**) *Her example will act as an encouragement to others.* El seu exemple servirà d'estímul per als altres.

encouraging adj [descriu: p.ex. senyal, resultat, millora] esperançador **encouragingly** adv

urge vt (habit. + **to** + INFINITIU) [més aviat formal. Fer un prec molt fort] instar *She urged me to leave before it was too late.* Em va instar a marxar abans que fos massa tard. *The speaker urged an immediate change of policy.* L'orador va instar a un immediat canvi de política.

induce vt (habit. + **to** + INFINITIU) [més aviat formal. Fer fer, o persuadir algú a fer, ac que altrament no hauria fet] induir *Competition induces firms to improve their products.* La competència indueix les empreses a millorar els productes. (+ **in**) *We're trying to induce a sense of responsibility in young people.* Estem intentant d'inculcar un sentit de responsabilitat en el jovent.

inducement ni/c incentiu, al·licient *The children need no inducement to learn.* La mainada no necessita cap incentiu per aprendre. *He was offered financial inducements to resign.* Li van oferir incentius econòmics perquè dimitís.

motivate vt [fer que algú vulgui actuar, treballar, reeixir, etc.] motivar (+ **to** + INFINITIU) *The teachers find it difficult to motivate the children (to learn).* Els mestres troben que costa motivar els alumnes (a aprendre). *This crime was motivated by greed.* Aquest delicte va ser motivat per la cobdícia.

motivation ni motivació *The children lack motivation.* A la canalla li falta motivació.

spur vt, -rr- (sovint + **to** + INFINITIU, **on**) [fer que algú se senti fortament inclinat a actuar] esperonar *His anger spurred him to write to the newspaper.* La seva ràbia el va esperonar a escriure al periòdic. *The captain was spurring his team-mates on (to victory).* El capità esperonava els seus companys d'equip (a la victòria).

inspire vt [omplir algú de sentiments nobles, artístics, etc.] inspirar, estimular, infondre (+ **with**) *The King inspired his troops with patriotic feelings.* El rei va infondre sentiments patriòtics a les seves tropes. (+ **to**) *The captain inspired the team to victory.* El capità va infondre moral de victòria al seu equip. *I'm not feeling very inspired today.* Avui no em sento gaire inspirat. **inspiring** adj inspirador

inspiration ni/c inspiració *The poet was looking out of the window waiting for inspiration.* El poeta mirava per la finestra tot esperant la inspiració. (+ **to**) *a teacher who was an inspiration to her students* una mestra que era un motiu d'inspiració per a les seves alumnes

incentive nc (sovint + **to** + INFINITIU) [propòsit o possible recompensa que actua com a estímul] incentiu *Since they're not taking exams, they don't have any incentive to study.* Com que no fan exàmens, no tenen cap incentiu per estudiar.

impetus ni/c (cap pl) [energia que manté un procés en acció] ímpetu *These successes have given new impetus to the campaign.* Aquests bons resultats han donat un nou ímpetu a la campanya.

279.1 Maneres indesitjables d'encoratjament

incite vt (sovint + **to** + INFINITIU) [encoratjar algú a cometre un delicte, fer ac mal feta, etc.] incitar, instigar (+ **to**) *They incite younger children to acts of vandalism.* Inciten els més petits a cometre actes de vandalisme.

incitement ni/c incitació, instigació *His speech amounts to (an) incitement to murder.* El seu discurs equival a una incitació a l'assassinat.

provoke vt provocar *She was trying to provoke me.* Tractava de provocar-me. (+ **into**) *Her comment provoked him into (making) an angry reply.* El seu comentari va provocar (que donés) una resposta irada. *There is no evidence to suggest that the riot was deliberately provoked.* No hi ha cap indici que ens faci pensar que l'aldarull va ser provocat deliberadament.

provocation ni provocació *She attacked him without provocation.* El va atacar sense que hi hagués cap provocació.

provocative adj [descriu: p. ex. acció, comentari] provocatiu

goad vt (sovint + **into**) [provocar algú amb insults, desafiant-lo a fer ac] incitar *She goaded him into jumping from the bridge.* El va burxar fins que va saltar del pont. (+ **on**) *They were goading him on as he committed the crime.* L'estaven incitant quan va cometre el delicte.

egg sb **on** o **egg on** sb vt [força informal. Implica incitació constant, sovint a fer ac violenta o desagradable] atiar algú *Two boys were fighting and the others were egging them on.* Dos nois s'estaven barallant i els altres els atiaven.

nag vit, -gg- [força informal, pej.] empipar, rondinar *Stop nagging and make my dinner!* Para de rondinar i fes-me el dinar! (+ **to** + INFINITIU) *She's always nagging me to get my hair cut.* No para de rondinar perquè em talli els cabells.

pressurize (brit), TAMBÉ **-ise**, **pressure** (amer) vt (sovint + **into**) [utilitzar sistemes contundents de persuasió, de pressió emocional, etc.] coaccionar, pressionar (+ **into**) *I don't want to be pressurized into making the wrong decision.* No vull sentir-me coaccionat a prendre una decisió equivocada.

279.2 Recolzar

support *vt* **1** [obj: p. ex. persona, política, pla] recolzar, donar suport a *The public supported the government's decision to go to war.* L' opinió pública donava suport a la decisió del govern d'entrar en guerra. **2** [obj: equip] ser un seguidor de *She supports Manchester United.* És una seguidora del Manchester United.
*vegeu també **337 Carry**

support *ni* suport, ajuda *She didn't get much support from her colleagues.* Els seus col·legues no la van ajudar gaire. *a speech **in support of** the government* un discurs a favor del govern

supporter *nc* **1** seguidor -a, simpatitzant *Labour Party supporters* simpatitzants del Partit Laborista **2** aficionat -da, fan, seguidor -a *football/England supporters* fans de futbol/d'Anglaterra

back *vt* **1** [donar suport a una persona, política, etc., i no a una altra] recolzar, avalar *Which candidate will you be backing in the election?* Quin candidat recolzaràs a les eleccions? **2** [donar oficialment suport financer] avalar *They're hoping the bank/government will back the project.* Esperen que el banc/govern financi el projecte. **backing** *ni* garantia, aval **backer** *nc* promotor -a, avalador -a, financer -a

back sb/sth **up** o **back up** sb/sth *vt* [donar suport, confirmar] fer costat a, donar suport a *If you ask for a pay rise, I'll back you up.* Si demanes un augment salarial, jo et faré costat. *You need information to back up your argument/to back you up.* Necessites informació que doni suport al teu argument/que et doni suport.

endorse *vt* [habit. en contextos formals. Donar suport a. Obj: p. ex. afirmació, política, candidat] aprovar, subscriure *I fully endorse what you have said.* Subscric plenament el que heu dit. **endorsement** *ni/c* aprovació, suport

favour (*brit*), **favor** (*amer*) *vt* [implica opinió més que suport actiu] ser partidari de, anar a favor de, afavorir *She favours the reintroduction of the death penalty.* Està a favor del restabliment de la pena de mort. *the most favoured option among the possible wedding dates* l'opció amb més partidaris entre les possibles dates per al casament

favour (*brit*), **favor** (*amer*) *ni* favor, acceptació *His political ideas are **gaining/losing favour with** the public.* Les seves idees polítiques estan guanyant/perdent acceptació entre l'opinió pública. *She's **in favour of** the death penalty.* Està a favor de la pena de mort. *to say sth **in sb's favour*** dir ac a favor d'algú
*vegeu també **426 Like**

stand up for sb/sth *vt* [implica una actitud desafiant en defensa d'a/d'ac] defensar *You should stand up for yourself, instead of letting him insult you.* T'hauries de defensar i no permetre que t'insulti. *Women, stand up for your rights!* Dones, defenseu els vostres drets!

side with sb *vt* prendre partit per *She sided with the government on the arms debate.* Es va posar de part del govern en el debat sobre l'armament.

> *frase feta*
>
> **to be right behind sb** [donar suport a algú perquè hi esteu d'acord, esp. si està involucrat en alguna mena de confrontació] fer costat a algú *Don't worry, we're right behind you.* No t'amoïnis, nosaltres et fem costat.

280 Use Utilitzar

use *vt* **1** [fer funcionar ac] utilitzar, fer servir *This suitcase has never been used.* Aquesta maleta no s'ha utilitzat mai. *Do you know how to use a Geiger counter?* Saps fer servir un comptador Geiger? *What teaching methods do you use?* Quina metodologia d'ensenyament feu servir? *Use your eyes/common sense!* Fes servir la vista/el sentit comú! (+ **as**) *I use this room as a study.* Faig servir aquesta habitació d'estudi. (+ **for**, + **to** + INFINITIU) *This tool is used for measuring/to measure small distances.* Aquesta eina serveix per mesurar distàncies curtes. **2** [consumir] gastar, consumir *The washing machine uses a lot of electricity.* La rentadora consumeix molta electricitat. *What toothpaste do you use?* Quina pasta de dents gastes? **3** [beneficiar-se d'ac aparentment sense utilitat] aprofitar *Can we use this card for something?* Podem aprofitar aquesta targeta per a alguna cosa? **4** [pej. Obj: persona] explotar, utilitzar, manipular *She felt that she was being used by unscrupulous politicians.* Sentia que era utilitzada per polítics sense escrúpols.
user *nc* usuari -ària

use *n* **1** *nc/i* ús *This tool has a lot of different uses.* Aquesta eina té molts usos diferents. *the use of computers in education* l'ús dels ordinadors a l'ensenyament *She offered me the use of her car.* Em va oferir que fes servir el seu cotxe. *to **make use of** sth* fer servir ac *The map was **of no use to** me.* El mapa no em va servir de res. *The map was **of great use to** me.* El mapa em va servir de molt. *a job in which she can **put** her abilities **to good use*** una feina que li permeti fer servir les seves habilitats **2** *ni* utilitat *What's the use of worrying?* De què serveix preocupar-se? *It's no use; I can't open the door.* És inútil; no puc obrir la porta. *Its no use, crying won't bring her back.* No val la pena, plorar no la farà tornar.

used *adj* (habit. davant de *n*) usat *a used car* un cotxe usat *a litter bin for used tickets* una paperera per a bitllets usats

utilize, TAMBÉ **-ise** (*brit*) *vt* [més formal que **use**] utilitzar *Not all the teaching resources are being fully utilized.* No s'utilitzen al màxim tots els recursos educatius.
utilization *ni* utilització

utility *n* **1** *ni* [formal] utilitat *I have doubts as to the utility of these methods.* Tinc dubtes sobre la utilitat d'aquests mètodes. **2** *nc* [tècnic. Característica útil] prestació, funció *The computer program contains several important utilities.* El programa d'ordinador conté diverses funcions importants.

purpose nc [l'ús o el resultat que es desitjava] intenció, finalitat, objectiu *What is the purpose of this invention?* Quina és la finalitat d'aquest invent? *It doesn't matter if it isn't a perfect copy, as long as it serves the purpose.* Mentre serveixi, no cal que sigui una còpia perfecta. *vegeu també **107 Intend**

exploit vt 1 [aprofitar-se de, sovint de forma egoista o injusta] explotar *We must exploit all the possibilities opened up by new technology.* Hem d'aprofitar totes les possibilitats que ens ofereix la nova tecnologia. *She exploits her workforce.* Explota el seu personal. 2 [més aviat formal. Obj: p. ex. mina, recursos naturals] explotar *Most of the country's coal deposits have not yet been exploited.* La majoria dels dipòsits de carbó del país encara no han estat explotats. **exploitation** ni explotació

treat vt 1 (sempre + adv) [actuar d'una determinada manera envers a/ac] tractar *She's been badly treated by her employer.* Ha estat maltractada pel seu amo. *Computer disks should last forever if you treat them properly.* Els disquets (d'ordinador) han de durar per sempre si se'ls tracta adequadament. 2 (habit. + **as**, **like**) [considerar ac d'una determinada manera] tractar, considerar *The police are treating his death as murder.* La policia considera la seva mort un assassinat. *She treats this house like a hotel!* Considera aquesta casa com un hotel! 3 [subjecte a determinats processos químics o industrials] tractar *The metal has been specially treated to resist corrosion.* El metall ha estat tractat especialment perquè resisteixi la corrosió. *vegeu també **126 Cures**

treatment ni 1 tracte *Some employees complained of unfair treatment.* Alguns empleats es van queixar de tracte injust. 2 tractament *They were discussing the media's treatment of environmental issues.* Estaven discutint el tractament que donaven els mitjans de comunicació als temes mediambientals.

mistreat vt [esp. físicament] maltractar *The animals had been starved and mistreated.* Els animals havien passat gana i sofert maltractaments. **mistreatment** ni maltractament

recycle vt [obj: p. ex. paper, vidre, però *no* persones] reciclar *We recycle most of our household rubbish.* Reciclem la majoria de les deixalles domèstiques. *recycled paper* paper reciclat **recycling** ni reciclatge

281 Useful Útil

useful adj útil *Sleeping pills can be quite useful on long flights.* Les píndoles de dormir poden ser força útils en vols llargs. *Her intervention served no useful purpose.* La seva intervenció no va servir per a res. **usefully** adv útilment, amb profit **usefulness** ni utilitat

handy adj 1 [més informal que **useful**] pràctic *a handy little penknife* una navalleta molt pràctica *handy hints for travellers* consells pràctics per als viatgers *I'll keep this box; it might* **come in handy** *one day.* Guardaré aquesta capsa; algun dia pot fer servei. 2 (sovint + **for**) [informal. Proper, de fàcil accés] a mà, proper, avinent *The hotel is quite handy for the beach.* L'hotel és a la vora de la platja. *Keep the hammer handy in case we need it again.* Deixa el martell a mà, per si el tornem a necessitar.

convenient adj 1 (sovint + **for**) [adequat a les necessitats d'algú, de la situació. Descriu: p. ex. hora, lloc, situació] oportú, pràctic, còmode *I can't see you today; would tomorrow morning be convenient?* Avui no ens podem veure; t'aniria bé demà al matí? *The toilets aren't very convenient for disabled people.* Els lavabos no són còmodes per als minusvàlids. *Disposable nappies are much more convenient.* Els bolquers de cel·lulosa són molt més pràctics. 2 (sovint + **for**) [proper, de fàcil accés] ben situat *The hotel is very convenient for the beach.* L'hotel és molt avinent de la platja.

---

u t i l i t z a c i ó

Cal no confondre **convenient** amb **suitable** [adequat per a una situació o ocasió determinada] apropiat, adient, p. ex. *This dress isn't really suitable for a funeral.* (Aquest vestit no és apropiat per a un enterrament.) *vegeu també **420 Suitable**

---

conveniently adv còmodament, oportunament *The hotel is conveniently situated near the city centre.* L'hotel està ben situat, prop del centre de la ciutat.

convenience n 1 ni conveniència, avantatge *The lawyer checked with both parties as to the convenience of this arrangement.* L'advocat va consultar ambdues parts respecte a la conveniència d'aquest acord. *Please telephone us* **at your (earliest) convenience**. [formal] Sisplau, telefoneu tan aviat com pugueu. (davant de n) **convenience food** menjar preparat, menjar pre-cuinat 2 nc comoditat *a house with all modern conveniences* una casa amb totes les comoditats modernes *It's a great convenience living so near the shops.* Resulta molt pràctic viure tan a prop de les botigues.

valid adj 1 [descriu: p. ex. bitllet, passaport, contracte] vàlid, vigent *The half-price tickets are valid only after 9:30.* Els bitllets a meitat de preu són vàlids només a partir de les 9:30. 2 [descriu: p. ex. raó, argument] vàlid *He didn't have a valid excuse for being absent.* No tenia cap excusa vàlida per (justificar) la seva absència. **validity** ni validesa, vigència

practical adj pràctic *High-heeled shoes aren't very practical.* Les sabates de taló alt no són gaire pràctiques. *vegeu també **78 Possible**

nifty adj [informal. Sovint fa esment a objectes petits dissenyats amb molta traça] destre, enginyós *I've got a nifty little machine for making fresh pasta.* Tinc una eina molt pràctica per fer pasta fresca.

282 Useless Inútil

useless adj 1 inútil, inservible *The torch is useless without a battery.* La llanterna és inservible sense piles. *It's useless trying to persuade them.* És inútil intentar de persuadir-los. *useless information* informació inútil 2 (sovint + **at**) [informal. Que no serveix per fer ac determinada] inútil *I'm useless at swimming.* Com a nedador sóc un desastre. *I'm a useless swimmer.* Sóc una nedadora desastrosa.

inconvenient adj 1 incòmode, poc pràctic, inoportú *You've phoned me at an inconvenient moment.* M'has trucat en un moment inoportú. (+ **for**) *The toilets are inconvenient for disabled people.* Els lavabos són poc pràctics per als minusvàlids. 2 [no a l'abast] mal situat *The hotel is inconvenient for the city centre.* L'hotel és poc avinent del centre de la ciutat. **inconveniently** adv incòmodament, inoportunament

inconvenience ni/c molèstia, incomoditat *The road works are causing a great deal of inconvenience to motorists.* Les obres a la carretera estan causant moltes molèsties als automobilistes. **inconvenience** vt [formal] molestar, incomodar, empallegar

invalid adj 1 [descriu: p. ex. bitllet, passaport, contracte] invàlid, caducat 2 [descriu: p. ex. argument, raó] invàlid, nul

impractical adj gens pràctic **impracticality** ni impossibilitat, impracticabilitat *vegeu també **79** Impossible

pointless adj [sense sentit. Descriu: p. ex. comentari, feina, viatge] va, inútil *It would be pointless to punish him.* No tendria sentit castigar-lo. *This questionnaire is a pointless exercise.* Aquest qüestionari és un exercici sense sentit. **pointlessly** adv inútilment **pointlessness** ni fotesa, despropòsit, insensatesa

futile adj [implica més menyspreu que **pointless**. Que no té o probablement no tindrà cap resultat. Descriu: p. ex. intent, esforç] fútil, va, inútil *It's futile trying to teach these children anything.* És inútil intentar d'ensenyar res a aquesta canalla. **futility** ni futilitat

frases fetes

in vain en va *I tried in vain to persuade them.* Vaig intentar de persuadir-los en va.

a fat lot of good [informal. Del tot inútil] no servir de res, picar ferro fred *I complained to the police, and a fat lot of good it did me!* Em vaig queixar a la policia, i no em va servir de res!

283 Lazy Gandul

vegeu també **182** Sleep; **183** Rest and Relaxation

lazy adj gandul, mandrós, dropo *She's the laziest child in the class.* És la criatura més gandula de la classe. *We spent a lazy weekend at home.* Vam passar un cap de setmana de repòs a casa. **lazily** adv mandrosament **laziness** ni mandra, gandulería

laze vi (sovint + **around**, **about**) no fer res, passar l'estona *I enjoy lazing in the sunshine.* M'encanta mandrejar al sol.

idle adj 1 [menys freqüent, però sovint més pej. que **lazy**] mandrós, dropo, gandul *Go out and look for a job, you idle good-for-nothing!* Vés i busca una feina, dròpol, que no serveixes per a res! *the idle rich* els rics ociosos 2 (davant de n) [que no mostra serietat o intenció. Descriu: p. ex. comentari, amenaça, curiositat] frívol *There's no truth in what they're saying, it's just idle gossip.* No és veritat el que diuen, no és més que xafarderia frívola. **idleness** ni mandra

idle vi estar(-se) sense fer res, fer el mandra, dropejar *Stop idling and get on with your work.* Deixa de badar i posa't a fer la feina. **idler** nc gandul -a, dròpol -a

idle away sth vt [obj: temps] perdre/matar el temps *He idled away the final hours before her arrival.* Va matar el temps durant les últimes hores abans que arribés.

idly adv mandrosament, ociosament *She was idly leafing through a magazine.* Fullejava una revista per passar l'estona.

apathetic adj [pej. Que no mostra cap interès] apàtic, indiferent *I tried to get the students to put on a play, but they're so apathetic!* Vaig intentar que els alumnes representessin una obra, però són tan apàtics! (+ **about**) *Most people are fairly apathetic about politics.* La majoria de les persones són indiferents a la política. **apathetically** adv apàticament **apathy** ni apatia, indiferència

lethargic adj [p. ex. com a resultat d'una malaltia] letàrgic, ensopit *The drug makes me feel lethargic.* La medicina em fa sentir ensopida. *his lethargic movements* els seus moviments letàrgics **lethargically** adv letàrgicament **lethargy** ni letargia, ensopiment

283.1 Persona gandula

lazybones nc, pl **lazybones** [informal, sovint jocós] gandul -a, dròpol -a *My son's a real lazybones.* El meu fill és un autèntic dròpol. *Come on, lazybones, time to get up!* Apa, gandul, que és hora de llevar-se!

layabout nc (brit) [informal i pej. Pot implicar relació amb petits delictes] pòtol -a *those layabouts who hang around on street corners* aquells pòtols que vagabundegen pels carrers

good-for-nothing nc [informal i pej. Util. esp. per la gent gran] inútil, bo -na per a no res *Her husband is a drunkard and a good-for-nothing.* El seu marit és un embriac i no és bo per a res.

good-for-nothing adj (davant de n) inútil *that good-for-nothing son of mine* l'inútil del meu fill

284 Inaction Inacció

vegeu també **183 Rest and Relaxation; 404 Slow**

inactive adj inactiu *I don't intend to be inactive after I retire.* No penso estar sense fer res quan em jubili.

inactivity ni [període en el qual no es fa gran cosa] inactivitat *long periods of inactivity* llargs períodes d'inactivitat

inaction ni [manca d'acció en una determinada situació] inacció, passivitat *The President's inaction over this issue has been much criticized.* La passivitat del president en aquest assumpte ha estat molt criticada.

idle adj [que no poden funcionar a causa de les circumstàncies] parat, inactiu *Ships are lying idle in the harbour.* Els vaixells romanen parats al port.

passive adj [que sofreix ac sense oposar resistència] passiu *his passive acceptance of human suffering* la seva resignada acceptació del sofriment humà **passively** adv passivament **passivity** ni passivitat, inèrcia

passive smoker fumadora passiva

refrain vi (sempre + **from**) [més aviat formal. No fer ac que altrament hom hauria fet] estar-se, abstenir-se *She was obviously upset, so I refrained from any further criticism.* Era evident que estava trasbalsada; per tant em vaig estar de seguir amb la crítica.

abstain vi 1 (sempre + **from**) [més aviat formal. Privar-se de fer ac] abstenir-se *I abstained from making any comment.* Em vaig abstenir de fer qualsevol comentari. 2 (habit. + **from**) [no permetre's determinades activitats com ara el sexe, l'alcohol, etc.] abstenir-se, privar-se *I abstained from alcohol during Lent.* Vaig abstenir-me de prendre alcohol durant la Quaresma. 3 [no votar a favor ni en contra d'ac] abstenir-se *The Liberals are expected to abstain in the vote on the government's proposals.* S'espera que els liberals s'abstinguin en la votació de les propostes del govern. **abstinence** ni abstinència

abstention nc [en les votacions] abstenció

284.1 No avançar

stagnate vi [suggereix un descens lent i la necessitat d'una nova estimulació] estancar-se *I feel as if I'm stagnating in this job.* Tinc la sensació com si en aquesta feina m'estigués estancant. **stagnation** ni estancament

stagnant adj [descriu: esp. economia] inactiu, estancat

stalemate ni/c punt mort, taules *The conflict ended in (a) stalemate.* El conflicte va acabar en un punt mort.

deadlock ni/c [degut a un desacord irreconciliable] atzucac *The negotiations have reached (a) deadlock.* Les negociacions han arribat a un carreró sense sortida.

284.2 Que no es mou

still adj 1 immòbil, quiet *to stand/sit/lie still* estar dempeus/assegut/estirat immòbil *Hold the camera absolutely still.* Mantén la càmera totalment immòbil. 2 [sense vent] calmat, assossegat, tranquil *a warm, still evening* un vespre càlid i assossegat

steady adj [en posició controlada i equilibrada] estable, ferm *You don't look very steady on that ladder.* No sembles gaire segur dalt d'aquesta escala. *Hold the nail steady while I knock it in.* Aguanta ferm el clau mentre jo el clavo.

steady vt mantenir ferm, afermar *She tried to steady her trembling hand.* Tractava de mantenir ferma la tremolosa mà.

motionless adj [que no fa cap mena de moviment] immòbil *These lizards remain motionless for long periods.* Aquests llangardaixos romanen immòbils durant llargs períodes. **motionlessly** adv immòbil

immobile adj [sovint suggereix incapacitat de moure's] immòbil *He had injured his leg and was temporarily immobile.* S'havia ferit a la cama i estava temporalment immòbil.

immobility ni immobilitat *The drawback of these weapons is their immobility.* L'inconvenient d'aquestes armes és la seva immobilitat.

stationary adj [descriu: esp. vehicle] estacionari, immòbil *My car was stationary at the time of the accident.* El meu cotxe estava parat en el moment de l'accident.

paralyse (brit), **paralyze** (esp. amer) vt 1 [físicament] paralitzar *Since his accident he's been paralysed from the waist down.* Des de l'accident que està paralitzat de cintura cap avall. *She was paralysed by fear.* Estava paralitzada de por. 2 [que fa que deixi de funcionar, de ser eficaç. Obj: p. ex. govern, economia, trens] paralitzar *The country has been paralysed by a wave of strikes.* El país ha estat paralitzat per una onada de vagues.

paralysis ni 1 [malaltia] paràlisi 2 [abolició de la motricitat o qualsevol altra funció] paràlisi *The government is gripped by paralysis.* El govern està afectat per la paràlisi.

frases fetes

twiddle one's thumbs [més aviat informal. No fer res en concret, p. ex. mentre hom espera] estar ociós, gratar-se la panxa *I sat twiddling my thumbs, waiting for them to arrive.* Vaig estar allà assegut gratant-me la panxa mentre esperava que arribessin.

to have time on one's hands [molt de temps lliure, que hom no necessàriament sap què fer-ne] tenir temps *I'd only just retired, and wasn't used to having so much time on my hands.* M'acabava de jubilar, i no estava acostumada a disposar de tant de temps.

to be at a loose end [no tenir res concret a fer] no saber què fer, estar desvagat *The meeting's been cancelled, so I'm at a loose end.* La reunió s'ha anul·lat; per tant no tinc res a fer.

not lift a finger [esp. pej. No ajudar gens] no aixecar ni un dit *She never lifts a finger around the house.* A casa, mai no fot ni brot. *They didn't lift a finger to help her.* No van aixecar ni un dit per ajudar-la.

285 Unwilling Poc disposat

vegeu també **347 Refuse**; contrari **278 Eager**

unwilling *adj* (habit. + **to** + INFINITIU) poc disposat, poc inclinat *She was unwilling to lend me her car.* Estava poc disposada a deixar-me el cotxe. **unwillingly** *adv* de mala gana, a contracor **unwillingness** *ni* mala disposició, desgana

reluctant *adj* (sovint + **to**) [suggereix un grau de desgana no tan acusat com **unwilling**] renitent *I was reluctant to sign the contract, but I did so anyway.* Em resistia a signar el contracte, però finalment el vaig signar. **reluctantly** *adv* de mala gana, a contracor **reluctance** *ni* desgana, reticència *It is with great reluctance that I have decided to resign.* És molt a contracor que he decidit dimitir.

loath TAMBÉ **loth** *adj* (darrere *v*; sempre + **to** + INFINITIU) [més aviat formal. Suggereix poques ganes de fer ac] poc disposat *I was loath to part with my old car.* No tenia gens de ganes de desprendre'm del meu cotxe vell.

averse *adj* (darrere *v*; sempre + **to**) [sovint força jocós. Utilitzat esp. en negatiu per indicar una forta afecció o complaença] contrari, oposat *I'm not averse to the odd glass of wine.* No dic que no a un got de vi de tant en tant. *He's not averse to criticizing other people.* No li fa res de criticar els altres.

aversion *nc* (sovint + **to**) [forta antipatia] aversió, antipatia *He has an unnatural aversion to children.* Té una aversió anormal envers les criatures.

half-hearted *adj* [que li manca entusiasme. Descriu: p. ex. actitud, suport, intent] desesmat, indiferent **half-heartedly** *adv* amb indiferència **half-heartedness** *ni* indiferència, manca d'esma

negative *adj* [que no condueix a cap acció o resultat eficaç. Descriu: p. ex. actitud, crítica] negatiu, pessimista *He kept making negative comments instead of practical suggestions.* Va seguir fent comentaris negatius en lloc de suggeriments pràctics. (+ **about**) *She's very negative about her career prospects.* És molt pessimista respecte al seu futur professional.

object *v* **1** *vit* (sovint + **to**) objectar, oposar-se *She objected to the new proposal.* Es va oposar a la nova proposta. *I'm willing to chair the meeting, if nobody objects.* Estic disposada a presidir la reunió, si ningú no s'hi oposa. (+ **that**) *He objected that it wasn't my turn.* Va objectar que no em tocava a mi. (+ **to** + -ing) *Do you object to catching a later train?* Et fa res agafar un tren més tard? *I really object to having to pay extra for the car park.* Protesto enèrgicament per haver de pagar extra per l'aparcament. **2** *vi* [terme legal] protestar, fer objeccions a *I object!* Protesto!

objection *nc* **1** objecció, inconvenient *I have no objection to you remaining here.* No tinc cap inconvenient perquè et quedis aquí. *to raise an objection* al·legar un inconvenient **2** [legal] objecció *Objection, your honour!* Protesto, senyoria!

mind *vit* (sovint + -ing) [habit. en frases negatives o interrogatives. Util. en algunes frases per referir-se a objecció o aversió] molestar, tenir inconvenient en *'Would you mind waiting a moment?' 'No, I don't mind.'* 'Li faria res esperar un moment?' 'No, no em fa res.' *I don't mind the noise.* El soroll no m'importa. *I wouldn't mind a piece of cake.* Em vindria de gust una tros de pastís. *Do your parents mind you staying out late?* Els teus pares tenen inconvenient a deixar-te tornar tard a casa? *vegeu també **74 Important**

frase feta

not be prepared to do sth [indica una negativa clara] no estar disposat a fer ac *I'm not prepared to tolerate such behaviour!* No estic disposat a tolerar aquest comportament!

286 Wait Esperar

wait *vi* (sovint + **for**, **until**) esperar *There were several customers waiting.* Hi havia diversos clients esperant. *He waited until after dinner before making his announcement.* Va esperar a després de sopar per fer la seva declaració. *Wait a minute, I'm not ready yet.* Espera't un moment, encara no estic preparat. (+ **to** + INFINITIU) *I was waiting to see the doctor.* Estava esperant que em visités el metge. (+ **about**, **around**) *I'm fed up with waiting around; I'm going home.* Estic tipa d'esperar-me; me'n vaig a casa. *'What have you bought me for Christmas?' **'Wait and see.'*** 'Què m'has comprat per Nadal?' 'Espera't i ho veuràs.' (com a *vt*) *to wait one's turn* esperar el torn

wait nc espera *You'll have a long wait; the next bus isn't till six o'clock.* Hauràs d'esperar una bona estona; el proper autobús no passa fins a les sis en punt. *The mugger was **lying in wait** for his victim.* L'assaltant estava estirat a l'espera de la seva víctima.

> *utilització*
>
> Comparem **wait** i **expect**. **Wait** és una acció; per tant es pot demanar a un altre que ho faci, p. ex. *Please wait.* (Espereu-vos, sisplau.) També, com totes les accions, ocorre en un cert lloc, p. ex. *They were waiting in the street.* (S'esperaven al carrer.) i dura un cert temps, p. ex. *We waited all afternoon.* (Vam esperar tota la tarda.), *You will have to wait until tomorrow.* (Hauràs d'esperar fins demà.) En canvi, **expect** es refereix a una creença basada en la probabilitat d'un fet, p. ex. *I expect that we'll be criticised.* (Suposo que ens criticaran.) *I'm expecting a phone call.* (Espero que em truquin d'un moment a l'altre.) *Expect me at about 11.* (Pots comptar amb que arribaré sobre les onze.) *I expect everybody to do their best.* (Espero que tothom ho faci tan bé com pugui.)

await vt [més formal que **wait for**] esperar *The defendant awaited the jury's verdict.* L'acusada esperava el veredicte del jurat. *her eagerly awaited new record* el seu nou disc, que tothom espera amb candeletes

> *utilització*
>
> Observeu que **await** té un complement directe, mentre que **wait** necessita la preposició **for** per poder tenir un complement directe. Compareu: *He awaited her decision.* (Esperava la seva decisió.) *He waited for her decision.* (Esperava la seva decisió.)

queue (*brit*), **line** (*amer*) nc cua *There were about 20 people in the queue.* Hi havia unes 20 persones a la cua. **to jump the queue** passar al davant, saltar-se la cua

queue vi (*brit*) (sovint + **for**, + **to** + INFINITIU, **up**) fer cua *I had to queue for hours to get these tickets.* Vaig haver de fer hores de cua per aconseguir aquestes entrades. *People were queuing up outside the shop.* La gent feia cua a fora de la botiga.

line up vi (*brit & amer*) fer cua *We had to line up outside the cinema.* Vam haver de fer cua a fora del cinema.

stay vi (habit. + *adv*) **1** [no abandonar un determinat lloc] quedar-se *Stay here until I get back.* Queda't aquí fins que torni. *The guide warned us to stay on the path.* El guia ens va advertir que no sortíssim del camí. *Will you stay for/to dinner?* Et quedaràs a sopar? (+ **in**) *I stayed in last night and watched TV.* Ahir a la nit em vaig quedar a casa i vaig veure la TV. (+ **out**) *I don't allow my children to stay out late.* Als meus fills no els deixo tornar tard a la nit. **2** [subj: visitant, turista] estar-se, hostatjar-se *I'm looking for a place to stay (the night).* Estic buscant un lloc on allotjar-me (aquesta nit). *We stayed at a cheap hotel.* Ens vam allotjar en un hotel barat. (+ **with**) *I usually stay with my brother when I'm in London.* Normalment m'estic a casa del meu germà quan sóc a Londres. *vegeu també **319 Visit**

stay nc estada *We hope to make your stay in London a pleasant one.* Desitgem fer-te la estada a Londres agradable. *a long stay in hospital* una llarga estada a l'hospital

remain vi [més formal que **stay**] romandre *All staff are requested to remain in the building.* Es demana a tot el personal que romangui a l'edifici.

linger vi [estar-se més temps del necessari, sovint perquè ens agrada la situació] romancejar, trigar a marxar *We lingered over a cup of coffee.* Ens vam allargar una estona davant d'una tassa de cafè.

loiter vi [força pej.] **1** [caminar de manera distreta, amb aturades freqüents] entretenir-se *Come straight home; don't loiter on the way.* Torna directe a casa; no t'entretinguis pel camí. **2** [esperar, estar en algun lloc sense motiu aparent] rondar *A man was seen loitering near the playground.* Es va veure un home rondant prop del pati. **loiterer** nc vagant

hesitate vi (sovint + **to** + INFINITIU) [p. ex. a causa de la indecisió] dubtar, titubejar, hesitar *He hesitated before replying.* Va dubtar abans de respondre. (+ **over**) *She hesitated too long over the decision.* Va dubtar massa temps abans de decidir-se. *If you have any queries, don't hesitate to ask.* Si té preguntes, no dubti a fer-me-les. *If attacked, we will not hesitate to retaliate.* Si ens ataquen, no dubtarem a venjar-nos.

hesitation ni dubte, hesitació *I accepted without hesitation.* Vaig acceptar sense dubtar. *I have no hesitation in recommending her to you.* No dubto gens a recomanar-te-la.

pause vi (sovint + **for**, + **to** + INFINITIU) [aturar-se breument] fer una pausa, deturar-se *The speaker paused for breath/to look at his notes.* La conferenciant va fer una pausa per respirar/mirar els seus apunts. *Let's pause for coffee.* Fem una pausa i ens prenem un cafè.

pause nc pausa, silenci (+ **in**) *There was an embarrassing pause in the conversation.* Es va produir un silenci violent durant la conversa.

sit sth **out** vt esperar(-se) fins que acabi ac, aguantar *There was nothing we could do when the bombing started but go down to the cellar and sit it out.* Quan va començar el bombardeig no vam poder fer res més que baixar al celler i esperar a que s'acabés.

stand by vi **1** [estar alerta per tal d'actuar] estar alerta, estar amatent *Armed police are standing by to deal with riots.* La policia anti-disturbis s'estava alerta per tal d'actuar en cas d'aldarulls. *Stand by for take-off!* Preparats per a l'enlairament! **2** [no fer res per evitar que passi ac] inhibir-se *They just stood by while youths wrecked the house.* Es van limitar a quedar-se quiets mentre uns vàndals destrossaven la casa.

break vi, pas. **broke** pp. **broken** (sovint **+ for,** **+ to** + INFINITIU) [fer una pausa breu] interrompre *Let's break for lunch.* Què et sembla si parem per anar a dinar?

hang on vi [informal. Utilitzat esp. en imperatiu quan es demana a algú que esperi] esperar *Hang on, I'll be with you in a minute.* Espera, estic per tu tot seguit. *Her line's engaged; would you like to hang on?* Comunica; vol esperar?

hang about (somewhere) (*esp. brit*) o **hang around** (somewhere) (*brit & amer*) vit [informal. Esperar, romandre en un lloc sense fer res en concret] anar sense presa, vagabundejar (en algun lloc) *There were some lads hanging around in the street.* Hi havia alguns joves vagant pel carrer. *He kept me hanging about for ages before he saw me.* Em va tenir esperant durant segles abans de rebre'm.

hang back vi [dubtar, contenir-se, p. ex. per prudència] hesitar (**+ from**) *I hung back from telling her exactly what I thought.* No em vaig decidir a dir-li exactament el que pensava.

287 Do Fer

vegeu també **293 Make**

do v, pas. **did** pp. **done** 1 vt [obj: qualsevol acció sense especificar] fer *What are you doing?* Què estàs fent? *I'd never do anything to hurt her.* No faria mai res que la ferís. *All he ever does is complain.* L'únic que fa és queixar-se. *Are you doing anything this evening?* Fas alguna cosa aquest vespre? *What do you do for a living?* En què et guanyes la vida? (**+ with**) *Now what have I done with those scissors?* I ara, què n'he fet de les tisores? *What are you doing with my briefcase?* Què estàs fent amb la meva cartera? (**+ to**) *What have you done to him/to your arm?* Què li has fet?/Què t'has fet al braç? (**+ about**) *What shall we do about food for the party?* Què farem amb el menjar per a la festa? 2 vt [obj: una acció o activitat concreta] fer *She's doing a crossword/the decorating.* Està fent uns mots encreuats/la decoració. *I haven't done much work today.* No he fet gaire feina avui. *What subjects do you do at school?* Quines assignatures fas a l'escola? 3 vi (sempre + adv) [actuar] *He did well/badly in the exam.* Li va anar bé/malament a l'examen. *How are you doing in your new job?* Com et va la nova feina? *vegeu també UTILITZACIÓ a **293 Make**

deed nc [més aviat formal o obsolet] acció *a good deed* una bona acció *Who could have committed such an evil deed?* Qui pot haver fet una acció tan diabòlica?

act vi 1 actuar, comportar-se *He's been acting rather strangely recently.* Últimament s'ha estat comportant de manera força estranya. *The government has decided to act.* El govern ha decidit actuar. (**+ on**) *I acted on her advice.* Vaig actuar a proposta seva. 2 (habit. **+ as**) [tenir un determinat paper, funció] actuar, representar *I agreed to act as her lawyer.* Vaig acceptar d'actuar com el seu advocat. *The death penalty is supposed to act as a deterrent.* La pena de mort hauria d'actuar com a mesura dissuasiva. (**+ for**) *a lawyer acting for Mrs Smith* un advocat que representa la Sra. Smith

act nc acte, actuació *Her first act as President was to free all political prisoners.* La seva primera actuació com a presidenta va ser alliberar tots els presos polítics. *Our conscious acts may have unconscious motives.* Els nostres actes conscients poden tenir motivacions inconscients. (**+ of**) *an act of treachery/bravery* un acte de traïció/coratge *vegeu també **376 Entertainment**

action n 1 nc acció *The child observes the actions of its mother.* L'infant observa les accions de la seva mare. [moviment] *to catch and throw the ball in a single action* agafar i llançar la pilota en una sola acció 2 ni [actuar a diferència de parlar o pensar] acció *We must take action to solve this problem.* Hem de passar a l'acció per resoldre aquest problema. *a film with lots of action* una pel·lícula de molta acció *You should see this weapon in action.* Hauries de veure aquesta arma en funcionament. 3 ni [funcionament físic, efecte] acció *a model to demonstrate the action of the lungs* una maqueta per demostrar el funcionament dels pulmons *the action of sulphuric acid on metal* l'acció de l'àcid sulfúric sobre el metall *The traffic lights are out of action.* Els semàfors no funcionen.

utilització

En la majoria dels significats comptables, **act** i **action** solen ser intercanviables amb poc o cap canvi de significat. P. ex. *a brave act/action* (un acte valorós/una acció valerosa) *One must accept the consequences of one's acts/actions.* (Hom ha d'acceptar les conseqüències dels propis actes/de les pròpies accions.) Si hi ha una mica de diferència d'èmfasi, és en el fet que **act** considera l'acció des del punt de vista de la persona que la fa, mentre que **action** es refereix més al punt de vista dels altres, o a un context o conseqüències més àmplies de l'acció. Només **act** pot anar amb la preposició *of*: p. ex. *an act of defiance* (un acte de desafiament).

active adj actiu *These animals are most active at night.* Aquests animals, és de nit que són més actius. *He's active in local politics.* És actiu en la política municipal. *a soldier on active service* un soldat en actiu **actively** adv activament

activity n 1 nc activitat *after-school/leisure activities* activitats extraescolars/d'esbarjo *criminal activities* activitats delictives 2 ni activitat *periods of strenuous activity* períodes d'activitat esgotadora

287.1 Comportar-se

behave vi 1 [actuar d'una determinada manera] comportar-se *grown men behaving like children* homes que es comporten com a criatures *Scientists are studying the way these particles behave at high temperatures.* Els científics estudien el comportament d'aquestes partícules a altes temperatures. 2 [subj: esp. mainada] comportar-se, portar-se *Behave (yourself)* while I'm gone! Porta't bé mentre jo no hi sigui! *She's very well-/badly-behaved.* Es porta molt bé/malament.

behaviour (*brit*), **behavior** (*amer*) *ni* **1** comportament *She studies animal behaviour.* Estudia el comportament animal. **2** comportament *That child's behaviour is disgraceful!* El comportament d'aquesta criatura és vergonyós! **to be on one's best behaviour** portar-se tan bé com se sap

conduct *ni* [més formal que **behaviour**] conducta *Your son's conduct has been excellent this term.* La conducta del vostre fill ha estat excel·lent aquest trimestre. *The doctor was accused of unprofessional conduct.* El metge va ser acusat de conducta contrària a l'ètica professional.

conduct *vt* **1** [més aviat formal. Obj: p. ex. investigació, aventura amorosa] conduir, portar *The meeting was properly/badly conducted.* La reunió va ser ben/mal portada. **2 conduct oneself** [més formal que **behave**] comportar-se, portar-se *That is not how a young lady should conduct herself in public!* No és així com una senyoreta s'ha de comportar en públic!

react *vi* (sovint + **to**) reaccionar *He reacts violently when provoked.* Reacciona de manera violenta quan se'l provoca. *The patient is reacting well to the drug.* El pacient està reaccionant bé al medicament. (+ **against**) *These artists are reacting against dominant cultural traditions.* Aquests artistes reaccionen contra les tradicions culturals dominants.

reaction *nc* reacció *Thanks to her quick reactions, an accident was avoided.* Gràcies a la seva ràpida reacció, es va evitar un accident. *There was a positive reaction to my suggestion.* Hi va haver una reacció positiva al meu suggeriment.

287.2 Realitzar una tasca

perform *v* **1** *vti* [més formal que **carry out**. Obj: p. ex. acció, deure] fer, dur a terme, realitzar *the surgeon who performed the operation* El cirurgià que va fer l'operació. *She didn't perform as well as expected in the exam.* No va fer l'examen tan bé com s'esperava. **2** *vi* [subj: màquina, esp. cotxe] funcionar, anar *The car performs well on wet roads.* El cotxe es comporta bé en carreteres mullades.

performance 1 *ni/c* acompliment, exercici, realització *expenses incurred in the performance of one's duties* despeses realitzades en l'exercici del pròpi càrrec **2** *ni* rendiment *a high-performance car* un cotxe d'alt rendiment

carry out sth o **carry** sth **out** *vt* [obj: p. ex. tasca, deure, ordres] dur a terme, complir *The police have carried out a thorough investigation.* La policia ha dut a terme una investigació exhaustiva. *My instructions are to be carried out to the letter.* Les meves instruccions s'han de complir al peu de la lletra.

undertake *vt, pas.* **undertook** *pp.* **undertaken** (sovint + **to** + INFINITIU) [més aviat formal. Acceptar una determinada tasca] emprendre, comprometre's a *We undertake to deliver the goods by May 15th.* Ens comprometem a entregar el producte el 15 de maig com a molt tard.

undertaking *nc* [més aviat formal] **1** [tasca] empresa *This project has been a costly undertaking.* Aquest projecte ha estat una empresa costosa. **2** [promesa] compromís, garantia, promesa *He gave a solemn undertaking not to reveal the information to anybody else.* Va fer una promesa solemne de no revelar la informació a ningú més.

deal with sth/sb *vt* [obj: p. ex. assumpte, problema, client] tractar, ocupar-se de *the clerk who is dealing with your application* el funcionari que s'ocupa de la seva sol·licitud *Young offenders are dealt with by juvenile courts.* Dels delinqüents menors se n'ocupen els tribunals de menors.

solve *vt* [obj: p. ex. problema, endevinalla] resoldre, solucionar *another case brilliantly solved by Sherlock Holmes* un altre cas resolt brillantment per Sherlock Holmes *You won't solve anything by resigning.* No solucionaràs res dimitint.

frases fetes

take measures o **steps** prendre mesures *The government is taking measures/steps to improve security at airports.* El govern està prenent mesures per millorar la seguretat als aeroports.

take turns (*brit & amer*), **take it in turns** (*brit*) (sovint + **to** + INFINITIU) alternativament, per torns *We take (it in) turns to do the washing-up.* Rentem els plats per torns.

take the plunge [després de dubtar, sentir-se nerviós, etc.] jugar-se-la, fer un pas decisiu, fer un cop de cap *I finally decided to take the plunge and start my own business.* Finalment vaig decidir fer un cop de cap i obrir el meu propi negoci.

grasp the nettle (*brit*) [més aviat formal. reconèixer la dificultat d'un problema i començar a actuar] agafar el bou per les banyes *It's about time the government grasped the nettle of unemployment.* Ja és hora que el govern agafi el bou per les banyes en el tema de l'atur.

take the bull by the horns [començar a tractar un problema difícil directament i amb decisió] agafar el bou per les banyes

bite the bullet [aguantar amb coratge ac desagradable] fer el cor fort *We have to bite the bullet and accept that the project has failed.* Hem de fer el cor fort i acceptar que el projecte ha fracassat.

grit one's teeth [mantenir-se ferm en una situació difícil] treure forces de flaquesa *You may be exhausted, but you just have to grit your teeth and carry on.* Encara que estiguis cansada, hauràs de treure forces de flaquesa i tirar endavant.

get off one's backside [informal. Deixar la mandra i començar a treballar, etc.] moure el cul, treure's la son de les orelles *It's about time you got off your backside and found yourself a job!* Ja és hora que t'espavilis i et busquis una feina!

288 Habitual Habitual

vegeu també **442 Normal**

habit nc/i [deliberat o involuntari] hàbit, costum *a bad habit* un mal costum *her peculiar eating habits* els seus peculiars hàbits alimentaris *I'm not **in the habit of** lending money to strangers.* No acostumo a deixar diners als desconeguts. *I've **got into/out of the habit of** getting up early.* M'he acostumat a/He perdut el costum de llevar-me d'hora. *smokers who are trying to **break/kick the habit*** fumadors que estan intentant de trencar/deixar l'hàbit

habitual adj [habit. descriu ac dolenta o reprovatòria] habitual *habitual lies* mentides habituals **habitually** adv habitualment

custom nc 1 [d'una nació, un societat, etc.] costum *How did the custom of shaking hands originate?* Com va començar el costum de donar-se la mà? 2 [més formal que **habit** i util. només referit als actes deliberats i conscients] costum *It was her custom to take a walk before dinner.* Acostumava a fer un tomb abans de sopar.

customary adj [més formal que **usual**] acostumat, de sempre *He sat in his customary place.* Es va seure en el seu lloc de sempre. *It is customary to give one's host a small present.* Se sol donar un petit obsequi a l'amfitrió.

used to v (+ INFINITIU) [fa referència només al passat i implica que la situació o l'acció no continua actualment] 1 [ref. a accions que típicament es repeteixen] solia *I used to swim every day.* Solia nedar cada dia. *Did they use to go abroad for their holidays?* Solien passar les vacances a l'estranger? 2 TAMBÉ **use to** [ref. a estats o situacions, etc., correspon al pretèrit imperfet, habit. amb **abans**] *I used to be quite slim.* Abans era força prim. *He didn't use to like fish.* Abans no li agradava el peix. *Didn't Mary use to live in London?* La Mary no vivia a Londres abans?

used to adj (darrere v; + n o -ing) [sovint implica haver-se acostumat a una situació al principi no fàcil o agradable] acostumat a *She didn't faint; she was used to (seeing) blood.* No es va desmaiar; estava acostumada a (veure) la sang. *I soon got used to the noise.* Aviat em vaig acostumar al soroll. *Sara is used to getting up early.* La Sara està acostumada a llevar-se d'hora. *You'll get used to the new keyboard in no time.* T'acostumaràs al nou teclat en un tres i no res.

accustomed adj [més formal que **used to** (adj)] 1 (darrere v; sempre + **to**) acostumat, habituat *to be/become accustomed to sth* estar acostumat a ac/acostumar-se a ac *I'm not accustomed to being called by my first name.* No estic acostumada a sentir que em criden pel meu nom de pila. *My eyes gradually became accustomed to the gloom.* Els meus ulls es van anar acostumant a la foscor. 2 [usual] habitual, de sempre *She sat in her accustomed place.* Va seure en el seu lloc de sempre.

tend vi (sempre + **to** + INFINITIU) [indica un esdeveniment regular o característic] tendir a *I tend to work better in the mornings.* Tendeixo a treballar millor als matins. *She tends to exaggerate.* Tendeix a exagerar.

tendency nc tendència *She has a tendency to exaggerate.* Té tendència a exagerar.

prone adj (darrere v; habit. + **to**, + **to** + INFINITIU) [a una malaltia, un defecte, etc.] propens *She's extremely prone to headaches.* És molt propensa a tenir mal de cap. *The car is prone to break(ing) down on long journeys.* El cotxe és propens a avariar-se en viatges llargs. *He's accident-prone.* És propens als accidents.

> *u t i l i t z a c i ó*
>
> **1** La forma negativa de *I used to* (solia), etc. és *I didn't use to* o *I used not to* seguit de l'infinitiu, p. ex. *I didn't use to go to parties.* (No solia anar a festes.) *He used not to like classical music.* (Abans no li agradava la música clàssica.) La forma més freqüent de la pregunta és *Did/didn't you use to...?* seguit de l'infinitiu, p. ex. *Didn't they use to be friends?* (No eren amics abans?) **2** Observeu que, mentre que la forma verbal **used to** va seguida de l'infinitiu, l'adjectiu **used to** va seguit d'un nom o de la forma **-ing** del verb. Compareu: *I used to work in London.* (Abans treballava a Londres.) *I'm used to working in London.* (Estic acostumada a treballar a Londres.)

289 Put Posar

vegeu també **66 Position**

put vt, -tt-, pas. & pp. **put** (sempre + adv o prep) posar *Put the vase on the table.* Posa el gerro damunt la taula. *I'm going to put a mirror on the wall.* Posaré un mirall a la paret. *You've put too much sugar in my coffee.* M'has posat massa sucre al cafè. *Where have I put my keys?* On he posat les claus? *Your decision puts me in a difficult position.* La teva decisió em posa en una situació difícil.

put sth **away** o **put away** sth vt [en el lloc on es guarda habitualment] desar ac, endreçar ac *Put your toys away when you've finished playing.* Desa les joguines quan acabis de jugar.

put sth **back** o **put back** sth vt tornar ac al seu lloc, desar ac *She put the plates back in the cupboard.* Va desar els plats a l'armari.

put sth **down** o **put down** sth vt [depositar a terra, etc., ac que hom té a les mans] deixar ac *Put that gun down!* Deixa l'escopeta! *I put my briefcase down on the chair.* Vaig deixar la cartera damunt la cadira.

place vt (sempre + adv o prep) [més formal que **put**] posar, col·locar *He placed the ball on the penalty spot.* Va col·locar la pilota al punt de penal. *Place a cross next to the candidate's name.* Posa una creu al costat del nom del candidat. *vegeu també **14 Areas**

replace vt [més formal que **put back**] tornar al seu lloc *Please replace the receiver after making your call.* Sisplau, pengeu l'auricular després de fer la trucada.
*vegeu també **57 Substitute**

position vt [col·locar ac deliberadament amb precisió] col·locar, disposar *The magnets have to be carefully positioned.* Els imants s'han de col·locar amb cura. *This map shows where the enemy troops are positioned.* Aquest mapa mostra on estan posicionades les tropes enemigues.

set vt, -tt-, *pas. & pp.* **set** 1 (sempre + *adv* o *prep*) [col·locar deliberadament. Més formal que **put**] posar, col·locar, situar *He was waiting for his meal to be set in front of him.* Esperava que li col·loquessin el menjar davant seu. (+ **down**) *She set the injured cat down carefully on the table.* Va deixar el gat ferit damunt la taula amb molt de compte. **2** (sovint + **for**) [obj: p. ex. càmera, mecanisme] posar, programar *Set the alarm clock for 6:30.* Posa el despertador a les 6:30. *The bomb has been set to go off at 3:30.* La bomba s'ha programat per explotar a les 3:30. **3** [obj: p. ex. preu, límit, rècord] fixar, establir *Let's set a date for the party.* Fixem un dia per a la festa. *She's set a new world record.* Ha establert un nou rècord mundial. **4** (*esp. brit*) [obj: p. ex. exercici, examen] posar *The teacher didn't set us any homework this week.* El mestre no ens ha posat deures aquesta setmana.

set sb **down** o **set** sb **down** vt [obj: passatger] deixar algú *The taxi (driver) set us down in the city centre.* El taxi ens va deixar al centre de la ciutat.

set *adj* [descriu: p. ex. preu, hora, quantitat] fix *I have to work a set number of hours each week.* He de treballar un determinat nombre d'hores cada setmana.

setting nc [d'una màquina, càmera, etc.] ajustament, programació

lay vt, *pas. & pp.* **laid** 1 (sempre + *adv* o *prep*) [posar sobre una superfície plana] posar *He laid the baby on the bed.* Va posar el nadó estirat sobre el llit. *Lay some newspaper on the floor before you start painting.* Posa alguns diaris per terra abans de començar a pintar. **2** [obj: taula] parar *The maid has laid the table for dinner.* La minyona ha parat la taula per sopar.

spread vti, *pas. & pp.* **spread** [obj/subj: p. ex. mantega, melmelada] escampar, estendre *Spread the fertiliser evenly.* Escampeu l'adob uniformement. (sovint + **on**) *She spreads a lot of butter on her bread.* Es posa molta mantega al pa. (+ **out**) [obj: p. ex. estovalles, mapa] estendre *He spread the map (out) on the table.* Va estendre el mapa sobre la taula.

deposit vt [més aviat formal. Sovint suggereix lliurar-se d'ac] dipositar *The rubbish is deposited at the local dump.* Les escombraries es dipositen a l'abocador local. *She deposited the contents of her bag on the table.* Va dipositar el contingut de la seva bossa damunt la taula.

plonk vt (sovint + **down**) [informal. Posar ràpidament i de manera sorollosa ac en algun lloc] deixar caure ac sorollosament *He plonked the bag (down) on the bench next to me.* Va deixar caure la bossa sobre el banc del meu costat. *He plonked himself (down) on the bench next to me.* Es va deixar caure sobre el banc del meu costat.

slam vti, -mm- [fer que ac dura doni un cop fort i ràpid contra una altra cosa] colpejar *He slammed the book down angrily on the table.* Va llançar amb ràbia el llibre damunt la taula. *Don't slam the door.* No tanquis la porta de cop. *The door slammed shut.* La porta es va tancar de cop. *The driver slammed on the brakes.* El conductor va frenar de cop.

289.1 Col·locar objectes grans o fixos en el seu lloc

install vt [obj: p. ex. aparell] instal·lar, muntar *We've just had a new gas cooker installed.* Ens acaben d'instal·lar una nova cuina de gas. **installation** ni instal·lació

erect vt [més formal que **put up**. Obj: estructura elevada, p. ex. edifici] erigir *The townspeople erected a statue in his honour.* Els ciutadans van erigir una estàtua en honor seu. **erection** ni erecció, construcció

put up sth o **put** sth **up** vt aixecar, pujar, construir *I put up some shelves in the office.* Vaig penjar prestatges nous a l'oficina.

locate v **1** vt [habit. en construccions passives. Indica posició geogràfica] situar, localitzar, ubicar *The hotel is located in the city centre.* L'hotel està ubicat al centre de la ciutat. **2** vti [obj: p. ex. fàbrica, seu] situar, ubicar *The company intends to locate a factory/locate in this area.* L'empresa vol instal·lar una fàbrica/instal·lar-se en aquesta zona.

situate vt [habit. en construccions passives. Indica voltants geogràfics] situar *a village situated in the mountains* un poble situat a la muntanya

situation nc situació *The house enjoys an ideal situation overlooking the valley.* La casa té una situació ideal dominant la vall.

site nc [tros de terra util. per a una finalitat concreta] lloc, solar, excavació *the site of a famous battle* el lloc d'una batalla famosa *building site* solar *archaeological site* excavació arqueològica *caravan site* càmping de caravanes

site vt [habit. en contextos formals o tècnics] situar, localitzar *The company intends to site a factory in this area.* L'empresa pensa localitzar una fàbrica en aquesta zona.

290 System Sistema

vegeu també **107.1 Intend**

system nc **1** [conjunt de diferents parts que constitueixen un tot orgànic] sistema *Britain's legal/motorway system* el sistema judicial/d'autopistes britànic *the nervous/digestive system* el sistema nerviós/digestiu *A new computer system is to be installed.* S'instal·larà un nou sistema informàtic. **2** [manera ordenada de treballar, d'organitzar ac, etc.] mètode, sistema *filing/accounting/queueing system* sistema d'arxiu/comptable/de recepció ordenada de trucades (+ **for**) *I have a system for remembering people's telephone numbers.* Tinc un mètode per recordar els telèfons de la gent.

systematic *adj* [descriu: p. ex. mètode, cerca] sistemàtic, metòdic **systematically** *adv* sistemàticament

way *nc* [mot genèric] (sovint + *of*, + *to* + INFINITIU) manera *Hold the racket this way.* Agafa la raqueta d'aquesta manera. *Eggs can be cooked in several different ways.* Els ous es poden cuinar de diverses maneres diferents. *He spoke to us in a friendly way.* Ens va parlar de manera amable. *I don't like her way of doing things.* No m'agrada la seva manera de fer les coses. *That's not the way to plant potatoes.* Aquesta no és la manera de plantar patates. *I don't like the way he dresses.* No m'agrada la seva manera de vestir.

method *n* 1 *nc* (sovint + *of*) [manera de executar una tasca, etc] mètode *the method used to carry out the experiment* el mètode utilitzat per dur a terme l'experiment *different methods of payment* diferents mètodes de pagament *new teaching methods* nous mètodes d'ensenyament 2 *ni* [enfocament metòdic] mètode *There doesn't seem to be much method in the way he works.* No sembla que hi hagi gaire mètode en la seva manera de treballar.

methodical *adj* [descriu: p. ex. treballador, enfocament, investigació] metòdic **methodically** *adv* metòdicament

technique *nc* (sovint + *of*, *for*) [implica una determinada habilitat o perícia] tècnica *a tennis player with an unusual technique* un jugador de tennis amb una tècnica poc usual *modern surgical techniques* tècniques quirúrgiques modernes

procedure *nc/i* [conjunt d'accions prescrites] procediment *The policemen who had arrested him did not follow the correct procedure.* La policia que l'havia arrestat no va seguir el procediment correcte. *Applying for a passport is quite a simple procedure.* Sol·licitar un passaport és un procediment força senzill. **procedural** *adj* processal, relatiu al procediment

process *nc* [conjunt d'accions o d'esdeveniments relacionats] procés, tràmit *the ageing/learning process* el procés d'envelliment/d'aprenentatge *modern industrial processes* processos industrials moderns *We are* **in the process of** *installing a new computer system.* Estem instal·lant un nou sistema informàtic. *These measures will improve efficiency, and,* **in the process***, reduce costs.* Aquestes mesures milloraran el rendiment i de passada reduiran costos.

process *vt* 1 [industrialment, químicament, etc. Obj: p. ex. primeres matèries, aliments, pel·lícula fotogràfica] tractar, elaborar, revelar 2 [administrativament. Obj: p. ex. sol·licitud, reclamació d'assegurança] cursar

formula *nc*, *pl* **formulas** o **formulae** (sovint + *for*) 1 [mètode automàtic, repetible] fórmula *the formula for calculating overtime payments* la fórmula per calcular el pagament de les hores extra *There's no magic formula for success.* No hi ha cap fórmula màgica per tenir èxit. 2 [idea, declaració, etc. planejada per a un objectiu determinat] fórmula *They've come up with a formula for settling the dispute.* Han trobat una fórmula per resoldre el conflicte.

routine *nc/i* [sèrie d'accions regulars, habituals] rutina *The inspectors go through a routine to make sure all the equipment is working properly.* Els inspectors fan una comprovació rutinària per assegurar-se que l'equip funciona adequadament. *He was fed up of the same old daily routine.* Estava tip de la mateixa rutina de cada dia.

routine *adj* [descriu: p. ex. tasca, inspecció] de rutina, rutinari *The police assured me that their enquiries were purely routine.* La policia em va assegurar que les seves indagacions eren purament rutinàries. *They lead a dull, routine sort of life.* Viuen una mena de vida avorrida i rutinària.

291 Cause Causar

vegeu també **219.1 Guilt**

cause *vt* causar, provocar *What caused the explosion?* Què va provocar l'explosió? *Headaches can be caused by overwork or poor lighting.* L'excés de feina o una iluminació deficient poden provocar mal de cap. *You've caused your parents a lot of anxiety.* Has fet patir molt els teus pares. *The delay caused me to miss my train.* El retard em va fer perdre el tren.

bring about sth o **bring** sth **about** *vt* [fer ocórrer] causar, ocasionar, fer *It was ordinary people who brought about the changes in Eastern Europe.* Va ser la gent del carrer la que va provocar els canvis a l'Europa de l'Est. *improvements in productivity brought about by new working practices* millores en la productivitat ocasionades per noves pràctiques laborals

responsible *adj* (darrere *v*; habit. + *for*) [descriu: persona] responsable *the statesman who was responsible for the abolition of slavery* l'estadista responsable de l'abolició de l'esclavitud *Who's responsible for this mess?* Qui és el responsable d'aquest enrenou?

instrumental *adj* (habit. + *in*) [més aviat formal. Que té un important paper] clau *She was instrumental in bringing about these changes.* Va contribuir materialment a fer possibles aquests canvis. *The scandal was instrumental in his decision to resign.* L'escàndol va motivar la seva decisió de dimitir.

be sb's fault ser culpa d'algú *The accident was the driver's fault.* L'accident va ser culpa del conductor. (+ *that*) *'It wasn't my fault (that) the project failed.' 'Whose fault was it, then?'* 'No va ser culpa meva que el projecte fracassés.' 'Doncs de qui va ser la culpa?'

owing to *prep* [més aviat formal en anglès americà] per raó de, per causa de, per culpa de *She was absent owing to illness.* No hi era perquè estava malalta. *Owing to your negligence, a man was killed.* Per culpa de la teva negligència va morir un home.

due to *prep* degut a *Her absence was due to illness.* La seva absència era deguda a la malaltia. *deaths due to lung cancer* morts degudes al càncer de pulmó

GRUPS DE PARAULES

> **utilització**
>
> Estrictament parlant, la paraula **due** de l'expressió **due to** és un adjectiu, i per tant depèn d'un nom. P. ex. *The delay was due to bad weather.* (El retard va ser a causa del mal temps.) **Due to** s'ha de poder substituir per **caused by**. En cas contrari cal utilitzar **owing to**. Tanmateix, en la llengua parlada, s'utilitza sovint **due to** en ambdós casos. P. ex. *The train was delayed owing/due to bad weather.* (El tren es va retardar a causa del/degut al mal temps.)

291.1 Raons

reason n (sovint + **for**) raó, motiu *State the reason for your visit.* Faci constar el motiu de la seva visita. *She just left, for no apparent reason.* Senzillament se'n va anar, sense motiu aparent. *All baggage is thoroughly examined, for reasons of security.* Tot l'equipatge s'examina a fons per raons de seguretat. *I can't think of any reason for changing our plans.* No se m'acut cap motiu per canviar els nostres plans. (+ **to** + INFINITIU) *You have every reason to be angry.* Tens tots els motius per estar enutjada. *The reason for the smell was a rotting cabbage.* La causa de la pudor era una col podrida. *vegeu també **104 Think; 130 Sane**

cause n 1 nc (sovint + **of**) causa *The police are trying to find out the cause of the explosion.* La policia està intentant descobrir la causa de l'explosió. *the underlying causes of the French Revolution* les causes subjacents de la Revolució Francesa 2 ni (sovint + **for**) [justificació] motiu, raó *There's no cause for alarm/complaint.* No hi ha motiu d'alarma/de queixa. (+ **to** + INFINITIU) *There's no cause to complain.* No hi ha motiu per queixar-se.

motive nc (sovint + **for**) [raó per voler fer ac] motiu *She was acting out of selfish motives.* Actuava per motius egoistes.

grounds n pl (sovint + **for**) [raó legítima o oficial] fonaments, raons *We have good grounds for believing that she was murdered.* Tenim bones raons per creure que va ser assassinada. (+ **that**) *She refused to pay, on the grounds that she had not received the goods.* Es va negar a pagar basant-se en el fet que no havia rebut les mercaderies.

excuse nc (+ **for**) [raó per no fer ac, o per fer ac malament, etc.] excusa *There can be no excuse for this sort of behaviour.* No hi pot haver cap excusa per aquesta mena de comportament.

for the sake of sb/sth en consideració a a/ac, en atenció a a/ac, per a/ac *Come back home, for your mother's sake.* Torna a casa, en consideració a la teva mare. *I'm telling you this for your own sake.* T'ho dic pel teu propi bé. *He sacrificed himself for the sake of his country/principles.* Es va sacrificar pel seu país/pels seus principis.

292 Result Resultat

result nc 1 [d'alguna situació, acció] resultat *This social unrest is a/the result of high unemployment.* Aquest malestar social és resultat de l'elevat atur. *Our profits have increased as a result of good management.* Els nostres beneficis s'han incrementat com a resultat de la bona gestió. *The train was delayed, and, as a result, I was late for the meeting.* El tren es va retardar i, de resultes d'això, vaig arribar tard a la reunió. 2 [situació final, conclusió] resultat *They did not publish the results of their research.* No van publicar els resultats de la seva investigació. *the football results* els resultats de futbol *exam results* resultats de l'examen *The end result was a victory for the local team.* El resultat final va ser de victòria per als locals.

result vi 1 (sempre + **in**) resultar *The war resulted in a victory for the Allies.* La guerra va acabar en victòria per als aliats. 2 (sovint + **from**) resultar, sorgir *If this dispute is not resolved, then a war could result.* Si aquesta disputa no es resol, en pot resultar una guerra. *a series of mistakes resulting from inexperience* una sèrie d'errors com a resultat de la inexperiència

effect nc (sovint + **on**) [produït per ac que actua sobre una altra cosa] efecte *the effect(s) of radioactivity on the human body* l'efecte de la radioactivitat en el cos humà *The drug is beginning to take effect.* La medicina comença a fer efecte. *Our warnings have had no effect (on him/his behaviour).* Les nostres advertències no han tingut cap efecte (en ell/el seu comportament). *The artist learns how to produce/create certain effects.* L'artista aprèn a produir/crear determinats efectes.

consequence nc/i [més formal que **result**] conseqüència *The accident was a direct consequence of the driver's negligence.* L'accident va ser conseqüència directa de la negligència del conductor. *You broke the law, and now you must take/face the consequences.* Vas infringir la llei i ara has d'afrontar-ne les conseqüències.

repercussion nc (habit. pl) [conseqüència important, seriosa] repercussió *If the boss finds out, there are bound to be repercussions.* Si el cap se n'assabenta segur que hi haurà repercussions. (+ **for**) *This disaster could have serious repercussions for the whole world.* Aquest desastre pot tenir greus repercussions per a tot el món.

outcome nc [resultat final] resultat *The outcome of the negotiations is still in doubt.* El resultat de les negociacions encara és incert.

> **frase feta**
>
> **the upshot of sth** [resultat final] el resultat d'ac *What was the upshot of your discussion?* Quin va ser el resultat de la vostra discussió?

293 Make Fer

vegeu també **287 Do**; **289 Put**; **304 Materials**

make *vt, pas. & pp.* **made** **1** fer *He makes jewellery for a living.* Es guanya la vida fent joies. *I'll make you a cup of tea.* Et faré una tassa de te. (+ **from**, **out of**) *I made these shorts from/out of an old pair of jeans.* Vaig fer aquests pantalons curts amb uns texans vells. (+ **of**) *a ring made of silver* un anell de plata **2** [obj: p. ex. moviment, intent, canvi, error, descobriment] fer [obj: so] fer, emetre [obj: p. ex. decisió, petició, oferiment] prendre, fer **3** [obj: diners, pèrdua] fer, guanyar, tenir *I make about £20,000 a year from my business.* Guanyo unes 20.000 lliures a l'any amb el meu negoci. **4** [obj: amic, enemic] fer *Our children have made friends with the little boy next door.* Els nostres fills s'han fet amics del veïnet del costat. **5** [sumar] fer *Five and four make(s) nine.* Cinc i quatre fan nou.

maker *nc* [esp. de productes manufacturats] fabricant *The camera didn't work properly so I sent it back to the makers.* La càmera fotogràfica no funcionava bé, per això la vaig retornar al fabricant.

utilització

1 Com a regla general, **do** significa 'realitzar una acció' i se centra en l'acció, mentre que **make** significa 'crear alguna cosa nova' i se centra en l'objecte o el resultat, p. ex. *He's doing the washing-up.* (Està rentant els plats.) *She's doing her homework.* (Està fent els deures.) *He's making a paper aeroplane.* (Està fent un avió de paper.) *She's making a cake.* (Està fent un pastís.) Tanmateix hi ha moltes excepcions imprevisibles a aquesta regla, especialment en el cas de **make**, P. ex. *Don't make any sudden movements.* (No feu cap moviment sobtat.) **2** Compte no confongueu **made from** amb **made of**. **Made of** es fa servir quan es descriuen els materials utilitzats per fer ac, p. ex. *a dress made of silk and lace* (un vestit de seda i blonda). **Made from** s'utilitza quan ac s'ha fet modificant-ne una altra, p. ex. *Paper is usually made from wood.* (Normalment el paper es fa amb la fusta.) *a dress made from an old curtain* (un vestit fet amb una cortina vella).

create *vt* [obj: ac totalment nova] crear [obj: p. ex. interès, confusió, problemes] crear *God created the world in six days.* Déu va crear el món en sis dies. *A lot of new jobs have been created in the last few years.* En els últims anys s'han creat molts llocs de treball nous. *I can create a lot of trouble for you if you don't cooperate.* Si no col·labores puc crear-te molts problemes.

creation *n* **1** *ni* [acte de crear] creació *The government is encouraging the creation of new jobs.* El govern està estimulant la creació de nous llocs de treball. **2** *nc* [sovint jocós i força pej. Ac creada] creació *The famous fashion designer is showing his latest creations.* El famós dissenyador de moda està mostrant les seves últimes creacions.

form *v* **1** *vti* formar(-se) *The volunteers formed a human chain.* Els voluntaris van formar una cadena humana. *The club was formed in 1857.* El club es va formar l'any 1857. *Rust forms/is formed when iron comes into contact with moisture and oxygen.* El rovell es forma quan el ferro entra en contacte amb la humitat i l'oxigen. **2** *vt* [ser equivalent a ac, actuar com a ac] formar *The mountains form a natural border between the two countries.* Les muntanyes formen una frontera natural entre els dos països. *Rice forms the basis of their diet.* L'arròs forma la base de la seva dieta. *vegeu també **39 Shape**

formation *n* **1** *ni* [no ref. a l'ensenyament] formació, creació *He recommended the formation of a new committee.* Va recomanar la creació d'un nou comitè. *the formation of crystals* la formació de cristalls **2** *nc/i* [la manera com es forma ac] formació *an interesting cloud formation* una formació de núvols interessant *The planes were flying in formation.* Els avions volaven en formació.

concoct *vt* [jocós o pej., implica extravagància o manca de subtilesa] confeccionar, fer (+ **from**) *a sort of soup concocted from parsnips and mangoes* una mena de sopa feta a base de xirivia i mangos *He concocted some story about being a millionaire.* Es va inventar una història sobre que era milionari.

concoction *nc* [habit. una beguda] barreja, beuratge, poció *She asked me to sample one of her concoctions.* Em va demanar que provés una de les seves barreges.

293.1 Activitats industrials i pràctiques

produce *vt* produir *The country exports most of the goods it produces.* El país exporta la major part del que produeix. (+ **from**) *The power station produces energy from household waste.* La central elèctrica produeix energia a partir de les escombraries domèstiques. *the oil-producing countries* els països productors de petroli *He produces a novel every two years.* Escriu una novel·la cada dos anys. *Our discussions did not produce a solution to the problem.* Les nostres discussions no van aportar una solució al problema.

producer *nc* productor -a *Saudi Arabia is a major producer of oil/oil producer.* L'Aràbia Saudita és un dels principals productors de petroli.

production *ni* producció *The factory has been able to increase (its) production.* La fàbrica ha estat capaç d'augmentar la producció. *The company will begin production of the new car next year.* L'empresa començarà l'any que ve la fabricació del nou cotxe. (davant de *n*) *production manager/line* cap/línia de producció

manufacture *vt* [produir de manera industrial] manufacturar, fabricar *The company manufactures light bulbs.* L'empresa fabrica bombetes. *manufactured goods* productes manufacturats **manufacturer** *nc* fabricant

manufacture *ni* fabricació, manufactura *The company specializes in the manufacture of light bulbs.* L'empresa està especialitzada en la fabricació de bombetes.

manufacturing ni fabricació, producció industrial *Manufacturing forms the basis of the country's economy.* La producció industrial és la base de l'economia del país.

build v, pas. & pp. **built** **1** vti [obj: p. ex. paret, casa, pont] construir *The cathedral was built in the 14th century.* La catedral es va construir al segle XIV. *The company wants to build on this land.* L'empresa vol construir en aquest terreny. (+ **of**) *houses built of stone* cases construïdes de pedra **2** vt (sovint + **up**) [obj: p. ex. empresa, relació, confiança] construir (+ **on**) *The Roman Empire was built on slave labour.* L'Imperi Romà es va construir amb el treball dels esclaus. *This information will help us build (up) an overall picture of the situation.* Aquesta informació ens ajudarà a fer-nos una idea global de la situació.

build on sth vt [com a base per a un avenç ulterior] construir sobre *We're hoping to build on our success.* Esperem aprofitar al màxim el nostre triomf.

building ni construcció *to finance the building of a new factory* finançar la construcció d'una nova fàbrica (davant de n) *the building industry* la indústria de la construcció

construct vt [més formal que **build**] construir *They're going to construct a new factory on this site.* Construiran una nova fàbrica en aquest solar. *a carefully constructed argument* una argumentació molt ben construïda

construction n **1** ni construcció *A new hospital is under construction.* Hi ha un nou hospital en construcció. (davant de n) *the construction industry* la indústria de la construcció **2** nc [terme més ampli que **building**] construcció *a construction made entirely of glass* una construcció feta totalment amb vidre

assemble vt [obj: ac que es compon de diverses parts, p. ex. un joc de prestatges] muntar *The equipment is easy to assemble.* L'equip és fàcil de muntar. *vegeu també **207 Group**

design vt [obj: p. ex. màquina, edifici, roba] dissenyar *The bridge was designed by an American engineer.* El pont va ser dissenyat per un enginyer americà. (+ **to** + INFINITIU, + **for**) *These tools were designed for use by left-handed people.* Aquestes eines van ser dissenyades per als esquerrans.

design n **1** nc/i disseny (+ **for**) *her design for a new type of parking meter* el seu disseny d'un nou tipus de parquímetre *a building of (an) unusual design* un edifici d'un disseny insòlit **2** ni [habilitat, camp de coneixement] disseny *a course in art and design* un curs d'art i disseny *The French lead the world in dress design.* Els francesos són capdavanters mundials en el disseny de vestits.

designer nc dissenyador -a *He's a designer of children's clothes.* És un dissenyador de roba infantil. *a famous aircraft/dress designer* un famós dissenyador d'avions/de vestits

293.2 Mots relacionats amb les construccions

found vt [obj: p. ex. ciutat, escola, companyia] fundar *The college was founded in 1536/by St Augustine.* El col·legi va ser fundat el 1536/per Sant Agustí.

foundation n **1** ni fundació *The school is celebrating the 500th anniversary of its foundation.* L'escola celebra el 500 aniversari de la seva fundació. **2** nc [idea, situació, etc. sobre la qual es basa ac] fonament, base *His argument is built on strong foundations.* El seu argument es fonamenta en una base sòlida. *Her studies will provide a good foundation for a career in industry.* Els seus estudis li proporcionaran una bona base per fer carrera a la indústria.

establish vt **1** [obj: organització] establir, fundar *The United Nations was established after the Second World War.* Les Nacions Unides van ser fundades després de la Segona Guerra Mundial. [obj: p. ex. regles, relació] establir *We have established a framework for negotiations.* Hem establert un marc per a les negociacions. **2** vit [instal·lar-se, integrar-se, reeixir] fer-se una reputació, consolidar-se (+ **as**) *She has established herself as his likely successor.* S'ha consolidat com la seva probable successora. *This novel has established his reputation as Britain's leading writer.* Aquesta novel·la ha consolidat la seva reputació com a principal escriptor de la Gran Bretanya.

establishment ni establiment, fundació *The company has grown rapidly since its establishment in 1960.* L'empresa ha crescut ràpidament des de la seva fundació el 1960. *vegeu també **206 Organization**

set up sth o **set** sth **up** vt **1** [obj: p. ex. comitè, investigació, fons] crear, constituir *This organization was set up to deal with complaints against the police.* Aquesta organització va ser creada per atendre les queixes contra la policia. **2** preparar, erigir, muntar *It'll take us a while to set up the equipment before we start filming.* Ens costarà una mica de temps muntar els equips abans de començar a filmar. *The police have set up roadblocks on all roads out of the city.* La policia ha instal·lat controls a totes les sortides de la ciutat.

framework nc **1** [pla general, límits] marc *We have established a framework for negotiations.* Hem establert un marc per a les negociacions. *We're trying to express our opinions within the framework of the law.* Intentem d'expressar les nostres opinions dins del marc de la llei. **2** [al voltant de la qual es construeix un edifici, cotxe, etc.] estructura, carcassa *The framework of the building is still intact.* L'estructura de l'edifici roman intacta.

structure n **1** ni/c [la manera com està construïda ac] estructura *The two crystals look similar, but they have different structures.* Els dos cristalls s'assemblen, però tenen estructures diferents. *the structure of our society* l'estructura de la nostra societat *the company's pay/administrative structure* l'estructura de salaris/administrativa de l'empresa **2** nc [mot genèric per a qualsevol cosa construïda] estructura *the tallest man-made structure in the world* l'estructura més alta del món feta per l'home

structure vt estructurar *You need to learn how to structure your essays.* Has d'aprendre a estructurar els teus treballs. *the way our society is structured* la manera com està estructurada la nostra societat

structural adj estructural *The house is in need of major structural repairs.* La casa necessita importants reformes estructurals.

structurally adv estructuralment *The building is structurally sound.* L'edifici té una bona estructura.

basis nc, pl **bases** [fet, suposició, etc. que serveix de punt de partida d'ac] base, fonament *Your allegations have no basis (in fact).* Les teves al·legacions no tenen cap base. (+ **for**) *There is no (factual) basis for these allegations.* No hi ha cap base (objectiva) per a aquestes al·legacions. *She was appointed to the job* **on the basis of** *her previous experience.* Se la va nomenar per a la feina per la seva experiència prèvia. *I agreed to take part* **on the basis that** *I would be paid.* Vaig acceptar de participar-hi amb la condició que cobraria. *She works for us on a voluntary basis.* Treballa per a nosaltres sense cobrar.

294 Join Ajuntar

join v **1** vt (sovint + **together**) ajuntar, enganxar, connectar *We need to join these two ropes together somehow.* Cal que ajuntem aquestes dues cordes d'alguna manera. (+ **up**) *She doesn't join her letters (up) properly when she writes.* No ajunta bé les lletres quan escriu. *We all joined hands.* Ens vam donar les mans. *the passageway that joins the two buildings* el passadís que uneix els dos edificis **2** vti [ajuntar-se amb a/ac. Subj: habit. persona] afegir-se *We joined the march halfway through.* Ens vam afegir a la marxa a mig camí. *Would you like to join us for lunch?* Vols venir a dinar amb nosaltres? *In case you've just joined us, here are the main points of the news.* Si acabeu de sintonitzar amb nosaltres, ara podreu escoltar els titulars de les notícies més importants. *The path joins the main road just up ahead.* El camí embranca amb la carretera una mica més amunt.

join nc [lloc on dues coses s'ajunten] junta, juntura *He wears a wig, but you can't see the join.* Porta perruca, però no es veu on comença.

combine vti (sovint + **with**) combinar *I managed to combine the business trip with a holiday.* Vaig poder combinar el viatge de negocis amb unes vacances. *It's a radio and television combined.* És una combinació de ràdio i televisor. *Hydrogen combines with oxygen to form water.* L'hidrogen i l'oxigen es combinen per formar aigua.

combination nc/i combinació *Hydrogen and oxygen are an explosive combination.* L'hidrogen i l'oxigen són una combinació explosiva. *Students choose different combinations of subjects.* Els alumnes escullen diferents combinacions d'assignatures.

attach vt (sovint + **to**) **1** [fixar ac a una altra, habit. sense la necessitat de gaire esforç] fermar *to attach a flash to a camera* acoblar un flaix a una càmera *There was a cheque attached to the letter.* Hi havia un taló adjunt a la carta. **2** [més aviat formal. Obj: p. ex. importància] donar *I attach a great deal of importance to honesty.* Dono molta importància a l'honradesa.

attached adj (darrere v) [sentimentalment] unit, lligat, aferrat *She's very attached to her dog.* N'està molt, del seu gos.

attachment nc **1** accessori, acoblament *a power drill with various attachments* una perforadora amb diversos accessoris **2** [sentimental] vincle afectiu *The child normally forms a strong attachment to its mother.* El nen normalment arriba a desenvolupar un fort vincle afectiu envers la mare.

hook nc ganxo *I hung my coat on the hook.* Vaig penjar l'abric en el penja-robes. *a fishing hook* un ham

hook vt (sempre + adv o prep) enganxar *The dog's lead was hooked over the railings.* La corretja del gos estava lligada a la barana. *I accidentally hooked my coat on the barbed wire.* Sense voler l'abric se'm va enganxar al filferro espinós. (+ **up, to**) *I hooked the trailer (up) to the truck.* Vaig enganxar el remolc al camió.

connect vt (sovint + **to, with**) **1** [obj: p. ex. aparell, cables] connectar, ajuntar, unir *to connect a hosepipe (up) to a tap* connectar una mànega a una aixeta *The telephone hasn't been connected yet.* Encara no han connectat el telèfon. *Your thigh bone is connected to your knee bone.* El fèmur s'ajunta amb l'os del genoll. *The M4 motorway connects London with/to the southwest.* L'autopista M4 uneix Londres amb el sud-oest. **2** [establir una relació, associació, etc.] relacionar *The police have found nothing to connect her with/to the crime.* La policia no ha trobat res que la relacioni amb el crim. *The two firms have similar names, but they're not connected.* Les dues empreses tenen noms semblants, però no hi ha cap relació entre elles.

connection nc **1** connexió, juntura *The switch wasn't working because of a loose/faulty connection.* L'interruptor no funcionava per culpa d'una connexió fluixa/defectuosa. **2** relacions *He has connections with the Church.* Manté relacions amb l'Església. (+ **between**) *There is no connection between the two companies.* No hi ha cap relació entre les dues companyies. *The police would like to speak to her* **in connection with** *a number of robberies in the area.* La policia vol parlar amb ella en relació amb uns quants robatoris a la zona. **3** [en el context del transport o de les comunicacions] comunicació, connexió, correspondència (+ **between**) *There are good road and rail connections between London and Scotland.* Entre Londres i Escòcia hi ha bones comunicacions, tant per carretera com per ferrocarril. *The train was delayed, and I missed my connection.* El tren va arribar amb retard i vaig perdre l'enllaç. *It was a bad connection, so I had to shout down the phone.* La línia era defectuosa, i vaig haver de cridar per telèfon.

link nc **1** (sovint + **with**) [significat molt semblant al de **connection**, però pot suggerir una connexió intencionada] enllaç, vincle *The university has strong links with local industry.* La universitat té vincles estrets amb la indústria local. *The airport is the country's only link with the outside world.* L'aeroport és l'únic enllaç del país amb el món exterior. (+ **between**) *This clue provided an important link between the two crimes.* Aquesta pista va permetre establir una connexió important entre els dos delictes. **2** [de cadena] anella, baula

link vt (sovint + **with**, **to**) enllaçar, unir *The Channel Tunnel links Britain with/to/and the Continent.* El Túnel de la Mànega uneix la Gran Bretanya amb el continent. *an organization linked with/to the Red Cross* una organització vinculada a la Creu Roja

link up (sth) o **link** (sth) **up** vit (sovint + **with**) acoblar-se *The American and Russian spacecraft are about to link up.* Les naus espacials americana i russa estan a punt d'acoblar-se.

294.1 Ajuntar amb fermesa

bind v, pas. & pp. **bound** 1 [més formal que **tic** (**up**). Lligar fixament i estreta] lligar, embenar *Bind the wound in order to stop the bleeding.* Embeneu la ferida perquè deixi de sagnar. *The hostages were bound and gagged.* Els ostatges estaven lligats i emmordassats. 2 (habit. + **together**) [més aviat formal. Subj: p. ex. força, emocions] lligar, aferrar *the energy which binds atoms together* l'energia que manté units els àtoms *We felt bound together in our grief.* Ens sentíem lligats l'un a l'altre en la nostra aflicció. 3 [obj: llibre] enquadernar, relligar *books bound in leather* llibres relligats en pell

binding nc enquadernació *a book with a leather binding* un llibre amb enquadernació de pell

bond nc 1 [sentimental] lligam, llaç, vincle *the bonds of friendship* els vincles d'amistat (+ **between**) *A special bond often develops between twins.* Sovint es desenvolupa un vincle especial entre bessons. 2 (habit. pl) [formal, obsolet] cadenes, cordes *The prisoner had broken free from his bonds.* El presoner s'havia alliberat de les cadenes.

stick vti, pas. & pp. **stuck** [amb cola, cinta adhesiva o substància semblant] enganxar, adherir *Don't forget to stick a stamp on the envelope.* No t'oblidis d'enganxar un segell al sobre. (+ **to**) *There was some chewing gum stuck to the wall.* Hi havia xiclet enganxat a la paret.

stuck adj (darrere v) [incapaç de moure's] encallat, bloquejat, clavat *I got stuck trying to climb through the hole in the wall.* Vaig quedar-me encallat quan intentava passar per un forat a la paret. *The door's stuck.* La porta està encallada.

sticky adj enganxifós, adhesiu *a sticky substance* una substància enganxifosa *sticky labels* etiquetes adhesives *My hands are all sticky.* Tinc les mans enganxifoses.

weld vti [obj: peces de metall que es fonen mitjançant la calor] soldar *to weld two sheets of metal together* soldar dues planxes de metall **welding** ni soldadura **welder** nc soldador -a

fasten v 1 vti [obj: p. ex. abric, botons] cordar(-se) *a skirt that fastens at the side* una faldilla que es corda al costat *Make sure your seat belt is securely fastened.* Assegura't que tens el cinturó de seguretat ben cordat. 2 vt (sovint + **to**) [ús més general] subjectar, lligar, fermar *The load is securely fastened to the truck.* La càrrega està ben fermada al camió. (+ **together**) *She fastened the documents together with a paperclip.* Va subjectar els documents amb un clip.

fastener nc [mot genèric] fermall, cremallera, gafet

294.2 Ajuntar mitjançant corda o cordill

tie vt (sovint + **to**) 1 (sovint + **up**) [obj: p. ex. cordes, nus] lligar, fer *He was tying decorations on/to the Christmas tree.* Estava decorant l'arbre de Nadal. *She tied the parcel up with string.* Va lligar el paquet amb cordill. *The hostage was tied to the bed.* L'ostatge estava lligat al llit. *He tied a knot in his handkerchief.* Es va fer un nus al mocador. 2 [obligar a romandre en un lloc determinat] lligar, vincular *There's nothing tying me to this town.* No hi ha res que em lligui a aquesta ciutat. *Now that I've got a baby, I'm tied to the home all day.* Ara que tinc una criatura, m'he d'estar a casa tot el dia.

tie nc 1 [per tancar una bossa d'escombraries, etc.] nus, fermall 2 (habit. pl) lligams *family ties* lligams familiars *a young, single woman with no ties* una dona jove i soltera sense compromisos *vegeu també **192 Accessories**

knot nc nus *to tie a knot in a piece of string* fer un nus en un cordill

knot vt, -tt- nuar, lligar, fer un nus *I knotted the two ends of the rope together.* Vaig fer un nus per lligar els caps de la corda.

tangle vti (sovint + **up**) [entrellaçar(-se) d'una manera complicada i desordenada, habit. sense voler] embolicar(-se) *Be careful not to tangle (up) the wires.* Vigila que no facis un embolic amb els cables. *The oars had got tangled in/with the fishing net.* Els rems s'havien embolicat a la xarxa.

tangle nc embolic, garbuix *The wires were in a terrible tangle.* Els cables estaven completament enredats.

294.3 Coses utilitzades per enganxar, lligar i ajuntar

glue ni/c cola, goma *a tube of glue* un tub de cola

glue vt, ger. **gluing** o **glueing** encolar *I glued the handle back on the cup.* Vaig encolar la nansa a la tassa. (+ **together**) *Glue the two ends together.* Encola les puntes l'una a l'altra.

paste ni [per a paper i cartolina. No prou fort per a porcellana, fusta, etc.] engrut, pastetes *wallpaper paste* engrut per a paper pintat

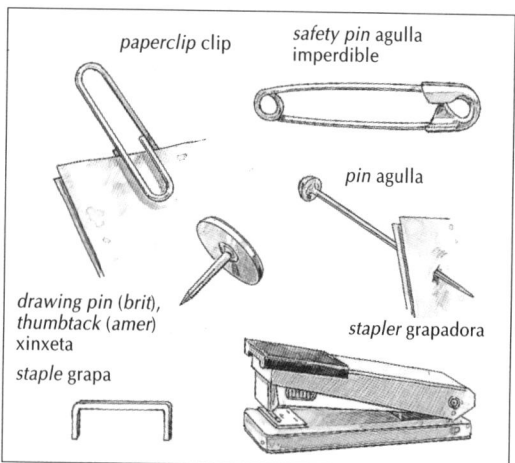

paperclip clip
safety pin agulla imperdible
pin agulla
drawing pin (brit), thumbtack (amer) xinxeta
staple grapa
stapler grapadora

paste vt engrutar, enganxar (+ **to, on**) *There were a few posters pasted on/to the wall.* Hi havia uns quants pòsters enganxats a la paret.

tape ni [material encolat, esp. en tires o rotlles] cinta (adhesiva) *a roll of sticky tape* un rotlle de cinta adhesiva *insulating/masking tape* cinta aïllant/ protectora

sellotape (brit), **scotch tape** (amer) ni (marca registrada, sovint amb majúscula) cinta adhesiva transparent

rope ni/c corda *a length of rope* un tros de corda *She escaped by climbing down a rope.* Es va escapar baixant per una corda.

string ni cordill *a ball of string* un cabdell de cordill

twine ni [classe de cordill fort, p. ex. per a jardineria] ficel·la, gansalla

pin vt, **-nn-** (sovint + **to, on**) clavar (amb agulles o xinxetes) *I'll pin a copy of the letter to/on the notice board.* Clavaré una còpia de la carta al tauler d'anuncis. (+ **together**) *He pinned the two pieces of material together.* Va ajuntar les dues peces de roba amb agulles.

295 Separate Separar

separate v (sovint + **from, into**) **1** vti [acció] separar *The girl didn't want to be separated from her parents.* La nena no volia que la separessin dels seus pares. *Let's separate for a while and meet up again later.* Què us sembla si ens separem durant una estona i ens tornem a trobar més tard? *I find it difficult to separate these two ideas.* Se'm fa difícil separar aquestes dues idees. **2** vt [estat permanent] dividir, separar *A stone wall separates our land from theirs.* Un mur de pedra separa el nostre terreny del seu.

separate adj (sovint + **from**) **1** [no plegats] separat, a part *The piranhas are in a separate tank from the other fish.* Les piranyes són en una peixera separades dels altres peixos. *Keep your cheque book and cheque card separate.* Guardeu separats el talonari i la targeta. **2** [no el mateix] diferent, independent *My three appointments are on separate days.* Tinc les tres cites en dies diferents. **separately** adv per separat **separation** ni/c separació

divide v **1** vti (sovint + **into, up**) [separar en parts] dividir, repartir *to divide a cake in half/into three* dividir un pastís en dos/tres *The teacher divided the children (up) into groups.* La mestra va repartir els nens en grups. (+ **between**) *The winners will have to divide the prize money (up) between them.* Els guanyadors s'hauran de repartir els diners del premi. *The cells divide every 20 seconds.* Les cél·lules es divideixen cada 20 segons. **2** vt [per un desacord. No tan fort com **split**] desunir, dividir *This issue has divided the Party.* Aquest assumpte ha dividit el partit. *Opinions are divided over this issue.* Hi ha diferents opinions sobre aquest assumpte.

> *u t i l i t z a c i ó*
>
> Fixeu-vos en l'ús de la preposició **into** en les frases següents: *We divided into three groups.* (Ens vam dividir en tres grups.) *I divided the cake into eight portions.* (Vaig partir el pastís en vuit trossos.)

division n **1** ni divisió, repartiment *She complained about the unfair division of the prize money.* Es va queixar del repartiment injust dels diners del premi. *a biologist studying cell division* una biòloga que estudia la divisió cel·lular **2** nc/i desacord, ruptura *This issue has caused deep divisions within the Party.* Aquest assumpte ha provocat divisions profundes dins del partit. *vegeu també **297 Maths**

split v, **-tt-**, pas. & pp. **split 1** vti (sovint + **into**) [trencar(-se) o esquerdar(-se) fent força. Obj: p. ex. fusta, pedra, roba] partir(-se), esquinçar(-se), esberlar(-se) *He split the log into three pieces.* Va partir el tronc en tres trossos. *His trousers split as he sat down.* Els pantalons se li van estripar quan va seure. **2** vti (sovint + **into, up**) [menys formal que **divide**] dividir(-se), escindir(-se), repartir(-se) *The teacher split the children (up) into two groups.* La mestra va dividir els nens en dos grups. *This issue could split the Party.* Aquest assumpte podria escindir el partit. (+ **between**) *The winners will have to split the prize money (up) between them.* Els guanyadors s'hauran de repartir els diners del premi. **3** vi (habit. + **up**) [subj: esp. parella] separar-se *Tracey and Kevin have split (up).* La Tracey i en Kevin s'han separat. (+ **with**) *Tracey has split (up) with her boyfriend.* La Tracey ha renyit amb el seu xicot.

split nc **1** (+ **in**) esquerda, clivella *There was a large split in the wooden door.* Hi havia una gran esquerda a la porta de fusta. **2** separació, escissió *to avoid a damaging split within the Party* per evitar una escissió perjudicial en el si del partit

detach vt (sovint + **from**) [habit. intencionat, amb cura i sense necessitat de força. Obj: esp. peça separable] separar, desenganxar *to detach the flash from a camera* desenganxar el flaix d'una càmera *She detached herself from his embrace.* Es va deslliurar de la seva abraçada.

detached adj [sense compromís emocional] objectiu, distanciat, fred *It's difficult for doctors to remain emotionally detached from their work.* És difícil per als metges no implicar-se emocionalment en la feina.

detachment ni separació, deslligament *He viewed the scene with an air of detachment.* Es mirava l'escena amb un aire d'indiferència *vegeu també **174 Types of building**

disconnect vt [obj: esp. subministrament elèctric/de gas, aparell, tub] desconnectar *Their telephone has been disconnected because they didn't pay the bill.* Els han tallat el telèfon perquè no van pagar la factura.

disconnection ni/c desconnexió

disconnected adj [que no està construït de manera coherent o lògica. Descriu: p. ex. pensaments, comentaris] incoherent *His essay is just a collection of disconnected thoughts.* El seu assaig és un recull d'incongruències.

apart adv **1** [no junt(s)] a part, separat *They're married, but they live apart.* Són casats, però viuen separats. *He stood with his legs apart.* Estava dret amb les cames eixarrancades. (+ **from**) *I stood apart from the rest of* *the crowd.* M'estava dret apartat de l'altra gent. **2** [en parts o trossos] desfet, desmuntat, destrossat *The house was blown apart by the explosion.* La casa va quedar destrossada per l'explosió. *badly made toys that* ***come/fall apart*** *in your hands* joguines mal fetes que se't desfan a les mans *She* ***took*** *the radio* ***apart*** *to see how it worked.* Va desmuntar la ràdio per veure com funcionava. *vegeu també **437 Exclude**

295.1 Deslligar alguna cosa subjectada o lligada

undo *vt, pas.* **undid** *pp.* **undone** [mot més genèric] desfer, descordar *She undid her coat/the buttons/the knot.* Es va descordar l'abric/els botons. Es va desfer el nus. *Your shoelace is undone/has come undone.* Duus el cordó descordat/El cordó se t'ha descordat.

unfasten *vt* [obj: p. ex. abric, cinturó, botons] deslligar, descordar

untie *vt* (sovint + **from**) [obj: esp. cordons, corda, cordill, nus] deslligar *They untied the prisoner's hands.* Van deslligar les mans de la presonera. *The hostage was relieved to be untied from the chair.* L'ostatge es va alegrar que el deslliguessin de la cadira.

unbutton *vt* [obj: botons o roba lligada amb botons] descordar

loose *adj* **1** [descriu: roba] balder, deslligat [descriu: p. ex. botó, cargol] fluix, folgat *These trousers are very loose around the waist.* Aquests pantalons són molt amples de cintura. *One of my teeth is coming loose.* Tinc una dent que es belluga. *The switch wasn't working because of a loose connection.* L'interruptor no funcionava per culpa d'una connexió fluixa. *In very hot countries people wear loose garments.* En els països calorosos la gent porta roba folgada. **2** (darrere v) [no subjectat amb cintes, clips, etc. Descriu: esp. cabells] solt, deixat anar *She usually wears her hair loose.* Sol portar els cabells deixats anar.

loosen *vti* [subj/obj: p. ex. nus] afluixar *The nurse loosened the patient's clothing so that he could breathe more easily.* La infermera va afluixar la roba del pacient perquè pogués respirar millor.

296 Computers Ordinadors

computer *nc* ordinador *a personal/home computer* un ordinador personal, un PC *We can do these calculations on the computer.* Podem fer aquests càlculs amb l'ordinador. (davant de *n*) *computer games/programs/equipment* jocs/programes/equipament informàtic

computerize, TAMBÉ **-ise** (*brit*) *vt* [obj: p. ex. empresa, sistema de comptabilitat] informatitzar *a computerized booking system for airline tickets* un sistema informatitzat de reserves de bitllets d'avió

computerization *ni* informatització

monitor TAMBÉ *visual display unit*, abrev **VDU** monitor
disk drive disquetera
screen pantalla
floppy disk disquet
keyboard teclat
mouse, pl mouses ratolí
printer impressora

system *nc* [aparells informàtics que funcionen com a conjunt] sistema *a (computer) system designed for use in libraries* un sistema informàtic dissenyat per a biblioteques

terminal *nc* terminal

word processor *nc* processador de textos **word processing** *ni* tractament de textos

keyboard *nc* teclat

keyboard *vt* [obj: dades, text] introduir *It will take a long time to keyboard all these sets of figures.* Es trigarà molt a introduir tot aquest munt de xifres.

hardware *ni* [els aparells físics] maquinari

software *ni* [programes, etc.] programari

hard disk *nc* disc dur

> *utilització*
>
> El mot **floppy disk** (lit.: disc flexible) es refereix majoritàriament als disquets de 5,25 polzades, però de vegades s'utilitza també referit als de 3,5 polzades encara que no siguin flexibles. El mot més normal per referir-se a un d'aquests discs és **diskette** (disquet). La paraula **disk** (disc) és un mot genèric que es pot referir a discs de totes les mides. El **hard disk** (disc dur) queda instal·lat permanentment a l'interior de l'ordinador i normalment l'operador no el veu.

program *nc* programa *She has written a program to convert Fahrenheit to Celsius.* Ha fet un programa per convertir graus Fahrenheit en graus centígrads.

program *vti*, **-mm-** [obj: p. ex. ordinador, robot, vídeo] programar (+ **to** + INFINITIU, + **for**) *The computer is not programmed to carry out these tasks.* L'ordinador no està programat per executar aquestes tasques.

(**computer**) **programmer** *nc* programador -a

data *ni* dades *Not much data has been keyboarded yet.* Encara no han estat introduïdes gaires dades. (davant de *n*) *data files/storage/processing* arxius/emmagatzematge/tractament de dades

utilització

Hi ha persones que insisteixen que **data**, tenint en compte l'arrel llatina, ha de ser un nom plural, com indica **many** i el verb plural **have** en: *Not many of the data have been keyboarded.* (Encara no han estat introduïdes gaires dades.) Tanmateix, la majoria de parlants anglesos considera que aquest ús plural és més aviat pedant, i prefereix tractar el terme com a mot no comptable: *Not much of the data has been keyboarded yet.*

menu *nc* menú

printout *nc/i* (sovint + **of**) llistat, còpia impresa *a printout of all the members' names and addresses* un llistat dels noms i les adreces de tots els socis

down *adj* (darrere *v*) [que no funciona] avariat *The system is down.* El sistema s'ha penjat.

up *adj* (darrere *v*) [que torna a funcionar després d'una avaria] actiu, en funcionament *The system will soon be (back) up again.* El sistema tornarà a funcionar aviat.

bug *nc* [un problema amb el maquinari o el programari] error

297 Maths Matemàtiques

vegeu també **38 Shapes**; **307 Weights and Measures**

mathematics *ni*, abrev **maths** (*brit*), **math** (*amer*) matemàtiques *He studied maths at university.* Va fer la carrera de matemàtiques. **mathematical** *adj* matemàtic **mathematician** *nc* matemàtic -a

arithmetic *ni* aritmètica *mental arithmetic* càlcul mental **arithmetic(al)** *adj* aritmètic

algebra *ni* àlgebra **algebraic** *adj* algèbric

geometry *ni* geometria

geometric(al) *adj* **1** [relacionat amb la geometria] geomètric **2** [que té formes o angles regulars] geomètric *the geometric(al) designs of modern architecture* els dissenys geomètrics de l'arquitectura moderna

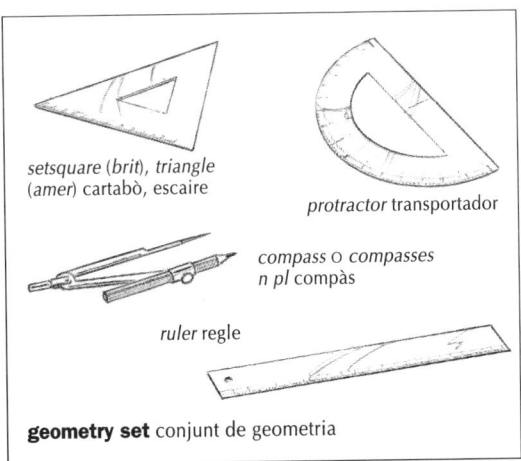

setsquare (*brit*), *triangle* (*amer*) cartabò, escaire

protractor transportador

compass o *compasses n pl* compàs

ruler regle

geometry set conjunt de geometria

diagram *nc* (sovint + **of**) diagrama *to draw a diagram* dibuixar un diagrama

graph *nc* gràfic

formula *nc*, *pl* **formulae** fórmula (+ **for**) *What is the formula for solving quadratic equations?* Quina és la fórmula per resoldre equacions de segon grau?

297.1 Operacions matemàtiques

add *vti* (sovint + **to**, **up**) sumar, afegir *If you add 11 to/and 89 you get 100.* Si sumes 11 a 89, obtindràs 100. *Don't forget to add VAT (to the price).* No oblidis afegir-hi l'IVA (al preu). (+ **together**) *Add the two numbers together.* Suma els dos nombres. *Add up each column of figures.* Sumeu cada columna de xifres. *Your total order adds up to £117.* La comanda total puja a 117 lliures. **addition** *ni* addició, suma *vegeu també **46 Increase**

subtract *vti* (sovint + **from**) restar, sostreure *Add the first two numbers together then subtract the third.* Sumeu els dos primers nombres i després resteu-ne el tercer. *If you subtract 11 from 89 you get 78.* Si de 89 en restes 11 te'n quedaran 78. **subtraction** *ni* subtracció, resta

utilització

- **+** (**plus** o **and**) més, i
- **-** (**minus**) menys
- **x** (**times** o **multiplied by** o **by**) multiplicat per
- **÷** (**divided by**) dividit per/entre
- **=** (**equals**) igual a

Twelve plus three equals/is fifteen. (12 + 3 = 15) Dotze més tres igual a quinze.
Twelve minus three equals/is nine. (12 − 3 = 9) Dotze menys tres igual a nou.
Twelve times three equals/is thirty-six. (12 x 3 = 36) Dotze (multiplicat) per tres igual a trenta-sis.
Twelve divided by three equals/is four. (12 ÷ 3 = 4) Dotze dividit per tres igual a quatre.
The repairs cost £50, plus VAT. Les reparacions van costar 50 lliures, més IVA.
a temperature of minus ten degrees Celsius (-10°C) una temperatura de 10° C sota zero
a plus/minus/equals sign un signe de més/de menys/d'igual

multiply *vt* (sovint + **by**) multiplicar *27 multiplied by 89 equals 2,403.* 27 multiplicat per 89 igual a 2.403. (+ **together**) *Multiply these two numbers together.* Multipliqui aquests dos nombres. **multiplication** *ni* multiplicació

divide *vti* (sovint + **by**, **into**) dividir *If you divide 2,403 by 89 you get 27.* 2.403 dividit entre 89 igual a 27. *11 doesn't divide into 100 exactly.* 100 dividit entre 11 no dóna exacte. **division** *ni* divisió *vegeu també **295 Separate**

297.2 Fer càlculs

calculate vt calcular *How do you calculate the area of a circle?* Com es calcula l'àrea d'un cercle? (+ *that*) *Scientists have calculated that the two planets will collide about 500 years from now.* Els científics han calculat que els dos planetes col·lidiran d'aquí a 500 anys aproximadament.

calculation nc/i càlcul *If my calculations are correct, we have about £200 left to spend.* Si els meus càlculs són correctes, ens queden unes 200 lliures per gastar.

calculator nc calculadora *a pocket/desk calculator* una calculadora de butxaca/taula

work out sth o **work** sth **out** vt [menys formal que *calculate*, i sovint ref. a càlculs més senzills] calcular (+ *that*) *I worked out that we had spent about £200.* Vaig calcular que havíem gastat més o menys 200 lliures.

sum nc **1** [càlcul aritmètic senzill] càlcul, suma, problema *I did a quick sum in my head.* Vaig fer un càlcul mental ràpid. *a multiplication/division sum* un problema de multiplicar/dividir **2** [total d'una addició] suma, resultat *What is the sum of 43, 81 and 72?* Quin és el resultat de sumar 43, 81 i 72? **3** [suma de diners] quantitat *The government spends huge sums on defence.* El govern gasta quantitats enormes de diners en defensa.

total nc total *Add up all the figures and write the total at the bottom.* Suma totes les xifres i escriu el total al final.

total vt, -ll- (brit), habit. -l- (amer) ascendir *Government spending totalled £500 billion last year.* Les despeses governamentals van ascendir a 500 bilions de lliures l'any passat.

answer nc solució *The correct answer is 813.* La solució correcta és 813. *vegeu també **352 Answer**

298 Numbers Nombres

number n **1** nombre, número *Multiply the first number by the second.* Multiplica el primer nombre pel segon. *The page numbers are at the bottom.* Els números de les pàgines es troben a la part inferior. *This record is number two in the charts.* Aquest disc és el número 2 a les llistes d'èxits. **2** (sovint + *of*) [quantitat de coses, persones, etc.] nombre *Count the number of chairs in the room.* Compta el nombre de cadires a la sala. *I have a number of things to discuss with you.* Tinc uns quants assumptes per parlar amb vostè. *People were arriving in large numbers.* La gent arribava en gran nombre.

> **utilització**
>
> Normalment per referir-nos al número **0** s'utilitza la paraula **nought**; p. ex.: *To multiply by 100, just add two noughts.* (Per multiplicar per 100, només cal afegir-hi dos zeros.) També s'utilitza **zero**, especialment en contextos científics i matemàtics. S'utilitza **nil** en els resultats de futbol i **love** en els resultats de tennis. En números de telèfon i en decimals, la xifra **0** es pronuncia com la lletra **o**.

NOMBRES

	Cardinal	Ordinal	Adverbi
1	one	first	once
2	two	second	twice
3	three	third	three times, [obsolet] thrice
4	four	fourth	four times
5	five	fifth	five times
6	six	sixth	etc.
7	seven	seventh	
8	eight	eighth	
9	nine	ninth	
10	ten	tenth	
11	eleven	eleventh	
12	twelve	twelfth	
13	thirteen	thirteenth	
14	fourteen	fourteenth	
15	fifteen	fifteenth	
16	sixteen	sixteenth	
17	seventeen	seventeenth	
18	eighteen	eighteenth	
19	nineteen	nineteenth	
20	twenty	twentieth	
21	twenty-one	twenty-first	
22	twenty-two	twenty-second	
23	twenty-three	twenty-third	
24	twenty-four	twenty-fourth	
30	thirty	thirtieth	
31	thirty-one	thirty-first	
40	forty	fortieth	
50	fifty	fiftieth	

	Cardinal	Ordinal
60	sixty	sixtieth
70	seventy	seventieth
80	eighty	eightieth
90	ninety	ninetieth
100	a/one hundred	hundredth
101	a/one hundred and one	hundred-and-first
149	hundred and forty nine	a/one hundred and forty-ninth
200	two hundred	two hundredth
796	seven hundred and ninety-six	seven hundred and ninety-sixth
1,000	a/one thousand	
1,001	a/one thousand and one	
1,100	one thousand one hundred	
2,000	two thousand	
6,914	six thousand nine hundred and fourteen	
10,000	ten thousand	
100,000	a/one hundred thousand	
1,000,000	a/one million	
4,132,860	four million, one hundred and thirty-two thousand, eight hundred and sixty	

1, 3, 5 and 7 are **odd numbers**. 1, 3, 5 i 7 són nombres senars.

2, 4, 6, and 8 are **even numbers**. 2, 4, 6 i 8 són nombres parells.

number vt numerar *Don't forget to number the pages.* No t'oblidis de numerar les pàgines. *The hotel rooms are numbered (from) 1 to 400.* Les habitacions de l'hotel són numerades d'1 a 400.

figure nc **1** [nombre escrit] xifra *All I do in my job is add up rows of figures all day.* L'únic que faig a la feina és sumar columnes de xifres tot el dia. *He earns a six-figure salary.* Guanya un salari de 6 xifres. **2** [quantitat expressada en nombres] xifra, nombre, quantitat *Can you give me an approximate figure for the number of guests you expect?* Em podeu donar una xifra aproximada del nombre de convidats que espereu? *They sold their house for a huge figure.* Es van vendre la casa per una quantitat enorme.

count vti comptar *I counted the (number of) chairs; there were 36.* Vaig comptar les cadires; n'hi havia 36. *The miser was counting his money.* L'avar estava comptant els diners. *The votes have not yet been counted.* Encara no han fet el recompte dels vots. *The child is learning to count.* El nen està aprenent a comptar. *to count from one to ten/to count up to ten* comptar d'1 a 10/fins a 10

298.1 Noms que representen nombres determinats

pair nc (sovint + **of**) **1** [dues coses semblants que formen un conjunt] parell, parella *a pair of shoes* un parell de sabates *There's a pair of robins nesting in our garden.* Tenim una parella de pit-roigs que estan niant al jardí. *to walk in pairs* caminar en parelles **2** [ref. a determinats objectes que consisteixen en dues parts semblants; *vegeu també UTILITZACIÓ a **190.3**] *a pair of trousers/scissors/binoculars* uns pantalons/unes estisores/uns prismàtics

couple nc **1** [força informal. Dos, o pot ser uns quants més] parell -a, uns -es quants -es *There are a couple of cans of beer in the fridge.* Hi ha unes quantes llaunes de cervesa a la nevera. *Can you wait a couple of minutes?* Pots esperar un parell de minuts? **2** [home i dona, etc.] parella *a married couple* un matrimoni

few adj **1 a few** [sentit positiu. Més de dos, però no gaires] uns quants *I invited a few friends over for dinner.* Vaig convidar uns quants amics a sopar a casa meva. *I waited for a few minutes, then went home.* Vaig esperar uns quants minuts, aleshores vaig marxar cap a casa. **2 few** [sentit negatiu. No gaires] pocs *He has few friends.* Té pocs amics. *Few churches can boast such fine architecture.* Poques esglésies poden presumir d'una arquitectura tan esplèndida. *There are fewer buses in the evenings.* Hi ha menys autobusos al vespre.

utilització

Sovint s'utilitza **less** en comptes de **fewer**, p. ex. *There are less people than I expected.* (Hi ha menys gent de la que esperava.), però moltes persones consideren que aquest ús és gramaticalment incorrecte.

few pron **1 a few** uns quants *'Did you take any photos?' 'A few.'* 'Vas fer fotos?' 'Unes quantes.' *I invited a few of my friends over for dinner.* Vaig convidar uns quants (dels meus) amics a sopar a casa meva. **2 few** pocs, poques *The Greeks built many fine temples, but few have survived.* Els grecs van construir molts temples magnífics, però pocs han perdurat.

several 1 adj [quantitat no exacta però superior a la indicada per **few**] alguns, uns quants *I have read Middlemarch several times.* He llegit Middlemarch unes quantes vegades. **2** pron alguns, uns quants *There were many people at the party, and several of them got drunk.* Hi havia moltes persones a la festa i algunes van agafar una bona trompa.

utilització

Es poden utilitzar els mots **dozen**, **hundred**, **million** i **billion**, esp. en plural, per designar en un context apropiat un gran nombre sense especificar de coses, persones, etc. Sovint expressa un grau d'exageració, i si és així, la utilització es considera informal. Vegeu els exemples a continuació.

dozen nc dotzena, dotze *I ordered a dozen boxes of pencils.* Vaig demanar dotze caixes de llapis. *half a dozen/a half-dozen eggs* mitja dotzena d'ous (+ **of**) *He's had dozens of different jobs.* Ha tingut dotzenes de feines diferents.

hundred nc cent *There were exactly a/one/two hundred people in the hall.* Hi havia exactament cent/dues-centes persones a la sala. (+ **of**) *We had hundreds of applications for this job.* Vam rebre centenars de sol·licituds per a aquesta feina.

thousand nc mil *He earns a thousand pounds a month.* Guanya mil lliures al mes. (+ **of**) *Thousands of people visit the museum every day.* Milers de persones visiten el museu cada dia.

million nc milió *Over 8 million people live in London.* Més de 8 milions de persones viuen a Londres. (+ **of**) *I've got a million things/millions of things to do before we go on holiday.* Tinc un munt de coses a fer abans que marxem de vacances.

billion nc **1** [l'u seguit de nou zeros] mil milions *Government spending totalled £40 billion last year.* Les despeses governamentals van pujar a 40.000 milions de lliures l'any passat. (+ **of**) *There are billions of stars in the galaxy.* Hi ha milers de milions d'estels a la galàxia. **2** (brit) [obsolet. L'u seguit de dotze zeros] bilió

FRACCIONS

$1/2$	**a half** la meitat
$1/3$	**a/one third** un terç
$2/3$	**two thirds** dos terços
$1/4$	**a/one quarter** (brit & amer),
	a/one fourth (amer) un quart
$3/4$	**three quarters** (brit & amer),
	three fourths (amer) tres quarts
$1/5$	**a/one fifth** una cinquena part
$2/5$	**two fifths** dues cinquenes parts
$1/6$	**a/one sixth** una sisena part etc.

---

fraction nc fracció *Can the value of pi be expressed as a fraction?* Es pot expressar el nombre pi com a fracció? *vegeu també **45 Small quantity**

DECIMALS

21.503 **twenty one point five oh three** o **twenty one point five zero three**

Observeu que el **decimal point** (punt decimal) es pronuncia com **point** i s'escriu com un punt (.). Per escriure nombres grans, s'utilitza una coma per separar els milers, p. ex. *The distance from the earth to the moon is about 380,000 kilometres.* (La distància entre la Terra i la Lluna és aproximadament de 380.000 kilòmetres.)

299 Correct Correcte

vegeu també **215 True**

correct *adj* [més aviat formal. Descriu: p. ex. resposta, mètode, pronunciació] correcte *Make sure you use the correct quantity of flour.* Assegura't que hi poses la quantitat correcta de farina. **correctness** *ni* correcció **correctly** *adv* correctament

correct *vt* corregir *I'd like to correct my previous statement.* M'agradaria rectificar la meva declaració anterior. *The teacher corrects the children's work.* La mestra corregeix els treballs dels nens.

correction *nc/i* correcció *The teacher makes corrections on the students' work.* El professor fa correccions als treballs dels estudiants.

right *adj* [menys formal que **correct**] correcte *to get a sum right* fer un càlcul bé *I don't think we're on the right road.* No crec que siguem a la carretera correcta. *You said the bank would be closed and you were right.* Deies que el banc estaria tancat i tenies raó. (+ **to** + INFINITIU) *She was right to call the police.* Va fer bé de cridar la policia. *Is that clock right?* Va bé aquell rellotge?

right *adv* [de manera correcta] correctament, exactament, bé *It's important to do this job right.* És important fer aquesta feina ben feta. *I hope everything goes right for you at the job interview.* Desitjo que tot et vagi bé a l'entrevista per a la feina. *vegeu també **211 Fair**; **420 Suitable**

rightly *adv* correctament, degudament *As you rightly point out, this project will be very costly.* Com molt encertadament diu vostè, aquest projecte serà molt costós.

exact *adj* exacte *The exact time is 7:06 and 33 seconds.* L'hora exacta és 7 hores, 6 minuts i 33 segons. *What were his exact words?* Quines van ser les seves paraules exactes? **exactness** *ni* exactitud

exactly *adv* **1** exactament, en punt *It is exactly 11 o'clock.* Són les 11 en punt. **2** [com a resposta per expressar acord] exactament *'So the murderer must have been known to the victim?' 'Exactly.'* 'Aleshores la víctima devia conèixer l'assassí.' 'Exactament.'

precise *adj* **1** [suggereix un nivell encara més alt de detall que **exact**. Descriu: p. ex. detalls, càlculs] precís *What were his precise words?* Quines van ser les seves paraules precises? [sovint expressa un alt grau d'habilitat] *The police operation required very precise timing.* L'operació policial requeria que l'acció estigués perfectament sincronitzada. **2** (davant de *n*) [que es refereix a una hora, un indret, etc., específic i cap altre] precís, exacte *This is the precise spot where he was killed.* Aquest és el lloc exacte on va ser assassinat. *I'm not doing anything at this precise moment.* No faig res en aquest precís moment.

precisely *adv* **1** precisament *It is precisely 11 o'clock.* Són les 11 en punt. **2** [com a resposta per expressar acord] precisament *'So the murderer must have been known to the victim?' 'Precisely.'* 'Aleshores la víctima devia conèixer l'assassí.' 'Precisament.'

precision *ni* precisió *The holes have to be drilled with great precision.* S'han de fer els forats amb gran precisió.

accurate *adj* [descriu: p. ex. rellotge, mesurament, previsió] acurat, precís, exacte *His shot wasn't very accurate.* El seu tret no va ser gaire precís. **accurately** *adv* acuradament

accuracy *ni* precisió, exactitud *The police doubted the accuracy of his statement.* La policia dubtava de l'exactitud de la seva declaració.

literally *adv* **1** [paraula per paraula, en sentit propi] literalment *I live literally just around the corner.* Visc exactament passada la cantonada. *Hippopotamus means literally 'river horse'.* Hipopòtam significa literalment 'cavall de riu'. **2** [per subratllar una expressió metafòrica] materialment *We'll literally be there in no time.* Hi arribarem ben bé en un tres i no res.

literal *adj* [descriu: significat, traducció] literal

300 Incorrect Incorrecte

incorrect *adj* [més aviat formal] incorrecte *She gave an incorrect answer.* Va contestar incorrectament. **incorrectly** *adv* incorrectament

wrong *adj* incorrecte, equivocat, erroni *to get a sum wrong* equivocar-se fent un càlcul *You're waiting at the wrong bus stop.* Estàs esperant a la parada d'autobús equivocada. *You said the bank would be open, but you were wrong.* Deies que el banc estaria obert, però et vas equivocar. (+ **to** + INFINITIU) *I was wrong to trust her.* No vaig fer bé de confiar en ella.

wrong *adv* malament *You've sewn this dress all wrong.* Has cosit el vestit tot malament. *Everything has been arranged; what could possibly **go wrong**?* Tot ha estat previst; què pot fallar? *The maths teacher showed me where I'd **gone wrong**.* La professora de matemàtiques em va ensenyar on m'havia equivocat.

wrongly adv malament, equivocadament *The witness had wrongly identified an innocent man.* El testimoni s'havia equivocat i havia identificat un home innocent.

inexact adj [pot suggerir un grau de falsedat] inexacte *He gave an inexact account of what happened.* Va fer una relació inexacta del que va passar.

imprecise adj imprecís *He was imprecise about where he had been at the time of the murder.* Va ser imprecís amb relació a on havia estat a l'hora de l'assassinat.

inaccurate adj inexacte, imprecís, erroni *an inaccurate thermometer* un termòmetre inexacte *He gave an inaccurate account of what happened.* Va fer una relació imprecisa del que va passar.

frase feta

If you think (that), you've got another think coming! [més aviat informal. Les coses no es desenvoluparan com t'esperes o com t'agradaria] Treu-t'ho del cap (i posa-t'ho als peus). *If you think I'm going to lend you my car, you've got another think coming!* Si creus que et deixaré el cotxe, treu-t'ho del cap.

300.1 Equivocació

mistake nc [cosa mal feta per accident, ignorància, etc.] equivocació, falta, error *a spelling mistake* una falta ortogràfica **to make a mistake** equivocar-se *It was a mistake to come out without an umbrella.* Va ser un error sortir sense paraigua. *I walked into the wrong room by mistake.* Vaig entrar en una habitació equivocada.

mistake vt, pas. **mistook** pp. **mistaken** (sovint + **for**) [més aviat formal] equivocar-se de *I mistook her briefcase for mine.* Vaig confondre la seva cartera amb la meva. *I mistook her intentions.* Vaig malinterpretar les seves intencions.

mistaken adj equivocat *If you think I'm going to lend you any money, then you're very much mistaken!* Si creus que et deixaré diners, vas molt equivocada! *a case of mistaken identity* un cas de confusió d'identitats **mistakenly** adv erròniament

error nc/i [més formal que **mistake**] error *Her translation contained a number of errors.* La seva traducció contenia uns quants errors. *a typing error* un error de mecanografia

slip nc [equivocació lleugera, p. ex. per culpa de córrer massa] falta, desencert, lapsus *She recited the entire poem without a slip.* Va recitar tot el poema sense fer cap errada. *a slip of the tongue/pen* un lapsus linguae/calami

slip up vi [força informal] errar-la, espifiar-la *The police slipped up and allowed the thief to escape.* La policia va badar i va deixar que el lladre s'escapés.

blunder nc [equivocació seriosa, esp. com a resultat de manca de cura o de raonament] disbarat, bestiesa, pífia *I've made a terrible blunder; I've sent the documents to the wrong address.* He fet un disbarat terrible; he enviat els documents a una adreça equivocada.

blunder vi fer/dir disbarats *The government has blundered badly over this issue.* El govern s'ha equivocat de mala manera en aquest assumpte. (+ **into**) *She blundered into a decision.* Va prendre una decisió a la babalà.

fault nc **1** [error en relació amb unes determinades regles o procediments] defecte, equivocació *There were a number of faults in the way the police conducted the interview.* Hi va haver un nombre d'errors en la manera com la policia va fer l'entrevista. **2** [de caràcter] defecte *Her main fault is her tendency to exaggerate.* El seu defecte principal és la tendència a exagerar. **3** [de màquina] desperfecte, avaria *There's a fault in the car's engine.* Hi ha una avaria en el motor del cotxe. *an electrical fault* una avaria elèctrica

fault vt [trobar errors en ac] criticar, trobar defectes *You can't fault his work.* La seva feina és impecable.

faulty adj [descriu: p. ex. màquina, raonament] defectuós

fallacy nc **1** [idea falsa] error, mentida, fal·làcia *It's a fallacy that the camera can never lie.* És una fal·làcia dir que la càmera no pot dir mentides. **2** [raonament fals] fal·làcia *Her argument is based on a fallacy.* El seu argument es basa en una fal·làcia. *a mathematical fallacy* una fal·làcia matemàtica

frase feta

to get hold of the wrong end of the stick (*brit*) [quan creus que has entès una cosa però t'has equivocat] entendre a l'inrevés/malament *I thought she was his girlfriend, I must have got hold of the wrong end of the stick.* Creia que era la seva xicota, ho dec haver entès malament.

300.2 Aproximat

approximate adj aproximat *The approximate value of pi is 22/7.* El valor aproximat de pi és 22/7.

approximately adv aproximadament *It's approximately 11:15.* Són aproximadament les 11.15.

approximate vi (sovint + **to**) aproximar-se *The value of pi approximates to 22/7.* El valor de pi s'aproxima a 22/7. **approximation** nc aproximació

rough adj [menys formal que **approximate**. Descriu: p. ex. estimació, pla, esborrany] aproximat, poc més o menys

roughly adv poc més o menys *Can you tell me roughly what time you'll arrive?* Em pots dir poc més o menys a quina hora arribaràs?

general adj [sense detalls] general, global *Can you give me a general idea of what you plan to do?* Em podeu donar una idea general del que penseu fer? *His recommendations were too general to be of much use.* Les seves recomanacions eren massa generals per servir de gran cosa.

ball park nc [informal. Habit. s'utilitza referit a nombre o quantitat] aproximació *It's in the ball park of 2,500.* Són pels volts dels 2.500. (davant de n) *I can give you a ball-park figure of £500.* Us puc donar una xifra aproximada d'unes 500 lliures.

frase feta

in the region of [habit. referit a nombre o quantitat] al voltant de *It'll cost something in the region of £100.* Costarà al voltant de les 100 lliures.

301 Careful Curós

careful adj curós, atent, prudent *a careful driver* una conductora prudent *a careful worker* un treballador curós *Be careful when you cross the road.* Vés amb compte en creuar el carrer. (+ **with**) *Be careful with that vase; it's very valuable.* Vés amb compte amb aquell gerro; és molt valuós. (+ **to** + INFINITIU) *I was careful not to mention her ex-husband.* Vaig anar amb compte a no esmentar el seu ex-marit. **carefully** adv amb compte, acuradament

care ni cura, compte, esment *These dangerous chemicals should be handled with care.* Aquests productes químics perillosos s'han de manipular amb molta cura. *She takes a lot of care over her work.* Fa la seva feina amb molta cura. ***Take care not to wake the baby.*** Procureu no despertar el nadó. *vegeu també **254 Look after**

cautious adj [abans d'actuar, p. ex. per evitar perill] prudent, cautelós *a cautious driver/investor* un conductor/inversor prudent *You're too cautious; you need to act boldly if you want to succeed.* Ets massa prudent; cal que actuïs amb audàcia si vols triomfar. *cautious optimism* optimisme moderat **cautiously** adv cautelosament

caution ni cautela, prudència *Police officers should show/exercise caution when approaching armed criminals.* Els policies han de tenir prudència quan s'apropen als delinqüents armats.

caution vt (sovint + **against**) [més formal que **warn**] prevenir *I cautioned her against over-optimism/being over-optimistic.* La vaig prevenir contra un excés d'optimisme.

guarded adj [suggereix dubtes o temors lleugers. Descriu: p. ex. optimisme, rebuda] discret, circumspecte **guardedly** adv amb reserva

beware vi (sovint + **of**) anar amb compte *You'd better beware; there are thieves about.* Val més que vagis amb compte; hi ha lladres per aquí. *Beware of the dog.* Alerta amb el gos!

thoughtful adj [pensar amb sensatesa i tranquil·litat] seriós, prudent *I admire his thoughtful approach to problem-solving.* Admiro la seva manera seriosa d'abordar la resolució dels problemes. *vegeu també **104 Think; 224 Kind**

patient adj [dit de la persona disposada a esperar ac amb tranquil·litat] pacient, sofert *Be patient! The bus will be along in a minute.* Paciència! L'autobús arribarà d'un moment a l'altre. (+ **with**) *The teacher is very patient with the children.* La mestra té molta paciència amb les criatures. **patiently** adv amb paciència **patience** ni paciència

attention ni (sovint + **to**) [la concentració de la ment en una determinada tasca, etc.] atenció, cas *The children weren't paying attention (to the teacher).* Els nens no paraven atenció (a la mestra). *I will give the matter my full attention.* Hi posaré la màxima atenció. *I admired the artist's attention to detail.* Admirava com l'artista cuidava els detalls. **attentive** adj atent **attentively** adv afablement, amb cortesia

301.1 Prestar atenció als detalls

detail nc/i detall *Can you give me further details of your proposals?* Em podeu donar més detalls sobre les vostres propostes? *She explained **in detail** what had happened.* Va explicar detalladament el que havia passat. *It was a perfect copy in every detail.* Era una còpia perfecta en cada detall. **detailed** adj detallat

check vti (sovint + **for**) verificar, comprovar, revisar *Always check your tyres before starting a long journey.* Verifiqueu sempre l'estat dels pneumàtics abans de fer un viatge llarg. *The teacher checks the children's work (for mistakes).* La professora revisa el treball dels nens (per si hi ha faltes). (+ **that**) *Check that you haven't forgotten anything.* Comprova que no t'hagis deixat res.

check nc control, comprovació *I'll give the tyres a quick check.* Comprovaré ràpidament els pneumàtics.

thorough adj [sense oblidar cap aspecte, detall, etc., d'una feina] minuciós, escrupolós *The investigation was very thorough.* La investigació va ser molt minuciosa. **thoroughness** ni minuciositat

thoroughly adv minuciosament, escrupolosament *The kitchen had been thoroughly cleaned.* La cuina havia estat netejada a fons.

meticulous adj meticulós **meticulously** adv meticulosament

painstaking adj [esforçar-se molt per assolir una qualitat alta] conscienciós, primmirat, acurat *I admire the archaeologist's painstaking reconstruction of the medieval village.* Admiro la reconstrucció a consciència que ha fet l'arqueòloga del poble medieval. **painstakingly** adv a consciència

particular adj (sovint + **about**) [saber exactament el que hom vol i el que no] meticulós, escrupolós *He's very particular about cleanliness.* És molt exigent pel que fa a la netedat. *vegeu també **84 Particular**

fussy adj (sovint + **about**) [més pej. que **particular**] perepunyetes, maniàtic *The children are very fussy about their food.* Els nens són molt llepafils amb el menjar. **fussiness** ni manies

frases fetes

take trouble over sth [sovint assumint un grau d'incomoditat] prendre's la molèstia de fer ac *I've taken a lot of trouble over this meal, and now you won't eat it!* M'he escarrassat molt per preparar aquest àpat, i ara no te'l vols menjar!

watch/mind one's step [p. ex. per evitar càstig o que algú s'enfadi] anar amb compte *I've already warned you not to be cheeky, so you'd better watch/mind your step!* Ja t'he advertit que no siguis descarat, de manera que val més que vagis amb compte.

Look before you leap. [proverbi. Mostra cautela abans d'actuar] Pensa-t'ho bé.

Don't put all your eggs in one basket. [proverbi. No actuïs de manera que l'èxit depengui que una sola cosa surti tal com volies] (lit.: No posis tots els ous en un mateix cistell.) No t'ho juguis tot a una carta.

302 Careless Descurós

vegeu també **252 Danger**

careless adj descurós, descurat, imprudent a careless, untidy piece of work un treball descurat i desordenat It was careless of you to leave the door unlocked. Vas ser imprudent en no tancar la porta amb clau. (+ **with**) He's very careless with his belongings. Té molt poca cura de les seves pertinences. **carelessness** ni falta de cura/atenció

carelessly adv a la lleugera He had carelessly left a cigarette burning in the ashtray. Imprudentment s'havia deixat un cigarret encès al cendrer.

neglect vt [obj: p. ex. nen, deure] descurar, abandonar The house has been badly neglected. Han descurat la casa de mala manera. His wife feels neglected. La seva dona se sent abandonada.

neglect ni deixadesa, negligència The house was suffering from neglect. La casa estava en un estat de deixadesa. The soldier was charged with serious neglect of duty. Van acusar el soldat d'un greu incompliment del seu deure.

negligent adj (sovint + **in**) [esp. en contextos formals. Dels deures, responsabilitats, etc.] negligent The social workers were negligent in not making proper enquiries. Els assistents socials es van comportar amb negligència en no fer les investigacions adequades.

negligence ni negligència The accident was caused by the driver's negligence. L'accident va ser resultat de la negligència del conductor.

slapdash adj [força pej. Suggereix que s'ha fet ac de pressa. Descriu: esp. treball] matusser, groller

superficial adj superficial The report was too superficial to be of much use. L'informe era massa superficial per servir de gran cosa. Many people have quite a superficial view of politics. La majoria de la gent té una visió de la política força superficial. **superficially** adv superficialment **superficiality** ni superficialitat
*vegeu també **37 Seem**

thoughtless adj [fet sense pensar en les conseqüències, els sentiments dels altres, etc. Descriu: p. ex. acció, comentari] irreflexiu, poc considerat It was thoughtless of you to ask her about her ex-husband. Vas ser poc considerat en preguntar-li pel seu ex-marit.
thoughtlessly adv irreflexivament **thoughtlessness** ni irreflexió

rash adj [fet ràpid, sense pensar-hi adequadament. Descriu: p. ex. promesa, decisió] precipitat It was rash of you to accept such a difficult assignment. Vas precipitar-te en acceptar una missió tan difícil. **rashly** adv precipitadament

reckless adj [córrer un gran risc de prendre mal, etc.] temerari She was charged with reckless driving. La van acusar de conduir de manera temerària. **recklessly** adv temeràriament

foolhardy adj [encara més emfàtic que **reckless**] temerari, boig It was utterly foolhardy of you to dive off that cliff. Vas fer una autèntica bogeria llençant-te del penya-segat.

303 Machinery Maquinària

vegeu també **296 Computers; 382 Tools**

machine nc màquina I've always been fascinated by machines. Les màquines sempre m'han fascinat. a sewing machine una màquina de cosir a coffee machine una cafetera automàtica (+ **for**) a machine for punching holes in metal plates una màquina per foradar les planxes metàl·liques

machinery ni 1 [màquines] maquinària the outdated machinery in this factory la maquinària antiquada d'aquesta factoria 2 [parts d'una màquina] mecanisme He got his sleeve caught in the machinery. Se li va enganxar la màniga en el mecanisme.

mechanism nc/i [conjunt de parts que funcionen plegades] mecanisme A watch is an intricate mechanism. Un rellotge de polsera és un mecanisme intricat. the firing mechanism of a gun el mecanisme de disparament d'una arma

mechanical adj 1 [sovint a diferència d'**electric**] mecànic a mechanical lawnmower un tallagespa mecànic 2 [ref. a màquines] mecànic The apprentices are taught mechanical skills. Els aprenents reben formació en tècniques mecàniques. **mechanically** adv mecànicament

mechanic nc mecànic a car mechanic un mecànic de cotxes

operate 1 vt [obj: màquina] fer anar The apprentice is learning to operate the lathe. L'aprenent està aprenent a fer anar el torn. a battery-operated hairdryer un eixugacabells de piles 2 vi [subj: màquina] funcionar She explained how a printing press operates. Va explicar com funciona una premsa. **operator** nc operari -ària

operation nc/i operació Visors must be worn when the machine is **in operation**. S'ha de portar visera quan la màquina està en funcionament.

operational adj operatiu, en funcionament The new computer is fully operational. El nou ordinador està en ple funcionament.

engineer nc 1 [professional] enginyer -a civil/electrical engineer enginyer civil/elèctric 2 [treballador, obrer de fàbrica] mecànic, tècnic The engineer came to repair the photocopier. El tècnic va venir a reparar la fotocopiadora.

engineering ni 1 enginyeria civil/electrical engineering enginyeria civil/elèctrica 2 enginyeria heavy/light engineering enginyeria pesada/lleugera (davant de n) engineering workers treballadors d'enginyeria

technical adj [ref. a coneixements i habilitats d'especialista] tècnic The car manual was too technical for me. El manual del cotxe era massa tècnic per a mi.

bicycle pump manxa de bicicleta

foot pump manxa de peu

petrol pump (brit), *gas pump* (amer) assortidor

a *technical term in chemistry* un terme tècnic de química

technician *nc* [persona que fa feina tècnica, però sense títol] tècnic -a a *lab/dental technician* un tècnic de laboratori/dental

technology *ni* tecnologia *Technology is advancing at a rapid rate*. La tecnologia avança ràpidament. *The company has invested heavily in new technology*. L'empresa ha invertit molt en tecnologia nova. *computer technology* tecnologia informàtica

technological *adj* tecnològic

technologically *adv* tecnològicament *a technologically advanced society* una societat tecnològicament avançada

automatic *adj* automàtic *an automatic drinks dispenser* una màquina de begudes automàtica *All the doors on the train are automatic*. Totes les portes del tren són automàtiques.

automatically *adv* automàticament *The doors open automatically*. Les portes s'obren automàticament.

303.1 Classes de màquines i les seves peces

motor *nc* [per fer anar una màquina o aparell] motor *an electric motor* un motor elèctric *The washing machine needs a new motor*. La rentadora necessita un motor nou.

engine *nc* [de cotxe, etc.] motor *a car engine* un motor de cotxe *to switch on the engine* engegar el motor (davant de *n*) *The car's been having engine trouble*. El cotxe ha tingut problemes amb el motor.

switch *nc* interruptor *Where's the light switch?* On és l'interruptor dels llums? *a bewildering array of switches and dials* un desplegament desconcertant d'interruptors i indicadors

switch (sth) **on** o **switch on** (sth) *vti* [obj: llum, aparell] obrir, endollar, connectar, engegar, posar en marxa *Just plug the machine in and switch (it) on*. Només has d'endollar la màquina i engegar-la.

switch (sth) **off** o **switch off** (sth) *vti* tancar, apagar, desconnectar *Don't forget to switch off the computer when you've finished*. No us oblideu d'apagar l'ordinador quan hagueu acabat.

lever *nc* palanca, alçaprem *Just push/pull this lever to start the machine*. Només has de prémer/estirar aquesta palanca per engegar la màquina. *I used this knife as a lever to open the door*. Vaig fer servir aquest ganivet com a alçaprem per obrir la porta.

lever *vt* (habit. + *adv* o *prep*) alçapremar *I levered off/up the lid using a crowbar*. Vaig aixecar la tapa amb una gran palanca. *The concrete slab was levered into position*. Es va col·locar el bloc de formigó amb un alçaprem. **leverage** *ni* palanca

cog o **cogwheel** *nc* roda dentada

piston *nc* pistó

pump *nc* bomba, manxa *the pump in the central heating system* la bomba del sistema de calefacció central

pump *vti* bombar *The oil has to be pumped to the surface*. S'ha de bombar el petroli a la superfície. (+ **up**) *You need to pump up your bicycle tyres*. Cal que inflis els pneumàtics de la bicicleta. *Keep pumping until the water comes out*. Segueix manxant fins que surti l'aigua.

filter *nc* 1 [per treure impureses] filtre *oil filter* filtre d'oli 2 [en una càmera, etc.] filtre

filter *vt* filtrar *The water is filtered in order to remove impurities*. Es filtra l'aigua a fi d'eliminar les impureses. (+ **out**) *The impurities are filtered out*. Les impureses s'eliminen per filtració.

funnel *nc* embut *I poured the oil through the funnel*. Vaig abocar l'oli per l'embut.

funnel *vt*, -ll- (*brit*), habit. -l- (*amer*) passar per un embut *The water is funnelled into this hole*. L'aigua passa per un embut i entra per aquest forat.

valve *nc* 1 [en tub, etc.] vàlvula 2 [en una ràdio antiga, etc.] làmpada

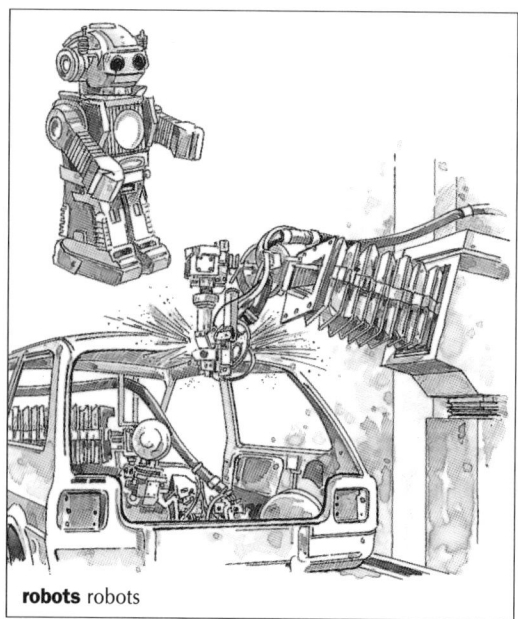

robots robots

fuse nc fusible, plom *a 13-amp fuse* un fusible de 13 ampers *to blow a fuse* fondre's un fusible *The fuse for the upstairs lights has blown.* S'ha fos el fusible dels llums del pis de dalt. (davant de *n*) *fuse wire* fil de fusible

fuse vti (*brit*) [parar de funcionar a causa d'un fusible fos. Obj: aparell, interruptor] fondre('s) *If the kids continue messing around with the switches, they will fuse the lights.* Si la canalla segueix potinejant els interruptors acabaran per fondre els llums. *The lamp has fused.* S'ha fos el llum.

fuse-box nc caixa dels ploms

303.2 Fonts i classes d'energia

power ni força, energia *nuclear/solar/hydroelectric power* energia nuclear/solar/hidroelèctrica *I plugged in the machine and switched on the power.* Vaig endollar la màquina i la vaig engegar. (davant de *n*) *power cuts* apagades

nuclear adj nuclear *a nuclear power station* una central nuclear

atomic adj [en aquests contextos, més obsolet que **nuclear**] atòmic *the peaceful use of atomic energy* la utilització pacífica de l'energia atòmica

solar adj solar *solar panels* plaques solars

steam ni vapor *The earliest cars used to run on steam.* Els primers cotxes funcionaven amb vapor. (davant de *n*) *a steam engine* una màquina de vapor

clockwork ni (*esp. brit*) mecanisme de rellotgeria *The music box is worked by clockwork.* La capsa de música funciona donant-li corda. (davant de *n*) *a clockwork train* un tren que va amb corda

battery nc pila *The battery's run down.* La pila està descarregada. *to recharge a battery* (tornar a) carregar una pila *a battery-operated radio* una ràdio que funciona amb piles

radiation ni radiació *solar radiation* radiació solar *He had been exposed to dangerous radiation.* Havia estat exposat a una radiació perillosa.

radioactivity ni radioactivitat **radioactive** adj radioactiu

303.3 Combustible

fuel ni/c combustible *The car has run out of fuel.* El cotxe s'ha quedat sense combustible. *Coal is one of the cheapest fuels available.* El carbó és un dels combustibles més barats que tenim. *solid fuel* combustible sòlid

gas ni **1** gas *There was a smell of gas in the room.* Hi havia pudor de gas a l'habitació. (davant de *n*) *a gas cooker/fire* una cuina/estufa de gas **2** (*amer*) [informal. Abreviatura de **gasoline**] gasolina

coal n **1** ni carbó, hulla *Put some more coal on the fire.* Poseu més carbó al foc. **2** nc [tros] carbó *A burning coal had fallen onto the carpet.* Havia caigut una brasa sobre la catifa.

charcoal ni carbó vegetal *We need some charcoal for the barbecue.* Necessitem carbó per a la barbacoa.

oil ni **1** [primera matèria] petroli *crude oil* petroli cru *Saudi Arabia is a major producer of oil.* L'Aràbia Saudita és un gran productor de petroli. **2** [per lubricar motors de cotxes, etc.] oli

petrol (*brit*), **gasoline** (*amer*) ni [esp. com a combustible per als cotxes, etc.] benzina, gasolina *The car runs on unleaded petrol.* El cotxe va amb gasolina sense plom. (davant de *n*) *petrol tank/pump* dipòsit/ assortidor de gasolina *petrol station* benzinera, gasolinera

diesel ni dièsel *Most lorries run on diesel.* La majoria dels camions van amb dièsel. (davant de *n*) *a diesel engine* un motor dièsel

303.4 Electricitat

electric adj elèctric *an electric fire/guitar* una estufa/guitarra elèctrica *an electric current/charge* un corrent elèctric/una càrrega elèctrica

electrical adj [descriu: p. ex. aparell, circuit, energia] elèctric *I'm hopeless with anything electrical.* Sóc un inútil per a les coses elèctriques.

electronic adj [que funciona, o que té relació, amb transistors o components similars] electrònic *an electronic listening device* un aparell electrònic per escoltar a distància *electronic components* components electrònics **electronically** adv electrònicament

current ni/c corrent *The ammeter shows how much current is flowing.* L'amperímetre mostra quant corrent passa. *an electric current* un corrent elèctric

voltage nc/i voltatge *What is the voltage of your electric razor?* Quin és el voltatge de la teva màquina d'afaitar?

> *utilització*
>
> La unitat de força elèctrica és el **volt** (volt), la d'intensitat elèctrica és l'**amp** (amper), i la de la potència de sortida d'un aparell elèctric és el **watt** (vat, p. ex. *a 9-volt battery* (una pila de 9 vats) *a 13-amp fuse* (un fusible de 13 ampers) *a 100-watt light bulb* (una bombeta de 100 vats).

304 Materials Materials

vegeu també **16 Metals; 193 Textiles; 382 Tools; 293 Make**

> *utilització*
>
> Quan es vol descriure el material de què està feta una cosa, la frase usual és **made of**, p. ex. *This chair is made of wood/plastic.* (Aquesta cadira és de fusta/plàstic.) *What kind of rock are stalagmites made of?* (De quina classe de roca són les estalagmites?) Les frases **made out of** i **made from** reforcen molt més el procés de fer una cosa, i sovint suggereixen que un objecte o una substància s'ha convertit en un/a altre/a, p. ex. *a model of the Eiffel Tower made out of matchsticks* (una rèplica de la Torre Eiffel feta amb llumins) *Paper is made from wood.* (El paper es fa a partir de la fusta.)

GRUPS DE PARAULES

plastic ni/c plàstic *toy soldiers made of plastic* soldats de joguina fets de plàstic *a firm that makes plastics* una empresa que fabrica plàstics (davant de *n*) *plastic knives and forks* ganivets i forquilles de plàstic *a plastic bag* una bossa de plàstic

glass ni vidre, cristall *a piece of broken glass* un tros de vidre trencat *a pane of glass* [tros de vidre tallat per tapar el forat d'una finestra, etc.] un pany de vidre (davant de *n*) *a glass jug* un gerro de vidre

fibreglass (*brit*), **fiberglass** (*amer*) ni fibra de vidre (davant de *n*) *a boat with a fibreglass hull* una barca amb el buc de fibra de vidre

clay ni argila *Bricks are made of baked clay.* Els maons es fan amb argila cuita.

earthenware ni [argila cuita] terrissa (davant de *n*) *earthenware pottery* plats i olles de terrissa

asbestos ni asbest

polystyrene ni poliester (davant de *n*) *polystyrene tiles* rajoles de poliester

304.1 Materials per a la construcció

brick nc/i maó, totxo *a pile of bricks* una pila de totxos *houses made of red brick* cases d'obra vista (davant de *n*) *a brick building/wall* un edifici/una paret de totxos

stone ni pedra *a statue made of stone* una estàtua de pedra (davant de *n*) *stone houses/walls* cases/parets de pedra *vegeu també **13 Geography and Geology**

concrete ni formigó *skyscrapers made of concrete and glass* gratacels de formigó i vidre (davant de *n*) *a concrete block/floor/shelter* un bloc/terra/refugi de formigó

concrete vt (habit. + **over**) revestir de formigó *They've had their lawn concreted over.* Han cobert la gespa amb formigó.

cement ni ciment

cement vt [enganxar, ajuntar] cimentar *The builders are cementing the window frames in place.* Els paletes estan fixant els marcs de les finestres amb ciment.

cement mixer nc formigonera

slate ni/c pissarra *Slate is mined in this quarry.* D'aquesta pedrera s'extreu pissarra. *A slate has fallen off the roof.* Ha caigut una llosa de la teulada. (davant de *n*) *a slate roof* un teulat de lloses

plaster ni guix, estuc *The plaster was coming off the walls.* L'enguixat es desprenia de les parets.

plaster vti [obj: paret] enguixar, estucar *I've spent all morning plastering.* M'he passat tot el matí enguixant.
plastering ni enguixat, estucat

304.2 Fusta

wood ni fusta *a piece/plank of wood* un tros/tauló de fusta *What kind of wood is this furniture made of?* De quina fusta són aquests mobles? **wooden** adj de fusta

timber (*brit*), **lumber** (*amer*) ni [fusta util. per a finalitats industrials o de la construcció] fusta, fustam

log nc [secció d'un arbre o d'una branca gruixuda sense tractar] tronc *Put another log on the fire.* Posa un altre tronc al foc.

board n **1** nc [esp. una peça rectangular de fusta] tauler, tauló *a bread board* una fusta per tallar pa *She pinned the map to a large board.* Va clavar el mapa al tauler amb agulles. **2** ni [material semblant a la fusta prima o al cartró gruixut] *The two voting booths are divided by a piece of board.* Les dues cabines electorals estan separades per un envà.

plank nc tauló *a platform built out of wooden planks* una tribuna feta amb taulons de fusta

cork n **1** ni suro (davant de *n*) *cork table mats* estalvis de suro **2** nc [en ampolla de vi, etc.] tap de suro

304.3 Materials tous

paper ni paper *a sheet/piece of paper* un full/tros de paper *writing paper* paper d'escriure *parcels wrapped in brown paper* paquets embolicats en paper d'embalatge (davant de *n*) *a paper cup/handkerchief/aeroplane* una tassa/un mocador/un avió de paper

cardboard ni cartó, cartolina (davant de *n*) *a cardboard box* una caixa de cartó

card ni (*esp. brit*) [cartó prim] cartolina *The shirt has a piece of stiff card inside the collar.* La camisa porta un cartonet sota el coll.

rubber ni cautxú, goma *smell of burning rubber* pudor de goma cremada (davant de *n*) *a rubber ball/ring/spider* una pilota/un anell/una aranya de goma

wax ni cera *The wax from the candle had dripped onto the carpet.* La cera de l'espelma havia gotejat sobre la moqueta.

polythene ni polietilè, plàstic *sandwiches wrapped in polythene* entrepans embolicats en plàstic (davant de *n*) *a polythene bag* una bossa de plàstic

305 Thing Cosa

thing nc **1** cosa, ésser *What's that thing on the floor?* Què és allò que hi ha a terra? *living things* éssers vius *He keeps his gardening things in this shed.* Guarda les seves eines del jardí en aquest cobert. *Look at that dog; the poor thing is lost.* Mira aquell gos; el pobre animaló s'ha perdut. *There's **no such thing as** ghosts.* No existeixen els fantasmes, ni res de semblant.
2 [idea, acció, esdeveniment, etc.] cosa, assumpte *A strange thing happened to me the other day.* L'altre dia em va passar una cosa estranya. *The first thing I did when I arrived was telephone my mother.* El primer que vaig fer en arribar va ser telefonar a la meva mare. *She told me all the things she disliked about him.* Em va explicar tot el que li desagradava d'ell. *When they gave me the injection, I didn't feel a thing.* Quan em van punxar, no me'n vaig sentir gens.

object nc [més formal que **thing**. Sovint sense identificar] objecte *What's that strange object on the table?* Què és aquell objecte tan estrany de damunt la taula? *Unidentified Flying Object* o *UFO* objecte volador no identificat, ovni

item nc [un d'un nombre de coses, p. ex. en una llista] unitat, article, punt *He'd left the shop without paying for some of the items in his basket.* Havia sortit de la botiga sense pagar alguns dels articles que tenia al cabàs. *an item of clothing* una peça de vestir *the next item on the agenda* el proper punt en l'ordre del dia

article nc [esp. ac que té utilitat o valor] article *an article of clothing* una peça de roba *Several valuable articles were stolen.* Van robar diversos articles de valor.

device nc [eina o màquina] aparell, dispositiu, mecanisme *This dictaphone is a handy little device.* Aquest dictàfon és un aparell molt útil. (+ **for**) *a device for removing stones from horses' hooves* una eina per treure les pedres dels cascos dels cavalls *explosive device* giny explosiu *listening device* aparell per escoltar a distància

305.1 Matèria

substance nc [qualsevol tipus de matèria] substància *Chemists handle some very dangerous substances.* Els químics manipulen algunes substàncies molt perilloses. *Celery contains a chemical substance which helps reduce blood pressure.* L'api conté una substància química que ajuda a reduir la pressió sanguínia.

material nc material *Plastic is an extremely cheap material.* El plàstic és un material extremadament barat. *building/writing materials* materials per a la construcció/material d'escriptori *vegeu també **193 Textiles**

stuff ni **1** [mot genèric i més aviat informal ref. a qualsevol substància] matèria, substància *I can't get this stuff off my hands.* No em puc treure això de les mans. *What's that red stuff in that bottle?* Què és la substància vermella d'aquella ampolla? **2** [informal. Un nombre de coses] coses *You can leave your stuff in my office.* Pots deixar les teves coses al meu despatx. *I've got a lot of stuff to do today.* Avui tinc moltes coses a fer.

306 Sort Classe

sort nc (sovint + **of**) [de significat molt semblant a **kind**, però que dóna més el sentit d'una determinada categoria] mena, classe, espècie *What sort(s) of food do you like best?* Quina classe de menjar t'agrada més? *I never read that sort of novel/novels of that sort.* No llegeixo mai novel·les d'aquesta classe. *I'll make some sort of sauce to go with the fish.* Faré una mena de salsa per acompanyar el peix. *She's **a sort of** private detective.* És una mena de detectiva privada. *He's caused us **all sorts of** problems.* Ens ha causat tota mena de problemes. *vegeu també **65 Order**

kind nc (sovint + **of**) [mot genèric i força imprecís] mena, classe, tipus, espècie *What kind of weather can we expect in Australia?* Quina mena de temps podem tenir a Austràlia? *We saw many different kinds of animal(s).* Vam veure moltes menes d'animals diferents. *A marquee is a kind of tent.* Un envelat és una espècie de tenda. *She's not the kind of person to bear a grudge.* No és la mena de persona que guarda rancúnia.

type nc (sovint + **of**) [sovint suggereix una categoria força definida] tipus, classe *What type of car have you got?* Quina classe de cotxe tens? *He's a different type of person from me.* És una persona diferent de mi. *I like all types of music.* M'agrada tota classe de música.

breed nc (sovint + **of**) **1** [referit a animals, esp. gossos i bestiar] raça *This is a particularly hardy breed of sheep.* Aquesta és una una raça d'ovelles particularment forta. **2** espècie *a new breed of businessman* una nova espècie d'home de negocis

species nc, pl **species** [mot tècnic, util. referit a plantes i animals] espècie *That butterfly is an **endangered species**.* Aquesta papallona pertany a una espècie en perill d'extinció.

category nc categoria *Verbs fall into two main categories, transitive and intransitive.* Els verbs es divideixen en dues grans categories, els transitius i els intransitius.

categorize, TAMBÉ **-ise** (brit) vt classificar *Some of these books are difficult to categorize.* Alguns d'aquests llibres són difícils de classificar. (+ **as**) *I don't wish to be categorized as disabled.* No vull que em classifiquin com a invàlida. **categorization**, TAMBÉ **-isation** (brit) ni/c classificació

variety nc [expressa la diferència entre una cosa i una altra] varietat, classe *There are many different varieties of breakfast cereal.* Hi ha moltes classes diferents de cereals per a l'esmorzar.

version nc (sovint + **of**) versió *On the B-side there is an instrumental version of the same song.* A l'altra cara hi ha una versió instrumental de la mateixa cançó. *different versions of the Bible* versions diferents de la Bíblia *Each witness gave a different version of what had happened.* Cada testimoni va donar una versió diferent del que havia passat.

manner nc manera *They criticized the manner in which the police carried out the arrests.* Van criticar la manera com la policia havia fet les detencions. *Shaking hands is a traditional manner of greeting somebody.* Donar la mà és una manera tradicional de saludar algú. *vegeu també **142 Personality**

style nc [el disseny o la presentació, sovint per diferenciar-ho del contingut] estil, disseny, moda *I don't like that style of building/architecture.* No m'agrada aquest estil d'edifici/d'arquitectura. *These photos show the changing styles of women's clothes.* Aquestes fotos mostren els canvis en l'estil dels vestits de la dona.

GRUPS DE PARAULES

307 Weights and Measures Pesos i mesures

measure vt **1** [acció] mesurar, amidar, prendre les mides *I measured (the length/width of) the desk.* Vaig amidar (la llargada/l'amplada de) la taula. *Electric current is measured in amps.* El corrent elèctric es mesura en ampers. *A thermometer measures temperatures.* Un termòmetre mesura la temperatura. **2** (no s'utilitza en els temps continus) [tenir certes dimensions] mesurar, fer, tenir *The room measures 5 metres by 4 metres.* L'habitació fa 5 per 4 metres.
measure n **1** nc/i mesura *The metre is a measure of length.* El metre és una mesura de longitud. *a unit of measure* una unitat de mesura **2** nc [quantitat mesurada] mesura, ració *The barman gave me a double measure of whisky.* El cambrer em va servir un whisky doble. **3** nc [esp. tècnic. Instrument per mesurar] mesura, regle *a two-metre/two-litre measure* un regle de dos metres/una mesura de dos litres
measurement 1 nc mesura, mida *The tailor wrote down my measurements.* El sastre es va apuntar les meves mides. **2** ni mesurament, amidament *an instrument for the measurement of very small distances* un instrument per amidar distàncies molt curtes
ruler nc regle
tape measure nc cinta mètrica
metric adj mètric *the metric system* el sistema mètric *The approximate metric equivalent of a pound is half a kilo.* L'equivalent mètric aproximat d'una lliura de pes és mig quilo.

utilització

Encara que el sistema mètric decimal és l'estàndard mundial en contextos científics i tècnics, al Regne Unit la seva adopció en contextos quotidians és molt lenta, i als Estats Units s'utilitza ben poc. La majoria dels britànics prefereix encara **the Imperial system** (el sistema imperial), el qual, a diferència del sistema mètric decimal, no segueix un únic sistema de numeració de base deu. El sistema utilitzat als Estats Units, en la majoria dels casos, és el mateix que al Regne Unit, encara que hi ha algunes petites diferències en els equivalents decimals.

307.1 Llargada

inch (polzada), abrev **in.**, "
foot, pl **feet** (peu) abrev **ft.**, ' = 12 **inches**
yard (iarda) abrev **yd.**   = 3 **feet**
mile (milla) abrev **m.**   = 1,760 **yards**
Equivalències del sistema mètric decimal:
millimetre (brit), **millimeter** (amer), **(mm)** (mil·límetre)
centimetre (brit), **centimeter** (amer), **(cm)** (centímetre)
metre (brit), **meter** (amer), **(m)** (metre)
kilometre (brit), **kilometer** (amer), **(km)** (quilòmetre)
1 **inch** = 2.54 **cm**
1 **yard** = .9144 **m**
1 **mile** = 1.609 **km**

The worm was three inches long. El cuc feia tres polzades (de llarg).
She is five foot/feet six inches tall. (5' 6") Fa 5 peus i 6 polzades d'alçada.
He can run 100 yards in less than 10 seconds. Pot córrer 100 iardes en menys de 10 segons.
The church is about 200 yards from the post office. L'església és a unes 200 iardes de correus.
Their house is about a quarter of a mile away from here. Viuen aproximadament a un quart de milla d'aquí.

307.2 Àrea

square adj quadrat *one square foot* un peu quadrat
1 **square foot** abrev **sq. ft.** = 144 **square inches**
1 **square yard** abrev **sq. yd.** = 9 **square feet**
1 **acre** (acre) = 4840 **square yards**
1 **square mile** abrev **sq. m.** = 640 **acres**
Equivalències mètriques:
1 **square inch** abrev **sq. in.** = 645.16 mm^2
1 **square yard** = .8361 m^2
1 **acre** = 4047 m^2
1 **square mile** = 259 **hectares (ha)** (hectàrees)

They own a 50-acre farm. Tenen una granja de 50 acres.
The forest covers an area of 70 square miles. El bosc cobreix una àrea de 70 milles quadrades.

307.3 Capacitat líquida

1 **gill** (quarta part d'una pinta) = 5 **fluid ounces (fl. oz.)**
1 **pint** (pinta) = 4 **gills**
1 **quart** (quart de galó) = 2 **pints**
1 **gallon** (galó) = 4 **quarts**
Equivalències del sistema mètric decimal:
mil·lilitre (brit), **milliliter** (amer), (mil·lilitre) abrev **ml**
litre (brit), **liter** (amer), (litre) abrev **l**
1 **(UK) fluid ounce** = 28.4 **ml**
1 **US fluid ounce** = 29.6 **ml**
1 **(UK) pint** = 568 **ml**
1 **US pint** = 550.6 **ml**
1 **(UK) gallon** = 4.546 **l**
1 **US gallon** = 3.7853 **l**

Add six fluid ounces of water to the flour. Afegiu 6 unces (líquides) d'aigua a la farina.
a glass of whisky containing one sixth of a gill un got de whisky que conté la sisena part d'un gill
a pint of beer una pinta de cervesa
a gallon of petrol un galó de benzina

307.4 Pes

utilització

1 El plural de **stone** és **stones** o **stone**. Si es dóna un pes que consisteix en un nombre de **stones** i un nombre de lliures, el plural ha de ser **stone**, p. ex. *She weighs ten stone eleven (pounds).* (Pesa 10 *stone* i 11 lliures.) **2** Els britànics expressen el seu pes en *stone* i lliures, p. ex. *He weighs twelve stone three.* (Pesa 12 *stone* i 3 lliures.) Els americans ho expressen només en lliures, p. ex. *He weighs a hundred and seventy-one pounds.* (Pesa 171 lliures.)

weigh *vt* **1** (no s'utilitza en els temps continus) [tenir un pes determinat] pesar *The parcel weighs two kilograms.* El paquet pesa dos quilos. *How much do you weigh?* Quant peses? **2** [acció] pesar *The post-office clerk weighed the parcel.* L'empleat de correus va pesar el paquet.

weigh sb **down** o **weigh down** sb *vti* fer anar ajupit *The postman was weighed down by the heavy sack.* El carter anava ajupit pel pes del sac.

weight *n* **1** *nc/i* pes *two parcels of different weights* dos paquets de pes diferent *The ship is 2,000 tonnes in weight.* El vaixell pesa 2.000 tones. *I'm trying to lose weight.* Procuro perdre pes. **2** *nc* [objecte util. per afegir pes] pes *We can use these stones as weights to stop the map blowing away.* Podem aprofitar aquestes pedres com a petjapapers per evitar que el mapa ens voli. [per utilitzar a la balança] pes *a 250-gram lead weight* un pes de plom de 250 grams

ounce (unça) *abrev* **oz.**	
pound (lliura) *abrev* **lb**	= 16 **ounces**
stone (brit), *pl* **stones** o **stone**	= 14 **pounds**
US hundredweight (quinta)	= 100 **pounds**
(UK) hundredweight *abrev* **cwt**	= 112 **pounds**
US ton (tona)	= 2000 **pounds**
(UK) ton	= 20 **hundredweight(s)**
Equivalències mètriques:	
gram, *abrev* **g** o **gm** gram	
kilogram, *abrev* **kg** o **kilo** quilogram	
tonne o **metric ton** tona (mètrica)	
1 **ounce**	= 28.35 g
1 **pound**	= 453.6 g
1 **US hundredweight**	= 45,36 kg
1 **UK hundredweight**	= 50,80 kg
1 **US ton**	= 907.2 kg
1 **(UK) ton**	= 1.016 kg = 1.016 **tonnes** o **metric tons**

six ounces of flour sis unces de farina
The baby weighed seven pound(s) four ounces. (7 lb 4 oz.) El nadó pesava 7 lliures i 4 unces.
She weighs nine stone six (pounds) (brit)/*a hundred and thirty-two pounds* (amer). Pesa 9 stone i 6 (lliures)/132 lliures.
two hundredweight of coal uns 100 quilos de carbó
The ship weighs 2,000 tons. El vaixell pesa 2.000 tones.

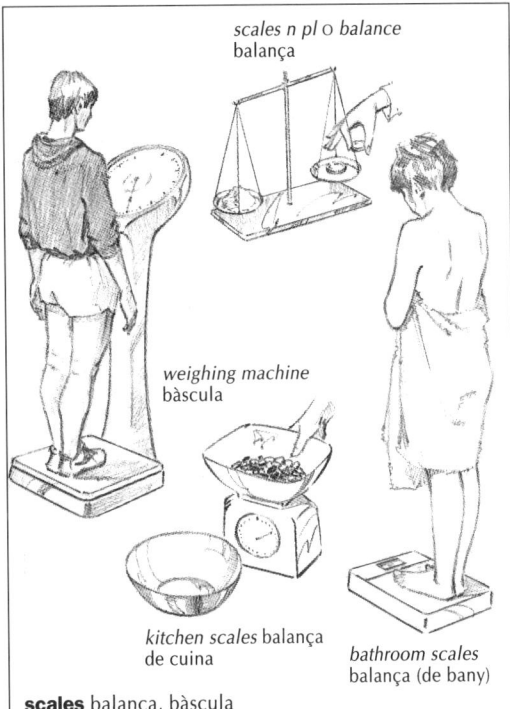

scales n pl o *balance* balança

weighing machine bàscula

kitchen scales balança de cuina

bathroom scales balança (de bany)

scales balança, bàscula

heavy *adj* [que pesa molt] pesat *The suitcase was too heavy for me to lift.* La maleta pesava massa i no la podia aixecar. *I'm used to carrying heavy weights.* Estic acostumada a portar pes. *a heavy overcoat* un abric gruixut

light *adj* lleuger *The suitcase is fairly light.* La maleta no pesa gaire. *Most people wear light clothes in summer.* La majoria de la gent porta roba lleugera a l'estiu. *How do you make your cakes so light?* Què fas perquè els pastissos et quedin tan lleugers?

307.5 Temperatura
vegeu també **19 Cold**; **20 Hot**

utilització

Pel que fa a la previsió del temps, el Regne Unit ha adoptat oficialment **the Celsius scale** (l'escala Celsius) per ajustar-se als altres països europeus. En aquesta escala l'aigua es congela a 0 graus i bull a 100 graus. Fins fa pocs anys la denominació oficial era **the centigrade scale** (l'escala centígrada), i encara avui dia aquest nom és probablement el més comú en contextos quotidians. Tanmateix, la utilització de **the Fahrenheit scale** (l'escala Fahrenheit) és encara força estesa, especialment entre la gent gran. En aquesta escala, 32 graus i 212 graus corresponen a les temperatures de congelació i d'ebullició de l'aigua, mentre que la temperatura de la sang humana és d'uns 98 graus. L'escala Fahrenheit és encara l'estàndard als Estats Units.

Equivalències: $0°C = 32°F$ $30°C = 86°F$
$10°C = 50°F$ $100°C = 212°F$
$20°C = 68°F$

thermometer *nc* termòmetre

308 Car Cotxe

vegeu també **315.2 Other transport**

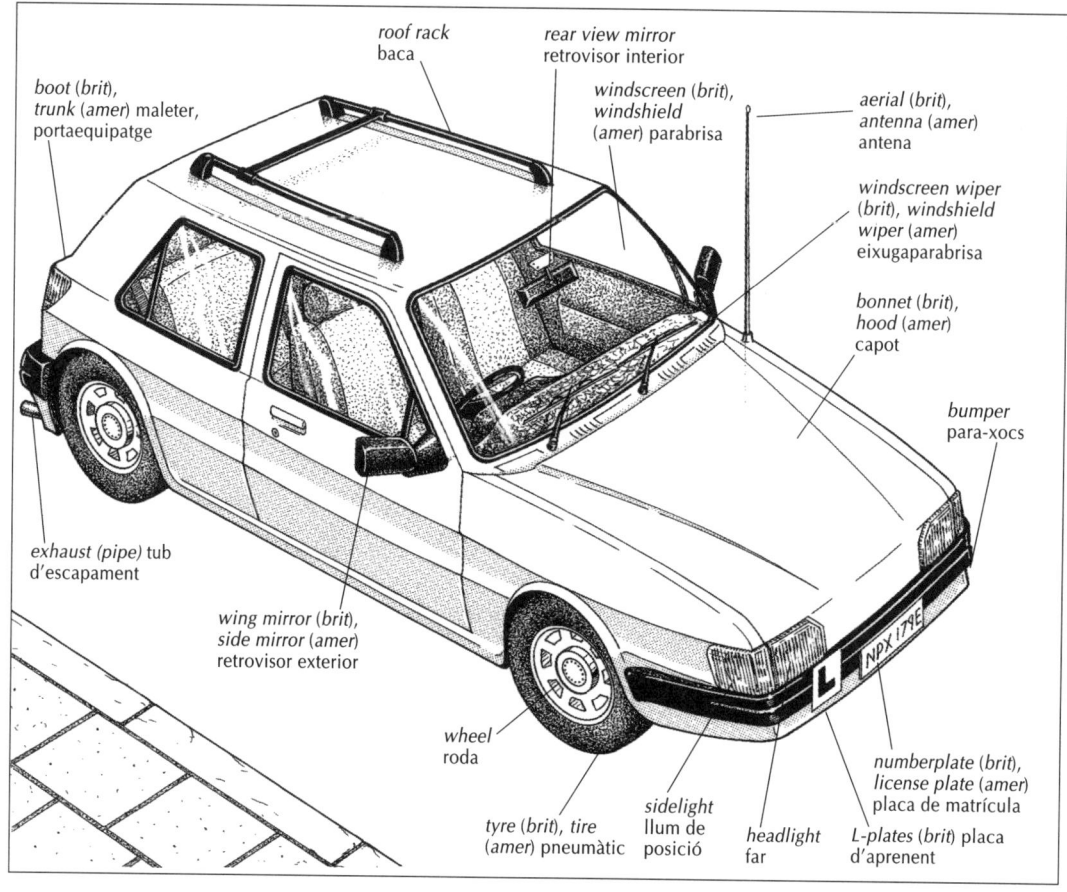

308.1 Interior del cotxe

seat nc seient
seat belt nc cinturó de seguretat
ignition nc contacte to turn on the ignition girar la clau de contacte
choke nc estàrter
steering wheel nc volant
clutch nc embragatge
brake nc fre
handbrake nc fre de mà
accelerator (brit & amer), **gas pedal** (amer) nc accelerador
gear lever (brit), **gear shift** (amer) nc palanca del canvi de marxes
speedometer nc velocímetre
mileometer (brit), **odometer** (amer) nc comptaquilòmetres
petrol gauge (brit), **gas gauge** (amer) nc indicador del nivell de gasolina

309 Driving Conduir

drive vit, pas. **drove** pp. **driven** conduir He drives a bus. És conductor d'autobús. We drove to London. Vam anar en cotxe fins a Londres. Let me drive you home. Deixa'm que et porti a casa amb el cotxe.
steer vit [manipular el volant] conduir, portar, dirigir She steered the car between the trees. Conduïa el cotxe esquivant els arbres.
reverse vit fer marxa enrere Reverse into the garage. Entra al garatge fent marxa enrere.
give way (brit), **yield** (amer) vi cedir el pas (+ **to**) Give way to traffic from the right. Cediu el pas als que vénen per la dreta.

overtake vit avançar
pull in vi [habit. al costat del carrer] aturar-se Pull in at the next service station. Atura't a la propera benzinera.
park vit aparcar There's nowhere to park. No hi ha lloc per aparcar.
car park (brit), **parking lot** (amer) nc [lloc on aparcar] aparcament

309.1 Conduir més o menys ràpid

accelerate vi accelerar He accelerated round the corner. Va accelerar en tombar la cantonada.

put one's foot down [informal] córrer, pitjar l'accelerador a fons *You must have put your foot down to get here so quickly!* Deus haver corregut molt per arribar tan ràpid!

change gear (*brit*), **shift gears** (*amer*) canviar de marxa

utilització

Quan es parla de canviar de marxa, s'utilitza sovint la preposició **into**, p. ex. *to change into third (gear)* (canviar a tercera). Si no s'esmenta el número de la marxa, es pot fer servir les expressions **change up** (*brit*), **shift up** (*amer*) (canviar a una velocitat superior) o **change down** (*brit*), **shift down** (*amer*) (canviar a una velocitat inferior): p. ex. *I changed down as we approached the junction.* (Vaig posar una marxa més curta quan ens apropàvem a la cruïlla.) *He changed up a gear.* (Va posar una marxa més llarga.)

brake *vi* frenar *to brake sharply* frenar de cop
apply the brakes frenar
decelerate *vi* alentir

utilització

Decelerate és més formal i menys freqüent que **accelerate**. Habitualment es diu **slow down**. També es pot dir **speed up** en comptes d'**accelerate**.

309.2 Fer servir els llums

indicate *vi* posar l'intermitent *You forgot to indicate before you turned right.* Vas oblidar-te de posar l'intermitent abans de tombar a la dreta.
dip the headlights posar els llums curts
(put the headlights) on full beam (posar) els llums llargs

309.3 Problemes de conducció

break down *vi* tenir pana, avariar-se *The car broke down miles from home.* Van tenir pana molt lluny de casa.
breakdown *nc* pana, avaria *We had a breakdown.* Vam tenir una avaria.
stall *vit* calar-se *I stalled (the car) at the traffic lights.* (El cotxe) se'm va calar al semàfor.
(to have) a flat tyre (tenir) un pneumàtic desinflat
(to have) a puncture (tenir) una roda rebentada

to run out of petrol quedar-se sense gasolina
traffic jam *nc* embús
roadworks *n pl* (*brit*) obres viàries

309.4 Accidents a la carretera

accident *nc* accident *He was killed in a road/car accident.* Es va matar en un accident de carretera/cotxe.
crash *nc* xoc, accident *a car crash* un accident de cotxe *He had a crash when trying to overtake another car.* Va tenir un accident quan intentava avançar un altre cotxe.
crash *vit* xocar, tenir un accident, estavellar(-se) *Paul crashed his new car.* Paul va tenir un accident amb el cotxe nou. *She crashed while driving at 70 miles an hour.* Va xocar quan anava a 70 milles per hora.
pile-up *nc* accident múltiple *Reports are coming in of a pile-up on the M4.* Ens arriben notícies d'un accident múltiple a l'(autopista) M-4.
write sth **off** o **write off** sth *vt* (*esp. brit*) [fer malbé un cotxe, de manera irreparable, en un accident] destrossar *That's the third car he's written off in two years.* Aquest és el tercer cotxe que ha destrossat en els últims dos anys.
write-off *nc* (*esp. brit*) cotxe per llençar *She was OK but the car was an absolute write-off.* Ella no es va fer res però el cotxe va quedar desfet.
hit-and-run driver *nc* conductor -a que es fa escàpol -a
run sb **over** o **run over** sb *vt* [envestir violentament causant dany] atropellar *She was run over by a bus.* Va ser atropellada per un autobús.
knock sb **down/over** o **knock down/over** sb *vt* [envestir violentament causant dany] envestir, atropellar *The old lady was knocked over as she tried to cross the road.* La senyora gran va ser atropellada quan intentava creuar el carrer.

309.5 Conductors

driver *nc* [mot genèric i també oficial] conductor -a (sovint util. en noms compostos) *a bus driver* una conductora d'autobús *a lorry driver* un camioner
motorist *nc* [més aviat formal, utilitzat p. ex. en estadístiques] conductor -a (de cotxe)
motorcyclist *nc* motorista
chauffeur *nc* xofer -a

310 Petrol station Gasolinera

petrol station o **filling station** (*brit*), **gas station** (*amer*) *nc* gasolinera, benzinera
garage *nc* [pot tant fer reparacions com vendre gasolina] estació de servei i taller
petrol pump (*brit*), **gas pump** (*amer*) *nc* assortidor
nozzle *nc* broc de la mànega

fill up (sth) o **fill** (sth) **up** *vti* omplir (el dipòsit de) *I filled up with petrol this morning.* He fet benzina aquest matí.
self-service *adj* autoservei *a self-service petrol station* una gasolinera d'autoservei

311 Roads Carreteres

road nc [mot genèric, independentment de l'amplada] carretera, carrer *all major roads north* totes les carreteres principals cap al nord *to walk down the road* caminar carrer avall

motorway (*brit*), **expressway, thruway** o **freeway** (*amer*) nc autopista *driving on the motorway* conduir per l'autopista (davant de n) *motorway traffic* trànsit a l'autopista

highway nc (*esp. amer*) [carretera principal i ampla] carretera

main road nc [carretera transitada però no sempre ampla] carretera

street nc [habit. amb edificis a cada costat] carrer *She lives in the same street as me.* Viu al mateix carrer que jo.

avenue nc [carrer ample, sovint amb arbres a cada costat] avinguda

lane nc [estret, sovint tortuós] camí *country lanes* viaranys

track nc [sense asfalt. Pot ser estret i per caminar, o més ample per a vehicles] sendera, camí

bypass nc [carretera que passa al voltant d'un poble per disminuir el trànsit interior] carretera de circumval·lació

bypass vt [conduir o caminar al voltant d'ac, no necessàriament per una carretera de circumval·lació] evitar, deixar de banda

ringroad (*brit*), **beltway** (*amer*) nc [carretera circular que evita el centre d'un poble] cinturó, ronda

square nc plaça

level crossing nc pas a nivell

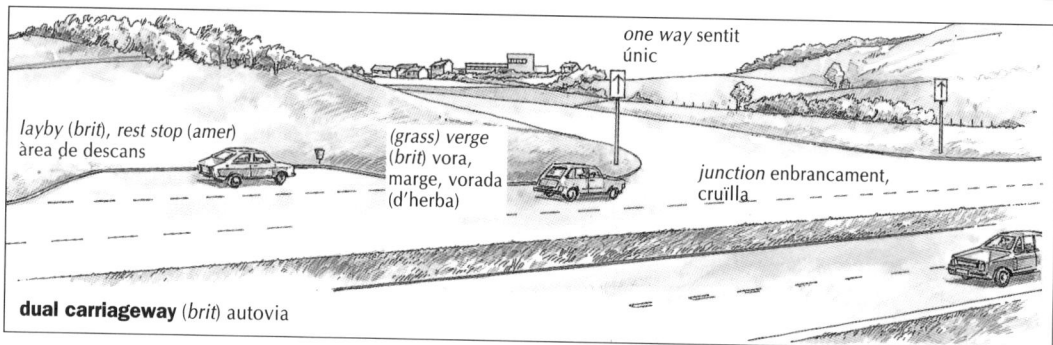

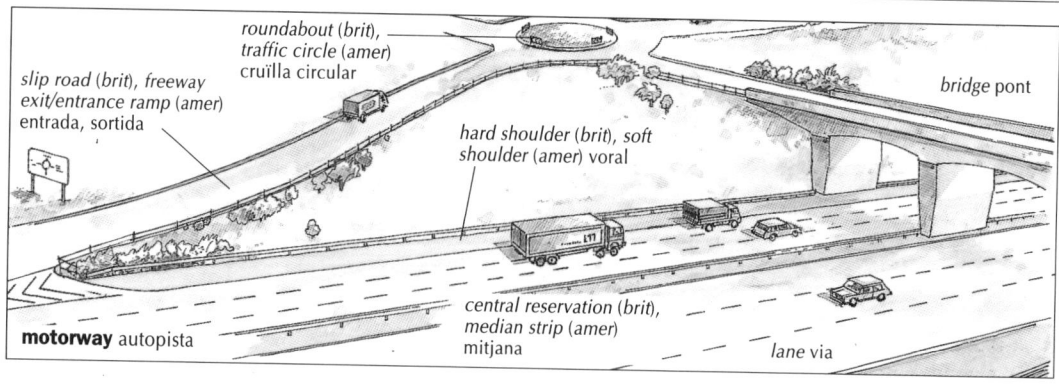

311.1 Senders

path *nc* [amb o sense asfalt] sender, camí *a path through the forest* un sender a través del bosc

pavement (*brit*), **sidewalk** (*amer*) *nc* [asfaltat, a la vora del carrer] vorera

kerb (*brit*), **curb** (*amer*) *nc* vorada

footpath *nc* [estret, sovint sense asfalt] camí *a public footpath* un camí públic

alley *nc* [carrer estret entre edificis] carreró

gangway *nc* **1** [en un vaixell] passarel·la **2** (*brit*) [entre seients, p. ex. en un cinema, a l'autobús] passadís

subway *nc* (*brit*) [per a vianants] pas subterrani

312 Ships and Boats Vaixells

ship *nc* [gros, habit. per anar a alta mar] vaixell, nau

boat *nc* [més petit que **ship**. Pot no ser cobert] barca, embarcació

vessel *nc* [més aviat formal. Qualsevol mida] nau

craft *nc, pl* **craft** [de qualsevol mida, però habit. referit a barques petites] embarcació, barca

aboard *adv* a bord *All aboard!* Tots a bord!

on board *adv* a bord *three weeks on board the 'Queen Elizabeth'* tres setmanes a bord del *Queen Elizabeth*

312.1 Classes de vaixells

rowing boat (*brit*), **rowboat** (*amer*) *nc* barca de rems

canoe *nc* canoa, piragua **canoeist** *nc* piragüista

yacht *nc* iot **yachtsman** (*m.*) **yachtswoman** (*f.*) *nc* esportista nàutic

raft *nc* rai **life raft** *nc* bot salvavides

ferry *nc* [porta passatgers, vehicles i mercaderies en distàncies relativament curtes. Diferents mides] barca, transbordador, ferri

liner *nc* [més impressionant que **ferry**. Vaixell gros, que sovint cobreix distàncies llargues] transatlàntic

steamboat o **steamer** *nc* [esp. per a viatges per riu o costers] (vaixell de) vapor

barge *nc* barcassa, gavarra

dinghy *nc* bot

312.2 Parts dels vaixells

sail *nc* vela
mast *nc* pal
deck *nc* coberta
cabin *nc* cabina
bridge *nc* pont
helm o **wheel** *nc* [roda per governar un vaixell] timó
tiller *nc* [palanca per governar una barca] arjau
rudder *nc* [full de metall o fusta a l'aigua] pala del timó
oar *nc* rem

312.3 Viatges en vaixell

sail *vit* navegar, embarcar(-se) *We sail at three.* Ens embarquem a les tres de la tarda. *She sailed her yacht around the world.* Va navegar amb el seu iot per tot el món.

row *vit* remar *We rowed across the lake.* Vam creuar el llac remant.

voyage *nc* [esp. llarg, i de vegades d'aventura] viatge

cruise *nc* creuer

embark *vi* embarcar-se *We embarked at Liverpool.* Ens vam embarcar a Liverpool.

disembark *vi* (sovint + **from**) desembarcar

312.4 Aturar el vaixell

anchor *nc* àncora *to drop anchor* tirar l'àncora

anchor *vit* ancorar *We anchored in calm waters.* Vam ancorar en aigües tranquil·les.

moor *vit* (sovint + **to**) [lligar amb corda] amarrar

moorings *n pl* **1** TAMBÉ **mooring** [lloc on s'amarra el vaixell] amarrador **2** [cordes] amarres

port *nc* **1** [on s'amarren els vaixells] port *We walked down to the port.* Vam baixar fins al port. **2** [ciutat gran amb port comercial] port *Barcelona is an important port.* Barcelona és un port important.

dock *nc* [on es carreguen i descarreguen els vaixells] dàrsena, moll **dock** *vit* atracar

jetty *nc* [més petit que **dock** o **pier**; habit. de fusta] embarcador

harbour (*brit*), **harbor** (*amer*) *nc* port

pier *nc* **1** [lloc per amarrar-hi o escullera] dic, moll, escullera **2** [en un lloc d'estiueig] moll (lloc per on passeja la gent en el qual pot haver-hi diversions)

312.5 Persones que treballen amb vaixells

docker *nc* estibador -a, treballador -a de port

shipbuilder *nc* constructor -a de naus, mestre -a d'aixa

shipbuilding *ni* construcció de naus (davant de *n*) *the shipbuilding industry* la indústria naval

shipyard o **dockyard** *nc* drassana

sailor *nc* [util. en referència als professionals o als que naveguen per plaer. També s'utilitza de vegades ref. als que viatgen en vaixell] mariner -a

seaman *nc, pl* **seamen** [només s'utilitza referit a homes; habit. professionals o mariners molt experimentats] mariner

crew *nc* (+ *v sing* o *pl*) tripulació

captain *nc* capità -ana

312.6 Accidents i estris per evitar-los

overboard *adv* a l'aigua *Man overboard!* Home a l'aigua! *to fall overboard* caure a l'aigua

shipwreck *nc* naufragi

shipwreck *vt* (habit. en frases passives) *to be shipwrecked* naufragar *They were shipwrecked off the Devon coast.* Van naufragar mar endins davant les costes de Devon.

lighthouse *nc* far **buoy** *nc* boia

lifeboat *nc* **1** [que surt per rescatar] llanxa de socors **2** [barca petita sobre el vaixell] bot salvavides

lifejacket *nc* armilla salvavides

313 Aircraft Avions

aircraft nc, pl **aircraft** avió a light aircraft una avioneta
aeroplane (brit), **airplane** (amer), **plane** (brit & amer) [menys formal que **aircraft**] nc avió to fly a plane pilotar un avió
airline nc línia aèria
airliner nc [més aviat obsolet. Avió gran] avió de passatgers
jet nc reactor
jumbo (jet) nc jumbo
glider nc planador
helicopter nc helicòpter
spacecraft nc, pl **spacecraft** nau espacial
rocket nc coet
(hot air) balloon nc globus (d'aire calent)
cockpit nc [espai per als pilots] cabina de pilotatge
cabin nc [espai per als passatgers] cabina de passatge
wing nc ala

313.1 L'aeroport

hangar nc hangar
runway nc pista (d'aterratge)
radar nc radar
control tower nc torre de control
check-in desk nc facturació
departure lounge nc [indret on s'esperen els passatgers abans d'embarcar] sala d'embarcament

313.2 Volar

fly vit, pas. **flew** pp. **flown** volar, pilotar I flew to Moscow with Iberia. Vaig anar a Moscou amb Ibèria. We flew through a storm. Vam volar pel mig d'una tempesta. They fly the jets very low. Fan anar els reactors molt baixos.
flight nc vol I booked a flight to Rome. Vaig reservar un vol a Roma. We had a smooth flight. Vam tenir un vol tranquil.
take off vi enlairar-se I don't like it when the plane takes off. No m'agrada quan l'avió s'enlaira. We took off from London an hour ago. Fa una hora que hem sortit de Londres.
take-off nc enlairament Fasten your seat belts during take-off. Cordeu-vos els cinturons de seguretat durant la maniobra d'enlairament.
land vit aterrar The plane landed in a field. L'avió va aterrar en un camp. She managed to land the plane safely. Va poder aterrar sana i estàlvia. **landing** nc aterratge

313.3 Persones que treballen amb els avions

crew nc tripulació
pilot nc pilot
(air) steward (m.), **(air) stewardess** (f.) nc auxiliar de vol, sobrecàrrec
air hostess nc hostessa
air traffic controller nc controlador -a del trànsit aeri **air traffic control** n (+ v sing o pl) control del trànsit aeri

314 Trains Trens

train nc tren We travelled by train. Vam anar-hi en tren. to catch a train agafar un tren passenger/goods train tren de passatgers/mercaderies
carriage (brit), **car** (amer) nc [per a passatgers] vagó, cotxe sleeping/dining car (brit & amer) vagó-llit/vagó-restaurant
compartment nc [secció de vagó] compartiment a no smoking compartment un compartiment per a no fumadors
railway (brit), **railroad** (amer) 1 [carril] via They're repairing the railway. Estan reparant la via. 2 TAMBÉ **railways** [xarxa] ferrocarril the national railway la xarxa nacional de ferrocarril
rail n 1 ni [xarxa] ferrocarril to travel by rail viatjar en tren (davant de n) rail travel viatges ferroviaris 2 nc [la part metàl·lica] rail, carril Do not cross the rails. No creueu la via.

314.1 L'estació

(railway) station (brit), **(train) station** (amer) nc estació (de tren)
terminal nc (estació) terminal
terminate vi tenir el final de trajecte This train terminates at Manchester. Aquest tren té el final de trajecte a Manchester.
waiting room nc sala d'espera
platform nc andana the train departing from platform 7 el tren que surt de l'andana número 7
(railway) line o **track** nc via, carril
signal nc senyal

314.2 Persones que treballen amb els trens

porter nc maleter -a, mosso -a
guard nc guarda
ticket collector nc revisor -a
(train) driver nc conductor -a (del tren)
signalman (m.), **signalwoman** (f.) nc guardaagulles

315 Other transport Altres mitjans de transport

vehicle nc [més aviat formal o tècnic] vehicle heavy vehicles vehicles pesats
traffic ni trànsit Heavy traffic blocked the roads. Un trànsit dens embussava les carreteres.

315.1 Vehicles per a mercaderies

lorry (brit), **truck** (brit & amer) nc camió

articulated lorry (brit), *semi* (amer) camió articulat

handcart carretó

wagon tartana

horse and cart cavall i carro

van nc camioneta

cart nc [pot tenir dues o quatre rodes; impulsat per animals o a mà] carro, carretó

wagon (brit & amer), **waggon** (brit) nc 1 [esp. tirat per cavalls] carro, tartana 2 (brit) [vehicle ferroviari per a mercaderies] vagó

315.2 Vehicles per a passatgers

bus autobús

bus stop parada d'autobús

bus conductor cobrador (d'autobús)

minibus autobús petit

taxi o **cab** nc taxi *to call a cab* cridar un taxi
hovercraft nc aerolliscador
caravan (brit), **camper** (amer) nc caravana, rulot

315.3 Vehicles amb dues rodes

utilització

S'utilitza el verb **ride** amb tots aquests vehicles, p. ex. *I rode my bike to town.* (Vaig anar al poble en bicicleta.) *He rides a moped.* (Va en ciclomotor.)

bicycle o [informal] **bike** nc bicicleta
cycle vi (sovint + **to**) anar en bicicleta
motorbike nc moto
motorcycle nc [més aviat obsolet] motocicleta
moped nc ciclomotor
scooter nc 1 o **motor scooter** [més aviat obsolet, amb rodes petites] scooter, vespa 2 [joguina] patinet

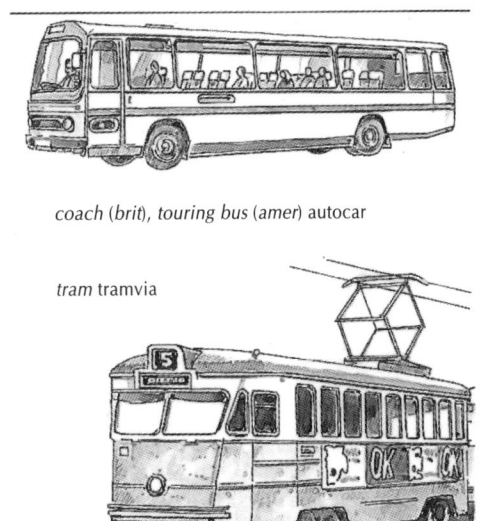

coach (brit), *touring bus* (amer) autocar

tram tramvia

316 Travel documents and Procedures
Documents i procediments per viatjar

ticket office nc despatx de bitllets
ticket nc bitllet
fare nc preu del viatge *Children travel half fare.* La mainada viatja a meitat de preu.
reserve vt [més formal que **book**. Obj: seient, lloc] reservar *I'd like to reserve a seat on the 12.40 train.* Voldria reservar un seient en el tren que surt a les 12.40.
reservation nc reserva *to make a reservation* fer una reserva
book vit reservar *I'd like to book a first class flight to Seattle please.* Sisplau, voldria reservar un vol en primera a Seattle. *Will I be able to get a ticket on the day or do you have to book in advance?* Podré obtenir un bitllet el mateix dia o s'ha de reservar abans? *Book me on the 12.30 flight.* Reserva'm un bitllet en el vol de les 12.30.
booking nc/i reserva *Are there many bookings for that flight?* Hi ha gaires reserves fetes per a aquest vol?
customs officer nc duaner -a
customs n pl **1** [lloc] duana *to go through customs* passar la duana **2** [impost] drets (de duana) *to pay customs (duty) on sth* pagar els drets (de duana) per ac
declare vt declarar *goods to declare* mercaderies a declarar *nothing to declare* res per declarar
duty-free n **1** nc o **duty free shop** (sovint + **the**) botiga lliure d'impostos *Have you been in the duty-free?* Has anat a la botiga lliure d'impostos? **2** ni [mercaderies] articles lliures d'impostos *Did you buy any duty-free?* Has comprat algun article lliure d'impostos?
duty-free adj lliure d'impostos *duty-free cigarettes* cigarrets lliures d'impostos
passport nc passaport
visa nc visat
boarding pass nc targeta d'embarcament

COMPRAR BITLLETS

Normalment s'utilitzen les paraules **single** (*brit*) i **return** (*brit*) com a noms: *A single to Cambridge, please.* (Un (bitllet) per anar a Cambridge, sisplau.) *Two returns to Sheffield.* (Dos (bitllets) d'anada i tornada a Sheffield.) De vegades s'utilitza **return** davant de **ticket**: *A return ticket to London.* (Un bitllet d'anada i tornada a Londres.) En canvi, no s'utilitza **single** de la mateixa manera a causa de l'ambigüitat de l'expressió *a single ticket*, que vol dir 'només un bitllet' i *no* 'un bitllet d'anada'.

En anglès americà s'utilitza **one-way ticket** i **round-trip ticket** en comptes de **single** i **return**, respectivament.

Pel que fa a bitllets de tren, no és habitual especificar **second class** (de segona classe) perquè es considera la norma. En canvi, si es vol un bitllet de primera s'ha de dir, per exemple: *A first-class return to Liverpool.* (Un bitllet d'anada i tornada, de primera, a Liverpool.) D'altra banda, per als bitllets d'avió és normal especificar la classe, p. ex. **first class** (primera classe), **business class** (preferent), **economy class** (classe turística).

---

317 Travel Viatjar

travel vit, -ll- (*brit*), -l- (*amer*) viatjar, recórrer *I travelled to London by train.* Vaig anar a Londres en tren. *Have you travelled much?* Has viatjat gaire? *We travelled over 300 miles a day.* Vam recórrer més de 300 milles diàries.
travel ni viatges, viatjar *My job involves a lot of travel.* La meva feina comporta viatjar molt. *air travel* viatjar en avió (davant de n) *travel writer* autor de llibres de viatges

utilització

No s'ha de confondre **travel** (viatges, viatjar), que és un mot gramaticalment no comptable, amb **trip** (viatge) i **journey** (viatge), que són comptables. Es pot dir *I've made many interesting trips/journeys.* (He fet molts viatges interessants.), però no *many interesting travels*.

traveller (*brit*), **traveler** (*amer*) nc viatger -a
travel agent nc **1** [persona] agent de viatges **2** [botiga] **travel agent's** o **travel agency** nc agència de viatges
tourism ni turisme
tourist nc turista (davant de n) *the tourist trade* la indústria del turisme *a popular tourist resort/attraction* un lloc/una atracció popular entre els turistes

utilització

No hi ha cap adjectiu que correspongui al nom **tourist**. Com es pot comprovar en els exemples de més amunt, s'utilitza el mateix nom davant d'altres noms.

hitch-hike vi fer autoestop **hitch-hiker** nc persona que fa autoestop
commute vi (sovint + **to**) [freqüentment, esp. per anar a la feina] viatjar (diàriament) *I commute to the office from Berkshire.* Viatjo cada dia a l'oficina des de Berkshire.
commuter nc [persona que es desplaça cada dia] viatger -a diari -ària (davant de n) *commuter train* tren local, tren de rodalia
passenger nc passatger -a *air/rail passengers* passatgers d'avió/de tren (davant de n) *passenger seat* seient del passatger

317.1 Viatges

journey nc [mot genèric; per a qualsevol distància] viatge *I always wear a seat belt, even on short journeys.* Sempre em cordo el cinturó de seguretat, fins i tot en viatges curts. *a journey across Africa* un viatge atraves d'Àfrica

journey *vi* [força lit.] viatjar *We journeyed through Asia.* Vam viatjar per tot Àsia.

expedition *nc* expedició *an expedition to the North Pole* una expedició al Pol Nord *a mountaineering expedition* una expedició de muntanyisme [sovint jocós] *We've had an expedition to the shops.* Hem fet una expedició a les botigues.

explore *vti* explorar *We explored the area on foot.* Vam explorar la zona a peu. **explorer** *nc* explorador -a

exploration *nc* exploració *space exploration* l'exploració de l'espai

excursion *nc* [viatge curt, habit. de plaer, però no necessàriament al camp] excursió, visita *They arrange excursions to a local gold mine.* S'organitzen visites a una mina d'or local.

trip *nc* [habit. viatge curt, de plaer o de negocis. Expressa anada i tornada] viatge, excursió, sortida *a shopping trip* una sortida per anar a comprar *business trips* viatges de negocis

tour *nc* [viatge que inclou visites a diversos indrets] gira, excursió **tour** *vti* viatjar

package tour o **package holiday** *nc* [vacances a preu fix, que inclou el viatge, l'allotjament i (sovint) el menjar] vacances amb tot pagat, viatge organitzat

317.2 Rutes i destinacions

route *nc* [expressa un recorregut més fix o intencionat que **way**] ruta *bus routes* rutes d'autobús *Which route did you take?* Quina ruta vau agafar?

way *nc* **1** (sovint + **the**) camí *Can you tell me the way to the station?* Em pots dir el camí per anar a l'estació? **2** direcció *Which way is the Gothic Quarter from here?* Com es va al Barri Gòtic des d'aquí?

direct *vt* [lleug. formal] indicar *Can you direct me to the nearest bank?* Hi ha un banc aquí a prop?

destination *nc* destinació, final de trajecte

mileage *ni* quilometratge

map *nc* mapa, plànol

foreign *adj* estranger *foreign holidays* vacances a l'estranger *foreign currency* divises *foreign policy* política exterior **foreigner** *nc* estranger -a

abroad *adv* a l'estranger *Did you go abroad for your holiday?* Vas passar les vacances a l'estranger? *I lived abroad for several years.* Vaig viure durant uns quants anys a l'estranger.

utilització

Davant d'**abroad** no hi va cap preposició.

overseas *adj* d'ultramar, a l'estranger *overseas customers* clients estrangers

overseas *adv* a ultramar *troops based overseas* tropes amb base a l'estranger

317.3 Llocs per hostatjar-se

hotel *nc* hotel *a 3-star hotel* un hotel de tres estrelles

motel (*brit & amer*), **motor lodge** (*amer*) *nc* [habit. a peu de carretera] motel

guest house o **boarding house** (*esp. brit*) *nc* [una casa particular on els hostes paguen el menjar i l'allotjament com si fos un petit hotel] pensió

bed and breakfast *nc/i* (*brit*) [allotjament en hotel, pensió o casa particular, que inclou només el llit i l'esmorzar] habitació i esmorzar

resort *nc* [lloc pensat per a vacances] centre, estació *a holiday resort* un lloc d'estiueig *a skiing resort* una estació d'esquí

317.4 Equipatge

vegeu també **331 Containers**

luggage (*esp. brit*), **baggage** (*esp. amer*) *ni* equipatge *Have you got much luggage?* Tens gaire equipatge? *hand luggage* equipatge de mà (davant de *n*) *luggage rack* portaequipatges *luggage van* furgoneta d'equipatges

suitcase *nc* maleta

rucksack (*brit & amer*), **backpack** (*esp. amer*) *nc* motxilla

holdall *nc* [bossa gran o maleta petita] bossa, maleta, bossa de viatge

pack *nc* [qualsevol farcell que es porta a l'esquena] farcell, motxilla

pack *vit* fer (les maletes) *Have you packed a warm jumper?* Has posat un suèter a la maleta? *She's still packing.* Encara està fent les maletes. *He packed his bags and left.* Va fer les maletes i se'n va anar.

unpack *vit* desfer (les maletes) *Shall we unpack now or after supper?* Desfem les maletes ara o després de sopar?

318 Directions Direccions

vegeu també **L20 Directions**

318.1 Els punts de la brúixola

northern *adj* del nord, septentrional

southern *adj* del sud, meridional

eastern *adj* de l'est, oriental

western *adj* de l'oest, occidental

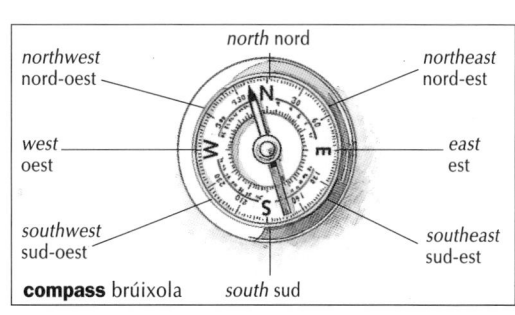

north nord
northwest nord-oest
northeast nord-est
west oest
east est
southwest sud-oest
southeast sud-est
compass brúixola
south sud

GRUPS DE PARAULES

utilització

Les paraules anteriors s'utilitzen en el sentit 'pertany a la part en qüestió del món o del país', p. ex. *The eastern region experienced heavy rain.* (Van caure pluges intenses a les regions orientals.) *northern cities* (les ciutats del nord) *the southern climate* (el clima meridional)

northerly *adj* nord, del nord, septentrional

southerly *adj* sud, del sud, meridional

easterly *adj* est, de l'est, oriental

westerly *adj* oest, de l'oest, occidental

utilització

Les paraules anteriors s'utilitzen per descriure moviments anant o venint sobre una determinada direcció, p. ex. *westerly winds* (vents de l'oest) *travelling in a northerly direction* (viatjant cap al nord)

northward *adj* cap al nord **northward** o **northwards** *adv* cap al nord

southward *adj* cap al sud **southward** o **southwards** *adv* cap al sud

eastward *adj* cap a l'est **eastward** o **eastwards** *adv* cap a l'est

westward *adj* cap a l'oest **westward** o **westwards** *adv* cap a l'oest

utilització

Les paraules anteriors s'utilitzen referides a la direcció, però *no* al vent.

318.2 Altres direccions

left *adj & adv* a l'esquerra *turn left* tombar a l'esquerra *my left hand* la meva mà esquerra

left *ni* (part/costat) esquerre *on the left of the street* a l'esquerra del carrer

right *adj & adv* (a la) dreta

right *nc/i* dreta *the shop on the right* la botiga a la dreta *to the right of the church* a mà dreta de l'església

inward *adj* 1 [de la ment o de l'esperit] interior *inward peace* pau interior 2 [que tendeix a l'interior] cap a l'interior *an inward curve* un revolt cap a l'interior **inward** o **inwards** *adv* cap endins **inwardly** *adv* per dins

outward *adj* 1 [del cos] exterior *Her outward expression remained calm.* Va mantenir una actitud pausada. 2 a l'exterior **outward** o **outwards** *adv* cap a fora **outwardly** *adv* per fora

clockwise *adj & adv* en el sentit del rellotge

anticlockwise (*brit*), **counterclockwise** (*amer*) *adj & adv* al revés de les agulles del rellotge

sideways *adj & adv* de costat *We shuffled sideways.* Ens vam moure cap al costat arrossegant els peus. *She gave me a sideways glance.* Em va mirar de reüll.

reverse *vti* [utilitzat esp. referit a vehicles] (fer) anar marxa enrere

reverse *adj* invers, invertit, contrari *in reverse order* en sentit invers

frase feta

as the crow flies [per la ruta més directa possible. Lit.: com vola el corb] en línia recta *It's ten miles by car, but only six as the crow flies.* (Són 10 milles en cotxe, però només sis en línia recta.)

319 Visit Visitar

vegeu també **286 Wait**; **434 Friendship**

visit *v* 1 *vt* [obj: una persona] visitar, anar a veure *I visited (brit & amer)/visited with (amer) my parents last weekend.* El darrer cap de setmana vaig visitar els meus pares. *Are you going to visit him in hospital/prison?* L'aniràs a veure a l'hospital/la presó? *visiting hours* hores de visita 2 *vt* [obj: un país, una ciutat, una zona, etc.] visitar *They visited Italy last year.* L'any passat van visitar Itàlia. 3 *vt* [per gust o per plaer. Obj: p. ex. un museu, una institució] anar a veure, visitar 4 *vti* [per donar o obtenir consell professional. Obj: p. ex. un metge, un dentista, un advocat, etc.] anar a veure *If symptoms persist please visit your doctor.* Si persisteixen els símptomes, vagi a veure el seu metge.

utilització

Els angloparlants nadius sovint utilitzen **go to** en lloc de **visit**, especialment en contextos informals, p. ex. *Did you go to Florence when you were in Italy?* (Vas visitar Florència quan vas anar a Itàlia?) *We went to St Paul's Cathedral.* (Vam anar a la catedral de St. Paul.)

visit *nc* (+ **to, from**) visita *I might pay a visit to the British Museum.* Potser faci una visita al Museu Britànic. *They had a visit from their son.* Van rebre la visita del seu fill. *This isn't a social visit.* Això no és una visita de cortesia.

visitor *nc* visitant *She doesn't get many visitors.* No rep gaires visites. *Visitors are asked not to take photographs.* Es prega als visitants que no facin fotografies.

stay *vi* (+ **with**, **at**) [suposa pernoctar al lloc que es visita] estar-se, hostatjar-se *She's staying with friends.* S'està a casa d'uns amics. *I stayed at a lovely hotel.* Em vaig hostatjar en un hotel molt bonic. *to stay the night* quedar-se a dormir

drop in *vi* (sovint + **on**) [informal, fa referència a una visita curta i casual] visitar de passada, deixar-se caure *I dropped in for coffee on my way to work.* Em vaig aturar a prendre cafè camí de la feina.

guest *nc* 1 [estada més o menys llarga a la casa d'algú] convidat -ada, hoste -essa *We've got guests coming for dinner.* Tenim convidats a dinar. 2 [convidat fora de casa] convidat -ada *We were taken for a meal as guests of the company.* Ens van portar a dinar convidats per l'empresa. 3 [en un hotel] hoste -essa, client -a *Guests are reminded that breakfast is at 8.* Es recorda als clients que l'esmorzar és a les vuit.

host (*m.*), **hostess** (*f.*) *nc* amfitrió -ona

320 Distance Distància

vegeu també **435 Loneliness**

320.1 A prop

near *adv & prep* (a) prop, (a) prop (de), a la vora *I live near the church.* Visc a prop de l'església *Do you live near (here)?* Vius per aquí a prop? *She stood near me.* S'estava dreta a prop meu.

near *adj* [en distància, temps, grau, etc.] proper, pròxim *I got into the nearest car.* Vaig pujar al cotxe més proper. *in the near future* en un futur pròxim *the near left wheel* la roda esquerra davantera *Where is the nearest bank?* On és el banc més proper?

close *adj* **1** (sovint + **to**) [en distància, temps, grau, etc.] pròxim, proper *Is your house close to an airport?* Vius a prop d'un aeroport? *It's close to my bedtime.* És gairebé la meva hora d'anar a dormir. **2** [descriu: p. ex. la relació entre amics, companys, etc.] íntim *We were very close.* Érem amigues íntimes.

close *adv* (sovint + **to**) prop *The lion was coming closer.* El lleó era cada vegada més a prop. *We stood close to the edge of the cliff.* Estàvem drets a la vora del penya-segat. *Don't go too close to that dog.* No t'atansis al gos.

closely *adv* de prop, plegats *He needs to be closely supervised.* Cal que se'l vigili de prop. *We worked closely on the project.* Vam treballar plegats en el projecte. *The sheep were packed closely into pens.* Les ovelles estaven atapeïdes dins les pletes.

utilització

Near i **close** tenen un significat molt semblant. Tanmateix, **close** no es fa servir com a preposició i va seguida de **to**: p. ex.:
I stood near the tree. (Estava dret al costat de l'arbre.)
I stood close to the tree. (Estava dret al costat de l'arbre.)

next *adv* després, més tard, en acabar *What do we do next?* Què fem ara?

next *prep* (sempre + **to**) tocant a, al costat de, prop de *My house is next to the station.* Visc a tocar de l'estació. *I sat next to her.* Vaig seure al seu costat.

next *adj* pròxim, següent, contigu *I turned down the next street.* Vaig tombar en arribar al carrer següent.

utilització

Comparem **nearest** i **next**. Utilitzem **next** per referir-nos a una cosa acostada a una altra en l'espai, el temps, l'ordre lògic, etc., p. ex.: [en un autobús] *We must get off at the next stop.* (Hem de baixar a la pròxima parada.) [a la televisió] *Our next singer is from Sweden.* (La nostra propera cantant és de Suècia.) [en un consultori] *Show in the next patient.* (Fes entrar el pròxim pacient.) En canvi **nearest** fa referència a la distància més curta, p. ex.: *Where's the nearest bank?* (On és el banc més proper?)

nearby *adj* pròxim, proper *a nearby village* un poble proper

nearby *adv* a prop *I hid nearby and watched them.* Em vaig amagar a prop d'ells i els observava.

utilització

Observeu que **nearby** no és una preposició; la preposició corresponent és **near**.

local *adj* local *local shops* botigues del barri *local government* govern local

locally *adv* per aquí *Do you live locally?* Vius per aquí?

neighbouring (*brit*), **neighboring** (*amer*) *adj* veí *The airport is opposed by residents of neighbouring villages.* Els veïns dels pobles del voltant s'oposen a l'aeroport.

neighbour (*brit*), **neighbor** (*amer*) *nc* veí -ïna *my next-door-neighbour* la veïna del costat *What will the neighbours think?* Què pensaran els veïns?

utilització

in the vicinity (of) [formal] prop (de) *There are roadworks in the vicinity of Junction 13.* Hi ha obres prop de la sortida 13. *The castle gets in the vicinity of 10,000 visitors a year.* El castell rep prop de 10.000 visitants a l'any.

within reach (of) a prop (de), a l'abast (de) *London is within easy reach by train.* Es pot anar fàcilment a Londres en tren. *When I'm on duty, I have to stay within reach of a phone.* Quan estic de servei, he de tenir a prop un telèfon.

320.2 Lluny

far *adv, compar* **farther** o **further**, *superl* **farthest** o **furthest** lluny *Have you travelled far?* Ve de lluny? *Edinburgh isn't far away.* Edimburg no és lluny d'aquí. *Do you live far from the office?* Vius lluny de l'oficina? *I was far from satisfied.* No estava satisfet de cap manera. *Ladybirds are far smaller than beetles.* Les marietes són molt més petites que els escarabats.

far *adj, compar* **farther** o **further**, *superl* **farthest** o **furthest** llunyà *the far West* l'oest llunyà *on the far side of the lake* a l'altre costat del llac *in the far distance* a la llunyania

utilització

Normalment s'utilitza **far** en frases interrogatives i negatives, mentre que en frases afirmatives sovint s'utilitza **a long way**, p. ex. *'Is it far to Edinburgh?' 'Yes, it's a long way'/'No, it's not far.'* ('És lluny Edimburg?' 'Sí, és lluny'/'No, no és gaire lluny.')

distant *adj* llunyà, remot, distant, apartat *distant lands* terres llunyanes *a distant memory* un record remot *the distant sound of voices* la remor distant de veus *in a not-too-distant future* en un futur no gaire llunyà

distance *nc/i* distància *I have to drive long distances to work.* He de conduir un bon tros per anar a la feina. *What's the distance between here and Manchester?* Quina distància hi ha d'aquí a Manchester? *I could see someone* **in the distance**. Veia algú a la llunyania. *I **keep my distance** when she's in that mood!* Em mantinc a distància quan està d'aquest humor!

GRUPS DE PARAULES

distance oneself v (habit. + **from**) distanciar-se *I tried to distance myself from their criticism of his work.* Vaig intentar distanciar-me de les crítiques a la seva feina.

remote nc remot *a remote island* una illa remota *An agreement seems as remote as ever.* Un acord sembla més remot que mai. *They don't have the remotest chance of success.* No tenen ni la més remota possibilitat de reeixir.

remotely adv [habit. en frases negatives] remotament *I'm not remotely interested.* No hi estic gens interessada.

out-of-the-way adj apartat *We visited all the little out-of-the-way places.* Vam visitar tots els petits indrets apartats.

a long way molt lluny, a molta distància (vegeu UTILITZACIÓ a **far**, més amunt). *It's a long way to Athens.* Atenes és molt lluny. *I live a long way away.* Visc molt lluny. *We walked a long way.* Vam caminar molt de tros. *It's a long way from being finished.* Falta molt per acabar.

321 Come Venir

vegeu també **373 Get**

come vi, pas. **came** pp. **come** venir *I've come to see Dr Smith.* He vingut a veure el Dr Smith. *They came to tea.* Van venir a prendre el te. *Are you coming with us?* Véns amb nosaltres?

arrive vi (sovint + **at**, **in**) arribar *We arrived at his house by car.* Vam arribar a casa seva en cotxe. *when summer arrives* quan arriba l'estiu *The train arrived 10 minutes late.* El tren va arribar 10 minuts tard.

arrival ni/c arribada *On arrival, we were given a glass of sherry.* En arribar, ens van oferir una copa de xerès. *new arrivals to the firm* nouvinguts a l'empresa *Fog delayed all arrivals at Heathrow.* La boira va retardar totes les arribades a Heathrow.

utilització

Les preposicions que van amb el verb **arrive** són **at** i **in**. **Arrive at** s'utilitza principalment per fer referència a edificis o llocs petits, i no per referir-se a poblacions grans o ciutats. **Arrive in** s'utilitza principalment per fer referència a llocs grans com ara les ciutats, tot i que pot utilitzar-se també per referir-se a poblacions més petites. **Arrive in** no es fa servir mai per referir-se a edificis. P. ex. *We arrived at school at 9.30.* (Vam arribar a l'escola a les 9.30.) *We arrived in London yesterday.* (Vam arribar a Londres ahir.) *She arrives in Spain next week.* (Arriba a Espanya la setmana que ve.)

reach vt **1** [obj: un lloc] arribar a *We should reach Kansas before dawn.* Hauríem d'arribar a Kansas abans de l'alba. **2** arribar a, assolir *when you reach my age* quan arribis a la meva edat *to reach a target* assolir un objectiu

attend vti [en contextos més aviat formals. Obj: p. ex. reunió, judici] assistir *I've been invited to attend the ceremony.* M'han invitat a assistir a la cerimònia.

attendance ni/c assistència *Your attendance at the hearing is required.* La teva assistència a l'audiència és obligatòria.

show up vi [informal] presentar-se *Nigel showed up half an hour late.* En Nigel va presentar-se mitja hora tard. *She wouldn't dare show up after what you said to her.* No gosaria presentar-se després del que li vas dir.

321.1 Aproximar-se

approach vti aproximar-se (a a/ac) *We approached the dogs carefully.* Ens vam aproximar als gossos amb molt de compte. *The evenings are dark now winter is approaching.* Els vespres són foscos ara que s'acosta l'hivern.

approach n (cap pl) apropament, aproximació *We heard the car's approach.* Vam sentir que el cotxe s'aproximava. *the approach of death* l'aproximació de la mort

advance vi (sovint + **on**, **towards**) [expressa determinació] avançar *Troops advanced on the city.* Les tropes avançaven sobre la ciutat. *He advanced towards me, holding a knife.* Se'm va acostar amb un ganivet a la mà.

advance nc (sovint + **on**) [esp. en contextos militars] avançada

321.2 Aparèixer

appear vi aparèixer *A light appeared in the distance.* Una llum va aparèixer a la llunyania. *The plumber didn't appear until 11 o'clock.* El lampista no va aparèixer fins a les onze.

appearance nc aparició *We were startled by the appearance of a policeman.* Ens va sorprendre veure aparèixer un policia.

turn up vi [informal. Sovint ref. a aparicions inesperades] aparèixer, presentar-se *He always turns up late.* Sempre es presenta tard. (+ **to**) *Guess who turned up to my party?* Endevina qui va aparèixer a la meva festa!

emerge vi emergir *He emerged from under the sheets.* Va sortir de sota els llençols. *A stream emerged from underground.* Un rierol emergia de sota terra.

322 Go Anar-(se'n)

vegeu també **L4 Leave-taking**

go vi, pas. **went** pp. **gone 1** (sovint + **away**) [d'un lloc] anar, anar-se'n, marxar *Don't go yet.* No te'n vagis encara! *Where has she gone?* On ha anat? *The last bus went an hour ago.* L'últim autobús ha marxat fa una hora. *Go away!* Vés-te'n! **2** [viatge] anar, viatjar *a train going to London* un tren que va a Londres

leave vit, pas. & pp. **left 1** sortir, plegar *We left at 6.* Vam sortir a les sis. *What time did you leave the party?* A quina hora te'n vas anar de la festa? *I left the office early.* Vaig plegar d'hora de l'oficina.

2 [canvi permanent] deixar *I left my job in June.* Vaig deixar la feina al juny. *They had an argument and she left home.* Es van discutir i se'n va anar de casa.

depart *vi* [més formal que **leave** i **go**. Utilitzat esp. en el transport públic] sortir, anar-se'n *The train departs at four.* El tren surt a les quatre. *when the last guests had departed* quan els últims hostes se n'havien anat

departure *nc* marxa, sortida *Colleagues were puzzled by his sudden departure.* Els companys van quedar sorpresos amb la seva marxa sobtada. (davant de *n*, esp. en contextos relacionats amb els aeroports) *departure lounge* sala d'embarcament

withdraw *v, pas.* **withdrew** *pp.* **withdrawn** (sovint + **from**) **1** *vit* [replegar-se esp. després d'una derrota. Subj/obj: esp. l'exèrcit] retirar(-se), replegar(-se) *vegeu també **248 War** **2** *vi* [formal] allunyar-se *They withdrew from the scene in horror.* Es van allunyar de l'escena esgarrifats. **3** *vt* [retirar. Obj: permís, recolzament, observació] retirar *When he apologized, I withdrew my complaint.* Quan es va disculpar, vaig retirar la queixa.

withdrawal *nc* retirada *the army's withdrawal from the occupied territory* la retirada de l'exèrcit del territori ocupat

return *v* **1** *vi* (sovint+ **from**, **to**) tornar *I will never return to my country.* Mai no tornaré al meu país. *I returned home to find the house on fire.* Vaig tornar a casa i em vaig trobar que s'estava cremant. *He returned to work after a long illness.* Va tornar a la feina després d'una llarga malaltia. **2** *vt* (sovint + **to**) [obj: ac donada, agafada, etc.] retornar, tornar *I have to return my library books today.* Avui he de tornar els llibres a la biblioteca. *I'm just returning your call.* Només et torno la trucada. *She borrowed my shampoo and didn't return it.* Em va demanar el xampú i no me'l va tornar.

return *n* **1** *nc/i* retorn, tornada *They celebrated his return from the war.* Van celebrar el seu retorn de la guerra. *On my return, I was greeted by a crowd of wellwishers.* A la meva tornada, una munió d'afeccionats em va donar la benvinguda. (davant de *n*) *the return voyage* el viatge de tornada **2** [ac donada, agafada, etc.] retorn, lliurament *The government demanded the immediate return of all hostages.* El govern va exigir el lliurament immediat de tots els ostatges.

utilització

Com a verb, **return** és lleugerament formal. Col·loquialment utilitzaríem el verb corresponent seguit de **back**, p. ex.:
I will never go back to my country. (Mai no tornaré al meu país.) *I'll ring you back later.* (Et tornaré a trucar més tard.) *She borrowed the shampoo and didn't give it back.* (Va demanar el xampú i no el va tornar.)

frases fetes

Frases informals per dir a la gent que se'n vagi:
clear off/out! [p. ex. als intrusos] toqueu el dos!
get out (of here)! [sovint expressa ira i menyspreu] marxa!, vés-te'n!
piss off! (*brit*) [fort i ofensiu] fot el camp!, vés a prendre vent!
get lost! [expressa ira] Esfuma't!

322.1 Fugir

run away *vi* (sovint + **from**) fugir, escapar-se *We ran away when we heard his voice.* Vam guillar quan li vam sentir la veu. *to run away from home* escapar-se de casa *It's no good running away from your problems.* No és bo fugir dels propis problemes.

flee *vit, pas. & pp.* **fled** (sovint + **from**) [literari] fugir de, escapar-se, escapolir-se *They were forced to flee from the advancing army.* L'avançada de l'exèrcit els va obligar a fugir. *to flee the country* fugir del país

flight *nc/i* fugida, evasió **to put sb to flight** fer fugir algú *The intruders **took flight** when the alarm sounded.* Els intrusos van aixecar el vol quan va sonar l'alarma.

retreat *vi* (sovint + **from**) [subj: esp. l'exèrcit] retirar-se *When Napoleon retreated from Moscow, he lost most of his army.* Quan Napoleó es va retirar de Moscou va perdre gran part del seu exèrcit. *A series of explosions caused the crowd to retreat in confusion.* Una sèrie d'explosions van fer que la gent es retirés de manera confusa.

retreat *nc/i* (sovint + **from**, **to**) retirada *When he drew a knife I **beat a hasty retreat**.* Quan va treure un ganivet em vaig escapar a corre-cuita. *We would not fire on an army **in retreat**.* No dispararíem contra un exèrcit en retirada.

desert *v* **1** *vt* abandonar *His friends deserted him.* Els seus amics el van abandonar. **2** *vi* (sovint + **from**) [de l'exèrcit] desertar **deserter** *nc* desertor -a **desertion** *nc* deserció *vegeu també **248 War**

abandon *vt* **1** [amb irresponsabilitat i crueltat] abandonar *I couldn't just abandon the children.* No podria abandonar els nens i prou. *They abandoned us to our fate.* Ens van abandonar a la nostra sort. **2** abandonar, renunciar *We had to abandon our plans for a big wedding.* Vam haver d'abandonar els nostres plans de fer un gran casament. *We have not abandoned hope that he is alive.* No hem perdut l'esperança que estigui viu.

turn tail [força informal. Expressa por o covardia] girar cua *When the intruders saw us they turned tail and fled.* Quan els intrusos ens van veure van girar cua i van fugir.

322.2 Desaparèixer

disappear *vi* desaparèixer *She disappeared behind a screen.* Va desaparèixer darrere una mampara. *Some beautiful countryside is disappearing.* Estan desapareixent zones rurals molt boniques. *All that food disappeared in minutes.* Tot aquell menjar va desaparèixer en un tres i no res. *My diary has disappeared from my drawer.* M'ha desaparegut el diari del calaix. **disappearance** *nc/i* desaparició

vanish *vi* [més complet i permanent que **disappear**] esfumar-se, esvanir-se, desaparèixer sense deixar rastre *The image vanished from the screen.* La imatge va desaparèixer de la pantalla. *He simply **vanished into thin air**.* Simplement, es va volatilitzar en l'aire.

323 Bring Portar

vegeu també **336 Hold**; **337 Carry**; **375 Take**

bring vt, pas. & pp. **brought 1** portar *I've brought you some flowers.* T'he portat unes flors. *Will you be bringing a friend to the party?* Portaràs una amiga a la festa? *Will you bring me back a present?* Em portaràs un regal? **2** [causar] produir *The announcement brought loud applause from the audience.* L'anunci va provocar un fort aplaudiment del públic.

> *utilització*
>
> Comparem **bring** i **take**. La diferència és similar a la que hi ha entre **come** i **go**. Si utilitzem **bring** (ac), vol dir que arribem a un determinat lloc amb allò que portem. Si utilitzem **take** (ac), vol dir que anem a un determinat lloc amb alguna cosa. P. ex. *Come here and bring your books.* (Vine i porta els teus llibres.) *Bring your records to the party this evening.* Porta els teus discos a la festa aquesta nit. *I'm going to the seaside and I'm taking the children.* (Vaig a la platja i m'emporto la mainada.)

deliver vti [habit. en contextos comercials] lliurar, repartir *A copy of the report was delivered to Head Office.* Es va lliurar una còpia de l'informe a la seu central. **delivery** nc/i lliurament

transport vt [habit. en contextos comercials. Comporta moure grans càrregues i recórrer llargues distàncies] transportar *The aircraft was adapted to transport racehorses abroad.* Van adaptar l'avió per al transport de cavalls de curses a l'estranger. **transportation** ni transport

fetch vt anar a buscar *Would you fetch my shoes from the bedroom?* Em voldries anar a buscar les sabates a l'habitació? *I fetched him his meal.* Li vaig anar a buscar el dinar. *Go and fetch her mother.* Vés a buscar la seva mare.

> *utilització*
>
> **Fetch** vol dir anar a buscar alguna cosa o alguna persona i tornar amb ella.

drop off sth/sb o **drop** sth/sb **off** vt (sovint + **at**) deixar *I dropped him off outside the station.* El vaig deixar a

324 Avoid Evitar

vegeu també **445 Hate and Dislike**

avoid vt **1** [mantenir-se a distància d'a/ac] evitar, defugir *I think he's avoiding me.* Crec que em defuig. *They're dangerous people – I **avoid** them **like the plague**.* Són gent perillosa; fujo d'ells com de la pesta. **2** [evitar que algú o un mateix faci ac] evitar *I avoid physical exercise when possible.* Evito l'exercici físic sempre que puc. *Don't get into conversation with him if you can avoid it.* No li donis conversa si ho pots evitar. *You can't avoid noticing her scar.* No pots evitar de fixar-te en la seva cicatriu. **avoidance** ni evitació

evade vt **1** [esp. per mitjans deshonestos. Obj: p. ex. un deure] defugir, evadir, eludir *He evaded conscription by feigning illness.* Va eludir el servei militar fingint estar malalt. **2** [escapolir-se d'a/ac. Obj: p. ex. un atacant, un perseguidor] escapolir-se de *We managed to evade the car that was following us.* Vam aconseguir escapolir-nos del cotxe que ens perseguia.

evasion ni [per mitjans deshonestos] evasió *tax evasion* evasió d'impostos

evasive adj **1** [pej.] evasiu *evasive answers* respostes evasives **2** [per evitar un perill, etc.] evasiu *to take evasive action* fer maniobres per eludir (un atac)

dodge v **1** vti [moure's ràpidament per evitar a/ac] esquivar, amagar-se *She dodged behind the screen when she saw them approach.* Es va esmunyir darrere la mampara quan va veure que s'apropaven. **2** vt [sovint pej. Evitar esp. mitjançant un truc] eludir *She's always trying to dodge cleaning duty.* Sempre intenta escapar-se de netejar. *I managed to dodge the question.* Vaig aconseguir d'eludir la pregunta.

duck vit [abaixar el cap o el cos] ajupir-se, abaixar *He ducked (his head) as the stone flew towards him.* Va abaixar el cap en veure la pedra que volava cap a ell. *Duck!* Ajup-te!

duck out of sth vt [informal. Sovint suposa evitar responsabilitats] desdir-se, fer-se enrere d'una cosa *You said you'd take me swimming – don't try to duck out of it now.* Vas dir que em portaries a nedar; ara no intentis fer-te enrere.

shirk vit [pej. Indica gandulería] eludir, faltar, no complir *People won't respect you if you shirk your responsibilities.* La gent no et respectarà si faltes a les teves responsabilitats.

get out of sth vt (sovint + -ing) [evitar fer ac que és responsabilitat pròpia] alliberar-se de, deslliurar-se de, escapar-se de *I managed to get out of going to the meeting.* Vaig aconseguir deslliurar-me d'anar a la reunió.

> *frases fetes*
>
> **give sb/sth a wide berth** no acostar-se a a/ac *I'd give that area a wide berth in the tourist season.* En època turística no m'atansaria a aquesta zona per res del món.
>
> **steer clear of sb/sth** [no atansar-se, no involucrar-se] mantenir-se a distància d'a/ac *I'd steer clear of the town centre, the traffic's awful.* Jo evitaria el centre de la ciutat, el trànsit és horrorós.
>
> **have nothing to do with sb/sth** no tenir res a veure amb a/ac *Since she came out of prison, he refuses to have anything to do with her.* Des que va sortir de la presó, no vol tenir res a veure amb ella.
>
> **give sb the slip** escapolir-se d'algú *They tried to follow us but we managed to give them the slip.* Van intentar seguir-nos, però ens vam escapolir d'ells.

325 Early Aviat

early adj 1 [abans de l'hora] aviat *My bus was early today.* Avui el meu autobús ha arribat aviat. (+ **for**) *I was 10 minutes early for the meeting.* Vaig arribar 10 minuts abans de la reunió. 2 [cap al començament del dia o d'un període] d'hora, aviat *an early-morning meeting* una reunió a primera hora del matí *the early 1920's* al començament dels anys 20

early adv 1 [abans de l'hora] aviat, d'hora *She arrived earlier than the others.* Va arribar més aviat que els altres. *I usually get up early.* Normalment sóc matinera. *We left early to avoid the traffic.* Vam sortir d'hora per evitar el trànsit. 2 [cap al començament del dia o d'un període] a principis de *We went to Rome earlier in the year.* Vam anar a Roma a principis d'any. *early in the morning* de bon matí

premature adj 1 [abans d'hora] prematur *The baby was 2 months premature.* El nadó va néixer dos mesos abans del que estava previst. *her premature death* la seva mort prematura 2 [pej. Abans del que seria raonable o correcte] prematur *The celebrations turned out to be premature.* Les celebracions van resultar prematures.

too soon massa aviat *Friday is too soon – I won't be ready by then.* El divendres és massa aviat; encara no estaré preparat.

326 Late Tard

vegeu també **330 Delay**

late adj 1 [després de l'hora] tard (+ **for**) *She was late for work.* Va arribar tard a la feina. *You're too late – all the tickets have been sold.* Ve massa tard, s'han venut totes les localitats. *We were too late to save him.* Vam arribar massa tard per rescatar-lo. *We'll have a late lunch.* Dinarem tard. 2 [cap al final del dia o d'un període] tardà, últim *late afternoon* capvespre *the late 1980's* a finals dels 80 *the late-night movie* la pel·lícula de mitja nit

late adv 1 [després de l'hora] tard *They arrived late for the concert.* Van arribar tard al concert. 2 [cap al final del dia o d'un període] a últims de, al final de *It happened late at night.* Va passar a última hora de la nit. *late in July* cap a finals de juliol

eventually adv finalment *We eventually saved enough to buy a car.* Finalment vam estalviar suficient per comprar-nos un cotxe. *Eventually I hope to run my own business.* A la llarga espero dirigir el meu propi negoci. *We got there eventually.* Finalment hi vam arribar.

eventual adj definitiu, final *The eventual outcome of the project was successful.* El resultat final del projecte va ser un èxit.

utilització

Eventual(ly) no té mai el sentit de contingència que té el mot 'eventual(ment)' en català: 'treballador eventual' es diria *'temporary worker'* en anglès.

overdue adj 1 [tardà] endarrerit *The baby is a week overdue.* El nadó s'ha endarrerit una setmana. 2 [que s'hauria d'haver fet, etc.] vençut *This letter is long overdue.* Aquesta carta s'hauria d'haver contestat fa temps. *overdue library books* llibres amb el préstec vençut

frases fetes

last minute en el darrer moment, d'última hora *a few last-minute adjustments* uns pocs canvis d'última hora *He always leaves it until the very last minute to do his work.* Sempre deixa la feina per a última hora.

eleventh hour [més dramàtic que **last minute**. Ref. als intents de canviar o millorar una situació] darrer moment, darrera hora *an eleventh-hour bid to save the company* una oferta de darrera hora per salvar l'empresa *The government stepped in at the eleventh hour with a substantial grant.* El govern hi va intervenir al darrer moment amb una quantiosa subvenció.

late in the day [sovint reprovador. Expressa que l'acció es fa massa tard per ser d'utilitat] massa tard *It's a bit late in the day to say you're sorry now.* Ara és una mica massa tard per dir que et sap greu.

not before time/about time too [sovint dit amb ira, expressant que l'acció o el fet haurien d'haver ocorregut abans] ja era hora *They're getting married, and not before time.* Ja era hora que es casessin! *He's been promoted - about time too!* L'han ascendit; ja era hora!

327 On time Puntual

on time puntual, a l'hora *She always gets to work on time.* Sempre arriba puntual a la feina. *Are the trains running on time?* Els trens circulen a l'hora prevista? (+ **for**) *We were on time for the meeting.* Vam arribar puntualment a la reunió.

in time a temps (+ **to** + INFINITIU) *We didn't get there in time to help them.* No hi vam arribar a temps per ajudar-los. (+ **for**) *They arrived in time for the party.* Van arribar a temps per a la festa. *We'll never get this finished in time.* Mai no aconseguirem acabar això a temps.

utilització

Comparem **on time** i **in time**. **On time** vol dir ni tard ni d'hora, sinó en el moment precís. P. ex., si un tren té la sortida a les 6.05 i surt a aquesta hora, diem que surt **on time**. Ara bé, si el tren té la sortida a les 9.05, però de fet no surt fins a les 9.15, i arribem a l'estació a les 9.10, arribem tard però **in time** (a temps) per agafar el tren.

punctual adj puntual *I always try to be punctual.* Sempre intento ser puntual.

punctually adv puntualment *Make sure you get there punctually.* Assegura't que hi arribes puntualment.

punctuality ni puntualitat

prompt adj **1** prompte, immediat *her prompt acceptance of the offer* la seva immediata acceptació de l'oferta **2** [a l'hora] en punt *six o'clock prompt* les sis en punt *Please be prompt.* Sisplau, sigueu puntuals.

promptly adv ràpidament, tot seguit *He acted promptly to avert disaster.* Va actuar immediatament per impedir un desastre. *He promptly withdrew his offer.* Va retirar l'oferta tot seguit.

on the dot [informal] en punt *He arrived at three o'clock on the dot.* Va arribar a les tres en punt.

328 Ready Llest

vegeu també **278 Eager**

ready adj (sovint + **to** + INFINITIU) **1** (sovint + **for**) llest, a punt *Is dinner ready?* Està llest el sopar? *Are you ready to go?* Estàs a punt per sortir? *I'll get the spare room ready for her.* Li deixaré l'habitació de convidats preparada. *I feel ready for anything.* Estic a punt per a qualsevol cosa. **2** disposat, amatent *He's always ready to help others.* Sempre està disposat a ajudar els altres. *You're too ready to mock.* Tens massa tendència a burlar-te de la gent.

readiness ni **1** promptitud, diligència *The bags were packed in readiness for the journey.* L'equipatge estava fet, a punt per al viatge. **2** disponibilitat

readily adv aviat, de seguida *They agreed readily to our plan.* Ràpidament van acceptar el nostre pla. *This cleaning product is readily available.* Aquest producte de neteja es troba fàcilment a tot arreu.

prepare v **1** vti [posar a punt] preparar(-se) *Before painting, I prepared the walls by filling the cracks.* Abans de pintar, vaig preparar les parets tapant les esquerdes. *Prepare yourself for a shock.* Prepara't per (rebre) un xoc. *Prepare for take-off.* Prepareu-vos per a l'enlairament. **2** vt [fer. Obj: p. ex. àpat, discurs] preparar *The children prepared a concert for their parents.* Els nens van preparar un concert per als seus pares. **3** vi [fer plans i prendre mesures] preparar-se *We're preparing for visitors.* Ens estem preparant per rebre les visites.

utilització

Tot i que és correcte utilitzar **prepare** referit a aliments o àpats, és més aviat formal i d'ús més probable en situacions formals com ara en un restaurant; p. ex. *Our food is prepared using only the finest ingredients.* (Els nostres plats es preparen sempre amb els millors ingredients.) En situacions més informals i quotidianes és més freqüent utilitzar els verbs **get** i **make**, p. ex. *He got up and made breakfast.* (Es va llevar i va fer l'esmorzar.) *Shall I get you some lunch?* (Et preparo dinar?)

preparation n (sovint + **for**) **1** ni preparació *No amount of preparation could have averted this disaster.* Ni tota la preparació del món hagués evitat aquest desastre. *Did you do much preparation for the interview?* Et vas preparar molt per a l'entrevista? **2** nc (habit. pl) preparatius *Preparations for the wedding are in hand.* Els preparatius per al casament estan en marxa.

set adj (sovint + **to** + INFINITIU; sovint precedit per **all**) a punt, preparat, llest *I was (all) set to go when James phoned.* Estava a punt de sortir quan en James va telefonar.

329 Soon Aviat

soon adv **1** [d'aquí a poc temps] aviat, de seguida *I'll be thirty soon.* Aviat en faré trenta. *You'll soon improve.* De seguida milloraràs. *I soon realized my mistake.* Aviat em vaig adonar del meu error. *We left soon after lunch.* Vam marxar de seguida després de dinar. *Don't worry, you'll find it sooner or later.* No t'amoïnis, tard o d'hora ho trobaràs. *No sooner had I finished one drink than another appeared.* Encara no m'havia acabat una beguda que n'apareixia una altra. **2** [ràpidament] aviat *Please return this form as soon as possible.* Sisplau, retorneu l'imprès tan aviat com pugueu. *Could you type this letter for me? The sooner the better.* Pots passar-me aquesta carta a màquina? Com més aviat millor.

shortly adv [més formal que **soon**] aviat *The mayor will be arriving shortly.* L'alcalde arribarà aviat. *We will shortly be entering the high-security area.* Aviat entrarem a l'àrea de màxima seguretat. *Dr Green will be with you shortly.* El Dr Green el rebrà aviat.

presently adv **1** (brit) aviat *I'll be back presently.* Tornaré aviat. **2** (esp. amer) [ara] actualment *The President is presently visiting Argentina.* El president actualment està visitant l'Argentina.

utilització

L'ús americà de **presently** amb el significat de **now** és cada cop més freqüent en l'anglès britànic.

next adv pròxim *I won't ask her next time.* La pròxima vegada no la convidaré. *When's our next meeting?* Quan és la pròxima reunió?

imminent adj [descriu: esp. ac desagradable] imminent *We are facing imminent disaster.* Ens enfrontem a un desastre imminent. *Judging from those clouds, a storm is imminent.* Si hem de jutjar per aquests núvols, tenim la tempesta al damunt. **imminently** adv de manera imminent

frases fetes

in a minute/moment/second [lleug. informal] en un instant/moment/segon *I'll do it in a moment.* Ho faré en un moment.

any minute/moment/second/time now d'un moment a l'altre *We're expecting an announcement any minute now.* Esperem una declaració d'un moment a l'altre.

in no time at all [lleug. informal] molt de pressa, en un tres i no res *With the roads this empty, we'll be there in no time at all.* Amb el poc trànsit que hi ha, hi arribarem en un tres i no res. *I'll have this ironing done in no time.* Acabaré de planxar en un tancar i obrir d'ulls.

before long dins de poc *Before long, everybody will have a computer at home.* D'aquí uns anys tothom tindrà un ordinador a casa.

330 Delay Retardar

vegeu també **245 Hinder**; **326 Late**

delay *v* **1** *vt* retardar, endarrerir *We were delayed at customs.* Ens vam endarrerir a la duana. *Production was delayed by strikes.* Les vagues van obstaculitzar la producció. *The plane was delayed by an hour.* L'avió portava una hora de retard. **2** *vt* [posposar] ajornar *We've delayed the wedding until my mother is out of hospital.* Hem ajornat el casament fins que la meva mare surti de l'hospital. **3** *vi* [actuar amb lentitud] trigar, demorar *If you delay, you'll miss the offer.* Si trigues, perdràs l'oferta.

delay *nc/i* retard, retenció *Fog caused delays on the roads.* La boira va provocar retencions a les carreteres. *What's causing the delay?* Quina és la causa del retard? *A month's delay in production could bankrupt us.* Un retard d'un mes en la producció ens podria arruïnar. *There will be a delay of two hours on all flights out of Heathrow.* Tots els vols de sortida de Heathrow tindran un retard de dues hores.

postpone *vt* (sovint + **to**, **until**) [obj: p. ex. partit, visita] ajornar, diferir *We've postponed the trip until after the New Year.* Hem ajornat el viatge fins després de Cap d'Any. **postponement** *ni/c* ajornament

put (sth) **off** o **put off** (sth) *vt* (sovint + **until**) ajornar, deixar per a més tard *I've put off the meeting until we have all the figures.* He ajornat la reunió fins que tinguem totes les xifres.

frase feta

on ice/on the back burner/on hold [no abandonat, però de moment paralitzat] congelat, aturat *The project is on ice at the moment.* De moment el projecte està aturat. *We've had to put our plans for the extension on the back burner until we've saved more money.* Hem hagut de congelar els nostres plans d'ampliació fins que haguem estalviat més diners.

331 Containers Recipients

vegeu també **192.3 Accessories**; **317.4 Travel**

container *nc* [mot genèric per descriure tot el que hi ha en aquest apartat] recipient, contenidor *We need to find a suitable container for your coin collection.* Hem de trobar un recipient adequat per a la teva col·lecció de monedes.

receptacle *nc* [més formal que **container**] receptacle

331.1 Embalatge

box *nc* caixa, capsa *a box of matches* una capsa de llumins

box *vt* [posar en capses] encapsar

packet *nc* paquet, bossa, capsa

packet (*brit & amer*), **pack** (*esp. amer*) *nc* paquet, bossa, capsa

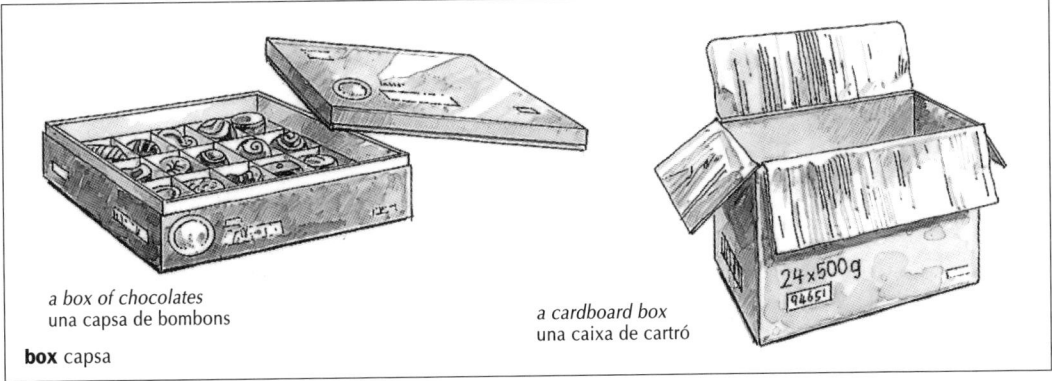

a box of chocolates
una capsa de bombons

box capsa

a cardboard box
una caixa de cartró

GRUPS DE PARAULES

a bag/packet of crisps (brit), a bag of potato chips (amer) una bossa de patates

a packet of cigarettes (brit), a pack of cigarettes (amer) un paquet de cigarrets

a packet of biscuits (brit), a package of cookies (amer) un paquet de galetes

packet paquet

carton nc 1 [per a líquids] envàs de cartró 2 [caixa de cartró grossa, sovint per embalar coses] caixa de cartró

a carton of milk un cartró de llet

a carton of yogurt (brit & amer), a pot of yogurt (brit) un vaset de iogurt

carton envàs

tube nc tub a tube of toothpaste un tub de pasta de dents a tube of ointment un tub d'ungüent

can nc 1 [recipient hermètic per a aliments i begudes] llauna 2 [recipient de metall, habit. rodó i amb tapa] llauna an oil can una llauna d'oli

tin (brit), **can** (esp. amer) nc 1 [recipient hermètic per a aliments] llauna a tin of tomatoes una llauna de tomàquets 2 [recipient de metall amb tapa] llauna a biscuit tin una llauna de galetes

tin can nc [envàs buit] llauna buida

utilització

No hi ha regles ben definides sobre el fet d'usar **tin** o **can**; sovint és només una qüestió d'ús, però hi ha alguns criteris a seguir. Els americans utilitzen **can** la majoria de les vegades. En anglès britànic, **tin** s'utilitza més sovint que **can** quan es refereix a un recipient d'aliments, però quan descriu un contenidor de beguda es fa servir sempre **can**. Es diu a can of Coca Cola (una llauna de Coca Cola) i mai a tin of Coca Cola. **Tin can** s'utilitza habitualment per a les llaunes buides, p. ex. The beach was covered in old tin cans. (La platja estava plena de llaunes velles.)

331.2 Pots rodons (habitualment per a substàncies líquides)

jar nc [recipient cilíndric, sempre de vidre, de boca ampla i amb una tapa] pot, gerra

a jar of jam (brit & amer), a pot of jam (brit) un pot de melmelada

a jar of sweets un pot de caramels

jar pot

pot nc 1 [recipient petit similar a **jar**] pot a pot of jam un pot de melmelada 2 [estri de cuina] olla **pots and pans** plats i olles 3 o **flowerpot** nc test

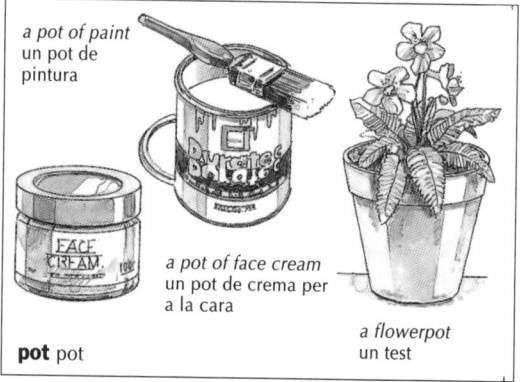

a pot of paint un pot de pintura

a pot of face cream un pot de crema per a la cara

a flowerpot un test

pot pot

a can/tin of peas una llauna de pèsols

a can of beer una llauna de cervesa

a watering can una regadora

can llauna

tub nc [recipient rodó, habit. amb tapa, més gran i més ample que **pot**, i no gaire profund] terrina a tub of ice cream una terrina de gelat a tub of margarine una terrina de margarina

bottle nc ampolla *a bottle of wine* una ampolla de vi *a bottle of perfume* un flascó de perfum *a water bottle* una cantimplora *a hot water bottle* [de goma] una bossa d'aigua calenta

bottle vt **1** embotellar **2** (*brit*), **can** (*amer*) [fer conserva de fruites] fer conserva

bottle ampolla, flascó
a baby's bottle un biberó
a wine bottle una ampolla de vi
a bottle of perfume un flascó de perfum
a milk bottle una ampolla de llet
a hot water bottle una bossa d'aigua calenta

flask nc **1** flascó o **thermos flask** termos **2** o **hip flask** [ampolla petita i plana per dur-hi begudes alcohòliques] petaca

331.3 Per emmagatzemar i transportar

crate nc [caixa rígida, habit. de fusta o de plàstic per transportar mercaderies i, de vegades, bestiar] caixa, gàbia *Crates of medical supplies were sent.* Es van enviar caixes de material mèdic.

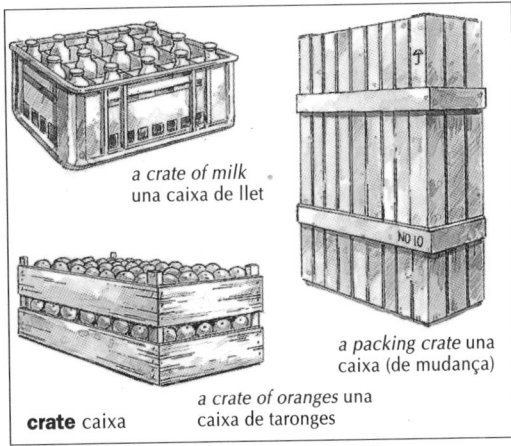

crate caixa
a crate of milk una caixa de llet
a packing crate una caixa (de mudança)
a crate of oranges una caixa de taronges

chest nc [caixa de fusta gran i resistent utilitzada sovint per transportar coses] cofre, arca

trunk nc [caixa de fusta per transportar roba o efectes personals] bagul

case nc **1** [caixa gran o contenidor per guardar i transportar coses] caixa *a case of sparkling wine* una caixa de cava **2** [capsa per guardar o protegir ac] funda, estoig *a glasses case* una funda de les ulleres *a jewellery case* un joier

331.4 Contenidors grans per a l'emmagatzematge o transport de líquids

barrel nc bóta, tonell, barril *a barrel of beer* un barril de cervesa *wine matured in oak barrels* vi envellit en barrils de roure

drum nc [recipient cilíndric de metall per envasar i transportar líquids, esp. carburants] bidó *an oil drum* un bidó d'oli

tank nc [recipient, habit. de vidre o metall, per guardar substàncies líquides o gasoses] tanc, dipòsit *a petrol tank* un dipòsit de carburant *a hot water tank* un dipòsit d'aigua calenta

bin nc **1** [recipient gros i rodó, habit. amb tapa, per guardar coses com ara la farina, el gra] tina **2** (*brit*) [recipient rodó, habit. amb tapa, per a les escombraries] cubell de les escombraries *a wastepaper bin* paperera *I might as well throw it in the bin.* Més val que ho llenci a les escombraries.

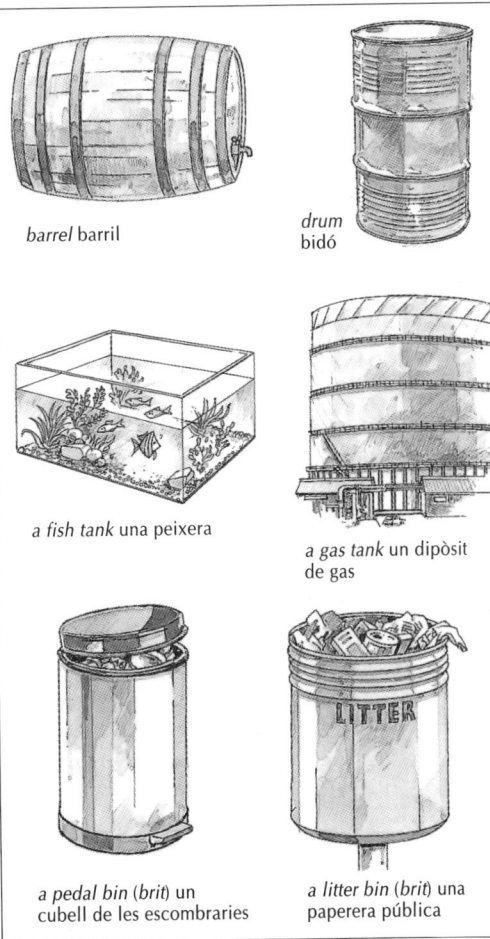

barrel barril
drum bidó
a fish tank una peixera
a gas tank un dipòsit de gas
a pedal bin (*brit*) un cubell de les escombraries
a litter bin (*brit*) una paperera pública

331.5 Per portar coses

bag nc bossa *a carrier bag* (*brit*) una bossa de plàstic amb nanses *a paper bag* una bossa de paper *a bag of crisps* una bossa de patates **bag** vt, **-gg-** posar dins d'una bossa

GRUPS DE PARAULES

basket nc [recipient, habit. amb nansa, fet de vímet o similar] cistella, panera *a shopping basket* una cistella d'anar a comprar *a sewing basket* un cosidor

bucket, TAMBÉ **pail** nc galleda *a bucket of water* una galleda d'aigua

sack nc sac

bucket galleda
basket cistella
sack sac

utilització

Totes les paraules mencionades fins ara, excepte **receptacle**, es poden utilitzar amb dos significats: de la quantitat continguda en el recipient, i del recipient pròpiament dit. Per tant, podem dir p. ex. *We drank a bottle of wine.* (Ens vam beure una ampolla de vi.) Passa el mateix en frases com *We ate half a packet of biscuits.* (Ens vam menjar mig paquet de galetes.) *I've used a whole tank of petrol.* (He gastat un dipòsit sencer de gasolina.) i *She smokes a packet of cigarettes a day.* (Fuma un paquet de cigarrets al dia.) Quan es vol descriure quantitats senceres, de vegades s'afegeix **-ful** al final d'aquestes paraules (p. ex. **boxful, bottleful, jarful, sackful** etc.) i s'utilitzen de la mateixa manera: p. ex. *I've used a whole tankful of petrol.* (He gastat tot un dipòsit sencer de gasolina.) Tanmateix no es pot utilitzar **-ful** en referir-se a parts d'un tot (p. ex. és incorrecte dir 'half a packetful of biscuits').

331.6 Per aguantar coses
vegeu també **337 Carry**

rack nc [estructura que serveix per posar-hi coses damunt, sovint feta de metall] prestatge, lleixa, portaequipatge *Put your case on the luggage rack.* Posa la maleta al prestatge.

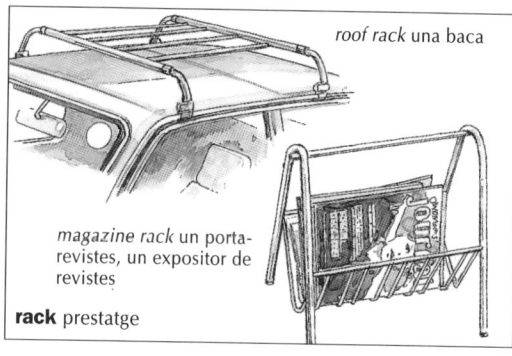

roof rack una baca

magazine rack un porta-revistes, un expositor de revistes

rack prestatge

stand nc [estructura vertical per aguantar coses] penjador, suport, peu *music stand* faristol

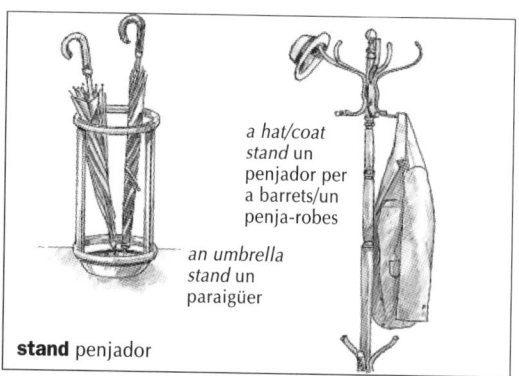

a hat/coat stand un penjador per a barrets/un penja-robes

an umbrella stand un paraigüer

stand penjador

holder nc portador -a, porta- *a plant pot holder* una jardinera *a cigarette holder* un broquet *a pen holder* un portaplomes

331.7 Descripció dels recipients

airtight adj hermètic (que no deixa entrar o sortir l'aire) *an airtight box* una caixa hermètica

watertight adj hermètic (que no deixa entrar o sortir l'aigua)

sealed adj precintat *a sealed container* un contenidor precintat

332 Full Ple

vegeu també **43 Large quantity; 207 Group**

fill vti (sovint + **with**) omplir, omplir-se *Please fill your glasses.* Sisplau, ompliu-vos els vasos. *Books filled the shelves.* Els llibres omplien els prestatges. *Her eyes filled with tears.* Els ulls se li van omplir de llàgrimes. *They were filled with hope.* Estaven plens d'esperança. *Shoppers filled the streets.* Els carrers eren plens de gent que anava a comprar. *You've filled my cup too full.* M'has omplert massa la tassa.

fill up (sth) o **fill** (sth) **up** vit (sovint + **with**) omplir(-se) *The ballroom began to fill up with people.* La sala de ball va començar a omplir-se de gent. *She managed to fill up the time reading magazines.* Va passar l'estona llegint revistes. *Don't forget to fill up with petrol.* No t'oblidis de fer benzina.

full up adj (brit) (darrere n) complet, ple *The hotel's full up till Friday.* L'hotel està complet fins al divendres.

full adj **1** (sovint + **of**, + **with**) [que conté tant com n'hi cap] ple, curull *The room was full of people.* L'habitació estava plena de gent. *He was carrying a box full of toys.* Portava una caixa plena de joguines. *The car park's full.* L'aparcament és ple. *The bottle was only half full.* L'ampolla estava mig plena. *We'll have a full house this weekend.* Tindrem la casa plena aquest cap de setmana. *My diary's full for next week.* Per la setmana que ve tinc l'agenda plena. *Don't talk with your mouth full!* No parlis amb la boca plena! **2** (habit. + **of**; davant de *n*) [que conté molta quantitat d'ac] ple de *The garden was full of flowers.* El jardí estava ple de flors. *You're full of energy today!* Estàs molt animat avui! **3** [de menjar] tip, ple *I'm full.* Estic tip. *Don't swim on a full stomach.* No nedis amb l'estómac ple.

refill *vt* [habit. es refereix a ac líquida] reomplir, omplir de nou *Can I refill your glass?* Li puc tornar a omplir la copa?

refill *nc* **1** [habit. una beguda] altra copa, altra tassa *Would you like a refill?* Vols una altra copa? **2** [recanvi d'ac que s'ha gastat] recanvi *a refill for a lighter/ballpoint pen* un recanvi d'encenedor/de bolígraf

load *nc* **1** [esp. cosa de pes transportada per un vehicle] càrrega *a lorry carrying a load of bricks* un camió que transporta una càrrega de maons *She was struggling under the weight of a load of books.* Caminava amb dificultat a causa de la pila de llibres que portava. *The minister bears the full load of responsibility.* El ministre és qui porta tot el pes de la responsabilitat. **2** [quantitat de pes que pot portar un vehicle. Utilitzat esp. en noms compostos] ple de *a bus-load of schoolchildren* un autobús ple d'escolars *a lorry-load of medical supplies* un camió ple de material mèdic **3** [quantitat de pes que es pot portar o suportar] càrrega *maximum load 4 people* càrrega màxima 4 persones **4** [quantitat de feina que ha de fer algú o alguna màquina] càrrega *It was hard work but we* **spread the load** *between the 3 of us.* Va ser una feinada, però ens vam repartir la càrrega entre els tres. *I've got a heavy* **work load** *at the moment.* En aquests moments tinc molta feina.

load *vit* (sovint + **up**, + **with**) carregar *We'd better load up the car.* Val més que carreguem el cotxe. *They loaded their suitcases into the car.* Van carregar les maletes en el cotxe. *She loaded the van with her belongings.* Va carregar la furgoneta amb les seves pertinences.

load sb/sth **down** o **load down** sb/sth *vt* (+ **with**) carregar *Mark was loaded down with bags of shopping.* En Mark anava carregat de bosses de la compra. *vegeu també **337 Carry**

pack *v* **1** *vit* [obj: esp. maleta] preparar l'equipatge *Pack your bags and go!* Fes la maleta i vés-te'n! *I haven't got time to pack.* No tinc temps de fer la maleta. *Don't forget to pack your swimming costume.* No t'oblidis d'endur-te'n el banyador. *He packed his books into boxes.* Va col·locar els llibres en caixes. **2** *vit* (sovint + **into**) [massa gent en un lloc determinat] abarrotar, encabir *We all packed into the back of the car.* Ens vam encabir tots al darrere del cotxe. *More than ten thousand fans packed the stadium.* Més de deu mil seguidors omplien l'estadi de gom a gom. **3** *vt* [per protegir ac fràgil] embolicar *Pack the glasses in tissue paper.* Embolica les copes en paper fi.

packed *adj* ple de gom a gom, atapeït *The cinema was packed last night.* Ahir a la nit el cinema estava ple de gom a gom. *a book packed full of new ideas* un llibre farcit d'idees noves

jam-packed *adj* (+ **with**) [força informal i emfàtic] ple a vessar, ple com un ou *The shops were jam-packed the week before Christmas.* La setmana abans de Nadal les botigues estaven plenes com un ou. *Our September issue is jam-packed with exciting features.* El número de setembre està ple a vessar d'articles apassionants.

chock-a-block (*brit*) *adj & adv* (+ **with**) [informal] a vessar *The streets were absolutely chock-a-block with cars.* Els carrers estaven a vessar de cotxes.

frases fetes

like sardines com sardines, com arengades al barril *There were no seats left on the train, we were packed in like sardines.* Al tren no quedaven seients, anàvem com sardines.

bursting at the seams [molt ple, esp. de gent] no caber-hi *When all the family are home for Christmas, the house is really bursting at the seams.* Quan tota la família s'aplega a casa per Nadal, creu-me que no hi cabem.

full to the brim [molt ple, esp. d'aigua, vi, etc.] ple a vessar *The wine glasses were full to the brim.* Els gots de vi eren plens a vessar.

stuff *v* **1** *vt* (+ **with**, + **into**) [omplir amb ac, sovint de manera ràpida i desordenada o forçada] ficar, encabir, entatxonar *She stuffed the money into her purse.* Va entatxonar els diners a la bossa. *a suitcase stuffed full of clothes* una maleta atapeïda de roba *She stuffed the cushions with foam.* Va omplir els coixins d'escuma. *stuffed toys* joguines de peluix **2** *vt* [obj: un animal mort] dissecar *a stuffed tiger* un tigre dissecat **3** *vt* (sovint + **with**) [obj: aliments] farcir *to stuff a chicken* farcir un pollastre *tomatoes stuffed with beef* tomàquets farcits de carn de bou **4** *vit* [informal, menjar molt d'ac o menjar fins que ja no pots més] endrapar, afartar-se *I've been stuffing myself with chocolate all afternoon.* M'he estat afartant de xocolata tota la tarda. *I'm absolutely stuffed!* Estic molt tip!

cram *vt*, **-mm- 1** (+ **into**) [encabir a/ac en un espai petit, en un període de temps reduït, etc.] atapeir, entatxonar *You can't possibly cram all that work into just three days.* No pots pas fer tota aquesta feina només en tres dies. *He crammed an enormous piece of cake into his mouth.* Es va embotir un enorme tros de pastís a la boca. **2** (sovint + **with**) [omplir ac molt o massa] atapeir, carregar *The fridge was crammed with food.* La nevera estava carregada de menjar. *Tourists crammed the buses.* Els autobusos anaven plens de turistes.

overflow *vit* [un riu, una banyera, etc., però no recipients petits com ara un got d'aigua] desbordar-se, sortir de mare *The river overflowed (its banks).* El riu es va desbordar. *Her eyes overflowed with tears.* Els ulls se li van negar de llàgrimes. *Turn off the tap, the bath is overflowing.* Tanca l'aixeta, la banyera està vessant. (+ **into**) inundar *The party overflowed into the adjoining room.* La festa es va estendre a l'habitació contigua. *vegeu també **132 Damage**

333 Empty Buit

vegeu també **134 Hole**

empty *adj* buit *My cup is empty.* Tinc la tassa buida. *There were no empty seats in the theatre.* No quedaven seients buits al teatre.

empty *vti* (sovint + **out**) buidar *She emptied the bottle in a few gulps.* Va buidar l'ampolla d'uns quants glops. *I emptied out the contents of the bag.* Vaig buidar tot el que hi havia a la bossa. **emptiness** *ni* buidor

hollow *adj* buit, balmat *a hollow chocolate egg* un ou de xocolata balmat

hollow *nc* clotada *a hollow near the river* una clotada a prop del riu

hollow sth **out** o **hollow out** sth *vt* buidar, excavar *We hollowed out a shelter in the rock.* Vam excavar un recer a la roca.

blank *adj* 1 [descriu: p. ex. pàgina, espai, pantalla] en blanc 2 [descriu: p. ex. expressió] buit, sense expressió *He gave me a blank look.* Em va fer una mirada inexpressiva. **blank** *nc* espai en blanc

bare *adj* [descriu: p. ex. cambra, paret] buit, sense res, nu *vegeu també **190 Clothes**

deserted *adj* desert *a deserted island* una illa deserta *The streets were deserted.* Els carrers estaven deserts.

vacant *adj* 1 [descriu espais per omplir] lliure, desocupat, disponible *Is this seat vacant?* Està lliure aquest seient? *Do you have any vacant rooms?* Teniu alguna habitació lliure? *The job's vacant now.* En aquests moments el lloc de treball ha quedat vacant. 2 [que mostra manca de concentració] distret, absort, absent *a vacant stare* una mirada absent **vacantly** *adv* distretament **vacancy** *nc/i* cambres disponibles, llocs de treball vacants

vacuum *nc* buit *Sound doesn't travel in a vacuum.* El so no es propaga en el buit. *a vacuum cleaner* una aspiradora

drain *vt* (sovint + **away, off, out**) escórrer *I've drained the pasta.* He escorregut la pasta. *Leave the dishes to drain.* Deixa els plats a escórrer. *The blood drained from her face.* Es va quedar pàl·lida.

unload *vti* descarregar *They unload their trucks outside the warehouse.* Descarreguen els camions fora del magatzem.

334 Cover Tapar

vegeu també **339 Hide**

cover *vt* 1 [posar ac damunt d'una altra] tapar, cobrir *He covered my legs with a blanket.* Em va tapar les cames amb una flassada. *I covered my face with my hands.* Em vaig tapar la cara amb les mans. 2 [tota una superfície. Sovint s'utilitza per subratllar la quantitat de superfície coberta] cobrir *Her body was covered with bruises.* Tenia tot el cos cobert de blaus. *Snow covered the mountains.* La neu cobria les muntanyes. *The park covers a large area.* El parc cobreix una àrea molt extensa.

coat *vt* cobrir, recobrir, arrebossar *The fish was coated in batter and fried.* El peix estava arrebossat i fregit.

coat *nc* [de pintura, vernís, etc.] capa *a coat of paint* una capa de pintura

coating *nc* [pot ser més gruixuda que **coat** i de substàncies diverses] capa, mà, bany *biscuits with a chocolate coating* galetes amb un bany de xocolata

wrap *vt*, **-pp-** 1 (sovint + **up**; obj: habit. un paquet) embolicar *Have you wrapped (up) his present?* Has embolicat el seu regal? *The tomatoes are wrapped in plastic.* Els tomàquets estan embolicats amb plàstic. 2 [embolicar. Obj: extremitat, etc.] embenar, abrigar *I wrapped a bandage round the wound.* Vaig posar-li una bena al voltant de la ferida. *Wrap this blanket round you.* Abriga't amb aquesta flassada.

wrapper *nc* [habit. tros petit de paper o plàstic] embolcall *sweet wrappers* papers de caramel

wrapping *ni* embolcall, envàs, paper d'embolicar

overlap *vti*, **-pp-** (sovint + **with**) 1 encavallar(-se) *overlapping panels* plafons encavallats 2 coincidir parcialment *My research overlaps with work she is doing.* La meva recerca coincideix en part amb el treball que està fent ella.

overlap *ni/c* (sovint + **between**) encavalcament, coincidència parcial

smother *vt* 1 (sovint + **in, with**) [cobrir amb una capa espessa] cobrir, recobrir *The food was smothered with flies.* El menjar estava cobert de mosques. 2 [impedir el desenvolupament. Obj: p. ex. progrés, oposició] suprimir, eliminar 3 [asfixiar] sufocar, ofegar

334.1 Elements per tapar

cover *nc* [per protegir. Aquesta protecció pot ser rígida o flexible] coberta, funda, tapa *The tennis court has covers which are pulled over when it rains.* La pista de tennis té lones que es despleguen quan plou. *cushion covers* fundes dels coixins

lid *nc* [rígida, per a recipients] tapa *a saucepan lid* una tapadora de cassola *I can't get the lid off the jam.* No puc treure la tapa de la melmelada.

top *nc* [rodó, habit. es cargola o es subjecta. S'utilitza tant per a recipients amples com estrets] tap *She*

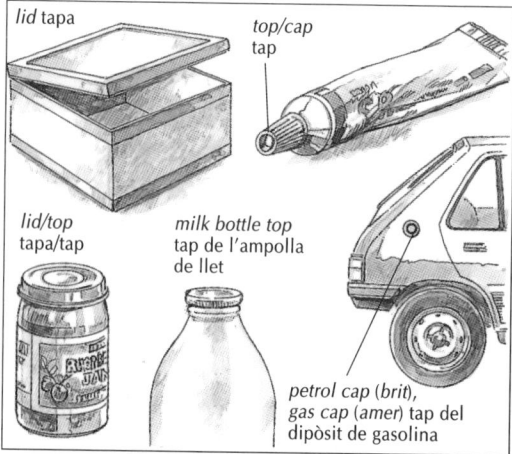

lid tapa

top/cap tap

lid/top tapa/tap

milk bottle top tap de l'ampolla de llet

petrol cap (brit), gas cap (amer) tap del dipòsit de gasolina

collects bottle tops. Fa col·lecció de taps d'ampolla. *Who left the top off the toothpaste?* Qui ha deixat destapada la pasta de dents?

cap *nc* [petits i rodons, per a recipients estrets] tap *Has anyone seen the cap off the oil can?* Algú ha vist el tap de la llauna d'oli?

layer *nc* capa *a dessert made from layers of cream and fruit* unes postres fetes de capes de nata i fruita *several layers of clothing* diverses capes de roba **layer** *vt* posar capes

335 Uncover Destapar

uncover *vt* **1** [treure la coberta] destapar, descobrir *We uncover the seedlings when the sun comes out.* Quan surt el sol destapem els plançons. **2** [ac amagada] descobrir *Police have uncovered an international drugs ring.* La policia ha posat al descobert una banda internacional de traficants de drogues.

reveal *vt* **1** [mostrar] descobrir *The mist rose to reveal stunning mountain scenery.* La boirina es va esvair i va descobrir un impressionant paisatge de muntanya. **2** [fer públic] revelar *The press revealed the identity of her mystery companion.* La premsa va revelar la identitat del seu misteriós company. *The investigation revealed corruption at the highest levels.* La investigació va revelar l'existència de corrupció a les més altes esferes. **revealing** *adj* revelador

expose *vt* **1** (sovint + **to**) exposar, descobrir *They received burns on any exposed skin.* Van rebre cremades a tota la superfície de la pell descoberta. *We have been exposed to extremes of temperature.* Hem estat exposats a temperatures extremes. **2** [fer públic] desemmascarar, posar al descobert *Her illegal dealings were exposed by journalists.* Els periodistes van posar al descobert els seus negocis il·legals.

exposed *adj* [sense protecció] desprotegit *an exposed piece of land* un tros de terra desprotegit

strip *v*, -pp- **1** *vt* [treure la coberta o la capa] arrencar *We stripped the wallpaper off.* Vam arrencar el paper de la paret. *Insects stripped the trees of leaves.* Els insectes van despullar de fulles els arbres. **2** *vit* despullar(-se), desvestir(-se) *Strip to the waist, please.* Sisplau, despulli's de cintura per amunt.

336 Hold Aguantar

vegeu també **323 Bring**; **373 Get**; **375.1 Take**

hold *vt, pas. & pp.* **held 1** [amb les mans o els braços] aguantar, agafar *He holds his racket in his left hand.* Agafa la raqueta amb la mà esquerra. *I held him in my arms.* El vaig tenir als braços. *to hold hands with someone* estar agafat amb algú de la mà *Hold on tight to the rail.* Aguanta't fort a la barana. **2** (sovint + *adv* o *prep*) [mantenir en posició] mantenir-se, aguantar-se *My hat was held on by a piece of elastic.* El barret se m'aguantava amb un tros de goma elàstica. *I held the door open for them.* Els vaig aguantar la porta oberta.

reach *vti* **1** [poder tocar] arribar *The rope did not reach to the ground.* La corda no arribava a terra. **2** [allargar la mà] estirar, allargar, estendre *I reached for the phone.* Vaig estirar-me per agafar el telèfon.

reach *ni* abast *Medicines should be kept* ***out of reach*** *of children.* Les medicines s'han de guardar fora de l'abast de la canalla.

grip *vti*, -pp- **1** [agafar molt fort] agafar, arrapar-se *I gripped the steering wheel.* Em vaig agafar fort al volant. *Those shoes grip the ground.* Aquestes sabates s'arrapen al terra. **2** (habit. en frases passives) *gripped by terror* dominat pel terror

grip *nc* **1** mànec *His raquet has a leather grip.* La seva raqueta té un mànec de pell. **2** agafada *the firm grip of his fingers* la ferma agafada dels seus dits **3** control, domini *She keeps a firm grip on the company's finances.* Manté un control ferri de les finances de l'empresa.

grasp *vt* [agafar. Subratlla l'acció més que no pas **grip**] agafar fort, aferrar-se *I grasped the rope with both hands.* Em vaig agafar fort a la corda amb les dues mans.

grasp at sth *vt* [mirar d'agafar] mirar d'agafar ac, intentar agafar ac *He grasped at branches as he fell.* Mirava d'agafar-se a les branques mentre queia.

He stood on a chair to reach the top shelf. Es va enfilar en una cadira per arribar al prestatge de dalt de tot.

She came in clutching armfuls of books. Va entrar amb un munt de llibres als braços.

clutch *vt* [agafar fort, sovint de manera poc elegant o desesperada] agafar, garfir, aferrar

clutch at sth *vt* [intentar abastar o agafar, sovint de manera força desesperada] aferrar-se a ac *He clutched wildly at the rope.* S'aferrava desesperadament a la corda.

cling *vi, pas. & pp.* **clung** (habit. + **to**) **1** [amb braços i mans. Sovint expressa desesperació] quedar-se abraçat a *They clung to one another, sobbing.* Es van quedar abraçats, sanglotant. **2** [adherit] enganxar-se a, adherir-se a *Dew clung to the petals.* La rosada estava aferrada als pètals.

We managed to cling to the side of the boat. Vam aconseguir quedar-nos aferrats al costat de l'embarcació.

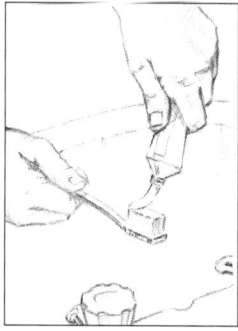 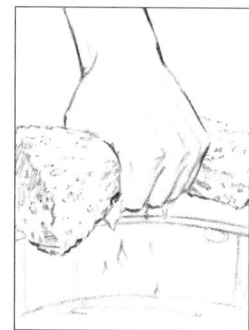

He squeezed some toothpaste onto the brush. Va posar pasta de dents al raspall.

She squeezed water out of the sponge. Va escórrer (l'aigua de) l'esponja.

clasp vt [agafar i mantenir agafat fermament. Sovint descriu una acció feta tant amb els braços com amb les mans] donar, agafar He clasped my hand warmly. Em va donar la mà amb afecte.

The three children squeezed into one bed. Els tres nens es van encabir en un llit.

hang on vi (sovint + **to**) aferrar-se I caught hold of his coat and hung on tight. Em vaig arrapar al seu abric i m'hi vaig aferrar fort.

squeeze v **1** vt prémer She squeezed his hand. Li va prémer la mà. **2** vt [prémer fortament ac per treure'n el contingut] esprémer, escórrer **3** vit [ficar ac en un lloc] encabir, entatxonar

336.1 Abraçar

embrace vti [lleug. formal] abraçar(-se)
embrace nc abraçada They hugged each other in a warm embrace. Es van abraçar afectuosament.
hug vti, -gg- abraçar(-se) They hugged each other in delight. Es van abraçar amb delectació.
hug nc abraçada I gave him a big hug. Li vaig donar una forta abraçada.
cuddle vti [acció de més llarga durada que **hug**] abraçar(-se) (amorosament)
cuddle nc (esp. brit) abraçada amorosa She went to her mother for a cuddle. Va cercar l'abraçada amorosa de la seva mare.

337 Carry Portar

vegeu també **331 Container**; **413 Rise**

carry vt **1** [als braços o a sobre] portar I carried the baby upstairs. Vaig portar el nadó a dalt. I don't carry much cash with me. No porto gaires diners en efectiu. **2** [transportar] portar Which airline carries most passengers? Quina companyia aèria porta més passatgers? The wood was carried downstream by the water. L'aigua transportava la fusta riu avall. I ran as fast as my legs would carry me. Vaig córrer tant com les cames em van permetre. **3** [escampar] portar Germs are carried in clothing. Els microbis es porten a la roba. **4** [aguantar] suportar These shelves won't carry much weight. Aquests prestatges no suportaran gaire pes.

utilització

No s'ha de confondre el verb **carry** (portar) amb el verb **wear** (portar posat). Es fa servir **wear** referit a roba, ulleres, perruques, perfum i cinturons de seguretat. Vegeu el següent exemple: She was wearing a blue suit and carrying a briefcase. (Duia un vestit blau i portava una cartera.) *vegeu també **190 Clothes**

contain vt contenir a bag containing a few personal belongings una bossa que contenia uns quants objectes personals This book contains the results of years of research. Aquest llibre conté el resultat d'anys de recerca.

bear vt, pas. **bore** pp. **borne 1** [formal o literari] portar The roast pheasants were borne in on silver platters. Van entrar portant els faisans rostits en safates de plata. They arrived bearing gifts and messages. Van arribar portant obsequis i missatges. **2** suportar, aguantar I can't bear horror films. No suporto els films de terror. a load-bearing wall una paret mestra

hold vt, pas. & pp. **held 1** contenir This jug holds 1 pint. Aquesta gerra pot contenir una pinta. The table was too small to hold all the books. La taula era massa petita

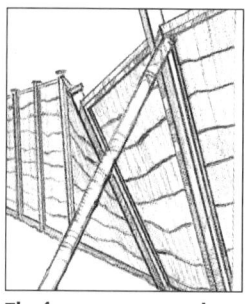 

The fence was propped up by a pole. La tanca estava apuntalada amb un pal.

Marble pillars supported the porch. Columnes de marbre sostenien el porxo.

perquè hi cabessin tots els llibres. **2** [suportar] aguantar, resistir *Will this rope hold me?* M'aguantarà aquesta corda? *vegeu també **336 Hold**

hold sth **up** o **hold up** sth *vt* sostenir, suportar *The roof was held up by a pole in each corner.* Un pal a cada cantó sostenia el sostre.

support *vt* aguantar, sostenir *These two walls support the whole house.* Aquestes dues parets aguanten tota la casa. *A wider base supports more weight.* Una base més ampla permet aguantar més pes.

prop *vt*, -pp- **1** (habit. + *adv* o *prep*) [sostenir, habit. en una posició inclinada] sostenir, apuntalar, estintolar *We propped the door open with a chair.* Vam fixar la porta oberta amb una cadira. **2** [col·locar en una posició inclinada] recolzar *I propped the chair against the wall.* Vaig recolzar la cadira a la paret. **prop** *nc* puntal, falca

prop up sth o **prop** sth **up** *vt* (sovint + **with**) [habit. com a mesura provisional per evitar que ac caigui] apuntalar

338 Pull and Push Estirar i empènyer

vegeu també **98 Touch**; **411 Movement**

pull *vti* **1** [cap a un mateix] estirar, arrossegar *I pulled the trolley.* Arrossegava el carret. **2** [amb les mans] estirar *Pull the rope.* Estira la corda. **3** (+ *adv* o *prep*) treure, arrencar *Pull the plaster off quickly.* Arrenca l'esparadrap d'una estrebada. *The dentist pulled my teeth out.* El dentista em va arrencar les dents.

pull *nc* estirada *I felt a pull of the rope.* Vaig notar una estirada de la corda.

She pulled the door shut. Va tancar la porta d'una estrebada.

He pulled her hair. Li va estirar els cabells.

She pushed him into the pond. El va empènyer dins la bassa.

He pushed the door open. Va obrir la porta d'una empenta.

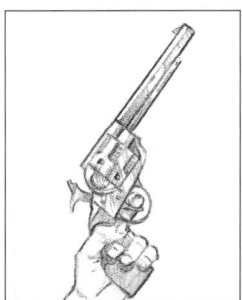

I pulled the trigger. Vaig prémer el gallet.

Rescuers pulled her from the sea. Membres de l'equip de rescat la van treure del mar.

push *vti* [cap en fora] empènyer *I pushed my chair under the table.* Vaig empènyer la cadira sota la taula. *Just push this button.* Prem aquest botó. *I can't push the pram over these stones.* No puc empènyer el cotxet per aquestes pedres. *We had to push the car.* Vam haver d'empènyer el cotxe.

push *nc* empenta *He gave me a push.* Em va donar una empenta.

drag *v*, -gg- [sempre al llarg d'una superfície. Suposa fer un esforç] **1** *vt* arrossegar *He dragged the body down the steps.* Va arrossegar el cos escales avall. **2** *vi* arrossegar-se *Your hem is dragging on the ground.* Estàs arrossegant la vora.

haul *vti* (sovint + **at**, **on**) [comporta un gran esforç] estirar, arrossegar *They hauled in the net.* Van recollir la xarxa, arrossegant-la. *I hauled her off to the doctor's.* [jocós] La vaig dur arrossegant al metge.

heave *vti* [fent un gran esforç. Sovint descriu una acció més curta i concentrada que **haul**] aixecar, estirar, empènyer *We managed to heave the pillar upright.* Vam aconseguir aixecar la columna. **heave** *nc* estirada, empenta

shove *vti* **1** [empènyer bruscament] donar una empenta, empentejar *They just shoved us aside.* Ens van apartar a empentes. *She shoved a pie in my face.* Em va encastar un pastís a la cara. **2** [informal. Posar de qualsevol manera] tirar *Just shove those papers on the table.* Tira els papers damunt la taula.

tug *vt*, -gg- (sovint + **at**) estirar, estrebar *He tugged anxiously at my sleeve.* M'estirava la màniga amb impaciència. *We tugged (at) the handle, but the door was jammed.* Estiràvem el mànec, però la porta estava travada. **tug** *nc* estrebada, batzegada

tow *vt* [obj: esp. vehicle] remolcar *The tractor towed our car out of the mud.* El tractor ens va remolcar i ens va treure el cotxe del fang.

tow *nc/i* remolc **on tow** a remolc

wrench *vt* **1** [estirar violentament, sovint amb torsió] tòrcer, torçar *She wrenched the handle down.* Va torçar el mànec cap avall. *I wrenched the pole out of his hands.* Li vaig arrencar el pal de les mans. **2** [torçar amb dolor. Obj: p. ex. genoll, colze] tòrcer-se

wrench *nc* **1** estirada, estrebada **2** [lesió] torçada, torcedura

339 Hide Amagar

vegeu també **334 Cover**

hide v, pas. hid pp. hidden 1 vt amagar, ocultar *I hid the letter in a drawer.* Vaig amagar la carta en un calaix. *filmed with a hidden camera* filmat amb una càmera oculta *I couldn't hide my disappointment.* No podia amagar la meva desil·lusió. 2 vi amagar-se *He's hiding from the police.* S'amaga de la policia. *We'll hide behind the fence.* Ens amagarem darrere la tanca.

in hiding amagat *to go into hiding* amagar-se a algun lloc

conceal vt (sovint + **from**) [més aviat formal] amagar, ocultar, encobrir *We entered through a concealed doorway.* Vam entrar per una porta secreta. *You deliberately concealed the facts.* Vas amagar els fets deliberadament.

disguise vt (sovint + **as**) disfressar *He escaped, disguised as a nun.* Va escapar disfressat de monja. *a thinly-disguised threat* una amenaça mal dissimulada

disguise nc/i disfressa *She was wearing a clever disguise.* Portava una disfressa enginyosa. *three men in disguise* tres homes disfressats

camouflage vt camuflar *We camouflaged our tent with branches.* Vam camuflar la tenda amb branques.

camouflage ni/c camuflament *We used orange sheets as camouflage in the desert.* Al desert fèiem servir llençols de color taronja com a camuflament.

screen vt amagar, protegir *trees to screen the house from view* arbres per tapar la casa (+ **off**) *They screened off the scene of the accident.* Van tapar l'escena de l'accident. **screen** nc paravent, mampara

339.1 Secret

secret nc 1 secret *to keep sth secret* mantenir ac en secret *to tell sb a secret* dir a algú un secret 2 [mètode per aconseguir ac] secret *the secret of a beautiful complexion* el secret d'un cutis bonic

secret adj secret *a secret trap door* una trapa secreta *my secret diary* el meu diari secret *I'm afraid that information's **top secret**.* Em temo que aquesta informació és reservada. *You've got a secret admirer.* Tens un admirador secret. *He kept his illness secret for months.* Va mantenir la seva malaltia en secret durant mesos. **secretly** adv secretament **secrecy** ni discreció, reserva

confidential adj [en contextos més formals que **secret**] confidencial *confidential documents* documents confidencials *I attended a confidential government meeting.* Vaig assistir a una reunió confidencial del govern. *This information is strictly confidential.* Aquesta informació és estrictament confidencial. **confidentially** adv confidencialment

confidence ni confidència, confiança *I'm telling you this in the strictest confidence.* T'ho dic en la més estricta confiança.

hush-hush adj (sempre després de v) [informal, sovint jocós] secret *He does something for the Foreign Office – all very hush-hush.* Fa alguna cosa per al Ministeri d'Afers Estrangers, tot molt d'amagatotis.

private adj 1 [personal i secret] privat *I keep my home life private.* Mantinc la meva vida familiar en privat. *They wrote lies about my private life.* Van escriure mentides sobre la meva vida privada. *I'm not telling you how much I earn – it's private.* No et diré quan guanyo; és privat. *He's a very private person.* És una persona molt reservada. 2 [no relacionat amb la feina] privat *I never make private phone calls from work.* A la feina, no faig mai trucades privades. 3 [restringit] privat *This is a private party.* Aquesta és una festa privada. *I have a private chauffeur.* Tinc xofer privat. *private yachts* iots privats *I have private lessons.* Tinc classes particulars. 4 [reclòs] apartat, privat *Can we go somewhere private?* Podem anar a algun lloc privat?

privately adv en privat *Privately, I agree with you.* Personalment, estic d'acord amb tu. *Can we talk privately?* Podem parlar en privat? **privacy** ni intimitat

in private en privat *We met in private.* Ens vam reunir en privat.

personal adj 1 [relacionat amb afers privats] personal *Stop asking personal questions.* Para de fer preguntes personals. *My boss discourages personal phone calls.* La meva cap desaprova les trucades personals. 2 [que pertany o és per a una persona en concret] personal *a personal secretary* un secretari personal *My personal opinion is that he's mad.* La meva opinió personal és que és boig. 3 [fet per una persona en concret] personal *He made a personal appeal for the release of his son.* Va fer una petició personal perquè alliberessin el seu fill. 4 [que critica el caràcter o l'aparença d'una persona] personal *personal remarks* comentaris personals 5 [del cos] personal *personal cleanliness* higiene personal

personally adv 1 personalment *I sent the letter personally.* Vaig enviar la carta personalment. 2 [que descriu la pròpia opinió] personalment *Personally, I quite like loud music.* Personalment, ja m'està bé la música forta. 3 [com si es tractés d'una qüestió d'amor propi] a la valenta, a pit *He took the criticism very personally.* Es va prendre la crítica molt a la valenta.

---

frases fetes

behind sb's back [expressa deshonestedat] per darrere d'algú, d'amagat d'algú *He went behind my back and told our manager.* Va anar a dir-ho al director d'amagat. *She took the decision behind my back.* Ho va decidir a la meva esquena.

under cover of a cobert de *The army advanced under cover of darkness.* L'exèrcit avançava protegit per la foscor.

340 Communications Comunicacions

vegeu també **L43 Problems of communication; L44 Written communications**

communicate v 1 vi (sovint + **with**) comunicar-se *You will need an ability to communicate.* Et caldrà facilitat de comunicació. *to communicate by telex* comunicar-se per tèlex *The computer can communicate with one in head office.* L'ordinador es pot comunicar amb la seu central. 2 vt (sovint + **to**) [fer entendre] comunicar *They communicated their fear to the children.* Van comunicar els seus temors a la mainada.

contact vt establir contacte, trobar *You can contact me on this number.* Em pots trobar en aquest número. (davant de n) *a contact address* una adreça de contacte

contact n 1 ni [relació] contacte *We need better contact with our branches.* Necessitem tenir més contacte amb les filials. *I've made contact with her.* He contactat amb ella. *Stay in contact.* Mantingui's en contacte. 2 nc [persona] contacte *She has good contacts in the media.* Té bons contactes als mitjans de comunicació.

touch ni contacte *get in touch with sb* posar-se en contacte amb algú *keep in touch with sb* mantenir-se en contacte amb algú *lose touch with sb* perdre contacte amb algú *I'll keep in touch!* Em mantindré en contacte!

340.1 Trameses

letter nc [amb o sense sobre] carta *I wrote her an angry letter.* Li vaig escriure una carta irada.

package nc [sovint pot tractar-se de diversos articles empaquetats junts] paquet *There's a package to sign for.* Hi ha un paquet per retirar.

parcel (*esp. brit*), **package** (*esp. amer*) nc [habit. embolicat amb paper] paquet

postcard nc postal, targeta postal *a picture postcard* una postal il·lustrada

card nc postal *a birthday card* una postal d'aniversari *a Christmas card* una nadala, una felicitació de Nadal

telegram o **cable** (*brit & amer*), **wire** (*amer*) nc [ja no se n'envien dins del Regne Unit] telegrama, cable *to send sb a telegram* enviar un telegrama a algú

cable (*brit & amer*), **wire** (*amer*) vt telegrafiar *to cable sb* telegrafiar a algú

telex ni/c [sistema i missatge] tèlex **telex** vt enviar un tèlex

fax ni/c [sistema i missatge] fax **fax** vt enviar un fax
fax machine nc màquina de fax

E-mail TAMBÉ **electronic mail** ni correu electrònic

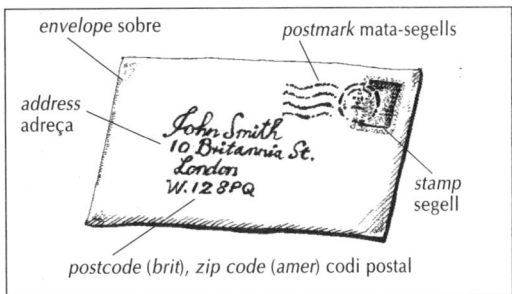

envelope sobre
postmark mata-segells
address adreça
stamp segell
postcode (*brit*), zip code (*amer*) codi postal

340.2 Servei de correus

vegeu també **L46 Using the postal service**

address nc adreça *my home address* la meva adreça particular

address vt [obj: p. ex. sobre] adreçar *a letter addressed to my wife* una carta adreçada a la meva dona *incorrectly addressed* amb l'adreça incorrecta

send vt, pas. & pp. **sent** enviar, trametre *to send sb a letter* enviar una carta a algú *The bills are sent out on the first.* Les factures s'envien el dia u de cada mes.

post n (*esp. brit*) 1 ni (sovint + **the**) [sistema de distribució] correus *The post is perfectly reliable.* El servei de correus és totalment fiable. *Your cheque is in the post.* El seu xec és al correu. *We send a receipt by return of post.* Li enviem el rebut a correu seguit. (davant de n) *a post van* una furgoneta de correus 2 ni [articles enviats i rebuts] correu *The post is delivered by a woman on a motorbike.* El correu el reparteix una dona en moto. 3 nc (cap pl) [cada recollida] recollida *I just caught the last post.* Vaig agafar pels pèls l'última recollida. [cada lliurament] repartiment *It might come in the second post.* Pot ser que arribi en el segon repartiment.

post vt (*esp. brit*) tirar (a la bústia) *to post a letter* tirar una carta a la bústia

postal adj (davant de n) postal *postal workers* treballadors de correus

postage ni [import] franqueig, ports *Add £3 for postage and packing.* Afegiu-hi tres lliures per despeses d'empaquetatge i franqueig. (davant de n) *postage rates* tarifes postals

mail ni 1 (sovint + **the**) [sistema de distribució] correu *Half goes by mail and half by courier.* La meitat va per correu i l'altra meitat per missatger. (*esp. amer*) *She blamed the delay on the mail.* Va culpar el correu del retard. (davant de n) *mail deliveries* repartiments de correu 2 [cartes i paquets] correu *Have you opened your mail yet?* Ja has obert el correu? (davant de n) *the mail train* el tren correu 3 [repartiment] correu *It came in the morning mail.* Va arribar amb el correu del matí.

mail vt (*esp. amer*) enviar per correu *The report will be mailed to you immediately.* Tot seguit us enviarem l'informe per correu.

airmail ni [servei] correu per avió *by airmail* per correu aeri (davant de n) *airmail letters* cartes per avió

first class adj primera classe *a first class stamp* un segell de primera classe (davant d'adv) *to send a letter first class* enviar una carta per correu urgent

second class adj segona classe *second class post* correu de segona classe (com a adv) *The parcel went second class.* El paquet es va enviar en segona classe.

postman (*m.*) **postwoman** (*f.*) (*brit*), **mailman** (*m.*) **mailwoman** (*f.*) (*amer*) nc carter -a

GRUPS DE PARAULES

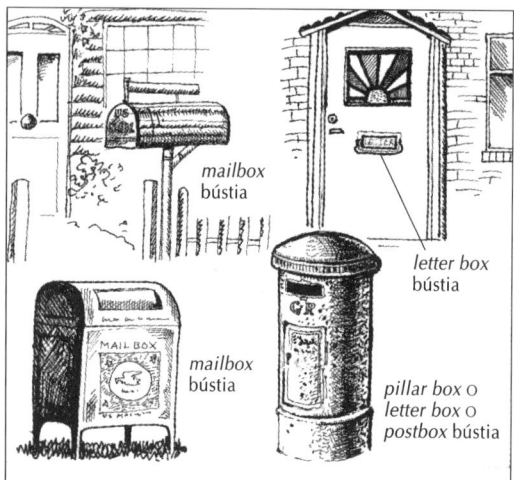

mailbox bústia
letter box bústia
mailbox bústia
pillar box o letter box o postbox bústia

340.3 Trucar per telèfon
vegeu també **L47 Telephoning**

telephone nc, abrev **phone** telèfon *He's on the phone at the moment.* En aquest moment està parlant per telèfon.

telephone [lleug. formal] o **phone** vti [**phone** sovint va seguit d'**up,** mentre que **telephone** no] trucar *I phoned her to invite her to the party.* Li vaig trucar per convidar-la a la festa. *I'll phone back later.* Tornaré a trucar més tard.

(telephone/phone) number nc (número de) telèfon *What's your phone number?* Quin és el teu número de telèfon?

wrong number nc número equivocat *to dial the wrong number* marcar un número equivocat

call vt trucar, telefonar *Call me on my private line.* Truca'm pel meu número privat. *I'd like to call collect.* (amer) *I'd like to reverse the charges.* (brit) Voldria trucar a cobrament revertit.

(phone/telephone) call nc trucada, telefonada *Who took the call?* Qui va agafar la trucada?

long-distance call o (brit) **trunk call** conferència

ring vt, pas. **rang** pp. **rung** (de vegades + **up**) (esp. brit) trucar, telefonar *I rang you this morning.* T'he trucat aquest matí. *Ring her up and ask.* Truca i pregunta-li. *Ring for a doctor.* Truca a un metge. (com a n, més aviat informal) *to give someone a ring* fer una trucada a algú

dial nc [en telèfons antics] disc

dial vti, -ll- (brit) -l- (amer) [tinguin o no tinguin disc] marcar *to dial a number* marcar un número *You can dial direct.* Pot marcar directament.

receiver (brit & amer) o **handset** (brit) nc auricular

telephone/phone box (brit), **phone booth** (amer) nc cabina telefònica

telephone/phone directory nc guia de telèfons

telegraph pole nc pal de telègraf

(telephone) exchange nc [de la telefònica] centraleta

operator nc telefonista

switchboard nc [d'una empresa] centraleta

area code (amer) o **STD code** (brit) nc codi provincial

The Yellow Pages (marca comercial) Les Pàgines Grogues

341 Speak Parlar
vegeu també **359 Talkative; L5 Opening a conversation**

speak v, pas. **spoke** pp. **spoken 1** vi (sovint + adv o prep) parlar *Can you speak a bit louder, please?* Pot parlar una mica més fort, sisplau? *Did you speak to anybody?* Vas parlar amb algú? *They wouldn't let me speak.* No em deixaven parlar. *I want to speak to you* (brit & amer)/*with you* (esp. amer) *about your results.* Vull parlar amb tu sobre els teus resultats. *I tried speaking in Catalan.* Ho vaig intentar parlant en català. **2** vt [obj: llengua] parlar *He speaks Greek very well.* Parla el grec molt bé. **3** vt [formal] dir, adreçar *He spoke a few words of encouragement to us.* Ens va adreçar unes paraules d'ànim. *I try to speak the truth.* Intento dir la veritat. **4** vi [en públic] parlar, pronunciar un discurs, fer ús de la paraula *I'm speaking at the wine society tonight.* Aquesta nit faig un discurs a la confraria del vi.

talk v **1** vi (sovint + adv o prep) [expressa que la conversa és entre dues o més persones] parlar *We talked on the phone.* Vam parlar per telèfon. *I wish they didn't talk so quickly.* Tant de bo no parlessin tan de pressa. *The leaders talked about the situation.* Els líders van parlar de la situació. **2** vt [transitiu en unes quantes expressions] *She's talking nonsense.* Diu bestieses.

talk n **1** ni [discussió o rumor] rumor, murmuri *silly talk about mass resignations* rumors sense fonament de dimissions en massa **2** nc [a un públic] conferència *a talk on the British cinema* una conferència sobre el cinema britànic

utilització

En moltes frases, és possible fer servir ambdós verbs (**speak** i **talk**), però pot haver-hi una petita diferència semàntica. Per exemple, *We couldn't speak.* (No podíem parlar.) pot suggerir que hi havia algun perill o alguna dificultat fins i tot en el fet de fer sorolls, mentre que *We couldn't talk.* (No vam poder parlar.) suggereix que el problema era més aviat de falta de temps o d'intimitat per a una conversa normal. **Speak** sovint expressa més serietat que **talk**. *We spoke about the wedding.* (Vam parlar del casament.) podria tractar-se d'una discussió entre els futurs consogres sobre els plans del casament. En canvi, *We talked about the wedding.* (Vam parlar del casament.) suggereix un enfocament menys formal, p. ex. entre persones alienes al casament. **Speak** pot referir-se a un discurs formal, p. ex. *She's speaking on censorship.* (Parla de la censura.)

say vt, pas. & pp. **said** (sovint + **that**) [habit. per a relatar les paraules d'algú directament o indirectament]

dir *Say thank you.* Digues gràcies. *'It's getting late,'* she said. *'S'està fent tard'*, va dir. *She said she'd come back tomorrow.* Va dir que tornaria demà. *Did she say who she was?* Va dir qui era? *I hope I didn't say anything silly.* Espero no haver dit cap bestiesa. *I said a few words to them.* Els vaig adreçar unes paraules.
*vegeu també UTILITZACIÓ, a **342 Tell**

utter *vt* [emfasitza el fet d'articular les paraules] pronunciar *He wanted to tell her he loved her, but couldn't utter the words.* Li volia dir que l'estimava, però no li sortien les paraules.

341.1 Converses

speech *n* **1** *ni* [facultat de parlar] parla, paraula *to lose one's powers of speech* perdre la facultat de parlar **2** *nc* [p. ex. dels polítics] discurs *her speech to the party conference* el seu discurs al congrés del partit

dialogue (*brit*), **dialog** (*amer*) *nc/i* [comporta un intercanvi de punts de vista] diàleg *a frank dialogue between the two leaders* un diàleg franc entre ambdós dirigents [p. ex. en una obra de teatre o en una novel·la] *humorous dialogue* diàleg còmic

interrupt *vt* interrompre *Don't interrupt your father.* No interrompis el teu pare. **interruption** *nc/i* interrupció

341.2 Expressar una opinió

state *vt* [donar informació d'una manera categòrica] afirmar, declarar, exposar *Just state the facts.* Limiti's a exposar els fets. *At the risk of **stating the obvious**, it's raining.* A risc de dir el que és evident, plou.

statement *nc* declaració, manifestació *a plain statement of fact* una simple relació dels fets *a statement to the press* una declaració a la premsa

speak out *vi* (sovint + **against**) parlar sense embuts, denunciar públicament, pronunciar-se *Nobody dared speak out against the proposal.* Ningú no gosava manifestar-se en contra de la proposta. *The chairman spoke out in favour of the plan.* El president es va pronunciar a favor del pla.

express *vt* [triar les paraules adequades, etc., per dir ac] expressar *to express an opinion on sth* expressar una opinió sobre ac *a tone that expressed his anger* un to que expressava la seva ràbia *He expressed himself very clearly.* Es va expressar molt clarament.

expression *n* **1** *nc/i* expressió *an expression of regret* una expressió de penediment **2** *nc* [paraula o grup de paraules] expressió *a vivid northern expression* una expressió del nord molt vívida *Her exact expression was 'Why bother?'* Exactament va dir: 'Per què molestar-se?'. **3** *nc* [p. ex. de la veu o la cara] expressió *a dazed expression* una expressió de perplexitat

exclaim *vt* [p. ex. de o amb sorpresa] exclamar *'They're here,' she exclaimed.* 'Són aquí', va exclamar. *They all exclaimed how clever I was.* Tots van exclamar-se dient que era molt intel·ligent.

exclamation *nc* exclamació *exclamations of delight* crits de joia

341.3 Parlar breument

comment *nc/i* (sovint + **on**) [expressar opinió] comentari, observació *Could I have your comments on the idea?* Em podeu fer observacions a la proposta? *Did he make any comments on the building?* Va fer algun comentari sobre l'edifici? *The move is sure to arouse comment.* La maniobra segur que suscitarà comentaris.

comment *vi* (sovint + **that**, **on**, **about**) comentar *I commented that they seemed tired.* Vaig comentar que semblaven cansats. *Nobody commented on the changes.* Ningú no va fer cap comentari sobre els canvis.

remark *nc* [important però no fonamental] observació, comentari *I'd like to make a few remarks about the situation.* M'agradaria fer algunes observacions respecte a la situació. *a casual remark about the weather* un comentari sobre el temps fet de passada

remark *vti* (sovint + **that**, **on**) comentar, observar *She remarked in passing that she'd been there herself.* Va comentar de passada que ella mateixa hi havia estat. *She remarked on how clean everything was.* Va destacar el fet que tot estigués tan net.

observe *vt* (sovint + **that**) [expressa perspicàcia] observar *He observed that everybody was in too much of a hurry.* Va observar que tothom tenia massa pressa.

observation *nc* observació *It was just a casual observation, I've never really thought about it.* Se'm va acudir per casualitat, de fet no hi havia pensat mai.

mention *vt* (sovint + **that**) esmentar, mencionar *What was that book you mentioned?* Quin era el llibre que vas esmentar? *Did I mention she was getting married?* Vaig dir que es casava? *Don't even mention that name to her.* Aquest nom ni li esmentis.

mention *nc/i* menció, al·lusió *an earlier mention of the game* una al·lusió al joc feta abans *The report **made no mention of** the role of the police.* L'informe no feia cap menció al paper de la policia.

refer to sth *vt*, -rr- [parlar de manera específica] referir-se a a/ac, al·ludir a *She never referred to her husband.* Mai no feia referència al seu marit. *the problems referred to in your report* els problemes a què et referies en el teu informe

reference *nc* referència *the references to my own book* les referències al meu propi llibre

341.4 Parlar en públic

commentator *nc* [esp. d'esports o política, p. ex. als mitjans de comunicació] comentador -a, comentarista *a football commentator* un comentarista de futbol *Informed commentators are predicting a June election.* Comentaristes ben informats preveuen eleccions al juny.

commentary *nc* [p. ex. en un esdeveniment esportiu o un documental] comentari *a running commentary* comentaris en directe

spokesperson, (*m.*) **spokesman**, (*f.*) **spokeswoman** [p. ex. d'un govern, d'una empresa] portaveu, representant *a White House spokeswoman* una portaveu de la Casa Blanca

announce *vt* **1** anunciar *The major banks have announced a cut in interest rates.* Els principals bancs han anunciat una baixada dels tipus d'interès. *Both families are pleased to announce the engagement of Mark and Angela.* Totes dues famílies es complauen a anunciar el prometatge d'en Mark i l'Angela. **2** [dir en veu alta] fer saber, proclamar *Silence please while I*

GRUPS DE PARAULES

announce the results. Silenci, sisplau, mentre proclamo els resultats. **3** [a la ràdio, televisió, etc.] anunciar

announcement *nc/i* anunci, comunicació, avís *a wedding announcement* una participació de casament *The announcement of the election date was welcomed by all parties.* L'anunci de la data de les eleccions va ser ben rebut per tots els partits.

announcer *nc* locutor -a

address *vt* [parlar de manera formal a un grup de persones] adreçar-se *He addressed the crowd from the balcony.* Es va adreçar a la multitud des del balcó.

address *nc* [paraules formals adreçades a molta gent] discurs, missatge *The President's address to the nation* el missatge del president a la nació

341.5 Parlar a partir de textos preparats

narrate *vt* [de manera curosa. Obj: p. ex. història, aventures] narrar, contar **narration** *nc/i* narració **narrator** *nc* narrador -a

recite *vt* [obj: ac apresa de memòria, p. ex. un poema] recitar *the prayers she recited each night* les pregàries que resava cada nit **recitation** *nc/i* recitació, recitat

read *vt, pas. & pp.* **read** (sovint + **out**) llegir *The priest read the gospel.* El capellà va llegir l'evangeli. *I read the letter out (loud).* Vaig llegir la carta en veu alta.

quote *vt* (sovint + **from**) citar *to quote Shakespeare* citar Shakespeare *He quoted those lines from the fourth act.* Va citar aquells versos del quart acte. *The figures you quoted me are wrong.* Les xifres que em vas donar estaven equivocades.

quotation *nc/i* cita *learned quotations* citacions, frases cèlebres

reel off sth, **reel** sth **off** *vt* [ràpidament i amb seguretat] recitar d'una tirada *He can reel off the names of the whole team.* Pot recitar d'una tirada els noms de tot l'equip.

dictate *vt* dictar *She dictated four letters before leaving.* Va dictar quatre cartes abans de marxar.

dictation *ni* dictat *to take dictation* escriure al dictat

341.6 Maneres de parlar

voice *nc* veu *I thought I heard Dad's voice.* Em pensava que havia sentit la veu del pare. *She has a nice speaking voice.* Té una veu molt bonica. *in a loud voice* en veu alta *Don't speak to me in that tone of voice.* No em parlis amb aquest to de veu. **at the top of one's voice** esgargamellant-se, a crits

oral *adj* oral *an oral exam* un examen oral

dialect *nc/i* dialecte *northern dialects* dialectes del nord *written in dialect* escrit en dialecte (davant de n) *dialect words* paraules dialectals

accent *nc* accent *He speaks with a Scots accent.* Parla amb accent escocès.

pronounce *vt* pronunciar *How do you pronounce your name?* Com pronuncies el teu nom? *The final b in lamb isn't pronounced.* La b final de la paraula 'lamb' no es pronuncia.

pronunciation *ni/c* pronunciació *the American pronunciation of the word* la pronunciació americana de la paraula *upper-class pronunciation* pronunciació de classe alta

intonation *ni/c* entonació *A different intonation can entirely change the sense of the lines.* Una entonació diferent pot canviar totalment el significat dels versos.

341.7 Maneres confuses de parlar

whisper *vit* xiuxiuejar *We had to whisper to each other.* Ens vam haver de parlar a cau d'orella. *I heard somebody whisper the answer.* Vaig sentir que algú va xiuxiuejar la resposta.

whisper *nc* xiuxiueig *He lowered his voice to a whisper.* Va baixar la veu fins a convertir-la en un xiuxiueig.

mutter *vit* [en veu baixa, p. ex. per expressar queixa o perplexitat] murmurar *I heard Liz muttering about incompetent translators.* Vaig sentir la Liz murmurar sobre la incompetència dels traductors. *I muttered an apology and left.* Vaig murmurar una disculpa i me'n vaig anar.

mumble *vit* [en veu baixa de manera confusa, sovint per falta de seguretat] balbucejar, embarbussar-se *Don't mumble your words.* No parlis mastegant les paraules.

stutter *vit* [repetint els sons] quequejar, dir quequejant *She went red and started stuttering.* Es va posar vermell i va començar a quequejar.

stutter *nc* quec, quequeig *a slight stutter* un lleuger quec **stutterer** *nc* quec -a

stammer *vit* [expressa dificultat en produir sons] enfarfollar-se, quequejar *Halfway through the story he began to stammer.* A meitat de la història va començar a entrebancar-se.

stammer *nc* quequeig, tartamudeig *to overcome a stammer* vèncer un quequeig

lisp *nc* (cap pl) papissot *to speak with a lisp* parlar papissot **lisp** *vit* papissotejar

inarticulate *adj* [incapaç d'expressar-se correctament, p. ex. per manca d'educació o per un ensurt] inarticulat, incoherent, inconnex *a rather inarticulate attempt at a speech* un intent de discurs força inconnex *Embarrassment made her inarticulate.* El torbament que patia va fer que parlés de manera incoherent.

---

frases fetes

to say/mutter sth under one's breath [parlar en veu baixa quan s'està enutjat] parlar entre dents, remugar

it's like talking to a brick wall és com parlar amb un sord, és com picar ferro fred *He won't change his mind, it's like talking to a brick wall.* No canviarà de parer, és com picar ferro fred.

you can talk till you are blue in the face [es diu quan no paga la pena discutir] com si sentís ploure, ja pots anar dient *You can talk till you're blue in the face, I'm not letting you go.* Posa't tranquil i fes-te retratar que no t'hi penso deixar anar.

342 Tell Dir

tell vt, pas. & pp. **told 1** [donar informació] dir, contar *to tell sb sth* dir a algú ac *I told her my name.* Li vaig dir com em deia. *Tell me about your day.* Digue'm com has passat el dia. *I'm told you're leaving us.* M'han dit que ens deixes. *They've been told what to do.* Els han dit què han de fer. **2** [dir. Obj: p. ex. història, acudit, mentida] contar, explicar **3** [manar] dir a algú de fer ac *I told you not to touch it.* Et vaig dir que no ho toquessis.

utilització

Compareu **tell** i **say**. **Tell** pot tenir com a objecte una persona. Es pot utilitzar en les construccions següents: *tell sb, tell sth,* o *tell sb sth,* p. ex. *Don't be shy – you can tell me.* (No tinguis vergonya, a mi m'ho pots dir.) *She tells wonderful stories.* (Conta unes històries meravelloses.) *Could you tell me your name please?* (Sisplau, em pot dir el seu nom?) **Say** no pot tenir una persona com a objecte; es pot utilitzar en construccions com *say sth,* p. ex. *She said her name was Mary.* (Va dir que es deia Mary.) *He said, 'Wait for me!'* Va dir: 'Espereu-me!'

inform vt (sovint + **of**) [descriu una comunicació més aviat formal] informar, assabentar *He hasn't informed me of his intentions.* No m'ha assabentat de les seves intencions. *Her parents have been informed.* Els seus pares han estat informats. *our duty to inform the public* el nostre deure d'informar el públic *I'm reliably informed there'll be an election.* Tinc informacions fiables que hi haurà eleccions.

information ni informació *We need more information about the product.* Necessitem més informació sobre el producte. *a useful **piece of information*** una informació útil

message nc missatge, encàrrec *I got your message.* Vaig rebre el teu encàrrec. *a clear message to the public* un missatge clar per al públic

messenger nc missatger -a *a motor cycle messenger* un missatger en moto

announce vt **1** [fer públic. Obj: p. ex. decisió, data] anunciar, fer saber *Her appointment was announced this morning.* Aquest matí s'ha anunciat el seu nomenament. **2** [manifestar amb seguretat o de manera agressiva] declarar, proclamar *He suddenly announced that he was bored.* De sobte va manifestar que estava avorrit.

announcer nc [p. ex. a la televisió] locutor -a

announcement nc/i anunci, comunicació, avís *the surprise announcement of his retirement* l'anunci sorpresa de la seva jubilació

342.1 Informar algú sobre esdeveniments o una situació

report v **1** vt (sovint + **that**, -ing) informar *The hospital has reported no change in her condition.* L'hospital no ha informat de cap canvi en el seu estat. *A number of minor incidents have been reported.* S'ha informat d'alguns incidents sense importància. *They reported that many refugees were dying.* Van informar que molts refugiats estaven morint. *Members of the public have reported seeing the vehicle travelling towards London.* Alguns ciutadans han informat que havien vist que el vehicle es dirigia cap a Londres. **2** vi (habit. + **on**) [comporta una explicació formal d'una situació] fer un informe *The committee is due to report next month.* La comissió emetrà el seu informe el mes vinent. *Our job is to report on recent developments in the country.* La nostra feina és informar sobre l'evolució recent del país.

report nc [p. ex. dels espectadors] relat [p. ex. de la comissió] informe [del periodista] informació, crònica, reportatge *There are reports of unrest in the cities.* Hi ha notícies de malestar a les ciutats. *The report criticized police methods.* L'informe criticava els mètodes de la policia. *recent press reports* informacions periodístiques recents

reporter nc periodista

relate vt [lleug. formal. Obj: habit. una història o similar] contar, narrar, relatar *The chapter relates how he had come to live on the island.* El capítol narra com havia anat a parar a l'illa.

recount vt [més aviat formal. Obj: habit. ac que ha passat a la persona que ho explica] contar, referir, explicar *She began to recount her misadventures.* Va començar a explicar les seves desventures.

342.2 Dir a algú alguna cosa de manera enèrgica

declare vt (sovint + **that**) declarar, fer saber, proclamar *She declared that she would never eat meat again.* Va anunciar que no menjaria mai més carn. *The government has declared its opposition to the proposals.* El govern ha fet saber la seva oposició a les propostes. *He has declared himself ready to go to Washington.* S'ha declarat disposat a anar a Washington.

declaration nc declaració *a declaration that nobody believed* una declaració que ningú no es creia *a declaration of intent* una declaració d'intencions

pronounce v **1** vi [més aviat formal. Expressa una convicció personal ferma] manifestar, opinar *He pronounced that there would be no subsidies.* Va manifestar que no hi hauria subvencions. *'It's the wrong colour,' she pronounced.* `T'has equivocat de color´, va opinar. **2** vt [dir oficialment] declarar, jutjar, dictaminar *The compromise was pronounced acceptable.* L'acord va ser declarat acceptable.

pronouncement nc declaració *a pronouncement no one dared challenge* una declaració que ningú no gosava rebatre

preach 1 vit [a l'església] predicar *He preached on the Epistle to the Romans.* Va predicar sobre l'Epístola als Romans. **2** vi [pej. Donar lliçons morals] sermonejar *Don't preach to me about fairness.* A mi no em sermonegis sobre el que és just.

lecture v (sovint + **on**) **1** vi [p. ex. a la universitat] donar classes, fer una conferència *She lectures on medieval philosophy.* Dóna classes de filosofia medieval. **2** vt [sovint pej. Expressa la crítica del comportament d'algú] cridar l'atenció, sermonejar

I had to lecture him on punctuality. El vaig haver de sermonejar sobre puntualitat.

lecture *nc* [acadèmic] conferència [moral] sermó *a lecture on the value of hard work* un sermó sobre el valor del treball

342.3 Històries

account *nc* [comporta una explicació particular d'ac que ha succeït] versió, explicació *the police account of events* la versió policial dels fets *I want a full account of the incident.* Vull un informe complet de l'incident.

story *nc* [verídica o inventada] història *the story of my life* la història de la meva vida *some story about the car breaking down* alguna història sobre que el cotxe s'havia espatllat

tale *nc* **1** [habit. inventat i tradicional] conte *the tale of the three bears* el conte dels tres ossets *tales of ghosts and goblins* contes de fantasmes i follets **2** [pej. Mentida] romanços, brocs, excuses

anecdote *nc* [curta, habit. veritable i divertida] anècdota *He's got lots of anecdotes about political figures.* Sap moltes anècdotes de personatges de la política.

343 Explain Explicar

explain *vti* (sovint + **to**) explicar *to explain sth to sb* explicar ac a algú *I explained the system to her.* Li vaig explicar el procediment. *That explains the misunderstanding.* Això explica el malentès. *Explain why you're so late.* Explica per què has arribat tan tard.

explanation *nc* explicació *I'm sure there's a simple explanation.* Estic segura que hi ha una explicació senzilla.

clarify *vt* [més aviat formal. Fer més entenedor] aclarir *I'd just like to clarify the position.* Només voldria aclarir la situació.

get sth **across** o **get across** sth *vt* [assegurar-se que s'ha entès ac] fer entendre, comunicar *He has difficulty getting his ideas across.* Té dificultat per fer entendre les seves idees. *We use videos to get our message across to the public.* Utilitzem vídeos per fer arribar el nostre missatge al públic.

describe *vt* [mostrar com és ac] descriure *The book describes life in nineteenth-century Australia.* El llibre descriu la vida a Austràlia al segle dinou. *She described the bird in detail.* Va descriure l'ocell amb detall. *I just can't describe my feelings.* Senzillament no puc descriure els meus sentiments.

description *nc/i* (sovint + **of**) descripció *a description of the thief* una descripció del lladre *He made a description of the atmosphere on board.* Va descriure l'ambient de bord.

define *vt* definir *How do you define blackmail?* Com defineixes el xantatge? *A fruit is defined as the part bearing the seed.* Un fruit es defineix com la part que conté la llavor.

definition *nc/i* definició *the definition of a word* la definició d'una paraula *my definition of a friend* la meva definició d'una amiga

instructions *n pl* [per fer ac] instruccions, ordres *I followed your instructions, but the machine won't go.* He seguit les teves instruccions, però la màquina no em funciona. *I left strict instructions not to be disturbed.* Vaig donar ordres estrictes que no se'm molestés.

343.1 Traduir

translate *vt* (sovint + **into**) [obj: habit. un text escrit] traduir *the problems of translating Shakespeare* les dificultats de traduir Shakespeare *The book has been translated into several languages.* El llibre ha estat traduït a diverses llengües. **translator** *nc* traductor -a

translation *nc/i* traducció *a new translation of the Bible* una nova traducció de la Bíblia *The poem loses something in translation.* El poema perd amb la traducció.

interpret *v* **1** *vti* [obj: habit. llengua parlada] interpretar, traduir *I waited for her to interpret his answer.* Vaig esperar que traduís la seva resposta. *Can you interpret for us?* Pots fer-nos d'intèrpret? **2** *vt* [explicar el significat d'ac complexa] interpretar *The article interprets all these statistics.* L'article interpreta totes aquestes estadístiques.

interpreter *nc* intèrpret *a conference interpreter* una intèrpret de congressos

interpretation *nc/i* **1** [entre llengües] traducció *We need simultaneous interpretation.* Necessitem traducció simultània. **2** [p. ex. de l'evidència] interpretació *careful analysis and interpretation of the results* anàlisi i interpretació acurada dels resultats

344 Shout Cridar

utilització

Quan **shout, yell, scream** i **screech** van seguides de **at**, vol dir que la persona que crida està enfadada i renya algú.

shout *vi* cridar *I shouted for help.* Vaig cridar per demanar ajuda. *They shouted insults.* Van proferir insults. *I shouted at the children.* Vaig escridassar la canalla. **shout** *nc* crit

yell *vit* [més alterat que **shout**] bagolar, bramar *I had to yell to make myself heard.* Vaig haver d'esgargamellar-me per fer-me sentir. *He was yelling at the children.* Estava escridassant la mainada. **yell** *nc* esgarip, bram, xiscle

scream *vit* [to agut. P. ex. de dolor, de ràbia] xisclar *If you don't stop I'll scream.* Si no pares xisclaré. *They screamed in terror.* Van xisclar de terror. **scream** *nc* xiscle

screech vit [to agut i desagradable. P. ex. per por o per diversió] xisclar *'There's something at the window,'* she screeched. 'Hi ha alguna cosa a la finestra', va xisclar. *They screeched with laughter.* Van esclatar a riure. **screech** nc xiscle

call vit [no sempre ha de ser fort. Per atreure l'atenció] cridar *Is that your father calling?* És el teu pare el que crida? *'Come down,' we called.* `Baixa´, vam cridar. **call** nc crit, crida

cry vit (de vegades + **out**) [més aviat literari. P. ex. en cas d'excitació o d'emergència] cridar *'Watch out,' she cried.* 'Alerta´, va cridar. *They cried out in delight.* Feien crits d'alegria. **cry** nc crit

cheer v [celebració o ànim] **1** vi aplaudir, cridar amb entusiasme *They clapped and cheered like mad.* Aplaudien i cridaven com bojos. **2** vt (sovint + **on**) animar, encoratjar *Everybody was cheering us.* Tothom ens animava. *We were cheering our horse on.* Animàvem el nostre cavall.

cheer nc bravo, visca *Three cheers for Simon!* [invitant a sumar-se a tres crits de Hip, hip, hurra] Tres visques per a en Simon!

344.1 Crits forts i violents

roar vit [habit. expressar amb ira o consentiment] bramar, vociferar *She roared insults down the phone.* Va bramar insults per telèfon. *'Go away,' he roared.* 'Vés-te'n', va bramular. *to roar with laughter* esclafir a riure *The crowd was roaring with excitement.* Els espectadors prorrompien en crits d'entusiasme. **roar** nc bram, crit

rant vi (sovint + **on**) [pej. Expressa un excés d'ira incoherent] fer grans escarafalls contra algú *She's still ranting on about her husband.* Encara diu mal del seu marit.

bellow vit [en veu molt forta i habit. amb ira] bramar *Don't bellow at me.* No em cridis. *He was bellowing orders at the players.* Bramava les ordres als jugadors.

frase feta
raise one's voice [amb una actitud irada] aixecar la veu *I've never known him raise his voice to his wife before.* No l'havia vist mai aixecar la veu a la seva dona.

345 Complain Queixar-se

vegeu també **L37 Complaints**

complain vi queixar-se *They complained about the noise.* Es van queixar del soroll. *I complained to the manager.* Em vaig queixar al gerent.

complaint nc/i queixa, reclamació *I wish to make a complaint.* Desitjo fer una reclamació. *voices raised in complaint* veus de queixa

grumble vi [expressa una actitud malhumorada] rondinar, queixar-se *He's always grumbling about the weather.* Sempre està rondinant del temps. **grumble** nc queixa, protesta, plany

criticize vt criticar *Police methods were strongly criticized.* Els mètodes de la policia van ser fortament criticats.

criticism ni/c crítica *press criticism of the government* la crítica del govern en la premsa *I have a few minor criticisms of the plan.* He de fer unes petites crítiques al pla.

critical adj (sovint + **of**) crític *a highly critical report* un informe molt crític *They're extremely critical of the government's record.* Són molt crítics amb la trajectòria del govern.

moan vi [força informal, sovint pej. Amb un to de veu trist] gemegar, queixar-se *Stop moaning, other people have problems too.* Deixa de queixar-te, els altres també tenen problemes. *Don't go moaning on about the traffic.* Deixa de rondinar sobre el trànsit. [no és pej. quan es refereix als sorolls causats pel dolor] *Injured people lay moaning on the ground.* Els ferits jeien a terra gemegant.

moan nc queixa, protesta *We had a good moan about the boss.* Ens vam queixar força del director. *old people's moans and groans* les queixes i els gemecs de la gent gran

groan vi [expressa una actitud de desànim. Habit. soroll i no paraules] somiquejar, rondinar *I groaned at the thought of a 16-hour flight.* Rondinava només de pensar en un vol de 16 hores. **groan** nc queixa, rondineig

whine vi [pej. Descriu una queixa reiterada que no desperta cap mena de simpatia] gemeguejar, ploriquejar *She's always whining about how poor she is.* Sempre està fent el ploricó sobre la seva pobresa.

wail vi [en veu alta i de manera planyívola] ploriquejar, lamentar-se *'She splashed me,' he wailed.* `M'ha esquitxat´, va dir ploriquejant.

wail nc gemec, plor *the wails of six disappointed children* els plors de sis nens desil·lusionats

whimper vi [en veu baixa, com plorant i amb por] gemegar, somiquejar

whimper nc queixa, gemec *I don't want to hear another whimper out of you.* No vull sentir-te fer cap més gemec.

346 Disagree Discrepar

vegeu també **L29 Disagreeing**; contrari **348 Agree**

disagree vi (sovint + **with**, **about**, **over**) discrepar, no estar d'acord *I'm afraid I have to disagree with you about the colour.* Lamento haver de discrepar amb tu respecte al color. *They disagreed over artistic matters.* Discrepaven en qüestions artístiques.

utilització

Dir *I disagree* expressa una discrepància molt forta i pot semblar groller. Molts anglòparlants prefereixen no ser tan categòrics i opten per dir *I'm afraid I have to disagree with you (about...)* o *I'm not sure I agree with you...*

disagreement nc/i desavinença, disputa, desacord *I had a disagreement with the landlord.* Vaig tenir una disputa amb el propietari. *There's some disagreement over what time this took place.* Hi ha un cert desacord sobre l'hora que va passar això.

argue vi (sovint + **over**, **about**, **with**) [sovint comporta ira] discutir, disputar *He was sent off for arguing with the referee.* El van expulsar per discutir amb l'àrbitre. *All couples argue.* Totes les parelles es discuteixen. *Let's not argue about money.* No ens discutim per diners.

argument nc/i discussió, disputa *a heated argument* una discussió acalorada *to have an argument* tenir una discussió

difference of opinion [sovint eufèmic] diferència d'opinió *There's a small difference of opinion over who should pay.* Hi ha una petita diferència d'opinió sobre qui ha de pagar.

346.1 Considerar que algú està equivocat

contradict vt [obj: p. ex. persona, afirmació] contradir, desmentir *He flatly contradicted everything she said.* Contradeia de ple tot el que deia ella. *The evidence contradicts this claim.* L'evidència contradiu aquesta al·legació.

contradiction nc/i contradicció *That is **a contradiction in terms**.* Això és un contrasentit.

deny vt negar, refusar, refutar *Do you deny these charges?* Nega aquestes acusacions? *I deny ever having been there.* Nego haver-hi estat mai.

denial nc/i negativa, refús, denegació *a strong denial of the claim* un fort refús a l'al·legació

dispute nc/i [expressa punts de vista completament oposats] disputa, baralla *to settle a dispute* resoldre una disputa *marital disputes* disputes matrimonials *a border dispute* una disputa de frontera *The facts are not **in dispute**.* Els fets no estan en qüestió.

dispute vt 1 [obj: p. ex. reclamació] oposar-se a, disputar, qüestionar *We strongly dispute this allegation.* Ens oposem fermament a aquesta al·legació. 2 [obj: p. ex. territori] disputar *the disputed area* l'àrea en litigi

dissent vi (sovint + **from**) [més aviat formal. Suposa discrepar de la majoria] dissentir, discrepar *I have to dissent from my colleagues' opinion.* Dissento de l'opinió dels meus col·legues. *the only dissenting voice* l'única veu discrepant

dissent ni dissentiment, dissidència *to register dissent* expressar desacord *political dissent* dissidència política

346.2 Protestar

protest vi (sovint + **against**, **about**) [expressar una queixa vehement, sovint adreçada a l'autoritat] protestar *They're protesting against the planned motorway.* Protesten contra el projecte de la nova autopista. *I will protest to the minister about this.* Protestaré al ministre sobre això.

protest nc protesta *My protests were useless.* Les meves protestes van ser inútils. *a mass protest outside the parliament* una protesta massiva davant del Parlament (davant de n) *a protest march* una marxa de protesta

object vi (sovint + **to**) [intentar d'aturar ac] fer objeccions *I'll go now if nobody objects.* Me'n vaig ara si ningú no hi té res a dir. *I object most strongly to that question.* Protesto rotundament contra aquesta pregunta. *They object to my staying out at night.* No els sembla bé que passi la nit fora de casa.

utilització

Observeu la construcció **object to** + -ing, p. ex. *I don't object to looking after the children for you.* (No tinc cap inconvenient a cuidar-te la mainada.)

objection nc objecció, protesta *objections from local residents* protestes dels residents locals *They raised a number of objections to the plan.* Van fer una colla d'objeccions al pla. *I'll phone from here, if you've no objection.* Trucaré des d'aquí, si no hi tens inconvenient.

challenge vt [suposa qüestionar ac] desafiar, posar en dubte *I would challenge that remark.* Jo qüestionaria aquesta afirmació. *We shall challenge the decision in the Court of Appeal.* Recusarem la decisió al Tribunal d'Apel·lació. *They challenged the document's validity.* Van posar en dubte la validesa del document.

challenge nc desafiament *a challenge to the government's authority* un desafiament a l'autoritat del govern

be against [més aviat neutre] estar en contra *The government is against any change in the law on drugs.* El govern està en contra de qualsevol canvi en la llei sobre drogues.

be dead against [més aviat informal] oposar-se radicalment a *I'm dead against any further cutbacks.* M'oposo radicalment a més retallades.

346.3 Discrepàncies personals

quarrel nc [expressa ira o pèrdua de l'amistat] picabaralla, renyina, discussió *a silly quarrel over who should be in goal* una discussió estúpida sobre qui havia de fer de porter *a quarrel between neighbours* una picabaralla entre veïns

quarrel vi -**ll**- (*brit*), habit. -**l**- (*amer*) renyir, discutir *Stop quarrelling and get in the car.* Deixeu de discutir i pugeu al cotxe. *I don't want to quarrel with you.* No vull discutir amb tu. [negar-se a] *I can't quarrel with her decision.* No puc discutir la seva decisió.

row nc (*esp. brit*) [informal] baralla, batussa, picabaralla *He got drunk and started a row.* Es va emborratxar i va provocar una baralla. *We had a blazing row.* Vam tenir una baralla violenta. **row** vi barallar-se, esbatussar-se

squabble vt [tenir una discussió poc seriosa sobre coses insignificants] tenir raons *They're always squabbling* *over whose turn it is to wash up.* Sempre estan tenint raons sobre a qui li toca rentar els plats. **squabble** *nc* raons, brega

tiff *nc* [discussió insignificant, habit. entre amics íntims, amants, etc.] enganxada, bronquina *They've had a bit of a tiff.* Han tingut una petita enganxada. *a lovers' tiff* una bronquina d'enamorats

bicker *vi* [per detalls insignificants] renyinar, tenir raons *We always end up bickering about where to go on holiday.* Sempre acabem tenint raons sobre on anirem de vacances.

fall out *vi* (sovint + **with**) [deixar de ser amics] barallar-se, partir peres *We fell out when I refused to lend him some money.* Vam partir peres quan em vaig negar a deixar-li diners.

friction *ni* [sentiment poc amical] fricció, tibantor *There's bound to be friction if it's not clear who's in charge.* Segur que hi haurà tibantor si no queda clar qui mana.

346.4 Predisposat a discrepar

quibble *vi* [discutir sobre aspectes insignificants] buscar tres peus al gat, fer escarafalls *You probably think I'm quibbling, but we did say eight fifteen.* Probablement penses que en faig una muntanya, però vam quedar a un quart de nou.

split hairs filar prim

argumentative *adj* [indica una predisposició a provocar] polèmic, discutidor *She gets very argumentative if you dare to criticize her.* Es torna molt combativa si goses criticar-la.

controversial *adj* [que causen discussió] controvertit *the President's controversial comments at the summit* els controvertits comentaris del president a la cimera

controversy *ni/c* controvèrsia *The new law has caused a lot of controversy.* La nova llei ha ocasionat molta controvèrsia.

347 Refuse Rebutjar

vegeu també **285 Unwilling**

refuse *vti* (sovint + **to** + INFINITIU) rebutjar, negar-se a *We offered our help but she refused it.* Li vam oferir ajuda però la va rebutjar. *I refuse to listen to this nonsense.* Em nego a escoltar aquestes bajanades. *We suggested Tuesday, but she refused.* Vam suggerir el dimarts, però s'hi va negar.

refusal *nc* negativa *a refusal to cooperate* una negativa a cooperar *You have first refusal when the property becomes vacant.* Tens prioritat quan el pis quedi buit.

shake one's head [gest de negació] dir/fer que no amb el cap *I mentioned a lift, but he shook his head and said he'd walk.* Li vaig oferir portar-lo en cotxe, però va fer que no amb el cap i va dir que hi aniria a peu.

over my dead body [per expressar una rotunda oposició] de cap manera *You'll sell this house over my dead body.* Per vendre la casa hauràs de passar sobre el meu cadàver.

348 Agree Estar d'acord

vegeu també **L28 Agreeing**; contrari **346 Disagree**

agree *vi* (sovint + **with**, **to**, **about**, **over**, **on**, + **to** + INFINITIU) estar d'acord *I agree with you that some changes are necessary.* Estic d'acord amb tu que cal fer alguns canvis. *I would never agree to such a plan.* Mai no estaria d'acord amb un pla com aquest.

agreement *n* **1** *ni* acord, pacte *to reach agreement* posar-se d'acord *Is everybody* **in agreement with** *that?* Tothom està d'acord amb això? **2** *nc* [disposició] acord *our agreement to buy the shares* el nostre acord de compra de les accions *That's not in the agreement.* Això no hi és, al contracte.

consent *vti* (habit. + **to** + INFINITIU, **to**) [més aviat formal] consentir *She has consented to visit the city.* Ha consentit a visitar la ciutat.

consent *ni* consentiment *I needed my wife's consent.* Necessitava el consentiment de la meva dona.

assent *vi* (sovint + **to**) [formal. Quan es suggereix ac] assentir *This seemed to solve the problem and everyone assented.* Això semblava que resolia el problema i tothom va dir que sí. *They assented to the proposal.* Van assentir a la proposta.

assent *ni* consentiment, aprovació *It would require the formal assent of Parliament.* Caldrà l'aprovació formal del Parlament.

concur *vi*, -rr- (sovint + **with**) [formal. Suposa compartir punts de vista] coincidir, assentir *She said more research was needed and we all concurred.* Va dir que feia falta més recerca i tots hi vam estar d'acord. *sentiments with which we would all concur* sentiments amb els quals tots coincidiríem

go along with sth/sb *vt* [informal. Comporta acceptar els punts de vista o els plans d'algú sovint sense gaire convicció] acceptar, ser del parer de, apuntar-se a *I go along with what James said.* Sóc del parer del que ha dit en James. *Are you prepared to go along with these arrangements?* Estàs disposat a acceptar aquests plans?

confirm *vt* (sovint + **that**) confirmar *I want to confirm our arrangements.* Vull confirmar els nostres plans. *That date has not yet been confirmed.* Aquesta data encara no ha estat confirmada.

confirmation *ni* confirmació *The reports are surprising and we are waiting for confirmation.* Els informes són sorprenents i n'estem esperant una confirmació. *confirmation of these terms* confirmació d'aquestes condicions

uphold *vt, pas. & pp.* **upheld** [suposa no acceptar una recusació] confirmar, mantenir, defensar *The Court of Appeal upheld the verdict.* El Tribunal d'Apel·lació va confirmar el veredicte. *I firmly uphold the view of my colleague.* Defenso plenament el punt de vista del meu col·lega.

348.1 D'acord

in accord [més aviat formal. Compartir una actitud] d'acord *The leaders are in complete accord.* Els dirigents estan totalment d'acord.

in unison [més aviat formal. En conformitat] a l'uníson *The council members spoke in unison when condemning the plans.* Els membres del consell van condemnar els plans a l'uníson.

harmony *ni* harmonia *Nothing disturbed the new harmony within the party.* Res no alterava la nova harmonia dins el partit.

349 Persuade Persuadir

vegeu també **L26 Persuading**

persuade *vt* (sovint + **that**, + **to** + INFINITIU) [mitjançant raonaments o per raons emocionals] persuadir *Nobody could persuade her.* Ningú no la va poder persuadir. *I've persuaded him that I can do the job.* L'he persuadit que puc fer la feina. *We can't persuade him to sell the house.* No el podem persuadir que vengui la casa.

persuasion *ni* persuasió [sovint eufemisme ref. a tortura] *gentle persuasion* mètodes subtils de persuasió *We have to use persuasion rather than force.* Hem d'utilitzar la persuasió més que no pas la força.

utilització

Cal no confondre **persuade** i **convince**. **Persuade** és convèncer algú de fer ac, mentre que **convince** és aconseguir que algú pensi d'una manera determinada.

convince *vt* (sovint + **that, of**, + **to** + INFINITIU) [mitjançant un raonament] convèncer *You've convinced me.* M'has convençut. *We shall convince him of your innocence.* El convencerem de la teva innocència.

influence *vt* [indica una pressió psicològica] influir (en) *I don't want to influence your decision.* No vull influir en la teva decisió. *I've been influenced by seeing the conditions they are living in.* M'he deixat influir en veure les condicions en què viuen.

influence *ni* influència *to exert influence over sb* exercir influència sobre algú

convert *vt* (de vegades + **to**) [comporta un canvi total de posició, sovint en contextos religiosos] convertir *She's been converted to Buddhism.* S'ha convertit al Budisme. *He's always been against alternative medicine, but I've managed to convert him.* Sempre ha estat en contra de la medicina alternativa, però he aconseguit convèncer-lo.

talk sb **round** *vt* [suposa vèncer una resistència de manera gradual] convèncer *Mum doesn't like the idea, do you think you can talk her round?* A la mare no li agrada la idea, creus que la podries convèncer?

talk sb **into** sth *vt* (sovint + -ing) [indica persistència, sovint en contra del millor criteri d'una altra persona] convèncer *How did I let you talk me into a canal holiday?* Com vaig deixar que em convencessis de passar les vacances en un canal? *I can talk her into coming.* Puc convèncer-la perquè vingui.

get sb **to do** sth *vt* aconseguir, fer que algú faci ac *I can get Mike to walk the dog.* Puc aconseguir que en Mike passegi el gos. *He always tries to get somebody else to do his dirty work.* Sempre intenta aconseguir que algú altre li faci la feina bruta.

350 Admit Admetre

admit *vti*, -tt- (sovint + **that, to**, -ing) [comporta acceptar que ac és veritat, sovint ac desagradable d'un mateix] admetre *He has admitted responsibility for the incident.* Ha admès la seva responsabilitat en l'incident. *I admit I was speeding.* Admeto que corria massa. *She admitted taking drugs at the party.* Va admetre que havia consumit drogues a la festa. *It is rather unlikely, I must admit.* He d'admetre que és força improbable.

admission *ni* [p. ex. de la culpa] reconeixement, acceptació *a clear admission of her involvement in the plot* un reconeixement clar de la seva implicació en la conspiració

reveal *vt* (sovint + **that**) [suposa permetre que algú sàpiga ac, sovint secreta] revelar *I wasn't going to reveal my age.* No pensava revelar la meva edat. *Journalists have revealed that her phone had been tapped.* Els periodistes han revelat que tenia el telèfon intervingut.

revelation *nc/i* [habit. indica un fet sorprenent] revelació *astonishing revelations about political corruption* revelacions sorprenents sobre la corrupció política

confess *vti* (sovint + **that, to** -ing) [comporta culpa o penediment] confessar *He has confessed his own part in the crime.* Ha confessat la seva participació en el delicte. *I confessed that I had forgotten his name.* Vaig confessar que havia oblidat el seu nom. *She confessed to taking the necklace.* Va confessar que havia agafat el collaret.

confession *nc/i* confessió *She dictated a full confession to the sergeant.* Va dictar una confessió completa al sergent.

own up to sth *vt* confessar *Tom finally owned up to breaking the vase.* Finalment en Tom va confessar haver trencat el gerro.

concede *vt* (sovint + **that**) [en una discussió, admetre que el que acaba de dir un adversari és cert] concedir (en) *I concede that point.* Aquí t'he de donar la raó. *I concede that I was wrong to say that.* Concedeixo que estava errat en dir això.

350.1 Deixar d'amagar alguna cosa

blurt sth **out** o **blurt out** sth *vt* [dir espontàniament ac que no s'hauria d'haver dit] fer el bocamoll, deixar anar, parlar més del compte *I wanted to surprise you, but the children blurted the news straight out.* Volia donar-te una sorpresa, però els nens van parlar més del compte. [pot expressar una forta emoció] *She suddenly blurted out that she was pregnant.* De sobte va deixar anar que estava embarassada.

let on *vti* (habit. + **about**, **that**) [en lloc de guardar-ho en secret] revelar un secret *I knew who he was but I didn't let on.* Sabia qui era però no ho vaig dir a ningú. *Don't let on to her about the accident.* No li diguis res de l'accident.

give sth **away** *vt* [revelar allò que hauria d'haver estat un secret] revelar, descobrir, parlar massa *You've gone and given everything away, haven't you?* Hi has anat i ho has explicat tot, oi?

> *frase feta*
>
> **let the cat out of the bag** [informal. Revelar informació secreta, habit. de manera fortuïta] destapar-ho tot, descobrir el pastís *She showed me some photos with the two of them together and that let the cat out of the bag.* Em va mostrar algunes fotos on estaven tots dos junts i això va descobrir l'embolic.

351 Ask Preguntar

vegeu també **L18 Information**

ask *v* **1** *vt* [per obtenir informació] preguntar, demanar *If you have any problems, ask me.* Si teniu problemes, digueu-m'ho. *I'd like to ask a question.* Voldria fer una pregunta. *I asked him the time.* Li vaig demanar l'hora. *She asked me how old I was.* Em va preguntar quina edat tenia. **2** *vti* (habit. + **to** + INFINITIU, **for**) [per obtenir un objecte o un servei] demanar *If you need advice, ask your doctor.* Si necessiteu consell, demaneu-lo al vostre metge. *She asked me to sit down.* Em va demanar que segués. *She asked me for a loan.* Em va demanar un préstec. *I asked for some water.* Vaig demanar aigua.

question *nc* pregunta *to ask sb a question* fer una pregunta a algú *to put a question to sb* fer una pregunta a algú

question *vt* [comporta fer diverses preguntes, sovint en contextos oficials] fer preguntes a, interrogar *A man is being questioned by the police.* La policia està interrogant un home *The team that prepared the survey had questioned a sample of 1,200 voters.* L'equip que va preparar l'enquesta havia fet preguntes a una mostra de 1.200 votants.

query *nc* [habit. per assegurar-se sobre un punt concret] pregunta, dubte *Most of the calls are timetable queries.* La majoria de les trucades són preguntes sobre els horaris. *I have a query about the cost.* Tinc un dubte sobre el cost.

query *vt* **1** [implica que el qui pregunta sovint sospita que ac no està bé] qüestionar, dubtar *He queried the repair bill.* Va qüestionar la factura de la reparació. *I'd query the need for a second car.* Posaria en dubte la necessitat de tenir un segon cotxe. **2** (*amer*) preguntar *'Is it ready?,' I queried.* 'Està llest?', vaig preguntar.

enquire TAMBÉ **inquire** *v* [més formal que **ask**. Esbrinar ac] **1** *vt* preguntar, informar-se de, indagar *'Are you a member?' she enquired.* 'És sòcia, vostè?', va preguntar. *I'll enquire if there's a hotel near here.* M'informaré de si hi ha un hotel a prop d'aquí. **2** *vi* (habit. + **about**) preguntar, demanar informació *She was enquiring about our language courses.* Demanava informació sobre els nostres cursos d'idiomes. **3** *vi* (sempre + **into**) [investigació policial o similar] investigar, examinar *They're enquiring into the cause of the accident.* Estan investigant la causa de l'accident. **4** *vi* (sempre + **after**) [esp. per assabentar-se de la salut d'algú o què estan fent] preguntar (per algú) *She was enquiring after the boy in the crash.* Preguntava pel noi de l'accident.

enquiry TAMBÉ **inquiry** (*esp. amer*) *n* **1** *nc* [p. ex. sobre dates o ac en venda] pregunta, demanda d'informació *We haven't had a single enquiry about the house.* No hem tingut ni una sola demanda d'informació sobre la casa. *My secretary can handle most of these enquiries.* El meu secretari pot contestar la majoria d'aquestes preguntes. **2** *nc* investigació *a police enquiry* una investigació policial *an official inquiry into the causes of the riots* una investigació oficial sobre les causes dels aldarulls **3** *ni* [fer preguntes] enquesta, investigació *By careful enquiry I established her movements on that day.* Mitjançant hàbils preguntes, vaig establir on havia estat aquell dia.

interview *vt* [p. ex. per a una revista o una feina] entrevistar *the journalist who interviewed her* la periodista que la va entrevistar *They took references but didn't interview me.* Van agafar els meus informes, però no em van entrevistar.

interview *nc* entrevista, interviu *the first interview he's given since he became president* la primera vegada que s'ha deixat entrevistar des que és president *a job interview* una entrevista per a una feina

consult *vt* (sovint + **on**, **over**) [demanar informació, etc., a un especialista] consultar, demanar consells *to consult an expert* consultar un especialista *Can I consult you on a gardening problem?* Et puc consultar un problema de jardineria?

351.1 Interrogar de manera contundent

cross-examine *vt* **1** [en un judici] repreguntar *to cross-examine a witness* repreguntar un testimoni **2** [fer preguntes detallades] interrogar *I refuse to be cross-examined about my motives.* Em nego a deixar-me interrogar sobre els meus motius.

cross-examination nc/i repregunta, interrogació *under cross-examination* en ser repreguntat

interrogate vt [obj: p. ex. espia, sospitós] interrogar *They were interrogated and tortured by the secret police.* Van ser interrogats i torturats per la policia secreta. **interrogation** nc/i interrogació

grill vt [informal. Interrogar a fons] interrogar, cosir a preguntes *The detective grilled me about the money.* El detectiu em va interrogar sobre els diners. *I was grilled on irregular verbs.* Em van fer moltes preguntes sobre els verbs irregulars.

grilling nc interrogatori *to give sb a grilling* cosir algú a preguntes

pry vi (sovint + **into**) [pej. Implica xafarderia] tafanejar, ficar-hi el nas *I don't want to pry, but are you pregnant?* No em vull ficar on no em demanen, però estàs embarassada? *Do you have to pry into my affairs?* És que has de ficar el nas en els meus assumptes?

351.2 Demanar alguna cosa

request vt [més formal que **ask for**. Implica cortesia] **1** [obj: un objecte] demanar *I requested a room with a view.* Vaig demanar una habitació amb vista. **2** (sempre + **to** + INFINITIU) [obj: una persona] demanar, pregar *I requested them to leave.* Els vaig demanar que marxessin. *We were requested to wait.* Ens van pregar que esperéssim.

request n **1** nc prec, petició, sol·licitud *my requests to speak to the manager* les meves peticions de parlar amb el gerent **2** ni (només en locucions) *He came at my request.* Va venir a instàncies meves. *The forms are available on request.* Hi ha impresos per a qui els sol·liciti.

beg vti, -gg- **1** (sovint + **to** + INFINITIU) [demanar amb humilitat i desesperació] suplicar *'Leave me alone,' he begged.* 'Deixeu-me en pau', va suplicar. *I begged her to reconsider.* Li vaig suplicar que ho tornés a considerar. *I beg you, don't do this.* T'ho suplico, no ho facis. **2** (sovint + **for**) [demanar sense orgull] captar, mendicar, pidolar *Do I have to beg?* Haig de suplicar? *They were begging for food.* Captaven per poder menjar.

plead vit (sovint + **with**, **for**) [demanar amb persistència i desesperació] suplicar, pregar *I pleaded with her for more time.* Li vaig suplicar que em donés més temps. *She pleaded with me to stay.* Em va suplicar que em quedés.

plea nc prec, petició, demanda *make a plea for mercy* demanar clemència *All my pleas were ignored.* Van ignorar totes les meves peticions.

appeal vit (sovint + **to**, **for**) [implica petició d'una reacció responsable] suplicar, reclamar, fer una crida (per) *He appealed for calm.* Va fer una crida a mantenir la calma. *She appealed to us for more information.* Ens va reclamar més informació. *I appealed to him to show a little patience.* Li vaig suplicar que tingués una mica de paciència.

appeal nc crida, demanda, petició *an appeal for witnesses* una crida als possibles testimonis *an appeal to his better nature* una apel·lació a la seva bondat

beseech vt pas. & pp. **besought** (habit. + **to** + INFINITIU) [més aviat formal. Implica una necessitat intensa] suplicar, pregar *I beseeched her not to marry him.* Li vaig pregar que no s'hi casés. *'You must believe me,' he beseeched her.* 'M'has de creure', li va suplicar.

invite vt (sovint + **to**, + **to** + INFINITIU) convidar, invitar *We've been invited to dinner.* Ens han convidat a sopar. *I invited him to sit down.* El vaig invitar a seure. *You're inviting trouble.* T'estàs buscant problemes.

invitation n **1** nc/i [oferta] invitació, convit *an invitation to speak to the society* una invitació a parlar a l'associació **2** nc invitació *I tore up the invitation.* Vaig estripar la invitació.

352 Answer Contestar

answer v **1** vti (sovint + **that**) [obj: una persona, una pregunta, una carta] contestar (a) *Does that answer your question?* Això contesta la teva pregunta? *She spends a lot of time answering complaints.* Perd molt de temps contestant queixes. *She refused to answer.* Es va negar a contestar. *She answered that her husband was away.* Va contestar que el seu marit era fora. **2** vt [obj: p. ex. timbre, anunci] contestar, anar a obrir *Will you answer the phone?* Vols contestar el telèfon? *I knocked loudly but no one answered.* Vaig trucar fort però ningú no em va obrir.

answer n **1** nc resposta *We are still waiting for their answer.* Encara esperem la seva resposta. *I rang the bell several times but there was no answer.* Vaig tocar el timbre diverses vegades, però ningú no em va obrir. **2** ni resposta *I wrote back in answer that ...* Vaig contestar per escrit dient que... *in answer to your question* com a resposta a la vostra pregunta **3** nc [a un problema] resposta *How many answers did you get right?* Quantes respostes correctes vas tenir?

reply vit (habit. + **to**, **that**) [lleug. més formal que **answer**] respondre, contestar *Did they ever reply to your letter?* Van contestar mai a la teva carta? *She replied that she was too afraid.* Va respondre que tenia massa por.

reply n **1** nc resposta, contesta *an evasive reply* una resposta evasiva *your reply to our advertisement* la vostra resposta a l'anunci **2** ni (sempre en locucions) *'Mmm,' he said in reply.* 'Mm', va dir com a resposta. *in reply to your question* com a resposta a la vostra pregunta

respond vit (habit. + **to**, **that**) [formal. Comporta una resposta com a reacció] respondre, reaccionar *I waited for her to respond to the question.* Esperava que respongués a la pregunta. *He responded to their threats by buying a gun.* Va respondre a les seves amenaces comprant-se una pistola.

response n **1** nc resposta, reacció *a considered response* una resposta ben pensada **2** ni (sempre en locucions) *what he said in response* el que va dir com a resposta *in response to their appeal* accedint a la seva petició

353 Suggest Suggerir

vegeu també **L17 Advice**; **L27 Suggesting**

suggest vt (sovint + **that**) suggerir, indicar, insinuar *to suggest an idea to sb* suggerir-li una idea a algú *Can you suggest an alternative?* Pots suggerir una alternativa? *I suggested to her that we kept the letter.* Li vaig insinuar que ens quedéssim la carta. *'I could borrow your bike,' she suggested.* 'Em podries deixar la bicicleta', va proposar.

suggestion nc/i suggeriment, insinuació *Have you any better suggestions?* Tens algun suggeriment millor? *It was just a suggestion.* Només va ser un suggeriment.

propose v **1** vt (sovint + **that**) [implica un suggeriment ben raonat i la convicció que aquest és sensat] proposar, plantejar *He is proposing radical reforms.* Proposa reformes radicals. *I shall propose the scheme to them.* Els plantejaré el projecte. *Did she propose that we cancel the contract?* Va proposar que cancel·léssim el contracte? **2** vi (+ **to** + INFINITIU) [indica una ferma intenció] proposar-se, pensar-se *We propose to build an extension.* Ens proposem construir una ampliació. **3** vi [per casar-se] declarar-se

proposal nc **1** [suggeriment] proposta *The proposals will be discussed at the next meeting.* Les propostes es tractaran en la propera reunió. **2** [de matrimoni] declaració

> *frase feta*
>
> **put it to somebody (that)** suggerir ac a algú *He put it to me that I should resign.* Em va suggerir que dimitís.

353.1 Donar consells

advise vt (sovint + **to** + INFINITIU, **that**) aconsellar, recomanar *I advised her to talk to you first.* Li vaig aconsellar que primer parlés amb tu. *We must advise caution.* Hem de recomanar cautela. *'Call an ambulance,' she advised.* 'Crideu una ambulància', va aconsellar.

advice ni consell(s) *to seek expert advice* buscar el consell d'un especialista *a good **piece of advice*** un bon consell *My advice would be to go to the police.* Jo li aconsellaria anar a la policia.

recommend vt (sovint + **that**) [suggerir quina és la millor d'una sèrie d'opcions] recomanar *Can you recommend a good plumber?* Em pots recomanar un bon lampista? *I'd recommend (that) you see an eye specialist.* Li recomanaria que visités un oftalmòleg.

recommendation nc/i recomanació *The government has accepted the enquiry's recommendations.* El govern ha acceptat les recomanacions de la investigació. *I bought the car **on** your **recommendation**.* Vaig comprar el cotxe seguint la teva recomanació.

guidance ni [implica coneixements superiors o experiència] consells, direcció *a mother's help and guidance* l'ajut i els consells d'una mare ***under the guidance of*** *your instructor* sota la direcció del teu professor

tip nc [p. ex. sobre com fer ac de manera més fàcil] consell, indicació, delació *useful gardening tips* consells de jardineria útils *The police have received an interesting tip.* La policia ha rebut una delació interessant.

354 Discuss Debatre

discuss vt [parlar seriosament, però sense barallar-se] debatre, parlar de, discutir *Did you discuss the wedding?* Vau parlar del casament? *They discussed who might replace her.* Van debatre qui la podria substituir. *We discussed the proposed changes.* Vam discutir les propostes de canvis.

discussion nc/i debat, discussió *our preliminary discussions* les nostres discussions preliminars *This needs further discussion.* Cal que en parlem més, d'això. *The idea is **under discussion**.* La idea està sent debatuda.

debate vt [implica discutir sobre idees contraposades] debatre, discutir *to debate a motion* debatre una moció *The proposals have not been properly debated.* Les propostes no han estat prou debatudes. (+ -ing) *We debated extending the deadline.* Vam discutir si calia allargar el termini.

debate n **1** nc debat *a debate in Congress* un debat al Congrés *heated debates about who should pay* discussions acalorades sobre qui havia de pagar **2** ni discussió *The tax has been the subject of much debate.* L'impost ha estat l'objecte de llargues discussions. *Her views are **open to debate**.* Les seves opinions són discutibles.

converse vi (sovint + **with**) [formal] conversar *I saw them conversing idly by the photocopier.* Els vaig veure conversant ociosament al costat de la fotocopiadora.

conversation nc/i conversa *We had a long conversation about her family.* Vam mantenir una llarga conversa sobre la seva família. *I found him deep in conversation with my father.* El vaig trobar absort en una conversa amb el meu pare.

talk sth **over** o **talk over** sth vt [sovint per resoldre un problema] discutir ac a fons *Come into my office and we'll talk things over.* Passa al meu despatx i en parlarem a fons. *We can talk over what to buy them at lunch.* Podrem discutir què els comprarem mentre dinem.

have a word with sb [més aviat informal. Discussió informal i breu] parlar un moment amb algú *Can I have a word with you about this bill?* Puc parlar un moment amb vostè sobre aquesta factura?

355 Emphasize Subratllar

emphasize, TAMBÉ **-ise** (brit) vt (sovint + **that**) subratllar, recalcar, posar èmfasi en *I want to emphasize the need for economy.* Vull subratllar la necessitat d'estalviar. *They have emphasized that there will be no second chances.* Han recalcat que no hi haurà més oportunitats.

emphasis ni/c (sovint + **on**) èmfasi *The emphasis is on speed.* El més important és fer-ho ràpid. *We should put/lay/place more emphasis on grammar.* Hauríem de posar més èmfasi en la gramàtica.

stress vt (sovint + **that**) [sovint per fer-se entendre millor] subratllar *I stressed our willingness to compromise.* Vaig recalcar la nostra voluntat de negociar. *She stressed that there could be a long wait.* Va subratllar que podria haver-hi un llarg període d'espera. *I want to stress how little time we have left.* Insisteixo que ens queda molt poc temps.

stress ni (sovint + **on**) èmfasi, insistència *a justifiable stress on security* un èmfasi justificat en la seguretat *She lays great stress on punctuality.* Insisteix molt en la puntualitat.

underline vt [fer molt clar] subratllar, remarcar *The accident underlines the need for higher safety standards.* L'accident remarca la necessitat de nivells de seguretat més alts. *I want to underline my opposition to these measures.* Vull deixar molt clara la meva oposició a aquestes mesures.

insist vit (sovint + **on**, + -ing, + **that**) insistir *I insist, they must be stopped.* Insisteixo, se'ls ha d'aturar. *Insist on seeing the ambassador.* Insisteixi que vol veure l'ambaixador. *She insisted (that) she didn't visit them on the night in question.* Insistia a afirmar que no els va visitar la nit en qüestió.

insistence ni insistència *She stuck to this story with great insistence.* Va continuar mantenint aquella versió amb una gran insistència.

insistent adj insistent *an insistent tone* un to insistent *Her pleas became more insistent.* Les seves peticions es feien més insistents.

exaggerate vt [obj: p. ex. pretensió, problema] exagerar *We mustn't exaggerate the danger.* No hem d'exagerar el perill. *He tends to exaggerate his achievements.* Tendeix a exagerar els seus èxits. *She's exaggerating when she says there were eighty people there.* Exagera quan diu que allí hi havia 80 persones.

exaggeration ni/c exageració *Salesmen can be rather prone to exaggeration.* Els venedors sovint són propensos a l'exageració. *It's a bit of an exaggeration to say she saved my life.* És una mica exagerat dir que em va salvar la vida.

rub sth **in** o **rub in** sth vt [informal. Remarcar ac desagradable amb molta insistència per tal de fer patir algú] insistir en, refregar pels nassos *I know I should have got there earlier, there's no need to rub it in.* Sé que hauria d'haver arribat abans, no cal que m'ho tornis a dir.

frase feta

to get/blow something out of proportion [exagerar la importància o la gravetat d'ac, esp. ac que amoïna] fer ac molt més gran del que és, inflar, fer-ne un gra massa *It was only a small disagreement, you're blowing it out of proportion.* Només va ser una petita desavinença, estàs traient aquest assumpte de polleguera.

356 Repeat Repetir

repeat vt (sovint + **to**) repetir *Can you repeat that?* Ho pot repetir? *Don't repeat this to anybody.* No diguis això a ningú. *The team are hoping to repeat last Saturday's performance.* L'equip espera poder repetir l'actuació de dissabte passat.

utilització

Per demanar que una persona repeteixi una cosa, **repeat** és més aviat formal. Col·loquialment, fem servir **do** sth **again** (fer ac una altra vegada), etc. P. ex. *Can you say that again, please?* Ho pots repetir, sisplau? *Can we play this side again?* Podem tornar a posar aquesta cara?

repeat nc 1 repetició *Make sure you've got your passport – we don't want a repeat of what happened last time!* Assegureu-vos que teniu el passaport; no volem que torni a passar allò de l'última vegada. *I played the piece with all the repeats.* Vaig tocar la peça amb totes les repeticions. (davant de n) *a repeat performance* una segona actuació 2 [programa] reemissió, repetició

repetition ni/c repetició *to learn sth by repetition* aprendre ac repetint-ho *a repetition of earlier mistakes* una repetició d'errors anteriors

encore nc [peça de música extra tocada a petició del públic] repetició, bis *Encore!* Bis! *They gave us three encores.* Van fer tres bisos. *She sang a Schubert song as an encore.* Va cantar una cançó de Schubert a petició del públic.

encore vt [obj: músic] demanar una repetició a [obj: música] repetir una peça *The aria was encored.* Li van demanar que repetís l'ària.

echo nc, pl **echoes** 1 [p. ex. dins d'una cova] eco, ressò *a ghostly echo* un eco espectral 2 [p. ex. d'un esdeveniment] eco *The protests are an echo of the mass demonstrations of 1968.* Les protestes són una repetició de les manifestacions massives del 1968.

echo v 1 vi (de vegades + **with**) [subj: p. ex. una cova] ressonar *The room echoed with laughter.* Les rialles ressonaven per tota l'habitació. 2 vi [subj: p. ex. soroll] ressonar *Her voice echoed round the church.* La seva veu ressonava per l'església. 3 vt [obj: p. ex. una opinió] repetir, fer-se ressò de *In saying this I am only echoing the President's own statement.* En dir això només em faig ressò de la declaració del mateix president. 4 vt [obj: p. ex. un esdeveniment] recordar *Her career strangely echoes her mother's experience.* La seva carrera recorda estranyament l'experiència de la seva mare.

357 Swear Renegar

swear, vi, pas. **swore** pp. **sworn** (sovint + **at**) renegar, dir paraulotes *Don't swear in front of the children.* No diguis paraulotes davant dels nens. *He swore at the referee.* Va dir una paraulota a l'àrbitre. (davant de n) *a swear word* una paraulota

curse vti [esp. per expressar ira envers a/ac] maleir *I found her cursing the engine.* La vaig trobar maleint el motor. *I could hear him cursing computers and whoever invented them.* El vaig sentir que maleïa els ordinadors i qui els havia inventat. **curse** nc maledicció

oath nc [força literari] renec *a strange oath he'd heard his father use* un renec estrany que havia sentit pronunciar al seu pare

blaspheme vi (de vegades + **against**) blasfemar *to blaspheme against God* blasfemar contra Déu **blasphemy** ni blasfèmia

eff and blind vi (*brit*) [informal i jocós. Eufemisme que es basa en **fuck** i **bloody**] renegar *He was dead drunk and effing and blinding like mad.* Estava completament begut i no parava de renegar i blasfemar.

358 Promise Prometre

vegeu també **82.1 Certain**

promise vt (sovint + **to** + INFINITIU, + **that**) prometre *I can promise you nothing.* No us puc prometre res. *But you promised me a pony!* Però em vas prometre un poni! *I was promised my own office.* Em van prometre un despatx propi. *I promised to be there on time.* Vaig prometre que seria puntual. *I promised my daughter I'd pick her up.* Li vaig prometre a la meva filla que la recolliria.

promise nc promesa, paraula *empty promises* promeses buides *the promise of a job* la promesa d'una feina *to break/keep a promise* faltar a/complir la paraula donada

frase feta

to give sb your word [més emfàtic que **promise**] donar la teva paraula a algú *I give you my word that I'll have the money for you by Friday.* Et dono la meva paraula que et tindré els diners per divendres.

guarantee nc/i [habit. utilitzat en contextos formals o legals] garantia *a guarantee that no trees would be cut down* una garantia que no es tallaria cap arbre *The oven is still under guarantee.* El forn encara està en garantia.

guarantee vt (sovint + **to** + INFINITIU, + **that**) garantir, assegurar, respondre *We cannot guarantee your safety.* No podem respondre de la seva seguretat. *They have guaranteed to provide a replacement.* Ens han promès que ens proporcionaran un substitut. *Can you guarantee that the car will be ready?* Pots assegurar que el cotxe estarà llest? *a guaranteed seat* un seient garantit

assure vt (sovint + **that**) [quan ac no és segura. Habit. per tranquil·litzar algú] assegurar *Let me assure you that there will be no problems.* Us puc ben assegurar que no hi haurà cap problema. *We were assured that we would not miss our connection.* Ens van assegurar que no perdríem l'enllaç.

assurance nc promesa, afirmació *an assurance that her complaint would be examined* una promesa que s'investigaria la seva queixa *government assurances that there was no health risk* garanties governamentals que no hi havia cap risc per a la salut

claim vt (habit. + **to** + INFINITIU, + **that**) [expressa una afirmació no demostrada] afirmar, sostenir *He claimed to be able to cure my asthma.* Afirmava que em podia guarir l'asma. *She claims that inflation is coming down.* Sosté que la inflació està minvant.

claim nc afirmació, pretensió *a fully justified claim* una afirmació plenament justificada *exaggerated claims of success* pretensions d'èxit exagerades

swear v, pas. **swore**, pp. **sworn** 1 vt (habit. + **that**) [declarar solemnement i emfàticament] jurar *She swore she'd never seen me.* Va jurar que no m'havia vist mai. [informal] *He swore blind he'd locked the door.* Va jurar de totes totes que havia tancat bé la porta. [que expressa certesa] *I could have sworn I had another pen.* Podria haver jurat que tenia un altre bolígraf. 2 vi (sempre + **to**) poder assegurar *I think he's from Lincoln, but I couldn't swear to it.* Crec que és de Lincoln, però no t'ho puc assegurar.

oath nc [promesa solemne que faràs ac o que ac és certa] jurament *I took an oath not to tell anyone.* Vaig jurar que no ho diria a ningú. [en un judici] *Will you say that on oath?* Ho dirà sota jurament?

pledge nc [promesa solemne que faràs ac] paraula, compromís *our pledge to reduce unemployment* el nostre compromís de reduir el nombre d'aturats

pledge vt (sovint + **to** + INFINITIU) prometre, comprometre's *to pledge one's support for a cause* comprometre's a donar suport a una causa *I'll pledge another ten pounds.* Jo prometo deu lliures més.

359 Talkative Enraonador

vegeu també **341 Speak**

chatty adj [ben disposat a parlar] enraonador, parlador *The boss was in one of her chatty moods.* La cap tenia ganes de xerrar. *a chatty letter* una carta llarga i familiar

chatterbox nc [informal, descripció força jocosa i tolerant] xerraire, garoler -a *He can only say a few words now, but you can tell he's going to be a* *chatterbox*. Ara només sap dir unes quantes paraules, però ja es veu que serà un xerraire.

windbag *nc* [pej. Que parla massa o de manera pomposa] paparra *How did all these windbags get elected?* Com van poder ser elegits tots aquests paparres?

359.1 Parlar amb facilitat

fluent *adj* [suposa expressar-se bé, sovint en un altre idioma] fluid *a fluent style which makes the subject interesting* un estil fluid que fa l'assignatura interessant *I speak German, but I'm not fluent in it.* Parlo l'alemany, però no el domino. *She speaks fluent Arabic.* Parla l'àrab amb fluïdesa. **fluently** *adv* amb fluïdesa **fluency** *ni* fluïdesa

articulate *adj* [amb facilitat d'expressió i claredat de pensament] que s'expressa bé *an articulate article* un article amb les idees ben expressades *She gets her way because she's so articulate.* Se surt amb la seva perquè s'expressa molt bé. **articulately** *adv* amb facilitat

eloquent *adj* [comporta expressar-se bé i de manera convincent] eloqüent *The wine made me more eloquent.* El vi em va fer més eloqüent. *an eloquent defence of their policies* una defensa eloqüent de la seva política **eloquence** *ni* eloqüència

frases fetes

a way with words [dit d'algú que té un estil eloqüent i convincent] facilitat de paraula *You could listen to him for hours, he has such a way with words.* El podries escoltar durant hores, té tanta facilitat de paraula.

have the gift of the gab [informal. Habilitat de parlar amb fluïdesa, sovint en situacions violentes. De vegades comporta una capacitat de persuadir amb finalitats poc honestes] tenir un bon bec *She has the gift of the gab, so don't let her talk you into anything.* Té un bon bec; per tant no deixis que et convenci de res.

not get a word in edgeways [informal. Es diu quan algú no para de parlar] no poder ficar-hi cullerada *She's got it all wrong, but she won't let you get a word in edgeways.* Ho ha entès tot malament, però no et deixa ni ficar-hi cullerada.

talk nineteen to the dozen (*brit*) [informal. Parlar ràpidament i sense parar] xerrar pels descosits *Everybody was talking nineteen to the dozen and the meeting was getting nowhere.* Tothom xerrava pels descosits i la reunió no anava enlloc.

he/she can talk the hind legs off a donkey [informal. Ref. a algú que parla sense parar, habit. sobre temes que els altres no troben ni interessants ni importants] xerrar com una mallerenga

360 Gossip Xafardejar

gossip *vi* [sovint pej. Implica parlar sobre la vida privada d'algú] xafardejar *I know I shouldn't gossip, but I think she's left him.* Ja sé que no hauria de tafanejar, però em fa l'efecte que ella l'ha deixat. *Have you been gossiping again?* Has tornat a xafardejar, oi?

gossip *n* 1 *ni* xafardeig *office gossip* xafardeig d'oficina 2 *nc* [pej. Persona] xafarder -a *He's a terrible gossip.* És un xafarder espantós.

gossipy *adj* xafarder *a gossipy letter* una carta plena de xafarderies

chat *vt*, -tt- [implica parlar de manera amistosa i casual] xerrar *We were chatting about the match.* Xerràvem sobre el partit.

chat *n* 1 *nc* xerrada, paraules *We were having a chat about my operation.* Xerràvem sobre la meva operació. 2 *ni* [coses tractades] enraonies *There was a lot of chat about TV personalities.* La gent enraonava molt sobre els famosos de la televisió.

chitchat *ni* [conversa social lleugera sobre trivialitats] xerrameca

chatter *vi* [parlar molt sobre temes poc importants] xerrar, garlar *Sara was chattering to a friend on the phone.* La Sara xerrava per telèfon amb una amiga. *I could hear them chattering away.* Els sentia xerra que xerràs.

chatter *ni* xerradissa *Could we have less chatter and more work please?* Sisplau, i si xerréssim menys i penquéssim més?

natter *vi* (*brit*) (sovint + *adv*) [tenir una conversa llarga sobre temes quotidians] xerrar, fer-la petar *Well, we can't go on nattering all night.* Bé, no podem continuar fent-la petar tota la nit.

natter *nc* (*brit*) xerrada *I called you up to have a good natter.* T'he trucat per fer-la petar una estona.

rabbit *vi*, -tt- o -t- (*brit*) (sovint + **on**) [pej. Implica parlar massa] parlotejar *She was rabbiting on about her arthritis.* No parava de parlotejar sobre la seva artritis.

small talk *ni* [conversa informal, p. ex. en una festa] enraonies, conversa sobre temes trivials *I'm not much good at small talk.* Parlar de trivialitats no és el meu fort.

rumour (*brit*), **rumor** (*amer*) *nc/i* rumor *There's a rumour going round that you're leaving.* Corre el rumor que te'n vas. *Don't listen to rumour.* No facis cas dels rumors.

361 Language Llengua

language *n* 1 *nc* llengua, idioma *a foreign language* un idioma estranger *I'm doing languages.* Estudio idiomes. 2 *ni* llenguatge *literary language* llenguatge literari (davant de *n*) *language courses* cursos d'idiomes

speaker *nc* parlant *English speakers* angloparlants *a native speaker of English* un parlant d'anglès nadiu

bilingual *adj* bilingüe *She's bilingual in French and German.* És bilingüe en francès i alemany.

multilingual *adj* multilingüe *a multilingual class* una classe multilingüe

361.1 Idiomes d'Europa

Bulgarian búlgar
Czech txec
Danish danès
Dutch neerlandès
English anglès
Finnish finès
French francès
German alemany
Greek grec
Hungarian hongarès
Italian italià
Norwegian noruec
Polish polonès
Portuguese portuguès
Romanian romanès
Russian rus
Serbo-Croat o **Serbo-Croatian** serbocroat
Spanish espanyol, castellà
Swedish suec
Turkish turc

361.2 Altres idiomes de la península Ibèrica

Basque èuscar
Catalan català
Galician gallec

361.3 Altres idiomes molt parlats

Arabic àrab
Bengali bengalí
Chinese xinès
Hindi hindi
Japanese japonès
Korean coreà
Persian persa
Punjabi panjabi
Urdu urdú

utilització

Observeu que en anglès els noms dels idiomes van sense article, p. ex. *She speaks Italian quite well.* (Parla força bé l'italià.) Compareu els següents exemples: *I like Spanish.* [que fa referència a l'idioma] (M'agrada el castellà.) i *I like the Spanish.* [que fa referència a la gent] (M'agraden els espanyols.)

362 Words Paraules

362.1 Paraules usades amb finalitats específiques

vocabulary ni/c [nombre total de paraules] vocabulari *to have a large vocabulary* tenir un gran vocabulari *a test of French vocabulary* una prova de vocabulari de francès

term nc [paraula o grup de paraules, habit. referides a un camp específic] terme *a technical term* un terme tècnic

terminology ni/c [les paraules d'un camp específic] terminologia *scientific terminology* terminologia científica

jargon ni/c [sovint pej. Implica paraules utilitzades per un grup específic de persones i que són incomprensibles per als altres] argot *sales jargon* argot dels venedors *Do you have to use this legal jargon?* Has d'utilitzar aquest argot jurídic?

slang ni [paraules molt informals, esp. aquelles utilitzades per un grup específic de persones] argot *drug slang* argot del món de la droga (davant de *n*) *slang expressions* expressions d'argot

362.2 Grups de paraules

phrase nc 1 [mot tècnic util. en la gramàtica] sintagma 2 [expressió fixa] locució

sentence nc oració

clause nc [mot tècnic util. en la gramàtica] clàusula, oració subordinada

paragraph nc paràgraf *the paragraph dealing with burns* el paràgraf que tracta de les cremades *'New paragraph.'* 'Punt i a part.'

slogan nc [una frase util. repetidament com a símbol o divisa d'una activitat, principalment amb fins publicitaris] eslògan *a catchy slogan like 'development without destruction'* un eslògan que enganxa com ara 'desenvolupament sense destrucció'

idiom nc [expressió relativament fixa, el significat de la qual no es pot deduir de les paraules que la componen] modisme

proverb nc [que expressa consells convencionals] proverbi

cliche TAMBÉ **cliché** nc [implica que l'expressió està gastada per l'ús] tòpic, clixé, lloc comú *It's a bit of a cliche to call the situation a tragedy, but that's what it is.* És força tòpic dir que la situació és una tragèdia, però de fet és així.

362.3 Els sons de les paraules

vowel nc vocal (davant de *n*) *vowel sounds* sons vocàlics

consonant nc consonant   **syllable** nc síl·laba

362.4 Termes gramaticals

grammar n 1 ni gramàtica *English grammar* gramàtica anglesa (davant de *n*) *grammar problems* problemes gramaticals 2 nc [llibre] gramàtica

grammatical adj 1 [relacionat amb la gramàtica] gramatical *grammatical inflections* formes gramaticals 2 [que utilitza la gramàtica correctament] gramaticalment correcte *a grammatical sentence* una oració gramaticalment correcta

noun nc nom, substantiu

verb nc verb *a transitive verb* un verb transitiu (davant de *n*) *verb endings* terminacions verbals

tense nc/i [només en la gramàtica] temps *the past/present/future tense* el temps pretèrit/present/futur

adjective nc adjectiu
adverb nc adverbi
conjunction nc conjunció
pronoun nc pronom *a personal pronoun* un pronom personal
preposition nc preposició

362.5 Ortografia

alphabet nc alfabet *the Greek alphabet* l'alfabet grec
alphabetical adj alfabètic *in alphabetical order* en ordre alfabètic
letter nc lletra *the letter 'a'* la lletra 'a'
capital TAMBÉ **capital letter** nc majúscula [sovint es fa servir com a indicació per omplir un imprès] *block capitals* majúscules

upper case adj [utilitzat esp. entre els impressors, etc.] majúscula *an upper case Y* una Y majúscula
lower case adj [utilitzat esp. entre els impressors, etc.] minúscula *a lower case p* una p minúscula
small adj [terme freqüent i no tècnic] minúscula *Do I write that with a small 'a' or a capital 'a'?* Ho escric amb 'a' minúscula o 'a' majúscula?
abbreviation 1 nc abreviatura 2 ni abreujament, abreviació

363 Punctuation Puntuació

punctuate vt puntuar *incorrectly punctuated* puntuat incorrectament
punctuation mark nc signe de puntuació

full stop (*brit*), **period** (*amer*) nc [.] [util. al final de l'oració i en abreviatures] punt
comma nc [,] coma
semicolon nc [;] punt i coma
colon nc [:] dos punts
exclamation mark (*brit*), **exclamation point** (*amer*) nc [!] signe d'admiració
question mark nc [?] signe d'interrogació
dash nc [amb una funció semblant a la del parèntesi.]

utilització

A l'hora d'escriure l'anglès, no es deixa espai entre la paraula i el signe de puntuació, tret del guió, que porta espai davant i darrere.

hyphen nc [per ajuntar paraules, p. ex. *a four-year-old girl*] guionet
hyphenate vt posar un guionet *a hyphenated name* un nom compost
inverted commas (*brit*) TAMBÉ **quotation marks** (*brit & amer*) n pl [" " o ' '] cometes
brackets (*brit*), **parenthesis** (*amer*) n pl [( )] parèntesi
apostrophe nc ['] apòstrof
asterisk nc [*] asterisc

364 Meaning Significat

mean vt, pas. & pp. **meant**, 1 [subj: signe, paraules, etc.] significar *The orange light means we need more petrol.* El llum carbassa significa que necessitem benzina. *What does 'inconvenient' mean?* Què significa 'inconvenient'? 2 [subj: persona] voler dir *I didn't mean that he was lazy.* No volia dir que fos gandul. *Say what you mean.* Explica el que vols dir. *What do you mean by 'inconvenient'?* Què vols dir amb 'inconvenient'?
sense n 1 ni [global] sentit, significat *the general sense of the document* el sentit general del document *Does this letter make sense to you?* Aquesta carta té sentit per a tu? 2 nc [significat específic d'una paraula, etc.] sentit, accepció *I'm using the word in its scientific sense.* Faig servir la paraula en la seva accepció científica.
gist nc (cap pl; + **the**) [significat global, sense detalls] quid, essència *I haven't got time to read the article so just give me the gist of it.* Fes-me'n cinc cèntims de l'article, que no tinc temps de llegir-lo.
essence nc (cap pl) [significat real o més important] essència *Here we come to the essence of the debate.* Ara arribem al nucli del debat.

364.1 Signes i símbols

sign nc 1 [en escriptura] signe, símbol *an equals sign* un signe d'igualtat *the dollar sign* el símbol del dòlar 2 [gest] senyal *She made signs to get us to quieten down.* Ens va fer senyals per fer-nos callar. 3 [en la carretera, etc.] senyal de trànsit *a stop sign* un senyal de stop 4 [en una botiga, taverna, etc.] rètol *pub sign* rètol de taverna *There was a sign giving the opening hours.* Hi havia un rètol que indicava l'horari d'obertura.
5 rastre, pista, símptoma, senyal *There were signs of a struggle.* Hi havia senyals de lluita. *He gave no sign that he was angry.* No donava cap mostra d'estar enfadat.
signal nc 1 [indicació acordada per fer ac o per indicar que ac ocorrerà] senyal *He gave the signal to fire.* Va donar el senyal de disparar. *a railway signal* un senyal dels ferrocarrils *A long look at her watch was the signal for us to leave.* Una mirada prolongada al seu rellotge ens va decidir a marxar. 2 [ona radiofònica, etc.] senyal *Astronomers are picking up very faint signals from the star.* Els astrònoms estan enregistrant senyals molt tènues de l'astre.
signal vt -ll- (*brit*), habit. -l- (*amer*) (sovint + **to** + INFINITIU) 1 [p. ex. per fer ac] fer senyals *He signalled me to cross the street.* Em va fer un senyal perquè creués el carrer. 2 [expressar una idea] indicar *The measures signalled a change of policy by the government.* Les mesures indicaven un canvi de política del govern.
symbol nc 1 [signe convencional] símbol *mathematical symbols* símbols matemàtics *The open book became the symbol of the movement.* El llibre obert es va convertir en el símbol del moviment. 2 [que expressa una idea a causa d'una associació] símbol *drivers who regard the car as the symbol of their virility* conductors que consideren el cotxe com un símbol de la seva virilitat

symbolic *adj* simbòlic *a symbolic representation of sth* una representació simbòlica d'ac **symbolically** *adv* simbòlicament **symbolize**, TAMBÉ **-ise** (*brit*) *vt* simbolitzar

code *nc/i* codi *an easy code to break* un codi fàcil de desxifrar *It's written in code.* Està codificat.
code *vt* xifrar *coded warnings to the president* advertiments xifrats per al president

364.2 Expressar i deduir el significat

signify *vt* [més aviat formal] 1 [implica mostrar ac que és veritat] significar, voler dir *What did this sudden departure signify?* Què significava aquesta marxa tan sobtada? *A further reduction in interest rates could signify an early election.* Una altra baixada dels tipus d'interès podria significar unes eleccions anticipades. 2 (de vegades + **that**) [anunciar] expressar *She has signified her intention to leave.* Ha expressat la seva intenció d'anar-se'n.
represent *vt* representar *This chart represents countries' average rainfall.* Aquest gràfic representa les mitjanes de precipitació de cada país. **representation** *ni/c* representació
indicate *vt* 1 [fer un gest] assenyalar, indicar *She indicated a parked car and told me to get in it.* Va assenyalar un cotxe aparcat i em va dir que hi pugés. 2 [mostrar amb un senyal] indicar *A red light indicates that the room is occupied.* Un llum vermell indica que la sala està ocupada. *He indicated that he would stand for the post if invited.* Va indicar que es presentaria per al lloc si li ho proposaven.
indication *nc/i* indicació *These flattened crops are an indication of the storm's severity.* Aquestes collites arrasades palesen la duresa de la tempesta.
imply *vt* (sovint + **that**) 1 [expressar el que es vol dir de manera indirecta] insinuar *Are you implying I'm drunk?* Insinues que estic borratxa? *No criticism was implied.* No suposava cap crítica. 2 [tenir com a conseqüència lògica] implicar *More responsibility should imply higher wages.* Una responsabilitat més gran hauria d'implicar un sou més alt.
implication *nc/i* [conseqüència] conseqüència *the implications of the proposed law* les conseqüències de la llei que es proposa
infer *vt*, **-rr-** (sovint + **from**, + **that**) inferir, deduir, concloure *What do you infer from these facts?* Què dedueixes d'aquests fets? *I inferred from this that she was unlikely to change her mind.* A partir d'això, vaig concloure que era poc probable que canviés d'opinió.
inference *ni* deducció, inferència

> *utilització*
>
> Sovint s'utilitza **infer** en el sentit 1 d'**imply**, però hi ha gent que desaprova aquest ús.

hint *nc* [avís subtil] suggeriment, indirecta, insinuació *a hint that there would be changes* una insinuació que hi hauria canvis *Did he get the hint?* Va entendre la indirecta? *Why don't you take the hint and invite her?* Per què no acceptes el suggeriment i la convides? *He's been dropping hints about what he'd like for Christmas.* Ha deixat anar indirectes del que vol per Nadal.
hint *vt* (sovint + **that**) insinuar, deixar caure *She hinted that we should go.* Va deixar caure que havíem de marxar.

365 Gesture Gest

vegeu també **196 Greet**

gesture *nc* gest, mostra *a gesture of annoyance* un gest d'enuig
gesture *vit* gesticular, assenyalar *She gestured towards the window.* Va assenyalar la finestra. *He gestured them to be quiet.* Els va fer un senyal perquè callessin.
shrug *vit*, **-gg-** arronsar, encongir (els músculs) *to shrug one's shoulders* arronsar les espatlles **shrug** *nc* arronsament, encongiment
nod *v*, **-dd-** 1 *vi* fer que sí amb el cap *They nodded in agreement.* Van mostrar el seu acord amb un lleuger moviment del cap. 2 *vt* [obj: el cap] inclinar, fer un senyal amb *Don't speak. If you agree, nod your head.* No diguis res. Si hi estàs d'acord, fes un senyal amb el cap. **nod** *nc* senyal fet amb el cap

shake one's head dir que no amb el cap *She shook her head thoughtfully.* Pensarosa, va dir que no amb el cap.
point *vi* (sovint + **at**, **to**) assenyalar *If he is in this room, please point to him.* Si és en aquesta sala, assenyali'l, sisplau.
wave *vi* (sovint + **to**, **at**) [per tal de fer-se veure o per acomiadar algú] fer un gest amb la mà *We waved goodbye.* Ens vam dir adéu amb la mà. **wave** *nc* gest (fet amb la mà)
beckon *vti* (sovint + **to**) cridar fent un senyal *The waiter beckoned me over.* El cambrer em va fer un senyal perquè hi anés.

366 Document Document

text *n* 1 *nc/i* [sèrie de paraules escrites] text *a text in ancient Greek* un text en grec antic 2 *nc* (cap *pl*; habit. + **the**) [la part principal d'un document escrit, esp. d'un llibre, a diferència de les il·lustracions, l'índex, etc.] text *She made cuts in the original text.* Va suprimir alguns fragments del text original.
textual *adj* textual *textual changes* canvis en el text

margin *nc* [a cada costat del text] marge *the left-hand margin* el marge de l'esquerra *a note in the margin* una nota al marge
heading *nc* [d'un capítol, un paràgraf, etc.] encapçalament, apartat *It comes under the heading 'Accidents and Emergencies'.* Apareix en l'apartat 'Accidents i emergències'.

list nc [de noms, telèfons, etc.] llista, relació *a mailing list* [en contextos comercials, etc.] un llistat d'adreces

list vt posar en una llista, enumerar *A number of recommendations were listed.* Hi havia la relació d'una sèrie de recomanacions.

register nc [de socis, convidats, etc.] registre *I signed the hotel register.* Vaig firmar al registre de l'hotel.

chart nc [que indica dades, etc.] gràfic *a pie chart* un gràfic en forma de pastís

brochure nc [habit. amb il·lustracions. Poden ser força llargs; esp. els publicitaris] fullet, catàleg *holiday brochures* catàlegs de vacances

catalogue nc [de coses en venda, etc.] catàleg *a mail order catalogue* un catàleg de venda per correu

programme nc programa *Programmes for the film festival are available from the box office.* Es poden aconseguir programes del festival de cinema a la taquilla.

366.1 Documents impresos curts

certificate nc [de matrimoni, proficiència, etc.] certificat *They give you a certificate when you complete the course.* Quan acabes el curs et donen un certificat.

form nc [per sol·licitar una feina, un passaport, etc.] imprès, formulari *to fill in a form* omplir un imprès *tax forms* formularis de la declaració de la renda

leaflet nc [pot ser d'un full o més, esp. com a publicitat o informació] fullet, prospecte

booklet nc [habit. per donar informació] llibret, fullet *an instruction booklet* un llibret d'instruccions

pamphlet nc [habit. d'unes quantes pàgines; sovint sobre temes religiosos o polítics] pamflet, full

366.2 Documents acadèmics i de recerca

essay nc [relativament curt, escrit per un universitari o un escolar] treball *my history essay* el meu treball d'història

dissertation nc [força llarg, escrit esp. per postgraduats] tesina *my M.A. dissertation* la meva tesina

thesis nc, pl **theses** [llarga, esp. per doctorar-se, i inclou recerca original] tesi *a thesis on molecular theory* una tesi sobre la teoria molecular

report nc [escrit per un comitè, un policia, etc.] informe *a sales report* un informe de vendes

survey nc [que investiga una situació a partir d'un mostreig] enquesta *a yearly survey of population trends* una enquesta anual de tendències demogràfiques

367 Book Llibre

367.1 Narrativa

novel nc novel·la *a spy novel* una novel·la d'espies

fiction ni ficció

fictional adj de ficció *fictional characters* personatges de ficció

science-fiction, abrev **sci-fi** ni ciència-ficció

plot nc/i argument *a summary of the plot* un resum de l'argument

character nc/i personatge *the main characters* els personatges principals

367.2 Biografia

biography nc/i biografia *an authorized biography* una biografia autoritzada **biographical** adj biogràfic **biographer** nc biògraf -a

autobiography nc/i autobiografia **autobiographical** adj autobiogràfic

diary nc diari

367.3 Llibres de consulta, etc.

dictionary nc diccionari *a bilingual dictionary* un diccionari bilingüe

encyclopedia nc enciclopèdia

non-fiction ni assaig (davant de n) *non-fiction books* llibres d'assaig

album nc àlbum *the family album* l'àlbum familiar *an album of the Royal Family* un àlbum sobre la família reial

annual nc [que s'edita anualment] anuari

367.4 Obres literàries

literature ni literatura

literary adj literari *literary criticism* crítica literària *literary language* llenguatge literari

prose ni prosa (davant de n) *her prose style* el seu estil de prosa

poetry ni poesia (davant de n) *a poetry reading* una lectura de poesia **poet** nc poeta -essa

poem ni poema

poetic o **poetical** adj poètic *a poetic description* una descripció poètica

verse n 1 ni poesia, vers *blank verse* vers blanc 2 nc [part d'un poema, d'una cançó, etc.] estrofa *The poem has three verses.* El poema té tres estrofes.

rhyme ni/c rima

367.5 Les parts d'un llibre

volume nc volum, tom *the second volume of her autobiography* el segon volum de la seva autobiografia (davant de n) *a two-volume history of art* una història de l'art en dos volums

contents n pl [en els llibres anglesos habit. al principi] índex, taula (davant de n) *the contents page* l'índex

introduction nc introducció

preface nc [més formal que **introduction**. És més habitual que una obra de teatre tingui un **preface** que una **introduction**] pròleg, prefaci

chapter nc capítol

index nc, pl habit. **indexes** índex *I looked her name up in the index.* Vaig buscar el seu nom en l'índex.

appendix *nc, pl* **appendices** o **appendixes** apèndix
footnote *nc* nota a peu de pàgina

367.6 El format d'un llibre

page *nc* pàgina, plana *the title page* la portada *See the note on page 23.* Vegeu la nota de la pàgina 23. *The index is on page 200.* L'índex és a la pàgina 200.
leaf *nc, pl* **leaves** [més literari o tècnic que **page**] full
spine *nc* llom
jacket TAMBÉ **dust jacket** *nc* sobrecoberta
cover *nc* coberta
hardback *nc* llibre de tapa dura *published* **in hardback** editat en tapa dura (davant de *n*) *hardback prices* preus dels llibres de tapa dura
paperback *nc* llibre de butxaca, edició en rústica *available* **in paperback** disponible en rústica (davant de *n*) *a paperback novel* una novel·la de butxaca

367.7 Producció de llibres

author *nc* escriptor -a *a best-selling author* una escriptora de best-sellers
publish *vt* [comporta l'organització de totes les fases de la producció i la distribució] publicar, editar *My novel's been published.* Han publicat la meva novel·la. *They publish mainly illustrated books.* Editen principalment llibres il·lustrats.
publisher *nc* [persona responsable de la producció d'un llibre] editor [empresa] editorial *I'm having lunch with my publisher today.* Avui dino amb el meu editor.
publication *n* 1 *ni* [procés o esdeveniment] publicació *We're getting the book ready for publication.* Estem preparant el llibre per a la publicació. 2 *nc* [una revista, etc.] publicació *one of our more serious publications* una de les nostres publicacions més serioses
print *vt* imprimir, tirar *How many copies were printed?* Quants exemplars van imprimir?
print *ni* lletra impresa *Is the book currently* **in print**? El llibre està disponible actualment? **out of print** exhaurit
printer *nc* impressor -a *The book's at the printer's.* El llibre és a la impremta.
impression *nc* [nou tiratge, sense canvis] edició, tiratge
edit *vt* [preparar un text per a l'impressor] editar
edition *nc* [nova versió, amb canvis] edició *a revised and updated edition* una edició revisada i posada al dia [llibre] *a first edition* una primera edició **editor** *nc* autor -a de l'edició

367.8 Utilitzar llibres

read *vt, pas. & pp.* **read** llegir *I've read all your books.* He llegit tots els seus llibres.
reader *nc* lector -a *books for younger readers* llibres per a lectors joves
readership *nc* públic lector, lectors *She has a wide readership.* Té molts lectors.
literate *adj* alfabet
illiterate *adj* analfabet
library *nc* biblioteca *a lending library* una biblioteca de préstec
librarian *nc* bibliotecari -ària
bookseller *nc* venedor -a de llibres, llibreria *your local bookseller's* la vostra llibreria local

368 Journalism Periodisme

press *nc* (cap *pl*; habit. + **the**; + *v sing* o *pl*) premsa *the daily press* la premsa diària *allegations in the press* acusacions a la premsa *The press have given him a hard time.* La premsa l'ha tractat durament. *the quality press* la premsa seriosa *the tabloid press* la premsa sensacionalista (davant de *n*) *press comment* comentaris a la premsa
newspaper TAMBÉ **paper** *nc* periòdic, diari *a quality newspaper* un diari seriós *a Sunday paper* un periòdic dominical *She had her picture in the paper.* El diari va publicar la seva foto.
news *ni* notícies *The news from Africa is worrying.* Les notícies de l'Àfrica són preocupants. *There's an interesting piece/item of news in the local paper.* Hi ha una notícia interessant en el diari local. *What's in the news?* Què diuen les notícies? *He's headline news.* Surt als titulars de portada.
magazine *nc* revista *a computer magazine* una revista d'informàtica *our house magazine* la revista de la nostra empresa

> *u t i l i t z a c i ó*
>
> L'accepció literal de **tabloid** fa referència a la mida reduïda de les pàgines. L'accepció més general, però, correspon a un periodisme poc seriós, que utilitza moltes fotos, articles sensacionalistes, etc.

tabloid *n* (sovint com a *adj*) diari popular, diari sensacionalista *There were photos in all the tabloids.* Hi havia fotos en tots els diaris sensacionalistes. *tabloid journalism* periodisme sensacionalista
journal *nc* [habit. dirigit a una professió o una disciplina acadèmica] periòdic, revista *a trade journal* [dirigida a un determinat sector comercial, etc.] una publicació especialitzada
issue *nc* número *in this month's issue* en el número d'aquest mes

368.1 Periodistes

journalist *nc* [qualsevol que escriu a la premsa] periodista *a freelance journalist* [que no pertany a la plantilla d'un diari, etc.] una periodista independent
reporter *nc* [que fa reportatges] repòrter *She refused to speak to reporters.* Es va negar a parlar amb els repòrters.
correspondent *nc* [especialitzat] corresponsal *a sports correspondent* un corresponsal d'esports *a foreign correspondent* una corresponsal a l'estranger
columnist *nc* [habit. expressa opinions] articulista *a political columnist* un articulista polític
editor *nc* [encarregat d'un diari] director -a [encarregat d'una de les seccions] redactor -a *letters to the editor*

cartes al director *our home affairs editor* la nostra redactora de la secció nacional

critic *nc* crític -a

368.2 Seccions d'un diari o d'una revista

headline *nc* titular *a banner headline* un gran titular *We don't want this to **hit the headlines**.* No volem que això aparegui en primera plana.

article *nc* article *the leading article* l'editorial

page *nc* plana, pàgina *the front page* la primera plana *the sports pages* les pàgines d'esports (davant de *n*) *a back page article* un article a l'última plana

feature *nc* [el rerefons de les notícies, etc.] reportatge especial, article de fons *We're running a feature on Third World debt.* Traurem un reportatge especial sobre el deute del Tercer Món.

column *nc* 1 [unitat de text] columna 2 [escrit per un articulista] columna d'opinió *a gossip column* una columna de societat

editorial *nc* [que expressa l'opinió del diari] editorial

review *nc* ressenya, crítica *a rave review of the film* una crítica molt favorable de la pel·lícula

obituary *nc* obituari (davant de *n*) *an obituary notice* una esquela mortuòria [secció] necrològiques

369 Write Escriure

write *vti, pas.* **wrote** *pp.* **written** escriure, redactar *I wrote her a note.* Li vaig escriure una nota. *He doesn't even know how to write a letter.* No sap ni tan sols redactar una carta. *Don't forget to write.* No t'oblidis d'escriure. *Write your name on the box.* Escriu el nom a la capsa. [ser escriptor] *I want to write.* Vull ser escriptora.

writer *nc* [d'un llibre, d'una carta, etc.] escriptor -a

writing *ni* escriptura, lletra *I can't read her writing.* No entenc la seva lletra. *creative writing* escriptura creativa

handwriting *ni* lletra, cal·ligrafia *a sample of her handwriting* una mostra de la seva lletra (davant de *n*) *handwriting analysis* anàlisi de la cal·ligrafia

legible *adj* llegible *Try to make the notice more legible.* Procureu de fer el rètol més llegible. **legibly** *adv* de manera llegible

illegible *adj* illegible *The next word is illegible.* La següent paraula és illegible. **illegibly** *adv* de manera illegible

spell *vti, pas. & pp.* **spelled** o (*brit*) **spelt** escriure correctament *He can't spell.* No sap gaire ortografia. *How do you spell your name?* Com s'escriu el teu nom?

spelling *n* 1 *ni* [com escriure correctament] ortografia *I'm hopeless at spelling.* Pel que fa a l'ortografia sóc un desastre. (davant de *n*) [programa d'ordinador] *a spelling checker* un corrector ortogràfic 2 [d'una paraula] ortografia *He uses American spellings.* Utilitza l'ortografia americana.

left-handed *adj* esquerrà *left-handed scissors* tisores per a esquerrans

right-handed *adj* dretà

369.1 Maneres d'escriure

scrawl *vti* [lletra dolenta i sovint grossa] gargotejar *Vandals had scrawled graffiti all over the wall.* Uns vàndals havien omplert de grafits la paret.

scrawl *ni* gargots *a five-year old's scrawl* els gargots d'un nen de cinc anys

scribble *vti* 1 [amb una lletra dolenta i habit. escrita de pressa] escriure malament *I scribbled her number on an old envelope.* Vaig gargotejar el seu telèfon en un sobre usat. 2 [escriure formes sense control i sense sentit] fer gargots *My little girl has scribbled all over this library book.* La meva filla petita ha omplert de gargots aquest llibre de la biblioteca.

note *vt* (sovint + **down**) apuntar *I've got the name of the book noted here.* Tinc el nom del llibre apuntat aquí. *I've noted all the names down.* He apuntat tots els noms.

note *nc* 1 [comunicació] encàrrec, missatge *I got your note about the meeting.* He rebut el teu missatge sobre la reunió. 2 [per recordar informació, etc.] apunt, nota *I've lost my notes.* He perdut els meus apunts. *Somebody should **take notes**.* Algú hauria de prendre apunts. *I **made a note of** the date.* Vaig apuntar la data.

jot down sth o **jot** sth **down** *vt, -tt-* [prendre una nota ràpida] apuntar(-se) ac *I'll jot down your phone number.* M'apuntaré el teu telèfon.

enter *vt* [en un ordinador] escriure, inscriure, introduir *Enter your name on the top line.* Escriu el nom a la primera línia. *The amount had been wrongly entered.* Havien entrat malament la quantitat.

record *vt* [per consultar-ho en el futur. Obj: p. ex. naixement, opinió] registrar, inscriure, fer constar *The incident is recorded in Evelyn's diary.* L'incident està registrat en el diari de l'Evelyn. *Her objections were recorded in the minutes.* Va fer constar en l'acta les seves objeccions.

record *nc* (sovint + **of**) relació, acta, constància *a careful record of events* una relació acurada dels esdeveniments *There's no record of who was present.* No hi ha constància de qui hi era present.

copy *vt* (sovint + **out, down**) [quan ac ja ha estat escrita o dita] copiar *a phrase he'd copied from a book* una frase que havia copiat d'un llibre *I've copied out the list of members for you.* T'he fet una còpia de la llista de socis. *I copied down the number in the advertisement.* Vaig apuntar el número de l'anunci.

copy *nc* (sovint + **of**) còpia *a copy of your birth certificate* una còpia del teu certificat de naixement *I made a copy of the recipe.* Vaig fer una còpia de la recepta.

369.2 Escriure el propi nom

sign *vt* [obj: p. ex. xec, carta] signar, firmar *The petition was signed by all the members.* La petició va ser signada per tots els membres. **signature** *nc* signatura, firma

autograph nc [habit. de persona famosa] autògraf *to collect autographs* col·leccionar autògrafs **autograph** vt dedicar, signar (un autògraf en)

369.3 Textos escrits

script n 1 nc [d'obra de teatre, etc.] guió 2 nc/i [manera d'escriure] escriptura, lletra *a neat clerical script* una lletra neta d'oficinista *written in Gothic script* escrit en lletra gòtica

manuscript nc [escrit a mà, amb màquina, etc., més que no pas imprès] manuscrit *The book's still in manuscript.* El llibre encara està en format de manuscrit.

typescript nc mecanoscrit *I sent the typescript off to the publishers.* Vaig enviar el mecanoscrit a l'editorial.

braille ni [per als cecs] Braille *to read braille* llegir Braille (davant de n) *a braille typewriter* una màquina d'escriure Braille

frases fetes

put pen to paper [escriure, esp. una carta] posar mà a la ploma *He only ever puts pen to paper to ask for money.* Només posa mà a la ploma per demanar diners.

in black and white [escrit o imprès] per escrit *I won't believe it till I see it in black and white.* No m'ho creuré fins que no ho vegi per escrit.

370 Writing materials Materials per escriure

pad TAMBÉ **notepad** nc bloc

notepaper ni paper de cartes *a sheet of headed notepaper* un full de paper amb capçalera

notebook nc llibreta *I've got the address in my notebook.* Tinc l'adreça a la meva llibreta.

He typed a letter. Va escriure una carta a màquina.

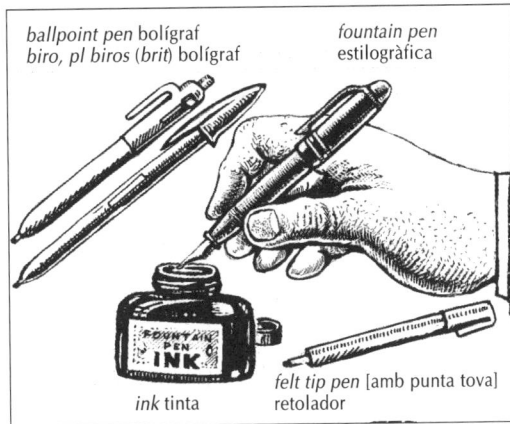

371 Erase Esborrar

erase vt [més aviat formal en anglès britànic] esborrar *His name was erased from the list.* El seu nom va ser esborrat de la llista.

eraser nc [més aviat formal en anglès britànic; paraula normal en anglès americà] esborrador, goma d'esborrar

utilització

Tingueu en compte que en anglès americà **rubber** pot significar 'condó'; per tant s'hauria d'evitar en el sentit de 'goma d'esborrar'.

rubber nc (*esp. brit*) esborrador, goma d'esborrar

cross sth **out** o **cross out** sth vt [dibuixar una línia per damunt] passar ratlla a *She crossed out 'annoyed' and put 'furious'.* Va passar ratlla a 'annoyed' i va posar-hi 'furious'.

delete vt [més formal i tècnic que **cross out**. També util. en contextos tipogràfics i informàtics] esborrar, suprimir *The reference to children was deleted in the final version.* La referència als nens va ser suprimida a la versió final. **deletion** nc/i supressió

372 Give Donar

give vt, *pas.* **gave** pp. **given** (pot portar dos complements) [mot genèric] donar, facilitar *I gave her a clean towel.* Li vaig donar una tovallola neta. *I gave the money to my wife.* Vaig donar els diners a la meva dona. (observeu la construcció passiva) *We were given a form to fill in.* Ens van donar un imprès per omplir. *The house was given to us by my parents.* Els meus pares ens van donar la casa. *Please give as much as you can.* Sisplau, doneu tant com pugueu.

G R U P S   D E   P A R A U L E S

hand vt [amb la mà] passar, donar *Hand me that screwdriver.* Passa'm aquell tornavís. *I was handed a letter.* Em van donar una carta.

hand over sth o **hand** sth **over** vt [suposa canvi de propietat] lliurar, entregar *They handed over the keys and we moved in.* Ens van lliurar les claus i ens vam mudar. *See a lawyer before you hand over any money.* Consulteu un advocat abans de lliurar diners.

pass vt (sovint + *adv*) [donar a algú que està a prop] passar, atansar *Could you pass me the butter?* Em pots passar la mantega? *A message has been passed to me.* M'han passat un missatge.

yield vt (de vegades + **up**) [més aviat formal] rendir, proporcionar, produir *Their search yielded several clues.* La seva recerca va proporcionar diverses pistes.
yield nc rendiment, producció

372.1 Donar amb generositat
vegeu també **224.1 Kind**

give away sth o **give** sth **away** vt [sense demanar res a canvi] regalar, donar *I've given some of your old clothes away.* He regalat alguns dels teus vestits vells. *They're giving away free watches with their petrol.* Regalen rellotges a qui els compra la benzina.

present nc [sentit general] regal, present *a birthday present* un regal d'aniversari *She bought presents for all the children.* Va comprar regals per a tota la canalla.

present vt (sovint + **with**) [amb cerimònia. Obj: esp. premi] regalar, obsequiar *She was presented with a silver bowl.* Li van regalar una safata de plata.

gift nc [més formal que **present**] obsequi *You get a free gift if you take out an insurance policy.* Et donen un obsequi si et fas una pòlissa d'assegurances. *The painting was a gift to the principal on her retirement.* El quadre va ser un obsequi a la directora quan es va jubilar.

tip nc [p. ex. a un cambrer] propina
tip vti, **-pp-** donar una propina *She tipped me five dollars.* Em va donar una propina de cinc dòlars.

offer vti **1** oferir *She offered me a cup of coffee.* Em va oferir una tassa de cafè. *I offered her my ticket, but she said no.* Li vaig oferir la meva entrada, però no me la va acceptar. *It's kind of you to offer, but I can manage.* Ets molt amable, però me'n puc sortir tota sola. **2** [en un context comercial] fer una oferta *They're offering three films for the price of two.* Fan una oferta de tres rodets pel preu de dos.

offer nc **1** [p. ex. de diners] oferta *a generous offer* una oferta generosa *to take up an offer* acceptar una oferta *an offer of help* una oferta d'ajut **2** [en un context comercial] oferta *a limited offer* una oferta limitada *a special offer* una oferta especial

offering nc [en contextos religiosos] ofrena *They took the offerings up to the altar.* Van portar les ofrenes a l'altar.

charity n **1** nc/i [organització que ajuda la gent] societat benèfica *a Third World charity* una societat benèfica en favor del Tercer Món *All profits go to charity.* Tots els guanys van a societats benèfiques. (davant de n) *a charity performance* una funció benèfica **2** ni [generositat] caritat, compassió *an appeal to your charity* una crida a la vostra caritat

charitable adj **1** [relacionat amb una societat benèfica] benèfic *charitable giving* donacions benèfiques **2** [que mostra compassió] compassiu *a charitable soul* una persona compassiva

donate vt [p. ex. a una societat o un museu] donar, fer una donació *Britain has donated five million pounds towards the relief operation.* La Gran Bretanya ha donat 5 milions de lliures per a l'operació d'ajut humanitari. *The statue was donated by a private collector.* L'estàtua var ser una donació d'un col·leccionista particular.

donation nc donació, donatiu *Donations have reached the three million mark.* Els donatius han arribat a la xifra de tres milions.

donor nc donant *a blood donor* una donant de sang *charitable donors* donants de societats benèfiques

372.2 Assegurar el lliurament de les coses

provide vt (sovint + **for**, **with**) [comporta atendre una necessitat] proveir, fornir, proporcionar *The army is providing tents and blankets for the refugees.* L'exèrcit està proporcionant tendes i mantes als refugiats. *Somebody provided me with pen and paper.* Algú em va proveir de bolígraf i paper. *We were provided with maps.* Ens van proveir de mapes.

provision ni (sovint + **of**) [més aviat formal] provisió, subministrament *The rules allow for the provision of loans to suitable candidates.* Les normes permeten la concessió de préstecs als candidats apropiats.

supply vt (sovint + **with**) [satisfer una necessitat o una comanda comercial] subministrar *the firm that supplies our components* l'empresa que ens subministra les peces *Full instructions are supplied.* Es faciliten les instruccions completes.

supply n **1** ni [procediment] subministrament *Who is responsible for the supply of ammunition?* Qui és el responsable del subministrament de la munició? *Money is in short supply.* Hi ha una falta de liquiditat. **2** nc (sovint pl) [cosa subministrada] provisió, oferta *relief supplies* ajut humanitari *a small supply of paper* una oferta limitada de paper

issue vt (sovint + **with**) [en contextos administratius. Obj: p. ex. document, equipament] expedir, distribuir, repartir *A main post office can issue you with a visitor's passport.* Una central de correus et pot expedir un passaport de visitant. *Everybody was issued with gas masks.* Van repartir màscares de gas a tothom.

372.3 Repartir o donar-se mútuament

share vti [suposa donar part d'ac a diverses persones] repartir, compartir *Voluntary workers attempted to share the blankets among the refugees.* Els voluntaris procuraven repartir les mantes entre els refugiats. (+ **out**) (brit) *She shared out paintboxes and brushes and set them to work.* Va distribuir les capses de pintura i els pinzells i els va fer treballar. *Children must learn to share.* [implica altruisme] Els nens han d'aprendre a compartir les coses.

distribute vt (sovint + **among**) [comporta donar ac a diverses persones d'una manera equitativa] distribuir, repartir *We're distributing collection boxes among our volunteers.* Estem distribuint guardioles entre els voluntaris per fer la col·lecta. *Census forms have been distributed to every household.* Els impresos del cens han estat distribuïts a totes les cases. [enviat a botigues, etc.] *That model is not distributed in Britain.* Aquest model no es ven a la Gran Bretanya.

distributor *nc* [comercial] distribuïdor -a *a wholesale stationery distributor* un majorista de papereria

distribution *ni* distribució, repartiment *the efficient distribution of food and clothing* el repartiment eficient d'aliments i de roba

exchange *vt* (sovint + **for**) canviar, intercanviar *They exchanged shirts at the end of the game.* Van intercanviar les samarretes al final del partit. *Will you exchange this if my wife doesn't like it?* M'ho canviaran si no li agrada a la meva dona?

exchange *nc/i* canvi, intercanvi *the usual exchange of pens after the treaty was signed* l'habitual intercanvi de plomes després de signar el tractat *We encourage the exchange of ideas.* Promovem l'intercanvi d'idees. *I was given a new tape* **in exchange for** *the old one.* Em van donar una cinta nova a canvi de la vella.

swap TAMBÉ **swop** (*brit*) *vt* **-pp-** (sovint + **for**) [més aviat informal] baratar, intercanviar *We swapped watches.* Vam intercanviar els rellotges. *I'll swap you my coffee maker for your toaster.* Et canvio la meva cafetera per la teva torradora.

swap *nc* barata, canvi *I think it was a good swap.* Crec que va ser una bona barata.

372.4 Donar al morir

bequeath *vt* (habit. + **to**) [més aviat formal. En un testament] llegar *She bequeathed her library to the college.* Va llegar la seva biblioteca a la universitat.

leave *vt* (habit. + **to**) [mot habitual] deixar *She's left everything to her son.* Ho ha deixat tot al seu fill. *He left us the house in his will.* Ens va deixar la casa en el seu testament.

373 Get Obtenir

vegeu també **220 Steal**; **375 Take**

get *vt* **-tt-**, *pas.* **got** *pp.* (*brit*) **got**, (*amer*) **gotten** [informal. Pot comportar esforç] rebre, aconseguir *I got a letter from the bank.* Vaig rebre una carta del banc. *Did you get my message?* Vas rebre el meu encàrrec? *Will we be able to get tickets?* Podrem aconseguir entrades? *I'll go and get you some tea.* Et vaig a buscar una mica de te. *I'm trying to* **get hold of** *one of her old recordings.* Intento d'aconseguir una de les seves velles gravacions.

receive *vt* [més formal que **get**. No comporta cap esforç] rebre *I received the parcel yesterday.* Ahir vaig rebre el paquet. *She couldn't be there to receive the award.* No va poder ser-hi per rebre el premi.

obtain *vt* [més aviat formal. Comporta fer un esforç] obtenir, aconseguir *How did you obtain this information?* Com has obtingut aquesta informació? *The pills can only be obtained from a chemist.* Les pastilles només es poden aconseguir en una farmàcia.

acquire *vt* [més aviat formal. Pot ser lleug. eufèmic si es vol evitar desvelar com es va aconseguir ac] adquirir *He acquired the painting at auction.* Va adquirir el quadre en una subhasta. *all the books I've acquired over the years* tots els llibres que he anat adquirint en el decurs d'aquests anys

acquisition *nc/i* adquisició *The computer is her latest acquisition.* L'ordinador és la seva última adquisició. *the legal acquisition of the documents* l'adquisició legal dels documents

come by *sth vt* aconseguir, trobar *I sometimes wonder how these people come by their fortunes.* De vegades em pregunto com han aconseguit la seva fortuna aquesta gent. *Good translators are* **hard to come by**. És difícil trobar un bon traductor.

lay one's hands on *sb/sth* [informal] aconseguir ac *Where can I lay my hands on a German dictionary?* On puc aconseguir un diccionari d'alemany?

get hold of *sth* [informal. De vegades indica que ac és difícil d'aconseguir] aconseguir *Can you get hold of a copy of that report?* Vostè pot aconseguir una còpia d'aquell informe?

source *nc* (sovint + **of**) font *He has no other source of income.* No té cap altra font d'ingressos. *a constant source of pleasure* una font de plaer constant

available *adj* disponible, assequible *the best model available* el millor model que es pot aconseguir *the only available copy* l'únic exemplar disponible *Tickets are still available.* Encara es poden aconseguir entrades.

availability *ni* disponibilitat *the limited availability of seats* la disponibilitat limitada de seients

373.1 Rebre alguna cosa

gain *vti* [rebre ac positiva] guanyar(-se), augmentar *Nobody gains by cheating.* Fent trampes no s'aconsegueix res. *The theatre gains extra income and the sponsor gains publicity.* El teatre guanya uns ingressos complementaris i el patrocinador guanya publicitat. *The baby's gained two kilos.* El nadó s'ha engreixat dos quilos.

gain *nc* augment, guany *There was a net gain on the deal.* Hi va haver un guany net en l'operació. *the tax on capital gains* l'impost sobre la plus-vàlua

> *u t i l i t z a c i ó*
>
> Comparem aquests exemples de **gain** amb **earn** i **win**. Els treballadors guanyen (**earn**) els seus sous, p. ex. *Joe earns £20,000 a year.* (En Joe guanya 20.000 lliures a l'any.) Un individu o un equip pot guanyar (**win**) un partit, un premi, una competició, etc., p. ex. *Which team won the cup last year?* (Quin equip va guanyar la copa l'any passat?) Es pot guanyar diners apostant o jugant a cartes, etc., p. ex. *Mary won £25 on the horses.* (La Mary va guanyar 25 lliures amb els cavalls.) **Gain** no es pot utilitzar en aquests contextos, però sí en altres contextos de guanys favorables.

inherit *vt* (sovint + **from**) heretar *We stand to inherit the house.* Tal com estan les coses, heretarem la casa. *She inherited her brains from her mother.* Va heretar la intel·ligència de la seva mare.

GRUPS DE PARAULES

inheritance nc/i herència, patrimoni *There's not much left of his inheritance.* No queda gran cosa de la seva herència. *the roles played by inheritance and conditioning* els papers que juguen l'herència i les circumstàncies

windfall nc [ac que es rep de manera sobtada i inesperada] guany inesperat, xamba, cosa caiguda del cel *The tax rebate came as a nice little windfall.* La devolució d'hisenda ens va venir com caiguda del cel.

heir nc hereu -eva *his daughter and only heir* la seva filla i única hereva

hereditary adj [descriu: p. ex. títol, cartacterística, malaltia] hereditari

374 Have Tenir

> ### HAVE
>
> **'have' i les contraccions**
> *Have* sovint presenta la forma abreujada *'ve* (p. ex. *they've*), *has* sovint presenta la forma abreujada *'s* (p. ex. *she's*), mentre que *had* té la forma abreujada *'d* (p. ex. *I'd*). Tanmateix, si es dóna èmfasi al verb és millor utilitzar la forma completa. Per tant, en *I've a better idea.* (Tinc una idea millor.) trobem la forma abreujada perquè estem emfasitzant *better.* En canvi, diríem *I think you have my pen.* (Em sembla que tens el meu bolígraf.), sense abreujar, perquè allò que es vol ressaltar és la forma *have*.
>
> **'have' i les preguntes**
> Si es vol saber si una persona té un bolígraf, podem fer la pregunta de tres maneres diferents:
> *Have you a pen?* (possible però més aviat formal en anglès britànic; en canvi, no s'utilitza en anglès americà.)
> *Have you got a pen?* (freqüent en anglès parlat, tant britànic com americà)
> *Do you have a pen?* (normal en anglès americà i possible en anglès britànic) A aquesta pregunta un americà contestaria *Yes, I do.* o *No, I don't.* , mentre que un britànic contestaria, com si es tractés d'una de les altres opcions, *Yes, I have.* o *No, I haven't*.
>
> **'have' i les formes negatives**
> Si es vol dir que no es té cap bolígraf, ho podem expressar de tres maneres diferents:
> *I haven't a pen.* (més aviat formal en anglès britànic i no utilitzada en anglès americà)
> *I haven't got a pen.* (freqüent en anglès parlat, tant britànic com americà)
> *I don't have a pen.* (habitual en anglès americà i possible en anglès britànic)
>
> **'have' en locucions**
> A part de les utilitzacions exemplificades aquí, s'utilitza *have*, sense cap sentit propi, per acompanyar diversos substantius. Alguns exemples que es troben en altres seccions d'aquest llibre són: *have a bath/shower, have a party, have a word with sb, have an accident.*

have vt, 3a p. sing **has** pas. & pp. **had** [sentit general] tenir *We have a house in the country.* Tenim una casa al camp. *Do you have any hobbies?* Tens algun hobby? *I've got a ruler if you need one.* Tinc un regle si el necessites. *He has three daughters.* Té tres filles.

own vt [esp. per haver pagat ac] tenir, ser propietari -ària de *He owns a racehorse.* És el propietari d'un cavall de curses. *Do you own a car?* Teniu cotxe propi?

owner nc propietari -ària, amo/mestressa *We asked the owners' permission to camp on the land.* Vam demanar permís als propietaris per acampar en el terreny. *loans to home owners* préstecs als propietaris d'un habitatge

ownership ni propietat, possessió *The business is now in private ownership.* Ara l'empresa és de propietat privada.

proprietor nc [d'un restaurant, d'un hotel, etc.] propietari -ària

possess vt [més formal que *own*. Suposa la possessió i l'ús d'una cosa més que un dret legal] posseir *All she possessed was in that tiny room.* Tot el que posseïa era en aquella petita habitació. *She possesses a keen sense of humour.* Té un sentit de l'humor molt agut.

possession n **1** nc [objecte] possessió, bé *to insure one's possessions* fer-se una assegurança dels béns **2** ni possessió *The law forbids possession of that drug.* La llei prohibeix la possessió d'aquesta droga. *She was found to be in possession of a gun.* Van descobrir que posseïa una arma.

374.1 Coses que es tenen

property n **1** ni [ac posseïda, esp. béns immobles] propietat *This building is private property.* Aquest edifici és de propietat privada. *The computer is my own property.* L'ordinador és de la meva propietat. **2** nc [edifici, habit. una casa] immoble, casa *We bought a run-down property in the south of France.* Vam comprar una casa mig en ruïnes al sud de França.

belongings n pl [fa referència a coses menors, com ara roba i llibres, més que a immobles o terrenys, etc.] pertinences *I cleared a few belongings out of my desk and never went back to the office again.* Vaig endur-me algunes pertinences del meu escriptori i no vaig tornar mai més a l'oficina.

belong vi (habit. + **to**) [ser propietat d'algú] pertànyer *The clock belonged to my father.* El rellotge pertanyia al meu pare.

374.2 Tenir per al futur

keep vt, pas. & pp. **kept** [a diferència de donar, tornar, destruir, etc.] guardar, conservar *Keep the receipt.* Guardi el rebut. *She's kept that book I lent her.* No m'ha tornat aquell llibre que li vaig deixar. *She's kept all her old school reports.* Ha conservat tots els seus informes escolars.

hang on to sth *vt* guardar, no llençar *I'd hang on to that dress, it might come back into fashion.* Jo no llençaria aquest vestit; potser tornarà a estar de moda.

save *vt* [per utilitzar en el futur] guardar, estalviar *I've saved an article for you to read.* T'he guardat un article perquè el puguis llegir. *I'm saving some of the chicken for tomorrow's lunch.* Guardo una part del pollastre per dinar demà. *Joe's saved thirty pounds.* En Joe ha estalviat 30 lliures.

reserve *vt* [guardar per a un ús específic] reservar *the wine I reserve for special occasions* el vi que reservo per a les ocasions especials *I've reserved seats on the train.* He reservat seients al tren.

375 Take Agafar

vegeu també **220 Steal**; **323 Bring**; **337 Carry**; **373 Get**

take *vt*, *pas.* **took** *pp.* **taken** (sovint + *adv* o *prep*) **1** [per tal de tenir ac] agafar *Take a card but don't show it to me.* Agafi una carta, però no me l'ensenyi. *I took the money and gave her a receipt.* Vaig agafar els diners i li vaig donar un rebut. **2** [a un lloc diferent] portar *I took the plates to the kitchen.* Vaig portar els plats a la cuina. *Take her to the hospital.* Porteu-la a l'hospital. **3** (sovint + **off**, **away**) treure('s) *He took his coat off.* Es va treure l'abric. *She took the plates away.* Es va endur els plats. *vegeu també UTILITZACIÓ, a **323 Bring**

375.1 Agafar alguna cosa

vegeu també **336 Hold**

catch *vt*, *pas. & pp.* **caught** [obj: a/ac que cau o que és llançada] agafar *Try catching the ball with one hand.* Intenta d'agafar la pilota amb una mà. *I just caught her before her head hit the floor.* La vaig agafar just abans que es donés un cop de cap contra el terra.

seize *vt* **1** [fermament i sovint amb brutalitat] engrapar, agarrar, arrabassar *I seized the letter and tore it open.* Vaig engrapar la carta i vaig esquinçar el sobre. **2** [p. ex. a l'hora d'arrestar algú o d'atacar] apoderar-se de, confiscar *Loyalist forces have seized the airport.* Les forces governamentals s'han apoderat de l'aeroport. *Home Office officials have seized her passport.* Els funcionaris d'Interior li han confiscat el passaport.

grab *vt* -**bb**- (sovint + *adv* o *prep*) [de manera ferma, ràpida i sovint brusca] prendre, arrabassar *She keeps grabbing my toys!* No para de prendre'm les joguines! *I grabbed the photos back and put them away.* Li vaig arrabassar les fotos i les vaig desar.
grab at sth *vt* intentar d'agafar *Toddlers grab at everything.* Els nens petits intenten d'agafar-ho tot.
grab *nc* agafada

grasp *vt* agafar fort, aferrar-se a *She grasped my hand.* Em va agafar fort de la mà.

snatch *vt* (sovint + *adv* o *prep*) [sobtadament i sovint de manera brusca] agafar, arrabassar, prendre *She snatched the paper off me.* Em va arrabassar el paper.

375.2 Agafar alguna cosa que es vol tenir

accept *vt* [quan s'ofereix ac] acceptar *I think he'll accept the money.* Crec que acceptarà els diners. *Please accept my thanks.* Li prego que accepti la meva gratitud. *This compromise was accepted.* Aquest acord va ser acceptat.
acceptable *adj* [descriu: p. ex. una proposta, un projecte] acceptable *a time and place acceptable to all parties* una hora i un lloc acceptables per a totes les parts **acceptably** *adv* acceptablement
acceptance *ni/c* (habit. d'una proposta, un projecte] acceptació *the widespread acceptance of the plan* l'acceptació generalitzada del pla

scrounge *vti* (sovint + **from**, **off**) [informal i pej. Suposa persuadir algú que et doni ac que no et correspon] obtenir de gorra, gorrejar, anar d'arròs *I scrounged the money off my father.* Vaig aconseguir els diners gorrejant-los al meu pare. **scrounger** *nc* gorrer -a, arrossaire

intake *nc* (cap *pl*) **1** [p. ex. d'aliments que entren al cos] consum, ingestió *to reduce one's fat and sugar intake* reduir el consum de greix i sucre **2** [de persones en una institució] nombre d'admesos *a higher intake of black students* un nombre més alt d'alumnes negres admesos

375.3 Treure alguna cosa

remove *vt* [per tal que a/ac no s'hi quedi] treure('s), esborrar, eliminar *He removed his glasses.* Es va treure les ulleres. *the cost of removing graffiti* el cost d'esborrar els grafits *The troublesome minister was quickly removed.* El ministre problemàtic va ser ràpidament destituït.
removal *ni* (habit. + **of**) supressió, eliminació, destitució *They ordered the removal of the statue.* Van ordenar que es retirés l'estàtua. *the director's removal and replacement* la destitució del director i la seva substitució

collect *vt* [quan està llesta ac o algú s'espera] recollir, anar a buscar *to collect the children after school* recollir els nens a l'escola *I'm collecting the car on Friday.* Recolliré el cotxe divendres. **2** [posar diverses coses en un sol lloc] ajuntar, amuntegar, recollir *We're collecting money for the refugees.* Estem recollint diners per als refugiats. *Collect the leaves together.* Recull les fulles.
collection *n* **1** *ni* [p. ex. de mercaderies o de passatgers] recollida *The shoes are ready for collection.* Les sabates ja es poden recollir. **2** *nc/i* recollida, col·lecta *to organize the collection of blankets* organitzar la recollida de mantes *They're having a collection for her leaving present.* Fan una col·lecta per al seu regal de comiat.

375.4 Portar algú a algun lloc

lead *vt*, *pas. & pp.* **led** (sovint + *adv* o *prep*) [comporta guiar algú, de vegades físicament] portar, conduir *She led me into her office.* Em va portar al seu despatx. *the path leading to the house* el camí que porta a la casa *The police led them away.* La policia se'ls va emportar. *the little boy who leads the team out onto the field* el nen que surt al camp davant de l'equip

376 Entertainment Entreteniment

entertain v 1 vt (sovint + **with**) [amb cançons, acudits, etc.] divertir, entretenir *We were entertained with folksongs.* Ens van entretenir amb cançons tradicionals. 2 vit [rebre hostes] convidar, tenir a casa *We do a lot of entertaining.* Tenim convidats molt sovint.

entertainer nc animador -a *They had a party with a children's entertainer.* Van fer una festa amb una animadora per a la mainada.

perform vti [obj: p. ex. dansa, obra de teatre] interpretar, representar, actuar *the first time the work has been performed in this country* la primera vegada que s'ha representat l'obra en aquest país *We had to perform without scenery or props.* Vam haver d'actuar sense decorats ni accessoris.

performance nc 1 [p. ex. obra de teatre] funció [cinema] sessió *a matinee performance* una sessió de tarda 2 [per un o més actors] actuació, interpretació *one of the best performances she's ever given* una de les millors interpretacions que ha fet mai

performer nc [qualsevol que distreu el públic] actor/ actriu, artista, animador -a, intèrpret *the director and performers* la directora i els intèrprets

376.1 Classes de representació

show nc [habit. referit a espectacles lleugers. Sovint inclou cançons i danses] espectacle *a meal after the show* un sopar després de l'espectacle

cabaret nc/i cabaret

play nc obra de teatre *to put on a play* muntar una obra de teatre

playwright nc dramaturg -a

drama n 1 ni [gènere] teatre *television drama* teatre per televisió 2 nc [obra seriosa] drama *a drama of intrigue and suspicion* un drama d'intriga i sospita

dramatic adj 1 (davant de n) [descriu: p. ex. escriptor, text] teatral 2 [emocionant] dramàtic *a dramatic whisper* un xiuxiueig dramàtic

dramatist nc [obres serioses] dramaturg -a *the Elizabethan dramatists* els dramaturgs elisabetians

comedy n 1 nc [obra de teatre, etc.] comèdia 2 ni [gènere] comèdia

comedian nc, f. **comedienne** comediant -a *music hall comedians* comediants de teatres de varietats

comic nc [habit. referit a un tipus d'humor poc sofisticat] comediant -a *a stand-up comic* una persona que explica acudits

tragedy n 1 nc [obra de teatre, etc.] tragèdia 2 ni [gènere] tragèdia

376.2 Anar al teatre

utilització

Les següents paraules també poden fer referència a altres classes d'entreteniment, com ara el cinema, l'òpera, el ballet, etc.

box office [per a les entrades] taquilla (davant de n) *a box-office success* un èxit de taquilla

book vti reservar *I want to book two seats in the circle.* Vull reservar dos seients a l'amfiteatre.

programme (brit), **program** (amer) nc programa

interval nc entreacte

audience nc públic *Audiences love her.* El públic l'adora.

clap vit, **-pp-** picar de mans, aplaudir *People clapped politely.* La gent aplaudia educadament.

applaud vit [força més formal que **clap**, i s'utilitza habit. referit a grups] aplaudir *Everybody applauded.* Tothom va aplaudir.

applause ni aplaudiment(s) *spontaneous applause* aplaudiments espontanis

376.3 Actuar

act vit actuar, interpretar, treballar *He can't act.* No sap actuar. *She's acting in Romeo and Juliet.* Està treballant a Romeo i Julieta. *I was acting the part of Ophelia.* Jo interpretava el paper d'Ofèlia.
actor (m. o f.), **actress** (f.) nc actor/actriu *a character actor* un actor de caràcter
role nc paper *the leading role* el paper principal
part nc [menys important que **role**] paper
cast nc (+ v sing o pl) actors, repartiment *It has a wonderful cast.* Té uns actors esplèndids.
rehearse vit assajar *They rehearse in an old warehouse.* Assagen en un magatzem vell. *to rehearse a play* assajar una obra
rehearsal n 1 nc assaig 2 ni assaig *They hadn't had enough rehearsal.* No havien assajat prou.
dress rehearsal nc assaig general
mime vit fer pantomimes, actuar de mim
mime n 1 ni [habilitat] mímica 2 nc [actuació] pantomima 3 nc [persona] mim

376.4 Cinema

cinema n 1 nc (esp. brit), **movie theater** (amer) cinema *to go to the cinema* anar al cinema 2 ni cinema *British cinema* cinema britànic
pictures (brit), **movies** (amer) n pl (sempre + **the**) cinema
screen nc pantalla
film n 1 nc (esp. brit) pel·lícula (davant de n) *film star* estrella de cinema 2 ni cinema *the art of film* l'art del cinema
movie nc (esp. amer) pel·lícula, cinema *She works in the movies.* Treballa al cinema. (davant de n) *movie star* estrella de cinema

376.5 Classes de pel·lícules

horror film nc pel·lícula de terror
western nc western
comedy nc comèdia
thriller nc pel·lícula de suspens

376.6 Ballar

dance vit ballar, dansar *Will you dance with me?* Vols ballar amb mi? *They danced a waltz.* Van ballar un vals. **dancer** nc ballarí -ina
dance nc ball, dansa
disco nc, pl discos discoteca
ballet ni/c ballet *to go to the ballet* anar al ballet
ballet dancer nc [home o dona] ballarí -ina **ballerina** nc ballarina
ballroom dancing ni balls de saló
ball nc ball
tap (dancing) ni claqué

377 Circus Circ

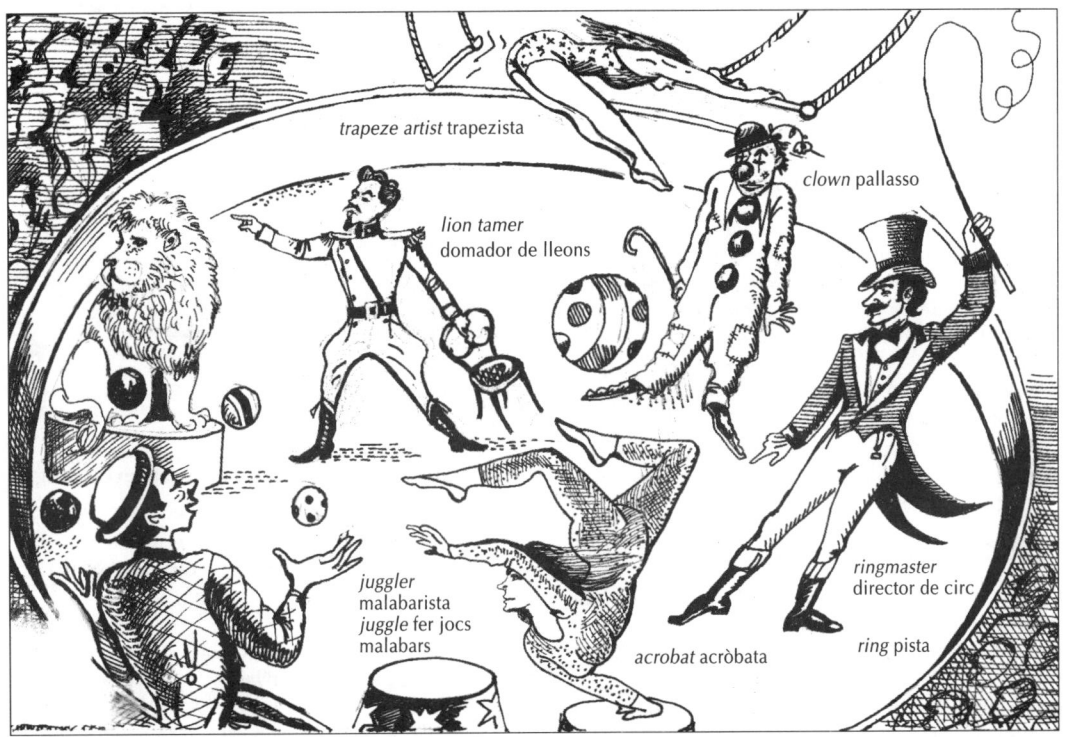

trapeze artist trapezista
clown pallasso
lion tamer domador de lleons
juggler malabarista
juggle fer jocs malabars
acrobat acròbata
ringmaster director de circ
ring pista

378 Broadcasting Radiodifusió

television n 1 nc [aparell] televisor *to watch (the) television* mirar la televisió 2 ni [mitjà] televisió *Is there anything interesting on television?* Fan alguna cosa interessant a la televisió? *cable and satellite television* televisió per cable i via satèl·lit

TV [menys formal que **television**] 1 nc [aparell] televisor, TV 2 ni [mitjà] televisió, TV *What's on TV?* Què fan per la 'tele'? (davant de n) *TV stars* estrelles de la televisió

telly (*brit*) n [informal] 1 nc [aparell] televisor, 'tele' *a colour telly* un televisor en color 2 ni [mitjà] televisió (davant de n) *a telly addict* un teleaddicte *What's on telly?* Què fan per la 'tele'?

radio n, pl **radios** 1 nc [aparell] ràdio 2 ni [mitjà] ràdio (davant de n) *radio coverage of the events* cobertura radiofònica dels esdeveniments

video nc, pl **videos** 1 [gravació] videocasset, vídeo *We hired a video.* Vam llogar un vídeo. 2 TAMBÉ **video recorder** [aparell] vídeo 3 ni [mitjà] vídeo *now available on video* disponible en vídeo

> *utilització*
>
> Sovint s'utilitza **media** com a substantiu singular amb un verb en singular, p. ex. *The media is interested in the story.* (Els mitjans de comunicació tenen interès en l'afer.) Tanmateix, hi ha qui s'oposa a aquest ús ja que **media** és plural en llatí. Aquestes persones prefereixen un verb en plural, p. ex. *The media are sensationalizing the affair.* (Els mitjans fan sensacionalisme amb aquest afer.)

media n (habit. + **the**) [inclou la premsa] mitjans (de comunicació)

378.1 Material emès

programme (*brit*), **program** (*amer*) nc programa

series nc, pl **series** sèrie *a new six-part series* una nova sèrie en sis parts

serial nc serial *a long-running television serial* un serial de televisió que fa temps que dura

episode nc episodi *I missed the first episode.* Em vaig perdre el primer episodi.

broadcast nc [habit. emissió d'un esdeveniment, un discurs, etc., més que un programa planificat] emissió, programa *the live broadcast of the concert* l'emissió en directe del concert *Millions listened to his war broadcasts.* Milions de persones escoltaven les seves al·locucions radiofòniques durant la guerra.

broadcaster nc [suposa explicar fets o opinions més que no pas entretenir] locutor -a

chat show (*brit*), **talk show** (*amer*) nc programa d'entrevistes

documentary nc documental *a wildlife documentary* un documental sobre els animals

soap TAMBÉ **soap opera** nc serial, telenovel·la *She was forced to miss an episode of her favourite soap.* Es va veure obligada a perdre's un episodi del seu serial preferit.

quiz show (*brit*) TAMBÉ **game show** (*esp. amer*) nc programa concurs

379 Music Música

musical adj 1 [descriu: p. ex. ensenyament, so] musical 2 [amb talent] amb talent musical *a musical family* una família amb talent musical **musician** nc músic

379.1 Classes de música

pop TAMBÉ **pop music** ni música *pop* (davant de n) *pop star* estrella de *pop*

folk music TAMBÉ **folk** ni música tradicional, música folk

folk song nc cançó tradicional, cançó folk

rock ni rock

classical adj clàssic *the classical repertoire* el repertori de música clàssica

jazz ni jazz (davant de n) *jazz players* músics de jazz

reggae ni reggae

country and western ni música country

chamber music ni música de cambra

379.2 Aspectes de la música

tune nc [referit a la música popular] melodia **tuneful** adj melòdic

melody nc/i [més formal que **tune**. Sovint s'associa a la música clàssica] melodia **melodic** adj melòdic

air nc [literari o referit a la música clàssica] tonada, aire

rhythm nc/i ritme **rhythmic** adj rítmic

beat nc compàs *to mark the beat* marcar el compàs *four beats to a bar* ritme quaternari

harmony ni/c harmonia

lyrics TAMBÉ **words** n pl [la part verbal d'una cançó] lletra

> *utilització*
>
> Per fer referència a la part verbal d'una cançó es poden utilitzar les paraules **lyrics** i **words**, però no **text**. **Lyrics** és més formal que **words**.

379.3 Grups musicals

orchestra nc orquestra

conductor nc director -a d'orquestra **conduct** vt dirigir

baton nc batuta

group nc [habit. pop] grup

band nc 1 [pop o jazz] banda 2 o **brass band** banda, fanfara, xaranga

accompany vt acompanyar

accompaniment nc acompanyament *the harpsichord accompaniment* l'acompanyament al clavecí

accompanist nc acompanyant

solo nc, pl **solos** solo *a violin solo* un solo per a violí (davant de n) *the solo piano* el piano sol

soloist nc solista *the piano soloist* la solista de piano

GRUPS DE PARAULES

duet nc [per a dos instruments o veus] duet
duo nc, pl **duos** [dos músics] duo a piano duo un duo de piano
trio nc, pl **trios** [obra o músics] trio
quartet nc [obra o músics] quartet a string quartet un quartet de corda a piano quartet un quartet per a piano i corda

379.4 Instruments musicals

play vti [obj: instrument musical] tocar I play the piano. Toco el piano. They played Brahms. Van tocar Brahms.
player nc músic -a orchestral players músics d'orquestra
instrument TAMBÉ **musical instrument** nc instrument (musical) **instrumental** adj instrumental

Stringed instruments Instruments de corda

violin nc violí **violinist** nc violinista
viola nc viola **viola player** nc violista
cello nc, pl **cellos** violoncel **cellist** nc violoncel·lista
double bass nc contrabaix **double bassist** nc contrabaixista
guitar nc guitarra **guitarist** nc guitarrista
harp nc arpa **harpist** nc arpista
bow nc arquet
string nc corda

Woodwind instruments Instruments de vent de fusta

oboe nc oboè **oboist** nc oboista
clarinet nc clarinet **clarinettist** nc clarinetista
flute nc flauta (travessera) **flautist** (brit), **flutist** (amer) nc flautista
recorder nc flauta dolça
recorder player nc flautista
bassoon nc fagot **bassoonist** nc músic que toca el fagot
saxophone nc saxòfon **saxophonist** nc saxofonista

Brass instruments Instruments de metall

trumpet nc trompeta **trumpeter** nc trompetista
trombone nc trombó **trombone player** nc trombonista
French horn nc trompa **French horn player** nc músic que toca la trompa
tuba nc tuba **tuba player** nc músic que toca la tuba

Percussion instruments Instruments de percussió

percussionist nc percussionista
timpani n pl, abrev **timps** [música clàssica] timbals **timpanist** nc timbaler
drum nc [música popular, etc.] tambor, timbal bass drum bombo **drummer** nc timbaler
cymbals n pl platerets **cymbalist** nc músic que toca els platerets
xylophone nc xilòfon **xylophone player** nc xilofonista

Keyboard instruments Instruments de teclat

piano nc, pl **pianos** piano a grand piano un piano de cua **pianist** nc pianista
organ nc orgue **organist** nc organista
key nc tecla **keyboard** nc teclat
pedals nc pedals

379.5 Música vocal

sing vit, pas. **sang** pp. **sung** cantar We sang the Messiah. Vam cantar el Messies. to sing unaccompanied cantar sense acompanyament **singer** nc cantant
whistle vit xiular
choir nc cor **choral** adj coral **chorister** nc corista
soprano nc, pl **sopranos** soprano (davant de n) the soprano part la part de soprano
tenor nc tenor (davant de n) a tenor role un paper de tenor
baritone nc baríton (davant de n) the baritone soloist el baríton solista
bass nc baix (davant de n) a bass voice una veu de baix

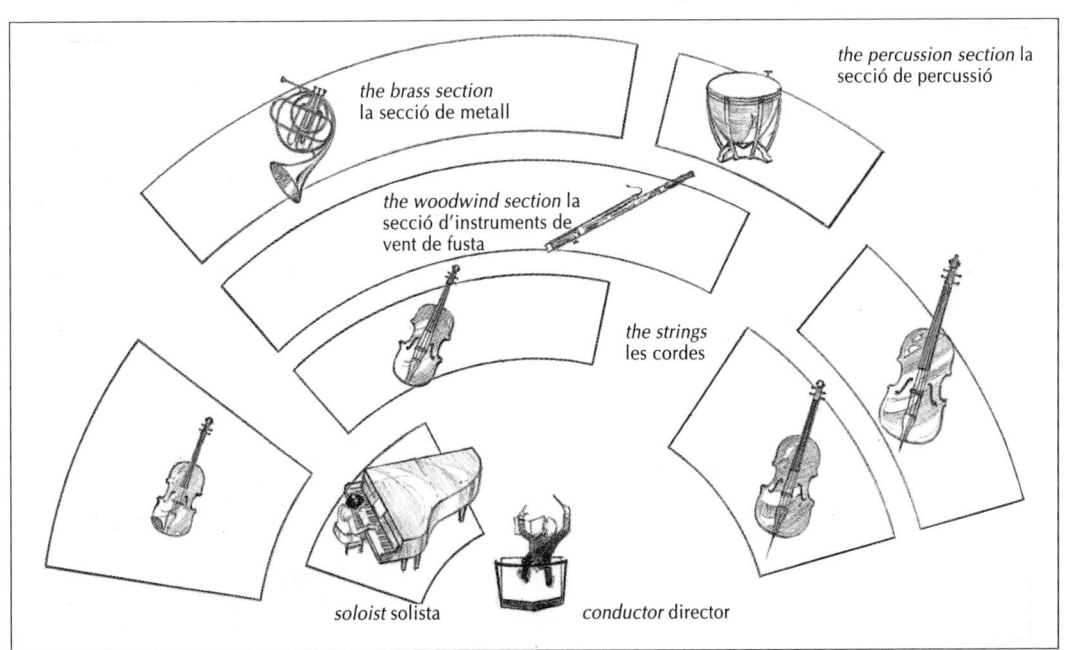

the brass section la secció de metall
the percussion section la secció de percussió
the woodwind section la secció d'instruments de vent de fusta
the strings les cordes
soloist solista
conductor director

alto nc, pl **altos** contralt
countertenor nc contratenor
opera nc/i òpera (davant de n) an opera singer una cantant d'òpera
operatic adj (habit. davant de n) operístic an operatic career una carrera operística

379.6 Esdeveniments musicals

concert nc concert
musical nc comèdia musical, musical
gig nc [informal. Per a la música pop] concert
recital nc [de música clàssica, habit. d'un solista] recital

379.7 Obres musicals

compose vt compondre
composer nc compositor -a an opera composer un compositor d'òpera
composition nc composició one of his late compositions una de les seves últimes composicions
symphony nc simfonia
concerto nc, pl **concertos** o **concerti** concert Bach's double violin concerto el concert per a dos violins de Bach
overture nc obertura
song nc cançó
piece nc [mot genèric per fer referència a qualsevol composició musical] peça

379.8 Música escrita

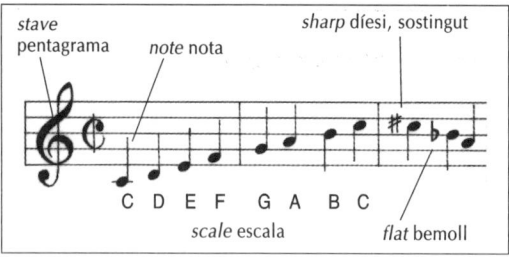

stave pentagrama
note nota
sharp díesi, sostingut
scale escala
flat bemoll

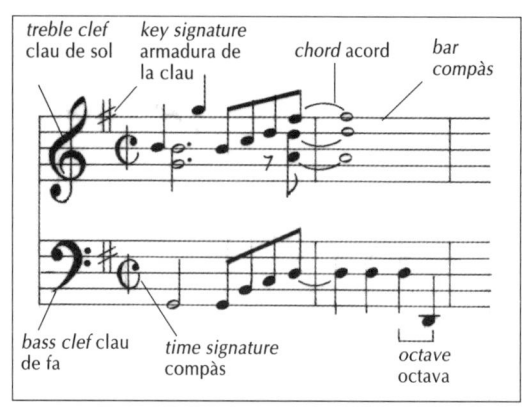

treble clef clau de sol
key signature armadura de la clau
chord acord
bar compàs
bass clef clau de fa
time signature compàs
octave octava

379.9 Música gravada

record vt gravar, enregistrar
recording nc [versió gravada] gravació the 1985 recording of Don Carlo la gravació de 1985 de l'òpera Don Carlo digital recording gravació digital
record nc disc
LP nc disc de llarga durada, elapé
single nc single, senzill
CD TAMBÉ **compact disc** nc disc compacte
album nc [habit. relacionat amb la música popular. Pot ser disc o casset] àlbum
boxed set nc un joc de discos amb estoig
cassette nc [cinta en una capsa] casset
tape nc/i [cinta sola o en rodet] cinta
stereo n **1** nc TAMBÉ **stereo system** estèreo, equip estereofònic **2** ni estèreo recorded in stereo enregistrat en estèreo (davant de n) stereo sound so estereofònic
hifi (esp. brit) n **1** ni [abrev de **high fidelity**; reproducció d'alta qualitat] alta fidelitat (davant de n) hifi equipment equip d'alta fidelitat, hifi **2** nc hifi, equip d'alta fidelitat

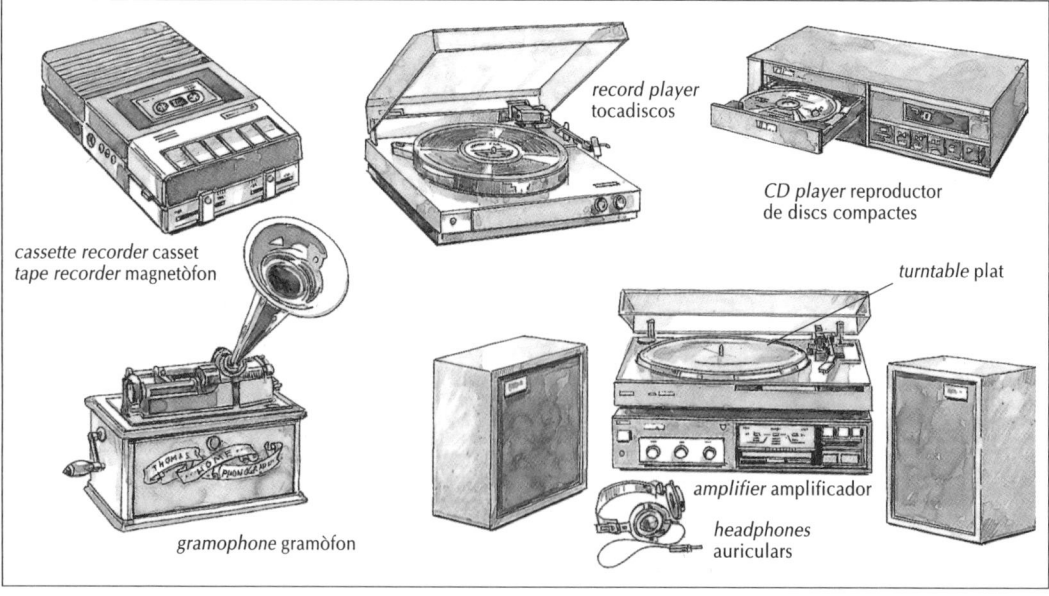

cassette recorder casset
tape recorder magnetòfon
record player tocadiscos
CD player reproductor de discs compactes
turntable plat
amplifier amplificador
headphones auriculars
gramophone gramòfon

380 Leisure activities Activitats de lleure

vegeu també **381 Arts and Crafts**; **386 Games**; **388 Sport**

hobby *nc* [mot general que inclou activitats artístiques, passatemps intel·lectuals i esports] hobby
pastime *nc* [més formal que **hobby**. Habit. activitat tranquil·la] passatemps *an artistic pastime like pottery* un passatemps artístic com ara la ceràmica
stamp collecting filatèlia
album *nc* àlbum

380.1 Activitats a l'aire lliure

fish *vi* pescar *Have you ever fished at night?* Has pescat mai de nit?
fishing TAMBÉ [més formal i tècnic] **angling** *ni* pesca (de canya) *We often go fishing.* Anem sovint a pescar.
(fishing) rod *nc* canya de pescar
(fishing) line *nc* fil de pescar
bait *ni* esquer
catch *vt, pas. & pp.* **caught** [agafar peixos] pescar *We caught four salmon.* Vam pescar quatre salmons.
catch *nc* pesca, xarxada *a good catch* una bona pesca
net *nc* xarxa
camping *ni* càmping, acampada, campament (davant de *n*) *camping equipment* equip d'acampada **camp** *vi* acampar
tent *nc* tenda de campanya
sleeping bag *nc* sac de dormir

381 Arts and Crafts Arts i oficis

vegeu també **382 Tools**

381.1 Pintar i dibuixar

artist *nc* artista **artistic** *adj* artístic **artistically** *adv* artísticament
painter *nc* pintor -a **paint** *vti* pintar
illustrator *nc* [de llibres, etc.] il·lustrador -a **illustrate** *vt* il·lustrar
draw *vt, pas.* **drew** *pp.* **drawn** dibuixar

381.2 Materials artístics

vegeu també **370 Writing materials**

paint *ni/c* pintura
paintbrush *nc* pinzell, brotxa
watercolours (*brit*), **watercolors** (*amer*) *n pl* aquarel·les
oils o **oil paints** *n pl* olis *to paint sb in oils* pintar algú a l'oli
palette *nc* paleta
canvas *n* 1 *ni* [material] tela 2 *nc* [obra] quadre
easel *nc* cavallet
pencil *nc* llapis

381.3 L'obra d'un artista

painting *n* 1 *nc* [p. ex. retrat] pintura, quadre 2 *ni* [art] pintura
picture *nc* pintura, dibuix, quadre, làmina
drawing *n* 1 *nc* [p. ex. retrat] dibuix *a line drawing* un dibuix lineal 2 *ni* [art] dibuix
cartoon *nc* 1 [art] cartó *a Leonardo cartoon* un cartó de Leonardo 2 [en el diari] acudit *Have you seen today's cartoon?* Ha vist l'acudit d'avui?
sketch *nc* croquis, apunt, esborrany
illustration *n* 1 *nc* [p. ex. gràfic] il·lustració 2 *ni* [art] il·lustració
foreground *nc* primer pla
background *nc* fons
masterpiece *nc* obra mestra

381.4 Fotografia

photography *ni* fotografia
photographic *adj* fotogràfic **photographer** *nc* fotògraf -a
photograph *nc* fotografia abrev **photo**, *pl* **photos** foto
slide *nc* diapositiva
camera *nc* càmera
lens *nc* lent, objectiu
flash *nc/i* flaix
film *nc/i* pel·lícula, rodet *a roll of film* un rodet de pel·lícula
develop *vt* [obj: pel·lícula, fotos] revelar
negative *nc* negatiu
darkroom *nc* cambra fosca

381.5 Modelar

sculpture *n* 1 *ni* [art] escultura 2 *nc* [obra] escultura
sculptor *nc* escultor -a **sculptress** escultora
statue *nc* estàtua
model *nc* [p. ex. d'un vaixell] maqueta **model** *vt*, -**ll**- (*brit*), -**l**- (*amer*) modelar
pottery *ni* 1 [art] ceràmica *to do pottery* fer ceràmica 2 [objectes] terrissa, plats i olles, ceràmica **potter** *nc* ceramista, terrissaire
wheel *nc* torn
clay *ni* [terra fina] argila (davant de *n*) *a clay bowl* una tassa d'argila
earthenware *ni* [més bast que l'argila] fang *an earthenware casserole* una cassola de fang

381.6 Costura

vegeu també **193 Textiles**

sew *vti, pas.* **sewed** *pp.* **sewn** o **sewed** (*esp. amer*) (sovint + **up**) cosir, sargir *to sew on a button* cosir un botó **sewing** *ni* costura
cotton (*brit*), **thread** (*amer*) *ni* fil (de cosir)
thread *ni* [en anglès britànic més tècnic que **cotton**] fil
thread *vt* enfilar *to thread a needle* enfilar una agulla
stitch *nc* 1 punt, puntada *I sewed the hem with small stitches.* Vaig cosir la vora amb punts petits. 2 [classe específica de puntada] punt *cross stitch* punt de creu

GRUPS DE PARAULES

stitch vt (sovint + **up**) cosir *to stitch up a tear* cosir un estrip
crochet ni ganxet **crochet** vti fer ganxet
dressmaking ni costura **dressmaker** nc modista
pattern nc 1 [instruccions] patró 2 [figura] dibuix
knit vti, -tt- fer (punt de) mitja
knitting ni 1 [activitat] punt de mitja 2 [peça que s'està fent] punt
wool (*brit*), **yarn** (*amer*) ni fil, llana
yarn ni 1 (*brit*) [més tècnic que **wool**] fil 2 o **wool** (*amer*) llana
seam nc [línia cosida] costura

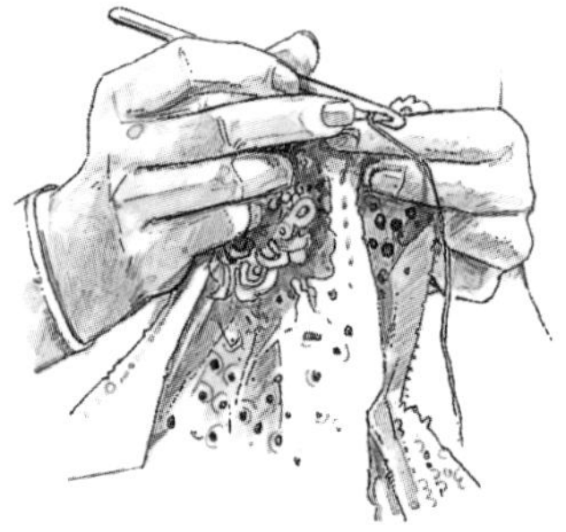

crochet hook agulla de fer ganxet
knitting needles agulles de fer mitja
embroidery frame tambor de brodar
embroidery brodat 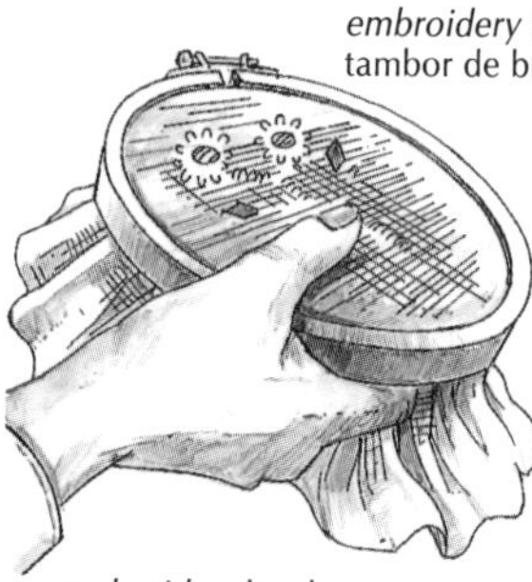
sewing machine màquina de cosir 
needle agulla
pin agulla
ball of wool (*brit*), *ball of yarn* (*amer*) cabdell de llana
reel of cotton (*brit*), *spool of thread* (*amer*) rodet
pin cushion coixinet de les agulles

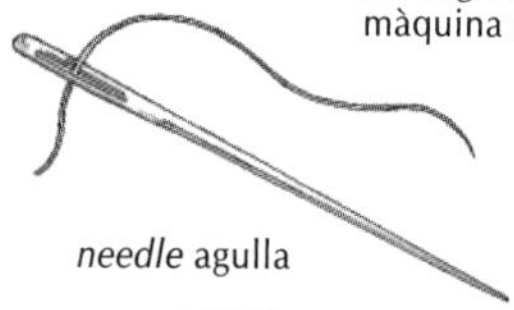

382 Tools Eines

vegeu també **304 Materials**

382.1 Equip

tool nc eina *a bag of tools* una bossa d'eines
equipment ni equip, equipament
apparatus nc/i [més aviat formal. Fa referència a la complexitat d'un equip] aparell *all the apparatus they need for unblocking the drain* tots els aparells que necessiten per desembussar el desguàs
gear ni [informal] equip, eines *I'll need my soldering gear.* Necessitaré l'equip de soldar.
utensil nc [més aviat formal. Descriu eines petites amb un ús específic] estri, utensili *a handy utensil for stripping wire* un estri útil per treure la funda del cable
kit nc [joc complet d'eines] joc, ormeig, eines *a tool kit* un ormeig *a screwdriver kit* un joc de tornavisos
gadget nc dispositiu, maquineta, fòtil

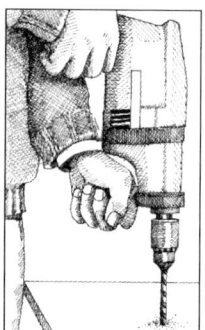
electric drill filaberquí elèctric

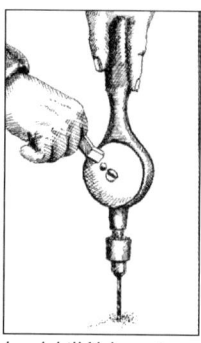
hand drill filaberquí

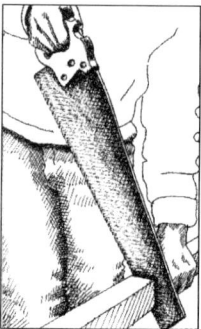
saw serra

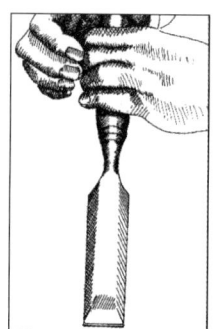
chisel cisell

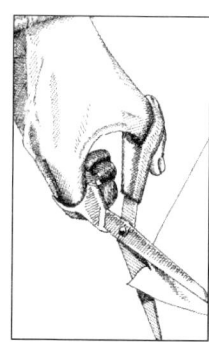
scissors tisores

GRUPS DE PARAULES

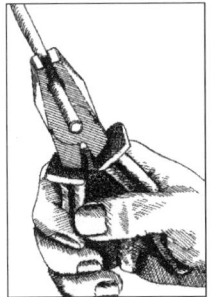

pliers tenalles *hammer* martell *screwdriver* tornavís *spanner* (*brit*), *wrench* (*amer*) clau *wrench* (*brit*) clau anglesa

nail clau *screw* cargol *nut* femella *bolt* pern

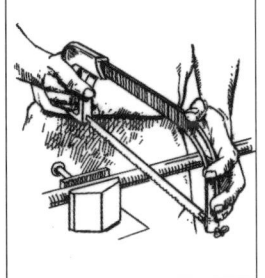

blade fulla *handle* mànec

axe (*brit*), *ax* (*amer*) destral *hacksaw* serra per tallar metalls

382.2 Pintar la casa

DIY TAMBÉ **do-it-yourself** *ni* (*esp. brit*) [descriu tota mena de reformes a la casa no fetes per professionals] bricolatge

paint *vt* pintar

paint *ni* pintura *to give sth a coat of paint* donar una capa de pintura a ac **painter** *nc* pintor -a

paintbrush *nc* brotxa

whitewash *ni* calç **whitewash** *vt* emblanquinar

creosote *ni* creosota **creosote** *vt* creosotar

wallpaper *ni* paper pintat *a roll of wallpaper* un rotlle de paper pintat **wallpaper** o **paper** *vt* empaperar

wallpaper paste *ni* engrut

ladder *nc* escala de mà

382.3 Aigua i electricitat

plumbing *ni* 1 [l'ofici dels que s'ocupen de l'aigua i el desguàs] fontaneria 2 (instal·lació de) canonades

plumber *nc* lampista

pipe *nc/i* tub, canonada *a length of copper pipe* un tros de tub de coure

plug *nc* endoll *to wire a plug* connectar (el cable a) l'endoll, endollar

socket *nc* presa de corrent

flex (*brit*), **cord** (*amer*) *ni/c* cordó flexible

lead (*brit*), **cord** (*amer*) *nc* cordó

cable *nc/i* [més gruixut i més fort que **flex**] cable *an extension cable* un allargador

adaptor *nc* adaptador, lladre

382.4 Materials per lligar i ajuntar

vegeu també **294 Join**

rope *nc/i* corda *a length of rope* un tros de corda

wire *ni/c* 1 [sense funda] filferro 2 [elèctric] cordó

string *ni* cordill *a piece of string* un tros de cordill

thread *ni/c* fil

chain *nc/i* cadena

383 Repair Reparar

repair *vt* [mot genèric] reparar *They're still repairing the roof.* Encara estan reparant la teulada. **repairer** *nc* reparador -a

repair *nc/i* reparació *It needs minor repairs.* Requereix reparacions menors. *a simple repair job* un cas de reparació senzilla *The car's in for repair.* El cotxe és al mecànic.

mend (*esp. brit*) *vt* [habit. referit a reparacions menys complicades] arreglar *Can you mend a fuse?* Saps arreglar un fusible?

fix *vt* adobar *I've fixed that tap.* He adobat aquella aixeta.

restore *vt* [a l'estat anterior. Obj: p. ex. una casa, un rellotge, mobles] restaurar **restoration** *ni/c* restauració

renovate *vt* [restituir a l'estat anterior o a un estat millor. Obj: esp. edificis] fer obres, fer nou, reformar *The interior has been completely renovated.* Han fet el pis completament nou. **renovation** *ni* reformes

do sth **up** o **do up** sth *vt* [a un estat millor. Obj: esp. cases] reformar ac

patch *vt* (sovint + **up**) [força informal. Habit. es tracta d'una solució provisional i no completa] apedaçar, reparar provisionalment *I've patched it up but you really need a new machine.* Te l'he arreglat per sortir del pas, però de fet necessites una màquina nova.

botch *vti* (sovint + **up**) arreglar malament, fer un nyap, potinejar *He botched up the gate.* Va arreglar malament el portal.

botch *nc* (cap pl) treball matusser, nyap, bunyol (davant de n) *a real botch job* un autèntic nyap

maintain *vt* mantenir, conservar *a poorly maintained house* una casa mal conservada

maintenance *ni* manteniment, conservació *Central heating needs regular maintenance.* La calefacció central requereix un manteniment regular.

upkeep *ni* (cost de) manteniment *Can you afford the upkeep on a big house?* Us podeu permetre el manteniment d'una casa gran?

384 Gardening Jardineria

vegeu també **11 Plants**

flowerbed parterre
greenhouse hivernacle
compost heap munt de residus orgànics
lawnmower tallagespa
lawn gespa
grass herba
garden (*brit*), yard (*amer*) jardí
cane canya

384.1 Eines de jardineria

spade *nc* pala
fork *nc* forca
trowel *nc* [de mànec curt] càvec
pick *nc* pic
shears *n pl* tisores de jardí
secateurs *n pl* podadora
hoe *nc* [de mànec llarg] aixada
rake *nc* rasclet
roller *nc* corró

384.2 Treballar al jardí

garden *vi* treballar al jardí *We did quite a bit of gardening last weekend.* Vam treballar força al jardí el cap de setmana passat.

gardener *nc* jardiner -a *I'm not much of a gardener.* No sóc gaire bon jardiner.

dig *vti*, **-gg-** *pas. & pp.* **dug** *vti* [obj: p. ex. jardí, forat] cavar, excavar

mow *vt*, *pas.* **mowed** *pp.* **mowed** o **mown** [obj: gespa] tallar, segar *Have you mown the lawn this week?* Has tallat la gespa aquesta setmana?

weed *vti* treure les males herbes, eixarcolar **weed** *nc* mala herba

sow *vt*, *pas.* **sowed** *pp.* **sowed** o **sown** sembrar
plant *vt* plantar
plant *nc* planta
water *vti* regar *Shall I water the roses?* Vols que regui els rosers?

prune *vt* (sovint + **back**, **away**) [per promoure el creixement. Obj: p. ex. arbusts, arbres] podar, esporgar

trim *vt*, **-mm-** [per mantenir la regularitat. Obj: p. ex. arbusts] tallar, podar

thin *vt*, **-nn-** (sovint + **out**) esporgar *The seedlings can be thinned out in March.* Els plançons es poden esporgar al mes de març.

frase feta

have green fingers (*brit*) **have a green thumb** (*amer*) [lit: tenir dits verds] ser un bon jardiner

384.3 El sòl

soil (*brit*) TAMBÉ **dirt** (*amer*) *ni* [mot més usual, esp. quan es refereix al potencial de cultiu] terra, sòl *clay soil* sòl argilós *The compost enriches the soil.* L'adob enriqueix el sòl. (davant de *n*) *soil erosion* erosió del sòl

earth *ni* [més formal que **soil**] terra *a handful of earth* un grapat de terra

mud *ni* [terra xopa] fang

ground *ni* [subratlla la superfície o l'àrea] terra *frozen ground* terra glaçada

land *ni* [una àrea de terra o el seu potencial per al cultiu] terra, terreny *a house with ten acres of land* una casa amb un terreny de deu acres

plot *nc* [habit. un terreny força petit, esp. per edificar] terreny, solar, parcel·la *a building plot* una parcel·la per edificar *She has a small plot for growing vegetables.* Té un petit terreny per cultivar hortalisses.

385 Park and Funfair El parc i el parc d'atraccions

roundabout (*brit*) o **merry-go-round** (*brit & amer*) o **carousel** (*amer*) *nc* [al parc d'atraccions] cavallets *to go on a roundabout* muntar als cavallets
big wheel (*brit*), **ferris wheel** (*amer*) *nc* sínia
big dipper o **roller coaster** *nc* muntanyes russes
dodgems *n pl* autos de xoc
ice cream van *nc* camioneta on es venen gelats
candy floss (*brit*), **cotton candy** (*amer*) *ni* sucre filat, barba de sucre
fortune teller *nc* endevinaire

386 Games Jocs

play *vit* jugar *The children were playing outside.* Els nens estaven jugant a fora. *Shall we play chess?* Vols que juguem a escacs?

386.1 Jocs de nens

toy *nc* joguina (davant de *n*) *a toy kitchen* una cuina de joguina
doll *nc* nina
doll's house *nc* casa de nines
marbles *ni* bales *to play marbles* jugar a bales **marble** *nc* bala

386.2 Trencaclosques

jigsaw (puzzle) *nc* [de peces que formen un dibuix] trencaclosques, puzle
crossword TAMBÉ **crossword puzzle** *nc* mots encreuats *to do the crossword* fer els mots encreuats
quiz *nc* [sèrie de preguntes] (a la TV o a la ràdio) concurs, joc de taula

386.3 Jocs de cartes

card TAMBÉ **playing card** *nc* carta
cards *ni* o *n pl* cartes *to play cards* jugar a cartes *a game of cards* un joc de cartes

pack (*brit*), **deck** (*amer*) *nc* baralla
suit *nc* coll *to follow suit* servir
shuffle *vti* barrejar
deal *v* **1** *vi* tenir la mà *Whose turn is it to deal?* Qui té la mà? **2** *vt* donar, repartir *Who's dealt these cards?* Qui ha donat aquestes cartes? **dealer** *nc* donador -a
hand *nc* mà, partida

386.4 Jocs de taula

board nc tauler

board game nc joc de taula

dice n **1** nc, pl **dice** [cub] dau to roll the dice llançar el dau **2** ni o n pl [joc] daus

Scrabble ni [marca registrada] scrabble

draughts (brit), **checkers** (amer) ni dames

draughtboard (brit), **checkerboard** (amer) nc tauler de dames, escaquer

chess ni escacs (davant de n) chess pieces peces d'escacs

check ni escac to put sb **in check** fer escac a algú 'Check!' 'Escac!' **check** vt fer escac a

check mate ni escac i mat **checkmate** vt fer escac i mat a

move nc jugada It's your move. Et toca a tu.

386.5 Jocs d'atzar

gamble vi (de vegades + **on**) [amb diners o béns amb la possibilitat de guanyar o perdre] jugar I gambled a lot when I was young. Jugava molt quan era jove. **gambler** nc jugador -a

bet vti, -tt- pas. & pp. **bet** (sovint + **on**) apostar, jugar to bet money on a horse apostar diners en un cavall I bet you a fiver he'll win. M'hi jugo cinc lliures que guanya. to bet on a race apostar en una cursa

betting ni apostes (davant de n) a betting shop un establiment d'apostes

casino nc, pl **casinos** casino

lottery nc loteria

bingo ni bingo

pawn peó
king rei
bishop alfil
castle o rook torre
knight o [informal] horse cavall
queen reina

387 Luck Sort

frases fetes

Aquestes frases s'utilitzen per desitjar(-se) la bona sort:

touch wood [habit. dit quan el que s'acaba de dir pot no resultar] toca ferro It's not going to rain. Touch wood. No plourà. Toca ferro.

keep one's fingers crossed (sovint + **for**) encreuar els dits I'm keeping my fingers crossed that she'll get here. Reso perquè arribi. The exam's tomorrow, so don't forget to keep your fingers crossed! Ja pots resar, que demà tens l'examen!

break a leg! [s'utilitza en el teatre per desitjar-li sort a algú que està a punt de sortir a l'escenari] (molta) merda!

luck ni **1** [bona o dolenta] sort Have you had any luck? Has tingut sort? That's **just my luck**! M'ha de passar a mi! Better luck next time! Que tingueu més sort la pròxima vegada. What terrible luck! Quina mala sort! **2** [èxit o ac positiva] sort I had **a stroke/piece/bit of luck**. Vaig tenir sort.

pot luck ni [ac aleatòria] el que toca (en sort) I don't know what we're having for dinner - you'll have to take pot luck. No sé què soparem; us haureu de conformar amb el que toqui.

fortune n [més formal que **luck**] **1** ni [bona o mala sort] fortuna We all shared in his good fortune. Tots vam participar de la seva bona fortuna. **2** ni o **fortunes** n pl [el que passa a algú] sort, destí Our fortunes began to improve. La nostra sort començava a millorar. **3** ni [bona sort. Força literari] Fortune was against us from the start. Teníem la sort en contra des del principi. **Fortune smiled** on us. La fortuna ens va somriure.

chance ni [comporta un desenvolupament arbitrari dels esdeveniments] atzar, casualitat, coincidència It was simply chance that I was passing. Va ser pura coincidència que jo hi fos. I saw her quite **by chance**. La vaig veure per pura casualitat. (davant de n) a chance meeting una trobada fortuïta *vegeu també **78 Possible**

chance vt provar sort, arriscar I'll chance going round. Provaré sort i hi aniré. I wouldn't chance it myself. Jo no m'hi arriscaria.

387.1 Bona sort

lucky adj **1** [descriu: p. ex. persona, coincidència] afortunat, que té sort You lucky thing! Quina sort que tens! I was lucky to find her in. Vaig tenir sort de trobar-la a casa. I wasn't lucky enough to meet her. No vaig tenir la sort de conèixer-la. **2** [que se suposa que porta sort] de la bona sort a lucky horseshoe una ferradura de la bona sort

fortunate adj [més formal que **lucky**] afortunat, que té sort, propici You were fortunate to find them. Vas tenir sort de trobar-los. a fortunate occurrence un esdeveniment propici those less fortunate than ourselves els que no tenen tanta sort com nosaltres I was fortunate in my choice. La vaig ben encertar.

> *frase feta*
>
> **have all the luck** [es diu per enveja] tenir molta sort, néixer amb la flor al cul *Some people have all the luck.* N'hi ha que neixen amb la flor al cul.

387.2 Mala sort

bad/terrible, etc luck (molt) mala, etc., sort, pega *We've been having terrible luck lately.* Hem tingut molt mala sort últimament. *Of all the rotten luck!* Quina pega!

hard luck [pot comportar que la mala sort és merescuda] mala sort *If you miss your train that's your hard luck.* Si perds el tren, tu t'ho hauràs buscat.

unlucky *adj* desafortunat *She was terribly unlucky not to get that job.* Va estar de pega de no aconseguir la feina. *an unlucky fall* una caiguda desgraciada

unfortunate *adj* [implica penediment] malaurat, dissortat, desgraciat *It is most unfortunate they were hurt.* És una desgràcia que resultessin ferits. *an unfortunate accident* un accident desgraciat

misfortune *nc/i* [més aviat formal] desventura, desgràcia *They are bearing up under misfortune.* Estan aguantant bé la seva desgràcia.

accident *nc* [imprevist, no necessàriament amb ferits] accident, contratemps, casualitat *They must have been delayed by some accident.* Algun contratemps els deu haver entretingut. *I found out about the book by accident.* Vaig saber que el llibre existia per casualitat. *a road accident* un accident de carretera

accidental *adj* fortuït, casual *an accidental oversight* un descuit fortuït

> *frase feta*
>
> **be down on one's luck** tenir una mala ratxa *I could always count on you when I was down on my luck.* Sempre podia comptar amb tu quan tenia una mala ratxa.

388 Sport Esport

388.1 Fer esport

play *vt* jugar, practicar *I play football.* Jugo a futbol. *Do you play squash?* Jugues a esquaix?

practise *vt* [en un entrenament] practicar

practice *nc* entrenament

exercise *vit* fer exercicis, exercitar-se *I exercise by cycling to work.* Faig exercici anant a la feina en bicicleta.

exercise *ni* exercici *I don't do much exercise.* No faig gaire exercici.

exercises *n pl* [rutina] exercicis *to do one's exercises* fer els exercicis

score *vti* marcar, puntuar *He scored the winning goal.* Va marcar el gol de la victòria.

score *nc* [resultat parcial] marcador [final] resultat *What's the score?* Quin és el marcador?

foul *nc* falta (davant de *n*) [nul o antireglamentari] *a foul shot* un tir nul **foul** *vit* cometre una falta, fer una falta a algú

tackle *vit* entrar **tackle** *nc* entrada

goal *nc* porteria, gol *to score a goal* marcar un gol

388.2 Esportistes

sportsman (*m.*), **sportswoman** (*f.*) *nc* [mot genèric] esportista

competitor *nc* [esp. en atletisme] contrincant, rival *overseas competitors* rivals estrangers

contestant *nc* [menys freqüent que **competitor**. Sovint en concursos de televisió, etc.] concursant, participant

team *nc* equip (davant de *n*) *team games* jocs d'equip

referee *nc* [p. ex. en futbol i rugbi] àrbitre

umpire *nc* [p. ex. en criquet i tennis] àrbitre

388.3 Competicions

competition *nc/i* [mot genèric per a qualsevol esport o joc] competició, concurs *vegeu també* **249 Fight**

championship *nc* campionat

open *adj* [torneig no restringit] open, obert *British Open Golf Championship* Open Britànic de Golf

contest *nc* [referit esp. als casos en què un jurat decideix el guanyador] concurs *a beauty contest* (*brit*) un concurs de bellesa *a talent contest* un concurs d'habilitats

tournament *nc* [més tècnic que **competition**. Ref. a quan hi ha més d'un partit en joc] torneig, competició *the Wimbledon tournament* el torneig de Wimbledon

match *nc* [lleug. més seriós que **game**] partit *a football match* un partit de futbol

game *nc* partit, joc *a game of tennis* un partit de tennis

388.4 Llocs on es practiquen esports

stadium *nc*, *pl* **stadiums** o **stadia** estadi

track *nc* pista (davant de *n*) *track events* proves en pista

racetrack *nc* [per curses de cotxes o cavalls] circuit, autòdrom, hipòdrom

lane *nc* [en pista o piscina] via, carrer

pitch (*brit*), **field** (*amer*) *nc* [superfície gran, p. ex. per al futbol o criquet] camp *a cricket pitch* un camp de criquet

field *nc* [menys tècnic que **pitch**] camp *There are thirteen players on the field.* Hi ha tretze jugadors al camp.

ground *nc* (habit. en noms compostos) [comprèn tant la part de joc com la part dels espectadors. Ref. a esports que es juguen en un camp] estadi, camp, àrea de joc *a football/cricket/baseball ground* un camp de futbol/criquet/beisbol

court *nc* [més petit que **pitch**. Utilitzat per a esports amb raqueta i per a *netball*, voleibol, etc.] pista

golf course *nc* camp de golf

slope *nc* pista d'esquí *nursery slope* pista per a principiants

sports complex *nc* poliesportiu

389 Ball sports Esports de pilota

389.1 Futbol i rugbi

football n 1 ni (brit) TAMBÉ (brit & amer) **soccer** futbol (davant de n) *a football match* un partit de futbol 2 ni (amer) o **American football** futbol americà (davant de n) *a football game* un partit de futbol 3 nc [pilota] pilota de futbol **footballer** (brit), **football player** (amer) nc futbolista

rugby ni rugbi *rugby union* [amb quinze jugadors] rugbi *rugby league* [amb tretze jugadors] rugbi

goal nc 1 [lloc] porteria 2 [acció del jugador] gol *to score a goal* marcar un gol

penalty nc penal
foul nc falta
offside adj [descriu: jugador] fora de joc
referee nc àrbitre

He scored a try. Va transformar un assaig.

ball pilota
goal porteria
goalkeeper o [informal] goalie porter

The goalkeeper makes a save. El porter fa una aturada.

scrum mêlé

389.2 Beisbol

baseball ni beisbol
bat nc bat *to be up at bat* ser batedor **batter** nc batedor -a
catcher nc el que agafa (la pilota), receptor -a, catcher
diamond nc (habit. + the) quadre
base nc base *to reach first base* arribar a la primera base
pitcher nc llançador
home run nc cursa completa
strike nc strike
inning nc torn *the first inning* el primer torn

389.3 Criquet

cricket ni criquet **cricketer** nc jugador de criquet
bat vi, -tt- ser batedor *to go in to bat* tocar ser batedor
bowl v 1 vi llançar *some tough bowling from the Australians* uns llançaments forts per part dels australians 2 vt [obj: esp. pilota] llançar
run nc cursa
over nc sèrie de sis llançaments
innings nc, pl **innings** torn, entrada
fielder nc fielder (jugador de l'equip que defensa) **field** vi parar i tirar la pilota

wicket keeper receptor
bat bat
batsman batedor
bowler llançador
bails pals horitzontals
wicket (joc de) pals
stumps pals verticals

389.4 Hoquei

hockey (brit), **field hockey** (amer) ni hoquei herba
hockey stick nc estic d'hoquei
hockey (amer), **ice hockey** (brit) ni hoquei sobre gel
puck nc puck

389.5 Esports de raqueta

tennis ni tennis
set nc set
game nc joc
serve vi servir
service ni servei
volley nc volea
love ni zero *thirty love* trenta a zero
deuce ni 40 iguals
table tennis ni tennis de taula, ping-pong

ping-pong ni [més aviat informal, no s'utilitza ref. a competicions regulars de tennis de taula] ping-pong
bat (brit), **paddle** (amer) nc [utilitzat només en ping-pong però no en tennis, bàdminton, etc.] pala
badminton ni bàdminton
shuttlecock (brit) nc volant

squash ni esquaix (davant de n) *a squash court* una pista d'esquaix

389.6 Golf

golf ni golf (davant de n) *a golf tournament* un campionat de golf **golfer** nc golfista
(golf) club nc 1 [el que té el jugador] pal de golf 2 [associació] club (de golf)
tee nc tee
hole nc forat *a hole in one* fer un forat d'un sol cop
bunker nc búnquer
fairway nc carrer
green nc green
rough nc [herba alta] rough
caddy nc caddy

389.7 Altres jocs amb pilota

netball ni esport similar al bàsquet jugat esp. per dones
basketball ni bàsquet
volleyball ni voleibol
softball ni mena de beisbol jugat amb una pilota gran i tova
rounders ni joc britànic semblant al beisbol

umpire àrbitre
net xarxa
ball pilota
ball girl recollidora de pilotes
service line línia de servei
racket o racquet raqueta
ball boy recollidor de pilotes
(tennis) court pista (de tennis)

390 Athletics Atletisme

athletics ni atletisme (davant de n) *an athletics meeting* un míting atlètic **athlete** nc atleta

390.1 Proves atlètiques (en pista)

run v, -nn- pas. **ran** pp. **run** 1 vi córrer *She's running in the New York marathon.* Correrà a la marató de Nova York. 2 vt córrer *She ran a great 200 metres.* Va fer una excel·lent cursa de 200 metres.
runner corredor -a *a cross-country runner* un corredor de cros

sprint vi fer un esprint **sprinter** nc esprintador -a, velocista
hurdle nc tanca [cursa] *the 100 metres hurdles* els 100 metres tanca **hurdler** nc corredor -a de tanques
race nc cursa
lap nc volta
marathon nc marató
jog vi, -gg- fer fúting *to go jogging* anar a fer fúting (com a n) *a jog round the park* una volta al parc fent fúting
jogging ni fúting **jogger** nc persona que fa fúting

390.2 Proves d'atletisme

high jump *ni* salt d'alçada **high jumper** *ni* saltador -a d'alçada
long jump *ni* salt de longitud **long jumper** *nc* saltador -a de llargada
pole vault *ni* salt amb perxa **pole vaulter** *nc* saltador -a de perxa

javelin *nc* javelina *to throw the javelin* llançar la javelina [prova] *She lost points on the javelin.* Va perdre punts a la prova de llançament de javelina.
shot (*brit*), **shot put** (*amer*) *nc* (cap *pl*; sempre + *the*) llançament de pes *putting the shot* llançar el pes (davant de *n*) *a shot putter* un llançador de pes
hammer (*brit*), **hammer throw** (*amer*) *nc* (cap *pl*; sempre + *the*) martell *throwing the hammer* llançament de martell

391 Water sports Esports aquàtics

water polo *ni* waterpolo
surfing TAMBÉ **surfboarding** *ni* surf **surfer** o **surfboarder** *nc* surfista
windsurfing TAMBÉ **sailboarding** *ni* windsurf, surf a vela **windsurfer** *nc* surfista a vela

waterskiing *ni* esquí aquàtic **waterskier** *nc* esquiador -a aquàtic -a
scuba diving *ni* submarinisme
snorkeling *ni* bussejar amb respirador de superfície **snorkel** *nc* respirador de superfície **snorkeler** *nc* bussejador -a amb respirador de superfície
canoeing *ni* piragüisme **canoeist** *nc* piragüista
rowing *ni* rem

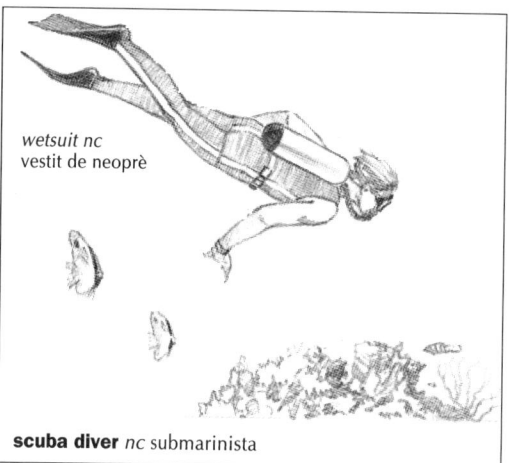

wetsuit nc vestit de neoprè

scuba diver *nc* submarinista

391.1 Natació

swimming *ni* natació
swim *vit*, -mm- *pas.* **swam** *pp.* **swum** nedar *I swam 50 lengths.* Vaig fer 50 piscines. **swimmer** *nc* nedador -a
swimming pool *nc* piscina
length *nc* (llargada de) piscina
breaststroke *ni* braça *to do/swim (the) breaststroke* nedar braça
crawl *ni* crol
butterfly *ni* papallona
backstroke *ni* espatlla
dive *vi*, *p.* **dived** o (*amer*) **dove** *pp.* **dived** capbussar-se, tirar-se de cap **diver** *nc* saltador -a de trampolí **diving** *ni* salt
diving board *nc* trampolí
float *vi* surar, flotar

392 Gymnasium sports Esports de gimnàs

gym [mot habitual] o **gymnasium** [formal] *nc* gimnàs
gymnastics *ni* gimnàstica **gymnast** *nc* gimnasta
weightlifting *ni* halterofília, aixecament de pesos **weightlifter** *nc* aixecador -a de pesos
weight training *ni* entrenament amb peses
aerobics *ni* aeròbic
keep-fit (*brit*) *ni* gimnàstica de manteniment (davant de *n*) *keep-fit classes* classes de gimnàstica
yoga *ni* ioga
exercise *ni/c* exercici

392.1 Esports de combat

hit *vt*, -tt- *pas. & pp.* **hit** pegar, donar un cop *to hit sb on the jaw* pegar a algú a la mandíbula
wrestling *ni* lluita lliure **wrestler** *nc* lluitador -a
sumo TAMBÉ **sumo wrestling** *ni* sumo **sumo wrestler** *nc* lluitador -a de sumo
martial arts *n pl* arts marcials

judo *ni* judo *a black belt at judo* un cinturó negre de judo
karate *ni* karate
fencing *ni* esgrima

boxing glove guant de boxa
boxer boxador
ring quadrilàter
boxing boxa

393 Outdoor sports Esports a l'aire lliure

cycling *ni* ciclisme **cyclist** ciclista

skateboard monopatí

rollerskates patins de rodes

skateboarding anar en monopatí
rollerskating patinatge sobre rodes

393.1 Excursionisme i alpinisme

climbing *ni* escalada *rock climbing* escalada sobre roca **climb** *vi* escalar **climber** *nc* escalador -a

mountaineering *ni* muntanyisme **mountaineer** *nc* muntanyenc -a

walking *ni* excursionisme **walking boots** *n pl* botes de muntanya

hiking *ni* excursionisme **hiker** *ni* excursionista

393.2 Esports d'hivern

skiing *ni* esquí
ski *vi* esquiar **skier** *nc* esquiador -a
ski *nc* esquí (davant de *n*) *ski resort* estació d'esquí
pole *nc* bastó
downhill TAMBÉ **downhill skiing** *ni* esquí alpí
cross-country skiing *ni* esquí de fons
skating *ni* patinatge *figure skating* patinatge artístic
skate *vi* patinar **skater** *nc* patinador -a
rink TAMBÉ **ice rink** *nc* pista de gel
sledge (*brit*), **sled** (*amer*) *nc* trineu **sledge** (*brit*), **go sledding** (*amer*) *vi* anar en trineu
toboggan *nc* trineu **tobogganning** *ni* baixar en trineu
bobsleigh (*brit*), **bobsled** (*amer*) *nc* bobsleigh
bobsleighing (*brit*), **bobsledding** (*amer*) *ni* baixar en bobsleigh

393.3 Esports aeris

parachuting *ni* paracaigudisme
parachute *nc* paracaiguda *The parachute opened safely.* El paracaiguda va funcionar. (davant de *n*) *a parachute jump* un salt en paracaiguda
parachute *vi* (sovint + *adv* o *prep*) tirar-se en paracaiguda *We parachuted down into a clearing.* Ens vam llançar en paracaiguda i vam aterrar en una clariana. **parachutist** *nc* paracaigudista
hanggliding *ni* vol amb ala delta **hang glider** *nc* volador -a amb ala delta
microlight *nc* ultralleuger

394 Target sports Esports de punteria

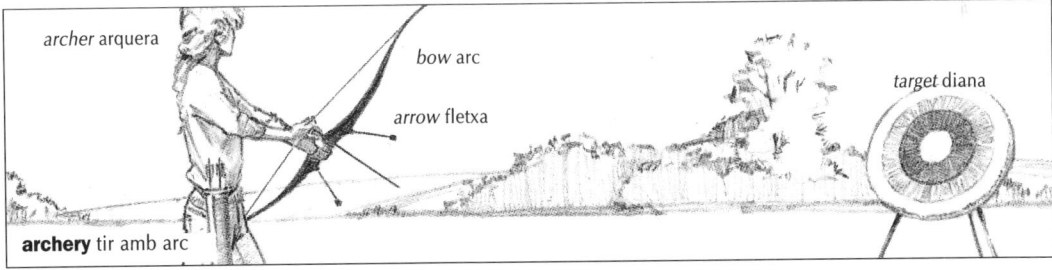

shooting *ni* caça, tir
target *nc* diana, blanc
darts *ni* dards **dart** *nc* dard
dartboard *nc* rodella

bowls (*esp. brit*) *ni* joc semblant a la petanca que es juga sobre herba
bowl *nc* bola, botxa
bowl *vit* jugar a botxes

bowling green pista (de gespa)
snooker *ni* [modalitat de billar que es juga amb quinze boles vermelles i sis de color] snooker
billiards *ni* billar
pool *ni* [joc americà] billar americà
cue *nc* tac

395 Equestrian sports Esports eqüestres

ride *vit, pas.* **rode** *pp.* **ridden** (sovint + *adv* o *prep*) cavalcar, muntar *She rode off on her pony.* Se'n va anar cavalcant en el seu poni. *I rode my father's horse.* Vaig muntar el cavall del meu pare. **rider** *nc* genet -a

riding o (*esp. amer*) **horseback riding** *ni* hípica
mount *vt* muntar **mount** *nc* [més aviat formal] muntura
on horseback a cavall *an expedition on horseback* una expedició a cavall

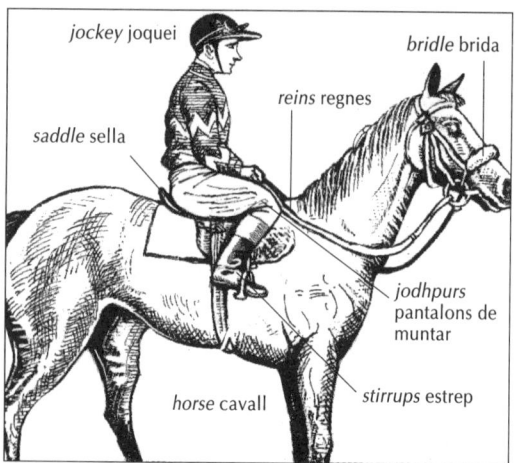

jockey joquei
bridle brida
reins regnes
saddle sella
jodhpurs pantalons de muntar
horse cavall
stirrups estrep

walk v 1 vi anar al pas 2 vt [obj: habit. un gos o un cavall] dur a passejar

trot vi trotar (com a n) at a trot al trot

canter vi anar a mig galop (com a n) at a canter a mig galop, a galop curt

gallop vi galopar (com a n) at a gallop al galop

395.1 Proves hípiques

showjumping ni concurs d'hípica i de salts **showjumper** nc genet -a, cavall de salt

jump nc obstacle, tanca to clear a jump saltar un obstacle

dressage ni ensinistrament de cavalls

gymkhana nc cursa, competició eqüestre en la qual cavalls i genets demostren les seves habilitats en proves diverses

(fox) hunting ni cacera de guineus

hound nc gos de caça

polo ni polo

(horse)racing ni curses (de cavalls)

races n pl (sempre + the) curses a day at the races un dia a l'hipòdrom

396 Success Èxit

vegeu també **107.3 Intend**

success n 1 ni èxit, triomf 2 nc èxit, triomf The idea was a brilliant success. La idea va tenir un gran èxit. (davant de n) a success story la història d'un èxit

successful adj [descriu: p. ex. persona, negoci, intent] afortunat, pròsper, reeixit the secret of successful cooking el secret de la bona cuina

successfully adv amb èxit The picture has now been successfully restored. El quadre ha estat restaurat amb èxit.

victory nc/i [després d'una lluita] victòria, triomf The decision was a victory for the ecologists. La decisió va ser una victòria per als ecologistes.

victorious adj victoriós a struggle from which the right wing emerged victorious una lluita de la qual va sortir victoriosa l'ala dreta (del partit) **victoriously** adv victoriosament

triumph nc/i triomf a triumph for common sense un triomf del sentit comú The film was a triumph. La pel·lícula va ser un èxit. He held the cup aloft in triumph. Va alçar la copa en senyal de triomf.

triumphant adj triomfant the triumphant smile on her face el somriure triomfant a la cara **triumphantly** adv triomfalment

fruitful adj [comporta bons resultats] fructífer fruitful discussions discussions fructíferes

396.1 Reeixir en competicions

win vti, -nn- pas. & pp. **won** [obj: p. ex. competició, copa, partit, premi] guanyar the first American to win the title el primer americà que va guanyar el títol Who won? Qui va guanyar?

win nc [esp. en esports o en el joc] victòria an away win una victòria en camp contrari

winner nc [esp. en una competició] guanyador -a

beat vt, pas. **beat** pp. **beaten** (de vegades + **at**) [p. ex. en jocs o eleccions. Obj: contrincant, equip] guanyar, batre, derrotar to beat sb at chess guanyar algú als escacs She was beaten into second place. Va perdre i va quedar segona.

champion nc [habit. en esport] campió -ona the world heavyweight champion el campió mundial de pesos pesants (davant de n) last year's champion jockey el joquei que va quedar campió l'any passat

victor nc [més aviat formal. Habit. en batalles o esports] vencedor -a

outdo vt, pas. **outdid** pp. **outdone** [suposa una actuació excel·lent] excedir, avantatjar attempts by Glasgow and Edinburgh to outdo each other in cultural matters els intents de Glasgow i Edimburg de passar l'una davant de l'altra en assumptes culturals

overcome vt, pas. **overcame** pp. **overcome** [obj: p. ex. dificultat, contrincant] vèncer, superar advertising aimed at overcoming consumer resistance publicitat dirigida a vèncer la resistència del consumidor

396.2 Reeixir

succeed vi (sovint + **in**, **at**) reeixir, triomfar We've succeeded in contacting her. Hem aconseguit establir contacte amb ella. the few that succeed at acting els pocs que triomfen en l'escena

accomplish vt [subratlla que una tasca ha estat realitzada] acomplir, dur a terme We have accomplished what we set out to do. Hem acomplert el que ens havíem proposat. **accomplishment** nc/i acompliment, realització, execució

achieve vt [subratlla el resultat del treball] aconseguir They have achieved a high degree of precision. Han aconseguit un grau de precisió molt elevat. We have achieved our main objectives. Hem aconseguit els nostres principals objectius.

achievement nc/i realització, èxit The agreement was a remarkable diplomatic achievement. L'acord va ser un èxit diplomàtic notable. *an award for outstanding achievement in the arts* un guardó per a realitzacions rellevants en el camp de les arts

attain *vt* [més aviat formal. Comporta persistència i esforç] atènyer, assolir *Nothing can prevent us from attaining our goal.* Res no ens pot privar d'atènyer el nostre objectiu. **attainment** *nc/i* assoliment, consecució

manage *vti* (sovint + **to** + INFINITIU) [comporta resoldre problemes] sortir-se'n de, aconseguir, manegar *I managed the first part fairly easily.* De la primera part me'n vaig sortir sense gaires problemes. *She managed to rescue the painting.* Va aconseguir recuperar el quadre.

pass *vti* [obj: esp. examen, test] aprovar, passar *She managed to pass her driving test at the third attempt.* Va aconseguir aprovar l'examen de conduir a la tercera. **pass** *nc* aprovat

u t i l i t z a c i ó

Es fa servir **pass** o **fail** per a un examen o un test, però **get** per a una qualificació concreta, p. ex. *Did you pass your French test?* (Vas aprovar l'examen de francès?) *I passed my driving test three years ago.* (Vaig aprovar l'examen de conduir fa tres anys.) *I got my driving licence three years ago.* (Vaig treure'm el carnet de conduir fa tres anys.)

come top (*brit*), **be top** (*amer*) [en els exàmens] ésser el primer

f r a s e s   f e t e s

to get the better of sb/sth [p. ex. després de molta resistència, d'una discussió o de dificultats] poder més que a/ac, sortir-se amb la seva *As usual, the bureaucrats have got the better of us.* Com sempre, els buròcrates han pogut més que nosaltres. *I've finally got the better of this computer.* Finalment he aconseguit dominar aquest ordinador.

bring/pull sth off [ac impressionant feta amb habilitat] sortir-se amb la seva *It was an impossible deadline but they brought it off.* Semblava impossible aconseguir-ho abans de la data proposada, però finalment es van sortir amb la seva.

do the trick [ser el que cal] *A letter from our lawyers usually does the trick.* Normalment amb una carta dels nostres advocats n'hi ha d'haver prou.

bear fruit [força literari. Produir bons resultats] fructificar *We all hope the Geneva talks will bear fruit.* Tots desitgem que les converses de Ginebra fructifiquin.

play one's cards right [informal. Comporta una estratègia hàbil] jugar bé les cartes *If we play our cards right we'll get both contracts.* Si juguem bé les nostres cartes, aconseguirem els dos contractes.

a feather in one's cap [informal. Expressa una actitud d'orgull en l'èxit] triomf personal *Her own TV show was another feather in her cap.* Tenir el seu propi espectacle a la TV va suposar un altre triomf personal.

397 Failure Fracàs

fail *v* **1** *vi* (sovint + **to** + INFINITIU) [mot genèric] fracassar *The plan failed miserably.* El pla va fracassar miserablement. *He failed in the attempt.* Va fracassar en l'intent. *He failed to get enough votes.* No va obtenir prou vots. **2** *vt* [obj: esp. examen, test] suspendre

failure *n* **1** *ni* fracàs *The plan was doomed to failure.* El pla estava condemnat al fracàs. *We were facing failure.* Ens enfrontàvem al fracàs. **2** *nc* [intent] fracàs *Despite previous failures, I still believe in the idea.* Malgrat els fracassos anteriors, encara crec en la idea.

unsuccessful *adj* [esp. intent, negoci, persona] sense èxit, fracassat, infructuós *an unsuccessful novelist* un novel·lista fracassat *We were unsuccessful in finding her.* La vam buscar sense èxit.

lose *v*, pas. & pp. **lost 1** *vi* [en una contesa] perdre *They lost again to Liverpool.* Van tornar a perdre amb el Liverpool. **2** *vt* [obj: p. ex. partit, batalla, discussió] perdre *If I lose the case I'm ruined.* Si perdo el plet estic arruïnat.

lose out *vi* (sovint + **on**) [comporta no obtenir el benefici degut] *Middle children lose out in many*

f r a s e s   f e t e s

fall flat [comporta decepció. Subj: p. ex. intent, acudit] no ser ben rebut, fracassar *My suggestion fell distinctly flat.* El meu suggeriment no va ser ben rebut.

fall through [subj: p. ex. acords, plans] anar-se'n en orri, frustrar *We were buying their house but it all fell through.* Estàvem a punt de comprar-los la casa però se'n va anar tot en orri.

come unstuck (*brit*) [informal. Trobar problemes que fan fracassar] no sortir bé les coses *She ignored the bank's advice and not surprisingly she came unstuck.* Va ignorar els consells del banc i com era d'esperar no li van sortir bé les coses.

come to grief [suposa un fracàs malaurat. Subj: p. ex. persona, pla] acabar malament *I came to grief when interest rates rose.* Vaig acabar malament quan els tipus d'interès van pujar.

come bottom (*brit*) [habit. en un examen] ésser l'últim

bite off more than one can chew [informal. Intentar fer més del que hom és capaç] estirar més el braç que la màniga *Get some estimates before you bite off more than you can chew.* Demana pressupostos abans d'estirar més el braç que la màniga.

fight a losing battle [continuar una lluita en va] lliurar una batalla perduda *They're fighting a losing battle against closure.* Estan lliurant una batalla perduda contra el tancament.

wild-goose chase [esforços inútils, esp. en una recerca] pèrdua de temps, picar ferro fred *The enquiry turned out to be a wild-goose chase.* La investigació va resultar una pèrdua de temps.

not have a leg to stand on [informal. Del tot incapaç de defensar-se o defensar un argument] no tenir on agafar-se *The facts leave you without a leg to stand on.* Els fets et deixen sense cap argument a favor teu.

families. En moltes famílies els fills del mig hi surten perdent. *Make a claim soon or we'll lose out on tax advantages.* Fes aviat una reclamació o perdrem els avantatges fiscals.

miss *vt* [obj: p. ex. objectiu, termini] equivocar, fallar, perdre *That penalty means they'll miss a place in the final.* Aquest penal significa que no podran jugar la final.

give up (sth) o **give** (sth) **up** *vti* [força informal] donar-se per vençut *They got discouraged and gave up.* Es van desanimar i es van donar per vençuts.

flop *nc* [informal. P. ex. pel·lícula, idea] fracàs, fiasco *The outing turned out to be a total flop.* La sortida va resultar un fracàs total.

flop *vi*, **-pp-** fracassar *The membership drive flopped.* La campanya per fer socis va fracassar.

398 Reward Recompensa

reward *nc* recompensa *They're offering a reward for information.* Ofereixen una recompensa a canvi d'informació.

reward *vt* recompensar *We were rewarded with a delicious meal.* Ens van recompensar amb un àpat deliciós.

award *nc* [suposa un reconeixement oficial] guardó *an award for outstanding achievement in the arts* un guardó per a realitzacions rellevants en el camp de les arts [pot ser en metàl·lic] premi *a government award to study in America* una beca del govern per estudiar a Amèrica *award-winning scientists* científics guardonats

award *vt* concedir, atorgar *to award a grant to sb* concedir una beca a algú *She was awarded an Oscar for her performance.* Li van atorgar un Oscar per la seva interpretació.

prize *nc* premi *a cash prize* un premi en efectiu *prize-winners* premiats

medal *nc* medalla *the bronze medal* la medalla de bronze

trophy *nc* trofeu

399 Agile Àgil

agile *adj* àgil *They climbed over the rocks with agile movements.* Van pujar per les roques amb moviments àgils. *She has a very agile mind.* Té una ment molt àgil.

agility *ni* agilitat

grace *ni* [expressa bellesa de moviments] gràcia *She held out her hand with simple grace.* Va allargar la mà amb una gràcia natural.

graceful *adj* graciós *a graceful bow* una reverència graciosa **gracefully** *adv* airosament

lithe *adj* [indica un bon estat físic i flexibilitat] àgil *lithe young swimmers* nedadors joves i àgils **lithely** *adv* amb agilitat

supple *adj* [indica un bon estat muscular] flexible *supple limbs* membres flexibles **suppleness** *ni* flexibilitat

nimble *adj* [indica lleugeresa i velocitat] àgil, destre *nimble fingers* dits destres **nimbleness** *ni* destresa **nimbly** *adv* amb destresa

400 Clumsy Maldestre

clumsy *adj* [en els propis moviments o en la manipulació de les coses. Descriu: p. ex. persona, moviment] maldestre, matusser, barroer *a clumsy fall* una caiguda maldestra *a clumsy excuse* una excusa matussera

clumsily *adv* de qualsevol manera, de manera matussera *a clumsily wrapped parcel* un paquet embolicat amb poca traça **clumsiness** *ni* matusseria, poca traça

awkward *adj* [descriu: p. ex. moviment, posició] maldestre, graponer, desmanyotat *She held the pencil in an awkward way.* Agafava el llapis d'una manera matussera.

awkwardly *adv* matusserament *She fell awkwardly and broke her ankle.* Va caure malament i es va trencar el turmell. **awkwardness** *ni* malaptesa

gauche *adj* [amb immaduresa i manca de tacte] desmanyotat, sense tacte *a gauche attempt at conversation* un intent de conversació poc hàbil

butterfingers *nc* [informal. Persona que li cauen les coses de les mans. Sovint utilitzat com a exclamació quan a algú li cau ac] maldestre *I'm a real butterfingers.* Sóc un autèntic sapastre.

ham-fisted (*brit*), **ham-handed** (*amer*) *adj* [molt pej.] maldestre, desmanyotat *You're far too ham-fisted to become a surgeon!* Ets massa graponer per arribar a ser cirurgià!

frases fetes

like a bull in a china shop [amb poca traça i impaciència] ser maldestre *She's like a bull in a china shop when she decides to clean the flat.* Quan es posa a netejar el pis és un desastre.

all fingers and thumbs (*brit*), **all thumbs** (*amer*) [sense habilitat amb les mans] graponer *I was all fingers and thumbs when I first tried changing nappies.* No tenia prou mans el primer cop que vaig intentar canviar bolquers.

have two left feet [ser feixuc i desmanyotat en ballar] caminar (bellugar-se) com un ànec

401 Strength Força

vegeu també **100 Hard**; **228 Control**

strength ni força, energia *She uses weights to build up her strength.* Fa peses per fer-se forta. *A holiday will help you regain your strength.* Unes vacances t'ajudaran a recuperar energies. *I was surprised by the strength of her anger.* Em va sorprendre que es posés d'aquella manera. *I haven't got the strength of will to give up smoking.* No tinc prou força de voluntat per deixar de fumar.

force ni [pot implicar violència] força *We held him down by brute force.* El vam amorrar a terra per la força. *the sheer force of the impact* tota la força de l'impacte

power ni [reforça els efectes d'ac poderosa] poder, força, potència *electricity produced by the power of the waves* electricitat produïda per la força de les onades *the power a dancer needs to lift his partner* la força que necessita un ballarí per aixecar la seva parella

energy ni energia *Have you got the energy left to mow the lawn?* Et queda energia per segar la gespa?

muscle ni [més aviat informal. Descriu la força corporal] força muscular, múscul *You've got the speed but you lack the muscle.* Tens la velocitat però et manca la força muscular.

might ni [literari excepte en la frase de l'exemple. Servir-se de la força física] força *I pulled with all my might.* Vaig estirar amb tota la meva força.

401.1 Que té força

strong adj fort *strong arms* braços forts *a strong current* un corrent fort

strongly adv fortament, enèrgicament *I am strongly opposed to the scheme.* M'oposo enèrgicament al pla.

muscular adj muscular *a muscular physique* un físic musculós

sturdy adj [robust i fornit] cepat, ferm *Look at those sturdy little legs!* Mira quines cametes més fermes! *good sturdy timber* fustam sòlid i de bona qualitat

sturdily adv fortament, vigorosament, fermament

robust adj [que té força i salut] robust, fort *She's always been a fairly robust child.* Sempre ha estat una criatura força robusta. *robust shelving* lleixes molt sòlides

tough adj **1** fort, resistent *The sacks need to be made of a tough fabric.* Els sacs s'han de fer amb teixit resistent. *tough shoes for walking* sabates fortes per caminar **2** [pej. Descriu: p. ex. carn] dur **3** [de personalitat forta] fort *Having to struggle against adversity made her tough.* La lluita contra l'adversitat la va fer forta.

athletic adj atlètic *My sister's the athletic one, always skiing or horse-riding.* La meva germana és la més atlètica de la família, sempre esquia o munta a cavall.

hardy adj [expressa resistència] fort, resistent *I don't think I'm hardy enough to face camping in October.* No crec que tingui prou resistència per anar de càmping a l'octubre. **hardiness** ni resistència

powerful adj fort, potent *a powerful blow* un cop fort *a powerful build* una complexió forta **powerfully** adv poderosament

mighty adj [força literari] potent, fort, poderós *a mighty tug* una estrebada forta *a mighty crash* un xoc estrepitós

intense adj **1** [extrem] intens *the intense cold* el fred intens *intense loudness* volum elevat **2** [molt seriós i amb conviccions molt fortes. Sovint força pej.] excessiu, molt emocional *He's very intense.* S'ho pren tot molt a la valenta.

intensely adv intensament, profundament *an intensely enthusiastic supporter* un aficionat molt apassionat

intensity ni intensitat *Despite the intensity of the campaign, little was achieved.* Malgrat la intensitat de la campanya, es va aconseguir ben poc.

401.2 Utilitzar la pròpia força

energetic adj enèrgic *If you're feeling energetic we could go swimming.* Si et sents amb prou energies podríem anar a nedar. **energetically** adv enèrgicament

dynamic adj [fa referència a la consecució d'un objectiu] dinàmic *their dynamic leader* el seu dinàmic líder

forceful adj [habit. referit a força mental i autoritat més que no pas a força física] enèrgic, vigorós *a forceful attack on socialism* un atac enèrgic al socialisme

forcefully adv enèrgicament *He insisted forcefully on talking to me.* Va insistir enèrgicament a parlar amb mi.

lively adj [comporta moviment i energia] mogut, alegre, viu *a lively dance* una dansa molt alegre

full of beans [informal. Amb energia i activitat] eixorivit *It's his bedtime but he's still full of beans.* És la seva hora d'anar a dormir però encara està eixorivit.

401.3 Fer més fort

strengthen vt [habit. referit a aspectes estructurals però pot referir-se també a aspectes psicològics] enfortir, reforçar *That joint needs strengthening.* Aquesta juntura necessita un reforç. *This will only strengthen me in my determination.* Això no farà res més que reforçar la meva determinació.

reinforce vt reforçar *a reinforced door* una porta reforçada *reports that reinforced our suspicions* informes que reforçaven les nostres sospites

fortify vt [més aviat formal] **1** [contra un atac] fortificar *a fortified city* una ciutat fortificada **2** [esp. físicament o moralment] enfortir, envigorir *We fortified ourselves against the cold with a stiff whisky.* Ens vam enfortir contra el fred amb un bon got de whisky.

símil

as strong as a horse/an ox fort com un roure/com una roca

402 Weak Feble

weak adj feble, dèbil *My arms are very weak.* Els meus braços són molt febles.

weakness n **1** ni feblesa *She took advantage of my weakness.* Es va aprofitar de la meva feblesa. **2** nc debilitat, punt feble *The survey revealed weaknesses in the foundations.* L'estudi va revelar els punts febles dels fonaments. *another weakness in your argument* un altre punt feble en els teus arguments

weaken vti [obj/subj: p. ex. persona, edifici, autoritat] afeblir, debilitar *This weakens our negotiating position.* Això debilita la nostra posició negociadora. *Erosion had weakened the foundations.* L'erosió havia minat els fonaments.

feeble adj [sovint fa referència a l'edat o a una malaltia] feble, fluix *her feeble old hands* les seves mans febles i envellides *a feeble cough* una tos feble [pej.] *their feeble response to our appeal* la seva resposta feble a la nostra petició

puny adj [pej. Petit i feble] escarransit, poca cosa *He was too puny to play with the big boys.* Era massa escarransit per jugar amb els nois grans.

frail adj [habit. fa referència a una edat avançada] fràgil, delicat *Mother was getting frail.* La mare estava cada cop més delicada.

vulnerable adj (sovint + **to**) vulnerable *We were vulnerable to attack.* Érem vulnerables a l'atac. *emotionally vulnerable* emocionalment vulnerable

powerless adj [habit. darrere v; sovint + **to** + INFINITIU] [incapaç d'aconseguir ac] impotent *The police are powerless to arrest them.* La policia no té capacitat per detenir-los.

helpless adj [incapaç d'autodefensar-se] desvalgut, indefens *a helpless baby* una criatura desvalguda

402.1 De constitució feble

delicate adj **1** [referit a la bellesa que es pot malmetre] delicat *delicate fabrics* teixits delicats **2** [poca salut] delicat *She was a delicate child.* Era una criatura delicada.

fragile adj [que es trenca o es fa mal amb facilitat] fràgil *fragile china* porcellana fràgil *She's eighty and rather fragile.* Té vuitanta anys i és força fràgil. **fragility** ni fragilitat

flimsy adj [pej. Comporta manca de solidesa] prim, poc sòlid *flimsy walls* parets de paper de fumar

402.2 Persones dèbils

wimp nc [informal i pej. Persona mancada de força física i moral] pobre home/pobra dona, infeliç *You're a wimp if you don't try.* Ets molt poca cosa si no ho intentes.

weakling nc [pej.] nyicris *Aren't you ashamed to be seen with a weakling like him?* No et fa vergonya que et vegin amb un nyicris com ell?

baby nc [persona mancada de coratge] criatura *I'm such a baby when it comes to injections.* Quan m'han de posar injeccions sóc com una criatura.

403 Quick Ràpid

vegeu també **408 Run**

quick adj [suggereix velocitat relativament alta i estalvi de temps] ràpid *a quick wash* un rentat ràpid (com a adv) *Come quick!* Vine de pressa!

quickly adv ràpidament *I quickly ironed a shirt.* Vaig planxar ràpidament una camisa. **quickness** ni rapidesa

fast adj [comporta velocitat molt alta] ràpid *The journey's much faster now.* Ara el viatge és molt més ràpid.

fast adv ràpidament, de pressa *I can't run as fast as you can.* No puc córrer tan de pressa com tu.

utilització

Quick i fast són molt similars, però hi ha situacions en les quals no són intercanviables. Quan es parla d'accions que es realitzen de manera ràpida, se sol utilitzar quick: p. ex. *a quick look around* (una mirada ràpida al voltant) *a quick meal* (un àpat ràpid). Quan es parla de coses que es poden moure a gran velocitat se sol utilitzar fast: p. ex. *fast cars* (cotxes ràpids) *a fast runner* (una corredora veloç).

speedy adj [fer ac tan ràpidament com sigui possible] ràpid, dràstic *With best wishes for your speedy recovery.* Desitjo que et posis bo ben aviat. *a speedy action to end the strike* una acció enèrgica per aturar la vaga **speedily** adv ràpidament

swift adj [més aviat formal. Expressa velocitat, facilitat i sovint decisió. Descriu: p. ex. desenvolupament, reacció, moviment] ràpid, prompte, prest *a swift return to normality* un prompte retorn a la normalitat *a swift advance by the infantry* un avanç ràpid de la infanteria **swiftly** adv ràpidament **swiftness** ni rapidesa

rapid adj [amb velocitat i que passa de sobte] ràpid *a rapid response to the proposals* una resposta ràpida a les propostes *a rapid withdrawal from the border area* una retirada ràpida de la zona fronterera **rapidly** adv ràpidament **rapidity** ni rapidesa

brisk adj [amb velocitat i eficàcia] ràpid, actiu, diligent *a brisk walk* un tomb ràpid *a brisk refusal to compromise* una negativa ràpida a transigir **briskly** adv activament **briskness** ni rapidesa

high-speed adj [tecnologia] alta velocitat *a high-speed dubbing process* un procés de doblatge a alta velocitat

403.1 Provar d'anar ràpid

hurry v (sovint + **up**) **1** vi afanyar-se, apressar-se, fer via *I hurried back to the house.* Vaig tornar a casa de pressa. *Hurry up!* Afanya't! *Don't hurry over your choice.* No et precipitis a prendre una decisió. **2** vt [obj: p. ex. persona, acció] accelerar, acuitar, donar pressa *I'll try to hurry him along a bit.* Intentaré donar-li una mica de pressa. *It's not a process you can hurry.* És un procés que no es pot accelerar.

hurry n **1** nc (cap pl) pressa *I'm in a hurry.* Tinc pressa. *What's the hurry?* Per què tanta pressa? *They're in no hurry to move in.* No tenen cap pressa per instal·lar-se. **2** ni pressa

hurried adj [sovint pej. Descriu: p. ex. acció, decisió] apressat, cuitat *a hurried lunch* un dinar a corre-cuita *hurried preparations for the talks* preparacions apressades per a les converses

hurriedly adv a corre-cuita *a hurriedly arranged press conference* una conferència de premsa organitzada a corre-cuita

rush v (sovint + adv) [descriu una activitat o una velocitat més gran que **hurry**] **1** vi anar corrent, precipitar-se, afanyar-se *I rushed round to the doctor's.* Vaig anar volant al metge. *We rushed to get the house ready.* Ens vam afanyar a tenir la casa a punt. **2** vt [obj: p. ex. persona, feina] empènyer, fer de pressa, portar ràpidament *Don't rush me!* No em vinguis amb presses! *I don't want this report rushed.* No vull que aquest informe es faci de pressa. *I'll rush the papers over to you.* T'enviaré els papers ràpidament.

rush nc (cap pl) precipitació, pressa, daltabaix *It was all done in a terrible rush.* Es va fer tot amb molta precipitació. *I forgot something in the rush.* Amb les presses m'he deixat una cosa.

haste ni [sovint expressa una pressa excessiva] precipitació, afany, pressa *She agreed with almost indecent haste.* Va acceptar tan de pressa que va resultar poc elegant. *They fled in haste.* Van fugir a corre-cuita. *In my haste to get here I took the wrong train.* En el meu afany per arribar-hi vaig equivocar-me de tren.

hasty adj [habit. pej., implica poca cura o reflexió] precipitat, imprudent *a rather hasty conclusion* una conclusió força precipitada **hastily** adv precipitadament

flat out (habit. darrere verbs com **run**, **work**) [informal] a tot drap, a tota velocitat *We went flat out to finish the job.* Vam anar a tot drap a acabar la feina.

accelerate v **1** vi accelerar *to accelerate round a bend* accelerar en un revolt **2** vt [més aviat formal] accelerar *growth accelerated by artificial sunshine* creixement accelerat per llum artificial **acceleration** ni acceleració

hurtle vi (habit. + adv o prep) [descriu una velocitat gran i incontrolada com la que es produeix després d'un llançament] llançar amb violència *The boulder hurtled over the cliff.* La roca es va esllavissar pel precipici. *She came hurtling towards us on her bike.* Venia cap a nosaltres llançada en bicicleta.

frases fetes

put one's best foot forward [força obsolet. Expressa voluntat de no perdre temps] afanyar-se, caminar de pressa

get a move on [informal] bellugar-se *Get a move on in there, you lot!* Els d'allà dins, bellugueu-vos!

have no time to lose no tenir temps per perdre

I/we haven't got all day! [informal. Es diu sovint en un to d'impaciència o irritació quan algú ens entreté] que és per avui *Hurry up and drink your tea – we haven't got all day!* Afanya't i beu-te el te, que no tenim tot el dia!

403.2 Que ocorre o actua ràpidament

sudden adj [inesperat] sobtat, instantani *a sudden improvement* una millora sobtada *His death was sudden and painless.* Va tenir una mort sobtada i sense dolor. **suddenness** ni sobtadesa

suddenly adv de sobte *Suddenly I realized what had happened.* De sobte em vaig adonar del que havia succeït.

instant adj (habit. davant de n) instantani *an instant decision* una decisió instantània *instant relief* alleujament instantani **instantly** adv immediatament

immediate adj immediat *my immediate reaction* la meva reacció immediata *We felt an immediate liking for each other.* Immediatament ens vam caure bé.

immediately adv immediatament, tot seguit *I rang you immediately.* Us vaig trucar immediatament.

immediately conj (brit) tan bon punt, així que *I came immediately you called.* Vaig venir tan bon punt em vas trucar.

directly adv [més aviat formal] directament *I shall write to him directly.* Li escriuré directament.

directly conj (brit) tan bon punt, així que *Directly he realized his mistake, he apologized.* Així que es va adonar del seu error, es va disculpar.

frases fetes

straight away [amb promptitud] de seguida, immediatament *We sent off for the brochure straight away.* Vam demanar un catàleg immediatament.

in no time [més aviat informal. Molt ràpidament] en un no res, en un tres i no res *It was all over in no time.* Es va acabar tot en un tres i no res.

on the spot [més aviat informal. En aquell mateix moment] a l'acte, tot seguit *They offered me the job on the spot.* Em van oferir la feina a l'acte.

there and then [més aviat informal. En aquell mateix moment] a l'acte *They wanted me to give an answer there and then.* Volien que els donés una resposta a l'acte.

as quick as a flash [informal. Quan algú reacciona ràpidament davant d'ac] ràpid com un llamp *She gave the answer as quick as a flash.* Va respondre ràpida com un llamp.

on the spur of the moment [més aviat informal. Descriu una acció sobtada i espontània] per un caprici momentani, impulsivament *People often buy them on the spur of the moment.* La gent sovint els compra per un caprici momentani.

like a shot [informal] com un llamp/una bala *She was off like a shot.* Se'n va anar com un llamp.

like greased lightning [informal] com una exhalació *She was in and out of the house like greased lightning.* Va entrar i va sortir de la casa com una exhalació.

like wildfire [informal] com la pólvora/foc en rostoll *The rumour spread through the school like wildfire.* El rumor es va propagar per l'escola com la pólvora.

403.3 Velocitat relativa

speed ni/c velocitat *at high speed* a alta velocitat *wind speeds of up to 100 kilometres an hour* velocitat del vent de fins a 100 kilòmetres l'hora rate *nc* [ref. a la velocitat a què succeeix ac més que no pas a la velocitat a què ac es mou] índex, taxa *the rate of production* l'índex de producció

pace *nc* (habit. cap *pl*) pas, ritme *They set off at a brisk pace. Es van posar en camí a bon pas. The pace of change was too slow for her.* El ritme del canvi era massa lent per a ella.

404 Slow Lent

vegeu també **284 Inaction; 407 Walk**

slow *adj* lent, pausat *slow traffic* trànsit lent *We're making slow progress.* Avancem lentament. **slowness** *ni* lentitud

slowly *adv* lentament *Things here change very slowly.* Aquí les coses canvien molt lentament. *He slowly backed away.* Va recular lentament.

slow (sth) **down** o **slow down** (sth) *v* [moviment o activitat] **1** *vi* anar més a poc a poc, alentir el pas *I slowed down to see what was going on.* Vaig alentir el pas per veure què passava. *Slow down and think carefully.* Vés més a poc a poc i reflexiona. **2** *vt* retardar, alentir *The snow slowed us down.* La neu ens va retardar.

slow *v* [més formal que **slow down**] **1** *vi* moderar la marxa, reduir la velocitat *The train slowed but did not stop.* El tren va reduir la velocitat, però no es va aturar. **2** *vt* alentir, reduir la velocitat de *Just slow the engine slightly.* Només cal que redueixis una mica la velocitat del motor.

gradual *adj* gradual, progressiu *a gradual improvement in sales* una millora gradual de les vendes

gradually *adv* gradualment *The anaesthetic gradually wore off.* L'efecte de l'anestèsia va desaparèixer gradualment.

sluggish *adj* [més aviat pej. De reaccions lentes] dropo, lent, calmós *The pills make me terribly sluggish.* Les pastilles m'ensopeixen. *The engine's rather sluggish.* El motor no respon gaire bé. **sluggishly** *adv* amb mandra

decelerate *vi* [tècnic] alentir, frenar, moderar la marxa **deceleration** *ni* alentiment, disminució de la velocitat

frases fetes

at a snail's pace [més aviat informal i pej.] a pas de tortuga *He read the article at a snail's pace.* Va llegir l'article a pas de tortuga.

drag one's feet [pej. Negar-se a cooperar] donar allargues *The government has promised legislation but is dragging its feet.* El govern ha promès una llei però li està donant allargues.

405 Throw Llançar

vegeu també **70 Throw away**

throw *vt, pas.* **threw** *pp.* **thrown 1** (sovint + *adv* o *prep*) [mot genèric] llançar, tirar *She threw a snowball at me.* Em va llançar una bola de neu. *I threw him a book.* Li vaig tirar un llibre. *She threw the newspaper down angrily.* Enfadada, va llançar el diari a terra. *Throw that pen over, will you?* Tira'm aquest bolígraf, vols?

throw *nc* llançament, tirada *That was a good throw.* Ha estat un bon llançament.

chuck *vt* (esp. *brit*) (sovint + *adv* o *prep*) [informal. Expressa un moviment que es fa despreocupadament] llançar, tirar *Just chuck your coat on the bed.* Llança l'abric damunt del llit. *Chuck me a tea towel down please.* Tira'm un drap de cuina, sisplau.

hurl *vt* [suposa esforç i distància, i sovint agressió] llançar, tirar *Stones were hurled at the police.* Es van llançar pedres a la policia.

toss *vt* [amb poc esforç o sense precisió] llançar, tirar *She just tossed some clothes into a case and walked out.* Es va limitar a llançar roba dins una maleta i se'n va anar. *I tossed him a coin.* Li vaig tirar una moneda. *to toss a coin* tirar una moneda a l'aire

fling *vt, pas. & pp.* **flung** [implica esforç però poca atenció a l'objectiu] llançar, empènyer *She flung the child to safety.* D'una empenta, va apartar el nen del perill.

aim *vti* (sovint + *at*) apuntar, llançar *I aimed the ball at the goal.* Vaig xutar a porteria. *I was aiming at his head.* Li apuntava al cap.

scatter *vt* escampar *I had scattered some sawdust on the floor.* Havia escampat serradures pel terra.

406 Catch Agafar

catch *vt, pas. & pp.* **caught 1** [obj: p. ex. pilota] agafar, atrapar *I caught the plate before it hit the ground.* Vaig agafar el plat abans que toqués a terra. (com a *n*) *He missed an easy catch.* Va fallar una aturada fàcil. **2** [obj: p. ex. ratolí, criminal] capturar, atrapar *a good place to catch trout* un bon indret per pescar truites

trap *vt, -pp-* **1** [p. ex. en la caça o en les investigacions] atrapar *a humane way of trapping rabbits* una manera civilitzada de caçar conills **2** (habit. en veu passiva) [en un espai tancat] atrapar *I was trapped in the bathroom for over an hour.* Vaig quedar atrapada a la cambra de bany durant més d'una hora.

trap *nc* parany *to set a trap* parar un parany

capture *vt* [comporta l'ús de la força. Obj: p. ex. soldat] capturar *captured prisoners* presoners capturats

407 Walk Caminar

walk v **1** vi caminar *I walked to the shops.* Vaig anar a les botigues caminant. *We walked six miles.* Vam caminar sis milles. **2** vt recórrer, caminar *They walked the streets all night.* Van caminar pels carrers tota la nit. **3** vt [dur a fer un volt] portar a passeig *to walk the dog* portar el gos a passejar

walk nc **1** passeig, volt, tomb *Shall we go for a walk?* Anem a fer un tomb? *forest walks* passejos pel bosc **2** [manera de caminar] caminar, pas *He has a funny walk.* Camina d'una manera estranya.

walker nc [ref. a persones que caminen llargues distàncies per gust] caminador -a

pedestrian nc vianant (davant de n) *pedestrian crossing* pas de vianants

407.1 Moviments que es fan en caminar

step nc **1** pas, passa *a baby's first steps* les primeres passes d'un infant **2** [ritme propi en caminar] pas *her usual jaunty step* el seu pas airós habitual

step vi, -pp- (sovint + adv o prep) caminar, trepitjar *I stepped over the puddle.* Vaig mirar de no trepitjar el toll. [més aviat formal] *Step this way please.* Passi per aquí, sisplau.

pace nc [un sol pas] pas, passa *Take two paces forward.* Feu dos passos endavant.

pace vit [caminar lentament a passos regulars amunt i avall. Sovint implica avorriment o ansietat] passejar-se (amunt i avall) *I paced up and down outside while the judges made their decision.* Vaig passejar per fora amunt i avall mentre els jutges deliberaven.

stride nc **1** [un moviment, habit. força llarg i vigorós] gambada *In a few strides he had caught up with me.* Amb unes poques gambades m'havia atrapat. **2** (cap pl) [ritme personal ràpid i regular] pas *She headed down the corridor with a confident stride.* Va dirigir-se cap al fons del passadís amb un pas decidit. *vegeu també **407.3**

gait nc (cap pl) [més aviat formal. Moviments que fa el cos en caminar] manera de caminar *her duck-like gait* el seu caminar d'ànec

footstep nc [el so o la petja que es fa en caminar] pas *I could hear their heavy footsteps on the stairs.* Sentia els seus passos feixucs a l'escala.

tread nc (cap pl) [so i força que fa una persona quan camina] pas *Even the nurse's gentle tread would wake me.* Fins i tot el pas lleuger de la infermera em despertaria.

tread vi, pas. **trod** pp. **trodden** (+ adv o prep) trepitjar, aixafar (amb el peu) *He trod on my toe.* Em va trepitjar el dit del peu.

407.2 Caminar pausat

wander vi (habit. + adv o prep) [sense destinació fixa] vagar *I've been wandering around these corridors for hours.* Fa hores que rodo per aquests passadissos. *You can't just wander in here, you know.* No es pot pas entrar aquí així com així.

roam vit (habit. amb adv o prep) [força literari. Recórrer distàncies llargues però sense destinació fixa] rondar, errar *We roamed around the old city without a guidebook.* Vam rondar per la ciutat vella sense una guia. *I've been roaming the country, looking for a job.* He estat rondant pel país, buscant una feina.

stroll vi (habit. + adv o prep) [passeig curt, pausat i agradable] donar un tomb *We strolled down to the post office.* Vam donar un tomb fins a correus.

stroll nc volt, passejada, tomb *to go for a stroll* donar un tomb

saunter vi (habit. + adv o prep) [caminar lent, despreocupat, sovint arrogant] deambular *He said hello as he sauntered past.* Va saludar-nos mentre passejava tot xino-xano.

ramble vi [fer una llarga caminada pel camp] sortir d'excursió, fer una caminada *to go rambling* fer una excursió, una caminada *We spent a week rambling round Andorra.* Vam passar una setmana recorrent Andorra a peu.

ramble nc excursió a peu *to go for a ramble* fer una excursió a peu **rambler** nc excursionista

amble vi [caminar de manera lenta i reposada] caminar tranquil·lament/xino-xano *At twelve he ambles across to the pub for lunch.* A les dotze se'n va tot xino-xano a la taverna a dinar.

dawdle vi [expressa una pèrdua de temps] anar badant *They tend to dawdle in front of shop windows.* Solen encantar-se davant dels aparadors.

407.3 Caminar de manera enèrgica

march vi (sovint + adv o prep) [amb un pas regular o semblant al dels soldats] marxar *We marched back to camp.* Vam tornar al campament a pas de marxa. *The protesters marched on Downing Street.* Els manifestants van continuar fins a Downing Street. [sovint expressa enuig] *She marched in and demanded to see the manager.* Va entrar decididament i va exigir veure el gerent.

march nc marxa *a protest march* una marxa de protesta

stride vti, pas. **strode** pp. **stridden** (sovint + adv o prep) caminar a grans camades, fer passes llargues *He strode off after her.* Va sortir rere d'ella a grans camades. *vegeu també **407.1**

process vi [formal. Subj: p. ex. clergat, cor] desfilar *We processed solemnly round the cloister.* Vam desfilar solemnement al voltant del claustre.

procession nc processó *to walk in procession* anar en processó

hike vi (sovint + adv o prep) [fer una caminada llarga pel camp] anar a peu, fer muntanyisme, anar d'excursió *to go hiking* fer muntanyisme, anar d'excursió *We spent a week hiking through Yorkshire.* Vam passar una setmana fent muntanyisme per Yorkshire.

swagger vi (sovint + adv o prep) [caminar de manera envanida] caminar tibat *He swaggered up to the bar and ordered a bottle of champagne.* Va caminar tot tibat fins al bar i va demanar una ampolla de cava.

swagger nc fatxenderia *to walk with a swagger* caminar amb aires de suficiència

stamp v (habit. + adv o prep) **1** vi [manera de caminar pesada i de vegades agressiva] trepitjar fort *She swore at me and stamped out.* Em va insultar i se'n va anar trepitjant fort. *He flung the papers to the floor and stamped on them.* Va tirar els papers a terra i els va trepitjar. **2** vt [obj: peu] picar de peus *I stamped my foot in rage.* Vaig picar de peus de ràbia.

tramp vi (habit. + adv o prep) [caminar amb dificultat] caminar amb passos feixucs *We had to tramp over there through the mud and rain.* Hi vam arribar com vam poder pel mig del fang i la pluja.

407.4 Caminar com per no ser vist

creep vi, pas. & pp. **crept** (habit. + adv o prep) [molt silenciosament] esquitllar-se, esmunyir-se *I crept upstairs and went to bed.* Em vaig esmunyir cap a dalt i me'n vaig anar a dormir.

crawl vi (habit. + adv o prep) [abaixant el cos] gatejar, anar de quatre grapes *I crawled under the bed.* Em vaig ficar sota el llit de quatre grapes.

prowl vi (habit. + adv o prep) [estar a l'aguait] rondar *What's the idea of prowling round outside the house?* Què és això de rondar la casa?

tiptoe vi [habit. per no destorbar algú, especialment si està dormint] caminar de puntetes *She tiptoed out of the room.* Va sortir de l'habitació de puntetes.

on tiptoe de puntetes *We were walking around on tiptoe so as not to wake the children.* Caminàvem de puntetes per tal de no despertar la canalla.

407.5 Caminar cap amunt

climb v [p. ex. una muntanya o unes escales] **1** vi (habit. + adv o prep) pujar, enfilar-se *I had to climb up the drainpipe.* Vaig haver d'enfilar-me per la canonada. *We could climb in through the window.* Podríem entrar enfilant-nos per la finestra. **2** vt pujar *She climbed the ladder very slowly.* Va pujar molt lentament per l'escala de mà.

clamber vi (habit. + adv o prep) [amb dificultat i fent servir les mans] grimpar *He clambered into the top bunk.* Va grimpar fins a la llitera de dalt.

scramble vi (habit. + adv o prep) [amb dificultat o ràpidament] sortir a corre-cuita, amb dificultat, de quatre potes *Everybody scrambled back on to the coach.* Tothom va tornar a pujar a l'autocar a corre-cuita.

407.6 Caminar de manera incòmoda

stagger vi (habit. + adv o prep) [com a punt de caure] tentinejar *I staggered out of bed to open the door.* Vaig sortir del llit fent tentines per obrir la porta.

limp vi coixejar

limp nc coixesa *to walk with a limp* coixejar

hobble vi (habit. + adv o prep) [p. ex. a causa de l'edat o d'un accident] ranquejar *She was hobbling along on crutches.* Anava ranquejant amb les crosses.

waddle vi (habit. + adv o prep) [quan el cos es mou d'una banda a l'altra, sovint per un excés de greix. Referit també als ànecs] caminar com els ànecs

shuffle vi (habit. + adv o prep) [sense aixecar els peus] caminar arrossegant els peus *The queue shuffled forward slowly.* La cua avançava arrossegant-se lentament.

traipse vi (habit. + adv o prep) [caminar una llarga distància sense tenir-ne ganes] andarejar *I had to traipse back to the shops again to pick it up.* Vaig haver de fer tot el camí fins a les botigues per recollir-ho.

407.7 Caminar per l'aigua

paddle vi [en aigües poc fondes, esp. a la vora del mar] remullar-se els peus, xipollar *to go paddling* anar a remullar-se els peus *I'll just paddle at the water's edge.* Només xipollaré a la vora de l'aigua. (com a n) *to go for a paddle* anar a remullar-se els peus

wade vi (habit. + adv o prep) [en aigües força fondes] caminar dins l'aigua, travessar un gual *We waded in up to our waists.* Ens vam ficar a l'aigua fins que ens arribava a la cintura.

408 Run Córrer

vegeu també **388 Sport; 395 Equestrian sports; 403 Quick**

run v, -nn- pas. **ran** pp. **run 1** vi (habit. + adv o prep) córrer *She ran to the gate.* Va córrer fins a la porta. *I ran down the stairs.* Vaig córrer escales avall. *He ran into some plate glass.* Va xocar contra una porta de vidre. (com a n) *to go for a run* anar a fer una correguda **2** vt [obj: esp. cursa] córrer

trot vi, -tt- (habit. + adv o prep) [com un cavall que corre lentament] trotar *She got out of the car and trotted down the path.* Va sortir del cotxe i va anar trotant camí avall.

trot nc trot *to break into a trot* posar-se al trot

gallop vi (habit. + adv o prep) [com un cavall que corre ràpidament] galopar *I don't want you galloping down the corridors.* No vull que corris pels passadissos.

gallop nc galop *to set off at a gallop* anar-se'n al galop

race vi (habit. + adv o prep) [expressa una manca de temps] anar corrents *Everybody raced for the doors.* Tothom va córrer cap a les portes.

dash vi (habit. + adv o prep) [amb molta pressa] llançar-se, precipitar-se *I dashed over to the phone.* Em vaig precipitar a agafar el telèfon.

dash nc cursa a tota velocitat *a mad dash for bargains* una cursa esbojarrada per aconseguir gangues

bolt vi [habit. per fugir] sortir disparat *He bolted for the door.* Va sortir disparat cap a la porta.

sprint vi (habit. + adv o prep) [com un atleta en una distància curta] fer un esprint *She sprinted across the road.* Va creuar el carrer d'una correguda. **sprint** nc esprint, correguda

scamper vi (habit. + adv o prep) [enjogassadament] jugar a perseguir-se *The twins were scampering round the garden.* Els bessons jugaven a perseguir-se pel jardí.

409 Follow Seguir

follow *vti* **1** [sentit general] seguir *The dog followed us home.* El gos ens va seguir fins a casa. *I left the room and he followed.* Vaig marxar de l'habitació i ell va sortir darrere meu. *His eyes followed her around the room.* La seguia amb els ulls mentre es movia per l'habitació. **2** perseguir *She was followed by the police.* La policia la va perseguir.

409.1 Seguir algú per enxampar-lo

chase *vt* [amb velocitat. Pot ser per enxampar o per fer marxar] encalçar, empaitar, fer fora *Stop chasing that poor cat.* Deixa d'empaitar aquest pobre gat. *The police chased him onto the roof.* La policia el va encalçar fins a la teulada. *He was chasing a dog out of the garden.* Estava fent fora un gos del jardí. *I chased after him to give him his book back.* Vaig córrer darrere seu per tornar-li el llibre.

pursue *vt* [més aviat formal] perseguir *The aggressors will be pursued and punished.* Els agressors seran perseguits i castigats.

pursuer *nc* perseguidor -a *They fled in fear from their pursuers.* Van fugir per por dels seus perseguidors.

pursuit *nc* (cap *pl*) persecució, cerca *We set off in pursuit of the thieves.* Vam sortir a la recerca dels lladres.

hunt *vt* [obj: p. ex. guineu, criminal] caçar, capturar *a hunted animal* un animal encalçat (+ **down**) *We will hunt down the murderer.* Capturarem l'assassí.

409.2 Seguir sense ser vist

trail *vt* **1** [en secret] vigilar, seguir el rastre *We trailed him back to the hotel.* Li vam seguir el rastre fins que va tornar a l'hotel. **2** [no anar al mateix pas] anar a la saga *He trailed the leaders till the last 100 metres.* Anava a la saga dels líders fins als últims 100 metres.

shadow *vt* [de prop i d'amagat] seguir i vigilar, vigilar de prop *Foreign journalists are shadowed by members of the secret police.* La policia secreta vigila de prop els periodistes estrangers.

utilització

Habitualment, un **follower** no és pas una persona que camina darrere d'una altra, sinó una persona que creu en o dóna suport a algú o alguna cosa: p. ex. *the followers of Freud* (els seguidors de Freud). En anglès hi ha diverses maneres de referir-se a les persones que en segueixen d'altres: p. ex. *the people following us on foot* (la gent que ens segueix a peu) *The cars behind me kept hooting.* (Darrere meu els cotxes continuaven tocant el clàxon.) *the woman after me in the queue* (la dona que anava darrere meu a la cua).

410 Jump Saltar

jump *vit* (sovint + *adv* o *prep*) saltar, fer salts *See how high you can jump.* Vejam fins on pots saltar. *I jumped over the log.* Vaig saltar per sobre del tronc. *They jumped the fence.* Van saltar la tanca. *He jumped up and ran out of the room.* Es va posar dret d'un salt i se'n va anar de l'habitació. **jump** *nc* salt

spring *vi*, *pas.* **sprang** *pp.* **sprung** (habit. + *adv* o *prep*) [de manera sobtada i enèrgica] saltar, botre *I sprang out of bed and ran downstairs.* Vaig saltar del llit i vaig córrer escales avall. **spring** *nc* salt, bot

leap *vi*, *pas. & pp.* **leapt** o **leaped** (habit. + *adv* o *prep*) [implica energia i distància. De vegades es fa de manera sobtada] saltar *People were leaping out of the blazing building.* La gent es llançava de l'edifici en flames. *She leaped out from behind a tree.* D'un salt va sortir de darrere un arbre.

leap *nc* bot, salt *She took a flying leap at the burglar.* Es va llançar sobre el lladre d'un salt.

hop *vi*, -pp- [fer salts petits, habit. sobre un sol peu] anar a peu coix *She came hopping in with a sprained ankle.* Va entrar a peu coix amb un turmell torçat. [implica facilitat] *Hop in a taxi and come over.* Puja a un taxi i vine. **hop** *nc* saltiró

skip *vi*, -pp- **1** [córrer fent salts petits] saltironar *They skipped off happily down the road.* Anaven carrer avall fent saltirons. **2** [amb corda] saltar a corda

bounce *vit* botar *Stop bouncing on my bed!* Para de botar sobre el meu llit! *The ball bounced several times.* La pilota va botar diverses vegades. **bounce** *nc* bot, rebot

411 Movement Moviment

vegeu també **338 Pull and Push**

move *vit* **1** moure('s), traslladar(-se) *I thought I saw him move.* Creia haver-lo vist moure's. *Don't move!* No es mogui! *I've moved the medicines out of reach.* He posat les medicines fora de l'abast. *They moved their warehouse to Leicester.* Van traslladar el magatzem a Leicester. **2** [a una nova casa] mudar-se, canviar de casa *We're moving house tomorrow.* Demà ens mudem. *I moved here two years ago.* Vaig venir a viure aquí fa dos anys.

movement *n* **1** *ni* moviment *The overalls are designed for ease of movement.* Les granotes estan dissenyades per facilitar el moviment. **2** *nc* moviment *Watch out for any sudden movements.* Vigileu qualsevol moviment sobtat.

motion *n* [més formal o tècnic que **movement**] **1** *ni* [continu] moviment, marxa *motion caused by magnetic attraction* moviment causat per atracció magnètica *to set the wheels in motion* posar les rodes en marxa **2** *nc* [esp. com a senyal] gest, senyal *She beckoned me with a confident motion of her arm.* Em va cridar fent un senyal decidit amb el braç.

GRUPS DE PARAULES

mobile adj [subratlla la facilitat de moviment] mòbil, movible, ambulant *a mobile workforce* una plantilla mòbil *a mobile library* una biblioteca ambulant

mobility ni mobilitat

411.1 Petits moviments corporals

shift v **1** vi [canvi de posició] moure's, canviar *She shifted forward in her seat.* Es va tirar endavant al seient. **2** vt [lleug. informal] canviar *I want to shift this fridge.* Vull canviar aquesta nevera de lloc.

stir vi, -rr- [força literari. P. ex. després de dormir o d'estar immòbil] moure's, bellugar-se *A hedgehog stirred in the grass.* Un eriçó es movia per l'herba.

stir nc agitació, moviment *There was a stir amongst the audience.* Hi va haver un moviment d'agitació entre el públic.

wriggle vi [p. ex. amb impaciència o oferint resistència. Habit. amb tot el cos] bellugar-se, remenar-se *He wriggles so much it takes two of us to change his nappy.* Es belluga tant que li hem de canviar els bolquers entre dos.

fidget vi [habit. per impaciència o avorriment] moure's nerviosament, no parar quiet *Those hard benches would make anybody fidget.* Aquests bancs tan durs fan impossible que paris quiet.

jerk vti [amb una estrebada sobtada] sacsejar(-se), moure's a batzegades *She jerked her hand away.* Va retirar la mà d'una estrebada.

jerk nc estrebada, sacsejada *a sudden jerk of the head* un sobtat moviment amb el cap

twitch vit [no es fa conscientment ni s'hi té cap control] contraure('s) nerviosament, fer ganyotes, tenir tics *Her lips twitched as she tried not to smile.* Va contraure nerviosament els llavis en intentar no somriure.

twitch nc espasme, tic *He's got a nervous twitch.* Té un tic nerviós.

411.2 Moviments de lliscament

slide v, pas. & pp. **slid** (habit. + adv o prep) [en una superfície llisa] **1** vi lliscar, patinar *to slide down the banister* baixar lliscant per la barana [subratllant facilitat de moviment] esmunyir *We slid through a gap in the fence.* Ens vam esmunyir per un forat de la tanca. **2** vt posar dissimuladament *I slid the letter into my pocket.* Em vaig ficar la carta a la butxaca dissimuladament.

glide vi (habit. + adv o prep) [amb un moviment suau] lliscar *The dishwasher glides in and out on castors.* El rentavaixelles es treu i es posa fent-lo lliscar sobre les rodes. *The bus just glided past without stopping.* L'autobús va passar de llarg sense parar.

slip vi, -pp- **1** [perdre l'equilibri] relliscar *I slipped on the wet floor.* Vaig relliscar sobre el terra mullat. **2** (habit. + adv o prep) moure's ràpidament *I'd just slipped across the street.* Havia anat d'una revolada a l'altra banda del carrer. *He slipped out for a minute.* Va sortir un moment.

slippery adj relliscós, esmunyedís *slippery mountain tracks* pistes de muntanya relliscoses

skid vi, -dd- [comporta una pèrdua d'adherència a la superfície. Subj: esp. vehicle] patinar *The van skidded on some black ice.* La furgoneta va patinar sobre gel negre.

slither vi **1** (esp. brit) [implica fer relliscades sovintejades sobre una superfície molla o polida] rellisquejar *My feet kept slithering on the slimy rocks.* Els peus em relliscaven damunt les roques llimoses. **2** (brit & amer) [ref. a les serps] serpentejar

drift vi (habit. + adv o prep) [fer un moviment incontrolat a l'aigua o com si se surés] anar a la deriva, surar, deixar-se endur *The smoke drifted upwards.* El fum s'enfilava cap amunt. *Our boat drifted towards land.* El nostre vaixell anava a la deriva cap a la costa.

411.3 Moviments endavant i endarrere

roll v (habit. + adv o prep) **1** vi [subj/obj: p. ex. pedra, bóta] rodar, rodolar *A coin rolled under the counter.* Una moneda va anar rodolant sota el taulell. **2** vt (habit. + **up**) enrotllar, plegar *She rolled up the map.* Va enrotllar el mapa.

flow vi (habit. + adv o prep) [com un rierol] fluir, córrer *the blood that flows through your veins* la sang que corre per les teves venes

flow nc corrent, doll, flux *They cut off the oil flow.* Van tallar el subministrament de petroli.

rock vit [endavant i endarrere en un mateix lloc] bressar, bressolar, gronxar(-se) *I found her rocking gently in a hammock.* La vaig trobar gronxant-se suaument en una hamaca. *The wind was rocking the branches.* El vent bressolava les branques.

swing v, pas. & pp. **swung** [moviment en forma d'arc] **1** vi balancejar-se, gronxar-se *The children were swinging on a branch.* La mainada es gronxava en una branca. *The window swung shut.* La finestra es va tancar de cop. **2** vt gronxar, brandar *They were swinging chains around their heads.* Brandaven cadenes per damunt del cap.

wag v, -gg- [subj/obj: esp. dit, cua] **1** vt remenar, brandar *She kept wagging the paper under my nose.* Insistia a refregar-me el paper pels nassos. **2** vi ventar, brandar *Her tail was wagging happily.* Remenava la cua de contenta.

412 Fall Caure

vegeu també **47 Decrease**

412.1 Caure de manera accidental

fall vi, pas. **fell** pp. **fallen** (habit. + adv o prep, esp. **down**) caure *She stumbled and fell.* Es va entrebancar i va caure. *You could fall and hurt yourself.* Podries caure i fer-te mal. *A tile's fallen off the roof.* Ha caigut una teula.

fall nc caiguda *She had a bad fall.* Va tenir una mala caiguda.

trip vi, -pp- (sovint + **up** o **over**) [quan el peu ensopega amb ac] entrebancar-se *I've just tripped over one of your toys again.* Acabo de tornar a entrebancar-me amb una de les teves joguines. *I tripped on a loose piece of carpet.* Vaig entrebancar-me amb un tros de moqueta que estava solt.

stumble *vi* 1 (sovint + **on** o **over**) [entrebancar-se amb ac] ensopegar *I stumbled on a shoe that someone had left lying around.* Vaig ensopegar amb una sabata que algú havia deixat per terra. 2 [caminar feixugament o de manera inestable] ensopegar, topar *She stumbled about in the dark trying to find the light switch.* Anava ensopegant a les fosques mentre intentava trobar l'interruptor.

tumble *vi* (habit. + *adv* o *prep*) [comporta bolcar] fer una volta de campana *The car tumbled over the cliff.* El cotxe va caure pel precipici fent una volta de campana.

collapse *vi* 1 [a causa d'una fallada estructural] esfondrar-se, ensorrar-se *The roof collapsed, killing five people.* La teulada es va esfondrar i va matar cinc persones. 2 [subj: persona. P. ex. en desmaiar-se] tenir un col·lapse *She collapsed in a heap.* Va caure a plom. *to collapse in tears* esclatar a plorar 3 [subj: p. ex. negoci, oposició] fracassar *The business collapsed.* El negoci va fracassar.

collapse *ni/c* col·lapse, fracàs, esfondrament *the collapse of communism* la caiguda del comunisme

spill *vti, pas. & pp.* **spilled** o (*esp. brit*) **spilt** [obj/subj: p. ex. vi, farina] vessar(-se), abocar(-se) *Don't spill tea all over me!* No em vessis el te per sobre! *My drink spilt all over the floor.* Se'm va vessar tota la beguda per terra. **spill** *nc* vessament

tip *v*, **-pp-** (habit. + *adv* o *prep*) [comporta una pèrdua de l'equilibri a causa d'alguna pressió] 1 *vt* [habit. de manera deliberada] decantar, bolcar, abocar *We tipped the car over the cliff.* Vam tirar el cotxe pel precipici. *I tipped the contents out onto the table.* Vaig buidar el contingut damunt la taula. 2 (habit. + **over**) [habit. de manera accidental] tombar *The jolt made the bottle tip over.* L'estrebada va tombar l'ampolla.

412.2 Caure a plom

plummet *vi* [caure ràpidament des d'una gran alçada] caure en picat *A shot rang out and the bird plummeted to the ground.* Es va sentir un tret i l'ocell va caure a terra a plom.

drop *v*, **-pp-** (habit. + *adv* o *prep*) [accidentalment o no] 1 *vt* deixar caure *You've dropped a glove.* T'ha caigut un guant. *Just drop your cases anywhere.* Deixa les maletes a qualsevol lloc. *They're dropping leaflets over enemy lines.* Estan tirant prospectes sobre les línies enemigues. 2 *vi* caure *The letter dropped from her hand.* La carta li va caure de la mà. *The handle's dropped off.* Ha caigut el mànec. *I dropped to my knees.* Vaig caure de genolls.

sink *v, pas.* **sank** *pp.* **sunk** 1 *vi* [p. ex. al mar] enfonsar-se, naufragar *the year the Cambridge boat sank* l'any que es va enfonsar la barca de Cambridge 2 *vt* [p. ex. al mar] enfonsar 3 *vi* [p. ex. per cansament] deixar-se caure *to sink into an armchair* deixar-se caure en una butaca *She sank to the ground in exhaustion.* Va deixar-se caure a terra d'esgotament.

412.3 Baixar de manera controlada

swoop *vi* (sovint + **down**) [amb un moviment ràpid i airós, com el d'un rapinyaire] llançar-se en picat *A helicopter swooped down to photograph the crowd.* Un helicòpter es va llançar en picat per fotografiar la multitud.

dive *vi, pas.* **dived** o (*amer*) **dove** *pp.* **dived** (habit. + *adv* o *prep*) capbussar-se, submergir-se *The whale suddenly dived.* De sobte la balena es va submergir.

dive *nc* capbussament, salt *a dive off the top board* un salt des del trampolí més alt

descend *vit* [més aviat formal. Fer un moviment amb compte] descendir, davallar *We descended through the clouds.* Vam descendir a través dels núvols. *They descended the cliff face.* Van descendir per la paret de la cinglera.

descent *nc* descens *our descent into Heathrow* el descens per aterrar a Heathrow

413 Rise Pujar

vegeu també **46 Increase; 337 Carry**

utilització

Rise i **ascend** són més aviat formals. En la parla habitual és més corrent fer servir **go up** (pujar); p. ex. *We had to go up to the roof to fix the aerial.* Vam haver de pujar al terrat per arreglar l'antena.

rise *vi, pas.* **rose** *pp.* **risen** (sovint + **up**) [expressa una manca d'esforç aparent] pujar, aixecar-se, alçar-se *The balloon began to rise up into the sky.* El globus va començar a enlairar-se cel amunt.

ascend *vit* [més aviat formal. Enlairar-se amb gràcia o cura] pujar, ascendir, enfilar-se *the view as we ascended* la vista a mesura que ascendíem *She ascended the steps to the main door.* Va pujar les escales fins a la porta principal.

ascent *nc* ascens, ascensió *a balloon ascent* una ascensió en globus

climb *vit* pujar, enlairar-se *The plane climbed steadily as it left the runway.* L'avió s'enlairava sense parar a mesura que s'allunyava de la pista.

raise *vt* [de manera deliberada] aixecar, alçar, elevar *He raised the cup above his head.* Va aixecar la copa per damunt del cap.

lift *vt* [fet amb esforç i no necessàriament a un nivell elevat] aixecar, elevar *I could hardly lift the box.* Amb prou feines podia aixecar la caixa. *I lifted her onto my shoulders.* La vaig pujar a coll-i-be.

414 Turn Girar

turn v [fer un moviment circular total o parcial] **1** vi (habit. + **adv** o **prep**) girar-se, tombar *The gate turned slowly on its hinges.* La porta girava lentament sobre les frontisses. *He turned round and stared at me.* Es va girar i em va mirar fixament. *Turn left here.* Aquí gira a l'esquerra. **2** vt girar *Turn the valve clockwise.* Gira la vàlvula en el sentit de les busques del rellotge. *I turned the car round.* Vaig girar el cotxe.
turn nc gir *Give the wheel a quarter turn.* Gira la roda un quart de volta. *twists and turns in the road* giragonses a la carretera

414.1 Girar en cercle

spin v, **-nn-** *pas. & pp.* **spun** (sovint + **round** o **around**) [habit. comporta velocitat i moviment continu] **1** vi giravoltar *I watched the clothes spinning round in the machine.* Vaig mirar com la roba giravoltava dins la màquina. **2** vt fer girar *The croupier spun the wheel.* El crupier va fer girar la ruleta.
spin nc tomb, giravolta *The car went into a spin when we hit the patch of oil.* El cotxe va fer una giravolta quan vam passar per la taca d'oli. *We made the decision with a spin of a coin.* Vam prendre la decisió a cara o creu.
revolve vi (sovint + **round** o **around**) [més tècnic que **spin**. Habit. comporta moviment continu al voltant d'un eix] girar al voltant, revoltar *All the planets revolve slowly around the sun.* Tots els planetes giren lentament al voltant del sol. **revolution** ni/c revolució
rotate v [força tècnic. Comporta estar fixat a un eix] **1** vi rodar *The chamber rotates each time a bullet is fired.* El tambor roda cada vegada que es dispara una bala. **2** vt rodar *Each cog rotates the next.* Cada roda dentada fa rodar l'altra. **rotation** ni/c rotació
whirl vti (sovint + **around**, **round**) *He picked her up and whirled her round.* La va agafar i li va fer donar voltes. *My head was whirling with excitement.* Em rodava el cap de tan emocionat com estava.
spiral, **-ll-** (*brit*) **-l-** (*amer*) vi fer una espiral, caure en picat *The damaged aircraft spiralled down to the ground.* L'avió avariat va caure en picat i es va estavellar contra el terra.

414.2 Canviar de direcció

twist v (sovint + **adv** o **prep**) [quan una part va en una direcció diferent de l'altra] **1** vi tòrcer-se, cargolar *a stretch where the river twists and turns* un tros on el riu fa giragonses *The cap twists off.* S'obre descargolant la tapa. *He twisted round to check.* Es va girar per comprovar-ho. **2** vt tòrcer, girar *She twisted my arm.* Em va tòrcer el braç. *I twisted the cord round my wrist.* Vaig lligar-me la corda al canell. *I twisted the handle round.* Vaig fer girar la maneta.
twist nc torçada, torsió *with a twist of her wrist* girant la mà
swerve vi [amb un moviment sobtat, sovint violent, habit. fet per esquivar ac] desviar-se bruscament, virar sobtadament *I swerved and hit a tree.* Vaig virar de sobte i vaig xocar contra un arbre.
veer vi [implica un canvi de direcció accentuat, de vegades per la pèrdua de control] virar, canviar de direcció *The road veers off to the left.* La carretera vira a l'esquerra. *You keep veering towards the kerb.* Continues decantant-te cap a la vorera.

415 Wave Ondejar

wave v [comporta un moviment força ample] **1** vti [com a salutació, senyal. Obj: braç, senyera] ondejar(-se), agitar(-se), brandir *He waved an umbrella at the taxi.* Va cridar el taxi agitant el paraigua. *He waved cheerfully at me.* Em va saludar alegrement movent la mà. **2** vi [subj: p. ex. senyera] onejar *The barley waved in the sun.* L'ordi onejava al sol.
flutter vi [amb moviments petits i reiterats] voleiar, aletejar *He couldn't stop the pages fluttering in the wind.* No va poder evitar que les pàgines voleiessin al vent.
flap v, **-pp-** [amb un moviment fort i sorollós] **1** vi agitar-se, sacsejar-se *The washing flapped on the line.* La roba estesa s'agitava a l'estenedor. **2** vt agitar, batre *She was flapping her programme like a fan.* Agitava el programa com un ventall. *The bird flapped its wings.* L'ocell batia les ales.

416 Magic Màgia

magic ni màgia *black magic* màgia negra *to make sth disappear by magic* fer desaparèixer ac amb màgia
magic adj [terme més general que **magical**] màgic *magic tricks* trucs màgics *a magic mirror* un espill màgic
magical adj màgic *a magical kingdom* un regne màgic
magician nc [artista o en un conte de fades] mag -a
wand nc vareta *a magic wand* una vareta màgica
spell nc encanteri, encantament *to cast a spell (on sb)* embruixar (algú)
trick nc truc *a disappearing trick* un truc per fer desaparèixer a/ac

416.1 Éssers màgics

fairy nc fada (davant de *n*) *a fairy godmother* una fada padrina
gnome nc gnom
elf nc, pl **elves** elf, follet
wizard nc fetiller, embruixador
witch nc bruixa, fetillera

416.2 Coses sobrenaturals

ghost nc [terme genèric] fantasma, espectre *Do you believe in ghosts?* Creus en fantasmes?

phantom nc [força literari] fantasma
haunt vt [obj: p. ex. castell] encantar, embruixar
occult adj [descriu: p. ex. poders] ocult (com a n) *the occult* les coses sobrenaturals

417 Good Bo
vegeu també **59 Beautiful**; contrari **438 Bad**

good adj, compar **better** superl **best** bo *a very good idea* una idea molt bona *a good book* un bon llibre *a good tennis player* una bona jugadora de tennis *Let's hope the weather is better tomorrow.* Esperem que el temps sigui millor demà.

well adv, compar **better** superl **best** [l'adverbi de **good**] bé *They played very well.* Van jugar molt bé. (en frases compostes) *well-dressed* ben vestit *better-educated* més ben educada

utilització

Quan utilitzem **good** per descriure persones, o fem referència a una capacitat específica, p. ex. *a good pilot* (un bon pilot), o se'ls considera des del punt de vista ètic. La paraula **goodness** només té el sentit ètic.
*vegeu **217 Good (morally)**

417.1 Bo, però que no inspira molt entusiasme

utilització

Podem enfortir les següents paraules (a banda de fer-les més favorables) afegint-les-hi **very** o **extremely**. En canvi, normalment no hi afegiríem **absolutely**.

okay o **OK** adj [força informal. Habit. significa satisfactori, però també pot significar bo o força bo segons el to del qui parla] bé *The food wasn't great but it was OK.* El menjar no era cap meravella, però estava bé.

decent adj 1 [expressa satisfacció] decent *We can at last afford a decent car.* Per fi ens podem permetre un cotxe decent. *a decent meal* un àpat com cal 2 [descriu: persones, comportament] respectable
decently adv decentment

nice adj [paraula col·loquial, no es recomanable en contextos formals] maco *They're a very nice couple.* Són una parella molt maca. *What a nice little house!* Quina caseta més maca! *a nice cup of tea* una bona tassa de te *Have a nice day!* Que tinguis un bon dia!
nicely adv [expressa més entusiasme que **nice**] bé *You sang that very nicely.* Ho vas cantar molt bé.

pleasant adj [que dóna plaer] 1 [ref. a coses] maco, agradable *It's a pleasant place, I suppose, but I wouldn't want to live there.* Ja m'ho suposo que és un lloc agradable, però no m'agradaria viure-hi. *Thank you for a very pleasant evening.* Gràcies per aquesta vetllada tan agradable. 2 [ref. a persones] simpàtic, agradable *All the neighbours seem very pleasant.* Tots els veïns semblen molt simpàtics.

favourable adj [expressa aprovació. Descriu: p. ex. vistes, judicis] favorable *The reviews were favourable.* Les crítiques van ser favorables. *I'm hoping for a favourable decision.* Espero una decisió favorable.

417.2 Bo i que inspira admiració
vegeu també **77 Great**

utilització

Llevat de **fine** (sentit 1), tots aquests adjectius es poden fer més forts afegint-hi **absolutely**, p. ex. *It was absolutely lovely!* (Va ser senzillament esplèndid!) En canvi, normalment no s'hi afegeix **very**.

lovely adj (*esp. brit*) [expressa admiració o plaer] preciós, esplèndid *What lovely hair!* Quins cabells més preciosos! *I hope you have a lovely time.* Espero que us divertiu molt. *Thank you for that lovely meal.* Gràcies per aquest àpat tan bo. (davant d'un altre *adj*) *lovely fluffy towels* tovalloles molt flonges

fine adj 1 (habit. davant de *n*) [més aviat formal. Subratlla habilitat i qualitat] fi, esplèndid *some fine medieval carvings* unes escultures medievals esplèndides *a fine essay on humour* un article molt fi sobre l'humor *fine wines* vins bons 2 (habit. darrere *v*) [descriu una situació satisfactòria, però que no motiva entusiasme] bé *The eggs were just fine, darling.* Els ous estaven bé, estimada. *If you move the chair a little to the right, that'll be fine.* Si mous la cadira una mica cap a la dreta, n'hi haurà prou. (sovint per reassegurar algú) *Your work is fine.* La teva feina està bé. 3 [descriu: temps] sense pluja *a fine day* un dia sense pluja 4 (darrere *v*) [saludable] bé *I'm fine now.* Ara estic bé.

splendid adj 1 [lleug. obsolet. Expressa plaer] esplèndid *That'll be a splendid present for an eight-year-old.* Aquest serà un regal esplèndid per a una nena de vuit anys. [per expressar agraïment o satisfacció] *Eight o'clock will be splendid.* Les vuit em sembla una bona hora. 2 [comporta grandesa] magnífic *a splendid oriental carpet* una magnífica catifa oriental
splendidly adv perfectament *The plan worked splendidly.* El pla va funcionar a la perfecció.

superb adj [amb una qualitat impressionant] magnífic *a superb banquet* un banquet magnífic
superbly perfectament *She arranged everything superbly.* Va organitzar-ho tot perfectament.

magnificent adj [que és impressionant] magnífic *What a magnificent rainbow!* Quin arc de Sant Martí més esplèndid! *The acoustics are magnificent.* L'acústica és una meravella.
magnificence ni magnificència *the magnificence of the setting* la magnificència/l'esplendor de l'escenari
magnificently adv magníficament *a magnificently tiled hallway* un rebedor magníficament enrajolat

masterpiece nc obra mestra *a Venetian masterpiece* una obra mestra veneciana

417.3 Molt bo i que inspira un gran entusiasme

utilització

Les següents paraules s'utilitzen quan es vol expressar una bona opinió personal que es té d'algú o d'alguna cosa. Hi ha poca diferència de significat entre elles i cada persona acostuma a fer servir aquells mots que més li agraden. Totes es poden fer més fortes afegint-hi **absolutely**; en canvi, normalment no s'hi afegeix **very**. En anglès també es poden utilitzar paraules relacionades amb la sorpresa per expressar aquesta classe d'opinió, com ara **amazing** (sorprenent), **stunning** (esbalaïdor) o **incredible** (increïble): p. ex. *She has this amazing camera.* (Té una càmera realment increïble.) *vegeu també **118 Surprise**

excellent adj [entre els millors] excel·lent *an excellent recording* una gravació excel·lent *an excellent violinist* una violinista excel·lent *The wine was excellent.* El vi era excel·lent. *The method gives excellent results.* El mètode dóna resultats excel·lents. **excellently** adv excel·lentment

excellence ni excel·lència *the excellence of her advice* l'alta qualitat dels seus consells

outstanding adj [excepcionalment excel·lent] excepcional *an outstanding interpreter of Chopin* un intèrpret excepcional de Chopin

marvellous (brit), **marvelous** (amer) adj meravellós *She has a marvellous memory.* Té una memòria fantàstica.

marvellously (brit), **marvelously** (amer) adv meravellosament *It's so marvellously simple.* És tan increïblement senzill.

wonderful adj meravellós *It's a wonderful place to live.* És un lloc magnífic per viure-hi.

wonderfully adv meravellosament *a wonderfully relaxing holiday* unes vacances per relaxar-te completament

tremendous adj [més aviat informal] increïble *She makes tremendous pasta.* Prepara una pasta increïble.

tremendously adv [util. per intensificar] extraordinàriament *They're tremendously helpful.* Són extraordinàriament servicials.

super adj [informal] fantàstic *We had super weather.* Vam tenir un temps fantàstic.

terrific adj [informal] fantàstic *I think your sister's terrific.* Per a mi, la teva germana és fantàstica.

terrifically adv terriblement, fabulosament *He played terrifically in the World Cup final.* En la final de la Copa del Món va jugar d'una manera fabulosa.

fantastic adj [informal] fantàstic *Their latest album's absolutely fantastic.* El seu últim àlbum és simplement fantàstic. **fantastically** adv fantàsticament

fabulous adj [informal] fabulós *Their house is really fabulous.* Tenen una casa realment fabulosa. **fabulously** adv fabulosament

brilliant adj (brit) [informal] fantàstic *The disco was just brilliant.* La discoteca era fantàstica.

great adj [informal] molt bo *We had a great time.* Ens ho vam passar molt bé.

frases fetes

out of this world [informal. Expressa un gran entusiasme] fora de sèrie *The costumes were out of this world.* Els vestits eren fora de sèrie.

worth one's/its weight in gold [amb l'entusiasme que deriva de la utilitat o l'amabilitat, etc.] val més or que no pesa *My dishwasher is worth its weight in gold.* El meu rentaplats val més or que no pesa.

a dream come true un somni esdevingut realitat *Getting my first novel published was a dream come true for me.* Veure publicada la meva primera novel·la va ser com la materialització dels meus somnis.

417.4 Perfecte

perfect adj perfecte *the perfect opportunity* l'oportunitat perfecta **perfectly** adv perfectament **perfection** ni perfecció

faultless o **flawless** adj [sense cap equivocació, error, etc.] impecable *a faultless performance* una interpretació impecable **faultlessly** o **flawlessly** adv impecablement

impeccable adj impecable *She has impeccable manners.* Té unes maneres impecables. **impeccably** adv impecablement

ideal adj [el millor imaginable] ideal *the ideal car* el cotxe ideal *The weather is ideal for walking.* Fa un temps ideal per caminar.

ideally idealment, perfectament *He is ideally suited for the job.* És perfectament idoni per a la feina.

first-rate adj [lleug. informal. Indica una escala de qualitat] de primera *a first-rate return on your investment* un rendiment de primera sobre la seva inversió

frases fetes

be just the job (brit), **do just the job** (amer) [informal. Idoni per a una determinada situació] perfecte *Thanks, a cup of coffee would be just the job.* Gràcies, un cafè m'aniria d'allò més bé.

second to none [d'un nivell molt alt] insuperable *Our medical staff are second to none.* El nostre personal mèdic és insuperable.

last word in sth [lleug. informal. El millor] l'última paraula en ac *We bring you the last word in stereo sound.* Us oferim l'última paraula en so estereofònic.

417.5 Mesurar la qualitat d'alguna cosa
vegeu també **268 Value**

quality ni [habit. bona, si no s'especifica el contrari] qualitat *You'll be amazed by the quality of the work.* Et quedaràs impressionat de la qualitat de la feina. *a very poor quality fabric* un teixit d'una qualitat molt inferior (davant de n) *quality materials* materials de qualitat *a high-quality finish* un acabat d'alta qualitat

merit n **1** ni [més aviat formal. Indica que mereix ser estimat] mèrit *The proposals have considerable merit*. Les propostes tenen molt de mèrit. **2** nc avantatge *What are the merits of this approach?* Quins són els avantatges d'aquest enfocament? *We judge each case on its merits*. Avaluem cada cas en relació amb les circumstàncies.

virtue n **1** nc/i [indica moralitat] virtut *Punctuality is a rather underrated virtue*. La puntualitat és una virtut força infravalorada. *the military virtues of speed and surprise* les qualitats militars de la velocitat i la sorpresa **2** nc avantatge *the virtues of the present system* els avantatges del sistema actual

418 Improve Millorar

improve v **1** vt millorar *I've improved my time in the 800 metres this year*. Aquest any he millorat la meva marca en els 800 metres. *A little more salt would improve this sauce*. Una mica més de sal faria més bona aquesta salsa. *improved working conditions* condicions laborals millors **2** vi millorar *The weather seems to be improving*. Sembla com si el temps s'arreglés. *My cooking isn't improving*. No faig millores a l'hora de cuinar.

improve on/upon vt [fer ac millor que abans] superar *I'm trying to improve on my previous record*. Intento superar el meu rècord anterior.

improvement nc/i (sovint + **on**, **in**) millora *There has been a marked improvement in his work*. La seva feina ha mostrat una millora evident. *The cold champagne was an improvement on the warm beer they served last time*. El xampany fresc va estar millor que la cervesa calenta que ens van donar l'última vegada. *Your work isn't bad, but there's **room for improvement***. La seva feina no està malament, però es podria millorar.

refine o **refine on/upon** vt [millorar canviant uns detalls] refinar, millorar *We have refined our drilling techniques*. Hem perfeccionat les nostres tècniques de perforació. *They need to refine their working methods*. Hauran de millorar els seus mètodes de treball.

refinement n **1** ni refinament **2** nc [petit detall afegit] refinament, perfeccionament *The anti-jamming device is an added refinement on the new machines*. Hem perfeccionat les noves màquines amb un dispositiu per evitar que s'encallin.

polish o **polish up** vt [millorar, esp. fent pràctiques] polir, llimar *I need an hour to polish tomorrow's speech*. Necessito una hora per polir la conferència de demà. *A week in Paris will polish up my French*. Una setmana a París em permetrà refrescar el meu francès.

better vt [formal] **1** millorar *measures to better the economy* mesures per millorar l'economia **2** [fer ac millor que abans] superar *She bettered her previous record by three seconds*. Va superar el seu rècord anterior en tres segons.

progress ni progrés, avançament *We've made some progress with the plans*. Hem fet alguns progressos amb el projecte. *I'm not making much progress with my studies*. No avanço gaire amb els estudis.

progress vi fer progressos, avançar *We've been negotiating all day, but we don't seem to be progressing*. Les negociacions han durat tot el dia, però no sembla que avancem gaire. *The patient is progressing well*. El pacient evoluciona favorablement.

advance nc avanç, progrés *This is a major new advance in space research*. Això significa un gran pas endavant en la recerca espacial. *Scientific advances have rendered this equipment obsolete*. Els progressos científics han deixat obsolet aquest equipament.

advance vit avançar *Our understanding of the disease has advanced considerably*. Els nostres coneixements sobre la malaltia han avançat considerablement. *Research has advanced treatment of the disease*. La recerca ha permès fer progressos en el tractament de la malaltia.

frases fetes

make (great) strides fer (grans) progressos *We've made great strides in the treatment of disaster victims*. Hem fet grans progressos en el tractament de les víctimes dels desastres.

get better millorar *Your driving is getting better*. Condueixes cada vegada millor. *Leo was quite ill, but now he's getting better*. En Leo estava força malalt, però va millorar de mica en mica.

come along TAMBÉ **come on** vi anar bé, millorar *My typing's really coming on now*. Ara escric a màquina cada vegada millor. *Your Catalan is coming along nicely*. Parles el català cada vegada millor.

brush up (on) refrescar *I'll have to brush up on my maths*. Hauré de repassar les matemàtiques.

419 Superior Superior

superior adj **1** (sovint + **to**) [en qualitat, categoria, etc.] superior *my superior officer* el meu superior *It definitely gives superior sound quality*. Sens dubte dóna una qualitat de so superior. *The new bike is much superior to the one I had before*. La nova bicicleta és molt millor que la que tenia abans. **2** [més aviat formal. Molt bo] de primera qualitat *superior brandies* brandis de primera qualitat **3** [pej.] arrogant, tibat *in a superior tone* en un to arrogant **superiority** ni superioritat

advanced adj [que suposa progrés] avançat *advanced space technology* tecnologia espacial avançada *The engine is the most advanced of its kind*. El motor és el més avançat de la seva classe. *an advanced Catalan course* un curs de català avançat

senior adj [indica edat o ordre jeràrquic] més gran, més antic *our senior accountant* el nostre comptable més antic *He is senior to me*. Està per sobre meu. **seniority** ni antiguitat

GRUPS DE PARAULES

frases fetes

have (o **give sb**) **the edge on/over** [comporta un avantatge menor, però important] tenir (donar a algú) un avantatge sobre *A better delivery network would give you the edge over your competitors.* Una xarxa de repartiment millor us donaria un avantatge sobre la competència.

be head and shoulders above [molt millor] donar cent voltes a *She's head and shoulders above all the other students.* Dóna cent voltes a tots els altres alumnes.

have the upper hand [tenir més poder] tenir avantatge, dominar *We had the upper hand throughout the game.* Vam dominar durant tot el partit.

420 Suitable Adient

suitable adj (sovint + **for**) adient, idoni, apropiat *the most suitable candidate* la candidata més idònia *The film is not suitable for children.* La pel·lícula no és apta per a menors. *a suitable place to eat* un lloc apropiat per menjar **suitably** adv idòniament **suitability** ni idoneïtat

suit vt **1** [ser adient] ser adequat, ser apropiat *The music didn't suit the occasion.* La música no era apropiada a l'ocasió. **2** [ser convenient. Subj: p. ex. unes disposicions] anar bé a *Would Friday suit you?* Divendres li aniria bé? **3** [ref. a la roba, els colors, etc.] caure bé a, escaure, anar bé a *Red suits you.* El vermell t'escau.

420.1 Apropiat en un context determinat

right adj [que li va perfectament bé a a/ac] convenient, just, indicat, propici, oportú *It was just the right thing to say.* Va ser la cosa més oportuna que es podia dir. *The time seems right.* L'hora sembla propícia. *It's only right that he should pay for his mistake.* És de justícia que pagui el seu error. **rightness** ni conveniència, justícia

appropriate adj **1** apropiat, adequat, oportú *I need an appropriate quotation.* Necessito una citació adequada. *It seemed appropriate to invite them.* Semblava apropiat convidar-les. *How appropriate that it should happen at Christmas.* Que oportú que passés just per Nadal. **2** (cap *compar* o *superl*; sempre + **the**) [que faltava, que havia estat escollit, etc.] competent, oportú, indicat, com cal *the appropiate authority* l'autoritat competent *I found the appropriate document.* Vaig trobar el document indicat. *At the appropriate moment, he called for silence.* Va demanar silenci en el moment més indicat.

appropriately adv apropiadament *appropriately sombre music* música seriosa adequada a les circumstàncies

apt adj [descriu: p. ex. paraules, citació] just, encertat *The proverb seemed very apt in the situation.* El proverbi va ser molt encertat en aquell context. **aptly** adv encertadament

fitting adj [més aviat formal. Esp. des d'un punt de vista moral o estètic] adient, digne, convenient *a fitting conclusion to a distinguished career* un final adient a una distingida trajectòria *It seems fitting to let a younger person have the job.* Sembla just deixar que una persona més jove ocupi el lloc. **fittingly** adv justament, convenientment

proper adj [més aviat formal i pompós. Implica valors morals tradicionals] correcte, decent *Is it proper for students of different sexes to be sharing a house?* És correcte que els estudiants de sexes diferents comparteixin casa?

seemly adj [força literari. Implica valors morals i socials] decorós *It would have been more seemly to wait longer before remarrying.* Hauria estat més decorós esperar més temps abans de tornar-se a casar.

420.2 Pertinent

relevant adj **1** (sovint + **to**) adequat, pertinent *The advice is more relevant to disabled people.* Els consells més aviat van dirigits als minusvàlids. *Her remarks strike me as extremely relevant.* Els seus comentaris em semblen molt pertinents. **2** (cap *compar* o *superl*; sempre + **the**) [que es requereix, que està involucrat, etc.] pertinent *I think we now have all the relevant details.* Crec que ara tenim tots els detalls pertinents. **relevance** ni pertinència

apply vi (habit. + **to**) afectar *This only applies if you earn over £25,000.* Això només t'afecta si guanyes més de 25.000 lliures. *People say the Welsh are good singers, but that certainly doesn't apply to Paul!* La gent diu que els gal·lesos canten bé, però això definitivament no és vàlid en el cas d'en Paul!

applicable adj (darrere v; sovint + **to**) aplicable *an exception where the usual procedure is not applicable* una excepció on no es pot aplicar el procediment habitual

421 Comfortable Confortable

contrari **440 Uncomfortable**

comfortable adj confortable, còmode *a comfortable chair* una cadira confortable *Are you comfortable sitting there?* Estàs còmoda asseguda aquí? **comfortably** adv còmodament

comfort n **1** ni [ref. a sentiments o circumstàncies] confort, comoditat, benestar *in the comfort of your own home* en el confort de la pròpia llar **2** nc [coses agradables] plaer, comoditat *little comforts like wine and good music* petits plaers com ara el vi i la bona música **3** ni [a/ac que ajuda en moments difícils] consol, ànim *It's some comfort that he didn't suffer.* Em consola en part pensar que no va patir.

cosy (*brit*), **cozy** (*amer*) *adj* [expressa escalfor o satisfacció] acollidor *a cosy scene of people drinking hot chocolate in front of the fire* una escena acollidora de gent que beu xocolata desfeta davant de la llar de foc **cosily** *adv* de manera acollidora

snug *adj*, -gg- [lleug. informal. Implica escalfor i seguretat] còmode, a gust *I was snug in bed until you rang.* Estava perfectament bé al llit fins que vas trucar. **snugly** *adv* còmodament

luxury *n* **1** *ni* [sentiment o circumstàncies] luxe *to live in luxury* viure luxosament *This is the **lap of luxury**.* Això és el súmmum del luxe. **2** *nc* [ac agradable i cara] article de luxe *A dishwasher isn't a luxury, you know.* Un rentaplats no és cap article de luxe, saps?

luxurious *adj* [descriu: p. ex. hotel, cuina] luxós *Their house is truly luxurious.* La casa on viuen és realment luxosa. *I had a long, luxurious shower.* Vaig gaudir d'una llarga dutxa.

luxuriously *adv* luxosament *luxuriously upholstered* luxosament entapissat

422 Happy Feliç

contrari **447 Sad**

happy *adj* **1** feliç, content, alegre *Joe's a happy lad.* En Joe és un xicot feliç. *I feel happy.* Estic contenta. *It was a happy occasion.* Va ser un esdeveniment molt feliç. *I'm happy to let you try.* T'ho deixaré provar amb molt de gust. **2** [satisfet] content *I'm not happy with her work.* No estic content amb la seva feina.

happily *adv* feliçment, alegrement *They were playing happily together.* Jugaven plegats i feliços. *a happily married man* un marit content

happiness *ni* alegria, felicitat *Money doesn't guarantee happiness.* Els diners no garanteixen la felicitat.

joy *n* **1** *ni* [més intens que **happiness**] goig, joia *Children give you a lot of joy.* Els nens et donen un gran goig. **2** *nc* encant *the joys of family life* els al·licients de la vida familiar

joyful *adj* [quan fa referència a persones és més literari que **happy**] alegre, joiós *joyful cries* crits alegres *A joyful crowd was celebrating New Year.* Una gentada alegre celebrava el Cap d'Any. **joyfully** *adv* alegrement

pleasure *n* **1** *ni* plaer, gust, delectació *the pleasure you get from your garden* el plaer que et dóna el jardí **2** *nc* plaer, distracció, diversió *little pleasures like staying in bed late* petits plaers com ara llevar-se tard

pleasurable *adj* [lleug. formal] agradable, delitós *I found meeting her a very pleasurable experience.* Conèixer-la va ser una experiència molt agradable per a mi.

pleasing *adj* [lleug. formal. Atractiu o satisfactori] agradable, afalagador *a pleasing golden colour* un color daurat agradable **pleasingly** *adv* agradablement

422.1 Feliç i amb raó

pleased *adj* (sovint + **about**, **at**, **with**) content, satisfet *The result made us feel rather pleased.* El resultat ens va fer sentir molt contents. *I'm so pleased that you won!* Estic tan contenta que hàgiu guanyat! *I'm pleased with the general effect.* M'agrada l'efecte general.

glad *adj*, -dd- (sovint + **about**, **at**) [satisfet, però no entusiasmat] content *I'm glad about the baby.* M'alegro que hagis tingut un nen. *He'll be glad to see you again.* Estarà content de veure't un altre cop. [per expressar disposició] *I'd be glad to come.* M'agradaria venir. [per expressar alleujament] *I'll be glad when it's over.* Estaré content quan hagi acabat tot.

gladness *ni* [lleug. formal] alegria, acontentament *You could sense the gladness and relief in his voice.* Notaves l'alegria i l'alleujament en la seva veu.

gladden *vt* [lleug. formal o literari] alegrar *a victory that gladdened the hearts of the party managers* una victòria que va alegrar els cors dels líders del partit

grateful *adj* (sovint + **to**, **for**, **that**) agraït *I can't tell you how grateful I am.* No et puc dir com t'ho agraeixo. *We're very grateful to you for coming today.* Estem molt agraïts que hagi vingut avui. *I'm just grateful I still have a job.* Estic contenta que encara tinc una feina. **gratefully** *adv* amb agraïment

thankful *adj* (habit. + **for**, **that**) [p. ex. perquè s'ha evitat un problema, un accident, etc.] agraït, content *Let's be thankful there weren't more casualties.* Podem estar contents que no hi hagués més víctimes. **thankfully** *adv* amb agraïment

relief *n* **1** *ni* (sovint + **at**) [per haver evitat ac indesitjable] alleujament *a sigh of relief* un sospir d'alleujament *our relief at the decision* el nostre alleujament davant la decisió **2** *nc* (cap *pl*) [p. ex. bones notícies] consol *That's a relief, I thought you weren't coming.* Encara bo, creia que no venies. *It's such a relief to be home.* Estic tan content de ser a casa.

relieved *adj* alleujat, content *We're all very relieved to know she's safe.* Ens ha tranquil·litzat molt saber que està sana i estàlvia.

422.2 Extremadament content

delighted *adj* (habit. darrere *v*) encantat *I'm delighted to see you all here.* Estic encantat de veure-us a tots aquí. *They're delighted with the new house.* Estan encantats amb la nova casa. *I'd be delighted to be your best man.* Estaria encantat de ser el teu padrí de boda.

overjoyed *adj* (darrere *v*; sovint + **about**, **at**, + **to** + INFINITIU) [molt content i il·lusionat] ple d'alegria *Everybody's overjoyed about the award.* Tothom està boig d'alegria amb el premi.

elated *adj* (darrere *v*; sovint + **about**, **at**) [extremadament content i animat] eufòric *You're supposed to feel elated on your wedding day.* Hauries de sentir eufòria el dia que et cases. **elation** *ni* eufòria

ecstatic *adj* [tan content que no s'adona de les coses] en èxtasi, extasiat *She was ecstatic when I told her she had won.* Es va quedar en èxtasi quan li vaig dir que havia guanyat. **ecstatically** *adv* extàticament **ecstasy** *ni/c* èxtasi

rapture *n* [expressa una sensació irresistible de plaer] **1** *ni* èxtasi, rapte *The music was sheer rapture.* La música produïa un autèntic èxtasi. **2** *nc* (sempre *pl*) èxtasi *The scenery **sent** him **into raptures**.* El paisatge el va extasiar.

GRUPS DE PARAULES

rapturous adj extàtic *rapturous enthusiasm* entusiasme desbordat **rapturously** adv extàticament

rejoice vi (sovint + **over**, **in**) [més aviat formal. Implica mostrar l'alegria] alegrar-se, gaubar-se *There was much rejoicing over the news of a ceasefire.* Hi va haver molta alegria davant la notícia de l'alto-el-foc.

422.3 De caràcter o comportament alegre

merry adj [content d'una manera alegre i sovint enjogassada] alegre *We all had a merry time at the reunion dinner.* Vam fer molta gresca al sopar dels ex-alumnes. **merrily** adv alegrement **merriness** ni alegria

cheerful adj [comporta mostrar un caràcter agradable] de bon humor *She's ill, but managing to keep cheerful.* Està malalta, però manté el seu bon humor. **cheerfully** adv alegrement *They cheerfully agreed to help us.* Van acceptar ajudar-nos de bon grat. **cheerfulness** ni alegria

jolly adj [content de manera extravertida] jovial

optimistic adj optimista *I'm quite optimistic about my prospects.* Sóc força optimista pel que fa a les meves perspectives. **optimistically** adv optimistament **optimism** ni optimisme **optimist** nc optimista

frases fetes

in high spirits [que mostra alegria i entusiasme davant la vida] de molt bon humor, molt animat *It was the last day of term and everybody was in high spirits.* Era l'últim dia del trimestre i tothom estava de molt bon humor.

full of the joys of spring [sovint irònic. Molt més alegre del que és habitual] més content que unes pasqües *My book had just been published and I was full of the joys of spring.* Acabaven de publicar el meu llibre i estava feliç com un gos amb un os.

over the moon [informal. Molt content i il·lusionat per ac] content com unes pasqües *If she wins the championship we'll all be over the moon.* Si guanya el campionat, estarem tots contents com unes pasqües. *He was over the moon about his success.* Estava feliç com unes pasqües pel seu triomf.

in seventh heaven [més aviat obsolet. i informal] al setè cel *Your father would be in seventh heaven if he had a garden like that.* El teu pare se sentiria al setè cel si tingués un jardí com aquest.

on cloud nine [informal. Alegre del tot i sense adonar-se de res més] en la glòria *He's been on cloud nine since his granddaughter was born.* Des que va néixer la seva néta està en la glòria.

423 Laugh Riure

laugh nc **1** riure *a quiet laugh* un riure discret **2** [força informal] riure *It was a real laugh.* Va ser molt divertit. *We threw him in the swimming pool for a laugh.* El vam llançar a la piscina només per divertir-nos una estona.

laughter ni rialles *the sound of children's laughter* el so de les rialles de la mainada *I could hear gales of laughter coming from the bedroom.* Vaig sentir unes fortes riallades procedents del dormitori. *a series of one-liners that made us howl with laughter* una sèrie d'acudits ràpids que ens van fer esclatar de riure

chuckle vi [de manera alegre, però sense fer gaire soroll] riure per sota el nas *I chuckled at the thought of the surprise they'd get.* Vaig deixar anar una rialleta en pensar en la sorpresa que els esperava. **chuckle** nc rialleta

giggle vi [sense gaire soroll i nerviosament] riure sufocadament *She saw a rude word in the dictionary and started giggling.* Va veure una paraulota en el diccionari i es va posar a riure com una ximpleta.

giggle nc **1** rialleta ximple **2** [força informal] riure *We only did it for a giggle.* Ho vam fer només per riure.

guffaw vi [sorollós i de manera ximple] trencar-se/esclafir de riure *He guffawed at his own joke and slapped me on the back.* Va esclafir de riure amb el seu propi acudit i em va donar un cop a l'esquena. **guffaw** nc riallada

grin vi, -nn- [amb un somriure molt ample] somriure
grin nc somriure *Take that stupid grin off your face!* Para de somriure d'aquesta manera tan estúpida!

smile vi somriure **smile** nc somriure

423.1 Riure d'una manera desagradable

snigger (brit) TAMBÉ (amer) **snicker** vi (sovint + **at**) [pej. Amb una actitud maleducada] burlar-se *They sniggered at her clothes.* Es van burlar de la seva roba. **snigger** nc burla

frases fetes

split one's sides [informal. Riure sense poder-se controlar] trencar-se de riure *I really split my sides when the tent fell in on us.* Quan la tenda ens va caure a sobre em va agafar un autèntic atac de riure.

be in stitches [informal] rebentar-se de riure *His impressions had us all in stitches.* Ens rebentàvem de riure amb les seves imitacions.

to have a fit of the giggles tenir un atac de riure *I had a fit of the giggles just as he was finishing his speech.* Vaig tenir un atac de riure just abans que acabés de parlar.

die laughing [informal] morir-se de riure *You'd have died laughing if you'd seen him fall off the ladder.* T'hauries mort de riure si l'haguessis vist caure de l'escala.

crack up (laughing) [informal] doblegar-se de riure *I just cracked up when she told me what had happened.* Em vaig doblegar de riure quan em va explicar què havia passat.

laugh one's head off [informal. Es diu quan fa gràcia ac, de vegades amb malícia] deixar anar una riallada

smirk vi [amb un smriure insolent i sovint de superioritat] somriure amb satisfacció/menyspreu *Stop smirking, anyone can make a mistake.* Para de somriure, tothom pot equivocar-se. **smirk** nc somriure satisfet/menyspreatiu

424 Funny Divertit

vegeu també **444 Unusual**

424.1 Qualitats divertides

humour (*brit*), **humor** (*amer*) *ni* humor *her dry humour* el seu humor irònic *a keen sense of humour* un gran sentit de l'humor

humorous *adj* [divertit d'una manera alegre. Descriu: p. ex. persones, comentaris, situacions] graciós, divertit *a humorous letter to the Times* una carta graciosa al Times

amusing *adj* [sovint referit a ac no gaire graciosa] divertit, interessant *an amusing coincidence* una coincidència graciosa *He's a very amusing companion.* És un company molt divertit.

amusement *ni* diversió *The mix-up caused a certain amount of amusement.* L'embolic va provocar força diversió. *He lost his glasses, to the great amusement of the children.* Va perdre les ulleres, cosa que va ser motiu de gran diversió per als nens.

amuse *vt* divertir, entretenir *The pun failed to amuse her.* El joc de paraules no li va fer gràcia.

wit *ni* [fa referència a un tipus d'humor enginyós] agudesa d'esperit, enginy *a ready wit* un humor viu

witty *adj* [descriu: p. ex. persones, comentaris] àgil, enginyós, salat *a witty retort* una resposta enginyosa

424.2 Que provoca rialles

funny *adj* còmic, graciós, divertit *It's a very funny book.* És un llibre molt divertit. *Give me my clothes back – it's not funny!* Torna'm la roba, no hi veig la gràcia! *It was so funny – she didn't know the mouse was on her hat!* Va ser tan graciós; no sabia que tenia el ratolí al barret! *vegeu també **428.1 Fun**

comic *adj* [ridícul o deliberadament graciós. Descriu: p. ex. expressions, vestit] còmic, divertit *her comic impressions of the teachers* les seves imitacions còmiques dels professors

comical *adj* [sovint indica ximpleria] còmic, divertit *The hat gave him a comical air.* El barret li donava un aspecte còmic.

comically *adv* còmicament *a comically exaggerated accent* un accent exagerat per fer riure

comedy *ni* comèdia *slapstick comedy* comèdia de pallassades *the unintended comedy of the incident* la comicitat involuntària de l'incident

hilarious *adj* [molt graciós, de vegades d'una manera absurda] divertidíssim *I was furious but she found the idea hilarious.* Jo estava furiós, però ella va trobar la idea divertidíssima.

hilarity *ni* alegria, hilaritat *This rather dampened the hilarity of the occasion.* Això va apagar bastant el bon humor que hi havia.

droll *adj* [força obsolet. Habit. referit a un humor reservat/reposat] irònic, còmic, divertit [sovint dit irònicament a qui acaba d'explicar un acudit] *Oh, very droll!* Oh, molt graciós!

425 Tease Bromejar

tease *vti* (sovint + **about**) fer broma, fer la guitza, riure's de *The other children teased him about his big ears.* Els altres nens i nenes es reien de les seves orelles grosses. *I was only teasing – you don't really have to walk all the way.* Només feia broma – no cal que vagis a peu tota l'estona.

joke *nc* **1** [p. ex. exageració o truc] broma *I pretended to be angry for a joke.* Feia veure que estava enfadada de broma. *to **play a joke on** sb* fer una broma a algú **2** [història graciosa] acudit, gràcia *to tell jokes* explicar acudits

frases fetes

take the mickey (*esp. brit*) (sovint + **out of**) [informal. Comporta una certa manca de respecte, però pot ser ofensiu] riure's d'algú *They used to take the mickey because of my stammer.* Abans es reien de mi pel quequeig.

pull sb's leg [informal. Fer veure que la situació és seriosa o que ac és veritat] prendre-li el pèl a algú *You're pulling my leg, you've never been to Japan.* M'estàs prenent el pèl, no has anat mai al Japó.

have sb on [informal. Habit. fent veure que ac és veritat] aixecar-li la camisa a algú *I think he's having me on; he's no architect.* Em fa l'efecte que m'aixeca la camisa; no és cap arquitecte.

joke *vi* bromejar *I was only joking.* Només era una broma. *He joked that he would soon be too fat to see his feet.* Va riure's d'ell mateix dient que aviat estaria massa gras per veure's els peus.

practical joke *nc* broma pesada, innocentada

kid *v*, **-dd-** [fer afirmacions falses per divertir] **1** *vi* bromejar, xanxejar *You're kidding!* Estàs de broma! **2** *vt* (*brit*) (de vegades + **on**) enganyar *We kidded them on that it was a real fire.* Els vam enganyar dient que hi havia un incendi de debò.

425.1 Burla agressiva

mock *vt* [deliberadament cruel] burlar-se de, mofar-se de *They openly mocked my beliefs.* Es burlaven de les meves creences obertament. *a mocking glance* una mirada burleta **mockery** *ni* burla, mofa

ridicule *vt* [de manera ofensiva i superior] ridiculitzar, burlar-se de *My parents ridiculed my ambitions.* Els pares es burlaven de les meves ambicions. **ridicule** *ni* burla

deride *vt* [més aviat formal] ridiculitzar *The president is sometimes derided as ineffectual.* De vegades ridiculitzen el president per inútil. **derision** *ni* burla

torment vt [subratlla el patiment de la persona afectada. Indica reiteració] martiritzar *Will you stop tormenting your brother!* Vols parar de martiritzar el teu germà!

pester vt [p. ex. amb preguntes o peticions reiterades] importunar, donar la tabarra *The kids have been pestering me since breakfast.* Des de l'esmorzar els nens m'estan donant la tabarra.

pick on sb vt [força informal. Molestar o criticar repetidament] atacar, fer la guitza a *Stop picking on me! Deixeu-me en pau d'una vegada! John is always picking on his younger brother.* El John sempre fa la guitza al seu germà petit.

frase feta

make fun of o **poke fun at** burlar-se de, riure's de *It's easy to poke fun at politicians, but somebody has to run the country.* És fàcil riure's dels polítics, però algú ha de governar el país.

426 Like Estimar

vegeu també **427 Love; 428 Enjoy**

like vt [habit. s'expressa en català intercanviant el subjecte i l'objecte i fent servir 'agradar'] **1** estimar, apreciar *I like your new hairstyle.* M'agrada el teu pentinat nou. *I don't like cheese.* No m'agrada el formatge. (+ -ing) *Do you like swimming?* T'agrada nedar. *I don't like getting up early.* No m'agrada llevar-me d'hora. **2** (darrere **would** o, menys sovint, **should**; sovint + INFINITIU) estimar, apreciar *I'd like to go to Australia.* M'agradaria anar a Austràlia. *Would you like a drink?* Et ve de gust una copa?

utilització

La construcció **like** + -ing expressa la idea de gaudir d'una determinada activitat, p. ex. *I like dancing.* (M'agrada ballar.) Per referir-se a una preferència o un hàbit, s'utilitza més la construcció **like** + INFINITIU, p. ex. *I like to have a nap after lunch.* (M'agrada fer la migdiada després de dinar.)

affection ni [expressa un sentiment de tendresa] afecte *I feel great affection for her.* L'estimo molt.

be fond of sb/sth [gaudir d'ac o sentir tendresa per algú] apreciar molt ac, estimar molt algú *I'm very fond of olives.* M'agraden molt les olives. *She's especially fond of her youngest grandson.* Té una debilitat pel seu últim nét.

fondness ni afició *a fondness for Mozart* una afició per la música de Mozart

be partial to sth [més formal que **fond of**] tenir predilecció per ac *She's always been partial to Chinese food.* Des de sempre ha tingut predilecció pel menjar xinès.

partiality ni predilecció *her partiality to sherry* la seva predilecció pel xerès

fan nc [d'un equip, grup musical, etc.] fan, afeccionat -ada, seguidor -a *soccer fans* afeccionats al futbol

fancy (brit) vt **1** [obj: p. ex. copa, vacances. Sovint expressat en català intercanviant el subjecte i l'objecte i fent servir 'agradar' o 'venir-li de gust a algú'] estimar, apreciar *Do you fancy a drink?* Et ve de gust una copa? *I fancy going to the theatre tonight.* M'agradaria anar al teatre aquest vespre. **2** [informal. Sentir atracció sexual per algú] encapritxar-se de *Lots of kids fancy their teachers.* Molts joves senten una atracció per les seves professores.

approve vti (sovint + **of**) aprovar *I don't approve of their business methods.* No aprovo els seus mètodes de fer negocis. *I will invite him to join us if you approve.* El convidaré a venir amb nosaltres si no hi tens res en contra.

approval ni aprovació *I hope the wine **meets with** your approval.* Espero que el vi obtingui la seva aprovació.

frase feta

to take a fancy to sb [informal. Sovint, però no necessàriament, amb interès romàntic] agafar afició a algú *I can see she's taken rather a fancy to you.* Veig que t'ha agafat força afició.

426.1 Agradar

popular adj (sovint + **with**) popular *a very popular figure* una figura molt popular *The programme's particularly popular with older viewers.* El programa és especialment popular entre els espectadors més grans.

popularity ni popularitat *the government's popularity in the opinion polls* la popularitat del govern en les enquestes

favour (brit), **favor** (amer) ni favor, acceptació *His ideas are gaining favour with the board.* Les seves idees tenen cada vegada més acceptació en el consell.

favour vt afavorir, aprovar

favourite (brit), **favorite**, (amer) adj preferit *our favourite restaurant* el nostre restaurant preferit

favourite nc preferit -ida *You've always been Mum's favourite.* Sempre has estat la preferida de la mare.

catch on vi (sovint + **with**) [subj: p. ex. una moda, un producte] arribar a ser popular *The show never caught on in the States.* El programa no va arribar mai a ser popular als Estats Units. *The car soon caught on with motorists.* El cotxe de seguida va fer-se molt popular entre els automobilistes.

frases fetes

to sb's liking (darrere v) [de tal manera que agrada a algú] del gust d'algú *Is the food to your liking?* El menjar és del seu gust? *The climate here is very much to our liking.* El clima d'aquí ens agrada molt.

to sb's taste (darrere v) del gust d'algú *I expect Mozart would be more to your taste.* Suposo que Mozart seria més del teu gust.

a man/woman, etc., after my own heart [implica apreciació d'algú similar a un mateix. Expressa una aprovació forta] una persona de les que m'agraden *You're a man after my own heart, sir!* Vostè, senyor, és una persona de les que jo admiro!

427 Love Amor

love *ni* amor *to be in love with sb* estar enamorat d'algú *to fall in love with sb* enamorar-se d'algú *unrequited love* amor no correspost (davant de *n*) *a love affair* una aventura amorosa

love *vt* **1** [obj: habit. una persona] estimar, amar *to love sb to distraction* estar bojament enamorat d'algú **2** [obj: una cosa, una activitat. Habit. s'expressa en català intercanviant el subjecte i l'objecte i fent servir 'encantar'] *Sara loves pizza.* A la Sara li encanta la pizza. (+ -ing) *I love singing.* M'encanta cantar.

loving *adj* amorós, tendre *a loving family environment* un ambient familiar afectuós **lovingly** *adv* amorosament, tendrament

427.1 Amor sexual

romance *n* **1** *ni* [implica excitació i/o il·lusió sentimental] il·lusió, romanticisme *The romance had gone out of their relationship.* El romanticisme havia desaparegut de la seva relació. **2** *nc* [relacions] idil·li, aventura *The romance didn't last long.* L'aventura no va durar gaire. *a whirlwind romance* un idil·li tempestuós

romantic *adj* romàntic *a romantic dinner* un sopar romàntic

passion *n* **1** *ni/c* [indica una emoció intensa] passió, apassionament *his passion for an older woman* la seva passió per una dona més gran que ell **2** *nc* [forta inclinació envers a/ac] fal·lera *She has a passion for cats.* Té una fal·lera pels gats.

passionate *adj* apassionat *a passionate kiss* un petó apassionat **passionately** *adv* apassionadament

lust *ni* [terme que expressa desaprovació del fort desig sexual] luxúria, lascívia

427.2 Amor profund, sovint no sexual

devotion *ni* (sovint + **to**) [expressa afecte] devoció, lleialtat *maternal devotion* devoció maternal *the dog's devotion to its master* la lleialtat del gos al seu amo

devoted *adj* fidel, lleial *a devoted husband and father* un marit i pare modèlic **devotedly** *adv* amb devoció, lleialment

adore *vt* **1** [expressa sentiments més forts i menys racionalitat que **love**] adorar *She absolutely adores him.* Senzillament l'adora. *He adores those cats.* Adora aquells gats. **2** [per donar èmfasi. Habit. s'expressa en català intercanviant el subjecte i l'objecte i fent servir 'encantar'] *I adore Italian food.* M'encanta el menjar italià.

adoration *ni* adoració *her blind adoration of her father* l'adoració cega que té pel seu pare

adoring *adj* adorador *an adoring gaze* una mirada adoradora **adoringly** *adv* amb adoració

worship *vt*, -**pp**- (*brit & amer*) -**p**- (*amer*) [molt emfàtic. Indica una actitud modesta] venerar *He worships that woman.* Venera aquella dona.

427.3 Amor immadur

infatuation *nc/i* [expressa amor extrem i irracional] encapritxament, fal·lera

infatuated *adj* (sovint + **with**) encapritxat *He's totally infatuated with her.* Està completament encapritxat d'ella.

crush *nc* [amor adolescent que dura poc] fal·lera *to have a crush on a teacher* estar boja per un professor

puppy love *ni* [esp. d'un jove per un adult] amor adolescent

cupboard love *ni* (*brit*) [demostració simulada d'afecte per poder obtenir ac] amor interessat

hero-worship *ni* adoració, idolatria

427.4 Persones estimades

girlfriend *nc* xicota   **boyfriend** *nc* xicot

utilització

Quan ens referim als adolescents i adults joves, és normal fer servir **girlfriend** i **boyfriend**. De vegades s'utilitzen referits a persones més grans, però sovint s'eviten, especialment si les relacions són estables, per no donar una impressió trivial o d'immaduresa. En aquests casos es pot fer servir el mot **partner** (parella).

lover *nc* amant *a live-in lover* el/la company -a

mistress *nc* [força obsolet, sovint suggerint desaprovació del qui parla] amistançada, amant

the apple of sb's eye [expressa orgull i amor a l'hora] la nina dels ulls d'algú *His only grandchild is the apple of his eye.* La seva única néta és la nineta dels seus ulls.

427.5 Paraules tendres

utilització

1 Aquests mots s'utilitzen entre persones que s'estimen d'una manera romàntica i també entre amics íntims o familiars, especialment quan els adults parlen amb els nens. També es poden utilitzar d'una manera molt més general entre coneguts, i fins i tot entre desconeguts, però normalment no per un home adreçant-se a un altre. **Love** (amor) i **dear** (estimat) són els mots que més s'utilitzen d'aquesta manera, especialment entre dones o per homes adreçant-se a les dones, p. ex. [en una botiga] *Don't forget your change, dear.* (No t'oblidis el canvi, reina.)
2 Aquests mots sempre resulten més forts quan s'utilitzen precedits per **my** en contextos romàntics, p. ex. *I love you, my darling.* (T'estimo, amor meu.)

love *nc* amor *Come on love, we're late.* Vinga, amor meu, que fem tard.

darling *nc* estimat -ada *You look lovely, darling.* Estàs preciosa, estimada. *My boss is a real darling.* [expressa només afecte quan no s'utilitza per adreçar-se a una persona] El meu cap és encantador.

dear *nc* estimat *Come on, dear, we're late.* Vinga, estimat, que fem tard.

sweetheart *nc* amor meu *Thank you sweetheart, I knew you'd remember.* Gràcies, amor meu, sabia que te'n recordaries. *Daddy will be back soon, sweetheart.* El papa tornarà de seguida, amor meu.

honey *nc* (*amer*) amor meu *What's wrong, honey?* Què et passa, amor meu?

428 Enjoy Gaudir

vegeu també **426 Like**

enjoy vt gaudir (sovint + -ing) *Do you enjoy driving?* T'agrada conduir? *I've enjoyed this evening very much.* M'he divertit molt aquesta nit. *I'd like to enjoy my retirement in comfort.* M'agradaria gaudir de la meva jubilació còmodament. *to enjoy oneself* passar-s'ho bé *They're at the pictures enjoying themselves.* S'ho estan passant bé al cinema.

enjoyable adj [descriu: p. ex. un àpat, una vetllada] agradable, divertit *a very enjoyable film* una pel·lícula molt divertida

appreciate vt apreciar *She taught me to appreciate good wine.* Em va ensenyar a apreciar el bon vi.

appreciation ni apreciació *He has a deep appreciation of English poetry.* Té una profunda capacitat d'apreciar la poesia anglesa.

relish vt [lleug. formal. Mot emfàtic que expressa satisfacció. Obj: sovint ac difícil, perillosa o que provoca angoixa en els altres] fruir *He relished the opportunity to criticize his superiors.* Va fruir amb la possibilitat de poder criticar els seus superiors.

relish ni [que es gaudeix d'ac amb entusiasme] gust, fruïció *He described the incident with relish.* Va descriure l'incident amb delectació.

savour (brit), **savor** (amer) vt [lleug. formal. Comporta agafar-se temps per gaudir d'ac] assaborir, paladejar *She savoured each spoonful.* Assaboria cada cullerada. *Savour the calm of the countryside.* Assaborir la tranquil·litat del camp.

delight in sth vt [implica plaer en una activitat habitual] delectar-se en ac *She delights in terrible puns.* Es delecta en uns jocs de paraula dolentíssims.

indulge v **1** vi (sovint + **in**) [expressa plaer no merescut o experimentat a contracor] permetre's el luxe *I decided to indulge in a taxi home.* Vaig decidir de permetre'm el luxe d'anar a casa en taxi. **2** vt permetre's, complaure *I indulged my craving for chocolate.* Em vaig satisfer les ganes de menjar xocolata. *Go on – indulge yourself!* Endavant, dóna't el gust! **3** [obj: habit. un nen, una nena] consentir *Today's parents really indulge their children.* Els pares d'avui dia consenten molt els nens.

428.1 Coses per gaudir

enjoyment ni [sensació] gaudi, plaer, fruïció *I get a lot of enjoyment from the garden.* El jardí em distreu molt.

fun ni [expressa il·lusió. Sensació o activitat] diversió *We had lots of fun putting up the tents.* Ho vam passar la mar de bé aixecant les tendes. *Cooking can be (great) fun.* Cuinar pot ser (molt) divertit. *vegeu també **424.2 Funny**

treat nc [sovint organitzat per algú perquè un altre en gaudeixi] festa, gust, quelcom especial que es fa o es dóna *I thought I'd give you a treat for your birthday.* Pensava donar-te alguna cosa especial pel teu aniversari. *A day off would be a real treat.* Un dia de vacances em vindria molt de gust.

treat vt (sovint + **to**) convidar, complaure's, permetre's el luxe de *Grandma treated the children to an ice-cream.* L'àvia va convidar els nens a un gelat. *I'm going to treat myself to a new pair of shoes.* Em donaré el gust de comprar-me unes sabates noves.

indulgence nc [plaer luxós] debilitat, vici *Expensive shoes are my great indulgence.* Les sabates cares són la meva gran debilitat.

kick nc [informal. Excitació que sorgeix de fer ac] plaer *I get a real kick from winning a chess game.* Sempre m'ha fet molta il·lusió guanyar una partida d'escacs. *We just started the group for kicks.* Vam formar el grup només per divertir-nos.

frases fetes

have a good/nice time [divertir-se. Es poden utilitzar altres adjectius per intensificar el sentit, com ara **great**, **wonderful**, **fantastic**, etc.] passar-s'ho bé *Is everybody having a good time?* Tothom es diverteix?

have a whale of a time [informal. Es fa servir en una situació d'esvalotament] xalar, passar-s'ho la mar de bé *We had a whale of a time splashing in the pool.* Vam xalar d'allò més esquitxant-nos a la piscina.

let one's hair down [estar menys seriós del que és normal] deixar-se anar, relaxar-se *Once a year some of the teachers let their hair down and join in the school play.* Un cop a l'any alguns dels professors es deixen anar i participen en l'obra de teatre de l'escola.

have a field day [gresca i activitat] passar-s'ho la mar de bé *The children had a field day trying on our old clothes.* Els nens s'ho van passar la mar de bé vestint-se amb la nostra roba vella.

be in one's element [implica fer ac que hom domina] estar en el seu element *The men were in their element analysing the match.* Els homes estaven en el seu element analitzant el partit.

to one's heart's content [tant com es vulgui] a més no poder, a cor que vols *Go out in the garden and you can yell to your heart's content.* Surt al jardí i crida tant com vulguis.

429 Satisfy Satisfer

satisfy vt satisfer *Our shop can't satisfy the demand for the new product.* La nostra botiga no pot satisfer la demanda del producte que acaba de sortir. *I was well satisfied with the standard of their work.* Estava molt satisfeta del nivell de la seva feina. [sovint dit amb ràbia] *You've made him cry. I hope you're satisfied now!* L'has fet plorar. Suposo que estaràs content!

satisfaction ni 1 satisfacció *the satisfaction you get from being proved right* la satisfacció que et dóna quan es demostra que tens raó 2 [formal] satisfacció, compliment *the satisfaction of young people's aspirations* la satisfacció de les aspiracions dels joves

satisfactory adj satisfactori *The present arrangements are perfectly satisfactory.* Els acords actuals són totalment satisfactoris. *a very satisfactory result* un resultat del tot satisfactori

satisfying adj [més favorable que **satisfactory**. Ref. a coses que donen plaer físic o mental] satisfactori, que omple *a satisfying meal* un àpat que et deixa satisfet *I find my job very satisfying.* La meva feina m'omple molt.

content o **contented** adj (sovint + **with**) content *They would probably be contented with minor concessions.* Probablement ja estarien contents amb concessions menors.

content vt 1 [formal] acontentar 2 [no fer-ne més] acontentar-se *I was bursting with anger, but contented myself with a few sarcastic comments.* No m'aguantava de ràbia, però vaig acontentar-me fent uns quants comentaris sarcàstics. **contentment** ni acontentament

fulfil (brit), **-ll-**, **fulfill** (amer) vt 1 [suposa arribar a uns resultats establerts d'antuvi] satisfer, complir *Only one system fulfils all these requirements.* Només hi ha un sistema que compleixi tots aquests requisits. 2 [que comporta un desenvolupament personal] satisfer, omplir, realitzar *I want a job that will fulfil me.* Vull una feina que m'ompli.

fulfilment (brit), **fulfillment** (amer) ni [de condicions, etc.] compliment [de persona] satisfacció, realització

430 Praise Lloar

vegeu també **L38 Praising**

praise vt (sovint + **for**) [obj: p. ex. una persona, una feina] lloar, elogiar *Her style has often been praised for its clarity.* Sovint s'ha elogiat la claredat del seu estil.

praise ni elogi, lloança *fulsome praise* elogis exagerats

congratulate vt (sovint + **on**) [per un triomf o un esdeveniment agradable. Sovint en contextos públics] felicitar *Let me congratulate the minister on her frankness.* Permeteu-me felicitar la ministra per la seva franquesa.

congratulations n pl felicitacions, felicitats *Congratulations on your promotion!* Felicitats per l'ascens! *I want to be the first to offer my congratulations.* Vull ser la primera a felicitar-te.

compliment vt (sovint + **on**) [habit. per ac ben feta. Sovint en contextos personals] felicitar *I complimented her on her choice of wine.* La vaig felicitar pel vi que havia triat. *We would like to compliment your team on the efficiency of their action.* Ens agradaria felicitar el teu equip per l'eficàcia de la seva acció.

compliment nc compliment, galanteria *to pay sb a compliment* fer-li un compliment a algú

flatter vt [expressa exageració i manca de sinceritat] afalagar, adular *It never hurts to flatter a customer.* Afalagar un client mai no està de més. *to flatter sb's self-esteem* afalagar l'amor propi d'algú **flattery** ni afalagament, adulació

frase feta

give sb a pat on the back o **pat sb on the back** [informal. Expressa lloança i estímul] felicitar algú, donar un copet a l'esquena a algú *a piece of initiative that deserves a pat on the back* una iniciativa que mereix una enhorabona

to sing sb's praises cantar les excel·lències d'algú [parlar de manera favorable d'algú amb els altres] *Our new saleswoman is very good. All the customers are singing her praises.* La nostra venedora nova és molt bona. Tots els clients en parlen d'allò més bé.

431 Admire Admirar

admire vt (sovint + **for**) [sentiment més afectuós que **respect**. Sovint expressa un desig d'emulació] admirar *I admire her for her honesty.* L'admiro per la seva honradesa. **admiration** ni admiració

respect vt 1 [trobar que ac mereix estimació. Sentiment més impersonal que **admire**] respectar *The patients here are respected and cared for.* Aquí els pacients es respecten i es cuiden. 2 [no danyar o molestar] mantenir, defensar *We try to respect local traditions.* Procurem mantenir les tradicions locals.

respect ni respecte *to treat sb with respect* tractar algú amb respecte *his respect for authority* el respecte que té per l'autoritat

self-respect ni amor propi, dignitat *Poverty has destroyed their self-respect.* La pobresa els havia destruït la dignitat.

esteem ni [formal] estima, estimació *I hold the prime minister in the highest esteem.* Tinc el primer ministre en moltíssima estima. **self-esteem** ni amor propi

regard ni [més aviat formal] consideració, respecte *my considerable regard for the police* el meu considerable respecte per la policia

431.1 Admiració extrema

wonder ni [expressa esbalaïment] admiració, astorament *We looked on in wonder as she stroked the lion.* Miràvem bocabadats com acariciava el lleó.

awe ni [expressa esbalaïment i sovint por] (paüra i) respecte *Her skill left us in awe.* La seva habilitat ens va deixar admirats. *I stood in awe of the examiners.* Els examinadors em feien por i respecte a la vegada.

idolize, TAMBÉ **-ise** (brit) vt [sovint pej. Expressa un nivell d'admiració del tot excessiu] idolatrar *Susan idolizes her father.* La Susan idolatra el seu pare.

GRUPS DE PARAULES

431.2 Que requereix admiració

glory *ni* [gran fama i honor] glòria

honour (*brit*), **honor** (*amer*) *n* **1** *ni* honor, honra *The honour of the party was at stake.* Estava en joc l'honor del partit. *Tonight we have the honour of welcoming two guests from India.* Aquest vespre tenim l'honor de donar la benvinguda a dos convidats de l'Índia. **2** *nc* honor *It's an honour to work here.* És un honor treballar aquí. **honourable**, (*brit*), **honorable** (*amer*) *adj* honorable **honourably**, (*brit*), **honorably** (*amer*) *adv* honorablement

impress *vt* impressionar *I'm impressed.* Estic impressionat.

impressive *adj* impressionant *an impressive achievement* un assoliment impressionant

---

frases fetes

think well/highly of sb/sth tenir a/ac en molta estima *We all think highly of her as a teacher.* Com a professora la tenim tots en molta estima. *He's well-thought-of in the profession.* Està molt ben considerat dins la professió.

look up to sb [pensar que algú mereix admiració] admirar algú *Most children look up to their parents.* La majoria dels nens admiren els pares.

take one's hat off to sb [informal. Expressar admiració i sorpresa per un assoliment] treure's el barret davant d'algú *I take my hat off to her – I couldn't do that at her age.* Em trec el barret; jo no podia fer això quan tenia la seva edat.

---

432 Attract Atreure

attract *vt* **1** (sovint + *to*) atreure *You're immediately attracted to his vibrant personality.* De seguida et sents atret per la seva vibrant personalitat. **2** [fer venir] atreure *The course attracts hundreds of students every year.* El curs atreu centenars d'alumnes cada any.

attraction *ni/c* atracció, atractiu *the attraction of country life* l'atractiu de la vida al camp *The higher interest rates are a considerable attraction for investors.* Els tipus d'interès més alts són un atractiu considerable per als inversors. *tourist attractions* atraccions turístiques

attractive *adj* atractiu *attractive eyes* ulls atractius *an attractive offer* una oferta atractiva

charm *ni* encant, encís *He convinced me by sheer charm.* Em va convèncer només amb el seu encant.

charm *vt* encisar, encantar *All the teachers were charmed by her.* Tots els professors estaven encantats amb ella. *He charmed me into buying the house.* Va fer servir el seu encant per fer-me comprar la casa.

charming *adj* encantador, gentil, encisador *Their manners were charming.* El seu tracte era encantador. *a charming village* un poble encisador

bewitch *vt* [amb efectes màgics] fetillar, embruixar, encantar *They were soon bewitched by the romance of India.* Aviat van quedar embruixats pel romanticisme de l'Índia.

bewitching *adj* fetiller, embruixador *a bewitching charm* un encís embruixador

entice *vt* (sovint + *adv* o *prep*) [comporta una promesa de recompensa] seduir, temptar, abellir *She's been enticed away from teaching.* L'han temptada perquè deixés l'ensenyament.

enticing *adj* seductor, abellidor *an enticing offer* una oferta seductora

tempt *vt* (sovint + *to* + INFINITIU) [expressa persuasió o desig, sovint d'ac dolenta] temptar *He tempted me out for a drink.* Em va convèncer per anar a prendre una copa. *I was tempted to give up.* Vaig estar a punt de deixar-ho córrer.

tempting *adj* [no té connotacions negatives] temptador *a tempting menu* un menú temptador

temptation *ni/c* temptació *to resist temptation* resistir a la temptació

seduce *vt* **1** [induir a mantenir relacions sexuals] seduir *She was seduced in her first week at college.* La van seduir a la primera setmana d'estar a la universitat. **2** [induir a fer ac, sovint poc aconsellable] seduir *Don't be seduced by glamorous advertising.* No et deixis seduir per l'atracció de la publicitat.

seductive *adj* seductor *seductive photos of holiday beaches* fotos seductores de platges turístiques

lure *vt* [sovint implica engany. Habit. per fer anar algú a algun lloc] atreure amb reclam, temptar, seduir *Teenagers are being lured to the capital by the prospect of higher wages.* Molts adolescents se senten atrets cap a la capital per la possibilitat de guanyar sous més alts. *Can you lure her out of her office?* Pots fer-la sortir de l'oficina amb bones paraules?

lure *ni* al·licient, encant, incentiu *the lure of wealth* l'encant de la riquesa

allure *ni* [qualitat que captiva] fascinació, atractiu *Modelling still has a definite allure.* La professió de model té encara un clar atractiu.

alluring *adj* atractiu, seductor *the car's alluring design* el disseny atractiu del cotxe

432.1 Coses que atreuen

bait *ni* **1** [p. ex. per pescar] esquer, reclam **2** [per temptar algú] incentiu, estímul *They're running another competition as bait for new readers.* Tornen a organitzar un concurs per atreure nous lectors.

magnet *nc* **1** [pel ferro] imant **2** [que desperta interès] (que atreu com un) imant *The coast was becoming a magnet for tourists.* La costa atreia cada vegada més els turistes.

magnetic *adj* **1** [descriu: substància] magnètic **2** [descriu: p. ex. personalitat] atractiu

magnetism *ni* **1** [del ferro] magnetisme **2** [p. ex. de la personalitat] magnetisme

433 Endure Aguantar

endure vt [més aviat formal. Sovint expressa llarga durada] aguantar, patir, suportar *They endured great hardship.* Van patir fortes privacions. *He endured their teasing with good humour.* Va aguantar les seves bromes amb bon humor. (+ -ing) *I can't endure seeing them together.* No puc suportar veure'ls junts.

endurance ni [expressa determinació] resistència, fortalesa *an ordeal that tested her physical endurance* un sofriment que va posar a prova la seva fortalesa física *The noise was **beyond endurance**.* El soroll era inaguantable. (davant de n) *endurance test* prova de resistència

bear vt, pas. **bore** pp. **borne** (més freqüent en contextos negatius) aguantar, suportar, resistir *after a long illness, bravely borne* després d'una llarga malaltia suportada amb coratge *I can't bear his constant air of superiority.* No puc resistir el seu permanent aire de superioritat. (+ **to** + INFINITIU) *She can't bear to speak to him.* No suporta haver-li de parlar.

stand vt, pas. & pp. **stood** (més freqüent en contextos negatius) [menys formal que **bear**] aguantar, suportar, resistir *He stood the job for four years before leaving.* Va aguantar quatre anys a la feina abans de plegar. *I can't stand the pressure any more.* No puc aguantar més la pressió. (+ -ing) *I can't stand ironing.* No suporto planxar.

> *utilització*
>
> **Bear** sol anar seguit de l'infinitiu, però **endure** i **stand** solen anar seguits de la forma -ing.

take vt, pas. **took**, pp. **taken** aguantar, suportar, resistir *I resigned because I just couldn't take any more.* Vaig dimitir perquè ja no podia aguantar més. *I couldn't take his constant complaining.* No podia suportar les seves contínues queixes.

put up with sth/sb vt aguantar *Why should I put up with inefficiency from employees?* Per què he d'aguantar la ineficàcia dels empleats? *Parents of teenagers have a lot to put up with.* Els pares d'adolescents han d'aguantar molt.

tolerate vt [més formal que **put up with.** Acceptar una cosa que hom desaprova] tolerar *a regime that tolerates dissent* un règim que tolera la dissidència *Lateness was just not tolerated.* El retard no era tolerat de cap manera.

tolerant adj [expressa comprensió] tolerant, indulgent *My grandparents were older but more tolerant.* Els meus avis eren més grans però més tolerants.

tolerance ni tolerància, indulgència *British tolerance of eccentric behaviour* la indulgència britànica envers el comportament excèntric

suffer v 1 vi (sovint + **from**) [comporta sofriment físic o mental] sofrir, patir *Did he suffer?* Va patir? *I hate to see children suffer.* Odio veure patir els nens. *She suffers terribly from migraine.* Pateix unes migranyes terribles. 2 vt [obj: p. ex. dolor, insults] sofrir, patir *the misery I've suffered in this job* les coses que he hagut d'aguantar en aquesta feina

victim nc víctima *victims of torture* víctimes de la tortura *the intended victims of the fraud* les víctimes potencials del frau *stroke victims* les víctimes d'un atac de feridura

434 Friendship Amistat

vegeu també **319 Visit**; contrari **250 Enmity**

434.1 Amistats personals

friend nc amic -ga *an old school friend* un amic de l'escola de fa molts anys *The Mackays are friends of ours.* Els Mackay són amics nostres. [després d'una discussió] *We're friends again.* Tornem a ser amigues. *We soon **made friends with** our new neighbours.* Aviat vam fer amistat amb els nous veïns.

pal nc [informal. Utilitzat esp. pels homes o referit als homes] company, amic *Are you bringing any of your little pals home tonight?* Portes a casa alguns dels teus amiguets aquest vespre? [donant gràcies a algú] *Thanks Jim, you're a pal.* Gràcies Jim, ets un amic.

mate nc (brit) [informal. Ref. més a homes que a dones] company, camarada *I got it second-hand from a mate of mine.* Ho vaig comprar de segona mà a un company meu.

buddy nc (amer) [informal. Ref. més a homes que a dones] company, col·lega

relationship nc [íntima o distant] relació *a loving relationship* una relació amorosa *Our relationship is purely professional.* La nostra relació és purament professional.

434.2 Companyonia

companion nc 1 [ref. a persones que han compartit experiències, esp. un viatge] company -a *Scott and his companions* Scott i els seus companys 2 [cònjuge o amant] company -a *his lifelong companion* la seva companya de tota la vida

partner nc 1 [p. ex. en un joc o una altra activitat] soci -òcia, còmplice, company -a *She betrayed her former partners to the police.* Va vendre els seus antics còmplices a la policia. *partners in government* socis en el govern *my tennis partner* la meva parella de tennis 2 [que viuen junts] parella *Should partners enjoy the same rights as spouses?* Les parelles de fet haurien de gaudir dels mateixos drets que les parelles casades?

partnership nc/i associació *We try to have an equal partnership at home.* A casa intentem compartir les coses en termes d'igualtat.

associate nc [esp. en els negocis] soci/sòcia, associat -ada *Two of my former associates are setting up their own company.* Dos dels meus antics socis s'estableixen pel seu compte.

association nc (cap pl) associació, relació *a long and happy association with her publishers* una llarga i satisfactòria relació amb els l'editorial

associate with sb vt [sovint pej. Comporta tenir reunions freqüents] estar vinculat a, estar relacionat amb *You've been associating with some very dubious characters, haven't you?* Has tingut tractes amb alguns personatges molt sospitosos, oi?

ally nc [en un conflicte] aliat *our allies in the fight against pornography* els nostres aliats en la lluita contra la pornografia *our NATO allies* els nostres aliats de l'OTAN

crony nc [sovint pej. Persona que forma part d'un grup o camarilla i que de vegades abusa del seu poder] camarada *The head and his cronies stopped me getting the job.* El cap i la seva camarilla van impedir que em donessin la feina.

acquaintance nc/i [util. per parlar d'amistats superficials] conegut *business acquaintances* uns coneguts de la feina *I made her acquaintance on the train.* La vaig conèixer en el tren.

434.3 Comportament cordial

friendly adj simpàtic, amable *a very friendly couple* una parella molt simpàtica *a friendly chat* una xerrada cordial **friendliness** ni simpatia, amabilitat

befriend vt [més aviat formal, habit. també implica emparar algú que necessita ajut o amistat] ajudar, oferir amistat *She befriended me on my first day at work.* Em va ajudar el meu primer dia a la feina.

warm adj [que mostra simpatia] cordial, afectuós *a warm greeting* una salutació cordial **warmly** adv cordialment **warmth** ni cordialitat

hospitable adj [envers els hostes i els forasters] hospitalari *It would be more hospitable to invite them in.* Seria més hospitalari invitar-los a entrar.

hospitality ni hospitalitat *lavish Texan hospitality* la generosa hospitalitat texana

welcoming adj [a l'arribada d'algú] acollidor, cordial *a welcoming smile* un somriure acollidor *The couriers were welcoming and efficient.* Els guies eren cordials i eficients.

company ni companyia *I was glad of her company.* Estava content de la seva companyia. *I kept her company while she was waiting.* Li vaig fer companyia mentre esperava. *The company was most agreeable.* La companyia era molt agradable.

accompany vt [més formal que **go with**] acompanyar *I accompanied her home after the party.* La vaig acompanyar a casa després de la festa.

frases fetes

get on (brit)/**along** (amer) **well with sb** [descriu una relació fàcil] entendre's bé amb algú *A good doctor needs to get on well with people.* Un bon metge ha de ser capaç d'entendre's bé amb la gent.

hit it off (with sb) [des del primer moment] avenir-se molt (amb algú) *Lucy and Harry hit it off right away.* La Lucy i en Harry es van avenir des del primer moment. *We didn't really hit it off.* De fet no ens vam avenir gens.

get on like a house on fire [informal i emfàtic] entendre's molt bé *Everybody was getting on like a house on fire until we got on to politics.* Tothom s'entenia molt bé fins que vam tocar el tema de la política.

break the ice trencar el gel *It was a terrible joke but it broke the ice.* Va ser un acudit molt dolent, però va servir per trencar el gel.

the more the merrier [es diu per animar algú a participar] com més serem més riurem *Of course there's room in the car, the more the merrier.* És clar que hi ha lloc al cotxe, com més serem més riurem.

435 Loneliness Solitud

vegeu també **320.2 Distance**

lonely (brit & amer) TAMBÉ **lonesome** (amer) adj [sensació desagradable de trobar a faltar els altres] sol, solitari *He feels so lonely now his wife's left him.* Es troba tan sol ara que la seva dona l'ha deixat. *a lonely weekend* un cap de setmana solitari

alone adj (darrere v) [possiblement per voluntat pròpia, sense la presència dels altres] sol *I'm all alone in the house tonight.* Aquesta nit estic sola a casa. *I need to be alone for a while.* Necessito estar sol una estona.

on one's own [possiblement per voluntat pròpia, sense la presència dels altres] tot -a sol -a *Don't sit there on your own, come and join us.* No seguis aquí tota sola, vine amb nosaltres. *We're on our own now our daughter's married.* Ara que la nostra filla està casada estem tots sols.

solitary adj (davant de n) **1** [habitualment sol, possiblement per voluntat pròpia] solitari *a solitary existence* una existència solitària **2** [mot emfàtic] únic, sol *I've had one solitary phone call all week.* He tingut una única trucada en tota la setmana.

isolated adj [reforça l'existència d'una distància desagradable, física o mental, respecte a les altres persones o coses] aïllat, isolat *You feel so isolated not knowing the language.* Et sents tan aïllat quan no coneixes la llengua. *Aren't you rather isolated out in the suburbs?* No estàs una mica aïllat als afores?

435.1 Gent que està sola

loner nc [que prefereix viure o treballar sol o que té dificultats per tractar la gent] solitari, misantrop

recluse nc [força pej., que evita la gent] reclús, solitari *A widower doesn't need to be a recluse, you know.* Un vidu no s'ha de quedar tancat a casa, saps? **reclusive** adj solitari

hermit nc ermità -ana

435.2 Que descriu una sola persona o cosa

single adj 1 (davant de n) [implica que n'hi pot haver més] únic, sol *If I find one single mistake, there'll be trouble.* Si trobo un sol error, hi haurà problemes. *We haven't had a single customer all day.* No hem tingut ni un sol client en tot el dia. 2 [no casat] solter *a single woman* una dona soltera *when I was single* quan era solter

individual adj (davant de n) individual *each child's individual needs* les necessitats individuals de cada criatura *an individual portion* una ració individual *the individual care given to each patient* l'atenció diferenciada que es dóna a cada pacient

individual nc individu -ídua *We treat you as an individual, not a number.* Et tractem com a persona, no com un número.

independent adj (sovint + **of**) independent *an independent investigation* una investigació independent *We are totally independent of the insurance companies.* Som totalment independents de les companyies d'assegurances. *an independent wine merchant* [que no forma part d'una cadena] un comerciant de vi independent **independence** ni independència

singular adj [en la gramàtica] singular *a singular noun* un substantiu en singular *the first person singular* la primera persona del singular (com a n) *The noun is in the singular.* El nom està en singular.

lone adj (davant de n) [descriu una absència poc usual d'altres persones o coses] solitari, aïllat *a lone cyclist* un ciclista solitari

436 Include Incloure

include vt 1 [tenir com a part] incloure *These costs include petrol.* Aquests costos inclouen la gasolina. 2 [posar ac dins d'una altra] incloure *I included a section on opera in the book.* Vaig dedicar un capítol del llibre a l'òpera.

including prep inclòs, incloent *£22 a night including breakfast* 22 lliures per nit amb l'esmorzar inclòs *all of us including the dog* tots nosaltres incloent el gos

inclusive adj (esp. brit) (sovint + **of**) inclòs, incloent *from the sixth to the tenth inclusive* del sis al deu inclòs *£46 a week inclusive of heating* 46 lliures per setmana amb la calefacció inclosa

involve vt [indica que a/ac es fa necessari o queda afectat] implicar *They don't want to involve the police in this.* No hi volen implicar la policia. *It would involve a long wait.* Suposaria haver d'esperar molt. *a process involving computers* un procés que implica l'ús d'ordinadors *I don't want to get involved with their arguments.* No vull que em fiquin en les seves discussions.

involvement nc (cap pl) implicació, participació *my involvement in the case* la meva implicació en el cas *We encourage the involvement of the local community.* Animem els veïns a participar-hi.

count sb/sth **in** vt [considerar com a part integrant] incloure *If the others are going, count me in too.* Si els altres hi van, jo també m'hi apunto.

consist of sth vt [estar format per diversos materials, elements o persones] constar de, estar format per *Bronze consists mainly of copper and tin.* El bronze està format principalment per coure i estany. *The meal consisted of soup, fish and cheese.* L'àpat va consistir en una sopa, peix i formatge.

comprise vt 1 [estar format per. Més formal que **consist of**] comprendre, constar de *The book comprises ten chapters and an index.* El llibre consta de deu capítols i un índex. 2 [formar] constar de *The building is comprised of three adjoining rooms.* La casa consta de tres habitacions adjacents.

utilització

Tot i que el sentit 2 de **comprise** és d'ús comú, alguns parlants el consideren incorrecte.

frase feta

be made up of sb/sth estar integrat per a/ac *The class is made up of Cubans and Puerto Ricans.* La classe està integrada per cubans i porto-riquenys. *The course is made up of three parts.* El curs està dividit en tres parts.

437 Exclude Excloure

exclude vt (sovint + **from**) [habit. de manera deliberada] excloure *I felt deliberately excluded from their group.* Em vaig sentir deliberadament exclòs del seu grup. *The programme excluded all mention of government interference.* El programa obviava qualsevol menció a la ingerència del govern.

exclusion ni/c exclusió *the exclusion of immigrants* l'exclusió d'immigrants *the usual exclusions like war and acts of God* [en pòlisses d'assegurances] les exclusions habituals com ara la guerra i les catàstrofes naturals

excluding prep [no tenint en compte] exclòs, excloent *£234, excluding VAT* 234 lliures sense IVA *Excluding Friday, we've had good weather so far.* Deixant de banda el divendres, de moment hem tingut bon temps.

omit vt, -tt- [accidentalment o deliberadament] ometre *The soloist omitted the repeats.* El solista va ometre les repeticions. *Unfortunately your name has been omitted.* Per desgràcia han omès el teu nom.

omission ni/c omissió *We must apologize for the omission of certain facts.* Ens hem de disculpar per l'omissió de certs fets.

leave sth/sb **out** o **leave out** sth/sb vt (sovint + **of**, **from**) [menys formal que **exclude** o **omit**] deixar de

GRUPS DE PARAULES

banda, ometre, prescindir *You've left a word out.* T'has saltat una paraula. *She was left out of the team because of an injured ankle.* Va quedar fora de l'equip per una lesió de turmell.

shun *vt*, **-nn-** [evitar, sovint de manera poc educada] evitar, defugir *The banks tend to shun my kind of company.* Els bancs tendeixen a defugir companyies com la meva. *I used to shun any idea of working in an office.* Abans no hauria treballat en una oficina per res del món.

ignore *vt* no fer cas a, ignorar *She's been ignoring me all evening.* M'ha ignorat tota la nit. *They tend to ignore inconvenient facts.* Tendeixen a ignorar els fets desagradables.

except *prep* tret de, llevat de, excepte *everyone except my father* tothom menys el meu pare

except for *prep* tret de, llevat de, excepte *We were all over 18, except for Edward.* Tots teníem més de 18 anys menys l'Eduard.

apart from *prep* a part de, llevat de, deixant de banda *Apart from Dora, nobody could speak French.* A part de la Dora, ningú no sabia parlar francès.

438 Bad Dolent

vegeu també **60 Ugly**; **219 Wicked**; **446 Horror and Disgust**; contrari **417 Good**

bad *adj, compar* **worse** *superl* **worst** **1** [desagradable] dolent *I had a bad dream.* Vaig tenir un somni desagradable. **2** [de poca qualitat] dolent, deficient *My exam results were very bad.* Vaig treure molt males notes en els exàmens. **3** (habit. davant de *n*) malalt, que està malament *I've got a bad knee.* Tinc un genoll malament. **4** (habit. + **for**) [perjudicial] dolent, nociu *Too much sun is bad for your skin.* Prendre massa el sol és dolent per a la pell. **5** [greu] dolent *a bad cold* un refredat fort

badly *adv* malament *She performed badly.* Va actuar malament. *badly injured* ferit greu *badly-behaved* que es porta malament

unpleasant *adj* [que no agrada] desagradable *an unpleasant taste* un gust desagradable *The tone of the letter was extremely unpleasant.* El to de la carta era extremadament desagradable. **unpleasantly** *adv* desagradablement

unsatisfactory *adj* [descriu: p. ex. treball, condicions] insatisfactori *Their performance was thoroughly unsatisfactory.* La seva actuació va ser totalment insatisfactòria. **unsatisfactorily** *adv* de manera insatisfactòria

horrible *adj* horrible *a horrible piece of modern architecture* una mostra espantosa d'arquitectura moderna *That was a horrible thing to say.* Va dir una cosa realment horrible.

nasty [força informal. Més fort que **unpleasant**. Quan descriu persones o fets, expressa malvolença deliberada] antipàtic, fastigós, perillós, repugnant *a nasty smell* una pudor desagradable *a nasty cold* un refredat fort *a mean and nasty trick* un engany mesquí i repugnant

shoddy *adj* [de mala qualitat o que té un comportament menyspreable] de nyigui-nyogui, de mala qualitat *shoddy goods* articles de mala qualitat *The way they treated me was incredibly shoddy.* Em van tractar de manera increïblement mesquina. **shoddily** *adv* malament, de manera menyspreable

hopeless *adj* [informal. Expressa una actitud de menyspreu envers la incompetència] que no té remei, desesperant, inútil *My spelling's hopeless.* La meva ortografia no té remei. *a hopeless team* un equip que no serveix per a res

438.1 Molt dolent

dreadful *adj* terrible, dolentíssim *The acoustics are dreadful.* L'acústica és terrible. *I had a dreadful journey.* Vaig tenir un viatge espantós. *a dreadful mistake* un error terrible

appalling *adj* **1** horrorós, pèssim *Her taste is simply appalling.* Té un gust senzillament horrorós. *What appalling weather we've been having.* Hem tingut un temps de fàstic. **2** [xocant] esgarrifós *an appalling crime* un crim esgarrifós

awful *adj* [pot descriure un trasbals] espantós, horrible *This soup is awful!* Aquesta sopa és horrible! *that awful dog they have* aquell gos tan horrorós que tenen [per èmfasi] *an awful mess* un merder

terrible *adj* [força informal] terrible *The weather's been terrible.* Hem tingut un temps terrible. *I'm a terrible singer.* Canto molt malament.

ghastly *adj* [expressa esgarrifor] horripilant, esborronador *a ghastly accident* un accident esborronador *They have such ghastly taste.* Tenen un gust tan horripilant.

frightful *adj* [més aviat formal. Greu i xocant] esglaiador, esfereïdor, aterridor *We saw some frightful injuries.* Vam veure unes ferides esglaiadores. [pot semblar afectat] *a frightful colour* un color esfereïdor

foul *adj* [molt desagradable] fastigós, nauseabund *a foul stench* una pudor fastigosa *The weather was absolutely foul.* El temps va ser absolutament fastigós.

vile *adj* **1** [informal] detestable, fastigós, vil *The food was positively vile.* El menjar era veritablement detestable. **2** [més aviat formal. Menyspreable] infame, roí *a vile threat* una vil amenaça

obnoxious *adj* [expressa crueltat o males maneres. Descriu: gent, comportament, etc, però mai temps, gust, etc.] detestable, repugnant, desagradable *a particularly obnoxious remark* un comentari particularment desagradable *The immigration officials were being deliberately obnoxious.* Els funcionaris d'immigració actuaven de manera deliberadament desagradable.

atrocious *adj* [molt emfàtic] atroç, terrible *Your spelling absolutely atrocious.* La teva ortografia és senzillament espantosa. *The weather has been atrocious all week.* Hem tingut un temps espantós tota la setmana.

atrociously *adv* de manera espantosa, terriblement *The children behaved atrociously.* Els nens es van portar tan malament com van poder.

crap *ni* [argot força vulgar. Implica forta desaprovació] merda *The whole idea is a load of crap.* Tota la idea és una merda. *(davant de n) a crap firm to work for* una empresa que és una merda treballar-hi

crappy *adj* de merda, merdós *They're crappy little cars.* Són uns cotxets merdosos.

lousy *adj* [informal. Sovint expressa enuig] pollós, fastigós, dolentíssim *The food was lousy.* El menjar era fastigós. *that lousy stereo I had* aquell equip de música tan fastigós que tenia

grim *adj*, **-mm-** [dolent i difícil de suportar] fosc, lúgubre, tenebrós *the grim prospects for manufacturing industry* les negres expectatives de les indústries manufactureres *The exam was pretty grim.* L'examen va ser força complicat.

frase feta

be a dead loss [informal. Expressa decepció] no servir per a res *The match was a dead loss.* El partit va ser una porqueria.

438.2 Gent desagradable

vegeu també **1 Wild animals**

bastard *nc* [argot] **1** [persona odiada o menyspreada. Força ofensiu] bastard, bord, desgraciat *The bastards wouldn't listen.* Aquells malparits ni ens van escoltar. **2** [cosa desagradable o difícil] fotut *This winter's been a real bastard.* Aquest hivern ha estat de fàstic.

pig *nc* [argot. Descriu un comportament desagradable, p. ex. crueltat, cobdícia, golafreria, etc. No massa fort, i sovint utilitzat directament a la cara] porc, bacó *Give it back, you pig!* Torna-m'ho, porc!

worm [expressa menyspreu] desgraciat, roí *Only a worm like you would print lies like that.* Només un desgraciat com tu publicaria mentides com aquesta.

bitch *nc* [argot. Dona desagradable] mala puta, bandarra, mala bèstia *That bitch swore at me.* Aquella mala pècora em va insultar.

439 Inferior Inferior

contrari **419 Superior**

inferior *adj* inferior *They made me feel inferior because I hadn't been to university.* Em feien sentir inferior perquè no havia anat a la universitat. *an inferior brand of coffee* una marca de cafè de qualitat inferior

worse 1 *adj (compar* de **bad)** més dolent, pitjor, inferior *His cough is worse than ever.* La seva tos està pitjor que mai. *Things are likely to get worse.* És probable que les coses empitjorin. **2** *adv (compar* de **badly)** més malament, pitjor *I'm sleeping even worse lately.* Últimament dormo encara pitjor.

worst *adj (superl* de **bad)** pèssim, pitjor *the worst book I've ever read* el pitjor llibre que he llegit mai *(com a n) I've seen some bad cases but this is the worst.* He vist casos greus, però aquest és el pitjor.

439.1 Inferior en rang

subordinate *nc* [indica una estructura jeràrquica] subordinat -ada *You need the respect of your subordinates.* Necessites el respecte dels subordinats.

subordinate *adj* (sovint + **to**) subordinat *a subordinate civil servant* un funcionari subordinat

junior *adj* (sovint + **to**) [respecte a un altre o altres] júnior *a junior executive* un càrrec intermedi

junior *nc* auxiliar administratiu *the office junior* el noi dels encàrrecs

440 Uncomfortable Incòmode

contrari **421 Comfortable**

uncomfortable *adj* **1** incòmode *an uncomfortable bed* un llit incòmode *I feel uncomfortable wearing a tie.* Em sento incòmode quan porto corbata. **2** [estar a disgust] neguitós, incòmode *Churches make me uncomfortable.* Les esglésies em fan sentir neguitós. **uncomfortably** *adv* incòmodament

discomfort *ni* [més aviat formal] malestar *The heat was causing me some discomfort.* La calor em provocava un cert malestar.

tight *adj* [descriu: p. ex. roba] estret, ajustat, tibant *My belt's too tight.* El meu cinturó m'estreny massa.

tighten *v* **1** *vt* estrènyer *Don't tighten that chin strap too much.* No estrenyis massa la corretja. **2** *vi* estrènyer-se *The collar seemed to be tightening around my neck.* El coll de la camisa semblava que cada vegada m'estrenyia més.

pinch *vt* [subj: p. ex. sabates] estrènyer, pessigar *The boots pinch my toes.* Les botes m'estrenyen els dits.

cramped *adj* [obj: esp. condicions de vida] amuntegat, ajustat *Many families live in very cramped conditions.* Moltes famílies viuen amuntegades en molt poc espai. *a cramped bedsit* un estudi petit

frase feta

like a fish out of water [p. ex. en un entorn poc familiar] com un peix fora de l'aigua *On his first visit abroad he felt like a fish out of water.* En la seva primera visita a l'estranger es va sentir com un peix fora de l'aigua.

441 Worsen Empitjorar

vegeu també **132 Damage**

worsen *vi* [mot genèric] empitjorar *The weather worsened.* El temps empitjorava.

deteriorate *vi* [més aviat formal. Subj: p. ex. situació, salut] deteriorar-se, espatllar-se *The standard of your* *work has considerably deteriorated.* La qualitat de la teva feina s'ha deteriorat considerablement.

deterioration *ni* deteriorament *a marked deterioration in diplomatic relations between the two countries* un deteriorament fort de les relacions diplomàtiques entre els dos països

aggravate *vt* [obj: p. ex. problema] agreujar *The humidity could aggravate your asthma.* La humitat podria agreujar la teva asma. *tensions aggravated by foolish press comments* tensions agreujades pels comentaris forassenyats de la premsa **aggravation** *ni* agreujament

exacerbate *vt* [obj: p. ex. problema, situació] exacerbar *Any intervention by the West will only exacerbate the political situation.* Qualsevol intervenció occidental no farà més que exacerbar la situació política.

frases fetes

go downhill [informal. Empitjorar constantment] anar de mal en pitjor *The team went downhill after you left.* Després que marxessis, l'equip va anar cada vegada pitjor.

go to pot [informal. Expressa una pèrdua total de qualitat] ensorrar-se *those who feared that the business would go to pot* aquells que temien que el negoci s'ensorraria

go to the dogs [informal. Indica una pèrdua de qualitat escandalosa] arruïnar-se, anar a mal borràs, anar a can Pistraus *Ever since I was a boy people have been claiming the country was going to the dogs.* Des que era un vailet que sento dir que el país va cap a la ruïna.

go to seed [informal. Expressa que a/ac havia estat bé abans] anar a menys, fer-se malbé, deteriorar-se *He really went to seed after he started drinking.* Després de començar a beure va patir un deteriorament molt fort.

442 Normal Normal

vegeu també **288 Habitual**; contrari **444 Unusual**

normal *adj* normal *It took us a long time to get back to normal after the fire.* Ens va costar molt de temps tornar a la normalitat després de l'incendi. *How long is your normal working day?* Quantes hores treballes en una jornada laboral normal? [pot suposar un judici crític per part del parlant respecte a com haurien de ser les coses] *It's not normal to want to be alone all the time.* No és normal voler estar sempre sol. *Anger is a normal reaction to the death of a loved one.* La ràbia és una reacció normal davant la mort d'un ésser estimat.

normally *adv* normalment *Try to act normally.* Intenta actuar amb normalitat. *I don't drink this much normally.* Normalment no bec tant. *Normally we visit my family at Christmas.* Normalment, visitem la família per Nadal.

natural *adj* natural *a natural reaction* una reacció natural *the natural accompaniment to cheese* l'acompanyament natural del formatge *The acting is very natural.* L'actuació és molt natural.

ordinary *adj* [sense trets distintius] corrent, comú *a perfectly ordinary day* un dia perfectament normal [pot ser força pej.] *Her husband's very ordinary.* El seu marit no és res de l'altre món.

everyday *adj* (davant de *n*) [expressa rutina] diari, quotidià, corrent *your everyday problems* els teus problemes quotidians *simple everyday jobs* simples feines rutinàries

standard *adj* [expressa aprovació o acceptació general] habitual, normal *It's standard procedure.* És el procediment habitual.

conventional *adj* convencional *a conventional way of dressing* una manera de vestir-se convencional [força pej.] *Her family is terribly conventional.* La seva família és molt convencional.

conventionally *adv* convencionalment *a conventionally designed engine* un motor de disseny convencional

conform *vi* (sovint + **to**) [expressa una manera de comportar-se que segueix la norma general] adaptar-se, conformar-se *the social pressures to conform* les pressions socials a les quals cal adaptar-se *They're unlikely to conform to their parents' wishes.* No és probable que s'avinguin als desitjos dels seus pares.

442.1 Que succeeix o existeix normalment

usual *adj* [mot genèric] usual, habitual, corrent, normal *He came at the usual time.* Va arribar a l'hora habitual. *My usual doctor was away.* El meu metge de sempre no hi era. *It's more usual for the mother to come.* És més normal que vingui la mare. *She's busy **as usual**.* Està enfeinada, com sempre. (com a *n*) *Anything in the post? – Just **the usual**, bills and circulars.* Hi ha correspondència? – Només l'habitual, factures i propaganda.

usually *adv* generalment, habitualment *I usually wear a tie.* Habitualment duc corbata.

typical *adj* (sovint + **of**) **1** [representatiu] típic *a typical London street* un carrer típic de Londres *This is typical of the problems facing young families.* Aquest és un problema típic dels que afronten les famílies joves. **2** [característic. Habit. en contextos pej.] típic, propi *The remark was typical of her.* Va ser un comentari propi d'ella.

typically *adv* típicament *a typically stupid suggestion* un suggeriment típicament estúpid *Candidates are typically female and unmarried.* Els candidats acostumen a ser dones i solteres.

utilització

Cal no confondre **typical** (típic) amb **traditional** (tradicional). *vegeu també **195 Social customs**

widespread *adj* [que es dóna sovint] estès, difós, generalitzat *a widespread misunderstanding* un malentès generalitzat *The practice is widespread in Scotland.* El costum està molt estès a Escòcia.

widely *adv* [freqüent i en molts llocs] àmpliament *The changes have been widely publicized.* Els canvis han estat fets públics pertot arreu.

commonplace *adj* [sovint ref. a ac que abans era poc freqüent, però que ara és molt normal] freqüent, corrent, trivial *Satellite launches are now commonplace.* Actualment llançar satèl·lits a l'espai és una cosa habitual. *Muggings are commonplace on the estate.* Els atracaments sovintegen a la urbanització.

442.2 Entre extrems

average *adj* [més o menys com els altres] mitjà, corrent, normal *average house prices* preus normals d'habitatge *It's more versatile than the average computer.* És més versàtil que l'ordinador mitjà.

average *nc/i* mitjana, terme mitjà *Her performance was above average.* La seva actuació estava per sobre la mitjana.

medium *adj* mitjà, intermedi, regular *a house of medium size* una casa de mida mitjana *a medium dry wine* un vi semisec

intermediate *adj* **1** [que es fa o succeeix entre dues coses] intermedi *an intermediate solution* una solució intermèdia **2** [entre principiant i avançat] intermedi, mitjà *intermediate students* estudiants de nivell mitjà

442.3 Mots força pejoratius

mediocre *adj* [el mot més pej. d'aquest grup] mediocre *Your marks are pretty mediocre.* Les teves notes són força mediocres. *a mediocre hotel* un hotel mediocre

middling *adj* [menys pej. que **mediocre**, però de cap manera excepcional] regular, mitjà *His health's been fair to middling.* Ha tingut una salut d'anar tirant.

run-of-the-mill *adj* [força pej. Descriu ac corrent sense cap qualitat especial] un de tants *a run-of-the-mill TV comedy* una de tantes comèdies que es fan a la TV *All the applicants have been pretty run-of-the-mill.* Tots els aspirants eren força adotzenats.

middle-of-the-road *adj* [sovint pej. Expressa fadesa o manca de convicció] moderat, gens extremista, discret *My artistic tastes are fairly middle-of-the-road.* Els meus gustos artístics són més aviat corrents.

443 Often Sovint

often *adv* sovint *How often do you go there?* Hi vas gaire sovint? *It's often possible to buy tickets at the door.* Sovint és possible comprar les entrades a la porta.

frequent *adj* freqüent, assidu *He's a frequent guest of the President.* És un hoste habitual del president. *frequent arguments* discussions freqüents

frequently *adv* [més formal que **often**] freqüentment, sovint *She frequently travels abroad.* Viatja sovint a l'estranger. **frequency** *ni* freqüència

common *adj* comú, freqüent *Accidents are common on this road.* Els accidents són freqüents en aquesta carretera. *It's a common problem.* És un problema freqüent.

regular *adj* regular, sistemàtic *to take regular exercise* fer exercici amb regularitat *They have lunch together on a regular basis.* Dinen plegats amb regularitat. **regularity** *ni* regularitat

regularly *adv* regularment *We meet regularly.* Ens veiem regularment.

444 Unusual Insòlit

vegeu també **118 Surprise**; contrari **442 Normal**

unusual *adj* insòlit, rar *Ethelred is an unusual name these days.* Ethelred és un nom rar avui dia. *It's unusual for you to be so early.* És insòlit que arribis tan d'hora. **unusually** *adv* extraordinàriament

444.1 Diferent d'allò que hom esperaria o desitjaria

strange *adj* [lleug. pertorbador] estrany *a strange coincidence* una coincidència estranya *Her behaviour's been rather strange lately.* El seu comportament ha estat força estrany últimament. *That's strange, I thought I'd packed another sweater.* Que estrany, em pensava que havia posat un altre suèter a la maleta.

strangely *adv* estranyament *to behave strangely* comportar-se de manera estranya *It was strangely quiet.* Hi havia una calma estranya. *Strangely, we never met.* Sorprenentment, no ens havíem saludat mai. **strangeness** *ni* estranyesa, raresa

odd *adj* [lleug. més emfàtic que **strange**] estrany, rar, estrambòtic *That's odd, they are not answering the phone.* Que estrany, no contesten el telèfon. *That sounds a rather odd arrangement.* Això sembla un acord força estrany. *She wears very odd clothes.* Porta uns vestits molt estrambòtics.

oddly *adv* de manera estranya *He looked at me very oddly.* Em va mirar de manera molt estranya. *Oddly enough she was here yesterday.* Encara que sembli mentida, ahir ella era aquí.

oddity *nc* [persona o cosa estranya] raresa, singularitat, mania *Why do people look on tricycles and their riders as oddities?* Per què la gent es mira els tricicles i els seus conductors com a coses rares?

peculiar *adj* [lleug. més pejoratiu i crític que **strange** i **odd**] peculiar *The house had a peculiar smell.* La casa tenia una olor peculiar. *My mother thinks I'm a bit peculiar, not eating meat.* La meva mare creu que sóc una mica estranya perquè no menjo carn.

peculiarity n 1 nc [costum o tret particular] peculiaritat *The bow tie is one of his little peculiarities.* La corbata de llaç és una de les seves petites peculiaritats. 2 ni [més aviat formal] originalitat, singularitat

curious adj [més aviat formal] curiós *He served up a curious mixture of meat and fruit.* Va servir una curiosa barreja de carn i fruita. **curiously** adv curiosament

funny adj [força informal] rar, estrany *I heard a funny noise.* Vaig sentir un soroll estrany. *It seemed funny not to invite his parents.* Semblava estrany no convidar els seus pares.

weird adj [molt rar] enigmàtic, excèntric *He's a weird guy.* És un xicot excèntric. *I've had such a weird day.* He tingut un dia tan estrany.

bizarre adj [molt estrany i poc natural] estrambòtic, estrafolari *His behaviour is absolutely bizarre.* El seu comportament és absolutament estrambòtic.

queer adj [expressa una sensació de perplexitat o malestar. Actualment obsolet a causa de la seva connotació d'homosexual] estrany *a queer feeling I'd been there before* una estranya sensació d'haver-hi estat abans

abnormal adj [sovint en contextos mèdics o tècnics, altrament molt crític] anormal *an abnormal heartbeat* un batec de cor anormal *Her behaviour is completely abnormal.* El seu comportament és completament anormal. **abnormality** nc/i anormalitat

freak adj (cap *compar* o *superl*) [molt inesperat] inesperat, insòlit *freak weather conditions* condicions climàtiques insòlites

444.2 Que no es troben o es donen sovint

rare adj [no n'hi ha gaire] rar, poc comú *a rare example of international cooperation* un exemple poc habitual de col·laboració internacional *rare birds* ocells poc comuns **rareness** ni raresa

rarely adv rarament, gairebé mai *I'm rarely at home these days.* Últimament no sóc gairebé mai a casa.

scarce adj [indica que no n'hi ha prou] escàs *Money was scarce.* El diner era escàs. *our scarce resources* els nostres escassos recursos

scarcely adv a penes, amb prou feines *There's scarcely any tea left.* Quasi no queda te.

scarcity ni/c escassetat *this scarcity of raw materials* aquesta escassetat de primeres matèries

occasional adj [que passa de vegades] de tant en tant *We get the occasional enquiry.* De tant en tant rebem una demanda d'informació. *occasional visits to the seaside* visites a la costa fetes molt de tant en tant **occasionally** adv de tant en tant, de vegades

uncommon adj poc comú, gens freqüent *an uncommon name* un nom poc comú

exception nc excepció *I'm usually in bed by ten, but yesterday was an exception.* Ahir va ser una excepció, però normalment a les deu ja sóc al llit. *The regulations require students to be over eighteen, but we **made an exception** for her.* El reglament exigeix que els estudiants tinguin més de divuit anys, però amb ella vam fer una excepció.

seldom adv [lleug. formal] rarament, poques vegades *I seldom go abroad.* Gairebé no vaig mai a l'estranger. *Seldom had we seen such poverty.* Poques vegades havíem vist tanta pobresa.

hardly adv gairebé mai *I **hardly ever** eat meat.* Gairebé mai no menjo carn.

atypical adj [formal] atípic *My own case is somewhat atypical.* El meu cas és una mica atípic.

frases fetes

few and far between [no gaires, habit. expressa que seria millor que n'hi hagués més] poquíssims *My uncle's visits were few and far between.* Les visites del meu oncle eren comptades.

once in a blue moon molt de tant en tant *Once in a blue moon we go out to a restaurant.* Anem a un restaurant molt de tant en tant.

444.3 Poc freqüent però que habitualment es valora

special adj especial *They needed special permission to get married.* Necessitaven un permís especial per casar-se. *Mum's making a special cake for your birthday.* La mare està fent un pastís especial per al teu aniversari. *You're a very special person to me.* Ets una persona molt especial per a mi.

unique adj [que no n'hi ha cap altre] únic *a unique privilege* un privilegi únic *The picture is quite unique.* El quadre és del tot únic.

extraordinary adj extraordinari *The result was extraordinary.* El resultat va ser extraordinari. *her extraordinary talents* els seus talents extraordinaris

extraordinarily adv extraordinàriament *an extraordinarily brilliant contralto* una contralt extraordinàriament brillant

remarkable adj (sovint + for) [sorprenent, esp. a causa d'ac bona] remarcable, notable *a remarkable recovery* una recuperació notable *The film was remarkable for its use of amateur actors.* La pel·lícula era admirable pel fet que s'havia fet amb actors afeccionats.

remarkably adv extraordinàriament *The letter was remarkably short.* La carta era extraordinàriament curta.

exceptional adj 1 [d'una qualitat particularment alta] excepcional *It has been an exceptional year for Burgundy.* Ha estat un any excepcional per al Bordeus. *Her technique is really exceptional.* La seva tècnica és realment excepcional. 2 [ésser una excepció] excepcional *It's quite exceptional for me to go to London these days.* És força excepcional que vagi a Londres avui dia.

exceptionally adv excepcionalment *exceptionally gifted* excepcionalment dotat

444.4 Poc convencional

unconventional adj poc convencional *They have an unconventional home life.* Tenen una vida familiar poc convencional. **unconventionally** adv de manera poc convencional

eccentric adj [curiós i sovint considerat divertit] excèntric *an eccentric millionaire* un milionari excèntric *It was considered rather eccentric to walk in*

Los Angeles. Passejar per Los Angeles es considerava força excèntric.

eccentricity *ni/c* excentricitat *He was respected as a scientist despite his eccentricity.* Era respectat com a científic malgrat la seva excentricitat.

alien *adj* [difícil d'entendre i d'acceptar, esp. a causa de diferències culturals] aliè *Their enthusiasm for hunting was quite alien to us.* El seu entusiasme per la cacera ens era totalment aliè.

444.5 Gent insòlita

eccentric *nc* [no necessàriament pej., sovint vist amb simpatia] excèntric -a *She's a bit of an eccentric.* És una mica excèntrica.

odd ball *nc* [informal. Més pej. que **eccentric**] estrany -a, excèntric -a

weirdo *nc, pl* **weirdos** [informal. Molt pej.] persona molt estranya *He's a real weirdo.* És una persona estranyota.

445 Hate and Dislike   Odiar i tenir antipatia

vegeu també **324 Avoid**

hate *vt* **1** (sovint + -ing) odiar *I hated sport at school.* A l'escola odiava l'esport. *I hate flying.* Odio anar en avió. **2** (+ **to** + INFINITIU) saber greu, lamentar *We hate to stop you enjoying yourselves, but it's getting late.* Ens sap greu interrompre ara que us estàveu divertint tant, però s'està fent tard.

hate *ni* odi *a look of pure hate* una mirada de pur odi

hatred *ni* odi, aversió *her hatred of hypocrisy* la seva aversió a la hipocresia

utilització

Els noms **hate** i **hatred** tenen un significat molt semblant, i sovint s'utilitzen en els mateixos contextos. Tanmateix, **hate** destaca l'emoció, mentre que **hatred** destaca l'actitud vers alguna cosa.

detest *vt* (sovint + -ing) [més intens que **hate**. Sovint expressa enuig] detestar, avorrir *He detests Wagner.* Detesta Wagner. *I simply detest ironing.* Detesto del tot planxar.

loathe *vt* (sovint + -ing) [més intens que **hate**. Sovint expressa repugnància] detestar *I loathe hamburgers.* Detesto les hamburgueses. *I loathe driving on motorways.* Detesto conduir per autopistes.

loathing *ni* aversió *She regarded her mother-in-law with deep loathing.* Es mirava la seva sogra amb profunda aversió.

loathsome *adj* [més aviat formal] repugnant, odiós *that loathsome science teacher we had* aquell odiós professor de ciències que teníem

dislike *vt* (sovint + -ing) [en català habit. s'expressa intercanviant el subjecte i l'objecte i fent servir 'desagradar'] tenir aversió a, desagradar *I dislike the taste of fish.* Em desagrada el gust de peix.

dislike *nc/i* aversió, fòbia, tírria *my dislike of heights* la meva fòbia a les altures

utilització

El verb **dislike** és lleugerament formal i té un significat més fort que la forma negativa de **like**. En l'anglès parlat i en contextos informals la gent tendeix a utilitzar **don't like** més que no pas **dislike**.

disapprove *vi* (sovint + **of**) desaprovar, reprovar, censurar *They made it clear they disapproved of my promotion.* Van deixar ben clar que desaprovaven el meu ascens. *They may disapprove but they can't stop us.* Poden no estar-hi d'acord, però no ens poden aturar.

disapproval *ni* (de vegades + **of**) desaprovació *widespread disapproval of the changes* desaprovació generalitzada dels canvis

scorn *vt* [expressa menyspreu displicent] menysprear, desdenyar *They scorn our attempts to achieve peace.* Menyspreen els nostres intents d'aconseguir la pau.

scorn *ni* menyspreu, desconsideració *her open scorn for my beliefs* el seu menyspreu manifest per les meves creences *Don't* **pour scorn on** *their ambitions.* No menyspreïs les seves ambicions.

scornful *adj* desdenyós, desconsiderat *He rejected the compromise in a scornful letter.* Va rebutjar l'acord mitjançant una carta despectiva. **scornfully** *adv* desconsideradament

despise *vt* [sentiment molt fort d'odi i menyspreu] menysprear *She despises people who support apartheid.* Menysprea la gent que dóna suport a la segregació racial.

frases fetes

not to one's taste [sovint usat irònicament quan ac ha estat rebutjada] no agradar *So office work is not to your taste, young man.* Així que la feina administrativa no li agrada, jove.

not one's cup of tea [expressa la manca d'atractiu d'ac] no ésser sant de la devoció d'algú *Camping is not at all my cup of tea.* Anar de càmping no és precisament allò que m'agrada més.

I wouldn't be seen dead with/in etc. [informal, no necessàriament en primera persona. Implica fàstic i rebuig] no ho portaria/hi aniria etc. ni que em matessin *I thought you wouldn't have been seen dead without a tie.* Em pensava que no et posaries corbata ni que et matessin.

I wouldn't touch sb/sth with a barge pole (*brit*)/**a ten-foot pole** (*amer*) [informal, no necessàriament en primera persona. Expressa desconfiança o mala opinió] no voler saber res d'a/ac *Of course the business will fail; I wouldn't touch it with a barge pole.* Al pas que va el negoci se n'anirà en orris; jo no vull saber-ne res.

can't stand/bear sb/sth [informal. Expressa un fort rebuig] no suportar a/ac *I can't stand his mother.* No suporto la seva mare. *She can't bear horror films.* No suporta les pel·lícules de por.

446 Horror and Disgust Horror i repugnància

vegeu també **60** Ugly; **118** Surprise; **438** Bad

horror ni/c horror, feredat, esgarrifor *We stared in horror as the car exploded.* Vam mirar amb feredat com el cotxe explotava. *the horrors of war* els horrors de la guerra

disgust ni disgust, repugnància, fàstic *I walked out in disgust at his remarks.* Vaig marxar disgustada pels seus comentaris.

distaste ni [implica trobar ofensiu a/ac] aversió, repugnància *my natural distaste for sensational journalism* la meva repugnància natural pel periodisme sensacionalista

446.1 Que causa repulsió

disgusting adj fastigós, repugnant *Their manners are disgusting.* Les seves maneres són repugnants. *a disgusting lack of concern* una falta d'interès censurable

horrifying adj horripilant, esborronador *a horrifying experience* una experiència horripilant

appalling adj [indica trasbals] espantós *Hygiene in the camp was appalling.* La higiene en el campament era espantosa.

revolting adj [esp. al gust o als sentits] repugnant, fastigós, revoltant *a revolting brown mess on the carpet* una repugnant brutícia de color marró sobre la catifa

repulsive adj [lleug. més fort que **revolting**] repulsiu *that repulsive wart on his nose* aquella berruga repulsiva sobre el seu nas *I find him utterly repulsive.* El trobo del tot repulsiu.

off-putting adj desagradable, molest *her off-putting habit of reading while you're talking to her* el seu desagradable costum de llegir quan li parles

repugnant adj (sovint + **to**) [formal. Esp. moralment] repugnant, revoltant *I found the amount of waste quite repugnant.* Vaig pensar que malgastar d'aquella manera era del tot revoltant.

repellent adj (sovint + **to**) [formal] repel·lent *The idea would be repellent to most of us.* A la majoria de nosaltres ens repugnaria la idea. *a repellent sight* una visió repel·lent

446.2 Provocar repugnància

disgust vt repugnar, fer fàstic *Your meanness disgusts me.* La teva mesquinesa em fa fàstic.

horrify vt [indica trasbals] horroritzar *The idea of leaving horrified me.* La idea de marxar m'horroritzava. *I was horrified by her indifference.* La seva indiferència m'horroritzava.

appal (brit), -**ll**-, **appall** (amer) vt [indica trasbals, sovint emocional] consternar, horroritzar *She was appalled by the cramped conditions they lived in.* Va quedar horroritzada en veure les condicions d'amuntegament en què vivien.

revolt vt [expressa una aversió intuïtiva] rebel·lar, revoltar *War revolted her.* La guerra la revoltava.

repel vt, -**ll**- [expressa un desig intuïtiu d'apartar-se d'a/ac] repel·lir, fer fàstic *I was repelled by their callousness.* Em repel·lia la seva crueltat.

put sb **off** o **put off** sb vt desanimar *It was the dirt that put me off.* Va ser la brutícia el que em va desanimar.

make sb sick [de vegades físicament, però habit. moralment] fer posar algú malalt *The way he sucks up to the boss makes me sick.* La manera com fa la pilota al cap em fa posar malalta.

447 Sad Trist

contrari **422** Happy

sad adj, -**dd**- trist *I was very sad to see him go.* M'entristia veure'l marxar. *It's sad that she never knew her father.* És trist que no hagués conegut mai el seu pare. **sadly** adv tristament

sadness ni tristesa *You can hear his sadness in the music.* Pots percebre la seva tristesa en la música.

sadden vt [més aviat formal] entristir, afligir *We were all saddened to hear of your recent loss.* Ens va entristir la notícia de la teva recent pèrdua.

unhappy adj [indica que ac no va bé] infeliç, dissortat, desgraciat *He is an unhappy fellow.* És un tipus infeliç. *Their quarrels make them both very unhappy.* Les seves picabaralles fan que tots dos se sentin molt desgraciats. *I was unhappy in the job.* Em sentia desgraciat a la feina. *I'm unhappy with the car's performance.* No estic satisfet del rendiment del cotxe.

unhappily adv infeliçment *They were unhappily married for years.* Van ser un matrimoni infeliç durant anys.

unhappiness ni desgràcia, dissort, tristesa *Do you realize the unhappiness you're causing your family?* T'adones de la tristesa que estàs causant a la teva família?

sorrow ni [més aviat formal o literari] pena, tristesa *We share in your sorrow.* T'acompanyem en el sentiment.

sorrowful adj afligit, trist *the sorrowful expression on his face* l'expressió de tristesa en el seu rostre

sorrowfully adv amb pena, tristament

distress ni [expressa tristesa i ànsia] angoixa *The uncertainty is causing great distress.* La incertesa està provocant una gran angoixa.

distress vt angoixar *The hostility of his family distressed her greatly.* L'hostilitat de la seva família l'angoixava enormement.

distressing adj angoixós, dolorós *a distressing lack of understanding* una manca d'acord del tot angoixant

hopeless adj [amb desesperació i sense possibilitat de solució] desesperançat, desesperat *I felt hopeless and friendless.* Em sentia desesperançat i abandonat.

suffer vti sofrir, patir *It's the children who suffer in a divorce.* Els nens són els que més pateixen en un divorci.

suffering ni sofriment, patiment *She's out of her suffering now.* Ara ja no pateix.

upset *adj* [expressa una emoció menys intensa i menys permanent que **sad**. Sovint expressa enuig] preocupat, molest, trasbalsat *Many people are very upset about the changes.* Hi ha molta gent molesta amb els canvis.

upset *vt*, **-tt-** *pas. & pp.* **upset** trasbalsar, ferir, preocupar *I hope I didn't upset you by mentioning the subject.* Espero no haver-te trasbalsat en treure el tema.

depressed *adj* [sovint ref. a algú que està baix de moral en general, però en contextos mèdics descriu un estat psicològic greu] deprimit, abatut *I'm a bit depressed about missing the final.* Estic una mica deprimit perquè em perdo la final.

depression *ni* [habit. només en contextos mèdics] depressió *He suffers from bouts of depression.* Pateix de crisis de depressió.

fed up (sovint + **with**) [expressa un sentiment de frustració respecte a ac] fart *The weather is making us all rather fed up.* Tots estem una mica farts del temps.

*vegeu també **119 Boring**

447.1 Tristesa extrema

despair *ni* desesperació *Their obstinacy filled me with despair.* La seva tossuderia m'omplia de desesperació.

despair *vi* (de vegades + **of**) desesperar-se *Without your help I might have despaired.* Sense el vostre ajut m'hauria pogut desesperar. *He had despaired of ever working again.* Havia perdut les esperances de tornar a treballar mai més.

desperate *adj* desesperat, extrem *a desperate mother* una mare desesperada *Don't do anything desperate.* No facis res a la desesperada. *The situation is desperate.* La situació és desesperada. **desperation** *ni* desesperació

grief *ni* [per mort o sofriment] pena, dolor *She never got over her grief.* Mai no va superar el seu dolor.

grief-stricken *adj* [molt emfàtic, expressa pèrdua de control total] consternat, colpit

grieve *vi* (sovint + **for**) [habit. a causa d'una mort o altres pèrdues] entristir-se, apenar-se, plorar *I'm grieving for my lost youth.* Ploro per la meva joventut perduda.

heartbroken *adj* [molt fort, però util. també en contextos menys seriosos que **grief-stricken**] apesarat *The cat's lost and the children are heartbroken.* El gat s'ha perdut i els nens estan molt abatuts.

misery *n* **1** *ni* [habit. una emoció duradora] sofriment **2** *nc* [ac que causa sofriment] patiment, desventura *the miseries of old age* els patiments de la vellesa *Debt has made my life a misery.* Els deutes m'han amargat la vida.

misery *nc* [informal, pej. Persona habit. desgraciada o deprimida] amargat -ada *He's a real misery.* És un amargat.

miserable *adj* [expressa compassió d'un mateix] abatut, desgraciat, disgustat *a miserable frown* una mirada d'abatiment *The children will be so miserable if they can't go to the disco.* Els nois estaran tan disgustats si no poden anar a la discoteca. **miserably** *adv* tristament

wretched *adj* desgraciat, deprimit *Migraine makes you feel so wretched.* La migranya et fa sentir tan desgraciat. **wretchedly** *adv* d'una manera lamentable, molt malament

447.2 Que no és alegre

serious *adj* [indica manca d'humor] seriós, formal *She was looking serious and slightly angry.* Tenia un aspecte seriós i lleugerament enutjat. **seriously** *adv* seriosament

solemn *adj* [comporta una sensació d'importància] solemne *a solemn voice that meant bad news* una veu solemne que significava males notícies **solemnly** *adv* solemnement

wet blanket *nc* [informal i pej. Persona que espatlla la diversió dels altres, habit. per culpa de la seva personalitat amargada] xafaguitarres

killjoy *nc* [pej. Persona que deliberadament espatlla la diversió] xafaguitarres

447.3 Plorar

cry *vi* plorar *I always cry at weddings.* Als casaments sempre ploro.

sob *vi*, **-bb-** [descriu el soroll del plor] sanglotar *She was sobbing her heart out.* Plorava com una Magdalena. **sob** *nc* sanglot

weep *vit*, *pas. & pp.* **wept** [més literari que **cry**. Descriu la caiguda de llàgrimes, habit. en silenci] plorar *She wept from remorse.* Plorava de remordiment.

tear *nc* llàgrima *The tears streamed down his cheeks.* Les llàgrimes li rodolaven galtes avall.

448 Disappointment Decepció

disappointed *adj* (sovint + **that**) [quan ac no ha sortit com s'esperava] decebut, desil·lusionat *a disappointed look* una mirada de decepció *I'm disappointed so few people came.* Estic decebut que vingués tan poca gent.

disillusion *vt* [en revelar la veritat] desil·lusionar *I hate to disillusion you, but the Danube just isn't blue.* Sento desil·lusionar-te, però el Danubi no és en absolut blau. **disillusionment** TAMBÉ **disillusion** *ni* desil·lusió

sorry *adj* (darrere *v*; sovint + **that**) [quan es desitja que les coses fossin diferents] penedit, afligit, disgustat *I'm sorry we can't see Siena as well.* Em sap greu que no puguem veure Siena també.

blow *nc* [p. ex. males notícies] cop *That's a blow, I'd been counting on the royalties for my tax bill.* Això és un cop fort, havia comptat amb els drets d'autor per pagar la liquidació d'impostos.

let sb **down** o **let down** sb *vt* [p. ex. per no complir una promesa] fallar, defraudar *I hope the post doesn't let us* down, we need the photos tomorrow. Espero que el correu no ens falli, necessitem les fotos demà. We felt badly let down by the organizers. Ens vam sentir fortament defraudats pels organitzadors.

> *frase feta*
>
> **It's no use crying over spilt milk.** [proverbi. Lamentar-se no serveix de res] Plorar quan no hi ha remei no serveix de res.

449 Shame Vergonya

vegeu també **L23 Apologies**; contrari **148 Proud**

shame *ni* vergonya *To my shame, I didn't help her.* Per vergonya meva, no la vaig ajudar.

shameful *adj* [que causa vergonya] vergonyós *a shameful lie* una mentida vergonyosa *the government's refusal to act is deeply shameful* la negativa governamental a actuar és profundament vergonyosa **shamefully** *adv* vergonyosament

disgrace [habit. indica deshonra social] deshonra, vergonya *the disgrace of losing one's job* la deshonra de perdre la feina *You have brought disgrace on the whole family.* Has portat la vergonya a tota la família.

disgrace *vt* desacreditar, deshonrar, avergonyir *Don't disgrace me in front of my friends.* No m'avergonyeixis davant dels meus amics.

449.1 Penediment

sorry *adj* (darrere *v*; sovint + **for** o + **that**) penedit *I said I'm sorry. He dit que ho lamento. Sorry, I didn't see you.* Perdó, no l'havia vist. *I'm sorry for disturbing you.* Em sap greu molestar-lo.

apology *nc/i* disculpa, excusa *You deserve an apology.* Es mereix una disculpa. *My apologies for arriving late.* Les meves disculpes per arribar tard. *a brief letter of apology* una breu carta de disculpa

apologize *vi* disculpar-se, demanar perdó *Don't apologize, it's not serious.* No es disculpi, no té importància.

apologetic *adj* [que mostra torbació i penediment] penedit, contrit, ple de disculpes *She was very apologetic.* Va disculpar-se vivament. *an apologetic note* una nota de disculpa **apologetically** *adv* demanant perdó

ashamed *adj* (habit. darrere *v*; sovint + **of**) [per haver fet ac mal feta] avergonyit *too ashamed to come back* massa avergonyit per tornar *I'm ashamed of what I did.* Estic avergonyit del que vaig fer. *You should be ashamed of yourself!* T'hauria de fer vergonya!

repent *vi* (sovint + **of**) [esp. en contextos religiosos] penedir-se *She confessed and repented.* Es va confessar i es va penedir. *She repented of her sins.* Es va penedir dels seus pecats. **repentance** *ni* penediment

remorse *ni* [expressa culpabilitat i tristesa] remordiment *seized by remorse* ple de remordiment *He gave himself up in a fit of remorse.* Sentia tant remordiment que a la fi va confessar-se culpable.

remorseful *adj* penedit, contrit, ple de remordiment *a remorseful letter* una carta de penediment

regret *vt*, -**tt**- lamentar, penedir-se *The holiday cost a lot, but I don't regret it.* Les vacances van costar molts diners, però no ho lamento. *I instantly regretted what I had said.* Immediatament vaig penedir-me del que havia dit.

guilt *ni* **1** [per haver fet ac mal feta] culpabilitat *to prove sb's guilt* provar la culpabilitat d'algú **2** [sentiment] culpa *I can't stand the guilt.* No puc suportar la culpa.

guilty *adj* **1** [d'un delicte] culpable *to be found guilty* ser declarat culpable **2** [per judici propi] culpable *I feel so guilty about not being there.* Em sento tan culpable per no haver estat allí. *to have a guilty conscience* tenir remordiments de consciència **guiltily** *adv* de manera culpable, amb vergonya

449.2 Pèrdua de l'orgull

humiliate *vt* humiliar *The idea is to improve children's behaviour, not to humiliate them.* Es tracta de millorar el comportament dels infants, no d'humiliar-los.

humiliation *ni/c* humiliació *We faced defeat and humiliation.* Vam afrontar la derrota i la humiliació. *She wanted revenge for past humiliations.* Volia venjança per les humiliacions passades.

humility *ni* [favorable] humilitat *I have enough humility to accept my limitations.* Sóc prou humil per acceptar les meves limitacions.

> *frases fetes*
>
> **go red in the face** [p. ex. de vergonya o culpa] pujar els colors a la cara *I went red in the face.* Em van pujar els colors a la cara.
>
> **wish the ground would open up and swallow one** [insuportablement torbat] voler fondre's, no saber on ficar-se *When I realized I'd been criticizing his own book I wished the ground could have opened up and swallowed me.* Quan em vaig adonar que havia estat criticant el seu propi llibre, no sabia on ficar-me.
>
> **want to die** [insuportablement torbat o avergonyit] voler-se morir *I just wanted to die when she accused me of stealing.* Quan em va acusar de robatori em volia morir.
>
> **have one's tail between one's legs** [descriu algú que se sent humiliat] amb la cua entre cames *He may think he can beat me but I'll send him away with his tail between his legs.* Potser es pensa que em guanyarà, però el faré fora amb la cua entre cames.
>
> **a skeleton in the cupboard** (*brit*)/**in the closet** (*amer*) un secret vergonyós
>
> **hang one's head (in shame)** caure la cara de vergonya *Those of us who have done nothing to prevent this tragedy can only hang our heads in shame.* A aquells de nosaltres que no hem fet res per evitar aquesta tragèdia ens hauria de caure la cara de vergonya.

embarrass vt [expressa malestar social però no culpabilitat moral com **shame**] torbar, violentar, desconcertar *It would embarrass me if they asked why I wasn't there.* Em resultaria molt violent si em preguntessin per què no hi era. *He's embarrassed about his acne.* Se sent incòmode per culpa del seu acne. *Don't ask such embarrassing questions.* No facis preguntes tan comprometedores.
embarrassment ni [el que hom sent quan s'ha fet alguna ximpleria] torbació *You can imagine my embarrassment when I realised my mistake.* Et pots imaginar la meva torbació quan em vaig adonar del meu error.
blush vi [de torbació o vergonya] ruboritzar-se, posar-se vermell *She blushed when I mentioned the missing money.* Es va posar vermella quan vaig mencionar els diners que faltaven. **blush** nc rubor

utilització

Embarrassment (torbació) i **shame** (vergonya) s'assemblen però no són el mateix. Una persona se sent **embarrassed** (torbada) quan ha fet alguna bestiesa, algun error o es troba en una situació socialment incòmoda. Aquesta sensació és deguda a la presència d'altres persones o al fet que aquestes sàpiguen el que ha fet. En canvi se sent **ashamed** (avergonyida) quan ha fet alguna cosa mal feta des del punt de vista moral i desitjaria no haver-la fet, independentment que algú ho sàpiga o no.

450 Angry Enfadat

angry adj [emoció més aviat forta] enfadat, irat *I'm not angry with you.* No estic enfadat amb tu. *They exchanged angry letters.* Van intercanviar cartes irades.
angrily adv de manera irada
anger ni ràbia, ira, còlera *hurtful words said in anger* paraules ofensives dites per ràbia
anger vt [més formal i menys comú que **make angry**] enutjar, encoleritzar *He was careful to say nothing that would anger the local authorities.* Va tenir cura de no dir res que enutgés les autoritats locals.
annoy vt [expressa reacció impacient. És menys fort que **anger**] molestar, empipar, fúmer *What annoys me most is her complacency.* El que em molesta més és la seva autosuficiència.
annoying adj molest, pesat *an annoying cough* una tos molesta *Your stupid questions can be very annoying.* Les teves preguntes estúpides poden ser molt carregoses.
annoyed adj (habit. darrere v) enfadat *She was thoroughly annoyed about the delay.* Estava molt enfadat amb el retard.
annoyance ni/c enuig, contrarietat *She made no secret of her annoyance.* No va amagar la seva contrarietat.
cross adj (esp. brit) (habit. darrere v) [expressa enuig, esp. amb un nen. Sol ser una emoció de curta durada i menys seriosa que **angry**] enfadat *I was afraid Dad would be cross.* Tenia por que el pare s'enfadés.
irritate vt irritar *Her sniffing was beginning to irritate me.* El soroll que feia per aguantar-se els mocs començava a irritar-me.
irritating adj irritant, exasperant *an irritating laugh* un riure irritant
irritated adj (habit. darrere v) irritat, exasperat *She seemed irritated by any request for leave.* Semblava que qualsevol petició de permís l'exasperava.
irritation ni/c enuig, irritació *My apologies did nothing to calm her irritation.* Les meves disculpes no van aconseguir calmar la seva irritació. *Late payers are a major irritation.* Els morosos són un dels motius principals d'exasperació.
aggravate vt [expressa una irritació contínua] agreujar, irritar, empipar *Just stop aggravating me, will you?* Para d'empipar-me d'una vegada, vols?

utilització

Aggravate s'utilitza sovint amb aquest sentit, però molts parlants consideren incorrecte aquest ús ja que creuen que només s'hauria d'utilitzar amb el significat de 'agreujar'. *vegeu **441 Worsen**

450.1 Enuig més aviat fort

fury ni/c furor, fúria *the fury aroused by these plans* el furor aixecat per aquests plans *He wrote back in a fury.* Va respondre per escrit fet una fúria.
furious adj furiós, frenètic *We were furious about the lack of progress.* Estàvem furiosos per la manca d'avenç. **furiously** adv furiosament
infuriate vt enfurismar, enrabiar *Pointing out the mistake would simply infuriate her.* Assenyalar l'error no faria més que enfurismar-la.
infuriating adj exasperant *Her stubbornness is quite infuriating.* La seva tossuderia em treu de polleguera.
infuriated adj (habit. darrere v) furiós *I was so infuriated I kicked him.* Estava tan furiosa que li vaig donar una puntada de peu.
rage ni/c [expressa ira incontrolada] ràbia, ira *She was seething with rage.* Estava bullint de còlera. *If he can't get what he wants, he **flies into a rage**.* Si no aconsegueix el que es proposa, s'enfila per les parets.
enrage vt [més aviat formal] enrabiar, enfurismar *I was enraged by his criticism.* Estava enfurismat per les seves crítiques.
temper ni/c [tendència a enfadar-se] geni, temperament *She has a terrible temper.* Té un temperament terrible. *a fit of temper* un cop de geni *Don't **lose your temper**.* No perdis els estreps.
mad adj, -dd- (sovint + at) [informal] enfadat, furiós *Are you still mad at me?* Encara estàs enfadada amb mi? *He gets mad when anything goes wrong.* Es posa furiós quan alguna cosa no va bé.
irate adj [amb mal humor] irat *The irate customers had been queuing for hours.* Els clients estaven molt enfadats perquè havien estat fent cua durant hores.
livid adj [informal. Molt emfàtic] emprenyat, furiós *I've*

lost the keys and Dad'll be livid. He perdut les claus i el pare s'emprenyarà molt.

outrage n **1** ni [expressa enuig i torbament] ultratge, escàndol *public outrage over tax increases* escàndol públic per l'augment d'impostos **2** nc [que causa escàndol] ultratge, escàndol *This bill is an outrage!* Aquesta factura és un escàndol!

outrage vt indignar, ultratjar *The cuts outraged the unions.* Les retallades van indignar els sindicats.

outraged adj indignat, ultratjat *We felt outraged and powerless to protest.* Ens sentíem ultratjats i impotents per protestar.

outrageous adj indignant, escandalós *It's outrageous!* No hi ha dret! *an outrageous insult* un insult injuriós

outrageously adv d'una manera escandalosa, de manera indignant

---

frases fetes

like a bear with a sore head [expressa una agressivitat no provocada] de mala lluna, de futris, d'un humor de mil dimonis *If he can't get out to play golf he's like a bear with a sore head.* Si no pot anar a jugar a golf es posa d'un humor de mil dimonis.

make sb's blood boil [expressa enuig i disgust] fer bullir la sang a algú *The way they treat these animals makes my blood boil.* La manera com tracten aquests animals em fa bullir la sang.

get on sb's nerves [informal. Descriu un estat d'irritació persistent] treure de polleguera algú, fer posar nerviós algú *If you're together all day you're bound to get on each other's nerves.* Si esteu junts tot el dia segur que acabareu posant-vos nerviosos l'un a l'altre.

drive sb up the wall/round the bend [informal. Fa referència a un estat d'irritació insuportable] enfilar algú per les parets, fer perdre la paciència *Her snoring drives me up the wall.* Els seus roncs em fan enfilar per les parets.

a pain in the neck [informal. Causa d'irritació i fricció] més pesat que el plom *I expect my in-laws find me a pain in the neck too.* Suposo que els meus parents polítics també troben que sóc un pesat. *These forms are a pain in the neck.* Aquests formularis són una lata.

be in sb's bad books (*brit*) [expressa desaprovació per haver fet ac] no ésser sant de la devoció d'algú, estar a la llista negra *I'll be in her bad books if I miss the deadline.* Si sobrepasso el termini em posarà a la llista negra.

see red [informal. Descriu un fort estat d'irritació i sovint pèrdua de l'autocontrol] pujar la sang al cap *I saw red.* Em va pujar la sang al cap.

get hot under the collar [informal. Enfadar-se i posar-se nerviós, sovint de manera absurda] sulfurar-se, enfurismar-se *It's no good getting hot under the collar with officials, you just have to wait.* No paga la pena sulfurar-se amb els funcionaris, t'has d'esperar i prou.

450.2 En to enutjat

snarl vi (sovint + **at**) [amb hostilitat] rondinar *'Leave me alone!' she snarled.* 'Deixa'm tranquil·la!' va rondinar.

snap vi, -pp- (sovint+ **at**) [fer un comentari curt i irat] escridassar *She kept snapping at the assistant.* Va continuar parlant amb brusquetat al dependent.

fuss ni/c [amb agitació] daltabaix, commoció, aldarull *All this fuss about a missing pen!* Tot aquest escàndol perquè no trobes el bolígraf! *Must you make a fuss about a simple accident?* Has de fer escarafalls per un simple accident?

scold vt [més aviat formal] renyar, escridassar *Teenagers do not react well to being scolded.* Els adolescents reaccionen malament quan se'ls escridassa.

tell off sb o **tell** sb **off** vt [força informal] esbroncar, renyar *I got told off for not knowing my lines.* Em van renyar per no saber-me el paper.

rebuke vt [més aviat formal] reprendre, increpar *He rebuked us gently for our rudeness.* Ens va reprendre suaument per la nostra grolleria. **rebuke** nc reny, avís

---

frases fetes

bite sb's head off [increpar de manera agressiva i poc raonable] tirar la cavalleria per damunt *I was going to explain until you started biting my head off.* T'ho anava a explicar fins que vas començar a tirar-me la cavalleria per damunt.

give sb a piece of one's mind [expressa una crítica molt directa] cantar les veritats a algú

give sb a flea in their ear (*brit*) [informal. Renyar de manera brusca] engegar algú a dida *Anyone who tried to stop him got a flea in their ear.* Enviava a dida qualsevol que intentés aturar-lo.

450.3 Amb aspecte d'enfadat

glare vi (sovint + **at**) mirar malament *The policeman glared at me and asked for my licence.* El policia em va mirar malament i em va demanar el permís de conduir. **glare** nc mala mirada

frown vi (sovint + **at**) [esp. en senyal de desaprovació] arrufar el nas, fer mala cara, mirar amb desaprovació *She frowned and asked for an apology.* Va fer mala cara i em va demanar una disculpa. **frown** nc mala cara

scowl vi (sovint + **at**) [en senyal de forta desaprovació] arrufar les celles, mirar amb cara d'enfadat *I found her scowling at a blank screen.* La vaig trobar arrufant les celles davant una pantalla en blanc. **scowl** nc moviment d'arrufar de celles

---

frases fetes

give sb a black look [expressa ràbia continguda] mirar malament algú *The waiters give you black looks when you bring a child into some restaurants.* En alguns restaurants els cambrers et miren malament quan duus la canalla.

if looks could kill [es diu quan algú reacciona amb una mirada hostil] si les mirades matessin *She said nothing, but if looks could kill...* No va dir res, però si les mirades matessin...

Funcions Lingüístiques

Funcions lingüístiques

L1 Introductions Presentacions
L2 Forms of address Maneres d'adreçar-se a algú
L3 Greetings Salutacions
L4 Leave-taking Acomiadar-se
L5 Opening a conversation Començar una conversa
L6 During a conversation Durant una conversa
L7 Closing a conversation Acabar una conversa
L8 Asking to see someone Demanar per algú
L9 Expressing good wishes Expressar bons desitjos
L10 Seasonal Greetings Felicitacions en dates assenyalades
L11 Expressing sympathy Expressar compassió
L12 Shopping Anar a comprar
L13 Thanking Donar les gràcies
L14 Permission Permís
L15 Offers Oferiments
L16 Invitations Invitacions
L17 Advice Consell
L18 Information Informació
L19 Instructions Instruccions
L20 Directions Direcció
L21 Making arrangements Fer plans
L22 Asking favours Demanar favors
L23 Apologies Disculpes
L24 Reminding Recordar
L25 Reassuring Tranquil·litzar
L26 Persuading Convencer
L27 Suggesting Suggerir
L28 Agreeing Posar-se d'acord
L29 Disagreeing Discrepar
L30 Opinions Opinions
L31 Preferences Preferències
L32 Degrees of certainty Graus de certesa
L33 Obligation Obligació
L34 Expressing surprise Expressar sorpresa
L35 Expressing pleasure Expressar plaer
L36 Expressing displeasure Expressar enuig
L37 Complaints Queixes
L38 Praising Lloar
L39 Announcements Comunicacions públiques
L40 Reacting to news Reaccionar a una notícia
L41 Talking about the time Parlar de l'hora
L42 Narrating and reporting Narrar i informar
L43 Problems of communication Problemes de comunicació
L44 Written communications Comunicacions escrites
L45 Signs and notices Rètols i anuncis
L46 Using the postal service Servei de correus
L47 Telephoning Telefonar
L48 Other communications Altres maneres de comunicar-se

FUNCIONS LINGÜÍSTIQUES

L1 Introductions *Presentacions*

L1.1 *Presentar-se un mateix*

vegeu també **196 Greet**

Hello, my name is ... Hola, em dic ...

Hello, I'm ... Hola, sóc...

[informal] *Hi, I'm ...* Hola, sóc...

[més aviat formal] *How d'you do, I'm John.* Sóc en John, encantat de conèixer-lo.

[més aviat formal, p. ex. a recepció] *Good morning/afternoon, I'm ...* Bon dia/bona tarda, sóc...

L1.2 *Presentar els altres*

Do you two know each other? Es coneixen?

Have you met before? Es coneixien?

Mary, this is Tom. Tom, this is Mary. Mary, et presento en Tom. Tom, et presento la Mary.

Hello (Tom), nice to meet you. Encantada de conèixer-lo.

Hello (Mary), how are you? Molt de gust, com està?

Let me introduce you to Mary. Li vull presentar la Mary.

Come and meet Mary. Vine que et presento la Mary.

[més aviat formal] *Mary, may I introduce someone to you? This is Tom.* Mary, li voldria presentar en Tom.

(Mary) How d'you do. Molt de gust de conèixer-lo.
(Tom) How d'you do. Encantat/El gust és meu.

utilització

El grau de formalitat en presentacions, salutacions, comiats, etc. canvia mitjançant l'omissió del subjecte i/o del verb. *Nice to meet you.* és més informal que *It's nice to meet you.* i *Must rush!* és més informal que *I must rush!*

DONAR-SE LA MÀ

Quan dues persones es presenten pot ser que es donin la mà. Que ho facin o no depèn de factors com ara el context, l'edat i si es tracta d'homes o de dones. En general donar-se la mà és un gest lleugerament formal, propi de situacions com ara reunions professionals. Els homes en fan més ús que les dones, i els joves normalment només donen la mà en situacions formals en què són presentats a persones de més edat. Això vol dir, per exemple, que en una situació formal en presentar-se els homes ben segur que es donaran la mà, però entre un home i una dona o entre dues dones pot ser que només hi hagi una salutació verbal.

L2 Forms of address *Maneres d'adreçar-se a algú*

Al Regne Unit, les fórmules d'interpel·lació no són obligatòries en el llenguatge parlat, i els títols es fan servir poc. *Sir* i *Madam* són més aviat formals i els utilitza la persona que presta un servei en adreçar-se a la persona servida, p. ex. en una botiga o en un restaurant.

En una botiga:

Can I help you, Sir/Madam? En què el/la puc servir?

En un restaurant:

Would you like to order now, Madam/Sir? Vol demanar?, Ja sap què prendrà, Sra/Sr?

Es pot fer servir *doctor* sense el cognom per adreçar-se a un metge, però referit a doctors acadèmics es fa servir junt amb el cognom.

[mèdic] *Excuse me Doctor, can I have a word with you?* Disculpi, doctor, puc parlar amb vostè un moment?

[acadèmic] *Doctor Smith, can I come and see you today?* Doctor Smith, em podrà rebre avui?

Altres títols com ara *professor, captain*, etc. s'utilitzen normalment amb el cognom en la conversa habitual.

Mr, Ms, Mrs, i *Miss* s'utilitzen gairebé sempre amb el cognom.

Hello Mrs Brown, nice of you to come. Bona tarda Sra Brown, gràcies per haver vingut.

En parlar en públic (p. ex. en un discurs) és normal començar amb *Ladies and Gentlemen* (Senyores i senyors), però en situacions informals, la gent sol començar amb frases com ara *Good morning/afternoon everybody* (Bon dia/bona tarda a tothom).

L3 Greetings *Salutacions*

vegeu també **196 Greet**

Hello, how are you? Hola, com estàs?

[informal] *Hello, how are things?* Hola, com va això?

[més informal] *Hi, how's it going?* Ei, què hi ha de nou?

Respostes quan tot va bé, o simplement per cortesia:

Fine, thank you, and you? Molt bé, gràcies, i vostè?

[informal] *Okay, thanks, and you?* Bé, i tu?

[força informal] *Great, thanks, and you?* Fantàstic, i tu?

Quan les coses no van ni bé ni malament, habitualment en situacions informals es contesta:

Not so bad, thanks. Anar fent, gràcies.

Well, mustn't grumble. Bé, no em puc queixar.

Quan les coses no van bé:

Not so good, really. No gaire bé.

Oh, up and down. Així, així., D'aquella manera.

FUNCIONS LINGÜÍSTIQUES

> **FER-SE PETONS**
>
> Els amics íntims o els membres d'una mateixa família poden fer-se un petó a la galta (però no a les dues galtes) com a forma de salutació, esp. si no s'han vist durant un temps. Tanmateix, la gent no sol utilitzar aquesta fórmula amb els coneguts accidentals. També és poc usual que dos homes es facin un petó d'aquesta manera, encara que siguin parents.

L3.1 Expressions de benvinguda

utilització

Observeu que la forma **welcome** és igual en singular i plural, i serveix tant per al masculí com per al femení.

Welcome to Catalonia/France! Benvingut a Catalunya/França!

Welcome home/back! Benvinguda a casa!
Quan es rep algú a casa, no se sol utilitzar **welcome**. La gent més aviat dirà coses com **Come in and make yourself at home.** (Endavant, com si estigués a casa seva.)

L3.2 Salutacions després d'una absència

(It's) nice to see you again. Estic contenta de tornar-te a veure.
(It's) good to see you again. Quines ganes tenia de tornar-te a veure.
It's been a long time! Quant de temps sense veure'ns!, Fa tant de temps!
[col·loquial] Long time no see! Quant de temps sense veuren's!

L4 Leave-taking Acomiadar-se

vegeu també **322 Go**

Well, I have to go now. Bé, ara me n'he d'anar.
Anyway, (I) must rush. En fi, he de sortir volant.
(It's) been nice talking to you. M'ha agradat molt parlar amb tu.
[força informal] I think I'd better be making a move. Em sembla que hauria de fer un pensament.
[més aviat formal] It's been a pleasure. Ha estat un plaer.
Goodbye. Adéu-siau.
[informal] Bye. Adéu.
[util. pels nens, però també entre adults] Bye-bye. Adéu.
[quan saps que tornaràs a veure algú] (I'll) see you soon/tomorrow/next week. Fins aviat/demà/la setmana que ve.
[quan saps que tornaràs a veure algú, no necessàriament el mateix dia] See you later. A reveure.

[força informal] See you. Fins ara.

> Expressions informals/col·loquials per acomiadar-se:
> **Bye!/So long!/See you!/Be seeing you!**
> **Cheerio!** (*brit*) Fins ara.
> **Ta-ta!** (*brit*) [normalment es pronuncia /təˈrɑː/] Adéu.

L4.1 Comiats a viatgers i gent que se'n va

Have a good trip! Que tingueu un bon viatge!
Safe journey! Bon viatge!
[força informal, p. ex. a un amic] Look after yourself! Cuida't!, Fes bondat!
[força informal, p. ex. a un amic] Take care! Cuida't!
[ref. a algú que acabes de conèixer] (I) hope to see you again! Espero que ens tornem a veure!

L5 Opening a conversation Començar una conversa

L5.1 Captar l'atenció

En un carrer o lloc públic:
Excuse me! Perdoni!
Hello! Sisplau!
Could you help me? Em pot ajudar?
[si hom està enfadat, o si hom veu algú cometent un delicte] Hey you! Ep!, Ei vostè!

Excuse me es fa servir també per captar l'atenció de cambrers, bàrmans, dependents, etc.

L5.2 Entrar en conversa amb algú

Excuse me, ... Perdoni, ...
Could I have a word with you? Podria parlar amb vostè un moment?

Can I speak to you for a moment? Puc parlar un moment amb tu?
There's something I wanted to talk to you about. Et voldria comentar una cosa.
Do you have a minute? Tens un moment?
[amb desconeguts] (I'm) sorry to bother you, but ... Em sap greu molestar-lo, però ...

L5.3 Encetar un tema de conversa

It's about x, ... Es tracta de x, ...
I was wondering about x. Em preguntava per x.
I wanted to talk to you/ask you about x. Voldria parlar-te de X/preguntar-te per x.
[força informal] About x, ... A propòsit de x, ...

L6 During a conversation Durant una conversa

L6.1 Anunciar l'inici/el canvi de tema

By the way, ... Per cert, ...
Talking of x, ... Parlant de X, ...
While we're on the subject of x, ... I ara que parlem de X, ...
(I'm) sorry to change the subject, but ... No voldria canviar de tema, però ...
Just to change the subject for a moment, ... Només per canviar un moment de tema, ...
That reminds me, ... Això em recorda, ...

L6.2 Evocar un punt de la conversa tractat anteriorment

As I was/you were saying, ... Com deia/deies, ...
As I/you/someone said earlier, ... Com he/has/algú ha dit abans, ...
As I mentioned before, ... Com he dit abans, ...
To come back to x, ... Tornant a X, ...
Going back to what x was saying, ... Tornant al que deia X, ...
Getting back to x, ... Tornant a X, ...
[quan s'està d'acord amb algú o es vol reforçar el que diu] *As I/you say, ...* Com jo dic/tu dius, ...

L6.3 Interrompre

Do you mind if I interrupt? Em permet que l'interrompi?
Can I just interrupt for a minute? Puc interrompre un moment?
[força informal] *Sorry to butt in, ...* Perdoni que m'hi fiqui, ...
[més aviat formal] *May I interrupt you for a moment?* Puc interrompre'l un moment?
Interrompre un interlocutor en el decurs d'una conversa:
Sorry, ... Perdó, ...
[quan no es pot intervenir, o algú domina la conversa, o s'està en desacord] *Hang on a minute!* Escolta'm un moment!
[si dues persones comencen a parlar a la vegada] *Sorry, after you.* Perdoni, vostè primer.

L6.4 Dubtar

It was ... let me see ... 1985. Va ser ... a veure ... el 1985.
I think it was ... wait a moment ... last Tuesday. Em penso que va ser ... espera un moment ... dimarts passat.
[força informal] *His name was ... hang on a minute ... Andrew.* Es deia ... espera un moment ... Andrew.

L7 Closing a conversation Acabar una conversa

So, ... Per tant, ...
Well, anyway, ... Bé, en fi, ...
Well, that's it. Bé, això és tot.
So, there we are. Per tant, ja està/s'ha acabat.
[en situacions més formals, reunions etc.] *That was all I wanted to say.* Això és tot el que volia dir.
[quan hom creu que el que es volia solucionar ja ho està] *Well, that's that then.* Bé, que no se'n parli més.
[quan hom creu que l'assumpte es pot deixar per a una altra ocasió] *Let's leave it at that, shall we?* Qué us sembla si ho deixem aquí?

L8 Asking to see someone Demanar per algú

vegeu també **L47 Telephoning**

Hello, is Mike at home, please? Hola, que hi ha en Mike?
Hello, is Mary there, please? Hola, que hi ha la Mary?
Hi, is Joe in, please? Hola, que hi ha en Joe?
Hi, is Sally around? Hola, que hi ha la Sally per aquí?
Have you seen Adrian anywhere? Heu vist l'Adrian per alguna banda?

L8.1 A la recepció

I wonder if I can speak to/see Ms Smith? Voldria parlar amb la Sra. Smith/veure la Sra. Smith.
Is Mr Jones/the Manager available? Que em pot rebre el Sr Jones/el gerent?
I've come to see Mr Black. He vingut a veure el Sr Black.
I've got an appointment with Mrs Reed. Tinc una entrevista amb la Sra. Reed.
Ms Carr is expecting me. La Sra. Carr m'està esperant.
En les frases següents cal observar l'ús de l'article indefinit per subratllar el fet que hom no coneix la persona amb qui es vol parlar:
Is there a Mr Brown here please? Perdó. Hi ha un tal Sr. Brown aquí?
Hello, I'm looking for a Miss Scott. Hola, busco una tal Srta. Scott.

L9 Expressing good wishes — Expressar bons desitjos

L9.1 Per al futur

[formal, p. ex. quan es fa un discurs, en un casament, festa de comiat, etc] **I'd/we'd like to offer you my/our best wishes for the future.** M'agradaria expressar-li els meus/nostres millors desitjos de cara al futur.

[informal] **All the best for the future!** Que tingueu molta sort!

L9.2 Abans d'un examen, una entrevista, etc.

Good luck with your exam/driving test! Que hi hagi sort a l'examen/a l'examen de conduir!

I hope it goes well tomorrow/this afternoon. Que vagi bé demà/aquesta tarda.

Best of luck for next Tuesday! Que tinguis sort dimarts!

I'll keep my fingers crossed for you for your interview. Espero que l'entrevista et vagi d'allò més bé.

L9.3 A algú que passa per una situació difícil o un tràngol

I hope everything turns out well for you. Espero que tot et vagi bé.

I hope it all goes smoothly for you. Espero que tot et vagi bé.

L9.4 A algú que està malalt

I hope you get well soon. Espero que et posis bo aviat.

I hope you're feeling better soon. Espero que aviat estiguis millor.

[informal] **Get well soon!** Posa't bona aviat!

L9.5 Abans de menjar o beure

En anglès no hi ha un equivalent al **Bon profit!**. La frase *'Enjoy your meal'* és la que més s'hi assembla, però la fan servir més els cambrers adreçada als clients que no pas entre amics. En anglès americà els cambrers diuen *'Enjoy'* i prou.

[abans de beure, esp. begudes alcohòliques] **Cheers!** Salut!

L10 Seasonal greetings — Felicitacions en dates assenyalades

Merry Christmas (*brit*)/**Happy Christmas** (*brit & amer*) Bon Nadal

utilització

En anglès americà, és possible dir **Happy Easter** (Bona Pasqua), però en anglès britànic no és gens freqüent. Abans de les vacances de Pasqua és acceptat generalment dir **Have a good Easter** així com **Have a good Summer/holiday/vacation/etc.** (Bon estiu/bones vacances/etc.)

En l'anglès escrit, en postals, etc., **Christmas** s'escriu sovint **Xmas** de manera més informal.

[poc abans de Nadal/Cap d'Any] **I hope you have a nice Christmas!** Espero que passis un bon Nadal!

[lleug. informal] **Have a good Christmas!** Bon Nadal!

[lleug. informal] **All the best for the New Year!** Et desitjo el millor per a l'Any Nou!

Happy New Year. Feliç Any Nou.

L10.1 Aniversaris de naixement i altres

Happy birthday. Per molts anys.

Many happy returns. Per molts anys.

Happy (wedding) anniversary. Feliç aniversari (de casament).

L11 Expressing sympathy — Expressar compassió

vegeu també **222 Sympathy**

Quan algú ha tingut un fracàs o una mala notícia:

A: I didn't get that job, after all. Al final no m'han donat la feina.

B: Oh, I'm sorry, I hope it wasn't too much of a disappointment for you. Ho sento, espero que no t'ho hagis pres molt malament.

Sorry to hear about your driving test/exam result/etc. M'he assabentat del resultat del teu examen/examen de conduir, em sap greu.

A: I didn't pass the exam. No vaig aprovar l'examen.

B: Oh, what a shame! Oh, quina pena!

Quan hi ha alguna defunció o ha ocorregut una tragèdia a algú:

I was terribly sorry to hear about your father. Creu-me que sento moltíssim això del teu pare.

I was so sorry to hear the sad news. Em va saber tant de greu quan ho vaig saber.

[més informal] **Sorry to hear about your grandfather.** Em sap greu això del teu avi.

Quan algú no es troba bé:

A: I've got a terrible headache. Tinc un mal de cap terrible.

B: Oh, you poor thing! Pobreta!

L12 Shopping Anar a comprar

vegeu també **273 Shops**; **L37 Complaints**; **L46 Using the postal service**; **L47 Telephoning**

L12.1 Quan entrem a la botiga

Els recepcionistes, dependents i altres persones que ofereixen un servei normalment s'adrecen al client dient **Can I help you?** i afegint **Sir/Madam** per augmentar el grau de cortesia o formalitat. Tanmateix al Regne Unit en algunes botigues sovint és el client qui ha de iniciar el contacte.

[client] ***Can you help me?*** Em pot atendre?
[més formal] ***I wonder if you could help me?*** Sisplau, que em podria atendre?

L12.2 Demanda de productes/serveis

Do you sell film/note-paper/etc.? Tenen rodets de pel·lícula/paper de cartes/etc.?
Do you have any calendars/shoelaces/etc.? Tenen calendaris/cordons de sabates/etc.?
I'm looking for a clothes brush/a map of Spain/etc. Busco un raspall de roba/un mapa d'Espanya/etc.
Do you repair cameras/shoes/etc.? Arreglen càmeres/sabates/etc.?
Do you have one in blue/green? En tenen de color blau/verd?
Do they come in a larger/smaller size? Hi ha talles més grans/petites?
Do you have anything cheaper? Teniu alguna cosa més barata?

L12.3 Refusar un oferiment de servei

I'm just looking, thank you. Només mirava, gràcies.
I'm being served, thanks. Ja m'atenen, gràcies.
No, I don't need any help, thank you. No gràcies, només donava un cop d'ull.

L12.4 Quan determinats productes/serveis no estan disponibles

I'm sorry, we're out of computer paper/vinegar/etc. at the moment. Ho sento, se'ns ha acabat el (paper d'impressora/vinagre/etc.).
I'm sorry, we don't stock them. No en tenim, ho sento.
Sorry, I can't help you there, I'm afraid. Em sembla que no la puc ajudar, ho sento.
Sorry, we don't have them; you could try (name of another shop). Ho sento, no en tenim; provi a (nom d'una altra botiga).

L12.5 Decidir el que es vol

I'll take this one please. Em quedo aquesta.
This is what I'm looking for. Això és el que estava buscant.
I think I'll leave it, thanks. No me la quedo, gràcies.

L12.6 Pagament

vegeu també **263 Buying and selling**

How much is (this)? Quant val (això)?
[per articles grans i en situacions més formals, p. ex. en comprar una obra d'art/antiguitat] ***What's the price of this chair/print?*** Quin preu té aquesta cadira/aquesta làmina?
[esp. en serveis] ***How much do I owe you?*** Què li dec?
How would you like to pay? Com ho vol pagar?
Can I pay by cheque/credit card? Puc pagar amb xec/targeta de crèdit?
Do you accept Visa/Mastercard? Accepten Visa/Mastercard?
I'll pay cash. Pagaré en metàl·lic.
Put it on my account/room account, please. Carregui-ho al meu compte/al compte de la meva habitació, sisplau.
Can I arrange to have the tax refunded? Puc demanar una devolució d'impostos?
Who do I make the cheque out to? A nom de qui faig el xec?
Can I leave a deposit? Puc deixar una paga i senyal?
Do you have anything smaller (than a £50 note)? No en té de més petits (que de 50 lliures)?
Sorry, I've no change. Ho sento, no tinc canvi.

L12.7 Recollida i transport de productes

I've come to collect my tape-recorder/dress/etc. He vingut a recollir (el meu magnetòfon/vestit/etc).
When will it be ready? Quan estarà a punt?
Will you wrap it for me please? M'ho embolica, sisplau?
Could you gift-wrap it please? M'ho pot embolicar com a obsequi, sisplau? [al Regne Unit moltes botigues no ofereixen aquest servei]
Do you deliver? Tenen repartiment a domicili?
Can I pick it up later? Puc recollir-ho més tard?
Could you deliver it to this address? Pot entregar-ho en aquesta adreça?
Do you have a mail-order service? Tenen servei de venda per correu?

L12.8 Quan marxem de la botiga

Thanks for your help. Moltes gràcies.
[més formal, o quan algú ha estat especialment atent] ***Thank you, you've been most helpful.*** Moltes gràcies, ha estat molt amable.

L13 Thanking Donar les gràcies

Thank you és acceptable en la majoria dels casos, i en situacions menys formals, **Thanks**. La frase **Thank you very much.** és lleugerament emfàtica.

Altres variants informals i emfàtiques:

Thanks a lot. Moltes gràcies.

Thanks ever so much. Mercès.

Thanks a million. Moltes gràcies.

Ta! (brit) [molt informal i poc emfàtic. Utilitzat en petites cortesies, com ara passar-se la mantega o obrir la porta] Gràcies.

En situacions més formals:

I'd like to thank you for everything. Li estic molt agraït per tot.

I'm very/extremely grateful to you for helping me. Li estic molt agraïda per la seva ajuda.

I can't thank you enough for everything you've done. Mai li podré agrair prou tot el que ha fet.

En anglès britànic, no és necessari contestar res quan algú dóna les gràcies, esp. per les petites cortesies diàries (com ara aguantar-li la porta a algú). Amb un somriure o un senyal fet amb el cap n'hi ha prou. En actes més importants (com p. ex. haver ajudat algú en dificultats) es pot contestar **That's okay.** (De res.) o encara més formal **Not at all.** (No s'ho val.) o quan algú agraeix l'hospitalitat **It was a pleasure.** (Ha estat un plaer.) En anglès americà s'acostuma a respondre **You're welcome.** (De res.), que també s'utilitza en anglès britànic.

L14 Permission Permís

vegeu també **230 Allow**

L14.1 Demanar permís

Generalment, es pot demanar permís dient **Can I/Could I/May I...?** en ordre ascendent de formalitat:

Can I park here? Puc aparcar aquí?

Could I take a photograph of you? Li puc fer una fotografia?

May I use your office this afternoon? Podria utilitzar el seu despatx aquesta tarda?

En situacions públiques:

Is smoking allowed here? Es permet fumar aquí?

Am I allowed to take two bags onto the plane? Puc pujar dues bosses de mà a l'avió?

[per peticions més delicades] **Do you mind if I smoke/bring a friend/etc.?** Li fa res si fumo/porto un amic/etc.?

[més formal/vacil·lant; observeu que va en passat] **Would you mind if I didn't come tomorrow/brought a friend next time/etc.?** Li faria res que no vingués demà/que portés un amic la propera vegada/etc.?

[menys formal] **Is it okay/all right if I don't come tomorrow/leave early/etc.?** Va bé si demà no vinc/si surto abans/etc.?

L14.2 Donar permís

A l'hora de contestar a **Do you mind?** (Li fa res?), la resposta afirmativa és **No**:

A: **Do you mind if I sit here?** Li fa res que segui aquí?
B: **No, go ahead!** No, ja pot seure.

A: **Is it okay if I use this?** Puc fer servir això?
B: **Yes, by all means.** Sí, és clar que sí.

[força informal] A: **Is it all right if I leave early?** Va bé si surto abans?
B: **Yes, no problem.** Endavant, cap problema.

[més aviat formal] A: **Is it okay if Joe comes along?** Et sembla bé que vingui en Joe?
B: **Yes, that's fine by me.** Sí, per mi no hi ha cap problema.

[informal] A: **Is it okay if I drink my coffee here?** Em puc prendre el cafè aquí?
B: **Yes, fine! Feel free!** Sí, endavant!

[força informal] A: **Can I borrow your pen a minute?** Em pots deixar un moment el bolígraf?
B: **Sure. Be my guest.** I tant, només faltaria.

L14.3 Negar el permís

vegeu també **231 Forbid**

A: **Can I park here?** Puc aparcar aquí?
B: **No, I'm afraid it's not allowed.** No, ho sento però no està permès.

[cortès] A: **Do you mind if I smoke?** Li fa res que fumi?
B: **I'd rather you didn't.** M'estimaria més que no ho fes.

[directe i ferm] A: **Do you mind if I smoke?** Li fa res que fumi?
B: **Yes, I do mind, actually.** Doncs sí, la veritat és que sí.

L15 Offers Oferiments

L15.1 Oferir-se a fer alguna cosa

[oferiment genèric] **Can I help out in any way?/Can I do anything to help?** Puc ajudar?/Puc fer alguna cosa per ajudar?

[més formal] **May I carry that bag for you?** Vol que li porti la bossa?

[menys formal] **Let me do that for you.** Deixa'm que t'ajudi.

If you like, I'll bring the coffee. Si vol, jo portaré el cafè.
You can leave it to me to lock up. Ja m'encarregaré jo de tancar.
[en contextos, com ara reunions, on la gent s'ofereix a fer coses] I volunteer to take the tickets at the door. Jo m'ofereixo a recollir els tiquets a l'entrada.

L15.2 Oferir-se a pagar

[més aviat formal] Please allow me to pay for the meal. Si us plau, permeti'm que pagui jo.
[menys formal] Let me pay for the coffee. Deixa'm pagar el cafè.
This is on me. Aquesta va a càrrec meu.

L15.3 Acceptar un oferiment

Thank you, it's good of you to offer. Moltes gràcies, és molt amable de part teva.
[menys formal] Thanks, that's kind of you. Gràcies, molt amable.
[acceptació cortesa o vacil·lant] Oh, you really don't have to. Oh, no cal que es molesti.

[quan alguna persona es pren alguna molèstia per tu, p. ex. oferint acompanyar-te en cotxe] Thanks, I hope it's not putting you out in any way. Gràcies, espero que no et sigui una molèstia excessiva.
[quan algú s'ha ofert per fer alguna cosa, i ha passat un cert temps sense que l'oferiment hagi estat acceptat] I wonder if I could take you up on your offer of a lift next Saturday. Encara estàs disposat a portar-me dissabte que ve?

L15.4 Declinar un oferiment

Thanks for the offer, but it's okay. Gràcies per oferir-te, però no cal.
[en resposta a un oferiment d'ajuda per fer una feina, etc.] It's okay, I can manage, thanks. No cal, ja puc tota sola, gràcies.
[refusant l'oferiment que et portin en cotxe, etc] Thanks anyway, but someone is coming to pick me up/I have my bicycle, etc. Gràcies de totes maneres, però ja em vénen a recollir/tinc la bicicleta aquí, etc.
[més aviat formal, quan es fa un oferiment d'una certa importància, com p. ex. deixar una gran quantitat de diners] Thank you, but I couldn't possibly accept. Gràcies, però no ho puc acceptar de cap manera.

L16 Invitations Invitacions

L16.1 Fer invitacions

Would you like to come to dinner/come round one evening? Li agradaria venir a sopar/a casa un vespre?
[invitar a algú a un esdeveniment ja organitzat] Would you like to join us for our end-of-term lunch? T'agradaria venir amb nosaltres al dinar de final de trimestre?
[formal] I/We'd like to invite you to join our committee/give a lecture. M'agradaria/Ens agradaria convidar-la a formar part del nostre comitè/a donar una conferència.
[força informal] Why don't you come round and have a drink some time? Per què no vens algun dia a casa a fer una copa?

L16.2 Acceptar invitacions

Thank you, I'd love to. Gràcies, m'encantaria.

[formal] Thank you, I'd be delighted to. Gràcies, amb molt de gust.
[menys formal] Thanks, that sounds nice. Gràcies, és una bona idea.

L16.3 Refusar invitacions

I'd love to, but I'm afraid I'm booked up that night/busy all day Thursday. M'encantaria, però aquesta nit tinc un compromís/però dijous tinc tot el dia ocupat.
[més formal] Thank you for the invitation, but I'm afraid I have to say no. Gràcies per la invitació, però sentint-ho molt he de dir que no.
[en situacions en les quals és correcte negociar una alternativa] Sorry, I'm booked up on Monday. Some other time, perhaps? Ho sento, dilluns estic ocupat. Potser un altre dia?

L17 Advice Consell

vegeu també **353 Suggest**

L17.1 Prendre consell

I need some advice about renting a flat. Can you help me? Necessito informació sobre com llogar un pis. Em pot ajudar?
Can you advise me as to what I should do about …? Em pot orientar sobre què puc fer respecte a …?
I want to take a language course in France. Can you give me any advice? M'agradaria fer un curs de llengua a França. Em pot aconsellar?

[informal] Do you have any tips about travelling around Spain? Em pot donar alguns consells per viatjar per Espanya?

L17.2 Donar consell

The best thing to do is to ring the police/book in advance. El millor que pot fer és trucar a la policia/reservar per endavant.
[menys formal] If I were you, I'd sell it. Jo, de tu, el vendria.

[informal] If I was in your shoes, I'd resign right away. Si estigués en el teu lloc, dimitiria immediatament.

[formal] My advice would be to accept the offer. El meu consell seria acceptar l'oferta.

You could try ... (+ -ing) Pots intentar ...

It might be an idea to ... (+ INFINITIU) Pot ser una bona idea ...

Why not (sell it/move nearer town)? Per què no (te'l vens/vas a viure més a prop de la ciutat)?

[molt fort, en algunes situacions gairebé comminatori] If you take my advice, you should stop seeing her. Si em vols fer cas, hauries de deixar de veure-la.

L17.3 Advertiments

You'd better not park there, they use wheel clamps. Val més que no aparqui aquí, hi col·loquen ceps.

He's efficient, but, be warned, he has a short temper. És eficient, però, us ho adverteixo, té mal caràcter.

I'm warning you, she's not going to like it. Us ho adverteixo, no li agradarà.

[més indirecte] If I were you I wouldn't cause any trouble. Jo de tu no crearia problemes.

[més formal] I should warn you that there are pickpockets about. Li he d'advertir que per aquí hi ha carteristes.

[comminatori] I'm warning you - if you do that again there'll be trouble! T'aviso - si ho tornes a fer tindràs problemes.

[habit. es diu en to enutjat, amenaçador] If you've got any sense you'll stay away from that girl! Si tens una mica de seny, t'apartaràs d'aquesta noia!

[més aviat formal] Take care when you leave the building; the steps are slippery. Vagi amb compte en sortir de l'edifici; les escales rellisquen.

Advertiments a algú en perill imminent:

Mind your head/the door/that car! (*brit*) Compte amb el cap/la porta/el cotxe!

Be careful! Alerta!

Watch out!/Look out! Ep!/Atenció!

L18 Information Informació

L18.1 Demanar informació
vegeu també **351 Ask**

Can you help me? Em pot ajudar?

Where can I find a phone/toilet/typewriter/etc.? On puc trobar un telèfon/un lavabo/una màquina d'escriure/etc.?

Where's the nearest station/baker's/etc.? On és l'estació/ la fleca/etc. més propera?

What shall I do with this key/these papers/etc.? Què en faig d'aquesta clau/d'aquests papers/etc.?

What's the matter with this machine/your friend/etc.? Què li passa a aquesta màquina/al teu amic/etc.?

What's the reason for this extra charge/the delay/etc.? A què és degut aquest càrrec el extra/el retard/etc.?

Who is in charge of refunds/room-bookings/etc.? Qui s'encarrega de les devolucions/reserves d'habitació/etc.?

Can you explain this machine/this list/etc. for me, please? Em pot explicar com funciona aquesta màquina/què significa aquesta llista/etc.?

How can I get to the basement/the street/etc.? Com es va al soterrani/al carrer/etc.?

How do I go about changing my booking/getting my shoes repaired/etc.? Com ho puc fer per canviar la reserva/fer-me reparar les sabates/etc.?

Can you tell me where the bus goes from? Pot dir-me on té la sortida l'autobús?

Can you give me some information about bus times/hotels? Pot donar-me informació sobre horaris d'autobús/hotels?

Do you have any information on language courses/Turkey? Té informació sobre cursos d'idiomes/Turquia?

Where can I get information about travel insurance? On em puc informar sobre assegurances de viatge?

L18.2 Incapaç de donar informació

I'm sorry, I can't help you. Ho sento, no la puc ajudar.

Sorry, we've nothing on Brazil at the moment. Ho sento, no tenim res sobre el Brasil en aquest moment.

[col·loquial] Sorry, I haven't a clue/haven't the foggiest. Ho sento, no en tinc ni idea.

u t i l i t z a c i ó

En la majoria dels casos, es pot donar les gràcies per la informació rebuda dient **Thanks for the information.** (Gràcies per la informació.) o **Thanks for your help.** (Gràcies per la seva ajuda.), excepte quan té molt poca importància (com ara la informació d'on és el lavabo), en què es contesta només **Thanks**.

L19 Instructions Instruccions

L19.1 Demanar instruccions

Could you tell me/show me how to work this machine? Em pot dir/ensenyar com funciona aquesta màquina?

Are there any instructions for the photocopier? Hi ha un manual d'instruccions de la fotocopiadora?

What do I do if I want to change the film? Què he de fer per canviar el rodet?

How do I go about setting up this projector? Com es fa per muntar aquest projector?

What do I do next? Què faig després?

How does x work? Com funciona x?
How do you work this (machine/copier)? Com es fa funcionar aquesta (màquina/fotocopiadora)?

L19.2 Donar instruccions

This is what you do: just press this button, and ... Es fa així, prems aquest botó, i ...

All you have to do is ... Tot el que has de fer és...
You must always remember to close this flap first. T'has de recordar sempre de tancar primer aquesta peça.
You just flick that switch and that's it. Només has de prémer lleugerament l'interruptor i ja està.
Would you please follow the instructions on the handout. Sisplau segueixi les instruccions del prospecte.

L20 Directions *Direcció*

vegeu també **318 Directions**

L20.1 Demanar el camí

Could you tell me the way to ...? Em podria dir com anar a...?
Excuse me, I'm lost, I wonder if you could help me? Perdoni, m'he perdut, em podria ajudar?
How do I get to the station from here? Com puc anar a l'estació des d'aquí?
Excuse me, I'm looking for Mill Street. Disculpi, busco el carrer Mill.
[més formal] *Could you direct me to Boston Road?* Em pot indicar com puc anar al carrer Boston?

L20.2 Indicar el camí

How are you travelling? Com hi pensa anar?
Turn left, then right, then go straight on/straight ahead. Giri a l'esquerra, després a la dreta i en acabat tot recte.
Take the first left and the second right. Agafi el primer a l'esquerra i el segon a la dreta.
You'll see it in front of you/on your left/etc. Ho veurà davant seu/a la seva esquerra/etc.
You can take a short-cut across the park. Pot agafar una drecera si passa pel parc.
If you see a church, you've gone too far. Si veu una església, és que ha passat de llarg.
Look out for the sweet shop on your right. Busqui una botiga de llaminadures a la dreta.
You can't miss it. No es pot perdre.
When you come/get to the lights, branch off to the right. Quan arribi al semàfor, desviï's a la dreta.

L21 Making arrangements *Fer plans*

L21.1 Fixar hores/dates/etc.

Could we arrange to meet sometime? Podem quedar algun dia?
[una versió més informal de l'exemple anterior] *Can we get together sometime soon?* Ens trobem algun dia d'aquests?
Are you free on Thursday/Monday? Estàs lliure dijous/dilluns?
What about Friday? Are you free then? I divendres? Tens alguna cosa a fer?
Could you make a meeting on the 25th? Podria assistir a una reunió el 25?
Could we meet soon to discuss the future/the conference? Ens podríem veure aviat per discutir el futur/la conferència?
Are you available on the 15th? Estàs disponible el 15?
Let's say 5pm on Tuesday, shall we? Quedem dimarts a les cinc de la tarda, d'acord?
Monday suits me fine. Dilluns em va bé.
2 o'clock would be best for me. M'aniria millor a les dues.
I'll pencil in the 23rd, and we can confirm it later. M'apunto el dia 23 i ho confirmem més tard.
Let's say the 18th, provisionally, and I'll come back to you. Quedem provisionalment el 18, i ja et trucaré per confirmar-ho.

L21.2 Problemes d'hores/dates/etc.

I'm afraid the 3rd is out for me. Em sap greu però el 3 jo no puc.
I'm afraid I'm busy tomorrow. Ho sento però demà estic ocupada.
[col·loquial] *I'm afraid I'm chock-a-block this week.* (*brit*) Ho sento, però aquesta setmana tinc una feinada d'espant.
Could we make it Thursday instead? Ho podríem deixar per dijous?
I'm afraid I'm double-booked on Friday. Could we re-arrange things? Em temo que divendres tinc dues coses a la mateixa hora. No podríem canviar la cita?
A: 5.30 is a bit of a problem. A: A les 5:30 m'és una mica difícil.
B: Would 6 o'clock be any better? B: T'aniria millor a les sis?
Could we postpone Friday's meeting? Podem ajornar la reunió de divendres?
Sorry, but we're going to have to cancel tomorrow's meeting. Ho sento, però haurem de cancel·lar la reunió de demà.
Could we bring the time forward to 3.30 instead of 4? Podem avançar l'hora a dos quarts en lloc de les quatre?

FUNCIONS LINGÜÍSTIQUES

> *utilització*
>
> En anglès britànic hi ha diferència entre la manera d'escriure i la manera de dir la data; p. ex. escribim **Monday 21st June** o **Monday, June 21st** però diem **'Monday the twenty-first of June'**. A continuació hi ha més exemples: **October 27th** es pot dir **'the twenty-seventh of October'** o **'October the twenty-seventh'** i
>
> **August 1st** es pot dir **'August the first'** o **'the first of August'**.
>
> En anglès americà, el mes sempre va davant del dia, tant en el llenguatge escrit com en el parlat, i la data es pot dir de la manera que s'escriu; p. ex. **September 4th** es diu **'September fourth'** i **April 30th** es diu **'April thirtieth'**.

L22 Asking favours *Demanar favors*

I wonder if you could do me a favour. No sé si em podries fer un favor.

[més aviat formal] **I need to ask a favour of you.** Em veig obligat a demanar-li un favor.

[menys formal] **Could you do me a favour?** Em podries fer un favor?

Possibles respostes correctes i educades quan algú demana un favor: **Yes, of course, what is it?** (Sí, per descomptat, de què es tracta?) i **Yes, no problem.** (Sí, no tinc cap inconvenient.)

L22.1 *Favors petits i rutinaris*

Have you got a light please? Té foc, sisplau?

Could you keep an eye on my seat for me please? Em podria vigilar el seient, sisplau?

Do you have a pen I could borrow for a moment? Em podria deixar un bolígraf un moment, sisplau?

Could you change this £10 note by any chance? Tindria per casualitat canvi de 10 lliures?

Do you have any small change for the parking meter/the phone? Tens monedes per al parquímetre/telèfon?

I wonder if you'd mind if I jumped the queue? I'm in a terrible hurry! Li fa res que passi al davant? És que tinc molta pressa.

Is this seat free/taken? Do you mind if I sit here? Està lliure/ocupat aquest seient? Li importa que m'assegui aquí?

[en un restaurant o un bar on l'únic seient lliure és en una taula ja ocupada] **Do you mind if I join you?** Us importa que m'assegui aquí?

L23 Apologies *Disculpes*

vegeu també **221 Mercy**; **449 Shame**

L23.1 *Disculpar-se*

I'm sorry I'm late. Sento arribar tard.

[més formal i emfàtic] **I'm terribly sorry I've kept you waiting.** Em sap molt de greu haver-vos fet esperar.

[menys formal] **Sorry I wasn't here when you arrived.** Sento que no hi fos quan has arribat.

[més aviat formal, util. sovint per escrit] **I apologize for not contacting you earlier.** Us demano disculpes per no haver-vos contactat abans.

[molt formal, util. sovint per escrit] **My sincere apologies for the inconvenience we caused you.** Les meves més sinceres disculpes per les molèsties que li hem causat.

[més aviat formal, util. sovint per escrit] **Please accept my/our apologies for not replying earlier.** Accepteu, sisplau, les meves/nostres disculpes per no haver-vos contestat abans.

L23.2 *Acceptar disculpes*

La resposta més freqüent és **That's all right.** (No té importància.) Les frases **That's okay.** i **Forget it!** són menys formals. **That's quite all right.** és una mica més formal. També es pot fer servir **It doesn't matter. Don't**

L24 Reminding *Recordar*

You won't forget to post that letter, will you? No t'oblidaràs de tirar aquesta carta, oi?

[més formal] **Please remember to bring your passport.** Sisplau, recordeu-vos de portar el passaport.

[habit. amb tacte, però es pot entendre com un lleuger retret] **You haven't forgotten it's Sally's birthday tomorrow, have you?** No t'has oblidat pas que demà és l'aniversari de la Sally, oi?

FUNCIONS LINGÜÍSTIQUES

[més aviat formal] May I remind you that there will not be a meeting next week? Permeteu-me que us recordi que no hi haurà reunió la setmana que ve.

[més aviat formal i amb tacte, quan se sospita que algú s'ha oblidat d'ac] Can I jog your memory about the talk you promised to give us? Li puc refrescar la memòria sobre la xerrada que ens va prometre?

Si cal contestar, es pot dir **Thanks for reminding me.** (Gràcies per recordar-m'ho.) Si es vol demanar disculpes per haver oblidat alguna cosa, es pot dir **I'm sorry, it just slipped my mind.** (Ho sento, se me n'havia anat del cap.)

L25 Reassuring Tranquil·litzar

Don't worry, we'll be there by six. No t'amoïnis, hi arribarem com a molt tard a les sis.

There's nothing to worry about. No hi ha res de què preocupar-se.

You'll be all right. De seguida estaràs bé.

It'll be fine. Tot anirà bé.

[més aviat formal] I assure you there'll be no problem with it. Li asseguro que no hi haurà cap problema amb això.

[més aviat formal, típic de l'estil escrit] I would like to reassure you that we will keep costs to the minimum. Us vull assegurar que restringirem els costos al màxim.

L26 Persuading Convèncer

vegeu també **349 Persuade**

Why don't you come with us next week? Per què no vens amb nosaltres la setmana que ve?

Why not come hang-gliding with us? You'd love it, I'm sure. Per què no vens a volar amb ala delta amb nosaltres? Estic segura que t'encantaria.

Do come and stay at Christmas, we'd love to have you. Vine a passar el Nadal amb nosaltres; ens encantaria tenir-te a casa.

I really think you ought to take a few days off, you know. Sincerament, crec que t'hauries d'agafar uns dies de festa.

[més formal] Can I persuade you to join us tonight? La puc convèncer que ens acompanyi aquest vespre?

[informal] Go on! Have a dessert; I'm having one. Vinga! Menja postres; jo en menjaré.

[col·loquial] Can I twist your arm and ask you to sponsor me for a charity walk on Saturday? El puc convèncer perquè em patrocini en una marxa benèfica aquest dissabte?

L27 Suggesting Suggerir

vegeu també **353 Suggest**

L27.1 Fer suggeriments

Let's take a taxi, shall we? Què et sembla? Agafem un taxi?

Why don't we leave it till next week? Per què no ho deixem fins la setmana que ve?

What about changing the date? Què us sembla si canviem la data?

I have a suggestion: let's hold a public meeting. Tinc un suggeriment: convoquem una reunió general.

[més formal] Can/may I suggest we meet again tomorrow? Voldria suggerir que ens tornéssim a reunir demà.

> **utilització**
> Observeu l'estructura sintàctica darrera de **suggest**: no es pot fer servir l'infinitiu, sinó una frase amb subjecte, p. ex. *I suggest (that) you cancel it.* (Suggereixo que ho cancel·lis.)

L27.2 Demanar suggeriments

We have to do something; what do you suggest? Hem de fer alguna cosa; què suggereixes?

We must raise £3,000; are there any suggestions? Hem d'aconseguir 3.000 lliures; teniu algun suggeriment?

Can you think of a way of stopping this tap from leaking? Se t'acut alguna manera de fer que l'aixeta pari de degotar?

[informal] Any suggestions as to how we can fix this door? Algun suggeriment sobre com podem arreglar aquesta porta?

[col·loquial] We need £2,000 immediately; any bright ideas? Necessitem 2.000 lliures de seguida; alguna idea lluminosa?

L28 Agreeing Posar-se d'acord

vegeu també **348 Agree**

A: This is crazy. Això és una bogeria.
B: I agree. Estic d'acord.

I agree with everything you say. Estic d'acord amb tot el que dius.

[més formal] **I am in complete agreement with you.** Estic completament d'acord amb vostè.

[informal] **A: We'll have to do something about it soon.** Aviat hi haurem de fer alguna cosa.

B: Right. Exacte.

Maneres emfàtiques d'expressar acord:

I couldn't agree more! No puc estar-hi més d'acord!

[informal i emfàtic] **You can say that again!** Tens tota la raó!

Algunes interjeccions emfàtiques que s'utilitzen per expressar acord són: **Absolutely!** (Per descomptat!) **Quite.** (Clar!) i **Exactly!** (Exacte!, Efectivament!)

A: I think she'll be perfect for the job. Crec que serà la persona perfecta per a la feina.

B: Absolutely! Per descomptat (que sí).

A: If he was still in London at 6 o'clock then he can't have committed the crime. Si encara era a Londres a les sis, no pot haver comès el crim.

B: Exactly! Exacte!

A: It seems like a ridiculous idea. Sembla una idea del tot ridícula.

B: Quite. Clar.

L29 Disagreeing Discrepar

vegeu també **346 Disagree**

I disagree (No estic d'acord) és una manera més aviat forta d'expressar el desacord en anglès. En comptes d'això, i per no ser maleducat, sovint s'accepta una part del que s'ha dit per després expressar el desacord, p. ex. **I see what you mean, but ...** (Entenc el que vols dir, però ...) o **That's right, but ...** (Això està bé, però ...). Unes altres maneres d'expressar el desacord són:

I have to disagree with you about that. Em fa l'efecte que en aquest punt no puc donar-li la raó.

You say she's clever, but I don't see that at all. Dius que és intel·ligent, però a mi no m'ho sembla gens.

[més formal] **I'm afraid I can't agree with you.** Sento no estar d'acord amb vostè.

L30 Opinions Opinions

vegeu també **105 Believe**; **106 Opinion**

L30.1 Demanar-li l'opinió a algú

How do you see the situation? Com veus la situació?

What are your views on capital punishment? Quina és la vostra opinió sobre la pena de mort?

What do you think of x? Què penses d'x?

[més formal] **What's your view of x?** Quina és la vostra opinió d'x/Què en penseu, d'x?

[més formal] **What's your opinion of x?** Quina opinió en té, d'x?

[col·loquial] **Do you reckon he'll come/she'll win, etc.?** Creus que vindrà/guanyarà, etc.?

L30.2 Expressar una opinió

I think ... Penso...

[més formal] **My view is that this is wrong.** El meu parer és que això no està bé.

[més formal] **In my view/opinion, we've waited long enough.** Al meu entendre, ja hem esperat prou.

[informal] **To my mind, his taste in clothes is appalling.** A mi em sembla que el seu gust en el vestir és horrible.

[col·loquial] **I reckon they'll be getting married soon.** (esp. brit) Suposo que es casaran ben aviat.

[molt formal; en negociacions, debats, etc.] **If I may express an opinion, I think that ...** Si em permeteu expressar una opinió, penso que...

utilització

Observeu com en anglès **point of view** (punt de vista) s'utilitza per referir-se a com alguna cosa afecta el qui parla més que no pas per donar una opinió personal. Si algú diu **From my point of view, these new farming regulations are a disaster.** (Des del meu punt de vista, la nova normativa agrícola és un desastre.), probablement pertany al sector de l'agricultura o resulta afectat directament per la normativa.

L31 Preferences Preferències

vegeu també **73 Choose**

L31.1 Demanar les preferències d'algú

Which would you prefer, two singles or a double room? Què s'estima més, dues habitacions individuals o una habitació doble?

[més informal] **What would you rather have, tea or coffee?** Què t'estimes més, te o cafè?

[més aviat formal] **Do you have any preference with regard to which flight we take?** Teniu alguna preferència pel que fa al vol?

[més aviat informal] **We can go on Friday or Saturday, it's up to you.** Hi podem anar divendres o dissabte; tu mateixa.

[col·loquial] **You can have red, green or blue; take your pick.** El tens en vermell, en verd o en blau; tria el que vulguis.

L31.2 Expressar una preferència

I think I'd rather go on Monday, if you don't mind. Crec que preferiria anar-hi dilluns, si no et fa res.

I'd prefer a window seat, if possible. Si és possible, m'estimaria més un seient al costat de la finestra.

[molt formal; esp. quan no t'han demanat la teva preferència] **If I may express a preference, I would rather not have to meet on a Friday.** Si no us fa res, m'estimaria més no haver de reunir-nos un divendres.

[informal, esp. relacionat amb el menjar] **I think I'll go for the chicken.** Crec que demanaré el pollastre.

L32 Degrees of certainty Graus de certesa

vegeu també **82 Certain; 83 Uncertain**

L32.1 Certesa

I'm sure we've met before. Estic segura que ens hem vist abans.

He's definitely the tallest person I've ever met. És sens dubte la persona més alta que he conegut mai.

He's without doubt/undoubtedly the best captain we've ever had. És sens dubte el millor capità que mai hem tingut.

[més aviat formal] **There is no doubt that something must be done soon.** No hi ha dubte que s'haurà de fer alguna cosa ben aviat.

[per expressar una convicció de certesa] **I'm absolutely certain I left it on the table.** Estic completament segur que el vaig deixar damunt la taula.

L32.2 Dubte i incertesa

I'm not sure I can do this for you. No estic segura que t'ho pugui fer.

We're a bit uncertain about the future at the moment. Tenim els nostres dubtes sobre el futur en aquests moments.

I doubt she'll come before Tuesday. Dubto que vingui abans de dimarts.

Everyone thinks George is wonderful, but I have my doubts. Tothom opina que en George és meravellós, però jo tinc els meus dubtes.

It's doubtful whether he will succeed. No és segur que tingui èxit.

I think he said his number was 205, but I can't be sure. Crec que va dir que el seu número era el 205, però no n'estic segura.

[per expressar més incertesa que l'exemple anterior] **I'm not at all sure that this is his number.** No n'estic gens segur que aquest sigui el seu número.

Observeu que s'utilitza **no doubt** i [més formal] **doubtless** quan s'està força segur d'alguna cosa, però tot i així es busca confirmació, p. ex.: **You've no doubt/doubtless all heard of William Shakespeare.** (Sens dubte tots heu sentit parlar de William Shakespeare.)

L32.3 Imprecisió

She's got sort of fair hair. Té un cabell tirant a ros.

I don't understand videos and that sort of thing. No entenc els vídeos ni res de tot això.

He said he was going to Paris or something. Va dir que anava a París o alguna cosa així.

utilització

Quan no es vol precisar un color, es pot utilitzar en anglès britànic el sufix -y, encara que aquest no sigui usual en anglès americà. Però no se sol afegir a white o black:

It was a browny/yellowy/greeny sort of colour. (Era d'un color marronós/grogós/verdós.)

En el cas de molts adjectius, i també de colors, temps i edats, es pot utilitzar el sufix **-ish** per evitar la precisió:

She has reddish/blackish hair. Té els cabells d'un color vermellós/negrós.

I'd say she's thirtyish. Diria que té uns 30 anys.

Come about half-past sevenish. Vingueu sobre dos quarts de vuit.

It was a dullish day. Era un dia més aviat gris.

Observeu que **-y** i **-ish** són força informals.

L32.4 Endevinar i especular

I'd say she was about fifty. Diria que té uns 50 anys.

[informal] **I would reckon there are about 3,000 words here.** (*brit*) Diria que aquí hi ha unes 3.000 paraules.

[més aviat formal] **I would speculate that we would need round £5,000.** Suposo que necessitaríem unes 5.000 lliures.

[formal; l'especulació es basa en càlculs, experiència, etc.] **We estimate that the project will take 3 years.** Calculem que el projecte durarà tres anys.

[més aviat informal] **I don't know, but I would hazard a guess that there were about 10,000 people there.** No ho sé, però m'arriscaria a dir que hi havia unes 10.000 persones.

[informal] **Guess who I met today. I bet you can't!** Què hi va que no endevines a qui m'he trobat avui?

[col·loquial] **I'll give you three guesses who I'm having dinner with tonight.** Et donaré tres oportunitats per endevinar amb qui soparé aquesta nit.

[informal] **She'll be here again tomorrow, I'll bet anything you like.** Tornarà demà, m'hi jugo el que vulguis.

L33 Obligation *Obligació*

Es pot expressar l'obligació externa, p. ex. del govern o d'una altra autoritat, amb **have to**: *I have to renew my passport next month.* (Haig de renovar el passaport el mes que ve.)

Must expressa una obligació com si fos una ordre o una instrucció, ja sigui a un mateix perquè hom creu que es tracta d'un deure, ja sigui a causa d'una força externa, com ara una llei o una normativa; p. ex: *I must wash my hair, it's filthy!* (M'haig de rentar els cabells, estan molt bruts.) *All students must register between 9am and 11am on the first day of term.* (Tots els estudiants s'han de matricular entre les nou i les onze el primer dia del trimestre.) No oblideu, però, que la forma que correspon a **must** per referir-se al passat és **had to**: *The students had to register yesterday, so we were very busy.* (Els estudiants s'havien de matricular ahir, i per tant estàvem molt enfeinats.)

Should no és tan fort com **must**: *I should really get my hair cut this weekend.* (Hauria de procurar tallar-me els cabells aquest cap de setmana.) *You should post that soon, or it won't get there in time.* (Hauries de dur això a correus aviat o no arribarà a temps.)

Ought to sovint implica una obligació moral, el que és correcte de fer: *You really ought to say thanks to your aunt for that present she sent you.* (Hauries de donar-li les gràcies a la teva tia pel regal que et va enviar.)

Obliged to és molt fort i resulta més aviat formal; implica que el qui parla no hi pot fer res: *I am obliged to ask you if you have a criminal record.* (Estic obligada a preguntar-li si té antecedents penals.)

Forced to suggereix influències externes molt fortes; és més freqüent que **obliged to**: *In the face of so much evidence, I was forced to admit I had been wrong.* (Davant de tanta evidència, em vaig veure obligat a acceptar que no tenia raó.) *We were forced to leave the building at gunpoint.* (Ens van obligar a sortir de l'edifici a punta de pistola.)

Obligation és molt formal: *I have an obligation to warn you that you do this at your own risk.* (Tinc l'obligació d'advertir-lo que ho fa sota la seva pròpia responsabilitat.) *I'm sorry; I'm not under any obligation to reveal that information to you.* (Ho sento; no tinc cap obligació de donar-li aquesta informació.)

L34 Expressing surprise *Expressar sorpresa*

vegeu també **118 Surprise**

I'm surprised that you didn't recognise her. Em sorprèn que no l'hagis reconeguda.

[sorpresa més forta que en l'exemple anterior] *I'm amazed that you've got here so quickly.* Em sorprèn moltíssim que hagis arribat tan de pressa.

Well! What a surprise! Caram! Quina sorpresa!

Well! This is a surprise! Caram! Això sí que és una sorpresa!

Good heavens! Renoi!

Good Lord! Valga'm Déu!

Sally! I don't believe it! What are you doing here? Sally! No m'ho puc creure! Què hi fas aquí?

[col·loquial] *Well I never! I didn't expect to meet you today!* Ves per on! No m'esperava pas veure't avui!

[col·loquial] *You could have knocked me down with a feather when I realised who it was!* Quan em vaig adonar de qui era, si em punxen no em troben sang!

[es diu a algú a qui es dóna un regal o per a qui s'ha preparat una sorpresa] *Surprise, surprise!* Sorpresa!

L35 Expressing pleasure *Expressar plaer*

vegeu també **422 Happy**

How nice to have this beach all to ourselves! Que bé tenir tota la platja per a nosaltres sols.

This is wonderful/marvellous/great! Això és meravellós!

What a pleasure to be home again! Quin gust tornar a ser a casa!

What fun! I haven't rowed a boat for years! Que divertit! Feia anys que no remava.

I'm pleased to hear you solved your problem. M'alegra saber que has solucionat el problema.

I'm delighted to hear you're getting married at last. Estic encantada de saber que al final et casaràs.

I'm very happy that we've been able to meet again. Estic molt contenta d'haver-vos retrobat.

[més aviat formal; p. ex. a un amfitrió] *It's a real pleasure to be here.* És un gran plaer trobar-me aquí.

[molt formal, en discursos, etc.] *It gives me great pleasure to welcome you all tonight.* Em complau donar-vos a tots la benvinguda aquesta nit.

L36 Expressing displeasure *Expressar enuig*

vegeu també **450 Angry**

How awful! Que horrible!

What a terrible/dreadful place/man! Quin lloc/home més horrible/espantós!

I'm not very happy with the way things have turned out. No estic gaire content de com han anat les coses.

I'm unhappy with the situation at work these days. No estic contenta de la situació a la feina últimament.
I wasn't at all pleased to hear that the prices are going up. No em va agradar gens saber que els preus pujaran.
[per expressar un fort enuig i rebuig] I'm appalled at what has happened. Estic horroritzada pel que ha passat.
[col·loquial. Es diu d'ac que molesta] What a pain! Quina murga!
[formal i més aviat estricte] I'm extremely displeased with your behaviour. Estic molt disgustat amb el teu comportament.

L37 Complaints *Queixes*

vegeu també **345 Complain**

L37.1 *Expressar queixes*

Can I see the manager/the person in charge, please? Puc parlar amb el gerent/l'encarregada, sisplau?
Can you do something about this noise/the slow service, please? Pot fer alguna cosa per fer parar aquest soroll/per millorar aquest servei tan lent, sisplau?
I'm sorry but these goods are unsatisfactory. Ho sento, però aquests productes no estan en bon estat.
[més aviat formal] I'd like to make a complaint about my room/the delay, etc. M'agradaria formular una queixa sobre la meva habitació/el retard, etc.
[més aviat formal, típic de l'estil escrit] I wish to complain in the strongest possible terms about the poor service I received. Em vull queixar enèrgicament del lamentable servei que vaig rebre.
[si una queixa prèvia no condueix a una actuació satisfactòria] It's just not good enough. Això no pot ser.

L37.2 *Acceptar queixes*

I'm sorry, I'll see what I can do. Ho sento, miraré què puc fer.
Leave it with me and I'll make sure something is done. Deixi-ho a les meves mans i procuraré que es faci alguna cosa.
I'll pass your complaint on to the manager/the person

L38 Praising *Lloar*

Well done! Ben fet!
[una versió més formal de l'exemple anterior] You've done extremely well. Ho heu fet molt bé.
I admire your skill/your patience. Admiro la vostra habilitat/paciència.
[es diu a una persona de rang inferior o per fer broma a un igual] I couldn't have done better myself! Jo no ho hauria pogut fer millor!
[lleug. informal] You deserve a pat on the back. Mereixes una felicitació sincera.

L38.1 *Lloances*

What a lovely house/dress/garden! (esp. brit) Quin/a casa/vestit/jardí més bonic/a!
You look very nice in that jacket. T'escau molt aquesta jaqueta.
I envy you your garden; it's wonderful. Us envejo el jardí; és preciós.
I don't know how you manage to be so efficient. No entenc com t'ho fas per ser tan eficient.
[més formal] I must compliment you on your latest book. La vull felicitar pel seu últim llibre.

L38.2 *Felicitacions*

A: I've just been promoted in my job. M'acaben d'ascendir a la feina.
B: Oh, congratulations! Oh, felicitats!
Congratulations on your new job! Felicitats per la nova feina!
[formal, p. ex. en un discurs] I'd/we'd like to congratulate you on 25 years of service to the company. La vull/volem felicitar pels 25 anys de servei a l'empresa.

L39 Announcements *Comunicacions públiques*

Les següents expressions sovint precedeixen les comunicacions públiques:
Can I have your attention please? Atenció, sisplau.
I'd like to make an announcement. Voldria anunciar-los una cosa.
I'd like to announce the winner of the first prize, ... Tinc el plaer d'anunciar la guanyadora del primer premi, ...
Ladies and Gentlemen, ... Senyores i senyors ...
[lleug. més formal] I have an announcement to make. Haig de comunicar-vos una notícia.
[després de l'anunci] Thank you for your attention. Gràcies per la vostra atenció.

L40 Reacting to news — Reaccionar a una notícia

vegeu també **L34 Expressing surprise**

How wonderful! Quina meravella!
How awful! Que horrible!
[informal] Great! Fabulós!
[informal] Oh no! Oh, no!
[quan la notícia no és bona, però s'esperava] I might have guessed! Ja m'ho podia imaginar!

[quan la notícia és sorprenent] Well, I never thought I would hear that! Renoi, aquesta sí que no me l'esperava!
[quan la informació és realment nova] Well, that's news to me! Bé, d'això no en sabia res.
[col·loquial, per expressar sorpresa] Well I never! Ves per on!, Mai no ho hauria dit!

L41 Talking about the time — Parlar de l'hora

vegeu també **26 Time**

What time is it? Quina hora és?
Have you got the time please? Té hora, sisplau?
[quan no estàs segur si el teu rellotge va a l'hora correcta] What time do you make it? (brit) What time have you got? (amer) Quina hora tens?
It's five o'clock exactly. Són les cinc en punt.
It's dead on five o'clock. (brit) Són les cinc en punt.

It's just gone half past three. (brit) Passa una mica de dos quarts de quatre.
It's coming up to six o'clock. Aviat seran les sis.
My watch must be slow/fast. El meu rellotge va endarrerit/avançat.
[una versió més informal de l'exemple anterior] I'm a bit slow/fast. Vaig una mica endarrerit/avançat.

L42 Narrating and reporting — Narrar i informar

L42.1 Informar d'esdeveniments i anècdotes

Have you heard about ...? Has sentit parlar de ...?
Did I tell you about ...? T'he explicat allò de ...?
I must tell you about ... T'haig d'explicar ...
[més informal] You'll never guess what's happened! No endevinaràs mai què ha passat!
[molt informal] Guess what? We're getting a new boss! Saps què? Tindrem un nou cap!
[ac que va passar fa temps] I'll always remember the time ... /I'll never forget when ... Sempre em recordaré de quan .../No m'oblidaré mai de quan ...

L42.2 Acudits

Have you heard the one about ...? El sabeu aquell de ...?
I heard a good joke the other day. L'altre dia vaig sentir un bon acudit.
I heard a good one the other day. L'altre dia vaig sentir-ne un de bo.
Do you want to hear a joke? It's quite clean/It's a bit rude. Vols que t'expliqui un acudit? És totalment innocent/És una mica verd.
[quan no veus la gràcia d'un acudit] I'm sorry, I don't get it. Ho sento, no l'entenc.

L43 Problems of communication — Problemes de comunicació

vegeu també **114 Understand**

L43.1 Malentesos

I'm sorry, I don't understand. Ho sento, no ho entenc.
I think I've misunderstood you. Crec que l'he entès malament.
I think we're talking at cross-purposes. (esp. brit) Em sembla que estem parlant de coses diferents.
I don't think we're understanding each other properly. Crec que hi ha un malentès entre nosaltres.
I don't seem to be able to get through to him. Sembla com si no li ho pogués fer entendre.
[més formal o impersonal] I think there's been a misunderstanding. Em fa l'efecte que hi ha hagut un malentès.

[col·loquial] I think I've/you've got the wrong end of the stick. Em fa l'efecte que ho he/has entès malament.

L43.2 Problemes amb el volum/la velocitat

Could you speak more slowly please? Podries parlar més a poc a poc sisplau?
Could you slow down a bit please? I find it difficult to follow you. Sisplau, podria parlar més a poc a poc? Se'm fa una mica difícil seguir-lo.
I didn't catch what you said. Could you repeat it please? No he entès el que ha dit. Li faria res repetir-ho?

utilització

En anglès britànic, la resposta correcta quan no sents el que es diu és senzillament **Sorry?** o **Pardon?** i no pas **What?** Tanmateix, **What?** és acceptable en situacions informals o entre amics.

L43.3 Demanar ajut

Can you help me? I'm having trouble understanding this notice. Em pot ajudar? Tinc dificultats per entendre aquest rètol.

What does 'liable' mean? Què vol dir 'liable'?

[quan vols saber amb quin significat algú fa servir una paraula] What do you mean by 'elderly'? Què vol dir vostè amb 'elderly'?

How do you spell 'yogurt'? Com s'escriu 'yogurt'?

How do you pronounce this word here? Com es pronuncia aquesta paraula?

How do you stress this word? On cau l'accent en aquesta paraula?

Can you explain this phrase for me? Em pots explicar aquesta expressió?

Is there another word for 'amiable'? Hi ha una altra paraula que vulgui dir 'amiable'?

Could you check my English in this letter please? Podries corregir el meu anglès en aquesta carta, sisplau?

[informal] Oh dear, help me! It's on the tip of my tongue! Oh, ajuda'm! Ho tinc a la punta de la llengua!

L43.4 Autocorrecció

'Quickly' is an adjective ... sorry, I mean an adverb. 'Quickly' és un adjectiu ... perdó, vull dir un adverbi.

Sorry, I meant to say 'tempting', not 'tentative'. Perdó, volia dir 'tempting' i no 'tentative'.

Bill ... sorry, Jim rather, is the one you should talk to. En Bill ... no perdó, més aviat és en Jim, la persona amb qui hauries de parlar.

[informal] Tuesday ... no, hang on a minute, I'm getting mixed up ... Wednesday is the day they collect them. Dimarts ... no, espera't un moment, estic confós ... dimecres és el dia que els recullen.

[informal] Oxbridge ... Camford ... sorry, I'll get it right in a minute ... Cambridge is well worth a visit. Oxbridge ... Camford ... perdoneu, a veure si ho dic bé ... Paga la pena fer una visita a Cambridge.

[per corregir l'error d'un text] Where it says '5 pm' it should say '5.30 pm'. On posa '5 pm', hauria de dir '5.30 pm'.

[més formal, sovint en l'estil escrit] 'Southampton' should have read 'Southport' in the third paragraph. En el tercer paràgraf, on diu 'Southampton' hauria de dir 'Southport'.

[per rectificar un text] Where it says 'cheque card', cross out 'cheque' and put 'credit'. On posa 'cheque card', esborra 'cheque' i posa-hi 'credit'.

L44 Written communications Comunicacions escrites

vegeu també **340 Communications**

L44.1 Cartes personals: començaments

Dear Michael, Benvolgut Michael:

Thanks for your (last) letter. Gràcies per la teva (última) carta.

I'm sorry I've been slow in replying. Sento haver trigat tant a contestar.

[informal] Just a few lines to let you know that ... Només unes línies per fer-te saber que ...

[més informal] Just a quick line to say hello. Només una nota ràpida per saludar-te.

L44.2 Cartes personals: acomiadaments

Give my regards to Mary. Records a la Maria.

I hope to hear from you soon. Espero la teva resposta ben aviat.

[informal] Well, that's all for now. Bé, això és tot per ara.

[informal] Write soon. Escriu ben aviat.

[ús general. Amable però més aviat formal] Best wishes, June. Afectuosament, June.

[informal, a un amic] All the best, Nick. Una abraçada, Nick.

[a algú que veuràs aviat] (I) look forward to seeing you soon, David. Tinc moltes ganes de veure't, David.

[util. sovint per adreçar-se a persones que estimes o a amics personals, però també a persones amb les quals mantens una certa amistat, p. ex. en una salutació d'aniversari a un company] Love, Terry. Una abraçada, Terry.

[a l'esposa, l'amant o el/la xicot/a] All my love, Ron. Amb tot el meu amor, Ron.

P.S. [abrev de *post-scriptum*] p.d. (postdata)

L44.3 Cartes comercials: començament

[per adreçar-se a una empresa o una altra institució] Dear Sir/Madam, Senyors:

[per adreçar-se al director d'un diari o d'una revista] Dear Editor, Sr director:

utilització

Moltes persones troben que **Dear Sirs** per a una empresa i **Sir** per al director d'un diari són termes sexistes i que s'haurien d'evitar. Tanmateix, s'utilitzen amb molta freqüència.

Dear Ms Boole/Mr Carter, Benvolguda senyora Boole/Benvolgut senyor Carter:

I am writing in connexion with ... Us escric en relació amb ...

Thank you for your letter of (date). Gràcies per la vostra carta del (data).

In reply to your recent letter, ... Com a resposta a la vostra darrera carta, ...

Following your letter of (date), I am now writing to ... En relació amb la vostra carta del (data), us escric ara per ...

[en una carta on cal primer presentar-se; habit. s'explica què ets, no com et dius] ***First allow me to introduce myself. I am the director of .../Sara Brown's brother ...*** Primer permeteu-me presentar-me. Sóc la directora de .../el germà de Sara Brown ...

L44.4 Cartes comercials: acomiadaments

I look forward to your reply. A l'espera de la vostra resposta.

Thank you for attending to this matter. Gràcies per la vostra col·laboració en aquest assumpte.

I enclose a stamped, addressed envelope. Us adjunto un sobre adreçat i franquejat.

I attach the receipt. Us envio el rebut.

Yours sincerely, Anthony O'Donnell (Mr). Cordialment, Anthony O'Donnell.

[més formal i impersonal] ***Yours faithfully, J. Swift (Dr).*** Atentament, Dr. J. Swift.

utilització

S'utilitza **Yours sincerely** quan la carta ha començat amb **Dear** i el nom de la persona; en canvi s'utilitza **Yours faithfully** quan no se sabia el nom i la carta ha començat d'una manera impersonal, com ara **Dear Sir/Madam**.

L44.5 Sol·licituds

In reply to your advertisement in (name of source), I should like to apply for ... Com a resposta al vostre anunci en (el nom de la font), vull sol·licitar ...

Please send me further details and application forms for ... Prego que m'enviïn més detalls i els impresos de sol·licitud per a ...

I hope you will give my application full consideration. Espero que prenguin en consideració la meva sol·licitud.

I enclose a curriculum vitae. Us adjunto el meu currículum.

[formal] ***Please find enclosed our latest brochure.*** Tinc el plaer d'adjuntar-vos el nostre últim catàleg.

L44.6 Omplir impresos

Encapçalaments i frases que sovint es troben en els impresos:

Please use block capitals. Sisplau, feu servir majúscules.

Please use a ballpoint pen. Utilitzeu solament bolígraf, sisplau.

Please attach a recent photograph. Sisplau, adjunteu una foto recent.

Please tick the appropriate box. Sisplau, marqueu la casella corresponent.

Put a cross in the box. Marqueu la casella amb una creu.

n/a (*abrev. de* **not applicable**) no correspon

First name(s)/Forename(s)/Christian name(s) nom(s)

Surname (*esp. brit*), ***Last name*** (*esp. amer*) cognom

Maiden name nom de soltera

Address adreça

Tel. (daytime/evening) (home/work) Telèfon (dia/vespre) (casa/feina)

Occupation/Profession Ofici/Professió

Nationality/Ethnicity Nacionalitat/Ètnia

Age Edat

Date of birth/D.O.B. (*amer*) Data de naixement

Place of birth/Birthplace Lloc de naixement

Marital status (single/married/divorced/widowed) Estat civil (solter -a/casat -ada/divorciat -ada/vidu, vídua

Educational background Historial acadèmic

Qualifications and experience Qualificacions i experiència (professional)

Proposed duration/length of stay Duració prevista de l'estada

Arrival/Departure date Data d'arribada/de sortida

Signature/date Signatura/data

L44.7 Postals

Habitualment les postals s'escriuen amb frases abreujades, sovint sense subjecte gramatical. A continuació trobareu frases i expressions típiques que es fan servir en les postals.

Greetings from Edinburgh. Records des d'Edimburg.

Having a lovely time. Ens ho estem passant molt bé.

Weather excellent/lousy. Temps excel·lent/fatal.

This is where we're staying. Aquí és on ens estem.

Wish you were here. Tant de bo fossis aquí.

Regards to everybody. Records a tothom.

L45 Signs and notices Rètols i anuncis

Frases i expressions que es troben sovint en rètols i anuncis:

No parking. No aparqueu.

No entry except for access. (*brit*) Prohibida l'entrada, excepte residents.

Diversion (*brit*), ***Detour*** (*amer*) Desviació

Max. headroom 16'3" (5m). Alçada màxima 5 m.

No smoking. Prohibit fumar.

Caution. Atenció.

Danger. Perill.

Trespassers will be prosecuted. Els infractors seran denunciats.

The management does not accept liability for loss or damage. La direcció no es responsabilitza de les pèrdues o danys.

FUNCIONS LINGÜÍSTIQUES

Cars may be parked here at their owners' risk. Aparcament sota la responsabilitat dels propietaris.
Admission £2.50. OAP's/Senior Citizens £1.50. Entrada £2.50. Tercera edat £1.50.
Closing down sale. Liquidació per tancament del negoci.
Please ring for attention. Truqueu per demanar servei.
Bed and Breakfast o *B & B* Habitació amb esmorzar
Camping prohibited. Prohibit acampar.
[al Regne Unit. Pub que no pertany a cap cadena, i que per tant ven cerveses de diverses marques] Free House taverna

L46 Using the postal service *Servei de correus*
vegeu també **340.2 Communications**

L46.1 Enviar cartes

How much is a letter/postcard to Spain? Quant costa enviar una carta/postal a Espanya?
Can this go airmail/express please? Puc enviar això per avió/correu urgent, sisplau?
What's the cheapest way to send this parcel please? Sisplau, quina és la manera més barata d'enviar aquest paquet?
How soon will it get there? Quan arribarà?
Where's the nearest postbox/letter-box? On és la bústia més propera?
Do you have an airmail sticker? Teniu una etiqueta de 'per a avió'?
Pel que fa al correu dins del Regne Unit, hi ha dues modalitats: **'first class'** i **'second class'**. La segona modalitat és més barata i triga un parell de dies més.

L46.2 En el sobre

For the attention of o *F.A.O.* A l'atenció de
[s'utilitza quan el receptor no és a casa seva] c/o (*abrev. de* **care of**) a casa de
Urgent. Urgent.
Sender. Remitent.
Air mail. Per avió.
Surface mail. Via terrestre.
Printed matter. Impresos.
Handle with care. Fràgil.
Do not bend. No doblegueu.
[quan no se sap si la persona es troba encara a l'adreça del sobre] Or please forward. O remetre al destinatari.
Not known at this address. Desconeguda en aquesta adreça.
Return to sender. A tornar al remitent.

L47 Telephoning *Telefonar*
vegeu també **340.3 Communications**

Hello, can I speak to Clare? Hola, puc parlar amb la Clare?
Is John there please? Que hi ha en John?
Who's calling please? Qui el/la demana?, De part de qui, sisplau?
Can you put me through to Mr Pemberton please? Em podeu posar amb el Sr Pemberton, sisplau?
A: Can I speak to Lindsay? Puc parlar amb la Lindsay?
B: Speaking. Sóc jo.
Hold the line please. No pengeu, sisplau.
Could you speak up a little, the line's terrible. Podeu parlar una mica més alt; la línia està malament.
We seem to have got a crossed line. Shall I ring you back? Em sembla que hi ha un creuament de línies. Et torno a trucar?
She's not here at the moment. Can you ring back later? En aquest moment no hi és. Pot tornar a trucar més tard?
Can I leave/take a message? Puc deixar/Vol que li deixi un missatge?
My number is 263459, extension 2857, and the code is 01226. El meu telèfon és el 263459, extensió 2857, i el codi és el 01226.
Do you have a carphone or a mobile phone? Teniu telèfon al cotxe o un telèfon mòbil?
Jill, there's a call for you! Jill, hi ha una trucada per a tu!
Martin, you're wanted on the telephone. Martin, demanen per tu al telèfon.
[informal] Norma! Phone! Norma! Telèfon!
[informal] Hang on a minute. Espera un moment.
[per restablir contacte després d'una interrupció tècnica] I'm sorry, we seem to have been cut off. Ho sento, sembla que se'ns havia tallat la línia.
Could you reconnect me please? Que m'hi podria tornar a posar, sisplau?

L48 Other communications *Altres maneres de comunicar-se*

Can you fax me please? Our fax number is 2536475. Me'l pot enviar per fax, sisplau? El número del fax és el 2536475.
Is there somewhere I can send a fax from? Hi ha algun lloc des d'on pugui enviar un fax.
I'd like to send a telegram. Voldria enviar un telegrama.
I'll leave a note in your pigeon-hole. Et deixaré una nota a la teva casella.
Do you use electronic mail? Fas servir el correu electrònic?
[menys formal] Are you on E-mail? What's your address? Tens correu electrònic? Quina és la teva adreça?

Índex de les paraules en anglès

ÍNDEX DE LES PARAULES EN ANGLÈS

Cadascuna de les paraules incloses en aquest índex va seguida del número de l'apartat en què apareix en el diccionari. El símbol ☆ indica que la paraula en qüestió apareix en una il·lustració, mentre que □ indica que el mot està inclòs en un quadre.

abandon /ə'bæn·dən/ **322.1**
abbey /'æb·i/ **232.5**
abbreviate /ə'briː·vi·eɪt/ **47**
abbreviation /ə,briː·vi'eɪ·ʃən/ **362.5**
ability /ə'bɪl·ə·ti/ **237**
ablaze /ə'bleɪz/ **135**
able /'eɪ·bl/ **237**
abnormal /æb'nɔː·məl/ **444.1**
aboard /ə'bɔːd/ **312**
abolish /ə'bɒl·ɪʃ/ **34.1**
abortion /ə'bɔː·ʃən/ **136.2**
above-board /ə,bʌv'bɔːd/ **213**
abroad /ə'brɔːd/ **317.2**
abscess /'æb·ses/ **124.5**
absence /'æb·sənts/ **30**
absent /'æb·sənt/ **30**
abstention /əb'sten·tʃən/ **284**
absent-minded /,æb·sənt'maɪn·dɪd/ **117**
abstain /əb'steɪn/ **284**
abstract /'æb·strækt/ **85**
absurd /əb'zɜːd/ **241.2**
abundance /ə'bʌn·dənts/ **43**
abundant /ə'bʌn·dənt/ **43**
academic /,æk·ə'dem·ɪk/ **233**
accelerate /ək'sel·ə·reɪt/
 driving **309.1**
 quick **403.1**
accelerator /ək'sel·ə·reɪ·tər/ **308.1**
accent /'æk·sənt/ **341.6**
accept /ək'sept/ **375.2**
acceptable /ək'sep·tə·bl/ **375.2**
acceptance /ək'sep·tənts/ **375.2**
accessory /ək'ses·ər·i/ **192**
accident /'æk·sɪ·dənt/
 driving **309.4**
 luck **387.2**
accidental /,æk·sɪ'den·təl/ **387.2**
accommodation /ə,kɒm·ə'deɪ·ʃən/ **175.2**
accompaniment /ə'kʌm·pən·ɪ·mənt/ **379.3**
accompany /ə'kʌm·pə·ni/
 music **379.3**
 friendship **434.3**
accomplish /ə'kʌm·plɪʃ/ **396.2**
accomplished /ə'kʌm·plɪʃt/ **239**
accord /ə'kɔːd/ **348.1**
account /ə'kaʊnt/
 bank **260.1**
 tell **342.3**
accountant /ə'kaʊn·tənt/ **264.4**
accounts /ə'kaʊnts/ **264.4**
accuracy /'æk·jə·rə·si/ **299**
accurate /'æk·jə·rət/ **299**
accusation /,æk·ju'zeɪ·ʃən/ **209.4**
accuse /ə'kjuːz/ **209.4**
accused /ə'kjuːzd/ **209.4** ☆
accustomed /ə'kʌs·təmd/
 know **110.2**
 habitual **288**
ace /eɪs/ **386.3** ☆
ache /eɪk/ **125.1**
achieve /ə'tʃiːv/ **396.2**
achievement /ə'tʃiːv·mənt/ **396.2**
acid /'æs·ɪd/
 flavours **157.5**
 drugs **172.2**
acorn /'eɪ·kɔːn/ **12** ☆

acquaint /ə'kweɪnt/ **110.2**
acquaintance /ə'kweɪn·tənts/ **434.2**
acquire /ə'kwaɪər/ **373**
acquisition /,æk·wɪ'zɪʃ·ən/ **373**
acre /'eɪ·kər/ **307.2**
acrobat /'æk·rə·bæt/ **377** ☆
act /ækt/
 do **287**
 entertainment **376.3**
action /'æk·ʃən/ **287**
active /'æk·tɪv/ **287**
activity /æk'tɪv·ə·ti/ **287**
actor /'æk·tər/ **376.3**
actress /'æk·trəs/ **376.3**
actual /'æk·tʃu·əl/ **35**
actually /'æk·tʃu·ə·li/ **35**
acute angle /ə,kjuːt 'æŋ·gl/ **38.1** ☆
adapt /ə'dæpt/ **58.1**
adaptor /ə'dæp·tər/ **382.3**
add /æd/
 increase **46.1**
 maths **297.1**
addict /'æd·ɪkt/
 necessary **67**
 drugs **172.1**
addicted /ə'dɪk·tɪd/ **67**
addiction /ə'dɪk·ʃən/ **67**
addition /ə'dɪʃ·ən/ **46.1**
additional /ə'dɪʃ·ən·əl/ **46.1**
address /ə'dres/
 communications **340.2**
 speak **341.4**
adept /'æd·ept, ə'dept/ **237**
adequate /'æd·ɪ·kwət/ **51**
adjective /'ædʒ·ek·tɪv/ **362.4**
adjust /ə'dʒʌst/ **58.1**
administer /əd'mɪn·ɪ·stər/ **228.2**
administration /əd,mɪn·ɪ'streɪ·ʃən/ **228.2**
admiral /'æd·mər·əl/ **248.3** □
admire /əd'maɪər/ **431**
admission /əd'mɪʃ·ən/ **350**
admit /əd'mɪt/ **350**
adolescent /,æd·əʊ'les·ənt/ **139.3**
adopt /ə'dɒpt/ **136.3**
adoration /,æd·ə'reɪ·ʃən/ **427.2**
adore /ə'dɔːr/ **427.2**
adoring /ə'dɔː·rɪŋ/ **427.2**
adorn /ə'dɔːn/ **59.1**
adult /'æd·ʌlt, ə'dʌlt/ **139.4**
adult education /,æd·ʌlt edʒ·ʊ'keɪ·ʃən/ **233**
advance /əd'vɑːnts/
 come **321.1**
 improve **418**
advanced /əd'vɑːnst/ **419**
advantage /əd'vɑːn·tɪdʒ/ **277.1**
advantageous /,æd·vən'teɪ·dʒəs/ **277.1**
adventure /əd'ven·tʃər/ **257**
adventurous /əd'ven·tʃər·əs/ **258.1**
adverb /'æd·vɜːb/ **362.4**
advertise /'æd·və·taɪz/ **262.8**
advertisement /əd'vɜː·tɪs·mənt/ **262.8**
advertising /'æd·və·taɪ·zɪŋ/ **262.8**
advice /əd'vaɪs/ **353.1**
advise /əd'vaɪz/ **353.1**
aerial /'eə·ri·əl/
 parts of buildings **176** ☆
 car **308**
aerobics /eə'rəʊ·bɪks/ **392**
aeroplane /'eə·rə·pleɪn/ **313**
affair /ə'feər/ **31.1**
affect /ə'fekt/ **58**
affection /ə'fek·ʃən/ **426**
affluent /'æf·lu·ənt/ **269**
afford /ə'fɔːd/ **263.2**
affordable /ə'fɔː·də·bl/ **266**

afraid /ə'freɪd/ **255.1**
afters /'ɑːf·təz/ **162.2**
aftershave /'ɑːf·tə·ʃeɪv/ **184.4**
age /eɪdʒ/
 time **26.2**
 old **200**
aged /'eɪ·dʒɪd/ **200.1**
agenda /ə'dʒen·də/ **262.10**
ages /'eɪ·dʒɪz/ **26.2**
aggravate /'æg·rə·veɪt/
 worsen **441**
 angry **450**
aggression /ə'greʃ·ən/ **2**
aggressive /ə'gres·ɪv/ **2**
aggressiveness /ə'gres·ɪv·nəs/ **2**
agile /'ædʒ·aɪl/ **399**
agility /ə'dʒɪl·ə·ti/ **399**
agitated /'ædʒ·ɪ·teɪ·tɪd/ **256.1**
agnostic /æg·nɒs·tɪ·sɪ·zəm/ **232.10**
agnosticism /æg·nɒs·tɪk/ **232.10**
agree /ə'griː/ **348**
agreement /ə'griː·mənt/ **348**
agricultural /,æg·rɪ'kʌl·tʃər·əl/ **173**
agriculture /'æg·rɪ·kʌl·tʃər/ **173**
aid /eɪd/ **277**
Aids /eɪdz/ **124.12**
aim /eɪm/
 intend **107.2**
 throw **405**
air /eər/
 gases **17**
 music **379.2**
aircraft /'eə·krɑːft/ **313**
aircraftman /'eə·krɑːft·mən/ **248.3** □
air force /'eər ,fɔːs/ **248.2**
air hostess /'eər ,həʊ·stɪs/ **313.3**
airline /'eə·laɪn/ **313**
airliner /'eə·laɪnər/ **313**
airmail /'eə·meɪl/ **340.2**
air marshal /'eər ,mɑː·ʃəl/ **248.3** □
airtight /'eə·taɪt/ **331.7**
air traffic controller /,eər træf·ɪk kən'trəʊ·lər/ **313.3**
aisle /aɪl/ **232.5** ☆
ajar /ə'dʒɑːr/ **179**
alarm /ə'lɑːm/ **255**
alarm clock /ə'lɑːm ,klɒk/ **26.1** ☆
alarming /ə'lɑː·mɪŋ/ **255**
album /'æl·bəm/
 book **367.3**
 music **379.9**
 leisure activities **380**
alcohol /'æl·kə·hɒl/ **166.1**
alcoholic /'æl·kə·hɒl/ **166.1**
alcohol-free /,æl·kə·hɒl 'friː/ **166.1**
ale /eɪl/ **166.5**
alert /ə'lɜːt/ **252.2**
algebra /'æl·dʒɪ·brə/ **297**
alias /'eɪ·li·əs/ **137.3**
alien /'eɪ·li·ən/ **444.4**
alike /ə'laɪk/ **54**
alive /ə'laɪv/ **29**
Allah /'æl·ə/ **232.3**
allergic /ə'lɜː·dʒɪk/ **124.1**
allergy /'æl·ə·dʒi/ **124.1**
alley /'æl·i/ **311.1**
alligator /'æl·ɪ·geɪ·tər/ **1.1**
allow /ə'laʊ/ **230**
allowance /ə'laʊ·ənts/ **265.3**
allure /ə'ljʊər/ **432**
alluring /ə'ljʊə·rɪŋ/ **432**
ally /'æl·aɪ/ **434.2**
almond /'ɑː·mənd/ **154**
alone /ə'ləʊn/ **435**
aloud /ə'laʊd/ **88**
alphabet /'æl·fə·bet/ **362.5**

ÍNDEX DE LES PARAULES EN ANGLÈS

alphabetical /ˌæl·fəˈbet·ɪ·kəl/ **362.5**
Alsatian /ælˈseɪ·ʃən/ **7.1** ☆
altar /ˈɔːl·tər/ **232.5** ☆
alter /ˈɔːl·tər/ **58**
alternative /ɔːlˈtɜː·nə·tɪv/ **55**
alternatively /ɔːlˈtɜː·nə·tɪv·li/ **55**
alto /ˈæl·təʊ/ **379.5**
aluminium /ˌæl·jəˈmɪn·jəm/ **16**
a.m. /ˌeɪ ˈem/ **26.1**
amateur /ˈæm·ə·tər/ **242**
amateurish /ˈæm·ə·tər·ɪʃ/ **242**
amaze /əˈmeɪz/ **118**
amazement /əˈmeɪz·mənt/ **118**
amazing /əˈmeɪ·zɪŋ/ **118**
ambition /æmˈbɪʃ·ən/ **107.2**
amble /ˈæm·bl̩/ **407.2**
ambulance /ˈæm·bjə·lənts/ **122**
amethyst /ˈæm·ə·θɪst/ **15**
ammunition /ˌæm·jəˈnɪʃ·ən/ **248.4**
amount /əˈmaʊnt/ **41**
amphetamine /æmˈfet·ə·miːn, -mɪn/ **172.2**
ample /ˈæm·pl̩/ **51**
amplifier /ˈæm·plɪ·faɪ·ər/ **379.9** ☆
amplify /ˈæm·plɪ·faɪ/ **88.2**
amputate /ˈæm·pjʊ·teɪt/ **133.1**
amuse /əˈmjuːz/ **424.1**
amusement /əˈmjuːz·mənt/ **424.1**
amusing /əˈmjuː·zɪŋ/ **424.1**
anaemia /əˈniː·mi·ə/ **124.11**
anaesthetic /ˌæn·əsˈθet·ɪk/ **122.1**
anaesthetist /əˈniːs·θə·tɪst/ **122.1**
anaesthetize /əˈniːs·θə·taɪz/ **122.1**
analyse /ˈæn·əl·aɪz/ **113.1**
analysis /əˈnæl·ə·sɪs/ **113.1**
anarchism /ˈæn·ə·kɪ·zəm/ **227.5**
anarchist /ˈæn·ə·kɪst/ **227.5**
anarchy /ˈæn·ə·ki/ **227.5**
ancestor /ˈæn·ses·tər/ **138.7**
anchor /ˈæŋ·kər/ **312.4**
ancient /ˈeɪn·tʃənt/ **200.2**
anecdote /ˈæn·ɪk·dəʊt/ **342.3**
angel /ˈeɪn·dʒəl/
  good **217.2**
  religion **232.3**
anger /ˈæŋ·gər/ **450**
Anglicanism /ˈæŋ·glɪ·kən·ɪ·zəm/ **232.2**
angry /ˈæŋ·gri/ **450**
aniseed /ˈæn·ɪ·siːd/ **157.3**
ankle /ˈæŋ·kl̩/ **86**
anniversary /ˌæn·ɪˈvɜː·sər·i/ **195.1**
announce /əˈnaʊnts/
  speak **341.4**
  tell **342**
announcement /əˈnaʊnts·mənt/
  speak **341.4**
  tell **342**
announcer /əˈnaʊnts·ər/ **342**
annoy /əˈnɔɪ/ **450**
annoyance /əˈnɔɪ·ənts/ **450**
annoyed /əˈnɔɪd/ **450**
annoying /əˈnɔɪ·ɪŋ/ **450**
annual /ˈæn·ju·əl/
  calendar and seasons **25.4**
  book **367.3**
anonymous /əˈnɒn·ɪ·məs/ **137.3**
anorak /ˈæn·ə·ræk/ **190.10**
anorexic /ˌæn·əˈrek·sɪk/ **49**
answer /ˈɑːn·sər/
  maths **297.2**
  answer **352**
ant /ænt/ **5**
antelope /ˈæn·tɪ·ləʊp/ **1**
anthill /ˈænt·hɪl/ **5**
antibiotic /ˌæn·ti·baɪˈɒt·ɪk/ **126.5**
anticipate /ænˈtɪs·ɪ·peɪt/ **109.1**
anticipation /ænˌtɪs·ɪˈpeɪ·ʃən/ **109.1**

anticlockwise /ˌæn·tiˈklɒk·waɪz/ **318.2**
antiquated /ˈæn·tɪ·kweɪ·tɪd/ **203**
antique /ænˈtiːk/ **200.2**
antiseptic /ˌæn·tɪˈsep·tɪk/ **126.5**
antlers /ˈænt·ləz/ **1** ☆
anxiety /æŋˈzaɪ·ə·ti/ **255.4**
anxious /ˈæŋk·ʃəs/ **255.4**
apart /əˈpɑːt/ **295**
apart from /əˈpɒːt frɑm/ **437**
apathetic /ˌæp·əˈθet·ɪk/ **283**
ape /eɪp/
  wild animals **1**
  copy **56.1**
aperitif /əˌper·əˈtiːf/ **166.1**
apologetic /əˌpɒl·əˈdʒet·ɪk/ **449.1**
apologize /əˈpɒl·ə·dʒaɪz/ **449.1**
apology /əˈpɒl·ə·dʒi/ **449.1**
apostrophe /əˈpɒs·trə·fi/ **363**
appal /əˈpɔːl/ **446.2**
appalling /əˈpɔː·lɪŋ/
  bad **438.1**
  horror and disgust **446.1**
apparatus /ˌæp·əˈreɪ·təs/ **382.1**
apparent /əˈpær·ənt/ **93**
apparently /əˈpær·ənt·li/ **93**
appeal /əˈpiːl/ **351.2**
appear /əˈpɪər/
  seem **37**
  come **321.2**
appearance /əˈpɪə·rənts/
  seem **37**
  come **321.2**
appendicitis /əˌpen·dɪˈsaɪ·tɪs/ **124.7**
appendix /əˈpen·dɪks/
  human body **101.2**
  book **367.5**
appetite /ˈæp·ɪ·taɪt/
  want **72.2**
  eat **164**
applaud /əˈplɔːd/ **376.2**
applause /əˈplɔːz/ **376.2**
apple /ˈæp·l̩/ **152.1**
applicable /əˈplɪk·ə·bl̩/ **420.2**
application /ˌæp·lɪˈkeɪ·ʃən/ **271.7**
apply /əˈplaɪ/
  employment **271.7**
  suitable **420.2**
appoint /əˈpɔɪnt/ **271.7**
appointment /əˈpɔɪnt·mənt/
  doctor **121**
  employment **271.7**
appreciate /əˈpriː·ʃi·eɪt/ **428**
appreciation /əˌpriː·ʃiˈeɪ·ʃən/ **428**
apprehensive /ˌæp·rɪˈhent·sɪv/ **255.4**
approach /əˈprəʊtʃ/ **321.1**
appropriate /əˈprəʊ·pri·ət/ **420.1**
appropriately /əˈprəʊ·pri·ət·li/ **420.1**
approval /əˈpruː·vəl/ **426**
approve /əˈpruːv/ **426**
approximate *adj* /əˈprɒk·sɪ·mət/ **300.2**
approximate *v* /əˈprɒk·sɪ·meɪt/ **300.2**
approximately /əˈprɒk·sɪ·mət·li/ **300.2**
apricot /ˈeɪ·prɪ·kɒt/ **152.1**
April /ˈeɪ·prəl/ **25.2**
apt /æpt/ **420.1**
aptitude /ˈæp·tɪ·tjuːd/ **239.2**
Aquarius /əˈkweə·ri·əs/ **28** □
Arabic /ˈær·ə·bɪk/ **361.2**
arable /ˈær·ə·bl̩/ **173.4**
arch /ɑːtʃ/ **38.2** ☆
archaeology /ˌɑː·kiˈɒl·ə·dʒi/ **233.2**
archaic /ɑːˈkeɪ·ɪk/ **203**
archbishop /ˌɑːtʃˈbɪʃ·əp/ **232.4**
archer /ˈɑː·tʃər/ **394** ☆
archery /ˈɑː·tʃər·i/ **394** ☆
architect /ˈɑː·kɪ·tekt/ **174.6**

arduous /ˈɑː·dju·əs/ **243.1**
area /ˈeə·ri·ə/
  areas **14**
  size **41**
area code /ˈeə·ri·ə ˌkəʊd/ **340.3**
argue /ˈɑː·ɡjuː/ **346**
argument /ˈɑː·ɡjə·mənt/ **346**
argumentative /ˌɑː·ɡjəˈmen·tə·tɪv/ **346.4**
arid /ˈær·ɪd/ **22**
Aries /ˈeə·riːz/ **28** □
arise /əˈraɪz/ **97.1**
aristocracy /ˌær·ɪˈstɒk·rə·si/ **205.1**
arithmetic /əˈrɪθ·mə·tɪk/ **297**
arm /ɑːm/
  human body **86** ☆
  war **248.4**
armchair /ˈɑːm·tʃeər/ **180** ☆
armed /ɑːmd/ **248.4**
armour /ˈɑː·mər/ **248.4**
armoured /ˈɑː·məd/ **248.4**
armpit /ˈɑːm·pɪt/ **86**
arms /ɑːmz/ **248.4**
army /ˈɑː·mi/ **248.2**, **248.3** □
aroma /əˈrəʊ·mə/ **90**
arouse /əˈraʊz/ **257.3**
arrange /əˈreɪndʒ/
  order **65**
  control **228.2**
arrangement /əˈreɪndʒ·mənt/
  order **65**
  control **228.2**
arrest /əˈrest/ **209.2**
arrival /əˈraɪ·vəl/ **321**
arrive /əˈraɪv/ **321**
arrogance /ˈær·ə·ɡənts/ **148.2**
arrogant /ˈær·ə·ɡənt/ **148.2**
arrow /ˈær·əʊ/ **394** ☆
arson /ˈɑː·sən/ **135.1**
art /ɑːt/ **381**
artery /ˈɑː·tər·i/ **101.2**
arthritis /ɑːˈθraɪ·tɪs/ **124.9**
artichoke /ˈɑː·tɪ·tʃəʊk/ **155.3**
article /ˈɑː·tɪ·kl̩/
  thing **305**
  journalism **368.2**
articulate /ɑːˈtɪk·jə·lət/ **359.1**
artificial insemination /ˌɑː·tɪ·fɪ·ʃəl ɪnˌsem·ɪˈneɪ·ʃən/ **136.2**
artificial respiration /ˌɑː·tɪ·fɪ·ʃəl ˌres·pəˈreɪ·ʃən/ **126.6**
artillery /ɑːˈtɪl·ər·i/ **248.4**
artist /ˈɑː·tɪst/ **381.1**
arts /ɑːts/ **233.2**
asbestos /æsˈbes·tɒs/ **304**
ascend /əˈsend/ **413**
ascent /əˈsent/ **413**
ash /æʃ/
  trees **12.1**
  burn **135**
  smoking **171**
ashamed /əˈʃeɪmd/ **449.1**
ashes /ˈæʃ·ɪz/ **135**
ashore /əˈʃɔːr/ **13.5**
ashtray /ˈæʃ·treɪ/ **171**
ask /ɑːsk/ **351**
asleep /əˈsliːp/ **182**
asparagus /əˈspær·ə·ɡəs/ **155.1**
aspirin /ˈæs·pər·ɪn/ **126.5**
ass /æs/
  wild animals **1.1** □
  farm animals **6**
assassinate /əˈsæs·ɪ·neɪt/ **198.1**
assemble /əˈsem·bl̩/
  group **207.2**
  make **293.1**
assembly /əˈsem·bli/ **207.1**

ÍNDEX DE LES PARAULES EN ANGLÈS

assent /əˈsent/ **348**
assess /əˈses/ **106.2**
assessment /əˈses·mənt/ **106.2**
assignment /əˈsaɪn·mənt/ **274.3**
assist /əˈsɪst/ **277**
assistance /əˈsɪs·tənts/ **277**
assistant /əˈsɪs·tənt/ **277**
associate n /əˈsəʊ·ʃi·ət/ **434.2**
associate v /əˈsəʊ·ʃi·eɪt/ **434.2**
association /əˌsəʊ·siˈeɪ·ʃən/
  organization **206**
  friendship **434.2**
assume /əˈsjuːm/ **105.2**
assumption /əˈsʌmp·ʃən/ **105.2**
assurance /əˈʃʊə·rənts/ **358**
assure /əˈʃʊər/ **358**
asterisk /ˈæs·tər·ɪsk/ **363**
asthma /ˈæs·mə/ **124.8**
astonish /əˈstɒn·ɪʃ/ **118**
astound /əˈstaʊnd/ **118**
astrologer /əˈstrɒl·ə·dʒər/ **28**
astrology /əˈstrɒl·ə·dʒi/ **28**
astronaut /ˈæs·trə·nɔːt/ **27**
astronomer /əˈstrɒn·ə·mər/ **27**
astronomy /əˈstrɒn·ə·mi/ **27**
astute /əˈstjuːt/ **236**
asylum /əˈsaɪ·ləm/ **129.3**
atheism /ˈeɪ·θi·ɪ·zəm/ **232.10**
athletic /æθˈlet·ɪk/ **401.1**
athletics /æθˈlet·ɪks/ **390**
atmosphere /ˈæt·məs·fɪər/ **142.1**
atom /ˈæt·əm/ **52.1**
atomic /əˈtɒm·ɪk/ **303.2**
attach /əˈtætʃ/ **294**
attached /əˈtætʃt/ **294**
attachment /əˈtætʃ·mənt/ **294**
attack /əˈtæk/ **248.1**
attain /əˈteɪn/ **396.2**
attempt /əˈtempt/ **276**
attend /əˈtend/ **321**
attendance /əˈten·dənts/ **321**
attention /əˈten·tʃən/ **301**
attentive /əˈten·tɪv/ **254**
attic /ˈæt·ɪk/ **177.4**
attitude /ˈæt·ɪ·tjuːd/ **106**
attorney /əˈtɜː·ni/ **209.3**
attract /əˈtrækt/ **432**
attraction /əˈtræk·ʃən/ **432**
attractive /əˈtræk·tɪv/
  beautiful **59**
  attract **432**
atypical /ˌeɪˈtɪp·ɪ·kəl/ **444.2**
aubergine /ˈəʊ·bə·ʒiːn/ **155.3**
auburn /ˈɔː·bən/ **86.3**
auction /ˈɔːk·ʃən/ **263**
audacious /ɔːˈdeɪ·ʃəs/ **258.1**
audacity /ɔːˈdæs·ə·ti/ **258.1**
audible /ˈɔː·də·bl̩/ **88**
audience /ˈɔː·di·ənts/ **376.2**
auditor /ˈɔː·dɪ·tər/ **264.4**
August /ˈɔː·ɡəst/ **25.2**
aunt /ɑːnt/ **138.6**
auntie /ˈɑːn·ti/ **138.6**
authentic /ɔːˈθen·tɪk/ **35**
author /ˈɔː·θər/ **367.7**
authority /ɔːˈθɒr·ə·ti/ **228.6**
authorize /ˈɔː·θər·aɪz/ **230**
autobiography /ˌɔː·təʊ·baɪˈɒɡ·rə·fi/ **367.2**
autograph /ˈɔː·tə·ɡrɑːf/ **369.2**
automatic /ˌɔː·təˈmæt·ɪk/ **303**
automatically /ˌɔː·təˈmæt·ɪ·k|·i/ **303**
autumn /ˈɔː·təm/ **25.2** ☆
availability /əˌveɪ·lə·ˈbɪl·ə·ti/ **373**
available /ˈveɪ·lə·bl̩/ **373**
avenue /ˈæv·ə·njuː/ **311**
average /ˈæv·ər·ɪdʒ/ **442.2**

averse /əˈvɜːs/ **285**
aversion /əˈvɜː·ʃən/ **285**
aviary /ˈeɪ·vi·ə·ri/ **9**
avid /ˈæv·ɪd/ **278**
avocado /ˌæv·əˈkɑː·dəʊ/ **152.4**
avoid /əˈvɔɪd/ **324**
await /əˈweɪt/ **286**
awake /əˈweɪk/ **182.5**
award /əˈwɔːd/
  education **233.5**
  reward **398**
aware /əˈweər/ **110**
awareness /əˈweə·nəs/ **110**
awe /ɔː/ **431.1**
awful /ˈɔː·fəl/ **438.1**
awkward /ˈɔː·kwəd/ **400**
awkwardly /ˈɔː·kwəd·li/ **400**
axe /æks/ **382.1** ☆

baboon /bəˈbuːn/ **1**
baby /ˈbeɪ·bi/
  babies **136**
  people **139.2**
  weak **402.2**
bachelor /ˈbætʃ·əl·ər/ **195.3**
back /bæk/
  position **66** ☆
  human body **86**
  encourage **279.2**
backache /ˈbæk·eɪk/ **124.9**
backbone /ˈbæk·bəʊn/ **101.1** ☆
back garden /ˌbæk ˈɡɑː·dən/ **176** ☆
background /ˈbæk·ɡraʊnd/ **381.3**
backstroke /ˈbæk·strəʊk/ **391.1**
back up **279.2**
backward /ˈbæk·wəd/ **240**
bacon /ˈbeɪ·kən/ **159.1**
bacteria /bækˈtɪə·ri·ə/ **124.2**
bacterial /bækˈtɪə·ri·əl/ **124.2**
bad /bæd/ **438**
badge /bædʒ/ **192.4**
badger /ˈbædʒ·ər/ **4** ☆
badly /ˈbæd·li/ **438**
badly-off /ˌbæd·li ˈɒf/ **270.1**
badminton /ˈbæd·mɪn·tən/ **389.5**
baffle /ˈbæf·l̩/ **115.1**
bag /bæɡ/ **331.1** ☆, **331.5**
baggy /ˈbæɡ·i/ **38.5**
bags /bæɡz/ **43.2**
bail /beɪl/ **209.4**
bails /beɪlz/ **389.3** ☆
bait /beɪt/
  leisure activities **380.1**
  attract **432.1**
bake /beɪk/ **168.1**
baker /ˈbeɪ·kər/ **273** ☐
baking powder /ˈbeɪ·kɪŋ ˌpaʊ·dər/ **156.2**
balcony /ˈbæl·kə·ni/
  parts of buildings **176.2** ☆
  entertainment **376.2** ☆
bald /bɔːld/ **86.3**
bale /beɪl/ **173.5**
ball /bɔːl/ **389.1** ☆, **389.5** ☆
ball boy /ˈbɔːl ˌbɔɪ/ **389.5** ☆
ballet /ˈbæl·eɪ/ **376.6**
ball girl /ˈbɔːl ˌɡɜːl/ **389.5** ☆
balloon /bəˈluːn/
  increase **46.3**
  aircraft **313**
ballot /ˈbæl·ət/ **227.3**
ball park /ˈbɔːl ˌpɑːk/ **300.2**
ballpoint /ˈbɔːl·pɔɪnt/ **370**
ballroom dancing /ˌbɔːl·rʊm ˈdɑːnt·sɪŋ/ **376.6**
balls /bɔːlz/ **86**
ban /bæn/ **231**

banana /bəˈnɑː·nə/ **152.1**
band /bænd/
  group **207.1**
  music **379.3**
bandage /ˈbæn·dɪdʒ/ **126.6**
bang /bæŋ/
  noisy **88.3**
  hit **131.3**
banister /ˈbæn·ɪ·stər/ **177.2** ☆
bank /bæŋk/
  geography and geology **13.5**
  bank **260**
banker /ˈbæŋ·kər/ **260**
bank holiday /ˌbæŋk ˈhɒl·ɪ·deɪ/ **25.3**
banking /ˈbæŋ·kɪŋ/ **260**
bank note /ˈbæŋk ˌnəʊt/ **265.2**
bank on **218.1**
bankrupt /ˈbæŋ·krʌpt/ **270**
bank statement /ˈbæŋk ˌsteɪt·mənt/ **260.2**
baptism /ˈbæp·tɪ·zəm/ **195.2**
Baptist /ˈbæp·tɪst/ **232.2**
bar /bɑːr/
  eating and drinking places **163**
  forbid **231**
  music **379.8** ☆
barbarian /bɑːˈbeə·ri·ən/ **225**
barbaric /bɑːˈbær·ɪk/ **225**
barbecue /ˈbɑː·bɪ·kjuː/ **162.3**
barber /ˈbɑː·bər/ **184.2**
bare /beər/
  clothes **190.2**
  empty **333**
bargain /ˈbɑː·ɡɪn/ **266**
barge /bɑːdʒ/ **312.1**
baritone /ˈbær·ɪ·təʊn/ **379.5**
bark /bɑːk/ **8.1**, **8.2** ☐
barley /ˈbɑː·li/ **173.5**
barmaid /ˈbɑː·meɪd/ **163.1**
barman /ˈbɑː·mən/ **163.1**
bar mitzvah /ˌbɑː ˈmɪts·və/ **195.2**
barmy /ˈbɑː·mi/ **129.4**
barn /bɑːn/ **173.3**
baron /ˈbær·ən/ **205** ☐
baroness /ˈbær·ən·es/ **205** ☐
barrel /ˈbær·əl/ **331.4**
barrister /ˈbær·ɪ·stər/ **209.3**, **209.4** ☆
bartender /ˈbɑːˌten·dər/ **163.1**
base /beɪs/
  carry **337** ☆
  ball sports **389.2**
baseball /ˈbeɪs·bɔːl/ **389.2**
basement /ˈbeɪs·mənt/ **177.4**
basic /ˈbeɪ·sɪk/ **75**
basically /ˈbeɪ·sɪ·kəl·i/ **75**
basics /ˈbeɪ·sɪks/ **75**
basin /ˈbeɪ·sən/ **185** ☆
basis /ˈbeɪ·sɪs/ **293.2**
basket /ˈbɑː·skɪt/ **331.5**
basketball /ˈbɑː·skɪt·bɔːl/ **389.7**
Basque /bæsk/ **361.2**
bass /beɪs/ **379.5**
bass clef /ˌbeɪs ˈklef/ **379.8** ☆
bassoon /bəˈsuːn/ **379.4**
bastard /ˈbɑː·stəd/ **438.2**
bat /bæt/
  small animals **4** ☆
  ball sports **389.2**, **389.3**, **389.5**
bath /bɑːθ/ **185** ☆
bathe /beɪð/
  personal hygiene **184.1**
  cleaning **187.2**
bathroom /ˈbɑːθ·rʊm/ **185**
bathroom cabinet /ˌbɑːθ·rʊm ˈkæb·ɪ·nət/ **185** ☆
baton /ˈbæt·ən/ **379.3**
batsman /ˈbæts·mən/ **389.3** ☆

ÍNDEX DE LES PARAULES EN ANGLÈS

battery /'bæt·ər·i/ **303.2**
battle /'bæt·l/ **248**
bayonet /ˌbeɪ·ə'net/ **248.4** ☆
be /biː/ **29**
beach /biːtʃ/ **13.5**
beak /biːk/ **9** ☆
beam /biːm/ **24**
bean /biːn/ **155.1**
beansprout /'biːn·spraʊt/ **155.4**
bear /beər/
  wild animals **1**
  carry **337**
  endure **433**
beard /bɪəd/ **86** ☆
beast /biːst/ **1** □
beat /biːt/
  hit **131.2**
  cooking methods **168.3**
  music **379.2**
  success **396.1**
beating /'biː·tɪŋ/ **131.2**
beat up **131.2**
beautiful /'bjuː·tɪ·fəl/ **59**
beauty /'bjuː·ti/ **59**
beaver /'biː·vər/ **4** ☆
beckon /'bek·ən/ **365**
bed /bed/ **181** ☆
bed and breakfast /ˌbed ən 'brek·fəst/ **317.3**
bedclothes /'bed·kləʊðz/ **181.1**
bedroom /'bed·rʊm/ **181**
bedsit /'bed·sɪt/ **174.2**
bedspread /'bed·spred/ **181.1**
bee /biː/ **5**
beech /biːtʃ/ **12.1**
beef /biːf/ **159.1**
beefburger /'biːfˌbɜː·gər/ **161.3**
beehive /'biː·haɪv/ **5**
beer /bɪər/ **166.5**
beetle /'biː·tl/ **5**
beetroot /'biː·truːt/ **155.4**
befriend /bɪ'frend/ **434.3**
beg /beg/ **351.2**
beggar /'beg·ər/ **270**
begin /bɪ'gɪn/ **32**
beginner /bɪ'gɪn·ər/ **32.1**
beginning /bɪ'gɪn·ɪŋ/ **32**
behave /bɪ'heɪv/ **287.1**
behaviour /bɪ'heɪ·vjər/ **287.1**
behead /bɪ'hed/ **133.1**
behind /bɪ'haɪnd/ **66** ☆
behold /bɪ'həʊld/ **91**
beige /beɪʒ/ **194.3**
belch /beltʃ/ **125.4**
belief /bɪ'liːf/ **105**
believe /bɪ'liːv/ **105**
bell /bel/ **88.3**
bellow /'bel·əʊ/ **344.1**
belly button /'bel·i ˌbʌt·ən/ **86**
belong /bɪ'lɒŋ/ **374.1**
belongings /bɪ'lɒŋ·ɪŋz/ **374.1**
belt /belt/ **192.4**
bench /bentʃ/ **385** ☆
bend /bend/
  shape **39**
  body positions **97.4**
beneficial /ˌben·ɪ'fɪʃ·əl/ **277.1**
benefit /'ben·ɪ·fɪt/ **277.1**
Bengali /beŋ'gɔː·li/ **361.2**
benign /bɪ'naɪn/ **124.12**
bequeath /bɪ'kwiːð/ **372.4**
berry /'ber·i/ **11**
beseech /bɪ'siːtʃ/ **351.2**
best man /ˌbest 'mæn/ **195.3** ☆
bet /bet/ **386.5**
betray /bɪ'treɪ/ **214.3**
betrayal /bɪ'treɪ·əl/ **214.3**

better /'bet·ər/
  cures **126.1**
  improve **418**
beware /bɪ'weər/ **301**
bewilder /bɪ'wɪl·dər/ **115.1**
bewilderment /bɪ'wɪl·də·mənt/ **115.1**
bewitch /bɪ'wɪtʃ/ **432**
bewitching /bɪ'wɪtʃ·ɪŋ/ **432**
bias /'baɪəs/ **212**
biased /'baɪəst/ **212**
bible /'baɪ·bl/ **232.7**
bicker /'bɪk·ər/ **346.3**
bicycle /'baɪ·sɪ·kl/ **315.3**
bidet /'biː·deɪ/ **185** ☆
bifocals /ˌbaɪ'fəʊ·kəlz/ **91.8**
big /bɪg/ **42**
bigheaded /ˌbɪg'hed·ɪd/ **149**
big wheel /ˌbɪg 'wiːl/ **385**
bike /baɪk/ **315.3**
bikini /bɪ'kiː·ni/ **190.7**
bilingual /baɪ'lɪŋ·gwəl/ **361**
bill /bɪl/
  birds **9**
  buying and selling **263.3**
billiards /'bɪl·i·ədz/ **394**
billion /'bɪl·jən/ **298.1**
bin /bɪn/ **331.4**
bind /baɪnd/ **294.1**
binding /'baɪn·dɪŋ/ **294.1**
bingo /'bɪŋ·gəʊ/ **386.5**
binoculars /bɪ'nɒk·jə·ləz/ **91.8**
biography /baɪ'ɒg·rə·fi/ **367.2**
biology /baɪ'ɒl·ə·dʒi/ **233.3**
bird /bɜːd/ **9**
bird of prey /ˌbɜːd əv 'preɪ/ **9**
birdsong /'bɜːd·sɒŋ/ **9.4**
biro /'baɪə·rəʊ/ **370** ☆
birth /bɜːθ/ **136.1**
birth control /'bɜːθ kən,trəʊl/ **199.5**
birthday /'bɜːθ·deɪ/ **195.1**
biscuit /'bɪs·kɪt/ **156.3**
bisexual /baɪ'sek·ʃu·əl/ **199.6**
bishop /'bɪʃ·əp/
  religion **232.4**
  games **386.4** ☆
bison /'baɪ·sən/ **1**
bit /bɪt/ **52**
bitch /bɪtʃ/
  pets **7.1**
  cruel **225.1**
  bad **438.2**
bitchy /'bɪtʃ·i/ **225.1**
bite /baɪt/ **164.2**
bitter /'bɪt·ər/
  flavours **157.5**
  drinks **166.5**
bizarre /bɪ'zɑːr/ **444.1**
black /blæk/
  dark **23**
  human body **86.3**
  colours **194.3**
blackberry /'blæk·bər·i/ **152.3**
blackbird /'blæk·bɜːd/ **9** ☆
blackboard /'blæk·bɔːd/ **233.1** ☆
blackcurrant /'blæk·kʌr·ənt/ **152.3**
blacken /'blæk·ən/ **189.1**
blackhead /'blæk·hed/ **86.2**
blackmail /'blæk·meɪl/ **220.2**
bladder /'blæd·ər/ **101.2** ☆
blade /bleɪd/
  cut **133.4**
  tools **382.1** ☆
blame /bleɪm/ **219.1**
bland /blænd/
  boring **119**
  flavours **157.7**
blank /blæŋk/ **333**

blanket /'blæŋ·kɪt/ **181.1**
blaspheme /ˌblæs'fiːm/ **357**
blaze /bleɪz/ **135**
bleach /bliːtʃ/ **187.2**
bleat /bliːt/ **8.1, 8.2** □
bleed /bliːd/ **125.2**
bleeding /'bliː·dɪŋ/ **125.2**
bless /bles/ **232.6**
blessing /'bles·ɪŋ/ **232.6**
blind /blaɪnd/ **124.4**
blink /blɪŋk/ **91.5**
blister /'blɪs·tər/ **124.5**
blizzard /'blɪz·əd/ **18.4**
block /blɒk/ **245.1**
blockage /'blɒk·ɪdʒ/ **245.1**
bloke /bləʊk/ **139.5**
blond /blɒnd/ **86.3**
blood /blʌd/ **101.2**
blood pressure /'blʌd ˌpreʃ·ər/ **124.11**
bloodthirsty /'blʌdˌθɜː·sti/ **225**
blood transfusion /'blʌd trænsˌfjuː·ʒən/ **126.3**
blouse /blaʊz/ **190.4**
blow /bləʊ/
  breathe **103.1**
  hit **131.1**
  disappointment **448**
blue /bluː/ **194.2**
bluebell /'bluː·bel/ **11**
blueberry /'bluː·bər·i/ **152.3**
blue tit /'bluː ˌtɪt/ **9** ☆
blunder /'blʌn·dər/ **300.1**
blunt /blʌnt/
  cut **133.5**
  honest **213.2**
bluntly /'blʌnt·li/ **213.2**
blurt out **350.1**
blush /blʌʃ/ **449.2**
board /bɔːd/
  education **233.1** ☆
  materials **304.2**
  games **386.4**
board game /'bɔːd ˌgeɪm/ **386.4**
boarding house /'bɔː·dɪŋ ˌhaʊs/ **317.3**
boarding pass /'bɔː·dɪŋ pɑːs/ **316**
boarding school /'bɔː·dɪŋ skuːl/ **233** □
boast /bəʊst/ **149**
boat /bəʊt/ **312**
bobsleigh /'bɒb·sleɪ/ **393.2**
bodge /bɒdʒ/ **242.1**
body /'bɒd·i/ **86**
body odour /'bɒd·i ˌəʊ·dər/ **90**
bog /bɒg/ **13.2**
boil /bɔɪl/
  illnesses **124.5**
  cooking methods **168.1**
boiling /'bɔɪ·lɪŋ/ **20**
bold /bəʊld/ **258.1**
bolt /bəʊlt/
  eat **164.3**
  tools **382.1** ☆
  run **408**
bomb /bɒm/ **248.4**
bomber /'bɒm·ər/ **248.4** ☆
bond /bɒnd/ **294.1**
bone /bəʊn/ **101.2**
bone dry /ˌbəʊn 'draɪ/ **22**
bonfire /'bɒn·faɪər/ **135**
bonk /bɒŋk/ **199.2**
bonnet /'bɒn·ɪt/ **308** ☆
bony /'bəʊ·ni/ **101.2**
book /bʊk/
  travel procedures **316**
  book **367**
  entertainment **376.2**
bookcase /'bʊk·keɪs/ **180** ☆
booking /'bʊk·ɪŋ/ **316**

ÍNDEX DE LES PARAULES EN ANGLÈS

bookkeeper /'bʊkˌkiːpər/ **264.4**
booklet /'bʊk·lət/ **366.1**
bookseller /'bʊkˌsel·ər/ **367.8**
bookshelf /'bʊk·ʃelf/ **180** ☆
bookshop /'bʊk·ʃɒp/ **273** □
boot /buːt/
  shoes **191** ☆
  car **308** ☆
booze /buːz/ **166.1**
border /'bɔː·dər/ **53.1**
border on **53.1**
bore /bɔːr/ **119**
boring /'bɔː·rɪŋ/ **119**
born /bɔːn/ **136.1**
borrow /'bɒr·əʊ/ **261**
borrower /'bɒr·əʊ·ər/ **261**
borrowing /'bɒr·əʊ·ɪŋ/ **261**
boss /bɒs/
  control **228.3**
  employment **271.4**
bossy /'bɒs·i/ **228.3**
botany /'bɒt·ən·i/ **233.3**
botch /bɒtʃ/
  unskilled **242.1**
  repair **383**
bother /'bɒð·ər/
  problem **244.1**
  try **276**
bottle /'bɒt·l̩/
  babies **136.4**
  containers **331.2**
bottom /'bɒt·əm/ **66** ☆
boulder /'bəʊl·dər/ **13.3**
bounce /baʊnts/ **410**
boundary /'baʊn·dər·i/ **53.1**
bow v /baʊ/
  body positions **97.4**
bow n /bəʊ/
  accessories **192.4**
  music **379.4**
  target sports **394** ☆
bowel /baʊəl/ **101.2** ☆
bowl /bəʊl/
  ball sports **389.3**
  target sports **394**
bowler /'bəʊ·lər/ **389.3** ☆
bowls /bəʊlz/ **394**
bow tie /ˌbəʊ 'taɪ/ **192.4**
box /bɒks/
  containers **331.1**
  entertainment **376.2** ☆
boxer /'bɒk·sər/ **392.1** ☆
boxing /'bɒk·sɪŋ/ **392.1** ☆
Boxing Day /'bɒk·sɪŋ ˌdeɪ/ **25.3**
boxing glove /'bɒk·sɪŋ ˌɡlʌv/ **392.1** ☆
box office /'bɒks ˌɒf·ɪs/ **376.2**
boy /bɔɪ/ **139.2**
boyfriend /'bɔɪ·frend/ **427.4**
bra /brɑː/ **190.9**
brace /breɪs/ **123**
bracelet /'breɪs·lət/ **192.4** ☆
brackets /'bræk·ɪts/ **363**
braille /breɪl/ **369.3**
brain /breɪn/ **101.2** ☆
brains /breɪnz/ **236.2**
brainwave /'breɪn·weɪv/ **108**
brake /breɪk/
  car **308.1**
  driving **309.1**
bran /bræn/ **156.5**
branch /brɑːntʃ/
  trees **12** ☆
  employment **271.2**
brand /brænd/ **262.7**
brand-new /ˌbrænd'njuː/ **201**
brandy /'bræn·di/ **166.4**
brass /brɑːs/

metals **16**
music **379.4** ☆
bravado /brə'vɑː·dəʊ/ **258**
brave /breɪv/ **258**
bravery /'breɪ·vər·i/ **258**
brawl /brɔːl/ **249**
bray /breɪ/ **8.1, 8.2** □
brazil nut /brə'zɪl ˌnʌt/ **154**
bread /bred/ **156.1**
bread bin /'bred ˌbɪn/ **169** ☆
break /breɪk/
  illnesses **124.13**
  damage **132.2**
  rest and relaxation **183.1**
  wait **286**
break down v **309.3**
breakdown n /'breɪk·daʊn/ **309.3**
breakfast /'brek·fəst/ **162**
breast /brest/
  birds **9** ☆
  human body **86**
breaststroke /'brest·strəʊk/ **391.1**
breath /breθ/ **103**
breathe /briːð/ **103**
breathing /'briː·ðɪŋ/ **103**
breed /briːd/
  sex **199.2**
  sort **306**
breeze /briːz/ **18.3**
bribe /braɪb/ **263.1**
brick /brɪk/
  parts of buildings **176** ☆
  materials **304.1**
bricklayer /'brɪkˌleɪ·ər/ **174.6**
bride /braɪd/ **195.3** ☆
bridegroom /'braɪd·ɡruːm/ **195.3** ☆
bridesmaid /'braɪdz·meɪd/ **195.3** ☆
bridge /brɪdʒ/
  dentist **123**
  roads **311** ☆
  ships **312.2**
bridle /'braɪ·dl̩/ **395**
brief /briːf/ **29.2**
briefcase /'briːf·keɪs/ **192.3**
briefs /briːfs/ **190.9**
bright /braɪt/
  light **24**
  colours **194.1**
  clever **236.2**
brighten /'braɪ·tən/ **24.1**
brilliant /'brɪl·i·ənt/
  clever **236.1**
  good **417.3**
bring /brɪŋ/ **323**
bring about **291**
brisk /brɪsk/ **403**
brittle /'brɪt·l̩/ **100.2**
broad /brɔːd/ **40** ☆
broad bean /ˌbrɔːd 'biːn/ **155.1**
broadcast /'brɔːd·kɑːst/ **378.1**
broadcaster /'brɔːdˌkɑːstər/ **378.1**
broaden /'brɔː·dən/ **46.2**
broccoli /'brɒk·əl·i/ **155.1**
brochure /'brəʊ·ʃər/ **366.1**
broke /brəʊk/ **270.1**
bronchitis /brɒŋ'kaɪ·tɪs/ **124.8**
bronze /brɒnz/ **16**
brooch /brəʊtʃ/ **192.4** ☆
brood /bruːd/ **104.2**
brook /brʊk/ **13.7**
broom /bruːm/ **187.3**
brothel /'brɒθ·əl/ **199.4**
brother /'brʌð·ər/ **138.2**
brother-in-law /'brʌð·ər·ɪn·lɔː/ **138.4**
brown /braʊn/
  human body **86.3**
  colours **194.3**

bruise /bruːz/ **124.13**
brunette /bruː'net/ **86.3**
brush /brʌʃ/ **187.3**
brussels sprout /ˌbrʌs·l̩ 'spraʊt/ **155.1**
brutal /'bruː·təl/ **225**
bubble bath /'bʌb·l̩ ˌbɑːθ/ **184.1**
buck /bʌk/ **265.2** □
bucket /'bʌk·ɪt/ **331.5**
bucket down **18.2**
buckle /'bʌk·l̩/ **191** ☆
bud /bʌd/ **11** ☆
Buddha /'bʊd·ə/ **232.3**
Buddhism /'bʊd·ɪ·zəm/ **232.1**
buddy /'bʌd·i/ **434.1**
budgerigar /'bʌdʒ·ər·ɪ·ɡɑːr/ **7.3**
budget /'bʌdʒ·ɪt/
  doing business **262.9**
  finance **264.1**
buffalo /'bʌf·ə·ləʊ/ **1** ☆
buffet /'bʊf·eɪ/ **162.3**
bug /bʌɡ/
  insects **5** □
  illnesses **124.2**
  computers **296**
buggy /'bʌɡ·i/ **136.4** ☆
build /bɪld/
  human body **86**
  make **293.1**
builder /'bɪl·dər/ **174.6**
building /'bɪl·dɪŋ/
  types of building **174**
  make **293.1**
building society /'bɪl·dɪŋ səˌsaɪə·ti/ **260**
build on **293.1**
-built /bɪlt/ **86**
bulb /bʌlb/
  plants **11**
  light **24.4** ☆
Bulgarian /bʌl'ɡeə·ri·ən/ **361.1**
bulky /'bʌl·ki/ **42**
bull /bʊl/ **6**
bulldog /'bʊl·dɒɡ/ **7.1** ☆
bullet /'bʊl·ɪt/ **248.4**
bully /'bʊl·i/
  wicked **219.3**
  fear **255.2**
bump /bʌmp/
  shapes **38.5**
  hit **131.3**
bumper /'bʌm·pər/ **308** ☆
bump off **198.1**
bumpy /'bʌm·pi/ **61**
bun /bʌn/ **156.3**
bunch /bʌntʃ/ **207**
bundle /'bʌn·dl̩/ **207**
bungalow /'bʌŋ·ɡəl·əʊ/ **174.1** ☆
bungle /'bʌŋ·ɡl̩/ **242.1**
bunion /'bʌn·jən/ **124.5**
bunker /'bʌŋ·kər/ **389.6**
Bunsen burner /ˌbʌn·tsən 'bɜː·nər/ **233.4** ☆
buoy /bɔɪ/ **312.6**
burden /'bɜː·dən/ **244.1**
burglar /'bɜː·ɡlər/ **220.1**
burgle /'bɜː·ɡl̩/ **220**
burial /'ber·i·əl/ **195.4**
burn /bɜːn/ **135**
burp /bɜːp/ **125.4**
burst /bɜːst/ **132.2**
bury /'ber·i/ **195.4**
bus /bʌs/ **315.2** ☆
bus conductor /'bʌs kənˌdʌk·tər/ **315.2** ☆
bush /bʊʃ/ **11**
business /'bɪz·nəs/ **262**
businessman /'bɪz·nɪs·mæn/ **262**
businesspeople /'bɪz·nɪsˌpiː·pl̩/ **262**

businesswoman /'bɪz·nɪs,wʊm·ən/ **262**
bus stop /'bʌs ,stɒp/ **315.2** ☆
busy /'bɪz·i/ **275**
busybody /'bɪz·i,bɒd·i/ **246**
butcher /'bʊtʃ·ər/
  kill **198.3**
  shops **273** □
butter /'bʌt·ər/ **158.1**
buttercup /'bʌt·ə·kʌp/ **11**
butter dish /'bʌt·ə ,dɪʃ/ **170** ☆
butterfingers /'bʌt·ə,fɪŋ·gəz/ **400**
butterfly /'bʌt·ə·flaɪ/
  insects **5**
  water sports **391.1**
butter knife /'bʌt·ə ,naɪf/ **170** ☆
buttery /'bʌt·ər·i/ **158.1**
buttocks /'bʌt·əks/ **86**
button /'bʌt·ən/ **190.11**
buttonhole /'bʌt·ən·həʊl/ **190.11**
buxom /'bʌk·səm/ **48.1**
buy /baɪ/ **263**
buyer /'baɪ·ər/ **263**
by-election /'baɪ·ɪ,lek·ʃən/ **227.3**
bypass /'baɪ·pɑːs/ **311**

cabaret /'kæb·ə·reɪ/ **376.1**
cabbage /'kæb·ɪdʒ/ **155.1**
cabin /'kæb·ɪn/
  ships and boats **312.2**
  aircraft **313**
Cabinet /'kæb·ɪ·nət/ **227** □
cable /'keɪ·bl̩/
  communications **340.1**
  tools **382.3**
cactus /'kæk·təs/ **11**
caddy /'kæd·i/ **389.6**
cafe /'kæf·eɪ/ **163**
cage /keɪdʒ/ **209.6**
cake /keɪk/ **156.3**
calculate /'kæl·kjə·leɪt/ **297.2**
calculation /,kæl·kjə'leɪ·ʃən/ **297.2**
calculator /'kæl·kjə,leɪ·tər/ **297.2**
calendar /'kæl·ɪn·dər/ **25**
calf /kɑːf/
  farm animals **6**
  human body **86**
call /kɔːl/
  name **137.1**
  communications **340.3**
  shout **344**
call off **34.1**
callous /'kæl·əs/ **223**
calm /kɑːm/
  smooth **62**
  calmness adj **259**, vt **259.1**
calm down **259.1**
calmness /'kɑːm·nəs/ **259**
camel /'kæm·əl/ **1** ☆
camera /'kæm·rə/ **381.4**
camouflage /'kæm·ə·flɑːʒ/ **339**
camp /kæmp/ **380.1**
campaign /kæm'peɪn/ **276**
camping /'kæmp·ɪŋ/ **380.1**
can /kæn/ **331.1**
canal /kə'næl/ **13.7**
cancel /'kænt·səl/ **34.1**
cancellation /,kænt·səl'eɪ·ʃən/ **34.1**
Cancer /'kænt·sər/ **28** □
cancer /'kænt·sər/ **124.12**
candid /'kæn·dɪd/ **213.2**
candidate /'kæn·dɪ·deɪt/ **227.3**
candle /'kæn·dl̩/ **24.4** ☆
candy /'kæn·di/ **161.1**
candy floss /'kæn·di ,flɒs/ **385**
cane /keɪn/ **384** ☆
canine /'keɪ·naɪn/ **7.1**

cannabis /'kæn·ə·bɪs/ **172.3**
cannon /'kæn·ən/ **248.4** ☆
canoe /kə'nuː/ **312.1**
canoeing /kə'nuː·ɪŋ/ **391**
canteen /kæn'tiːn/ **163**
canter /'kæn·tər/ **395**
canvas /'kæn·vəs/
  textiles **193.1**
  arts and crafts **381.2**
canyon /'kæn·jən/ **13.1**
cap /kæp/
  accessories **192.1** ☆
  cover **334.1**
capability /,keɪ·pə'bɪl·ə·ti/ **237**
capable /'keɪ·pə·bl̩/ **237**
capacity /kə'pæs·ə·ti/ **41**
capital /'kæp·ɪ·təl/
  geography and geology **13.5** ☆
  words **362.5**
capital punishment /,kæp·ɪ·təl 'pʌn·ɪʃ·mənt/ **198.2**
Capricorn /'kæp·rɪ·kɔːn/ **28** □
capsule /'kæp·sjuːl/ **126.5**
captain /'kæp·tɪn/
  war **248.3** □
  ships and boats **312.5**
capture /'kæp·tʃər/ **406**
car /kɑːr/ **308**
caravan /'kær·ə·væn/ **315.2**
carbon dioxide /'kɑː·bən daɪ'ɒk·saɪd/ **17**
card /kɑːd/
  materials **304.3**
  communications **340.1**
  games **386.3**
cardboard /'kɑːd·bɔːd/ **304.3**
cardigan /'kɑː·dɪ·gən/ **190.4**
cardinal /'kɑː·dɪ·nəl/ **298** □
care /keər/
  important **74.1**
  careful **301**
career /kə'rɪər/ **271.1**
care for **254**
carefree /'keə·friː/ **183**
careful /'keə·fəl/ **301**
careless /'keə·ləs/ **302**
carelessly /'keə·lə·sli/ **302**
caress /kə'res/ **98.1**
cargo /'kɑː·gəʊ/ **262.6**
carnation /kɑː'neɪ·ʃən/ **11**
carnivore /'kɑː·nɪ·vɔːr/ **1** □
car park /'kɑːr ,pɑːk/ **309**
carpenter /'kɑː·pən·tər/ **174.6**
carpet /'kɑː·pɪt/ **180** ☆
carriage /'kær·ɪdʒ/ **314**
carrier bag /'kær·i·ər ,bæg/ **273** ☆
carrot /'kær·ət/ **155.2**
carry /'kær·i/ **337**
carrycot /'kær·i·kɒt/ **136.4**
carry on **33**
carry out **287.2**
cart /kɑːt/ **315.1**
carton /'kɑː·tən/ **331.1**
cartoon /kɑː'tuːn/ **381.3**
carve /kɑːv/ **133.3**
carving fork /'kɑː·vɪŋ ,fɔːk/ **170** ☆
carving knife /'kɑː·vɪŋ ,naɪf/ **170** ☆
case /keɪs/ **331.3**
cash /kæʃ/
  bank **260.1**
  money **265**
cashew /'kæʃ·uː/ **154**
cashier /kæʃ'ɪər/ **260.1**
cash on delivery /,kæʃ ɒn dɪ'lɪv·ər·i/ **263.1**
cashpoint /'kæʃ·pɔɪnt/ **260.1**
cash register /'kæʃ ,redʒ·ɪs·tər/ ☆ **273**
casino /kə'siː·nəʊ/ **386.5**

cassette /kə'set/ **379.9**
cassette recorder /kə'set rɪ,kɔː·dər/ **379.9** ☆
cast /kɑːst/ **376.3**
castle /'kɑː·sl̩/
  types of building **174.4**
  games **386.4** ☆
casual /'kæʒ·ju·əl/ **147**
cat /kæt/ **7.2**
Catalan /,kæt·ə·læn/ **361.2**
catalogue /'kæt·əl·ɒg/ **366.1**
catch /kætʃ/
  hear **87**
  illnesses **124.13**
  problem **244.2**
  take **375.1**
  leisure activities **380.1**
  catch **406**
catcher /'kætʃ·ər/ **389.2**
catch on
  understand **114.1**
  like **426.1**
categorize /'kæt·ə·gər·aɪz/ **306**
category /'kæt·ə·gər·i/ **306**
caterpillar /'kæt·ə·pɪl·ər/ **5** ☆
cathedral /kə'θiː·drəl/ **232.5**
cattle /'kæt·l̩/
  farm animals **6**
  farming **173.7**
cauliflower /'kɒl·ɪ,flaʊər/ **155.3**
cause /kɔːz/ v **291** n **291.1**
caution /'kɔː·ʃən/ **301**
cautious /'kɔː·ʃəs/ **301**
CD /,siː'diː/ **379.9**
cease /siːs/ **34**
cedar /'siː·dər/ **12.1**
ceiling /'siː·lɪŋ/ **177.5**
celebrate /'sel·ə·breɪt/ **195.1**
celebration /,sel·ə'breɪ·ʃən/ **195.1**
celebrity /sə'leb·rə·ti/ **111**
celery /'sel·ər·i/ **155.4**
celibate /'sel·ə·bət/ **199.6**
cell /sel/
  human body **101.2**
  legal system **209.6**
cellar /'sel·ər/ **177.5**
cello /'tʃel·əʊ/ **379.4**
Celsius /'sel·si·əs/ **307.5** □
cement /sɪ'ment/ **304.1**
cement mixer /sɪ'ment ,mɪks·ər/ **304.1**
cemetery /'sem·ə·tri/ **195.4**
censor /'sent·sər/ **231.1**
censorship /'sent·sə·ʃɪp/ **231.1**
cent /sent/ **265.1** □, **265.2** □
Centigrade /'sen·tɪ·greɪd/ **307.5** □
centime /'sɑ̃ːn·tiːm/ **265.1** □
centimetre /'sen·tɪ,miː·tər/ **307.1** □
central heating /,sen·trəl 'hiː·tɪŋ/ **20.1**
central reservation /,sen·trəl rez·ə'veɪ·ʃən/ **311** ☆
centre /'sen·tər/
  position **66** ☆
  politics and government **227.4**
century /'sen·tʃər·i/ **25.4**
cereal /'sɪə·ri·əl/
  baked and dried foods **156.5**
  farming **173.5**
ceremonial /,ser·ɪ'məʊ·ni·əl/ **146**
ceremony /'ser·ɪ·mə·ni/ **146**
certain /'sɜː·tən/
  certain **82**
  particular **84**
certainly /'sɜː·tən·li/ **82**
certainty /'sɜː·tən·ti/ **82**
certificate /sə'tɪf·ɪ·kət/ **366.1**
chain /tʃeɪn/ **382.4**
chair /tʃeər/

ÍNDEX DE LES PARAULES EN ANGLÈS

living room **180** ☆
organization **206.1**
doing business **262.10**
chairperson /'tʃeə·pɜː·sən/
organisation **206.1**
doing business **262.10**
chalk /tʃɔːk/ **233.1** ☆
challenge /'tʃæl·əndʒ/ **346.2**
chamber music /'tʃeɪm·bər ˌmjuː·zɪk/ **379.1**
champion /'tʃæm·pi·ən/ **396.1**
championship /'tʃæm·pi·ən·ʃɪp/ **388.3**
chance /tʃɑːnts/
  possible **78.1**
  luck **387**
chancellor /'tʃɑːnt·səl·ər/ **227** □
chancy /'tʃɑːnt·si/ **252**
change /tʃeɪndʒ/
  change **58**
  money **265**
changeable /'tʃeɪn·dʒə·bl̩/ **58**
channel /'tʃæn·əl/ **13.7**
chaos /'keɪ·ɒs/ **64**
chap /tʃæp/ **139.5**
chapter /'tʃæp·tər/ **367.5**
character /'kær·ək·tər/
  personality **142**
  book **367.1**
charcoal /'tʃɑː·kəʊl/ **303.1**
charge /tʃɑːdʒ/
  legal system **209.2**
  buying and selling **263.2**
charitable /'tʃær·ɪ·tə·bl̩/
  kind **224.1**
  give **372.1**
charity /'tʃær·ɪ·ti/
  kind **224.1**
  give **372.1**
charm /tʃɑːm/ **432**
charming /'tʃɑː·mɪŋ/ **432**
chart /tʃɑːt/ **366**
chase /tʃeɪs/ **409**
chat /tʃæt/ **360**
chat show /'tʃæt ˌʃəʊ/ **378.1**
chatter /'tʃæt·ər/ **360**
chatterbox /'tʃæt·ə·bɒks/ **359**
chatty /'tʃæt·i/ **359**
chauffeur /'ʃəʊ·fər/ **309.5**
cheap /tʃiːp/ **266**
cheaply /'tʃiː·pli/ **266**
cheat /tʃiːt/ **214.1**
check /tʃek/
  shapes **38.3**
  careful **301.1**
  games **386.4**
check-in desk /'tʃek·ɪn ˌdesk/ **313.1**
check mate /ˌtʃek 'meɪt/ **386.4**
checkout /'tʃek·aʊt/ **273** ☆
cheek /tʃiːk/
  human body **86** ☆
  cheeky **145**
cheeky /'tʃiː·ki/ **145**
cheep /tʃiːp/ **9.4**
cheer /tʃɪər/ **344**
cheerful /'tʃɪə·fʊl/ **422.3**
cheerfully /'tʃɪə·fəl·i/ **422.3**
cheese /tʃiːz/ **158.1**
cheeseburger /'tʃiːzˌbɜː·gər/ **161.3**
cheetah /'tʃiː·tə/ **1**
chef /ʃef/ **163.1**
chemist /'kem·ɪst/
  cures **126.4**
  shops **273** □
chemistry /'kem·ɪ·stri/ **233.1**
cheque /tʃek/ **260.2**
chequebook /'tʃek·bʊk/ **260.2**
cheque card /'tʃek ˌkɑːd/ **260.2**

cherry /'tʃer·i/ **152.3**
chess /tʃes/ **386.4**
chest /tʃest/
  human body **86**
  containers **331.3**
chestnut /'tʃes·nʌt/
  trees **12.1**
  nuts **154**
chest of drawers /ˌtʃest əv 'drɔːz/ **181** ☆
chew /tʃuː/ **164.2**
chewing gum /'tʃuː·ɪŋ ˌgʌm/ **161.1**
chick /tʃɪk/ **6.1**
chicken /'tʃɪk·ɪn/
  farm animals **6.1**
  meat **159.3**
chicken pox /'tʃɪk·ɪn ˌpɒks/ **124.10**
chief /tʃiːf/ **75**
child /tʃaɪld/ **139.2**
childish /'tʃaɪl·dɪʃ/ **241.4**
chill /tʃɪl/ **19**
chilli /'tʃɪl·i/ **155.3**
chilly /'tʃɪl·i/ **19**
chimney /'tʃɪm·ni/ **176** ☆
chimpanzee /ˌtʃɪm·pæn'ziː/ **1**
chin /tʃɪn/ **86** ☆
Chinese /tʃaɪ'niːz/ **361.2**
chip /tʃɪp/
  damage **132.3**
  snacks and cooked food **161.3**
chirp /tʃɜːp/ **9.4**
chisel /'tʃɪz·əl/ **382.1** ☆
chitchat /'tʃɪt·tʃæt/ **360**
chivalrous /'ʃɪv·əl·rəs/ **143.1**
chives /tʃaɪvz/ **157.2**
chock-a-block /ˌtʃɒk·ə'blɒk/ **332**
chocolate /'tʃɒk·əl·ət/ **161.1**
choice /tʃɔɪs/ **73**
choir /kwaɪər/ **379.5**
choke /tʃəʊk/
  eat **164.2**
  car **308.1**
choose /tʃuːz/ **73**
chop /tʃɒp/
  meat **159.2**
  cooking methods **168.2**
chopping board /'tʃɒp·ɪŋ ˌbɔːd/ **169** ☆
choppy /'tʃɒp·i/ **61**
chord /kɔːd/ **379.8** ☆
chore /tʃɔːr/ **274.3**
Christ /kraɪst/ **232.3**
christen /'krɪs·ən/ **137.1**
christening /'krɪs·ən·ɪŋ/ **195.2**
Christianity /ˌkrɪs·ti'æn·ə·ti/ **232.1**
christian name /'krɪs·tʃən ˌneɪm/ **137.2**
Christmas /'krɪst·məs/ **25.3**
Christmas Eve /ˌkrɪst·məs 'iːv/ **25.3**
chrysalis /'krɪs·əl·ɪs/ **5** ☆
chubby /'tʃʌb·i/ **48.1**
chuck /tʃʌk/ **405**
chuckle /'tʃʌk·l̩/ **423**
church /tʃɜːtʃ/ **232.5**
churchyard /'tʃɜːtʃ·jɑːd/ **232.5** ☆
cider /'saɪ·dər/ **166.6**
cigar /sɪ'gɑːr/ **171**
cigarette /ˌsɪg·ər'et/ **171**
cinema /'sɪn·ə·mə/ **376.4**
circle /'sɜː·kl̩/
  shapes ☆ **38.1**
  entertainment **376.2** ☆
circular /'sɜː·kjə·lər/ **38.1** ☆
circumference /sə'kʌmp·fər·ənts/ **38.1** ☆
circumstances /'sɜː·kəm·stænt·sɪz/ **31.2**
circus /'sɜː·kəs/ **377**
cistern /'sɪs·tən/ **185** ☆

citizen /'sɪt·ɪ·zən/ **204**
city /'sɪt·i/ **14.3**
city hall /ˌsɪt·i 'hɔːl/ **227.1**
civil /'sɪv·əl/ **143.2**
civilization /ˌsɪv·əl·aɪ'zeɪ·ʃən/ **204**
civilized /'sɪv·əl·aɪzd/ **204**
civil service /ˌsɪv·əl 'sɜː·vɪs/ **227.2**
claim /kleɪm/ **358**
clamber /'klæm·bər/ **407.5**
clap /klæp/ **376.2**
claret /'klær·ət/ **166.6**
clarify /'klær·ɪ·faɪ/ **343**
clarinet /ˌklær·ɪ'net/ **379.4**
clash /klæʃ/ **249**
clasp /klɑːsp/ **336**
class /klɑːs/ **235**
classical /'klæs·ɪ·kəl/ **379.1**
classics /'klæs·ɪks/ **233.2**
classify /'klæs·ɪ·faɪ/ **65**
classroom /'klɑːs·rʊm/ **233.1** ☆
clause /klɔːz/ **362.2**
clavicle /'klæv·ɪ·kl̩/ **101.1** ☆
claw /klɔː/
  wild animals **1** ☆
  birds **9** ☆
  fish and sea animals **10.2** ☆
clay /kleɪ/
  materials **304**
  arts and crafts **381.5**
clean /kliːn/
  cleaning **187**
  clean **188**
cleaner /'kliː·nər/ **187**
clear /klɪər/
  weather **18.1**
  obvious **93**
  colours **194.1**
clearly /'klɪə·li/ **93**
clear up **63**
clergy /'klɜː·dʒi/ **232.4**
clerical /'kler·ɪ·kəl/ **272.2**
clerk /klɑːk/ **272.2**
clever /'klev·ər/ **236**
cliche /'kliː·ʃeɪ/ **362.2**
client /'klaɪ·ənt/ **263**
cliff /klɪf/ **13.5**
climate /'klaɪ·mət/ **18**
climb /klaɪm/
  walk **407.5**
  rise **413**
climbing /'klaɪ·mɪŋ/ **393.1**
climbing frame /'klaɪ·mɪŋ ˌfreɪm/ **385** ☆
cling /klɪŋ/ **336**
clinic /'klɪn·ɪk/ **122**
cloak /kləʊk/ **190.10**
cloakroom /'kləʊk·rʊm/ **177.4**
clock /klɒk/ **26.1** ☆
clockwise /'klɒk·waɪz/ **318.2** ☆
clockwork /'klɒk·wɜːk/ **303.2**
clog /klɒg/ **191** ☆
close *adj* /kləʊs/
  hot **20**
  distance **320.1**
close *v* /kləʊz/ **178**
closed /kləʊzd/ **178**
closely /'kləʊ·sli/ **320.1**
cloth /klɒθ/ **193**
clothe /kləʊð/ **190.1**
clothes /kləʊðz/ **190**
clothes peg /'kləʊðz ˌpeg/ **186**
cloud /klaʊd/ **18.2**
clown /klaʊn/ **377** ☆
club /klʌb/ **206**
cluck /klʌk/ **9.4**
clumsily /'klʌm·zəl·i/ **400**
clumsy /'klʌm·zi/ **400**
cluster /'klʌst·ər/ **207**

397

ÍNDEX DE LES PARAULES EN ANGLÈS

clutch /klʌtʃ/
  car 308.1
  hold 336
coach /kəʊtʃ/
  teach 234.1
  other transport 315.2 ☆
coal /kəʊl/ 303.3
coarse /kɔːs/
  rough 61
  cut 133.6
coarsely /ˈkɔːˑsli/
  rough 61
  cut 133.6
coast /kəʊst/ 13.5 ☆
coastline /ˈkəʊstˑlaɪn/ 13.5
coat /kəʊt/
  clothes 190.10
  cover 334
coating /ˈkəʊˑtɪŋ/ 334
coatpeg /ˈkəʊtˑpeg/ 177.4
cock /kɒk/ 6.1
cockpit /ˈkɒkˑpɪt/ 313
cockroach /ˈkɒkˑrəʊtʃ/ 5
cocktail /ˈkɒkˑteɪl/ 166.1
cock up v 242.1
cock-up n /ˈkɒkˑʌp/ 242.1
cocky /ˈkɒkˑi/ 149
cocoa /ˈkəʊˑkəʊ/ 166.3
coconut /ˈkəʊˑkəˑnʌt/ 154
cod /kɒd/ 10.1
code /kəʊd/ 364.1
coffee /ˈkɒfˑi/ 166.3
coffee table /ˈkɒfˑiˌteɪˑbl̩/ 180 ☆
coffin /ˈkɒfˑɪn/ 195.4
cog /kɒg/ 303.1
cogwheel /ˈkɒgˑwiːl/ 303.1
coil /kɔɪl/ 38.2 ☆
coin /kɔɪn/ 265.2
colander /ˈkɒlˑənˑdər/ 168.4 ☆
cold /kəʊld/
  cold 19
  illnesses 124.6
  enmity 250
collapse /kəˈlæps/ 412.1
collar /ˈkɒlˑər/ 190.12 ☆
collar bone /ˈkɒlˑərˌbəʊn/ 101.1 ☆
colleague /ˈkɒlˑiːg/ 271.3
collect /kəˈlekt/
  group 207.2
  take 375.3
collection /kəˈlekˑʃən/
  group 207
  take 375.3
collector /kəˈlekˑtər/ 207
college /ˈkɒlˑɪdʒ/ 233 □
collide /kəˈlaɪd/ 131.3
collision /kəˈlɪʒˑən/ 131.3
colon /ˈkəʊˑlɒn/ 363
colonel /ˈkɜːˑnəl/ 248.3 □
colossal /kəˈlɒsˑəl/ 42.1
colour /ˈkʌlˑər/ 194
column /ˈkɒlˑəm/ 368.2
columnist /ˈkɒlˑəˑmɪst/ 368.1
coma /ˈkəʊˑmə/ 125.3
comb /kəʊm/
  search 94
  personal hygiene 184.2
combat /ˈkɒmˑbæt/ 248
combination /ˌkɒmˑbɪˈneɪˑʃən/ 294
combine /kəmˈbaɪn/ 294
combine harvester /ˌkɒmˑbaɪn
  ˈhɑːˑvɪˑstər/ 173.2 ☆
come /kʌm/
  sex 199.3
  come 321
come about 31
come across 95

come by 373
comedian /kəˈmiːˑdiˑən/ 376.1
comedy /ˈkɒmˑəˑdi/
  entertainment 376.1, 376.5
  funny 424.2
comet /ˈkɒmˑɪt/ 27
comfort /ˈkʌmˑfət/
  calmness 259.1
  comfortable 421
comfortable /ˈkʌmpfˑtəˑbl̩/ 421
comic /ˈkɒmˑɪk/
  entertainment 376.1
  funny 424.2
comical /ˈkɒmˑiˑkəl/ 424.2
comically /ˈkɒmˑiˑkli/ 424.2
comma /ˈkɒmˑə/ 363
command /kəˈmɑːnd/ 228.3
commander /kəˈmɑːnˑdər/ 248.3 □
commence /kəˈments/ 32
comment /ˈkɒmˑent/ 341.3
commentary /ˈkɒmˑənˑtərˑi/ 341.4
commentator /ˈkɒmˑənˌteɪˑtər/ 341.4
commerce /ˈkɒmˑɜːs/ 262.1
commercial /kəˈmɜːˑʃəl/ adj 262.1
  n 262.8
commiserate /kəˈmɪzˑərˑeɪt/ 222
commiserations /kəˌmɪzˑərˈeɪˑʃənz/ 222
committee /kəˈmɪtˑi/ 206.1
commodore /ˈkɒmˑəˑdɔːr/ 248.3 □
common /ˈkɒmˑən/ 443
commonplace /ˈkɒmˑənˑpleɪs/ 442.1
common sense /ˌkɒmˑən ˈsents/ 238
commotion /kəˈməʊˑʃən/ 88.1
communal /ˈkɒmˑjuˑnəl/ 204
communicate /kəˈmjuːˑnɪˑkeɪt/ 340
communication /kəˌmjuːˑnɪˈkeɪˑʃən/ 340
communism /ˈkɒmˑjuˑnɪˑzəm/ 227.4
community /kəˈmjuːˑnəˑti/ 204
commute /kəˈmjuːt/ 317
commuter /kəˈmjuːˑtər/ 317
compact /ˈkɒmˑpækt/ 44
compact disc /ˌkɒmˑpækt ˈdɪsk/ 379.9
companion /kəmˈpænˑjən/ 434.2
company /ˈkʌmˑpəˑni/
  employment 271.2
  friendship 434.3
comparable /ˈkɒmˑpərˑəˑbl̩/ 54.2
compare /kəmˈpeər/ 54.2
comparison /kəmˈpærˑɪˑsən/ 54.2
compartment /kəmˈpɑːtˑmənt/ 314
compass /ˈkʌmˑpəs/
  maths 297 ☆
  directions 318.1 ☆
compassion /kəmˈpæʃˑən/ 221
compassionate /kəmˈpæʃˑənˑət/ 221
compete /kəmˈpiːt/ 249.1
competent /ˈkɒmˑpəˑtənt/ 237
competition /ˌkɒmˑpəˈtɪʃˑən/
  fight 249.1
  sport 388.3
competitive /kəmˈpetˑɪˑtɪv/ 249.1
competitor /kəmˈpetˑɪˑtər/
  fight 249.1
  sport 388.2
complain /kəmˈpleɪn/ 345
complaint /kəmˈpleɪnt/ 345
complete /kəmˈpliːt/
  end 34
  whole 50
completely /kəmˈpliːtˑli/ 50
completion /kəmˈpliːˑʃən/ 34
complex /ˈkɒmˑpleks/ 243.2
complexion /kəmˈplekˑʃən/ 86.2
complicate /ˈkɒmˑplɪˑkeɪt/ 243.2
complicated /ˈkɒmˑplɪˑkeɪˑtɪd/ 243.2
complication /ˌkɒmˑplɪˑkeɪˑʃən/ 243.2
compliment n /ˈkɒmˑplɪˑmənt/ 430

compliment v /ˈkɒmˑplɪˑment/ 430
complimentary /ˌkɒmˑplɪˈmenˑtərˑi/ 266
compose /kəmˈpəʊz/ 379.7
composer /kəmˈpəʊˑzər/ 379.7
composition /ˌkɒmˑpəˈzɪʃˑən/ 379.7
compost heap /ˈkɒmˑpɒstˌhiːp/ 384 ☆
compound /ˈkɒmˑpaʊnd/ 233.4
comprehend /ˌkɒmˑprɪˈhend/ 114
comprehension /ˌkɒmˑprɪˈhenˑtʃən/ 114
comprehensive /ˌkɒmˑprɪˈhenˑtˑsɪv/ 50
comprehensive school /ˌkɒmˑprɪˈhenˑtˑsɪv
  skuːl/ 233 □
compress /kəmˈpres/ 47
comprise /kəmˈpraɪz/ 436
computer /kəmˈpjuːˑtər/ 296
computerize /kəmˈpjuːˑtəˑraɪz/ 296
con /kɒn/ 214.2
conceal /kənˈsiːl/ 339
concede /kənˈsiːd/ 350
conceit /kənˈsiːt/ 148.1
conceited /kənˈsiːˑtɪd/ 148.1
conceive /kənˈsiːv/ 136.1
concentrate /ˈkɒntˑsənˑtreɪt/ 104.1
concentration /ˌkɒntˑsənˈtreɪˑʃən/ 104.1
concept /ˈkɒnˑsept/ 108
conception /kənˈsepˑʃən/ 136.1
concern /kənˈsɜːn/ 255.4
concert /ˈkɒnˑsət/ 379.6
concerto /kənˈtʃɜːˑtəʊ/ 379.7
conclude /kənˈkluːd/
  end 34
  believe 105.1
conclusion /kənˈkluːˑʒən/
  end 34
  believe 105.1
concoct /kənˈkɒkt/ 293
concoction /kənˈkɒkˑʃən/ 293
concrete /ˈkɒnˑkriːt/
  real 35
  materials 304.1
concur /kənˈkɜːr/ 348
condensation /ˌkɒnˑdenˈseɪˑʃən/ 21
condition /kənˈdɪʃˑən/
  happen 31.2
  uncertain 83
conditional /kənˈdɪʃˑənˑəl/ 83
conditioner /kənˈdɪʃˑənˑər/ 184.2
condolence /kənˈdəʊˑlənts/ 222
condom /ˈkɒnˑdɒm/ 199.5
condominium /ˌkɒnˑdəˈmɪnˑiˑəm/ 174.3
conduct n /ˈkɒnˑdʌkt/ 287.1
conduct v /kənˈdʌkt/ 287.1
conductor /kənˈdʌkˑtər/ 379.3, 379.4 ☆
cone /kəʊn/ 38.2 ☆
conference /ˈkɒnˑfərˑənts/ 262.10
confess /kənˈfes/ 350
confession /kənˈfeʃˑən/
  religion 232.6
  admit 350
confidence /ˈkɒnˑfɪˑdənts/
  courage 258.1
  hide 339.1
confident /ˈkɒnˑfɪˑdənt/ 258.1
confidential /ˌkɒnˑfɪˈdenˑtʃəl/ 339.1
confine /kənˈfaɪn/ 228.5
confirm /kənˈfɜːm/ 348
confirmation /ˌkɒnˑfəˈmeɪˑʃən/ 348
conflict n /ˈkɒnˑflɪkt/ 248
conflict v /kənˈflɪkt/ 248
conform /kənˈfɔːm/ 442
confuse /kənˈfjuːz/ 115.1
congratulate /kənˈgrætʃˑʊˑleɪt/ 430
congratulations /kənˌgrætʃˑʊˈleɪˑʃənz/ 430
congregate /ˈkɒŋˑgrɪˑgeɪt/ 207.2
congregation /ˌkɒŋˑgrɪˈgeɪˑʃən/ 232.6
Congress /ˈkɒŋˑgres/ 227 □

congressman /ˈkɒŋ·ɡres·mən/ **227** □
congresswoman /ˈkɒŋ·ɡres,wʊm·ən/ **227** □
conical /ˈkɒn·ɪ·kəl/ **38.2** ☆
conjunction /kənˈdʒʌŋk·ʃən/ **362.4**
con-man /ˈkɒn·mæn/ **214.2**
connect /kəˈnekt/ **294**
connection /kəˈnek·ʃən/ **294**
conquer /ˈkɒŋ·kər/ **248.1**
conscience /ˈkɒn·tʃənts/ **217**
conscious /ˈkɒn·tʃəs/ **110**
consciously /ˈkɒn·tʃə·sli/ **110**
consent /kənˈsent/ **348**
consequence /ˈkɒnt·sɪ·kwənts/ **292**
conservation /ˌkɒn·səˈveɪ·ʃən/ **254.2**
conservative /kənˈsɜː·və·tɪv/ **227.4**
conserve /kənˈsɜːv/ **254.2**
consider /kənˈsɪd·ər/
 think **104**
 opinion **106.2**
considerable /kənˈsɪd·ər·ə·bl̩/ **42**
considerably /kənˈsɪd·ər·ə·bli/ **42**
considerate /kənˈsɪd·ər·ət/ **224**
consideration /kənˌsɪd·əˈreɪ·ʃən/
 think **104**
 kind **224**
consistent /kənˈsɪs·tənt/ **54**
consist of **436**
consonant /ˈkɒnt·sən·ənt/ **362.3**
conspicuous /kənˈspɪk·ju·əs/ **93**
conspicuously /kənˈspɪk·ju·ə·sli/ **93**
constant /ˈkɒnt·stənt/ **33.1**
constipation /ˌkɒnt·strɪˈpeɪ·ʃən/ **124.7**
constituent /kənˈstɪ·tʃu·ənt/ **227.3**
construct /kənˈstrʌkt/ **293.1**
construction /kənˈstrʌk·ʃən/ **293.1**
consult /kənˈsʌlt/ **351**
consultant /kənˈsʌl·tənt/ **122**
consume /kənˈsjuːm/ **164**
consummate /ˈkɒnt·sjʊ·meɪt/ **199.2**
consumption /kənˈsʌmp·ʃən/ **164**
contact /ˈkɒn·tækt/ **340**
contact lenses /ˈkɒn·tækt ˌlen·zɪz/ **91.8**
contagious /kənˈteɪ·dʒəs/ **124.2**
contain /kənˈteɪn/ **337**
container /kənˈteɪ·nər/ **331**
contemplate /ˈkɒn·təm·pleɪt/ **104.1**
contemplation /ˌkɒn·təmˈpleɪ·ʃən/ **104.1**
contemporary /kənˈtem·pər·ər·i/ **202**
contempt /kənˈtempt/ **148.2**
contemptuous /kənˈtemp·tʃu·əs/ **148.2**
content /kənˈtent/ **429**
contents /ˈkɒn·tents/ **367.5**
contest /ˈkɒn·test/ **388.3**
contestant /kənˈtes·tənt/ **388.2**
continent /ˈkɒn·tɪ·nənt/ **13.5** ☆
continual /kənˈtɪn·ju·əl/ **33.1**
continuation /kənˌtɪn·juˈeɪ·ʃən/ **33**
continue /kənˈtɪn·juː/ **33**
continuous /kənˈtɪn·ju·əs/ **33.1**
contraception /ˌkɒn·trəˈsep·ʃən/ **199.5**
contraceptive /ˌkɒn·trəˈsep·tɪv/ **199.5**
contract v /kənˈtrækt/
 decrease **47**
 illnesses **124.13** □
 doing business **262.2**
contract n /ˈkɒn·trækt/
 doing business **262.2**
contradict /ˌkɒn·trəˈdɪkt/ **346.1**
contradiction /ˌkɒn·trəˈdɪk·ʃən/ **346.1**
contrast n /ˈkɒn·trɑːst/ **55.1**
contrast v /kənˈtrɑːst/ **55.1**
control /kənˈtrəʊl/ **228**
control tower /kənˈtrəʊl ˌtaʊər/ **313.1**
controversial /ˌkɒn·trəˈvɜː·ʃəl/ **346.4**
controversy /kənˈtrɒv·ə·si/ **346.4**

convalesce /ˌkɒn·vəˈles/ **126.1**
convalescence /ˌkɒn·vəˈles·ənts/ **126.1**
convenience /kənˈviː·ni·ənts/
 easy **247.1**
 useful **281**
convenient /kənˈviː·ni·ənt/
 easy **247.1**
 useful **281**
conveniently /kənˈviː·ni·ənt·li/ **281**
convent /ˈkɒn·vənt/ **232.5**
conventional /kənˈven·tʃən·əl/ **442**
conventionally /kənˈven·tʃən·əl·i/ **442**
conversation /ˌkɒn·vəˈseɪ·ʃən/ **354**
converse /kənˈvɜːs/ **354**
convert /kənˈvɜːt/ **349**
convict n /ˈkɒn·vɪkt/ **209.4**
convict v /kənˈvɪkt/ **209.4**
convince /kənˈvɪnts/ **349**
convinced /kənˈvɪntst/ **105**
cook /kʊk/ **163.1**
cooker /ˈkʊk·ər/ **169** ☆
cookery book /ˈkʊk·ər·i ˌbʊk/ **168**
cool /kuːl/
 cold **19**
 enmity **250**
 calmness **259**
cooperate /kəʊˈɒp·ər·eɪt/ **274.2**
cooperation /kəʊˌɒp·ərˈeɪ·ʃən/ **274.2**
coordinate /kəʊˈɔː·dɪ·neɪt/ **228.2**
coordination /kəʊˌɔː·dɪˈneɪ·ʃən/ **228.2**
cop /kɒp/ **209.2**
copper /ˈkɒp·ər/ **16**
copulate /ˈkɒp·jəˌleɪt/ **199.2**
copy /ˈkɒp·i/
 copy **56**
 write **369.1**
coral /ˈkɒr·əl/ **10.2** ☆
corduroy /ˈkɔː·dəˌrɔɪ/ **193.1**
core /kɔːr/ **152.6**
cork /kɔːk/
 drinks **166.6**
 materials **304.2**
corkscrew /ˈkɔːk·skruː/ **166.6**
corn /kɔːn/
 illnesses **124.5**
 farming **173.5**
corner /ˈkɔː·nər/ ☆ **38.1**
cornflakes /ˈkɔːn·fleɪks/ **156.5**
coronation /ˌkɒr·əˈneɪ·ʃən/ **205** ☆
corporal /ˈkɔː·pər·əl/ **248.3** □
corpulent /ˈkɔː·pjə·lənt/ **48**
correct /kəˈrekt/ **299**
correction /kəˈrek·ʃən/ **299**
correspond /ˌkɒr·əˈspɒnd/ **54.2**
correspondent /ˌkɒr·əˈspɒn·dənt/ **368.1**
corridor /ˈkɒr·ɪ·dɔːr/ **177.3**
corrugated /ˈkɒr·ə·ɡeɪ·tɪd/ **61**
corrupt /kəˈrʌpt/ **214**
corruption /kəˈrʌp·ʃən/ **214**
cosmetics /kɒzˈmet·ɪks/ **192.5**
cost /kɒst/ **263.2**
costly /ˈkɒst·li/ **267**
costume /ˈkɒs·tjuːm/ **190.6**
cosy /ˈkəʊ·zi/ **421**
cot /kɒt/ **136.4**
cottage /ˈkɒt·ɪdʒ/ **174.1**
cotton /ˈkɒt·ən/
 textiles **193.1**
 arts and crafts **381.6**
cotton on **114.1**
cotton wool /ˌkɒt·ən ˈwʊl/ **126.6**
cough /kɒf/ **124.6**
cough up **263.1**
council /ˈkaʊnt·səl/ **227.1**
councillor /ˈkaʊnt·sə·lər/ **227.1**
counsel /ˈkaʊnt·səl/ **209.3**
count /kaʊnt/

royalty **205** □
numbers **298**
counter /ˈkaʊn·tər/ **273** ☆
countertenor /ˈkaʊn·təˌten·ər/ **379.5**
countess /ˈkaʊn·tes/ **205** □
count in **436**
count on **218.1**
country /ˈkʌn·tri/
 geography and geology **13.5** ☆
 areas **14.1**
country and western /ˌkʌn·tri ən ˈwes·tən/ **379.1**
countryside /ˈkʌn·triˌsaɪd/ **14.1** □
county /ˈkaʊn·ti/ **14.1**
coup /kuː/ **227.6**
couple /ˈkʌp·l̩/ **298.1**
courage /ˈkʌr·ɪdʒ/ **258**
courageous /kəˈreɪ·dʒəs/ **258**
courgette /kɔːˈʒet/ **155.3**
course /kɔːs/ **235**
court /kɔːt/
 legal system **209.4**
 sport **388.4**
 ball sports **389.5** ☆
courteous /ˈkɜː·ti·əs/ **143.1**
cousin /ˈkʌz·ən/ **138.6**
cover /ˈkʌv·ər/
 cover v **334** n **334.1**
 book **367.6**
covet /ˈkʌv·ət/ **251**
cow /kaʊ/
 wild animals **1.1** □
 farm animals **6**
coward /ˈkaʊəd/ **255.1**
cower /ˈkaʊər/ **255.3**
cowshed /ˈkaʊ·ʃed/ **173.3**
crab /kræb/ **10.2**
crack /kræk/
 damage **132.2**
 hole **134**
 drugs **172.2**
craft /krɑːft/
 ships and boats **312**
 arts and crafts **381**
cram /kræm/ **332**
cramp /kræmp/ **124.9**
cramped /kræmpt/ **440**
crap /kræp/
 bodily wastes **102**
 bad **438.1**
crappy /ˈkræp·i/ **438.1**
crash /kræʃ/
 noisy **88.3**
 driving **309.4**
crash helmet /ˈkræʃ ˌhel·mɪt/ **192.1** ☆
crate /kreɪt/ **331.3**
crave /kreɪv/ **72.1**
craving /ˈkreɪ·vɪŋ/ **72.2**
crawl /krɔːl/
 water sports **391.1**
 walk **407.4**
crayon /ˈkreɪ·ɒn/ **370** ☆
crazy /ˈkreɪ·zi/ **129.4**
cream /kriːm/ **158.1**
create /kriˈeɪt/ **293**
creation /kriˈeɪ·ʃən/ **293**
creature /ˈkriː·tʃər/ **1** □
credible /ˈkred·ə·bl̩/ **105.4**
credit /ˈkred·ɪt/
 bank **260.1**
 borrowing and lending **261.3**
credit card /ˈkred·ɪt ˌkɑːd/ **260.2**
creditor /ˈkred·ɪ·tər/ **261.1**
creed /kriːd/ **232.6**
creep /kriːp/ **407.4**
creepy-crawly /ˌkriː·piˈkrɔː·li/ **5** □
cremate /krɪˈmeɪt/ **195.4**

creosote /ˈkriː·ə·səʊt/ **382.2**
cress /kres/ **155.4**
crevice /ˈkrev·ɪs/ **134**
crew /kruː/
  ships and boats **312.5**
  aircraft **313.3**
cricket /ˈkrɪk·ɪt/
  insects **5**
  ball sports **389.3**
crime /kraɪm/ **209.1**
criminal /ˈkrɪm·ɪ·nəl/ **219.3**
crisis /ˈkraɪ·sɪs/ **252.1**
crisp /krɪsp/
  hard **100.2**
  snacks and cooked food **161.2**
critic /ˈkrɪt·ɪk/ **368.1**
critical /ˈkrɪt·ɪ·kəl/
  danger **252.1**
  complain **345**
criticism /ˈkrɪt·ɪ·sɪ·zəm/ **345**
criticize /ˈkrɪt·ɪ·saɪz/ **345**
croak /krəʊk/ **8.2**
crochet /ˈkrəʊ·ʃeɪ/ **381.6**
crochet hook /ˈkrəʊ·ʃeɪ ˌhʊk/ **381.6** ☆
crockery /ˈkrɒk·ər·i/ **170**
crocodile /ˈkrɒk·ə·daɪl/ **1.1** ☆
crony /ˈkrəʊ·ni/ **434.2**
crooked /ˈkrʊk·ɪd/
  shapes **38.4** ☆
  dishonest **214**
crop /krɒp/ **173.4**
cross /krɒs/ **450**
cross-country skiing /ˌkrɒs·kʌn·tri ˈskiː·ɪŋ/ **393.2**
cross-examination /ˌkrɒs·ɪɡˌzæm·ɪˈneɪ·ʃən/ **351.1**
cross-examine /ˌkrɒs·ɪɡˈzæm·ɪn/ **351.1**
cross out **371**
crossroads /ˈkrɒs·rəʊdz/ **311** ☆
crossword /ˈkrɒs·wɜːd/ **386.2**
crouch /kraʊtʃ/ **97.3**
crow n /krəʊ/ **9**
crow v /krəʊ/ **9.4**
crowd /kraʊd/ **207.1**
crowded /ˈkraʊ·dɪd/ **207.1**
crown /kraʊn/
  dentist **123**
  royalty **205** ☆
crucial /ˈkruː·ʃəl/ **67**
cruel /ˈkruː·əl/ **225**
cruise /kruːz/ **312.3**
crumb /krʌm/ **156.1**
crush /krʌʃ/
  damage **132.4**
  love **427.3**
crust /krʌst/ **156.1**
crustacean /krʌsˈteɪ·ʃən/ **10.2**
crutches /ˈkrʌtʃ·ɪz/ **126.6**
cruzado /kruːˈzɑː·dəʊ/ **265.1** ☐
cry /kraɪ/
  shout **344**
  sad **447.3**
cube /kjuːb/ **38.2** ☆
cubic /ˈkjuː·bɪk/ **38.2** ☆
cuckoo /ˈkʊk·uː/ **9**
cucumber /ˈkjuː·kʌm·bər/ **155.4**
cuddle /ˈkʌd·l̩/ **336.1**
cue /kjuː/ **394**
cuff /kʌf/
  hit **131.1**
  clothes **190.12** ☆
cufflink /ˈkʌf·lɪŋk/ **192.4**
culottes /kuːˈlɒts/ **190.3**
cultivate /ˈkʌl·tɪ·veɪt/ **173.4**
culture /ˈkʌl·tʃər/ **195**
cunning /ˈkʌn·ɪŋ/ **236**
cup /kʌp/ **170** ☆

cupboard /ˈkʌb·əd/ **169** ☆
cupboard love /ˈkʌb·əd ˌlʌv/ **427.3**
curb /kɜːb/ **228.5**
cure /kjʊər/ **126**
curiosity /ˌkjʊə·riˈɒs·ə·ti/ **113.3**
curious /ˈkjʊə·ri·əs/
  find out **113.3**
  unusual **444.1**
curly /ˈkɜː·li/ **86.3**
currant /ˈkʌr·ənt/ **152.5**
currency /ˈkʌr·ənt·si/ **265.1**
current /ˈkʌr·ənt/
  geography and geology **13.7**
  modern **202**
  machinery **303.4**
curry /ˈkʌr·i/ **161.3**
curse /kɜːs/ **357**
curtail /kɜːˈteɪl/ **228.5**
curtains /ˈkɜː·tənz/ **180** ☆
curtsy /ˈkɜːt·si/ **97.4**
curve /kɜːv/ **38.4** ☆
cushion /ˈkʊʃ·ən/ **180** ☆
custard /ˈkʌs·təd/ **160.2**
custody /ˈkʌs·tə·di/
  babies **136.3**
  legal system **209.2**
custom /ˈkʌs·təm/
  social customs **195**
  habitual **288**
customary /ˈkʌs·tə·mər·i/
  habitual **288**
  social customs **195**
customer /ˈkʌs·tə·mər/ **263**
customs /ˈkʌs·təmz/ **316**
customs officer /ˈkʌs·təmz ˌɒf·ɪ·sər/ **316**
cut /kʌt/
  decrease **47**
  cut **133**
  meat **159.2**
cut down **47**
cutlery /ˈkʌt·lər·i/ **170**
cutlet /ˈkʌt·lət/ **159.2**
cut-price /ˈkʌt·praɪs/ **266**
cut short **47**
cycle /ˈsaɪ·kl̩/ **315.3**
cycling /ˈsaɪ·kl̩·ɪŋ/ **393**
cyclone /ˈsaɪ·kləʊn/ **18.3**
cylinder /ˈsɪl·ɪn·dər/ **38.2** ☆
cylindrical /səˈlɪn·drɪ·kəl/ **38.2** ☆
cymbals /ˈsɪm·bəlz/ **379.4**
Czech /tʃek/ **361.1**

dachshund /ˈdæk·sənd/ **7.1** ☆
dad /dæd/ **138.1**
daddy /ˈdæd·i/ **138.1**
daddy longlegs /ˌdæd·i ˈlɒŋ·leɡz/ **5**
daffodil /ˈdæf·ə·dɪl/ **11**
daft /dɑːft/ **241**
dagger /ˈdæɡ·ər/ **248.4** ☆
daily /ˈdeɪ·li/ **25.1**
dairy /ˈdeə·ri/
  farming **173.2**
  shops **273** ☐
daisy /ˈdeɪ·zi/ **11**
dam /dæm/ **245.1**
damage /ˈdæm·ɪdʒ/ **132**
Dame /deɪm/ **205.1**
damp /dæmp/
  weather **18.2**
  wet **21**
dampen /ˈdæm·pən/ **21.1**
dance /dɑːnts/ **376.6**
dandelion /ˈdæn·dɪ·laɪən/ **11**
danger /ˈdeɪn·dʒər/ **252**
dangerous /ˈdeɪn·dʒər·əs/ **252**

dangerously /ˈdeɪn·dʒər·ə·sli/ **252**
Danish /ˈdeɪ·nɪʃ/ **361.1**
dare /deər/ **258.1**
daring /ˈdeə·rɪŋ/ **258.1**
dark /dɑːk/
  dark **23**
  human body **86.3**
  colours **194.1**
darken /ˈdɑː·kən/ **23**
darkroom /ˈdɑːk·ruːm/ **381.4**
darling /ˈdɑː·lɪŋ/ **427.5**
dartboard /ˈdɑːt·bɔːd/ **394**
darts /dɑːts/ **394**
dash /dæʃ/
  punctuation **363**
  run **408**
data /ˈdeɪ·tə/ **296**
date /deɪt/
  calendar and seasons **25.1**
  fruit **152.5**
dated /ˈdeɪ·tɪd/ **203**
daughter /ˈdɔː·tər/ **138.2**
daughter-in-law /ˈdɔː·tər·ɪn·lɔː/ **138.4**
dawdle /ˈdɔː·dl̩/ **407.2**
dawn on **114**
day /deɪ/ **25.1**
daydream /ˈdeɪ·driːm/ **104.2**
dead /ded/ **197.1**
deadlock /ˈded·lɒk/ **284.1**
deadly /ˈded·li/ **198.4**
deaf /def/ **124.4**
deafening /ˈdef·ən·ɪŋ/ **88**
deal /diːl/
  doing business **262.2**
  games **386.3**
dealer /ˈdiː·lər/
  drugs **172.1**
  doing business **262.2**
deal in **262.2**
deal with
  doing business **262.2**
  do **287.2**
dear /dɪər/
  expensive **267**
  love **427.5**
death /deθ/ **197.1**
debatable /dɪˈbeɪ·tə·bl̩/ **83.2**
debate /dɪˈbeɪt/ **354**
debit /ˈdeb·ɪt/ **260.1**
debris /ˈdeɪ·briː/ **71**
debt /det/ **261.1**
decade /ˈdek·eɪd/ **25.4**
decay /dɪˈkeɪ/
  dentist **123**
  damage **132.5**
deceased /dɪˈsiːst/ **197.1**
deceit /dɪˈsiːt/ **214.2**
deceive /dɪˈsiːv/ **214.2**
decelerate /ˌdiːˈsel·ər·eɪt/
  driving **309.1**
  slow **404**
December /dɪˈsem·bər/ **25.2**
decent /ˈdiː·sənt/ **417.1**
deception /dɪˈsep·ʃən/ **214.2**
deceptive /dɪˈsep·tɪv/ **214.2**
deceptively /dɪˈsep·tɪv·li/ **214.2**
decide /dɪˈsaɪd/ **107**
decide on **73**
decimal /ˈdes·ɪ·məl/ **298.1** ☐
decision /dɪˈsɪʒ·ən/ **107**
deck /dek/ **312.2**
declaration /ˌdek·ləˈreɪ·ʃən/ **342.2**
declare /dɪˈkleər/
  travel documents and procedures **316**
  tell **342.2**
decorate /ˈdek·ə·reɪt/ **59.1**
decoration /ˌdek·əˈreɪ·ʃən/ **59.1**

ÍNDEX DE LES PARAULES EN ANGLÈS

decrease v /dɪˈkriːs/ **47**
decrease n /ˈdiːkriːs/ **47**
deed /diːd/ **287**
deep /diːp/
  dimensions **40** ☆
  colours **194.1**
deepen /ˈdiːpən/ **46.2**
deer /dɪər/ **1**
defeat /dɪˈfiːt/ **248.1**
defecate /ˈdefəkeɪt/ **102**
defence /dɪˈfens/
  legal system **209.4**
  war **248.1**
defend /dɪˈfend/ **248.1**
defendant /dɪˈfendənt/ **209** ☆
defensive /dɪˈfensɪv/ **248.1**
define /dɪˈfaɪn/ **343**
definite /ˈdefɪnət/ **82**
definitely /ˈdefɪnətli/ **82**
definition /ˌdefɪˈnɪʃən/ **343**
defraud /dɪˈfrɔːd/ **214.1**
degree /dɪˈɡriː/
  shapes **38.1** ☆
  education **233.5**
dehydrate /ˌdiːˈhaɪdreɪt/ **22**
delay /dɪˈleɪ/ **330**
delete /dɪˈliːt/ **371**
deliberate /dɪˈlɪbərət/ **107.3**
delicate /ˈdelɪkət/ **402.1**
delicatessen /ˌdelɪkəˈtesən/ **273** ☐
delicious /dɪˈlɪʃəs/ **157.6**
delighted /dɪˈlaɪtɪd/ **422.2**
delight in **428**
delirious /dɪˈlɪriəs/ **129.2**
deliver /dɪˈlɪvər/ **323**
delivery /dɪˈlɪvəri/ **323**
demand /dɪˈmɑːnd/ **72.3**
demanding /dɪˈmɑːndɪŋ/ **243.1**
democracy /dɪˈmɒkrəsi/ **227.5**
democratic /ˌdeməˈkrætɪk/ **227.5**
demonstrate /ˈdemənstreɪt/ **92**
demonstration /ˌdemənˈstreɪʃən/
  show **92.3**
  politics and government **227.6**
demonstrative /dɪˈmɒnstrətɪv/ **151.3**
denial /dɪˈnaɪəl/ **346.1**
dense /dens/ **40** ☆
dent /dent/ **132.3**
dental /ˈdentəl/ **123**
dental floss /ˈdentəl ˌflɒs/ **184.3**
dental hygienist /ˌdentəl haɪˈdʒiːnɪst/ **123**
dental nurse /ˈdentəl ˌnɜːs/ **123**
dentist /ˈdentɪst/ **123**
dentures /ˈdentʃəz/ **123**
deny /dɪˈnaɪ/ **346.1**
deodorant /diˈəʊdərənt/ **184.1**
depart /dɪˈpɑːt/ **322**
department /dɪˈpɑːtmənt/ **271.2**
department store /dɪˈpɑːtmənt ˌstɔːr/ **273**
departure /dɪˈpɑːtʃər/ **322**
departure lounge /dɪˈpɑːtʃə ˌlaʊndʒ/ **313.1**
depend /dɪˈpend/ **218.1**
dependable /dɪˈpendəbḷ/ **218**
dependant /dɪˈpendənt/ **218**
dependence /dɪˈpendəns/ **218**
dependent /dɪˈpendənt/ **218**
depend on **218.1**
deposit /dɪˈpɒzɪt/
  bank **260.1**
  borrowing and lending **261.3**
  put **289**
depot /ˈdepəʊ/ **271.2** ☐
depressed /dɪˈprest/ **447**
depression /dɪˈpreʃən/ **447**

depth /depθ/ **40** ☆
deputize /ˈdepjətaɪz/ **57**
deputy /ˈdepjəti/ **57**
deride /dɪˈraɪd/ **425.1**
descend /dɪˈsend/ **412.3**
descendant /dɪˈsendənt/ **138.7**
descent /dɪˈsent/ **412.3**
describe /dɪˈskraɪb/ **343**
description /dɪˈskrɪpʃən/ **343**
desert n /ˈdezət/
  geography and geology **13.2**
desert v /dɪˈzɜːt/
  go **322.1**
deserted /dɪˈzɜːtɪd/ **333**
deserve /dɪˈzɜːv/ **268.3**
deserving /dɪˈzɜːvɪŋ/ **268.3**
design /dɪˈzaɪn/
  shapes **38.3**
  make **293.1**
designer /dɪˈzaɪnər/
  clothes **190.13**
  make **293.1**
desirable /dɪˈzaɪərəbḷ/ **72**
desire /dɪˈzaɪər/ **72**
desk /desk/ **233.1** ☆
despair /dɪˈspeər/ **447.1**
desperate /ˈdespərət/ **447.1**
despise /dɪˈspaɪz/
  proud **148.2**
  hate and dislike **445**
dessert /dɪˈzɜːt/ **162.2**
dessert fork /dɪˈzɜːt ˌfɔːk/ **170** ☆
dessert spoon /dɪˈzɜːt ˌspuːn/ **170** ☆
destination /ˌdestɪˈneɪʃən/ **317.2**
destitute /ˈdestɪtjuːt/ **270**
destitution /ˌdestɪˈtjuːʃən/ **270**
destroy /dɪˈstrɔɪ/ **132.1**
destruction /dɪˈstrʌkʃən/ **132.1**
detach /dɪˈtætʃ/ **295**
detached /dɪˈtætʃt/
  types of building **174.1** ☆
  separate **295**
detail /ˈdiːteɪl/ **301.1**
detailed /ˈdiːteɪld/ **301.1**
detect /dɪˈtekt/ **113**
detective /dɪˈtektɪv/ **209.2**
detergent /dɪˈtɜːdʒənt/ **187.2**
deteriorate /dɪˈtɪəriəreɪt/ **441**
deterioration /dɪˌtɪəriəˈreɪʃən/ **441**
determined /dɪˈtɜːmɪnd/ **107.3**
detest /dɪˈtest/ **445**
deuce /djuːs/ **389.5**
Deutschmark /ˈdɔɪtʃmɑːk/ **265.1** ☐
develop /dɪˈveləp/
  change **58**
  arts and crafts **381.4**
development /dɪˈveləpmənt/ **58**
device /dɪˈvaɪs/ **305**
devil /ˈdevəl/
  wicked **219.3**
  religion **232.3**
devoted /dɪˈvəʊtɪd/ **427.2**
devotion /dɪˈvəʊʃən/ **427.2**
devour /dɪˈvaʊər/ **164.3**
devout /dɪˈvaʊt/ **232.8**
dexterity /dekˈsterəti/ **239.1**
diabetes /ˌdaɪəˈbiːtiːz/ **124.12**
diagnose /ˌdaɪəɡˈnəʊz/ **126.2**
diagnosis /ˌdaɪəɡˈnəʊsɪs/ **126.2**
diagonal /daɪˈæɡənəl/ **38.4** ☆
diagram /ˈdaɪəɡræm/ **297**
dial /daɪəl/ **340.3**
dialect /ˈdaɪəlekt/ **341.6**
dialogue /ˈdaɪəlɒɡ/ **341.1**
diameter /daɪˈæmɪtər/ **38.1** ☆
diamond /ˈdaɪəmənd/
  jewels **15**

ball sports **389.2**
diaphragm /ˈdaɪəfræm/ **101.2** ☆
diarrhoea /ˌdaɪəˈrɪə/ **124.7**
diary /ˈdaɪəri/ **367.2**
dice /daɪs/ **386.4**
dictate /dɪkˈteɪt/ **341.5**
dictation /dɪkˈteɪʃən/ **341.5**
dictatorship /dɪkˈteɪtəʃɪp/ **227.5**
dictionary /ˈdɪkʃənəri/ **367.3**
die /daɪ/
  illnesses **124.13** ☐
  die **197**
diesel /ˈdiːzəl/ **303.3**
diet /ˈdaɪət/ **49.1**
differ /ˈdɪfər/ **55**
difference /ˈdɪfərənts/ **55**
different /ˈdɪfərənt/ **55**
differentiate /ˌdɪfəˈrentʃieɪt/ **55.1**
difficult /ˈdɪfɪkəlt/ **243**
difficulty /ˈdɪfɪkəlti/ **244**
dig /dɪɡ/ **384.2**
digest /daɪˈdʒest/ **164.2**
dignified /ˈdɪɡnɪfaɪd/ **146**
dignity /ˈdɪɡnəti/ **146**
digs /dɪɡz/ **175.2**
dilemma /daɪˈlemə/ **244**
dilute /daɪˈluːt/ **21**
dim /dɪm/ **23**
dime /daɪm/ **265.2** ☐
dimensions /daɪˈmenʃənz/ **41**
diminish /dɪˈmɪnɪʃ/ **47**
dim-witted /ˌdɪmˈwɪtɪd/ **240**
din /dɪn/ **88.1**
dine /daɪn/ **164**
dinghy /ˈdɪŋɡi/ **312.1**
dining room /ˈdaɪnɪŋ ˌruːm/ **170**
dinner /ˈdɪnər/ **162**
dinner jacket /ˈdɪnə ˌdʒækɪt/ **190.4**
dinner plate /ˈdɪnə ˌpleɪt/ **170** ☆
dip /dɪp/ **21.1**
diploma /dɪˈpləʊmə/ **233** ☐, **233.5**
diplomacy /dɪˈpləʊməsi/ **143.2**
diplomatic /ˌdɪpləˈmætɪk/ **143.2**
direct /dɪˈrekt, daɪ-/
  honest **213.2**
  travel **317.2**
direction /dɪˈrekʃən/ **318**
directly /dɪˈrektli/ **403.2**
director /dɪˈrektər/ **271.4**
dirt /dɜːt/ **189**
dirty /ˈdɜːti/ **189**
disabled /dɪˈseɪbḷd/ **124.3**
disadvantage /ˌdɪsədˈvɑːntɪdʒ/ **244.2**
disadvantaged /ˌdɪsədˈvɑːntɪdʒd/ **244.2**
disagree /ˌdɪsəˈɡriː/ **346**
disagreement /ˌdɪsəˈɡriːmənt/ **346**
disappear /ˌdɪsəˈpɪər/ **322.2**
disappointed /ˌdɪsəˈpɔɪntɪd/ **448**
disappointment /ˌdɪsəˈpɔɪntmənt/ **448**
disapproval /ˌdɪsəˈpruːvəl/ **445**
disapprove /ˌdɪsəˈpruːv/ **445**
discard /dɪˈskɑːd/ **70**
discern /dɪˈsɜːn/ **91.4**
discipline /ˈdɪsəplɪn/ **229**
disco /ˈdɪskəʊ/ **376.6**
discomfort /dɪˈskʌmpfət/
  symptoms **125.1**
  uncomfortable **440**
disconnect /ˌdɪskəˈnekt/ **295**
disconnected /ˌdɪskəˈnektɪd/ **295**
discount /ˈdɪskaʊnt/ **262.9**
discourteous /dɪˈskɜːtiəs/ **144.3**
discover /dɪˈskʌvər/
  find **95**
  find out **113**
discovery /dɪˈskʌvəri/

401

find **95**
find out **113**
discriminate /dɪˈskrɪm·ɪ·neɪt/ **212**
discrimination /dɪˌskrɪm·ɪˈneɪ·ʃən/ **212**
discuss /dɪˈskʌs/ **354**
discussion /dɪˈskʌʃ·ən/ **354**
disease /dɪˈziːz/ **124.1**
disembark /ˌdɪs·emˈbɑːk/ **312.3**
disgrace /dɪsˈɡreɪs/ **449**
disguise /dɪsˈɡaɪz/ **339**
disgust /dɪsˈɡʌst/ n **446** v **446.2**
disgusting /dɪsˈɡʌs·tɪŋ/ **446.1**
dishcloth /ˈdɪʃ·klɒθ/ **187.5**
dishevelled /dɪˈʃev·əld/ **64**
dishonest /dɪsˈɒn·ɪst/ **214**
dishrack /ˈdɪʃ·ræk/ **169** ☆
dishwasher /ˈdɪʃˌwɒʃ·ər/ **187.5**
disillusion /ˌdɪs·ɪˈluː·ʒən/ **448**
disintegrate /dɪˈsɪn·tɪ·ɡreɪt/ **132.5**
disinterested /dɪˈsɪn·trə·stɪd/ **211**
disk drive /ˈdɪskˌdraɪv/ **296** ☆
dislike /dɪˈslaɪk/ **445**
disloyal /ˌdɪsˈlɔɪ·əl/ **214.3**
disloyalty /dɪsˈlɔɪəl·ti/ **214.3**
dismiss /dɪˈsmɪs/ **271.8**
dismissal /dɪˈsmɪs·əl/ **271.8**
disobedient /ˌdɪs·əʊˈbiː·di·ənt/ **219.2**
disobey /ˌdɪs·əʊˈbeɪ/ **219.2**
disorder /dɪˈsɔː·dər/ **64**
display v /dɪˈspleɪ/ **92**,
display n /dɪˈspleɪ/ **92.3**
disposal /dɪˈspəʊ·zəl/ **70**
dispose of **70**
dispute v /dɪˈspjuːt/ **346.1**
dispute n /ˈdɪs·pjuːt/ **346.1**
dissent /dɪˈsent/ **346.1**
dissertation /ˌdɪs·əˈteɪ·ʃən/ **366.2**
dissimilar /dɪˈsɪm·ɪ·lər/ **55**
distance /ˈdɪs·tənts/ **320.2**
distant /ˈdɪs·tənt/ **320.2**
distaste /dɪˈsteɪst/ **446**
distinction /dɪˈstɪŋk·ʃən/ **55.1**
distinguish /dɪˈstɪŋ·ɡwɪʃ/ **55.1**
distress /dɪˈstres/ **447**
distressing /dɪˈstres·ɪŋ/ **447**
distribute /dɪˈstrɪb·juːt/ **372.3**
distribution /ˌdɪs·trɪˈbjuː·ʃən/ **372.3**
distributor /dɪˈstrɪb·jə·tər/ **372.3**
district /ˈdɪs·trɪkt/ **14.1**
disturb /dɪˈstɜːb/ **246**
disturbance /dɪˈstɜː·bənts/ **246**
ditch /dɪtʃ/ **173.1**
dive /daɪv/
  water sports **391.1**
  fall **412.3**
divide /dɪˈvaɪd/
  separate **295**
  maths **297.1**
divided by **297.1** □
divine /dɪˈvaɪn/ **232.8**
diving board /ˈdaɪ·vɪŋˌbɔːd/ **391.1**
division /dɪˈvɪʒ·ən/ **295**
divorce /dɪˈvɔːs/ **195.3**
DIY /ˌdiː·aɪˈwaɪ/ **382.2**
dizzy /ˈdɪz·i/ **125.3**
do /duː/ **287**
doable /ˈduː·əbl/ **78**
dock /dɒk/
  legal system **209.4** ☆
  ships and boats **312.4**
docker /ˈdɒk·ər/ **312.5**
doctor /ˈdɒk·tər/ **121**
document /ˈdɒk·jə·mənt/ **366**
documentary /ˌdɒk·jəˈmen·tər·i/ **378.1**
dodge /dɒdʒ/ **324**
dodgems /ˈdɒdʒ·əmz/ **385**
dog /dɒɡ/ **7.1**

dog-tired /ˌdɒɡˈtaɪəd/ **182.3**
do in **198.1**
doll /dɒl/
  babies **136.4**
  doll **386.1**
doll's house /ˈdɒlzˌhaʊs/ **386.1**
dollar /ˈdɒl·ər/ **265.1** □, **265.2** □
dolphin /ˈdɒl·fɪn/ **10.3**
dominate /ˈdɒm·ɪ·neɪt/ **228.4**
don /dɒn/ **190.1**
donate /dəʊˈneɪt/ **372.1**
donation /dəʊˈneɪ·ʃən/ **372.1**
donkey /ˈdɒŋ·ki/ **6**
donor /ˈdəʊ·nər/ **372.1**
door /dɔːr/ **177.3**
doorbell /ˈdɔː·bel/ **176** ☆
doorhandle /ˈdɔːˌhæn·dl/ **177.3**
doorknob /ˈdɔː·nɒb/ **176** ☆
dose /dəʊs/ **126.4**
dosh /dɒʃ/ **265**
dot /dɒt/ **38.3**
double /ˈdʌb·l/ **46.1**
double-barrelled /ˌdʌb·lˈbær·ld/ **137.2**
double bass /ˌdʌb·lˈbeɪs/ **379.4**
double-cross /ˌdʌb·lˈkrɒs/ **214.3**
doubt /daʊt/ **83.1**
doubtful /ˈdaʊt·fəl/ **83.2**
dough /dəʊ/
  baked and dried food **156.1**
  money **265**
do up **383**
dove /dʌv/ **9** ☆
down /daʊn/ **296**
downhill /ˈdaʊn·hɪl/ **393.2**
downpour /ˈdaʊn·pɔːr/ **18.2**
downstairs /ˌdaʊnˈsteəz/ **177.2**
doze /dəʊz/ **182.1**
dozen /ˈdʌz·ən/ **298.1**
doze off **182.1**
drachma /ˈdræk·mə/ **265.1** □
drag /dræɡ/ **338**
drain /dreɪn/
  cooking methods **168.4**
  parts of buildings **176** ☆
  empty **333**
draining board /ˈdreɪn·ɪŋˌbɔːd/ **169** ☆
drainpipe /ˈdreɪn·paɪp/ **176** ☆
drama /ˈdrɑː·mə/ **376.1**
dramatic /drəˈmæt·ɪk/
  excitement **257.2**
  entertainment **376.1**
dramatist /ˈdræm·ə·tɪst/ **376.1**
draught /drɑːft/ **18.3**
draughtboard /ˈdrɑːftˌbɔːd/ **386.4**
draughts /drɑːfts/ **386.4**
draw /drɔː/ **381.1**
drawback /ˈdrɔː·bæk/ **244.2**
drawer /ˈdrɔː·ər/ **181** ☆
drawing /ˈdrɔː·ɪŋ/ **381.3**
drawing pin /ˈdrɔː·ɪŋˌpɪn/ **294.3** ☆
dread /dred/ **255**
dreadful /ˈdred·fʊl/ **438.1**
dream /driːm/ **182**
dreary /ˈdrɪə·ri/ **119**
dress /dres/ v **190.1** n **190.5**
dressage /ˈdres·ɑːdʒ/ **395.1**
dressing /ˈdres·ɪŋ/ **126.6**
dressing gown /ˈdres·ɪŋˌɡaʊn/ **190.8**
dressing table /ˈdres·ɪŋˌteɪ·bl/ **181** ☆
dressmaker /ˈdresˌmeɪ·kər/ **190.13**
dressmaking /ˈdresˌmeɪ·kɪŋ/ **381.6**
dress rehearsal /ˈdres rɪˌhɜː·səl/ **376.3**
drift /drɪft/ **411.2**
drill /drɪl/
  dentist **123**
  tools **382.1** ☆
drink n /drɪŋk/ **166**

drink v /drɪŋk/ **167**
dripping /ˈdrɪp·ɪŋ/ **21**
drive /draɪv/
  parts of buildings **176** ☆
  driving **309.5**
driver /ˈdraɪ·vər/
  driving **309.5**
  trains **314.1**
drizzle /ˈdrɪz·l/ **18.2**
droll /drəʊl/ **424.2**
drop /drɒp/ **412.2**
drop in **319**
drop off
  sleep **182.1**
  bring **323**
drown /draʊn/ **198.1**
drowsy /ˈdraʊ·zi/ **182.1**
drudge /drʌdʒ/ **274.1**
drudgery /ˈdrʌdʒ·ər·i/ **274.1**
drug /drʌɡ/ **126.5**
drugs /drʌɡz/ **172**
drugstore /ˈdrʌɡ·stɔːr/ **273** □
drum /drʌm/
  containers **331.4**
  music **379.4**
drunk /drʌŋk/ **166.7**
drunkard /ˈdrʌŋ·kəd/ **166.7**
dry /draɪ/
  dry **22**
  boring **119**
dual carriageway /ˌdjuː·əlˈkær·ɪdʒ·weɪ/ **311** ☆
dubious /ˈdjuː·bi·əs/ **83.2**
duchess /ˈdʌtʃ·ɪs/ **205** □
duck /dʌk/
  farm animals **6.1**
  avoid **324**
duck out of **324**
due /djuː/ **261.1**
duel /ˈdjuː·əl/ **249**
duet /djuˈet/ **379.3**
due to **291**
duke /djuːk/ **205** □
dull /dʌl/
  dark **23**
  boring **119**
  stupid **240**
dumb /dʌm/
  quiet **89**
  illnesses **124.4**
  stupid **240**
dummy /ˈdʌm·i/
  babies **136.4**
  stupid **240.1**
dungarees /ˌdʌŋ·ɡəˈriːz/ **190.3**
dungeon /ˈdʌn·dʒən/ **209.6**
duo /ˈdjuː·əʊ/ **379.3**
duplex /ˈdjuː·pleks/ **174.2**
dust /dʌst/
  cleaning **187.4**
  dirty **189**
dustbin /ˈdʌst·bɪn/ **71** ☆
dustcart /ˈdʌst·kɑːt/ **71** ☆
dustman /ˈdʌst·mən/ **71** ☆
dustpan /ˈdʌst·pæn/ **187.3**
dusty /ˈdʌs·ti/ **189**
Dutch /dʌtʃ/ **361.1**
Dutch courage /ˌdʌtʃˈkʌr·ɪdʒ/ **166.7**
dutiful /ˈdjuː·tɪ·fʊl/ **217.1**
duty /ˈdjuː·ti/ **274.4**
duty-free /ˌdjuː·tiˈfriː/ **316**
duvet /ˈduː·veɪ/ **181.1**
dwarf /dwɔːf/ **44**
dwell /dwel/ **175**
dweller /ˈdwel·ər/ **175**
dwelling /ˈdwel·ɪŋ/ **175**
dwindle /ˈdwɪn·dl/ **47**

dynamic /daɪˈnæm·ɪk/ **401.2**

eager /ˈiː·ɡər/ **278**
eagle /ˈiː·ɡl/ **9.3** ☆
ear /ɪər/ **86** ☆
earache /ˈɪər·eɪk/ **124.8**
earl /ɜːl/ **205** ☐
ear lobe /ˈɪə ˌləʊb/ **86** ☆
early /ˈɜː·li/ **325**
earn /ɜːn/ **265.3**
earnest /ˈɜː·nəst/ **238.1**
earnings /ˈɜː·nɪŋz/ **265.3**
earring /ˈɪə·rɪŋ/ **192.4** ☆
ear-splitting /ˈɪəˌsplɪt·ɪŋ/ **88**
Earth /ɜːθ/ **27** ☆
earth /ɜːθ/ **384.3**
earthenware /ˈɜː·ðən·weər/
  materials **304**
  arts and crafts **381.5**
earthquake /ˈɜːθ·kweɪk/ **18.5**
ease n /iːz/ **247**,
ease v /iːz/ **247.1**
easel /ˈiː·zəl/ **381.2**
easily /ˈiː·zɪ·li/ **247**
east /iːst/ **318.1** ☆
Easter /ˈiː·stər/ **25.3**
easterly /ˈiː·stəl·i/ **318.1**
eastern /ˈiː·stən/ **318.1**
eastward /ˈiːst·wəd/ **318.1**
easy /ˈiː·zi/ **247**
easy-going /ˌiː·ziˈɡəʊ·ɪŋ/ **259**
eat /iːt/ **164**
eavesdrop /ˈiːvz·drɒp/ **87**
eccentric /ekˈsen·trɪk/ adj **444.4**
  n **444.5**
eccentricity /ˌek·senˈtrɪs·ə·ti/ **444.4**
echo /ˈek·əʊ/ **356**
economic /ˌek·əˈnɒm·ɪk/ **264.1**
economical /ˌek·əˈnɒm·ɪ·kəl/ **266**
economics /ˌiː·kəˈnɒm·ɪks/
  education **233.3**
  finance **264.1**
economy /ɪˈkɒn·ə·mi/ **264.1**
ecstatic /ekˈstæt·ɪk/ **422.2**
ECU /ˈekuː/ **265.1** ☐
edge /edʒ/ **53**
edgy /ˈedʒ·i/ **256.1**
edible /ˈed·ɪ·bl/ **164.1**
edition /əˈdɪʃ·ən/ **367.7**
editor /ˈed·ɪ·tər/ **368.1**
editorial /ˌed·ɪˈtɔː·ri·əl/ **368.2**
educate /ˈedʒ·ʊ·keɪt/ **234**
educated /ˈedʒ·ʊ·keɪ·tɪd/ **234**
education /ˌedʒ·ʊˈkeɪ·ʃən/ **233**
educational /ˌedʒ·ʊˈkeɪ·ʃən·əl/ **233**
eel /iːl/ **10.1**
effect /ɪˈfekt/ **292**
effective /ɪˈfek·tɪv/ **274.2**
efficient /ɪˈfɪʃ·ənt/ **274.2**
effort /ˈef·ət/ **276**
effortless /ˈef·ət·ləs/ **247**
effortlessly /ˈef·ət·ləs·li/ **247**
egg /eɡ/
  insects **5** ☆
  human body **101.3**
  dairy products **158.1**
egg on **279.1**
eiderdown /ˈaɪ·də·daʊn/ **181.1**
ejaculate /ɪˈdʒæk·jə·leɪt/ **199.3**
elated /ɪˈleɪ·tɪd/ **422.2**
elbow /ˈel·bəʊ/ **86**
elder /ˈel·dər/ **200.1**
elderly /ˈel·dəl·i/ **200.1**
eldest /ˈel·dɪst/ **200.1**
elect /ɪˈlekt/ **73**
election /ɪˈlek·ʃən/ **227.3**

electric /ɪˈlek·trɪk/ **303.4**
electrical /ɪˈlek·trɪ·kəl/ **303.4**
electric blanket /ɪˌlek·trɪk ˈblæŋ·kɪt/ **181.1**
electric chair /ɪˌlek·trɪk ˈtʃeər/ **198.2**
electrician /ɪˌlek·ɪkˈtrɪʃ·ən/ **174.6**
electronic /ˌel·ekˈtrɒn·ɪk/ **303.4**
elegant /ˈel·ɪ·ɡənt/ **59**
element /ˈel·ə·mənt/
  part **52.1**
  education **233.4**
elementary /ˌel·əˈmen·tər·i/ **247**
elementary school /ˌel·əˈmen·tər·i ˌskuːl/ **233** ☐
elephant /ˈel·ə·fənt/ **1** ☆
elf /elf/ **416.1**
elm /elm/ **12.1**
eloquent /ˈel·ə·kwənt/ **359.1**
elsewhere /ˌelsˈweər/ **30**
E-mail /ˈiː·meɪl/ **340.1**
emaciated /ɪˈmeɪ·si·eɪt·ɪd/ **49**
embargo /emˈbɑː·ɡəʊ/ **231.1**
embark /emˈbɑːk/ **312.3**
embarrass /emˈbær·əs/ **449.2**
embarrassment /emˈbær·əs·mənt/ **449.2**
embellish /emˈbel·ɪʃ/ **59.1**
embezzle /emˈbez·l/ **220**
embrace /emˈbreɪs/ **336.1**
embroidery /emˈbrɔɪ·dər·i/ **381.6** ☆
embryo /ˈem·bri·əʊ/ **136.1**
emerald /ˈem·ər·əld/ **15**
emerge /ɪˈmɜːdʒ/ **321.2**
emergency /ɪˈmɜː·dʒən/·si/ **252.1**
emotion /ɪˈməʊ·ʃən/ **151.1**
emotional /ɪˈməʊ·ʃən·əl/ **151.1**
emotive /ɪˈməʊ·tɪv/ **151.1**
emperor /ˈem·pər·ər/ **205** ☐
emphasis /ˈemp·fə·sɪs/ **355**
emphasize /ˈemp·fə·saɪz/ **355**
empire /ˈem·paɪər/ **14.1**
employ /emˈplɔɪ/ **271**
employee /ˌem·plɔɪˈiː/ **271.3**
employer /emˈplɔɪ·ər/ **271.4**
employment /emˈplɔɪ·mənt/ **271**
empress /ˈem·prəs/ **205** ☐
empty /ˈemp·ti/ **333**
emu /ˈiː·mjuː/ **9** ☆
enable /ɪˈneɪ·bl/ **78.1**
enclose /enˈkləʊz/ **53**
enclosure /enˈkləʊ·ʒər/ **53**
encore /ˈɒŋ·kɔːr/ **356**
encourage /enˈkʌr·ɪdʒ/ **279**
encouragement /enˈkʌr·ɪdʒ·mənt/ **279**
encouraging /enˈkʌr·ɪdʒ·ɪŋ/ **279**
encyclopedia /enˌsaɪ·kləˈpiː·di·ə/ **367.3**
end /end/ **34**
endanger /enˈdeɪn·dʒər/ **252**
endeavour /enˈdev·ər/ **276**
endorse /enˈdɔːs/ **279.2**
endurance /enˈdjʊə·rənts/ **433**
endure /enˈdjʊər/ **433**
enemy /ˈen·ə·mi/ **250**
energetic /ˌen·əˈdʒet·ɪk/ **401.2**
energy /ˈen·ə·dʒi/ **401**
engage /enˈɡeɪdʒ/ **271.7**
engaged /enˈɡeɪdʒd/ **195.3**
engagement /enˈɡeɪdʒ·mənt/ **195.3**
engine /ˈen·dʒɪn/ **303.1**
engineer /ˌen·dʒɪˈnɪər/ **303**
engineering /ˌen·dʒɪˈnɪə·rɪŋ/ **303**
English /ˈɪŋ·ɡlɪʃ/
  education **233.2**
  language **361.1**
enjoy /ɪnˈdʒɔɪ/ **428**
enjoyable /ɪnˈdʒɔɪ·ə·bl/ **428**
enjoyment /ɪnˈdʒɔɪ·mənt/ **428.1**

enlarge /ɪnˈlɑːdʒ/ **46** ☆
enlargement /ɪnˈlɑːdʒ·mənt/ **46** ☆
enmity /ˈen·mə·ti/ **250**
enough /ɪˈnʌf/ **51**
enquire /ɪnˈkwaɪər/ **351**
enquiry /ɪnˈkwaɪə·ri/ **351**
enrage /ɪnˈreɪdʒ/ **450.1**
ensure /ɪnˈʃɔːr/ **82.1**
enter /ˈen·tər/ **369.1**
enterprise /ˈen·tə·praɪz/ **262.1**
entertain /ˌen·təˈteɪn/ **376**
entertainer /ˌen·təˈteɪ·nər/ **376**
entertainment /ˌen·təˈteɪn·mənt/ **376**
enthuse /ɪnˈθjuː·z/ **278**
enthusiasm /ɪnˈθjuː·zi·æz·əm/ **278**
enthusiast /ɪnˈθjuː·ziæst/ **278**
enthusiastic /ɪnˌθjuː·ziˈæs·tɪk/ **278**
entice /ɪnˈtaɪs/ **432**
enticing /ɪnˈtaɪ·sɪŋ/ **432**
entire /ɪnˈtaɪər/ **50**
entirety /ɪnˈtaɪə·rə·ti/ **50**
entitle /ɪnˈtaɪ·tl̩/
  name **137.1**
  allow **230**
entitlement /ɪnˈtaɪ·tl̩·mənt/ **230**
entrance /ˈen·trənts/ **176.1**
entrepreneur /ˌɒn·trə·prəˈnɜːr/ **262.1**
entry /ˈen·tri/ **176.1**
envelope /ˈen·və·ləʊp/ **340.2** ☆
envious /ˈen·vi·əs/ **251**
environment /ɪnˈvaɪə·rən·mənt/ **14.2**
environmental /ɪnˌvaɪə·rənˈmen·təl/ **14.2**
envy /ˈen·vi/ **251**
ephemeral /ɪˈfem·ər·əl/ **29.2**
epidemic /ˌep·ɪˈdem·ɪk/ **124.1**
epilepsy /ˈep·ə·lep·si/ **124.12**
epileptic /ˌep·ɪˈlep·tɪk/ **124.12**
episode /ˈep·ɪ·səʊd/ **378.1**
equal /ˈiː·kwəl/ **54.1**
equals /ˈiː·kwəlz/ **297.1** ☐
equator /ɪˈkweɪ·tər/ **13.5** ☆
equipment /ɪˈkwɪp·mənt/ **382.1**
equivalent /ɪˈkwɪv·əl·ənt/ **54.1**
era /ˈɪə·rə/ **26.2**
erase /ɪˈreɪz/ **371**
eraser /ɪˈreɪ·zər/ **371**
erect /ɪˈrekt/ **289.1**
erode /ɪˈrəʊd/ **132.5**
erosion /ɪˈrəʊ·ʒən/ **132.5**
erotic /ɪˈrɒt·ɪk/ **199.1**
errand /ˈer·ənd/ **274.3**
error /ˈer·ər/ **300.1**
escalator /ˈes·kə·leɪ·tər/ **177.2**
escape /esˈkeɪp/ **210**
escudo /esˈkuː·dəʊ/ **265.1** ☐
essay /ˈes·eɪ/ **366.2**
essence /ˈes·ənts/ **364**
essential /ɪˈsen·tʃəl/ **67**
establish /esˈtæb·lɪʃ/ **293.2**
establishment /esˈtæb·lɪʃ·mənt/ **293.2**
esteem /esˈtiːm/ **431**
estimate n /ˈes·tə·mət/ **109**
estimate v /ˈes·tɪ·meɪt/ **109**
estimation /ˌes·tɪˈmeɪ·ʃən/ **106**
euthanasia /ˌjuː·θəˈneɪ·zi·ə/ **198**
evade /ɪˈveɪd/ **324**
evasion /ɪˈveɪ·ʒən/ **324**
evasive /ɪˈveɪ·sɪv/ **324**
even /ˈiː·vən/
  alike **54.1**
  smooth **62.1**
  numbers **298** ☐
evenly /ˈiː·vən·li/ **54.1**
even out
  alike **54.1**
  smooth **62.1**
event /ɪˈvent/ **31.1**

ÍNDEX DE LES PARAULES EN ANGLÈS

eventual /ɪˈven·tʃu·əl/ **326**
eventually /ɪˈven·tʃu·əl·i/ **326**
even up **54.1**
everlasting /ˌev·əˈlɑː·stɪŋ/ **29.1**
everyday /ˈev·riˌdeɪ/ **442**
evidence /ˈev·ɪ·dəns/ **209.4**
evident /ˈev·ɪ·dənt/ **93**
evidently /ˈev·ɪ·dənt·li/ **93**
evil /ˈiː·vəl/ **219**
exacerbate /ɪɡˈzæs·ə·beɪt/ **441**
exact /ɪɡˈzækt/ **299**
exactly /ɪɡˈzækt·li/ **299**
exaggerate /ɪɡˈzædʒ·ər·eɪt/ **355**
exaggeration /ɪɡˌzædʒ·əˈreɪ·ʃən/ **355**
exam /ɪɡˈzæm/ **233.5**
examination /ɪɡˌzæm·ɪˈneɪ·ʃən/
  see and look **91.3**
  education **233.5**
examine /ɪɡˈzæm·ɪn/
  see and look **91.3**
  education **233.5**
example /ɪɡˈzɑːm·pl/ **92.4**
excellence /ˈek·səl·əns/ **417.3**
excellent /ˈek·səl·ənt/ **417.3**
except /ɪkˈsept/ **437**
exception /ɪkˈsep·ʃən/ **444.2**
exceptional /ɪkˈsep·ʃən·əl/ **444.3**
exceptionally /ɪkˈsep·ʃən·əl·i/ **444.3**
excess /ɪkˈses/ **68.1**
excessive /ɪkˈses·ɪv/ **68.1**
exchange /ɪksˈtʃeɪndʒ/ **372.3**
excite /ɪkˈsaɪt/ **257.3**
excited /ɪkˈsaɪ·tɪd/ **257.1**
excitement /ɪkˈsaɪt·mənt/ **257**
exciting /ɪkˈsaɪ·tɪŋ/ **257.2**
exclaim /ɪksˈkleɪm/ **341.2**
exclamation /ˌeks·kləˈmeɪ·ʃən/ **341.2**
exclamation mark /ˌeks·kləˈmeɪ·ʃən ˌmɑːk/ **363**
exclude /ɪksˈkluːd/ **437**
excluding /ɪksˈkluː·dɪŋ/ **437**
exclusion /ɪksˈkluː·ʒən/ **437**
excursion /ɪksˈkɜː·ʃən/ **317.1**
excuse v /ɪkˈskjuːz/ **221.1**
excuse n /ɪkˈskjuːs/ **291.1**
execute /ˈek·sɪ·kjuːt/ **198.2**
execution /ˌek·sɪˈkjuː·ʃən/ **198.2**
executive /ɪɡˈzek·jə·tɪv/ **271.4**
exercise /ˈek·sə·saɪz/
  sport **388.1**
  gymnasium sports **392**
exercise book /ˈek·sə·saɪz ˌbʊk/ **233.1** ☆
exert /ɪɡˈzɜːt/ **274.1**
exertion /ɪɡˈzɜː·ʃən/ **274.1**
exhale /ɪksˈheɪl/ **103**
exhaust /ɪɡˈzɔːst/ **182.3**
exhausted /ɪɡˈzɔː·stɪd/ **182.3**
exhaustion /ɪɡˈzɔː·stʃən/ **182.3**
exhaust pipe /ɪɡˈzɔːst ˌpaɪp/ **308** ☆
exhibit /ɪɡˈzɪb·ɪt/ v **92** n **92.4**
exhibition /ˌek·sɪˈbɪʃ·ən/ **92.3**
exhilaration /ɪɡˌzɪl·ərˈeɪ·ʃən/ **257**
exile /ˈeɡ·zaɪl/ **209.5**
exist /ɪɡˈzɪst/ **29**
existence /ɪɡˈzɪs·təns/ **29**
exit /ˈeɡ·zɪt/ **176.1**
exorbitant /ɪɡˈzɔː·bɪ·tənt/ **267.1**
expand /ɪkˈspænd/ **46**
expansion /ɪkˈspæn·ʃən/ **46**
expect /ɪkˈspekt/ **109**
expectation /ˌek·spekˈteɪ·ʃən/ **109**
expedition /ˌek·spəˈdɪʃ·ən/ **317.1**
expel /ɪkˈspel/ **209.5**
expenditure /ɪkˈspen·dɪ·tʃər/ **263.1**
expense /ɪkˈspens/ **267**
expenses /ɪkˈspen·sɪz/ **265.3**

expensive /ɪkˈspen·sɪv/ **267**
experience /ɪkˈspɪə·ri·əns/ **110.2**
experienced /ɪkˈspɪə·ri·ənst/
  know **110.2**
  old **200.1**
experiment /ɪkˈsper·ɪ·mənt/ **276.1**
experimental /ɪkˌsper·ɪˈmen·təl/ **276.1**
expert /ˈek·spɜːt/ **239**
expire /ɪkˈspaɪər/ **197**
explain /ɪkˈspleɪn/ **343**
explanation /ˌek·spləˈneɪ·ʃən/ **343**
explode /ɪkˈspləʊd/ **132.2**
exploit /ˈɪk·splɔɪt/ **280**
exploration /ˌek·spləˈreɪ·ʃən/ **317.1**
explore /ɪkˈsplɔːr/ **317.1**
explosion /ɪkˈspləʊ·ʒən/ **132.2**
export n /ˈek·spɔːt/ **262.3**
export v /ɪkˈspɔːt/ **262.3**
expose /ɪkˈspəʊz/ **335**
exposed /ɪkˈspəʊzd/ **335**
express /ɪkˈspres/ **341.2**
expression /ɪkˈspreʃ·ən/ **341.2**
expulsion /ɪkˈspʌl·ʃən/ **209.5**
exquisite /ɪkˈskwɪz·ɪt/ **59**
extend /ɪkˈstend/ **46**
extension /ɪkˈsten·tʃən/ **46**
extensive /ɪkˈsten·sɪv/ **42**
extent /ɪkˈstent/ **41**
exterior /ɪkˈstɪə·ri·ər/ **66** □
exterminate /ɪkˈstɜː·mɪ·neɪt/ **198**
external /ɪkˈstɜː·nəl/ **66** □
extinct /ɪkˈstɪŋkt/ **197.1**
extra /ˈek·strə/ **68.1**
extraordinary /ɪkˈstrɔː·dən·ər·i/
  surprise **118.2**
  unusual **444.3**
extraordinarily /ɪkˈstrɔː·dɪn·ər·əl·i/ **444.3**
extravagant /ɪkˈstræv·ə·ɡənt/ **69**
eye /aɪ/
  human body **86** ☆
  see and look **91.2**
eyeball /ˈaɪ·bɔːl/ **86** ☆
eyebrow /ˈaɪ·braʊ/ **86** ☆
eyelash /ˈaɪ·læʃ/ **86** ☆
eyelid /ˈaɪ·lɪd/ **86** ☆
eyeshadow /ˈaɪˌʃæd·əʊ/ **192.5**
eyesight /ˈaɪ·saɪt/ **91.6**
eyesore /ˈaɪ·sɔːr/ **60**

fabric /ˈfæb·rɪk/ **193**
fabric conditioner /ˈfæb·rɪk kənˌdɪʃ·ə·nər/ **186**
fabulous /ˈfæb·jə·ləs/ **417.3**
face /feɪs/ **86**
face up to **258**
facilitate /fəˈsɪl·ɪ·teɪt/ **247.1**
fact /fækt/ **215**
factory /ˈfæk·tər·i/ **271.2** □
factual /ˈfæk·tʃuəl/ **215**
fade /feɪd/ **23**
faeces /ˈfiː·siːz/ **102**
fag /fæɡ/ **171**
Fahrenheit /ˈfær·ən·haɪt/ **307.5** □
fail /feɪl/ **397**
failure /ˈfeɪ·ljər/ **397**
faint /feɪnt/
  quiet **89**
  symptoms **125.3**
fair /feər/
  human body **86.3**
  fair **211**
fairness /ˈfeə·nəs/ **211**
fairway /ˈfeə·weɪ/ **389.6**
fairy /ˈfeə·ri/ **416.1**
faith /feɪθ/ **232**
faithful /ˈfeɪθ·fəl/ **213.3**

fake /feɪk/ **36**
fall /fɔːl/ **412.1**
fallacy /ˈfæl·ə·si/ **300.1**
fall back on **218.1**
fall out **346.3**
false /fɔːls/ **216**
false teeth /ˌfɔːls ˈtiːθ/ **123**
falsify /ˈfɔːl·sɪ·faɪ/ **216**
fame /feɪm/ **111**
familiar /fəˈmɪl·i·ər/ **110.2**
family /ˈfæm·əl·i/ **138**
family planning /ˌfæm·əl·i ˈplæn·ɪŋ/ **199.5**
famine /ˈfæm·ɪn/ **165**
famished /ˈfæm·ɪʃt/ **165**
famous /ˈfeɪ·məs/ **111**
fan /fæn/
  accessories **192.4**
  like **426**
fancy /ˈfæn·si/ **426**
fantastic /fænˈtæs·tɪk/ **417.3**
far /fɑːr/ **320.2**
fare /feər/ **316**
farm /fɑːm/ **173**
farmer /ˈfɑː·mər/ **173**
farmhouse /ˈfɑːm·haʊs/ **173**
farming /ˈfɑː·mɪŋ/ **173**
farmyard /ˈfɑːm·jɑːd/ **173**
fart /fɑːt/ **125.4**
fascinate /ˈfæs·ɪ·neɪt/ **120**
fascinating /ˈfæs·ɪ·neɪ·tɪŋ/ **120**
fascination /ˌfæs·ɪˈneɪ·ʃən/ **120**
fascism /ˈfæʃ·ɪ·zəm/ **227.4**
fashion /ˈfæʃ·ən/ **202.1**
fashionable /ˈfæʃ·ən·ə·bl/ **202.1**
fast /fɑːst/ **403**
fasten /ˈfɑː·sən/ **294.1**
fastener /ˈfɑːs·ən·ər/ **294.1**
fast food /ˌfɑːst ˈfuːd/ **161.3**
fat /fæt/
  fat **48**
  meat **159.2**
fatal /ˈfeɪ·təl/ **198.4**
father /ˈfɑː·ðər/ **138.1**
father-in-law /ˈfɑː·ðər·ɪn·lɔː/ **138.4**
fatigue /fəˈtiːɡ/ **182.3**
fatten /ˈfæt·ən/ **48**
fattening /ˈfæt·ən·ɪŋ/ **48**
fatty /ˈfæt·i/ **159.2**
fault /fɔːlt/
  cause **291**
  incorrect **300.1**
faultless /ˈfɔːlt·ləs/ **417.4**
faulty /ˈfɔːl·ti/ **300.1**
favour /ˈfeɪ·vər/
  encourage **279.2**
  like **426.1**
favourable /ˈfeɪ·vər·ə·bl/ **417.1**
favourite /ˈfeɪ·vər·ɪt/ **426.1**
fax /fæks/
  office **272.1**
  communications **340.1**
fax machine /ˈfæks məˌʃiːn/ **340.1**
fear /fɪər/ **255**
fearful /ˈfɪə·fəl/ **255.1**
fearless /ˈfɪə·ləs/ **258**
feasibility /ˌfiː·zəˈbɪl·ə·ti/ **78**
feasible /ˈfiː·zə·bl/ **78**
feast /fiːst/ **162.3**
feather /ˈfeð·ər/ **9** ☆
feature /ˈfiː·tʃər/ **368.2**
features /ˈfiː·tʃəz/ **86**
February /ˈfeb·ruˌər·i/ **25.2**
fed up /ˌfed ˈʌp/ **447**
fee /fiː/ **263.2**
feeble /ˈfiː·bl/ **402**
feed /fiːd/ **164**

ÍNDEX DE LES PARAULES EN ANGLÈS

feel /fiːl/
  touch 98
  emotion 151.1
feel for 222
feel like 72
feeling /'fiː·lɪŋ/ 151.1
feline /'fiː·laɪn/ 7.2
fellow /'fel·əʊ/ 139.5
felt /felt/ 193.1
felt tip pen /ˌfelt tɪp 'pen/ 370 ☆
female /'fiː·meɪl/ 141
feminine /'fem·ɪ·nɪn/ 141
fence /fents/ 176 ☆
fencing /'fent·sɪŋ/ 392.1
fern /fɜːn/ 11
ferocious /fə'rəʊ·ʃəs/ 2
ferret /'fer·ɪt/ 4 ☆, 4 □
ferry /'fer·i/ 312.1
fertile /'fɜː·taɪl/ 173.6
fertility /fə'tɪl·ɪ·ti/ 173.6
fertilizer /'fɜː·tɪ·laɪ·zər/ 173.6
fetch /fetʃ/ 323
fever /'fiː·vər/ 124.1
feverish /'fiː·vər·ɪʃ/ 124.1
few /fjuː/ 298.1
fiancé /fi'ɑːn·seɪ/ 195.3
fibreglass /'faɪ·bə·ɡlɑːs/ 304
fiction /'fɪk·ʃən/
  untrue 216
  book 367.1
fictitious /fɪk'tɪʃ·əs/ 216
fiddle /'fɪd·l̩/ 214.1
fidelity /fɪ'del·ə·ti/ 213.3
fidget /'fɪdʒ·ɪt/ 411.1
field /fiːld/
  farming 173.1
  sport 388.4
fielder /'fiːl·dər/ 389.3
fierce /fɪəs/ 2
fig /fɪɡ/ 152.5
fight /faɪt/ 249
fighting /'faɪ·tɪŋ/ 249
figure /'fɪɡ·ər/
  human body 86
  numbers 298
file /faɪl/ 272.1
filing cabinet /'faɪ·lɪŋ ˌkæb·ɪ·nət/ 272.1
fill /fɪl/ 332
filling /'fɪl·ɪŋ/ 123
fill up 310
  petrol station 310
  full 332
film /fɪlm/
  entertainment 376.4
  arts and crafts 381.4
filter /'fɪl·tər/ 303.1
filth /fɪlθ/ 189
filthy /'fɪl·θi/ 189
fin /fɪn/ 10.1 ☆
final /'faɪ·nəl/ 34.2
finally /'faɪ·nəl·i/ 34.2
finance /'faɪ·nænts/ 264
financial /faɪ'næn·tʃəl/ 264
finch /fɪntʃ/ 9
find /faɪnd/ 95
finding /'faɪn·dɪŋ/ 113
find out 113
fine /faɪn/
  weather 18.1
  thin 49.2
  cut 133.6
  legal system 209.5
  good 417.2
finely /'faɪn·li/ 133.6
finger /'fɪŋ·ɡər/
  human body 86 ☆
  touch 98

fingernail /'fɪŋ·ɡə·neɪl/ 86 ☆
finish /'fɪn·ɪʃ/ 34
Finnish /'fɪn·ɪʃ/ 361.1
fir /fɜːr/ 12.1
fire /faɪər/
  hot 20.1
  burn 135
  employment 271.8
firearm /'faɪər·ɑːm/ 248.4
fire brigade /'faɪə brɪˌɡeɪd/ 135.2
fire engine /'faɪər ˌen·dʒɪn/ 135.2
fire extinguisher /'faɪər ɪkˌstɪŋ·ɡwɪ·ʃər/ 135.2
firefighter /'faɪə,faɪ·tər/ 135.2
fireplace /'faɪə·pleɪs/ 180 ☆
firing squad /'faɪə·rɪŋ ˌskwɒd/ 198.2
firm /fɜːm/
  hard 100
  strict 229
  employment 271.2
firmly /'fɜːm·li/ 100
first aid /ˌfɜːst 'eɪd/ 126.6
first class /ˌfɜːst 'klɑːs/ 340.2 □
first course /'fɜːst ˌkɔːs/ 162.2
first floor /'fɜːst flɔːr/ 176.2 ☆
first name /'fɜːst ˌneɪm/ 137.2
first-rate /ˌfɜːst'reɪt/ 417.4
fish /fɪʃ/
  fish and sea animals 10
  meat 159.3
  leisure activities 380.1
fish and chips /ˌfɪʃ ən 'tʃɪps/ 161.3
fish fork /'fɪʃ fɔːk/ 170 ☆
fishing /'fɪʃ·ɪŋ/ 380.1
fishing line /'fɪʃ·ɪŋ ˌlaɪn/ 380.1
fishing rod /'fɪʃ·ɪŋ ˌrɒd/ 380.1
fish knife /'fɪʃ ˌnaɪf/ 170 ☆
fishmonger /'fɪʃˌmʌŋ·ɡər/ 273 □
fist /fɪst/ 86 ☆
fit /fɪt/
  illnesses 124.12
  healthy 127
fitting /'fɪt·ɪŋ/ 420.1
fix /fɪks/ 383
fizzy /'fɪz·i/ 166.1
flair /fleər/ 239.2
flake /fleɪk/ 132.3
flame /fleɪm/ 135
flamingo /flə'mɪŋ·ɡəʊ/ 9.2
flannel /'flæn·əl/ 184.1
flap /flæp/ 415
flash /flæʃ/
  light 24.3
  arts and crafts 381.4
flask /flɑːsk/ 331.2
flat /flæt/
  smooth 62.1
  drinks 166.1
  types of building 174.2
  music 379.8 ☆
flat out /ˌflæt 'aʊt/ 403.1
flatten /'flæt·ən/ 39
flatter /'flæt·ər/ 430
flaunt /flɔːnt/ 92.1
flavour /'fleɪ·vər/ 157.1
flavouring /'fleɪ·vər·ɪŋ/ 157.1
flawless /'flɔː·ləs/ 417.4
flea /fliː/ 5
flee /fliː/ 322.1
fleet /fliːt/ 248.2
flesh /fleʃ/ 159.2
flex /fleks/ 382.3
flexible /'flek·sɪ·bl̩/ 99.1
flight /flaɪt/
  aircraft 313.2
  go 322.1
flight lieutenant /ˌflaɪt lef'ten·ənt/ 248.3 □

flimsy /'flɪm·zi/ 402.1
fling /flɪŋ/ 405
flippant /'flɪp·ənt/ 144.3
float /fləʊt/ 391.1
flock /flɒk/ 173.7
flood /flʌd/ 18.2
floor /flɔːr/
  parts of buildings 176.2
  inside buildings 177.5
floorcloth /'flɔː·klɒθ/ 187.3
flop /flɒp/ 397
floppy disk /ˌflɒp·i 'dɪsk/ 296 ☆
florist /'flɒr·ɪst/ 273 □
flour /flaʊər/ 156.2
flow /fləʊ/ 411.3
flower /flaʊər/ 11 ☆
flowerbed /'flaʊə·bed/ 384 ☆
flu /fluː/ 124.6
fluent /'fluː·ənt/ 359.1
fluid ounce /ˌfluː·ɪd 'aʊnts/ 307.3
flush /flʌʃ/ 185.1
flute /fluːt/ 379.4
flutter /'flʌt·ər/ 415
fly /flaɪ/
  insects 5
  birds 9.1
  clothes 190.12
  aircraft 313.2
foetus /'fiː·təs/ 136.1
fog /fɒɡ/ 18.2
foggy /'fɒɡ·i/ 18.2
fold /fəʊld/ 39
fold in 168.3
folk /fəʊk/ 139.1
folk music /'fəʊk ˌmjuː·zɪk/ 379.1
folks /fəʊks/ 138.1
folk song /'fəʊk ˌsɒŋ/ 379.1
follow /'fɒl·əʊ/ 409
follow suit 56.1
fond /fɒnd/ 426
fondle /'fɒn·dl̩/ 98.1
fondness /'fɒnd·nəs/ 426
font /fɒnt/ 232.5 ☆
food /fuːd/ 162.2
food poisoning /'fuːd ˌpɔɪ·zən·ɪŋ/ 124.7
food processor /'fuːd ˌprəʊ·ses·ər/ 169 ☆
fool /fuːl/ 241.1
foolhardy /'fuːlˌhɑː·di/ 302
foolish /'fuː·lɪʃ/ 241
foot /fʊt/
  human body 86
  weights and measures 307.1 □
football /'fʊt·bɔːl/ 389.1
footnote /'fʊt·nəʊt/ 367.5
footpath /'fʊt·pɑːθ/ 311.1
footstep /'fʊt·step/ 407.1
forbid /fə'bɪd/ 231
force /fɔːs/ 401
forceful /'fɔːs·fəl/ 401.2
forcefully /'fɔːs·fəl·i/ 401.2
forecast /'fɔː·kɑːst/ 109.1
foreground /'fɔː·ɡraʊnd/ 381.3
forehead /'fɔː·hed/ 86 ☆
foreign /'fɒr·ɪn/ 317.2
foreigner /'fɒr·ɪ·nər/ 317.2
foreign secretary /ˌfɒr·ɪn 'sek·rə·tər·i/ 227 □
foreman /'fɔː·mən/ 271.4
forename /'fɔː·neɪm/ 137.2
foreplay /'fɔː·pleɪ/ 199.3
forest /'fɒr·ɪst/ 13.2
forewoman /'fɔːˌwʊm·ən/ 271.4
forge /fɔːdʒ/ 56
forgery /'fɔː·dʒər·i/ 56
forget /fə'ɡet/ 117

ÍNDEX DE LES PARAULES EN ANGLÈS

forgetful /fəˈget·fəl/ **117**
forgive /fəˈgɪv/ **221.1**
fork /fɔːk/
　dining room **170** ☆
　gardening **384.1**
form /fɔːm/
　shapes **38**
　shape **39**
　education **233**
　make **293**
　document **366.1**
formal /ˈfɔː·məl/ **146**
formality /fɔːˈmæl·ə·ti/ **146**
formation /fɔːˈmeɪ·ʃən/ **293**
formula /ˈfɔː·mjə·lə/
　system **290**
　maths **297**
fornicate /ˈfɔː·nɪ·keɪt/ **199.2**
fortify /ˈfɔː·tɪ·faɪ/ **401.3**
fortnight /ˈfɔːt·naɪt/ **25.1**
fortunate /ˈfɔː·tʃən·ət/ **387.1**
fortune /ˈfɔː·tʃuːn/
　rich **269**
　luck **387**
fortune teller /ˈfɔː·tʃuːn ˌtel·ər/ **385**
forty winks /ˌfɔː·ti ˈwɪŋks/ **182.2**
fossil /ˈfɒs·əl/ **13.3**
foster /ˈfɒs·tər/ **136.3**
foul /faʊl/
　sport **388.1**
　ball sports **389.1**
　bad **438.1**
found /faʊnd/ **293.2**
foundation /faʊnˈdeɪ·ʃən/ **293.2**
fountain pen /ˈfaʊn·tɪn ˌpen/ **370** ☆
fowl /faʊl/ **9**
fox /fɒks/
　wild animals **1, 1.1** □
　small animals **4** □
foyer /ˈfɔɪ·eɪ/ **177.1**
fraction /ˈfræk·ʃən/
　small quantity **45.2**
　numbers **298.1** □
fracture /ˈfræk·tʃər/ **124.13**
fragile /ˈfrædʒ·aɪl/ **402.1**
fragment /ˈfræg·mənt/ **45.2**
fragmentary /ˈfræg·mən·tər·i/ **45.2**
fragrance /ˈfreɪ·grənts/ **90**
frail /freɪl/ **402**
frame /freɪm/ **53**
framework /ˈfreɪm·wɜːk/ **293.2**
franc /fræŋk/ **265.1** □
frank /fræŋk/ **213.2**
frankly /ˈfræŋk·li/ **213.2**
fraud /frɔːd/ **214.1**
freak /friːk/ **444.1**
freckle /ˈfrek·l̩/ **86.2**
free /friː/
　free **210**
　cheap **266**
freebie /ˈfriː·bi/ **266**
freedom /ˈfriː·dəm/ **210**
freeze /friːz/
　cold **19**
　fear **255.3**
freezer /ˈfriː·zər/ **169** ☆
freezing /ˈfriː·zɪŋ/ **19**
French /frentʃ/ **361.1**
French bean /ˌfrentʃ ˈbiːn/ **155.1**
French horn /ˌfrentʃ ˈhɔːn/ **379.4**
frequent /ˈfriː·kwənt/ **443**
frequently /ˈfriː·kwənt·li/ **443**
fresh /freʃ/ **201**
freshly /ˈfreʃ·li/ **201**
friction /ˈfrɪk·ʃən/
　touch **98.2**
　disagree **346.3**

Friday /ˈfraɪ·deɪ/ **25.1**
friend /frend/ **434.1**
friendly /ˈfrend·li/ **434.3**
friendship /ˈfrend·ʃɪp/ **434**
fright /fraɪt/ **255**
frighten /ˈfraɪ·tən/ **255.2**
frightened /ˈfraɪ·tənd/ **255.1**
frightful /ˈfraɪt·fəl/ **438.1**
fringe /frɪndʒ/ **190.12**
fritter away /ˌfrɪt·ər əˈweɪ/ **69**
frog /frɒg/ **4**
front /frʌnt/ **66** ☆
front garden /ˌfrʌnt ˈgɑː·dən/ **176** ☆
frontier /frʌnˈtɪər/ **53.1**
frost /frɒst/ **18.4**
frown /fraʊn/ **450.3**
frozen /ˈfrəʊ·zən/ **19**
fruit /fruːt/ **152**
fruitful /ˈfruːt·fəl/ **396**
fry /fraɪ/ **168.1**
frying pan /ˈfraɪ·ɪŋ pæn/ **169** ☆
fuck /fʌk/ **199.2**
fuel /ˈfjuː·əl/ **303.3**
fulfil /fʊlˈfɪl/ **429**
fulfilment /fʊlˈfɪl·mənt/ **429**
full /fʊl/ **332**
full stop /ˌfʊl ˈstɒp/ **363**
full up /ˌfʊl ˈʌp/ **332**
full-time /ˌfʊlˈtaɪm/ **271.5**
fumble /ˈfʌm·bl̩/ **242.1**
fun /fʌn/ **428.1**
fund /fʌnd/ **265**
fundamental /ˌfʌn·dəˈmen·təl/ **75**
fundamentally /ˌfʌn·dəˈmen·təl·i/ **75**
funds /fʌndz/ **265**
funeral /ˈfjuː·nər·əl/ **195.4**
funfair /ˈfʌn·feər/ **385**
funnel /ˈfʌn·əl/ **303.1**
funny /ˈfʌn·i/
　funny **424.2**
　unusual **444.1**
furious /ˈfjʊə·ri·əs/ **450.1**
furnish /ˈfɜː·nɪʃ/ **177.5**
furniture /ˈfɜː·nɪ·tʃər/ **177.5**
further education /ˌfɜːðər edʒ·ʊˈkeɪ·ʃən/ **233** □
fury /ˈfjʊə·ri/ **450.1**
fuse /fjuːz/ **303.1**
fuse-box /ˈfjuːz·bɒks/ **303.1**
fuss /fʌs/ **450.2**
fussy /ˈfʌs·i/ **301.1**
futile /ˈfjuː·taɪl/ **282**
future /ˈfjuː·tʃər/ n **26.2** adj **26.3**

gadget /ˈgædʒ·ɪt/ **382.1**
gain /geɪn/ **373.1**
gait /geɪt/ **407.1**
gale /geɪl/ **18.3**
Galician /gəˈlɪs·i·ən/ **361.2**
gallery /ˈgæl·ər·i/ **92.3**
gallon /ˈgæl·ən/ **307.3** □
gallop /ˈgæl·əp/
　equestrian sports **395**
　run **408**
galore /gəˈlɔːr/ **43.2**
gamble /ˈgæm·bl̩/ **386.5**
game /geɪm/
　wild animals **1** □
　meat **159.3**
　games **386**
　sport **388.3**
　ball sports **389.5**
gammon /ˈgæm·ən/ **159.1**
gang /gæŋ/ **207.1**
gangway /ˈgæŋ·weɪ/ **311.1**
gap /gæp/ **134**

gaping /ˈgeɪ·pɪŋ/ **179**
garage /ˈgær·ɑːʒ/
　parts of buildings **176** ☆
　petrol station **310**
garden /ˈgɑː·dən/ n **384** ☆ v **384.2**
garden centre /ˌgɑː·dən ˈsen·tər/ **273** □
gardener /ˈgɑː·dən·ər/ **384.2**
gardening /ˈgɑː·dən·ɪŋ/ **384**
garlic /ˈgɑː·lɪk/ **155.3**
gas /gæs/
　gases **17**
　machinery **303.3**
gas chamber /ˈgæs ˌtʃeɪm·bər/ **198.2**
gash /gæʃ/ **133.2**
gasp /gɑːsp/ **103.1**
gate /geɪt/ **176** ☆
gatepost /ˈgeɪt·pəʊst/ **176** ☆
gateway /ˈgeɪt·weɪ/ **176.1**
gather /ˈgæð·ər/
　believe **105.1**
　group **207.2**
gauche /gəʊʃ/ **400**
gaudy /ˈgɔː·di/ **194.1**
gaunt /gɔːnt/ **49**
gawp /gɔːp/ **91.2**
gay /geɪ/ **199.6**
gaze /geɪz/ **91.2**
gear /gɪər/ **382.1**
gear lever /ˈgɪə ˌliː·vər/ **308.1**
gem /dʒem/ **15**
Gemini /ˈdʒem·ɪ·naɪ/ **28** □
gender /ˈdʒen·dər/ **199**
general /ˈdʒen·ər·əl/
　general **85**
　war **248.3** □
　incorrect **300.2**
general anaesthetic /ˌdʒen·ər·əl ˌæn·əsˈθet·ɪk/ **122.1**
generalize /ˈdʒen·ər·əl·aɪz/ **85**
generally /ˈdʒen·ər·əl·i/ **85**
generation /ˌdʒen·əˈreɪ·ʃən/ **138.7**
generous /ˈdʒen·ər·əs/ **224.1**
genitals /ˈdʒen·ɪ·təlz/ **86**
genius /ˈdʒiː·ni·əs/ **236.1**
gentle /ˈdʒen·tl̩/ **3**
gentleman /ˈdʒen·tl̩·mən/ **139.4**
gentlemanly /ˈdʒen·tl̩·mən·li/ **139.4**
gently /ˈdʒent·li/ **3**
gents /dʒents/ **185.1**
genuine /ˈdʒen·ju·ɪn/
　real **35**
　honest **213.1**
geographer /dʒiˈɒg·rə·fər/ **13**
geography /dʒiˈɒg·rə·fi/
　geography and geology **13**
　education **233.2**
geologist /dʒiˈɒl·ə·dʒɪst/ **13**
geology /dʒiˈɒl·ə·dʒi/ **13**
geometric /ˌdʒiː·əʊˈmet·rɪk/ **297**
geometry /dʒiˈɒm·ə·tri/ **297**
germ /dʒɜːm/ **124.2**
German /ˈdʒɜː·mən/ **361.1**
German measles /ˌdʒɜː·mən ˈmiː·zl̩z/ **124.10**
gesture /ˈdʒes·tʃər/ **365**
get /get/ **373**
get across **343**
get out of **324**
get up **97.1**
ghastly /ˈgɑːst·li/ **438.1**
gherkin /ˈgɜː·kɪn/ **161.2**
ghost /gəʊst/ **416.2**
giant /ˈdʒaɪənt/ **42.1**
gift /gɪft/
　skilful **239.2**
　give **372.1**
gifted /ˈgɪf·tɪd/ **239.2**

ÍNDEX DE LES PARAULES EN ANGLÈS

gig /gɪg/ **379.6**
gigantic /dʒaɪˈgæn·tɪk/ **42.1**
giggle /ˈgɪg·l̩/ **423**
gill /gɪl/
  fish and sea animals **10.1** ☆
gill /dʒɪl/
  weights and measures **307.3**
gin /dʒɪn/ **166.4**
ginger /ˈdʒɪn·dʒəʳ/
  human body **86.3**
  flavours **157.3**
  colours **194.3**
giraffe /dʒɪˈrɑːf/ **1**
girl /gɜːl/ **139.2**
girlfriend /ˈgɜːl·frend/ **427.4**
girlish /ˈgɜːl·lɪʃ/ **141**
gist /dʒɪst/ **364**
give /gɪv/ **372**
give away
  admit **350.1**
  give **372.1**
give up
  end **34**
  failure **397**
give way **309**
glacier /ˈgleɪ·si·əʳ/ **13.7**
glad /glæd/ **422.1**
gladden /ˈglæd·ən/ **422.1**
gladness /ˈglæd·nəs/ **422.1**
glance /glɑːnts/ **91.1**
glare /gleəʳ/
  light **24.2**
  angry **450.3**
glass /glɑːs/
  dining room **170** ☆
  materials **304**
glasses /ˈglɑː·sɪz/ **91.8**
gleam /gliːm/ **24.2**
glide /glaɪd/ **411.1**
glider /ˈglaɪ·dəʳ/ **313**
glimmer /ˈglɪm·əʳ/ **24.3**
glimpse /glɪmps/ **91.1**
glisten /ˈglɪs·ən/ **24.2**
glitter /ˈglɪt·əʳ/ **24.3**
gloom /gluːm/ **23**
gloomy /ˈgluː·mi/ **23**
glorious /ˈglɔː·ri·əs/ **77**
glory /ˈglɔː·ri/
  great **77**
  admire **431.2**
glove /glʌv/ **192.2**
glow /gləʊ/ **24.2**
glue /gluː/ **294.3**
glutton /ˈglʌt·ən/ **164.4**
gnaw /nɔː/ **164.2**
gnome /nəʊm/ **416.1**
go /gəʊ/ **322**
goad /gəʊd/ **279.1**
goal /gəʊl/
  intend **107.2**
  sport **388.1**
  ball sports **389.1**
goalkeeper /ˈgəʊlˌkiː·pəʳ/ **389.1** ☆
goalposts /ˈgəʊl·pəʊsts/ **389.1** ☆
goat /gəʊt/ **6**
gobble /ˈgɒb·l̩/
  birds **9.4**
  eat **164.3**
God /gɒd/ **232.3**
godchild /ˈgɒd·tʃaɪld/ **195.2**
godfather /ˈgɒdˌfɑː·ðəʳ/ **195.2**
godmother /ˈgɒdˌmʌð·əʳ/ **195.2**
goggles /ˈgɒg·l̩z/ **91.8**
gold /gəʊld/ **16**
golden /ˈgəʊl·dən/ **16**
goldfish /ˈgəʊld·fɪʃ/ **7.3**
golf /gɒlf/ **389.6**

golf club /ˈgɒlf ˌklʌb/ **389.6**
golf course /ˈgɒlf ˌkɔːs/ **388.4**
good /gʊd/
  good (morally) **217**
  good (quality) **417**
good-for-nothing /ˈgʊd·fəˌnʌθ·ɪŋ/ **283.1**
good-looking /ˌgʊdˈlʊk·ɪŋ/ **59**
goods /gʊdz/ **262.5**
go off **153**
go on **33**
goose /guːs/ **6.1**
gooseberry /ˈgʊz·bər·i/ **152.3**
gorge /gɔːdʒ/ **13.1**
gorgeous /ˈgɔː·dʒəs/ **59**
gorilla /gəˈrɪl·ə/ **1**
Gospel /ˈgɒs·pəl/ **232.7**
gossip /ˈgɒs·ɪp/ **360**
gossipy /ˈgɒs·ɪ·pi/ **360**
govern /ˈgʌv·ən/ **228.4**
government /ˈgʌv·ən·mənt/ **227**
governor /ˈgʌv·ən·əʳ/ **227** □
gown /gaʊn/ **190.5**
grab /græb/ **375.1**
grace /greɪs/ **399**
graceful /ˈgreɪs·fʊl/
  beautiful **59**
  agile **399**
gracious /ˈgreɪ·ʃəs/ **143.1**
grade /greɪd/
  important **74.2**
  education **233** □
grade school /ˈgreɪd ˌskuːl/ **233** □
gradual /ˈgrædʒ·u·əl/ **404**
gradually /ˈgrædʒ·u·əl·i/ **404**
graduate v /ˈgrædʒ·u·eɪt/ **233** □, **233.5**
graduate n /ˈgrædʒ·u·ət/ **235.1**
grain /greɪn/
  small quantity **45.2**
  farming **173.5**
gram /græm/ **307.4** □
grammar /ˈgræm·əʳ/ **362.4**
grammar school /ˈgræm·əˌskuːl/ **233** □
grammatical /grəˈmæt·ɪ·kəl/ **362.4**
gramophone /ˈgræm·ə·fəʊn/ **379.9** ☆
grand /grænd/ **77**
grandad /ˈgræn·dæd/ **138.3**
grandchild /ˈgrændˌtʃaɪld/ **138.3**
granddaughter /ˈgrændˌdɔː·təʳ/ **138.3**
grandeur /ˈgræn·djʊəʳ/ **77**
grandfather /ˈgrændˌfɑː·ðəʳ/ **138.3**
grandmother /ˈgrændˌmʌð·əʳ/ **138.3**
grandparent /ˈgrændˌpeə·rənt/ **138.3**
grandson /ˈgrænd·sʌn/ **138.3**
granny /ˈgræn·i/ **138.3**
grant /grɑːnt/
  allow **230**
  money **265.3**
grape /greɪp/ **152.1**
grapefruit /ˈgreɪp·fruːt/ **152.2**
graph /grɑːf/ **297**
grasp /grɑːsp/
  understand **114**
  hold **336**
  take **375.1**
grass /grɑːs/ **384** ☆
grasshopper /ˈgrɑːsˌhɒp·əʳ/ **5**
grate /greɪt/
  cooking methods **168.2**
  living room **180** ☆
grateful /ˈgreɪt·fʊl/ **422.1**
grater /ˈgreɪ·təʳ/ **168.2** ☆
grave /greɪv/
  important **74**
  social customs **195.4**
gravestone /ˈgreɪv·stəʊn/ **195.4**
gravy /ˈgreɪ·vi/ **161.5**

graze /greɪz/ **132.3**
greasy /ˈgriː·si/ **189**
great /greɪt/
  great **77**
  good **417.3**
great- /greɪt/ **138.3**
greed /griːd/ **72.2**
greedy /ˈgriː·di/ **72.2**
Greek /griːk/ **361.1**
Greek Orthodox /ˌgriːk ˈɔːˌθ·ə·dɒks/ **232.2**
green /griːn/
  colours **194.3**
  new **201.3**
  ball sports **389.6**
greengrocer /ˈgriːnˌgrəʊ·səʳ/ **273** □
greenhouse /ˈgriːn·haʊs/ **384** ☆
greet /griːt/ **196**
greeting /ˈgriː·tɪŋ/ **196**
grey /greɪ/
  human body **86.3**
  colours **194.3**
greyhound /ˈgreɪ·haʊnd/ **7.1** ☆
grief /griːf/ **447.1**
grief-stricken /ˈgriːfˌstrɪk·ən/ **447.1**
grieve /griːv/ **447.1**
grill /grɪl/
  cooking methods **168.1**
  kitchen **169** ☆
  ask **351.1**
grilling /ˈgrɪl·ɪŋ/ **351.1**
grim /grɪm/ **438.1**
grime /graɪm/ **189**
grimy /ˈgraɪ·mi/ **189**
grin /grɪn/ **423**
grind /graɪnd/
  damage **132.4**
  cut **133.3**
grip /grɪp/ **336**
gripping /ˈgrɪp·ɪŋ/
  interesting **120**
  excitement **257.2**
groan /grəʊn/ **345**
grocer /ˈgrəʊ·səʳ/ **273** □
grocery /ˈgrəʊ·sər·i/ **273** □
groschen /ˈgrɒʃ·ən/ **265.1** □
gross /grəʊs/ **262.9**
grotesque /grəʊˈtesk/ **60**
ground /graʊnd/
  gardening **384.3**
  sport **388.4**
ground floor /ˌgraʊnd ˈflɔː/ **176.2** ☆
grounds /graʊndz/ **291.1**
group /gruːp/
  group **207**
  music **379.3**
group captain /ˌgruːp ˈkæp·tɪn/ **248.3** □
grow /grəʊ/
  increase **46**
  farming **173.4**
grower /ˈgrəʊ·əʳ/ **173.4**
growl /graʊl/ **8.1, 8.2** □
grown-up /ˈgrəʊn·ʌp/ **139.4**
growth /grəʊθ/ **46**
grub /grʌb/ **162.1**
grubby /ˈgrʌb·i/ **189**
grudge /grʌdʒ/ **251**
grudging /ˈgrʌdʒ·ɪŋ/ **251**
grumble /ˈgrʌm·bl̩/ **345**
guarantee /ˌgær·ənˈtiː/
  certain **82.1**
  promise **358**
guard /gɑːd/
  look after **254**
  trains **314.2**
guarded /ˈgɑː·dɪd/ **301**
guess /ges/

ÍNDEX DE LES PARAULES EN ANGLÈS

believe **105.2**
guess **109**
guesswork /'ges·wɜːk/ **109**
guest /gest/ **319**
guest house /'gest ˌhaʊs/ **317.3**
guffaw /gə'fɔː/ **423**
guidance /'gaɪ·dənts/ **353.1**
guide /gaɪd/ **92.2**
guilder /'gɪl·dər/ **265.1** □
guilt /gɪlt/
  wicked **219.1**
  shame **449.1**
guilty /'gɪl·ti/
  wicked **219.1**
  shame **449.1**
guinea pig /'gɪn·i ˌpɪg/ **7.3**
guitar /gɪ'tɑːr/ **379.4**
gulf /gʌlf/ **13.5** ☆
gullible /'gʌl·ə·bl̩/ **105.3**
gulp /gʌlp/ **167**
gums /gʌmz/ **86.1**
gun /gʌn/ **248.4**
gust /gʌst/ **18.3**
guts /gʌts/ **258**
gutter /'gʌt·ər/ **176** ☆
guy /gaɪ/ **139.5**
Guy Fawkes Night /ˌgaɪ fɔːks ˌnaɪt/ **25.3**
guzzle /'gʌz·l̩/ **164.3**
gym /dʒɪm/ **392**
gymkhana /dʒɪm'kɑː·nə/ **395.1**
gymnastics /dʒɪm'næs·tɪks/ **392**
gym shoes /'dʒɪm ˌʃuːz/ **191** ☆

habit /'hæb·ɪt/ **288**
habitual /hə'bɪtʃ·u·əl/ **288**
hack /hæk/ **133.2**
hacksaw /'hæk·sɔː/ **382.1** ☆
haemophilia /ˌhiː·mə'fɪl·i·ə/ **124.11**
haggard /'hæg·əd/ **49**
hail /heɪl/ **18.4**
hair /heər/ **86**
hairbrush /'heə·brʌʃ/ **184.2**
haircut /'heə·kʌt/ **184.2**
hairdresser /'heəˌdres·ər/ **184.2**
hairdryer /'heəˌdraɪ·ər/ **184.2**
hairspray /'heə·spreɪ/ **184.2**
hairy /'heə·ri/ **86.2**
hake /heɪk/ **10.1**
half-brother /'hɑːfˌbrʌð·ər/ **138.5**
half-hearted /ˌhɑːf'hɑːt·ɪd/ **285**
half-sister /'hɑːfˌsɪs·tər/ **138.5**
hall /hɔːl/ **177.1**
Halloween /ˌhæl·əʊ'iːn/ **25.3**
halt /hɒlt/ **34**
halve /hɑːv/ **47**
ham /hæm/ **159.1**
hamburger /'hæmˌbɜː·gər/ **161.3**
ham-fisted /hæm'fɪs·tɪd/ **400**
hammer /'hæm·ər/
  tools **382.1** ☆
  athletics **390.2**
hamper /'hæm·pər/ **245**
hamster /'hæmp·stər/ **7.3**
hand /hænd/
  human body **86**
  help **277**
  give **372**
  games **386.3**
handbag /'hænd·bæg/ **192.3**
handbrake /'hænd·breɪk/ **308.1**
handful /'hænd·fʊl/ **45.2**
hand grenade /'hænd grəˌneɪd/ **248.4** ☆
handicap /'hæn·dɪ·kæp/
  illnesses **124.3**
  problem **244.2**
handicapped /'hæn·dɪ·kæpt/

illnesses **124.3**
problem **244.2**
handkerchief /'hæŋ·kə·tʃiːf/ **192.6**
handle /'hæn·dl̩/
  touch **98**
  control **228.2**
  tools **382.1** ☆
hand over **372**
handrail /'hænd·reɪl/ **177.2** ☆
handshake /'hænd·ʃeɪk/ **196**
handsome /'hænd·səm/ **59**
handwriting /'hændˌraɪ·tɪŋ/ **369**
handy /'hæn·di/ **281**
hang /hæŋ/ **198.2**
hang about **286**
hangar /'hæŋ·gər/ **313.1**
hang back **286**
hanggliding /'hæŋˌglaɪ·dɪŋ/ **393.3**
hanging /'hæŋ·ɪŋ/ **198.2**
hang on
  wait **286**
  hold **336**
hang on to **374.2**
hangover /'hæŋˌəʊ·vər/ **166.7**
hankie /'hæŋ·ki/ **192.6**
happen /'hæp·ən/ **31**
happily /'hæp·ɪ·li/ **422**
happiness /'hæp·ɪ·nəs/ **422**
happy /'hæp·i/ **422**
harbour /'hɑː·bər/ **312.4**
hard /hɑːd/
  hard **100**
  difficult **243**
hardback /'hɑːd·bæk/ **367.6**
hard disk /ˌhɑːd 'dɪsk/ **296**
harden /'hɑː·dən/ **100**
hard-hearted /ˌhɑːd'hɑː·tɪd/ **223**
hardly /'hɑːd·li/ **444.2**
hard shoulder /ˌhɑːd 'ʃəʊl·dər/ **311** ☆
hard up /ˌhɑːd 'ʌp/ **270.1**
hardware /'hɑːd·weər/ **296**
hardware store /'hɑːd·weəˌstɔːr/ **273** □
hardy /'hɑː·di/ **401.1**
hare /heər/ **4** □
harm /hɑːm/ **132**
harmful /'hɑːm·fəl/ **132**
harmless /'hɑːm·ləs/ **3**
harmony /'hɑː·mə·ni/
  agree **348.1**
  music **379.2**
harp /hɑːp/ **379.4**
harsh /hɑːʃ/ **229**
harvest /'hɑː·vɪst/ **173.4**
hashish /hæs'iːʃ/ **172.3**
haste /heɪst/ **403.1**
hasty /'heɪ·sti/ **403.1**
hat /hæt/ **192.1** ☆
hatch /hætʃ/ **9.1**
hate /heɪt/ **445**
hatred /'heɪ·trɪd/ **445**
haughty /'hɔː·ti/ **148.2**
haul /hɔːl/ **338**
haunt /hɔːnt/ **416.2**
have /hæv/ **374**
hawk /hɔːk/ **9.3** ☆
hay /heɪ/ **173.5**
haystack /'heɪ·stæk/ **173.5**
hazard /'hæz·əd/ **252**
hazelnut /'heɪ·zəl·nʌt/ **154**
head /hed/
  human body **86**
  control **228.4**
  teach **234.1**
headache /'hed·eɪk/
  illnesses **124.8**
  problem **244**
heading /'hed·ɪŋ/ **366**

headlight /'hed·laɪt/
  light **24.4** ☆
  car **308**
headline /'hed·laɪn/ **368.2**
headmaster /ˌhed'mɑː·stər/ **234.1**
headmistress /ˌhed'mɪs·trəs/ **234.1**
headphones /'hed·fəʊnz/ **379.9** ☆
headquarters /ˌhed'kwɔː·təz/ **206.1**
headscarf /'hed·skɑːf/ **192.2**
headteacher /ˌhed'tiː·tʃər/ **234.1**
heal /hiːl/ **126.1**
health /helθ/ **127**
health centre /'helθ ˌsen·tər/ **121**
health visitor /'helθ ˌvɪz·ɪ·tər/ **121**
healthy /'hel·θi/ **127**
heap /hiːp/ **43.1**
hear /hɪər/ **87**
hearing /'hɪə·rɪŋ/ **87**
hearse /hɜːs/ **195.4**
heart /hɑːt/ **101.2** ☆
heart attack /'hɑːt əˌtæk/ **124.11**
heartbroken /'hɑːtˌbrəʊ·kən/ **447.1**
heartless /'hɑːt·ləs/ **223**
heat /hiːt/ **20**
heater /'hiː·tər/ **20.1**
heather /'heð·ər/ **11**
heating /'hiː·tɪŋ/ **20.1**
heave /hiːv/ **338**
heaven /'hev·ən/ **232.9**
heavenly /'hev·ən·li/ **232.9**
heavy /'hev·i/ **307.4**
hedge /hedʒ/ **173.1**
hedgehog /'hedʒ·hɒg/ **4**
heel /hiːl/
  human body **86**
  shoes **191** ☆
height /haɪt/ **40** ☆
heighten /'haɪ·tən/ **46.2**
heir /eər/ **373.1**
helicopter /'hel·ɪˌkɒp·tər/ **313**
helium /'hiː·li·əm/ **17**
hell /hel/ **232.9**
helm /helm/ **312.2**
helmet /'hel·mət/ **192.1** ☆
help /help/ **277**
helper /'hel·pər/ **277**
helpful /'help·fəl/ **277**
helping /'hel·pɪŋ/ **162.1**
helpless /'help·ləs/ **402**
help out **277**
hem /hem/ **190.12**
hen /hen/ **6.1**
herb /hɜːb/ **157.2**
herbivore /'hɜː·bɪ·vɔːr/ **1** □
herd /hɜːd/
  farming **173.7**
  group **207.1**
hereditary /hɪ'red·ɪ·tər·i/ **373.1**
hermit /'hɜː·mɪt/ **435.1**
hero /'hɪə·rəʊ/ **258**
heroic /hɪ'rəʊ·ɪk/ **258**
heroin /'her·əʊ·ɪn/ **172.3**
heron /'her·ən/ **9.2**
hero-worship /'hɪə·rəʊˌwɜː·ʃɪp/ **427.3**
herring /'her·ɪŋ/ **10.1**
hesitate /'hez·ɪ·teɪt/ **286**
hesitation /ˌhez·ɪ'teɪ·ʃən/ **286**
heterosexual /ˌhet·ər·əʊ'sek·ʃu·əl/ **199.6**
het up /ˌhet'ʌp/ **256.1**
hiccup /'hɪk·ʌp/ **125.4**
hide /haɪd/ **339**
hideous /'hɪd·i·əs/ **60**
hifi /'haɪ·faɪ/ **379.9**
high /haɪ/ **40** ☆
higher education /ˌhaɪ·ər ˌedʒ·ʊ'keɪ·ʃən/ **233** □

high jump /ˈhaɪ dʒʌmp/ **390.2**
highly-strung /ˌhaɪ·liˈstrʌŋ/ **151.3**
Highness /ˈhaɪ·nəs/ **205**
high school /ˈhaɪ ˌskuːl/ **233** ☐
high-speed /ˌhaɪˈspiːd/ **403**
highway /ˈhaɪ·weɪ/ **311**
hijack /ˈhaɪ·dʒæk/ **220.2**
hike /haɪk/ **407.3**
hiking /ˈhaɪ·kɪŋ/ **393.1**
hilarious /hɪˈleə·ri·əs/ **424.2**
hilarity /hɪˈlær·ə·ti/ **424.2**
hill /hɪl/ **13.1**
hillside /ˈhɪl·saɪd/ **13.1**
hilltop /ˈhɪl·tɒp/ **13.1**
hinder /ˈhɪn·dər/ **245**
Hindi /ˈhɪn·di/ **361.2**
hindrance /ˈhɪn·drənts/ **245**
Hinduism /ˈhɪn·duː·ɪ·zəm/ **232.1**
hint /hɪnt/ **364.2**
hip /hɪp/ **86**
hippopotamus /ˌhɪp·əˈpɒt·ə·məs/ **1**
hire /haɪər/
 doing business **262.4**
 employment **271.7**
hire out **262.4**
hire purchase /haɪər ˈpɜːtʃ·əs/ **261.3**
hiss /hɪs/ **8.2**
history /ˈhɪs·tər·i/ **233.2**
hit /hɪt/
 hit **131**
 gymnasium sports **392.1**
hit-and-run /ˌhɪt·ənˈrʌn/ **309.4**
hitch-hike /ˈhɪtʃ·haɪk/ **317**
hit upon **95.1**
HIV /ˌeɪtʃ·aɪˈviː/ **124.12**
hoarse /hɔːs/ **125.4**
hob /hɒb/ **169** ☆
hobble /ˈhɒb·l̩/ **407.6**
hobby /ˈhɒb·i/ **380**
hockey /ˈhɒk·i/ **389.4**
hockey stick /ˈhɒk·i ˌstɪk/ **389.4**
hoe /həʊ/ **384.1**
hold /həʊld/
 hold **336**
 carry **337**
holdall /ˈhəʊld·ɔːl/ **317.4**
holder /ˈhəʊl·dər/ **331.6**
hold up
 hinder **245**
 carry **337**
hole /həʊl/
 hole **134**
 ball sports **389.6**
holiday /ˈhɒl·ə·deɪ/ **183.1**
holidaymaker /ˈhɒl·ə·diˌmeɪ·kər/ **183.2**
hollow /ˈhɒl·əʊ/ **333**
hollow out **333**
holly /ˈhɒl·i/ **11**
holy /ˈhəʊ·li/ **232.8**
Holy Spirit /ˌhəʊ·li ˈspɪr·ɪt/ **232.3**
home /həʊm/ **174.1**
homeopath /ˈhəʊ·mi·əʊ·pæθ/ **121**
homeopathic /ˌhəʊ·mi·əʊˈpæθ·ɪk/ **121**
home run /həʊm ˈrʌn/ **389.2**
homework /ˈhəʊm·wɜːk/ **235**
homosexual /ˌhɒm·əʊˈsek·ʃu·əl/ **199.6**
honest /ˈɒn·ɪst/ **213**
honestly /ˈɒn·ɪst·li/ **213**
honey /ˈhʌn·i/
 sweet foods **160.1**
 love **427.5**
honeymoon /ˈhʌn·i·muːn/ **195.3**
honour /ˈɒn·ər/ **431.2**
hood /hʊd/ **192.1** ☆
hoof /huːf/ **1** ☆
hook /hʊk/ **294**
hooter /ˈhuː·tər/ **88.3**

hoover /ˈhuː·vər/ **187.3**
hop /hɒp/ **410**
hope /həʊp/ **72**
hopeful /ˈhəʊp·fəl/ **72**
hopeless /ˈhəʊp·ləs/
 bad **438**
 sad **447**
horizontal /ˌhɒr·ɪˈzɒn·təl/ **66** ☆
horn /hɔːn/
 wild animals **1** ☆
 noisy **88.3**
horoscope /ˈhɒr·ə·skəʊp/ **28**
horrible /ˈhɒr·ə·bl̩/ **438**
horrify /ˈhɒr·ɪ·faɪ/ **446.2**
horrifying /ˈhɒr·ɪ·faɪ·ɪŋ/ **446.1**
horror /ˈhɒr·ər/ **446**
horror film /ˈhɒr·ə ˌfɪlm/ **376.5**
hors d'oeuvre /ˌɔːˈdɜːv/ **162.2**
horse /hɔːs/
 farm animals **6**
 equestrian sports **395** ☆
horseback /ˈhɔːs·bæk/ **395**
hospitable /hɒsˈpɪt·ə·bl̩/ **434.3**
hospital /ˈhɒs·pɪ·təl/ **122**
hospitality /ˌhɒs·pɪˈtæl·ə·ti/ **434.3**
host /həʊst/ **319**
hostage /ˈhɒs·tɪdʒ/ **220.2**
hostile /ˈhɒs·taɪl/ **250**
hostilities /hɒsˈtɪl·ə·tiz/ **248**
hot /hɒt/ **20**
hot chocolate /ˌhɒt ˈtʃɒk·lət/ **166.3**
hot dog /ˈhɒt·dɒɡ/ **161.3**
hotel /həʊˈtel/ **317.3**
hotplate /ˈhɒt·pleɪt/ **169** ☆
hot water bottle /ˌhɒt ˈwɔː·tə ˌbɒt·l̩/ **181.1**
hound /haʊnd/ **395.1**
hour /aʊər/ **26.1**
house /haʊs/ **174.1**
housekeeper /ˈhaʊsˌkiː·pər/ **187.1**
housekeeping /ˈhaʊsˌkiː·pɪŋ/ **187.1**
House of Commons /ˌhaʊs əv ˈkɒm·ənz/ **227** ☐
House of Lords /ˌhaʊs əv ˈlɔːdz/ **227** ☐
House of Representatives /ˌhaʊs əv ˌrep·rɪˈzen·tə·tɪvz/ **227** ☐
housewife /ˈhaʊs·waɪf/ **187.1**
housework /ˈhaʊs·wɜːk/ **187.1**
housing /ˈhaʊ·zɪŋ/ **175.2**
hover /ˈhɒv·ər/ **9.1**
hovercraft /ˈhɒv·ə·krɑːft/ **315.2**
howl /haʊl/ **8.1**
hug /hʌɡ/ **336.1**
human /ˈhjuː·mən/ **139**
humane /hjuːˈmeɪn/ **224**
humanities /hjuːˈmæn·ə·tiz/ **233.2**
humanity /hjuːˈmæn·ə·ti/ **139.1**
humankind /ˌhjuː·mənˈkaɪnd/ **139.1**
humble /ˈhʌm·bl̩/ **150**
humid /ˈhjuː·mɪd/ **20**
humiliate /hjuːˈmɪl·i·eɪt/ **449.2**
humiliation /hjuːˌmɪl·iˈeɪ·ʃən/ **449.2**
humility /hjuːˈmɪl·ə·ti/ **449.2**
humorous /ˈhjuː·mər·əs/ **424.1**
humour /ˈhjuː·mər/ **424.1**
hump /hʌmp/ **1** ☆
hundred /ˈhʌn·drəd/ **298.1**
hundredweight /ˈhʌn·drəd·weɪt/ **307.4** ☐
Hungarian /hʌŋˈɡeə·ri·ən/ **361.1**
hungry /ˈhʌŋ·ɡri/ **165**
hunt /hʌnt/
 search **94**
 follow **409.1**
hunting /ˈhʌn·tɪŋ/
 search **94**
 equestrian sports **395.1**

hurdle /ˈhɜː·dl̩/
 hinder **245.1**
 athletics **390.1**
hurl /hɜːl/ **405**
hurricane /ˈhʌr·ɪ·kən/ **18.3**
hurried /ˈhʌr·id/ **403.1**
hurriedly /ˈhʌr·id·li/ **403.1**
hurry /ˈhʌr·i/ **403.1**
hurt /hɜːt/ **125.1**
hurtle /ˈhɜː·tl̩/
 quick **403.1**
 movement **411.3**
husband /ˈhʌz·bənd/ **138.4**
hush /hʌʃ/ **89.1**
hush-hush /ˌhʌʃˈhʌʃ/ **339.1**
hut /hʌt/ **174.5**
hydrogen /ˈhaɪ·drə·dʒən/ **17**
hygienic /haɪˈdʒiː·nɪk/ **188**
hymn /hɪm/ **232.6**
hyphen /ˈhaɪ·fən/ **363**
hysteria /hɪˈstɪə·ri·ə/
 mad **129.2**
 excitement **257**
hysterical /hɪˈster·ɪ·kəl/ **129.2**

ice /aɪs/ **18.4**
iceberg /ˈaɪs·bɜːɡ/ **13.6**
ice cream /ˌaɪs ˈkriːm/ **160.2**
ice cream van /ˌaɪs ˈkriːm ˌvæn/ **385**
ice hockey /ˈaɪs ˌhɒk·i/ **389.4**
icing /ˈaɪ·sɪŋ/ **156.3**
icy /ˈaɪ·si/ **19**
idea /aɪˈdɪə/ **108**
ideal /aɪˈdɪəl/ **417.4**
ideally /aɪˈdɪə·li/ **417.4**
identical /aɪˈden·tɪ·kəl/ **54**
identify /aɪˈden·tɪ·faɪ/ **110.1**
identity /aɪˈden·tə·ti/ **29**
idiocy /ˈɪd·i·ə·si/ **241.1**
idiom /ˈɪd·i·əm/ **362.2**
idiot /ˈɪd·i·ət/ **241.1**
idiotic /ˌɪd·iˈɒt·ɪk/ **241**
idle /ˈaɪ·dl̩/
 lazy **283**
 inaction **284**
idle away **283**
idly /ˈaɪd·li/ **283**
idolize /ˈaɪ·dəl·aɪz/ **431.1**
igloo /ˈɪɡ·luː/ **174.1**
ignition /ɪɡˈnɪʃ·ən/ **308.1**
ignorant /ˈɪɡ·nər·ənt/
 unknown **112.1**
 stupid **240**
ignore /ɪɡˈnɔːr/ **437**
ill /ɪl/ **128**
illegal /ɪˈliː·ɡəl/ **208**
illegible /ɪˈledʒ·ə·bl̩/ **369**
illiterate /ɪˈlɪt·ər·ət/ **367.8**
illness /ˈɪl·nəs/ **124**
illogical /ɪˈlɒdʒ·ɪ·kəl/ **241.3**
illuminate /ɪˈluː·mɪ·neɪt/ **24.1**
illustration /ˌɪl·əˈstreɪ·ʃən/ **381.3**
illustrator /ˈɪl·ə·streɪ·tər/ **381.1**
image /ˈɪm·ɪdʒ/ **91.7**
imaginary /ɪˈmædʒ·ɪ·nər·i/ **36**
imagination /ɪˌmædʒ·ɪˈneɪ·ʃən/ **108.1**
imagine /ɪˈmædʒ·ɪn/
 unreal **36**
 idea **108.1**
imbecile /ˈɪm·bə·siːl/ **240.1**
imitate /ˈɪm·ɪ·teɪt/ **56.1**
imitation /ˌɪm·əˈteɪ·ʃən/ **56, 56.1**
immaculate /ɪˈmæk·jə·lət/ **188**
immaculately /ɪˈmæk·jə·lət·li/ **188**
immature /ˌɪm·əˈtjʊər/
 new **201.2**

ÍNDEX DE LES PARAULES EN ANGLÈS

foolish **241.4**
immediate /ɪˈmiː·di·ət/ **403.2**
immediately /ɪˈmiː·di·ət·li/ **403.2**
immerse /ɪˈmɜːs/ **21.1**
immobile /ɪˈməʊ·baɪl/ **284.2**
immobility /ˌɪm·əʊˈbɪl·ə·ti/ **284.2**
immoral /ɪˈmɒr·əl/ **219**
immortal /ɪˈmɔː·təl/ **29.1**
immunize /ˈɪm·jəˌnaɪz/ **126.3**
impact /ˈɪm·pækt/ **131.3**
impartial /ɪmˈpɑː·ʃəl/ **211**
impatient /ɪmˈpeɪ·ʃənt/ **278**
impeccable /ɪmˈpek·ə·bl/ **417.4**
impede /ɪmˈpiːd/ **245**
imperial /ɪmˈpɪə·ri·əl/ **14.1**
impersonate /ɪmˈpɜː·sənˌeɪt/ **56.1**
impersonation /ɪmˌpɜː·səˈneɪ·ʃən/ **56.1**
impersonator /ɪmˈpɜː·səˈneɪ·tər/ **56.1**
impertinence /ɪmˈpɜː·tɪ·nənts/ **145**
impertinent /ɪmˈpɜː·tɪ·nənt/ **145**
impetus /ˈɪm·pə·təs/ **279**
implication /ˌɪm·plɪˈkeɪ·ʃən/ **364.2**
imply /ɪmˈplaɪ/ **364.2**
impolite /ˌɪm·pəlˈaɪt/ **144.1**
import n /ˈɪm·pɔːt/ **262.3**
import v /ɪmˈpɔːt/ **262.3**
importance /ɪmˈpɔː·tənts/ **74**
important /ɪmˈpɔː·tənt/ **74**
impossible /ɪmˈpɒs·ə·bl/ **79**
impossibly /ɪmˈpɒs·ə·bli/ **79**
impractical /ɪmˈpræk·tɪ·kəl/
  impossible **79**
  useless **282**
imprecise /ˌɪm·prɪˈsaɪs/ **300**
impress /ɪmˈpres/ **431.2**
impression /ɪmˈpreʃ·ən/ **37**
impressive /ɪmˈpres·ɪv/ **431.2**
imprison /ɪmˈprɪz·ən/ **209.6**
improbable /ɪmˈprɒb·ə·bl/ **81**
impromptu /ɪmˈprɒmp·tjuː/ **147**
improper /ɪmˈprɒp·ər/ **144.3**
improve /ɪmˈpruːv/ **418**
improvement /ɪmˈpruːv·mənt/ **418**
improve on **418**
impudent /ˈɪm·pjə·dənt/ **145**
impulse /ˈɪm·pʌls/ **72.2**
inaccurate /ɪnˈæk·jə·rət/ **300**
inaction /ɪnˈæk·ʃən/ **284**
inactive /ɪnˈæk·tɪv/ **284**
inarticulate /ˌɪn·ɑːˈtɪk·jə·lət/ **341.7**
inaudible /ɪˈnɔː·də·bl/ **89**
incapable /ɪnˈkeɪ·pə·bl/ **79**
incentive /ɪnˈsen·tɪv/ **279**
incest /ˈɪn·sest/ **199.4**
inch /ɪntʃ/ **307.1** □
in charge /ɪn ˈtʃɑːdʒ/ **228**
incident /ˈɪnt·sɪ·dənt/ **31.1**
incite /ɪnˈsaɪt/ **279.1**
incitement /ɪnˈsaɪt·mənt/ **279.1**
include /ɪnˈkluːd/ **436**
including /ɪnˈkluː·dɪŋ/ **436**
inclusive /ɪnˈkluː·sɪv/ **436**
income /ˈɪn·kʌm/ **265.3**
income tax /ˈɪŋ·kəm ˌtæks/ **264.2**
incompetence /ɪnˈkɒm·pɪ·tənts/ **242**
incompetent /ɪnˈkɒm·pɪ·tənt/ **242**
incomprehension /ɪnˌkɒm·prɪˈhen·tʃən/ **115**
inconceivable /ˌɪŋ·kənˈsiː·və·bl/ **79**
inconsistent /ˌɪn·kənˈsɪs·tənt/ **55**
inconvenience /ˌɪn·kənˈviː·ni·ənts/
  problem **244.1**
  useless **282**
inconvenient /ˌɪn·kənˈviː·ni·ənt/ **282**
incorrect /ˌɪn·kərˈekt/ **300**
increase n /ˈɪn·kriːs/ **46**
increase v /ɪnˈkriːs/ **46**

incredible /ɪnˈkred·ɪ·bl/ **118.2**
incredibly /ɪnˈkred·ɪ·bli/ **118.2**
Independence Day /ˌɪn·dɪˈpen·dənts ˌdeɪ/ **25.3**
independent /ˌɪn·dɪˈpen·dənt/ **435.2**
index /ˈɪn·deks/ **367.5**
indicate /ˈɪn·dɪˌkeɪt/
  show **92.2**
  driving **309.2**
  meaning **364.2**
indication /ˌɪn·dɪˈkeɪ·ʃən/ **364.2**
indigestion /ˌɪn·dɪˈdʒes·tʃən/ **124.7**
individual /ˌɪn·dɪˈvɪdʒ·u·əl/
  people **139**
  loneliness **435.2**
indoor /ˌɪnˈdɔːr/ **176.1**
indoors /ˌɪnˈdɔːz/ **176.1**
induce /ɪnˈdjuːs/ **279**
inducement /ɪnˈdjuːs·mənt/ **279**
indulge /ɪnˈdʌldʒ/ **428**
indulgence /ɪnˈdʌl·dʒənts/ **428.1**
industrial /ɪnˈdʌs·tri·əl/ **262.1**
industry /ˈɪn·də·stri/ **262.1**
inept /ɪˈnept/ **242**
inexact /ˌɪn·ɪgˈzækt/ **300**
inexpensive /ˌɪn·ɪkˈspent·sɪv/ **266**
inexperienced /ˌɪn·ɪkˈspɪə·ri·ənst/ **201.3**
infamous /ˈɪn·fə·məs/ **111**
infant /ˈɪn·fənt/ **139.2**
infantile /ˈɪn·fənˌtaɪl/ **241.4**
infant school /ˈɪn·fənt ˌskuːl/ **233** □
infatuated /ɪnˈfæt·ju·eɪ·tɪd/ **427.3**
infatuation /ɪnˌfæt·juˈeɪ·ʃən/ **427.3**
infect /ɪnˈfekt/ **124.2**
infection /ɪnˈfek·ʃən/ **124.1**
infectious /ɪnˈfek·ʃəs/ **124.2**
infer /ɪnˈfɜːr/
  believe **105.1**
  meaning **364.2**
inferior /ɪnˈfɪə·ri·ər/ **439**
infertile /ɪnˈfɜːˌtaɪl/ **173.6**
infidelity /ˌɪn·fɪˈdel·ə·ti/ **214.3**
inflation /ɪnˈfleɪ·ʃən/ **264.1**
inflationary /ɪnˈfleɪ·ʃən·ər·i/ **264.1**
influence /ˈɪn·flu·ənts/
  control **228.6**
  persuade **349**
influential /ˌɪn·fluˈen·tʃəl/ **228.6**
inform /ɪnˈfɔːm/ **342**
informal /ɪnˈfɔː·məl/ **147**
informally /ɪnˈfɔː·məli/ **147**
information /ˌɪn·fəˈmeɪ·ʃən/ **342**
infringement /ɪnˈfrɪndʒ·mənt/ **209.1**
in front of **66** ☆
infuriate /ɪnˈfjʊə·ri·eɪt/ **450.1**
infuriated /ɪnˈfjʊə·ri·eɪ·tɪd/ **450.1**
infuriating /ɪnˈfjʊə·ri·eɪ·tɪŋ/ **450.1**
ingenious /ɪnˈdʒiː·ni·əs/ **236.1**
inhabit /ɪnˈhæb·ɪt/ **175**
inhabitant /ɪnˈhæb·ɪ·tənt/ **175**
inhale /ɪnˈheɪl/ **103**
inherit /ɪnˈher·ɪt/ **373.1**
inheritance /ɪnˈher·ɪ·tənts/ **373.1**
inhibit /ɪnˈhɪb·ɪt/ **245**
inhibition /ˌɪn·hɪˈbɪʃ·ən/ **245**
initial /ɪˈnɪʃ·əl/ **32**
initially /ɪˈnɪʃ·əl·i/ **32**
initiative /ɪˈnɪʃ·ə·tɪv/ **278.1**
inject /ɪnˈdʒekt/ **126.3**
injection /ɪnˈdʒek·ʃən/ **126.3**
injure /ˈɪn·dʒər/ **124.13**
injury /ˈɪn·dʒər·i/ **124.13**
ink /ɪŋk/ **370** ☆
in-laws /ˈɪn·lɔːz/ **138.4**
inn /ɪn/ **163**
inner /ˈɪn·ər/ **66** ☆

inning /ˈɪn·ɪŋ/ **389.2**
innings /ˈɪn·ɪŋz/ **389.3**
innocence /ˈɪn·ə·sənts/ **217**
innocent /ˈɪn·ə·sənt/ **217**
innovative /ˈɪn·ə·və·tɪv/ **201.1**
inoculate /ɪˈnɒk·jəˌleɪt/ **126.3**
inquisitive /ɪnˈkwɪz·ə·tɪv/ **113.3**
insane /ɪnˈseɪn/ **129.1**
insanely /ɪnˈseɪn·li/ **129.1**
insect /ˈɪn·sekt/ **5** □
insecure /ˌɪn·sɪˈkjʊər/ **255.4**
insensitive /ɪnˈsent·sə·tɪv/ **151.2**
inside /ɪnˈsaɪd/ **66** ☆
insignificance /ˌɪn·sɪgˈnɪf·ɪ·kənts/ **76**
insignificant /ˌɪn·sɪgˈnɪf·ɪ·kənt/ **76**
insincere /ˌɪn·sɪnˈsɪər/ **214**
insist /ɪnˈsɪst/ **355**
insistence /ɪnˈsɪs·tənts/ **355**
insistent /ɪnˈsɪs·tənt/ **355**
insolent /ˈɪnt·səl·ənt/ **145**
insomnia /ɪnˈsɒm·ni·ə/ **182.4**
inspect /ɪnˈspekt/ **91.3**
inspiration /ˌɪnt·spərˈeɪ·ʃən/
  idea **108**
  encourage **279**
inspire /ɪnˈspaɪər/
  idea **108.1**
  encourage **279**
install /ɪnˈstɔːl/ **289.1**
instalment /ɪnˈstɔːl·mənt/ **261.3**
instance /ˈɪnt·stənts/ **31.1**
instant /ˈɪnt·stənt/ **403.2**
instantly /ˈɪnt·stənt·li/ **403.2**
instinct /ˈɪnt·stɪŋkt/ **151.2**
instinctive /ɪnˈstɪŋk·tɪv/ **151.2**
institute /ˈɪnt·stɪˌtjuːt/ **206**
institution /ˌɪnt·stɪˈtjuː·ʃən/ **206**
instruct /ɪnˈstrʌkt/
  control **228.3**
  teach **234**
instruction /ɪnˈstrʌk·ʃən/
  control **228.3**
  teach **234**
instructions /ɪnˈstrʌk·ʃənz/ **343**
instructor /ɪnˈstrʌk·tər/ **234.1**
instrument /ˈɪnt·strə·mənt/ **379.4**
instrumental /ˌɪnt·strəˈmen·təl/ **291**
insult n /ˈɪn·sʌlt/ **144.2**
insult v /ɪnˈsʌlt/ **144.2**
insurance /ɪnˈʃʊə·rənts/
  safety **253.1**
  finance **264.2**
insure /ɪnˈʃʊər/
  safety **253.1**
  finance **264.2**
intact /ɪnˈtækt/ **50**
intake /ˈɪn·teɪk/ **375.2**
integrity /ɪnˈteg·rə·ti/ **213**
intellectual /ˌɪn·təlˈek·tju·əl/ **236**
intelligence /ɪnˈtel·ɪ·dʒənts/ **236**
intelligent /ɪnˈtel·ɪ·dʒənt/ **236**
intend /ɪnˈtend/ **107**
intense /ɪnˈtents/ **401.1**
intensely /ɪnˈtent·sli/ **401.1**
intensity /ɪnˈtent·sə·ti/ **401.1**
intent /ɪnˈtent/ n **107.2** adj **107.3**
intention /ɪnˈten·tʃən/ **107.1**
intentional /ɪnˈten·tʃən·əl/ **107.3**
interest /ˈɪn·trest/
  interesting **120**
  bank **260.1**
interested /ˈɪn·tres·tɪd/ **120**
interesting /ˈɪn·tres·tɪŋ/ **120**
interfere /ˌɪn·təˈfɪər/ **246**
interference /ˌɪn·təˈfɪə·rənts/ **246**
interior /ɪnˈtɪə·ri·ər/ **66**
intermediary /ˌɪn·təˈmiː·di·ər·i/ **246.1**

ÍNDEX DE LES PARAULES EN ANGLÈS

intermediate /ˌɪn·təˈmiː·di·ət/ **442.2**
internal /ɪnˈtɜː·nəl/ **66**
interpret /ɪnˈtɜː·prət/ **343.1**
interpretation /ɪnˌtɜː·prəˈteɪ·ʃən/ **343.1**
interpreter /ɪnˈtɜː·prə·tər/ **343.1**
interrogate /ɪnˈter·ə·ɡeɪt/ **351.1**
interrupt /ˌɪn·təˈrʌpt/ **341.1**
interval /ˈɪn·tə·vəl/ **376.2**
intervene /ˌɪn·təˈviːn/ **246.1**
interview /ˈɪn·tə·vjuː/
   employment **271.7**
   ask **351**
intestine /ɪnˈtes·tɪn/ **101.2**
in time **327**
intonation /ˌɪn·təʊˈneɪ·ʃən/ **341.6**
in-tray /ˈɪn·treɪ/ **272.1**
intrepid /ɪnˈtrep·ɪd/ **258.1**
intricate /ˈɪn·trɪ·kət/ **243.2**
introduce /ˌɪn·trəˈdʒuːs/
   begin **32**
   greet **196**
introduction /ˌɪn·trəˈdʌk·ʃən/
   begin **32**
   greet **196**
   book **367.5**
intuition /ˌɪn·tjuːˈɪʃ·ən/ **110**
intuitive /ɪnˈtjuː·ɪ·tɪv/ **110**
intuitively /ɪnˈtjuː·ɪ·tɪv·li/ **110**
invade /ɪnˈveɪd/ **248.1**
invalid n /ˈɪn·və·lɪd/ **124.3**
invalid adj /ɪnˈvæl·ɪd/ **282**
invaluable /ɪnˈvæl·jə·bl̩/ **268.1**
invent /ɪnˈvent/ **95.1**
invention /ɪnˈven·tʃən/ **95.1**
inverted commas /ɪnˌvɜː·tɪd ˈkɒm·əz/ **363**
invest /ɪnˈvest/ **264.3**
investigate /ɪnˈves·tɪ·ɡeɪt/ **113.1**
investigation /ɪnˌves·tɪˈɡeɪ·ʃən/ **113.1**
investigator /ɪnˈves·tɪ·ɡeɪ·tər/ **113.1**
investment /ɪnˈvest·mənt/ **264.3**
invisible /ɪnˈvɪz·ə·bl̩/ **91.6**
invitation /ˌɪn·vɪˈteɪ·ʃən/ **351.2**
invite /ɪnˈvaɪt/ **351.2**
invoice /ˈɪn·vɔɪs/ **263.3**
involve /ɪnˈvɒlv/ **436**
involvement /ɪnˈvɒlv·mənt/ **436**
inward /ˈɪn·wəd/ **318.2**
IOU /ˌaɪ·əʊˈjuː/ **261.1**
irate /aɪˈreɪt/ **450.1**
iron /aɪən/
   metals **16**
   laundry **186**
ironing board /ˈaɪə·nɪŋ ˌbɔːd/ **186**
ironmonger /ˈaɪənˌmʌŋ·ɡər/ **273** □
irregular /ɪˈreɡ·jə·lər/ **61**
irritate /ˈɪr·ɪ·teɪt/ **450**
irritated /ˈɪr·ɪ·teɪ·tɪd/ **450**
irritating /ˈɪr·ɪ·teɪ·tɪŋ/ **450**
irritation /ˌɪr·ɪˈteɪ·ʃən/ **450**
Islam /ˈɪz·lɑːm/ **232.1**
island /ˈaɪ·lənd/ **13.5** ☆
isolated /ˈaɪ·sə·leɪ·tɪd/ **435**
issue /ˈɪʃ·uː/
   journalism **368**
   give **372.2**
Italian /ɪˈtæl·i·ən/ **361.1**
itch /ɪtʃ/ **125.1**
item /ˈaɪ·təm/ **305**
ivy /ˈaɪ·vi/ **11**

jab /dʒæb/ **126.3**
jack /dʒæk/ **386.3** ☆
jacket /ˈdʒæk·ɪt/
   clothes **190.4**
   book **367.6**

jagged /ˈdʒæɡ·ɪd/ **61**
jail /dʒeɪl/ **209.6**
jailer /ˈdʒeɪ·lər/ **209.6**
jam /dʒæm/ **160.1**
jam-packed /ˌdʒæmˈpækt/ **332**
January /ˈdʒæn·ju·ə·ri/ **25.2**
Japanese /ˌdʒæp·əˈniːz/ **361.2**
jar /dʒɑːr/ **331.2**
jargon /ˈdʒɑː·ɡən/ **362.1**
javelin /ˈdʒæv·lɪn/ **390.2**
jaw /dʒɔː/ **86** ☆
jazz /dʒæz/ **379.1**
jealous /ˈdʒel·əs/ **251**
jealously /ˈdʒel·ə·sli/ **251**
jeans /dʒiːnz/ **190.3**
Jehovah /dʒɪˈhəʊ·və/ **232.3**
jelly /ˈdʒel·i/ **160.2**
jeopardize /ˈdʒep·ə·daɪz/ **252**
jeopardy /ˈdʒep·ə·di/ **252**
jerk /dʒɜːk/
   foolish **241.1**
   movement **411.1**
jersey /ˈdʒɜː·zi/ **190.4**
Jesus /ˈdʒiː·zəs/ **232.3**
jet /dʒet/ **313**
jetty /ˈdʒet·i/ **312.4**
Jew **232.1**
jewel /ˈdʒuː·əl/ **15**
jewellery /ˈdʒuː·əl·ri/ **192.4** ☆
jigsaw /ˈdʒɪɡ·sɔː/ **386.2**
job /dʒɒb/
   employment **271.1**
   work **274.3**
jockey /ˈdʒɒk·i/ **395** ☆
jodhpurs /ˈdʒɒd·pəz/ **395** ☆
jog /dʒɒɡ/ **390.1**
john /dʒɒn/ **185.1**
join /dʒɔɪn/ **294**
joint /dʒɔɪnt/
   human body **101.2**
   meat **159.2**
   drugs **172.3**
joke /dʒəʊk/ **425**
joker /ˈdʒəʊ·kər/ **386.3** ☆
jolly /ˈdʒɒl·i/ **422.3**
jot down **369.1**
journal /ˈdʒɜː·nəl/ **368**
journalist /ˈdʒɜː·nəl·ɪst/ **368.1**
journey /ˈdʒɜː·ni/ **317.1**
joy /dʒɔɪ/ **422**
joyful /ˈdʒɔɪ·fəl/ **422**
Judaism /ˈdʒuː·deɪ·ɪ·zəm/ **232.1**
judge /dʒʌdʒ/
   opinion **106.2**
   legal system **209.4** ☆
judgment /ˈdʒʌdʒ·mənt/ **106.2**
judo /ˈdʒuː·dəʊ/ **392.1**
jug /dʒʌɡ/ **170** ☆
juggle /ˈdʒʌɡ·l̩/ **377** ☆
juggler /ˈdʒʌɡ·l̩·ər/ **377** ☆
juice /dʒuːs/ **166.2**
July /dʒʊˈlaɪ/ **25.2**
jumble /ˈdʒʌm·bl̩/ **64**
jumbo jet /ˌdʒʌm·bəʊ ˈdʒet/ **313**
jump /dʒʌmp/
   equestrian sports **395.1**
   jump **410**
jump at **278**
jumper /ˈdʒʌm·pər/ **190.4**
jumpsuit /ˈdʒʌmp·suːt/ **190.5**
junction /ˈdʒʌŋk·ʃən/ **311** ☆
June /dʒuːn/ **25.2**
jungle /ˈdʒʌŋ·ɡl̩/ **13.2**
junior /ˈdʒuː·ni·ər/ **439.1**
junior school /ˈdʒuː·ni·ə ˌskuːl/ **233** □
junk /dʒʌŋk/ **71**
junk food /ˈdʒʌŋk fuːd/ **161.3**

junkie /ˈdʒʌŋ·ki/ **172.1**
Jupiter /ˈdʒuː·pɪ·tər/ **27** ☆
juror /ˈdʒʊə·rər/ **209.4** ☆
jury /ˈdʒʊə·ri/ **209.4** ☆
jury box /ˈdʒʊə·ri ˌbɒks/ **209.4** ☆
just /dʒʌst/ **211**
justice /ˈdʒʌs·tɪs/ **211**
juvenile /ˈdʒuː·vən·aɪl/ **139.3**

kangaroo /ˌkæŋ·ɡərˈuː/ **1** ☆
karate /kəˈrɑː·ti/ **392.1**
keen /kiːn/ **278**
keep /kiːp/
   look after **254**
   have **374.2**
keep fit /ˌkiːp ˈfɪt/ **127**
keep-fit /ˌkiːp ˈfɪt/ **392**
keepsake /ˈkiːp·seɪk/ **116.1**
kerb /kɜːb/ **311.1**
kernel /ˈkɜː·nəl/ **154**
ketchup /ˈketʃ·ʌp/ **161.5**
kettle /ˈket·l̩/ **169** ☆
key /kiː/
   main **75**
   close **178**
   writing materials **370** ☆
   music **379.4**
keyboard /ˈkiː·bɔːd/ **296**
keyhole /ˈkiː·həʊl/ **178**
key signature /ˈkiː ˌsɪɡ·nə·tʃər/ **379.8** ☆
kick /kɪk/
   hit **131.1**
   excitement **257**
   enjoy **428.1**
kick off **32**
kid /kɪd/
   people **139.2**
   tease **425**
kidnap /ˈkɪd·næp/ **220.2**
kidney /ˈkɪd·ni/
   human body **101.2** ☆
   meat **159.4**
kill /kɪl/ **198**
killjoy /ˈkɪl·dʒɔɪ/ **447.2**
kilogram /ˈkɪl·əʊ·ɡræm/ **307.4** □
kilometre /kɪˈlɒm·ɪ·tər/ **307.1** □
kind /kaɪnd/
   kind **224**
   sort **306**
kindergarten /ˈkɪn·dəˌɡɑː·tən/ **233** □
kindly /ˈkaɪnd·li/ **224**
kindness /ˈkaɪnd·nəs/ **224**
king /kɪŋ/
   royalty **205** □
   games **386.3** ☆, **386.4** ☆
kingdom /ˈkɪŋ·dəm/ **14.1**
kingfisher /ˈkɪŋˌfɪʃ·ər/ **9.2**
kiosk /ˈkiː·ɒsk/ **273**
kip /kɪp/ **182.2**
kiss /kɪs/ **196**
kiss of life **126.6**
kit /kɪt/ **382.1**
kitchen /ˈkɪtʃ·ən/ **169**
kitten /ˈkɪt·ən/ **7.2**
kitty /ˈkɪt·i/ **265**
kiwi fruit /ˈkiː·wiː ˌfruːt/ **152.4**
knack /næk/ **239.1**
knee /niː/ **86**
kneecap /ˈniː·kæp/ **101.1** ☆
kneel /niːl/ **97.3**
knickers /ˈnɪk·əz/ **190.9**
knife /naɪf/
   cut **133.4**
   dining room **170** ☆
knight /naɪt/
   royalty **205.1**

ÍNDEX DE LES PARAULES EN ANGLÈS

games **386.4** ☆
knit /nɪt/ **381.6**
knitting /ˈnɪt·ɪŋ/ **381.6**
knitting needle /ˈnɪt·ɪŋ ˌniː·dl/ **381.6** ☆
knock /nɒk/ **131.3**
knock down **309.4**
knot /nɒt/ **294.2**
know /nəʊ/ **110**
knowledge /ˈnɒl·ɪdʒ/ **110**
knowledgeable /ˈnɒl·ɪ·dʒə·bl/ **110**
knuckle /ˈnʌk·l/ **86** ☆
koala /kəʊˈɑː·lə/ **1**
kopeck /ˈkəʊ·pek/ **265.1** □
Koran /kɒrˈɑːn/ **232.7**
Korean /kəˈriː·ən/ **361.2**
krona /ˈkrəʊ·nə/ **265.1** □
krone /ˈkrəʊ·nə/ **265.1** □

label /ˈleɪ·bəl/ **137.1**
laboratory /ləˈbɒr·ə·tər·i/ **233.4**
labour /ˈleɪ·bər/
   babies **136.1**
   employment **271.3**
   work **274.1**
labourer /ˈleɪ·bər·ər/ **271.3**
lace /leɪs/ **193.1**
lad /læd/ **139.2**
ladder /ˈlæd·ər/ **382.2**
ladies /ˈleɪ·diz/ **185.1**
ladies' room /ˈleɪ·diz ˌruːm/ **185.1**
lady /ˈleɪ·di/
   people **139.4**
   royalty **205.1**
ladybird /ˈleɪ·di·bɜːd/ **5**
ladylike /ˈleɪ·di·laɪk/ **141**
lager /ˈlɑː·gər/ **166.5**
laid-back /ˌleɪdˈbæk/ **259**
lake /leɪk/ **13.4**
lamb /læm/
   wild animals **1.1** □
   meat **159.1**
lame /leɪm/ **124.3**
lamp /læmp/
   light **24.4** ☆
   living room **180** ☆
lamppost /ˈlæmp·pəʊst/ **311** ☆
lampshade /ˈlæmp·ʃeɪd/ **180** ☆
land /lænd/
   aircraft **313.2**
   gardening **384.3**
landing /ˈlæn·dɪŋ/ **177.2** ☆
landlady /ˈlændˌleɪ·di/ **175.2**
landlord /ˈlænd·lɔːd/ **175.2**
landscape /ˈlænd·skeɪp/ **14.1** □
lane /leɪn/
   roads **311**
   sport **388.4**
language /ˈlæŋ·gwɪdʒ/
   education **233.2**
   language **361**
language laboratory /ˈlæŋ·gwɪdʒ ləˌbɒr·ə·tər·i/ **233.2**
lanky /ˈlæŋ·ki/ **49**
lap /læp/
   drink **167**
   athletics **390.1**
lapel /ləˈpel/ **190.12** ☆
lard /lɑːd/ **158.2**
large /lɑːdʒ/ **42**
lark /lɑːk/ **9**
larva /ˈlɑː·və/ **5** ☆
laser /ˈleɪ·zər/ **24**
lass /læs/ **139.2**
last /lɑːst/ **34.2**
lastly /ˈlɑːst·li/ **34.2**
late /leɪt/

die **197.1**
late **326**
lately /ˈleɪt·li/ **26.3**
laugh /lɑːf/ **423**
laughable /ˈlɑː·fə·bl/ **241.2**
laughter /ˈlɑːf·tər/ **423**
launder /ˈlɔːn·dər/ **186**
launderette /ˌlɔːn·dərˈet/ **186**
laundry /ˈlɔːn·dri/ **186**
lavatory /ˈlæv·ə·tər·i/ **185.1**
law /lɔː/ **208**
lawful /ˈlɔː·fəl/ **208**
lawn /lɔːn/ **384** ☆
lawnmower /ˈlɔːnˌməʊ·ər/ **384** ☆
lawyer /ˈlɔɪ·ər/ **209.3**
lay /leɪ/
   birds **9.1**
   sex **199.2**
   put **289**
layabout /ˈleɪ·əˌbaʊt/ **283.1**
layby /ˈleɪ·baɪ/ **311** ☆
layer /leɪər/ **334.1**
lay off **271.8**
laze /leɪz/ **283**
lazy /ˈleɪ·zi/ **283**
lazybones /ˈleɪ·ziˌbəʊnz/ **283.1**
lead n /led/
   metals **16**
lead v /liːd/
   control **228.4**
   take **375.4**
lead n /liːd/
   tools **382.3**
leaden /ˈled·ən/ **16**
leader /ˈliː·dər/ **228.4**
leadership /ˈliː·də·ʃɪp/ **228.4**
leaf /liːf/
   trees **12** ☆
   book **367.6**
leaflet /ˈliː·flət/ **366.1**
leak /liːk/ **132.2**
lean /liːn/
   thin **49.2**
   body positions **97.4**
   meat **159.2**
leap /liːp/ **410**
learn /lɜːn/ **235**
learned /ˈlɜː·nɪd/ **236**
learner /ˈlɜː·nər/ **32.1**
lease /liːs/
   live **175.2**
   doing business **262.4**
leather /ˈleð·ər/ **193.1**
leave /liːv/
   rest and relaxation **183.2**
   go **322**
   give **372.4**
leave out **437**
lecture /ˈlek·tʃər/
   teach **234**
   tell **342.2**
lecturer /ˈlek·tʃər·ər/ **234.1**
leek /liːk/ **155.3**
left /left/ **318.2**
left-handed /ˌleftˈhæn·dɪd/ **369**
left wing /ˌleft ˈwɪŋ/ **227.4**
leg /leg/ **86**
legal /ˈliː·gəl/ **208**
legally /ˈliː·gəl·i/ **208**
legendary /ˈledʒ·ən·dri/ **111**
legislate /ˈledʒ·ɪ·sleɪt/ **208**
legislation /ˌledʒ·ɪˈsleɪ·ʃən/ **208**
legislative /ˈledʒ·ɪ·slə·tɪv/ **208**
legless /ˈleg·ləs/ **166.7**
leisure /ˈleʒ·ər/ **183.1**
leisurely /ˈleʒ·ə·li/ **183.1**
lemon /ˈlem·ən/ **152.2**

lemonade /ˌlem·əˈneɪd/ **166.2**
lend /lend/ **261**
lender /ˈlen·dər/ **261**
lending /ˈlen·dɪŋ/ **261**
length /leŋkθ/
   dimensions **40** ☆
   water sports **391.1**
lengthen /ˈleŋk·θən/ **46.2**
lenient /ˈliː·ni·ənt/ **221**
lens /lenz/ **381.4**
Leo /ˈliː·əʊ/ **28** □
leopard /ˈlep·əd/ **1**
leotard /ˈliː·əʊ·tɑːd/ **190.7**
lesbian /ˈlez·bi·ən/ **199.6**
lessen /ˈles·ən/ **47**
lesson /ˈles·ən/ **235**
let /let/
   allow **230**
   doing business **262.4**
let down **448**
lethal /ˈliː·θəl/ **198.4**
lethargic /ləˈθɑː·dʒɪk/ **283**
let off **221.1**
let on **350.1**
letter /ˈlet·ər/
   communications **340.1**
   words **362.5**
letterbox /ˈlet·ə·bɒks/
   parts of buildings **176** ☆
   communications **340.2** ☆
lettuce /ˈlet·ɪs/ **155.4**
leukaemia /luːˈkiː·mi·ə/ **124.12**
level /ˈlev·əl/
   alike **54.1**
   smooth **62.1**
   important **74.2**
level crossing /ˌlev·əl ˈkrɒs·ɪŋ/ **311**
level off **62.1**
level out **62.1**
lever /ˈliː·vər/ **303.1**
liar /ˈlaɪ·ər/ **216**
liberal /ˈlɪb·ər·əl/ **227.4**
liberate /ˈlɪb·ər·eɪt/ **210**
liberated /ˈlɪb·ər·eɪ·tɪd/ **210**
liberty /ˈlɪb·ə·ti/ **210**
Libra /ˈliː·brə/ **28** □
librarian /laɪˈbreə·ri·ən/ **367.8**
library /ˈlaɪ·brər·i/ **367.8**
licence /ˈlaɪ·sənts/ **230**
lick /lɪk/ **164.2**
lid /lɪd/ **334.1**
lie /laɪ/
   body positions **97.2**
   untrue **216**
lie in **182**
lieutenant /lefˈten·ənt/ **248.3** □
life /laɪf/ **29**
lifeboat /ˈlaɪf·bəʊt/ **312.6**
lifejacket /ˈlaɪfˌdʒæk·ɪt/ **312.6**
lift /lɪft/
   inside buildings **177.2**
   rise **413**
light /laɪt/
   light **24**, **24.1**, **24.4**
   human body **86.3**
   burn **135.1**
   living room **180** ☆
   colours **194.1**
   weights and measures **307.4**
lighten /ˈlaɪ·tən/ **24.1**
lighter /ˈlaɪ·tər/
   burn **135.1**
   smoking **171**
lighthouse /ˈlaɪt·haʊs/ **312.6**
lightning /ˈlaɪt·nɪŋ/ **18.5**
like /laɪk/
   alike **54**

ÍNDEX DE LES PARAULES EN ANGLÈS

like **426**
likely /ˈlaɪ·kli/ **80**
likeness /ˈlaɪk·nəs/ **54**
lily /ˈlɪl·i/ **11**
limb /lɪm/ **86**
lime /laɪm/ **152.2**
limit /ˈlɪm·ɪt/
  edge **53**
  control **228.5**
limitation /ˌlɪm·ɪˈteɪ·ʃən/ **228.5**
limited /ˈlɪm·ɪ·tɪd/
  edge **53**
  control **228.5**
limp /lɪmp/
  soft **99**
  walk **407.6**
line /laɪn/
  trains **314.1**
  leisure activities **380.1**
linen /ˈlɪn·ɪn/ **193.1**
liner /ˈlaɪ·nər/ **312.1**
line up **286**
linger /ˈlɪŋ·gər/ **286**
linguistics /lɪŋˈgwɪs·tɪks/ **233.2**
link /lɪŋk/ **294**
link up **294**
lion /ˈlaɪən/ **1** ☆
lion tamer /ˈlaɪən ˌteɪ·mər/ **377** ☆
lip /lɪp/ **86** ☆
lipstick /ˈlɪp·stɪk/ **192.5**
liqueur /lɪˈkjʊər/ **166.1**
liquid /ˈlɪk·wɪd/ **21**
lira /ˈlɪə·rə/ **265.1** ☐
lisp /lɪsp/ **341.7**
list /lɪst/ **366**
listen /ˈlɪs·ən/ **87**
listener /ˈlɪs·ən·ər/ **87**
literal /ˈlɪt·ər·əl/ **299**
literally /ˈlɪt·ər·əl·i/ **299**
literary /ˈlɪt·ər·ər·i/ **367.4**
literate /ˈlɪt·ər·ət/ **367.8**
literature /ˈlɪt·ər·ə·tʃər/ **367.4**
lithe /laɪð/
  soft **99.1**
  agile **399**
litre /ˈliː·tər/ **307.3** ☐
litter /ˈlɪt·ər/ **71**
little /ˈlɪt·l/
  small **44**
  small quantity **45.2**
live *v* /lɪv/
  be **29**
  live **175**
live *adj* /laɪv/
  be **29**
lively /ˈlaɪv·li/ **401.2**
liver /ˈlɪv·ər/
  human body **101.2** ☆
  meat **159.4**
livid /ˈlɪv·ɪd/ **450.1**
living room /ˈlɪv·ɪŋ ˌrʊm/ **180**
lizard /ˈlɪz·əd/ **1.1**
load /ləʊd/ **332**
load down **332**
loaded /ˈləʊ·dɪd/ **269.1**
loaf /ləʊf/ **156.1**
loan /ləʊn/ **261, 261.2**
loath /ləʊθ/ **285**
loathe /ləʊð/ **445**
loathing /ˈləʊ·ðɪŋ/ **445**
loathsome /ˈləʊð·səm/ **445**
lobby /ˈlɒb·i/ **177.1**
lobster /ˈlɒb·stər/ **10.2** ☆
local /ˈləʊ·kəl/ **320.1**
local anaesthetic /ˌləʊ·kəl ˌæn·əsˈθet·ɪk/ **122.1**
locally /ˈləʊ·kəl·i/ **320.1**

locate /ləʊˈkeɪt/ **289.1**
location /ləʊˈkeɪ·ʃən/ **14.2**
lock /lɒk/ **178**
lodge /lɒdʒ/ **175.2**
lodger /ˈlɒdʒ·ər/ **175.2**
lodgings /ˈlɒdʒ·ɪŋz/ **175.2**
loft /lɒft/ **177.4**
log /lɒg/ **304.2**
logic /ˈlɒdʒ·ɪk/ **238**
logical /ˈlɒdʒ·ɪ·kəl/ **238**
loiter /ˈlɔɪ·tər/ **286**
lone /ləʊn/ **435.2**
loneliness /ˈləʊn·lɪ·nəs/ **435**
lonely /ˈləʊn·li/ **435**
loner /ˈləʊ·nər/ **435.1**
long /lɒŋ/
  dimensions **40** ☆
  big **42**
long for **72.1**
long jump /ˈlɒŋ ˌdʒʌmp/ **390.2**
longsighted /ˌlɒŋˈsaɪ·tɪd/ **124.4**
long-winded /ˌlɒŋˈwɪn·dɪd/ **119**
loo /luː/ **185.1**
look /lʊk/
  seem **37**
  see and look **91**
look after **254**
look for **94**
loose /luːs/ **295.1**
loosen /ˈluː·sən/ **295.1**
loot /luːt/ **220**
Lord /lɔːd/ **232.3**
lord /lɔːd/ **205.1**
lorry /ˈlɒr·i/ **315.1**
lose /luːz/
  lose **96**
  failure **397**
lose out **397**
loss /lɒs/
  lose **96**
  doing business **262.9**
lot /lɒt/ **43.2**
lottery /ˈlɒt·ər·i/ **386.5**
loud /laʊd/ **88**
loudly /ˈlaʊd·li/ **88**
loudspeaker /ˌlaʊdˈspiː·kər/ **88.2**
lousy /ˈlaʊ·zi/ **438.1**
love /lʌv/
  ball sports **389.5**
  love **427, 427.5**
lovely /ˈlʌv·li/
  beautiful **59**
  good **417.2**
lover /ˈlʌv·ər/ **427.4**
loving /ˈlʌv·ɪŋ/ **427**
low /ləʊ/
  animal noises **8.1**
  small **44.1**
low-alcohol /ˌləʊˈæl·kə·hɒl/ **166.1**
lower case /ˌləʊ·əˈkeɪs/ **362.5**
loyal /ˈlɔɪəl/ **213.3**
loyalty /ˈlɔɪəl·ti/ **213.3**
LP /ˌelˈpiː/ **379.9**
L-plates /ˈelˌpleɪts/ **308** ☆
LSD /ˌelˌesˈdiː/ **172.2**
luck /lʌk/ **387**
lucky /ˈlʌk·i/ **387.1**
ludicrous /ˈluː·dɪ·krəs/ **241.2**
luggage /ˈlʌg·ɪdʒ/ **317.4**
lukewarm /ˌluːkˈwɔːm/ **20**
lull /lʌl/ **183.1**
luminous /ˈluː·mɪ·nəs/ **24.2**
lump /lʌmp/ **38.5**
lumpy /ˈlʌm·pi/ **38.5**
lunatic /ˈluː·nə·tɪk/ **129.1**
lunch /lʌntʃ/ **162**
lung /lʌŋ/ **101.2** ☆

lure /lʊər/ **432**
lust /lʌst/ **427.1**
Lutheranism /ˈluː·θər·ən·ɪ·zəm/ **232.2**
luxurious /lʌgˈʒʊə·ri·əs/ **421**
luxuriously /lʌgˈʒʊə·ri·əs·li/ **421**
luxury /ˈlʌk·ʃər·i/ **421**
lychee /ˈlaɪ·tʃiː/ **152.4**
lyrics /ˈlɪr·ɪks/ **379.2**

mac /mæk/ **190.10**
machine /məˈʃiːn/ **303**
machine gun /məˈʃiːn ˌgʌn/ **248.4** ☆
machinery /məˈʃiː·nər·i/ **303**
macho /ˈmætʃ·əʊ/ **140**
mackerel /ˈmæk·rəl/ **10.1** ☆
mad /mæd/
  mad **129.1**
  angry **450.1**
madman /ˈmæd·mən/ **129.1**
madness /ˈmæd·nəs/ **129.1**
madwoman /ˈmædˌwʊm·ən/ **129.1**
magazine /ˌmæg·əˈziːn/ **368**
maggot /ˈmæg·ət/ **5** ☆
magic /ˈmædʒ·ɪk/ **416**
magical /ˈmædʒ·ɪ·kəl/ **416**
magician /məˈdʒɪʃ·ən/ **416**
magnet /ˈmæg·nət/ **432.1**
magnetic /mægˈnet·ɪk/ **432.1**
magnetism /ˈmæg·nə·tɪ·zəm/ **432.1**
magnificence /mægˈnɪf·ɪ·sənts/ **417.2**
magnificent /mægˈnɪf·ɪ·sənt/
  great **77**
  good **417.2**
magnificently /mægˈnɪf·ɪ·sənt·li/ **417.2**
magnify /ˈmæg·nɪ·faɪ/ **46** ☆
magnifying glass /ˈmæg·nɪ·faɪ·ɪŋ ˌglɑːs/ **46** ☆
maid /meɪd/ **274.5**
mail /meɪl/ **340.2**
mailbox /ˈmeɪl·bɒks/ **340.2** ☆
main /meɪn/ **75**
mainland /ˈmeɪn·lənd/ **13.5** ☆
mainly /ˈmeɪn·li/ **75**
main road /ˌmeɪn ˈrəʊd/ **311**
maintain /meɪnˈteɪn/ **383**
maintenance /ˈmeɪn·tən·ənts/ **383**
maize /meɪz/ **173.5**
majesty /ˈmædʒ·ə·sti/ **205**
major /ˈmeɪ·dʒər/
  main **75**
  war **248.3** ☐
majority /məˈdʒɒr·ə·ti/ **43**
make /meɪk/
  doing business **262.7**
  make **293**
make out **91.4**
maker /ˈmeɪ·kər/ **293**
make up **95.1**
make-up /ˈmeɪk·ʌp/ **192.5**
male /meɪl/ **140**
male chauvinist pig /ˌmeɪl ˌʃəʊ·vɪ·nɪstˈpɪg/ **212**
malice /ˈmæl·ɪs/ **225.1**
malicious /məˈlɪʃ·əs/ **225.1**
malignant /məˈlɪg·nənt/ **124.12**
mam /mæm/ **138.1**
mama /məˈmɑː/ **138.1**
mammal /ˈmæm·əl/ **1** ☐
man /mæn/ **139.1, 139.4**
manage /ˈmæn·ɪdʒ/
  employment **271.4**
  success **396.2**
management /ˈmæn·ɪdʒ·mənt/ **271.4**
manager /ˈmæn·ɪ·dʒər/ **271.4**
mane /meɪn/ **1** ☆
mango /ˈmæŋ·gəʊ/ **152.4**

413

ÍNDEX DE LES PARAULES EN ANGLÈS

mania /'meɪ·ni·ə/ **129.2**
maniac /'meɪ·ni·æk/ **129.2**
manic /'mæn·ɪk/ **129.2**
mankind /mæn'kaɪnd/ **139.1**
manner /'mæn·ər/
  personality **142.1**
  sort **306**
manners /'mæn·əz/ **143**
mansion /'mæn·tʃən/ **174.4**
manslaughter /'mæn,slɔː·tər/ **198.1**
mantelpiece /'mæn·təl·piːs/ **180**
manufacture /,mæn·jə'fæk·tʃər/ **293.1**
manufacturing /,mæn·jə'fæk·tʃər·ɪŋ/ **293.1**
manure /mə'njʊər/ **173.6**
manuscript /'mæn·jə·skrɪpt/ **369.3**
map /mæp/ **317.2**
maple /'meɪ·pl̩/ **12.1**
marathon /'mær·ə·θən/ **390.1**
marbles /'mɑː·blz/ **386.1**
March /mɑːtʃ/ **25.2**
march /mɑːtʃ/ **407.3**
margarine /,mɑː·dʒə'riːn/ **158.2**
margin /'mɑː·dʒɪn/ **366**
marijuana /,mær·ə'wɑː·nə/ **172.3**
mark /mɑːk/ **189.1**
market /'mɑː·kɪt/
  doing business **262.5**
  shops **273**
marketing /'mɑː·kɪ·tɪŋ/ **262.8**
markka /'mɑː·kə/ **265.1** ☐
marmalade /'mɑː·məl·eɪd/ **160.1**
marriage /'mær·ɪdʒ/ **195.3**
marrow /'mær·əʊ/ **155.3**
marry /'mær·i/ **195.3**
Mars /mɑːz/ **27** ☆
marsh /mɑːʃ/ **13.2**
martial /'mɑː·ʃəl/ **248.5**
martial arts /,mɑː·ʃəl 'ɑːtz/ **392.1**
marvellous /'mɑː·vəl·əs/ **417.3**
marvellously /'mɑː·vəl·əs·li/ **417.3**
mascara /mæs'kɑː·rə/ **192.5**
masculine /'mæs·kjə·lɪn/ **140**
mash /mæʃ/ **168.2**
mass /mæs/ **43.2**
massacre /'mæs·ə·kər/ **198**
masses /'mæs·ɪz/ **43.2**
massive /'mæs·ɪv/ **42.1**
mast /mɑːst/ **312.2**
master /'mɑː·stər/
  control **228.4**
  teach **234.1**
masterpiece /'mɑː·stə·piːs/
  arts and crafts **381.3**
  good **417.2**
masturbate /'mæs·tə·beɪt/ **199.2**
mat /mæt/ **185** ☆
match /mætʃ/
  burn **135.1**
  sport **388.3**
mate /meɪt/
  sex **199.2**
  friendship **434.1**
material /mə'tɪə·ri·əl/
  textiles **193**
  materials **304**
  thing **305.1**
materialize /mə'tɪə·ri·ə·laɪz/ **31**
mathematics /mæθ·əm'æt·ɪks/
  education **233.3**
  maths **297**
maths /mæθs/ **297**
matter /'mæt·ər/ **74.1**
mature /mə'tjʊər/
  old **200.1**
  sensible **238**
mauve /məʊv/ **194.3**

maximum /'mæk·sɪ·məm/ **43**
May /meɪ/ **25.2**
May Day /'meɪ·deɪ/ **25.3**
mayonnaise /,meɪ·ə'neɪz/ **161.5**
mayor /meər/ **227.1**
mayoress /,meə'res/ **227.1**
meadow /'med·əʊ/ **173.1**
meagre /'miː·gər/ **45.1**
meal /miːl/ **162**
mean /miːn/
  intend **107**
  selfish **226**
  meaning **364**
means /miːnz/ **78.1**
measles /'miː·zlz/ **124.10**
measly /'miːz·li/ **45.1**
measure /'meʒ·ər/ **307**
measurement /'meʒ·ə·mənt/ **307**
measuring cylinder /'meʒ·ər·ɪŋ ,sɪl·ɪn·dər/ **233.4** ☆
meat /miːt/ **159**
mechanic /mɪ'kæn·ɪk/ **303**
mechanical /mɪ'kæn·ɪ·kəl/ **303**
mechanism /'mek·ə·nɪ·zəm/ **303**
medal /'med·əl/ **398**
meddle /'med·l̩/ **246**
media /'miː·di·ə/ **378**
medical /'med·ɪ·kəl/ **126**
medication /,med·ɪ'keɪ·ʃən/ **126.5**
medicinal /mə'dɪs·ɪ·nəl/ **126**
medicine /'med·sən/ **126.5**
mediocre /,miː·di'əʊ·kər/ **442.3**
meditate /'med·ɪ·teɪt/ **104.2**
meditation /,med·ɪ'teɪ·ʃən/ **104.2**
medium /'miː·di·əm/ **442.2**
meek /miːk/ **150**
meet /miːt/ **207.2**
meeting /'miː·tɪŋ/ **262.10**
melody /'mel·ə·di/ **379.2**
melon /'mel·ən/ **152.1**
melt /melt/ **18.4**
member /'mem·bər/ **206.1**
membership /'mem·bə·ʃɪp/ **206.1**
memento /mə'men·təʊ/ **116.1**
memorable /'mem·ər·ə·bl̩/ **116**
memory /'mem·ər·i/ **116**
men's room /'menz ,rʊm/ **185.1**
mend /mend/ **383**
mental /'men·təl/ **101.4**
mention /'men·tʃən/ **341.3**
menu /'men·juː/
  eating and drinking places **163**
  computers **296**
merchant /'mɜː·tʃənt/ **262.3**
merciful /'mɜː·sɪ·fʊl/ **221**
mercifully /'mɜː·sɪ·fʊl·i/ **221**
merciless /'mɜː·sɪ·ləs/ **223**
mercilessly /'mɜː·sɪ·lə·sli/ **223**
Mercury /'mɜː·kjə·ri/ **27** ☆
mercury /'mɜː·kjə·ri/ **16**
mercy /'mɜː·si/ **221**
mere /mɪər/ **45.1**
merely /'mɪə·li/ **45.1**
merit /'mer·ɪt/ **417.5**
merry /'mer·i/
  drinks **166.7**
  happy **422.3**
mess /mes/ **64**
message /'mes·ɪdʒ/ **342**
messenger /'mes·ɪn·dʒər/ **342**
mess up **64**
messy /'mes·i/ **64**
metal /'met·əl/ **16**
meteor /'miː·ti·ər/ **27**
meteorology /,miː·ti·ə'rɒl·ə·dʒi/ **18**
method /'meθ·əd/ **290**
methodical /mə'θɒd·ɪ·kəl/ **290**

Methodism /'meθ·ə·dɪ·zəm/ **232.2**
meticulous /mə'tɪk·jə·ləs/ **301.1**
metre /'miː·tər/ **307.1** ☐
metric /'met·rɪk/ **307**
mew /mjuː/ **8.1**
microlight /'maɪ·krəʊ·laɪt/ **393.3**
microphone /'maɪ·krə·fəʊn/ **88.2**
microscope /'maɪ·krə·skəʊp/ **233.4** ☆
microwave /'maɪ·krəʊ·weɪv/ **169** ☆
midday /,mɪd'deɪ/ **26** ☆
middle /'mɪd·l̩/ **66** ☆
middle-aged /,mɪd·l̩'eɪdʒd/ **200.1**
middle class /,mɪd·l̩ 'klɑːs/ **204.1**
middle name /'mɪd·l̩ ,neɪm/ **137.2**
middle-of-the-road /,mɪd·l̩·əv·ðə'rəʊd/ **442.3**
middle school /'mɪd·l̩ ,skuːl/ **233** ☐
middling /'mɪd·lɪŋ/ **442.3**
midnight /'mɪd·naɪt/ **26** ☆
Midsummer's Eve /,mɪd·sʌm·əz 'iːv/ **25.3**
midwife /'mɪd·waɪf/ **122**
might /maɪt/ **401**
mighty /'maɪ·ti/ **401.1**
migraine /'miː·greɪn/ **124.8**
mike /maɪk/ **88.2**
mild /maɪld/
  gentle **3**
  hot **20**
mildly /'maɪld·li/ **3**
mile /maɪl/ **307.1** ☐
mileage /'maɪl·ɪdʒ/ **317.2**
mileometer /maɪ'lɒm·ɪ·tər/ **308.1**
military /'mɪl·ɪ·tər·i/ **248.5**
militia /mɪ'lɪʃ·ə/ **248.2**
milk /mɪlk/
  dairy products **158.1**
  farming **173.7**
mill /mɪl/ **271.2** ☐
millilitre /'mɪl·ɪ·liː·tər/ **307.3** ☐
millimetre /'mɪl·ɪ·miː·tər/ **307.1** ☐
million /'mɪl·jən/ **298.1**
millionaire /,mɪl·jə'neər/ **269**
mime /maɪm/ **376.3**
mimic /'mɪm·ɪk/ **56.1**
mince /mɪnts/
  cut **133.3**
  meat **159.4**
mind /maɪnd/
  important **74.1**
  unwilling **285**
mine /maɪn/
  metals **16**
  employment **271.2** ☐
mineral /'mɪn·ər·əl/ **13.3**
miniature /'mɪn·ə·tʃər/ **44**
minibus /'mɪn·i·bʌs/ **315.2** ☆
minimum /'mɪn·ɪ·məm/ **45**
minister /'mɪn·ɪ·stər/
  politics and government **227** ☐
  religion **232.4**
minor /'maɪ·nər/ **76**
minority /maɪ'nɒr·ə·ti/ **45**
mint /mɪnt/ **157.2**
minus /'maɪ·nəs/ **297.1** ☐
minute nd /mɪn·ɪt/ **26.1**
minute adj /maɪ'njuːt/ **44**
miracle /'mɪr·ə·kl̩/ **118.2**
miraculous /mɪ'ræk·jə·ləs/ **118.2**
mirror /'mɪr·ər/
  bedroom **181** ☆
  bathroom **185** ☆
mischief /'mɪs·tʃɪf/ **219.2**
mischievous /'mɪs·tʃɪ·vəs/ **219.2**
misdemeanour /,mɪs·də'miː·nər/ **209.1**
miserable /'mɪz·ər·ə·bl̩/ **447.1**
misery /'mɪz·ər·i/ **447.1**

ÍNDEX DE LES PARAULES EN ANGLÈS

misfortune /mɪsˈfɔːtʃuːn/ **387.2**
mislay /mɪsˈleɪ/ **96**
mislead /mɪsˈliːd/ **214.2**
misleading /mɪˈsliːdɪŋ/ **214.2**
misplace /mɪsˈpleɪs/ **96**
miss /mɪs/
  want **72**
  failure **397**
mission /ˈmɪʃ·ən/ **274.3**
mist /mɪst/ **18.2**
mistake /mɪˈsteɪk/ **300.1**
mistaken /mɪˈsteɪ·kən/ **300.1**
mistreat /mɪsˈtriːt/ **280**
mistress /ˈmɪs·trəs/
  control **228.4**
  teach **234.1**
  love **427.4**
misunderstand /ˌmɪs·ʌn·dəˈstænd/ **115**
misunderstanding /ˌmɪs·ʌn·dəˈstæn·dɪŋ/ **115**
mix /mɪks/ **168.3**
mixer tap /ˈmɪks·ə tæp/ **185** ☆
mixture /ˈmɪks·tʃər/ **168.3**
moan /məʊn/ **345**
mob /mɒb/ **207.1**
mobile /ˈməʊ·baɪl/ **411**
mock /mɒk/ **425.1**
model /ˈmɒd·əl/ **381.5**
moderate /ˈmɒd·ər·ət/ **238**
modern /ˈmɒd·ən/ **202**
modernization /ˌmɒd·ən·aɪˈzeɪ·ʃən/ **202**
modernize /ˈmɒd·ən·aɪz/ **202**
modest /ˈmɒd·ɪst/ **150**
modify /ˈmɒd·ɪ·faɪ/ **58.1**
Mohammed /məʊˈhæm·ɪd/ **232.3**
moist /mɔɪst/ **21**
moisten /ˈmɔɪ·sən/ **21.1**
moisture /ˈmɔɪs·tʃər/ **21**
mole /məʊl/
  wild animals **1.1** □
  small animals **4**
  human body **86.2**
mollusc /ˈmɒl·əsk/ **10.2**
moment /ˈməʊ·mənt/ **26.1**
monarch /ˈmɒn·ək/ **205**
monastery /ˈmɒn·ə·stər·i/ **232.5**
Monday /ˈmʌn·deɪ/ **25.1**
money /ˈmʌn·i/ **265**
moneybags /ˈmʌn·i·bægz/ **269.1**
monitor /ˈmɒn·ɪ·tər/
  control **228.1**
  computers **296** ☆
monk /mʌŋk/ **232.4**
monkey /ˈmʌŋ·ki/ **1** ☆
monotonous /məˈnɒt·ən·əs/ **119**
monsoon /ˌmɒnˈsuːn/ **18.2**
monster /ˈmɒnt·stər/ **1** □
monument /ˈmɒn·jə·mənt/ **174.4**
moo /muː/ **8.1**
mood /muːd/ **142.1**
moody /ˈmuː·di/ **142.1**
moon /muːn/ **27**
moor /mɔːr/
  geography and geology **13.2**
  ships and boats **312.4**
moorings /ˈmɔː·rɪŋz/ **312.4**
moped /ˈməʊ·ped/ **315.3**
mop up **187.3**
moral /ˈmɒr·əl/ **217**
Mormonism /ˈmɔː·mə·nɪ·zəm/ **232.2**
moron /ˈmɔː·rɒn/ **240.1**
mortal /ˈmɔː·təl/
  be **29.2**
  kill **198.4**
mortally /ˈmɔː·təl·i/ **198.4**
mortgage /ˈmɔː·gɪdʒ/ **261.2**
moses basket /ˈməʊ·zɪz ˌbɑː·skɪt/ **136.4**
Moslem /ˈmʊz·lɪm/ **232.1**
mosque /mɒsk/ **232.5**
motel /məʊˈtel/ **317.3**
moth /mɒθ/ **5**
mother /ˈmʌð·ər/ **138.1**
mother-in-law /ˈmʌð·ər·ɪnˌlɔː/ **138.4**
motion /ˈməʊ·ʃən/ **411**
motionless /ˈməʊ·ʃən·ləs/ **284.2**
motivate /ˈməʊ·tɪ·veɪt/ **279**
motivation /ˌməʊ·tɪˈveɪ·ʃən/ **279**
motive /ˈməʊ·tɪv/ **291.1**
motor /ˈməʊ·tər/ **303.1**
motorbike /ˈməʊ·tə·baɪk/ **315.3**
motorcycle /ˈməʊ·təˌsaɪ·kl̩/ **315.3**
motorcyclist /ˈməʊ·təˌsaɪ·klɪst/ **309.5**
motorist /ˈməʊ·tər·ɪst/ **309.5**
motorway /ˈməʊ·tə·weɪ/ **311** ☆
mould /məʊld/ **39**
mount /maʊnt/ **395**
mountain /ˈmaʊn·tɪn/ **13.1**
mountaineering /ˌmaʊn·tɪˈnɪə·rɪŋ/ **393.1**
mountainside /ˈmaʊn·tɪn·saɪd/ **13.1**
mourn /mɔːn/ **195.4**
mourning /ˈmɔː·nɪŋ/ **195.4**
mouse /maʊs/
  wild animals **1.1** □
  small animals **4**
  computers **296** ☆
moustache /məˈstɑːʃ/ **86** ☆
mouth /maʊθ/
  geography and geology **13.7**
  human body **86** ☆
mouthful /ˈmaʊθ·fʊl/ **164.5**
mouthwash /ˈmaʊθ·wɒʃ/ **184.3**
mouth-watering /ˈmaʊθˌwɔː·tər·ɪŋ/ **157.6**
move /muːv/
  games **386.4**
  movement **411**
move in **175.1**
movement /ˈmuːv·mənt/ **411**
move out **175.1**
movie /ˈmuː·vi/ **376.4**
mow /məʊ/ **384.2**
MP /ˌemˈpiː/ **227** □
muck /mʌk/
  farming **173.6**
  dirty **189**
mucky /ˈmʌk·i/ **189**
mud /mʌd/ **384.3**
muddle /ˈmʌd·l̩/ **64**
muddy /ˈmʌd·i/ **189**
muesli /ˈmjuːz·li/ **156.5**
muffle /ˈmʌf·l̩/ **89.1**
mug /mʌg/
  dining room **170** ☆
  steal **220**
mugger /ˈmʌg·ər/ **220.1**
muggy /ˈmʌg·i/ **20**
mule /mjuːl/ **6**
multilingual /ˌmʌl·tiˈlɪŋ·gwəl/ **361**
multiply /ˈmʌl·tɪ·plaɪ/
  increase **46.1**
  maths **297.1**
multistorey /ˌmʌl·tiˈstɔː·ri/ **176.2**
mum /mʌm/ **138.1**
mumble /ˈmʌm·bl̩/ **341.7**
mummy /ˈmʌm·i/ **138.1**
mumps /mʌmps/ **124.10**
munch /mʌntʃ/ **164.5**
murder /ˈmɜː·dər/ **198.1**
muscle /ˈmʌs·l̩/
  human body **101.2**
  strength **401**
muscular /ˈmʌs·kjə·lər/ **401.1**
museum /mjuːˈziː·əm/ **92.3**
mushroom /ˈmʌʃ·rʊm/
  increase **46.3**
  vegetables **155.3**
music /ˈmjuː·zɪk/
  education **233.2**
  music **379**
musical /ˈmjuː·zɪ·kəl/ adj **379** n **379.6**
mussel /ˈmʌs·əl/ **10.2**
mustard /ˈmʌs·təd/ **157.2**
mute /mjuːt/ **89**
mutilate /ˈmjuː·tɪ·leɪt/ **132**
mutter /ˈmʌt·ər/ **341.7**
mysterious /mɪˈstɪə·ri·əs/ **112.2**
mystery /ˈmɪs·tər·i/ **112.2**

nag /næg/ **279.1**
nail /neɪl/ **382.1** ☆
nail-biting /ˈneɪlˌbaɪ·tɪŋ/ **257.2**
nailbrush /ˈneɪl·brʌʃ/ **184.5**
nail clippers /ˈneɪl klɪp·əz/ **184.5**
nailfile /ˈneɪl·faɪl/ **184.5**
nail varnish /ˈneɪl ˌvɑː·nɪʃ/ **184.5**
naive /naɪˈiːv/ **201.3**
naked /ˈneɪ·kɪd/ **190.2**
name /neɪm/ **137.1**
nap /næp/ **182.2**
napkin /ˈnæp·kɪn/ **170** ☆
nappy /ˈnæp·i/ **136.4**
narrate /nəˈreɪt/ **341.5**
narrator /nəˈreɪ·tər/ **341.5**
narrow /ˈnær·əʊ/
  dimensions **40** ☆
  thin **49**
nasty /ˈnɑː·sti/ **438**
nation /ˈneɪ·ʃən/ **14.1**
nationality /ˌnæʃ·ənˈæl·ə·ti/ **14.1**
natter /ˈnæt·ər/ **360**
natural /ˈnætʃ·ər·əl/ **442**
nature /ˈneɪ·tʃər/ **142**
-natured /ˈneɪ·tʃəd/ **142**
naughty /ˈnɔː·ti/ **219.2**
nausea /ˈnɔː·zi·ə/ **124.7**
nauseous /ˈnɔː·zi·əs/ **124.7**
naval /ˈneɪ·vəl/ **248.2**
nave /neɪv/ **232.5** ☆
navel /ˈneɪ·vəl/ **86**
navy /ˈneɪ·vi/ **248.2, 248.3** □
near /nɪər/ **320.1**
nearby /ˌnɪəˈbaɪ/ **320.1**
neat /niːt/ **63**
necessarily /ˌnes·əˈser·əl·i/ **67**
necessary /ˈnes·ə·sər·i/ **67**
necessity /nəˈses·ə·ti/ **67**
neck /nek/ **86**
necklace /ˈnek·ləs/ **192.4** ☆
nectarine /ˈnek·tər·iːn/ **152.1**
need /niːd/ **67**
needle /ˈniː·dl̩/
  cures **126.3**
  arts and crafts **381.6** ☆
needless /ˈniːd·ləs/ **68**
needy /ˈniː·di/ **270**
negative /ˈneg·ə·tɪv/
  unwilling **285**
  arts and crafts **381.4**
neglect /nɪˈglekt/ **302**
negligence /ˈneg·lɪ·dʒənts/ **302**
negligent /ˈneg·lɪ·dʒənt/ **302**
neigh /neɪ/ **8.1**
neighbour /ˈneɪ·bər/ **320.1**
neighbourhood /ˈneɪ·bə·hʊd/ **14.2**
neighbouring /ˈneɪ·bər·ɪŋ/ **320.1**
nephew /ˈnef·juː/ **138.6**
Neptune /ˈnep·tjuːn/ **27** ☆
nerve /nɜːv/

human body **101.2**
cheeky **145**
nerves /nɜːvz/ **255.4**
nervous /ˈnɜː·vəs/ **255.4**
nest /nest/ **9**
net /net/
 doing business **262.9**
 leisure activities **380.1**
 ball sports **389.5** ☆
netball /ˈnet·bɔːl/ **389.7**
nettle /ˈnet·l̩/ **11**
network /ˈnet·wɜːk/ **207**
neurosis /njʊəˈrəʊ·sɪs/ **129.2**
neurotic /njʊəˈrɒt·ɪk/ **129.2**
new /njuː/ **201**
newfangled /ˌnjuːˈfæŋ·ɡl̩d/ **202**
news /njuːz/ **368**
newsagent /ˈnjuːzˌeɪ·dʒənt/ **273** ☐
newspaper /ˈnjuːzˌpeɪ·pər/ **368**
New Testament /ˌnjuː ˈtes·tə·mənt/ **232.7**
New Year /ˌnjuː ˈjɪər/ **25.3**
New Year's Day /ˌnjuː ˌjɪəz ˈdeɪ/ **25.3**
New Year's Eve /ˌnjuː ˌjɪəz ˈiːv/ **25.3**
next /nekst/
 distance **320.1**
 soon **329**
nibble /ˈnɪb·l̩/ **164.5**
nice /naɪs/
 flavours **157.5**
 good **417.1**
nicely /ˈnaɪ·sli/ **417.1**
nick /nɪk/ **220**
nickel /ˈnɪk·l̩/ **265.2** ☐
nickname /ˈnɪk·neɪm/ **137.3**
niece /niːs/ **138.6**
nifty /ˈnɪf·ti/ **281**
nightdress /ˈnaɪt·dres/ **190.8**
nightie /ˈnaɪ·ti/ **190.8**
nightingale /ˈnaɪ·tɪŋ·ɡeɪl/ **9**
nightmare /ˈnaɪt·meər/ **182.4**
nimble /ˈnɪm·bl̩/ **399**
nipple /ˈnɪp·l̩/ **86**
nippy /ˈnɪp·i/ **19**
nitrogen /ˈnaɪ·trə·dʒən/ **17**
nobility /nəʊˈbɪl·ə·ti/ **205.1**
noble /ˈnəʊ·bl̩/
 royalty **205.1**
 good **217**
nobleman /ˈnəʊ·bl̩·mən/ **205.1**
nod /nɒd/ **365**
nod off **182.1**
noise /nɔɪz/ **88.1**
noisy /ˈnɔɪ·zi/ **88**
nominate /ˈnɒm·ɪ·neɪt/ **227.3**
nominee /ˌnɒm·ɪˈniː/ **227.3**
non-alcoholic /ˌnɒn·æl·kəˈhɒl·ɪk/ **166.1**
non-existent /ˌnɒn·ɪɡˈzɪs·tənt/ **36**
non-fiction /ˌnɒnˈfɪk·ʃən/ **367.3**
nonsense /ˈnɒn·sənts/ **241.3**
non-stop /ˌnɒnˈstɒp/ **33.1**
noon /nuːn/ **26** ☆
normal /ˈnɔː·məl/ **442**
normally /ˈnɔː·məl·i/ **442**
north /nɔːθ/ **318.1** ☆
northeast /ˌnɔːθˈiːst/ **318.1** ☆
northerly /ˈnɔː·ðəl·i/ **318.1**
northern /ˈnɔː·ðən/ **318.1**
northward /ˈnɔː·θwəd/ **318.1**
northwest /ˌnɔːθˈwest/ **318.1** ☆
Norwegian /nɔːˈwiː·dʒən/ **361.1**
nose /nəʊz/ **86** ☆
nostalgia /nɒsˈtæl·dʒə/ **116.2**
nostalgic /nɒsˈtæl·dʒɪk/ **116.2**
nostril /ˈnɒs·trəl/ **86** ☆
nosy /ˈnəʊ·zi/ **113.3**
note /nəʊt/
 money **265.2**
 write **369.1**
 music **379.8** ☆
notebook /ˈnəʊt·bʊk/ **370**
notepaper /ˈnəʊtˌpeɪ·pər/ **370**
notice /ˈnəʊ·tɪs/
 see and look **91.4**
 employment **271.8**
noticeable /ˈnəʊ·tɪ·sə·bl̩/ **93**
noticeably /ˈnəʊ·tɪ·sə·bli/ **93**
notion /ˈnəʊ·ʃən/ **108**
notorious /nəʊˈtɔː·ri·əs/ **111**
noun /naʊn/ **362.4**
nourishing /ˈnʌr·ɪ·ʃɪŋ/ **164.1**
novel /ˈnɒv·əl/
 new **201.1**
 book **367.1**
novelty /ˈnɒv·əl·ti/ **201.1**
November /nəʊˈvem·bər/ **25.2**
novice /ˈnɒv·ɪs/ **32.1**
nowadays /ˈnaʊ·ə·deɪz/ **26.3**
nozzle /ˈnɒz·l̩/ **310**
nuclear /ˈnjuː·kli·ər/ **303.2**
nucleus /ˈnjuː·kli·əs/ **101.2**
nude /njuːd/ **190.2**
nuisance /ˈnjuː·sənts/ **244.1**
number /ˈnʌm·bər/ **298**
numberplate /ˈnʌm·bə·pleɪt/ **308** ☆
nun /nʌn/ **232.4**
nurse /nɜːs/ **122**
nursery school /ˈnɜː·sər·i ˌskuːl/ **233** ☐
nursing /ˈnɜː·sɪŋ/ **122**
nursing home /ˈnɜː·sɪŋ ˌhəʊm/ **122**
nut /nʌt/
 nuts **154**
 tools **382.1** ☆
nutcase /ˈnʌt·keɪs/ **129.4**
nutcrackers /ˈnʌtˌkræk·əz/ **154** ☆
nuts /nʌts/ **129.4**
nutshell /ˈnʌt·ʃel/ **154** ☆
nutty /ˈnʌt·i/ **129.4**
nylon /ˈnaɪ·lɒn/ **193.1**

oak /əʊk/ **12.1**
oar /ɔːr/ **312.2**
oasis /əʊˈeɪ·sɪs/ **13.2**
oat /əʊt/ **173.5**
oath /əʊθ/
 swear **357**
 promise **358**
obedience /əˈbiː·di·ənts/ **217.1**
obedient /əˈbiː·di·ənt/ **217.1**
obese /əʊˈbiːs/ **48**
obey /əˈbeɪ/ **217.1**
obituary /əˈbɪtʃ·ʊə·ri/ **368.2**
object v /əbˈdʒekt/
 unwilling **285**
 disagree **346.2**
object n /ˈɒb·dʒɪkt/
 thing **305**
objection /əbˈdʒek·ʃən/
 unwilling **285**
 disagree **346.2**
objective /əbˈdʒek·tɪv/ **107.2**
obligation /ˌɒb·lɪˈɡeɪ·ʃən/ **274.4**
oblige /əˈblaɪdʒ/ **277**
obliged /əˈblaɪdʒd/ **274.4**
obliging /əˈblaɪ·dʒɪŋ/ **277**
oblivion /əˈblɪv·i·ən/ **112**
oblivious /əˈblɪv·i·əs/ **112.1**
oblong /ˈɒb·lɒŋ/ **38.1** ☆
obnoxious /əbˈnɒk·ʃəs/ **438.1**
oboe /ˈəʊ·bəʊ/ **379.4**
obscure /əbˈskjʊər/ **112**
obsequious /əbˈsiː·kwi·əs/ **143.1**
observation /ˌɒb·zəˈveɪ·ʃən/
 see and look **91.3**
 speak **341.3**
observe /əbˈzɜːv/
 see and look **91.3**
 speak **341.3**
obsolete /ˌɒb·səlˈiːt/ **203**
obstacle /ˈɒb·stə·kl̩/ **245.1**
obstinate /ˈɒb·stən·ət/ **107.3**
obstruct /əbˈstrʌkt/ **245.1**
obtain /əbˈteɪn/ **373**
obtuse angle /əbˌtjuːs ˈæŋ·ɡl̩/ **38.1** ☆
obvious /ˈɒb·vi·əs/ **93**
obviously /ˈɒb·vi·ə·sli/ **93**
occasion /əˈkeɪ·ʒən/ **31.1**
occasional /əˈkeɪ·ʒən·əl/ **444.2**
occult /ˈɒk·ʌlt/ **416.2**
occupation /ˌɒk·jəˈpeɪ·ʃən/ **271.1**
occupied /ˈɒk·jə·paɪd/ **275**
occupy /ˈɒk·jə·paɪ/ **275**
occur /əˈkɜːr/ **31**
occur to **108.1**
ocean /ˈəʊ·ʃən/ **13.4**
o'clock /əˈklɒk/ **26**
octave /ˈɒk·tɪv/ **379.8** ☆
October /ɒkˈtəʊ·bər/ **25.2**
octopus /ˈɒk·tə·pəs/ **10.2**
odd /ɒd/
 numbers **298** ☐
 unusual **444.1**
oddball /ˈɒd·bɔːl/ **444.5**
oddity /ˈɒd·ɪ·ti/ **444.1**
oddly /ˈɒd·li/ **444.1**
odour /ˈəʊ·dər/ **90**
off-colour /ˌɒfˈkʌl·ər/ **128**
offence /əˈfents/
 rude **144.2**
 legal system **209.1**
offend /əˈfend/ **144.2**
offender /əˈfen·dər/ **209.1**
offensive /əˈfent·sɪv/ **144.1**
offer /ˈɒf·ər/ **372.1**
offering /ˈɒf·ər·ɪŋ/ **372.1**
offhand /ˌɒfˈhænd/ **144.3**
office /ˈɒf·ɪs/ **272**
office block /ˈɒf·ɪs ˌblɒk/ **174.3**
officer /ˈɒf·ɪ·sər/
 politics and government **227.2**
 war **248.2**
official /əˈfɪʃ·əl/ **227.2**
off-licence /ˈɒf·laɪ·sənts/ **273** ☐
off-putting /ˈɒfˌpʊt·ɪŋ/ **446.1**
offside /ˌɒfˈsaɪd/ **389.1**
offspring /ˈɒf·sprɪŋ/ **138.7**
often /ˈɒf·ən/ **443**
ogle /ˈəʊ·ɡl̩/ **91.2**
oil /ɔɪl/
 dairy products **158.2**
 machinery **303.3**
oils /ɔɪlz/ **381.2**
ointment /ˈɔɪnt·mənt/ **126.5**
okay /ˌəʊˈkeɪ/ **417.1**
old /əʊld/ **200**
old-fashioned /ˌəʊldˈfæʃ·ənd/ **203**
Old Testament /ˌəʊld ˈtest·ə·mənt/ **232.7**
olive /ˈɒl·ɪv/ **161.2**
omelette /ˈɒm·lət/ **161.4**
omission /əʊˈmɪʃ·ən/ **437**
omit /əʊˈmɪt/ **437**
omnivore /ˈɒm·nɪ·vɔːr/ **1** ☐
on /ɒn/ **265.3**
on board /ˌɒn ˈbɔːd/ **312**
on edge /ˌɒn ˈedʒ/ **256.1**
one way /ˌwʌn ˈweɪ/ **311** ☆
onion /ˈʌn·jən/ **155.3**
on time /ˌɒn ˈtaɪm/ **327**
opal /ˈəʊ·pəl/ **15**

open /ˈəʊ.pən/
  open **179**
  honest **213.2**
opening /ˈəʊ.pən.ɪŋ/ **134**
opera /ˈɒp.rə/ **379.5**
operate /ˈɒp.ər.eɪt/
  hospital **122.1**
  machinery **303**
operatic /ˌɒp.ərˈæt.ɪk/ **379.5**
operation /ˌɒp.əˈreɪ.ʃən/
  hospital **122.1**
  machinery **303**
operational /ˌɒp.əˈreɪ.ʃən.əl/ **303**
operator /ˈɒp.ər.eɪ.tər/ **340.3**
opinion /əˈpɪn.jən/ **106**
opium /ˈəʊ.pi.əm/ **172.2**
opponent /əˈpəʊ.nənt/ **249.1**
opportunity /ˌɒp.əˈtjuː.nə.ti/ **78.1**
oppose /əˈpəʊz/ **249.1**
opposite /ˈɒp.ə.zɪt/
  different **55**
  position **66** ☆
opposition /ˌɒp.əˈzɪʃ.ən/ **249.1**
opt for /ˈɒpt fɔːr/ **73**
optician /ɒpˈtɪʃ.ən/ **124.4**
optimistic /ˌɒp.tɪˈmɪs.tɪk/ **422.3**
option /ˈɒp.ʃən/ **73**
oral /ˈɔː.rəl/ **341.6**
orange /ˈɒr.ɪndʒ/
  fruit **152.2**
  colours **194.3**
orchard /ˈɔː.tʃəd/ **173.1**
orchestra /ˈɔː.kɪ.strə/ **379.3**
order /ˈɔː.dər/
  tidy **63**
  order **65**
  want **72.3**
  control **228.3**
orderly /ˈɔː.dəl.i/ **63**
ordinal /ˈɔː.dɪ.nəl/ **298** □
ordinary /ˈɔː.dən.ər.i/ **442**
ore /ɔːr/
  metals **16**
ore /ɜː.rə/
  money **265.1** □
organ /ˈɔː.gən/
  human body **101.2**
  music **379.4**
organization /ˌɔː.gən.aɪˈzeɪ.ʃən/ **206**
organize /ˈɔː.gən.aɪz/ **228.2**
orgasm /ˈɔː.gæz.əm/ **199.3**
origin /ˈɒr.ɪ.dʒɪn/ **32**
original /əˈrɪdʒ.ən.əl/
  begin **32**
  new **201.1**
originally /əˈrɪdʒ.ən.əl.i/ **32**
originate /əˈrɪdʒ.ən.eɪt/ **32**
ornament /ˈɔː.nə.mənt/ **59.1**
ornamental /ˌɔː.nəˈmen.təl/ **59.1**
orphan /ˈɔː.fən/ **136.3**
ostrich /ˈɒs.trɪtʃ/ **9** ☆
otter /ˈɒt.ər/ **4** ☆
ounce /aʊnts/ **307.4** □
outbuilding /ˈaʊt.bɪl.dɪŋ/ **173.3**
outcome /ˈaʊt.kʌm/ **292**
outdated /ˌaʊtˈdeɪ.tɪd/ **203**
outdo /aʊtˈduː/ **396.1**
outdoor /ˌaʊtˈdɔːr/ **176.1**
outdoors /ˌaʊtˈdɔːz/ **176.1**
outer /ˈaʊ.tər/ **66** ☆
outfit /ˈaʊt.fɪt/ **190.6**
outlaw /ˈaʊt.lɔː/ **231**
outlay /ˈaʊt.leɪ/ **263.1**
outlet /ˈaʊt.lət/ **134**
outline /ˈaʊt.laɪn/ **53**
outlook /ˈaʊt.lʊk/ **106.1**
out-of-date /ˌaʊt.əvˈdeɪt/ **203**

out-of-the-way /ˌaʊt.əv.ðəˈweɪ/ **320.2**
outpatient /ˈaʊtˌpeɪ.ʃənt/ **122**
output /ˈaʊt.pʊt/ **262.5**
outrage /ˈaʊt.reɪdʒ/ **450.1**
outraged /ˈaʊt.reɪdʒd/ **450.1**
outrageous /ˌaʊtˈreɪ.dʒəs/ **450.1**
outside /ˌaʊtˈsaɪd/ **66** ☆
outskirts /ˈaʊt.skɜːts/ **14.3**
outstanding /ˌaʊtˈstæn.dɪŋ/ **417.3**
out-tray /ˈaʊtˌtreɪ/ **272.1**
outward /ˈaʊt.wəd/ **318.2**
ovary /ˈəʊ.vər.i/ **101.3** ☆
oven /ˈʌv.ən/ **169** ☆
over /ˈəʊ.vər/ **389.3**
overall /ˌəʊ.vərˈɔːl/ **85.1**
overalls /ˈəʊ.vər.ɔːlz/ **190.3**
overboard /ˈəʊ.və.bɔːd/ **312.6**
overcast /ˈəʊ.və.kɑːst/ **18.2**
overcharge /ˌəʊ.vəˈtʃɑːdʒ/ **267.1**
overcoat /ˈəʊ.və.kəʊt/ **190.10**
overcome /ˌəʊ.vəˈkʌm/ **396.1**
overdraft /ˈəʊ.və.drɑːft/ **261.2**
overdrawn /ˌəʊ.vəˈdrɔːn/ **261.2**
overdue /ˌəʊ.vəˈdjuː/ **326**
overflow /ˌəʊ.vəˈfləʊ/ **332**
overhear /ˌəʊ.vəˈhɪər/ **87**
overjoyed /ˌəʊ.vəˈdʒɔɪd/ **422.2**
overlap /ˌəʊ.vəˈlæp/ **334**
overseas /ˌəʊ.vəˈsiːz/ **317.2**
oversee /ˌəʊ.vəˈsiː/ **228.1**
overseer /ˌəʊ.vəˌsiː.ər/ **228.1**
oversleep /ˌəʊ.vəˈsliːp/ **182**
overtake /ˌəʊ.vəˈteɪk/ **309**
overtime /ˈəʊ.və.taɪm/ **271.5**
overture /ˈəʊ.və.tʃər/ **379.7**
overweight /ˌəʊ.vəˈweɪt/ **48**
overwork /ˌəʊ.vəˈwɜːk/ **275**
overworked /ˌəʊ.vəˈwɜːkt/ **275**
owe /əʊ/ **261.1**
owing /ˈəʊ.ɪŋ/ **261.1**
owing to **291**
owl /aʊl/ **9.3** ☆
own /əʊn/ **374**
owner /ˈəʊ.nər/ **374**
ownership /ˈəʊ.nə.ʃɪp/ **374**
own up **350**
ox /ɒks/ **6**
oxygen /ˈɒk.sɪ.dʒən/ **17**
oyster /ˈɔɪ.stər/ **10.2**
ozone /ˈəʊ.zəʊn/ **17**

pace /peɪs/
  quick **403.3**
  walk **407.1**
pack /pæk/
  travel **317.4**
  containers **331.1**
  full **332**
  games **386.3**
package /ˈpæk.ɪdʒ/ **340.1**
package tour /ˈpæk.ɪdz ˌtʊər/ **317.1**
packed /pækt/ **332**
packet /ˈpæk.ɪt/ **331.1**
pad /pæd/ **370**
paddle /ˈpæd.l̩/ **407.7**
page /peɪdʒ/
  book **367.6**
  journalism **368.2**
pain
  symptoms **125.1**
  problem **244.1**
painful /ˈpeɪn.fəl/ **125.1**
painkiller /ˈpeɪnˌkɪl.ər/ **126.5**
painstaking /ˈpeɪnzˌteɪ.kɪŋ/ **301.1**
paint /peɪnt/
  arts and crafts **381.2**

tools **382.2**
paintbrush /ˈpeɪnt.brʌʃ/
  arts and crafts **381.2**
  tools **382.2**
painter /ˈpeɪn.tər/ **381.1**
painting /ˈpeɪn.tɪŋ/ **381.3**
pair /peər/ **298.1**
pal /pæl/ **434.1**
palace /ˈpæl.ɪs/ **174.4**
pale /peɪl/
  symptoms **125.2**
  colours **194.1**
palette /ˈpæl.ət/ **381.2**
pallor /ˈpæl.ər/ **125.2**
palm /pɑːm/
  trees **12.1**
  human body **86** ☆
pamphlet /ˈpæm.flɪt/ **366.1**
pancake /ˈpæn.keɪk/ **161.4**
pancreas /ˈpæŋ.kri.əs/ **101.2** ☆
panda /ˈpæn.də/ **1**
panhandler /ˈpænˌhænd.lər/ **270**
panic /ˈpæn.ɪk/ **255**
pansy /ˈpæn.zi/ **11**
pant /pænt/ **103.1**
panther /ˈpænt.θər/ **1**
pants /pænts/ **190.3, 190.9**
panty liner /ˈpæn.ti ˌlaɪ.nər/ **184.6**
papa /pəˈpɑː/ **138.1**
paper /ˈpeɪ.pər/
  materials **304.3**
  journalism **368**
paperback /ˈpeɪ.pə.bæk/ **367.6**
paperclip /ˈpeɪ.pə.klɪp/ **294.3** ☆
paracetamol /ˌpær.əˈsiː.tə.mɒl/ **126.5**
parachute /ˈpær.ə.ʃuːt/ **393.3**
parachuting /ˈpær.əˌʃuː.tɪŋ/ **393.3**
parade /pəˈreɪd/ **92.1**
paradise /ˈpær.ə.daɪs/ **232.9**
paragraph /ˈpær.ə.grɑːf/ **362.2**
parallel /ˈpær.ə.lel/ **38.4** ☆
paralyse /ˈpær.əl.aɪz/
  illnesses **124.3**
  inaction **284.2**
paralysis /pəˈræl.ɪ.sɪs/ **284.2**
paramedic /ˌpær.əˈmed.ɪk/ **122**
paranoia /ˌpær.əˈnɔɪ.ə/ **129.2**
paranoid /ˈpær.ən.ɔɪd/ **129.2**
parcel /ˈpɑː.səl/ **340.1**
parch /pɑːtʃ/ **22**
parched /pɑːtʃt/ **167.1**
pardon /ˈpɑː.dən/ **221.1**
parent /ˈpeə.rənt/ **138.1**
park /pɑːk/
  driving **309**
  park and funfair **385**
parliament /ˈpɑː.lə.mənt/ **227** □
parole /pəˈrəʊl/ **209.6**
parrot /ˈpær.ət/ **7.3**
parsley /ˈpɑː.sli/ **157.2**
parsnip /ˈpɑː.snɪp/ **155.2**
part /pɑːt/
  part **52**
  entertainment **376.3**
partial /ˈpɑː.ʃəl/
  part **52**
  like **426**
partiality /ˌpɑːʃiˈæl.ə.ti/ **426**
partially /ˈpɑː.ʃəl.i/ **52**
partially sighted /ˌpɑː.ʃəl.i ˈsaɪ.tɪd/ **124.4**
particle /ˈpɑː.tɪ.kl̩/ **52.1**
particular /pəˈtɪk.jə.lər/
  particular **84**
  careful **301.1**
particularly /pəˈtɪk.jə.lə.li/ **84**
partly /ˈpɑːt.li/ **52**

ÍNDEX DE LES PARAULES EN ANGLÈS

partner /'pɑːt·nər/ **434.2**
partnership /'pɑːt·nə·ʃɪp/ **434.2**
partridge /'pɑː·trɪdʒ/ **9**
part-time /ˌpɑːt'taɪm/ **271.5**
party /'pɑː·ti/
  social customs **195.1**
  politics and government **227.4**
pass /pɑːs/
  give **372**
  success **396.2**
passage /'pæs·ɪdʒ/ **177.3**
pass away **197**
passenger /'pæs·ɪn·dʒər/ **317**
passion /'pæʃ·ən/ **427.1**
passionate /'pæʃ·ən·ət/ **427.1**
passion fruit /'pæʃ·ən ˌfruːt/ **152.4**
passive /'pæs·ɪv/ **284**
pass out **125.3**
Passover /'pɑːsˌəʊ·vər/ **25.3**
passport /'pɑːs·pɔːt/ **316**
pass wind **125.4**
past /pɑːst/ *n* **26.2** *adj* **26.3**
pasta /'pæs·tə/ **156.4**
paste /peɪst/ **294.3**
pastel /'pæs·təl/ **194.1**
pastime /'pɑːs·taɪm/ **380**
pastry /'peɪ·stri/ **156.3**
pasture /'pɑːs·tʃər/ **173.1**
pat /pæt/
  touch **98.1**
  hit **131.4**
patch /pætʃ/ **383**
pâté /'pæt·eɪ/ **159.4**
path /pɑːθ/ **311.1**
patient /'peɪ·ʃənt/
  hospital **122**
  careful **301**
pattern /'pæt·ən/
  shapes **38.3**
  arts and crafts **381.6**
pause /pɔːz/
  rest and relaxation **183.1**
  wait **286**
pavement /'peɪv·mənt/ **311.1**
paw /pɔː/ **1** ☆
pawn /pɔːn/ **386.4** ☆
pay /peɪ/
  buying and selling **263.1**
  money **265.3**
payment /'peɪ·mənt/ **263.1**
pay off **261.2**
pay up **263.1**
P.E. /ˌpiːˈiː/ **233.2**
pea /piː/ **155.1**
peace /piːs/
  quiet **89**
  calmness **259**
peaceful /'piːs·fəl/ **259**
peach /piːtʃ/ **152.1**
peacock /'piː·kɒk/ **9** ☆
peak /piːk/ **13.1**
peanut /'piː·nʌt/ **154**
pear /peər/ **152.1**
pearl /pɜːl/ **15**
pebble /'peb·l/ **13.3**
peck /pek/ **9.1**
peck at **164.5**
peckish /'pek·ɪʃ/ **165**
peculiar /pɪ'kjuː·li·ər/ **444.1**
peculiarity /pɪˌkjuː·liˈær·ə·ti/ **444.1**
pedal /'ped·əl/ **379.4**
pedal bin /'ped·əl ˌbɪn/ **169** ☆
pedestrian /pə'des·tri·ən/ **407**
pee /piː/ **102**
peel /piːl/
  damage **132.3**
  fruit **152.6**

cooking methods **168.2**
peeler /'piː·lər/ **168.2** ☆
peep /piːp/ **91.1**
peer /pɪər/
  see and look **91.2**
  royalty **205.1**
peerage /'pɪə·rɪdʒ/ **205.1**
peg /peg/ **186**
pelican /'pel·ɪ·kən/ **9.2**
pelvis /'pel·vɪs/ **101.1** ☆
pen /pen/ **370** ☆
penalty /'pen·əl·ti/ **389.1**
pence /pens/ **265.1** □, **265.2** □
pencil /'pent·səl/
  writing materials **370** ☆
  arts and crafts **381.2**
penguin /'peŋ·gwɪn/ **9.2**
penicillin /ˌpen·ɪ'sɪl·ɪn/ **126.5**
penis /'piː·nɪs/ **86**
pen name /'pen ˌneɪm/ **137.3**
pennia /'pen·i·ə/ **265.1** □
penniless /'pen·i·ləs/ **270**
penny /'pen·i/ **265.2** □
pension /'pen·tʃən/ **265.3**
pensioner /'pen·tʃən·ər/ **265.3**
pensive /'pent·sɪv/ **104.2**
people /'piː·pl/ **139**
pepper /'pep·ər/
  vegetables **155.3**
  flavours **157.2**
peppermint /'pep·ə·mɪnt/ **157.3**
perceive /pə'siːv/ **91.4**
percentage /pə'sen·tɪdʒ/ **52**
perceptive /pə'sep·tɪv/ **236**
perch /pɜːtʃ/ **9.1**
percussion /pə'kʌʃ·ən/ **379.4** ☆
percussionist /pə'kʌʃ·ən·ɪst/ **379.4**
perfect /'pɜː·fɪkt/ **417.4**
perform /pə'fɔːm/
  do **287.2**
  entertainment **376**
performance /pə'fɔː·mənts/
  do **287.2**
  entertainment **376**
performer /pə'fɔː·mər/ **376**
perfume /'pɜː·fjuːm/
  smell **90**
  accessories **192.5**
perfumed /'pɜː·fjuːmd/ **90**
peril /'per·əl/ **252**
perilous /'per·əl·əs/ **252**
period /'pɪə·ri·əd/ **26.2**
perish /'per·ɪʃ/ **197**
permanent /'pɜː·mə·nənt/
  be **29.1**
  employment **271.5**
permissible /pə'mɪs·ə·bl/ **230**
permission /pə'mɪʃ·ən/ **230**
permit /pə'mɪt/ **230**
Persian /'pɜː·ʒən/ **361.2**
persist /pə'sɪst/ **33**
persistence /pə'sɪs·tənts/ **33.1**
persistent /pə'sɪs·tənt/ **33.1**
person /'pɜː·sən/ **139**
personal /'pɜː·sən·əl/ **339.1**
personality /ˌpɜː·sən'æl·ə·ti/ **142**
personally /'pɜː·sən·əl·i/ **339.1**
personnel /ˌpɜː·sən'el/ **271.3**
perspiration /ˌpɜː·spər'eɪ·ʃən/ **86.2**
perspire /pə·spaɪər/ **86.2**
persuade /pə'sweɪd/ **349**
persuasion /pə'sweɪ·ʒən/ **349**
peseta /pə'seɪ·tə/ **265.1** □
peso /'peɪ·səʊ/ **265.1** □
pester /'pes·tər/ **425.1**
pet /pet/ **7**
petal /'pet·əl/ **11** ☆

petite /pə'tiːt/ **44**
petrified /'pet·rɪ·faɪd/ **255.1**
petrify /'pet·rɪ·faɪ/ **255.2**
petrol /'pet·rəl/ **303.3**
petrol bomb /'pet·rəl ˌbɒm/ **248.4** ☆
petrol gauge /'pet·rəl ˌgeɪdʒ/ **308.1**
petrol pump /'pet·rəl ˌpʌmp/ **310**
petrol station /'pet·rəl ˌsteɪ·ʃən/ **310**
petticoat /'pet·ɪ·kəʊt/ **190.9**
petty /'pet·i/ **76**
petty officer /ˌpet·i 'ɒfɪ·s·ər/ **248.3** □
pew /pjuː/ **232.5** ☆
pfennig /'pfen·ɪg/ **265.1** □
phantom /'fæn·təm/ **416.2**
pharmacist /'fɑː·mə·sɪst/ **126.4**
pharmacy /'fɑː·mə·si/ **126.4**
phase /feɪz/ **26.2**
philosophy /fɪ'lɒs·ə·fi/ **106.1**
phobia /'fəʊ·bi·ə/ **129.2**
photocopier /'fəʊ·təʊˌkɒp·i·ər/ **272.1**
photocopy /'fəʊ·təʊˌkɒp·i/ **272.1**
photograph /'fəʊ·tə·grɑːf/ **381.4**
photography /fə'tɒg·rə·fi/ **381.4**
phrase /freɪz/ **362.2**
physical /'fɪz·ɪ·kəl/ **101.4**
physically /'fɪz·ɪ·kli/ **101.4**
physics /'fɪz·ɪks/ **233.3**
piano /pi'æn·əʊ/ **379.4**
piastre /pi'æs·tər/ **265.1** □
pick /pɪk/
  choose **73**
  gardening **384.1**
picket /'pɪk·ɪt/ **271.6**
picket line /'pɪk·ɪt ˌlaɪn/ **271.6**
pickles /'pɪk·lz/ **161.2**
pick on **425.1**
pickpocket /'pɪkˌpɒk·ɪt/ **220.1**
picnic /'pɪk·nɪk/ **162.3**
picture /'pɪk·tʃər/
  see and look *v* **91** *n* **91.7**
  living room **180** ☆
  arts and crafts **381.3**
pictures /'pɪk·tʃəz/ **376.4**
picturesque /ˌpɪk·tʃər'esk/ **59**
pie /paɪ/ **156.3**
piece /piːs/
  part **52**
  money **265.2**
  music **379.7**
pier /pɪər/ **312.4**
pierce /pɪəs/ **133**
pig /pɪg/
  wild animals **1.1** □
  farm animals **6**
  eat **164.4**
  bad **438.2**
pigeon /'pɪdʒ·ɪn/ **9** ☆
pigsty /'pɪg·staɪ/ **173.3**
pile /paɪl/ **43.1**
pile-up /'paɪl·ʌp/ **309.4**
pill /pɪl/
  cures **126.5**
  sex **199.5**
pillar /'pɪl·ər/
  good **217.2**
  carry **337**
pillar box /'pɪl·ə ˌbɒks/ **340.2** ☆
pillow /'pɪl·əʊ/ **181** ☆
pillowcase /'pɪl·əʊ·keɪs/ **181.1**
pilot /'paɪ·lət/ **313.3**
pimple /'pɪm·pl/ **86.2**
pin /pɪn/
  join **294.3** ☆, *v* **294.3**
  arts and crafts **381.6** ☆
pinch /pɪntʃ/
  steal **220**
  uncomfortable **440**

418

ÍNDEX DE LES PARAULES EN ANGLÈS

pin cushion /ˈpɪn ˌkʊʃ·ən/ 381.6 ☆
pine /paɪn/ 12.1
pineapple /ˈpaɪnˌæp·l̩/ 152.4
pine cone /ˈpaɪn ˌkəʊn/ 12 ☆
ping-pong /ˈpɪŋˌpɒŋ/ 389.5
pink /pɪŋk/ 194.3
pint /paɪnt/ 307.3 □
pioneer /ˌpaɪəˈnɪər/ 201.1
pioneering /ˌpaɪəˈnɪə·rɪŋ/ 201.1
pious /ˈpaɪ·əs/ 232.8
pip /pɪp/ 152.6
pipe /paɪp/
  smoking 171
  tools 382.3
pipette /pɪˈpet/ 233.4 ☆
Pisces /ˈpaɪ·siːz/ 28 □
piss /pɪs/ 102
piss down 18.2
pissed /pɪst/ 166.7
pistachio /pɪˈstɑː·ʃi·əʊ/ 154
pistol /ˈpɪs·təl/ 248.4 ☆
piston /ˈpɪs·tən/ 303.1
pitch /pɪtʃ/ 388.4
pitch-black /ˌpɪtʃˈblæk/ 23
pitcher /ˈpɪtʃ·ər/ 389.2
pitfall /ˈpɪtˌfɔːl/ 252
pith /pɪθ/ 152.6
pitiless /ˈpɪt·ɪ·ləs/ 223
pity /ˈpɪt·i/ 222
pizza /ˈpiːt·sə/ 161.3
place /pleɪs/
  areas 14
  put 289
place mat /ˈpleɪs mæt/ 170 ☆
placenta /pləˈsen·tə/ 136.1
plagiarize /ˈpleɪ·dʒəˌraɪz/ 56
plague /pleɪg/ 124.1
plaice /pleɪs/ 10.1
plain /pleɪn/
  geography and geology 13.2
  ugly 60
  obvious 93
plainly /ˈpleɪn·li/ 93
plaintiff /ˈpleɪn·tɪf/ 209.4
plan /plæn/
  intend v 107 n 107.1
  control 228.2
plane /pleɪn/ 62.1
planet /ˈplæn·ɪt/ 27
plank /plæŋk/ 304.2
planning /ˈplæn·ɪŋ/ 228.2
plant /plɑːnt/
  plants 11
  gardening 384.2
plaster /ˈplɑː·stər/
  cures 126.6
  materials 304.1
plastic /ˈplæs·tɪk/ 304
plastic bullet /ˌplæs·tɪk ˈbʊl·ɪt/ 248.4
plate /pleɪt/ 170 ☆
platform /ˈplæt·fɔːm/ 314.1
platinum /ˈplæt·ɪ·nəm/ 16
plausible /ˈplɔː·zə·bl̩/ 105.4
play /pleɪ/
  entertainment 376.1
  music 379.4
  games 386
  sport 388.1
player /ˈpleɪ·ər/ 379.4
playground /ˈpleɪˌgraʊnd/ 233.1 ☆
play school /ˈpleɪ ˌskuːl/ 233 □
playwright /ˈpleɪˌraɪt/ 376.1
plea /pliː/ 351.2
plead /pliːd/
  legal system 209.4
  ask 351.2
pleasant /ˈplez·ənt/ 417.1

pleased /pliːzd/ 422.1
pleasing /ˈpliː·zɪŋ/ 422
pleasurable /ˈpleʒ·ər·ə·bl̩/ 422
pleasure /ˈpleʒ·ər/ 422
pledge /pledʒ/ 358
plentiful /ˈplen·tɪ·fəl/ 43
plenty /ˈplen·ti/ 51
pliable /ˈplaɪ·ə·bl̩/ 99.1
pliant /ˈplaɪ·ənt/ 99.1
pliers /ˈplaɪəz/ 382.1 ☆
plonk /plɒŋk/ 289
plot /plɒt/
  book 367.1
  gardening 384.3
plough /plaʊ/ 173.2 ☆
plug /plʌg/
  the bathroom 185 ☆
  tools 382.3
plum /plʌm/ 152.1
plumber /ˈplʌm·ər/ 174.6
plumbing /ˈplʌm·ɪŋ/ 382.3
plummet /ˈplʌm·ɪt/ 412.2
plump /plʌmp/ 48.1
plunge /plʌndʒ/ 21.1
plus /plʌs/ 297.1 □
Pluto /ˈpluː·təʊ/ 27 ☆
p.m. /ˌpiːˈem/ 26.1
poach /pəʊtʃ/ 168.1
pocket /ˈpɒk·ɪt/ 190.12 ☆
pocket money /ˈpɒk·ɪt ˌmʌn·i/ 265.3
pocket watch /ˈpɒk·ɪt ˌwɒtʃ/ 26.1 ☆
poem /ˈpəʊ·ɪm/ 367.4
poetic /pəʊˈet·ɪk/ 367.4
poetry /ˈpəʊ·ɪ·tri/ 367.4
point /pɔɪnt/
  shapes 38.1 ☆
  show 92.2
  gesture 365
pointed /ˈpɔɪn·tɪd/ 38.1 ☆
pointless /ˈpɔɪnt·ləs/
  unnecessary 68
  useless 282
point out 92.2
poison /ˈpɔɪ·zən/ 198.1
poisonous /ˈpɔɪz·ən·əs/ 198.1
polar bear /ˈpəʊ·lə ˌbeər/ 1
pole /pəʊl/ 393.2
pole vault /ˈpəʊl ˌvɔːlt/ 390.2
police /pəˈliːs/ 209.2
policeman /pəˈliːs·mən/ 209.2
police officer /pəˈliːs ˌɒf·ɪ·sər/ 209.2
Polish /ˈpəʊ·lɪʃ/ 361.1
polish /ˈpɒl·ɪʃ/
  cleaning 187.4
  improve 418
polite /pəˈlaɪt/ 143
politely /pəˈlaɪt·li/ 143
political /pəˈlɪt·ɪ·kəl/ 227
politics /ˈpɒl·ə·tɪks/ 227
poll /pəʊl/ 227.3
pollen /ˈpɒl·ən/ 11
polling booth /ˈpəʊ·lɪŋ buːð/ 227.3
polling station /ˈpəʊ·lɪŋ steɪʃən/ 227.3
pollute /pəˈluːt/ 189.1
pollution /pəˈluː·ʃən/ 189.1
polo /ˈpəʊ·ləʊ/ 395.1
polyester /ˌpɒl·iˈes·tər/ 193.1
polystyrene /ˌpɒl·iˈstaɪə·riːn/ 304
polytechnic /ˌpɒl·iˈtek·nɪk/ 233 □
polythene /ˈpɒl·ɪ·θiːn/ 304.3
pomp /pɒmp/ 146
pompous /ˈpɒm·pəs/ 148.2
pond /pɒnd/ 13.4
ponder /ˈpɒn·dər/ 104.1
pong /pɒŋ/ 90
pony /ˈpəʊ·ni/ 6
poo /puː/ 102

poodle /ˈpuː·dl̩/ 7.1 ☆
pool /puːl/
  geography and geology 13.4
  target sports 394
poor /pɔːr/ 270
poorly /ˈpɔː·li/ 128
pop /pɒp/
  families and relations 138.1
  music 379.1
popcorn /ˈpɒp·kɔːn/ 161.1
pope /pəʊp/ 232.4
popular /ˈpɒp·jə·lər/ 426.1
popularity /ˌpɒp·jəˈlær·ə·ti/ 426.1
population /ˌpɒp·jəˈleɪ·ʃən/ 204
porch /pɔːtʃ/
  parts of buildings 176 ☆
  religion 232.5 ☆
pore /pɔːr/ 86.2
pork /pɔːk/ 159.1
pornographic /ˌpɔː·nəˈgræf·ɪk/ 199.1
porridge /ˈpɒr·ɪdʒ/ 156.5
port /pɔːt/
  drinks 166.6
  ships and boats 312.4
porter /ˈpɔː·tər/ 314.2
portion /ˈpɔː·ʃən/
  part 52
  meals 162.1
Portuguese /ˌpɔː·tʃʊˈgiːz/ 361.1
posh /pɒʃ/ 146
position /pəˈzɪʃ·ən/
  position 66
  put 289
positive /ˈpɒz·ə·tɪv/ 278
possess /pəˈzes/ 374
possession /pəˈzeʃ·ən/ 374
possibility /ˌpɒs·əˈbɪl·ə·ti/ 78.1
possible /ˈpɒs·ə·bl̩/ 78
possibly /ˈpɒs·ə·bli/ 78
post /pəʊst/ 340.2
postage /ˈpəʊ·stɪdʒ/ 340.2
postal /ˈpəʊ·stəl/ 340.2
postcard /ˈpəʊstˌkɑːd/ 340.1
postcode /ˈpəʊstˌkəʊd/ 340.2 ☆
postgraduate /ˌpəʊstˈgrædʒ·u·ət/ 235.1
postman /ˈpəʊst·mən/ 340.2
postmark /ˈpəʊstˌmɑːk/ 340.2 ☆
post office /ˈpəʊst ˌɒf·ɪs/ 273 □
postpone /ˌpəʊstˈpəʊn/ 330
pot /pɒt/
  drugs 172.3
  containers 331.2
potato /pəˈteɪ·təʊ/ 155.2
pot-bellied /ˌpɒtˈbel·id/ 48
potential /pəʊˈten·tʃəl/ 78
pot luck /ˌpɒt ˈlʌk/ 387
pot plant /ˈpɒt ˌplɑːnt/ 180 ☆
potter /ˈpɒt·ər/ 381.5
pottery /ˈpɒt·ər·i/ 381.5
pouch /paʊtʃ/ 1 ☆
poultry /ˈpəʊl·tri/ 159.3
pound /paʊnd/
  money 265.1 □, 265.2 □
  weights and measures 307.4 □
pour /pɔːr/
  weather 18.2
  wet 21
poverty /ˈpɒv·ə·ti/ 270
power /paʊər/
  control 228.6
  machinery 303.2
  strength 401
powerful /ˈpaʊə·fəl/
  control 228.6
  strength 401.1
powerless /ˈpaʊə·ləs/ 402
practicable /ˈpræk·tɪ·kə·bl̩/ 78

ÍNDEX DE LES PARAULES EN ANGLÈS

practical /'præk·tɪ·kəl/
  possible **78**
  useful **281**
practice /'præk·tɪs/ **276**
practise /'præk·tɪs/
  try **276**
  sport **388.1**
praise /preɪz/ **430**
pram /præm/ **136.4** ☆
prawn /prɔːn/ **10.2**
pray /preɪ/ **232.6**
prayer /preər/ **232.6**
preach /priːtʃ/
  religion **232.6**
  tell **342.2**
precaution /prɪ'kɔː·ʃən/ **253.1**
precious /'preʃ·əs/ **268.1**
precise /prɪ'saɪs/ **299**
precisely /prɪ'saɪ·sli/ **299**
precision /prɪ'sɪʒ·ən/ **299**
predict /prɪ'dɪkt/ **109.1**
prediction /prɪ'dɪk·ʃən/ **109.1**
preface /'pref·ɪs/ **367.5**
prefer /prɪ'fɜːr/ **73.1**
preferable /'pref·ər·ə·bļ/ **73.1**
preference /'pref·ər·ənts/ **73.1**
pregnancy /'preg·nənt·si/ **136.1**
pregnant /'preg·nənt/ **136.1**
prejudice /'predʒ·ə·dɪs/ **212**
premature /'prem·ə·tʃər/ **325**
preparation /ˌprep·ər'eɪ·ʃən/ **328**
prepare /prɪ'peər/ **328**
preposition /ˌprep·ə'zɪʃ·ən/ **362.4**
preposterous /prɪ'pɒs·tər·əs/ **241.2**
prescription /prɪ'skrɪp·ʃən/ **126.4**
presence /'prez·ənts/ **30**
present n /'prez·ənt/
  time **26.2**
  give **372.1**
present adj /'prez·ənt/
  time **26.3**
  presence and absence **30**
present v /prɪ'zent/
  show **92**
  give **372.1**
presentation /ˌprez·ən'teɪ·ʃən/ **92**
presently /'prez·ənt·li/ **329**
preservation /ˌprez·ə'veɪ·ʃən/ **254.2**
preserve /prɪ'zɜːv/ **254.2**
presidency /'prez·ɪ·dənt·si/ **227** ☐
president /'prez·ɪ·dənt/ **227** ☐
press /pres/
  touch **98.2**
  journalism **368**
press stud /'pres ˌstʌd/ **190.11**
pressure /'preʃ·ər/ **98.2**
pressure cooker /'preʃ·ə ˌkʊk·ər/ **169** ☆
pressurize /'preʃ·ər·aɪz/ **279.1**
presumably /prɪ'zjuː·mə·bli/ **80**
presume /prɪ'zjuːm/
  probable **80**
  believe **105.2**
presumption /prɪ'zʌmp·ʃən/ **105.2**
pretence /prɪ'tents/ **36**
pretend /prɪ'tend/ **36**
pretty /'prɪt·i/ **59**
prevent /prɪ'vent/ **245.1**
prevention /prɪ'ven·tʃən/ **245.1**
preventive /prɪ'ven·tɪv/ **245.1**
previous /'priː·vi·əs/ **26.3**
previously /'priː·vi·ə·sli/ **26.3**
price /praɪs/ **263.2**
priceless /'praɪ·sləs/ **268.1**
price tag /'praɪs·tæg/ **263.2**
pricey /'praɪ·si/ **267**
prick /prɪk/ **133**
prickly /'prɪk·li/ **133.5**

pride /praɪd/ **148.1**
priest /priːst/ **232.4**
priesthood /'priːst·hʊd/ **232.4**
primary school /'praɪ·mər·i ˌskuːl/ **233** ☐
prime minister /ˌpraɪm mɪn·ɪs·tər/ **227** ☐
prince /prɪnts/ **205** ☐
princess /prɪn'ses/ **205** ☐
principal /'prɪnt·sə·pəl/
  main **75**
  teach **234.1**
principle /'prɪnt·sə·pļ/ **106.1**
print /prɪnt/ **367.7**
printer /'prɪn·tər/
  computers **296** ☆
  book **367.7**
printout /'prɪnt·aʊt/ **296**
prison /'prɪz·ən/ **209.6**
prisoner /'prɪz·ən·ər/ **209.6**
private /'praɪ·vət/
  war **248.3** ☐
  hide **339.1**
privately /'praɪ·vət·li/ **339.1**
private school /ˌpraɪ·vət 'skuːl/ **233** ☐
prize /praɪz/ **398**
probability /ˌprɒb·ə'bɪl·ə·ti/ **80**
probable /'prɒb·ə·bļ/ **80**
probation /prə'beɪ·ʃən/ **209.5**
problem /'prɒb·ləm/ **244**
problematic /ˌprɒb·lə'mæt·ɪk/ **244**
procedure /prə'siː·dʒər/ **290**
proceed /prə'siːd/ **33**
process n /'prəʊ·ses/
  system **290**
process v /prə'ses/
  walk **407.3**
procession /prə'seʃ·ən/ **407.3**
produce /prə'djuːs/ **293.1**
producer /prə'djuː·sər/ **293.1**
product /'prɒd·ʌkt/ **262.5**
production /prə'dʌk·ʃən/ **293.1**
profession /prə'feʃ·ən/ **271.1**
professional /prə'feʃ·ən·əl/
  skilful **239**
  employment **271.1**
professor /prə'fes·ər/ **234.1**
proficient /prə'fɪʃ·ənt/ **237**
profit /'prɒf·ɪt/ **262.9**
program /'prəʊ·græm/ **296**
programme /'prəʊ·græm/
  document **366.1**
  entertainment **376.2**
  broadcasts **378.1**
progress n /'prəʊ·gres/
  continue **33**
  improve **418**
progress v /prəʊ'gres/
  continue **33**
  improve **418**
prohibit /prəʊ'hɪb·ɪt/ **231**
project /'prɒdʒ·ekt/ **107.1**
promise /'prɒm·ɪs/ **358**
promote /prə'məʊt/ **271.7**
promotion /prə'məʊ·ʃən/ **271.7**
prompt /prɒmpt/ **327**
promptly /'prɒmpt·li/ **327**
prone /prəʊn/ **288**
pronoun /'prəʊ·naʊn/ **362.4**
pronounce /prə'naʊnts/
  speak **341.6**
  tell **342.2**
pronouncement /prəʊ'naʊnt·smənt/ **342.2**
pronunciation /prəˌnʌnt·si'eɪ·ʃən/ **341.6**
proof /pruːf/ **92**
prop /prɒp/ **337**

proper /'prɒp·ər/
  real **35**
  suitable **420.1**
property /'prɒp·ə·ti/ **374.1**
prophesy /'prɒf·ə·saɪ/ **232.3**
prophet /'prɒf·ɪt/ **232.3**
prophetic /prəʊ'fet·ɪk/ **232.3**
proportion /prə'pɔː·ʃən/ **52**
proportions /prə'pɔː·ʃənz/ **41**
proposal /prə'pəʊ·zəl/ **353**
propose /prə'pəʊz/ **353**
proprietor /prə'praɪə·tər/ **374**
prop up **337** ☆
prose /prəʊz/ **367.4**
prosecute /'prɒs·ɪ·kjuːt/ **209.4**
prosecution /ˌprɒs·ɪ'kjuː·ʃən/ **209.4**
prosper /'prɒs·pər/ **269**
prosperity /prɒs'per·ə·ti/ **269**
prosperous /'prɒs·pər·əs/ **269**
prostitute /'prɒs·tɪ·tjuːt/ **199.4**
protect /prə'tekt/ **254.1**
protection /prə'tek·ʃən/ **254**
protective /prə'tek·tɪv/ **254**
protector /prə'tek·tər/ **254**
protest n /'prəʊ·test/ **346.2**
protest v /prəʊ'test/ **346.2**
Protestantism /'prɒt·ɪ·stən·tɪ·zəm/ **232.2**
protractor /prə'træk·tər/ **297** ☆
proud /praʊd/ **148.1**
prove /pruːv/ **92**
proverb /'prɒv·ɜːb/ **362.2**
provide /prə'vaɪd/ **372.2**
province /'prɒv·ɪnts/ **14.1**
provincial /prə'vɪn·tʃəl/ **14.1**
provision /prə'vɪʒ·ən/ **372.2**
provocation /ˌprɒv·ə'keɪ·ʃən/ **279.1**
provocative /prə'vɒk·ə·tɪv/ **279.1**
provoke /prə'vəʊk/ **279.1**
prowess /'praʊ·es/ **239.1**
prowl /praʊl/ **407.4**
prudent /'pruː·dənt/ **238**
prune /pruːn/
  fruit **152.5**
  gardening **384.2**
pry /praɪ/
  search **94.1**
  ask **351.1**
psalm /sɑːm/ **232.6**
pseudonym /'psjuː·dən·ɪm/ **137.3**
psychiatric /ˌsaɪ·ki'æt·rɪk/ **129.3**
psychiatry /saɪ'kaɪə·tri/ **129.3**
psychoanalysis /ˌpsaɪ·kəʊ·ə'næl·ə·sɪs/ **129.3**
psychological /ˌpsaɪ·kə'lɒdʒ·ɪ·kəl/ **129.3**
psychology /psaɪ'kɒl·ə·dʒi/ **129.3**
psychotherapist /ˌpsaɪ·kəʊ'θer·ə·pɪst/ **129.3**
pub /pʌb/ **163**
pubic hair /ˌpjuː·bɪk 'heər/ **86**
public /'pʌb·lɪk/ **139.1**
publication /ˌpʌb·lɪ'keɪ·ʃən/ **367.7**
publicity /pʌb'lɪs·ə·ti/ **262.8**
public school /ˌpʌb·lɪk 'skuːl/ **233** ☐
publish /'pʌb·lɪʃ/ **367.7**
publisher /'pʌb·lɪ·ʃər/ **367.7**
puck /pʌk/ **389.4**
pudding /'pʊd·ɪŋ/ **162.2**
puddle /'pʌd·ļ/ **13.4**
puff /pʌf/ **103.1**
puffin /'pʌf·ɪn/ **9.2**
pull /pʊl/ **338**
pull in **309**
pullover /'pʊlˌəʊ·vər/ **190.4**
pulpit /'pʊl·pɪt/ **232.5** ☆
pulse /pʌls/ **126.2**
pump /pʌmp/ **303.1**

420

ÍNDEX DE LES PARAULES EN ANGLÈS

pumpkin /'pʌmp·kɪn/ **155.3**
punch /pʌntʃ/ **131.1**
punctual /'pʌŋk·tʃu·əl/ **327**
punctually /'pʌŋk·tʃu·ə·li/ **327**
punctuate /'pʌŋk·tʃu·eɪt/ **363**
punctuation /ˌpʌŋk·tʃu'eɪ·ʃən/ **363**
puncture /'pʌŋk·tʃər/ **309.3**
punish /'pʌn·ɪʃ/ **209.5**
punishment /'pʌn·ɪʃ·mənt/ **209.5**
Punjabi /pʌn'dʒɑː·biː/ **361.2**
punt /pʌnt/ **265.1** ☐
puny /'pjuː·ni/ **402**
pupa /'pjuː·pə/ **5** ☆
pupil /'pjuː·pəl/
 human body **86** ☆
 learn **235.1**
puppy /'pʌp·i/ **7.1**
puppy love /'pʌp·i ˌlʌv/ **427.3**
purchase /'pɜː·tʃəs/ **263**
pure /pjʊər/
 clean **188**
 good **217**
purgatory /'pɜː·gə·tər·i/ **232.9**
purple /'pɜː·pl̩/ **194.3**
purpose /'pɜː·pəs/
 intend **107.2**
 use **280**
purr /pɜːr/ **8.1, 8.2** ☐
purse /pɜːs/ **192.3**
pursue /pə'sjuː/ **409.1**
pursuer /pə'sjuː·ər/ **409.1**
pursuit /pə'sjuːt/ **409.1**
push /pʊʃ/ **338**
pushchair /'pʊʃ·tʃeər/ **136.4** ☆
pusher /'pʊʃ·ər/ **172.1**
puss /pʊs/ **7.2**
pussy /'pʊs·i/ **7.2**
put /pʊt/ **289**
put away **289**
put back **289**
put down
 kill **198.3**
 put **289**
put off
 delay **330**
 horror and disgust **446.2**
put on **190.1**
put out **135.2**
put up **433**
put up with **433**
puzzle /'pʌz·l̩/ **115.1**
pyjamas /pə'dʒɑː·məz/ **190.8**
pyramid /'pɪr·ə·mɪd/ **38.2** ☐
pyramidal /pɪ'ræm·ɪ·dəl/ **38.2** ☆

quack /kwæk/ **9.4**
quaint /kweɪnt/ **203**
quake /kweɪk/ **255.3**
Quakerism /'kweɪ·kər·ɪ·zəm/ **232.2**
qualification /ˌkwɒl·ɪ·fɪ'keɪ·ʃən/ **233.5**
qualify /'kwɒl·ɪ·faɪ/ **233.5**
quality /'kwɒl·ə·ti/ **417.5**
qualms /kwɑːmz/ **83.1**
quandary /'kwɒn·dər·i/ **244**
quantity /'kwɒn·tə·ti/ **41**
quarrel /'kwɒr·əl/ **346.3**
quart /kwɔːt/ **307.3** ☐
quarter /'kwɔː·tər/
 decrease **47**
 money **265.2** ☐
quartet /ˌkwɔː'tet/ **379.3**
queen /kwiːn/
 royalty **205** ☐
 games **386.3** ☆, **386.4** ☆
queer /kwɪər/ **444.1**
query /'kwɪə·ri/ **351**

question /'kwes·tʃən/ **351**
questionable /'kwes·tʃən·ə·bl̩/ **83.2**
question mark /'kwes·tʃən ˌmɑːk/ **363**
queue /kjuː/ **286**
quibble /'kwɪb·l̩/ **346.4**
quick /kwɪk/
 clever **236.2**
 quick **403**
quickly /'kwɪk·li/ **403**
quick-witted /ˌkwɪk'wɪt·ɪd/ **236**
quid /kwɪd/ **265.2** ☐
quiet /kwaɪət/ **89**
quilt /kwɪlt/ **181.1**
quit /kwɪt/ **34**
quiver /'kwɪv·ər/ **255.3**
quiz /kwɪz/ **386.2**
quiz show /'kwɪz ˌʃəʊ/ **378.1**
quotation /kwəʊ'teɪ·ʃən/ **341.5**
quote /kwəʊt/ **341.5**

rabbi /'ræb·aɪ/ **232.4**
rabbit /'ræb·ɪt/
 small animals **4** ☐
 gossip **360**
race /reɪs/
 areas **14.1**
 athletics **390.1**
 run **408**
races /'reɪ·sɪz/ **395.1**
racetrack /'reɪs·træk/ **388.4**
racing /'reɪ·sɪŋ/ **395.1**
racism /'reɪ·sɪ·zəm/ **212**
racist /'reɪ·sɪst/ **212**
rack /ræk/ **331.6**
racket /'ræk·ɪt/
 noisy **88.1**
 ball sports **389.5** ☆
radar /'reɪ·dɑːr/ **313.1**
radiation /ˌreɪ·di'eɪ·ʃən/ **303.2**
radiator /'reɪ·di·eɪ·tər/ **20.1**
radio /'reɪ·di·əʊ/ **378**
radioactivity /ˌreɪ·di·əʊ·æk'tɪv·ə·ti/ **303.2**
radish /'ræd·ɪʃ/ **155.4**
radius /'reɪ·di·əs/ **38.1** ☆
raft /rɑːft/ **312.1**
rag /ræg/ **193**
rage /reɪdʒ/ **450.1**
rail /reɪl/
 trains **314**
 inside buildings **177.2** ☆
railing /'reɪ·lɪŋ/ **177.2** ☆
railway /'reɪl·weɪ/ **314**
railway line /'reɪl·weɪ ˌlaɪn/ **314.1**
railway station /'reɪl·weɪ ˌsteɪ·ʃən/ **314.1**
rain /reɪn/ **18.2**
rainbow /'reɪn·bəʊ/ **18.2**
raincoat /'reɪn·kəʊt/ **190.10**
raindrop /'reɪn·drɒp/ **18.2**
rainfall /'reɪn·fɔːl/ **18.2**
rainforest /'reɪn·fɒr·ɪst/ **13.2**
rainy /'reɪ·ni/ **18.2**
raise /reɪz/ **413**
raisin /'reɪ·zən/ **152.5**
rake /reɪk/ **384.1**
Ramadan /ˌræm·ə'dæn/ **25.3**
ramble /'ræm·bl̩/ **407.2**
rand /rænd/ **265.1** ☐
random /'ræn·dəm/ **64**
rank /ræŋk/
 important **74.2**
 war **248.3**
ranks /ræŋks/ **248.3**
ransom /'ræn·səm/ **220.2**
rant /rænt/ **344.1**
rape /reɪp/ **199.4**

rapid /'ræp·ɪd/ **403**
rapture /'ræp·tʃər/ **422.2**
rapturous /'ræp·tʃər·əs/ **422.2**
rare /reər/ **444.2**
rarely /'reə·li/ **444.2**
rash /ræʃ/
 illnesses **124.5**
 careless **302**
rasher /'ræʃ·ər/ **159.2**
raspberry /'rɑːz·bər·i/ **152.3**
rat /ræt/
 wild animals **1.1** ☐
 small animals **4**
rate /reɪt/ **403.4**
rational /'ræʃ·ən·əl/ **130**
rattle /'ræt·l̩/
 noisy **88.3**
 babies **136.4**
ravenous /'ræv·ən·əs/ **165**
ray /reɪ/ **24**
razor /'reɪ·zər/ **184.4**
razor blade /'reɪ·zər ˌbleɪd/ **184.4**
R.E. /ˌɑːr'iː/ **233.2**
reach /riːtʃ/
 come **321**
 hold **336**
react /ri'ækt/ **287.1**
reaction /ri'æk·ʃən/ **287.1**
read /riːd/
 speak **341.5**
 book **367.8**
reader /'riː·dər/ **367.8**
readership /'riː·də·ʃɪp/ **367.8**
readily /'red·ɪ·li/ **328**
readiness /'red·ɪ·nəs/ **328**
ready /'red·i/ **328**
real /rɪəl/ **35**
reality /ri'æl·ə·ti/ **35**
realization /ˌrɪə·laɪ'zeɪ·ʃən/ **110.1**
realize /'rɪə·laɪz/
 know **110.1**
 understand **114**
rear /rɪər/
 position **66** ☆
 body positions **97.1**
rear view mirror /ˌrɪə vjuː 'mɪr·ər/ **308** ☆
reason /'riː·zən/
 think **104.1**
 sane **130**
 cause **291.1**
reasonable /'riː·zən·ə·bl̩/ **130**
rebellion /rɪ'bel·i·ən/ **227.6**
rebuff /rɪ'bʌf/ **144.2**
rebuke /rɪ'bjuːk/ **450.2**
recall /rɪ'kɔːl/ **116**
receipt /rɪ'siːt/ **263.3**
receive /rɪ'siːv/ **373**
receiver /rɪ'siː·vər/ **340.3**
recent /'riː·sənt/ **26.3**
recently /'riː·sənt·li/ **26.3**
receptacle /rɪ'sep·tə·kl̩/ **331**
receptionist /rɪ'sep·ʃən·ɪst/ **272.2**
recipe /'res·ɪ·piː/ **168**
recital /rɪ'saɪ·təl/ **379.6**
recite /rɪ'saɪt/ **341.5**
reckless /'rek·ləs/ **302**
reckon /'rek·ən/ **105.2**
recluse /rɪ'kluːs/ **435.1**
recognition /ˌrek·əg'nɪʃ·ən/ **110.1**
recognize /'rek·əg·naɪz/ **110.1**
recollect /ˌrek·əl'ekt/ **116**
recollection /ˌrek·əl'ek·ʃən/ **116**
recommend /ˌrek·ə'mend/ **353.1**
recommendation /ˌrek·ə·men'deɪ·ʃən/ **353.1**
record n /'rek·ɔːd/

ÍNDEX DE LES PARAULES EN ANGLÈS

write **369.1**
music **379.9**
record v /rɪˈkɔːd/
  write **369.1**
  music **379.9**
recorder /rɪˈkɔːdər/ **379.4**
recording /rɪˈkɔːdɪŋ/ **379.9**
record player /ˈrekɔːd ˌpleɪər/ **379.9** ☆
recount /riːˈkaʊnt/ **342.1**
recover /rɪˈkʌvər/ **126.1**
recovery /rɪˈkʌvəri/ **126.1**
recreation /ˌrekriˈeɪʃən/ **183.1**
recreational /ˌrekriˈeɪʃənəl/ **183.1**
rectangle /ˈrektæŋgl̩/ **38.1** ☆
rectangular /rekˈtæŋgjələr/ **38.1** ☆
rectum /ˈrektəm/ **101.2** ☆
recuperate /rɪˈkjuːpəreɪt/ **126.1**
recuperation /rɪˌkjuːpəˈreɪʃən/ **126.1**
recycle /ˌriːˈsaɪkl̩/ **280**
red /red/
  human body **86.3**
  colours **194.2**
  politics and government **227.4**
red light area /red ˈlaɪt eəriə/ **199.4**
reduce /rɪˈdjuːs/ **47**
reduction /rɪˈdʌkʃən/ **47**
redundancy /rɪˈdʌndənsi/ **271.8**
redundant /rɪˈdʌndənt/
  unnecessary **68.1**
  employment **271.8**
redwood /ˈredwʊd/ **12.1**
reed /riːd/ **11**
reel /riːl/ **381.6** ☆
reel off **341.5**
referee /ˌrefəˈriː/
  sport **388.2**
  ball sports **389.1**
reference /ˈrefərəns/ **341.3**
referendum /ˌrefəˈrendəm/ **227.3**
refer to **341.3**
refill n /ˈriːfɪl/ **332**
refill v /riːˈfɪl/ **332**
refine /rɪˈfaɪn/ **418**
refinement /rɪˈfaɪnmənt/ **418**
reflect /rɪˈflekt/
  copy **56**
  think **104.1**
reflection /rɪˈflekʃən/
  copy **56**
  think **104.1**
reflective /rɪˈflektɪv/ **56**
reform /rɪˈfɔːm/ **58.1**
refrain /rɪˈfreɪn/ **284**
refreshments /rɪˈfreʃmənts/ **162.3**
refrigerator /rɪˈfrɪdʒəreɪtər/ **169** ☆
refusal /rɪˈfjuːzəl/ **347**
refuse /ˈrefjuːz/
  rubbish **71**
refuse v /rɪˈfjuːz/
  refuse **347**
regard /rɪˈgɑːd/
  see and look **91**
  opinion **106.2**
  admire **431**
reggae /ˈregeɪ/ **379.1**
regiment /ˈredʒɪmənt/ **248.2**
region /ˈriːdʒən/ **14**
register /ˈredʒɪstər/ **366**
regret /rɪˈgret/ **449.1**
regular /ˈregjələr/ **443**
regularly /ˈregjələli/ **443**
regulate /ˈregjəleɪt/ **228.5**
regulation /ˌregjəˈleɪʃən/ **208**
rehearsal /rɪˈhɜːsəl/ **376.3**
rehearse /rɪˈhɜːs/ **376.3**
reign /reɪn/ **205**
reinforce /ˌriːɪnˈfɔːs/ **401.3**

reins /reɪnz/ **395** ☆
reject n /ˈriːdʒekt/ **70**
reject v /rɪˈdʒekt/ **70**
rejoice /rɪˈdʒɔɪs/ **422.2**
relate /rɪˈleɪt/ **342.1**
related /rɪˈleɪtɪd/ **138.7**
relation /rɪˈleɪʃən/ **138.7**
relationship /rɪˈleɪʃənʃɪp/ **434.1**
relative /ˈrelətɪv/ **138.7**
relax /rɪˈlæks/ **183**
relaxed /rɪˈlækst/ **183**
relaxing /rɪˈlæksɪŋ/ **183**
release /rɪˈliːs/ **210**
relent /rɪˈlent/ **221.1**
relentless /rɪˈlentləs/ **223**
relevant /ˈreləvənt/ **420.2**
reliable /rɪˈlaɪəbl̩/ **218**
reliably /rɪˈlaɪəbli/ **218**
reliance /rɪˈlaɪəns/ **218**
reliant /rɪˈlaɪənt/ **218**
relief /rɪˈliːf/ **422.1**
relieved /rɪˈliːvd/ **422.1**
religion /rɪˈlɪdʒən/ **232**
religious /rɪˈlɪdʒəs/ **232**
relish /ˈrelɪʃ/ **428**
reluctance /rɪˈlʌktəns/ **285**
reluctant /rɪˈlʌktənt/ **285**
rely on **218.1**
remain /rɪˈmeɪn/
  continue **33**
  wait **286**
remainder /rɪˈmeɪndər/ **33**
remark /rɪˈmɑːk/ **341.3**
remarkable /rɪˈmɑːkəbl̩/ **444.3**
remarkably /rɪˈmɑːkəbli/ **444.3**
remedy /ˈremədi/ **126**
remember /rɪˈmembər/ **116**
remind /rɪˈmaɪnd/
  alike **54.2**
  remember **116.1**
reminder /rɪˈmaɪndər/ **116.1**
reminisce /ˌremɪˈnɪs/ **116.2**
reminiscence /ˌremɪˈnɪsəns/ **116.2**
remorse /rɪˈmɔːs/ **449.1**
remorseful /rɪˈmɔːsfəl/ **449.1**
remote /rɪˈməʊt/ **320.2**
remotely /rɪˈməʊtli/ **320.2**
removal /rɪˈmuːvəl/ **375.3**
remove /rɪˈmuːv/ **375.3**
renovate /ˈrenəveɪt/ **383**
renowned /rɪˈnaʊnd/ **111**
rent /rent/ **262.4**
rental /ˈrentəl/ **262.4**
repair /rɪˈpeər/ **383**
repay /rɪˈpeɪ/ **261.2**
repayment /rɪˈpeɪmənt/ **261.2**
repeat /rɪˈpiːt/ **356**
repel /rɪˈpel/ **446.2**
repellent /rɪˈpelənt/ **446.1**
repent /rɪˈpent/ **449.1**
repercussion /ˌriːpəˈkʌʃən/ **292**
repetition /ˌrepɪˈtɪʃən/ **356**
replace /rɪˈpleɪs/
  substitute **57**
  put **289**
replacement /rɪˈpleɪsmənt/ **57**
replica /ˈreplɪkə/ **56**
reply /rɪˈplaɪ/ **352**
report /rɪˈpɔːt/
  tell **342.1**
  document **366.2**
reporter /rɪˈpɔːtər/ **368.1**
represent /ˌreprɪˈzent/
  substitute **57**
  meaning **364.2**
representation /ˌreprɪzenˈteɪʃən/ **57**
representative /ˌreprɪˈzentətɪv/ **57**

reproduce /ˌriːprəˈdjuːs/ **56**
reproduction /ˌriːprəˈdʌkʃən/ **56**
republic /rɪˈpʌblɪk/ **14.1**
repugnant /rɪˈpʌgnənt/ **446.1**
repulsive /rɪˈpʌlsɪv/ **446.1**
reputation /ˌrepjəˈteɪʃən/ **111**
request /rɪˈkwest/ **351.2**
require /rɪˈkwaɪər/ **67**
requirement /rɪˈkwaɪəmənt/ **67**
rescue /ˈreskjuː/ **253.2**
research /rɪˈsɜːtʃ/ **113.1**
resemblance /rɪˈzembləns/ **54.2**
resemble /rɪˈzembl̩/ **54.2**
resent /rɪˈzent/ **251**
resentment /rɪˈzentmənt/ **251**
reservation /ˌrezəˈveɪʃən/
  uncertain **83.1**
  travel documents and procedures **316**
reserve /rɪˈzɜːv/
  travel documents and procedures **316**
  have **374.2**
reservoir /ˈrezəvwɑː/ **13.4**
reside /rɪˈzaɪd/ **175**
residence /ˈrezɪdəns/ **175**
resident /ˈrezɪdənt/ **175**
resign /rɪˈzaɪn/ **271.8**
resignation /ˌrezɪgˈneɪʃən/ **271.8**
resist /rɪˈzɪst/ **249.1**
resistance /rɪˈzɪstəns/ **249.1**
resort /rɪˈzɔːt/ **317.3**
resources /rɪˈzɔːsɪz/ **262.5**
respect /rɪˈspekt/ **431**
respectful /rɪˈspektfəl/ **143.2**
respite /ˈrespaɪt/ **183.1**
respond /rɪˈspɒnd/ **352**
response /rɪˈspɒns/ **352**
responsibility /rɪˌspɒnsəˈbɪləti/ **274.4**
responsible /rɪˈspɒnsəbl̩/
  work **274.4**
  cause **291**
rest /rest/ **183**
restaurant /ˈrestərɔ̃ːn/ **163**
restore /rɪˈstɔː/ **383**
restrain /rɪˈstreɪn/ **228.5**
restrained /rɪˈstreɪnd/ **228.5**
restraint /rɪˈstreɪnt/ **228.5**
restrict /rɪˈstrɪkt/ **228.5**
restricted /rɪˈstrɪktɪd/ **228.5**
restriction /rɪˈstrɪkʃən/ **228.5**
restroom /ˈrestrʊm/ **185.1**
result /rɪˈzʌlt/ **292**
retire /rɪˈtaɪər/ **271.8**
retirement /rɪˈtaɪəmənt/ **271.8**
retrain /ˌriːˈtreɪn/ **234**
retreat /rɪˈtriːt/
  war **248.1**
  go **322.1**
return /rɪˈtɜːn/
  travel documents and procedures **316** ☐
  go **322**
reveal /rɪˈviːl/
  uncover **335**
  admit **350**
revelation /ˌrevəˈleɪʃən/ **350**
revenge /rɪˈvendʒ/ **250**
reverse /rɪˈvɜːs/
  driving **309**
  directions **318.2**
review /rɪˈvjuː/
  learn **235**
  journalism **368.2**
revise /rɪˈvaɪz/
  change **58.1**
  learn **235**
revision /rɪˈvɪʒən/ **58.1**
revolt /rɪˈvəʊlt/

422

ÍNDEX DE LES PARAULES EN ANGLÈS

politics and government **227.6**
horror and disgust **446.2**
revolting /rɪˈvəʊl·tɪŋ/ **446.1**
revolution /ˌrev·əlˈuː·ʃən/ **227.6**
revolutionary /ˌrev·əlˈuː·ʃən·ər·i/ **227.6**
revolve /rɪˈvɒlv/ **414.1**
revolver /rɪˈvɒl·vər/ **248.4** ☆
reward /rɪˈwɔːd/ **398**
rheumatism /ˈruː·mə·tɪ·zəm/ **124.9**
rhinoceros /raɪˈnɒs·ər·əs/ **1**
rhododendron /ˌrəʊ·dəˈden·drən/ **11**
rhubarb /ˈruː·bɑːb/ **152.1**
rhyme /raɪm/ **367.4**
rhythm /ˈrɪð·əm/ **379.2**
rib /rɪb/ **101.1** ☆
ribbon /ˈrɪb·ən/ **192.4**
rib cage /ˈrɪb keɪdʒ/ **101.1** ☆
rice /raɪs/ **156.4**
rich /rɪtʃ/ **269**
riches /ˈrɪtʃ·ɪz/ **269**
rid /rɪd/ **70**
ride /raɪd/ **395**
ridicule /ˈrɪd·ɪ·kjuːl/ **425.1**
ridiculous /rɪˈdɪk·jə·ləs/ **241.2**
rifle /ˈraɪ·fl̩/ **248.4** ☆
right /raɪt/
 fair **211**
 correct **299**
 directions **318.2**
 suitable **420.1**
right angle /ˈraɪt ˌæŋ·gl̩/ **38.1** ☆
right-handed /ˌraɪtˈhæn·dɪd/ **369**
rightly /ˈraɪt·li/ **299**
right wing /ˌraɪt ˈwɪŋ/ **227.4**
rigid /ˈrɪdʒ·ɪd/ **100.1**
rim /rɪm/ **53**
-rimmed /rɪmd/ **53**
rind /raɪnd/ **152.6**
ring /rɪŋ/
 noisy **88.3**
 accessories **192.4** ☆
 communications **340.3**
 circus **377** ☆
 gymnasium sports **392.1** ☆
ringmaster /ˈrɪŋˌmɑː·stər/ **377** ☆
ringroad /ˈrɪŋ·rəʊd/ **311**
rink /rɪŋk/ **393.2**
rinse /rɪns/ s/ **187.2**
rip /rɪp/ **132.2**
ripe /raɪp/ **153**
rip-off /ˈrɪp·ɒf/ **267.1**
ripple /ˈrɪp·l̩/ **61**
rise /raɪz/ **413**
risk /rɪsk/ **252**
risky /ˈrɪs·ki/ **252**
river /ˈrɪv·ər/ **13.7**
riverbed /ˈrɪv·ə·bed/ **13.7**
road /rəʊd/ **311**
roadsign /ˈrəʊd·saɪn/ **311** ☆
roadworks /ˈrəʊd·wɜːks/ **309.3**
roam /rəʊm/ **407.2**
roar /rɔːr/
 animal noises **8.2**
 shout **344.1**
roast /rəʊst/ **168.1**
rob /rɒb/ **220**
robber /ˈrɒb·ər/ **220.1**
robbery /ˈrɒb·ər·i/ **220.1**
robin /ˈrɒb·ɪn/ **9** ☆
robot /ˈrəʊ·bɒt/ **303.1** ☆
robust /rəʊˈbʌst/ **401.1**
rock /rɒk/
 geography and geology **13.3**
 music **379.1**
 movement **411.3**
rocket /ˈrɒk·ɪt/ **313**
rock-hard /ˌrɒkˈhɑːd/ **100**

rocking chair /ˈrɒk·ɪŋ ˌtʃeər/ **180** ☆
rod /rɒd/ **380.1**
role /rəʊl/
 work **274.4**
 entertainment **376.3**
roll /rəʊl/
 baked and dried foods **156.1**
 movement **411.3**
roller /ˈrəʊ·lər/ **384.1**
roller coaster /ˈrəʊ·lə ˌkəʊ·stər/ **385**
rollerskate /ˈrəʊ·ləˌskeɪt/ **393** ☆
Roman Catholic /ˌrəʊ·mən ˈkæθ·əl·ɪk/ **232.2**
romance /ˈrəʊˈmæns/ s/ **427.1**
Romanian /rʊˈmeɪ·ni·ən/ **361.1**
romantic /rəʊˈmæn·tɪk/ **427.1**
roof /ruːf/ **176** ☆
roof rack /ˈruːf ˌræk/
 car **308**
 containers **331.6** ☆
room /ruːm/ **41**
root /ruːt/ **11** ☆
rope /rəʊp/
 join **294.3**
 tools **382.4**
rose /rəʊz/ **11** ☆
rot /rɒt/ **132.5**
rotate /rəʊˈteɪt/ **414.1**
rotten /ˈrɒt·ən/ **153**
rouble /ˈruː·bl̩/ **265.1** □
rough /rʌf/
 rough **61**
 incorrect **300.2**
 ball sports **389.6**
roughly /ˈrʌf·li/ **300.2**
round /raʊnd/ **38.1** ☆
roundabout /ˈraʊn·dəˌbaʊt/
 roads **311** ☆
 park and funfair **385** ☆
rounders /ˈraʊn·dəz/ **389.7**
route /ruːt/ **317.2**
routine /ruːˈtiːn/ **290**
row /raʊ/
 noisy **88.1**
 disagree **346.3**
row /rəʊ/
 shapes **38.4** ☆
 ships and boats **312.3**
rowing /ˈrəʊ·ɪŋ/ **391**
rowing boat /ˈrəʊ·ɪŋ ˌbəʊt/ **312.1**
royal /ˈrɔɪəl/ **205**
Royal Air Force /ˌrɔɪəl ˈeə ˌfɔːs/ **248.3** □
royalty /ˈrɔɪəl·ti/ **205**
rub /rʌb/ **98.2**
rubber /ˈrʌb·ər/
 materials **304.3**
 erase **371**
rubbish /ˈrʌb·ɪʃ/
 rubbish **71**
 foolish **241.3**
rubble /ˈrʌb·l̩/ **71**
rub in **355**
ruby /ˈruː·bi/ **15**
rucksack /ˈrʌk·sæk/ **317.4**
rudder /ˈrʌd·ər/ **312.2**
rude /ruːd/ **144.1**
rug /rʌg/ **180** ☆
rugby /ˈrʌg·bi/ **389.1**
ruin /ˈruː·ɪn/ **132.1**
ruins /ˈruː·ɪnz/ **132.1**
rule /ruːl/
 laws and rules **208**
rule /ruːl/
 control **228.4**
ruler /ˈruː·lər/
 maths **297** ☆

weights and measures **307**
rum /rʌm/ **166.4**
rumour /ˈruː·mər/ **360**
run /rʌn/
 control **228.2**
 ball sports **389.3**
 athletics **390.1**
 run **408**
run away **322.1**
run-down /ˌrʌnˈdaʊn/ **128**
runner /ˈrʌn·ər/ **390.1**
runner bean /ˈrʌn·ə ˌbiːn/ **155.1**
runny /ˈrʌn·i/ **21**
run-of-the-mill /ˌrʌn·əv·ðəˈmɪl/ **442.3**
run over **309.4**
runway /ˈrʌn·weɪ/ **313.1**
rupee /ruˈpiː/ **265.1** □
rush /rʌʃ/
 plants **11**
 quick **403.1**
Russian /ˈrʌʃ·ən/ **361.1**
Russian Orthodox /ˌrʌʃ·ən ˈɔːθ·ə·dɒks/ **232.2**
rust /rʌst/ **16**
ruthless /ˈruːθ·ləs/ **223**
rye /raɪ/ **173.5**

sabotage /ˈsæb·ə·tɑːʒ/ **132.6**
sack /sæk/
 employment **271.8**
 containers **331.5**
sacred /ˈseɪ·krɪd/ **232.8**
sacrifice /ˈsæk·rɪ·faɪs/ **232.6**
sad /sæd/ **447**
sadden /ˈsæd·ən/ **447**
saddle /ˈsæd·l̩/ **395** ☆
sadistic /səˈdɪs·tɪk/ **225**
sadness /ˈsæd·nəs/ **447**
safe /seɪf/ **253**
safeguard /ˈseɪf·gɑːd/ **254**
safety /ˈseɪf·ti/ **253**
safety belt /ˈseɪf·ti ˌbelt/ **253** ☆
safety net /ˈseɪf·ti ˌnet/ **253** ☆
safety pin /ˈseɪf·ti ˌpɪn/
 babies **136.4**
 join **294.3** ☆
Sagittarius /ˌsædʒ·ɪˈteə·ri·əs/ **28** □
sail /seɪl/ n **312.2** v **312.3**
sailor /ˈseɪ·lər/ **312.5**
saint /seɪnt/
 good **217.2**
 religion **232.3**
sake /seɪk/ **291.1**
salad /ˈsæl·əd/ **155.4**
salary /ˈsæl·ər·i/ **265.3**
sale /seɪl/ **263**
sales /seɪlz/ **263**
sales force /ˈseɪlz ˌfɔːs/ **263**
salesman /ˈseɪlz·mən/ **263**
salesperson /ˈseɪlzˌpɜː·sən/ **263**
sales tax /ˈseɪlz ˌtæks/ **264.2**
saleswoman /ˈseɪlzˌwʊm·ən/ **263**
saliva /səˈlaɪ·və/ **86.1**
salmon /ˈsæm·ən/ **10.1**
salt /sɔːlt/ **157.2**
same /seɪm/ **54**
sample /ˈsɑːm·pl̩/ **92.4**
sanction /ˈsæŋk·ʃən/ **230**
sand /sænd/ **13.6**
sandal /ˈsæn·dəl/ **191** ☆
sandbank /ˈsænd·bæŋk/ **13.6**
sand dune /ˈsænd ˌdjuːn/ **13.6**
sandpit /ˈsænd·pɪt/ **385** ☆
sandwich /ˈsæn·wɪdʒ/ **161.2**
sane /seɪn/ **130**
sanitary towel /ˈsæn·ə·tər·i ˌtaʊəl/

423

sanity /'sæn·ə·ti/ **130**
sapphire /'sæf·aɪər/ **15**
sardine /sɑː'diːn/ **10.1**
sari /'sɑː·ri/ **190.5**
Satan /'seɪ·tən/ **232.3**
satellite dish /'sæt·əl·aɪt ˌdɪʃ/ **176** ☆
satin /'sæt·ɪn/ **193.1**
satisfaction /ˌsæt·ɪs'fæk·ʃən/ **429**
satisfactory /ˌsæt·ɪs'fæk·tər·i/ **429**
satisfy /'sæt·ɪs·faɪ/ **429**
satisfying /'sæt·ɪs·faɪ·ɪŋ/ **429**
satsuma /ˌsæt'suː·mə/ **152.2**
saturate /'sætʃ·ər·eɪt/ **21.1**
Saturday /'sæt·ə·deɪ/ **25.1**
Saturn /'sæt·ən/ **27** ☆
sauce /sɔːs/ **161.5**
saucepan /'sɔːs·pən/ **169** ☆
saucer /'sɔː·sər/ **170** ☆
saunter /'sɔːn·tər/ **407.2**
sausage /'sɒs·ɪdʒ/ **159.4**
sausage roll /ˌsɒs·ɪdʒ 'rəʊl/ **161.2**
savage /'sæv·ɪdʒ/ **2**
savagely /'sæv·ɪdʒ·li/ **2**
save /seɪv/
  safety **253.2**
  bank **260.1**
  have **374.2**
savour /'seɪ·vər/ **428**
savoury /'seɪ·vər·i/ **157.5**
saw /sɔː/
  cut **133.4**
  tools **382.1** ☆
saxophone /'sæk·sə·fəʊn/ **379.4**
say /seɪ/ **341**
scale /skeɪl/
  fish and sea animals **10.1** ☆
  size **41**
  music **379.8** ☆
scales /skeɪlz/
  kitchen **169** ☆
  bathroom **185** ☆
  weights and measures **307.4** ☆
scamper /'skæm·pər/ **408**
scan /skæn/ **91.1**
scant /skænt/ **45.1**
scantily /'skæn·tɪ·li/ **45.1**
scanty /'skæn·ti/ **45.1**
scapula /'skæp·jə·lə/ **101.1** ☆
scar /skɑːr/ **132**
scarce /skeəs/ **444.2**
scarcely /'skeə·sli/ **444.2**
scarcity /'skeə·sə·ti/ **444.2**
scare /skeər/ **255.2**
scared /skeəd/ **255.1**
scarf /skɑːf/ **192.2**
scary /'skeə·ri/ **255.2**
scatter /'skæt·ər/ **405**
scene /siːn/ **91.7**
scenery /'siː·nər·i/
  see and look **91.7**
  entertainment **376.2** ☆
scenic /'siː·nɪk/ **91.7**
scent /sent/ **90**
scheme /skiːm/ **107.1**
schilling /'ʃɪl·ɪŋ/ **265.1** □
schizophrenia /ˌskɪt·səʊ'friː·ni·ə/ **129.2**
scholar /'skɒl·ər/ **235.1**
scholarship /'skɒl·ə·ʃɪp/ **233.5**
schoolboy /'skuːl·bɔɪ/ **235.1**
schoolchild /'skuːl·tʃaɪld/ **235.1**
schoolgirl /'skuːl·gɜːl/ **235.1**
science /saɪənts/ **233.3**
science-fiction /ˌsaɪənts'fɪk·ʃən/ **367.1**
scissors /'sɪz·əz/
  cut **133.4**
  tools **382.1** ☆

scoff /skɒf/ **164.3**
scold /skəʊld/ **450.2**
scooter /'skuː·tər/ **315.3**
score /skɔːr/ **388.1**
scorn /skɔːn/ **445**
scornful /'skɔːn·fəl/ **445**
Scorpio /'skɔː·pi·əʊ/ **28** □
scorpion /'skɔː·pi·ən/ **4**
scowl /skaʊl/ **450.3**
Scrabble /'skræb·l/ **386.4**
scramble /'skræm·bl/ **407.5**
scrap /skræp/ **45.2**
scrape /skreɪp/ **132.3**
scrawl /skrɔːl/ **369.1**
scream /skriːm/ **344**
screech /skriːtʃ/ **344**
screen /skriːn/
  computers **296** ☆
  hide **339**
  entertainment **376.4**
screw /skruː/
  sex **199.2**
  tools **382.1** ☆
screwdriver /'skruːˌdraɪ·vər/ **382.1** ☆
scribble /'skrɪb·l/ **369.1**
script /skrɪpt/ **369.3**
scripture /'skrɪp·tʃər/ **232.7**
scrounge /skraʊndʒ/ **375.2**
scrub /skrʌb/ **187.2**
scruffy /'skrʌf·i/ **64**
scrum /skrʌm/ **389.1** ☆
scrutinize /'skruː·tɪ·naɪz/ **91.3**
scrutiny /'skruː·tɪ·ni/ **91.3**
scuba /'skuː·bə/ **391**
sculpture /'skʌlp·tʃər/ **381.5**
sea /siː/ **13.4**
seagull /'siː·gʌl/ **9.2**
seal /siːl/ **10.3**
sealed /siːld/ **331.7**
sealed off **178**
sea lion /'siː ˌlaɪən/ **10.3**
seam /siːm/ **381.6**
seaman /'siː·mən/
  war **248.2** □
  ships and boats **312.5**
search /sɜːtʃ/ **94**
seashore /'siː·ʃɔːr/ **13.5**
seaside /'siː·saɪd/ **13.5**
season /'siː·zən/
  calendar and seasons **25**
  flavours **157.1**
seasoning /'siː·zən·ɪŋ/ **157.1**
seat /siːt/ **308.1**
seat belt /'siːt ˌbelt/ **308.1**
seaweed /'siː·wiːd/
  fish and sea animals **10.1** ☆
  geography and geology **13.6**
secateurs /ˌsek·ə'tɜːz/ **384.1**
second /'sek·ənd/ **26.1**
secondary modern /ˌsek·ən·dər·i 'mɒd·ən/ **233** □
secondary school /'sek·ən·dər·i ˌskuːl/ **233** □
second class /ˌsek·ənd 'klɑːs/ **340.2**
second-hand /ˌsek·ənd'hænd/ **200.2**
secret /'siː·krət/ **339.1**
secretarial /ˌsek·rə'teə·ri·əl/ **272.2**
secretary /'sek·rə·tər·i/
  organisation **206.1**
  office **272.2**
secretary of state /ˌsek·rə·tər·i əv 'steɪt/ **227** □
section /'sek·ʃən/ **52**
secure /sɪ'kjʊər/ **253**
security /sɪ'kjʊə·rə·ti/ **253**
seduce /sɪ'djuːs/ **432**
seductive /sɪ'dʌk·tɪv/ **432**

see /siː/ **91**
seed /siːd/
  plants **11**
  fruit **152.6**
seek /siːk/ **94**
seem /siːm/ **37**
seemly /'siːm·li/ **420.1**
see-saw /'siː·sɔː/ **385** ☆
see through **114**
seize /siːz/ **375.1**
seldom /'sel·dəm/ **444.2**
select /sɪ'lekt/ **73**
selection /sɪ'lek·ʃən/ **73**
self-control /ˌself·kən'trəʊl/ **151.3**
self-controlled /ˌself·kən'trəʊld/ **151.3**
selfish /'sel·fɪʃ/ **226**
self-respect /ˌself·rɪ'spekt/ **431**
self-service /ˌself'sɜː·vɪs/ **310**
sell /sel/ **263**
seller /'sel·ər/ **263**
sellotape /'sel·əʊ·teɪp/ **294.3**
semester /sɪ'mes·tər/ **233** □
semicolon /ˌsem·i'kəʊ·lən/ **363**
semi-detached /ˌsem·i dɪ'tætʃt/ **174.1** ☆
seminar /'sem·ɪ·nɑːr/ **235**
Senate /'sen·ɪt/ **227** □
senator /'sen·ə·tər/ **227** □
send /send/ **340.2**
senile /'siː·naɪl/ **129.2**
senior /'siː·ni·ər/
  old **200.1**
  superior **419**
sensational /sen'seɪ·ʃən·əl/ **257.2**
sense /sents/
  sensible **238**
  meaning **364**
senseless /'sent·sləs/ **241.3**
sensible /'sent·sə·bl/ **238**
sensitive /'sent·sɪ·tɪv/ **151.2**
sentence /'sen·tənts/
  legal system **209.4**
  words **362.2**
separate adj /'sep·ər·ət/ **295**
separate v /'sep·ər·eɪt/
  social customs **195.3**
  separate **295**
September /sep'tem·bər/ **25.2**
Serbo-Croat /ˌsɜː·bəʊ'krəʊ·æt/ **361.1**
sergeant /'sɑː·dʒənt/ **248.3** □
serial /'sɪə·ri·əl/ **378.1**
series /'sɪə·riːz/ **378.1**
serious /'sɪə·ri·əs/
  important **74**
  sensible **238.1**
  sad **447.2**
seriously /'sɪə·ri·ə·sli/
  important **74**
  sensible **238.1**
sermon /'sɜː·mən/ **232.6**
serrated /sɪ'reɪ·tɪd/ **61**
servant /'sɜː·vənt/ **274.5**
serve /sɜːv/ **389.5**
service /'sɜː·vɪs/
  religion **232.6**
  ball sports **389.5**
service line /'sɜː·vɪs ˌlaɪn/ **389.5** ☆
serving dish /'sɜː·vɪŋ ˌdɪʃ/ **170** ☆
set /set/
  put **289**
  ready **328**
  ball sports **389.5**
set down **289**
set off **32**
setsquare /'set·skweər/ **297** ☆
settee /set'iː/ **180** ☆
setting /'set·ɪŋ/

ÍNDEX DE LES PARAULES EN ANGLÈS

areas **14.2**
put **289**
settle /'set·l/ **175.1**
settle for **73**
settlement /'set·l·mənt/ **175.1**
settler /'set·lər/ **175.1**
set up **293.2**
several /'sev·ər·əl/ **298.1**
severe /sɪ'vɪər/ **229**
sew /səʊ/ **381.6**
sewing machine /'səʊ·ɪŋ mə‚ʃiːn/ **381.6** ☆
sex /seks/ **199**
sexism /'sek·sɪ·zəm/ **212**
sexual /'sek·ʃʊəl/ **199**
sexual intercourse /‚sek·ʃʊəl 'ɪn·tə·kɔːs/ **199.2**
sexuality /‚sek·ʃu'æl·ə·ti/ **199**
sexually /'sek·sjʊə·li/ **199**
sexy /'sek·si/ **199.1**
shade /ʃeɪd/ **23**
shadow /'ʃæd·əʊ/
  dark **23**
  follow **409.2**
shadowy /'ʃæd·əʊ·i/ **23**
shady /'ʃeɪ·di/ **214**
shake /ʃeɪk/ **255.3**
shake hands **196**
shallow /'ʃæl·əʊ/ **40** ☆
shame /ʃeɪm/ **449**
shameful /'ʃeɪm·fəl/ **449**
shampoo /ʃæm'puː/ **184.2**
shandy /'ʃæn·di/ **166.5**
shape n /ʃeɪp/ **38**
shape v /ʃeɪp/ **39**
shapeless /'ʃeɪp·ləs/ **38.5**
share /ʃeər/
  finance **264.3**
  give **372.3**
shark /ʃɑːk/ **10.1**
sharp /ʃɑːp/
  cut **133.5**
  flavours **157.5**
  music **379.8** ☆
shattered /'ʃæt·əd/ **182.3**
shaver /'ʃeɪ·vər/ **184.4**
shawl /ʃɔːl/ **192.2**
shear /ʃɪər/ **173.7**
shears /ʃɪəz/ **384.1**
shed /ʃed/ **174.5**
sheep /ʃiːp/
  wild animals **1.1** □
  farm animals **6**
sheet /ʃiːt/ **181.1**
shekel /'ʃek·l/ **265.1** □
shelf /ʃelf/ **180** ☆
shell /ʃel/
  fish and sea animals **10.2** ☆
  nuts **154** ☆
  war **248.4**
shellfish /'ʃel·fɪʃ/ **10.2**
shelter /'ʃel·tər/ **254**
shepherd /'ʃep·əd/ **173.7**
sherry /'ʃer·i/ **166.6**
shield /ʃiːld/ **254**
shift /ʃɪft/ **411.1**
shimmer /'ʃɪm·ər/ **24.3**
shin /ʃɪn/ **86**
shine /ʃaɪn/ **24.2**
ship /ʃɪp/ **312**
shipbuilder /'ʃɪp‚bɪl·dər/ **312.5**
shipbuilding /'ʃɪp‚bɪl·dɪŋ/ **312.5**
shipwreck /'ʃɪp·rek/ **312.6**
shipyard /'ʃɪp·jɑːd/ **312.5**
shirk /ʃɜːk/ **324**
shirt /ʃɜːt/ **190.4**
shit /ʃɪt/ **102**

shiver /'ʃɪv·ər/ **19**
shock /ʃɒk/ **118.1**
shoddy /'ʃɒd·i/ **438**
shoe /ʃuː/ **191**
shoebrush /'ʃuː·brʌʃ/ **191** ☆
shoelace /'ʃuː·leɪs/ **191** ☆
shoe polish /'ʃuː ‚pɒl·ɪʃ/ **191** ☆
shoot /ʃuːt/
  kill **198.1**
  war **248.4**
shooting /'ʃuː·tɪŋ/ **394**
shop /ʃɒp/ **273**
shop assistant /'ʃɒp ə‚sɪs·tənt/ **273** ☆
shopkeeper /'ʃɒp‚kiː·pər/ **273** ☆
shoplifter /'ʃɒp‚lɪf·tər/ **220.1**
shopping /'ʃɒp·ɪŋ/ **273**
shopping centre /'ʃɒp·ɪŋ sent·ə/ **273**
shopping trolley /'ʃɒp·ɪŋ trɒl·i/ **273** ☆
shore /ʃɔːr/ **13.5**
short /ʃɔːt/ **44.1**
shorten /'ʃɔː·tən/ **47**
shortly /'ʃɔːt·li/ **329**
shorts /ʃɔːts/ **190.3**
shortsighted /‚ʃɔːt'saɪ·tɪd/ **124.4**
shot /ʃɒt/
  cures **126.3**
  athletics **390.2**
shoulder /'ʃəʊl·dər/ **86**
shoulder blade /'ʃəʊl·də ‚bleɪd/ **101.1** ☆
shout /ʃaʊt/ **344**
shove /ʃʌv/ **338**
show /ʃəʊ/
  show v **92** n **92.3**
  entertainment **376.1**
shower /ʃaʊər/
  weather **18.2**
  bathroom **185** ☆
shower curtain /'ʃaʊə ‚kɜː·tən/ **185** ☆
shower gel /'ʃaʊə ‚dʒel/ **184.1**
showjumping /'ʃəʊ·dʒʌm·pɪŋ/ **395.1**
show off
  show **92.1**
  boast **149**
show up **321**
shred /ʃred/
  cut **133.3**
  cooking methods **168.2**
shrew /ʃruː/ **1.1** □
shrewd /ʃruːd/ **236**
shrill /ʃrɪl/ **88**
shrimp /ʃrɪmp/ **10.2**
shrink /ʃrɪŋk/ **47**
shrub /ʃrʌb/ **11**
shrug /ʃrʌg/ **365**
shuffle /'ʃʌf·l/
  games **386.3**
  walk **407.6**
shun /ʃʌn/ **437**
shut /ʃʌt/ **178**
shuttlecock /'ʃʌt·l·kɒk/ **389.5**
shy /ʃaɪ/ **255.5**
sibling /'sɪb·lɪŋ/ **138.2**
sick /sɪk/
  illnesses **124.7**
  unhealthy **128**
side /saɪd/ **66** ☆
sideboard /'saɪd·bɔːd/ **180** ☆
sidelight /'saɪd·laɪt/ **308** ☆
side plate /'saɪd ‚pleɪt/ **170** ☆
sideways /'saɪd·weɪz/ **318.2**
sieve /sɪv/ **168.4** ☆
sift /sɪft/ **168.4**
sigh /saɪ/ **103**
sight /saɪt/ **91.6**
sightseeing /'saɪt‚siː·ɪŋ/ **91.3**
sign /saɪn/

meaning **364.1**
write **369.2**
signal /'sɪg·nəl/
  trains **314.1**
  meaning **364.1**
signalman /'sɪg·nəl·mən/ **314.2**
significance /sɪg'nɪf·ɪ·kənts/ **74**
significant /sɪg'nɪf·ɪ·kənt/ **74**
signify /'sɪg·nɪ·faɪ/ **364.2**
silence /'saɪ·lənts/ **89**
silent /'saɪ·lənt/ **89**
silk /sɪlk/ **193.1**
silly /'sɪl·i/ **241**
silo /'saɪ·ləʊ/ **173.3**
silver /'sɪl·vər/ **16**
silver birch /‚sɪl·və 'bɜːtʃ/ **12.1**
similar /'sɪm·ɪ·lər/ **54**
similarly /'sɪm·ɪ·lə·li/ **54**
simmer /'sɪm·ər/ **168.1**
simple /'sɪm·pl/ **247**
simplify /'sɪm·plɪ·faɪ/ **247.1**
simply /'sɪm·pli/ **247**
sin /sɪn/ **219**
sincere /sɪn'sɪər/ **213.1**
sincerely /sɪn'sɪə·li/ **213.1**
sing /sɪŋ/
  birds **9.4**
  music **379.5**
single /'sɪŋ·gl/
  travel documents and procedures **316** □
  music **379.9**
  loneliness **435.2**
singular /'sɪŋ·gjə·lər/ **435.2**
sink /sɪŋk/
  kitchen **169** ☆
  fall **412.2**
sip /sɪp/ **167**
siren /'saɪə·rən/ **88.3**
sister /'sɪs·tər/
  hospital **122**
  families and relations **138.2**
sister-in-law /'sɪs·tər·ɪn·lɔː/ **138.4**
sit /sɪt/ **97.2**
site /saɪt/ **289.1**
sit out **286**
situate /'sɪt·ju·eɪt/ **289.1**
situation /‚sɪt·ju'eɪ·ʃən/
  happen **31.2**
  put **289.1**
size /saɪz/ **41**
skateboard /'skeɪt·bɔːd/ **393** ☆
skating /'skeɪ·tɪŋ/ **393.2**
skeleton /'skel·ɪ·tən/ **101.1** ☆
sketch /sketʃ/ **381.3**
ski /skiː/ **393.2**
skid /skɪd/ **411.2**
skiing /'skiː·ɪŋ/ **393.2**
skilful /'skɪl·fəl/ **239**
skill /skɪl/ **239.1**
skilled /skɪld/ **239**
skimp on **45.1**
skimpy /'skɪm·pi/ **45.1**
skin /skɪn/
  human body **86.2**
  fruit **152.6**
skinny /'skɪn·i/ **49**
skip /skɪp/ **410**
skirt /skɜːt/ **190.5**
skull /skʌl/ **101.1** ☆
sky /skaɪ/ **17**
skyscraper /'skaɪ‚skreɪ·pər/ **174.3**
slacks /slæks/ **190.3**
slam /slæm/ **289**
slang /slæŋ/ **362.1**
slap /slæp/ **131.1**
slapdash /'slæp·dæʃ/ **302**

425

slash /slæʃ/ **133.2**
slate /sleɪt/ **304.1**
slaughter /ˈslɔː·tər/ **198.3**
slave /sleɪv/ *v* **274.1** *n* **274.5**
slavery /ˈsleɪ·vər·i/ **274.5**
slay /sleɪ/ **198**
sledge /sledʒ/ **393.2**
sleek /sliːk/ **62**
sleep /sliːp/ **182**
sleeping bag /ˈsliːp·ɪŋ ˌbæg/ **380.1**
sleepwalk /ˈsliːp·wɔːk/ **182.4**
sleepy /ˈsliː·pi/ **182.3**
sleet /sliːt/ **18.4**
sleeve /sliːv/ **190.12** ☆
slender /ˈslen·dər/ **49.2**
slice /slaɪs/
  part **52.1**
  cut **133.3**
slide /slaɪd/
  arts and crafts **381.4**
  park and funfair **385** ☆
  movement **411.2**
slight /slaɪt/ **44**
slightly /ˈslaɪt·li/ **44**
slim /slɪm/ *v* **49.1** *adj* **49.2**
sling /slɪŋ/ **126.6**
slip /slɪp/
  clothes **190.9**
  incorrect **300.1**
  movement **411.2**
slipper /ˈslɪp·ər/ **191** ☆
slippery /ˈslɪp·ər·i/ **411.2**
slip road /ˈslɪp rəʊd/ **311** ☆
slip up **300.1**
slit /slɪt/ **133**
slither /ˈslɪð·ər/ **411.2**
slogan /ˈsləʊ·gən/ **362.2**
slope /sləʊp/
  geography and geology **13.1**
  shapes **38.4** ☆
slouch /slaʊtʃ/ **97.4**
slow /sləʊ/
  stupid **240**
  slow **404**
slow down **404**
slowly /ˈsləʊ·li/ **404**
slug /slʌg/ **4**
sluggish /ˈslʌg·ɪʃ/ **404**
slum /slʌm/ **174.1**
sly /slaɪ/ **214**
smack /smæk/ **131.1**
small /smɔːl/
  small **44**
  words **362.5**
small talk /ˈsmɔːl ˌtɔːk/ **360**
smart /smɑːt/
  tidy **63**
  clever **236.2**
smarten up **63**
smash /smæʃ/ **132.2**
smear /smɪər/ **189.1**
smell /smel/ **90**
smelly /ˈsmel·i/ **90**
smirk /smɜːk/ **423.1**
smoke /sməʊk/ **135**
smoking /ˈsməʊ·kɪŋ/ **171**
smooth /smuːð/ **62**
smoothly /ˈsmuːð·li/ **62**
smother /ˈsmʌð·ər/ **334**
smudge /smʌdʒ/ **189.1**
smuggle /ˈsmʌg·l̩/ **220.2**
smuggler /ˈsmʌg·l̩·ər/ **220.2**
snack /snæk/ **162.1**
snack bar /ˈsnæk bɑːr/ **163**
snag /snæg/ **244**
snail /sneɪl/ **4**
snake /sneɪk/ **1.1**

snap /snæp/
  damage **132.2**
  angry **450.2**
snarl /snɑːl/ **450.2**
snatch /snætʃ/ **375.1**
sneer /snɪər/ **148.2**
sneeze /sniːz/ **124.6**
sniff /snɪf/ **103**
snigger /ˈsnɪg·ər/ **423.1**
snip /snɪp/ **133**
snob /snɒb/ **148.2**
snooker /ˈsnuː·kər/ **394**
snoop /snuːp/ **94.1**
snooper /ˈsnuː·pər/ **94.1**
snooty /ˈsnuː·ti/ **148.2**
snore /snɔːr/ **182**
snorkelling /ˈsnɔː·kəl·ɪŋ/ **391**
snow /snəʊ/ **18.4**
snowball /ˈsnəʊ·bɔːl/ **46.3**
snowflake /ˈsnəʊ·fleɪk/ **18.4**
snowstorm /ˈsnəʊ·stɔːm/ **18.4**
snug /snʌg/ **421**
soak /səʊk/
  wet **21.1**
  cleaning **187.2**
soaking /ˈsəʊ·kɪŋ/ **21**
soap /səʊp/
  personal hygiene **184.1**
  broadcasts **378.1**
soar /sɔːr/ **9.1**
sob /sɒb/ **447.3**
sober /ˈsəʊ·bər/
  drinks **166.8**
  sensible **238.1**
social /ˈsəʊ·ʃəl/ **204**
socialism /ˈsəʊ·ʃəl·ɪ·zəm/ **227.4**
society /səˈsaɪə·ti/
  society **204**
  organization **206**
sociology /ˌsəʊ·ʃiˈɒl·ə·dʒi/ **233.2**
socket /ˈsɒk·ɪt/ **382.3**
socks /sɒks/ **190.9**
soft /sɒft/
  quiet **89**
  soft **99**
  mercy **221**
softball /ˈsɒft·bɔːl/ **389.7**
soft drink /ˌsɒft ˈdrɪŋk/ **166.1**
soften /ˈsɒf·ən/ **99**
softener /ˈsɒf·ən·ər/ **99**
softly /ˈsɒft·li/ **89**
software /ˈsɒft·weər/ **296**
soggy /ˈsɒg·i/ **21**
soil /sɔɪl/ **384.3**
solar /ˈsəʊ·lər/ **303.2**
solar system /ˈsəʊ·lə ˌsɪs·təm/ **27** ☆
soldier /ˈsəʊl·dʒər/ **248.2** ☆
sole /səʊl/
  fish and sea animals **10.1**
  human body **86**
  shoes **191** ☆
solemn /ˈsɒl·əm/
  sensible **238.1**
  sad **447.2**
solicitor /səˈlɪs·ɪ·tər/ **209.3**
solid /ˈsɒl·ɪd/ **100**
solidify /səˈlɪd·ɪ·faɪ/ **100**
solitary /ˈsɒl·ɪ·tər·i/ **435**
solo /ˈsəʊ·ləʊ/ **379.3**
soloist /ˈsəʊ·ləʊ·ɪst/ **379.3**, **379.4** ☆
solution /səˈluː·ʃən/ **113.2**
solve /sɒlv/
  find out **113.2**
  do **287.2**
son /sʌn/ **138.2**
song /sɒŋ/ **379.7**
son-in-law /ˈsʌn·ɪn·lɔː/ **138.4**

soon /suːn/ **329**
soothe /suːð/ **259.1**
soothing /ˈsuː·ðɪŋ/ **259.1**
soprano /səˈprɑː·nəʊ/ **379.5**
sore /sɔːr/
  illnesses **124.5**
  symptoms **125.1**
sore throat /ˌsɔː ˈθrəʊt/ **124.8**
sorrow /ˈsɒr·əʊ/ **447**
sorrowful /ˈsɒr·əʊ·fəl/ **447**
sorry /ˈsɒr·i/
  sympathy **222**
  disappointment **448**
  shame **449.1**
sort /sɔːt/
  order **65**
  sort **306**
soul /səʊl/ **232.9**
sound /saʊnd/ **88.1**
soup /suːp/ **161.4**
soup spoon /ˈsuːp ˌspuːn/ **170** ☆
sour /saʊər/ **157.5**
source /sɔːs/ **373**
south /saʊθ/ **318.1** ☆
southeast /ˌsaʊθˈiːst/ **318.1** ☆
southerly /ˈsʌð·əl·i/ **318.1**
southern /ˈsʌð·ən/ **318.1**
South Pole /ˌsaʊθ ˈpəʊl/ **13.5** ☆
southward /ˈsaʊθ·wəd/ **318.1**
southwest /ˌsaʊθˈwest/ **318.1** ☆
souvenir /ˌsuː·vənˈɪər/ **116.1**
sow /səʊ/ **384.2**
space /speɪs/ **41**
spacecraft /ˈspeɪs·krɑːft/ **313**
spacious /ˈspeɪ·ʃəs/ **42**
spade /speɪd/ **384.1**
spaghetti /spəˈget·i/ **156.4**
spaniel /ˈspæn·jəl/ **7.1** ☆
Spanish /ˈspæn·ɪʃ/ **361.1**
spanner /ˈspæn·ər/ **382.1** ☆
spare /speər/
  unnecessary **68.1**
  mercy **221**
sparkle /ˈspɑː·kl̩/ **24.3**
sparkling /ˈspɑː·klɪŋ/ **166.1**
sparrow /ˈspær·əʊ/ **9**
sparse /spɑːs/ **45.1**
sparsely /ˈspɑː·sli/ **45.1**
speak /spiːk/ **341**
speaker /ˈspiː·kər/
  language **361**
  music **379.9** ☆
speak out **341.2**
spear /spɪər/ **248.4** ☆
special /ˈspeʃ·əl/ **444.3**
specialist /ˈspeʃ·əl·ɪst/
  hospital **122**
  skilful **239**
specialize /ˈspeʃ·əl·aɪz/ **239**
species /ˈspiː·ʃiːz/ **306**
specific /spəˈsɪf·ɪk/ **84**
specification /ˌspes·ɪ·fɪˈkeɪ·ʃən/ **84**
specify /ˈspes·ɪ·faɪ/ **84**
speck /spek/ **189.1**
spectacles /ˈspek·tə·kl̩z/ **91.8**
speculate /ˈspek·jə·leɪt/ **109**
speculation /ˌspek·jəˈleɪ·ʃən/ **109**
speech /spiːtʃ/ **341.1**
speechless /ˈspiːtʃ·ləs/ **118**
speed /spiːd/ **403.3**
speed limit /ˈspiːd ˌlɪm·ɪt/ **311** ☆
speedometer /spiːˈdɒm·ɪ·tər/ **308.1**
speedy /ˈspiː·di/ **403**
spell /spel/
  write **369**
  magic **416**

spelling /'spel·ɪŋ/ **369**
spend /spend/ **263.1**
spending /'spen·dɪŋ/ **263.1**
sperm /spɜːm/ **101.3**
sphere /sfɪəʳ/ **38.2** ☆
spherical /'sfer·ɪ·kl̩/ **38.2** ☆
spice /spaɪs/ **157.2**
spider /'spaɪ·dəʳ/ **4**
spill /spɪl/ **412.1**
spin /spɪn/ **414.1**
spinach /'spɪn·ɪtʃ/ **155.1**
spin drier /spɪn 'draɪ·əʳ/ **186**
spine /spaɪn/
  human body **101.1** ☆
  book **367.6**
spinster /'spɪnt·stəʳ/ **195.3**
spire /spaɪəʳ/ **232.5** ☆
spirit /'spɪr·ɪt/ **232.9**
spirited /'spɪr·ɪ·tɪd/ **232.9**
spiritual /'spɪr·ɪ·tʃu·əl/ **232.9**
spit /spɪt/ **86.1**
spite /spaɪt/ **225.1**
spiteful /'spaɪt·fəl/ **225.1**
splash /splæʃ/ **21.1**
splash out **263.1**
splendid /'splen·dɪd/
  great **77**
  good **417.2**
splendidly /'splen·dɪd·li/ **417.2**
split /splɪt/
  damage **132.2**
  separate **295**
spoil /spɔɪl/ **132**
spokesperson /'spəʊks,pɜː·sən/ **341.4**
sponge /spʌndʒ/ **184.1**
spongy /'spʌndʒ·i/ **99**
spoon /spuːn/ **170** □
sport /spɔːt/ **388**
sportsman /'spɔːts·mən/ **388.2**
sportswoman /'spɔːts·wʊm·ən/ **388.2**
spot /spɒt/
  shapes **38.3**
  human body **86.2**
  see and look **91.4**
  dirty **189.1**
spotless /'spɒt·ləs/ **188**
spotlessly /'spɒt·lə·sli/ **188**
sprain /spreɪn/ **124.13**
spread /spred/
  increase **46**
  put **289**
spring /sprɪŋ/
  geography and geology **13.7**
  calendar and seasons **25.2** ☆
  jump **410**
spring-clean /ˌsprɪŋ'kliːn/ **187.1**
spring onion /ˌsprɪŋ 'ʌn·jən/ **155.4**
sprint /sprɪnt/
  athletics **390.1**
  run **408**
spur /spɜːʳ/ **279**
spy /spaɪ/ **94.1**
squabble /'skwɒb·l̩/ **346.3**
squadron leader /ˌskwɒd·rən 'liː·dəʳ/ **248.3** □
squander /'skwɒn·dəʳ/ **69**
square /skweəʳ/
  shapes **38.1** ☆
  weights and measures **307.2** □
  roads **311**
squash /skwɒʃ/
  damage **132.4**
  drinks **166.2**
  ball sports **389.5**
squat /skwɒt/
  body positions **97.3**
  live **175**

squeak /skwiːk/ **8.2, 8.2** □
squeeze /skwiːz/ **336**
squid /skwɪd/ **10.2**
squirrel /'skwɪr·əl/ **4, 4** □
stab /stæb/ **133.1**
stable /'steɪ·bl̩/ **173.3**
stack /stæk/ **43.1**
stadium /'steɪ·di·əm/ **388.4**
staff /stɑːf/ **271.3**
stag /stæg/ **1**
stage /steɪdʒ/ **376.2** ☆
stagger /'stæg·əʳ/ **407.6**
stagnant /'stæg·nənt/ **284.1**
stagnate /'stæg·neɪt/ **284.1**
stain /steɪn/ **189.1**
stairs /steəz/ **177.2** ☆
stale /steɪl/ **153**
stalemate /'steɪl·meɪt/ **284.1**
stalk /stɔːk/
  plants **11**
  fruit **152.6**
stall /stɔːl/
  shops **273**
  driving **309.3**
stalls /stɔːlz/ **376.2** ☆
stammer /'stæm·əʳ/ **341.7**
stamp /stæmp/
  communications **340.2** ☆
  walk **407.3**
stamp collecting /'stæmp kə,lek·tɪŋ/ **380**
stand /stænd/
  body positions **97.1**
  politics and government **227.3**
  containers **331.6**
  endure **433**
standard /'stæn·dəd/ **442**
standardize /'stæn·də·daɪz/ **54.1**
stand in **57**
stand-in /'stænd·ɪn/ **57**
stand up for **279.2**
staple /'steɪ·pl̩/ **294.3** ☆
stapler /'steɪ·pləʳ/ **294.3** ☆
star /stɑːʳ/
  astronomy **27**
  fame **111**
starch /stɑːtʃ/ **186**
stare /steəʳ/ **91.2**
starling /'stɑː·lɪŋ/ **9**
stars /stɑːz/ **28**
star sign /'stɑː ˌsaɪn/ **28**
start /stɑːt/ **32**
starter /'stɑː·təʳ/ **162.2**
startle /'stɑː·tl̩/ **118.1**
startling /'stɑː·tl̩·ɪŋ/ **118.1**
starve /stɑːv/ **165**
starving /'stɑː·vɪŋ/ **165**
state /steɪt/
  areas **14.1**
  happen **31.2**
  speak **341.2**
stately /'steɪt·li/ **146**
statement /'steɪt·mənt/ **341.2**
station /'steɪ·ʃən/ **314.1**
stationary /'steɪ·ʃən·ər·i/ **284.2**
stationer /'steɪ·ʃən·əʳ/ **273** □
statue /'stætʃ·uː/ **381.5**
stave /steɪv/ **379.8** ☆
stay /steɪ/
  continue **33**
  wait **286**
  visit **319**
steady /'sted·i/ **284.2**
steak /steɪk/ **159.2**
steal /stiːl/ **220**
steam /stiːm/
  cooking methods **168.1**

machinery **303.2**
steamboat /'stiːm·bəʊt/ **312.1**
steel /stiːl/ **16**
steep /stiːp/
  shapes **38.4** ☆
  expensive **267.1**
steeple /'stiː·pl̩/ **232.5** ☆
steer /stɪəʳ/ **309**
steering wheel /'stɪə·rɪŋ ˌwiːl/ **308.1**
stem /stem/ **11** ☆
stench /stentʃ/ **90**
step /step/ **407.1**
stepbrother /'step,brʌð·əʳ/ **138.5**
stepfather /'step,fɑː·ðəʳ/ **138.5**
stepmother /'step,mʌð·əʳ/ **138.5**
stepsister /'step,sɪs·təʳ/ **138.5**
stereo /'ster·i·əʊ/ **379.9**
sterilize /'ster·əl·aɪz/ **187.2**
sterling /'stɜː·lɪŋ/ **265.1**
stern /stɜːn/ **229**
steward /'stjuː·əd/ **313.3**
stick /stɪk/ **294.1**
sticky /'stɪk·i/ **294.1**
stiff /stɪf/ **100.1**
stiffen /'stɪf·ən/ **100.1**
stifle /'staɪ·fl̩/ **89.1**
stiletto heel /stɪlˌet·əʊ 'hiːl/ **191** ☆
still /stɪl/
  drinks **166.1**
  inaction **284.2**
stimulate /'stɪm·jə·leɪt/ **257.3**
stimulus /'stɪm·jə·ləs/ **257.3**
sting /stɪŋ/ **125.1**
stingy /'stɪn·dʒi/ **226**
stink /stɪŋk/ **90**
stir /stɜːʳ/
  cooking methods **168.3**
  movement **411.1**
stirrups /'stɪr·əps/ **395** ☆
stitch /stɪtʃ/ **381.6**
stock /stɒk/
  doing business **262.6**
  finance **264.3**
stock exchange /'stɒk ɪkˌstʃeɪndʒ/ **264.3**
stockings /'stɒk·ɪŋz/ **190.9**
stock market /'stɒk ˌmɑː·kɪt/ **264.3**
stock up **262.6**
stomach /'stʌm·ək/
  human body – external **86**
  human body – internal **101.2** ☆
stomachache /'stʌm·ək·eɪk/ **124.7**
stone /stəʊn/
  geography and geology **13.3**
  fruit **152.6**
  materials **304.1**
  weights and measures **307.4** □
stoop /stuːp/ **97.4**
stop /stɒp/ **34**
storage /'stɔː·rɪdʒ/ **262.6**
store /stɔːʳ/
  doing business **262.6**
  shops **273**
storey /'stɔː·ri/ **176.2**
storm /stɔːm/ **18.5**
story /'stɔː·ri/ **342.3**
stout /staʊt/ **48.1**
straight /streɪt/
  shapes **38.4** ☆
  human body **86.3**
straighten /'streɪ·tən/ **39**
straightforward /ˌstreɪt'fɔː·wəd/ **247**
strain /streɪn/
  cooking methods **168.4**
  work **274.1**
strange /streɪndʒ/ **444.1**
strangely /'streɪndʒ·li/ **444.1**

stranger /ˈstreɪn·dʒər/ **112.2**
strangle /ˈstræŋ·gl̩/ **198.1**
strap /stræp/ **190.11**
straw /strɔː/ **173.5**
strawberry /ˈstrɔː·bər·i/ **152.3**
stream /striːm/ **13.7**
street /striːt/ **311**
strength /streŋkθ/ **401**
strengthen /ˈstreŋk·θən/ **401.3**
strenuous /ˈstren·ju·əs/ **243.1**
stress /stres/
　tension **256**
　emphasize **355**
stretch /stretʃ/ **46**
stretcher /ˈstretʃ·ər/ **126.6**
strict /strɪkt/ **229**
strictly /ˈstrɪkt·li/ **229**
stride /straɪd/ n **407.1** v **407.3**
strident /ˈstraɪ·dənt/ **88**
strike /straɪk/
　hit **131.1**
　employment **271.6**
　ball sports **389.2**
string /strɪŋ/
　join **294.3**
　music **379.4**
　tools **382.4**
strings /strɪŋz/ **379.4** ☆
strip /strɪp/
　part **52.1**
　clothes **190.2**
　uncover **335**
stripe /straɪp/ **38.3**
stroke /strəʊk/
　touch **98.1**
　illnesses **124.11**
　hit **131.4**
stroll /strəʊl/ **407.2**
strong /strɒŋ/ **401.1**
strongly /ˈstrɒŋ·li/ **401.1**
structural /ˈstrʌk·tʃər·əl/ **293.2**
structure /ˈstrʌk·tʃər/ **293.2**
struggle /ˈstrʌg·l̩/
　fight **249**
　try **276**
stub /stʌb/ **171**
stubborn /ˈstʌb·ən/ **107.3**
stuck /stʌk/ **294.1**
stuck up **148.2**
student /ˈstjuː·dənt/ **235.1**
studio /ˈstjuː·di·əʊ/ **174.2**
study /ˈstʌd·i/
　inside buildings **177.4**
　learn **235**
stuff /stʌf/
　thing **305.1**
　full **332**
stuffy /ˈstʌf·i/ **20**
stumble /ˈstʌm·bl̩/ **412.1**
stumbling block /ˈstʌm·blɪŋ ˌblɒk/ **245.1**
stumps /stʌmps/ **389.3** ☆
stun /stʌn/ **118.1**
stunning /ˈstʌn·ɪŋ/ **118.1**
stupid /ˈstjuː·pɪd/ **240**
sturdy /ˈstɜː·di/ **401.1**
stutter /ˈstʌt·ər/ **341.7**
style /staɪl/ **306**
sub-committee /ˈsʌb·kəˌmɪt·iː/ **206.1**
subject /ˈsʌb·dʒekt/ **235**
subordinate /səˈbɔː·dən·ət/ **439.1**
substance /ˈsʌb·stənts/ **305.1**
substantial /səbˈstæn·tʃəl/ **42**
substantially /səbˈstæn·tʃəl·i/ **42**
substitute /ˈsʌb·stɪ·tjuːt/ **57**
subtract /səbˈtrækt/ **297.2**
suburb /ˈsʌb·ɜːb/ **14.3**
subway /ˈsʌb·weɪ/ **311.1**

succeed /səkˈsiːd/ **396.2**
success /səkˈses/ **396**
successful /səkˈses·fəl/ **396**
successfully /səkˈses·fəl·i/ **396**
suck /sʌk/ **164.2**
sudden /ˈsʌd·ən/ **403.2**
suddenly /ˈsʌd·ən·li/ **403.2**
suede /sweɪd/ **193.1**
suet /ˈsuː·ɪt/ **158.2**
suffer /ˈsʌf·ər/
　illnesses **124.13** ☐
　endure **433**
　sad **447**
suffering /ˈsʌf·ər·ɪŋ/ **447**
sufficient /səˈfɪʃ·ənt/ **51**
suffocate /ˈsʌf·ə·keɪt/ **198.1**
sugar /ˈʃʊg·ər/ **156.2**
sugar bowl /ˈʃʊg·ə ˌbəʊl/ **170** ☆
sugary /ˈʃʊg·ər·i/ **157.4**
suggest /səˈdʒest/ **353**
suggestion /səˈdʒes·tʃən/ **353**
suicide /ˈsuː·ɪ·saɪd/ **198**
suit /suːt/
　clothes **190.6**
　games **386.3**
　suitable **420**
suitable /ˈsuː·tə·bl̩/ **420**
suitcase /ˈsuːt·keɪs/ **317.4**
sultana /səlˈtɑː·nə/ **152.5**
sum /sʌm/ **297.2**
summer /ˈsʌm·ər/ **25.2** ☆
summit /ˈsʌm·ɪt/ **13.1**
sumo /ˈsuː·məʊ/ **392.1**
sun /sʌn/
　weather **18.1**
　astronomy **27** ☆
Sunday /ˈsʌn·deɪ/ **25.1**
sunglasses /ˈsʌnˌglɑː·sɪz/ **91.8**
sunny /ˈsʌn·i/ **18.1**
sunshine /ˈsʌn·ʃaɪn/ **18.1**
super /ˈsuː·pər/ **417.3**
superb /suːˈpɜːb/ **417.2**
superbly /suːˈpɜːb·li/ **417.2**
superficial /ˌsuː·pəˈfɪʃ·əl/
　seem **37**
　careless **302**
superfluous /suːˈpɜː·flu·əs/ **68.1**
superior /suːˈpɪə·ri·ər/ **419**
supermarket /ˈsuː·pəˌmɑː·kɪt/ **273**
superstition /ˌsuː·pəˈstɪʃ·ən/ **105.3**
superstitious /ˌsuː·pəˈstɪʃ·əs/
　believe **105.3**
　untrue **216**
supervise /ˈsuː·pə·vaɪz/ **228.1**
supervision /ˌsuː·pəˈvɪʒ·ən/ **228.1**
supervisor /ˈsuː·pə·vaɪ·zər/ **271.4**
supper /ˈsʌp·ər/ **162**
supple /ˈsʌp·l̩/
　soft **99.1**
　agile **399**
supply /səˈplaɪ/ **372.2**
support /səˈpɔːt/
　encourage **279.2**
　carry **337**
supporter /səˈpɔː·tər/ **279.2**
suppose /səˈpəʊz/ **105.2**
supposition /ˌsʌp·əˈzɪʃ·ən/ **105.2**
sure /ʃɔːr/ **82**
surely /ˈʃɔː·li/ **82**
surface /ˈsɜː·fɪs/ **38.2** ☆
surfing /ˈsɜː·fɪŋ/ **391**
surgeon /ˈsɜː·dʒən/ **122.1**
surgery /ˈsɜː·dʒər·i/
　doctor **121**
　hospital **122.1**
surname /ˈsɜː·neɪm/ **137.2**
surplus /ˈsɜː·pləs/ **68.1**

surprise /səˈpraɪz/ **118**
surrender /səˈren·dər/ **248.1**
surrogate mother /ˌsʌr·ə·gət ˈmʌð·ər/ **136.2**
surround /səˈraʊnd/ **53**
surroundings /səˈraʊn·dɪŋz/ **14.2**
survey v /səˈveɪ/
　see and look **91.2**
survey n /ˈsɜː·veɪ/
　document **366.2**
surveyor /səˈveɪ·ər/ **174.6**
survival /səˈvaɪ·vəl/ **253.2**
survive /səˈvaɪv/ **253.2**
survivor /səˈvaɪ·vər/ **253.2**
suspect v /səˈspekt/
　guess **109**
suspect n /ˈsʌs·pekt/
　legal system **209.2**
suspense /səˈspents/ **257**
suspicion /səˈspɪʃ·ən/ **109**
suspicious /səˈspɪʃ·əs/ **109**
swagger /ˈswæg·ər/ **407.3**
swallow /ˈswɒl·əʊ/
　birds **9** ☆
　believe **105.3**
　eat **164.2**
swamp /swɒmp/ **13.2**
swan /swɒn/ **9.2**
swap /swɒp/ **372.3**
swear /sweər/
　swear **357**
　promise **358**
sweat /swet/ **86.2**
sweater /ˈswet·ər/ **190.4**
sweatshirt /ˈswet·ʃɜːt/ **190.4**
swede /swiːd/ **155.2**
Swedish /ˈswiː·dɪʃ/ **361.1**
sweep /swiːp/ **187.3**
sweet /swiːt/
　flavours **157.4**
　snacks and cooked food **161.1**
sweetcorn /ˈswiːt·kɔːn/ **155.3**
sweeten /ˈswiː·tən/ **157.4**
sweetheart /ˈswiːt·hɑːt/ **427.5**
swell /swel/
　increase **46**
　symptoms **125.2**
swerve /swɜːv/ **414.2**
swift /swɪft/ **403**
swig /swɪg/ **167**
swim /swɪm/ **391.1**
swimming /ˈswɪm·ɪŋ/ **391.1**
swimming costume /ˈswɪm·ɪŋ ˌkɒs·tjuːm/ **190.7**
swimming pool /ˈswɪm·ɪŋ ˌpuːl/ **391.1**
swindle /ˈswɪn·dl̩/ **214.1**
swing /swɪŋ/
　park and funfair **385** ☆
　movement **411.3**
switch /swɪtʃ/ **303.1**
switchboard /ˈswɪtʃ·bɔːd/ **340.3**
switch off **303.1**
switch on **303.1**
swoop /swuːp/
　birds **9.1**
　fall **412.3**
sword /sɔːd/ **248.4** ☆
syllable /ˈsɪl·ə·bl̩/ **362.3**
symbol /ˈsɪm·bəl/ **364.1**
symbolic /sɪmˈbɒl·ɪk/ **364.1**
sympathetic /ˌsɪm·pəˈθet·ɪk/ **222**
sympathize /ˈsɪm·pə·θaɪz/ **222**
sympathy /ˈsɪm·pə·θi/ **222**
symphony /ˈsɪm·fə·ni/ **379.7**
symptom /ˈsɪmp·təm/ **125**
synagogue /ˈsɪn·ə·gɒg/ **232.5**
syringe /sɪˈrɪndʒ/ **126.3**

syrup /'sɪr·əp/ **160.1**
system /'sɪs·təm/
  system **290**
  computers **296**
systematic /ˌsɪs·tə'mæt·ɪk/ **290**

tabby /'tæb·i/ **7.2**
table /'teɪ·bl̩/ **180** ☆
tablecloth /'teɪ·bl̩·klɒθ/ **170** ☆
tablespoon /'teɪ·bl̩·spuːn/ **170** □
tablet /'tæb·lət/ **126.5**
table tennis /'teɪ·bl̩ ˌten·ɪs/ **389.5**
tabloid /'tæb·lɔɪd/ **368**
taboo /tə'buː/ **231.1**
tackle /'tæk·l̩/ **388.1**
tact /tækt/ **143.2**
tactful /'tækt·fəl/ **143.2**
tactfully /'tækt·fəl·i/ **143.2**
tactless /'tækt·ləs/ **144.3**
tail /teɪl/
  wild animals **1** ☆
  birds **9** ☆
tailor /'teɪ·lər/ **190.13**
take /teɪk/
  take **375**
  endure **433**
takeaway /'teɪk·əˌweɪ/ **161.3**
take care of **254**
take in
  understand **114.1**
  dishonest **214.2**
take off
  copy **56.1**
  clothes **190.2**
  aircraft **313.2**
take-off /'teɪk·ɒf/ **313.2**
take on **271.7**
take out **261.2**
take place **31**
takings /'teɪ·kɪŋz/ **262.9**
talc /tælk/ **184.1**
tale /teɪl/ **342.3**
talent /'tæl·ənt/ **239.2**
talk /tɔːk/ **341**
talkative /'tɔː·kə·tɪv/ **359**
talk into **349**
talk over **354**
talk round **349**
tall /tɔːl/ **42**
talon /'tæl·ən/ **9.3** ☆
tame /teɪm/ **3**
tampon /'tæm·pɒn/ **184.6**
tan /tæn/ **194.3**
tangerine /ˌtæn·dʒəˈriːn/ **152.2**
tangible /'tæn·dʒə·bl̩/ **35**
tangle /'tæŋ·gl̩/ **294.2**
tank /tæŋk/
  war **248.4**
  containers **331.4**
tap /tæp/
  hit **131.4**
  bathroom **185** ☆
tap dancing /'tæp ˌdɑːn*t*s·ɪŋ/ **376.6**
tape /teɪp/
  join **294.3**
  music **379.9**
tape measure /'teɪp ˌmeʒ·ər/ **307**
target /'tɑː·gɪt/
  intend **107.2**
  target sports **394** ☆
tart /tɑːt/
  baked and dried foods **156.3**
  flavours **157.5**
task /tɑːsk/ **274.3**
taste /teɪst/
  flavours **157.1**
  eat **164.2**
tasteless /'teɪst·ləs/ **157.7**
tasty /'teɪ·sti/ **157.6**
Taurus /'tɔː·rəs/ **28** □
taut /tɔːt/ **256.2**
tax /tæks/ **264.2**
taxation /tæk'seɪ·ʃən/ **264.2**
taxi /'tæk·si/ **315.2**
taxpayer /'tæksˌpeɪ·ər/ **264.2**
tea /tiː/
  meals **162**
  drinks **166.3**
tea bag /'tiː ˌbæg/ **166.3**
teach /tiːtʃ/ **234**
teacher /'tiː·tʃər/ **234.1**
teaching /'tiː·tʃɪŋ/ **234**
team /tiːm/ **388.2**
teapot /'tiː·pɒt/ **170** ☆
tear /teər/ **132.2**
tear /tɪər/ **447.3**
tear gas /'tɪə ˌgæs/ **248.4**
tease /tiːz/ **425**
teaspoon /'tiː·spuːn/ **170** ☆
tea strainer /'tiː ˌstreɪ·nər/ **168.4** ☆
tea towel /'tiː ˌtaʊəl/ **187.5**
technical /'tek·nɪ·kəl/ **303**
technician /tek'nɪʃ·ən/ **303**
technique /tek'niːk/ **290**
technologically /ˌtek·nə'lɒdʒ·ɪ·k^əl·i/ **303**
technology /tek'nɒl·ə·dʒi/ **303**
tedious /'tiː·di·əs/ **119**
tee /tiː/ **389.6**
teenage /'tiːn·eɪdʒ/ **139.3**
teenager /'tiːnˌeɪ·dʒər/ **139.3**
teens /tiːnz/ **139.3**
teetotal /ˌtiːˌtəʊ·təl/ **166.8**
telegram /'tel·ɪ·græm/ **340.1**
telegraph pole /'tel·ɪ·grɑːf ˌpəʊl/ **340.3**
telephone /'tel·ɪ·fəʊn/ **340.3**
telephone box /'tel·ɪ·fəʊn ˌbɒks/ **340.3**
telephone directory /'tel·ɪ·fəʊn dəˌrek·tər·i/ **340.3**
telescope /'tel·ɪ·skəʊp/ **27**
television /'tel·ɪˌvɪʒ·ən/ **378**
telex /'tel·eks/ **340.1**
tell /tel/ **342**
tell off **450.2**
telly /'tel·i/ **378**
temp /temp/ **272.2**
temper /'tem·pər/
  personality **142**
  angry **450.1**
temperament /'tem·pər·ə·mənt/ **142**
temperamental /ˌtem·pər·ə'men·təl/ **142**
temperature /'tem·prə·tʃər/ **126.2**
-tempered /'tem·pəd/ **142**
temple /'tem·pl̩/ **232.5**
temporary /'tem·pər·^ər·i/
  be **29.2**
  employment **271.5**
tempt /temp*t*/
  want **72.2**
  attract **432**
temptation /temp'teɪ·ʃən/
  want **72.2**
  attract **432**
tempting /'tem*p*·tɪŋ/ **432**
tenant /'ten·ənt/ **175.2**
tend /tend/ **288**
tendency /'ten·dən*t*·si/ **288**
tender /'ten·dər/
  gentle **3**
  soft **99**
  symptoms **125.1**
tenderly /'ten·dəl·i/ **3**
tennis /'ten·ɪs/ **389.5**
tenor /'ten·ər/ **379.5**
tense /ten*t*s/
  tension **256**
  words **362.4**
tension /'ten·tʃən/ **256**
tent /tent/ **380.1**
tepid /'tep·ɪd/ **19**
term /tɜːm/
  education **233** □
  words **362.1**
terminal /'tɜː·mɪ·nəl/
  computers **296**
  trains **314.1**
terminate /'tɜː·mɪ·neɪt/
  end **34.1**
  trains **314.1**
termination /ˌtɜː·mɪ'neɪ·ʃən/ **34.1**
terminology /ˌtɜː·mɪ'nɒl·ə·dʒi/ **362.1**
terraced /'ter·ɪst/ **174.1** ☆
terrible /'ter·ə·bl̩/ **438.1**
terrier /'ter·i·ər/ **7.1** ☆
terrific /tə'rɪf·ɪk/ **417.3**
terrifically /tə'rɪf·ɪ·kli/ **417.3**
terrified /'ter·ə·faɪd/ **255.1**
terrify /'ter·ə·faɪ/ **255.2**
territory /'ter·ə·tər·i/ **14**
terror /'ter·ər/ **255**
terrorist /'ter·ər·ɪst/ **255**
test /test/
  education **233.5**
  try **276.1**
testicles /'tes·tɪ·kl̩z/ **86**
test tube /'tes*t* ˌtjuːb/ **233.4** ☆
test-tube baby /ˌtest·tjuːb 'beɪ·bi/ **136.2**
text /teks*t*/ **366**
textbook /'teks*t*·bʊk/ **233.1** ☆
textile /'tek·staɪl/ **193**
textual /'teks·tju·əl/ **366**
thankful /'θæŋk·fəl/ **422.1**
Thanksgiving /'θæŋksˌgɪv·ɪŋ/ **25.3**
thaw /θɔː/ **18.4**
theatre /'θɪə·tər/ **376.2** ☆
theft /θeft/ **220.1** □
theory /'θɪə·ri/ **108**
therapy /'θer·ə·pi/ **126**
thermometer /θə'mɒm·ɪ·tər/
  cures **126.2**
  weights and measures **307.5**
thesis /'θiː·sɪs/ **366.2**
thick /θɪk/
  dimensions **40** ☆
  stupid **240**
thick-skinned /ˌθɪk'skɪnd/ **151.3**
thief /θiːf/ **220.1**
thieving /'θiː·vɪŋ/ **220.1**
thigh /θaɪ/ **86**
thin /θɪn/
  thin **49**
  gardening **384.2**
thing /θɪŋ/ **305**
think /θɪŋk/ **104**
thinker /'θɪŋ·kər/ **104**
think of **106.2**
thirst /θɜːst/ **167.1**
thirsty /'θɜː·sti/ **167.1**
thistle /'θɪs·l̩/ **11**
thorn /θɔːn/ **11** ☆
thorough /'θʌr·ə/ **301.1**
thoroughly /'θʌr·^əl·i/ **301.1**
thought /θɔːt/ **104**
thoughtful /'θɔːt·fəl/
  think **104.2**
  kind **224**
  careful **301**
thoughtless /'θɔːt·ləs/ **302**
thousand /'θaʊ·z^ənd/ **298.1**
thrash /θræʃ/ **131.2**
thrashing /'θræʃ·ɪŋ/ **131.2**

ÍNDEX DE LES PARAULES EN ANGLÈS

thread /θred/
  textiles **193**
  arts and crafts **381.6**
  tools **382.4**
threat /θret/ **255.2**
threaten /ˈθret·ᵊn/ **255.2**
thrill /θrɪl/ **257**
thrilled /θrɪld/ **257.1**
thriller /ˈθrɪl·ər/ **376.5**
thrilling /ˈθrɪl·ɪŋ/ **257.2**
throb /θrɒb/ **125.1**
throne /θrəʊn/ **205** ☆
throng /θrɒŋ/ **207.1**
throw /θrəʊ/ **405**
throw away **70**
throw out **70**
throw up **124.7**
thrush /θrʌʃ/ **9** ☆
thug /θʌg/ **219.3**
thumb /θʌm/ **86** ☆
thump /θʌmp/ **131.1**
thunder /ˈθʌn·dər/ **18.5**
thunderstorm /ˈθʌn·də·stɔːm/ **18.5**
Thursday /ˈθɜːz·deɪ/ **25.1**
thwart /θwɔːt/ **245.1**
thyme /taɪm/ **157.2**
ticket /ˈtɪk·ɪt/ **316**
ticket collector /ˈtɪk·ɪt kəˌlek·tər/ **314.2**
ticket office /ˈtɪk·ɪt ˌɒf·ɪs/ **316**
tide /taɪd/ **13.6**
tidy /ˈtaɪ·di/ **63**
tie /taɪ/
  accessories **192.4**
  join **294.2**
tiff /tɪf/ **346.3**
tiger /ˈtaɪ·gər/ **1, 1.1** ☐
tight /taɪt/
  tension **256.2**
  uncomfortable **440**
tighten /ˈtaɪ·tᵊn/ **440**
tightfisted /taɪtˈfɪs·tɪd/ **226**
tightly /ˈtaɪt·li/ **256.2**
tights /taɪts/ **190.9**
tile /taɪl/ **176** ☆
till /tɪl/ **273** ☆
tiller /ˈtɪl·ər/ **312.2**
timber /ˈtɪm·bər/ **304.2**
time /taɪm/ **26**
times /taɪmz/ **297.1** ☐
time signature /ˈtaɪm ˌsɪg·nə·tʃər/ **379.8** ☆
timid /ˈtɪm·ɪd/ **255.5**
timpani /ˈtɪm·pᵊn·i/ **379.4**
tin /tɪn/ **331.1**
tin opener /ˈtɪn ˌəʊ·pᵊn·ər/ **169** ☆
tiny /ˈtaɪ·ni/ **44**
tip /tɪp/
  suggest **353.1**
  give **372.1**
  fall **412.1**
tipsy /ˈtɪp·si/ **166.7**
tiptoe /ˈtɪp·təʊ/ **407.4**
tire /taɪər/ **182.3**
tired /taɪəd/ **182.3**
tiring /ˈtaɪə·rɪŋ/ **182.3**
tissue /ˈtɪʃ·uː/ **192.6**
title /ˈtaɪ·tl̩/ **137.1**
toad /təʊd/ **4**
toast /təʊst/ **156.1**
tobacco /təˈbæk·əʊ/ **171**
toboggan /təˈbɒg·ən/ **393.2**
toddler /ˈtɒd·lər/ **139.2**
toe /təʊ/ **86**
toenail /ˈtəʊ·neɪl/ **86**
toffee /ˈtɒf·i/ **161.1**
toil /tɔɪl/ **274.1**
toilet /ˈtɔɪ·lɪt/ **185** ☆

toilet roll /ˈtɔɪ·lɪt ˌrəʊl/ **185.1**
tolerance /ˈtɒl·ᵊr·ᵊnts/ **433**
tolerant /ˈtɒl·ᵊr·ᵊnt/ **433**
tolerate /ˈtɒl·ᵊr·eɪt/ **433**
tomato /təˈmɑː·təʊ/ **155.4**
tomcat /ˈtɒm·kæt/ **7.2**
tomorrow /təˈmɒr·əʊ/ **25.1**
ton /tʌn/ **307.4** ☐
tone /təʊn/ **88.1**
tongue /tʌŋ/ **86.1**
tonne /tʌn/ **307.4** ☐
tons /tʌnz/ **43.2**
tonsil /ˈtɒnt·sᵊl/ **101.2**
tonsillitis /ˌtɒnt·sᵊlˈaɪ·tɪs/ **124.10**
tool /tuːl/ **382.1**
tooth /tuːθ/ **86.1**
toothache /ˈtuːθ·eɪk/ **124.8**
toothbrush /ˈtuːθ·brʌʃ/ **184.3**
toothpaste /ˈtuːθ·peɪst/ **184.3**
top /tɒp/
  position **66** ☆
  cover **334.1**
  success **396.2**
topical /ˈtɒp·ɪ·kᵊl/ **202**
torch /tɔːtʃ/ **24.4** ☆
torment /tɔːˈment/ **425.1**
tornado /tɔːˈneɪ·dəʊ/ **18.3**
tortoise /ˈtɔː·təs/ **7.3**
torture /ˈtɔː·tʃər/ **209.5**
toss /tɒs/ **405**
total /ˈtəʊ·tᵊl/
  whole **50**
  maths **297.2**
touch /tʌtʃ/
  touch **98**
  communications **340**
tough /tʌf/
  hard **100**
  difficult **243**
  strength **401.1**
tour /tɔːʳ/ **317.1**
tourism /ˈtʊə·rɪ·zᵊm/ **317**
tournament /ˈtɔː·nə·mənt/ **388.3**
tow /təʊ/ **338**
towel /taʊəl/ **184.1**
towel rail /ˈtaʊəl ˌreɪl/ **185** ☆
tower /taʊər/ **232.5** ☆
tower block /ˈtaʊə ˌblɒk/ **174.3**
town /taʊn/ **14.3**
town hall /ˌtaʊn ˈhɔːl/ **227.1**
toy /tɔɪ/ **386.1**
trace /treɪs/ **45.2**
trachea /trəˈkiː·ə/ **101.2** ☆
track /træk/
  roads **311**
  sport **388.4**
track down **95**
tracksuit /ˈtræk·suːt/ **190.7**
tractor /ˈtræk·tər/ **173.2** ☆
trade /treɪd/
  doing business **262.3**
  employment **271.1**
trademark /ˈtreɪd·mɑːk/ **262.7**
trader /ˈtreɪd·ər/ **262.3**
tradesman /ˈtreɪdz·mən/ **262.3**
trading /ˈtreɪ·dɪŋ/ **262.3**
tradition /trəˈdɪʃ·ᵊn/ **195**
traditional /trəˈdɪʃ·ᵊn·ᵊl/ **195**
traffic /ˈtræf·ɪk/ **315**
traffic jam /ˈtræf·ɪk ˌdʒæm/ **309.3**
traffic light /ˈtræf·ɪk ˌlaɪt/ **311** ☆
tragedy /ˈtrædʒ·ə·di/ **376.1**
trail /treɪl/ **409.2**
trailer /ˈtreɪ·lər/ **173.3** ☆
train /treɪn/
  teach **234**
  trains **314**

trainer /ˈtreɪ·nər/
  shoes **191** ☆
  teach **234.1**
traipse /treɪps/ **407.6**
traitor /ˈtreɪ·tər/ **214.3**
tram /træm/ **315.2** ☆
tramp /træmp/ **407.3**
tranquil /ˈtræŋ·kwɪl/ **259**
tranquillity /træŋˈkwɪl·ə·ti/ **259**
tranquillizer /ˈtræŋ·kwɪ·laɪ·zər/ **126.5**
transform /trænt͡sˈfɔːm/ **58**
transient /ˈtræn·zi·ənt/ **29.2**
transition /trænˈzɪʃ·ᵊn/ **58**
translate /trænt͡sˈleɪt/ **343.1**
translation /trænt͡sˈleɪ·ʃᵊn/ **343.1**
transparent /trænt͡sˈspær·ᵊnt/ **194.1**
transport /ˈtrænt͡s·pɔːt/ **323**
trap /træp/ **406**
trapeze artist /trəˈpiːz ˌɑː·tɪst/ **377** ☆
travel /ˈtræv·ᵊl/ **317**
travel agent /ˈtræv·ᵊl ˌeɪ·dʒənt/ **317**
traveller /ˈtræv·ᵊl·ər/ **317**
tray /treɪ/ **170** ☆
treacherous /ˈtretʃ·ᵊr·əs/ **214.3**
treacle /ˈtriː·kl̩/ **160.1**
tread /tred/ **407.1**
treason /ˈtriː·zᵊn/ **214.3**
treasure /ˈtreʒ·ər/
  good **217.2**
  journalism **268.1**
treasurer /ˈtreʒ·ᵊr·ər/ **206.1**
treat /triːt/
  cures **126**
  use **280**
  enjoy **428.1**
treatment /ˈtriːt·mənt/
  cures **126**
  use **280**
treble /ˈtreb·l̩/ **46.1**
treble clef /ˌtreb·l̩ ˈklef/ **379.8** ☆
tree /triː/ **12**
tremble /ˈtrem·bl̩/ **255.3**
tremendous /trɪˈmen·dəs/ **417.3**
tremendously /trɪˈmen·də·sli/ **417.3**
trend /trend/ **202.1**
trendy /ˈtren·di/ **202.1**
trial /traɪl/
  legal system **209.4**
  try **276.1**
triangle /ˈtraɪˌæŋ·gl̩/ **38.1** ☆
triangular /traɪˈæŋ·gjə·lər/ **38.1** ☆
tribe /traɪb/ **14.1**
tribunal /traɪˈbjuː·nᵊl/ **209.4**
trick /trɪk/
  dishonest **214.2**
  magic **416**
tricky /ˈtrɪk·i/ **243**
trifle /ˈtraɪ·fl̩/
  unimportant **76**
  sweet foods **160.2**
trifling /ˈtraɪ·flɪŋ/ **76**
trill /trɪl/ **9.4**
trim /trɪm/ **384.2**
trio /ˈtriː·əʊ/ **379.3**
trip /trɪp/
  travel **317.1**
  fall **412.1**
triple /ˈtrɪp·l̩/ **46.1**
triplets /ˈtrɪp·ləts/ **136**
tripod /ˈtraɪ·pɒd/ **233.4** ☆
triumph /ˈtraɪ·ʌmpf/ **396**
triumphant /traɪˈʌmp·fənt/ **396**
trivial /ˈtrɪv·i·əl/ **76**
trombone /trɒmˈbəʊn/ **379.4**
troop /truːp/ **248.2**
trophy /ˈtrəʊ·fi/ **398**
tropical /ˈtrɒp·ɪ·kᵊl/ **18.1**

430

trot /trɒt/
  equestrian sports 395
  run 408
trouble /'trʌb·l̩/ 244.1
troublesome /'trʌb·l̩·səm/ 244.1
trousers /'trau·zəz/ 190.3
trout /traut/ 10.1
trowel /trauəl/ 384.1
truant /'truː·ənt/ 30
truck /trʌk/ 315.1
true /truː/
  honest 213.3
  true 215
trumpet /'trʌm·pɪt/
  animal noises 8.2, 8.2 ☐
  music 379.4
trunk /trʌŋk/
  wild animals 1 ☆
  trees 12 ☆
  containers 331.3
trunks /trʌŋks/ 190.7
trust /trʌst/ 213
trustworthy /'trʌst,wɜː·ði/ 213
truth /truːθ/ 215
truthful /'truːθ·fəl/ 215
try /traɪ/
  legal system 209.4
  try 276
  ball sports 389.1 ☆
try on 276.1
try out 276.1
T-shirt /'tiː·ʃɜːt/ 190.4
tub /tʌb/ 331.2
tuba /'tjuː·bə/ 379.4
tubby /'tʌb·i/ 48.1
tube /tjuːb/ 331.1
Tuesday /'tjuːz·deɪ/ 25.1
tug /tʌg/ 338
tulip /'tjuː·lɪp/ 11
tumble /'tʌm·bl̩/ 412.1
tumble drier /,tʌm·bl̩ 'draɪ·ər/ 186
tummy /'tʌm·i/ 86
tumour /'tjuː·mər/ 124.12
tune /tjuːn/ 379.2
turban /'tɜː·bən/ 192.1 ☆
turd /tɜːd/ 102
turkey /'tɜː·ki/
  farm animals 6.1
  meat 159.3
Turkish /'tɜː·kɪʃ/ 361.1
turn /tɜːn/ 414
turncoat /'tɜːn·kəʊt/ 214.3
turnip /'tɜː·nɪp/ 155.2
turn on 257.3
turnover /'tɜːn,əʊ·vər/ 262.9
turntable /'tɜːn,teɪ·bl̩/ 379.9 ☆
turn tail 322.1
turn up 321.2
turn-up /'tɜːn·ʌp/ 190.12 ☆
tusk /tʌsk/ 1 ☆
tutor /'tjuː·tər/ 234.1
tutorial /tjuː'tɔː·ri·əl/ 235
TV /,tiː'viː/ 378
tweed /twiːd/ 193.1
tweet /twiːt/ 9.4
tweezers /'twiː·zəz/ 184.2
twig /twɪg/ 12 ☆
twine /twaɪn/ 294.3
twinkle /'twɪŋ·kl̩/ 24.3
twins /twɪnz/ 136
twist /twɪst/ 414.2
twit /twɪt/ 241.1
twitch /twɪtʃ/ 411.1
two-time /,tuː'taɪm/ 214.3
type /taɪp/ 306
typescript /'taɪp·skrɪpt/ 369.3
typewriter /'taɪp,raɪ·tər/ 370 ☆

typhoon /taɪ'fuːn/ 18.3
typical /'tɪp·ɪ·kəl/ 442.1
typically /'tɪp·ɪ·kəl·i/ 442.1
typist /'taɪ·pɪst/
  office 272.2
  writing materials 370 ☆
tyre /taɪər/ 308 ☆

ugly /'ʌg·li/ 60
ulcer /'ʌl·sər/ 124.5
umbilical cord /ʌm'bɪl·ɪ·kəl ,kɔːd/ 136.1
umbrella /ʌm'brel·ə/ 192.2
umpire /'ʌm·paɪər/
  sport 388.2
  ball sports 389.5 ☆
unable /ʌn'eɪ·bl̩/ 79
unarmed /ʌn'ɑːmd/ 248.4
unattainable /,ʌn·ə'teɪ·nə·bl̩/ 79
unaware /,ʌn·ə'weər/ 112.1
unbeliever /,ʌn·bɪ'liː·vər/ 232.10
unbutton /ʌn'bʌt·ən/ 295.1
uncertain /ʌn'sɜː·tən/ 83
uncertainty /ʌn'sɜː·tən·ti/ 83
uncle /'ʌŋ·kl̩/ 138.6
uncomfortable /ʌn'kʌmp·fə·tə·bl̩/ 440
uncommon /ʌn'kɒm·ən/ 444.2
unconscious /ʌn'kɒn·tʃəs/ 125.3
unconventional /,ʌn·kən'ven·tʃən·əl/ 444.4
uncover /ʌn'kʌv·ər/
  find 95
  uncover 335
undemonstrative /,ʌn·dɪ'mɒnɪ·strə·tɪv/ 151.3
undergraduate /,ʌn·də'grædʒ·u·ət/ 235.1
underline /'ʌn·də·laɪn/ 355
underneath /,ʌn·də'niːθ/ 66 ☆
underpants /'ʌn·də·pænts/ 190.9
understand /,ʌn·də'stænd/ 114
understanding /,ʌn·də'stæn·dɪŋ/
  understand 114
  kind 224
undertake /,ʌn·də'teɪk/ 287.2
undertaker /'ʌn·də,teɪ·kər/ 195.4
undertaking /,ʌn·də'teɪ·kɪŋ/ 287.2
underwear /'ʌn·də·weər/ 190.9
underweight /,ʌn·də'weɪt/ 49
undo /,ʌn'duː/
  open 179
  separate 295.1
undress /ʌn'dres/ 190.2
unearth /ʌn'ɜːθ/ 113
uneasy /ʌn'iː·zi/ 256.1
unemployed /,ʌn·ɪm'plɔɪd/ 271
unemployment /,ʌn·ɪm'plɔɪ·mənt/ 271
uneven /ʌn'iː·vən/ 61
unexpected /,ʌn·ɪk'spek·tɪd/ 118.2
unexpectedly /,ʌn·ɪk'spek·tɪd·li/ 118.2
unfair /ʌn'feər/ 212
unfaithful /ʌn'feɪθ·fəl/ 214.3
unfasten /ʌn'fɑː·sən/ 295.1
unfeasible /ʌn'fiː·zə·bl̩/ 79
unfortunate /ʌn'fɔː·tʃən·ət/ 387.2
unfriendly /ʌn'frend·li/ 250
ungenerous /ʌn'dʒen·ər·əs/ 226
unhappily /ʌn'hæp·ɪ·li/ 447
unhappiness /ʌn'hæp·ɪ·nəs/ 447
unhappy /ʌn'hæp·i/ 447
unharmed /ʌn'hɑːmd/ 253
unhealthy /ʌn'hel·θi/ 128
uniform /'juː·nɪ·fɔːm/
  alike 54
  clothes 190.6
uniformity /,juː·nɪ'fɔː·mə·ti/ 54
unimportant /,ʌn·ɪm'pɔː·tənt/ 76

uninhabited /,ʌn·ɪn'hæb·ɪ·tɪd/ 175
uninteresting /ʌn'ɪn·trə·stɪŋ/ 119
union /'juː·ni·ən/
  group 207.2
  employment 271.6
unique /juː'niːk/ 444.3
unisex /'juː·nɪ·seks/ 140
unison /'juː·nɪ·sən/ 348.1
unite /juː'naɪt/ 207.2
unity /'juː·nə·ti/ 207.2
universe /'juː·nɪ·vɜːs/ 27
university /,juː·nɪ'vɜːs·ət·i/ 233 ☐
unjust /ʌn'dʒʌst/ 212
unkempt /ʌn'kempt/ 64
unkind /ʌn'kaɪnd/ 225
unknown /ʌn'nəʊn/ 112
unlawful /ʌn'lɔː·fəl/ 208
unlikely /ʌn'laɪ·kli/ 81
unload /ʌn'ləʊd/ 333
unlock /ʌn'lɒk/ 179
unlucky /ʌn'lʌk·i/ 387.2
unnecessary /ʌn'nes·ə·sər·i/ 68
unpack /ʌn'pæk/ 317.4
unpaid /ʌn'peɪd/ 263.1
unpleasant /ʌn'plez·ənt/ 438
unreal /ʌn'rɪəl/ 36
unripe /ʌn'raɪp/ 153
unsafe /ʌn'seɪf/ 252
unsatisfactory /ʌn,sæt·ɪs'fæk·tər·i/ 438
unscrupulous /ʌn'skruː·pjə·ləs/ 214
unselfish /ʌn'sel·fɪʃ/ 224.1
unskilled /ʌn'skɪld/ 242
unspecific /,ʌn·spə'sɪf·ɪk/ 85
unsuccessful /,ʌn·sək'ses·fəl/ 397
unsure /ʌn'ʃɔːr/ 83
unthinkable /ʌn'θɪŋ·kə·bl̩/ 79
untidy /ʌn'taɪ·di/ 64
untie /ʌn'taɪ/ 295.1
untrue /ʌn'truː/ 216
untruth /ʌn'truːθ/ 216
unusual /ʌ'njuː·ʒu·əl/ 444
unwilling /ʌn'wɪl·ɪŋ/ 285
unwind /ʌn'waɪnd/ 183
up /ʌp/ 296
update /ʌp'deɪt/ 202
uphold /ʌp'həʊld/ 348
upkeep /'ʌp·kiːp/ 383
upper case /,ʌp·ə 'keɪs/ 362.5
upper class /,ʌp·ə 'klɑːs/ 204.1
upright /'ʌp·raɪt/ 66 ☆
uprising /'ʌp,raɪ·zɪŋ/ 227.6
upset /ʌp'set/ 447
upstairs /ʌp'steəz/ 177.2
up-to-date /,ʌp·tə'deɪt/ 202
Uranus /'jʊə·rə·nəs/ 27 ☆
Urdu /'ʊə·duː/ 361.2
urge /ɜːdʒ/
  want 72.2
  encourage 279
urine /'jʊə·rɪn/ 102
use n /juːs/ 280
use v /juːz/ 280
used /juːzd/ 280
used to 288
useful /'juːs·fəl/ 281
useless /'juː·sləs/ 282
user /'juː·zər/ 172.1
usual /'juː·ʒu·əl/ 442.1
usually /'juː·ʒu·ə·li/ 442.1
utensil /juː'tent·səl/ 382.1
uterus /'juː·tər·əs/ 101.3 ☆
utility /juː'tɪl·ə·ti/ 280
utility room /juː'tɪl·ə·ti ,ruːm/ 177.4
utilize /'juː·tə·laɪz/ 280
utter /'ʌt·ər/ 341
vacant /'veɪ·kənt/ 333
vacation /və'keɪ·ʃən/ 183.2

ÍNDEX DE LES PARAULES EN ANGLÈS

vaccinate /'væk·sɪ·neɪt/ **126.3**
vaccination /ˌvæk·sɪ'neɪ·ʃən/ **126.3**
vacuum /'væk·juːm/
  cleaning **187.3**
  empty **333**
vacuum cleaner /'væk·juːm ˌkliː·nər/ **187.3**
vagina /və'dʒaɪ·nə/ **101.3** ☆
vain /veɪn/ **148.1**
valiant /'væl·i·ənt/ **258**
valid /'væl·ɪd/ **281**
valley /'væl·i/ **13.1**
valuable /'væl·ju·ə·bl̩/ **268.1**
valuables /'væl·ju·ə·bl̩z/ **268.1**
value /'væl·juː/ **268**
value-added tax /ˌvæl·juːˌæd·ɪd'tæks/ **264.2**
valueless /'væl·juː·ləs/ **268.2**
valve /vælv/ **303.1**
van /væn/ **315.1**
vandal /'væn·dəl/ **132.6**
vandalize /'væn·dəl·aɪz/ **132.6**
vanilla /və'nɪl·ə/ **157.3**
vanish /'væn·ɪʃ/ **322.2**
variable /'veə·ri·ə·bl̩/ **58**
variety /və'raɪə·ti/ **306**
vary /'veə·ri/ **58**
vase /vɑːz/ **180** ☆
vast /vɑːst/ **42.1**
VD /ˌviː'diː/ **124.12**
veal /viːl/ **159.1**
veer /vɪər/ **414.2**
vegetable /'vedʒ·tə·bl̩/ **155**
vegetation /ˌvedʒ·ɪ'teɪ·ʃən/ **13.2**
vehicle /'vɪə·kl̩/ **315**
veil /veɪl/ **192.1** ☆
vein /veɪn/ **101.2**
velvet /'vel·vɪt/ **193.1**
venison /'ven·ɪ·sən/ **159.3**
Venus /'viː·nəs/ **27** ☆
verb /vɜːb/ **362.4**
verdict /'vɜː·dɪkt/ **209.4**
verge /vɜːdʒ/ **311** ☆
verse /vɜːs/ **367.4**
version /'vɜː·ʃən/ **306**
vertical /'vɜː·tɪ·kəl/ **66** ☆
vessel /'ves·əl/ **312**
vest /vest/ **190.9**
vet /vet/ **121**
veteran /'vet·ər·ən/ **200.1**
veto /'viː·təʊ/ **231.1**
viable /'vaɪə·bl̩/ **78**
vicar /'vɪk·ər/ **232.4**
vice /vaɪs/ **219**
vice president /ˌvaɪs'prez·ɪ·dənt/ **227** □
vicious /'vɪʃ·əs/ **225**
victim /'vɪk·tɪm/ **433**
victor /'vɪk·tər/ **396.1**
victorious /vɪk'tɔː·ri·əs/ **396**
victory /'vɪk·tər·i/
  war **248.1**
  success **396**
video /'vɪd·i·əʊ/ **378**
view /vjuː/
  see and look **91.7**
  opinion **106**
viewpoint /'vjuː·pɔɪnt/ **106**
vile /vaɪl/ **438.1**
villa /'vɪl·ə/ **174.1**
village /'vɪl·ɪdʒ/ **14.3**
villain /'vɪl·ən/ **219.3**
vine /vaɪn/ **11**
vinegar /'vɪn·ɪ·gər/ **161.5**
vineyard /'vɪn·jɑːd/ **173.1**
vintage /'vɪn·tɪdʒ/ **200.2**
viola /'vaɪ·əʊ·lə/ **379.4**

violent /'vaɪə·lənt/ **2**
violet /'vaɪə·lət/ **11**
violin /ˌvaɪə'lɪn/ **379.4**
virgin /'vɜː·dʒɪn/ **199.6**
virginity /və'dʒɪn·ə·ti/ **199.6**
Virgin Mary /ˌvɜː·dʒɪn'meə·ri/ **232.3**
Virgo /'vɜː·gəʊ/ **28** □
virtue /'vɜː·tjuː/ **417.5**
virtuoso /ˌvɜː·tju'əʊ·səʊ/ **239**
virus /'vaɪə·rəs/ **124.2**
visa /'viː·zə/ **316**
viscount /'vaɪ·kaʊnt/ **205** □
viscountess /ˌvaɪ·kaʊn'tes/ **205** □
visibility /ˌvɪz·ə'bɪl·ə·ti/ **91.6**
visible /'vɪz·ə·bl̩/ **91.6**
visibly /'vɪz·ə·bli/ **91.6**
vision /'vɪʒ·ən/ **91.6**
visit /'vɪz·ɪt/ **319**
visitor /'vɪz·ɪ·tər/ **319**
visualize /'vɪʒ·u·əl·aɪz/ **91**
vital /'vaɪ·təl/ **67**
vocabulary /vəʊ'kæb·jə·lər·i/ **362.1**
vodka /'vɒd·kə/ **166.4**
voice /vɔɪs/ **341.6**
volcano /vɒl'keɪ·nəʊ/ **13.1**
volley /'vɒl·i/ **389.5**
volleyball /'vɒl·i·bɔːl/ **389.7**
voltage /'vəʊl·tɪdʒ/ **303.4**
volume /'vɒl·juːm/
  size **41**
  book **367.5**
voluntary /'vɒl·ən·tər·i/ **278.1**
volunteer /ˌvɒl·ən'tɪər/ **278.1**
vomit /'vɒm·ɪt/ **124.7**
vote /vəʊt/ **227.3**
vowel /vaʊəl/ **362.3**
voyage /'vɔɪ·ɪdʒ/ **312.3**
vulgar /'vʌl·gər/ **144.1**
vulnerable /'vʌl·nər·ə·bl̩/ **402**
vulture /'vʌl·tʃər/ **9**
vulva /'vʌl·və/ **86**

waddle /'wɒd·l̩/ **407.6**
wade /weɪd/ **407.7**
wag /wæg/ **411.3**
wage /weɪdʒ/ **265.3**
wagon /'wæg·ən/ **315.1** ☆
wail /weɪl/ **345**
waist /weɪst/ **86**
waistcoat /'weɪst·kəʊt/ **190.4**
wait /weɪt/ **286**
waiter /'weɪ·tər/ **163.1**
waiting room /'weɪ·tɪŋ ruːm/ **314.1**
wait on **254**
waitress /'weɪ·trɪs/ **163.1**
wake /weɪk/
  sleep **182.5**
  social customs **195.4**
wake up **182.5**
walk /wɔːk/
  equestrian sports **395**
  walk **407**
walker /'wɔː·kər/ **407**
walking /'wɔː·kɪŋ/ **393.1**
walking boot /'wɔː·kɪŋ ˌbuːt/ **191** ☆
wall /wɔːl/ **176** ☆
wallet /'wɒl·ɪt/ **192.3**
wallpaper /'wɔːlˌpeɪ·pər/
  living room **180** ☆
  tools **382.2**
wally /'wɒl·i/ **241.1**
walnut /'wɔːl·nʌt/ **154**
walrus /'wɔːl·rəs/ **10.3**
wan /wɒn/ **125.2**
wand /wɒnd/ **416**
wander /'wɒn·dər/ **407.2**

want /wɒnt/ **72**
war /wɔːr/ **248**
ward /wɔːd/ **122**
warder /'wɔː·dər/ **209.6**
wardrobe /'wɔː·drəʊb/ **181** ☆
warehouse /'weə·haʊs/
  doing business **262.6**
  employment **271.2** □
warfare /'wɔː·feər/ **248**
warlike /'wɔː·laɪk/ **248.5**
warm /wɔːm/
  hot **20**
  friendship **434.3**
warn /wɔːn/ **252.2**
warning /'wɔː·nɪŋ/ **252.2**
warrior /'wɒr·i·ər/ **248.2**
wart /wɔːt/ **124.5**
wash /wɒʃ/ **187.2**
washing line /'wɒʃ·ɪŋ ˌlaɪn/ **186**
washing machine /'wɒʃ·ɪŋ məˌʃiːn/ **186**
washing powder /'wɒʃ·ɪŋ ˌpaʊ·dər/ **186**
washing-up /ˌwɒʃ·ɪŋ'ʌp/ **187.5**
washing up bowl /ˌwɒʃ·ɪŋ 'ʌp ˌbəʊl/ **169** ☆
washing-up liquid /wɒʃ·ɪŋ ʌp ˌlɪk·wɪd/ **187.5**
wash up **187.5**
wasp /wɒsp/ **5**
waste /weɪst/
  waste **69**
  rubbish **71**
wasteful /'weɪst·fəl/ **69**
watch /wɒtʃ/
  time **26.1** ☆
  see and look **91**
watchdog /'wɒtʃ·dɒg/ **228.1**
water /'wɔː·tər/
  drinks **166.2**
  gardening **384.2**
watercolours /'wɔː·təˌkʌl·əz/ **381.2**
watercress /'wɔː·tə·kres/ **155.4**
waterfall /'wɔː·tə·fɔːl/ **13.7**
watermelon /'wɔː·təˌmel·ən/ **152.1**
water polo /'wɔː·tə ˌpəʊ·ləʊ/ **391**
waterskiing /'wɔː·təˌskiː·ɪŋ/ **391**
watertight /'wɔː·tə·taɪt/ **331.7**
watery /'wɔː·tər·i/ **21**
wave /weɪv/
  geography and geology **13.6**
  greet **196**
  gesture **365**
  wave **415**
wavy /'weɪ·vi/
  shapes **38.4** ☆
  human body **86.3**
wax /wæks/ **304.3**
way /weɪ/
  system **290**
  travel **317.2**
way out **176.1**
weaken /'wiː·kən/ **402**
weakling /'wiː·klɪŋ/ **402.2**
weakness /'wiː·k·nəs/ **402**
wealth /welθ/ **269**
wealthy /'wel·θi/ **269**
weapon /'wep·ən/ **248.4**
wear /weər/ **190.1**
wear out **182.3**
weasel /'wiː·zəl/ **4** ☆
weather /'weð·ər/ **18**
weave /wiːv/ **193**
web /web/ **4**
webbed feet /webd 'fiːt/ **9.2**
wedding /'wed·ɪŋ/ **195.3** ☆
wedding dress /'wed·ɪŋ ˌdres/ **195.3** ☆
wedding reception /'wed·ɪŋ rɪˌsep·ʃən/

432

ÍNDEX DE LES PARAULES EN ANGLÈS

195.3
wedding ring /ˈwed·ɪŋ ˌrɪŋ/ **195.3** ☆
wedge /wedʒ/ **38.2** ☆
Wednesday /ˈwenz·deɪ/ **25.1**
wee /wiː/ **102**
weed /wiːd/
  plants **11**
  gardening **384.2**
week /wiːk/ **25.1**
weekday /ˈwiːk·deɪ/ **25.1**
weekend /ˌwiːˈkend/ **25.1**
weep /wiːp/ **447.3**
weeping willow /ˌwiː·pɪŋ ˈwɪl·əʊ/ **12.1**
weigh /weɪ/ **307.4**
weigh down **307.4**
weight /weɪt/ **307.4**
weightlifting /ˈweɪtˌlɪf·tɪŋ/ **392**
weight training /ˈweɪt ˌtreɪ·nɪŋ/ **392**
weird /wɪəd/ **444.1**
weirdo /ˈwɪə·dəʊ/ **444.5**
welcome /ˈwel·kəm/ **196**
welcoming /ˈwel·kə·mɪŋ/ **434.3**
weld /weld/ **294.1**
well /wel/
  healthy **127**
  good **417**
well-behaved /ˌwel·bɪˈheɪvd/ **217.1**
well-heeled /ˌwelˈhiːld/ **269.1**
wellington boot /ˌwel·ɪŋ·tən ˈbuːt/ **191** ☆
well-known /ˌwelˈnəʊn/ **111**
well-off /ˌwelˈɒf/ **269.1**
well-to-do /ˌwel·təˈduː/ **269.1**
west /west/ **318.1** ☆
westerly /ˈwes·tə·li/ **318.1**
western /ˈwes·tən/
  directions **318.1**
  entertainment **376.5**
westward /ˈwest·wəd/ **318.1**
wet /wet/
  weather **18.2**
  wet adj **21** v **21.1**
wet blanket /ˌwet ˈblæŋ·kɪt/ **447.2**
wetsuit /ˈwet·suːt/ **391** ☆
whale /weɪl/ **10.3**
wheat /wiːt/ **173.5**
wheel /wiːl/
  car **308** ☆
  ships and boats **312.2**
  arts and crafts **381.5**
wheelchair /ˈwiːl·tʃeər/ **126.6**
wheeze /wiːz/ **103.1**
whimper /ˈwɪm·pər/ **345**
whine /waɪn/ **345**
whinny /ˈwɪn·i/ **8.1**
whip /wɪp/ **131.2**
whirlwind /ˈwɜːl·wɪnd/ **18.3**
whisk /wɪsk/ **168.3**
whiskers /ˈwɪs·kəz/ **1** ☆
whiskey /ˈwɪs·ki/ **166.4**
whisky /ˈwɪs·ki/ **166.4**
whisper /ˈwɪs·pər/ **341.7**
whistle /ˈwɪs·l̩/
  noisy **88.3**
  music **379.5**
white /waɪt/ **194.3**
whitewash /ˈwaɪt·wɒʃ/ **382.2**
Whitsun /ˈwɪt·sən/ **25.3**
whole /həʊl/ **50**
wholesome /ˈhəʊl·səm/ **127**
wholly /ˈhəʊl·li/ **50**
whooping cough /ˈhuː·pɪŋ ˌkɒf/ **124.10**
wicked /ˈwɪk·ɪd/ **219**
wicket /ˈwɪk·ɪt/ **389.3** ☆
wicket keeper /ˈwɪk·ɪt ˌkiː·pər/ **389.3** ☆
wide /waɪd/ **40** ☆
widely /ˈwaɪd·li/ **442.1**

widen /ˈwaɪ·dən/ **46.2**
widespread /ˈwaɪd·spred/ **442.1**
widow /ˈwɪd·əʊ/ **138.4**
widower /ˈwɪd·əʊ·ər/ **138.4**
width /ˈwɪtθ/ **40** ☆
wife /waɪf/ **138.4**
wig /wɪɡ/ **192.1** ☆
wildlife /ˈwaɪld·laɪf/ **1** □
willing /ˈwɪl·ɪŋ/ **278.1**
willingness /ˈwɪl·ɪŋ·nəs/ **278.1**
willowy /ˈwɪl·əʊ·i/ **49.2**
wimp /wɪmp/ **402.2**
win /wɪn/ **396.1**
wind /wɪnd/ **18.3**
windbag /ˈwɪnd·bæɡ/ **359**
windfall /ˈwɪnd·fɔːl/ **373.1**
window /ˈwɪn·dəʊ/ **176** ☆
windowpane /ˈwɪn·dəʊ·peɪn/ **176** ☆
windowsill /ˈwɪn·dəʊ·sɪl/ **176** ☆
windpipe /ˈwɪnd·paɪp/ **101.2** ☆
windscreen /ˈwɪnd·skriːn/ **308** ☆
windscreen wiper /ˈwɪnd·skriːn ˌwaɪ·pər/ **308** ☆
windsurfing /ˈwɪndˌsɜː·fɪŋ/ **391**
wine /waɪn/ **166.6**
wine bar /ˈwaɪn bɑːr/ **163**
wing /wɪŋ/
  birds **9** ☆
  aircraft **313**
wing commander /ˌwɪŋ kəˈmɑːn·dər/ **248.3** □
wing mirror /ˈwɪŋ ˌmɪr·ər/ **308** ☆
wink /wɪŋk/ **91.5**
winner /ˈwɪn·ər/ **396.1**
winter /ˈwɪn·tər/ **25.2** ☆
wipe /waɪp/ **187.4**
wire /waɪər/ **382.4**
wisdom teeth /ˈwɪz·dəm ˌtiːθ/ **123**
wise /waɪz/ **236**
wish /wɪʃ/ **72**
wit /wɪt/ **424.1**
witch /wɪtʃ/ **416.1**
withdraw /wɪðˈdrɔː/
  bank **260.1**
  go **322**
withdrawal /wɪðˈdrɔː·əl/ **322**
with-it /ˈwɪð·ɪt/ **202.1**
witness /ˈwɪt·nəs/ **209.4** ☆
witness box /ˈwɪt·nəs ˌbɒks/ **209.4** ☆
witty /ˈwɪt·i/ **424.1**
wizard /ˈwɪz·əd/ **416.1**
wolf /wʊlf/ **1, 1.1** □
wolf down **164.3**
woman /ˈwʊm·ən/ **139.4**
womb /wuːm/
  human body **101.3** ☆
  babies **136.1**
wonder /ˈwʌn·dər/
  guess **109**
  admire **431.1**
wonderful /ˈwʌn·də·fəl/ **417.3**
wonderfully /ˈwʌn·də·fəl·i/ **417.3**
wood /wʊd/
  geography and geology **13.2**
  materials **304.2**
woodpecker /ˈwʊdˌpek·ər/ **9** ☆
woodwind /ˈwʊd·wɪnd/ **379.4** ☆
wool /wʊl/
  textiles **193.1**
  arts and crafts **381.6**
woollen /ˈwʊl·ən/ **193.1**
word /wɜːd/ **362**
word processor /ˈwɜːd ˌprəʊ·ses·ər/ **296**
work /wɜːk/
  employment **271.1**
  work **274**
workable /ˈwɜː·kə·bl̩/ **78**

workaholic /ˌwɜː·kəˈhɒl·ɪk/ **275**
worked up **257.1**
worker /ˈwɜː·kər/
  employment **271.3**
  work **274**
workforce /ˈwɜːk·fɔːs/ **271.3**
working class /ˌwɜː·kɪŋ ˈklɑːs/ **204.1**
work out
  find out **113.2**
  maths **297.2**
works /wɜːks/ **271.2** □
workshop /ˈwɜːk·ʃɒp/ **271.2** □
work surface /ˈwɜːk ˌsɜː·fɪs/ **169** ☆
worm /wɜːm/
  small animals **4**
  bad **438.2**
worn out **182.3**
worried /ˈwʌr·ɪd/ **255.4**
worry /ˈwʌr·i/ **255.4**
worse /wɜːs/ **439**
worsen /ˈwɜː·sən/ **441**
worship /ˈwɜː·ʃɪp/
  religion **232.6**
  love **427.2**
worst /wɜːst/ **439**
worth /wɜːθ/ **268**
worthless /ˈwɜːθ·ləs/ **268.2**
worthwhile /ˌwɜːθˈwaɪl/ **268.3**
worthy /ˈwɜː·ði/ **268.3**
wound /wuːnd/ **124.13**
wrap /ræp/ **334**
wrapper /ˈræp·ər/ **334**
wrapping /ˈræp·ɪŋ/ **334**
wreath /riːθ/ **195.4**
wreck /rek/ **132.1**
wreckage /ˈrek·ɪdʒ/ **132.1**
wren /ren/ **9**
wrench /rentʃ/
  pull and push **338**
  tools **382.1** ☆
wrestle /ˈres·l̩/ **249**
wrestling /ˈres·l̩·ɪŋ/ **392.1**
wretched /ˈretʃ·ɪd/ **447.1**
wriggle /ˈrɪɡ·l̩/ **411.1**
wrist /rɪst/ **86**
write /raɪt/ **369**
write off **309.4**
writer /ˈraɪ·tər/ **369**
writing /ˈraɪ·tɪŋ/ **369**
wrong /rɒŋ/ **300**
wrongly /ˈrɒŋ·li/ **300**

xylophone /ˈzaɪ·lə·fəʊn/ **379.4**

yacht /jɒt/ **312.1**
yard /jɑːd/ **307.1**
yarn /jɑːn/
  textiles **193**
  arts and crafts **381.6**
yawn /jɔːn/ **182**
year /jɪər/
  calendar and seasons **25.4**
  education **233** □
yearn for **72.1**
yeast /jiːst/ **156.2**
yell /jel/ **344**
yellow /ˈjel·əʊ/ **194.2**
Yellow Pages /ˌjel·əʊ ˈpeɪ·dʒɪz/ **340.3**
yen /jen/ **265.1** □
yesterday /ˈjes·tə·deɪ/ **25.1**
yield /jiːld/
  farming **173.4**
  give **372**
yoga /ˈjəʊ·ɡə/ **392**
yoghurt /ˈjɒɡ·ət/ **158.1**

ÍNDEX DE LES PARAULES EN ANGLÈS

young /jʌŋ/ **201.2**
youngster /ˈjʌŋk·stər/ **139.2**
youth /juːθ/ **139.3**
youthful /ˈjuːθ·fəl/ **201.2**

zebra /ˈzeb·rə/ **1**
zebra crossing /ˌzeb·rə ˈkrɒs·ɪŋ/
 311 ☆
zest /zest/ **152.6**
zip /zɪp/ **190.11**
zloty /ˈzlɒt·i/ **265.1** □
zodiac /ˈzəʊ·di·æk/ **28** □
zoology /zuˈɒl·ə·dʒi/ **233.3**

Índex de les paraules en català

ÍNDEX DE LES PARAULES EN CATALÀ

Cadascuna de les paraules incloses en aquest índex va seguida del número de l'apartat en què apareix en el diccionari. El símbol ☆ indica que la paraula en qüestió apareix en una il·lustració, mentre que ☐ indica que el mot està inclòs en un quadre.

abadia **232.5**
abaixar **324**
abaltir-se **182.1**
abandonar
  descurós **302**
  anar(-se'n) **322.1**
abandonar(-se)
  guerra **248.1**
abans **26.3**
abarrotar **332**
abast
  mida **41**
  aguantar **336**
abatut **447, 447.1**
abcés **124.5**
abella **5**
abellidor **432**
abellir **432**
ablanir(-se) **99**
abocament **70**
abocar
  moll **21**
  llençar **70**
abocar-se
  posicions corporals **97.4**
abocar(-se)
  caure **412.1**
abolir **34.1**
abonar **260.1**
abonyegar **132.3**
a bord **312**
abraçada **336.1**
abraçar(-se) **336.1**
abreujament **362.5**
abreujar **47**
abreviació **362.5**
abreviatura **362.5**
abric
  roba **190.10**
  cuidar **254.1**
abrigar
  cuidar **254.1**
  tapar **334**
abril **25.2**
abrillantar
  llum **24.1**
  neteja **187.3**
abrinada **49.2**
absència **30**
absent
  presència i absència **30**
  buit **333**
absorbent
  interessant **120**
  emoció **257.2**
absort **333**
abstemi **166.8**
abstenció **284**
abstenir-se **284**
abstracte **85**

absurd **241.2**
abundància **43**
abundant
  quantitat gran **43**
  prou **51**
amable **224.1**
abusiu **267.1**
acabalat **269**
acabament **34, 34.1**
acabar(-se) **34**
acadèmic **233**
acalorar-se **256.1**
acampada **380.1**
acariciar
  tocar **98.1**
  pegar **131.4**
acarnissat **225**
acaronar **98.1**
accelerador **308.1**
accelerar
  cotxe **309.1**
  ràpid **403.1**
accent **341.6**
accentuar **46.2**
accepció **364**
acceptable **375.2**
acceptació
  encoratjar **279.2**
  admetre **350**
  agafar **375.2**
  estimar **426.1**
acceptar
  estar d'acord **348**
  agafar **375.2**
accessori
  ajuntar **294**
  accessoris **192**
accident
  conduir **309.4**
  sort **387.2**
acció
  finances **264.3**
  fer **287**
acer **16**
àcid
  sabors **157.5**
  drogues **172.2**
aclaparador **118.1**
aclarir
  explicar **343**
aclarir(-se)
  llum **24.1**
acoblament **294**
acoblar
  sexe **199.2**
  grup **207.2**
acoblar-se
  ajuntar **294**
acollidor
  confortable **421**
  amistat **434.3**
acollir **196**
acomiadament **271.8**
acomiadar **271.8**
acomodat **269.1**
acomodatici **259**
acompanyament **379.3**
acompanyar
  música **379.3**
  amistat **434.3**
acompliment **287.2**
acomplir **396.2**
aconseguir
  seguretat **253**
  persuadir **349**
  obtenir **373**

èxit **396.2**
aconsellar **353.1**
acontentament **422.1**
acontentar(-se) **429**
acord
  fer negocis **262.2**
  estar d'acord **348**
  música **379.8** ☆
acostumar **110.2**
acostumat
  saber **110.2**
  habitual **288**
acotar-se **97.4**
acotxar-se **97.3**
acre **307.2**
acròbata **377**
acta **369.1**
acte **287**
actitud **106, 106.1**
actiu
  fer **287**
  ordinadors **296**
  ràpid **403**
activitat **287**
actor -triu **376, 376.3**
actuació
  fer **287**
  entreteniment **376**
actual
  temps **26.3**
  modern **202**
actualitzar **202**
actualment
  temps **26.3**
  aviat **329**
actuar
  fer **287**
  entreteniment **376, 376.3**
acudir-se **114**
acudit
  arts i oficis **381.3**
  bromejar **425**
acuitar **403.1**
acumular(-se) **207.2**
acurat
  correcte **299**
  curós **301.1**
acusació **209.2, 209.4**
acusar **209.2, 209.4**
acusat -ada **209.4** ☆
adaptador **382.3**
adaptar-se
  viure **175.1**
  normal **442**
adaptar(-se)
  canvi **58.1**
addicció **67**
addició **46.1**
addicional
  augmentar **46.1**
  innecessari **68**
addicte -a
  necessari **67**
  drogues **172.1**
adequat **420.1, 420.2**
adherir
  ajuntar **294.1**
adherir-se
  aguantar **336**
adhesiu **294.1**
adient **420, 420.1**
adinerat **269.1**
adjectiu **362.4**
adjuntar **53**
admetre

saber **110.1**
admetre **350**
administració **228.2**
administrar **228.2**
admiració **431.1**
admirar **431**
adob **173.6**
adobar **383**
adolescència **139.3**
adolescent **139.3**
adolorit **125.1**
adonar-se
  veure i mirar **91.4**
  saber **110.1**
  entendre **114, 114.1**
adoptar **136.3**
adoració **427.2, 427.3**
adorador **427.2**
adorar
  religió **232.6**
  amor **427.2**
adormir-se **182.1**
adormit **182**
adornament **59.1**
adornar **59.1**
adquirir
  comprar i vendre **263**
  obtenir **373**
adquisició
  comprar i vendre **263**
  obtenir **373**
adreça **340.2**
adreçar
  comunicacions **340.2**
  parlar **341**
adreçar-se
  parlar **341.4**
adroguer -a **273** ☐
adrogueria **273** ☐
adular **430**
adult -a **139.4**
adverbi **362.4**
adversari -ària **249.1**
advertència
  recordar **116.1**
  perill **252.2**
advertir
  mostrar **92.2**
  perill **252.2**
advocat -ada **209.3**
aeròbic **392**
aerolliscador **315.2**
afable **3**
afablement **224**
afaitada **267.1**
afaitar **267.1**
afalagador **422**
afalagar **430**
afamegat **165**
afaneta **220.1**
afany
  voler **72, 72.2**
  provar **276**
  ràpid **403.1**
afanyar-se **403.1**
afartar(-se) **332**
afavorir **279.2**
afeblir **402**
afecció
  interessant **120**
  gent **139.1**
afectar

canvi **58**
por **255.3**
adient **420.2**
afectat **146**
afecte **426**
afectuós
  compassió **222**
  amistat **434.3**
afegir
  augmentar **46.1**
  matemàtiques **297.1**
afegir-se
  ajuntar **294**
afermar **284.2**
aferrar
  ajuntar **294.1**
aferrar-se
  agafar **375.1**
  aguantar **336**
aferrar(-se)
  aguantar **336**
aferrat **294**
afeccionat -ada **426**
afició **426**
aficionat -ada **279.2**
afirmació **358**
afirmar
  parlar **341.2**
  prometre **358**
afligir
  problema **244.1**
  trist **447**
afligit
  trist **447**
  decepció **448**
afluent **269**
afluixar
  lliure **210**
  separar **295.1**
afònic **125.4**
afores **14.3**
afortunat
  sort **387.1**
  èxit **396**
agafada **336**
agafar
  malalties **124.13** ☐
  frisós **278**
  aguantar **336**
  agafar **375, 375.1**
  agafar (atrapar) **406**
agarrar **375.1**
agemolir-se **255.3**
agència **271.2**
agència de viatges **317**
agenollar-se **97.3**
agent de viatges **317**
àgil
  tou **99.1**
  àgil **399**
  divertit **424.1**
agilitat **399**
agitació **411.1**
agitar(-se) **415**
agitat **61**
aglomeració **207**
agnosticisme **232.10**
agosarat **258.1**
agost **25.2**
agradable
  saludar **196**
  bo **417.1**
  feliç **422**
  gaudir **428**
agraït **422.1**
agrassons **152.3**
agre **157.5**

437

ÍNDEX DE LES PARAULES EN CATALÀ

agredir **248.1**
agressió
　ferotge **2**
　guerra **248.1**
agressiu **2**
agreujar
　empitjorar **441**
　enfadat **450**
agrícola **173**
agricultura **173**
agrimensor -a **174.6**
agró **9.2**
agrupar(-se) **207**
aguantar
　esperar **286**
　portar **337**
　aguantar (suportar) **433**
aguantar(-se)
　aguantar **336**
àguila **9.3** ☆
agulla
　guarnicions **126.3**
　religió **232.5** ☆
　ajuntar **294.3** ☆
　arts i oficis **381.6** ☆
agulla imperdible **294.3** ☆
agut
　formes **38.1**
　sorollós **88**
　intel·ligent **236, 236.2**
ahir **25.1**
aigua **166.2**
aigualit **21**
aiguamoll **13.2**
aiguaneu **18.4**
aigüera **169** ☆
aïllat **435, 435.2**
aire
　gasos **17**
　música **379.2**
airós **59**
aixada **384.1**
aixafar
　donar forma **39**
　tocar **98.2**
　danyar **132.4**
　caminar **407.1**
aixafat **128**
aixecar
　posar **289.1**
　estirar i empènyer **338**
aixecar-se
　posicions corporals **97.1**
　pujar **413**
aixella **86**
aixeta **185** ☆
aixoplugar-se **254.1**
ajeure's **97.2**
ajocar-se **9.1**
ajornar **330**
ajuda
　ajudar **277**
　encoratjar **279.2**
ajudant -a **277**
ajudar
　ajudar **277**
　amistat **434.3**
ajuntament **227.1**
ajuntar
　ajuntar **294**
　agafar **375.3**
ajupir-se

posicions corporals **97.4**
　evitar **324**
ajustament **289**
ajustar **58.1**
ajustat
　obert **179**
　incòmode **440**
ajut **277**
Al·là **232.3**
ala
　ocells **9** ☆
　avions **313**
alarma
　sorollós **88.3**
　perill **252.2**
　por **255**
alarmant **255**
albercoc **152.1**
albergínia **155.3**
albirar **91.4**
àlbum
　llibre **367.3**
　música **379.9**
　activitats de lleure **380**
alçada **40** ☆
alcalde -essa **227.1**
alçament **227.5**
alçaprem **303.1**
alçapremar **303.1**
alçar
　augmentar **46.2**
alçar-se
　pujar **413**
alcohol **166.1**
alcohòlic -a **166.7**
alcohòlic **166.1**
Alcorà **232.7**
aldarull
　sorollós **88.1**
　enfadat **450.2**
alegrar **422.1**
alegrar-se **422.2**
alegre
　begudes **166.7**
　força **401.2**
　feliç **422, 422.3**
alegrement **422, 422.3**
alegria
　emoció **257**
　feliç **422, 422.1**
　divertit **424.2**
alemany **361.1**
alentir
　conduir **309.1**
　lent **404**
alerta **252.2**
alertar **252.2**
aleta **10.1** ☆
aletejar **415**
alfabet
　paraules **362.5**
　llibre **367.8**
alfabètic **362.5**
alfil **386.4** ☆
alga **10.1**
alga marina **13.6**
àlgebra **297**
alguns -es **298.1**
aliat **434.2**
aliè **444.4**
àlies **137.3**
alimentació **273** ☐
alimentar **164**
alimentós **164.1**

all **155.3**
allargar
　aguantar **336**
　augmentar **46, 46.2**
alleujament **422.1**
alleujar
　fàcil **247.1**
　tranquil·litat **259.1**
alleujat **422.1**
alliberament **253.2**
alliberar
　lliure **210**
　pietat **221.1**
alliberar-se
　evitar **324**
alliberat **210**
allisar
　donar forma **39**
　llis **62**
allotjament **175.2**
allotjar-se **175.2**
allunyar-se **322**
almirall **248.3** ☐
alosa **9**
alpinisme **393.1**
alt
　dimensions **40** ☆
　gran **42**
　sorollós **88**
alta fidelitat **379.9**
altar **232.5** ☆
altaveu
　sorollós **88.2**
　música **379.9** ☆
alterat **214**
alternatiu **55**
alternativa **55**
altesa **205**
altiu
　orgullós **148.2**
　vanar-se **149**
altre **55**
altruista **224.1**
alumini **16**
alumne -a **235.1**
alvocat **152.4**
al·lèrgia **124.1**
al·lèrgic **124.1**
al·licient
　encoratjar **279**
　atreure **432**
al·ludir **341.3**
al·lusió **341.3**
amabilitat **224**
amable
　ben educat **143.1**
　amable **224**
　amistat **434.3**
amagar
　cuidar **254.1**
amagar-se
　evitar **324**
amagar(-se)
　amagar **339**
amagat **339**
amanida **155.4**
amant **427.4**
amar **427**
amarar **21.1**
amarat **21**
amarg **157.5**
amargat -ada **447.1**
amarrador **312.4**
amarrar **312.4**
amarres **312.4**
amassar **168.3**

amatent **328**
amateur
　ximple **241.4**
　no qualificat **242**
ambició **107.2**
ambient **142.1**
ambiental **14.2**
ambulància **122**
ambulant **411**
ambulatori **121**
amenaça **255.2**
amenaçar **255.2**
americana **190.4**
ametista **15**
ametlla **154**
amfetamina **172.2**
amfiteatre **376.2** ☆
amfitrió -ona **319**
amic -iga **434.1**
amidament **307**
amidar **307**
amígdala **101.2**
amigdalitis **124.10**
amistançada **427.4**
amistat **434**
amo
　control **228.4**
　ocupació **271.4**
　tenir **374**
amoïnar
　problema **244.1**
　interferir **246**
amoïnar-se
　por **255.4**
amollar
　lliure **210**
　comprar i vendre **263.1**
amor **427, 427.5**
amor propi **431**
amorós **427**
amortitzar **261.2**
ampit **176** ☆
amplada **40** ☆
ample
　dimensions **40** ☆
　gran **42**
ampliació **46**
àmpliament **442.1**
ampliar(-se) **46, 46.2**
amplificador **379.9** ☆
amplificar **88.2**
ampolla **331.2**
amputar **133.1**
amuntegar
　animals petits **4** ☐
　quantitat gran **43.1**
　desendreçat **64**
　agafar **375.3**
amuntegar(-se)
　grup **207.1**
amuntegat **440**
anacard **154**
analfabet **367.8**
analgèsic **126.5**
anàlisi **113.1**
analitzar **113.1**
anar **322**
anar-se'n
　viure **175.1**
　anar-se'n **322**
anarquia **227.5**
anarquisme **227.5**
àncora **312.4**
ancorar **312.4**
andana **314.1**
andarejar **407.6**

andròmines **71**
ànec **6.1**
anècdota **342.3**
anell
　accessoris **192.4** ☆
　costums socials **195.3** ☆
anella **294**
anèmia **124.11**
anestèsia **122.1**
anestesiar **122.1**
anestèsic **122.1**
anestesista **122.1**
àngel
　bo **217.2**
　religió **232.3**
anglès
　ensenyament **233.2**
　llengua **361.1**
anglicanisme **232.2**
angoixa **447**
angoixar **447**
angoixós **447**
anguila **10.1**
anhel **255.4**
anhelar **72, 72.1**
ànim
　tranquil·litat **259.1**
　confortable **421**
ànima **232.9**
animador -a **376**
animar **344**
anís **157.3**
anivellar
　semblant **54.1**
　llis **62.1**
anivellat **54.1**
aniversari **195.1**
annex **53**
anomenar **137.1**
anònim **137.3**
anorèxic **49**
anormal **444.1**
ànsia **72.2**
ansietat **255.4**
ansiós
　por **255.4**
　frisós **278**
antena
　parts d'un edifici **176** ☆
　cotxe **308** ☆
antena parabòlica **176** ☆
anterior **26.3**
antibiòtic **126.5**
antic
　vell **200.2**
　antiquat **203**
anticipació **109.1**
anticipar-se **109.1**
anticonceptiu **199.5**
Antic Testament **232.7**
antiguitat **200.2**
antílop **1**
antipatia **285**
antipàtic **438**
antiquat **203**
antisèptic **126.5**
anuari **367.3**
anunci
　fer negocis **262.8**
　parlar **341.4**
　dir **342**
anunciar
　parlar **341.4**

ÍNDEX DE LES PARAULES EN CATALÀ

dir 342
anunciar(-se)
  fer negocis 262.8
any 25.4
anyal 25.4
Any Nou 25.3
apagar
  cremar 135.2
  maquinària 303.1
apagar-se
  foscor 23
apagat 23
apaivagar
  silenciós 89.1
  fàcil 247.1
  tranquil·litat 259.1
apallisar 131.2
aparador 180 ☆
aparcament 309
aparcar 309
aparèixer 321.2
aparell
  cosa 305
  eines 382.1
aparellar 199.2
aparença 37
aparent 93
aparentment 93
aparició 321.2
apartat
  distància 320.2
  amagar 339.1
  document 366
apassionament 427.1
apassionant
  interessant 120
  emoció 257.2
apassionat 427.1
àpat 162
apàtic 283
apedaçar 383
apenar-se 447.1
apendicitis 124.7
apèndix
  cos humà 101.2
  llibre 367.4
aperitiu 166.1
apesarat 447.1
api 155.4
apiadar-se 222
apilonar 64
apinyar(-se) 207, 207.1
aplanar
  donar forma 39
aplanar(-se)
  llis 62.1
aplaudiment 376.2
aplaudir
  cridar 344
  entreteniment 376.2
aplegar(-se) 207.1, 207.2
aplicable 420.2
aplicar 228.2
apoderar-se 375.1
apostar 386.5
apostes 386.5
apòstrof 363
apreciació 428
apreciar
  estimar 426
  gaudir 428
aprendre 235
aprenent 32.1
aprensió 255
aprensiu 255.4

apressar-se 403.1
apressat 403.1
aprimar(-se) 49.1
aprofitar 280
aprofundir 46.2
apropament 321.1
apropiadament 420.1
apropiat
  real 35
  probable 80
  adient 420, 420.1
aprovació
  estar d'acord 348
  estimar 426
aprovar
  encoratjar 279.2
  èxit 396.2
  estimar 426
aproximació
  retardar 300.2
  venir 321.1
aproximadament 300.2
aproximar-se
  retardar 300.2
  venir 321.1
aproximat 300.2
apte 237
aptitud
  capaç 237
  destre 239.2
apujar(-se) 46
apunt
  escriure 369.1
  arts i oficis 381.3
apuntalar 337
apuntar
  mostrar 92.2
  llançar 405
apuntar-se
  estar d'acord 348
apuntar(-se)
  escriure 369.1
apunyalar 133.1
aquarel·les 381.2
Aquari 28 ☆
àrab 361.3
arada 173.2 ☆
aranja 152.2
aranya 4
àrbitre
  esport 388.2
  esports de pilota 389.1
arbre 12
arbust 11
arc
  formes 38.2 ☆
  esports de punteria 394 ☆
arca 331.3
arcaic 203
ardit 107.1
ardu 243.1
àrea
  àrees 14
  mida 41
  pesos i mesures 307.2
àrea de descans 311 ☆
arengada 10.1
argent 16
argila
  materials 304
  arts i oficis 381.5
argot 362.1

argument 367.1
àrid 22
Àries 28 ☆
aristocràcia 205.1
aristòcrata 205.1
aritmètica 297
arjau 312.2
arma 248.4
armada 248.2
armadura 248.4
armar 248.4
armari
  cuina 169 ☆
  dormitori 181 ☆
armat 248.4
armilla 190.4
armilla salvavides 312.6
arna 5
arner 9.2
aroma 90
aromatitzar 157.1
arpa 379.4
arquebisbe 232.4
arqueologia 233.2
arquer -a 394 ☆
arquet 379.4
arquitecte -essa 174.6
arrabassar 375.1
arracada 192.4 ☆
arraconar 70
arramadar(-se) 207.1
arran 62.1
arranjament
  ordre 65
  control 228.2
arranjar
  endreçat 63
  ordre 65
  control 228.2
arrapar-se 336
arrebossar 334
arreglar
  canvi 58
  reparar 383
arrel 11 ☆
arrencar
  danyar 132.2
  destapar 335
  estirar i empènyer 338
arrendament
  viure 175.2
  fer negocis 262.4
arrendar 262.4
arrest 209.2
arrestar 209.2
arribada
  acabar 34
  venir 321
arribar
  veure i mirar 91.4
  venir 321
  aguantar 336
arriscar
  perill 252
  sort 387
arriscat 252
arrissar
  préstecs 267.1
arrissar(-se)
  aspre 61
arrissat 86.3
arrogància
  orgullós 148.1, 148.2

vanar-se 149
  superior 419
arronsar 365
arròs 156.4
arrossegar(-se) 338
arruïnar
  danyar 132.1
  ximple 241.4
  no qualificat 242
  pobre 270
art 381
artell 86 ☆
artèria 101.2
artesà -ana 262.3
article
  cosa 305
  periodisme 368.2
articulació 101.2
articulista 368.1
artilleria 248.4
artista
  entreteniment 376
  arts i oficis 381.1
artritis 124.9
arts marcials 392.1
arxiu 272.1
arxivador 272.1
arxivar 272.1
as 386.3 ☆
asbest 304
ascendir
  ocupació 271.7
  matemàtiques 297.2
  pujar 413
ascens
  ocupació 271.7
  pujar 413
ascensió 413
ascensor 177.2
asclar 132.3
ase
  animals salvatges 1.1 □
  animals de granja 6
asfixiar(-se) 198.1
asma 124.8
aspecte 37
aspirador 187.2
aspirar
  respirar 103
  neteja 187.2
aspirina 126.5
aspre
  aspre 61
  sabors 157.5
  estricte 229
assabentar
  dir 342
assabentar-se
  esbrinar 113
  aprendre 235
assabentat 110
assaborir 428
assaig
  ensenyament 233.5
  provar 276.1
  llibre 367.3
assajar 376.3
assalt 248.1
assaltador -a 220.1
assaltar
  robar 220
  guerra 248.1
assaonar 157.1
assassinar 198, 198.1

assassinat 198.1
assecador 184.2
assecar(-se) 22
assedegat 167.1
assegurança
  seguretat 253.1
  finances 264.2
assegurar
  seguretat 253.1
  finances 264.2
  prometre 358
assegurar(-se)
  segur 82.1
  seguretat 253
assemblar-se 54.2
assemblea 207.1
assentir 348
assenyalar
  mostrar 92.2
  significat 364.2
  gest 365
assenyat
  assenyat 130
  intel·ligent 236
  sensat 238
assequible
  barat 266
  obtenir 373
asseure's 97.2
assidu 443
assignatura 235
assistència 321
assistir 321
associació
  organització 206
  amistat 434.2
associat -ada 434.2
assolar 132.6
assolellat 18.1
assolir
  venir 321
  èxit 396.2
assortidor
  maquinària 303 ☆
  gasolinera 310
assortiment 73
assortir 262.6
assossegat
  descans i relaxació 183
  tranquil·litat 259
  inacció 284.2
assotar 131.2
assumpció 105.2
assumpte
  ocórrer 31.1
  cosa 305
asterisc 363
astorament 431.1
astorar 118
astres 28
astròleg -òloga 28
astrologia 28
astronauta 27
astrònom -a 27
astronomia 27
astúcia 236
astut
  deshonest 214
  intel·ligent 236
atac
  malalties 124.12
  guerra 248.1
atacar
  guerra 248.1
  bromejar 425.1
atansar 372

ÍNDEX DE LES PARAULES EN CATALÀ

atapeir
  grup **207.1**
  ple **332**
atapeït **332**
ateisme **232.10**
atemorir-se **255**
atenció **301**
atent
  ben educat **143**
  amable **224**
  perill **252.2**
  cuidar **254**
  ajudar **277**
  curós **301**
atentament **143**
atènyer **396.2**
aterrar **313.2**
aterridor **438.1**
aterrir **255.2**
atiar **279.1**
àtic **177.4**
atípic
  antiquat **203**
  insòlit **444.1**
atlètic **401.1**
atletisme **390**
àtom **52.1**
atòmic **303.2**
atordir
  malentendre **115.1**
  sorpresa **118.1**
atorgar
  permetre **230**
  ensenyament **233.5**
  recompensa **398**
atracció
  emoció **257**
  atreure **432**
atractiu
  bell **59**
  voler **72**
  atreure **432, 432.1**
atrafegat **275**
atrapar
  frisós **278**
  agafar **406**
atreure **432**
atrevir-se **258.1**
atrevit **258.1**
atroç **438.1**
atropellar **309.4**
atur **271**
aturar
  dificultar **245**
aturar-se
  conduir **309**
aturar(-se)
  acabar **34**
atzar **387**
atzucac **284.1**
audaç **258, 258.1**
audàcia **258.1**
audiència **139.1**
auditor -a **264.4**
augment
  augmentar **46**
  obtenir **373**
augmentar
  augmentar **46** ☆, **46.2**
  obtenir **373**
augmentar(-se) **46**
aula **233.1** ☆
auricular **340.3**
auriculars **379.9** ☆
auró **12.1**
aus **9**

autèntic
  real **35**
  vertader **215**
autobiografia **367.2**
autobús **315.2** ☆
autocar **315.2** ☆
autocontrol **151.3**
autòdrom **388.4**
autoestop **317**
autògraf **369.2**
automàtic **303**
automàticament **303**
autopista **311**
autoritat **228.6**
autorització **230**
autoritzar **230**
autos de xoc **385**
autoservei **310**
autovia **311** ☆
auxili **277**
auxiliar
  ajudar **277**
  inferior **439.1**
  auxiliar de vol **313.3**
avalar **279.2**
avalot **246**
avaluació **106.2**
avaluar **106.2**
avanç **418**
avançada **321.1**
avançament **418**
avançar
  continuar **33**
  conduir **309**
  venir **321.1**
  millorar **418**
avançat **419**
avantatge
  ajudar **277.1**
  útil **281**
  bo **417.5**
avantatjar **396.1**
avantatjós **277.1**
avantpassat -ada **138.7**
avar **226**
avaria
  incorrecte **300.1**
  conduir **309.3**
avariar-se **309.3**
avariat **296**
avellana **154**
aventura
  emoció **257**
  amor **427.1**
avergonyir **449**
avergonyit **449.1**
aversió
  poc disposat **285**
  odiar i tenir antipatia **445**
  horror i repugnància **446**
avet **12.1**
avi **138.3**
àvia **138.3**
aviador **248.3** □
aviat
  aviat (d'hora) **325**
  llest **328**
  aviat (de seguida) **329**
àvid **278**
avinent **281**
avinentesa **78**
avinguda **311**
avió **313**

aviram
  ocells **9**
  carn **159.3**
avís
  perill **252.2**
  parlar **341.4**
  dir **342**
avisar **252.2**
avorriment **244.1**
avorrir
  avorrit **119**
  odiar i tenir antipatia **445**
avorrit **119**
avortament **136.2**

baca
  cotxe **308** ☆
  recipients **331.6** ☆
bacallà **10.1**
bacó
  menjar **164.4**
  dolent **438.2**
bacterià **124.2**
bactèries **124.2**
badall **161.2**
badallar **182**
bàdminton **389.5**
bagolar **344**
baieta **187.2**
bagul **331.3**
baia **11**
baioneta **248.4** ☆
baix
  petit **44.1**
  silenciós **89**
  música **379.5**
bala
  agricultura **173.5**
  guerra **248.4**
Balança **28** ☆
balança
  cuina **169** ☆
  pesos i mesures **307.4** ☆
balancejar-se **411.3**
balancí **180** ☆
balbucejar **341.7**
balcó **176.2** ☆
balder **295.1**
balena **10.3**
bales **386.1**
ball **376.6**
ballar **376.6**
ballarí -ina **376.6**
ballet **376.6**
balmat **333**
banc
  religió **232.5** ☆
  banc **260**
  el parc **385** ☆
banca **260**
banc hipotecari **260**
banda
  part **52.1**
  grup **207.1**
  música **379.3**
bandarra **438.2**
banquer -a **260**
banquet **162.3**
bany
  cambra de bany **185** ☆
  tapar **334**
banya **1** ☆
banyar

neteja **187.2**
banyar-se
  higiene personal **184.1**
bany d'escuma **184.1**
banyolí **155.1**
baptisme **195.2**
baptista **232.2**
bar **163**
baralla
  lluitar **249**
  discrepar **346.1, 346.3**
  jocs **386.3**
barallar-se
  lluitar **249**
  discrepar **346.3**
barana **177.2** ☆
barat **266**
barata **372.3**
baratar **372.3**
baratíssim **266**
barb **86.2**
barba **86** ☆
barbacoa **162.3**
bàrbar **225**
barbàric **225**
barber -a **184.2**
barbeta **86** ☆
barca **312, 312.1**
barca de rems **312.1**
barcassa **312.1**
barítton **379.5**
bàrman **163.1**
baró **205** □
baronessa **205** □
barra
  cos humà **86** ☆
  descarat **145**
  aliments cuits al forn **156.1**
  valor **258.1**
barreja **293**
barrejar
  desendreçat **64**
  maneres de cuinar **168.3**
  jocs **386.3**
barret **192.1** ☆
barri
  àrees **14.2**
  parts d'un edifici **176** ☆
barril **331.4**
barroer **400**
barrots **177.2** ☆
bàscula **307.4** ☆
base
  fer **293.2**
  esports de pilota **389.2**
bàsic
  principal **75**
  fàcil **247**
bàsicament **75**
bàsquet **389.7**
bassa **13.4**
bassal **13.4**
bast
  aspre **61**
  tallar **133.6**
bastard **438.2**
bastó **393.2**
bat **389.2, 389.3** ☆
bata **190.8**
batalla
  guerra **248**

lluitar **249**
batedor
  maneres de cuinar **168.3** ☆
  esports de pilota **389.3**
batedora **169** ☆
bategar **125.1**
bateig **195.2**
batejar **137.1**
batre
  maneres de cuinar **168.3**
  èxit **396.1**
  ondejar **415**
batre's
  guerra **248**
batussa **346.3**
batuta **379.3**
batxiller -a **235.1**
baula **294**
bé
  sa **127**
  bo (en sentit moral) **217**
  correcte **299**
  tenir **374**
  bo **417, 417.2**
bebè
  nadons **136**
  gent **139.2**
bec **9**
beca
  ensenyament **233.5**
  diner **265.3**
becaina **182.2**
bedoll **12.1**
begut **166.7**
beicon **159.1**
beisbol **389.2**
beix **194.2**
belar **8.1**
bell **59**
bellesa **59**
bellugar-se **411.1**
bel·licós **248.5**
bemoll **379.8** ☆
ben **262.5**
bena **126.6**
benedicció **232.6**
benèfic
  amable **224.1**
  donar **372.1**
beneficència **224.1**
benefici
  banc **260.1**
  fer negocis **262.9**
  ajudar **277.1**
beneficiar(-se) **277.1**
beneficiós **277.1**
beneir **232.6**
beneit
  boig **129.4**
  estúpid **240**
  ximple **241, 241.1**
beneït **232.8**
beneïtó **105.3**
benestant **269.1**
benestar **421**
bengalí **361.3**
benigne **124.12**
benvinguda **196**
benvingut **196**
benzina **303.3**
benzinera **310**
bergant -a **219.3**
berruga **124.5**

440

ÍNDEX DE LES PARAULES EN CATALÀ

bes **138.3**
besar(-se) **196**
bessó -ona
  nadons **136**
  fruits secs **154**
Bessons **28** ☆
bèstia
  animals salvatges **1** □, **1.1** □
  cruel **225**
bestiar
  animals de granja **6**
  agricultura **173.7**
bestiesa **300.1**
bestieses **241.3**
bestiola **5** □
betum **191** ☆
beuratge **293**
beure
  begudes **166.1**
  beure **167**
biberó
  nadons **136.4**
  recipients **331.2** ☆
bíblia **232.7**
biblioteca **367.8**
bibliotecari -ària **367.8**
bicicleta **315.3**
bidet **185** ☆
bidó **331.4**
bigoti
  animals salvatges **1** ☆
  cos humà **86** ☆
bilingüe **361**
bilió **298.1**
billar **394**
bingo **386.5**
binocles **91.8**
biografia **367.2**
biologia **233.3**
biquini **190.7**
bis **356**
bisbe **232.4**
bisexual **199.6**
bisó **1**
bitllet
  diner **265.2**
  documents i procediments per viatjar **316**
bla **119**
blanc
  colors **194.2**
  esports de punteria **394**
blasfemar **357**
blasmar
  malvat **219.1**
  guerra **248.1**
blat **173.5**
blat de moro **155.3**
blau
  malalties **124.13**
  colors **194.2**
blauet **9.2**
blindat **248.4**
bloc **370**
blonda **193.1**
bloquejar **245.1**
bloquejat **294.1**
bo
  temps **18.1**
  sa **127**
  bo (en sentit moral) **217**
  bo **417**

bobsleigh **393.2**
boca **86** ☆
bocabadat
  sorpresa **118.1**
  obert **179**
bocí **132.3**
bodega
  interiors **177.4**
  botigues **273** □
bogeria **129.1**
boia **312.6**
boig
  boig **129.1**, **129.4**
  descurós **302**
boira **18.2**
boirina **18.2**
boja **129.1**
bojament **129.1**
bola **394**
bolcar
  pegar **131.3**
  caure **412.1**
bolígraf **370** ☆
bolquer **136.4**
bomba
  guerra **248.4** ☆
  maquinària **303.1**
bombar **303.1**
bombardejar **248.4**
bombarder **248.4** ☆
bomber -a **135.2**
bombeta **24.4** ☆
bombó **161.1**
bonic **59**
bony **38.5**
bonyegut **38.5**
bord **438.2**
bordar **8.1**, **8.2** □
bordell **199.4**
borratxo -a **166.7**
borrufada **18.4**
borsa **264.3**
bosc **13.2**
bossa
  animals salvatges **1** ☆
  diner **265**
  botigues **273** ☆
  viatjar **317.4**
  recipients **331.1**, **331.5**
bossa de mà **192.3**
bot
  vaixells **312.1**
  saltar **410**
bot salvavides **312.6**
bota **191** ☆
bóta **331.4**
botànica **233.3**
botar **410**
botiga **273**
botiguer -a **273** ☆
botonar(-se) **190.11**
botre **410**
botxa **394**
botzina **88.3**
bou
  animals de granja **6**
  carn **159.1**
boxa **392.1**
boxador **392.1** ☆
braç **86**
braça **391.1**
bragueta **190.11**
Braille **369.3**
bramar
  sorolls d'animals

8.1, **8.2**, **8.2** □
  cridar **344**, **344.1**
bramular **8.1**
branca **12** ☆
brandar **411.3**
brandi **166.4**
brandir **415**
branquilló **12** ☆
brau **6**
bravo **344**
bressar **411.3**
bressol **136.4**
bressolar **411.3**
breu **29.2**
bricolatge **382.2**
brida **395** ☆
brigada **207.1**
brillant
  llum **24**
  colors **194.1**
  intel·ligent **236.1**
brillar **24.2**
brisa **18.3**
brocs **342.5**
brodat **381.6** ☆
brogit **88.1**
broma
  irreal **36**
  deshonest **214.2**
  bromejar **425**
bromejar **425**
bronquina **346.3**
bronquitis **124.8**
bronze **16**
bròquil **155.1**
brossa **71**
brot **11** ☆
brotxa
  higiene personal **184.4**
  arts i oficis **381.2**
  eines **382.2**
bru **86.3**
bruc **11**
bruixa **416.1**
brúixola **318.1** ☆
bruna **86.3**
brusa **190.4**
brusc **144.3**
brut
  brut **189**
  fer negocis **262.9**
brutal **225**
brutícia
  desendreçat **64**
  brut **189**
Buda **232.3**
budell **101.2**
budisme **232.1**
bufada **103.1**
búfal **1**
bufanda **192.2**
bufar **103.1**
bufat **166.7**
bufat -ada **148.2**
bufet
  àpats **162.3**
  sala d'estar **180** ☆
bufeta **101.2** ☆
bugada **186**
bugaderia **186**
buidar **333**
buit
  forat **134**
  buit **333**
bulb **11**
buldog **7.1** ☆

búlgar **361.1**
bullent **20**
bullidor **169** ☆
bullir **168.1**
búnquer **389.6**
bunyol **383**
burilla **171**
burla **148.2**
burlar-se
  riure **423.1**
  bromejar **425.1**
buscar **94**
bústia
  parts d'un edifici **176** ☆
  comunicacions **340.2** ☆
butaca **180** ☆
butllofa **124.5**

cabals **265**
cabana **174.5**
cabaret **376.1**
cabàs **136.4**
cabells **86**
cabestrell **126.6**
cabina
  vaixells **312.2**
  avions **313**
cabina telefònica **340.3**
cable
  comunicacions **340.1**
  eines **382.3**
cabra **6**
cabuda **41**
cabussar(-se) **21.1**
caca **102**
caça
  animals salvatges **1** □
  escorcollar **94**
  carn **159.3**
  esports de punteria **394**
caçar **409.1**
cacau **166.3**
cacauet **154**
cactus **11**
caddy **389.6**
cadell **7.1**
cadena **382.4**
cadenes **294.1**
cadira **180** ☆
caducat
  antiquat **203**
  inútil **282**
cafè
  indrets on menjar i beure **163**
  begudes **166.3**
cafeteria **163**
caganer -a **139.2**
cagar **102**
cagarro **102**
caiguda **412.1**
caiman **1.1**
caixa
  botigues **273** ☆
  recipients **331.1**, **331.3**
caixa toràcica **101.1**
caixer -a **260.1**
calabós **209.5**

calaix **181** ☆
calaixera **181** ☆
calamar **10.2**
calamarsa **18.4**
calar
  moll **21.1**
  entendre **114**
calar-se **309.3**
calb **86.3**
calç **382.2**
calces **190.9**
calçotets **190.9**
càlcul **297.2**
calculadora **297.2**
calcular
  endevinar **109**
  esbrinar **113.2**
  matemàtiques **297.2**
calé **265**
calefacció **20.1**
calefacció central **20.1**
calendari **25**
calent **20**
càlid **20**
callat **89**
calma **259**
calmant
  guaricions **126.5**
  tranquil·litat **259.1**
calmar(-se) **259.1**
calmat **284.2**
calmós **404**
calor **20**
calorós **20**
cal·ligrafia **369**
cama **86**
camarada **434.1**, **434.2**
cambra de bany **185**
Cambra dels Comuns **227** □
Cambra dels Lords **227** □
Cambra dels Representants **227** □
cambra fosca **381.4**
cambrer -a **163.1**
camell
  animals salvatges **1** ☆
camell -a
  drogues **172.1**
càmera **381.4**
camí
  carreteres **311**, **311.1**
  viatjar **317.2**
caminada **407.2**
caminador -a **407**
caminar **407**, **407.1**
camió **315.1**
camioneta **315.1**
camisa **190.4**
camisa de dormir **190.8**
camp
  àrees **14.1** □
  agricultura **173.1**
  esport **388.4**
campament **380.1**
campana **88.3**
campanar **232.5** ☆
campaneta **11**
campanya **276**

441

ÍNDEX DE LES PARAULES EN CATALÀ

càmping **380.1**
campió -ona **396.1**
campionat **388.3**
camuflament **339**
camuflar **339**
camussa **193.1**
canal **13.7**
canaló **176** ☆
cancel·lació **34.1**
cancel·lar **34.1**
càncer **124.12**
cançó **379.7**
candidat -a **227.3**
canell **86**
cangur **1** ☆
caní **7.1**
canó **248.4** ☆
canoa **312.1**
canonada **382.3**
cansat
  dormir **182.3**
  ocupat **275**
cantar
  ocells **9.4**
  música **379.5**
cantina **163**
cantó
  formes **38.1** ☆
  cantó **53**
canvi
  canvi **58**
  diner **265**
  donar **372.3**
canviable **58**
canviar
  diner **265**
  donar **372.3**
  moviment **411.1**
canviar de marxa **309.1**
canviar(-se)
  canvi **58**
canya **384** ☆
canyella **86**
canyís **11**
caos **64**
cap
  cos humà **86**
  control **228.4**
  intel·ligent **236.2**
  ocupació **271.4**
capa
  aliments cuits al forn **156.3**
  tapar **334, 334.1**
capaç **237**
capacitat
  mida **41**
  impossible **78**
  capaç **237**
capacitat **237**
caparrut **107.3**
capatàs
  control **228.1**
  ocupació **271.4**
capbussament **412.3**
capbussar-se
  esports aquàtics **391.1**
  caure **412.3**
capdamunt **66** ☆
Cap d'Any **25.3**
capdavall **66** ☆
cap de setmana **25.1**
capità -ana
  vaixells **312.5**
capità

guerra **248.3** ☐
capital **264.3**
capítol **367.4**
capolar **168.2**
caporal **248.3** ☐
capot **308** ☆
Capricorn **28** ☆
capsa **331.1**
càpsula **126.5**
captaire **270**
captar
  pobre **270**
  preguntar **351.2**
capturar
  agafar **406**
  seguir **409.1**
caputxa **192.1** ☆
car **267**
cara
  formes **38.2** ☆
  cos humà **86**
  descarat **145**
caràcter
  personalitat **142**
  religió **232.9**
caragirat -ada **214.3**
carallot -a **240.1**
caramel **161.1**
caravana **315.2**
carbassa **155.3**
carbassó **155.3**
carbó **303.3**
carcassa
  cantó **53**
  fer **293.2**
carceller -a **209.5**
card **11**
cardada **199.2**
cardar **199.2**
carència **72**
cargol
  animals petits **4**
  eines **382.1** ☆
cargolar **414.2**
cargolet **9**
càries **123**
caritat
  amable **224.1**
  donar **372.1**
caritatiu **224.1**
carn **159**
carnet **230**
carnisser -a **273** ☐
carnisseria **273** ☐
carnívor **1** ☐
càrrec
  sistema legal **209.4**
  comprar i vendre **263.2**
càrrega
  problema **244.1**
  fer negocis **262.6**
  ple **332**
carregament **262.6**
carregar
  problema **244.1**
  banc **260.1**
  ple **332**
carregar-se
  matar **198.1**
carregat **20**
carrer
  carreteres **311**
  esport **388.4**
  esports de pilota **389.6**
carrera **271.1**

carreró **311.1**
carret **273** ☆
carretera **311**
carretó **315.1**
carril **314, 314.1**
carro **315.1**
carta
  comunicacions **340.1**
  jocs **386.3**
cartabò **297** ☆
carter -a **340.2**
cartera **192.3**
carterista **220.1**
cartes **386.3**
cartó
  materials **304.3**
  arts i oficis **381.3**
cartolina **304.3**
cartró **331.1** ☆
carxofa **155.3**
cas
  ocórrer **31.1**
  curós **301**
casa
  edificis **174.1**
  tenir **374.1**
casa de nines **386.1**
casament **195.3** ☆
casanova **1.1** ☐
casar(-se) **195.3**
casc **192.1** ☆
cascada **13.7**
casino **386.5**
casset **379.9**
cassigall **193**
cassola **169** ☆
castany **86.3**
castanya
  arbres **12.1**
  fruits secs **154**
castanyer **12.1**
castell **174.4**
castellà **361.1**
càstig **209.5**
castigar
  sistema legal **209.5**
  estricte **229**
castor **4** ☆
casual **387.2**
casualitat **387, 387.2**
català **361.2**
catàleg **366.1**
catcher **389.2**
catedral **232.5**
catedràtic -a **234.1**
categoria **306**
categòricament **229**
carterista **220.1**
catifa **180** ☆
catolicisme **232.2**
caure **412.1, 412.2**
causa
  sistema legal **209.4**
  causar **291.1**
causar **291**
cautela **301**
cautelós **301**
cautxú **304.3**
cavalcar **395**
cavall
  animals de granja **6**
  jocs **386.4** ☆
  esports eqüestres **395** ☆
cavaller
  gent **139.4**

reialesa **205.1**
cavallerós **143.1**
cavallet **381.2**
cavallets **385**
cavar **384.2**
càvec **384.1**
ceba **155.3**
ceba tendra **155.4**
cebollins **157.2**
cec **124.4**
cedir **221.1**
cedir el pas **309**
cedre **12.1**
cel
  gasos **17**
  religió **232.9**
cel·la **209.5**
celebració **195.1**
celebrar **195.1**
cèlebre **111**
celebritat **111**
celestial **232.9**
celibatari **199.6**
cella **86** ☆
celler **177.4**
cèl·lula **101.2**
cementiri
  costums socials **195.4**
  religió **232.5**
cendra
  cremar **135**
  fumar **171**
cendrer **171**
cendres **135**
censura **231.1**
censurar
  prohibir **231.1**
  guerra **248.1**
censurar
  odiar i tenir antipatia **445**
cent **298.1**
centellejar **24.3**
centímetre **307.1** ☐
centraleta **340.3**
centre
  ordre **65**
  posició **66** ☆
  hospital **122**
  política i governació **227.4**
  viatjar **317.3**
centre comercial **273**
centre de jardineria **273** ☐
centrifugadora **186**
cep **11**
cepat
  gras **48.1**
  força **401.1**
cera **304.3**
ceràmica **381.5**
cerca
  escorcollar **94**
  seguir **409.1**
cercar **94**
cercle **38.1** ☆
cereal
  aliments cuits al forn **156.5**
  agricultura **173.5**
cerimònia **146**
cerimonial **146**
cert
  segur **82**
  particular **84**

certesa **82**
certificat **366.1**
cervell
  cos humà **101.2** ☆
  intel·ligent **236.2**
cervesa **166.5**
cérvol **1**
cicatriu **132**
cicatrizar(-se) **126.1**
ciclisme **393**
cicló **18.3**
ciclomotor **315.3**
ciència **233.3**
ciència-ficció **367.1**
cigar **171**
cigarret **171**
cigne **9.2**
cilindre **38.2** ☆
cilíndric **38.2** ☆
cim **13.1**
ciment **304.1**
cimentar **304.1**
cinema **376.4**
cinta
  accessoris **192.4**
  ajuntar **294.3**
  música **379.9**
cinta mètrica **307**
cintura **86**
cinturó
  accessoris **192.4**
  carreteres **311**
cinturó de seguretat **308.1**
circ **377**
circuit **388.4**
circular **38.1** ☆
circumferència **38.1** ☆
circumspecte **301**
circumstàncies **31.2**
cirera **152.3**
cirurgia **122.1**
cirurgià -ana **122.1**
cisell **382.1** ☆
cisellar **133.3**
cistella **331.5**
cita
  metge **121**
  parlar **341.5**
citar **341.5**
ciutadà -ana **204**
ciutat **14.3**
civada **173.5**
civilització **204**
civilitzat **204**
clacar **9.4**
claqué **376.6**
clar
  temps **18.1**
  llum **24**
  segur **82**
  cos humà **86.3**
  evident **93**
  colors **194.1**
clarament **93**
clarejar **24.1**
claret **166.6**
clarinet **379.4**
clasc **255**
classe
  aprendre **235**
  classe **306**
clàssic **379.1**
classificar
  classe **306**
classificar(-se)
  ordre **65**

442

ÍNDEX DE LES PARAULES EN CATALÀ

important **74.2**
clàssiques **233.2**
clau
  principal **75**
  tancat **178**
  causar **291**
  eines **382.1** ☆
clau de fa **379.8** ☆
clau de sol **379.8** ☆
clàusula **362.2**
clavar **294.3**
clavat **294.1**
claveguera **176** ☆
clavell **11**
clavícula **101.1** ☆
clement **221**
clergat **232.4**
client -a
  fer negocis **263**
  visitar **319**
clima **18**
clip **294.3** ☆
clivella
  forat **134**
  separar **295**
clixé **362.2**
clofolla **154** ☆
cloquejar **9.4**
clos
  cantó **53**
  agricultura **173.1**
  tancat **178**
closca **154** ☆
clotada **333**
club
  organització **206**
  esports de pilota **389.6**
coaccionar **279.1**
coala **1**
cobdícia **72.2**
cobejar **251**
cobert
  agricultura **173.3**
  edificis **174.5**
coberta
  vaixells **312.2**
  tapar **334.1**
  llibre **367.6**
cobrador **315.2** ☆
cobrar
  banc **260.1**
cobrar(-se)
  comprar i vendre **263.2**
cobrir **334**
cóc **156.3**
coca **156.3**
coco **154**
cocodril **1.1**
còctel **166.1**
còctel Molotov **248.4** ☆
codi **364.1**
codi postal **340.2** ☆
còdol **13.3**
coet **313**
coetani **202**
cofre **331.3**
cognom **137.2**
cogombre **155.4**
cogombre petit **161.2**
coincidència **387**
coincidir
  lluitar **249**
  tapar **334**
  estar d'acord **348**

coïssor **125.1**
coix **124.3**
coixejar **407.6**
coixesa **407.6**
coixí
  sala d'estar **180** ☆
  dormitori **181** ☆
coixinera **181.1**
col **155.1**
col de Brussel·les **155.1**
col-i-flor **155.3**
col-i-nap **155.2**
col·laboració **274.2**
col·laborar **274.2**
col·lecció **207**
col·leccionar **207.2**
col·leccionista **207**
cola **294.3**
colar **168.4**
còlera **450**
coll
  cos humà **86**
  roba **190.12**
  jocs **386.3**
colla
  grup **207.1**
  guerra **248.2**
collaret **192.4** ☆
collita **173.4**
collons
  cos humà **86**
  sexe **199.2**
colom **9** ☆
colon -a **175.1**
colonitzador **201.1**
color
  cos humà **86.2**
  colors **194**
colossal **42.1**
colpejament **88.3**
colpejar **289**
colpit **447.1**
columna **368.2**
columna vertebral **101.1** ☆
colze **86**
col·laborador -a **277**
col·lapse **412.1**
col·lecta **375.3**
col·lega
  ocupació **271.3**
  amistat **434.1**
col·lisió **131.3**
col·locar **289**
col·loquial **147**
com **54**
coma
  símptomes **125.3**
  puntuació **363**
comanda **72.2**
comandament **228.4**
comandant **248.3** ☐
comandar **228.3**
combat **248**
combatent **249**
combatre **249**
combinació
  roba **190.9**
  ajuntar **294**
combinar **294**
combustible **303.3**
comèdia
  entreteniment **376.1, 376.5**
  divertit **424.2**
comediant -a **376.1**

començament **32**
començar **32**
comentador -a **341.4**
comentar **341.3**
comentari **341.3, 341.4**
comentarista **341.4**
comerç **262.1, 262.3**
comercial **262.1, 262.3**
comercialització **262.8**
comerciant **262, 262.2, 262.3**
comerciar **262.3**
comesa **274.3**
comestible **164.1**
comestibles **273** ☐
cometa **27**
cometes **363**
còmic
  ximple **241.2**
  divertit **424.2**
còmicament **424.2**
comitè **206.1**
commemorar **195.1**
commoció
  sorpresa **118.1**
  enfadat **450.2**
commovedor **257.2**
còmodament **281**
còmode
  fàcil **247.1**
  útil **281**
  confortable **421**
comoditat
  útil **281**
  confortable **421**
compacte **44**
compadiments **222**
compadir
  compassió **222**
compadir-se
  pietat **221.1**
  compassió **222**
company **434.1**
company -a
  sexe **199.2**
  amistat **434.2**
companyia
  ocupació **271.2**
  amistat **434.3**
comparable **54.2**
comparació **54.2**
comparar **54.2**
compartiment **314**
compartir **372.3**
compàs
  matemàtiques **297** ☆
  música **379.2, 379.8** ☆
compassió
  pietat **221**
  compassió **222**
compassiu
  pietat **221**
  donar **372.1**
competència
  guerra **248**
  lluitar **249.1**
competent
  capaç **237**
  adient **420.1**
competició
  lluitar **249.1**
  esport **388.3**

competidor -a **249.1**
competir **249.1**
competitiu **249.1**
complaure
  ajudar **277**
  gaudir **428**
complaure's
  gaudir **428.1**
complet
  sencer **50**
  ple **332**
completament
  sencer **50**
  tensió **256.2**
completar **34**
complex **243.2**
complexió **86**
complicació **243.2**
complicar **243.2**
complicat **243, 243.2**
còmplice **434.2**
compliment
  satisfer **429**
  lloar **430**
complir
  fer **287.2**
  satisfer **429**
compondre **379.7**
comportament **287.1**
comportar(-se) **287, 287.1**
composició **379.7**
compositor -a **379.7**
compost **233.4**
compra
  comprar i vendre **263**
  botigues **273**
comprador -a **263**
comprar **263**
comprendre
  entendre **114, 114.1**
  compassió **222**
  incloure **436**
comprensió
  saber **110**
  entendre **114**
comprensiu
  emoció **151.2**
  compassió **222**
  amable **224**
compresa **184.6**
comprimir **47**
compromete's
  fer negocis **262.2**
  fer **287.2**
  prometre **358**
compromís
  fer **287.2**
  prometre **358**
comprovació **301.1**
comprovar **301.1**
comptable **264.4**
comptaquilòmetres **308.1**
comptar
  de fiar **218.1**
  nombres **298**
compte
  pensar **104**
  banc **260.1**
  comprar i vendre **263.3**
  curós **301**
comptes **264.4**
comtat **14.1**

comte -essa **205** ☐
comú
  diner **265**
  normal **442**
  sovint **443**
comunal **204**
comunicació
  ajuntar **294**
  parlar **341.4**
  dir **342**
  comunicacions **340**
comunicar
  explicar **343**
comunicar(-se)
  comunicacions **340**
comunicat **210**
comunisme **227.4**
comunitari **204**
comunitat **204**
con **38.2** ☆
conat **276** .
conca **195.3**
concebre **136.1**
concedir
  permetre **230**
  admetre **350**
  recompensa **398**
concentració **104.1**
concentrar-se **104.1**
concepció **136.1**
concepte **108**
concert **379.6, 379.7**
concloure
  acabar **34**
  creure **105.1**
  significat **364.2**
conclusió
  acabar **34**
  creure **105.1**
  esbrinar **113**
conco **195.3**
concret **35**
concurs
  jocs **386.2**
  esport **388.3**
concursant **388.2**
concurs d'hípica **395.1**
condemna **209.4**
condemnar **209.4**
condensació **21**
condició
  ocórrer **31.2**
  insegur **83**
condicional **83**
condiment **157.1**
condimentar **157.1**
condó **199.5**
condol **222**
condoldre's **222**
conducta **287.1**
conductor -a
  conduir **309.5**
  trens **314.2**
conduir
  control **228.4**
  fer **287.1**
  conduir **309**
  agafar **375.4**
conegut
  fama **111**
  amistat **434.2**
coneixement
  saber **110**
  entendre **114**
conèixer **110**
confeccionar **293**

443

ÍNDEX DE LES PARAULES EN CATALÀ

conferència
 ensenyar **234**
 comunicacions **340.3**
 parlar **341**
 dir **342.2**
confessar **350**
confessió
 religió **232.6**
 admetre **350**
confiança
 honrat **213**
 valor **258.1**
 amagar **339.1**
confiar
 honrat **213**
 de fiar **218.1**
confidència **339.1**
confidencial **339.1**
confirmació **348**
confirmar **348**
confiscar **375.1**
conflicte
 problema **244.1**
 guerra **248**
 lluitar **249**
confondre
 desendreçat **64**
 malentendre **115.1**
conformar-se **442**
confort **421**
confortable **421**
confusió **64**
congelador **169** ☆
congelar **19**
congregar-se **207.2**
congrés
 política i governació **227** ☐
 fer negocis **262.10**
cònic **38.2** ☆
conillet d'Índies **7.3**
conjectura **109**
cònjuge **199.2**
conjunció **362.4**
conjunt
 sencer **50**
 roba **190.6**
connectar
 ajuntar **294**
 maquinària **303.1**
connexió **294**
conquerir **248.1**
conrear **173**
conreu **173**
consciència
 saber **110**
 bo **217**
 religió **232.9**
conscienciós **301.1**
conscient **110**
consell
 política i governació **227** ☐
 suggerir **353.1**
consentiment
 frisós **278.1**
 estar d'acord **348**
consentir
 estar d'acord **348**
 gaudir **428**
conseqüència
 significat **364.2**
 resultat **292**
conseqüent **54**
conservació
 cuidar **254.2**

reparar **383**
conservador **227.4**
conservar
 cuidar **254.2**
 tenir **374.2**
 reparar **383**
considerable **42**
considerablement **42**
consideració
 pensar **104**, **104.1**
 admirar **431**
considerar
 pensar **104**
 opinió **106.2**
 política i governació **227.3**
 utilitzar **280**
considerat **224**
consistent
 semblant **54**
 dur **100**
consistori **227.1**
consol
 tranquil·litat **259.1**
 confortable **421**
 feliç **422.1**
consolar **259.1**
consolidar-se **293.2**
consonant **362.3**
conspicu **93**
conspícuament **93**
constància **369.1**
constant
 continuar **33.1**
 semblant **54**
 llis **62.1**
constar **436**
consternar **446.2**
consternat **447.1**
constituir **293.2**
construcció **293.1**
constructor -a **174.6**
construir
 posar **289.1**
 fer **293.1**
consultar **351**
consultori **121**
consum
 menjar **164**
 agafar **375.2**
consumar **199.2**
consumat **239**
consumidor -a **172.1**
consumir
 menjar **164**
 utilitzar **280**
contacte
 cotxe **308.1**
 comunicacions **340**
contagiós **124.2**
contaminació **189.1**
contaminar **189.1**
contar
 parlar **341.5**
 dir **342**, **342.1**
conte **342.3**
contemplar **91**, **91.2**
contemporani **202**
contenidor **331**
contenir
 control **228.5**
 portar **337**
 contenir **337**
content
 feliç **422**, **422.1**
 satisfer **429**
contesta **352**

contestar **352**
contigu **320.1**
continu **33.1**
continuació **33**
continuar **33**
continuat **33.1**
contorn **53**
contra reemborsament **263.1**
contrabaix **379.4**
contrabandista **220.2**
contracepció **199.5**
contractar
 fer negocis **262.2**
 ocupació **271**, **271.7**
contracte **262.2**
contradicció **346.1**
contradir
 guerra **248**
 discrepar **346.1**
contralt **379.5**
contrari
 diferent **55**
 enemistat **250**
 poc disposat **285**
 direccions **318.2**
contrari -ària
 lluitar **249.1**
contrarietat **450**
contrast **55.1**
contrastar **55.1**
contratemps
 problema **244**, **244.1**
 sort **387.2**
contratenor **379.5**
contraure
 malalties **124.13** ☐
contraure('s)
 disminuir **47**
contribució **264.2**
contribuent -a **264.2**
contrincant
 lluitar **249.1**
 esport **388.2**
contrit **449.1**
control
 control **228**
 curós **301.1**
 aguantar **336**
controlador -a del trànsit **313.3**
controlar **228**, **228.1**
controvèrsia **346.4**
controvertit **346.4**
convalescència **126.1**
convèncer **349**
convencional
 normal **442**
 insòlit **444.4**
convencionalment **442**
conveni **262.2**
conveniència
 fàcil **247.1**
 útil **281**
convenient **420.1**
convent **232.5**
conversa **354**
conversar **354**
convertir **349**
convidar
 preguntar **351.2**
 entreteniment **376**
 gaudir **428.1**
convidat -ada **319**
convit **351.2**

convulsió **246**
conyac **166.4**
cooperació **274.2**
cooperar **274.2**
coordinació **228.2**
coordinar **228.2**
cop
 sorollós **88.3**
 pegar **131.1**
 decepció **448**
copa **170** ☆
cop d'estat **227.5**
copejar **131**, **131.1**
copet **131.4**
còpia
 copiar **56**
 escriure **369.1**
copiar
 copiar **56**
 escriure **369.1**
cops **131.3**
copsar **114**
copular **199.2**
cor
 cos humà **101.2** ☆
 fruita **152.6**
 música **379.5**
corall **10.2** ☆
coratge **258**
coratjós **232.9**
corb **9**
corba **38.4** ☆
corbar(-se) **38.4** ☆
corbata **192.4**
corbatí **192.4**
corcar(-se) **132.5**
corda
 ajuntar **294.3**
 música **379.4**
 eines **382.4**
cordar-se **294.1**
cordes **294.1**
cordial **434.3**
cordill
 ajuntar **294.3**
 eines **382.4**
cordó
 sabates **191** ☆
 eines **382.3**, **382.4**
coreà **361.3**
corona
 costums socials **195.4**
 reialesa **205** ☆
coronació **205** ☆
coronel **248.3** ☐
corpulent **48**
corral **173**
corre-cuita **403.1**
correcció **299**
correctament **299**
correcte
 just **211**
 correcte **299**
 adient **420.1**
corredor -a **390.1**
corredor **177.3**
corregir **299**
corrent
 geografia i geologia **13.7**
 saber **110.2**
 modern **202**
 maquinària **303.4**
 movement **411.3**
 normal **442**, **442.1**, **442.2**

corrent d'aire **18.3**
córrer
 animals petits **4** ☐
 conduir **309.1**
 atletisme **390.1**
 córrer **408**
 movement **411.3**
correspondència **294**
correspondre **54.2**
corresponsal **368.1**
corretja **190.11**
correu **340.2**
correu electrònic **340.1**
correus **273** ☐
corró **384.1**
corrompre('s) **214**
corrugat **61**
corrupció **214**
corrupte **214**
cors **386.3** ☆
cort **173.3**
cortès
 gent **139.4**
 ben educat **143.1**, **143.2**
cortines **180** ☆
cosa **305**
coses **305.1**
cosí -ina **138.6**
cosir **381.6**
cosmètic **192.5**
cossatge **86**
cost **263.2**
costa **13.5**
costar **263.2**
costat **66** ☆
costella
 cos humà **101.1** ☆
 carn **159.2**
costelleta **159.2**
costós **267**
costum
 costums socials **195**
 habitual **288**
costura **381.6**
cotó **193.1**
cotó fluix **126.6**
cotxe
 cotxe **308**
 trens **314**
cotxet **136.4** ☆
coure
 metalls **16**
 maneres de cuinar **168.1**
covar **9.1**
covard -a **255.1**
crack **172.2**
Cranc **28** ☆
cranc **10.2**
crani **101.1** ☆
creació **293**
crear **293**, **293.2**
crèdit
 banc **260.1**
 préstecs **261**, **261.3**
creditor -a **261.1**
credo **232.6**
crèdul **105.3**
creença
 creure **105**
 religió **232**
cregut **148.1**
creïble **105.4**

444

ÍNDEX DE LES PARAULES EN CATALÀ

creixement **46**
créixens **155.4**
créixer **46**
crema **160.2**
cremada **135**
crema d'afaitar **184.4**
cremador de Bunsen **233.3** ☆
cremallera
  roba **190.11**
  ajuntar **294.1**
cremar(-se) **135**
creosota **382.2**
crep **161.4**
crespell **161.4**
creuer **312.3**
creure
  pensar **104**
  creure **105**
criar
  nadons **136.3**
  cuidar **254**
criar(-se)
  sexe **199.2**
criat -ada **274.5**
criatura
  animals salvatges **1** ☐
  feble **402.2**
crida **351.2**
cridaner
  colors **194.1**
  estricte **229**
cridar
  sorolls d'animals **8.2** ☐
  cridar **344**
crim **209.1**
criminal **219.3**
crinera **1** ☆
criquet **389.3**
crisàlide **5** ☆
crisi **252.1**
crispetes **161.1**
Crist **232.3**
cristall **304**
cristianisme **232.1**
crític
  perill **252.1**
  queixar-se **345**
crític -a
  periodisme **368.1**
crítica
  queixar-se **345**
  periodisme **368.2**
criticar
  incorrecte **300.1**
  queixar-se **345**
crol **391.1**
crònica **342.1**
croquis **381.3**
crosses **126.6**
crosta **156.1**
crostó **156.1**
cru **243**
crucial **67**
cruel
  despietat **223**
  cruel **225**
  estricte **229**
cruïlla **311** ☆
cruïlla circular **311** ☆
cruixent **100.2**
cruixit
  dur **100.1**
  malaltís **128**
cruspir **164.3**

crustaci **10.2**
cua
  animals salvatges **1** ☆
  ocells **9** ☆
  esperar **286**
cub **38.2** ☆
cubell **169** ☆
cúbic **38.2** ☆
cuc **4**
cuca **5** ☐
cucut **9**
cuidar **254**
cuina **169**
cuiner **163.1**
cuir **193.1**
cuirassat **248.4**
cuitat **403.1**
cuixa **86**
cullera **170** ☆
culpa
  malvat **219.1**
  causar **291**
  vergonya **449.1**
culpabilitat
  malvat **219.1**
  vergonya **449.1**
culpable
  malvat **219.1**
  vergonya **449.1**
culpar **219.1**
culte
  emoció **151.2**
  religió **232.6**
  ensenyar **234**
cultiu **173.4**
cultivable **173.4**
cultivar **173**, **173.4**
cultivat
  emoció **151.2**
  societat **204**
cultura **195**
cunyat -ada **138.4**
cura
  guaricions **126**
  curós **301**
curar **126**
curiós
  esbrinar **113.3**
  insòlit **444.1**
curiositat **113.3**
curós
  endreçat **63**
  curós **301**
curry **161.3**
curs **235**
cursa
  esports de pilota **389.2**, **389.3**
  àgil **390.1**
  esports eqüestres **395.1**
cursar **290**
curt
  petit **44.1**
  estúpid **240**
curull **332**
custòdia
  nadons **136.3**
  sistema legal **209.2**

d'acord **348**
dades **296**
daltabaix
  ràpid **403.1**
  enfadat **450.2**

dama **205.1**
dama d'honor **195.3** ☆
dames **386.4**
damunt **66** ☆
danès **361.1**
dansa **376.6**
dansar **376.6**
dany **132**
danyar **132**
dards **394**
darrer **34.2**
darrere **66** ☆
dàrsena **312.4**
data **25.1**
datar **25.1**
dàtil **152.5**
dau **386.4**
davallar **412.3**
davant **66** ☆
de **265.3**
deambular **407.2**
debat **354**
debatre **354**
debatre's **276**
dèbil **402**
debilitar **402**
debilitat
  feble **402**
  gaudir **428.1**
dècada **25.4**
decantar **412.1**
decapitar **133.1**
decebre **214.2**
decebut **448**
decenni **25.4**
decent
  bo **417.1**
  adient **420.1**
decepció **448**
decidir-se
  escollir **73**
decidir(-se)
  tenir la intenció de **107**
decidit **107.3**
decisió **107**
decisiu **67**
declaració
  parlar **341.2**
  dir **342.2**
  suggerir **353**
declarar
  documents i procediments per viatjar **316**
  parlar **341.2**
  dir **342**, **342.2**
declarar-se
  suggerir **353**
decoració **59.1**
decorar **59.1**
decorats **376.2** ☆
decorós **420.1**
deduir
  creure **105.1**
  significat **364.2**
deessa **232.3**
defecar **102**
defecte **300.1**
defectuós **300.1**
defensa
  sistema legal **209.4**
  guerra **248.1**
defensar
  encoratjar **279.2**
  estar d'acord **348**

admirar **431**
defensar(-se)
  guerra **248.1**
defensiu **248.1**
deficient **438**
definició **343**
definir **343**
definit **82**
definitiu **326**
definitivament **82**
de franc **266**
defraudar
  deshonest **214.1**
  decepció **448**
defugir
  lliure **210**
  evitar **324**
  excloure **437**
degollar **198.3**
degudament **299**
degut **261.1**
deixadesa **302**
deixalla **71**
deixant de **437**
deixar
  acabar **34**
  permetre **230**
  préstecs **261**
  posar **289**
  anar(-se'n) **322**
  portar **323**
  donar **372.4**
deixat **64**
delació **353.1**
delectació **422**
delectar-se **428**
delegar **57**
deliberat **107.3**
delicat
  tou **99**
  ben educat **143.2**
  emoció **151.1**, **151.2**
  difícil **243**
  feble **402**, **402.1**
deliciós **157.6**
delicte **209.1**
delinqüent
  sistema legal **209.1**
  malvat **219.3**
delir-se **72.1**
delirant **129.2**
delitós **422**
demà **25.1**
demacrat **49**
demanar
  ocupació **271.7**
  preguntar **351**, **351.2**
demanda
  voler **72.2**
  preguntar **351**, **351.2**
demandant **209.4**
democràcia **227.5**
democràtic **227.5**
demorar **330**
demostració **92.3**
demostrar **92**
dempeus **97.1**
denegació **346.1**
dens **40** ☐
densitat **40** ☐
dent **86.1**
dentadura **123**
dental **123**
dentat **61**

dentista **123**
departament **271.2**
dependència **218**
dependent -a
  comprar i vendre **263**
  botigues **273** ☆
  de fiar **218**
dependre **218.1**
depressió **447**
deprimit **447**, **447.1**
derrota **248.1**
derrotar
  guerra **248.1**
  èxit **396.1**
desacord
  separar **295**
  discrepar **346**
desacreditar **449**
desafiament
  valor **258.1**
  discrepar **346.2**
desafiar
  valor **258.1**
  discrepar **346.2**
desafortunat **387.2**
desagradable
  dolent **438**, **438.1**
  horror i repugnància **446.1**
desagradar **445**
desanimar **446.2**
desaparèixer **322.2**
desaprofitar **70**
desaprovació **445**
desaprovar **445**
desar **289**
desarmat **248.4**
desassenyat **241.2**
desavantatge **244.2**
desavinença
  malentendre **115**
  discrepar **346**
desbordar-se **332**
descans **183.1**
descansar **183**
descarat
  descarat **145**
  valor **258.1**
descàrrec **209.4**
descarregar **333**
descarregat **197.1**
descendent **138.7**
descendir **412.3**
descens **412.3**
descobert **261.2**
descoberta **95**
descobriment
  trobar **95**
  esbrinar **113**
descobrir
  trobar **95**
  esbrinar **113**
  destapar **335**
  admetre **350.1**
descolorir(-se) **23**
descomposició **132.5**
descompte **262.9**
desconcert **115.1**
desconcertar
  malentendre **115.1**
  sorpresa **118.1**
  vergonya **449.2**
desconsideració **445**
desconegut -uda **112**, **112.1**
desconfiat **109**

445

ÍNDEX DE LES PARAULES EN CATALÀ

desconnectar
  separar **295**
  maquinària **303.1**
desconsiderat **445**
descordar **295.1**
descortès **144.3**
descripció **343**
descriure **343**
descurar **302**
descurat
  desendreçat **64**
  descurós **302**
descurós **302**
desdenyar
  orgullós **148.2**
  odiar i tenir antipatia **445**
desdenyós **445**
desdir-se **324**
desembarcar **312.3**
desembocadura **13.7**
desemborsament **263.1**
desembre **25.2**
desemmascarar **335**
desempallegar(-se) **70**
desencert **300.1**
desendreçat **64**
desenganxar
  danyar **132.3**
  separar **295**
desenterrar **113**
desenvolupament **58**
desenvolupar(-se) **58**
desert
  geografia i geologia **13.2**
  buit **333**
desertar **322.1**
desesmat **285**
desesperació **447.1**
desesperançat **447**
desesperant **438**
desesperar-se **447.1**
desesperat **447, 447.1**
desfalcar **220**
desfer
  obert **179**
  separar **295.1**
desfer-se
  pobre **70**
desfet **295**
desfeta **248.1**
desfici **255.4**
desficiós **255.4**
desfilar **407.3**
desgana **285**
desglaçar(-se) **18.4**
desgràcia
  sort **387.2**
  trist **447**
desgraciat
  sort **387.2**
  dolent **438.2**
  trist **447, 447.1**
desguàs
  forat **134**
  parts d'un edifici **176** ☆
deshabitat **175**
deshidratar **22**
deshonest **214**
deshonra **449**
deshonrar **449**
desig **72, 72.1**
desigual **61**

desil·lusionar **448**
desil·lusionat **448**
desintegrar-se **132.5**
desinteressat **211**
desitjable **72**
desitjar **72**
desitjós
  por **255.4**
  frisós **278, 278.1**
deslleial **214.3**
deslleialtat **214.3**
deslligament **295**
deslligar **295.1**
deslligat **295.1**
deslliurar-se **324**
deslloriga r**274.1**
desmai
  arbres **12.1**
  símptomes **125.3**
desmaiar-se **125.3**
desmanyotat **400**
desmemoriat **117**
desmentir **346.1**
desmillorat **49**
desmuntat **295**
desobedient **219.2**
desobeir **219.2**
desocupació **271.8**
desocupat
  ocupació **271**
  buit **333**
desodorant **184.1**
desordenar
  desendreçat **64**
  interferir **246**
desordenat **64**
desordre
  desendreçat **64**
  interferir **246**
despatx **272**
despatxar **271.8**
despectiu **148.2**
despentinat **64**
desperfecte **300.1**
despert **182.4**
despertador **26.1** ☆
despertar
  emoció **257.3**
despertar(-se)
  dormir **182.4**
despesa
  comprar i vendre **263.1**
  car **267**
despietadament **223**
despietat **223**
despistar **214.2**
despistat **117**
despit **225.1**
despreocupat
  informal **147**
  descans i relaxació **183**
després **320.1**
desprotegit **335**
desproveït **270**
despullar(-se)
  roba **190.2**
destapar **335**
despullat **190.2**
destapar **335**
desterrar **209.5**
destí **387**
destinació **317.2**
destitució **375.3**
destorbar
  dificultar **245,

452.1
  interferir **246**
destral **382.1** ☆
destralejar **133.2**
destre
  destre **239**
  útil **281**
  àgil **399**
destresa **239.1**
destrossar
  danyar **132.2**
  conduir **309.4**
destrossat
  dormir **182.3**
  separar **295**
destrucció **132.1**
destruir **132.1, 132.6**
desunir **295**
desvalgut **402**
desventura
  sort **387.2**
  trist **447.1**
desvergonyit **145**
desvestir(-se) **335**
detall
  insignificant **76**
  curós **301.1**
detectar **113**
detectiu -iva **209.2**
detenció **209.2**
detenir **209.2**
detergent
  bugada **186**
  neteja **187.2**
detergent líquid **187.4**
deteriorament **441**
deteriorar-se **441**
determinat
  segur **82**
  particular **84**
detestable **438.1**
detestar **445**
deturar-se
  descans i relaxació **183.1**
  esperar **286**
deu **13.7**
Déu **232.3**
déu **232.3**
deure
  banc **260.1**
  préstecs **261.1**
  treball **274.3, 274.4**
deures **235**
deute **261.1**
devesa **173.1**
devoció **427.2**
devolució **261.2**
devorar
  animals petits **4** ☐
  menjar **164.3**
devot **232.8**
d'hora **325**
dia **25.1**
diabetis **124.12**
diable
  malvat **219.3**
  religió **232.3**
dia feiner **25.1**
diafragma **101.2** ☆
diagnosi **126.2**
diagnosticar **126.2**
diagonal **38.4** ☆
diagrama **297**
dialecte **341.6**
diàleg **341.1**
diamant **15**

diamants **386.3** ☆
diàmetre **38.1** ☆
diana **394**
diapositiva **381.4**
diari
  calendari i estacions **25.1**
  llibre **367.2**
  periodisme **368**
  normal **442**
diarrea **124.7**
dibuix
  formes **38.3**
  arts i oficis **381.3, 381.6**
dibuixar **381.1**
dic **312.4**
diccionari **367.3**
dictadura **227.5**
dictaminar **342.2**
dictar **341.5**
dictat **341.5**
diesel **303.3**
diesi **379.8** ☆
dieta
  prim **49.1**
  diner **265.3**
dietes **265.3**
diferència **55**
diferenciar(-se) **55.1**
diferent
  diferent **55**
  separar **295**
diferir **330**
difícil **243**
dificultar **245**
dificultat **244**
dificultats **219.2**
difós **442.1**
difunt **197.1**
digerir **164.2**
digne
  valor **268.3**
  adient **420.1**
dignitat
  formal **146**
  admirar **431**
dijous **25.1**
dilapidar **69**
dilatar(-se) **46**
dilema **244**
diligència **328**
diligent **403**
dilluns **25.1**
diluir **21**
dimarts **25.1**
dimecres **25.1**
dimensió **40**
dimensions **41**
diminut **44**
dimissió **271.8**
dimitir **271.8**
dimoni
  malvat **219.3**
  religió **232.3**
dinàmic **401.2**
dinar **162**
diner **265**
dins **176.1**
dintre
  posició **66** ☆
  parts d'un edifici **176.1**
diòxid de carboni **17**
diploma **233.5**
diplomàcia **143.2**
diplomàtic **143.2**

dipòsit
  viure **175.2**
  cambra de bany **185** ☆
  préstecs **261.3**
  fer negocis **262.6**
  ocupació **271.2** ☐
  recipients **331.4**
dipositar
  banc **260, 260.1**
  posar **289**
dir
  nom **137.1**
  parlar **341**
dir **342**
direcció
  control **228.4**
  ocupació **271.4**
  viatjar **317.2**
  suggerir **353.1**
  direccions **318**
directament **403.2**
directe
  continuar **33.1**
  honrat **213.2**
director -a
  control **228.4**
  ensenyar **234.1**
  ocupació **271.4**
  periodisme **368.1**
  música **379.3, 379.4** ☆
dirigir
  control **228, 228.2, 228.4**
  ocupació **271.4**
  conduir **309**
disbarat **300.1**
disbarats **241.3**
disc
  comunicacions **340.3**
  música **379.9**
disc compacte **379.9**
disc dur **296**
discernir **91.4**
disc flexible **296** ☐
disciplina **229**
disciplinar **229**
disciplinat **63**
discoteca **376.6**
discreció **143.2**
discrepar **346, 346.1**
discret
  ben educat **143.2**
  sensat **238.1**
  curós **301**
  normal **442.3**
discretament **143.2**
discriminació **212**
discriminar **212**
disculpa **449.1**
disculpar
  pietat **221.1**
disculpar-se
  vergonya **449.1**
discurs **341.1, 341.4**
discussió
  discrepar **346, 346.3**
  debatre **354**
discutible **83.2**
discutidor **346.4**
discutir
  discrepar **346, 346.3**
  debatre **354**

disfressa
  roba **190.6**
  amagar **339**
disfressar **339**
disgust
  sorpresa **118.1**
  horror i repugnància **446**
disgustat
  trist **447.1**
  decepció **448**
disminució **47**
disminuir(-se) **47**
disminuït
  malalties **124.3**
  problema **244.2**
disparar
  matar **198.1**
  guerra **248.4**
dispers **45.1**
dispesa **175.2**
disponibilitat
  llest **328**
  obtenir **373**
disponible
  innecessari **68**
  buit **333**
  obtenir **373**
disposar **289**
disposat
  frisós **278.1**
  llest **328**
disposició **142.1**
dispositiu
  cosa **305**
  eines **382.1**
disputa **346, 346.1**
disputar **346, 346.1**
disquet **296** ☐
dissabte **25.1**
dissecar **332**
dissentiment **346.1**
dissentir **346.1**
disseny
  formes **38.3**
  fer **293.1**
  classe **306**
dissenyador -a
  fer **293.1**
  roba **190.13**
dissenyar **293.1**
dissidència **346.1**
dissipar **69**
dissort **447**
dissortat
  sort **387.2**
  trist **447**
dissuadir **228.5**
distància **320, 320.2**
distanciar-se **320.2**
distanciat **295**
distant **320.2**
distinció **55.1**
distingir
  diferent **55.1**
  veure i mirar **91.4**
distintiu **192.4**
distracció **422**
distret
  oblidar **117**
  buit **333**
distribució **372.3**
distribuïdor -a **372.3**
distribuir **372.2, 372.3**
districte **14.1**
dit **86**

diumenge **25.1**
divendres **25.1**
diversió
  descans i relaxació **183.1**
  feliç **422**
  divertit **424.1**
  gaudir **428.1**
divertidíssim **424.2**
divertir
  entreteniment **376**
  divertit **424.1**
divertit
  divertit **424.1, 424.2**
  gaudir **428**
diví **232.8, 232.9**
dividir
  matemàtiques **297.1**
dividir(-se)
  separar **295**
divises **265.1**
divisió **295**
divorci **195.3**
divorciar(-se) **195.3**
divulgar **210**
do **239.2**
doblar **46.1**
doble
  augmentar **46.1**
  substituir **57**
doblegar-se
  donar forma **39**
  posicions corporals **97.4**
docent **233**
dòcil
  dòcil **3**
  modest **150**
dòcilment **3**
doctrina **234**
document **366**
documental **378.1**
dofí **10.3**
dolç
  dòcil **3**
  sabors **157.4**
dolcenc **157.4**
dolços **161.1**
dolent
  malvat **219**
  dolent **438**
  inferior **439**
dolentíssim **438.1**
doll **411.3**
dolor
  símptomes **125.1**
  trist **447.1**
dolorós
  símptomes **125.1**
  trist **447.1**
domesticar **3**
domesticat **3**
dominar **228, 228.3, 228.4**
domini
  control **228.3**
  aguantar **336**
dona
  famílies i familiars **138.4**
  gent **139.4**
  femení **141**
  donació **372.1**
  donant **372.1**
donar

control **228.2**
permetre **230**
ajuntar **294**
aguantar **336**
donar **372, 372.1**
jocs **386.3**
donar-se
  fracàs **397**
donatiu **372.1**
dormida **182**
dormir **182**
dormitori **181**
dosi **126.4**
dotat **239.2**
dotze **298.1**
dotzena **298.1**
drama **376.1**
dramàtic
  emoció **257.2**
  entreteniment **376.1**
dramaturg -a **376.1**
drassana **312.5**
dràstic **403**
dret
  posició **66** ☆
  lleis i normes **208**
  control **228.6**
  permetre **230**
dreta **318.2**
dretà **369**
drets **316**
droga
  guaricions **126.5**
  drogues **172**
drogar
  guaricions **126.5**
drogar-se
  drogues **172.1**
drogoaddicte -a **172.1**
dropejar **283**
dropo
  gandul **283**
  lent **404**
dròpol -a **283.1**
drugstore **273** ☐
duana **316**
duaner -a **316**
dubtar
  insegur **83.1**
  esperar **286**
  preguntar **351**
dubte
  insegur **83, 83.1**
  endevinar **109**
  emoció **257**
  esperar **286**
  preguntar **351**
dubtós **83.2**
duc **205** ☐
duel **249**
duet **379.3**
duna **13.6**
duo **379.3**
dúplex **174.2**
duquessa **205** ☐
dur
  dur **100**
  hortalisses **151.3**
  cruel **225**
  estricte **229**
  difícil **243**
  força **401.1**
  durícia **124.5**
dutxa **185** ☆
dutxar-se **184.1**

eco **356**
economia
  fer negocis **262**
  finances **264.1**
econòmic
  finances **264, 264.1**
  barat **266**
econòmiques
  ensenyament **233.3**
  finances **264.1**
edat
  temps **26.2**
  vell **200**
edició **367.7**
edifici **174**
editar **367.7**
editor **367.7**
editorial
  llibre **367.7**
  periodisme **368.2**
edredó **181.1**
educació **233**
educació física **233.2**
educar **234**
educatiu **233**
efecte **292**
efervescent **166.1**
eficaç **274.2**
eficient **274.2**
efímer **29.2**
efusiu **151.3**
egoisme **226**
egoista **226**
eguinar **8.1**
eina **382.1**
eixamplar(-se) **46.2**
eixarcolar **384.2**
eixordador **88**
eixorivit **401.2**
eixugaparabrisa **308** ☆
eixugar
  neteja **187.3**
eixugar(-se)
  sec **22**
eixut **22**
ejacular **199.3**
elaborar **290**
elapé **379.9**
elàstic **99.1**
elecció
  escollir **73**
  política i governació **227.3**
elèctric **303.4**
electricista **174.6**
electrònic **303.4**
elefant **1** ☆
elegant
  bell **59**
  llis **63**
  femení **141**
  formal **146**
elegir **73**
element
  part **52.1**
  ensenyament **233.4**
elemental **247**
elevar
  augmentar **46.2**
  pujar **413**
elf **416.1**
eliminació
  llençar **70**
  agafar **375.3**
eliminar
  tapar **334**

agafar **375.3**
elogi **430**
elogiar **430**
eloqüent **359**
eludir **324**
emaciat **49**
embaràs **136.1**
embarassada **136.1**
embarbussar-se **341.7**
embarcació **312**
embarcador **312.4**
embarcar(-se) **312.3**
embassament **13.4**
embellir **59.1**
embenar
  guaricions **126.6**
  ajuntar **294.1**
  tapar **334**
embenat **126.6**
embolcall **334**
embòlia **124.11**
embolic
  desendreçat **64**
  ximple **241.4**
  no qualificat **242**
  ajuntar **294.2**
embolicar
  desendreçat **64**
  ple **332**
  tapar **334**
embolicar(-se)
  ajuntar **294.2**
embolicat **64**
embotellar **331.2**
embotir **332**
embragatge **308.1**
embrancament **311** ☆
embriac -aga **166.7**
embrió **136.1**
embruixador
  màgia **416.1**
  atreure **432**
embruixar
  màgia **416.1**
  atreure **432**
embús **309.3**
embussament **245.1**
embussar **245.1**
embut **303.2**
emergència **252.1**
emergir **321.2**
emetre **293**
èmfasi **355**
emissió
  lliure **210**
  radiodifusió **378.1**
emmagatzemar **262.6**
emmagatzematge **262.6**
emmarcar **53**
emoció
  emoció **151.1**
  emoció (excitació) **257**
emocionant **257.2**
emocionar **257.3**
emocionat **257.1**
emotiu **151.1**
empaitar **409.1**
empanada **156.3**
emparar **254.1**
emparentat **138.7**
empassar
  menjar **164.3**
empassar-se
  creure **105.3**

ÍNDEX DE LES PARAULES EN CATALÀ

empassar(-se)
  menjar **164.2**
  beure **167**
empastat **123**
empastifar **189.1**
empenta
  religió **232.9**
  estirar i empènyer **338**
empentejar **338**
empènyer
  estirar i empènyer **338**
  ràpid **403.1**
  llançar **405**
emperador **205** ☐
emperadriu **205** ☐
empetitir **44**
empipador **244.1**
empipar
  cruel **225.1**
  problema **244.1**
  encoratjar **279.1**
  enfadat **450**
empitjorar **441**
empleat -ada **271.3**
emprendre **287.2**
emprenedor **258.1**
emprenyat **450.1**
empresa
  tenir la intenció de **107.1**
  fer negocis **262, 262.1**
  ocupació **271.2**
  fer **287.2**
empresari -ària **262, 262.1**
empresonar **209.5**
emprovar **276.1**
emú **9** ☆
enagos **190.9**
encabir
  ple **332**
  aguantar **336**
encabritar-se **97.1**
encaixada **196**
encalçar **409.1**
encallat **294.1**
encalmat
  llis **62**
  tranquil·litat **259**
encant
  feliç **422**
  atreure **432**
encantador
  bell **59**
  atreure **432**
encantament **416**
encantar
  màgia **416.2**
  atreure **432**
encantar-se
  veure i mirar **91.2**
encantat **422.2**
encanteri **416**
encapçalament **366**
encapritxament **427.3**
encapritxar-se **426**
encapritxat **427.3**
encapsar **331.1**
encarcarar(-se) **100.1**
encàrrec
  voler **72.2**
  treball **274.3**
  dir **342**
  escriure **369.1**

encarregada **271.4**
encarregar
  escollir **72.2**
encarregar-se
  cuidar **254**
encarregat **271.4**
encavalcament **334**
encavallar(-se) **334**
encendre
  emoció **257.3**
encendre('s)
  cremar **135.1**
encenedor
  cremar **135.1**
  fumar **171**
encerar **187.3**
encerclar **53**
encertar **109**
encertat **420.1**
encetar **132.3**
enciam **155.4**
enciclopèdia **367.3**
encís **432**
encisador **432**
encisar **432**
encobrir **339**
encolar **294.3**
encoleritzar **450**
encongir
  gest **365**
encongir-se
  por **255.3**
encongir(-se)
  disminuir **47**
encoratjament **279**
encoratjar
  encoratjar **279**
  cridar **344**
encreuament **311** ☆
endarrerir **330**
endarrerit
  estúpid **240**
  tard **326**
enderroc **71**
endevinaire **385**
endevinar **109**
endolcir **157.4**
endoll **382.3**
endollar **303.1**
endormiscar-se **182.1**
endormiscat **182.1, 182.3**
endrapar
  menjar **164.3**
  ple **332**
endreçar
  endreçat **63**
  posar **289**
endreçat **63**
endurir(-se) **100**
enemic -iga **250**
enemistat **250**
energia
  maquinària **303.2**
  força **401**
enèrgic
  religió **232.9**
  força **401.2**
enèrgicament **401.1, 401.2**
enfadat **450, 450.1**
enfangat **189**
enfarfollar-se **341.7**
enfeinat **275**
enfilar
  arts i oficis **381.6**
enfilar-se

caminar **407.5**
  pujar **413**
enfolcar(-se) **207.1**
enfonsar
  moll **21.1**
enfonsar(-se)
  caure **412.2**
enfortir **401.3**
enfosquir(-se) **23**
enfrontar-se **258**
enfurismar **450.1**
engalipar **214.2**
enganxada **346.3**
enganxar
  ajuntar **294, 294.1, 294.3**
enganxar-se
  aguantar **336**
enganxifós **294.1**
engany **214.2**
enganyar
  deshonest **214.1, 214.2**
  bromejar **425**
enganyós **214.2**
enganyosament **214.2**
engegar **303.1**
enginy
  intel·ligent **236**
  divertit **424.1**
enginyer -a **303**
enginyeria **303**
enginyós
  intel·ligent **236, 236.1**
  divertit **424.1**
engolir **164.2, 164.3**
engraellat **180** ☆
engrapar **375.1**
engreixar **48**
engrescar **278**
engruna **156.1**
engrut
  brut **189**
  ajuntar **294.3**
  eines **382.2**
engrutar **294.3**
enguixar **304.1**
enigma **115.1**
enigmàtic **444.1**
enlairament **313.2**
enlairar-se
  avions **313.2**
  pujar **413**
enllaç **294**
enllaçar **294**
enlluernament **24.2**
enlluernar **24.2**
enllustrar **187.3**
ennegrir **189.1**
ennuegar-se **164.2**
en punt **299**
enquadernació **294.1**
enquadernar **294.1**
enquesta
  preguntar **351**
  document **366.2**
enrabiar **450.1**
enraonador **359**
enraonies **360**
enregistrar **379.9**
enrigidir(-se) **100.1**
enrotllar **411.3**
ensarronar **214.1, 214.2**
ensenyament
  ensenyament **233**

ensenyar **234**
ensenyament religiós **233.2**
ensenyar
  mostrar **92**
  ensenyar **234**
ensinistrador -a **234.1**
ensinistrar **234**
ensopegar
  trobar **95**
  caure **412.1**
ensopit
  avorrit **119**
  gandul **283**
ensorrar-se **412.1**
ensucrat **157.4**
ensumar
  olor **90**
  respirar **103**
ensurt **255, 255.2**
entabanar **214.2**
entatxonar
  ple **332**
  aguantar **336**
entendre
  creure **105.1**
  entendre **114, 114.1**
entendrir-se **221.1**
enter **50**
enterrament **195.4**
enterramorts **195.4**
enterrar **195.4**
entès **110**
entès -esa
  aprendre **235.1**
  destre **239**
entestar-se **33**
entonació **341.6**
entorn **14.2**
entrada
  parts d'un edifici **176.1**
  religió **232.5** ☆
  carreteres **311** ☆
  esports de pilota **389.3**
entrar **388.1**
entreacte **376.2**
entrebancar-se **412.1**
entregar **372**
entremaliadura **219.2**
entremaliat **219.1, 219.2**
entremesos **162.2**
entremetre's **246**
entrenador -a **234.1**
entrenament **388.1**
entrenar(-se) **234**
entreobert **179**
entrepà **161.2**
entreteniment **376**
entretenir
  entreteniment **376**
  divertit **424.1**
entretenir-se
  esperar **286**
entreveure **91.1**
entrevista
  fer negocis **262.10**
  ocupació **271.7**
entrevistar **351**
entrevistar(-se)
  ocupació **271.7**
entristir **447**
entristir-se **447.1**

entusiasmar
  emoció **257.3**
entusiasmar-se
  frisós **278**
entusiasmat **278**
entusiasme **278**
entusiasta
  necessari **67**
  frisós **278**
entusiàstic **278**
enuig **450**
enumerar **366**
enutjar **450**
enutjós **182.3**
envair **248.1**
envaliment **258**
envanit **149**
envàs
  recipients **331.1** ☆
  tapar **334**
enveja **251**
envejar **251**
envejós **251**
envellir(-se) **200, 200.1**
envellit **200.1**
enverinar **198.1**
envestir **309.4**
enviar
  oficina **272.1**
  comunicacions **340.2**
envigorir **401.3**
envoltar **53**
enyorar **72**
epidèmia **124.1**
epilèpsia **124.12**
epilèptic **124.12**
episodi **378.1**
època **26.2**
equador **13.5** ☆
equip
  eines **382.1**
  esport **388.2**
equipament **382.1**
equipatge **317.4**
equivalent **54.2**
equivocació
  malentendre **115**
  incorrecte **300.1**
equivocadament **300**
equivocar
  fracàs **397**
equivocar-se
  incorrecte **300.1**
equivocat
  deshonest **214.2**
  incorrecte **300, 300.1**
era **26.2**
eriçó **4**
erigir
  posar **289.1**
  fer **293.2**
erm
  geografia i geologia **13.2**
  agricultura **173.6**
ermità -ana **435.1**
erosió **132.5**
erosionar **132.5**
eròtic **199.1**
errar **407.2**
errar-la **300.1**
erroni
  deshonest **214.2**
  incorrecte **300**

ÍNDEX DE LES PARAULES EN CATALÀ

error
  ordinadors **296**
  incorrecte **300.1**
eructar **125.4**
eructe **125.4**
erudició **233.5**
erudit **236**
eruga **5** ☆
erupció **124.5**
esbalaïment **118**
esbalair **118**
esbandir **187.2**
esbarjo **183.1**
esbart **173.7**
esbellegar **133.2**
esberlar(-se) **295**
esborrador **371**
esborrallar **189.1**
esborrany **381.3**
esborrar
  esborrar **371**
  agafar **375.3**
esborronador
  dolent **438.1**
  horror i repugnància **446.1**
esbravat **166.1**
esbrinar
  esbrinar **113**
  aprendre **235**
esbroncar **450.2**
esbufec **103.1**
esbufegar **103.1**
escac **386.4**
escacs **386.4**
escaire **297** ☆
escala
  mida **41**
  interiors **177.2** ☆
  música **379.8** ☆
escalada **393.1**
escala de mà **382.2**
escala mecànica **177.2**
escaldar **168.1**
escalfador **20.1**
escalfaplats **169** ☆
escalfar
  maneres de cuinar **168.1**
escalfar(-se)
  calent **20**
escama **10.1** ☆
escamot
  d'afusellament **198.2**
escampar
  escombraries **71**
  posar **289**
  llançar **405**
escampar(-se)
  augmentar **46**
escandalós **450.1**
escàndol **450.1**
escantellar **132.3**
escanya-rals **226**
escanyolit **49**
escapada **210**
escapar-se
  lliure **210**
  anar(-se'n) **322.1**
  evitar **324**
escapolir-se
  anar(-se'n) **322.1**
  evitar **324**
escàpula **101.1** ☆
escaquer **386.4**

escarabat **5**
escarabat de cuina **5**
escarnir **56.1**
escarpat **38.4** ☆
escarransit **402**
escarràs **274.1**
escarrassar-se
  treball **274.1**
  provar **276**
escàs
  quantitat petita **45.1**
  insòlit **444.2**
escassament **45.1**
escassetat **444.2**
escatar-se **132.3**
escatimar **251**
escaure **420**
escena **91.7**
escenari **376.2** ☆
escindir(-se) **295**
escissió **295**
esclafar **132.4**
esclarissat **45.1**
esclau -ava **274.5**
esclavitud **274.5**
escletxa **134**
esclop **191** ☆
escola **233** □
escola primària **233** □
escolar **235.1**
escollir **73**
escoltar **87**
escombra **187.2**
escombrar **187.2**
escombraries **71**
escombriaire **71** ☆
escopinada **86.1**
escorcollar **94**
escorpí **4**
Escorpió **28** ☆
escorredora
  maneres de cuinar **168.4** ☆
  cuina **169** ☆
escorreplats **169** ☆
escórrer
  maneres de cuinar **168.4**
  buit **333**
  aguantar **336**
escórrer-se
  sexe **199.3**
escridassar **450.2**
escriptor -a
  llibre **367.7**
  escriure **369**
Escriptura **232.7**
escriptura **369**, **369.3**
escriure **369**, **369.1**
escrupolós **301.1**
escrupolosament **301.1**
escrúpols **83.1**
escrutar **91.3**
escrutini **91.3**
escull **252**
escullera **312.4**
esculpir **133.3**
escultura **381.5**
escumós **166.1**
escurar **164.2**
escurat **270.1**
escurçar
  disminuir **47**
  control **228.5**
escut **254.1** ☆
esdernegar **133.3**

esdeveniment **31.1**
esdevenir **31**
esfera **38.2** ☆
esfereïdor
  sorpresa **118.1**
  dolent **438.1**
esfereir **255.2**
esfèric **38.2** ☆
esfondrament **412.1**
esfondrar-se **412.1**
esforç
  tensió **256**
  treball **274.1**
  provar **276**
esforçar-se
  lluitar **249**
  treball **274.1**
  provar **276**
esfumar-se **322.1**
esgarrifor **446**
esgarrifós **438.1**
esgarrinxada **132.3**
esgarrinxar **132.3**
esgarrifós **255.2**
esglai **255**, **255.2**
esglaiador **438.1**
esglaiar
  por **255.2**
esglaiar-se
  respirar **103.1**
església **232.5**
esgotador **243.1**
esgotament **182.3**
esgotar-se **274.1**
esgotat **182.3**
esgrima **392.1**
esguardar **91**
esgüellar **8.2**
eslip **190.7**
eslògan **362.2**
esment **301**
esmentar **341.3**
esmicolar
  danyar **132.2**
  tallar **133.3**
esmolat **133.5**
esmòquing **190.4**
esmortir **89.1**
esmorteït **23**
esmorzar **162**
esmunyedís **411.2**
esmunyir-se **407.4**
esmussat **133.5**
esnob **148.2**
espaguetis **156.4**
espai **41**
espaiadament **45.1**
espaiós **42**
espant **255**, **255.2**
espantadíssim **255.1**
espantar
  sorpresa **118.1**
  por **255.2**
espantat **255.1**
espantós
  lleig **60**
  dolent **438.1**
  horror i repugnància **446.1**
espanyaportes **220.1**
espanyol **361.1**
esparadrap **126.6**
espàrrec **155.1**
esparver **9.3** ☆
espasa **248.4** ☆
espasme **411.1**
espatlla

cos humà - aspectes
  externs **86**
cos humà - aspectes
  interns **101.1** ☆
esports aquàtics **391.1**
espatllar
  danyar **132**, **132.2**
  interferir **246**
espatllar-se
  empitjorar **441**
espavilat
  intel·ligent **236**, **236.2**
  perill **252.2**
espècia **157.2**
especial
  particular **84**
  cridar **444.3**
especialista
  hospital **122**
  aprendre **235.1**
  destre **239**
especialitzar-se **239**
especialitzat **239**
especialment
  innecessari **68**
  particular **84**
espècie **306**
específic **84**
especificació **84**
especificar **84**
espectacle **376.1**
espectre **416.2**
especulació **109**
especular **109**
espelma **24.4** ☆
espera **286**
esperança
  voler **72**
  endevinar **109**
esperançador **279**
esperançat **72**
esperar
  voler **72**
  endevinar **109**
esperar-se
  esperar **286**
esperit **232.9**
esperma **101.3**
esperonar **279**
espessor **40** □
espiar **94.1**
espifiar-la **300.1**
espina **11** ☆
espinac **155.1**
espinada **101.1** ☆
espinós **133.5**
espinyar **131.1**
espiral **38.2** ☆
Esperit Sant **232.3**
espiritual **232.9**
esplèndid
  gran **77**
  bo **417.2**
espolsar **187.2**
espolsar(-se) **187.3**
esponja **184.1**
esponjós **99**
esporgar **384.2**
esport **388**
esportista **388.2**
espòs **138.4**
esposa **138.4**
esprémer **336**
esprimatxat
  prim **49**

cos humà **101.2**
esprint
  atletisme **390.1**
  córrer **408**
espurnejar **24.3**
esquaix **389.5**
esquelet **101.1** ☆
esquena **86**
esquer
  activitats de lleure **380.1**
  atreure **432.1**
esquerda
  danyar **132.2**
  forat **134**
  separar **295**
esquerdar(-se) **132.2**
esquerra
  política i governació **227.4**
  direccions **318.2**
esquerrà **369**
esquí **393.2**
esquí aquàtic **391**
esquiar **393.2**
esquifit
  petit **44**
  quantitat petita **45.1**
esquilar **173.7**
esquinçar
  tallar **133.2**
  separar **295**
esquirol **4**
esquitllar-se **407.4**
esquitxar(-se) **21.1**
esquivar **324**
esquizofrènia **129.2**
essència
  olor **90**
  significat **364**
essencial **67**
ésser **305**
est **318.1**
estabilitzar-se **62.1**
estable
  agricultura **173.3**
  seguretat **253**
  jardineria **284.2**
establiment
  viure **175.1**
  fer **293.2**
establir
  posar **289**
  fer **293.2**
establir-se
  viure **175.1**
estació
  trens **314.1**
  viatjar **317.3**
  calendari i estacions **25**
estacionari **284.2**
estada **286**
estadi **388.4**
estafa
  deshonest **214.1**
  car **267.1**
estafador **214**, **214.2**
estafador -a **214.1**
estafar
  deshonest **214.1**
  car **267.1**
estalvi **253**
estalviar
  banc **260.1**
  tenir **374.2**
estancar

449

ÍNDEX DE LES PARAULES EN CATALÀ

dificultar **245.1**
estancar-se
  inacció **284.1**
estancat **284.1**
estandarditzar **54.1**
estanyol **13.4**
estar
  ser, estar **29**
estar-se
  inacció **284**
  esperar **286**
  visitar **319**
estàrter **308.1**
estat
  àrees **14.1**
  ocórrer **31.2**
estàtua **381.5**
estavellar(-se) **309.4**
estel **27**
estellar(-se) **132.3**
estendre
  augmentar **46**
  posar **289**
  aguantar **336**
estendre('s)
  augmentar **46**
estenedor **186**
estèreo **379.9**
estèril **173.6**
esterilitzar **187.2**
esternut **124.6**
estès **442.1**
estibador -a **312.5**
estic **389.4**
estigma **132**
estil **306**
estilogràfica **370** ☆
estima **431**
estimació
  opinió **106**
  endevinar **109**
  admirar **431**
estimar
  opinió **106.2**
  endevinar **109**
  estimar **426**
  amor **427**
estimat -ada **427.5**
estímul
  emoció **257.3**
  encoratjar **279**
  atreure **432.1**
estimulació **257**
estimular
  emoció **257.3**
  encoratjar **279**
estintolar **337**
estirada
  augmentar **46**
  estirar i empènyer **338**
estirar
  aguantar **336**
  estirar i empènyer **338**
estirar(-se)
  augmentar **46**
  donar forma **39**
estirat
  llis **62.1**
  cos humà **86.3**
  tensió **256.2**
estiu **25.2** ☆
estoc **262.6**
estoig **331.3**
estol
  agricultura **173.7**

guerra **248.2**
estómac
  cos humà - aspectes externs **86**
  cos humà - aspectes interns **101.2** ☆
estomacada **131.2**
estomacar **131.2**
estora **185** ☆
estornell **9**
estossec **124.6**
estovalles **170** ☆
estovar(-se) **99**
estrafolari **444.1**
estrambòtic **444.1**
estranger **317.2**
estrangular **198.1**
estrany **444.1**
estrany -a **444.5**
estranyament **444.1**
estranyar **115.1**
estratagema **107.1**
estrebada
  estirar i empènyer **338**
  moviment **411.1**
estrebar **338**
estrella **111**
estremir-se **255.3**
estrènyer(-se) **440**
estrep **395** ☆
estrèpit **88.3**
estrès **256**
estret
  dimensions **40** ☆
  prim **49**
  tensió **256.2**
  incòmode **440**
estri **382.1**
estrictament **229**
estricte **229**
estrident **88**
estrip **132.2**
estripar
  tallar **133.3**
estripar(-se)
  danyar **132.2**
estrofa **367.4**
estruç **9** ☆
estructura **293.2**
estructural **293.2**
estructuralment **293.2**
estructurar **293.2**
estuc **304.1**
estucar **304.1**
estudi
  edificis **174.2**
  interiors **177.4**
  aprendre **235**
estudiant **235.1**
estudiar **235**
estudis **233**
estúpid **240**
esvalotat **61**
esvanir-se **322.1**
esvelt -a **49.2**
esverament **255**
etapa **26.2**
etern **29.1**
eufòric **422.2**
èuscar **361.2**
eutanàsia **198**
evadir **324**
Evangeli **232.7**
evasió
  lliure **210**
  anar(-se'n) **322.1**

evitar **324**
evasiu **324**
evident **93**
evidentment **93**
evitar
  lliure **210**
  dificultar **245.1**
  lluitar **249.1**
  carreteres **311**
  evitar **324**
  excloure **437**
exacerbar **441**
exactament **299**
exacte
  particular **84**
  vertader **215**
  estricte **229**
  correcte **299**
exactitud **299**
exageració **355**
exagerar **355**
examen
  ensenyament **233.5**
  provar **276.1**
examinar
  veure i mirar **91.3**
  ensenyament **233.5**
  aprendre **235**
  provar **276.1**
  preguntar **351**
exasperant **450, 450.1**
exasperat **450**
excarcerar **210**
excavació **289.1**
excavar
  buit **333**
  jardineria **384.2**
excedent **68**
excedir **396.1**
excel·lència **417.3**
excel·lent **417.3**
excèntric -a **444.5**
excèntric **444.1, 444.4**
excentricitat **444.4**
excepció **444.2**
excepcional
  bo **417.3**
  insòlit **444.3**
excepcionalment **444.3**
excepte **437**
excés **68**
excessiu
  innecessari **68**
  malgastar **69**
  força **401.1**
excitació **257, 257.3**
excitar **257.3**
excitat **257.1**
exclamació **341.2**
exclamar **341.2**
excloent **437**
exclòs **437**
excloure **437**
exclusió **437**
excrements **102**
excursió
  viatjar **317.1**
  caminar **407.2, 407.5**
excursionisme **393.1**
excusa
  causar **291.1**
  vergonya **449.1**
excusar **221.1**

excuses **342.3**
execució **198.2**
executar **198.2**
executiu -iva **271.4**
exemplar **56**
exemple **92.4**
exercici
  fer **287.2**
  recompensa **388.1**
  esports de gimnàs **392**
exercitar-se **388.1**
exèrcit de terra **248.2**
exhalar **103**
exhibir **92, 92.1**
exigent **243.1**
exigir **72.2**
exigu **45.1**
exili **299**
exiliar **209.5**
existència **29**
existències **262.6**
existir **29**
èxit
  política i governació **227.5**
  èxit **396, 396.2**
exorbitant **267.1**
expandir **46**
expansió **46**
expectació **109.1**
expectativa **109**
expedició **317.1**
expedient **272.1**
expedir
  sistema legal **209.5**
  donar **372.2**
experiència **110.2**
experiment **276.1**
experimental **276.1**
experimentar
  saber **110.2**
  provar **276.1**
experimentat **110.2**
expert
  capaç **237**
  destre **239**
expert -a **239**
expirar
  respirar **103**
  morir **197**
explicació
  dir **342.3**
  explicar **343**
explicar
  dir **342, 342.1**
  explicar **343**
exploració **317.1**
explorar **317.1**
explosió
  sorollós **88.3**
  danyar **132.2**
  utilitzar **280**
explotar **280**
exportació **262.3**
exportar **262.3**
exposar
  mostrar **92**
  destapar **335**
  parlar **341.2**
exposar-se
  perill **252**
exposat **92**
exposició **92.3**
expressar
  parlar **341.2**
  significat **364.2**

expressió **341.2**
expressiu **151.3**
expulsar **209.5**
expulsió **209.5**
exquisit **59**
èxtasi **422.2**
extàtic **422.2**
extasiat **422.2**
extens
  gran **42**
  sencer **50**
extensió
  mida **41**
  augmentar **46**
extenuar **182.3**
extenuat **182.3**
exterior
  posició **66** ☐
  direccions **318.2**
exterminar **198**
extern **66** ☐
extingit **197.1**
extintor **135.2**
extra **68**
extraordinari
  sorpresa **118, 118.2**
  insòlit **444.3**
extraordinàriament
  bo **417.3**
  insòlit **444.3**
extravagant **69**
extraviar **96**
extrem **447.1**
extreure **271.2** ☐

fàbrica **271.2** ☐
fabricació **293.1**
fabricant **293**
fabricar **293.1**
fabulós
  sorpresa **118.2**
  bo **417.3**
fabulosament **417.3**
façana **66** ☆
facció **86** ☆
fàcil **247**
facilitar
  fàcil **247.1**
  donar **372**
facilitat **247**
fàcilment **247**
facinerós -osa **219.3**
factible **78**
factura **263.3**
facturació **313.1**
facturar **263.3**
fada **416.1**
fagot **379.4**
faig **12.1**
fal·làcia **300.1**
falca **38.2** ☆
falcó **9.3** ☆
falda **13.1**
faldilles **190.5**
falguera **11**
fallar
  fracàs **397**
  decepció **448**
fallit **270**
fals
  irreal **36**
  deshonest **214**
  fals **216**
falsedat **214.2**
falsificar

450

ÍNDEX DE LES PARAULES EN CATALÀ

irreal **36**
copiar **56**
deshonest **214.1**
fals **216**
falta
    sistema legal **209.1**
    esport **388.1**
    esports de pilota **389.1**
faltar **324**
fal·lera
    por **255.4**
    amor **427.1, 427.3**
fama **111**
famèlic **165**
família **138**
familiar **138**
familiaritzat **110.2**
famolenc **165**
famós **111**
fan
    encoratjar **279.2**
    estimar **426**
fanal **311** ☆
fanfara **379.3**
fang
    arts i oficis **381.5**
    jardineria **384.3**
fangós **13.2**
fantasia
    idea **108.1**
    destre **239.2**
fantasma **416.2**
fantàstic
    sorpresa **118.2**
    bo **417.3**
far
    llum **24.4** ☆
    cotxe **308** ☆
    vaixells **312.6**
farcell **317.4**
farcir **332**
fardar **92.1**
fardell **207**
farigola **157.2**
farina **156.2**
farmacèutic -a
    guaricions **126.4**
    botigues **273** □
farmàcia
    guaricions **126.4**
    botigues **273** □
farsant **214.1**
fart **447**
fascinació
    interessant **120**
    atreure **432**
fascinant **120**
fascinar **120**
fase **26.2**
fàstic **446**
fastigós
    dolent **438, 438.1**
    horror i repugnància **446.1**
fastuositat **146**
fat **157.7**
fatal **198.4**
fatiga
    dormir **182.3**
    treball **274.1**
fatigar(-se) **182.3**
fatxenda
    orgullós **148.2**
    vanar-se **149**
fatxenderia **407.3**
fauna **1** □

fava **155.1**
favor
    barat **266**
    encoratjar **279.2**
    estimar **426.1**
favorable **417.1**
fax
    oficina **272.1**
    comunicacions **340.1**
fe **213**
feble **402**
feblesa **402**
febre **124.1**
febrer **25.2**
febrós **124.1**
feina
    fer negocis **262**
    ocupació **271, 271.1**
    treball **274, 274.3**
feix
    llum **24**
    grup **207**
feixisme **227.4**
felí **7.2**
feliç **422**
felicitacions **430**
felicitar **430**
felicitat **422**
felicitats **430**
feliçment **422**
feltre **193.1**
femella
    femení **141**
    eines **382.1** ☆
femení **141**
fems **173.6**
fenc **173.5**
fendre **133**
fer
    fer **287, 287.2**
    causar **291**
    fer (construir) **293**
    ajuntar **294.2**
    pesos i mesures **307**
feredat **446**
ferida **124.13**
ferir
    malalties **124.13**
    danyar **132**
    guerra **248.4**
    trist **447**
ferm
    dur **100**
    estricte **229**
    sensat **238.1**
    seguretat **253**
    inacció **284.2**
    força **401.1**
fermall
    accessoris **192.4** ☆
    ajuntar **294.1, 294.2**
fermament **100**
fermar **294, 294.1**
ferotge
    ferotge **2**
    cruel **225**
ferralla **132.1**
ferreter -a **273** □
ferreteria **273** □
ferri **312.1**
ferro **16**
ferrocarril **314**
fèrtil **173.6**

fertilitzant **173.6**
ferum **90**
fervent **232.8**
fesol **155.1**
fesolet **155.1**
festa
    costums socials **195.1**
    gaudir **428.1**
festuc **154**
fet **215**
fetge
    cos humà **101.2** ☆
    carn **159.4**
fet i fet **85.1**
fetillar **432**
fetiller
    màgia **416.1**
    atreure **432**
fetillera **416.1**
fetus **136.1**
fi
    prim **49, 49.2**
    tallar **133.6**
    femení **141**
    ben educat **143.1**
    bo **417.2**
fiable **218**
fiança
    viure **175.2**
    sistema legal **209.4**
fiar-se **213**
fiasco **397**
fibra de vidre **304**
ficar
    ple **332**
ficar-se
    escorcollar **94.1**
ficció
    fals **216**
    llibre **367.1**
ficel·la **294.3**
fictici **216**
fidedigne **213**
fidel
    honrat **213.3**
    amor **427.2**
fidelitat **213.3**
fidels **232.6**
fielder **389.3**
figa **152.5**
figura **86**
figurar **74.2**
fil
    teixits **193**
    arts i oficis **381.6**
    eines **382.4**
fila **38.4** ☆
filaberquí **382.1** ☆
filatèlia **380**
filera **38.4** ☆
filferro **382.4**
filial **271.2**
fill -a **138.2**
fillol -a **195.2**
filosofia **106.1**
filtrar **303.1**
filtre
    maneres de cuinar **168.4** ☆
    maquinària **303.1**
fina **133.6**
final
    acabar **34, 34.1**
    posició **66** ☆
    tard **326**
finalitat **280**

finalitzar(-se) **34.1**
finalment
    acabar **34.2**
    tard **326**
finançar
    finances **264**
    diner **265**
financer **264**
finances
    fer negocis **262**
    finances **264**
finat **197.1**
finès **361.1**
fingir **36**
firma **271.2**
firmar **369.2**
físic **101.4**
física **233.3**
físicament **101.4**
fix
    seguretat **253**
    posar **289**
fixar
    control **228.2**
    seguretat **253**
    posar **289**
flàccid **99**
flaire **90**
flaix **381.4**
flama **135**
flamejar **135**
flamenc **9.2**
flascó **331.2**
flassada **181.1**
flauta **379.4**
flauta dolça **379.4**
fleca **273** □
fletxa **394** ☆
flexible
    tou **99.1**
    àgil **399**
flonjo **99**
flor **11** ☆
floricultor -a **173.4**
florista **273** □
floristeria **273** □
flota **248.2**
flotar **391.1**
fluid **359.1**
fluir **411.3**
fluix
    silenciós **89**
    tou **99**
    avorrit **119**
    estúpid **240**
    separar **295.1**
    feble **402**
flux **411.3**
fòbia **445**
foc
    calent **20.1**
    cremar **135, 135.1**
foca **10.3**
fogó **169** ☆
foguera **135**
folc
    agricultura **173.7**
    grup **207.1**
folgat
    formes **38.5**
    separar **295.1**
foll **129.1, 129.2, 129.4**
follada **199.2**
follar **199.2**
follet **416.1**
fonament **293.2**

fonamental **75**
fonamentalment **75**
fonaments **291.1**
fonda **163**
fondària **40** ☆
fondo **40** ☆
fondre('s)
    temps **18.4**
    maquinària **303.1**
fons
    finances **264**
    diner **265**
    arts i oficis **381.3**
font
    geografia i geologia **13.7**
    obtenir **373**
fontaneria **382.3**
foradar **133**
foraster -a **112.2**
forat
    forat **134**
    esports de pilota **389.6**
forca
    matar **198.2**
    el parc **384.1**
força
    prou **51**
    maquinària **303.2**
    força **401**
forçar **274.1**
forest **13.2**
forfollar
    ximple **241.4**
    no qualificat **242**
forma **38**
formació **293**
formal
    formal **146**
    de fiar **218**
    sensat **238.1**
    trist **447.2**
formalisme **146**
formalitat **146**
formar
    donar forma **39**
    ensenyar **234**
formar(-se)
    fer **293**
formatge **158.1**
formatgeria **173.3**
formiga **5**
formigó **304.1**
formigonera **304.1**
formiguer **5**
fórmula
    sistema **290**
    matemàtiques **297**
formulari **366.1**
forn
    cuina **169** ☆
    botigues **273** □
forner -a **273** □
fornicar **199.2**
fornir **372.2**
forquilla **170** ☆
fort
    sorollós **88**
    dur **100**
    estricte **229**
    difícil **243**
    lluitar **249.1**
    força **401.1**
fortalesa **433**
fortament
    sorollós **88**

451

ÍNDEX DE LES PARAULES EN CATALÀ

força **401.1**
fortificar **401.3**
fortuït
  desendreçat **64**
  sort **387.2**
fortuna
  ric **269**
  sort **387**
fosc
  fosc **23**
  cos humà **86.3**
  colors **194.1**
  dolent **438.1**
foscor **23**
fòssil **13.3**
fòtil **382.1**
fotimer **43.2**
foto **91.7**
fotocòpia **272.1**
fotocopiadora **272.1**
fotografia **381.4**
fotut **438.2**
fracàs
  ximple **241.4**
  no qualificat **242**
  fracàs **397**
  caure **412.1**
fracassar
  fracàs **397**
  caure **412.1**
fracassat **397**
fracció
  quantitat petita **45.2**
  nombres **298.1**
fractura **124.13**
fragància **90**
fràgil
  dur **100.2**
  feble **402, 402.1**
fragment **45.2**
fragmentari **45.2**
franc
  honrat **213, 213.1, 213.2**
  fàcil **247**
francament **213, 213.2**
francès **361.1**
frankfurt **161.3**
franqueig **340.2**
fraret **9.2**
frau **214.1, 214.2**
fre **308.1**
fred
  fred **19**
  enemistat **250**
  separar **295**
fre de mà **308.1**
fregar
  tocar **98, 98.2**
  neteja **187.2**
fregir(-se) **168.1**
freixe **12.1**
frenar
  control **228.5**
  conduir **309.1**
  lent **404**
frenètic **450.1**
freqüent
  normal **442.1**
  sovint **443**
freqüentment **443**
fresa **123**
fresc
  fred **19**
  descarat **145**
  nou **201**

valor **258.1**
tranquil·litat **259**
fresca **19**
fressa **88.1**
fretura **165**
fricció
  tocar **98.2**
  discrepar **346.3**
frisós **278**
frívol
  mal educat **144.3**
  gandul **283**
front **86** ☆
frontera **53.1**
fructífer **396**
fruïció **428, 428.1**
fruir **428**
fruit sec **154**
fruita **152**
frustrar **245.1**
fruticultor -a **173.4**
fuetejar **131.2**
fugida **322.1**
fugir **322.1**
fuita **132.2**
fulgurar **24.2**
full
  document **366.1**
  llibre **367.6**
fulla
  arbres **12** ☆
  eines **382.1** ☆
fullet **366.1**
fum **135**
fumar **171**
fúmer **450**
fums **148.1**
funció
  utilitzar **280**
  entreteniment **376**
funcionar **303**
funcionari -ària **227.2**
funda
  dentista **123**
  recipients **331.3**
  tapar **334.1**
fundació **293.2**
fundar **293.2**
funest **198.4**
fura **4** ☆
fures **94.1**
fúria **450.1**
furiós **450.1**
furóncol **124.5**
furor **450.1**
furtar **220**
furtiu **214**
fusell **248.4** ☆
fusible **303.1**
fusta **304.2**
fustam **304.2**
fuster -a **174.6**
futbol **389.1**
fútil
  innecessari **68**
  inútil **282**
fúting **390.1**
futur **26.2**

gàbia
  sistema legal **209.5**
  avions **331.3**
gabial **9**
gafet **294.1**
gai **199.6**
galanteria **430**

galeria
  mostrar **92.3**
  entreteniment **376.2** ☆
galeta **156.3**
galifardeu **219.3**
galindó **124.5**
gall **6.1**
gall dindi
  animals de granja **6.1**
  carn **159.3**
gallec **361.2**
galleda **331.5**
gallejar **255.2**
gallina **6.1**
galó **307.3** □
galop **408**
galopar
  esports eqüestres **395**
  córrer **408**
galta **86** ☆
galteres **124.10**
gamba **10.2**
gambada **407.1**
gana
  voler **72.2**
  menjar **164**
gandul -a **283, 283.1**
ganes
  voler **72**
  frisós **278.1**
ganga **266**
ganivet
  tallar **133.4**
  menjador **170** ☆
gansalla **294.3**
ganxet **381.6**
ganxo **294**
ganya **10.1** ☆
garantia
  segur **82.1**
  cuidar **254.1**
  fer **287.2**
garantir
  segur **82.1**
  prometre **358**
garatge **176** ☆
garbuix
  desendreçat **64**
  ajuntar **294.2**
garfir **336**
gargotejar **369.1**
gargots **369.1**
garjola **209.5**
garlar **360**
garoler -a **359**
garra **1** ☆
garrepa **226**
garsa reial **9.2**
gas **303.3**
gasiu **226**
gas lacrimogen **248.4**
gasolina **303.3**
gasolinera **310**
gasos **17**
gasós **166.1**
gasosa **166.2**
gastar
  comprar i vendre **263.1**
  utilitzar **280**
gat **7.2**
gatejar **407.4**
gatera **166.7**

gat tigrat **7.2**
gaubar-se **422.2**
gaudi **428.1**
gaudir **428**
gavarra **312.1**
gavina **9.2**
gebre **18.4**
gegant **42.1**
gegantí **42.1**
gel **18.4**
gelat
  fred **19**
  aliments dolços **160.2**
gelea **160.2**
gèlid **19**
gelós **251**
gelosament **251**
gemec **345**
gemegar
  segur **8.2** □
  queixar-se **345**
gemequejar **345**
gemma **15**
gendre **138.4**
gener **25.2**
generació **138.7**
general
  general **85**
  guerra **248.3** □
  incorrecte **300.2**
generalitzar **85**
generalitzat **442.1**
generalment
  general **85**
  normal **442.1**
gènere **199**
generós **224.1**
geni
  personalitat **142**
  intel·ligent **236.1**
  enfadat **450.1**
genialitat **236.1**
genitals **86**
genives **86.1**
genoll **86**
gent **139, 139.1**
gentada **207.1**
gentalla **207.1**
gentil **432**
genuí
  real **35**
  honrat **213.1**
geògraf -a **13**
geografia
  geografia i geologia **13**
  ensenyament **233.2**
geòleg -òloga **13**
geologia **13**
geometria **297**
geomètric **297**
gepa **1** ☆
gerd **152.3**
gerència **271.4**
gerent **271.4**
germà -ana **138.2**
germanastre -a **138.5**
germen **124.2**
gerra
  menjador **170** ☆
  recipients **331.2**
gerro **258.1**
gespa **384** ☆
gest
  gest **365**
  moviment **411**

gesticular **365**
gibrell **169** ☆
gimnàs **392**
gimnàstica **392**
ginebra **166.4**
gingebre **157.3**
gir **414**
gira
  roba **190.12**
  viatjar **317.1**
girafa **1**
girar **414.2**
girar(-se) **414**
giravolta **414.1**
giravoltar **414.1**
gla **12** ☆
glaçada **18.4**
glaçar
  fred **19**
glaçar(-se)
  por **255.3**
glacera **13.7**
glacial **19**
global
  sencer **50**
  general **85.1**
  incorrecte **300.2**
globus **313**
glop **167**
glopeig **184.3**
glòria
  gran **77**
  admirar **431.2**
gloriós **77**
gnom **416.1**
goig **422**
gol
  esport **388.1**
  esports de pilota **389.1**
golafre
  voler **72.2**
  menjar **164.4**
golafreria **72.2**
golf
  geografia i geologia **13.5** ☆
  esports de pilota **389.6**
golfes **177.4**
golut
  voler **72.2**
  menjar **164.4**
goma
  ajuntar **294.3**
  materials **304.3**
gorgolar **9.4**
goril·la **1**
gorja **13.1**
gorra **192.1** ☆
gorrejar **375.2**
gos **7.1**
gosar **258.1**
gos falder **7.1** ☆
gossa **7.1**
gos salsitxa **7.1** ☆
govern **227**
governació **227**
Governador -a **227** □
governar **228.4**
gra
  quantitat petita **45.2**
  cos humà **86.2**
  fruita **152.6**
  agricultura **173.5**
gràcia
  àgil **399**

ÍNDEX DE LES PARAULES EN CATALÀ

bromejar **425**
gràcil **49.2**
graciós
  bell **59**
  àgil **399**
  divertit **424.1, 424.2**
graduació
  important **74.2**
  guerra **248.3**
gradual **404**
gradualment **404**
graduar
  canvi **58.1**
graduar-se
  ensenyament **233.5**
graella **169** ☆
gràfic
  matemàtiques **297**
  document **366**
grallar
  sorolls d'animals **8.2** □
  ocells **9.4**
gram **307.4** □
gramàtica **362.4**
gramatical **362.4**
gramaticalment **362.4**
gramòfon **379.9** ☆
gran
  gran **42**
  gran (important) **77**
  gent **139.4**
  vell **200, 200.1**
  difícil **243**
granada **248.4**
grandiositat **77**
graner **173.3**
granet **189.1**
granger **173**
granja
  indrets on menjar i beure **163**
  agricultura **173**
granota
  animals petits **4**
  roba **190.3**
grapa **294.3** ☆
grapadora **294.3** ☆
grapat
  quantitat petita **45.2**
  grup **207**
grapejar **98**
graponer **400**
gras
  gras **48**
  carn **159.2**
gratacel **174.3**
gratis **266**
gratuït **266**
grau **233.5**
gravació **379.9**
gravar
  finances **264.2**
  música **379.9**
grec **361.1**
green **389.6**
gregari **1.1** □
greix
  gras **48**
  carn **159.2**
greixós **189**
greu
  important **74**
  estricte **229**
grèvol **11**
grill **5**

grimpar **407.5**
grip **124.6**
gripau **4**
gris
  cos humà **86.3**
  colors **194.2**
griva **9** ☆
groc **194.2**
groller -a **225**
groller
  mal educat **144.1**
  descurós **302**
gronxador **385** ☆
gronxar(-se) **411.3**
gros **48.1**
grosella negra **152.3**
grotesc **60**
gruix **40** □
gruixut
  aspre **61**
  tallar **133.6**
grumoll **38.5**
grumollós **38.5**
grunyir **8.1, 8.2** □
grup
  grup **207**
  aprendre **235**
  música **379.3**
guant **192.2**
guant de boxa **392.1** ☆
guany
  fer negocis **262.9**
  obtenir **373**
guanyador -a **396.1**
guanyar
  fer negocis **262.9**
  diner **265.3**
  fer **293**
  èxit **396.1**
guanyar(-se)
  obtenir **373**
guarda **314.2**
guardaagulles **314.2**
guardapols **190.3**
guardar
  cuidar **254.1**
  tenir **374.2**
guarda-roba **177.4**
guàrdia **254.1**
guardó **398**
guarir **126, 126.1**
guepard **1**
guerra **248**
guerrer -a **248.2** ☆
guerrer **248.5**
guia **92.2**
guia de telèfons **340.3**
guiar **92.2**
guilla **1.1** □
guillat **129.4**
guineu **1**
guió
  puntuació **363**
  escriure **369.3**
guionet **363**
guitarra **379.4**
guix
  guaricions **126.6**
  ensenyament **233.1** ☆
  materials **304.1**
gust
  sabors **157.1**
  feliç **422**
  gaudir **428, 428.1**
gustós **157.6**

hàbil
  intel·ligent **236**
  capaç **237**
  destre **239**
habilitat
  capaç **237**
  destre **239.1**
hàbit
  provar **276**
  habitual **288**
habitacle **175**
habitant **175**
habitar
  viure **175**
  ocupat **275**
habitatge **175.2**
habitual
  habitual **288**
  normal **442, 442.1**
habitualment **442.1**
habituat **288**
haixix **172.3**
halterofília **392**
hamburguesa **161.3**
hàmster **7.3**
hangar **313.1**
harmonia
  estar d'acord **348.1**
  música **379.2**
haver **260.1**
hectàrea **307.2**
heli **17**
helicòpter **313**
hemofília **124.11**
hemorràgia **125.2**
herba
  sabors **157.2**
  drogues **172.3**
  jardineria **384** ☆
herbívor **1** □
hereditari **373**
herència **373**
heretar **373**
hereu -eva **373**
hermètic **331.7**
hermèticament **256.2**
heroi -oïna **258**
heroic **258**
heroïna **172.1**
hesitació **286**
hesitar **286**
heterosexual **199.6**
heura **11**
hidrogen **17**
hifi **379.9**
higiènic **188**
hilaritat **424.2**
himne **232.6**
hindi **361.3**
hinduisme **232.1**
hipertens **151.3**
hipòdrom **388.4**
hipopòtam **1**
hipoteca **261.2**
hipotecar **261.2**
hisenda **264**
història
  boig **129.2**
  emoció **257**
històric **129.2**
història
  ensenyament **233.2**
  dir **342.3**
hivern **25.2** ☆
hivernacle **384** ☆

hobby
  interessant **120**
  activitats de lleure **380**
home
  gent **139.1, 139.4, 139.5**
  masculí **140**
homeòpata **121**
homicidi **198.1**
homosexual **199.6**
honest
  honrat **213**
  fàcil **247**
hongarès **361.1**
honor **431.2**
honoraris **263.2**
honra **431.2**
honradament **213**
honrat **213**
hoquei **389.4**
hora **26.1**
horitzontal **66** ☆
horòscop **28**
horrible
  malvat **219**
  dolent **438, 438.1**
horripilant
  dolent **438.1**
  horror i repugnància **446.1**
horror **446**
horroritzar **446.2**
horrorós **438.1**
hort **173.1**
hortalissa **155**
hospital **122**
hospitalari **434.3**
hospitalitat **434.3**
hostaler **175.2**
hostatjar-se
  esperar **286**
  visitar **319**
hoste -essa
  viure **175.2**
  visitar **319**
hostessa
  avions **313.3**
hostil **250**
hostilitats **248**
hotel **317.3**
hulla **303.3**
humà
  gent **139**
  amable **224**
humanitat **139.1**
humil **150**
humiliació **449.2**
humiliar **449.2**
humilitat **449.2**
humit
  temps **18.2**
  calent **20**
  moll **21**
humitat **21**
humitejar **21.1**
humor
  personalitat **142.1**
  divertit **424.1**
huracà **18.3**

i **297.1** □
iaio -a **138.3**
iarda **307.1** □
iceberg **13.6**
idea

pensar **104**
opinió **106**
idea **108**
ideal **417.4**
idealment **417.4**
idèntic **54**
identificar **110.1**
identitat **29**
idil·li **427.1**
idioma **361**
idiomes **233.2**
idiota **241, 241.1**
idiotesa **241.1**
idolatrar **431.1**
idolatria **427.3**
idoni **420**
iglú **174.1**
ignorant
  desconegut **112**
  estúpid **240**
ignorar **437**
ignorat **112**
igual
  semblant **54, 54.1**
  llis **62.1**
igualar **54.1**
igualat **54.1**
il·legal **208**
il·lícit **208**
il·luminar(-se) **24.1**
il·lusori **214.2**
illa **13.5** ☆
il·legible **369**
il·lès **253**
il·lògic **241.3**
il·lusió
  endevinar **109.1**
  emoció **257**
  amor **427.1**
il·lusionat **257.1**
il·lustració **381.3**
il·lustrador -a **381.1**
imaginació **108.1**
imaginar
  irreal **36**
imaginar-se
  pensar **104.1**
  creure **105.2**
  idea **108.1**
imaginar(-se)
  veure i mirar **91**
imaginari
  irreal **36**
  boig **129.2**
  fals **216**
imant **432.1**
imatge **91.7**
imbècil
  estúpid **240.1**
  ximple **241**
imitació **56, 56.1**
imitador -a **56.1**
imitar **56, 56.1**
immaculat **188**
immadur
  nou **201.2**
  ximple **241.4**
immediat
  puntual **327**
  ràpid **403.2**
immediatament **403.2**
immens **42.1**
imminent **329**
immiscir-se **246**
immòbil **284.2**
immobilitat **284.2**
immoble **374.1**

453

ÍNDEX DE LES PARAULES EN CATALÀ

immoderat **68**
immoral **219**
immortal **29.1**
immunitzar **126.3**
impacient **278**
impacte **131.3**
impagat **263.1**
imparcial **211**
imparcialitat **211**
impecable
  net **188**
  bo **417.4**
impediment **245, 245.1**
impedir
  acabar **34**
  prohibir **231**
  dificultar **245, 245.1**
impensable **79**
imperceptible **89**
imperi **14.1**
imperial **14.1**
impermeable **190.10**
impertinència **145**
impertinent **145**
impertorbable **259**
ímpetu **279**
implacable **223**
implicació **436**
implicar
  significat **364.2**
  incloure **436**
import
  mida **41**
  valor **268**
importació **262.3**
importància **74**
important
  important **74**
  gran **77**
importar
  important **74.1**
  fer negocis **262.3**
importunar **425.1**
imposar **228.3**
impossible
  impossible **79**
  difícil **243**
impossiblement **79**
impost **264.2**
impostor -a **214.1**
impostos **264.2**
impotent **402**
imprecís
  general **85**
  incorrecte **300**
impregnar **21.1**
imprès **366.1**
impressió **37**
impressionant **431.2**
impressionar **431.2**
impressor -a **367.7**
imprimir **367.7**
improbable **81**
improvisat **147**
imprudent
  ximple **241**
  descurós **302**
  ràpid **403.1**
impuls **72.1**
inabastable **79**
inacció **284**
inactiu **284, 284.1**
inactivitat **284**
inarticulat **341.7**
inassolible **79**

inaudible **89**
incalculable **268.1**
incapaç **79**
incapacitat **124.3**
incendi **135**
incentiu
  encoratjar **279**
  atreure **432, 432.1**
incert
  segur **82.1**
  insegur **83.2**
  deshonest **214.3**
  perill **252**
incertesa **83**
incest **199.4**
incident **31.1**
incinerar **195.4**
incitació **279.1**
incitar **279.1**
inclinació
  geografia i geologia **13.1**
  formes **38.4** ☆
inclinar
  gest **365**
inclinar-se
  formes **38.4** ☆
incloent **436**
inclòs **436**
incloure **436**
incoherent
  diferent **55**
  separar **295**
  parlar **341.7**
incomodar **244.1**
incòmode
  inútil **282**
  incòmode **440**
incomoditat
  problema **244.1**
  inútil **282**
incompatibilitat **249**
incompetència
  ximple **241.4**
  no qualificat **242**
incompetent
  ximple **241.4**
  no qualificat **242**
incomprensió **115**
inconcebible **79**
inconnex **341.7**
inconscient
  desconegut **112**
  símptomes **125.3**
inconseqüent **55**
inconvenient
  problema **244.2**
  poc disposat **285**
incorrecte
  mal educat **144.3**
  incorrecte **300**
increïble
  sorpresa **118.2**
  bo **417.3**
increïblement **118.2**
increpar **450.2**
indagador **113.2**
indagar **351**
indecís **83**
indefens **402**
indefinit **23**
independent
  separar **295**
  solitud **435.2**
índex
  llibre **367.4**
  ràpid **403.3**

indicació
  suggerir **353.1**
  significat **364.2**
indicar
  mostrar **92.2**
  viatjar **317.2**
  suggerir **353**
  significat **364.1, 364.2**
indicat **420.1**
indiferència **148.2**
indiferent
  enemistat **250**
  gandul **283**
  poc disposat **285**
indigent **270**
indigestió **124.7**
indignant **450.1**
indignar **450.1**
indignat **450.1**
indirecta **364.2**
indiscret **144.3**
individu -ídua
  gent **139**
  solitud **435.2**
individu **139.5**
individual
  gent **139**
  solitud **435.2**
indret **14**
induir **279**
indulgència **433**
indulgent
  pietat **221**
  aguantar **433**
indult **221.1**
indústria **262.1**
industrial **262.1**
inepte
  ximple **241.4**
  no qualificat **242**
inesperat
  sorpresa **118.2**
  insòlit **444.1**
inestimable **268.1**
inexacte **300**
inexistent **36**
inexorable **223**
inexpert **201.3**
infame
  fama **111**
  dolent **438.1**
infant -a **139.2**
infantil **241.4**
infecció **124.1**
infeccions **124.2**
infectar **124.2**
infeliç
  feble **402.2**
  trist **447**
infeliçment **447**
inferior **439**
inferir
  creure **105.1**
  significat **364.2**
infermer -a
  metge **121**
  hospital **122**
infermeria **122**
infern **232.9**
infidel **214.3**
infidelitat **214.3**
inflació **264.1**
inflacionari **264.1**
inflar-se
  augmentar **46.3**
inflar(-se)

augmentar **46**
simptomes **125.2**
influència
  control **228.6**
  persuadir **349**
influent **228.6**
influir **349**
infondre **279**
informació **342, 342.1**
informal
  mal educat **144.3**
  informal **147**
informalment **147**
informar
  dir **342, 342.1**
informar-se
  preguntar **351**
informatitzar **296**
informe
  dir **342.1**
  document **366.2**
infracció **209.1**
infractor -a **209.1**
infructuós **397**
ingenu
  nou **201.3**
  bo **217**
ingerència **246**
ingestió **375.2**
ingressar **260, 260.1**
ingressos
  fer negocis **262.9**
  diner **265.3**
inhalar **103**
inhibició **245**
inhibir
  dificultar **245**
inhibir-se
  esperar **286**
inhumà **223**
inicial **32**
inicialment **32**
iniciativa
  control **228.4**
  frisós **278.1**
injecció **126.3**
injust
  injust **212**
  difícil **243**
innecessari **68**
innocència **217**
innocent **217**
innocentada **425**
innovador **201.1**
inocular **126.3**
inofensiu
  dòcil **3**
  bo **217**
inoportú **282**
inquiet
  por **255.4**
  tensió **256.1**
inquietar
  interferir **246**
  por **255.4**
inquietud **255, 255.4**
insatisfactori **438**
inscriure **369.1**
insecte **5** ☐
insegur
  insegur **83**
  perill **252**
  por **255.4**
  tensió **256.1**
inseminació artificial **136.2**
insensat **241.3**

insensible
  emoció **151.2, 151.3**
  despietat **223**
inservible
  valor **268.2**
  inútil **282**
insignificança **76**
insignificant **76**
insinuació
  suggerir **353**
  significat **364.2**
insinuar
  suggerir **353**
  significat **364.2**
insípid **157.7**
insistència **355**
insistent **355**
insistir **355**
insolent **145**
insòlit
  nou **201.1**
  insòlit **444, 444.1**
insolvent **270**
insomni **182.4**
inspecció **91.3**
inspeccionar **91.2, 91.3**
inspector -a **228.1**
inspiració
  idea **108**
  encoratjar **279**
inspirar
  idea **108.1**
  encoratjar **279**
instal·lar
  posar **289.1**
instal·lar-se
  viure **175.1**
instantani **403.2**
instar **279**
instigació **279.1**
instigar **279.1**
instint **151.2**
instintiu **151.2**
institució **206**
institut **206**
instrucció
  control **228.3**
  ensenyar **234**
instruccions **343**
instructor -a **234.1**
instruir **234**
instrument **379.4**
insuls **119**
insult **144.2**
insultar **144.2**
intacte **50**
integritat **213**
intel·lectual
  ensenyament **233**
intel·ligent **236**
intel·ligència **236, 236.2**
intel·ligent **236**
intenció
  tenir la intenció de **107.1, 107.2**
  utilitzar **280**
intencionalment **110**
intencionat **107.3**
intens
  colors **194.1**
  estricte **229**
  força **401.1**
intensament **401.1**
intensificar(-se) **46.2**

ÍNDEX DE LES PARAULES EN CATALÀ

intensitat **401.1**
intent **276**
intentar **276**
intercanvi **372.3**
intercanviar **372.3**
interès
  banc **260.1**
  interessant **120**
interessant **424.1**
interessar **120**
interessat **120**
interètnic **204**
interferència **246**
interferir-se **246**
interior
  posició **66** ☐
  parts d'un edifici **176.1**
  direccions **318.2**
intermedi **442.2**
intermediari -ària **246.1**
intern **66** ☐
internat **233** ☐
interposar-se **246.1**
intèrpret
  explicar **343.1**
  entreteniment **376**
interpretació
  explicar **343.1**
  entreteniment **376**
interpretar
  explicar **343.1**
  entreteniment **376, 376.3**
interrogació **351.1**
interrogar **351, 351.1**
interrogatori **351.1**
interrompre
  acabar **34**
  disminuir **47**
  descans i relaxació **183.1**
  esperar **286**
  parlar **341.1**
interruptor **303.1**
interval **134**
intervenir **246**
interviu
  ocupació **271.7**
  preguntar **351**
intestí **101.2**
íntim **320.1**
intimidar **255.2**
intrèpid **258, 258.1**
intricat **243.2**
intrigar **115.1**
introducció
  començar **32**
  llibre **367.4**
introduir
  començar **32**
  ordinadors **296**
  escriure **369.1**
intuïció **110**
intuïtiu **110**
intuïtivament **110**
inundació **18.2**
inundar **18.2**
inútil
  innecessari **68**
  valor **268.2**
  inútil **282**
  gandul **283.1**
  dolent **438**
invàlid **282**
invàlid -a **124.3**

invenció **95.1**
invent **95.1**
inventar **95.1**
invers **318.2**
inversió
  comprar i vendre **263.1**
  finances **264.3**
invertir **264.3**
invertit **318.2**
investigació
  veure i mirar **91.3**
  esbrinar **113.1**
  preguntar **351**
investigador -a **113.1**
investigar
  esbrinar **113.1**
  preguntar **351**
inviable **79**
invisible **91.6**
invitació **351.2**
invitar **351.2**
ioga **392**
iogurt **158.1**
iot **312.1**
ira **450, 450.1**
irat **450, 450.1**
irònic **424.2**
irracional **241.3**
irreal **36**
irreflexiu **302**
irregular **61**
irritable **256.1**
irritació **450**
irritant **450**
irritar **450**
islam **232.1**
isolat **435**
italià **361.1**

japonès **361.3**
jaqueta **190.4**
jardí
  parts d'un edifici **176** ☆
  jardineria **384** ☆
jardí d'infància **233** ☐
jardiner -a **384.2**
jardineria **384**
javelina **390.2**
jazz **379.1**
Jehovà **232.3**
jersei **190.4**
Jesús **232.3**
jeure **97.2**
joc
  eines **382.1**
  esport **388.3**
  esports de pilota **389.5**
joguina **386.1**
joia
  joies **15**
  feliç **422**
joiós **422**
jonc **11**
joquei **395** ☆
jòquer **386.3** ☆
jove
  famílies i familiars **138.4**
  gent **139.2, 139.3**
  nou **201.2**
jovial **422.3**
jubilació **271.8**
jubilar-se **271.8**

judici
  opinió **106, 106.2**
  sistema legal **209.4**
judicial **208**
judo **392.1**
jugada **386.4**
jugar
  jocs **386, 386.5**
  esport **388.1**
juliol **25.2**
julivert **157.2**
jumbo **313**
jungla **13.2**
junior **439.1**
junta **294**
juntura **294**
juny **25.2**
Júpiter **27** ☆
jurament **358**
jurar **358**
jurat **209.4** ☆
just
  just **211**
  adient **420.1**
justícia **211**
jutge **209.4** ☆
jutjar
  opinió **106.2**
  sistema legal **209.4**
  dir **342.2**
jutjat **209.4**
juvenil
  gent **139.3**
  femení **141**
  nou **201.2**

karate **392.1**
kiwi **152.4**

laboratori **233.4**
laboriós **243.1**
laca **184.2**
lamentar
  por **255.1**
  odiar i tenir antipatia **445**
  vergonya **449.1**
lamentar-se
  queixar-se **345**
làmina **381.3**
làmpada **303.1**
lampista **174.6**
làpida **195.4**
lapsus **300.1**
larva **2** ☆
lascívia **427.1**
làser **24**
lateral **66** ☆
lavabo **185** ☆, **185.1**
lector -a **367.8**
legal **208**
legislació **208**
legislar **208**
legislatiu **208**
legítim
  lleis i normes **208**
  honrat **213**
lent
  estúpid **240**
  arts i oficis **381.4**
  lent **404**
lentament **404**
lents de contacte **91.8**
lesbiana **199.6**

lesió **124.13**
lesionar
  malalties **124.13**
  símptomes **125.1**
letal **198.4**
letàrgic **283**
leucèmia **124.12**
liberal **227.4**
lícit
  lleis i normes **208**
  permetre **230**
licor **166.1**
líder **228.4**
liderat **228.4**
límit
  cantó **53, 53.1**
  control **228.5**
limitació **228.5**
limitar
  cantó **53, 53.1**
  control **228.5**
limitat
  cantó **53**
  control **228.5**
línia aèria **313**
línia de servei **389.5** ☆
lingüística **233.2**
líquid **21**
liquidar
  matar **198.1**
  préstecs **261.2**
literal **299**
literalment **299**
literari **367.4**
literatura **367.4**
litoral **13.5** ☆
litre **307.3** ☐
litxi **152.4**
lividesa **125.2**
llac **13.4**
llaç
  accessoris **192.4**
  ajuntar **294.1**
llacuna **134**
lladre
  robar **220.1**
  eines **382.3**
llagosta **5**
llagostí **10.2**
llàgrima **447.3**
llamàntol **10.2** ☆
llambregada **91.1**
llambregar **91.1**
llamp **18.5**
llampant **194.1**
llampec **18.5**
llampegar **24.3**
llana
  teixits **193.1**
  arts i oficis **381.6**
llança **248.4** ☆
llançador **389.2, 389.3**
llançament
  lliure **210**
  llançar **405**
llançament de pes **390.2**
llançar
  esports de pilota **389.3**
  llançar **405**
llançar-se
  ocells **9.1**
  córrer **408**
llanda **53**

llangardaix **1.1**
llanterna **24.4** ☆
llàntia **189.1**
llanxa de socors **312.6**
llapis
  materials per escriure **370** ☆
  arts i oficis **381.2**
llar **174.1**
llardós **189**
llarg
  dimensions **40** ☆
  gran **42**
llargada
  dimensions **40** ☆
  pesos i mesures **307.1**
llàstima **221**
llauna
  problema **244.1**
  provar **276**
  recipients **331.1**
llaurar **173.2**
llautó **16**
llavi **86** ☆
llavor
  plantes **11**
  fruita **152.6**
llebrer **7.1** ☆
llegar **372.4**
llegendari **111**
llegible **369**
llegir
  parlar **341.5**
  llibre **367.8**
llei **208**
lleial
  honrat **213.3**
  amor **427.2**
lleialtat
  honrat **213.3**
  amor **427.2**
lleig **60**
lleixa
  sala d'estar **180** ☆
  recipients **331.6**
lleixiu **187.2**
llençol **70**
llençol **181.1**
llengua
  cos humà **86.1**
  llengua **361**
llenguado **10.1**
llenguatge **361**
Lleó **28** ☆
lleó **1** ☆
lleó marí **10.3**
lleopard **1**
llepar **164.2**
llepet **189.1**
llesca
  part **52.1**
  tallar **133.3**
llescar
  part **52.1**
  tallar **133.3**
llest
  intel·ligent **236, 236.2**
  llest **328**
llet **158.1**
lleteria
  agricultura **173.3**
  botigues **273** ☐
lletgesa **60**
lletra
  paraules **362.5**

ÍNDEX DE LES PARAULES EN CATALÀ

escriure **369, 369.3**
música **379.2**
lletres **233.2**
lletsó **11**
lleuger
  petit **44**
  prim **49**
  pesos i mesures **307.4**
lleugerament **44**
lleure **183.1**
llevadora **122**
llevar-se **97.1**
llevat **156.2**
llevataps **166.6**
llevat de **437**
lli **193.1**
llibertar **210**
llibertat
  lliure **210**
  permetre **230**
llibre **367**
llibreria
  sala d'estar **180** ☆
  botigues **273** ☐
  llibre **367.8**
llibret **366.1**
llibreta
  ensenyament **233.1** ☆
  materials per escriure **370**
llicència **230**
llicenciar-se **233.5**
llicenciat -ada **235.1**
lliçó **235**
lligador **181** ☆
lligam **294.1**
lligams **294.1**
lligar **294.1, 294.2**
lligat **294**
llima
  fruita **152.2**
  higiene personal **184.5**
llimac **4**
llimar **418**
llimona **152.2**
lliri **11**
llis **62**
lliscar **411.2**
llista **366**
llistat **296**
llit
  geografia i geologia **13.7**
  dormitori **181** ☆
llitera **126.6**
lliura **307.4** ☐
lliurament
  anar(-se'n) **322**
  portar **323**
lliurar
  portar **323**
  donar **372**
lliurar(-se) **248.1**
lliure
  lliure **210**
  buit **333**
lloança **430**
lloar **430**
llòbrec **23**
lloc
  àrees **14**
  mida **41**
  posar **289.1**
llogar

fer negocis **262.4**
ocupació **271.7**
llogater -a **175.2**
lloguer **262.4**
llom **367.6**
llombrígol **86**
llop **1**
lloro **7.3**
llotja **376.2** ☆
lluç **10.1**
llúdria **4** ☆
lluentejar **24.2**
lluir
  llum **24.2**
  mostrar **92.1**
lluita
  guerra **248**
  lluitar **249**
lluitador -a **249**
lluita lliure **392.1**
lluitar
  guerra **248**
  lluitar **249**
  provar **276**
llum
  llum **24, 24.4**
  sala d'estar **180** ☆
llum de posició **308** ☆
llumí **135.1**
lluminós **24.2**
lluna **27**
lluna de mel **195.3**
llunàtic -a **129.1**
lluny **320.2**
llunyà **320.2**
lòbul **86** ☆
local **320.1**
localitzar **289.1**
locució **362.2**
locutor -a
  dir **342**
  radiodifusió **378.1**
lògic **238**
lògica **238**
lona **193.1**
lord **205.1**
loteria **386.5**
LSD **172.2**
lúgubre **438.1**
lupa **46** ☆
luteranisme **232.2**
luxe **421**
luxós
  formal **146**
  confortable **421**
luxosament **421**
luxúria **427.1**

mà
  cos humà **86**
  tapar **334**
  jocs **386.3**
macilent **125.2**
maco
  bell **59**
  bo **417.1**
mà d'obra **271.3**
madrastra **138.5**
maduixot **152.2**
madur
  maduresa **153**
  vell **200.1**
  sensat **238**
maduresa **153**
mag **416**
magatzem

fer negocis **262.6**
ocupació **271.2** ☐
botigues **273**
màgia **416**
màgic **416**
magnànim **224.1**
magnètic **432.1**
magnetisme **432.1**
magnetòfon **379.9** ☆
magnífic
  bell **59**
  gran **77**
  bo **417.2**
magníficament **417.2**
magnificència **417.2**
magre **45.1**
Mahoma **232.3**
maig **25.2**
maionesa **161.5**
majestat **205**
majestuós **146**
major **75**
majordom -a **187.1**
majoria **43**
majúscula **362.5**
mal
  símptomes **125.1**
  danyar **132**
  malvat **219, 219.2**
malabarista **377**
mala herba **11**
malalt
  malaltís **128**
  dolent **438**
malaltia **124.1**
malaltís **128**
malament
  incorrecte **300**
  dolent **438**
malaurat **387.2**
malbaratament **69**
malbaratar **69**
maldar **276**
maldecap
  problema **244**
  por **255.4**
maldestre
  ximple **241.4**
  no qualificat **242**
  maldestre **400**
maleir **357**
malendreç **64**
malentendre **115**
malentès **115**
malestar
  símptomes **125.1**
  maldestre **440**
maleta **317.4**
maleter -a **314.2**
malèvol **225.1**
malfactor -a **219.3**
malgastador **69**
malgastar **69**
maliciós
  malvat **219, 219.2**
  cruel **225.1**
maligne **124.12**
malintencionat **219.2**
mallerenga blava **9** ☆
mallot **190.5**
malmetre **132**
malnom **137.3**
malson **182.4**
maltractar **280**
maluc **86**
malva **194.2**
malvat **219**

malvolença **225.1**
mam **166.1**
mamà **138.1**
mamar **166.1**
mamella **86**
mamífer **1** ☐
manaire **228.3**
manar **228.3, 228.4**
manat **207**
manca
  presència i absència **30**
  necessari **67**
mancança **72**
mandarina **152.2**
mandíbula **86** ☆
mandril **1**
mandrós **283**
mandrosament **283**
mànec
  aguantar **336**
  eines **382.1** ☆
manefla **246**
manegar **396.2**
manera
  possible **78**
  personalitat **142.1**
  sistema **290**
  classe **306**
maneta **177.3**
mango **152.4**
mania
  boig **129.2**
  insòlit **444.1**
maníac **129.2**
maniàtic **301.1**
manicomi **129.3**
manifestació
  política i governació **227.5**
  parlar **341.2**
manifestar
  mostrar **92**
  dir **342.2**
mànig a **190.12**
manipular **280**
manllevador -a **261**
manllevar **261**
mans **3**
mansarda **177.4**
mansió **174.4**
manta **181.1**
mantega **158.1**
manteguera **170** ☆
manteniment **383**
mantenir
  cuidar **254, 254.2**
  estar d'acord **348**
  reparar **383**
  admirar **431**
mantenir-se
  aguantar **336**
manufactura **293.1**
manufacturar **293.1**
manuscrit **369.3**
manxa **303.1**
manxa de bicicleta **303** ☆
manxa de peu **303** ☆
maó
  parts d'un edifici **176** ☆
  materials **304.1**
mapa **317.2**
maqueta **381.5**
maquillatge **192.5**
màquina **303**

màquina d'afaitar **184.4**
màquina d'escriure **370** ☆
màquina de batre **173.2** ☆
màquina de cosir **381.6** ☆
maquinari **296**
maquinària **303**
maquineta
  higiene personal **184.3**
  eines **382.1**
mar **13.4**
maragda **15**
marató **390.1**
marc
  àrees **14.2**
  cantó **53**
  fer **293.2**
març **25.2**
marca
  brut **189.1**
  fer negocis **262.7**
marcador **388.1**
marcar
  brut **189.1**
  comprar i vendre **263.2**
  comunicacions **340.3**
  esport **388.1**
marcial **248.5**
mare
  geografia i geologia **13.7**
  famílies i familiars **138.1**
marea **13.6**
marejat
  malalties **124.7**
  símptomes **125.3**
maresma **13.2**
margarida **11**
margarina **158.2**
marge
  carreteres **311** ☆
  document **366**
marginat **244.2**
marieta **5**
marihuana **172.3**
marina de guerra **248.2**
mariner -a
  vaixells **312.5**
  guerra **248.3** ☐
marisc **10.2**
marit **138.4**
màrqueting **262.8**
marró **194.2**
Mart **27** ☆
martell
  eines **382.1** ☆
  atletisme **390.2**
martingala **214.1**
martiritzar **425.1**
marxa
  anar(-se'n) **322**
  caminar **407.3**
  empitjorar **411**
marxant **262.3**
marxar
  començar **32**
  acabar **34**
  anar(-se'n) **322**
  caminar **407.3**

ÍNDEX DE LES PARAULES EN CATALÀ

mas **173**
mascle **140**
masclista **212**
masculí **140**
masia **173**
masmorra **209.5**
massa **156.1**
massís **42.1**
mastegar **164.2, 164.3**
masturbar(-se) **199.2**
mata-segells **340.2** ☆
matar **198.1, 198.3**
mateix **54**
matemàtiques
  ensenyament **233.3**
  matemàtiques **297**
matèria **305.1**
material
  materials **304**
  cosa **305.1**
materialitzar-se **31**
materialment **299**
matraca **88.3**
matrimoni **195.3**
matriu
  cos humà **101.3** ☆
  nadons **136.1**
matusser
  descurós **302**
  maldestre **400**
matusserament **400**
màxim **43**
màximum **43**
mecànic **303**
mecanisme
  maquinària **303**
  cosa **305**
mecanògraf -a
  oficina **272.2**
  materials per
  escriure **370** ☆
mecanoscrit **369.3**
medalla **398**
mèdic **126**
medicació **126.5**
medicament **126.5**
medicinal **126**
mediocre **442.3**
meditació **104.1, 104.2**
meditar **104.2**
mel **160.1**
melassa **160.1**
melé **389.1** ☆
melic **86**
melmelada **160.1**
meló **152.1**
melodia **379.2**
membre
  cos humà **86**
  organitzacio **206.1**
memorable **116**
memòria **116**
mena
  metalls **16**
  classe **306**
menció **341.3**
mencionar **341.3**
mendicar **351.2**
menjador **170**
menjar
  àpats **162.1**
  cuidar **254**
menjar(-se)
  menjar **164**
menor **139.3**

menta **157.2, 157.3**
mental **101.4**
mentida
  fals **216**
  incorrecte **300.1**
mentider -a **216**
menú
  indrets on menjar i
  beure **163**
  ordinadors **296**
menuda **44**
menys **297.1**
menysprear
  odiar i tenir antipatia
  445
  mal educat **144.2**
  orgullós **148.2**
menyspreu **445**
mer **45.1**
merament **45.1**
meravellós
  sorpresa **118, 118.1**
  bo **417.3**
meravellosament
  417.3
mercader -a **262.3**
mercat **273**
Mercuri **27** ☆
mercuri **16**
merda
  residus corporals
  102
  sexe **199.2**
  dolent **438.1**
merdós **438.1**
merèixer **268.3**
meridional **318.1**
mèrit **417.5**
meritori **268.3**
merla **9** ☆
mermar **47**
més **297.1** □
mescla **168.3**
mesquí
  insignificant **76**
  egoista **226**
mesquita **232.5**
mestre -a **234.1**
mestressa
  viure **175.2**
  control **228.4**
  ocupació **271.4**
  tenir **374**
mesura
  control **228.4**
  pesos i mesures
  307
mesurament **307**
mesurar **307**
mesurat
  pesos i mesures
  228.5
  sensat **238.1**
meta **107.2**
metall **16**
meteorit **27**
meteorologia **18**
metge **121**
meticulós **301.1**
mètode **290**
metòdic **290**
metodisme **232.2**
metralladora **248.4** ☆
metre **307.1** □
mètric **307**
mica **52**

mico **1** ☆
microbi **124.2**
micròfon **88.2**
microones **169** ☆
microscopi **233.3** ☆
mida
  mida **41**
  pesos i mesures
  307
midó **186**
mig **66** ☆
migdia **26** ☆
migranya **124.8**
mil **298.1**
milícia **248.2**
milió **298.1**
milionari -ària **269**
militar **248.5**
milla **307.1** □
millor **126.1**
millora **418**
millorar
  guaricions **126.1**
  millorar **418**
mil·lilitre **307.3** □
mil·límetre **307.1** □
mim **376.3**
mímica **376.3**
mina
  metalls **16**
  ocupació **271.2** □
minar **16**
mineral **13.3**
miniatura **44**
mínim **45**
ministre **227** □
minoria **45**
minso **45.1**
minuciós **301.1**
minuciosament **301.1**
minúscul **44**
minúscula **362.5**
minusvàlid **124.3**
minusvalidesa **124.3**
minut **26.1**
minuta **263.2**
minva **47**
minvar **47**
minyona **274.5**
miolar **8.1**
miop **124.4**
miracle **118.2**
miraculosament
  118.2
mirada **91.1**
mirall
  dormitori **181** ☆
  cambra de bany **185**
  ☆
mirar **91, 91.1**
mirtil **152.3**
misantrop **435.1**
miserable **45.1**
misèria **72**
misericordiós **221**
missa **232.6**
missatge
  parlar **341.4**
  dir **342**
  escriure **369.1**
missatger -a **342**
missió **274.3**
misteri
  desconegut **112.2**
  malentendre **115.1**
misteriós **112.2**
mitges **190.7, 190.9**

mitja **381.6**
mitjà
  possible **78**
  normal **442.2, 442.3**
mitjana
  carn **159.2**
  carreteres **311** ☆
  normal **442.2**
mitjanit **26** ☆
mitjans **378**
mitjons **190.9**
mix **7.2**
mixeta **7.2**
mòbil **411**
mobiliari **177.5**
moblar **177.5**
mobles **177.5**
mocador **192.2, 192.6**
moda
  modern **202.1**
  classe **306**
moderació **228.5**
moderador -a
  organització **206.1**
  fer negocis **262.10**
moderar
  organització **206.1**
  fer negocis **262.10**
moderat
  control **228.5**
  sensat **238**
  normal **442.3**
modern **202**
modernitzar(-se) **202**
modes **143**
modest **150**
modificar **58.1**
modisme **362.2**
modista **190.13**
mofar-se
  orgullós **148.2**
  bromejar **425.1**
mogut
  aspre **61**
  força **401.2**
moix **7.2**
moldre **132.4**
molest
  dormir **182.3**
  horror i repugnància
  446.1
  trist **447**
  enfadat **450**
molestar
  cruel **225.1**
  interferir **246**
  poc disposat **285**
  enfadat **450**
molestar(-se)
  important **74.1**
  problema **244.1**
  provar **276**
molèstia
  problema **244.1**
  provar **276**
  inútil **282**
moll
  temps **18.2**
  moll **21**
  vaixells **312.4**
molsut **48.1**
molt **43.2**
mol·lusc **10.2**
moment **26.1**
mona **1**

monarca **205**
moneda **265 .1, 265.2**
monestir **232.5**
mongeta **155.1**
monitor **228.1**
monja **232.4**
monjo **232.4**
monopatí **393**
monòton **119**
monsó **18.2**
monstre **1** □
monstruositat **60**
monument **174.4**
moqueta **180** ☆
móra **152.3**
moral
  personalitat **142**
  bo **217**
morat **124.13**
morena **86.3**
morir
  malalties **124.13** □
  morir **197**
mormonisme **232.2**
morsa **10.3**
mort **197.1**
mortal
  ser, estar **29.2**
  matar **198.4**
mortalment **198.4**
mosca **5**
mossegada **164.2**
mossegar **164.2**
mosso -a **314.2**
mostassa **157.2**
mostela **4** ☆
mostra
  mostrar **92.3, 92.4**
  gest **365**
mostrador **273** ☆
mostrar **92**
motejar **137.3**
motel **317.3**
motiu **291.1**
motivació **279**
motivar **279**
motllurar **39**
moto **315.3**
motocicleta **315.3**
motor **303.1**
motorista **309.5**
motxilla **317.4**
moure's **411.1**
moure('s) **411**
movible **411**
moviment **411, 411.1**
mudar-se **411**
mugró **86**
mul **6**
mullar **21.1**
muller **138.4**
multa
  sistema legal **209.5**
  permetre **230**
multar **209.5**
multilingüe **361**
multiplicar
  augmentar **46.1**
  matemàtiques
  297.1
multitud **207.1**
munició **248.4**
munió
  quantitat gran **43.2**
  grup **207, 207.1**
munt **43.1**

ÍNDEX DE LES PARAULES EN CATALÀ

muntanya **13.1**
muntanyes russes **385**
muntanyisme
　esports a l'aire lliure **393.1**
　caminar **407.3**
muntar
　maneres de cuinar **168.3**
　grup **207.2**
　posar **289.1**
　fer **293.1, 293.2**
　esports eqüestres **395**
muntatge **36**
muntura
　cantó **53**
　esports eqüestres **395**
munyir **173.7**
murga **276**
murmurar **341.7**
murmuri **341**
murri **236**
musclo **10.2**
múscul
　cos humà **101.2**
　força **401**
muscular **401.1**
museu **92.3**
músic **379.4**
música
　ensenyament **233.2**
　música **379**
música country **379.1**
música de cambra **379.1**
musical **379, 379.6**
música pop **379.1**
musli **156.5**
mussol **9.3** ☆
mut
　sorollós **89**
　malalties **124.4**
mutilar **132**

nabiu **152.3**
nació **14.1**
nacionalitat **14.1**
Nadal **25.3**
nadó
　nadons **136**
　gent **139.2**
naixement **136.1**
nan **44**
nap **155.2**
narcís **11**
narcotitzar **126.5**
nariu **86** ☆
narrar
　parlar **341.5**
　dir **342.1**
nas
　cos humà **86** ☆
　destre **239.2**
nassos **258**
natació **391.1**
natges **86**
natura **142**
natural **442**
naturalesa **142**
nau **312**
nau espacial **313**
naufragar
　vaixells **312.6**

caure **412.2**
naufragi **312.6**
nàusea **124.7**
nauseabund
　malalties **124.7**
　dolent **438.1**
naval **248.2**
navalla **133.4**
navalla d'afaitar **184.4**
navegar **312.3**
neboda **138.6**
nebot **138.6**
necessari **67**
necessàriament **67**
necessitar **67**
necessitat
　necessari **67**
　voler **72**
　pobre **270**
nectarina **152.1**
nedar **391.1**
neerlandès **361.1**
negar
　discrepar **346.1**
negar-se
　rebutjar **347**
negatiu
　poc disposat **285**
　arts i oficis **381.4**
negativa
　discrepar **346.1**
　rebutjar **347**
negligència **302**
negligent
　oblidar **117**
　descurós **302**
negoci **262**
negre
　fosc **23**
　cos humà **86.3**
　colors **194.2**
neguitós
　por **255.4**
　tensió **256.1**
　incòmode **440**
néixer **136.1**
nen -a **139.2**
Neptú **27** ☆
nervi
　cos humà **101.2**
　religió **232.9**
nerviós
　por **255.4**
　tensió **256.1**
nervis **255.4**
net
　endreçat **63**
　net **188**
　fer negocis **262.9**
　esports de pilota **389.5** ☆
nét -a **138.3**
netejador **187**
netejar
　endreçat **63**
　neteja **187**
neurosi **129.2**
neuròtic **129.2**
neutre **140**
nevar **18.4**
nevera **169** ☆
niar **9**
niló **193.1**
nina
　nadons **136.4**
　jocs **386.1**

nitrogen **17**
niu **9**
nivell
　llis **62.1**
　important **74.2**
noble
　formal **146**
　reialesa **205.1**
　bo **217**
noblesa **205.1**
noció **108**
nociu **438**
nodrir **164**
noi -a **139.2**
nom
　nom **137.1, 137.2**
　paraules **362.4**
nombre **298**
nomenament **271.7**
nomenar
　política i governació **227.3**
　ocupació **271.7**
nora **138.4**
nord **318.1**
norma **208**
normal **442, 442.1, 442.2**
normalitzar **54.1**
normalment **442**
noruec **361.1**
nosa **244.1**
nostàlgia **116.2**
nostàlgic **116.2**
nota
　escriure **369.1**
　música **379.8** ☆
notable
　evident **93**
　insòlit **444.3**
notablement **93**
notar **91.4**
notícies **368**
notori **111**
nou
　fruits secs **154**
　nou **201, 201.1**
　nou de Brasil **154**
　Nou Testament **232.7**
novament **201**
novell **32.1**
novel·la **367.1**
novembre **25.2**
novetat **201.1**
nu
　roba **190.2**
　buit **333**
nuar **294.2**
nuclear **303.2**
nucli **101.2**
nul **282**
numerar **298**
número
　nombres **298**
　periodisme **368**
nus **294.2**
nutritiu **164.1**
nuvi **195.3** ☆
núvia **195.3** ☆
núvol **18.2**
nyap **383**
nyicris **402.2**

oasi **13.2**
obediència **217.1**
obedient **217.1**

obeir **217.1**
obert
　obert **179**
　honrat **213.2**
　esport **388.3**
obertura
　forat **134**
　música **379.7**
obès **48**
obituari **368.2**
objecció
　poc disposat **285**
　discrepar **346.2**
objectar **285**
objecte **305**
objectiu
　tenir la intenció de **107.2**
　vertader **215**
　utilitzar **280**
　separar **295**
　arts i oficis **381.4**
oblidar **117**
oblidós **117**
obligació **274.4**
obligat **274.4**
oblit **112**
oboè **379.4**
obra **92.4**
obrador **169** ☆
obrellaunes **169** ☆
obrer -a
　ocupació **271.3**
　treball **274**
obres viàries **309.3**
obrir
　tallar **133.2**
　maquinària **303.1**
obrir(-se)
　obert **179**
obscuritat **23**
obsequi
　barat **266**
　donar **372.1**
obsequiar **372.1**
observació
　veure i mirar **91.3**
　parlar **341.3**
observar
　veure i mirar **91, 91.3, 91.4**
　parlar **341.3**
obsessió **129.2**
obsolet **203**
obstacle
　dificultar **245, 245.1**
　esports eqüestres **395.1**
obstaculitzar **245**
obstinat **107.3**
obstrucció **245.1**
obstruir **245.1**
obtenir
　préstecs **261.2**
　obtenir **373**
obturar **245.1**
obtús **38.1** ☆
obús **248.4**
obvi **93**
òbviament **93**
oca **6.1**
ocasió **31.1**
ocasionar **291**
occidental **318.1**
oceà **13.4**
ocell **9**

ociosament **283**
ocórrer
　ocórrer **31**
ocórrer-se
　idea **108.1**
octava **379.8** ☆
octubre **25.2**
ocult **416.2**
ocultar **339**
ocupació **271, 271.1**
ocupar
　viure **175**
　ocupat **275**
ocupar-se
　fer **287.2**
　ocupat **275**
odi **445**
odiar **445**
odiós **445**
oest **318.1**
ofegar
　silenciós **89.1**
　tapar **334**
ofegar-se
　respirar **103.1**
ofegar(-se)
　matar **198.1**
ofendre
　mal educat **144.2**
ofendre's
　ressentiment **251**
ofensa **144.2**
ofensiu **144.1**
oferir
　donar **372.1**
oferir(-se)
　frisós **278.1**
oferta **372.1, 372.2**
ofici
　ocupació **271.1**
　arts i oficis **381**
oficial
　formal **146**
　guerra **248.2**
oficial -a
　política i governació **227.2**
oficina **272**
oficinista **272.2**
ofrena **372.1**
oïble **88**
oïda **87**
oient **87**
oli
　productes lactis **158.2**
　maquinària **303.3**
òliba **9.3** ☆
olis **381.2**
oliva **161.2**
olla **331.2**
olla a pressió **169** ☆
olor **90**
olorar **90**
om **12.1**
ombra **23**
ombra d'ulls **192.5**
ometre **437**
omissió **437**
omnívor **1** □
omplir
　grup **207.1**
　gasolinera **310**
　satisfer **429**
omplir(-se)
　ple **332**
ona **13.6**

ÍNDEX DE LES PARAULES EN CATALÀ

onada **13.6**
oncle **138.5**
ondejar(-se) **415**
ondulació **61**
ondulada **38.4** ☆
ondulat
  aspre **61**
  cos humà **86.3**
onejar
  ondejar **415**
onejar(-se)
  aspre **61**
òpal **15**
opció **73**
open **388.3**
òpera **379.5**
operació
  hospital **122.1**
  maquinària **303**
operar **122.1**
operatiu **303**
operístic **379.5**
opi **172.2**
opinar
  opinió **106.2**
  política i governació **227.3**
  dir **342.2**
opinió
  creure **105**
  opinió **106, 106.2**
oportú
  fàcil **247.1**
  útil **281**
  adient **420.1**
oportunament **281**
oportunitat **78.1**
oposar-se
  poc disposat **285**
  discrepar **346.1, 346.2**
oposar(-se)
  lluitar **249.1**
oposat
  enemistat **250**
  poc disposat **285**
oposició **249.1**
optar **73**
òptic **124.4**
optimista
  frisós **278**
  feliç **422.3**
opulent **269**
or **16**
oració
  religió **232.6**
  paraules **362.2**
oral **341.6**
ordenar
  endreçat **63**
  important **74.2**
  control **228.2, 228.3**
ordenat **63**
ordi **173.5**
ordinador **296**
ordinari
  lleig **60**
  mal educat **144.1**
ordir **107.1**
ordre
  endreçat **63**
  ordre **65**
  control **228.3**
ordres **343**
orella **86** ☆
oreneta **9** ☆

òrgan **101.2**
organització **206**
organitzar
  ordre **65**
  control **228.2**
orgasme **199.3**
orgue **379.4**
orgull **148.1**
orgullós **148.1**
oriental **318.1**
origen **32**
original
  començar **32**
  nou **201.1**
originalitat **444.1**
originar(-se) **32**
orinar **102**
ormeig **382.1**
ornament **59.1**
ornamental **59.1**
orquestra **379.3**
ortiga **11**
ortodox **232.2**
ortografia **369**
os **101.2**
ós **1**
oscat **61**
ós polar **1**
ostatge **220.2**
ostentar
  mostrar **92.1**
  vanar-se **149**
ostra **10.2**
ou
  insectes **5** ☆
  productes lactis **158.1**
ovari **101.3** ☆
ovella **6**
òvul **101.3**
oxigen **17**
ozó **17**

pa **156.1**
pacient
  hospital **122**
  curós **301**
pacífic
  dòcil **3**
  tranquil·litat **259**
pacte **348**
padrastre **138.5**
padrí **195.2, 195.3** ☆
padrina **195.2**
paella **169** ☆
paga **265.3**
pagament
  préstecs **261.2**
  comprar i vendre **263.1**
pagar
  préstecs **261.2**
  comprar i vendre **263.1**
pagar(-se)
  diner **265.3**
pagès -esa **173**
pàgina
  llibre **367.6**
  periodisme **368.2**
paio **139.5**
pair **164.2**
país **14.1**
paisatge
  àrees **14.1** ☐
  veure i mirar **91.7**

pal **312.2**
pala
  neteja **187.2**
  jardineria **384.1**
  esports de pilota **389.5**
paladejar **428**
palaia **10.1**
palanca **303.1**
palau **174.4**
pal de telègraf **340.3**
palès **93**
palesar **92**
palet **13.3**
paleta
  edificis **174.6**
  arts i oficis **381.2**
palla **173.5**
pallasso -a **377**
paller **173.5**
pàl·lid
  cos humà **86.3**
  símptomes **125.2**
  colors **194.1**
pallissa
  avorrit **119**
  pegar **131.2**
palmell **86** ☆
palmera **12.1**
palpable **35**
pals **389.3** ☆
pamflet **366.1**
pana
  teixits **193.1**
  conduir **309.3**
pàncrees **101.2** ☆
panda **1**
panera **331.5**
panet **156.1**
pànic **255**
panís **173.5**
panjabi **361.3**
pansa **152.5**
pantalla **376.4**
pantalons **190.3**
pantalons de muntar **395** ☆
panteixar **103.1**
pantera **1**
pantis **190.9**
pantomima **376.3**
panxa **86**
panxell **86**
panxut **48**
pany **178**
paó **9** ☆
papa
  famílies i familiars **138.1**
  religió **232.4**
papà **138.1**
papallona
  insectes **5**
  esports aquàtics **391.1**
paparra **359**
paper
  treball **274.4**
  materials **304.3**
  entreteniment **376.3**
paper pintat
  sala d'estar **180** ☆
  eines **382.2**
paperaire **273** ☐
paperera **331.4**
papereria **273** ☐
papissot **341.7**

paquet
  recipients **331.1**
  comunicacions **340.1**
par **205.1**
parabrisa **308** ☆
paracaiguda **393.3**
paracaigudisme **393.3**
paracetamol **126.5**
parada
  acabar **34**
  botigues **273**
parada d'autobús **315.2** ☆
paradís **232.9**
paràgraf **362.2**
paraigua **192.2**
paral·leles **38.4** ☆
paràlisi **284.2**
paralitzar
  malalties **124.3**
  inacció **284.2**
paramèdic **122**
paranoia **129.2**
paranoic **129.2**
parany **406**
parar
  acabar **34**
  interiors **177.5**
  posar **289**
parat **284**
paratge **91.7**
paraula
  parlar **341.1**
  prometre **358**
  paraules **362**
paraules **360**
paravent **254.1** ☆
para-xocs **308** ☆
parc **385**
parcel·la **384.3**
parcial **52**
parcialment **52**
pardal **9**
pare **138.1**
parell
  nombres **298.1**
  amistat **434.2**
parent -a **138.7**
parèntesi **363**
paret **176** ☆
parla **341.1**
parlador **359**
parlament **227** ☐
parlant **361**
parlar
  parlar **341**
  debatre **354**
parlotejar **360**
parodiar **56.1**
parpella **86** ☆
parpellejar **91.5**
parra **11**
parrac **193**
part **52**
parterre **384** ☆
participació **436**
participant **388.2**
partícula **52.1**
particular **84**
partida **386.3**
partidari **67**
partir(-se)
  danyar **132.2**
  separar **295**
partit
  política i governació

227.4
  esport **388.3**
pàrvul -a **139.2**
pas
  ràpid **403.3**
  caminar **407, 407.1**
pas a nivell **311**
Pasqua **25.3**
passa **407.1**
passadís
  interiors **177.3**
  carreteres **311.1**
passamà **177.2** ☆
passaport **316**
passar
  ocórrer **31**
  continuar **33**
  donar **372**
  èxit **396.2**
passarel·la **311.1**
passat
  temps **26.2**
  antiquat **203**
passatemps **380**
passatger -a
  viatjar **317**
  ser, estar **29.2**
passeig **407**
passejada **407.2**
passejar-se **407.1**
passió
  voler **72**
  emoció **151.1**
  amor **427.1**
passiu **284**
passivitat **284**
passota **259**
pas subterrani **311.1**
pasta
  aliments cuits al forn **156.3, 156.4**
  diner **265**
pasta de dents **184.3**
pastanaga **155.2**
pastel **194.1**
pastetes **294.3**
pastilla **126.5**
pastís **156.3**
pastor -a
  religió **232.4**
  agricultura **173.7**
pastor alemany **7.1** ☆
pastura **173.7**
pas zebra **311** ☆
patata **155.2**
patata fregida **161.3**
patates fregides **161.2**
paté **159.4**
pati
  parts d'un edifici **176** ☆
  ensenyament **233.1** ☆
patiment **447, 447.1**
patinar **411.2**
patinatge **393, 393.2**
patinet **315.3**
patins de rodes **393** ☆
patir
  malalties **124.13** ☐
  aguantar **433**
  trist **447**
patrimoni **373**
patró -ona
  ocupació **271.4**

459

patró
  control **228.4**
  arts i oficis **381.6**
pau
  silenciós **89**
  tranquil·litat **259**
pausa
  descans i relaxació **183.1**
  esperar **286**
pausat **404**
pebre **157.2**
pebre vermell **155.3**
pebrot **155.3**
pebrots **258**
peça
  part **52**
  diner **265.2**
  música **379.7**
pecar **219**
pecat **219**
peculiar **444.1**
peculiaritat **444.1**
pedals **379.4**
pedra
  geografia i geologia **13.3**
  temps **18.4**
  materials **304.1**
pega **387.2**
pegar
  pegar **131, 131.1, 131.2**
  esports de gimnàs **392.1**
peix **159.3**
peixater -a **273** ☐
peixateria **273** ☐
peix de color **7.3**
peixera **331.4** ☆
Peixos **28** ☆
pelar
  maneres de cuinar **168.2**
pelar-se
  danyar **132.3**
pelicà **9.2**
pell
  cos humà **86.2**
  fruita **152.6**
pèl-roig **86.3**
pelut **86.2**
pelvis **101.1** ☆
pel·lícula
  arts i oficis **381.4**
  entreteniment **376.4**
pena **447, 447.1**
penal **389.1**
pencar
  animals petits **4** ☐
  treball **274.1**
pendent
  geografia i geologia **13.1**
  formes **38.4** ☆
penediment **449.1**
penedir-se **449.1**
penedit
  decepció **448**
  vergonya **449.1**
penetrar **133**
penicil·lina **126.5**
penis **86**
penjador **331.6**
penjar **198.2**
penja-robes **177.4**
penjoll **207** ☆

pensador **104**
pensament
  plantes **11**
  pensar **104, 104.1**
pensar
  pensar **104, 104.1**
  opinió **106.2**
  tenir la intenció de **107**
  endevinar **109**
pensar(-se)
  suggerir **353**
pensarós **104.2**
pensió
  diner **265.3**
  viatjar **317.3**
pensiu **104.2**
pentagrama **379.8** ☆
Pentecosta **25.3**
pentinar **184.2**
penúria **165**
penya-segat **13.5**
peó
  jocs **386.4** ☆
peó -ona
  ocupació **271.3**
pera **152.1**
percebre **91.4**
percentatge **52**
percussionista **379.4**
perdiu **9**
perdó **221.1**
perdonar **221, 221.1**
perdonavides **219.3**
perdre
  perdre **96**
  fracàs **397**
pèrdua
  malgastar **69**
  perdre **96**
  fer negocis **262.9**
perdurable **29.1**
perepunyetes **301.1**
perfeccionament **418**
perfectament **417.2, 417.4**
perfecte
  sencer **50**
  bo **417.4**
perfilar **53**
perfum
  olor **90**
  accessoris **192.5**
perfumat **90**
perill **252**
perillós
  deshonest **214.3**
  perill **252**
  dolent **438**
perillosament **252**
període **26.2**
periòdic **368**
periodisme **368**
periodista **368.1**
periquito **7.3**
perir **197**
perit **237**
perjudicial **132**
perla **15**
permanent
  ser, estar **29.1**
  ocupació **271.5**
permetre
  possible **78.1**
  permetre **230**
permetre's
  gaudir **428**

permís
  descans i relaxació **183.2**
  control **228.2**
  permetre **230**
permissible **230**
pernil **159.1**
perruca **192.1** ☆
perruquer -a **184.2**
persa **361.3**
persecució **409.1**
perseguidor -a **409.1**
perseguir
  escorcollar **94**
  seguir **409, 409.1**
persistent **33.1**
persistir **33**
persona **139**
personal
  gent **139**
  ocupació **271.3**
  amagar **339.1**
personalitat **142**
personalment **339.1**
personatge **367.1**
perspectiva **106, 106.1**
perspicaç **236**
perspiració **86.2**
persuadir **349**
persuasió **349**
pertànyer **374.1**
pertinences **374.1**
pertinent **420.2**
pertorbació **246**
pertorbar **246**
pes
  problema **244.1**
  pesos i mesures **307.4**
pesar **307.4**
pesat
  avorrit **119**
  problema **244.1**
  pesos i mesures **307.4**
  enfadat **450**
pesca **380.1**
pescar **380.1**
pèsol **155.1**
pessigar **440**
pèssim
  dolent **438.1**
  inferior **439**
pessimista **285**
pesta
  olor **90**
  malalties **124.1**
pestanya **86** ☆
pet **125.4**
petaca **331.2**
pètal **11** ☆
petar **132.2**
petició **351.2**
petit
  petit **44**
petit -a
  gent **139.2**
petó **196**
petrificar **255.2**
petrificat **255.1**
petroli **303.3**
petxina **10.2** ☆
peu
  posició **66** ☆
  cos humà **86**
  pesos i mesures

307.1 ☐
  recipients **331.6**
peülla **1** ☆
pi **12.1**
piano **379.4**
pic **384.1**
pica **169** ☆
pica-soques **9** ☆
picabaralla **346.3**
picant **219.2**
picar
  metge **125.1**
  tallar **133.3**
  menjar **164.5**
picat **61**
picnic **162.3**
picor **125.1**
picotejar **9.1**
pidolar **351.2**
pietat
  pietat **221**
  compassió **222**
pietós **232.8**
pífia **300.1**
piga **86.2**
pijama **190.8**
pila
  quantitat gran **43.1**
  maquinària **303.2**
pila baptismal **232.5** ☆
pilar **217.2**
piló
  quantitat gran **43.1**
  cuina **169** ☆
pilot **313.3**
pilota **389.1, 389.5** ☆
pilotar **313, 313.2**
pinçall **10.2** ☆
pinces **184.2**
píndola
  guaricions **126.5**
  sexe **199.5**
ping-pong **389.5**
pingüí **9.2**
pinsà **9**
pinta
  higiene personal **184.2**
  pesos i mesures **307.3** ☐
pintallavis **192.5**
pintar **382.2**
pintor -a **381.1**
pintoresc
  bell **59**
  veure i mirar **91.7**
  antiquat **203**
pintura
  arts i oficis **381.2, 381.3**
  eines **382.2**
pinxo **219.3**
pinya
  arbres **12** ☆
  fruita **152.4**
pinyol **152.6**
pinzell **381.2**
pioner -a **201.1**
pipa
  nadons **136.4**
  fumar **171**
pipar **103.1**
pipeta **233.3** ☆
pipí **102**
piques **386.3** ☆
piquet **271.6**

piragua **312.1**
piragüisme **391**
piràmide **38.2** ☆
piramidal **38.2** ☆
pis
  edificis **174.2**
  parts d'un edifici **176.2**
piscina **391.1**
pispa **220.1**
pispar **220**
pissarra
  ensenyament **233.1** ☆
  materials **304.1**
pista
  avions **313.1**
  significat **364.1**
  circ **377**
  esport **388.4**
  esports de pilota **389.5** ☆
pista de gel **393.2**
pistatxo **154**
pistó **303.1**
pistola **248.4** ☆
pit
  ocells **9** ☆
  cos humà **86**
pitjar **98.2**
pitjor **439**
pit-roig **9** ☆
piular **9.4**
pixar(-se) **102**
pixum **102**
pizza **161.3**
pla
  llis **62.1**
  tenir la intenció de **107.1**
placa **254.1** ☆
plaça **311**
placa d'aprenent **308** ☆
placa de matrícula **308** ☆
placenta **136.1**
plàcid
  llis **62**
  tranquil·litat **259**
plaer
  confortable **421**
  feliç **422**
  gaudir **428.1**
plaga **124.5**
plagiar **56**
plana
  geografia i geologia **13.2**
  llibre **367.6**
  periodisme **368.2**
planador **313**
planejar
  ocells **9.1**
  tenir la intenció de **107**
  control **228.2**
planer **247**
planeta **27**
planificació **228.2**
planificació familiar **199.5**
planificar **228.2**
plànol **317.2**
planta
  cos humà **86**
  parts d'un edifici

ÍNDEX DE LES PARAULES EN CATALÀ

176.2
  jardineria **384.2**
plantar **384.2**
plantes **11**
plantejar **353**
plantilla **271.3**
planxa **186**
planxar **186**
plànyer
  quantitat petita **45.1**
  compassió **222**
plàstic **304**, **304.3**
plat
  menjador **170** ☆
  música **379.9** ☆
plata
  metalls **16**
  menjador **170** ☆
plàtan **152.1**
platea **376.2** ☆
platerets **379.4**
platet **170** ☆
platí **16**
platja **13.5**
plausible **105.4**
ple
  grup **207.1**
  ocupat **275**
  ple **332**
plegar
  donar forma **39**
  anar(-se'n) **322**
  moviment **411.3**
plegats **320.1**
pleneta **48.1**
plom
  metalls **16**
  maquinària **303.1**
ploma **9** ☆
plomada **267.1**
plomar
  deshonest **214.2**
  car **267.1**
plor **345**
plorar
  costums socials **195.4**
  trist **447.1**, **447.3**
ploriquejar **345**
ploure **18.2**
plugim **18.2**
pluja **18.2**
plujós **21**
Plutó **27** ☆
pneumàtic **308** ☆
població **204**
poblador -a **175.1**
poble **14.3**
pobre **270**
pobresa **270**
poc més o menys **300.2**
poca-solta **241**
poció **293**
pocs **298.1**
podadora **384.1**
podar **384.2**
poder
  control **228.3**, **228.6**
  força **401**
poderós
  control **228.6**
  força **401.1**
podrir(-se) **132.5**
podrit **153**
poema **367.4**

poesia **367.4**
poètic **367.4**
pol·lució **189.1**
pol·luir **189.1**
polèmic **346.4**
policia **209.2**
poliesportiu **388.4**
poliester
  teixits **193.1**
  materials **304**
polietilè **304.3**
polir
  llis **63**
  millorar **418**
polit **63**
politècnica **233** □
polític **227**
política **227**
pollastre
  animals de granja **6.1**
  ocells **9**
  carn **159.3**
pollet **6.1**
pollós **438.1**
polo **395.1**
polonès **361.1**
pols **189**
polsegós **189**
polsera **192.4** ☆
pólvores de talc **184.1**
polzada **307.1** □
polze **86** ☆
pol·len **11**
pom
  parts d'un edifici **176** ☆
  interiors **177.3**
  grup **207**
poma **152.1**
pompa **146**
pompós **148.2**
poncella **11** ☆
pondre **9.1**
poni **6**
pont
  dentista **123**
  carreteres **311** ☆
  vaixells **312.2**
pop **10.2**
popular
  gent **139.1**
  estimar **426.1**
popularitat **426.1**
poques **298.1**
por **255**
porc
  animals salvatges **1.1** □
  animals de granja **6**
  carn **159.1**
  menjar **164.4**
  brut **189**
  dolent **438.2**
porció
  part **52**
  àpats **162.1**
pornogràfic **199.1**
porpra **194.2**
porqueria
  brut **189**
  ximple **241.3**
porro
  hortalisses **155.3**
  drogues **172.3**
port **312.4**
porta

parts d'un edifici **176** ☆
  interiors **177.3**
porta- **331.6**
portador -a **331.6**
portaequipatge
  cotxe **308** ☆
  recipients **331.6**
portal **176** ☆
portalada **232.5** ☆
portamonedes **192.3**
portar
  roba **190**
  control **228.4**
  conduir **309**
  portar **323**
  portar (transportar) **337**
  agafar **375**, **375.4**
portar(-se)
  fer **287.1**
portaveu **341.4**
porter -a **389.1** ☆
porteria
  esport **388.1**
  esports de pilota **389.1**
ports **340.2**
portuguès **361.1**
poruc **255.1**
porus **86.2**
porxo **176** ☆
posada **163**
posar **289**
posar en marxa **303.1**
posar-se
  continuar **33**
  roba **190.1**
posició **66**
positiu **278**
posseir **374**
possessió **374**
possibilitat **78.1**
possible **78**
possiblement **78**
postal **340.1**, **340.2**
posterior **66** ☆
postgraduat -ada **235.1**
postís **216**
postissa **123**
postre **162.2**
pot **331.2**
pota **1** ☆
potència
  control **228.6**
  força **401**
potencial **78**
potent **401.1**
potentat -ada **269.1**
potinejar
  tocar **98**
  ximple **241.4**
  no qualificat **242**
  reparar **383**
pòtol -a **283.1**
potser **78**
pràctic
  possible **78**
  útil **281**
pràctica **276**
practicar
  provar **276**
  esport **388.1**
prat **173.1**
preat **268.1**
prec **351.2**

precaució **253.1**
preceptor -a **234.1**
precintat **331.6**
preciós
  bell **59**
  bo **417.2**
precipitació
  temps **18.2**
  ràpid **403.1**
precipitar-se
  ràpid **403.1**
  córrer **408**
precipitat
  descurós **302**
  ràpid **403.1**
precís
  particular **84**
  correcte **299**
precisament **299**
precisió **299**
predicar
  religió **232.6**
  dir **342.2**
predicció **109.1**
predilecció **426**
predisposar **212**
prefaci **367.4**
preferència **73.1**
preferible **73.1**
preferir **73.1**
preferit -ida **426.1**
pregar
  religió **232.6**
  preguntar **351.2**
pregària **232.6**
pregunta **351**
preguntar
  preguntar **351**
preguntar-se
  endevinar **109**
prejudici **212**
prematur **325**
prémer
  tocar **98.2**
  danyar **132.4**
  aguantar **336**
premi **398**
premsa **368**
prendre **375.1**
preocupació
  problema **244**, **244.1**
  por **255.4**
preocupar
  problema **244.1**
  por **255.4**
  trist **447**
preocupar-se
  cuidar **254**
  por **255.4**
  provar **276**
preocupar(-se)
  important **74.1**
preocupat
  por **255.4**
  trist **447**
preparació **328**
preparador -a **234.1**
preparar
  fer **293.2**
preparar(-se)
  llest **328**
preparat **328**
preparatius
  control **228.2**
  llest **328**
preposició **362.4**

presa de corrent **382.3**
presagiar **109.1**
prèsbita **124.4**
prescindir **437**
presència **30**
present
  temps **26.2**
  presència i absència **30**
  barat **266**
  donar **372.1**
presentació
  mostrar **92**, **92.3**
  saludar **196**
presentar
  mostrar **92**
  saludar **196**
presentar-se
  política i governació **227.3**
  venir **321**, **321.2**
preservació **227.3**
preservatiu **199.5**
presidència
  política i governació **227** □
  fer negocis **262.10**
President -a
  política i governació **227** □
president -a
  organització **206.1**
presidir
  organització **206.1**
  fer negocis **262.10**
presó **209.6**
presoner -a **209.5**
pressa **403.1**
préssec **152.1**
pressió **98.2**
pressionar
  tocar **98.2**
  encoratjar **279.1**
pressupost
  fer negocis **262.9**
  finances **264.1**
pressupostar **262.9**
prest **403**
prestació **280**
prestador -a **261**
prestament **261**
prestamista **261**
prestatge
  sala d'estar **180** ☆
  recipients **331.6**
préstec **261**, **261.2**
presumir
  mostrar **92.1**
  vanar-se **149**
presumit **148.1**
pretendre **94**
pretensió **358**
pretensiós -osa **148.2**
preu **263.2**
prevenció **245.1**
prevenir
  injust **212**
  curós **301**
prevenir-se
  dificultar **254.1**
preventiu **245.1**
preveure **109.1**
previ **26.3**
prèviament **26.3**
previsió **109.1**
prim

461

ÍNDEX DE LES PARAULES EN CATALÀ

petit **44**
prim **49**
tallar **133.6**
feble **402.1**
primavera **25.2** ☆
primer **32**
Primer Ministre **227** ☐
primer plat **162.2**
primitiu **247**
primmirat **301.1**
príncep **205** ☐
princesa **205** ☐
principal **75**
principalment **75**
principi
  començar **32**
  opinió **106.1**
principiant **32.1**
prismàtics **91.8**
privar
  dificultar **245, 245.1**
privar-se
  religió **232.6**
  inacció **284**
privat **339.1**
probabilitat **80**
probable **80**
problema
  problema **244, 244.1**
  por **255.4**
  matemàtiques **297.2**
problemàtic **244**
procedència **32**
procediment **290**
procedir
  continuar **33**
  famílies i familiars **138.7**
procés
  sistema legal **209.4**
  sistema **290**
processador de textos **296**
processar **209.4**
processó **407.3**
proclamar
  parlar **341.4**
  dir **342, 342.2**
procurador -a **209.3**
producció
  agricultura **173.4**
  fer negocis **262.5**
  fer **293.1**
producte **262.5**
productor -a **293.1**
produir
  agricultura **173.4**
  fer **293.1**
  portar **323**
  donar **372**
professió **271.1**
professional
  destre **239**
  ocupació **271.1**
professor -a **234.1**
profeta **232.3**
profilaxi **245.1**
profit **277.1**
profundament **401.1**
programa
  ordinadors **296**
  document **366.1**
  entreteniment **376.2**
  radiodifusió **378.1**

programació **289**
programar
  posar **289**
  ordinadors **296**
programari **296**
progrés
  continuar **33**
  millorar **418**
progressiu **404**
prohibició **231, 231.1**
prohibir **231**
projectar **24.3**
projecte **107.1**
projectil **248.4**
prole **138.7**
pròleg **367.4**
promès **195.3**
promesa
  costums socials **195.3**
  fer **287.2**
prometre **358**
prometatge **195.3**
prometre
  prometre **358**
prometre's
  costums socials **195.3**
promoció **271.7**
promoure **271.7**
prompte
  puntual **327**
  ràpid **403**
promptitud **328**
pronom **362.4**
pronòstic **109.1**
pronosticar **109.1**
pronunciació **341.6**
pronunciar **341, 341.6**
pronunciar-se **341.2**
prop **320.1**
propens **288**
proper
  útil **281**
  distància **320.1**
propi **442.1**
propici
  sort **387.1**
  adient **420.1**
propietari -ària
  tenir **374**
  viure **175.2**
propietat **374, 374.1**
propina **372.1**
proporció **52**
proporcional **52**
proporcionar **372, 372.2**
proporcionat **51**
proporcions **41**
proposar
  política i governació **227.3**
proposar(-se)
  suggerir **353**
propòsit **107.2**
proposta **353**
prosa **367.4**
proscrit -a **231**
proscriure **231**
prospecte **366.1**
pròsper
  ric **269**
  èxit **396**
prosperar **269**
prosperitat **269**

prosseguir **33**
prostituta **199.4**
protagonista **258**
protecció
  guerra **248.1**
  cuidar **254.1**
protector -a **254.1**
protegir
  cuidar **254.1**
  amagar **339**
protegir(-se)
  guerra **248.1**
protesta
  queixar-se **345**
  discrepar **346.2**
protestantisme **232.2**
protestar
  poc disposat **285**
  discrepar **346.2**
protocol·lari **146**
prou **51**
prova
  mostrar **92, 92.4**
  sistema legal **209.4**
  ensenyament **233.5**
  provar **276.1**
provar
  mostrar **92**
  ensenyament **233.5**
  provar **276, 276.1**
proveir
  donar **372.1**
proveir-se
  fer negocis **262.6**
proverbi **362.2**
província **14.1**
provincial **14.1**
provisió
  fer negocis **262.6**
  donar **372.2**
provisional **29.2**
provocació
  emoció **257.3**
  encoratjar **279.1**
provocar
  començar **32**
  emoció **257.3**
  encoratjar **279.1**
  causar **291**
provocatiu **279.1**
pròxim
  distància **320.1**
  aviat **329**
prudència **301**
prudent
  sensat **238**
  seguretat **253**
  curós **301**
pruna **152.1, 152.5**
psalm **232.6**
pseudònim **137.3**
psicoanàlisi **129.3**
psicologia **129.3**
psicològic **129.3**
psicoterapeuta **129.3**
psiquiatria **129.3**
psiquiàtric **129.3**
públic
  gent **139.1**
  entreteniment **376.2**
publicació
  lliure **210**
  llibre **367.7**
publicar
  lliure **210**
  llibre **367.7**
publicitat **262.8**

puça **5**
puck **389.4**
pudent **90**
púding **162.2**
pudir **90**
pudor **90**
pueril **241.4**
pujada **46**
pujar
  posar **289.1**
  caminar **407.5**
  pujar **413**
pujat **194.1**
pulcre **63**
pulmó **101.2** ☆
púlpit **232.5** ☆
punt
  formes **38.3**
  mida **41**
  cosa **305**
  puntuació **363**
  arts i oficis **381.6**
punta
  formes **38.1** ☆
  teixits **193.1**
puntada **381.6**
puntal **217.2**
punt decimal **298.1** ☐
puntetes **407.4**
punt mort **284.1**
puntuació **363**
puntual **327**
puntualment **327**
puntuar
  puntuació **363**
  esport **388.1**
punxada
  guaricions **126.3**
  tallar **133**
punxar **133**
punxegut
  formes **38.1** ☆
  lleig **61**
puny
  cos humà **86** ☆
  roba **190.12**
punyal **248.4** ☆
pupil·la **86** ☆
pupitre **233.1** ☆
pur
  net **188**
  bo **217**
purament **247**
purgatori **232.9**
pústula **124.5**
puzle **386.2**

quadrat
  formes **38.1** ☆
  pesos i mesures **307.2** ☐
quadre
  formes **38.3**
  cantó **53**
  veure i mirar **91.7**
  sala d'estar **180** ☆
  arts i oficis **381.2, 381.3**
  esports de pilota **389.2**
quadrilàter **392.1** ☆
quadrilla **207.1**
qualificació **233.5**
qualificar
  nom **137.1**
qualificar-se

ensenyament **233.5**
qualitat **417.5**
quantitat
  mida **41**
  matemàtiques **297.2**
  nombres **298**
quants **298.1**
quaquerisme **232.2**
quart de galó **307.3** ☐
quartet **379.3**
quec **341.7**
quedar-se
  continuar **33**
  esperar **286**
queixa **345**
queixalada **164.2, 164.5**
queixar-se
  sorolls d'animals **8.2** ☆
  queixar-se **345**
quequeig **341.7**
quequejar **341.7**
querellant **209.4**
qüestionable **83.2**
qüestionar
  discrepar **346.1**
  preguntar **351**
quetxup **161.5**
queviures **273** ☐
quid **364**
quiet **284.2**
quilogram **307.4** ☐
quilometratge **317.2**
quilòmetre **307.1** ☐
química **233.3**
quinta **307.4** ☐
quinzena **25.1**
quiosc **273**
quiròfan **122.1**
quotidià **442**

rabassut **48.1**
rabí **232.4**
ràbia **450, 450.1**
raça
  àrees **14.1**
  classe **306**
ració
  part **52**
  àpats **162.1**
  pesos i mesures **307**
racional **130**
racisme **212**
radar **313.1**
radi **38.1** ☆
radiació **303.2**
radiador **20.1**
ràdio **378**
radioactivitat **303.2**
radiodifusió **378**
ràfega **18.3**
rai **312.1**
raig **24**
rail **314**
raïm **152.1**
ram **207**
Ramadà **25.3**
ramat
  agricultura **173.7**
  grup **207.1**
rampa **124.9**
rampinyaire **220.1**
rancorós **225.1**
rancúnia

462

ÍNDEX DE LES PARAULES EN CATALÀ

cruel **225.1**
ressentiment **251**
rang
  important **74.2**
  guerra **248.3**
ranquejar **407.6**
ranuncle **11**
ranura **133.2**
raó
  pensar **104.1**
  assenyat **130**
  causar **291.1**
raonable
  assenyat **130**
  sensat **238**
raonar **104.1**
ràpid
  intel·ligent **236.2**
  ràpid **403**
ràpidament
  puntual **327**
  ràpid **403**
raptar **220.2**
rapte **422.2**
raqueta **389.5** ☆
rar **444**, **444.1**, **444.2**
rarament **444.2**
raresa **444.1**
ras **62.1**
rascar **132.3**
rasclet **384.1**
raspall
  higiene personal **184.2**, **184.5**
  neteja **187.2**
raspall de dents **184.3**
raspós **61**
rastre
  quantitat petita **45.2**
  significat **364.1**
rata **4**
ratar **164.2**
ratlla **38.3**
ratllador **168.2** ☆
ratlladura **152.6**
ratllar **168.2**
ratolí
  animals salvatges **1.1** □
  animals petits **4**
rat-penat **4** ☆
raucar **8.2**
rave **155.4**
reacció
  fer **287.1**
  contestar **352**
reaccionar
  fer **287.1**
  contestar **352**
reactor **313**
real
  real **35**
  vertader **215**
realitat **35**
realitzable **78**
realització
  fer **287.2**
  èxit **396.2**
  satisfer **429**
realitzar
  fer **287.2**
  satisfer **429**
realitzar-se
  ocórrer **31**
  reanimar **257.3**
rebaixa

disminuir **47**
fer negocis **262.9**
rebaixes **263**
rebeca **190.4**
rebedor **177.1**
rebel·lió **227.5**
rebel·lar **446.2**
rebentar-se **132.2**
rebentat **182.3**
rebombori **88.1**
rebre **373**
rebuig **71**
rebut **263.3**
rebutjar
  llençar **70**
  lluitar **249.1**
  rebutjar **347**
rec **173.1**
recalcar **355**
recanvi
  substituir **57**
  innecessari **68**
  ple **332**
recaptació **262.9**
recel **109**
recelós **109**
recent **26.3**
recentment **26.3**
recepcionista **272.2**
recepta
  guaricions **126.4**
  maneres de cuinar **168**
receptacle **331**
receptor **389.2**, **389.3** ☆
recerca **94**
reciclar
  ensenyar **234**
  utilitzar **280**
recipient **331**
recital **379.6**
recitar **341.5**
reclam **432.1**
reclamació
  voler **72.2**
  queixar-se **345**
reclamar **351.2**
reclús **435.1**
recobrir **334**
recol·lectar **173.4**
recollida
  comunicacions **340.2**
  agafar **375.3**
recollir
  grup **207.2**
  agafar **375.3**
recolzar
  encoratjar **279.2**
  portar **337**
recolzar-se **97.4**
recomanació **353.1**
recomanar **353.1**
recompensa **398**
recompensar **398**
reconeixement
  saber **110.1**
  admetre **350**
reconèixer **110.1**
record **116**, **116.1**, **116.2**
recordar
  semblant **54.2**
  recordar **116**, **116.1**
repetir **356**

recordatori **116.1**
recórrer
  de fiar **218.1**
  viatjar **317**
  caminar **407**
recreatiu **183.1**
recta **38.4** ☆
rectangle **38.1** ☆
rectangular **38.1** ☆
recte **101.2** ☆
rector -a
  ensenyar **232.4**
  religió **234.1**
recuperació **126.1**
recuperar-se **126.1**
recurs **277**
recursos **262.5**
redactar **369**
redactor -a **368.1**
redreçar
  donar forma **39**
redreçar-se
  llis **62.1**
reducció
  disminuir **47**
  ocupació **271.8**
reduir(-se) **47**
reduït **228.5**
reeixir **396.2**
reeixit **396**
reemborsament **261.2**
reemborsar **261.2**
reemissió **356**
reemplaçament **57**
reemplaçar **57**
refer-se **126.1**
referència **341.3**
referèndum **227.3**
referir
  dir **342.1**
referir-se
  parlar **341.3**
refiar-se **218.1**
refilar **9.4**
refinament **418**
refinar **418**
refinat **59**
refistolat **148.2**
reflectir **56**
reflex **56**
reflexió
  copiar **56**
  pensar **104.1**
reflexionar **104.1**
reforçar **401.3**
reforma **58.1**
reformar
  reparar **383**
reformar(-se)
  canvi **58.1**
refredar **19**
refredat **124.6**
refresc **162.3**
refrescar **19**
refugi **254.1**
refús
  mal educat **144.2**
  discrepar **346.1**
refusar **346.1**
refutar **346.1**
regal **372.1**
regalar **372.1**
regar **384.2**
regatejar **251**
reggae **379.1**
regidor -a **227.1**

règim **49.1**
regiment **248.2**
regió **14**
regir **228.4**
registrar
  oficina **272.1**
  escriure **369.1**
registre **366**
reglament **208**
regle
  matemàtiques **297** ☆
  pesos i mesures **307**
regnar
  reialesa **205**
  control **228.4**
regnat **205**
regne **14.1**
regnes **395** ☆
regular
  control **228.5**
  normal **442.2**, **442.3**
  sovint **443**
regularment **443**
rei -na
  reialesa **205** □
  jocs **386.3** ☆, **386.4** ☆
reial **205**
reialesa **205**
reincident **219.3**
reixa **180** ☆
relació
  document **366**
  escriure **369.1**
  amistat **434.1**, **434.2**
relacionar **294**
relacions **294**
relat **342.1**
relatar **342.1**
relaxant **183**
relaxar-se **183**
religió **232**
religiós **232**
relligar **294.1**
relliscar **411.2**
relliscós **411.2**
rellisquejar **411.2**
rellotge **26.1** ☆
rem
  vaixells **312.2**
  esports aquàtics **391**
remar **312.3**
remarcable **444.3**
remarcar
  veure i mirar **91.4**
  subratllar **355**
remei **126**
rememorar **116.2**
remenar
  tocar **98**
  maneres de cuinar **168.3**
  moviment **411.3**
remenar-se
  moviment **411.1**
reminiscència **116.2**
remolatxa **155.4**
remolc
  agricultura **173.2** ☆
  estirar i empènyer **338**
remolcar **338**

remordiment **449.1**
remot **320.2**
remotament **320.2**
remullar **21.1**
remunerat **265.3**
rendible **264.1**
rendiment **287.2**
rendir
  agricultura **173.4**
  donar **372**
rendir(-se)
  guerra **248.1**
rendit **182.3**
renec **357**
renegar **357**
renegat -ada **214.3**
renillar **8.1**
renitent **285**
renom **137.3**
rentada **187.4**
rentadora **186**
rentar
  higiene personal **184.2**
  neteja **187.2**, **187.4**
rentavaixelles **187.4**
renúncia **271.8**
renunciar
  ocupació **271.8**
  anar(-se'n) **322.1**
renyar **450.2**
renyina **346.3**
renyinar **346.3**
renyir **346.3**
reomplir **332**
reparació **383**
reparar **383**
repartidor **262.3**
repartiment
  separar **295**
  comunicacions **340.2**
  donar **372.3**
  entreteniment **376.3**
repartir
  control **228.2**
  portar **323**
  donar **372.3**
  jocs **386.3**
repartir(-se)
  separar **295**
repassar
  aprendre **235**
repassar-se
  sexe **199.2**
repel·lent **446.1**
repel·lir **446.2**
repercussió **292**
repetició **356**
repetir **356**
repic **88.3**
replà **177.2** ☆
replegar(-se) **322**
rèplica **56**
reportatge **342.1**
repòrter **368.1**
repòs **183**
reposar **183**
reposat **183.1**
repregunta **351.1**
repreguntar **351.1**
reprendre **450.2**
representant
  substituir **57**
  parlar **341.4**
representar

ÍNDEX DE LES PARAULES EN CATALÀ

substituir **57**
fer **287**
significat **364.2**
entreteniment **376**
representar(-se)
  veure i mirar **91**
representatiu **57**
reprimir **228.5**
reproducció **56**
reproduir(-se) **56**
reprovar **445**
república **14.1**
repugnància **446**
repugnant
  dolent **438, 438.1**
  odiar i tenir antipatia **445**
  horror i repugnància **446.1, 446.2**
repulsiu **446.1**
reputació **111**
requerir **67**
requisit **67**
resar **232.6**
rescat
  robar **220.2**
  seguretat **253.2**
rescatar **253.2**
reserva
  insegur **83.1**
  fer negocis **262.6**
  documents i procediments per viatjar **316**
reservar
  documents i procediments per viatjar **316**
  tenir **374.2**
  entreteniment **376.2**
reservat
  emoció **151.3**
  por **255.5**
residència
  edificis **174.1**
  viure **175**
resident **175**
residir **175**
residu **71**
resistència
  lluitar **249.1**
  tensió **256**
  aguantar **433**
resistent
  dur **100**
  força **401.1**
resistir
  portar **337**
  aguantar **433**
resistir(-se)
  lluitar **249.1**
resoldre
  esbrinar **113.2**
  fer **287.2**
resolut **107.3**
resopó **162**
respectable **417.1**
respectar **431**
respecte
  opinió **106**
  admirar **431, 431.1**
respectuós
  ben educat **143.2**
  bo **217.1**
respir
  respirar **103**
  descans i relaxació

183.1
respiració **103**
respiració artificial **126.6**
respirar **103**
resplendir **24.2**
respondre
  contestar **352**
  prometre **358**
responsabilitat **274.4**
responsable
  política i governació **227.2**
  treball **274.4**
  causar **291**
resposta **352**
ressaca **166.7**
ressecar **22**
ressentiment
  cruel **225.1**
  ressentiment **251**
ressentit **225.1**
ressenya **368.2**
ressò **356**
ressonar **356**
resta **33**
restar
  continuar **33**
  matemàtiques **297.1**
restaurant **163**
restaurar **383**
restes **132.1**
restrenyiment **124.7**
restricció **228, 228.5**
restriccions **228.5**
restringir
  cantó **53**
  control **228.5**
restringit
  cantó **53**
  control **228.5**
resultar **292**
resultat
  resultat **292**
  matemàtiques **297.2**
  esport **388.1**
retallar
  disminuir **47**
  esbrinar **133**
  control **228.5**
retard **330**
retardar
  dificultar **245**
  retardar **330**
  lent **404**
retenció **330**
reticència **285**
retirada **322, 322.1**
retirar
  banc **260.1**
retirar-se
  guerra **248.1**
  ocupació **271.8**
  anar(-se'n) **322.1**
retirar(-se)
  anar(-se'n) **322**
retocar **58**
rètol **364.1**
retolador **370** ☆
retorn **322**
retornar **322**
retrat **54**
retret **219.1**
retrovisor **308** ☆
reumatisme **124.9**

reunió
  grup **207.1**
  fer negocis **262.10**
reunir-se **207.2**
revelació **350**
revelar
  deshonest **214.3**
  destapar **335**
  admetre **350, 350.1**
  arts i oficis **381.4**
reverència **97.4**
revés **244**
revisar
  canvi **58.1**
  curós **301.1**
revisió **58.1**
revisor -a **314.2**
revista **368**
revocar **34.1**
revolta **227.5**
revoltant **446.1**
revoltar
  girar **414.1**
  horror i repugnància **446.2**
revoltar-se
  política i governació **227.5**
revolució **227.5**
revolucionari **227.5**
revòlver **248.4** ☆
rialles **423**
riba **13.5**
ribetejar **53**
ric **269**
ridícul **241.2**
ridiculitzar **425.1**
rierol **13.7**
rifle **248.4** ☆
rígid **100.1**
rima **367.4**
rímmel **192.5**
rinoceront **1**
riquesa **269**
risc **252**
ritme
  música **379.2**
  ràpid **403.3**
riu **13.7**
riure **423**
rival **388.2**
roba
  roba **190**
  teixits **193**
roba interior **190.9**
robar **220**
robatori **220.1**
robí **15**
robot **303.1** ☆
robust **401.1**
roca **13.3**
rock **379.1**
roda **308** ☆
roda dentada **303.1**
rodanxa
  part **52.1**
  tallar **133.3**
rodanxó -ona **48.1**
rodar
  moviment **411.3**
  girar **414.1**
rodella **394**
rodet **381.4**
rodó **38.1** ☆
rododèndron **11**
rodolar **411.3**
rodonet **48.1**

roí
  cruel **225.1**
  dolent **438.1, 438.2**
roig
  colors **194.2**
  política i governació **227.4**
roja **227.4**
rom **166.4**
romancejar **286**
romanços **342.3**
romandre
  continuar **33**
  esperar **286**
romanent **68**
romanès **361.1**
romàntic **427.1**
romanticisme **427.1**
ronc **229**
roncar
  sorolls d'animals **8.1**
  dormir **182**
ronda **311**
rondar
  esperar **286**
  caminar **407.2, 407.4**
rondinar
  encoratjar **279.1**
  queixar-se **345**
ronyó
  cos humà **101.2** ☆
  carn **159.4**
ronyós **226**
ros
  cos humà **86.3**
  colors **194.2**
rosa
  plantes **11** ☆
  colors **194.2**
rosegar **164.2, 164.5**
rosetes **161.1**
rossa **86.3**
rossinyol **9**
rostir(-se) **168.1**
rostit **168.1**
rostre **86**
rotar **125.4**
ròtula **101.1** ☆
rough **389.6**
roure **12.1**
rovell **16**
rubèola **124.10**
ruboritzar-se **449.2**
ruc
  animals salvatges **1.1** □
  animals de granja **6**
  ximple **241, 241.1**
rugbi **389.1**
rugir **8.2**
rugós **61**
ruibarbre **152.1**
ruïnes **152.1**
ruixat **18.2**
rulot **315.2**
rumiar **104.1, 104.2**
rumor
  parlar **341**
  xafardejar **360**
runa **71**
ruptura **295**
rus **361.1**
rusc **5**
ruta **317.2**
rutina

treball **274.3**
sistema **290**
rutinari **290**

sa **127**
sabatilla **191** ☆
sabata **191**
saber
  saber **110**
  ensenyament **233.5**
saberut **236.2** □
sabó **184.1**
sabor **157.1**
sabotatge **132.6**
sabotejar **132.6**
sac **331.5**
sac de dormir **380.1**
sacerdoci **232.4**
sacerdot **232.4**
sacrificar
  matar **198.3**
  religió **232.6**
sacrifici **232.6**
sacsejada **411.1**
sacsejar
  por **255.3**
sacsejar(-se)
  moviment **411.1**
  ondejar **415**
sàdic **225**
safareig **177.4**
safata **170** ☆
safata d'entrades **272.1**
safata de sortides **272.1**
safir **15**
sagaç **236**
sagí **158.2**
Sagitari **28** ☆
sagnar **125.2**
sagrat **232.8**
sal **157.2**
sala **122**
sala d'embarcament **313.1**
sala d'espera **314.1**
sala d'estar **180**
salar **157.2**
salari **265.3**
salat
  sabors **157.5**
  divertit **424.1**
saldar **261.2**
saliva **86.1**
salivar **157.6**
salmó **10.1**
salsa **161.5**
salsitxa **159.4**
salt
  atletisme **390.2**
  saltar **410**
  caure **412.3**
saltar **410**
saltironar **410**
saludable
  sa **127**
  ajudar **277.1**
saludar **196**
salut **127**
salutació **196**
salvaguarda **254.1**
salvaguardar **254.1**
salvament **253.2**
salvar **253.2**
salvatge **2**

ÍNDEX DE LES PARAULES EN CATALÀ

salvatgement **2**
samarreta **190.4, 190.9**
sanció **230**
sancionar **230**
sandàlia **191** ☆
sanefa **53.1**
sang **101.2**
sangfluix **125.2**
sanglotar **447.3**
sanguinari **225**
sant **232.8**
sant -a
  bo **217.2**
  religió **232.3**
saquejar **220**
sardina **10.1**
sargir **381.6**
sari **190.5**
sastre -essa **190.13**
Satanàs **232.3**
satisfacció **429**
satisfactori **429**
satisfer **429**
satisfet
  orgullós **148.1**
  feliç **422.1**
saturar **21.1**
Saturn **27** ☆
savi
  aprendre **235.1**
  intel·ligent **236**
sàvia **235.1**
saxòfon **379.4**
scooter **315.3**
scrabble **386.4**
sec
  sec **22**
  prim **49**
  maduresa **153**
  beure **167.1**
  vell **200.1**
secar-se **200.1**
secció **52**
secret **339.1**
secretari -ària
  organització **206.1**
  oficina **272.2**
secretaria **272.2**
seda **193.1**
seda dental **184.3**
sedàs **168.4** ☆
sedassar **168.4**
seductor **432**
seduir **432**
segar **384.2**
segell
  fer negocis **262.7**
  comunicacions **340.2** ☆
segellat **178**
segle **25.4**
segó **156.5**
sègol **173.5**
segon **26.1**
segrestar **220.2**
següent **320.1**
seguidor -a
  encoratjar **279.2**
  estimar **426**
seguir
  continuar **33**
  seguir **409**
segur
  segur **82**
  de fiar **218**
  seguretat **253**

valor **258.1**
segurament
  segur **82**
  fàcil **247**
seguretat
  segur **82**
  seguretat **253**
  valor **258.1**
seient **308.1**
seleccionar **73**
sella **395** ☆
selva tropical **13.2**
semàfor **311** ☆
semblança **54, 54.2**
semblant **54**
semblar **37**
sembrar **384.2**
semestre **233** ☐
seminari **235**
Senador -a **227** ☐
senat **227** ☐
sencer **50**
sender **311.1**
sendera **311**
senil **129.2**
sensació
  tocar **98**
  emoció **151.1**
sensacional
  bell **59**
  emoció **257.2**
sensacionalista **257.2**
sensat
  assenyat **130**
  sensat **238**
sensatesa **130**
sensible
  tou **99**
  símptomes **125.1**
  emoció **151.1, 151.2**
sensiblement **93**
sentència
  esbrinar **113**
  sistema legal **209.4**
sentiment **151.1**
sentimental **151.1**
sentiments **232.9**
sentir
  sentir **87**
  tocar **98**
  compassió **222**
  por **255.1**
sentir(-se)
  emoció **151.1**
sentit
  sensat **238**
  significat **364**
seny
  pensar **104.1**
  assenyat **130**
  sensat **238**
senyal
  danyar **132**
  carreteres **311** ☆
  trens **314.1**
  significat **364.1**
  moviment **411**
senyalar **132**
Senyor
  religió **232.3**
senyor
  gent **139.4**
  control **228.4**
senyora
  gent **139.4**
  reialesa **205.1**

senzill
  fàcil **247**
  música **379.9**
senzillament **247**
separació **295**
separar-se
  costums socials **195.3**
separar(-se)
  separar **295**
separat **295**
septentrional **318.1**
sèquia **173.1**
sequoia **12.1**
ser **29**
serbocroat **361.1**
serè **259**
serial **378.1**
sèrie **378.1**
seriós
  important **74**
  sensat **238.1**
  curós **301**
  trist **447.2**
seriosament
  important **74**
  sensat **238.1**
sermó
  religió **232.6**
  dir **342.2**
sermonejar
  ensenyar **234**
  dir **342.2**
serp **1.1**
serpentejar **411.2**
serra
  tallar **133.4**
  eines **382.1** ☆
serrar **133.4**
serrat **61**
serrell **190.12**
servei **389.5**
servicial **277**
servil **143.1**
servir
  moll **21**
  cuidar **254**
  esports de pilota **389.5**
sessió **376**
set
  beure **167.1**
  esports de pilota **389.5**
set-ciències **236.2** ☐
setembre **25.2**
setí **193.1**
setmana **25.1**
setmanada **265.3**
seu
  organització **206.1**
  oficina **272**
sever **229**
sexe **199**
sexisme **212**
sexual **199**
sexualitat **199**
sexy **199.1**
sida **124.12**
sidra **166.6**
signar **369.2**
signe
  saludar **196**
  significat **364.1**
signe d'admiració **363**
signe d'interrogació **363**

significar **364, 364.2**
significat **364**
significatiu **74**
silenci
  silenciós **89**
  tranquil·litat **259**
  esperar **286**
silenciós **89**
silueta **53**
síl·laba **362.3**
símbol **364.1**
simbòlic **364.1**
simfonia **379.7**
simi **1**
similar **54**
simpàtic
  bo **417.1**
  amistat **434.3**
simpatitzant **279.2**
simpatitzar **222**
simple
  quantitat petita **45.1**
  fàcil **247**
simplement
  quantitat petita **45.1**
  fàcil **247**
simplificar **247.1**
símptoma **364.1**
simular **36**
sinagoga **232.5**
sincer
  honrat **213, 213.1, 213.2**
  fàcil **247**
sincerament **213.1**
sindicat **271.6**
síndria **152.1**
single **379.9**
singlot **125.4**
singlotar **125.4**
singular
  antiquat **203**
  solitud **435.2**
singularitat **444.1**
sínia **385**
sintagma **362.2**
sir **205.1**
sirena **88.3**
sistema
  sistema **290**
  ordinadors **296**
sistemàtic
  sistema **290**
  sovint **443**
sitja **173.3**
situació
  ocórrer **31.2**
  posar **289.1**
situar **289, 289.1**
sivella **191** ☆
snooker **394**
so **88.1, 88.3**
soberg **148.2**
sobra **33**
sobrant **68**
sobrar
  continuar **33**
  innecessari **68**
sobre **340.2** ☆
sobrecàrrec **313.3**
sobrecoberta **367.6**
sobrenom **137.3**
sobrer
  innecessari **68**
  escombraries **71**
  ocupació **271.8**
sobreviure

ser, estar **29**
seguretat **253.2**
sobri
  begudes **166.8**
  sensat **238.1**
sobtat **403.2**
soca **240**
soci/sòcia
  organització **206.1**
  amistat **434.2**
social **204**
socialisme **227.4**
societat
  societat **204**
  organització **206**
sociologia **233.2**
socórrer **277**
sofà **180** ☆
sofert **301**
sofriment **447, 447.1**
sofrir
  aguantar **433**
  trist **447**
sogre -a **138.4**
Sol
  astronomia **27** ☆
sol
  temps **18.1**
  astronomia **27**
  solitud **435, 435.2**
sòl **384.3**
sol·lícit **224**
sola **191** ☆
solapa **190.12**
solar
  posar **289.1**
  maquinària **303.2**
  jardineria **384.3**
solc **133.2**
soldar **294.1**
soldat **248.2** ☆
solemne
  formal **146**
  sensat **238.1**
  trist **447.2**
solia **288**
sòlid **100**
solidaritat **222**
solidificar **100**
solista **379.3, 379.4** ☆
solitari **435, 435.1, 435.2**
solitud **435**
solo **379.3**
solt **295.1**
solter
  costums socials **195.3**
  solitud **435.2**
soltera **195.3**
solució
  esbrinar **113.3**
  matemàtiques **297.2**
solucionar
  esbrinar **113.2**
  fer **287.2**
sol·licitar **271.7**
sol·licitud
  ocupació **271.7**
  preguntar **351.2**
somiar
  pensar **104.2**
  dormir **182**
somiquejar **345**
somnàmbul -a **182.4**

ÍNDEX DE LES PARAULES EN CATALÀ

somni **182**
somnolent **182.3**
somriure **423**
son **182**
sonall
  sorollós **88.3**
  nadons **136.4**
sonat -ada **129.1**
sopa **161.4**
sopar
  àpats **162**
  menjar **164**
soprano **379.5**
sord **124.4**
sorgir **292**
sornegueria **148.2**
soroll **88.1**
sorollós **88**
sorprendre **118**
sorprenent **118.2**
sorpresa **118**
sorra **13.6**
sorral **385** ☆
sort
  pietat **221**
  religió **232.6**
  sort **387**, **387.1**, **387.2**
sortida
  començar **32**
  parts d'un edifici **176.1**
  carreteres **311** ☆
  viatjar **317.1**
  anar(-se'n) **322**
sortir
  ocells **9.1**
  anar(-se'n) **322**
sortir-se'n **396.2**
sospesar **104.1**
sospirar
  voler **72.1**
  respirar **103**
sospita **109**
sospitar
  endevinar **109**
  sistema legal **209.2**
sospitós
  insegur **83.2**
  endevinar **109**
  deshonest **214**
sospitós -osa
  sistema legal **209.2**
sostenidors **190.9**
sostenir
  portar **337**
  prometre **358**
sostingut **379.8** ☆
sostre **177.5**
sostreure **297.1**
sota
  posició **66** ☆
  jocs **386.3** ☆
soterrani **177.4**
sotrac **131.3**
sots- **277**
sou **265.3**
sovint **443**
spaniel **7.1** ☆
strike **389.2**
suau
  dòcil **3**
  calent **20**
  silenciós **89**
suaument
  dòcil **3**
  llis **62**
suavitzant

tou **99**
higiene personal **184.2**
  bugada **186**
subcomitè **206.1**
subhasta **263**
subhastar **263**
subjectar **294.1**
sublevació **227.5**
submarinisme **391**
submarinista **391** ☆
submergir
  moll **21.1**
submergir-se
  caure **412.3**
subministrament **372.2**
subministrar **372.2**
submís **150**
subordinat -ada
  inferior **439.1**
subordinat
  de fiar **218**
suborn **263.1**
subornar **263.1**
subratllar **355**
subscriure **279.2**
subsistència **254**
substància **305.1**
substancial **42**
substancialment **42**
substantiu **362.4**
substituir **57**
substitut **57**
suc **166.2**
sucar **21.1**
succedani **57**
sucre **156.2**
sucre filat **385**
sucrera **170** ☆
sucursal **271.2**
sud **318.1**
suec **361.1**
sueter **190.4**
suficient **51**
sufocar **334**
suggeriment
  suggerir **353**
  significat **364.2**
suggerir **353**
suïcidi **198**
suma
  mida **41**
  matemàtiques **297.2**
sumar
  augmentar **46.1**
  matemàtiques **297.1**
sumo **392.1**
suor **86.2**
superar
  èxit **396.1**
  millorar **418**
superàvit **68**
superficial
  semblar **37**
  ximple **241.4**
  no qualificat **242**
  descurós **302**
superfície **38.2** ☆
superflu
  innecessari **68**
  escombraries **71**
superior **419**
supermercat **273**
superstició **105.3**
supersticiós

creure **105.3**
fals **216**
supervisar **228.1**
supervisor -a **271.4**
supervivència **253.2**
supervivent **253.2**
suplement **68**
suplent **57**
suplicar **351.2**
suplir **57**
suport
  encoratjar **279.2**
  recipients **331.6**
  portar **337**
suportar
  portar **337**
  aguantar **433**
suposar
  probable **80**
  creure **105.2**
  endevinar **109**
suposició
  creure **105.2**
  endevinar **109**
supressió **375.3**
suprimir
  tapar **334**
  esborrar **371**
surar
  esports aquàtics **391.1**
  moviment **411.2**
surf **391**
suro **304.2**
suscitar **257.3**
suspendre
  acabar **34**
  fracàs **397**
suspendre saliva **86.1**
suspens **257**

tabac **171**
tabú **231.1**
tac **394**
taca
  formes **38.3**
  brut **189.1**
tacar **189.1**
tacte
  tocar **98**
  ben educat **143.2**
tafanejar
  escorcollar **94.1**
  preguntar **351.1**
talent
  capaç **237**
  destre **239.2**
tall
  part **52.1**
  tallar **133**
  carn **159.2**
tallagespa **384** ☆
tallar
  part **52.1**
  tallar **133**, **133.2**, **133.3**
  jardineria **384.2**
tallaungles **184.5**
taller **271.2** □
taló
  cos humà **86**
  sabates **191** ☆
  banc **260.2**
talonari **260.2**
talòs **240**
talp

animals salvatges **1.1** □
animals petits **4** ☆
tambor **379.4**
tamissar **168.4**
tampó **184.6**
tanc
  guerra **248.4**
  recipients **331.4**
tanca
  agricultura **173.1**
  parts d'un edifici **176** ☆
  dificultar **245.1**
  atletisme **390.1**
  esports eqüestres **395.1**
tancar
  cantó **53**
  seguretat **253**
  maquinària **303.1**
tancar(-se)
  tancat **178**
tancat
  cantó **53**
  tancat **178**
tangible **35**
tap
  begudes **166.6**
  cambra de bany **185** ☆
  dificultar **245.1**
  tapar **334.1**
tapa
  àpats **162.1**
  tapar **334.1**
tapar
  dificultar **245.1**
  tapar **334**
tapat **18.2**
taqueta **189.1**
taquilla **376.2**
tard **326**
tardà **326**
tardor **25.2** ☆
targeta de crèdit **260.2**
targeta postal **340.1**
taronja
  fruita **152.2**
  colors **194.2**
tartamudeig **341.7**
tartana **315.1**
tasca **274.3**
tassa **170** ☆
tassó **170** ☆
tastar **164.2**
taula
  sala d'estar **180** ☆
  llibre **367.4**
tauler
  materials **304.2**
  jocs **386.4**
taules **284.1**
tauló **304.2**
Taure **28** ☆
tauró **10.1**
taüt **195.4**
taverna **163**
taxa **403.3**
taxar
  comprar i vendre **263.2**
  valor **268**
taxi **315.2**
te **166.3**
teatral **376.1**
teatre **376.1**, **376.2**

☆
tebi
  fred **19**
  calent **20**
teca **162.1**
teckel **7.1** ☆
tecla **379.4**
teclat **296**
tecles **370** ☆
tècnic -a **303**
tècnica
  destre **239.1**
  sistema **290**
tecnologia **303**
tecnològicament **303**
tediós **119**
tee **389.6**
teixidor -a **193**
teixir **193**
teixit **193**
teixó **4** ☆
tela
  teixits **193**
  arts i oficis **381.2**
tele **378**
telèfon **340.3**
telefonada **340.3**
telefonar **340.3**
telefonista **340.3**
telegrafiar **340.1**
telegrama **340.1**
telenovel·la **378.1**
telescopi **27**
televisió **378**
televisor **378**
tèlex **340.1**
témer **255**, **255.1**
temerari
  valor **258.1**
  descurós **302**
temerós **255.1**
temor **255**
temperament
  personalitat **142**
  enfadat **450.1**
temperamental **142**
temperatura **307.5**
tempesta **18.5**
temple **232.5**
temporal
  ser, estar **29.2**
  ocupació **271.5**
temporer -a **272.2**
temps
  temps (atmosfèric) **18**
  temps (hora) **26**
  paraules **362.4**
temptació
  voler **72.2**
  atreure **432**
temptador **432**
temptar
  voler **72.2**
  atreure **432**
temptativa **276**
tenacitat **33.1**
tenalles **382.1** ☆
tenda de campanya **380.1**
tendència
  modern **202.1**
  habitual **288**
tendir **288**
tendrament **3**
tendre
  dòcil **3**
  tou **99**

ÍNDEX DE LES PARAULES EN CATALÀ

amor **427**
tenebrós
  fosc **23**
  dolent **438.1**
tenebrositat **23**
tenir
  malalties **124.13** ☐
  cuidar **254**
  fer **293**
  pesos i mesures **307**
  tenir **374**
tenir pana **309.3**
tennis **389.5**
tennis de taula **389.5**
tenor **379.5**
tens **256, 256.2**
tensió
  tensió **256**
  emoció **257**
  treball **274.1**
tentinejar **407.6**
tènue
  fosc **23**
  colors **194.1**
teoria **108**
teòric **233**
teranyina **4**
teràpia **126**
tèrbol **214**
terme **362.1**
terminal
  ordinadors **296**
  trens **314.1**
terminant **229**
terminantment **229**
termini **261.3**
terminologia **362.1**
termòmetre
  guaricions **126.2**
  pesos i mesures **307.5**
Terra
  astronomia **27** ☆
terra
  interiors **177.5**
  jardineria **384.3**
terrabastall **88.1**
terra ferma **13.5** ☆
terratrèmer **255.3**
terratrèmol **18.5**
terregall **71**
terreny **384.3**
terrible **438.1**
terriblement
  bo **417.3**
  dolent **438.1**
terrier **7.1** ☆
terrina **331.2**
terrissa
  materials **304**
  arts i oficis **381.5**
territori **14**
terror **255**
terrorista **255**
terròs **38.5**
tesi **366.2**
tesina **366.2**
test **331.2**
testarrut **33.1**
testicles **86**
testimoni **209.4**
tetera **170** ☆
teula **176** ☆
teulada **176** ☆
texans **190.3**
text **366**

textual **366**
tia **138.6**
tibant
  tensió **256.2**
  incòmode **440**
tibantor
  tensió **256**
  discrepar **346.3**
tibat
  dur **100.1**
  orgullós **148.1**
  tensió **256.2**
  superior **419**
tic **411.1**
tifó **18.3**
tigre **1, 1.1** ☐
tija
  plantes **11**
  fruita **152.6**
timbal **379.4**
timbre
  sorollós **88.3**
  parts d'un edifici **176** ☆
tímid **255.5**
timó **312.2**
tina **331.4**
tinent **248.3** ☐
tinta **370** ☆
tip **332**
típic **442.1**
típicament **442.1**
típula **5**
tipus
  cos humà **86**
  gent **139.5**
  classe **306**
tir **394**
tira **52.1**
tirabuixó **166.6**
tirada
  injust **212**
  llançar **405**
tirador **177.3**
tirar
  estirar i empènyer **338**
  comunicacions **340.2**
  llibre **367.7**
  llançar **405**
tirar-se
  sexe **199.2**
  esports aquàtics **391.1**
tiratge **367.7**
tireta **126.6**
tírria **445**
tisores
  tallar **133.4**
  eines **382.1** ☆
titil·lar **24.3**
títol
  nom **137.1**
  ensenyament **233.5**
titubejar **286**
titular
  nom **137.1**
  periodisme **368.2**
to **85.1**
tobogan **385** ☆
toc **98**
tocadiscos **379.9** ☆
tocador **181** ☆
tocant **320.1**
tocar
  pegar **131, 131.4**

música **379.4**
tocar(-se)
  tocar **98**
toix
  estúpid **240**
  ximple **241.1**
tolerància **433**
tolerant **433**
tolerar **433**
toll **13.4**
tom **367.4**
tomàquet **155.4**
tomb
  caminar **407, 407.2**
  girar **414.1**
tomba **195.4**
tombar
  caure **412.1**
  girar **414**
tona **307.4** ☐
tonada **379.2**
tondre **173.7**
tonell **331.4**
tones **43.2**
topada **249**
topar
  trobar **95**
  pegar **131.3**
  lluitar **249**
  caure **412.1**
tòpic **362.2**
torbació **449.2**
torbar **449.2**
torçada
  estirar i empènyer **338**
  girar **414.2**
torçar **338**
torcedura **338**
torcement **124.13**
tòrcer
  donar forma **39**
  estirar i empènyer **338**
tòrcer-se
  malalties **124.13**
tòrcer(-se)
  estirar i empènyer **338**
  girar **414.2**
torn
  arts i oficis **381.5**
  esports de pilota **389.2, 389.3**
tornada **322**
tornado **18.3**
tornar
  préstecs **261.2**
  anar(-se'n) **322**
tornavís **382.1** ☆
torneig **388.3**
toro **6**
torrada **156.1**
torrat
  begudes **166.7**
  colors **194.2**
torre
  edificis **174.1**
  religió **232.5** ☆
  jocs **386.4** ☆
torre de control **313.1**
torsió **414.2**
tort **219.2**
torta **38.4** ☆
tórtora **9** ☆
tortuga **7.3**
tortura **209.5**

tos **124.6**
tossut **107.3**
tot **50**
total
  mida **41**
  sencer **50**
  matemàtiques **297.2**
totalitat **50**
totalment **82**
totxo **304.1**
tou
  tou **99**
  pietat **221**
tovalló **170** ☆
tovallola **184.1**
tovalloler **185** ☆
tòxic **198.1**
traça
  intel·ligent **236**
  destre **239.1**
tractament
  llençar **70**
  guaricions **126**
  utilitzar **280**
tractant **262.2, 262.3**
tractar
  guaricions **126**
  control **228.2**
  fer negocis **262.2, 262.3**
  utilitzar **280**
  fer **287.2**
  sistema **290**
tracte **280**
tractor **173.2** ☆
traçut **239**
tradició **195**
tradicional **195**
traducció **343.1**
traduir **343.1**
traficant
  drogues **172.1**
  fer negocis **262.2, 262.3**
traficar **262.3**
tragèdia **376.1**
traïció **214.3**
traïdor -a **214.3**
trair **214.3**
tramar **107.1**
trametre **340.2**
tràmit **290**
trampa
  deshonest **214.1**
  problema **244.2**
  perill **252**
trampolí **391.1**
trampós -osa **214.1**
tramvia **315.2** ☆
tranquil·litzar(-se) **259.1**
tranquil
  llis **62**
  silenciós **89**
  descans i relaxació **183**
  tranquil·litat **259**
  inacció **284.2**
tranquil·litat
  silenciós **89**
  tranquil·litat **259**
tranquil·litzant
  guaricions **126.5**
  tranquil·litat **259.1**
transatlàntic **312.1**
transbordador **312.1**

transformar **58**
trànsfuga **214.3**
transfusió **126.3**
transició **58**
trànsit **315**
transitori **29.2**
transparent **194.1**
transportador **297** ☆
transportar **323**
trapella **219.2**
trapellejar **214.1**
trapezista **377**
tràquea **101.2** ☆
trasbalsar
  sorpresa **118.1**
trist **447**
trasbalsat **447**
traslladar(-se) **411**
traspassar **197**
trau **190.11**
treball
  ocupació **271, 271.1**
  treball **274, 274.1**
  document **366.2**
treballador -a
  ocupació **271.3**
  treball **274**
treballar
  ocupació **271.1**
  treball **274, 274.1**
  entreteniment **376.3**
trémer **255.3**
tremolar **255.3**
tremolejar **255.3**
tren **314**
trenar **193**
trencaclosques
  malentendre **115.1**
  fruits secs **154** ☆
  jocs **386.2**
trencadís **100.2**
trencar
  acabar **34**
  malalties **124.13**
trencar-se
  riure **423**
trencar(-se)
  danyar **132.2**
trepitjar **407.1**
tresor
  bo **217.2**
  valor **268.1**
tresorer -a **206.1**
tret de **437**
treure
  malalties **124.7**
  banc **260.1**
  estirar i empènyer **338**
treure('s)
  roba **190.2**
  agafar **375.3**
trèvols **386.3** ☆
tria **73**
triangle **38.1** ☆
triangular **38.1** ☆
triar **73**
tribu **14.1**
tribuna **209.4** ☆
tribunal **209.4**
tribut **264.2**
trigar **330**
trigemin -gèmina **136**
trimestre **233** ☐
trineu **393.2**
trio **379.3**

467

ÍNDEX DE LES PARAULES EN CATALÀ

triomf
  guerra **248.1**
  èxit **396**
triomfant **396**
triomfar **396.2**
triple **46.1**
trípode **233.3** ☆
tripulació
  vaixells **312.5**
  avions **313.3**
trist
  avorrit **119**
  trist **447**
tristesa **447**
triturar **132.4**
trivial
  insignificant **76**
  normal **442.1**
troballa **95**
trobar
  trobar **95**
  comunicacions **340**
  obtenir **373**
trobar(-se)
  grup **207.2**
trofeu **398**
trombó **379.4**
trompa
  animals salvatges **1** ☆
  begudes **166.7**
  música **379.4**
trompada **88.3**
trompeta **379.4**
tron **205** ☆
tronada **18.5**
tronat **64**
tronc
  arbres **12** ☆
  materials **304.2**
trons **18.5**
tronxo **11**
tropa **248.2**
tropical **18.1**
tros
  formes **38.5**
  quantitat petita **45.2**
  part **52**
trossejar **168.2**
trot **408**
trotar
  esports eqüestres **395**
  córrer **408**
truc
  deshonest **214.2**
  destre **239.1**
  màgia **416**
trucada **340.3**
trucar
  pegar **131.3**
  comunicacions **340.3**
truita
  peixos **10.1**
  tapes i menjars cuits **161.4**
tub
  recipients **331.1**
  eines **382.3**
tuba **379.4**
tub d'assaig **233.3** ☆
tub d'escapament **308** ☆
tulipa **11**
tumor **124.12**

turba **207.1**
turbant **192.1** ☆
turc **361.1**
turisme **317**
turista **317**
turmell **86**
turó **13.1**
tustar
  tocar **98.1**
  pegar **131.4**
tutor -a **234.1**
TV **378**
txec **361.1**

ubicació **14.2**
ubicar **289.1**
udolar **8.1**
úlcera **124.5**
ull **86** ☆
ullada **91.1**
ullal **1** ☆
ulleres **91.8**
ullerós **49**
últim
  temps **26.3**
  acabar **34.2**
  tard **326**
últimament **26.3**
ultralleuger **393.3**
ultratge **450.1**
ultratjar **450.1**
ultratjat **450.1**
unça **307.4**
ungla **86**
ungüent **126.5**
únic
  solitud **435, 435.2**
  insòlit **444.3**
uniforme
  semblant **54, 54.1**
  llis **62.1**
  roba **190.6**
uniformement **54.1**
uniformitat **54**
unió **207.2**
unir
  ajuntar **294**
unir(-se)
  grup **207.2**
unisex **140**
unit **294**
unitat
  grup **207.2**
  cosa **305**
univers **27**
universitat **233** □
uns -es quants -es **298.1**
untar **46**
Urà **27** ☆
urdú **361.3**
urpa
  animals salvatges **1** ☆
  ocells **9** ☆, **9.3** ☆
ús **280**
usat **280**
usual **442.1**
utensili **382.1**
úter **101.3** ☆
útil
  ajudar **277**
  útil **281**
utilitat **280**
utilitzar **280**

va
  innecessari **68**
  inútil **282**
vaca **6**
vacances **183.2**
vacunació **126.3**
vacunar **126.3**
vaga **271.6**
vagabundejar **286**
vagar **407.2**
vagina **101.3** ☆
vagó
  trens **314**
  altres mitjans de transport **315.1**
vailet **139.2**
vainilla **157.3**
vaixell **312**
vaixella **170**
val **268**
valent **258**
valent -a **219.3**
valentia **258**
valer **263.2**
valerós **258**
vàlid **281**
vall **13.1**
valor
  religió **232.9**
  destre **239.1**
  valor (coratge) **258**
  valor **268**
valoració **106.2**
valorar **268**
valuós **268.1**
vàlvula **303.1**
vanar-se
  mostrar **92.1**
  vanar-se **149**
vàndal -a **132.6**
vanitós **148.1**
vànova **181.1**
vapor
  maquinària **303.2**
  vaixells **312.1**
vaqueria **173.3**
vareta **416**
variable
  canvi **58**
  personalitat **142.1**
variar **58**
varietat **306**
varicel·la **124.10**
vaset **331.1** ☆
vast **42.1**
vedell **6**
vedella **159.1**
vegetació **13.2**
vehicle **315**
veí -ïna **320.1**
veïnat **14.2**
vel **192.1** ☆
vela **312.2**
vell **200, 200.1**
vellut **193.1**
velocímetre **308.1**
velocitat **403.3**
vena **101.2**
venal **214**
vencedor -a **396.1**
vèncer
  guerra **248.1**
  préstecs **261.1**
  èxit **396.1**
vençut **326**
venda **263**
vendaval **18.3**

vendes **263**
vendre('s) **263**
venedor -a **263**
veneració **232.6**
venerar
  religió **232.6**
  amor **427.2**
venir **321**
venjança **250**
vent **18.3**
ventall **192.4**
ventar **411.3**
ventre **86**
Venus **27** ☆
ver **215**
veraç **215**
verat **10.1** ☆
verb **362.4**
verd
  maduresa **153**
  colors **194.2**
  nou **201.3**
  malvat **219.2**
verdulaire **273** □
veredicte **209.4**
Verge **28** ☆
verge **199.6**
Verge Maria **232.3**
vergonya **449**
vergonyós
  por **255.5**
  vergonya **449**
verí **198.1**
verídic **215**
verificar
  control **228.1**
  curós **301.1**
verinós **198.1**
veritable **35**
veritat **215**
vermell **194.2**
vers **367.4**
versat **237**
versemblant **80**
versió
  classe **306**
  dir **342.3**
vertader **215**
vertical **66** ☆
vescomte -essa **205** □
vespa
  insectes **5**
  altres mitjans de transport **315.3**
vessant **13.1**
vessar
  danyar **132.2**
vessar(-se)
  caure **412.1**
vestíbul **177.1**
vestir(-se) **190.1**
vestit **190.5, 190.6**
vestit de bany **190.7**
vestit de neoprè **391** ☆
vetar **231.1**
veterà -ana **200.1**
veterinari -ària **121**
vetlla **195.4**
veto **231.1**
veu **341.6**
veure **91**
vexar **225.1**
vi **166.6**
via
  carreteres **311** ☆

trens **314, 314.1**
esport **388.4**
viabilitat **78**
viable **78**
vianant **407**
viaranys **311** ☆
viatge
  vaixells **312.3**
  viatjar **317.1**
viatger -a **317**
viatges **317**
viatjar
  viatjar **317, 317.1**
  anar (-se'n) **322**
vicari **232.4**
vice-
vice-president -a **227** □
vici
  malvat **219**
  gaudir **428.1**
víctima **433**
victòria
  guerra **248.1**
  èxit **396, 396.1**
victoriós **396**
vida **29**
vídeo **378**
videocasset **378**
vi de porto **166.6**
vidre
  parts d'un edifici **176** ☆
  materials **304**
vidu **138.4**
vídua **138.4**
vigent **281**
vigilància **254.1**
vigilant **228.1**
vigilar
  cuidar **254, 254.1**
  seguir **409.2**
vigorós
  difícil **243.1**
  força **401.2**
VIH **124.12**
vil **438.1**
vila **14.3**
vinagre **161.5**
vincle **294, 294.1**
vincle afectiu **294**
vincular **294.2**
vinya **173.1**
viola **379.4**
violació **199.4**
violent **2**
violentar **449.2**
violeta **11**
violí **379.4**
violoncel **379.4**
virar **414.2**
virginitat **199.6**
viró **5** ☆
virtual **78**
virtuós -osa
  bo **217**
  destre **239**
virtut **417.5**
virus **124.2**
visat **316**
visca **344**
visibilitat **91.6**
visible **91.6**
visiblement **91.6**
visió **91.6**
visita
  viatjar **317.1**

468

visitar **319**
visitant **319**
visitar **319**
vista **91.6**, **91.7**
vital **67**
viu
    ser, estar **29**
    intel·ligent **236.2**
    perill **252.2**
    força **401.2**
viure
    ser, estar **29**
    viure **175**
viver **13.4**
vocabulari **362.1**
vocal **362.3**
vociferar **344.1**
vodka **166.4**
vol **313.2**
volant
    cotxe **308.1**
    esports de pilota **389.5**
volar
    ocells **9.1**
    avions **313.2**
volcà **13.1**
volea **389.5**
voleiar **415**
voleibol **389.7**
voler
    voler **72**
    tenir la intenció de **107**
volt **407**, **407.2**
volta

formes **38.2** ☆
    atletisme **390.1**
voltants **14.2**
voltatge **303.4**
voltor **9**
volum
    mida **41**
    llibre **367.4**
voluminós **42**
voluntari -ària **278.1**
voluntari **278.1**
vomitar **124.7**
vora
    cantó **53**
    roba **190.12**
    carreteres **311** ☆
vorada **311** ☆, **311.1**
voral **311** ☆
vorejar **53.1**
vorera **311.1**
vot **227.3**
votació **227.3**
votar **227.3**
vulnerable **402**
vulva **86**

wàter **185** ☆, **185.1**
waterpolo **391**
western **376.5**
whisky **166.4**
windsurf **391**

xafaguitarres **447.2**
xafardeig **360**

xafardejar
    escorcollar **94.1**
    xafardejar **360**
xafarder -a
    esbrinar **113.3**
    xafardejar **360**
xàfec **18.2**
xafogós **20**
xai
    animals salvatges **1.1** ☐
    carn **159.1**
xal **192.2**
xalet **174.1**
xamba **373**
xampinyó **155.3**
xampú **184.2**
xandall **190.7**
xantatge **220.2**
xanxejar **425**
xarampió **124.10**
xaranga **379.3**
xarcuteria **273** ☐
xarop **160.1**
xarrupar
    menjar **164.2**
    beure **167**
xarxa
    grup **207**
    activitats de lleure **380.1**
xarxada **380.1**
xec **260.2**
xef **163.1**
xemeneia **176** ☆
xerès **166.6**

xeringa **126.3**
xeringar **126.3**
xerrada **360**
xerradissa **360**
xerraire **359**
xerrameca **360**
xerrar
    animals petits **4** ☐
    xafardejar **360**
xeviot **193.1**
xiclet **161.1**
xicot -a
    gent **139.2**
    amor **427.4**
xifra **298**
xifrar **364.1**
xilòfon **379.4**
ximpanzé **1**
ximple
    boig **129.4**
    estúpid **240**
    ximple **241**
ximpleries **241.3**
ximplet -a **241**, **241.1**
xinès **361.3**
xinxeta **294.3** ☆
xipollar **407.7**
xipollejar **21.1**
xirivia **155.2**
xiruca **191** ☆
xisclar
    sorolls d'animals **8.2**
    cridar **344**
xiular
    sorolls d'animals

8.2
    música **379.5**
xiulet **88.3**
xiuxiueig **341.7**
xiuxiuejar
    sorolls d'animals **8.2** ☐
    parlar **341.7**
xivarri **88.1**
xoc
    sorpresa **118.1**
    pegar **131.3**
    lluitar **249**
    conduir **309.4**
xocar
    sorpresa **118**
    pegar **131.3**
    lluitar **249**
    conduir **309.4**
xocolata **161.1**
xofer -a **309.5**
xop **21**
xuclar
    respirar **103.1**
    menjar **164.2**
xumet **136.4**

zebra **1**
zelosament **251**
zero **389.5**
zona **14**
zoologia **233.3**